한끝

# 이 책의
# 구성과 활용법

## 개념을 다져 볼까?

### ✦ STEP 1 ✦

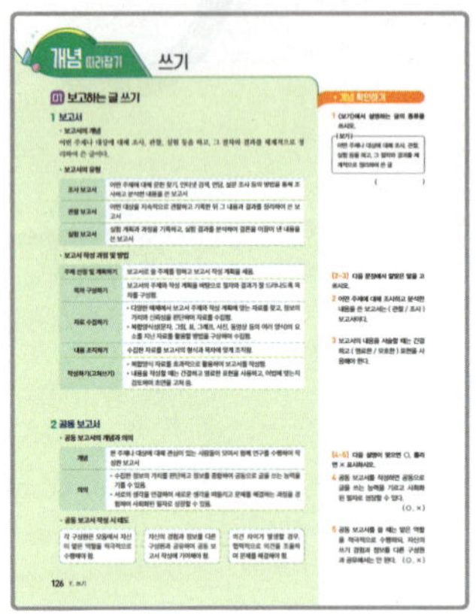

**내신을 꼼꼼하게 공부해.**

### ✦ STEP 2 ✦

**개념 따라잡기** 를 읽으며 본격적인 본문 학습 전 영역별로 꼭 알아야 하는 개념을 꼼꼼하게 학습해요.

**개념 확인하기** 는 O / X 문제, 선 긋기 문제, 단답형 문제, 선다형 문제 등 간단한 형식으로 구성했으니 문제를 풀며 학습한 개념을 확인해요.

**학습 포인트** 에서 작품 / 제재를 학습할 때 중점적으로 살펴봐야 할 중요 포인트를 확인하고 작품 / 제재를 읽어요.

**본문 지문** 은 9종 교과서에 많이 수록된 작품 / 제재를 엄선하여 실었어요. 내용을 해석할 때 도움이 될 만한 구성 단계별 소주제, 어휘 풀이를 제시했으니 함께 읽으며 내용을 파악해요.

**핵심 정리하기** 에 작품 / 제재 개관과 각 작품 / 제재에서 필수로 알아야 할 핵심 내용을 도식화하여 정리했으니 꼼꼼히 읽으며 중요 내용을 구조화하여 이해해요.

# 세상이 변해도
# 배움의 즐거움은
# 변함없도록

시대는 빠르게 변해도
배움의 즐거움은
변함없어야 하기에

어제의 비상은
남다른 교재부터
결이 다른 콘텐츠
전에 없던 교육 플랫폼까지

변함없는 혁신으로
교육 문화 환경의 새로운 전형을
실현해왔습니다.

비상은 오늘, 다시 한번
새로운 교육 문화 환경을 실현하기 위한
또 하나의 혁신을 시작합니다.

오늘의 내가 어제의 나를 초월하고
오늘의 교육이 어제의 교육을 초월하여
배움의 즐거움을 지속하는 혁신,

바로, 메타인지 기반 완전 학습을.

**상상을 실현하는 교육 문화 기업 비상**

**메타인지 기반 완전 학습**

초월을 뜻하는 meta와 생각을 뜻하는 인지가 결합한 메타인지는
자신이 알고 모르는 것을 스스로 구분하고 학습계획을 세우도록 하는
궁극의 학습 능력입니다. 비상의 메타인지 기반 완전 학습 시스템은
잠들어 있는 메타인지를 깨워 공부를 100% 내 것으로 만들도록 합니다.

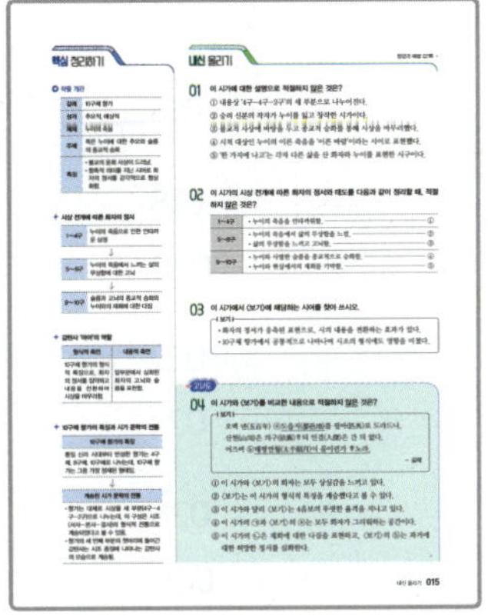

**내신 올리기** 에는 내신에 출제된 만한 문제를 출제했어요. 각 작품/제재별로 고난도 문제도 함께 출제했으니 모든 문제를 풀어 보면서 내신을 대비해요.

**수능으로 실력 쌓기** 는 수능에 대한 감을 익힐 수 있게 수능 입문자의 수준에 맞는 수능, 고3 평가원, 고1·고2 전국연합 학력평가 지문/자료를 구성하여 문제를 수록했어요. 내신뿐만 아니라 수능 문제도 풀며 실력을 쌓아요.

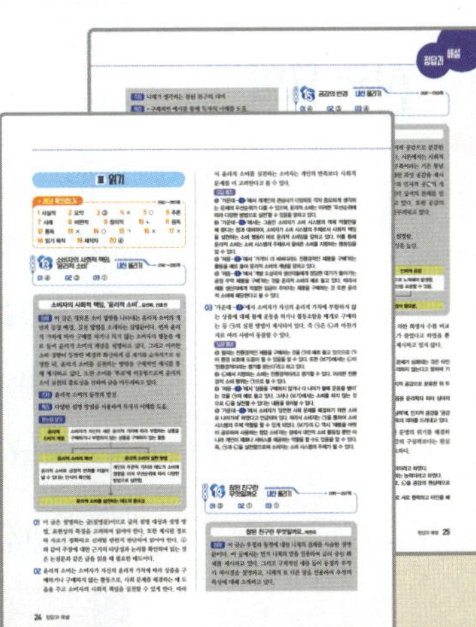



**정답과 해설** 에 작품/제재의 상세한 해제와 개관, 구조도를 제시하고 문제의 해설과 함께 오답 풀이까지 제공했어요. 틀린 문제나 잘 이해가 되지 않는 문제는 정답과 해설을 보고 정확하게 이해해서 내 것으로 만들어요.

# 이 책의 차례

## I 운문 문학

| 개념 따라잡기 | | | 008 |
| --- | --- | --- | --- |
| DAY 01 | 고전 시가 | 제망매가_월명사 | 014 |
| | | 가시리_작자 미상 | 016 |
| DAY 02 | | 청산별곡_작자 미상 | 018 |
| | | 서경별곡_작자 미상 | 020 |
| DAY 03 | | 강호사시가_맹사성 | 022 |
| | | 만흥_윤선도 | 024 |
| DAY 04 | | 속미인곡_정철 | 026 |
| | 현대시 | 나룻배와 행인_한용운 | 030 |
| DAY 05 | | 한 그리움이 다른 그리움에게_정희성 | 032 |
| | | 진달래꽃_김소월 | 034 |
| 수능으로 실력 쌓기 | | | 036 |

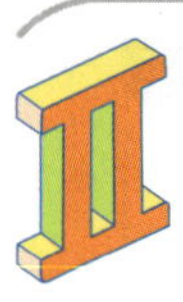

## II 산문 문학

| 개념 따라잡기 | | | 042 |
| --- | --- | --- | --- |
| DAY 06 | 고전 소설 | 구운몽_김만중 | 048 |
| DAY 07 | | 최척전_조위한 | 052 |
| DAY 08 | | 춘향전_작자 미상 | 058 |
| DAY 09 | | 흥보전_작자 미상 | 064 |
| DAY 10 | 현대 소설 | 봄·봄_김유정 | 068 |
| DAY 11 | | 겨울 나들이_박완서 | 074 |
| DAY 12 | 현대 수필 | 아무것도 사지 않는 날_최원형 | 078 |
| 수능으로 실력 쌓기 | | | 082 |

 **Ⅲ 읽기**

| 개념 따라잡기 | | 090 |
| DAY 13 | 소비자의 사회적 책임, '윤리적 소비' _김선화, 신효진 | 094 |
| DAY 14 | 참된 친구란 무엇일까요 _박찬국 | 096 |
| DAY 15 | 공감의 반경 _장대익 | 098 |
| DAY 16 | 인공 지능, 예술에 도전하다 _구본권 | 100 |
| DAY 17 | 영화 「업(UP)」 비평문 _이동진 | 104 |
| 수능으로 실력 쌓기 | | 108 |

**Ⅳ 듣기·말하기**

| 개념 따라잡기 | | 116 |
| DAY 18 | 발표하기 | 118 |
| DAY 19 | 협상하기 | 120 |
| 수능으로 실력 쌓기 | | 122 |

**Ⅴ 쓰기**

| 개념 따라잡기 | | 126 |
| DAY 20 | 보고하는 글 쓰기 | 128 |
| DAY 21 | 논증하는 글 쓰기 | 130 |
| 수능으로 실력 쌓기 | | 132 |

**Ⅵ 문법**

| 개념 따라잡기 | | 136 |
| DAY 22 | 중세 국어 | 138 |
| 개념 따라잡기 | | 140 |
| DAY 23 | 한글 맞춤법 | 144 |
| 수능으로 실력 쌓기 | | 146 |

 **Ⅶ 매체**

| 개념 따라잡기 | | 150 |
| DAY 24 | 매체 비평 | 152 |
| DAY 25 | 매체의 변화 | 154 |
| 수능으로 실력 쌓기 | | 156 |

# 운문 문학


01 제망매가 / 가시리

02 청산별곡 / 서경별곡

03 강호사시가 / 만흥

04 속미인곡 / 나룻배와 행인

05 한 그리움이 다른 그리움에게 / 진달래꽃

# 무엇을 배울까?

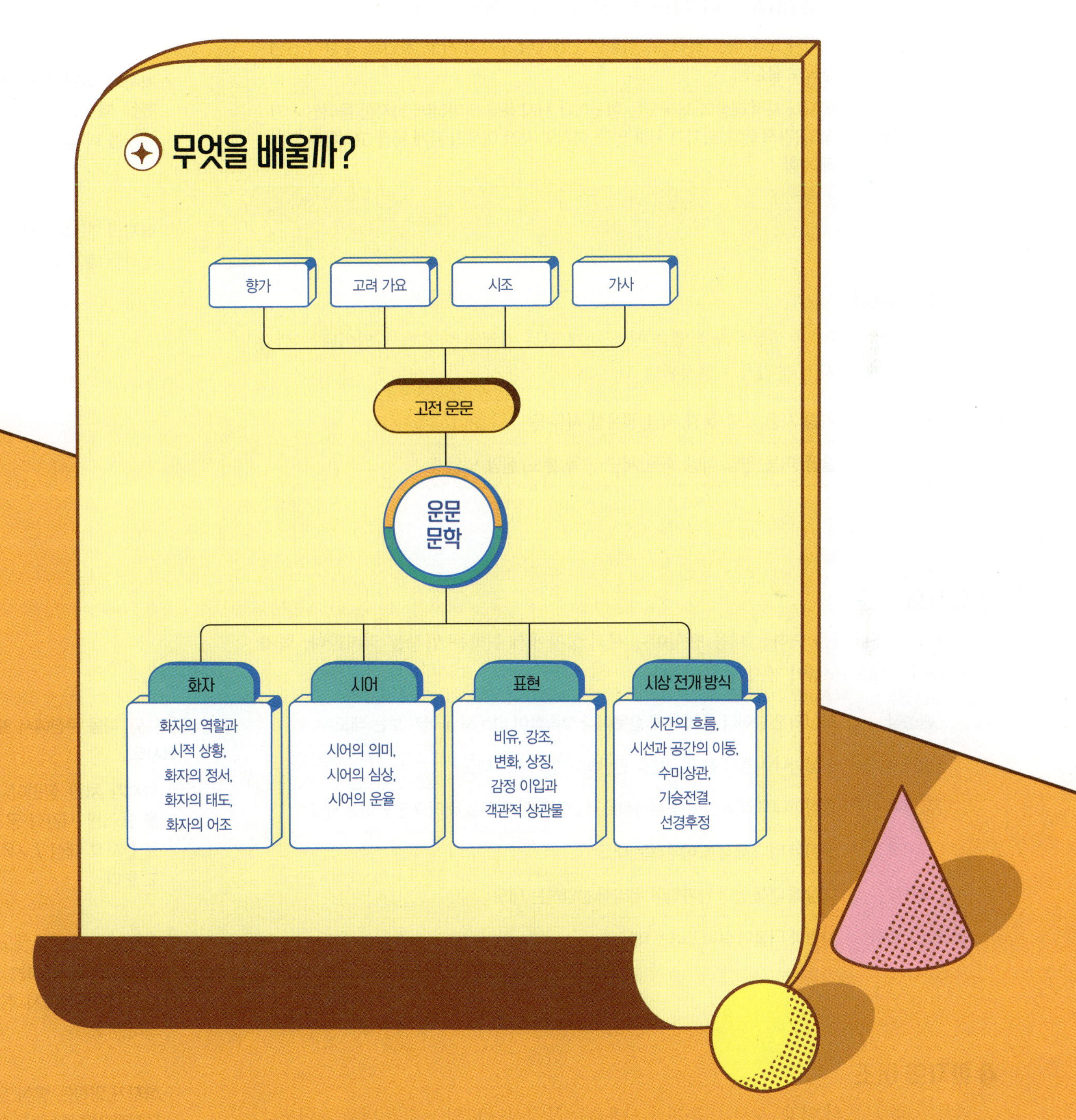

향가
고려 가요
시조
가사

고전 운문

운문
문학

화자
시어
표현
시상 전개 방식

화자의 역할과
시적 상황,
화자의 정서,
화자의 태도,
화자의 어조

시어의 의미,
시어의 심상,
시어의 운율

비유, 강조,
변화, 상징,
감정 이입과
객관적 상관물

시간의 흐름,
시선과 공간의 이동,
수미상관,
기승전결,
선경후정

## 01 화자

### 1 화자의 역할과 시적 상황

작품 속 화자가 누구인지, 어떤 대상을 노래하는지, 어떤 시적 상황에 처해있는지 등을 통해 시를 이해한다.

| 시적 화자 | 화자는 작품 속에서 이야기하는 존재로, 시인이 자신의 생각이나 정서를 효과적으로 전달하기 위해 의도적으로 설정한 허구적 대리인을 말함. |
|---|---|
| 시적 대상 | 화자가 노래하는 대상으로, 특정한 인물이나 구체적 사물, 자연물, 추상적 관념 등으로 설정됨. |
| 시적 상황 | 화자나 시적 대상이 처해 있는 형편이나 처지 등을 의미하며, 화자를 둘러싼 시간적·공간적 배경, 화자가 처한 입장, 화자와 시적 대상의 관계 등을 고려하여 파악해야 함. |

### 2 화자의 정서

화자가 어떤 상황이나 대상을 인식했을 때 느끼게 되는 감정과 마음속에 일어나는 생각으로, 이에 따라 시적 분위기가 형성된다.

| 긍정적 | 기쁨, 사랑, 소망, 동경, 희망, 평온함, 자유 등 |
|---|---|
| 부정적 | 슬픔, 미움, 원망, 이별, 죽음, 체념, 고독, 분노, 절망, 억압 등 |

### 3 화자의 태도

화자가 시적 대상을 대하는 대응 방식이나 시적 상황에서 취하는 입장을 의미한다. 화자의 정서와 태도는 섞여 제시되기도 한다.

| 반성적 | 자신의 언행이나 삶에 대해 잘못이나 부족함이 없는지 돌이켜 보는 태도 |
|---|---|
| 비판적 | 현상이나 사물의 옳고 그름을 판단하여 밝히려는 태도 |
| 체념적 | 현실이나 미래의 상황을 부정적으로 판단하여 희망을 버리고 단념하는 태도 |
| 의지적 | 결심한 바나 목적을 이루려는 태도 |
| 예찬적 | 대상에 대해 높이 평가하여 우러러 찬양하는 태도 |
| 자연 친화적 | 자연과 더불어 살아가려는 태도 |

### 4 화자의 어조

말하는 방식, 말의 억양, 강세 등 화자가 사용하는 특징적인 말의 느낌과 말투를 어조라고 한다. 어조는 화자의 정서나 태도를 반영하여 주제를 형상화하는 데 기여한다.



---

### ✦ 개념 확인하기

**[1~3]** 다음 설명이 맞으면 ○, 틀리면 × 표시하시오.

**1** 시적 화자는 작품 속에서 시인이 전달하고자 하는 생각이나 정서를 대신하여 이야기하는 존재이다.

( ○ , × )

**2** 화자가 어떤 상황이나 사물을 접했을 때 느끼는 감정이나 마음속 생각을 화자의 정서라고 한다.

( ○ , × )

**3** 화자의 정서는 시적 분위기를 형성하는 데에 영향을 주지 않는다.

( ○ , × )

**[4~6]** 다음 문장에서 알맞은 말을 고르시오.

**4** 화자가 처한 형편이나 처지, 화자를 둘러싼 시간적·공간적 배경 등을 ( 시적 대상 / 시적 상황 )이라고 한다.

**5** 화자의 ( 정서 / 태도 )는 화자가 시적 대상을 대하는 대응 방식이나 시적 상황에서 취하는 입장을 의미한다.

**6** 화자가 말하는 방식, 억양, 강세 등 특징적 말투를 ( 정서 / 태도 / 어조 )라고 한다.

# 02 시어

## 1 시어의 의미

시어는 시에서 쓰인 말로, 사전적 의미에 한정되지 않고 시 속에서 새롭게 형성된 의미, 즉 다양한 의미를 내포하는 함축적 의미를 지닌다.

## 2 시어의 심상(이미지)

시어에 의해 마음속에 그려지는 구체적 형상이나 그것으로부터 떠오르는 감각적인 인상을 말한다.

• 감각적 심상

| | |
|---|---|
| 시각적 심상 | 형태 묘사나 색채어 등을 사용하여 눈으로 보는 듯한 느낌을 주는 심상<br>예 하늘이 파랗다. / 쌓인 눈이 햇빛처럼 밝다. |
| 청각적 심상 | 귀로 듣는 듯한 느낌을 주는 심상<br>예 멀리서 종소리가 울렸다. / 참새가 지저귄다. |
| 후각적 심상 | 코로 냄새를 맡는 듯한 느낌을 주는 심상<br>예 밥 짓는 냄새가 좋다. / 방에 꽃향기가 가득하다. |
| 미각적 심상 | 혀로 맛을 보는 듯한 느낌을 주는 심상<br>예 달콤한 꿀 같은 성공 / 실패는 커피 맛처럼 쓰다. |
| 촉각적 심상 | 피부에 닿는 듯한 느낌을 주는 심상<br>예 어머니의 따뜻한 품 속 / 딱딱한 책상 모서리 |
| 공감각적 심상 | 하나의 감각을 다른 종류의 감각으로 전이하여 표현하는 심상<br>예 너의 목소리는 달콤해.(청각의 미각화) / 누나의 따가운 눈초리(시각의 촉각화) |

• 추상적 심상

시적 대상에서 떠오르는 관념적 이미지로, 대상의 특징이나 속성을 통해 연상되는 이미지이다.

예 상승과 하강, 생성과 소멸, 밝음과 어둠, 방랑과 정착 등

## 3 시어의 운율

시를 읽을 때 느껴지는 말의 가락으로, 시 속에 내재된 음악적 요소를 포함한 규칙적 질서를 통해 형성된다.

| | |
|---|---|
| 음운의 반복 | 유사하거나 동일한 음운을 반복하여 운율을 형성함.<br>예 너랑 나랑 노루랑 놀러 가자. |
| 음보나 음절의 반복 | 호흡의 단위나 글자 수를 규칙적으로 반복하여 운율을 형성함.<br>예 꿩 먹고∨알 먹고∨도랑 치고∨가재 잡고 → 4음보 |
| 문장 구조의 반복 | 구절이나 행을 이루는 유사하거나 동일한 문장 구조를 반복하여 운율을 형성함.<br>예 양말은 서랍에, 겉옷은 옷장에, 빨래는 빨래 통에 넣자. |
| 음성 상징어의 사용 | 소리를 흉내 내는 의성어, 동작을 흉내 내는 의태어를 사용하여 운율을 형성함.<br>예 보글보글 끓던 물이 이제는 부글부글 끓어오른다. |



[7~8] 다음 설명이 맞으면 ○, 틀리면 × 표시하시오.

7 시어는 시 속에서 새롭게 형성된 다양한 의미 즉 함축적 의미를 지닌다. (○, ×)

8 하나의 감각을 다른 종류의 감각으로 전이하여 표현하는 심상을 공감각적 심상이라고 한다. (○, ×)

[9~10] 다음 문장에서 알맞은 말을 고르시오.

9 '온 세상에 가득한 매화 향기'에는 ( 후각적 / 미각적 ) 심상이 드러난다.

10 '숲속에 퍼지는 푸른 새소리'는 공감각적 심상이 쓰인 표현으로, 청각의 ( 시각화 / 촉각화 )가 드러난다.

[11~12] 다음 빈칸에 들어갈 알맞은 말을 쓰시오.

11 시를 읽을 때 느껴지는 말의 가락을 ( )(이)라고 한다.

12 유사한 음운이나 일정한 음보, 유사하거나 동일한 문장 구조가 ( )되면 운율이 형성된다.

## 03 표현

### 1 비유

표현하려는 대상이나 관념을 그와 유사한 다른 대상이나 관념에 빗대어 표현하는 방법이다.

| 직유법 | 원관념과 보조 관념을 '듯이', '처럼', '같이'와 같은 말로 직접적으로 연결하여 표현하는 방법<br>예 얼굴색이 사과처럼 빨갛다.<br>　　우리 집 강아지는 사람같이 않는다. |
| --- | --- |
| 은유법 | 원관념과 보조 관념을 'A는 B이다.'의 방식으로 연결하여 표현하는 방법<br>예 내 친구는 숲이다. 항상 나를 품어 준다. |
| 의인법 | 인간이 아닌 사물이나 관념을 인간처럼 표현하는 방법<br>예 꽃이 즐겁게 웃는다.<br>　　나무들은 우리를 용서해 주었다. |
| 활유법 | 생명이 없는 무생물을 살아 있는 존재처럼 표현하는 방법<br>예 기억의 저편에서 추억이 날아왔다.<br>　　해가 산 위를 뛰어오른다. |
| 대유법 | 어떤 대상의 일부분이나 특징을 통해 그 대상 자체나 전체를 표현하는 방법<br>예 요람에서 무덤까지.<br>　　인간은 빵만으로 살 수 없다. |

### 2 강조

특정 부분을 강조하여 생각이나 감정을 인상적으로 표현하는 방법이다.

| 과장법 | 어떤 대상을 실제보다 훨씬 더하거나 덜하게 나타내는 방법<br>예 집채만 한 멧돼지를 보았다.<br>　　삼촌은 키가 전봇대만큼 크다. |
| --- | --- |
| 반복법 | 같거나 유사한 말을 반복하여 의미를 강조하는 방법<br>예 얘도 꽃이고, 쟤도 꽃이고, 너도 꽃이야. 우리 모두는 아름다운 꽃이야. |
| 대조법 | 뜻이나 정도 등이 반대되는 대상이나 내용을 대립시키는 방법<br>예 하얀 눈 위에 새빨간 장미 한 송이가 피어 있다. |
| 영탄법 | 감탄사나 감탄형 어미 등을 사용하여 감정을 강하고 간절하게 표현하는 방법<br>예 아아, 참 즐거운 날들이었다.<br>　　아름다워라! 내 청춘이여! |
| 열거법 | 서로 비슷하거나 같은 계열의 단어나 구절을 나열하는 방법<br>예 나는 복숭아도, 포도도, 사과도, 자두도, 체리도, 망고도, 참외도 좋아해. |
| 점층법 | 대상에 대한 표현 강도를 점차 높여 나타내는 방법<br>예 웃음이 좋다. 너의 웃음이 좋다. 사랑스러운 너의 웃음이 좋다. |
| 연쇄법 | 앞 구절의 마지막 말을 뒤 구절의 앞 말로 반복하여 제시하는 방법<br>예 원숭이 엉덩이는 빨개. 빨가면 사과. 사과는 맛있어. |



---



**[13~15]** 다음 설명이 맞으면 ○, 틀리면 × 표시하시오.

**13** 원관념과 보조 관념을 '듯이', '처럼', '같이'와 같은 말로 연결하여 표현하는 방법을 은유법이라고 한다.　　　　　( ○ , × )

**14** 생명이 없는 무생물을 살아 있는 존재처럼 표현하는 방법을 의인법이라고 한다.　　　　　( ○ , × )

**15** 대상의 일부분이나 특징을 통해 그 대상 자체나 전체를 표현하는 방법을 대유법이라고 한다.
　　　　　　　　　　　( ○ , × )

**[16~18]** 다음 문장에서 알맞은 말을 고르시오.

**16** 감탄사나 감탄형 어미 등을 사용하여 감정을 강하고 간절하게 표현하는 방법을 ( 과장법 / 영탄법 )이라고 한다.

**17** '손톱만 한 불빛이 주먹만 해지더니 어느새 머리만 해졌다.'에는 ( 점층법 / 연쇄법 )이 쓰였다.

**18** ( 대조법 / 열거법 )은 뜻이나 정도 등이 반대되는 대상이나 내용을 대립시키는 표현 방법이다.

## 3 변화

문장에 변화를 주어 단조로움을 없애고 의미를 강조하는 방법이다.

| | |
|---|---|
| 반어법 | 표현 효과를 높이기 위해 겉으로 표현한 내용과 실제 말하고자 하는 내용을 서로 반대로 표현하는 방법<br>예 (비속어를 많이 사용하는 사람에게) 말을 참 아름답게 하는구나. |
| 역설법 | 표면적으로는 논리적 모순이 있으나 그 안에는 중요하거나 진심을 담은 뜻을 표현하는 방법<br>예 황홀한 슬픔의 시간을 보내다. |
| 설의법 | 쉽게 판단할 수 있는 사실을 의문의 형식으로 표현하여 강조하는 방법<br>예 세상은 얼마나 아름다운가? |
| 대구법 | 유사한 구조의 구절이 대응되어 운율을 형성하고 의미를 강조하는 방법<br>예 네가 웃으면 나도 웃을 거야. 네가 울면 나두 울 거야. |
| 도치법 | 일반적인 문장의 어순을 따르지 않고 문장 성분의 배열을 바꾸어 표현하는 방법<br>예 보인다. 너의 얼굴이. |

## 4 상징

인간의 감정, 사상 등 추상적인 내용을 구체적인 사물로 대신 표현하는 방법이다. 비유와 달리 원관념이 드러나지 않으며, 원관념과 보조 관념 사이에 유사성이 없다.

| | |
|---|---|
| 관습적 상징 | 같은 공동체의 사람들끼리 오랫동안 사용함으로써 보편적인 의미가 된 상징<br>예 비둘기(평화), 대나무(절개) 등 |
| 원형적 상징 | 신화나 전설 등과 관련된 것으로 인류의 오랜 역사 속에서 형성되어 여러 사람들에게 유사한 정서나 의미를 불러일으키는 상징<br>예 빛(근원, 신성), 물(풍요, 생명) 등 |

## 5 감정 이입과 객관적 상관물

| | |
|---|---|
| 감정 이입 | 화자의 감정을 대상에 이입하여 마치 대상이 그렇게 느끼고 생각하는 것처럼 표현하는 방법. 감정 이입의 주체와 대상의 감정이 동일함.<br>예 사슴의 무리도 슬피 운다. / 떨어져 나가 앉은 산 위에서 / 나는 그대의 이름을 부르노라.     - 김소월, 「초혼」 |
| 객관적 상관물 | 화자가 자신의 감정을 효과적으로 나타내기 위해 사용한 구체적인 대상. 그 대상과 주체의 감정이 일치할 수도 있고 일치하지 않을 수도 있음.<br>예 펄펄 나는 저 꾀꼬리는 / 암수가 서로 노니는데 / 외로울 사 이내 몸은 / 뉘와 함께 돌아갈꼬     - 유리왕, 「황조가」 |



**[19~20]** 다음 문장에 들어갈 알맞은 말을 고르시오.

**19** 문장에 변화를 주어 단조로움을 없애고 의미를 강조하는 방법은 ( 비유 / 강조 / 변화 )이다.

**20** ( 감정 이입 / 객관적 상관물 )은 화자의 감정을 대상 속에 이입시켜 대상이 그렇게 느끼고 생각하는 것처럼 표현하는 방법이다.

**[21~23]** 다음 설명이 맞으면 ○, 틀리면 × 표시하시오.

**21** 겉으로 표현한 내용과 실제 말하고자 하는 내용을 반대로 표현하는 방법은 역설법이다.    ( ○ , × )

**22** 일반적인 문장의 어순을 따르지 않고 문장 성분의 배열을 바꾸어 표현하는 방법은 대구법이다.    ( ○ , × )

**23** 상징은 비유와 달리 원관념이 드러나지 않으며, 인간의 감정, 사상 등 추상적인 내용을 구체적인 사물로 대신 표현하는 방법이다.    ( ○ , × )

**[24~25]** 다음 빈칸에 들어갈 알맞은 말을 쓰시오.

**24** '타야 할 버스를 놓치다니 참 운수가 좋다.'에 쓰인 표현 방법은 (      )이다.

**25** (      )은/는 쉽게 알 수 있는 사실을 의문의 형식으로 표현하여 의미를 강조하는 방법이다.

## 04 시상 전개 방식

'시상'은 시에 담긴 시인의 생각이나 관념을 말한다. 따라서 '시상 전개'란 이러한 시인의 생각을 일정한 질서와 규칙에 따라 배열하는 것을 의미한다.

### 1 시간의 흐름

시간의 변화, 계절의 순환, 시대의 흐름 등의 순서에 따라 시상을 전개하는 방식이다.

| 순행적 구성 | 시간의 순서대로 시상이 전개되는 구성을 말함.<br>예 과거 → 현재 → 미래, 봄 → 여름 → 가을 → 겨울, 아침 → 낮 → 저녁 등 |
| --- | --- |
| 역순행적 구성 | 자연적인 시간의 흐름과는 달리 현재에서 과거로 거슬러 가는 구성, 혹은 과거로 갔다가 다시 현재로 돌아오는 구성을 말함. |

### 2 시선과 공간의 이동

| 시선의 이동 | 화자의 시선이 원경 → 근경, 위 → 아래 등으로 옮겨지면서 시상이 전개되는 것을 말함.<br>예 우리 집 지붕은 파란색이다. 우리 마을은 파란색의 집합이다. |
| --- | --- |
| 공간의 이동 | 화자가 있는 장소가 이동됨에 따라 시상이 전개되는 것을 말함.<br>예 교실에 가니 친구를 만났고, 공원에 가니 자연을 만났다. |

### 3 수미상관(首尾相關)

시의 처음과 끝에 동일하거나 유사한 시구를 배치하는 방식을 말한다. 시에 구조적(형태적) 안정감과 균형감을 주고 운율을 느끼게 하며 주제를 강조하는 효과가 있다.

> 예 김소월의 시 「진달래꽃」에서 첫 연과 끝 연에 '나보기가 역겨워 / 가실 때에는 ~우리다.'라는 문장 형태가 반복하여 나타난다.

### 4 기승전결(起承轉結)

한시의 전통적인 시상 전개 방식으로, '기(시상의 제기) → 승(시상의 심화) → 전(시상의 전환) → 결(시상의 집약)'로 이루어진다.

### 5 선경후정(先景後情)

사물이나 자연을 그리듯 묘사한 것을 먼저 제시하고 이에 대한 화자의 정서를 표현하는 방법이다.

> 예 한식(寒食) 비 온 밤의 봄빗치 다 퍼졌다 ─┐ 선경<br>　　무정(無情)훈 화류(花柳)도 때를 아라 픠엿거든 ─┘<br>　　엇더타 우리의 님은 가고 아니오눈고 ─ 후정<br>　　　　　　　　　　　　　　　　　　　　　　　　 – 신흠, 「방옹시여」



---



[26~28] 다음 설명이 맞으면 ○, 틀리면 × 표시하시오.

26 '시상'은 시에 담긴 독자의 생각이나 관념을 말한다. （○, ×）

27 자연적인 시간의 흐름대로 시상이 전개되는 구성을 순행적 구성이라고 한다. （○, ×）

28 화자나 시적 대상이 위치하는 장소가 이동함에 따라 시상이 전개되는 것을 공간의 이동에 따른 시상 전개라고 한다. （○, ×）

[29~31] 다음 빈칸에 들어갈 알맞은 말을 쓰시오.

29 (　　　　　)은/는 시의 처음과 끝에 동일하거나 유사한 시구를 배치하는 방식을 말한다.

30 (　　　　　)은/는 '시상의 제기 – 시상의 심화 – 시상의 전환 – 시상의 집약'의 4단계로 구성된다.

31 (　　　　　)(이)란 사물이나 자연을 그리듯 묘사한 것을 먼저 제시하고 이에 대한 화자의 정서를 표현하는 방식을 말한다.

# 05 고전 운문

## 1 향가

| 개념 | 향찰(한자의 음과 뜻을 빌린 표기 체계)로 기록된 신라 시대의 노래 |
| --- | --- |
| 형식 | • 4구체, 8구체, 10구체로 나뉨.<br>• 10구체 향가는 낙구에 '아으'와 같은 감탄사가 쓰이며, 가장 정제된 형태로 평가받음. |
| 특징 | 10구체 향가는 주로 학식과 덕망을 겸비한 승려나 화랑이 지어 '불교적 세계관, 신성한 것에 대한 경외심, 나라에 대한 걱정' 등을 노래함. |

## 2 고려 가요

| 개념 | 고려 시대에 평민 계층이 지은 노래 |
| --- | --- |
| 형식 | 3음보의 분연체 구성이며, 후렴구를 사용하여 음악적 경쾌함을 살림. |
| 특징 | • 주로 남녀 간의 사랑, 자연의 모습, 삶의 애환 등 일상적 삶과 관련된 내용을 노래함.<br>• 구전되다가 조선 시대에 훈민정음이 창제된 이후 문자로 기록됨. |

## 3 시조

| 개념 | | 고려 중기에 발생하여 조선 시대에 이르기까지 지어진 대표적 시가 문학 |
| --- | --- | --- |
| 형식 | | 평시조는 3장 6구 45자 내외, 4음보 형식을 기본으로 하고, 종장의 첫 어절은 3음절로 고정함. |
| 특성 | | • 양반 계층이 주 작자층인 평시조는 유교 사상이 주된 내용을 이룸.<br>• 조선 후기에 이르러 향유층이 확장되어 다양한 주제의 시조가 창작됨. |
| 세부 갈래 | 평시조 | 시조의 기본 형식을 갖춘 시조 |
| | 연시조 | 평시조가 두 수 이상 엮여서 일관된 체계에 따라 연결된 시조 |
| | 사설시조 | 평시조의 세 장 중 어느 장이 두 구 이상 길어진 형태의 시조 |

## 4 가사

| 개념 | 조선 전기부터 자리 잡은 연속체 형태의 시가 양식 |
| --- | --- |
| 형식 | • 3·4조(4·4조)의 음수율을 지닌 4음보 연속체 형식임.<br>• '서사 - 본사 - 결사'의 구조임.<br>• 마지막 행은 글자 수가 평시조의 종장과 일치하는 경우(정격 가사)가 많음. |
| 특징 | • 조선 전기에는 주로 사대부들이 창작하였으나, 조선 후기에는 양반 부녀자와 평민 계층도 창작에 참여함.<br>• 양반 가사는 유교적 사상을 노래한 작품이 주를 이루고, 평민 가사와 규방 가사는 일상적 삶과 감정을 다룬 작품이 주를 이룸. |

---

### ✦ 개념 확인하기

**[32~34]** 다음 설명이 맞으면 ○, 틀리면 × 표시하시오.

**32** 향가는 신라 시대 때부터 지금까지 창작되는 전통이 깊은 고전 시가 갈래이다. ( ○, × )

**33** 10구체 향가는 가장 정제된 향가의 형태로 낙구에 감탄사가 나타나는 특징이 있다. ( ○, × )

**34** 고려 가요의 주 작자층은 평민 계층으로, 고려 가요는 일상적 삶과 관련한 내용을 주로 노래하였다. ( ○, × )

**[35~37]** 다음 문장에 들어갈 알맞은 말을 고르시오.

**35** ( 연시조 / 사설시조 )는 평시조의 3장 중 어느 장이 두 구 이상 길어진 형태의 시조이다.

**36** 평시조의 종장 첫 어절은 ( 3음절 / 4음절 )이다.

**37** ( 시조 / 가사 )는 연속체 형태로, 장편의 시가 문학이다.

# ① 제망매가(祭亡妹歌) | 월명사



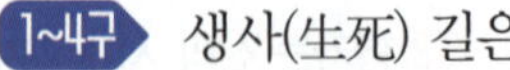

**학습 포인트**



• 화자의 태도와 정서
• 향가의 특징과 그 계승

**1~4구** 생사(生死) 길은

ⓐ예 있으매 머뭇거리고,

나는 간다는 말도

못다 이르고 어찌 갑니까.

**5~8구** 어느 가을 이른 바람에

이에 저에 떨어질 잎처럼,

한 가지에 나고

가는 곳 모르온저.

**9~10구** 아아, ⓑ미타찰(彌陀刹)에서 만날 나
불교에서 말하는 극락 중에서 아미타불이 관장하는 서방 정토
도(道) 닦아 기다리겠노라.

**✦ 배경 설화**

신라 시대의 고승인 월명사가 죽은 누이를 추모하는 재(사람이 죽으면 그날로부터 49일이 되는 날 치르는 불교식 제사 의례로, 윤회 의식을 바탕으로 함.)를 지낼 때 이 노래를 지어 불렀다. 그러자 갑자기 회오리바람이 불어 저승 가는 길에 여비로 쓰라고 관 속에 넣어 두었던 종이돈이 극락세계가 있다고 알려진 서쪽으로 날아 갔다고 한다.

# 핵심 정리하기

## ◆ 작품 개관

| 갈래 | 10구체 향가 |
|---|---|
| 성격 | 추모적, 애상적 |
| 제재 | 누이의 죽음 |
| 주제 | 죽은 누이에 대한 추모와 슬픔의 종교적 승화 |
| 특징 | • 불교의 윤회 사상이 드러남.<br>• 함축적 의미를 지닌 시어로 화자의 정서를 감각적으로 형상화함. |

## ✦ 시상 전개에 따른 화자의 정서

| 1~4구 | 누이의 죽음으로 인한 안타까운 심정 |
|---|---|

↓

| 5~8구 | 누이의 죽음에서 느끼는 삶의 무상함에 대한 고뇌 |
|---|---|

↓

| 9~10구 | 슬픔과 고뇌의 종교적 승화와 누이와의 재회에 대한 다짐 |
|---|---|

## ✦ 감탄사 '아아'의 역할

| 형식적 측면 | 내용적 측면 |
|---|---|
| 10구체 향가의 형식적 특징으로, 화자의 정서를 집약하고 내용을 전환하며 시상을 마무리함. | 앞부분에서 심화된 화자의 고뇌와 슬픔을 표현함. |

## ✦ 10구체 향가의 특징과 시가 문학의 전통

| 10구체 향가의 특징 |
|---|
| 통일 신라 시대부터 번성한 향가는 4구체, 8구체, 10구체로 나뉘는데, 10구체 향가는 그중 가장 정제된 형태임. |

↓

| 계승된 시가 문학의 전통 |
|---|
| • 향가는 대체로 시상을 세 부분(4구-4구-2구)으로 나누는데, 이 구성은 시조(서사-본사-결사)의 형식적 전통으로 계승되었다고 볼 수 있음.<br>• 향가의 세 번째 부분의 첫머리에 들어간 감탄사는 시조 종장에 나타나는 감탄사의 모습으로 계승됨. |

# 내신 올리기

**01** 이 시가에 대한 설명으로 적절하지 <u>않은</u> 것은?

① 내용상 '4구-4구-2구'의 세 부분으로 나누어진다.

② 승려 신분의 작자가 누이를 잃고 창작한 시가이다.

③ 불교적 사상에 바탕을 두고 종교적 승화를 통해 시상을 마무리했다.

④ 시적 대상인 누이의 이른 죽음을 '이른 바람'이라는 시어로 표현했다.

⑤ '한 가지에 나고'는 각자 다른 삶을 산 화자와 누이를 표현한 시구이다.

**02** 이 시가의 시상 전개에 따른 화자의 정서와 태도를 다음과 같이 정리할 때, 적절하지 <u>않은</u> 것은?

| 1~4구 | • 누이의 죽음을 안타까워함. ⋯⋯⋯⋯ ① |
|---|---|
| 5~8구 | • 누이의 죽음에서 삶의 무상함을 느낌. ⋯⋯ ②<br>• 삶의 무상함을 느끼고 고뇌함. ⋯⋯⋯⋯ ③ |
| 9~10구 | • 누이와 사별한 슬픔을 종교적으로 승화함. ⋯ ④<br>• 누이와 현실에서의 재회를 기약함. ⋯⋯⋯ ⑤ |

**03** 이 시가에서 〈보기〉에 해당하는 시어를 찾아 쓰시오.

| 보기 |

• 화자의 정서가 응축된 표현으로, 시의 내용을 전환하는 효과가 있다.
• 10구체 향가에서 공통적으로 나타나며 시조의 형식에도 영향을 미쳤다.

**고난도**

**04** 이 시가와 〈보기〉를 비교한 내용으로 적절하지 <u>않은</u> 것은?

| 보기 |

오백 년(五百年) ⓐ도읍지(都邑地)를 필마(匹馬)로 도라드니,
산천(山川)은 의구(依舊)ㅎ되 인걸(人傑)은 간 듸 없다.
어즈버 ⓑ태평연월(太平烟月)이 꿈이런가 ㅎ노라.

– 길재

① 이 시가와 〈보기〉의 화자는 모두 상실감을 느끼고 있다.

② 〈보기〉는 이 시가의 형식적 특징을 계승했다고 볼 수 있다.

③ 이 시가와 달리 〈보기〉는 4음보의 뚜렷한 율격을 지니고 있다.

④ 이 시가의 ㉠과 〈보기〉의 ⓐ는 모두 화자가 그리워하는 공간이다.

⑤ 이 시가의 ㉡은 재회에 대한 다짐을 표현하고, 〈보기〉의 ⓑ는 과거에 대한 허망한 정서를 심화한다.

## ② 가시리 | 작자 미상



**학습 포인트**
- 화자의 정서와 태도
- '셜온 님'의 다양한 의미



**1** ㉠가시리 가시리잇고 나는
　브리고 가시리잇고 나는
　　　위 증즐가 대평셩디(大平盛代)

**2** ㉡날러는 엇디 살라 ᄒ고
　브리고 가시리잇고 나는
　　　위 증즐가 대평셩디(大平盛代)

**3** ㉢잡ᄉ와 두어리마ᄂᆞᆫ
　㉣선ᄒ면 아니 올셰라
　　　위 증즐가 대평셩디(大平盛代)

**4** 셜온 님 보내ᅇᆞ노니 나는
　　서러운
　㉤가시ᄂᆞᆫ 둣 도셔 오쇼셔 나는
　　　위 증즐가 대평셩디(大平盛代)

**✦ 현대어 풀이**

가시렵니까? 가시렵니까?
(나를) 버리고 가시렵니까?

나는 어찌 살아가라고
버리고 가시렵니까?

잡아 두고 싶지만
서운하면 아니 오실까 두려워

서러운 임을 보내 드리니
가시자마자 돌아서서 오소서.

# 핵심 정리하기

## ◆ 작품 개관

| 갈래 | 고려 가요 |
|---|---|
| 성격 | 서정적, 민요적, 애상적 |
| 제재 | 임과의 이별 |
| 주제 | 이별의 정한(情恨) |
| 특징 | • 총 4연의 분연체 형식임.<br>• 여음과 후렴구가 반복되어 운율이 드러남.<br>• 간결하고 솔직한 어조로 임을 보내는 화자의 애절한 마음을 드러냄. |

## ◆ 화자가 처한 상황과 정서

| 1연 | 임이 떠나는 사실을 확인하며 이별을 안타까워함. |
|---|---|
| 2연 | 떠나는 임에 대한 원망을 드러냄. |
| 3연 | 떠나는 임이 돌아오지 않을까 염려하여 붙잡지 못하며, 체념함. |
| 4연 | 가시자마자 돌아오라며 임과의 재회를 소망함. |

## ◆ 이 시가의 운율 형성 요소

| 시구의 사용 | '가시리 가시리잇고 / 부리고 가시리잇고': 3·3·2조, 3음보, aaba 구조를 사용하여 음악적 효과를 줌. |
|---|---|
| 여음 | '나는': 특별한 의미 없이 악률을 맞추기 위해 사용된 여음이 반복됨. |
| 후렴구 | '위 증즐가 대평셩디': 각 연의 끝에 반복적으로 사용된 후렴구로, 이 시가의 분위기와 맞지 않으나 궁중 음악으로 수용되면서 첨가된 것으로 보임. |

## ◆ '셜온 님'의 의미

| 이별을 서러워하는 임 | 임 역시 이별을 서러워하는 상황으로 해석됨. |
|---|---|
| 화자를 서럽게 하는 임 | 임이 화자를 떠난 상황으로 해석됨. |

# 내신 올리기

**01** 이 시가에 대한 설명으로 적절하지 <u>않은</u> 것은?

① '과거−현재−과거'의 흐름으로 시상이 전개되고 있다.

② 임과의 재회를 소망하는 화자의 태도가 드러나고 있다.

③ 우리 민족의 전통적 정서인 이별의 정한을 노래하고 있다.

④ 구비 전승되다가 궁중 음악으로 수용되었음을 짐작할 수 있다.

⑤ 간결하고 솔직한 어조로 임에 대한 화자의 감정을 표현하고 있다.

**02** 이 시가의 운율 형성 방법으로 적절하지 <u>않은</u> 것은?

① 3음보, 3·3·2조로 운율을 형성하고 있다.

② aaba 구조를 사용하여 음악적 효과를 주고 있다.

③ '나는'이라는 의미 없는 여음을 반복하여 악률을 맞추고 있다.

④ 각 연의 끝에 '위 증즐가 대평셩디'를 반복하여 운율감을 주고 있다.

⑤ 처음과 끝에 같은 시구를 배치하여 운율을 형성하고 형태적 안정감을 주고 있다.

**03** 〈보기〉의 설명에 해당하는 시구를 이 시가에서 찾아 2어절로 쓰시오.

| 보기 |
• 이별을 서러워하는 임으로 해석하면 임 역시 이별을 슬퍼하는 상황으로 해석된다.
• 화자를 서럽게 하는 임으로 해석하면 임이 화자를 떠난 상황으로 해석된다.

★ 고난도

**04** ㉠~㉤에 대한 설명으로 적절하지 <u>않은</u> 것은?

① ㉠: 화자는 임이 떠난다는 사실을 거듭 확인하며 안타까워하고 있다.

② ㉡: 화자는 임 없이 살 수 없다며 떠나는 임에게 원망스러운 마음을 내보이고 있다.

③ ㉢: 화자는 떠나는 임을 붙잡겠다는 의지를 적극적으로 드러내고 있다.

④ ㉣: 화자는 임이 돌아오지 않을까 염려하여 임에 대한 감정을 절제하고 있다.

⑤ ㉤: 화자는 임이 가자마자 돌아오기를 바라는 소망을 표현하고 있다.

# ① 청산별곡(靑山別曲) | 작자 미상



**학습 포인트**
- 시어의 상징적 의미
- 화자에 따른 다양한 해석



**1** 살어리 살어리랏다 청산(靑山)애 살어리랏다.
멀위랑 ᄃᆞ래랑 먹고 청산(靑山)애 살어리랏다.
얄리얄리 얄랑셩 얄라리 얄라

**2** 우러라 우러라 ㉠새여 자고 니러 우러라 새여.
널라와 시름 한 나도 자고 니러 우니로라.
<u>너보다 시름 많은</u>
얄리얄리 얄라셩 얄라리 얄라

**3** 가던 새 가던 새 본다 ㉡믈 아래 가던 새 본다.
잉 무든 장글란 가지고 믈 아래 가던 새 본다.
얄리얄리 얄라셩 얄라리 얄라

**4** 이링공 뎌링공 ᄒᆞ야 나즈란 디내와손뎌.
<u>낮은 지내 왔건만</u>
오리도 가리도 업슨 ㉢바므란 ᄯᅩ 엇디 호리라.
얄리얄리 얄라셩 얄라리 얄라

**5** 어듸라 더디던 ㉣돌코 누리라 마치던 돌코.
믜리도 괴리도 업시 마자셔 우니노라.
<u>미워할 이도 사랑할 이도 없이</u>
얄리얄리 얄라셩 얄라리 얄라

**6** 살어리 살어리랏다 바ᄅᆞ래 살어리랏다.
ᄂᆞᄆᆞ자기 구조개랑 먹고 바ᄅᆞ래 살어리랏다.
<u>나문재</u>  <u>굴과 조개</u>
얄리얄리 얄라셩 얄라리 얄라

**7** 가다가 가다가 드로라 에졍지 가다가 드로라.
<u>외따로 떨어저 있는 부엌</u>
㉤사ᄉᆞ미 짒대예 올아셔 ᄒᆡ금(奚琴)을 혀거를
<u>장대</u>
드로라.
얄리얄리 얄라셩 얄라리 얄라

**8** 가다니 ᄇᆡ브른 도긔 설진 강수를 비조라.
<u>강한 술</u>
조롱곳 누로기 ᄆᆡ와 잡ᄉᆞ와니 내 엇디 ᄒᆞ리잇고.
<u>조롱박꽃. 잘 익은 누룩을 비유적으로 표현함</u>
얄리얄리 얄라셩 얄라리 얄라

## 핵심 정리하기

### ✚ 작품 개관

| 갈래 | 고려 가요 |
|---|---|
| 성격 | 애상적, 현실 도피적, 체념적 |
| 제재 | 청산, 바다 |
| 주제 | 삶의 고통과 비애에서 벗어나고 싶은 마음 |
| 특징 | • 3·3·2조와 3음보의 율격이 드러남.<br>• 후렴구를 반복하고, 울림소리인 'ㄹ', 'ㅇ'을 활용해 운율감을 조성함. |

### ✦ 소재의 상징적 의미

| 1연 '청산', 6연 '바다' | 괴로운 현실을 벗어날 수 있는 도피처, 화자의 이상향 |
|---|---|
| 2연 '새' | 화자가 동병상련을 느끼는 존재(감정 이입의 대상) |
| 3연 '새' | 속세에 대한 미련을 떠올리게 하는 대상 |
| 4연 '밤' | 절대적이고 극대화된 고독의 시간 |
| 5연 '돌' | 가혹하고 피할 수 없는 운명 |
| 8연 '강수' | 현실의 고통과 괴로움을 잊게 하는 도구 |

### ✦ 이 시가의 대칭적 구조

| 1~4연 '청산' | 화자는 현실을 벗어나 청산에서 살고 싶지만 떠나온 속세에 미련이 남아 있으며 밤이 되자 절망적 고독을 느낌. |
|---|---|
| 5~8연 '바다' | 화자는 바다에서 살고 싶어 하며 기적이 일어나기를 바라고, 술로써 고뇌를 해소하고자 함. |

### ✦ 화자에 대한 다양한 견해

| 유랑민 | 혼란스러운 현실에서 터전을 잃고 떠돌아다니는 민중 |
|---|---|
| 실연한 사람 | 실연의 슬픔에 방황하는 사람 |
| 좌절한 지식인 | 자신의 뜻을 이루지 못해 자연으로 도망친 지식인 |

## 내신 올리기

**01** 이 시가에 대한 설명으로 적절한 것은?

① 4음보의 율격으로 운율을 형성한다.

② 자문자답의 형식으로 시상을 전개한다.

③ 화자의 정서를 직접적으로 표현한 후렴구를 반복한다.

④ 자신이 처한 문제에 적극적으로 대응하는 화자의 태도가 드러난다.

⑤ 5연과 6연의 순서를 바꾸면 1~4연과 5~8연이 구조적 대칭을 이룬다.

**02** 이 시가의 '청산'과 '바다'가 의미하는 바로 적절한 것은?

① 과거의 삶을 성찰할 수 있는 자아 성찰의 매개체

② 자연을 감상하며 유유자적할 수 있는 친근한 공산

③ 삶의 비애에서 벗어나고 싶은 마음에서 찾는 도피처

④ 생계를 유지하기 위해 열심히 일해야 하는 삶의 현장

⑤ 가혹하고 고달픈 현실을 극복하고 도달한 이상적 세계

**03** ㉠~㉤의 의미로 적절하지 <u>않은</u> 것은?

① ㉠ 새: 화자의 분신이자 화자가 동병상련을 느끼는 감정 이입의 대상

② ㉡ 물 아래: '청산', '바다'와 의미상 대비되는 공간

③ ㉢ 밤: 화자가 견뎌 내야 하는 절망적인 고독의 시간

④ ㉣ 돌: 화자의 의지와 무관한 피할 수 없는 인간의 숙명적인 삶

⑤ ㉤ 사슴: 화자에게 또 다른 고통을 주는 존재

**고난도**

**04** 이 시가의 화자에 따라 작품을 감상한 내용으로 적절하지 <u>않은</u> 것은?

| 화자 | 감상 |
|---|---|
| 실연한 사람 | • 화자는 실연의 슬픔에 세상을 벗어나고자 하는 사람으로 볼 수 있어. ……① <br>• 5연의 '믜리도 괴리도 업시'는 미워할 이도 사랑할 이도 없다는 의미로 화자의 외로움을 드러내고 있어. ……② |
| 유랑인 | • 화자는 농민이었으나 혼란스러운 시대 상황에 떠밀려 삶의 터전에서 쫓겨난 사람일 거야. ……③ <br>• 3연의 '가던 새'는 '갈던 밭이랑'을 의미해서 농사 짓던 시절을 떠올리는 것으로 해석할 수 있어. ……④ |
| 좌절한 지식인 | • 뜻을 이루지 못하여 자연으로 숨어든 지식인으로 본다면, '잉 무든 장글란'은 '먼지가 쌓인 관복은'으로 이해할 수 있어. ……⑤ |

## 2 서경별곡(西京別曲) | 작자 미상

**학습 포인트**
• 화자의 정서와 태도
• 시어의 의미와 역할

1  ㉠서경(西京)이 아즐가 서경이 셔울히마르는
위 두어렁셩 두어렁셩 다링디리

2  닷곤 디 아즐가 닷곤 디 쇼셩경 고외마른
닦은(낡고 헌 것을 고친) 곳 / 사랑하지마는
위 두어렁셩 두어렁셩 다링디리

3  여히므론 아즐가 여히므론 ㉡질삼뵈 브리시고
이별하기보다는 / 길쌈하던 베
위 두어렁셩 두어렁셩 다링디리

4  괴시란디 아즐가 괴시란디 우러곰 좃니노이다
사랑하신다면, 사랑해주신다면 / 울면서
위 두어렁셩 두어렁셩 다링디리

5  구슬이 아즐가 구슬이 바회예 디신돌
떨어진들
위 두어렁셩 두어렁셩 다링디리

6  ㉢긴힛쭌 아즐가 긴힛쭌 그츠리잇가 나는
끈이야 / 끊어지겠습니까
위 두어렁셩 두어렁셩 다링디리

7  즈믄 히를 아즐가 즈믄 히를 외오곰 녀신돌
천 년 / 외로이 / 지낸들
위 두어렁셩 두어렁셩 다링디리

8  신(信)잇둔 아즐가 신잇둔 그츠리잇가 나는
위 두어렁셩 두어렁셩 다링디리

9  대동강(大同江) 아즐가 대동강 너븐디 몰라셔
위 두어렁셩 두어렁셩 다링디리

10  비 내어 아즐가 비 내어 노흔다 ㉣샤공아
놓았느냐
위 두어렁셩 두어렁셩 다링디리

11  네 가시 아즐가 네 가시 럼난디 몰라셔
각시, 아내
위 두어렁셩 두어렁셩 다링디리

12  녈 비예 아즐가 녈 비예 연즌다 샤공아
가는 배에, 떠나갈 배에 / 얹었느냐, 태웠느냐
위 두어렁셩 두어렁셩 다링디리

13  대동강 아즐가 대동강 건너편 ㉤고즐여
꽃을
위 두어렁셩 두어렁셩 다링디리

14  비 타들면 아즐가 비 타들면 것고리이다 나는
꺾을 것입니다
위 두어렁셩 두어렁셩 다링디리

# 핵심 정리하기

## ✦ 작품 개관

| | |
|---|---|
| 갈래 | 고려 가요 |
| 성격 | 애상적, 서정적, 비유적 |
| 제재 | 임과의 이별 |
| 주제 | 이별의 정한(情恨) |
| 특징 | • 설의적 표현을 사용해 임에 대한 사랑을 나타냄.<br>• 여음과 후렴구를 사용해 운율감을 형성함. |

## ✦ 여음과 후렴구의 사용

| | |
|---|---|
| 여음 | '아즐가', '나ᄂᆞᆫ'을 사용하여 가락을 맞추고 운율을 형성함. |
| 후렴구 | '위 두어렁셩 다링디리'를 모든 연의 끝에 반복하여 운율을 형성하고, 구조적 안정감을 줌. |

## ✦ 시상 전개에 따른 화자의 태도

| | |
|---|---|
| 1~4연 | 임을 위해 자신의 삶의 터전을 버리고 임을 따르겠다는 적극적인 태도를 보임. |
| 5~8연 | 구슬과 끈에 빗대어 임에 대한 영원한 사랑과 믿음을 맹세함. |
| 9~14연 | 임을 배에 싣고 떠나는 사공에 대한 원망과 임이 다른 여인을 만날지 모른다는 질투심을 드러냄. |

## ✦ 시어의 의미와 역할

| | |
|---|---|
| 질삼뵈 | 화자의 생업과 화자의 성별(여성)을 알 수 있음. |
| 구슬 | 화자와 임의 관계를 의미함. |
| 바위 | 사랑을 방해하는 방해물임. |
| 끈 | 임에 대한 화자의 사랑과 믿음을 드러냄. |
| 대동강 | 임과의 단절을 의미하는 공간임. |
| 사공 | 원망의 대상. 임에 대한 원망을 투영함. |
| 꽃 | 다른 여인. 화자의 불안한 심리가 투영됨. |

# 내신 올리기

**01** 이 시가의 갈래상 특징으로 적절한 것은?

① 주술적인 의미를 지닌 노래로 불리어졌다.

② 한 연으로 구성되었으나 의미상 세 부분으로 나누어진다.

③ 귀족층에서 향유되다가 평민들에게까지 향유층이 확장되었다.

④ 신라 시대에 지어졌으나 훈민정음 창제 이후 문자로 기록되었다.

⑤ 남녀 간의 사랑, 삶의 애환 등 일반 백성들의 정서를 표현하였다.

**02** 이 시가의 표현상 특징으로 적절하지 <u>않은</u> 것은?

① 화자의 마음을 다른 대상에 빗대어 설명하고 있다.

② 자연물을 의인화하여 화자의 감정을 이입하고 있다.

③ 임과 이별하는 공간, 이별을 매개하는 대상을 드러내고 있다.

④ 대조적 성격의 소재를 대비하여 화자의 마음을 강조하고 있다.

⑤ 설의적 표현을 사용하여 화자가 말하고자 하는 바를 강조하고 있다.

**03** ㉠~㉤에 대한 설명으로 적절하지 <u>않은</u> 것은?

① ㉠: 지금의 평양을 의미하며, 화자의 삶의 터전인 공간적 배경이다.

② ㉡: 길쌈하던 베를 의미하며, 화자가 여성임을 나타내는 소재이다.

③ ㉢: 임에 대한 사랑이 영원할 것임을 나타내는 소재이다.

④ ㉣: 임을 떠나보내는 자신의 처지를 빗대어 표현하는 대상이다.

⑤ ㉤: 임이 만날 다른 여자를 의미하며, 화자의 불안한 심리가 투영된 소재이다.



**04** 이 시가를 바탕으로 영화를 제작할 때, 고려할 내용으로 적절하지 <u>않은</u> 것은?

① 등장인물들의 의상은 고려 시대의 평민 복장으로 준비해 주세요.

② 촬영 장소는 배가 건너갈 수 있을 만큼 큰 강가로 섭외해 주세요.

③ 이별의 상황과 어울릴 수 있는 슬픈 음악을 배경 음악으로 선정해 주세요.

④ 주요 등장인물로 화자 역할에 젊은 여성을, '임' 역할에 젊은 남성을 섭외해 주세요.

⑤ 남자 주인공이 여자 주인공을 떠나지 못하고 자꾸 뒤돌아보는 장면을 촬영해 주세요.

# ① 강호사시가(江湖四時歌) | 맹사성

**학습 포인트**

어디까지 배운 걸까? 1일 · 3일 · 5일

• 계절 변화에 따른 화자의 모습
• '강호'의 상징적 의미

**제1수** ㉠강호(江湖)에 봄이 드니 미친 흥(興)이 절로 난다

탁료계변(濁醪溪邊)에 금린어(錦鱗魚)가 안주(安酒)로다
　막걸리를 마시며 노는 시냇가　　싱싱한 물고기 또는 쏘가리
이 몸이 한가(閒暇)하옴도 역군은(亦君恩)이샷다


**제2수** 강호(江湖)에 여름이 드니 초당(草堂)에 일이 없다
　　　　　억새나 짚으로 지붕을 이은 작은 초가집
유신(有信)한 강파(江波)는 보내나니 바람이로다
　신의가 있는　　강의 물결
이 몸이 서늘하옴도 역군은(亦君恩)이샷다


**제3수** 강호(江湖)에 가을이 드니 고기마다 살쪄 있다

소정(小艇)에 그물 실어 흘러가는 대로 띄워 던져두고
　작은 배
이 몸이 소일(消日)하옴도 역군은(亦君恩)이샷다
어떤 일에 재미를 붙여 심심하지 않게 시간을 보내는 것


**제4수** 강호(江湖)에 겨울이 드니 눈 깊이 한 자가 넘네
　　　　　　　　　길이의 단위
삿갓 빗기 쓰고 누역(縷繹)으로 옷을 삼아
　도롱이(눈이나 비를 막는 옷)의 옛말
이 몸이 춥지 아니하옴도 역군은(亦君恩)이샷다

## 핵심 정리하기

### ◆ 작품 개관

| | |
|---|---|
| 갈래 | 연시조, 정형시 |
| 성격 | 풍류적, 낭만적, 전원적 |
| 제재 | 강호의 사계절 |
| 주제 | 강호에서 자연을 즐기며 임금의 은혜에 감사하는 삶 |
| 특징 | • 각 수가 동일한 구조로 반복됨으로써 형태적 안정감을 줌.<br>• 대유법, 대구법, 의인법 등 다양한 표현 방법을 활용함. |

### ◆ 반복되는 각 수의 기본 구성과 그 효과

| 각 수의 기본 구성 | |
|---|---|
| 초장 | 강호에 ~이 드니 ~ |
| 중장 | 각 계절에 따른 생활 모습 |
| 종장 | 이 몸이 ~도 역군은이샷다 |

↓ 반복

| 효과 | • 형식적 통일성을 통해 구조적 안정감과 운율감을 형성함.<br>• 화자가 지닌 유교적 충의를 효과적으로 전달함. |
|---|---|

### ◆ 계절 변화에 따른 화자의 모습

| | |
|---|---|
| 제1수<br>봄 | 시냇가에서 풍류를 즐기며 봄의 흥취를 느낌. |
| 제2수<br>여름 | 초당에서 한가하게 시원한 강바람을 즐김. |
| 제3수<br>가을 | 작은 배로 고기를 잡으며 소일을 함. |
| 제4수<br>겨울 | 많은 눈이 내린 가운데서도 안분지족을 느낌. |

### ◆ '강호'의 상징적 의미

| 강호 | 자연과 조화를 이루는 한가로운 삶을 표현함. |
|---|---|

↓

• 자연을 벗 삼아 안분지족하는 공간
• 임금에 대한 충성을 다짐하는 공간

## 내신 올리기

**01** 이 시가에 대한 설명으로 적절하지 <u>않은</u> 것은?

① 음성 상징어를 활용하여 생동감을 부여하고 있다.

② 자연에 인격을 부여하여 친근함을 강조하고 있다.

③ 동일한 문장 구조를 반복하여 형태적 안정감을 주고 있다.

④ 각 계절에 따른 화자의 생활 모습이 구체적으로 드러나고 있다.

⑤ 각 수를 동일한 시구로 마무리하여 말하고자 하는 바를 부각하고 있다.

**02** 〈보기〉의 구조를 참고하여 이 시가를 이해한 내용으로 적절하지 <u>않은</u> 것은?

┤ 보기 ├

ⓐ 봄 → ⓑ 여름 → ⓒ 가을 → ⓓ 겨울

① ⓐ에는 흥겨운 삶의 모습이 나타나 있다.

② ⓑ에는 한가로운 삶을 사는 화자의 모습이 나타나 있다.

③ ⓑ에 서늘하게, ⓓ에 춥지 않게 지낸다고 하는 긍정적 인식이 나타나 있다.

④ ⓒ에는 풍성한 계절에 욕심 없이 살아가는 삶의 태도가 나타나 있다.

⑤ ⓒ에서 ⓓ로 이어지면서 노동을 통해 풍요로워지는 모습이 나타나 있다.

**03** ㉠의 의미로 적절한 것은?

① 화자가 돌아가고자 하는 고향

② 세속적 고뇌에서 벗어날 수 있는 도피처

③ 자연 속에 숨어서 자유롭게 살 수 있는 곳

④ 사람들과 함께 평등하게 살아갈 수 있는 이상향

⑤ 자연과 함께 안분지족하는 삶을 살 수 있는 공간

**[ 고난도 ]**

**04** 〈보기〉를 바탕으로 이 시가를 감상한 내용으로 적절하지 <u>않은</u> 것은?

┤ 보기 ├

이 시가는 작가의 유교적 이상이 실현된 상황에서 창작된 것으로, 개인적으로는 자연 속에서 평안한 삶을 살아가는 모습이 드러나고 공적으로는 임금에 대한 감사가 나타나 있다.

① 자연을 즐기는 흥취를 '미친 흥'이라고 표현하고 있군.

② 자신이 '한가'하게 사는 것을 임금의 은혜로 돌리고 있군.

③ '소일'을 하며 관직에 나아가고자 하는 의지를 표현하고 있군.

④ '누역'을 입어도 임금 덕에 춥지 않다며 임금에게 감사하고 있군.

⑤ 자연 속에서의 삶을 추구하면서 신하로서의 충정을 표현하고 있군.

## ❷ 만흥(漫興) | 윤선도



**학습 포인트**
- 화자가 지향하는 삶의 태도
- 속세와 자연을 대비한 시어



**제1수** 산슈간(山水間) 바회 아래 뛰집을 짓노라 ᄒ니,
　　　　　　　　　　　　띠풀로 만든 초가집
그 모론 놈들은 욷는다 혼다마는,

어리고 햐암의 뜻의는 내 분(分)인가 ᄒ노라.
향암(鄕闇). 시골에서 지내 온갖 사리에 어둡고 어리석은 사람

**제2수** 보리밥 풋ᄂ물을 알마초 머근 후(後)에,

바횟긋 믉ᄀ의 슬ᄏ지 노니노라.
　　　　　　　　실컷
그 나믄 녀나믄 일이야 부룰줄이 이시랴.

**제3수** 잔 들고 혼자 안자 먼 뫼흘 ᄇ라보니,

그리던 님이 오다 반가옴이 이리ᄒ랴.

말솜도 우움도 아녀도 몯내 됴하ᄒ노라.

**제4수** 누고셔 삼공(三公)도곤 낫다 ᄒ더니 만승(萬乘)이 이만ᄒ랴.
　　　　　삼정승. 영의정, 좌의정, 우의정을 이름　　　수레 만 개. 천자 또는 천자의 자리를 이름
이제로 헤어든 소부(巢父) 허유(許由) ㅣ 냑돗더라.
　　　　　　　　　요임금 때 자연 속에서 숨어 살던 인물들
아마도 임천한흥(林泉閑興)을 비길 곳이 업세라.
　　　　자연 속에서 지내며 느끼는 한가한 흥취

**제5수** 내 셩이 게으르더니 하ᄂ히 아ᄅ실샤,

인간만사(人間萬事)를 혼 일도 아니 맛뎌,
　　　인간 세상의 모든 일　　　　　　　맡겨
다만당 ᄃ토리 업슨 강산(江山)을 딕희라 ᄒ시도다.
　　　　다툴 이　　　　　　　　　지키라

**제6수** 강산(江山)이 됴타 혼들 내 분(分)으로 누얻ᄂ냐.

님군 은혜(恩惠)를 이제 더욱 아노이다.

아ᄆ리 갑고쟈 ᄒ야도 히올 일이 업세라.
　　　　　　　　　　할 수 있는 일

# 핵심 정리하기

## ◆ 작품 개관

| 갈래 | 평시조, 연시조 |
|---|---|
| 성격 | 자연 친화적, 자족적 |
| 제재 | 자연에서의 삶 |
| 주제 | 속세를 떠나 자연에 묻혀 사는 즐거움 |
| 특징 | • 우리말의 아름다움이 잘 드러남.<br>• 속세와 자연의 대비를 통해 화자의 안분지족하는 삶의 자세를 드러냄. |

### ✦ 속세와 자연의 대비를 통해 드러난, 화자가 지향하는 삶의 모습

| 속세 | | 자연 |
|---|---|---|
| 그 모론 놈들 | | 산슈간 바회 아래, 뛰집 |
| 그 나믄 녀나믄 일 | ↔ | 보리밥 픗ㄴ물, 바횟긋 묽ㄱ |
| 그리던 님 | | 먼 뫼 |
| 삼공, 만승 | | 임천한흥 |
| 인간만사, 두토리 | | 하눌, 강산 |

속세와 자연의 대비를 통해 자연 속에서 안분지족하는 모습을 부각함. 부귀공명을 추구하는 속세의 삶보다 자연과 함께하는 삶에 만족함.

### ✦ 〈제6수〉에 드러난 작자의 태도

〈제6수〉에서 화자는 자연 속에서 한가롭게 지낼 수 있는 것을 임금 덕분이라고 생각함.

↓

작자는 사대부로서 임금에 대한 충정을 드러냄.

# 내신 올리기

**01** 이 시가의 특징으로 적절하지 <u>않은</u> 것은?

① 일반적으로 한 수가 3장 6구 45자 내외로 구성된다.

② 일부 장의 길이를 늘려 주제를 구체적으로 제시한다.

③ 한 장을 네 번에 끊어 읽는 4음보의 율격이 드러난다.

④ 평시조 여러 수를 유기적으로 묶은 형식으로 이루어진다.

⑤ 우리말의 묘미를 살린 표현을 사용하여 주제를 나타낸다.

**02** 이 시가의 화자가 지닌 태도를 나타내는 한자 성어로 적절한 것은?

① 무위도식(無爲徒食)　　② 호가호위(狐假虎威)　　③ 안빈낙도(安貧樂道)

④ 사필귀정(事必歸正)　　⑤ 우화등선(羽化登仙)

**03** 〈보기〉를 바탕으로 이 시가의 〈제1수〉를 감상할 때 적절하지 <u>않은</u> 것은?

┤ 보기 ├

| [A] 속세에서의 삶 | ⟷ | [B] 자연에서의 삶 |
|---|---|---|

① '뛰집'은 [A]를 상징하는 공간으로 볼 수 있겠군.

② '그 모론 놈들'은 [A]를 선호하기 때문에 '웃는' 것이겠군.

③ '산슈간 바회 아래'는 [B]의 터전이라 할 수 있겠군.

④ '하암'은 [B]를 지향하는 화자 자신을 겸손하게 이르는 표현이겠군.

⑤ '내 분인가 ᄒᆞ노라'는 [A]와 [B]를 비교한 후 얻은 화자의 깨달음에 해당하겠군.

★ 고난도

**04** 이 시가와 〈보기〉의 공통점으로 적절한 것은?

┤ 보기 ├

공명(功名)도 날 씌우고 부귀(富貴)도 날 씌우니
청풍명월(淸風明月) 외(外)예 엇던 벗이 잇스올고
단표누항(簞瓢陋巷)에 훗튼 혜음 아니 ᄒᆞ니
아모타 백년행락(百年行樂)이 이만ᄒᆞᆫ둘 엇지ᄒᆞ리

– 정극인, 「상춘곡」 중에서

① 속세를 떠난 자연 친화적인 삶을 예찬하고 있다.

② 평민 계층의 일상적인 정서와 감정이 드러나 있다.

③ 소박한 삶에 대한 만족을 반어적으로 드러내고 있다.

④ 나라와 임금에 대한 충정을 직접적으로 표현하고 있다.

⑤ 현실적인 태도로 사회에 대해 비판적으로 그리고 있다.

# 04

## ① 속미인곡(續美人曲) | 정철



**학습 포인트**

어디까지 배운 걸까? 1일 · · 4일 · 5일

• 화자에 대입한 작자의 상황
• 시어의 상징적 의미

**◆ 현대어 풀이**

| | |
|---|---|
| **서사** 뎨 가는 뎌 각시 본 듯도 ᄒᆞ뎌이고 | 저기 가는 저 각시 본 듯도 하구나 |
| 텬샹(天上) 빅옥경(白玉京)을 엇디ᄒᆞ야 니별(離別)ᄒᆞ고<br><sub>하늘 위에 옥황상제가 산다고 하는 곳</sub> | 천상 백옥경을 어찌하여 이별하고 |
| 히 다 뎌 져믄 날의 눌을 보라 가시ᄂᆞᆫ고 | 해 다 져 저문 날에 누굴 보러 가시는가 |
| 어와 네여이고 이내 스셜 드러 보오<br><sub>잔소리와 푸념</sub> | 어와 너로구나 이내 이야기를 들어 보오 |
| 내 얼굴 이 거동이 님 괴얌 즉ᄒᆞᆫ가마ᄂᆞᆫ | 내 모습 이 거동이 임이 사랑함 직한가마는 |
| 엇딘디 날 보시고 네로다 녀기실ᄉᆡ | 어쩐지 날 보시고 너로구나 여기시기에 |
| 나도 님을 미더 군ᄠᅳ디 젼혀 업서 | 나도 임을 믿어 딴생각 전혀 없어 |
| 이릭야 교틱야 어ᄌᆞ러이 ᄒᆞ돗썬디<br><sub>아양    아양을 부리는 태도</sub> | 아양이며 교태며 어지럽게 하였던지 |
| 반기시ᄂᆞᆫ 늣비치 녜와 엇디 다ᄅᆞ신고 | 반기시는 얼굴빛이 옛날과 어찌 달라졌는가 |
| 누어 싱각ᄒᆞ고 니러 안자 혜여ᄒᆞ니 | 누워 생각하고 일어나 앉아 헤아리니 |
| 내 몸의 지은 죄 뫼ᄀᆞ티 빠혀시니 | 내 몸의 지은 죄 산같이 쌓였으니 |
| ㉠하ᄂᆞᆯ히라 원망ᄒᆞ며 사ᄅᆞᆷ이라 허믈ᄒᆞ랴 | 하늘을 원망하며 사람을 탓하겠는가 |
| 셜워 플텨혜니 조믈(造物)의 타시로다 | 서러워 생각하니 조물주의 탓이로다 |
| **본사** 글란 싱각 마오 ᄆᆡ친 일이 이셔이다 | 그것일랑 생각 마오 맺힌 일이 있습니다 |
| 님을 뫼셔 이셔 님의 일을 내 알거니 | 임을 모셔 봐서 임의 일을 내 알거니 |
| 믈 ᄀᆞᄐᆞᆫ 얼굴이 편ᄒᆞ실 적 몃 날일고 | 물 같은 몸이 편하실 때 몇 날일까 |
| 츈한고열(春寒苦熱)은 엇디ᄒᆞ야 디내시며<br><sub>봄의 추위와 여름의 더위</sub> | 봄추위 여름 더위는 어떻게 지내시며 |
| 츄일동텬(秋日冬天)은 뉘라셔 뫼셧ᄂᆞᆫ고<br><sub>가을과 겨울의 날씨</sub> | 가을철 겨울철은 누가 모셨는가 |
| 쥭조반(粥早飯) 죠셕(朝夕) 뫼 녜와 ᄀᆞᆺ티 셰시ᄂᆞᆫ가<br><sub>아침 식사 전에 먹는 죽과 아침저녁으로 먹는 밥</sub> | 죽조반 아침저녁 진지는 예전과 같이 올리시는가 |
| 기나긴 밤의 좀은 엇디 자시ᄂᆞᆫ고 | 기나긴 밤에 잠은 어찌 주무시는가 |

# 핵심 정리하기

## ◆ 작품 개관

| 갈래 | 서정 가사, 양반 가사 |
|---|---|
| 성격 | 서정적, 애상적 |
| 제재 | 임을 그리워하는 마음 |
| 주제 | 임에 대한 그리움과 슬픔 |
| 특징 | • 두 여인의 대화 형식으로 시상을 전개함.<br>• 우리말 표현의 아름다움을 잘 살림. |

## ✦ 제목 '속미인곡'의 의미

| 속(續) | 미인(美人) | 곡(曲) |
|---|---|---|
| 잇다 | 임(임금) | 노래 |

정철의 또 다른 가사 '사미인곡(思美人曲)'의 속편으로, 임금에 대한 충정을 노래하고 있다는 의미임.

## ✦ 두 화자의 특징과 역할

| 여인 1 | • 보조 인물로 이 글의 전개와 종결을 도움.<br>• 여인 2에게 질문이나 위로를 하며 대화를 이끎. |
|---|---|
| 여인 2 | • 이 글의 주제를 구현하는 중심 화자임.<br>• 자신의 상황과 심정을 말하며 정서적 분위기를 주도함. |

## ✦ 이 시가의 창작 배경

| 작자의 상황 |
|---|
| 동인과 서인의 당쟁이 극심할 때, 탄핵을 받아 낙향을 한 상황에서 임금에 대한 충심을 나타냄. |

↓

이 시가는 충성스러운 신하가 임금을 연모하여 부르는 노래인 '충신연주지사(忠臣戀主之詞)'로 임금과 신하의 관계를 '임'(임금)과 '임을 그리워하는 여인 2'(작자)로 바꾸어 작자의 심정을 노래함.

# 내신 올리기

**01** 이 시가에 대한 설명으로 적절하지 <u>않은</u> 것은?

① 4음보 율격을 반복하여 운율을 형성하고 있다.

② '서사 – 본사 – 결사'의 구성으로 이루어져 있다.

③ 조선 시대에 시조와 더불어 창작되었던 가사 문학이다.

④ 「사미인곡」의 속편으로 임에 대한 마음을 노래하고 있다.

⑤ 제목의 '미인'은 이 시가에 등장하는 두 화자를 의미한다.

**02** 〈보기〉를 바탕으로 이 시가를 이해할 때, 적절하지 <u>않은</u> 것은?

| 보기 |

이 시가에 먼저 등장하는 화자를 '여인 1', 나중에 등장하는 화자를 '여인 2'라고 할 때, 이 시가는 두 여인이 대화 형식으로 이루어져 있다.

① 여인 1은 질문을 통해 여인 2의 사연을 이끌어 내고 있다.

② 여인 2는 여인 1에게 자신이 임과 이별한 상황을 말하고 있다.

③ 여인 2는 이별한 상황에서도 임에 대한 소식을 듣고 싶어 한다.

④ 여인 1은 여인 2가 임과 이별한 사연을 듣고 여인 2를 위로하고 있다.

⑤ 여인 1은 임과 이별한 이유가 여인 2에게 있다며 잘못을 지적하고 있다.

**03** ㉠에 드러난 화자의 심리로 가장 적절한 것은?

① 자신을 버린 임을 원망하고 있다.

② 잘못의 원인을 자신에게 돌리고 있다.

③ 임과의 재회를 하늘에 소망하고 있다.

④ 이별의 이유를 다른 사람에게서 찾고 있다.

⑤ 임에게 자신의 잘못에 대한 용서를 구하고 있다.

**고난도**

**04** 〈보기〉를 바탕으로 이 시가를 감상할 때, 적절하지 <u>않은</u> 것은?

| 보기 |

정철이 관직에 머무르던 조선 선조 때는 동인과 서인의 당쟁이 극심했고, 서인의 중심축이던 정철은 동인의 탄핵을 받고 벼슬에서 물러나 낙향했다. 이때 정철은 자신의 결백함과 임금에 대한 변함없는 충정을 드러내고자 「사미인곡」과 「속미인곡」을 창작했다.

① 화자가 그리워하는 '님'은 당시 임금인 '선조'라고 할 수 있겠군.

② 임과 이별한 '각시'는 탄핵을 당해 낙향한 '정철'이라고 할 수 있겠군.

③ '군ᄠᅳ디 견혀 업서'는 정철이 자신의 결백함을 드러낸 것이겠군.

④ '빅옥경'을 이별했다는 것은 벼슬에서 물러난 상황을 의미할 수 있겠군.

⑤ '조믈'의 탓이라고 한 것으로 보아 '조믈'은 '동인'을 의미하는 것이겠군.

# 1 속미인곡 | 정철

**✦ 현대어 풀이**

임 계신 곳 소식을 어떻게든 알고자 하니

오늘도 거의 저물었구나 내일이나 사람 올까

내 마음 둘 데 없다 어디로 가자는 말인가

잡거니 밀거니 높은 산에 올라가니

구름은 물론이거니와 안개는 무슨 일인가

산천이 어두운데 해와 달을 어찌 보며

지척을 모르는데 천 리를 바라보랴

차라리 물가에 가 뱃길이나 보려 하니

바람이야 물결이야 어수선하게 되었구나

사공은 어디 가고 빈 배만 걸려 있는가

강가에 혼자 서서 지는 해를 굽어보니

임 계신 곳 소식이 더욱 아득하구나

초가집 찬 자리에 밤중에 돌아오니

벽에 걸린 푸른 등은 누굴 위해 밝았는가

오르며 내리며 헤매며 서성대니

잠깐 동안 힘이 다해 풋잠을 잠깐 드니

정성이 지극하여 꿈에 임을 보니

옥 같은 얼굴이 반 넘어 늙었구나

마음에 먹은 말씀 실컷 아뢰려고 하니

눈물이 바로 나니 말씀인들 어찌 하며

정회를 못다 풀어 목까지 메는데

방정맞은 새벽닭 소리에 잠은 어찌 깨었던가

어와 헛된 일이로다 이 임이 어디 갔는가

잠결에 일어나 앉아 창을 열고 바라보니

기없은 그림자가 나를 좇을 뿐이로다

차라리 죽어서 지는 달이나 되어서

임 계신 창 안에 환하게 비추리라

각시님, 달은 물론이거니와 굳은비나 되십시오

님 다히 쇼식(消息)을 아므려나 아쟈 ᄒ니

오ᄂ올도 거의로다 ᄂ이일이나 사ᄅ롬 올가

내 ᄆ음 둘 ᄃ 업다 어드러로 가쟛 말고

잡거니 밀거니 놉픈 뫼히 올라가니

㉠구롬은 ᄏ니와 ㉡안개ᄂ 므스 일고

산천(山川)이 어둡거니 일월(日月)을 엇디 보며

지척(咫尺)을 모르거든 쳔 리(千里)를 ᄇ라보랴
아주 가까운 거리

ᄎ라리 믈ᄀ의 가 ᄇ빅길이나 보랴 ᄒ니

㉢ᄇ람이야 ㉣믈결이야 어둥졍 된뎌이고

샤공은 어ᄃ 가고 븬 ᄇ만 걸렷ᄂ고

강텬(江天)의 혼자 셔셔 디ᄂ 히ᄅ 구버보니

님 다히 쇼식(消息)이 더옥 아득ᄒ뎌이고

모쳠(茅簷) ᄎ 자리의 밤듕만 도라오니
초가지붕의 처마

반벽쳥등(半壁靑燈)은 눌 위ᄒ야 불갓ᄂ고
벽 가운데 걸린 푸른 등불

오ᄅ며 ᄂ리며 헤쓰며 바자니니

져근덧 녁진(力盡)ᄒ야 풋ᄌ춤을 잠간 드니
힘이 다하여 지쳐

정성(精誠)이 지극ᄒ야 ㉤ᄭ꿈의 님을 보니

옥(玉) ᄀ튼 얼구리 반(半)이 나마 늘거셰라

ᄆ음의 머근 말ᄉ숨 슬ᄏ장 ᄉ좁쟈 ᄒ니

눈믈이 바라 나니 말ᄉ숨인들 어이 ᄒ며

졍(情)을 못다 ᄒ야 목이조차 몌여 ᄒ니

오뎐된 계셩(鷄聲)의 ᄌ좀은 엇디 ᄭ띳돗던고
닭 울음소리

**결사** ▶ 어와 허ᄉ(虛事)로다 이 님이 어ᄃ 간고

결의 니러 안자 창(窓)을 열고 ᄇ라보니

어엿븐 그림재 날 조촐 ᄲᅵ이로다

ᄎ라리 싀여디여 낙월(落月)이나 되야이셔

님 겨신 창(窓) 안ᄒ 번드시 비최리라

각시님 ᄃ리야 ᄏ니와 구ᄌ즌비나 되쇼셔

## 핵심 정리하기

### ✦ 시어의 상징적 의미

| | |
|---|---|
| 놉픈 뫼,<br>믈ㄱ | 임을 보고 싶은 여인 2가 그 소망을 성취하기 위해 간 곳 |
| 구롬, 안개,<br>ㅂ람, 믈결,<br>계성 | 임과 여인 2의 사이를 가로막는 장애물 |
| 븬 비,<br>반벽청등 | 여인 2의 외로움을 강조하는 객관적 상관물 |
| 낙월 | 임이 계신 곳을 멀리서 잠깐만 비출 수 있다는 점에서 임에 대한 사랑을 수동적·소극적으로 드러내는 소재 |
| 구준비 | 임의 옷을 적시며 임의 가까이에 있을 수 있다는 점에서 임에 대한 사랑을 능동적·적극적으로 드러내는 소재 |

### ✦ 두 화자의 대화 양상

| | |
|---|---|
| 여인 1의<br>질문 | 백옥경을 떠난 이유를 물음. |
| ↓ | |
| 여인 2의<br>답변 | 임과 이별한 이유는 자신과 조물주에게 있다고 말함. |
| ↓ | |
| 여인 1의<br>위로 | 그런 생각을 하지 말기를 바람. |
| ↓ | |
| 여인 2의<br>하소연 | 임의 소식이 궁금하고, 꿈속에서나마 임을 보니 죽어서 낙월이라도 되어 임을 만나고 싶어 함. |
| ↓ | |
| 여인 1의<br>조언 | 달보다는 궂은비가 되라고 함. |

## 내신 올리기

**05** 〈보기〉를 바탕으로 이 시가를 이해한 내용으로 적절하지 **않은** 것은?

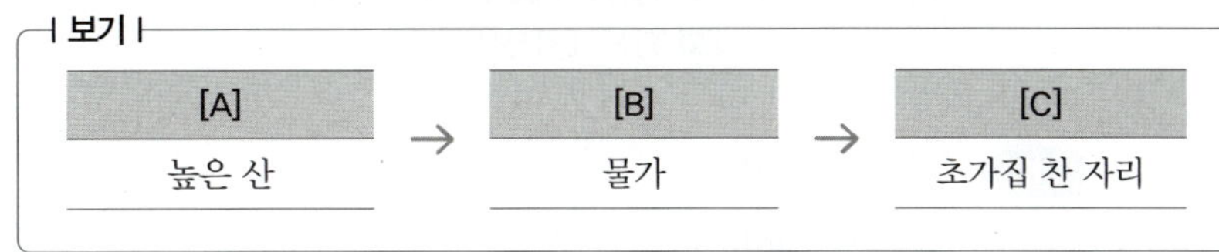


① 화자는 [A]에서 장애물로 인해 [B]로 이동했군.

② 화자는 임에 대한 소식을 듣고자 [A]와 [B]로 갔군.

③ [B]의 '븬 비'는 화자의 외로움을 강조하는 객관적 상관물이군.

④ 화자는 [C]로 이동한 후 임과의 이별을 받아들이기로 결심했군.

⑤ [A] → [B] → [C]로 이동했지만 화자는 바라는 것을 이루지 못했군.

**06** ㉠∼㉤ 중, 그 의미가 **다른** 것은?

① ㉠　　　② ㉡　　　③ ㉢　　　④ ㉣　　　⑤ ㉤

**07** 낙월 과 구준비 를 이해한 내용으로 적절하지 **않은** 것은?

① '낙월'은 소극적 태도, '구준비'는 적극적 태도를 드러낸다.

② '낙월'과 '구준비'는 임에 대한 여인 2의 사랑이 반영된 대상이다.

③ '낙월'과 '구준비'는 임과 함께하고 싶은 여인 2의 마음이 드러난다.

④ '낙월'에 비해 '구준비'는 임에게 더 가까이 다가갈 수 있는 소재이다.

⑤ '낙월'과 '구준비'는 자신을 알아주지 않는 임에 대한 원망이 담겨 있다.

**고난도**

**08** 〈보기〉로 보아 이 시가에서 여성을 화자로 설정한 효과로 적절한 것은?

보기

　　이 시가는 충성스러운 신하가 임금을 연모하여 부르는 노래인 충신연주지사로, 임금과 신하의 관계를 헤어진 임과 임을 그리워하는 여인으로 바꾸어 표현하고 있다.

① 이별의 상황을 회피하고 외면할 수 있다.

② 임금의 잘못을 간접적으로 지적할 수 있다.

③ 작자의 심정을 더욱 애절하게 전달할 수 있다.

④ 임금에 대한 충정을 직접적으로 드러낼 수 있다.

⑤ 작자가 처한 당시의 현실적 어려움을 사실적으로 그릴 수 있다.

## ② 나룻배와 행인 | 한용운



**학습 포인트**

어디까지 배운 걸까? 1일 ―●―●― 4일 ―5일

- '나'와 '당신'의 서로를 대하는 태도
- '나'와 '당신'의 상징적 의미

**1**　나는 나룻배
당신은 행인.

**2**　당신은 흙발로 나를 짓밟습니다.
ⓐ나는 당신을 안고 물을 건너갑니다.
나는 당신을 안으면 깊으나 옅으나 급한 여울이나 건너갑니다.

**3**　만일 당신이 아니 오시면 ⓑ나는 바람을 쐬고 눈비를 맞으며 밤에서 낮까지 당신을 기다리고 있습니다.
ⓒ당신은 물만 건너면 나를 돌아보지도 않고 가십니다그려.
그러나 ⓓ당신이 언제든지 오실 줄만은 알아요.
ⓔ나는 당신을 기다리면서 날마다 날마다 낡아 갑니다.

**4**　나는 나룻배
당신은 행인.

# 핵심 정리하기

## ◆ 작품 개관

| 갈래 | 자유시, 서정시 |
|---|---|
| 성격 | 상징적, 대조적 |
| 제재 | 나룻배와 행인 |
| 주제 | 인내와 희생을 통한 참된 사랑의 실천 |
| 특징 | • 은유와 상징을 사용하여 '나'와 '당신'의 관계를 대조적으로 설정하고, 주제를 효과적으로 드러냄.<br>• 수미상관의 구조로 형태적 안정감과 운율감을 줌. |

## ✦ '나'와 '당신'의 서로를 대하는 태도

| '나'(나룻배) | '당신'(행인) |
|---|---|
| • '당신'을 안고 물을 건너감.<br>• '당신'이 돌아올 것을 믿고 기다림. | • '나'를 흙발로 짓밟음.<br>• 물만 건너면 '나'를 돌아보지도 않고 떠남. |
| ↓ | ↓ |
| 헌신적이고 희생적인 태도 | 무관심하고 무정한 태도 |

## ✦ '나'를 나룻배에 비유한 이유

| '나' | = | 나룻배 |
|---|---|---|

행인을 기다렸다가 배에 태워 강을 건너는 나룻배의 특성을 통해, 대상에 대한 화자의 인내와 희생을 강조하여 주제를 효과적으로 드러내고 있음.

## ✦ '나'와 '당신'의 상징적 의미

| '나' | '당신' |
|---|---|
| 사랑하는 임을 기다리는 사람 | 사랑하는 사람을 떠나는 사람 |
| 진리를 찾는 종교의 구도자 → | 중생, 종교의 진리 |
| 조국의 독립을 바라는 사람 | 조국의 독립, 광복 |

# 내신 올리기

**01** 이 시의 표현상 특징에 대한 설명으로 적절하지 <u>않은</u> 것은?

① 수미상관의 구성으로 형태적 안정감을 주고 있다.

② 일정한 종결 어미를 반복하여 운율을 형성하고 있다.

③ 경어체를 사용하여 경건한 시적 분위기를 조성하고 있다.

④ 시적 대상의 대비되는 모습을 통해 '나'의 희생을 강조하고 있다.

⑤ 시행의 길이에 변화를 주어 시적 화자의 변화하는 감정을 표현하고 있다.

**02** ㉠~㉤ 중, '당신'에 대한 '나'의 태도가 드러난 구절로 적절하지 <u>않은</u> 것은?

① ㉠　　② ㉡　　③ ㉢　　④ ㉣　　⑤ ㉤

### 고난도

**03** 〈보기〉를 참고하여 이 시를 감상한 내용으로 적절하지 <u>않은</u> 것은?

| 보기 |

　독립운동가 겸 승려이자 시인인 한용운은 일제 강점에 대한 극복 의지를 담은 시를 주로 썼으며, 불교 사상을 담은 글을 써서 청년 운동에 앞장서기도 하였다.

① 시인의 입장에서 창작의 고통과 연관 짓는다면, '당신'은 '시'를 의미하겠군.

② 시인이 승려였다는 점에서 '당신'은 도달하기 힘든 불교적 진리로 볼 수 있겠군.

③ '나'를 부처의 가르침을 수행하는 사람으로 본다면, '당신'은 종교적 구원이 필요한 중생으로 볼 수 있겠군.

④ 독립운동과 관련짓는다면, '당신'은 조국과 민족을 억압하는 침략자를 의미하겠군.

⑤ 시인이 독립운동가인 점을 고려하면, '나'는 조국의 광복을 기다리는 사람을 의미하겠군.

# 1 한 그리움이 다른 그리움에게 | 정희성

- 시에 사용된 표현 방법과 효과
- '당신'에 대한 화자의 태도

㉠어느 날 당신과 내가

날과 씨로 만나서

㉡하나의 꿈을 엮을 수만 있다면

우리들의 꿈이 만나

한 폭의 비단이 된다면

나는 기다리리, 추운 길목에서

오랜 침묵과 외로움 끝에

한 슬픔이 다른 슬픔에게 ㉢손을 주고

한 그리움이 다른 그리움의

그윽한 눈을 들여다볼 때

어느 겨울인들

㉣우리들의 사랑을 춥게 하리

㉤외롭고 긴 기다림 끝에

어느 날 당신과 내가 만나

하나의 꿈을 엮을 수만 있다면

## 핵심 정리하기

### ◆ 작품 개관

| 갈래 | 자유시, 서정시 |
|---|---|
| 성격 | 서정적, 가정적, 의지적 |
| 제재 | '당신'을 향한 그리움 |
| 주제 | '당신'과의 재회에 대한 바람과 기다림 |
| 특징 | • 가정법을 사용하여 '당신'에 대한 그리움과 사랑을 강조함.<br>• 수미상관 구조로 화자의 정서를 부각함.<br>• 비단이라는 사물을 활용해 사랑이라는 추상적 감정을 구체적으로 표현함. |

### ✦ 시에 사용된 표현 방법과 효과

| 가정법 | '~있다면', '~된다면' 등으로 미래 상황을 가정하여 화자의 소망이 이루어지지 않은 현재의 상황을 드러내면서 그리움의 정서를 강조하고 여운을 남김. |
|---|---|
| 수미상관 | 시의 첫 부분과 끝 부분에 유사한 문장 구조를 반복하여 제시함으로써 시에 구조적 안정감을 부여하고 운율을 형성하며 시적 여운을 느끼게 함. |

### ✦ '당신'에 대한 화자의 태도

| 1~5행 | '당신'과 함께 결실을 만들고 싶은 간절한 마음을 드러냄. |
|---|---|
| 6~10행 | 어떠한 시련에도 인내하며 '당신'을 기다림. |
| 11~15행 | 기다림 끝에 '당신'과의 만남을 바람. |

### ✦ 시어의 의미

| 날(실) | '당신' |
|---|---|
| 씨(실) | 화자 |
| 꿈,<br>한 폭의 비단 | 아름다운 사랑의 결실 |
| 추운 길목,<br>오랜 침묵과<br>외로움, 겨울 | 화자가 직면한 암담하고 괴로운 현실 |

## 내신 올리기

**01** 이 시의 표현상 특징으로 적절하지 <u>않은</u> 것은?

① 문장의 어순을 바꾸어 화자의 의지를 강조하고 있다.

② 대상에 감정을 이입하여 화자의 심정을 드러내고 있다.

③ 가정적 표현을 사용하여 그리움의 정서를 심화하고 있다.

④ 상징적 시어를 활용하여 화자가 처한 현실을 드러내고 있다.

⑤ 유사한 문장 구조를 반복하여 사용해 시적 여운을 남기고 있다.

**02** 이 시에 나타난 화자의 태도를 이해한 내용으로 가장 적절한 것은?

① 힘든 현실에 절망하며 좌절하고 있다.

② 진정한 사랑을 이루기 위해 '당신'을 떠나보내고 있다.

③ 옛사랑의 추억을 회상하며 '당신'과의 재회를 기다리고 있다.

④ 자신의 꿈이 이루어질 수 없다는 불안함에 초조해하고 있다.

⑤ 자신의 바람을 위해 힘든 현실을 견뎌 내겠다는 의지를 보이고 있다.

**고난도**

**03** ㉠~㉤에 대한 설명으로 적절하지 <u>않은</u> 것은?

① ㉠: 현재가 아닌 미래의 시간을 나타낸다.

② ㉡: '당신'과 함께 이루는 사랑의 결실을 의미한다.

③ ㉢: 서로에게 전하는 위로와 위안을 의미한다.

④ ㉣: 화자의 좌절감을 강조하는 설의적 표현이다.

⑤ ㉤: 화자가 처한 차가운 현실을 의미한다.

## 2 진달래꽃 | 김소월



**학습 포인트**



- '진달래꽃'의 상징적 의미
- 반어적 표현의 표면적·이면적 의미

**1** 나 보기가 역겨워

가실 때에는

말없이 고이 보내 드리우리다.

**2** 영변(寧邊)에 약산(藥山)
평안북도 영변군의 약산 동대(東臺)
진달래꽃

아름 따다 가실 길에 뿌리우리다.
두 팔을 벌려 껴안은 둘레의 길이

**3** 가시는 걸음걸음

놓인 그 꽃을

사뿐히 즈려밟고 가시옵소서.
'지르밟고(위에서 내리눌러 밟다)'의 방언

**4** 나 보기가 역겨워

가실 때에는

㉠죽어도 아니 눈물 흘리우리다.

# 핵심 정리하기

## ◆ 작품 개관

| 갈래 | 자유시, 서정시 |
| --- | --- |
| 성격 | 애상적, 전통적 |
| 제재 | 진달래꽃 |
| 주제 | 이별의 정한(情恨)과 극복 |
| 특징 | • 7·5조, 3음보의 민요적 율격을 사용함.<br>• 우리 민족의 전통적 정서인 '한(恨)'을 노래함.<br>• 반어적 표현을 통해 '애이불비(哀而不悲)'의 정서를 드러냄. |

## ✦ '진달래꽃'의 상징적 의미

- 화자의 분신
- 이별의 한(恨)의 표상
- 임에 대한 화자의 사랑과 정성

'진달래꽃'은 붉고 선명한 이미지로 임에 대한 화자의 강렬한 사랑을 시각화한 대상임. 또한 임이 가시는 길에 뿌려짐으로써 임에 대한 축복을 나타내고, 화자의 분신으로 화자 대신 임에게 밟히며 화자의 헌신적 사랑을 드러내는 소재임.

## ✦ 이 시에 사용된 반어적 표현

| 죽어도 아니 눈물 흘리우리다. | |
| --- | --- |
| 표면적 의미 | 임이 떠난다면 슬퍼도 울지 않고 보내 드리겠다는 의미임. |
| 이면적 의미 | 날 버리고 떠난다면 고통스러워 몹시 울 것이라는 의미임. |

임이 떠나지 않기를 바라는 화자의 마음을 강조함.

## ✦ 이별을 대하는 화자의 태도 변화

| 1연 | 임과 이별하는 상황을 가정하고 이를 묵묵히 받아들임. → 체념 |
| --- | --- |
| 2연 | 떠나는 임을 축복할 정도로 임에 대한 사랑이 깊음. → 축복 |
| 3연 | 화자의 분신인 진달래꽃을 밟고 가라는 자기희생적 사랑을 보임. → 희생 |
| 4연 | 인고의 자세를 통해 슬픔을 극복함. → 극복 |

# 내신 올리기

**01** 이 시에 대한 설명으로 적절하지 <u>않은</u> 것은?

① 애상적 어조를 사용해 화자의 정서를 드러내고 있다.

② 일정한 종결 어미를 반복하며 운율을 형성하고 있다.

③ 구체적인 지명을 사용해 향토적 정서를 불러일으키고 있다.

④ 대조적인 이미지의 시어를 사용해 시적 상황을 강조하고 있다.

⑤ 첫 연과 끝 연에 동일한 문장 구조를 배치해 형태적 안정감을 주고 있다.

**02** ㉠에 대한 설명으로 적절하지 <u>않은</u> 것은?

① 영탄적 어조로 임과의 재회를 소망하고 있다.

② 도치법을 사용하여 시행의 의미를 강조하고 있다.

③ 이면적으로는 이별에 대한 만류의 의미를 담고 있다.

④ 인고의 자세로 이별을 받아들이는 모습을 나타내고 있다.

⑤ 반어적 표현으로 임에 대한 감정의 깊이를 보여 주고 있다.

**고난도**

**03** 이 시와 〈보기〉를 비교해 감상한 내용으로 가장 적절한 것은?

> **보기**
>
> 아리랑 아리랑 아라리요
> 아리랑 고개로 넘어간다
> 나를 버리고 가시는 님은
> 십 리도 못 가서 발병 난다
>
> – 작자 미상, 「아리랑」 중에서

① 이 시와 〈보기〉는 둘 다 4음보의 운율을 이루고 있다.

② 이 시와 〈보기〉는 둘 다 자연물을 화자의 분신으로 사용하고 있다.

③ 이 시와 〈보기〉의 화자는 둘 다 임과 재회할 것을 확신하고 있다.

④ 이 시의 화자는 이별을 거부하고 있지만, 〈보기〉의 화자는 이별을 받아들이고 있다.

⑤ 이 시의 화자는 속마음을 감추고 있지만, 〈보기〉의 화자는 속마음을 드러내고 있다.

# 수능으로 실력 쌓기 

**1회** 나의 집 |김소월 / 길 |윤동주 / 제망매가 |월명사

**01~04** 다음 글을 읽고 물음에 답하시오.

**가** 들가에 떨어져 나가 앉은 메기슭의
넓은 바다의 물가 뒤에,
㉠나는 지으리, 나의 집을,
다시금 큰길을 앞에다 두고.
길로 지나가는 그 사람들은
제가끔 떨어져서 혼자 가는 길.
하이얀 여울턱에 날은 저물 때.
나는 문(門)간에 서서 기다리리
새벽 새가 울며 지새는 그늘로 　[A]
세상은 희게, 또는 고요하게,
번쩍이며 오는 아침부터,
지나가는 길손을 눈여겨보며,
그대인가고, 그대인가고.

― 김소월, 「나의 집」

**나** 잃어 버렸습니다.
무얼 어디다 잃었는지 몰라
㉡두 손이 주머니를 더듬어
길에 나아갑니다.

㉢돌과 돌과 돌이 끝없이 연달아
길은 돌담을 끼고 갑니다.

담은 쇠문을 굳게 닫아
길 위에 긴 그림자를 드리우고
　　　　　　　　　　　　[B]
길은 아침에서 저녁으로
저녁에서 아침으로 통했습니다.

돌담을 더듬어 눈물 짓다
쳐다보면 하늘 은 부끄럽게 푸릅니다.

㉣풀 한 포기 없는 이 길을 걷는 것은
담 저쪽에 내가 남아 있는 까닭이고,

내가 사는 것은, 다만,
잃은 것을 찾는 까닭입니다.

― 윤동주, 「길」

**다** ㉤생사(生死) 길은
예 있으매 머뭇거리고,
나는 간다는 말도
못다 이르고 어찌 갑니까.
어느 가을 이른 ⓐ바람에
이에 저에 떨어질 ⓑ잎처럼
한 가지에 나고
가는 곳 모르온저.
아아, 미타찰(彌陀刹) 에서 만날 나
도(道) 닦아 기다리겠노라.

― 월명사, 「제망매가(祭亡妹歌)」

**01** [A]와 [B]에 나타나 있는 시간성에 대한 설명으로 적절하지 않은 것은?

① [A]에서는 시간이 감각적인 이미지로 표현되어 있다.

② [B]에서는 시간이 지속되는 양상을 보이고 있다.

③ [B]에서는 시간이 공간과 결합되어 형상화되어 있다.

④ [A]에서는 [B]와는 달리 시간을 역설적으로 표현하고 있다.

⑤ [A]에서는 시간이 화자의 기다림과, [B]에서는 시간이 화자의 고뇌와 연관되어 있다.

**02** **나** 의 '하늘'과 **다** 의 '미타찰'에 대한 설명으로 적절한 것은?

① '하늘'과 '미타찰'은 화자가 몸을 담고 있는 공간이다.

② '하늘'은 숭고함을, '미타찰'은 비장함을 자아내는 공간이다.

③ '하늘'과 '미타찰'은 화자에게 환상을 불러일으키는 공간이다.

④ '하늘'은 화자의 반성을, '미타찰'은 화자의 지향을 함축하는 공간이다.

⑤ '하늘'은 자연의 영원성을, '미타찰'은 인간의 유한성을 상징하는 공간이다.

**03** ㉠~㉤에 대한 설명으로 적절하지 <u>않은</u> 것은?

① ㉠의 '집'은 탈속한 삶에 대한 화자의 소망을 상징하고 있다.

② ㉡의 '더듬어'는 화자의 내면적인 방황을 함축하고 있다.

③ ㉢에서는 '돌'을 반복함으로써 화자의 무거운 심리를 드러내고 있다.

④ ㉣의 '풀 한 포기 없는'은 화자가 처한 상황이 황량함을 표현하고 있다.

⑤ ㉤의 '머뭇거리고'는 생사의 문제에 대한 인간적 고뇌를 담고 있다.

**04** **다** 의 ⓐ, ⓑ와 〈보기〉의 밑줄 친 시어들을 비교하여 이해한 내용으로 적절하지 <u>않은</u> 것은? [3점]

┤ 보기 ├

A. 간밤에 부던 <u>바람</u> 만정 <u>도화(桃花)</u> 다 지겠다
　아이는 비를 들어 쓸려고 하는구나
　낙화인들 꽃이 아니랴 쓸어 무엇 하리오

B. <u>바람</u> 불어 쓰러진 <u>나무</u> 비 온다 싹이 나며
　임 그려 든 병이 약 먹다 나을쏘냐
　저 임아 널로 든 병이니 네 고칠까 하노라

① ⓐ와는 달리 A의 '바람'은 화자의 시련을 상징하고 있다.

② ⓐ와 B의 '바람'은 어떤 결과를 가져오는 원인으로 작용하고 있다.

③ ⓑ와는 달리 A의 '도화'는 화자의 감회와 흥취를 부각하고 있다.

④ ⓑ와는 달리 B의 '나무'는 화자 자신을 비유하고 있다.

⑤ ⓑ, A의 '도화', B의 '나무'는 수동성을 함축하고 있다.



**2회** **서경별곡** |작자 미상 / **만분가** |조위

**01~02** 다음 글을 읽고 물음에 답하시오.

**가** 서경(西京)이 아즐가 서경(西京)이 **셔울히마르는**
위 두어렁셩 두어렁셩 다링디리
닷곤더 아즐가 닷곤더 쇼셩경 고외마른
위 두어렁셩 두어렁셩 다링디리
여히므론 아즐가 여히므논 **질삼뵈** 브리시고
위 두어렁셩 두어렁셩 다링디리
괴시란더 아즐가 괴시란더 **우러곰 좃니노이다**
위 두어렁셩 두어렁셩 다링디리　　　　　〈제1연〉

구스리 아즐가 구스리 바회예 디신돌
위 두어렁셩 두어렁셩 다링디리
긴히똔 아즐가 긴힛똔 그츠리잇가 나는
위 두어렁셩 두어렁셩 다링디리
즈믄 히를 아즐가 즈믄 히를 외오곰 녀신돌　　[A]
위 두어렁셩 두어렁셩 다링디리
신(信)잇든 아즐가 신(信)잇든 **그츠리잇가** 나는
위 두어렁셩 두어렁셩 다링디리　　　　　〈제2연〉

– 작자 미상, 「서경별곡」

**나** 이 몸이 녹아져도 옥황상제 처분이요
이 몸이 식여져도 옥황상제 처분이라
녹아지고 식여지어 혼백(魂魄)조차 흩어지고
공산(空山) 촉루(髑髏)같이 임자 업시 구닐다가
곤륜산(崑崙山) 제일봉의 만장송(萬丈松)이 되어 이셔
바람비 뿌린 소리 님의 귀에 들리기나
윤회(輪廻) 만겁(萬劫)ᄒ여 금강산(金剛山) 학(鶴)이 되어
일만 이천봉에 무음껏 솟아올라
ᄀ을 둘 볼근 밤에 두어 소리 **슬피 우러**
님의 귀에 들리기도 옥황상제 처분이로다
ᄒ(恨)이 뿌리 되고 눈물로 가지 삼아
님의 집 창밧긔 외나모 매화(梅花) 되어
설중(雪中)에 혼자 피어 침변(枕邊)에 시드는 듯
월중(月中) 소영(疎影)이 님의 옷에 **빗취어든**
어엿븐 이 얼굴을 너로다 **반기실가**

동풍이 유정(有情)ᄒ여 암향(暗香)을 불어 올려
고결(高潔)ᄒᆫ 이내 생애 죽림(竹林)에나 부치고져
**빈 낙대** 빗기 들고 빈 비를 혼자 띄워
백구(白溝) 건네 저어 **건덕궁(乾德宮)**에 가고지고

　　　　　　　　　　　　　　　　　　– 조위, 「만분가」

- **공산 촉루** 텅 빈 산의 해골.
- **침변** 베갯머리.
- **월중 소영** 달빛에 언뜻언뜻 비치는 그림자.

## 01 ㉮ 와 ㉯ 에 대한 설명으로 가장 적절한 것은?

① ㉮ 의 '셔울'과 ㉯ 의 '건덕궁'은 모두 화자가 현재 머무르고 있는 공간이다.
② ㉮ 의 '질삼뵈'와 ㉯ 의 '빈 낙대'는 모두 화자가 현재 회피하고 싶은 대상이다.
③ ㉮ 의 '우러곰'과 ㉯ 의 '슬피 우러'는 모두 임의 심정을 드러내고 있다.
④ ㉮ 의 '좃니노이다'와 ㉯ 의 '빗취어든'은 모두 임의 곁에 있고 싶은 화자의 소망을 드러내고 있다.
⑤ ㉮ 의 '그츠리잇가'와 ㉯ 의 '반기실가'는 모두 미래 상황에 대한 의혹을 드러내고 있다.

## 02 〈보기〉를 참고할 때, ㉮ 의 [A]와 〈보기〉의 [B]를 비교하여 이해한 내용으로 적절하지 <u>않은</u> 것은? [3점]

| 보기 |

「서경별곡」의 제2연에서 여음구를 제외한 부분은 당시 유행하던 민요의 모티프를 수용한 것으로, 「정석가」에도 동일한 모티프가 나타난다. 고려 시대의 문인 이제현도 당시에 유행하던 민요를 다음과 같이 한시로 옮긴 적이 있다.

비록 구슬이 바위에 떨어져도　縱然巖石落珠璣
끈은 진실로 끊어질 때 없으리.　纓縷固應無斷時
낭군과 천 년을 이별한다고 해도　與郎千載相離別　[B]
한 점 붉은 마음이야 어찌 바뀌리오?　一點丹心何改移

① [A]와 [B]에서 '구슬'은 변할 수 있는 것을, '긴'이나 '끈'은 변하지 않는 것을 비유하는 소재로 활용하였군.
② [A]에서는 '신'을, [B]에서는 '붉은 마음'을 굳건한 '바위'로 형상화하였군.
③ [A]와 [B] 모두에서 변하지 않는 마음을 소중한 가치로 여기는 화자의 태도가 나타나는군.
④ [A]와 [B]를 보니 동일한 모티프가 서로 다른 형식의 작품으로 수용되었군.
⑤ [A]와 [B]를 보니 여음구의 사용 여부에 차이가 있군.

---

**2003학년도 수능**

**3회** **나룻배와 행인** | 한용운 / **내 마음을 아실 이** | 김영랑 / **우리가 물이 되어** | 강은교

**01~02** 다음 글을 읽고 물음에 답하시오.

㉮ 나는 ⓐ나룻배
　　당신은 행인

　　당신은 흙발로 나를 짓밟습니다
　　나는 당신을 안고 물을 건너갑니다
　　나는 당신을 안으면 깊으나 옅으나 급한 여울이나 건너갑니다

　　만일 당신이 아니 오시면 나는 바람을 쐬고 눈비를 맞으며 밤에서 낮까지 당신을 기다리고 있습니다
　　당신은 물만 건너면 나를 돌아보지도 않고 가십니다그려
　　그러나 당신이 언제든지 오실 줄만은 알아요
　　나는 당신을 기다리면서 날마다 날마다 낡아 갑니다

　　나는 나룻배
　　당신은 행인

　　　　　　　　　　　　　　– 한용운, 「나룻배와 행인」

㉯ 내 마음을 아실 이
　　내 혼자 마음 날같이 아실 이
　　그래도 어디나 계실 것이면

내 마음에 때때로 어리우는 티끌과
속임 없는 눈물의 간곡한 방울방울
푸른 밤 고이 맺는 이슬 같은 보람을
보밴 듯 감추었다 내어 드리지

아! 그립다
내 혼자 마음 날같이 아실 이
꿈에나 아득히 보이는가

향 맑은 옥돌에 ⓑ불이 달아
사랑은 타기도 하오련만
불빛에 연긴 듯 희미론 마음은
사랑도 모르리 내 혼자 마음은

– 김영랑, 「내 마음을 아실 이」

**다** 우리가 ⓒ물이 되어 만난다면
가문 어느 집에선들 좋아하지 않으랴.
우리가 키 큰 ⓓ나무와 함께 서서
우르르 우르르 비오는 소리로 흐른다면.

흐르고 흘러서 저물녘엔
저 혼자 깊어지는 강물에 누워
죽은 나무뿌리를 적시기도 한다면.
아아, 아직 처녀인
부끄러운 바다에 닿는다면.

그러나 지금 우리는
불로 만나려 한다.
벌써 숯이 된 뼈 하나가
세상에 불타는 것들을 쓰다듬고 있나니

만 리 밖에서 기다리는 그대여
저 불 지난 뒤에
흐르는 물로 만나자.
푸시시 푸시시 불 꺼지는 소리로 말하면서
올 때는 인적 그친
넓고 깨끗한 ⓔ하늘로 오라.

– 강은교, 「우리가 물이 되어」

**01** **가** ~ **다** 에 대한 설명으로 옳은 것은?

① **가**, **나** 에는 화자 자신의 처지에 대한 비관적 인식이 나타나 있다.

② **가**, **다** 에는 사랑하는 대상과의 만남에 대한 기대가 드러나 있다.

③ **나**, **다** 에는 이상향에 대한 동경의 태도가 형상화되어 있다.

④ **가**, **나**, **다** 모두 바람직한 미래에 대한 신념을 그리고 있다.

⑤ **가**, **나**, **다** 모두 대조적인 이미지로 이별의 정서를 표현하고 있다.

**02** 〈보기〉는 '원형적 심상'을 설명하는 상징 사전의 내용을 정리한 것이다. 이를 적용하여 ⓐ~ⓔ의 의미를 해석한 것으로 적절하지 <u>않은</u> 것은? [2.2점]

| 보기 |

- 작은 배: 피안의 세계로 건너가는 수단. 부활과 재생의 요람.
- 불: 수직적. 상승의 에너지. 공격적인 남성. 인간의 생명. 사랑. 육체의 파괴와 소멸. 정화와 재생.
- 물: 수평적. 하강. 모성 혹은 여성. 죽음. 정화와 재생. 순환. 시간의 흐름.
- 나무: 인간의 형상. 인간의 상승 욕구. 초월에의 의지. 크고 넉넉한 인격.
- 하늘: 공간의 영원성. 고고한 정신. 신(神). 순결. 무(無). 부재(不在).

① ⓐ 나룻배: '행인'이 괴로운 현실에서 벗어나 피안으로 건너갈 수 있게 해 주는 수단으로 볼 수 있다.

② ⓑ 불: 삶을 지탱해 주는 상승의 에너지로서 사랑의 열정을 환기한다.

③ ⓒ 물: '죽은 나무뿌리를 적'신다는 것에서 보듯이 소멸과 죽음의 의미를 지닌다.

④ ⓓ 나무: '우리'가 함께 선다는 표현으로 보아 초월과 상승의 욕구를 가진 인간의 형상으로 읽어 낼 수 있다.

⑤ ⓔ 하늘: '불'로 상징되는 모든 인간적 고뇌가 승화된 정신적 경지를 표상한다.

06 구운몽

07 최척전

08 춘향전

09 흥보전

10 봄·봄

11 겨울 나들이

12 아무것도 사지 않는 날

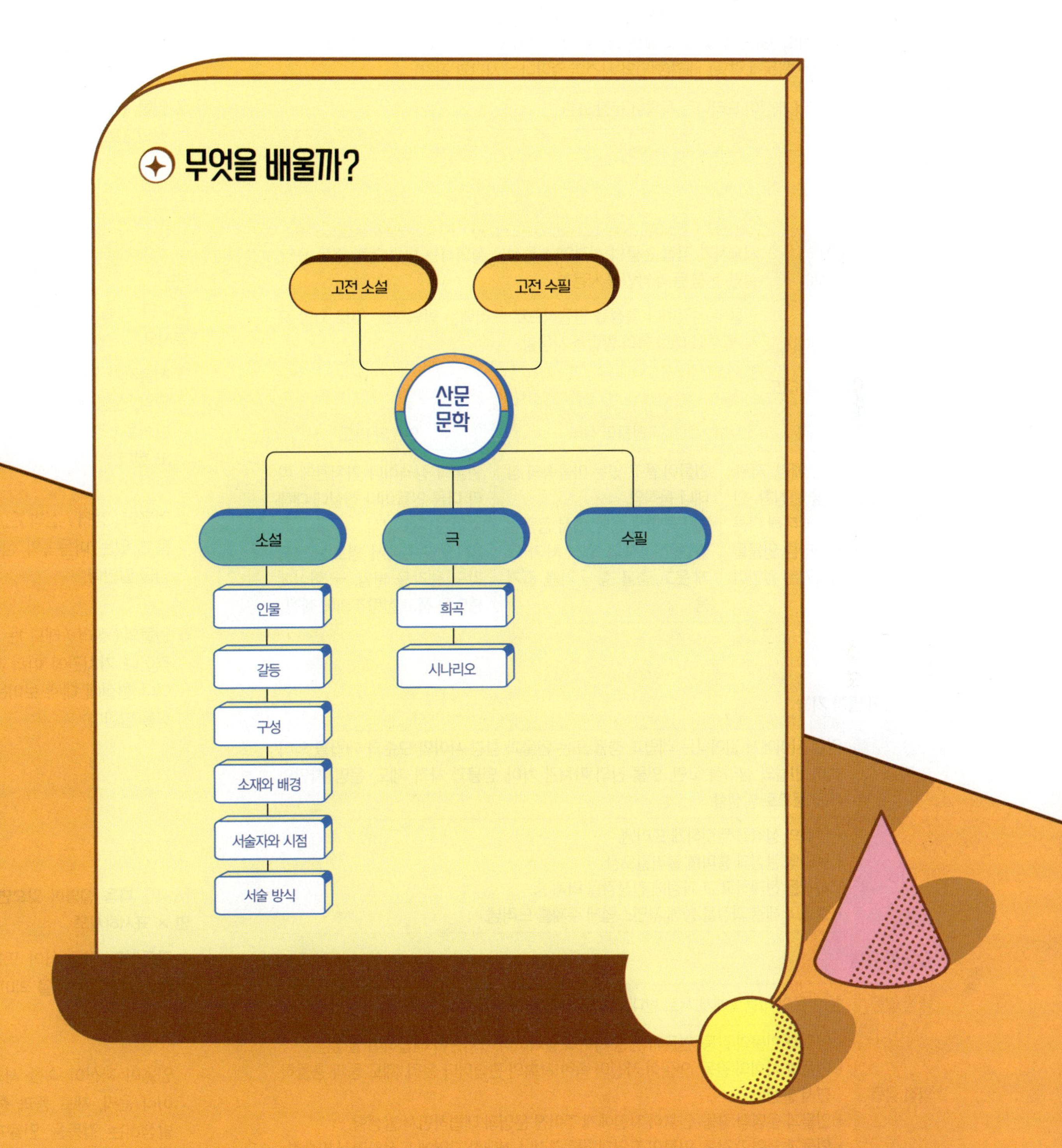
고전 소설
고전 수필
산문
문학
소설
극
수필
인물
갈등
구성
소재와 배경
서술자와 시점
서술 방식
희곡
시나리오

## 01 소설

### 1 소설의 3요소

| 주제 | 작가가 작품을 통해 전달하고자 하는 중심 생각 |
| --- | --- |
| 구성 | • 인과 관계나 일정한 흐름에 따라 배열된 이야기의 짜임새<br>• 구성의 3요소: 인물(작품 속에 등장하여 사건을 이끄는 주체), 사건(인물들이 일으키는 행동과 갈등), 배경(행위와 사건이 일어나는 시간과 공간) |
| 문체 | 작가의 개성이 드러나는 독특한 문장 표현 |

### 2 인물

• 인물 제시 방식

| 직접적 제시<br>(말하기, Telling) | 서술자가 직접 인물의 성격이나 특성을 설명하는 방법으로, 주로 요약, 설명, 논평 등의 방법을 사용함. |
| --- | --- |
| 간접적 제시<br>(보여 주기, Showing) | 인물의 성격이나 특성을 간접적으로 드러내는 방법으로, 주로 외양 묘사, 말투와 대화 등의 방법을 사용함. |

• 인물의 성격, 심리, 태도

| 인물의 성격 | 인물의 심리 | 인물의 태도 |
| --- | --- | --- |
| 인물이 가진 품성, 배경, 지위, 가치관, 인상 등을 총칭함. 인물의 성격은 상황에 대해 다른 반응을 일으키고, 다른 인물들과 갈등을 발생시키는 원인이 됨. | 인물이 품고 있는 마음속의 상태나 움직임<br>예 「금 따는 콩밭」에서 금줄을 발견한 '영식'과 '영식 처'가 크게 웃고, 춤을 춤. → 기쁨, 즐거움 | 인물의 성격이나 가치관에 따라 다른 인물이나 현실에 대해 보이는 대응 방식<br>예 「오발탄」에서 '영호'는 은행 강도 행각을 벌임. → 현실에 불만을 품고 한탕주의에 빠짐. |

### 3 갈등

• 갈등의 개념과 기능

| 개념 | 인물 사이에서 일어나는 대립과 충돌 또는 인물과 환경 사이의 모순과 대립을 의미하며 인물의 심리적 고민, 인물 간의 가치관 차이, 인물과 사회·제도·운명·자연의 대립 등으로 발생함. |
| --- | --- |
| 기능 | • 인물의 성격을 뚜렷하게 드러냄.<br>• 독자의 관심과 흥미를 불러일으킴.<br>• 사건을 전개하고 그 과정에 긴장감을 더해 줌.<br>• 갈등의 해결 과정을 통해 자연스럽게 주제를 드러냄. |

• 갈등의 유형

| 내적 갈등 | 한 인물의 마음속에서 서로 반대되는 두 가지 심리가 대립하며 발생함. |
| --- | --- |
| 외적 갈등 | • 인물과 인물의 갈등: 인물과 인물 사이의 성격이나 가치관이 대립하여 발생함.<br>• 인물과 사회의 갈등: 인물이 자신이 속한 사회의 관습이나 윤리, 제도 등과 충돌하면서 발생함.<br>• 인물과 운명의 갈등: 인물이 자신에게 주어진 운명과 대립하면서 발생함.<br>• 인물과 자연의 갈등: 인물이 자연재해를 겪거나 거대한 자연에 도전하면서 발생함. |

---

### ✦ 개념 확인하기

**[1~2]** 다음 빈칸에 들어갈 알맞은 말을 쓰시오.

**1** 소설의 3요소 중 (　　　　)은/는 작가가 작품을 통해 전달하고자 하는 중심 생각이다.

**2** 인물, (　　　　), 배경이 소설 구성의 3요소이다.

**[3~5]** 다음 문장에서 알맞은 말을 고르시오.

**3** 서술자가 인물의 성격이나 특성을 요약, 설명, 논평 등으로 제시하는 방식을 ( 직접적 / 간접적 ) 제시라고 한다.

**4** 인물의 ( 성격 / 심리 )은/는 인물이 품고 있는 마음속의 상태나 움직임을 말한다.

**5** 인물의 ( 심리 / 태도 )는 인물의 성격이나 가치관에 따라 다른 인물이나 현실에 대해 보이는 대응 방식을 말한다.

**[6~7]** 다음 설명이 맞으면 ○, 틀리면 × 표시하시오.

**6** 갈등이란 인물 사이 또는 인물과 환경 사이의 대립을 의미한다.
( ○ , × )

**7** 인물이 자신이 속한 사회의 관습이나 윤리, 제도 등과 충돌하면서 발생하는 갈등을 인물과 운명의 갈등이라고 한다. ( ○ , × )

## 4 구성

• **구성의 개념**

구성은 사건의 인과 관계나 일정한 흐름에 따라 배열된 이야기의 짜임새로, 단순히 시간의 흐름에 따르는 것이 아니라 작가의 의도에 따라 사건을 배치한 것이다.

• **구성의 단계**

| 발단 | 전개 | 위기 | 절정 | 결말 |
|---|---|---|---|---|
| 인물과 배경을 소개하고 사건의 실마리가 제시됨. | 사건이 본격적으로 진행되며 갈등이 시작됨. | 갈등이 점차 고조되면서 긴장감이 조성됨. | 갈등이 최고조에 이르고 갈등 해결의 실마리가 제시됨. | 갈등이 해소되면서 사건이 마무리됨. |

## 5 소재와 배경

• **소재의 개념과 기능**

| 개념 | • 작가가 의도적으로 사용하는 글의 재료<br>• 작가는 자신이 말하고자 하는 바를 효과적으로 드러내기 위해 다양한 소재를 사용함. |
|---|---|
| 기능 | • 갈등의 유발과 해소: 소재는 인물 간의 갈등을 일으키거나 해소하는 데 기여함. 같은 소재에 대한 인물들의 태도나 가치관이 다르거나 하나의 소재를 여러 인물이 추구할 때 갈등이 발생하며, 반대로 소재로 인해 갈등이 해소되기도 함.<br>• 인물의 심리 및 처한 상황 제시: 소재는 인물의 심리를 드러내기도 하고, 인물이 처한 상황이나 당시의 고유한 시대상을 드러내기도 함.<br>• 주제의 형상화: 작가가 작품에서 궁극적으로 말하고자 하는 바를 소재를 통해 상징적으로 드러내기도 함.<br>• 사건의 암시 및 연결: 소재는 앞으로 일어날 사건을 암시하는 복선의 역할을 하기도 하고, 사건과 사건을 자연스럽게 연결해 주는 역할을 함. 입체적 구성의 소설에서 과거 회상의 매개체가 된다거나 액자식 구성의 소설에서 외화와 내화를 연결해 주는 경우가 이에 해당함. |

• **배경의 개념과 기능**

| 개념 | • 인물이 행동하고 사건이 일어나는 시대적·사회적 환경이나 장소임.<br>• 시간과 공간은 물론 인물의 심리적 상황도 배경이 될 수 있음.<br>• 작품 속의 배경은 작품에 사실성을 부여하고 주제와도 관련이 있음.<br>• 현대 소설에는 시간적·공간적 배경이 구체적으로 드러나는 경우가 많지만 고전 소설에는 구체적인 배경이 드러나지 않는 경우도 많음. |
|---|---|
| 기능 | • 작품 전체의 분위기를 조성하고 작품의 주제를 부각함.<br>• 인물의 행동과 사건에 사실감을 부여하고, 독자에게 현장감을 느끼게 함.<br>• 전개될 사건의 방향을 암시하거나 인물의 심리나 태도를 암시함. |

• **배경의 종류**

| 시간적 배경 | 공간적 배경 | 시대적 배경 | 심리적 배경 |
|---|---|---|---|
| 사건이나 행위가 일어나는 시간이나 시기 | 사건이나 행위가 일어나는 장소 | 사회 현실이나 시대적·역사적 상황과 관련 있음. | 인물의 내면 심리와 그 변화에 주목함. |

---



**8** 〈보기〉에 해당하는 소설 구성의 단계를 쓰시오.

| 보기 |
이 단계에서는 갈등이 최고조에 이르고 갈등 해결의 실마리가 제시된다.

(          )

**[9~10]** 다음 설명이 맞으면 ○, 틀리면 × 표시하시오.

**9** 소재란 작가가 의도적으로 사용하는 글의 재료이다. ( ○, × )

**10** 소재는 인물의 처지나 심리를 상징적으로 드러내지만, 작품의 주제를 암시하지는 않는다. ( ○, × )

**11** 배경의 기능으로 적절한 것을 모두 골라 기호를 쓰시오.

| 보기 |
ㄱ. 작품의 주제를 부각함.
ㄴ. 작가의 가치관을 드러냄.
ㄷ. 서술자의 개입을 도와줌.
ㄹ. 작품 전체의 분위기를 조성함.

(          )

**[12~13]** 다음 빈칸에 들어갈 알맞은 말을 쓰시오.

**12** (          ) 배경은 소설에서 사건이나 행위가 일어나는 시간이나 시기를 말한다.

**13** (          ) 배경은 소설에 드러난 사회 현실이나 시대적·역사적 상황과 관련 있다.

## 6 서술자와 시점

### • 서술자와 시점의 개념

| 서술자 | 작품에서 이야기를 이끌어 가는 허구적 존재로, 작품 안에 등장하거나 작품 밖에 존재하면서 특정 관점에 따라 사건이나 인물에 대해 이야기함. |
|---|---|
| 시점 | 작품 속의 사건을 전달하는 서술자의 위치와 관점을 의미함. |

### • 시점의 유형

| 1인칭 주인공 시점 | • 주인공인 '나'가 서술자가 되어 직접 이야기를 전개해 나가는 방식<br>• 주인공의 내면세계를 효과적으로 표현할 수 있지만 인물의 극적 행동을 표현하는 데 한계가 있음. |
|---|---|
| 1인칭 관찰자 시점 | • 주변 인물인 '나'가 서술자가 되어 주인공을 관찰하여 이야기를 전달하는 방식<br>• 주인공의 내면세계를 제한적으로 드러내어 작품에 긴장감을 조성하는 효과가 있지만, 서술자의 눈에 보이는 세계밖에 다룰 수 없음. |
| 작가 관찰자 시점 | • 작품 밖의 서술자가 인물과 사건을 관찰하여 객관적으로 전달하는 방식<br>• 독자의 상상력을 자극하여 극적 효과를 얻을 수 있지만 인물의 내면세계를 직접적으로 보여 주는 데 한계가 있음. |
| 전지적 작가 시점 | • 작품 밖의 서술자가 전지전능한 입장에서 인물의 내면세계나 외부적 사건까지 모두 알고 전달하는 방식<br>• 작가의 의도를 가장 분명하게 전달할 수 있지만 독자의 상상력을 제한함. |

시점은 한 작품 내에서 반드시 하나로만 유지되는 것은 아니며, 두 가지 이상의 시점을 복합적으로 사용할 수도 있다.

## 7 서술 방식

### • 서술 방식의 개념

작가가 이야기를 전개해 나가는 방식으로, 이야기의 내용과 주제를 표현하는 과정에서 작가의 개성이 드러난다.

### • 서술 방식의 종류

| 서술 | 서술자가 인물, 사건, 배경 등을 직접 설명하는 방법 |
|---|---|
| 묘사 | 서술자가 인물, 사건, 배경 등을 그림을 그리듯이 구체적으로 기술하는 방법 |
| 대화 | 인물들이 주고받는 말을 통해 사건을 전개하고, 인물의 성격과 심리를 드러내는 방법 |

---

### ✦ 개념 확인하기

**14** 서술자의 개념으로 적절한 것을 모두 골라 기호를 쓰시오.

| 보기 |
ㄱ. 허구적 존재임.
ㄴ. 작품의 주인공과 항상 일치함.
ㄷ. 특정 관점에 따라 사건이나 인물에 대해 이야기함.
ㄹ. 서술자의 위치와 관점에 따라 작품의 시점이 달라짐.

(                    )

**[15~16]** 다음 빈칸에 들어갈 알맞은 말을 쓰시오.

**15** (              ) 시점에서는 주인공 '나'가 곧 서술자로, 주인공의 내면세계를 효과적으로 표현한다.

**16** (              ) 시점에서는 작품 밖의 서술자가 전지전능한 입장에서 인물의 내면세계나 외부적 사건까지 모두 알고 서술한다.

**[17~18]** 다음 문장에서 알맞은 말을 고르시오.

**17** 서술자가 인물, 사건, 배경 등을 직접 설명하는 서술 방식은 ( 서술 / 묘사 )이다.

**18** 인물들이 주고받는 말을 통해 사건을 전개하고, 인물의 성격과 심리를 드러내는 서술 방식은 ( 묘사 / 대화 )이다.

• **문체**: 작가가 작품의 내용을 전달하는 데 사용하는 언어 구사 방식을 말한다.

| 문장의 길이에 따라 | 짧은 문장은 속도감과 긴장감을, 긴 문장은 설명적인 느낌을 줄 수 있음. |
| --- | --- |
| 사용 어휘에 따라 | 토속적 어휘나 사투리를 사용해 향토성과 사실성을, 고어나 한자어를 사용해 예스러운 느낌을 줄 수 있음. |
| 어투에 따라 | 글을 쓸 때 사용하는 문어를 사용하여 격식 있는 느낌을, 일상 대화에 사용하는 구어를 사용하여 자연스럽고 친근한 느낌을 줄 수 있음. |
| 어휘의 특성에 따라 | 감각적 문체를 사용해 인물이나 배경 등을 구체적이고 생동감 있게 전달할 수 있고, 관념적 문체를 사용해 인물의 심리나 상황, 사건을 분석적으로 드러낼 수 있음. |

• **어조**: 서술자의 말투로, 인물이나 상황에 대한 서술자의 태도를 말한다.

| 해학적 어조 | 풍자적 어조 | 비판적 어조 | 냉소적 어조 | 반어적 어조 |
| --- | --- | --- | --- | --- |
| 익살을 통해 낙관적인 웃음을 유발하는 어조 | 부정적인 대상을 다른 것에 빗대어 공격하는 어조 | 인물이나 사회 등의 잘잘못을 따지는 어조 | 쌀쌀맞은 태도로 업신여겨 비웃는 어조 | 본래 의미와 정반대로 표현하여 의미를 강조하는 어조 |

## 02 고전 소설

### 1 고전 소설의 개념

일반적으로 현대 소설과 대비되는 개념으로, 산문으로 기록된 서사 문학이라는 점에서 설화나 서사 무가와 다르다.

### 2 고전 소설의 특징

| 인물 | • 재자가인(才子佳人)형 인물: 고전 소설의 남자 주인공은 대부분 비범한 인물로 특별한 능력을 가지고, 여자 주인공은 착하고 어질며 아름다운 외모를 지닌 경우가 많음.<br>• 전형적 인물: 어떤 집단이나 특정한 시대 및 계층의 보편적인 성격을 대표하는 특징을 지닌 인물로, 그 시대에서 중요하게 여기는 가치관을 보여 주는 경우가 많음. |
| --- | --- |
| 사건 | • 우연성: 사건이 일어나기 위한 필연적인 동기나 원인 없이, 우연적인 만남이나 상황에 의해 사건이 전개됨.<br>• 전기성(傳奇性): 현실에서는 결코 일어날 수 없는 기이한 일이나 사건이 일어남.<br>• 행복한 결말: 주인공이 고난을 이겨 내고 행복하게 산다는 결말로 마무리되는 경우가 많고, 이를 통해 고전 소설의 일반적인 주제인 권선징악을 강조함. |
| 배경 | • 중국을 배경으로 한 고전 소설: 「홍계월전」, 「유충렬전」 등<br>• 우리나라를 배경으로 한 고전 소설: 「춘향전」, 「홍길동전」(허균) 등<br>• 비현실적인 공간을 배경으로 한 고전 소설: 「구운몽」(김만중), 「원생몽유록」(임제) 등 |
| 서술 | • 서술자의 개입: 전개되고 있는 사건이나 인물의 말과 행동 등에 서술자가 자신의 견해를 밝혀 서술하는 것. 주로 서술자가 독자의 이해나 동의를 구할 때 사용함.<br>• 해학적 표현: 언어유희, 과장과 같은 익살스러운 표현을 통해 웃음을 유발함. |



**[19~21]** 다음 설명이 맞으면 ○, 틀리면 × 표시하시오.

**19** 문체는 서술자의 말투로, 인물이나 상황에 대한 서술자의 태도를 말한다.　　　　( ○ , × )

**20** 소설에서 토속적 어휘나 사투리를 사용하면 향토성과 사실성을 높일 수 있다.　　　　( ○ , × )

**21** 냉소적 어조는 인물이나 사회 등의 잘잘못을 따지는 성향이 드러나는 서술자의 말투이다. ( ○ , × )

**[22~24]** 다음 빈칸에 들어갈 알맞은 말을 쓰시오.

**22** 고전 소설의 주인공은 재자가인형 인물인 경우가 많고, 특정한 시대의 보편성을 지닌 (　　　 ) 인물로 당대의 가치관을 보여 주는 경우가 많다.

**23** 고전 소설의 특징 중 (　　　　 )은/는 작품 속에서 비현실적이고 기이한 일이나 사건이 일어나는 것을 뜻한다.

**24** 대부분의 고전 소설은 행복한 결말로 끝나 고전 소설의 일반적인 주제인 (　　　　 )을/를 강조한다.

## 03 극

### 1 희곡

#### • 희곡의 개념과 특성

| 개념 | 공연을 목적으로 하는 연극의 대본 |
|---|---|
| 특성 | • 무대 상연을 전제로 함.<br>• 서술과 묘사 대신 인물의 대사와 행동을 통해 주제를 형상화함.<br>• 모든 사건을 지금 관객의 눈앞에서 일어나고 있는 것처럼 현재화하여 표현함. |

#### • 희곡의 구성 요소

| 해설 | 막이 오르기 전이나 막 사이에 인물, 배경, 무대 장치 등을 설명하는 글 |
|---|---|
| 지시문 | • 무대 지시문: 작품의 배경, 등장인물, 무대 장치 등의 처리를 지시함.<br>• 행동 지시문: 등장인물의 동작, 표정, 심리 상태 등을 지시함. |
| 대사 | • 대화: 인물과 인물이 서로 주고받는 말<br>• 독백: 인물이 상대방 없이 혼자서 하는 말<br>• 방백: 무대 위 다른 인물은 들을 수 없고 관객만 들을 수 있는 말 |

### 2 시나리오

#### • 시나리오의 개념과 특성

| 개념 | 영화를 만들기 위하여 쓴 각본 |
|---|---|
| 특성 | • 영화 상영을 전제로 함.<br>• 인물의 대사와 행동을 통해 주제를 형상화함.<br>• 시간과 공간의 이동이 비교적 자유로우며, 등장하는 인물 수에 제약도 적음. |

#### • 시나리오의 구성 요소

| 용어 | #S(장면 번호), E.(효과음) 등 시나리오에서 쓰이는 용어 |
|---|---|
| 대사 | 인물의 혼잣말이나 인물끼리 주고받는 말 |
| 지시문 | 조명, 음향 효과, 촬영 방식, 인물의 표정이나 동작 등을 지시하는 글 |
| 해설 | 등장인물, 장소, 시간, 배경 등을 소개하거나 인물의 심리 등을 설명하는 글 |

#### • 시나리오의 용어

시나리오는 카메라 촬영을 전제로 작성되므로 촬영을 위해 다양한 기술을 이용한다. 이때 사용하는 전문 용어로는 #S(장면 번호), 스탠바이(방송 또는 녹화 개시 신호), F.O.(Fade-Out, 장면이 끝날 때 화면이 점차 어두워지는 기법) 등이 있다.

---

### ✦ 개념 확인하기

**[25~26]** 다음 빈칸에 들어갈 알맞은 말을 쓰시오.

**25** ( )은/는 연극 상연을 목적으로 한 대본이다.

**26** 희곡은 모든 사건을 눈앞에서 일어나는 것처럼 ( )화하여 표현한다.

**27** 희곡의 구성 요소로 적절한 것을 모두 골라 기호를 쓰시오.

> **┤보기├**
> ㄱ. 해설
> ㄴ. 운율
> ㄷ. 대사
> ㄹ. 묘사
> ㅁ. 지시문

( )

**[28~29]** 다음 빈칸에 들어갈 알맞은 말을 쓰시오.

**28** 시나리오는 ( ) 상영을 목적으로 하여 쓴 각본이다.

**29** 시나리오는 희곡에 비해 시간과 공간의 이동이 비교적 자유롭고, 등장하는 ( ) 수에 제약도 적다.

**30** 〈보기〉에 해당하는 시나리오의 구성 요소를 쓰시오.

> **┤보기├**
> 조명, 음향 효과, 촬영 방식, 인물의 표정이나 동작 등을 지시하는 글이다.

( )

# 04 수필

## 1 수필의 개념과 특성

| 개념 | 필자의 경험이나 사상 등을 정해진 형식 없이 자유롭게 산문 형식으로 쓴 글 |
|---|---|
| 특성 | • 자기 고백적인 문학: 필자가 자신의 생각이나 정서를 솔직하게 표현하므로 다른 갈래보다 필자의 인생관이나 가치관이 잘 드러남.<br>• 무형식의 형식: 어떠한 형식으로든 주제를 형상화할 수 있음.<br>• 제재의 다양성: 필자가 체험하거나 생각한 모든 것이 제재가 될 수 있음. 이러한 제재에는 필자의 개성적 안목과 비판적 관점 등이 반영됨.<br>• 개성의 문학: 필자의 체험이나 사상을 표현하는 주관적 문학이므로 필자의 개성이 강하게 드러남.<br>• 비전문적인 글: 전문적인 작가가 아니더라도 누구나 수필을 쓸 수 있음. |

## 2 수필에 드러나는 필자의 관점 및 태도

| 필자의 관점 | 필자의 태도 |
|---|---|
| 필자가 대상에 지니고 있는 시각이나 입장 | 필자가 대상에 대해 반응하는 모습 |

↓

| 깨달음 | 대상을 보고 깨닫게 되는 삶의 교훈을 서술함. |
|---|---|
| 비판 | 대상의 부정적인 면을 드러내어 밝힘. |
| 예찬 | 훌륭한 것, 좋은 것, 아름다운 것을 존경하고 찬양함. |
| 성찰 | 필자의 삶이나 필자가 속한 사회의 모습을 반성하고 살핌. |

# 05 고전 수필

## 1 고전 수필의 시대별 특징

| 고려 시대 | 설(說), 기(記), 표(表) 등의 한문 수필이 주류를 이루었고, 항간에 떠도는 이야기를 수집한 것에 창의성을 가미한 패관 문학도 발달했음. |
|---|---|
| 조선 시대 | • 조선 전기: 패관 문학과 더불어 신변잡기(身邊雜記)의 수필이 활발히 창작되었음.<br>• 조선 후기: 한글 창제 이후 수필의 창작 계층이 확대되며 전쟁, 여행, 궁중 경험 등 다양한 내용을 담은 수필이 창작되었음. |

## 2 고전 수필의 구성 방식

| 시간적 순서 | '과거 → 현재 → 미래'와 같은 시간적 순서에 따라 내용을 구성함. |
|---|---|
| 공간의 이동 | 공간이나 시선의 이동에 따라 내용을 구성함. |
| 사실과 의견 | 필자가 체험을 통해 깨달은 바를 서술하는 방식으로 사실(예화)을 먼저 제시하고 뒤에 의견(깨달음)을 제시함. |
| 문답식 구성 | 서로 다른 관점을 지닌 두 사람이 묻고 답하는 방식으로 결론을 이끌어 냄. |



**[31~33]** 다음 설명이 맞으면 ○, 틀리면 × 표시하시오.

**31** 수필은 필자의 경험에 허구를 가미한 산문 형식의 글이다.

( ○ , × )

**32** 수필의 필자는 자신이 체험하거나 생각한 모든 것을 제재로 삼을 수 있다. ( ○ , × )

**33** 수필을 쓸 때는 해당 주제에 대한 전문 지식이 필요하므로 아무나 쓸 수 없다. ( ○ , × )

**[34~36]** 다음 문장에서 알맞은 말을 고르시오.

**34** 수필은 필자의 주관적 경험과 생각을 소재로 하므로 필자의 ( 개성 / 전통 )적 관점과 태도가 잘 드러난다.

**35** 고려 시대에는 주로 ( 한문 / 한글 ) 수필이 지어졌고, 조선 시대에 수필의 창작 계층이 확장되면서 다양한 내용의 수필이 지어졌다.

**36** 고전 수필의 구성 방식 중에는 서로 다른 관점을 지닌 두 사람이 묻고 답하며 결론을 찾는 ( 시간적 / 문답식 ) 구성도 있다.

# 구운몽(九雲夢) ❶ | 김만중

지학사

학습 포인트
• '현실-꿈-현실'의 구조
• '꿈'의 상징적 의미와 역할

어디까지 배운 걸까?  6일 ─○─○─○─○─ 12일

> **앞부분의 줄거리**  당나라 때, 육관 대사는 형산 연화봉에서 불법을 베풀었는데 대사는 동정 용왕이 자신의 설법에 참석한 것에 사례하고자 제자 성진을 보낸다. 성진은 용왕이 권하는 술을 마시고 돌아오다가 남악 위 부인을 모시는 팔선녀를 만나 희롱한다. 성진은 팔선녀를 떠올리며 세속적 부귀공명에 대한 미련 때문에 번뇌하다가 육관 대사의 꾸짖음을 듣고 팔선녀와 함께 인간 세상으로 추방되어 양소유로 환생한다. 양소유는 열여섯 살 때 과거에 급제하고 입신양명한다. 그 과정에서 인간으로 태어난 팔선녀와 차례로 인연을 맺고 두 아내와 여섯 첩과 함께 온갖 부귀영화를 누린다. 행복한 나날을 보내던 양소유는 나이가 들어 벼슬에서 물러나기를 황제에게 거듭 청하고, 황제는 마지못해 이를 허락하며 취미궁을 하사한다. 어느 날 양소유는 처첩들과 실컷 먹고 마시다가 문득 인생의 허무함을 느끼며 통소로 구슬픈 곡을 연주한다.

**절정 1** ❶  소유가 통소를 내려놓고 난간에 기대어 먼 데를 바라보며 말했다.

"북쪽을 바라보면 사방이 넓고 평평한데 허물어진 구릉이 하나 있소. 석양에 늘어진 그림자가 거친 풀숲 사이에 희끗희끗하지요. 바로 진시황의 아방궁(阿房宮)이오. 또 서쪽을 바라보면 스산한 바람이 숲을 흔들고 저물녘 구름이 산을 덮고 있는데, 바로 한나라 무제의 무덤인 무릉(茂陵)이오. 그리고 동쪽을 바라보면 채색한 담장이 청산(靑山)을 두르고 있고, 붉은 용마루가 푸른 하늘에 은은히 드러나 있소. 밝은 달이 절로 왔다 갔다 하는데 옥난간에 다시 기댈 사람이 없으니. 이곳이 바로 현종 임금이 양귀비와 놀던 화청궁(華淸宮)이오. 아! 이 세 임금은 모두 천고의 영웅으로 사해(四海)를 한집으로 만들고, 억조창생(億兆蒼生)을 신하로 삼았지요. 영웅호걸의 의
수많은 세상 사람들
기가 우주에 드높아 바로 해와 달과 별을 잡을 듯하더니 천년이 흐른 지금 그분들은 도대체 어디에 있소?

나는 시골 선비로 임금께 은덕을 입어 벼슬이 장상에 이르렀으며, 또 여러 낭자와 만나 깊고 두터운 정이 늙
은혜와 덕        장수와 재상, 즉 높은 벼슬
을수록 더욱 친밀하니, 전생에 다하지 못한 인연이 아니라면 어찌 이럴 수 있겠소? 인연이 있으면 만나고, 인연이 다하면 헤어지는 것이 세상의 이치라. 우리도 한번 죽어 돌아가면 여기 있는 이 높은 누대도 자연스레 무너지고 좋은 연못은 메워질 것이오. 오늘 노래하고 춤추던 궁전이 시든 풀과 차가운 아지랑이로 덮일 것이오. 나무하고 소 먹이는 아이들이 슬픈 노래를 부르면서 탄식하며 왔다 갔다 하다가 서로 이르기를, '이는 양 승상과 처첩들이 노닐던 곳이라. 대승상의 부귀와 풍류, 낭자들의 옥용화태(玉容花態)는 벌써 사라졌도다' 할 것이오.
옥같이 고운 얼굴과 꽃같이 고운 자태
이런 것을 보면 인생이 어찌 한순간이 아니겠소?

천하에 세 가지 도가 있으니, ㉠유도(儒道), ㉡선도(仙道), ㉢불도(佛道)라오. 이 중에 불도가 가장 높지요. 유도는 그것이 온전히 이루어진다 해도 인륜을 밝히고 공을 세워 죽은 다음 이름을 남기는 데 그칠 뿐이고, 선도는 허탄한 데 가까워 예로부터 구하는 자는 많았지만 성과를 얻지는 못했소. 진시황과 한나라 무제 그리고 현종 임금을 봐도 그렇지 않소? 내 나이 들어 벼슬에서 물러나 여기에 온 후, 매일 밤 잠이 들면 꿈속에서 부들방석 위에서 참선을 했소. 필시 불가와 인연이 있는 듯하오. 내 장양이 신선 적송자(赤松子)를 따랐던 것을 본받아,
중국 고대 전설 속 비를 다스렸다는 신선
집을 버리고 도를 구하여 남해를 건너 관음보살을 찾고, 오대(五臺)에 올라 문수보살께 예를 행하여, 불생불멸
지혜를 맡은 불교의 보살
(不生不滅)의 도를 얻어 인간 세상의 괴로움을 벗고자 하오. 다만 그대들과 더불어 반생을 지냈고 오래지 않아 긴 이별을 하겠기에, 슬픈 마음이 절로 통소에 나타났소."

❷  처첩들은 모두 전생에 남악의 선녀였고, 이제는 세속의 인연이 다 끝날 때였다. 소유의 말을 듣고 절로 감동하는 마음이 생겨 말했다.

"상공께서 부귀한 삶을 살면서도 이런 마음을 가지셨으니, 어찌 하늘이 인도하신 바 아니겠습니까? 저희 처첩 여덟 명은 모두 깊은 규중에 거하며 아침저녁으로 예불을 올리며 상공 돌아오실 때를 기다리겠습니다. 상공께서는 반드시 좋은 스승과 어진 벗을 만나 큰 도를 얻으실 것입니다. 바라건대 득도하신 후에는 반드시 저희를 먼저 가르치소서."

여인의 처소

소유가 기뻐 말했다.

"우리 아홉 사람의 마음이 맞으니 무슨 걱정이 있으리오? 내 내일 떠나겠소."

처첩들이 말했다. / "저희가 각자 한 잔 술로 상공을 전별하리이다."

이에 시녀에게 잔을 씻고 술을 따르게 했다. 〈중략〉

보내는 쪽에서 예를 차려 작별함

**절정 1** 인생의 덧없음을 느끼고 불도에 귀의할 것을 결심하는 양소유

## 핵심 정리하기

### ◆ 작품 개관

| 갈래 | 국문 소설, 몽자류 소설 |
|---|---|
| 성격 | 불교적, 전기(傳奇)적 |
| 배경 | • 시간적: 당나라 때<br>• 공간적: 중국 |
| 시점 | 전지적 작가 시점 |
| 제재 | 꿈을 통한 성진의 득도 |
| 주제 | 인생무상(人生無常)의 깨달음과 불법 귀의 |
| 특징 | • '현실-꿈-현실'의 환몽 구조로 이루어짐.<br>• 유불선 사상이 모두 나타나지만 불교의 공(空) 사상이 중심임. |

### ◆ 소재를 통한 주제 의식 표출

**인생무상(人生無常)을 드러내는 소재**

진시황의 아방궁, 한나라 무제의 무릉, 현종의 화청궁, 대승상의 부귀와 풍류, 낭자들의 옥용화태

양소유는 옛 제왕들의 삶이 허망하다는 생각에 자신의 삶에서도 인생의 덧없음을 깨달음.

### ◆ 양소유가 불교 귀의를 결심한 이유

• 유도, 선도에 한계를 느낌.
• 부들 방석 위에서 참선하는 꿈을 자꾸 꾸어 불도와의 인연을 느낌.

## 내신 올리기

정답과 해설 11쪽 •

**01** 이 글에 대한 설명으로 적절하지 <u>않은</u> 것은?

① 작품 밖에 위치한 서술자가 서술하고 있다.
② 주인공은 재자가인(才子佳人)으로 설정되었다.
③ 비현실적인 공간과 비현실적인 배경이 등장한다.
④ 사상적 배경으로 유교, 불교, 도교가 함께 나타난다.
⑤ 시간의 흐름을 역전적으로 구성하여 이야기를 진행한다.

**02** 이 글에서 인생의 덧없음을 보여 주는 소재가 <u>아닌</u> 것은?

① 진시황의 아방궁
② 현종 임금의 화청궁
③ 낭자들의 옥용화태
④ 한나라 무제의 무덤인 무릉
⑤ 나무하고 소 먹이는 아이들

**03** ㉠~㉢에 대한 '양소유'의 생각으로 적절하지 <u>않은</u> 것은?

① ㉠은 입신양명을 추구하는 데에 그 가치가 있다고 여기고 있다.
② ㉠은 생전의 명예를 죽어 이름으로 남기므로 의미 없다고 여기고 있다.
③ ㉢에 귀의하기로 한 결심을 밝히고 있다.
④ ㉠, ㉡은 ㉢에 비하여 한계가 있다고 느끼고 있다.
⑤ ㉠, ㉡과 달리 ㉢은 자신과 인연이 있음을 꿈을 들어 이야기하고 있다.

# 구운몽 2 | 김만중

**절정 2  1** 불승이 웃으며 대답했다.

"승상께서는 평생 본 옛사람을 알아보지 못하십니까? 일찍이 들으니 '귀인들이 잘 잊는다' 하더니 과연 그렇군요."

소유가 자세히 살펴보니 낯이 익은 듯하나 분명치 않았다. 그러다 홀연 크게 깨닫고 부인들을 돌아보며 말했다.

"소유가 일찍이 토번을 정벌할 때 꿈에 동정호 용왕의 잔치에 참여하고 돌아왔지요. 귀로에 잠시 남악에 올라 어떤 노대사(老大師)를 만났는데 법좌에서 제자들에게 불경을 강론하시더군요. 사부께서는 꿈속에서 만났던 그 스님 아니십니까?"

불승이 박장대소하며 말했다.

"그렇소. 맞소. 하나 꿈속에서 한 번 본 것은 기억하고, 십 년 동안 함께 살던 것은 기억하지 못하니, 누가 양 승상을 총명하다 했소?"

**2** 소유가 부끄러워하며 말했다. / "소유 열여섯 살 전에는 부모 곁을 떠나지 않았고, 열여섯에 과거에 급제한 다음 계속 벼슬에 있어서 서울을 떠나지 않았습니다. 동쪽으로 연나라에 사신으로 가고 서쪽으로 토번을 정벌한 것 외에는 달리 발길이 머문 곳이 없으니 어느 때 사부를 십 년이나 좇았겠습니까?"

불승이 웃으며 말했다. / "상공은 아직도 꿈에서 깨지 못했구려."

"사부께서는 소유를 크게 깨우치실 수 있겠습니까?" / "어렵지 아니하외다."

불승이 지팡이를 높이 들어 난간을 두어 번 세게 쳤다. 갑자기 흰 구름이 사방의 산골짜기에서 뭉게뭉게 피어오르더니 마침내 누대를 감쌌다. 어두워 지척도 분간할 수 없었다. 취한 것도 같고, 꿈꾸는 것도 같았다. 오랜 후 소유가 크게 소리 질렀다.

"사부께서는 어찌하여 바른길을 가르쳐 주시지 않고 환술(幻術)로 놀리십니까?"

**3** 말이 끝나기도 전에 구름이 걷히더니 불승과 처첩이 모두 사라졌다. 크게 놀라 사방을 둘러보니 층층 누대와 둘러친 옥구슬 주렴도 보이지 않았다. 스스로 돌아보니 홀로 작은 암자의 부들자리 위에 앉아 있었다. 향로에는 불이 꺼졌고 달은 어느덧 서쪽 봉우리에 걸려 있었다. 머리를 만져 보니 새로 깎은 듯 남은 털이 까칠까칠한데 백팔 염주가 목 앞에 드리워져 있었다. 젊은 불승의 모습이지 대승상의 차림이 아니었다. 정신이 황홀하고 가슴이 두근거렸다. 오랜 후 마침내 자신이 연화 도량의 성진임을 알게 되었다. 〈중략〉

**절정 2** 스승의 도술로 꿈에서 깨어나는 성진

**결말 1  1** "성진아, 인간 세상의 재미가 어떻더냐?"

성진이 머리를 조아리고 눈물을 흘리며 말했다.

"크게 깨달았나이다. 제자가 못나서, 한때 마음을 잘못 먹어 만든 앙화니, 누구를 원망하며 누구를 탓하겠습니까? 마땅히 인간 세상에 머물며 영영 윤회의 죄과를 받아야 하거늘 사부께서 하룻밤 꿈으로 깨닫게 해 주시니, 그 큰 은혜는 수천, 수만 겁이 지나도 갚을 수 없을 것입니다."

"네 스스로 흥이 나서 갔고 흥이 다해 돌아왔으니, 그사이에 내 무엇을 간여했겠느냐? 또 네가 '인간 세상에 윤회할 일을 꿈으로 꾸었다'고 했으나, 이는 네가 꿈과 인간 세상을 나누어 본 것일 뿐이라. 네 아직 꿈에서 완전히 깨지 못했도다. ㉠장자가 꿈에 나비가 되었는데, 꿈속의 나비 입장에서 보면 나비가 현실에서 장자가 된 것이라. 다시 생각하니 장자가 꿈에서 나비가 된 것인지, 나비가 꿈에서 장자가 된 것인지, 끝내 분별할 수 없었느니라. 어느 것이 꿈이고 어느 것이 현실인지 누가 알겠느냐? 지금 네가 성진을 네 몸으로 여기고, 네 몸이 꿈을 꾼 것이라고 하니, 너는 몸과 꿈이 하나가 아니라고 말하는구나. 성진과 소유, 둘 중에 누가 꿈이고 누가 꿈이 아니냐.”



## 핵심 정리하기

정답과 해설 12쪽 •

### 내신 올리기

✦ **‘꿈’의 상징적 의미와 역할**

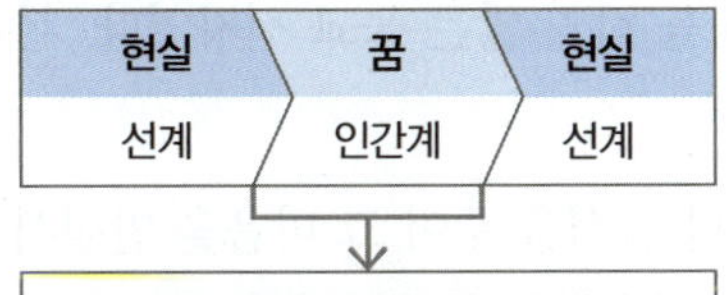



세속적 욕망을 버리지 못한 성진은 ‘꿈’에서 인생무상을 깨달으며 이를 통해 전체의 주제가 드러남.

✦ **불승의 역할**

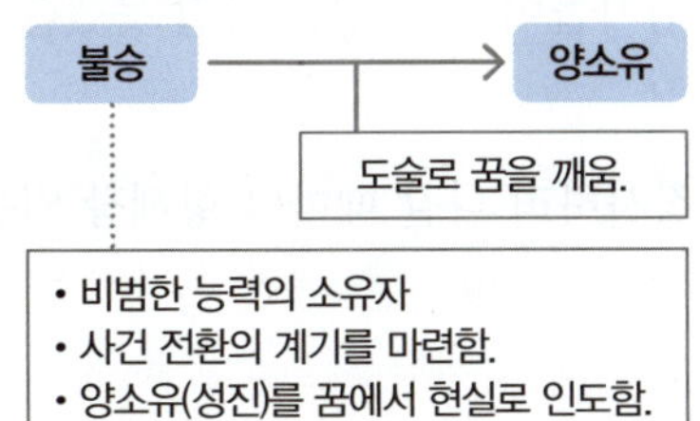



✦ **‘현실–꿈–현실’의 이중적 환몽 구조**

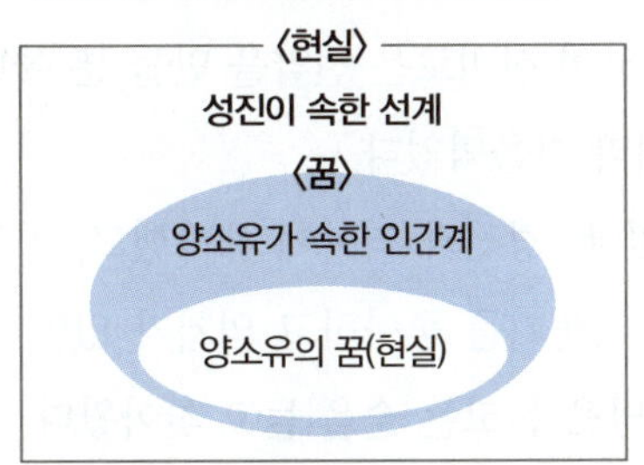



비현실적인 선계가 현실이고 현실적인 인간계가 꿈(비현실)이라는 역설적인 구조를 취하고 있음. → 꿈속의 일, 즉 세속적 욕망이 허망함을 드러냄.

---

**04** ‘불승’에 대한 설명으로 적절하지 <u>않은</u> 것은?

① 사건이 전환되는 계기를 마련해 준다.

② 양소유를 꿈에서 현실로 돌아오게 한다.

③ 양소유가 자신을 알아보지 못하자 벌을 내린다.

④ 성진의 세계와 양소유의 세계를 자유롭게 넘나든다.

⑤ 성진의 스승으로 성진에게 깨달음을 주는 역할을 한다.

**05** ㉠을 통해 전달하려고 하는 바로 가장 적절한 것은?

① 꿈은 허망한 것에 불과하다.

② 진리를 스스로 깨닫는 일은 매우 어렵다.

③ 꿈을 통해서 참된 진리를 터득할 수 있다.

④ 진리의 깨달음에 있어 꿈과 현실은 구분이 무의미하다.

⑤ 꿈은 현실을 압축하여 드러내므로 꿈에 진리가 드러난다.

**고난도**

**06** 이 글 전체를 다음과 같이 구조화할 때, ㉠~㉤ 중 적절하지 <u>않은</u> 것은?

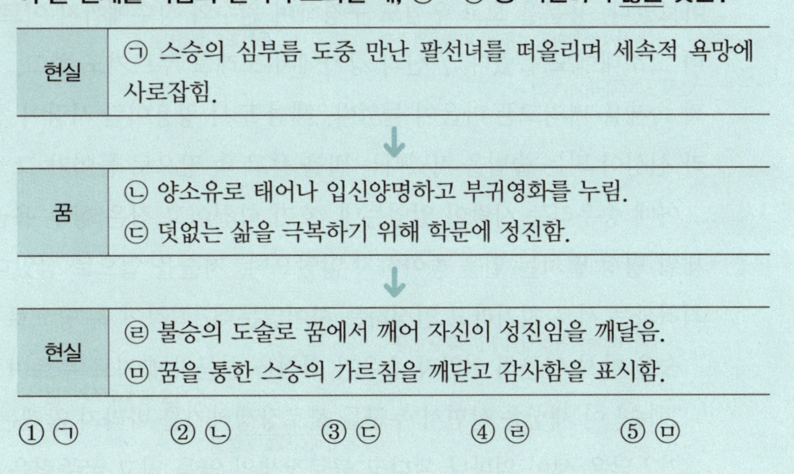



① ㉠　　② ㉡　　③ ㉢　　④ ㉣　　⑤ ㉤

# 최척전(崔陟傳) ❶ | 조위한



학습 포인트

• 다른 군담 소설과의 차이점
• '최척'과 '옥영'의 이산과 재회 과정

어디까지 배운 걸까? 6일 7일 12일

**앞부분의 줄거리** 남원에 살던 최척은 아버지의 뜻에 따라 집을 떠나 스승 정 생원 아래서 공부를 한다. 그러던 중 옥영을 만났으나 임진왜란이 일어나 참전하게 된다. 최척은 전쟁터에서 돌아와 옥영과 혼인하여 아들 몽석을 낳는다. 1597년 정유재란이 일어나 왜적에게 남원이 함락되자 최척의 가족들은 뿔뿔이 흩어지게 된다. 최척의 아버지와 장모, 몽석은 남원에 남고, 최척은 명나라 장수 여유문을 따라 중국으로, 옥영은 남장을 한 채 왜병 돈우에게 포로로 잡혀 일본으로 가게 된다.

**전개 1 ❶** 이때 옥영은 왜적 돈우라는 자에게 붙잡혀 있었다. 돈우는 늙은 병사로, 살생을 하지 않는 불교 신자였다. 본래 장사꾼으로 항해에 능숙했으므로 왜장 소서행장이 그를 선장으로 발탁하였다.
임진왜란과 정유재란 때 조선을 침략한 일본군의 선봉장
돈우는 명민한 옥영이 마음에 들었다. 그래서 혹 달아날까 싶어 좋은 옷과 맛난 음식을 주어 그 마음을 안심시키려 했다. 옥영은 물에 빠져 자살할 생각으로 몇 번이나 배에서 빠져나왔지만 그때마다 들켜서 뜻을 이루지 못했다.

어느 날 밤 옥영의 꿈에 장륙불이 나타나 이렇게 말했다.
높이가 약 5미터 정도 되는 불상
㉠"나는 만복사의 부처다. 죽어서는 안 된다! 훗날 반드시 기쁜 일이 있을 것이다."

옥영이 꿈에서 깨어 그 꿈을 가만히 생각해 보니 그런 일이 전혀 없으란 법도 없을 것 같았다. 이에 억지로 먹으며 목숨을 부지했다.

돈우의 집은 나고야에 있었다. 늙은 아내와 어린 딸만 있을 뿐 집안에 달리 남자가 없어, 옥영을 집에 살게 하되 아내와 딸이 있는 내실에는 출입하지 못하게 했다. 옥영은 돈우를 속여 이렇게 말했다.
안주인이 거처하는 방
"저는 본래 체격이 왜소하고 병이 많은 약골이라서 조선에 있을 적에도 젊은 남자들이 하는 일은 하질 못했습니다. 바느질이나 밥 짓는 일만 할 수 있지 다른 일은 할 수 없습니다."

돈우는 퍽 가련히 여겨 옥영에게 '사우'라는 이름을 붙여 주고는, 배를 타고 장사하러 나갈 때마다 항해장 일을 맡겨 중국의 복건성과 절강성 일대를 함께 돌아다녔다.

**전개 1** **전쟁이 발발하여 뿔뿔이 흩어진 최척의 가족**

**전개 2 ❶** 그해 겨울, 여유문이 병으로 죽었다. 최척은 의탁할 곳이 없게 되자 양자강과 회수를 떠돌며 명승지를 두루 돌아보았다. 용문을 보고 우혈도 구경하며 원수와 상수에까지 이르렀고, 배를 타고 동정호를 건너 악양루에 올랐으
어떤 것에 몸이나 마음을 의지하여 맡길    산서성 황하의 상류    우 임금의 무덤    동정호로 흘러가는 강    호남성에 있는 호수    동정호 동쪽의 누각
며 고소대에도 올랐다. / 산과 강가에서 노래를 부르기도 하고, 구름 사이에서 배회하기도 했다. 그러다 보니 훌
강소성 소주(蘇州)의 누각
쩍 속세를 버리고픈 마음이 들었다. 해섬 도사 왕용이란 사람이 청성산에 은거하며 신비로운 선약을 만들 뿐 아니라 신선이 되는 술법을 지녔다는 말을 듣고 촉 땅으로 들어가 그 술법을 배우리라 마음먹었다.
사천성에 있는 산
이때 송우라는 사람이 있었는데, 호가 학천이고 집은 항주 용금문 안에 있었다. 경전과 역사에 해박했고, 공을 세워 명성 떨치는 일을 좋아하지 않았으며, 저술을 업으로 삼았다. 또 남에게 베풀기를 좋아하고 의기가 있었다.

최척과는 서로 지기라고 인정하는 사이였는데, 최척이 촉 땅으로 가려 한다는 말을 듣고는 술을 들고 찾아왔다.
자기의 속마음을 참되게 알아주는 친구
술을 마셔 얼근히 취하자 송우가 최척을 친근하게 자로 부르며 말했다.
본 이름 외에 부르는 이름
"백승! 이 세상을 살면서 누군들 불로장생하기를 바라지 않겠는가마는 고금 천하에 어디 그런 이치가 있단 말인
늘지 아니하고 오래 삶    예전과 지금을 아울러 부르는 말
가? 남은 생이 얼마나 된다고 불로장생의 약을 먹고 굶주림을 참으며 괴로움을 자초하면서 산도깨비의 이웃이

된단 말인가? ⓛ나와 함께 배 타고 오·월 땅을 오가면서 비단이나 차를 매매하며 남은 생을 즐기는 게 세상사에 통달한 사람의 할 일 아니겠나?"

최척이 홀연 깨닫고 마침내 송우와 함께 길을 떠났다.



## 핵심 정리하기

### ◆ 작품 개관

| | |
|---|---|
| 갈래 | 한문 소설, 염정 소설, 전기 소설, 군담 소설 |
| 성격 | 전기적, 우연적, 사실적 |
| 배경 | • 시간적: 16세기 후반~17세기 전반<br>• 공간적: 조선, 중국, 일본 등 |
| 시점 | 전지적 작가 시점 |
| 제재 | 최척 가족의 이산과 재회 |
| 주제 | • 전쟁을 배경으로 한 남녀 간의 사랑<br>• 전쟁 때문에 겪은 가족의 이산과 재회 |
| 특징 | • 임진왜란, 정유재란 등 역사적 사건을 바탕으로 함.<br>• 민족적 영웅담이 아니라 평범한 인물이 겪는 고난과 역경을 사실적으로 표현함.<br>• 불교적 요소가 드러남. |

### ✦ '장륙불'의 역할

- 옥영의 꿈에 나타나 고난을 이겨 내도록 함.
- 옥영의 앞날을 예언함.

'장륙불'은 초월적 존재로, 옥영을 도와 옥영이 바른 행동을 하도록 이끔.

### ✦ 꿈으로 인한 옥영의 태도 변화

| 꿈을 꾸기 전 |
|---|
| 가족을 잃은 슬픔에 스스로 목숨을 버리고자 함. |

↓

| 꿈을 꾼 후 |
|---|
| 가족과 재회하리라는 희망을 가지고, 삶의 의욕을 되찾음. |

## 내신 올리기

정답과 해설 12쪽 •

**01** 이 글에 대한 설명으로 적절하지 <u>않은</u> 것은?

① 전란 상황에서 영웅의 활약상을 그린다.
② 비현실적인 요소에 의해 이야기가 진행된다.
③ 불교적인 영향력이 컸던 시대상이 드러난다.
④ 주체적이며 현실 인식이 분명한 여성상이 나타난다.
⑤ 일본, 중국 등 여러 나라를 포함하는 공간적 배경이 드러난다.

**02** ㉠과 ⓛ에 대한 설명으로 가장 적절한 것은?

① ㉠과 ⓛ은 모두 최척과 옥영에게 새로운 조력자가 나타남을 의미하고 있다.
② ㉠과 ⓛ은 모두 최척과 옥영이 앞으로 고난에 빠질 것임을 간접적으로 드러내고 있다.
③ ㉠은 옥영의 태도 변화를 일으키는 계기로 작용하고 있고, ⓛ은 최척의 의지를 더 확고하게 다지는 계기로 작용하고 있다.
④ ㉠은 최척과 옥영이 재회할 것임을 암시하고 있고, ⓛ은 후에 최척과 옥영이 재회할 수 있게 하는 계기를 마련해 주고 있다.
⑤ ㉠에는 불교의 영향력이 컸던 당시의 사회상이 나타나 있고, ⓛ에는 여러 나라를 유랑하며 살았던 당시 사람들의 생활 방식이 나타나 있다.

**03** 꿈을 꾸기 전 '옥영'의 심정을 나타낸 한자 성어로 가장 적절한 것은?

① 점입가경(漸入佳境)
② 천우신조(天佑神助)
③ 각골통한(刻骨痛恨)
④ 사상누각(沙上樓閣)
⑤ 절치부심(切齒腐心)

# 최척전 ❷ | 조위한

**전개3** ❶ ○<u>경자년(1600) 봄이었다.</u> 최척은 송우를 따라 한마을의 장사꾼들과 함께 배를 타고 베트남으로 장사하러 갔다. 이때 일본 배 10여 척도 같은 포구에 정박해 있었다.

열흘 넘게 머물러 4월 초이튿날이 되었다. 하늘엔 구름 한 점 없고 물빛은 비단처럼 고왔다. 바람이 그쳐 물결이 잔잔했으며 사방이 고요해 그림자 하나 보이지 않았다. ○<u>뱃사람들은 깊은 잠에 빠져 있었고, 간간이 물새 울음소리가 들려왔다.</u> 일본 배에서는 염불하는 소리가 들렸는데, 그 소리가 매우 구슬펐다.

최척은 홀로 선창에 기대 자신의 신세를 생각하다가, 짐 꾸러미 안에서 통소를 꺼내 슬픈 곡조의 노래를 한 곡
<u>배의 창문</u>
불어 가슴속에 맺힌 슬픔과 원망을 풀어 보려 했다. ○<u>최척의 통소 소리</u>에 바다와 하늘이 애처로운 빛을 띠고 구름과 안개도 수심에 잠긴 듯했다. 뱃사람들도 그 소리에 놀라 일어나 모두들 서글픈 표정을 지었다. 그때 문득 일본 배에서 염불하던 소리가 뚝 그쳤다. 잠시 후 ㉣<u>조선말로 시를 읊는 소리</u>가 들렸다.

> 왕자교 통소 불 제 달은 나지막하고 / 바닷빛 파란 하늘엔 이슬이 자욱하네.
> <u>주나라 때 신선으로 통소를 잘 불었던 인물</u>
> 푸른 난새 함께 타고 날아가리니 / 봉래산 안개 속에서도 길 잃지 않으리.
> <u>중국 전설에 나오는 상상의 새</u>

시 읊는 소리가 그치더니 한숨 소리, 쯧쯧 혀 차는 소리가 들려왔다. ㉤<u>최척은 시 읊는 소리를 듣고는 깜짝 놀라 얼이 빠진 사람 같았다.</u> 저도 모르는 새 통소를 땅에 떨어뜨리고 마치 죽은 사람처럼 멍하니 서 있었다. 송우가 말했다.

"왜 그래? 왜 그래?"

거듭 물어도 대답이 없었다. 세 번째 물음에 이르러서야 비로소 최척은 뭔가 말을 하려 했지만 목이 막혀 말을 하지 못하고 눈물만 하염없이 흘렸다. 최척은 잠시 후 마음을 진정시킨 뒤 이렇게 말했다.

"저건 내 아내가 지은 시일세. 우리 부부 말곤 아무도 알지 못하는 시야. 게다가 방금 시를 읊던 소리도 아내 목소리와 흡사해. 혹 아내가 저 배에 있는 게 아닐까? 그럴 리 없을 텐데 말야."

그러고는 자기 일가가 왜적에게 당했던 일의 전말을 자세히 말했다. 배 안에 있던 사람들이 모두 놀랍고 희한한 일로 여겼다. 〈중략〉

❷ 옥영은 어젯밤 배 안에서 최척의 통소 소리를 들었다. 조선 가락인 데다 귀에 익은 곡조인지라, 혹시 자기 남편이 저쪽 배에 타고 있는 것이 아닐까 의심하여 시험 삼아 예전에 지었던 시를 읊어 본 것이었다. 그러던 차에 밖에서 최척이 말하는 소리를 듣고는 허둥지둥 엎어질 듯이 배에서 뛰어 내려왔다.

최척과 옥영은 마주 보고 소리치며 얼싸안고 모래밭을 뒹굴었다. 기가 막혀 입에서 말이 나오지 않았다. 눈물이 다하자 피눈물이 나왔으며 눈에 아무것도 보이지 않았다.

두 나라의 뱃사람들이 이들 주위를 빙 둘러서서 구경하고 있었는데, 처음에는 두 사람이 친척이거나 친구인가 보다 여기고 있었다. 한참 뒤 이들이 부부 사이임을 알고는 모두들 놀라 감탄하고 서로 돌아보며 이런 말을 주고받았다.

"참 기이하기도 하다! 하늘이 돕고 귀신이 도왔구나. 옛날에도 이런 일은 없었다." 〈중략〉

❸ 최척은 아내를 찾은 뒤 마음이 행복해졌다. 그러나 친척 하나 없는 먼 이국땅에 사노라니 늙은 부친 생각이 머리에서 떠나지 않았고 어린 아들 생각으로 늘 가슴이 아팠다. 밤낮으로 가슴앓이를 하며 살아서 고국으로 돌아갈

수 있기를 마음속으로 기도할 따름이었다.

　1년이 지나 또 아들 하나를 낳았다. 아이를 낳기 전날 밤에 장륙불이 또다시 꿈에 나타났는데, 태어난 아기를 보니 첫아이 때와 마찬가지로 등에 점이 있었다. 최척 부부는 장남 몽석이 다시 태어났다고 여겨 이름을 몽선이라고 지었다. 〈중략〉

 베트남에서 우연히 재회한 뒤 아들을 낳고 행복하게 사는 최척과 옥영

## 핵심 정리하기

### ✦ 최척과 옥영이 처한 상황

| | |
|---|---|
| 최척 | • 송우를 따라 배를 타고 베트남으로 장사를 하러 감.<br>• 자신의 신세를 생각하다 퉁소를 꺼내 슬픈 곡조의 노래를 부름. |
| 옥영 | • 돈우를 따라 일본 배를 타고 베트남으로 장사를 하러 감.<br>• 염불을 하던 중 다른 배에서 최척의 퉁소 소리를 듣고 놀람. |

두 사람이 우연히 베트남에서 재회하게 됨. → 고전 소설의 우연적 사건 전개가 드러남.

### ✦ 소재의 기능

| | |
|---|---|
| 퉁소<br>소리 | • 가족을 잃은 상실감과 가족을 그리워하는 최척의 마음이 담김.<br>• 옥영이 듣고는 최척이 아닐까 생각하게 함. |
| 시를<br>읊는<br>소리 | • 옥영이 지은 시로, 최척과 옥영만이 앎.<br>• 옥영이 최척의 퉁소 소리를 듣고 시험 삼아 읊음. |

↓

두 소재는 최척과 옥영이 서로 근처에 있음을 짐작하게 하여 재회할 수 있도록 이끄는 매개체로, 사건을 유기적으로 연결함.

## 내신 올리기

정답과 해설 13쪽 •

**04** 이 글의 서술상 특징으로 적절한 것은?
① 우의적 표현을 활용하여 당시 사회의 문제를 풍자하고 있다.
② 인물과 인물 사이의 갈등을 중심으로 사건을 전개하고 있다.
③ 전쟁이라는 상황을 겪는 인물들의 모습을 사실적으로 그리고 있다.
④ 사실적인 배경 묘사를 통해 작품의 활기찬 분위기를 보여 주고 있다.
⑤ 같은 시간대에 벌어지는 여러 사건을 제시하여 복합적으로 서술하고 있다.

**05** ㉠~㉤에 대한 설명으로 적절하지 <u>않은</u> 것은?
① ㉠: 시간을 구체적으로 제시하여 현실감을 높였다.
② ㉡: 인물의 정서와 조응해 고요하고 쓸쓸한 분위기를 드러내는 배경이다.
③ ㉢: 옥영에 대한 최척의 그리움이 드러나며 두 사람이 재회할 수 있게 한다.
④ ㉣: 퉁소 소리로 최척의 존재를 확신한 옥영이 보인 적극적인 반응이다.
⑤ ㉤: 아내와 자신만이 아는 시를 듣고 놀라서 나온 반응이다.

**06** '전개 3-❶'에 삽입된 시에 대한 설명으로 적절하지 <u>않은</u> 것은?
① 최척과 옥영의 재회를 매개하는 역할을 한다.
② 과거에 최척이 직접 지어 옥영에게 보내 준 시이다.
③ 힘든 상황에서도 사랑을 잃지 않으리라는 마음을 담은 시이다.
④ 최척에게 옥영이 근처 배 안에 있음을 암시한다.
⑤ 최척과 옥영의 재회를 극적으로 만들어 작품의 분위기를 고조시킨다.

**07** '전개 3-❷'에 나타난 고전 소설의 특징으로 적절한 것은?
① 사건의 우연적 전개　　② 막연한 시간적 배경
③ 비현실적인 공간적 배경　　④ 비범한 능력을 지닌 주인공
⑤ 특정 계층을 대표하는 전형적 인물

# 최척전 ③ | 조위한

> **중략 부분의 줄거리**  세월이 흘러 장성한 몽선은 정유재란 때 조선에 파병된 중국인 진위경의 딸 홍도를 아내로 맞는다. 그러던 중 최척은 후금과 명나라의 전쟁이 일어나자 전쟁에 나간다. 최척은 후금의 포로가 되어 조선군 신분으로 포로로 잡혀 온 큰아들 몽석과 수용소에서 재회한다. 이들의 사연을 안타깝게 여긴 한 간수의 도움으로 최척은 아들 몽석과 탈출하여 남원으로 돌아간다. 한편, 항주에 남아 있던 옥영은 최척이 조선으로 갔을 지도 모른다고 생각하여 둘째 아들 몽선과 홍도를 데리고 조선으로 가기로 한다. 조선으로 향하는 도중에 세 사람은 해적을 만나 배를 빼앗기고 외딴 섬에 갇히게 된다.

**결말 ①** 이틀 뒤 아득한 바다 멀리서 문득 돛단배 한 척이 나타났다. 몽선이 놀라 옥영에게 알리며 말했다.

"처음 보는 모양의 배이니 또 무슨 일을 당할지 걱정입니다."

옥영은 배를 보고 기뻐하며 말했다. / "우린 이제 살았다! 저건 조선 배란다."

이에 옥영이 조선 옷을 입고, 몽선더러 벼랑 위에 올라가 옷을 흔들라고 했다. 뱃사람들이 돛을 내리더니 이렇게 물었다.

"댁들은 뉘기에 이런 외진 섬에 사오?"

옥영이 조선말로 대답했다.

"우리는 본래 서울의 사족이오. 나주로 가는 길이었는데 갑자기 만난 풍파로 배가 뒤집혀서 사람들이 모두 죽고, 우리 세 사람만 돛대에 매달린 채 이리로 떠내려와 겨우 목숨을 부지하고 있었소."

> 문벌이 좋은 집안. 또는 그 자손

뱃사람들이 옥영의 말을 듣고 불쌍히 여겨 닻을 내리고 옥영 일행을 배에 태운 뒤 이렇게 말했다.

"이 배는 통제사의 무역선이오. 기한 안에 공무를 수행해야 해서 길을 돌아갈 수 없다오."

> 임진왜란 때 수군을 통솔하는 일을 맡아보던 관직

**②** 순천에 이르자 해안에 배를 대고 옥영 일행을 내려 주었다. 이때가 경신년(1620) 4월이었다.

옥영은 아들과 며느리를 이끌고 대엿새 동안을 산 넘고 물 건너며 고생한 끝에 남원에 도착했다. 옥영은 일가 식구가 모두 죽었으리라 생각하고, 살던 집터에나 한번 가 보리라 하여 만복사를 찾아갔다. 금석교에 이르러 바라보니 성곽이며 마을이 예전 모습 그대로였다. 옥영은 몽선을 돌아보면서 손가락으로 집 하나를 가리키더니 눈물을 흘리며 이렇게 말했다.

"저기가 네 아버지 사시던 집이란다. 지금은 어떤 사람이 들어와 사는지 모르겠구나. 우선 들어가 하룻밤 묵으면서 뒷일을 도모해 보자꾸나."

> 어떤 일을 이루기 위하여 대책과 방법을 세워

옥영 일행이 그 집 문 앞에 이르렀다. 문밖에서 보니 최척이 바야흐로 손님을 맞아 버드나무 아래 앉아 있었다. 옥영이 가까이 다가가 자세히 보니 바로 자기 남편이 아닌가. 옥영 모자는 동시에 울음을 터뜨렸다. 최척도 비로소 자기 아내와 아들이 온 것을 알고 큰 소리로 외쳤다.

"몽석 어미가 왔다! 이게 꿈인가, 생신가? 귀신인가, 사람인가?"

몽석이 이 말을 듣고 맨발로 엎어질 듯 뛰어나왔다. 어머니와 아들이 상봉한 장면은 자세히 말하지 않아도 알 수 있으리라.

모자는 서로 밀거나 당기거니 방으로 들어갔다. 심 씨는 병을 앓던 중에 딸이 왔다는 소식을 듣고는 놀라 자빠지며 기가 막혀, 산 사람의 얼굴빛이 아니었다. 옥영이 심 씨를 부둥켜안고 구호한 뒤에야 겨우 숨을 쉬더니 이윽고 상태가 좋아졌다.

최척이 진위경을 부르며 이렇게 말했다. / "따님도 왔구려!"

최척은 홍도로 하여금 그동안 있었던 일을 부친에게 이야기하게 했다.

온 집안 사람이 저마다 자기 자식을 안고 부르짖으며 우니 그 소리가 사방에 진동했다. 이웃 사람들은 처음에는 모두 이상한 일로 여겼으나, 옥영과 홍도가 겪은 일의 전말을 듣고 나서는 모두들 무릎을 치며 찬탄하더니 앞다투어 이 이야기를 퍼뜨렸다.

칭찬하여 감탄하더니

**결말** 고생 끝에 남원에서 가족을 다시 만난 옥영

## 핵심 정리하기

✦ **이 글 전체에 드러난 최척과 옥영의 이산과 재회 과정**

| | |
|---|---|
| **만남** | 최척과 옥영이 약혼함. |
| | ↓ 임진왜란 |
| **이산** | 최척이 의병으로 참전함. |
| | ↓ |
| **재회** | 최척이 돌아와 혼인함. |
| | ↓ 정유재란 |
| **이산** | 가족이 뿔뿔이 흩어짐. |
| | ↓ |
| **재회** | 최척과 옥영이 베트남에서 우연히 만남. |
| | ↓ 명나라와 후금의 전쟁 |
| **이산** | 최척이 명나라 군사로 참전함. |
| | ↓ |
| **재회** | 남원에서 일가가 다시 만남. |

여러 전쟁으로 인한 최척과 옥영의 이산과 재회의 과정을 복합적으로 그려 냄.

✦ **다른 군담 소설과의 차이**
- 영웅적 인물이 아니라 평범한 인물이 주인공임.
- 주인공의 비범한 능력으로 문제를 극복하는 것이 아니라 주인공의 의지와 노력으로 문제를 극복함.

✦ **이 글의 문학사적 의의**
- 실제 일어난 전쟁을 배경으로 당대 백성들의 고통을 사실적으로 표현함.
- 조선을 넘어 일본, 중국, 베트남 등 동아시아 전역을 소설의 공간적 배경으로 삼음.
- 강한 의지로 역경을 극복하고 주체적으로 행동하는 여성의 모습을 그림.

## 내신 올리기

정답과 해설 14쪽 •

**08** 이 글의 내용과 일치하지 <u>않는</u> 것은?

① 최척은 몽석, 심 씨, 진위경과 함께 남원의 집에서 살고 있었다.
② 옥영은 남원 집에 이제는 다른 사람이 살고 있을 것이라고 생각했다.
③ 전란으로 인하여 금석교 일대의 성곽과 마을은 폐허가 되어 있었다.
④ 옥영은 숱한 고난 속에서도 아들과 며느리를 끝까지 이끌고자 하였다.
⑤ 옥영 일행은 통제사의 무역선을 우연히 만나 섬을 무사히 탈출하였다.

**09** 이 글을 감상한 내용으로 적절하지 <u>않은</u> 것은?

① 실제 날짜와 지명을 제시하여 현장감과 사실감이 느껴져.
② 최척의 가족들은 고통받던 당대 민중의 모습을 대변하고 있어.
③ 서술자가 개입하여 옥영과 몽석의 기쁨을 압축적으로 표현하고 있어.
④ 한 인물의 일대기를 시간 순서로 서술하여 성장해 가는 모습을 드러내고 있어.
⑤ 임진왜란, 정유재란 등 전란에 따른 백성들의 아픔을 표현하려는 의도를 담고 있어.

⭐ **고난도**

**10** 이 글 전체에 나타난 인물의 이산과 재회 과정을 정리한 내용으로 적절하지 <u>않은</u> 것은?

| | | |
|---|---|---|
| 재회 | 임진왜란에서 돌아온 최척이 자신을 기다린 옥영과 혼인함. | ① |
| 이산 | 정유재란이 발발해 가족들이 뿔뿔이 흩어짐. | ② |
| 재회 | 최척과 옥영이 장삿배를 타고 베트남에서 우연히 만남. | ③ |
| 이산 | 최척이 명나라와 후금의 전쟁에 참전하기 위해 명나라로 떠남. | ④ |
| 재회 | 먼저 고국에 돌아간 옥영이 남원에서 최척과 재회함. | ⑤ |

# 춘향전(春香傳) ①  | 작자 미상

**학습 포인트**
- 작품에 반영된 사회상과 주제 의식
- 판소리계 소설의 서술상 특징

> **앞부분의 줄거리**　남원에 사는 퇴기 월매와 성 참판 사이에서 태어난 성춘향은 한양에서 내려온 남원 부사의 아들 이몽룡과 광한루에서 만나 첫눈에 반하고, 둘은 백년가약을 맺는다. 그러나 몽룡의 아버지가 동부승지로 임명되어 몽룡은 후일을 기약하며 춘향을 두고 가족과 한양으로 떠난다. 그 후 새로운 남원 부사로 변학도가 부임하여(본관 사또) 춘향에게 수청을 강요하지만, 춘향은 정절을 지키다 옥에 갇힌다. 한편 한양으로 올라갔던 몽룡은 전라도 어사가 되어(어사또) 남원으로 내려온다. 몽룡은 백성들을 만나 변학도의 횡포에 대해 듣고 걸인의 모습으로 신분을 감춘 채 남원에 도착하여 옥에 갇힌 춘향을 만난다. 춘향은 몽룡의 행색을 보고 절망한다.

**절정1 ①**　㉠"관청색 불러 다과를 올리라. 육고자 불러 큰 소를 잡고, 예방(禮房) 불러 악공을 대령하고, 승발 불러 천막을 대령하라. 사령 불러 잡인을 금하라."

이렇듯 요란할 제 온갖 깃발이며 삼현육각 풍류 소리 공중에 떠 있고, 녹색 옷 붉은 치마 입은 기생들은 흰 손
피리가 둘, 대금, 해금, 장구, 북이 각각 하나씩 편성되는 풍류
비단 치마 높이 들어 춤을 추고, 지화자 둥덩실 하는 소리에 어사의 마음이 심란하구나.

"여봐라 사령들아. 너의 사또에게 여쭈어라. 먼 데 있는 걸인이 좋은 잔치에 왔으니 술과 안주나 좀 얻어먹자고 여쭈어라."

㉡저 사령의 거동 보소. / "우리 사또님이 걸인을 금하였으니, 어느 양반인지는 모르오만 그런 말은 내지도 마오."

등을 밀쳐 내니 어찌 아니 명관(名官)인가. 운봉 영장이 그 거동을 보고 본관 사또에게 청하는 말이,

"저 걸인의 의관은 남루하나 양반의 후예인 듯하니 말석에 앉히고 술잔이나 먹여 보냄이 어떠하뇨?"
남자의 웃옷과 갓이라는 뜻으로 남자가 정식으로 차려 입는 옷차림　　　　좌석의 차례에서 맨 끝 자리
본관 사또 하는 말이, / "운봉의 소견대로 하오마는."

'마는' 하는 끝말을 내뱉고는 입맛이 사납겠다. 어사또 속으로,

㉢'오냐. 도적질은 내가 하마. 오라는 네가 받아라.'

운봉 영장이 분부하여, / "저 양반 듭시라고 하여라."

> **절정1**　남원에 내려가 본관 사또의 생일잔치에 참여하는 어사또

**절정2 ①**　어사또 들어가 단정히 앉아 좌우를 살펴보니, 당 위의 모든 수령 다과상을 앞에 놓고 진양조가 높아 가는데, 어
대청
사또의 상을 보니 어찌 아니 통분하랴. 모서리 떨어진 개상판에 닥나무 젓가락, 콩나물, 깍두기, 막걸리 한 사발 놓았구나. ㉣상을 발길로 탁 차 던지며 운봉 영장의 갈비를 가리키며,

"갈비 한 대 먹고 지고." / "다리도 잡수시오." / 하고는 운봉이 하는 말이,

"이러한 잔치에 풍류로만 놀아서는 맛이 적사오니 차운(次韻) 한 수씩 하여 보면 어떠하오?"
남이 지은 시의 운자를 따서 시를 지음

"그 말이 옳다." / 하니 운봉이 운을 낼 제 '높을 고(高)' 자, '기름 고(膏)' 자 두 자를 내어놓고 차례로 운을 달아 시를 짓는다. 이때 어사또 하는 말이,

"걸인이 어려서 한시(漢詩)깨나 읽었더니 ㉤좋은 잔치 당하여서 술과 안주를 포식하고 그냥 가기 민망하니 차운 한 수 하사이다."

**②**　운봉 영장이 반겨 듣고 필연(筆硯)을 내어 주니, 좌중 사람들이 다 짓지도 않았는데 순식간에 글 두 귀를 지었으
붓과 벼루
되, 백성들의 형편을 생각하고 본관 사또의 정체를 감안하여 지었것다.

금준미주(金樽美酒) 천인혈(千人血)이요 / 옥반가효(玉盤佳肴) 만성고(萬姓膏)라

촉루락시(燭淚落時) 민루락(民淚落)이요 / 가성고처(歌聲高處) 원성고(怨聲高)라.

## 핵심 정리하기

### ◆ 작품 개관

| | |
|---|---|
| 갈래 | 국문 소설, 판소리계 소설, 염정 소설 |
| 성격 | 해학적, 풍자적 |
| 배경 | • 시간적: 조선 후기<br>• 공간적: 전라도 남원 |
| 시점 | 전지적 작가 시점 |
| 제재 | 춘향과 몽룡의 사랑 |
| 주제 | • 신분을 초월한 남녀 간의 사랑<br>• 부패한 지배 계층에 대한 비판 |
| 특징 | • 운문체와 산문체가 함께 나타남.<br>• 풍자와 해학적 서술로 웃음을 유발함.<br>• 선인과 악인의 대립과 갈등을 중심으로 내용이 전개됨. |

### ✦ 이 글에 반영된 사회적 상황

**춘향과 몽룡이 신분을 초월해 사랑함.**

당시에 신분제가 존재했지만, 조선 후기 들어 신분제의 변동이 생겼음.

**춘향이 본관 사또의 수청을 거부함.**

당대 민중의 주체 의식이 성장했고, 부패한 지배층에 대한 저항 의식이 있었음.

**본관 사또가 화려한 생일잔치를 함.**

학정을 일삼는 부패한 지배층이 존재함.

## 내신 올리기

정답과 해설 14쪽 •

**01** 이 글에 대한 설명으로 적절하지 <u>않은</u> 것은?

① 운문체와 산문체가 혼합되어 나타난다.

② 판소리의 사설을 바탕으로 창작된 소설이다.

③ 전기적(傳奇的) 요소를 통해 비현실성을 부각한다.

④ 서술자가 작품 속에 개입하여 사건이나 인물에 대해 직접 평가한다.

⑤ 풍자적이고 해학적인 표현으로 지배 계층에 대한 비판 의식을 드러낸다.

**02** '본관 사또'의 정치 행태를 비판한 내용으로 가장 적절한 것은?

① 위정자의 힘을 입어 호가호위(狐假虎威)하고 있군.

② 아무런 일도 하지 않으며 무위도식(無爲徒食)하고 있군.

③ 정사를 돌보지 않고 안빈낙도(安貧樂道)만 추구하고 있군.

④ 백성들을 간사한 말로 속이면서 혹세무민(惑世誣民)하고 있군.

⑤ 자신의 사치스러운 생활을 위해 백성들을 가렴주구(苛斂誅求)하고 있군.

**03** '어사또'가 지은 한시의 역할로 적절하지 <u>않은</u> 것은?

① 주요 인물에 의해 새로운 사건이 전개될 것임을 예고한다.

② 어진 정치를 펼치겠다는 인물의 강직한 면모를 보여 준다.

③ 탐관오리의 수탈로 고통받았던 백성들의 모습을 나타낸다.

④ 지방 관리들의 가혹한 정치 행태에 대한 비판 의식을 드러낸다.

⑤ 화려한 생일잔치를 풍자하는 내용을 통해 긴장감을 고조시킨다.

**04** ㉠~㉤에 대한 설명으로 적절하지 <u>않은</u> 것은?

① ㉠: 백성들의 곤궁한 삶과 대비되는 탐관오리의 사치스러움을 보여 준다.

② ㉡: 판소리 사설처럼 서술자가 독자에게 직접 이야기를 전하는 느낌을 준다.

③ ㉢: 자신을 푸대접하는 본관 사또를 벌하겠다는 어사또의 의지가 나타난다.

④ ㉣: 인물의 말과 행동을 해학적으로 묘사하여 웃음을 유발한다.

⑤ ㉤: 형편없는 대접을 받은 잔치에 대한 반어적인 표현이다.

# 춘향전 ② | 작자 미상

**3** 이렇듯이 지었으되 본관 사또는 몰라보는데 운봉 영장은 글을 보며 속으로,

'아뿔싸. 일이 났다.'

이때 어사또가 하직하고 간 연후에 각 아전들을 분부하되,

"야야. 일이 났다."

공방 불러 돗자리 단속, 병방 불러 역마(驛馬) 단속, 관청색 불러 다과상 단속, 옥형방 불러 죄인 단속, 집사 불러 형구(刑具) 단속, 형방 불러 장부 단속, 사령 불러 숙직 단속. 한참 이리 요란할 제 사정 모르는 저 본관 사또가,

"여보 운봉은 어디를 다니시오?"

"소피 보고 들어오오."

본관 사또가 술주정이 나서 분부하되,

"춘향을 급히 올리라."

> **절정 2** 어사또의 한시를 듣고 난 후에도 어사 출도를 눈치채지 못한 본관 사또

**절정 3** **1** 이때에 어사또 부하들과 내통한다. 서리를 보고 눈길을 보내니 서리, 중방 거동 보소. 역졸을 불러 단속할 제 이
관아에 속하여 말단 행정 실무에 종사하던 구실아치
리 가며 수군, 저리 가며 수군수군. 서리, 역졸 거동 보소. 외올망건 공단 모자 새 패랭이 눌러쓰고, 석 자 감발 새 짚신에 한삼(汗衫) 고의 산뜻하게 차려입고, 육모 방망이 사슴 가죽끈을 손목에 걸어 쥐고, 여기서 번쩍 저기서 번쩍, 남원읍이 우글우글. 청파 역졸 거동 보소. 달 같은 마패를 햇빛같이 번쩍 들어,

**2** "암행어사 출두야."

외치는 소리에 강산이 무너지고 천지가 뒤집히는 듯 초목금수(草木禽獸)인들 아니 떨랴. 남문에서,
풀과 나무와 날짐승과 길짐승을 아울러 이르는 말. 온갖 생물을 이름

"출두야." / 북문에서, / "출두야."

동서문 출두 소리 청천(靑天)에 진동하고,

"모든 아전들 들라." / 외치는 소리에 육방(六房)이 넋을 잃어,
고을 구실아치의 우두머리인 호장, 이방, 수형리　　조선 시대에, 승정원 및 각 지방 관아에 둔 여섯 부서
"공형이오." / 등채로 휘닥딱.
전투에 필요한 장비를 갖출 때 쓰는 채찍
"애고 죽겠다." / "공방, 공방." / 공방이 자리 들고 들어오며,

"안 하겠다던 공방을 하라더니 저 불속에 어찌 들랴."

등채로 휘닥딱.

"애고 박 터졌네."

**3** 좌수(座首), 별감(別監) 넋을 잃고 이방, 호방 혼을 잃고 나졸들이 분주하네. 모든 수령 도망갈 제 거동 보소. 인궤 잃고 강정 들고, 병부(兵符) 잃고 송편 들고, 탕건 잃고 용수 쓰고, 갓 잃고 소반 쓰고. 칼집 쥐고 오줌
관아에서 쓰던 도장을 넣어두던 상자　　　　　싸리나 대오리로 만든 둥글고 긴 통
누기. 부서지는 것은 거문고요 깨지는 것은 북과 장고라. 본관 사또가 똥을 싸고 멍석 구멍 새앙쥐 눈 뜨듯 하고, 안으로 들어가서,　[A]

"어 추워라. 문 들어온다 바람 닫아라. 물 마르다 목 들여라."

관청색(官廳色)은 상을 잃고 문짝을 이고 내달으니, 서리, 역졸 달려들어 후닥딱.

"애고 나 죽네."

**4** 이때 어사또 분부하되,

"이 골은 대감이 좌정하시던 골이라. 잡소리를 금하고 객사(客舍)로 옮겨라."
자리를 잡고 앉아 일을 보시던      조선 시대에, 각 고을에 설치하여 외국 사신이나 다른 곳에서 온 벼슬아치를 대접하고 묵게 하던 숙소
자리에 앉은 후에,

"본관 사또는 봉고파직하라."
어사나 감사가 못된 짓을 많이 한 고을의 원을 파면하고 관가의 창고를 봉하여 잠금
분부하니,

"본관 사또는 봉고파직이오."

**절정 3**    암행어사 출도에 아수라장이 된 본관 사또의 생일잔치와 어사또에 의해 파직된 본관 사또

---

## 핵심 정리하기

**✦ 이 글의 갈등 양상에 따른 주제 의식 ①**

| 어사또 | 본관 사또 |
|---|---|
| 탐관오리를 징벌하려 함. | 백성들에게 횡포를 부림. |

⟷

**탐관오리에 대한 비판(이면적 주제)**

**✦ 이 글의 표현상 특징 ①**

**열거와 대구**

· 공방 불러 ~ 숙직 단속.
· 좌수, 별감 넋을 잃고 ~ 북과 장고라.

열거와 대구를 통한 확장적 문체로 어사 출도에 허둥대는 관리들의 모습을 해학적으로 표현함.

**비유적 표현**

본관 사또가 똥을 싸고 멍석 구멍 새앙쥐 눈 뜨듯 하고,

겁을 먹은 본관 사또의 모습을 생쥐에 빗대 해학적으로 표현함.

**도치를 통한 언어 유희**

문 들어온다 바람 닫아라. 물 마르다 목 들여라.

어사 출도에 당황한 본관 사또의 모습을 언어 도치를 통해 해학적으로 표현함.

---

## 내신 올리기

정답과 해설 15쪽 ·

**05** 이 글에 나타난 당대의 사회상으로 적절하지 <u>않은</u> 것은?

① 어사또가 직접 본관 사또를 벌하는 것으로 보아 당시 지배층 간의 권력 다툼이 빈번했음을 알 수 있다.

② 관리들을 우스꽝스럽게 묘사한 것으로 보아 지배 계층에 대한 평민들의 불만이 쌓여 있음을 알 수 있다.

③ 신분이 낮은 춘향이 양반인 몽룡과 사랑을 하는 것으로 보아 당시 조선의 신분 제도가 흔들리고 있었음을 알 수 있다.

④ 수청을 거절했다고 춘향을 옥에 가둔 본관 사또의 모습으로 보아 학정을 일삼는 지배층이 존재했음을 이해할 수 있다.

⑤ 춘향이 몽룡과의 사랑을 위해 수청을 거부하는 모습에서 여인의 지조와 절개를 중시하던 당시의 사회적 분위기를 엿볼 수 있다.

**06** 〈보기〉에 해당하는 대사를 찾아 2어절로 쓰시오.

> ┤ 보기 ├
> · 장면의 극적 반전을 가져옴.
> · 본관 사또의 생일잔치가 징벌의 장으로 바뀜.

**07** [A]의 표현상 특징으로 적절하지 <u>않은</u> 것은?

① 작품 밖의 서술자가 작품에 개입하고 있다.

② 열거와 대구를 활용하여 운율감을 형성한다.

③ 백성들의 삶의 모습을 사실적으로 묘사한다.

④ 허둥대는 관리들의 모습을 해학적으로 표현한다.

⑤ 어사또가 출도한 직후의 장면을 확장하여 서술한다.

# 춘향전 ③ | 작자 미상

**절정 4** **1** 사대문(四大門)에 방을 붙이고 옥 형리 불러 분부하되, / "네 골 옥에 갇힌 죄수를 다 올리라."

호령하니 죄인을 올린다. 다 각각 죄를 물은 후에 죄가 없는 자는 풀어 줄새,

"저 계집은 무엇인고?" / 형리 여쭈오되,

"기생 월매의 딸이온데 관청에서 포악한 죄로 옥중에 있삽내다."

"무슨 죄인고?"/ 형리 아뢰되,

"본관 사또 수청 들라고 불렀더니 수절이 정절이라. 수청 아니 들려 하고 사또에게 악을 쓰며 달려든 춘향이로
소이다." / 어사또 분부하되,
정절을 지킴

"너 같은 년이 수절한다고 관장(官長)에게 포악하였으니 살기를 바랄쏘냐. 죽어 마땅하되 내 수청도 거역할까?"
관가의 장이란 뜻으로, 시골 백성이 고을 원을 높여 부르던 말

**2** 춘향이 기가 막혀,

"내려오는 관장마다 모두 명관(名官)이로구나. 어사또 들으시오. ㉠충암절벽 높은 바위가 ㉡바람 분들 무너지
며, ㉢청송녹죽 푸른 나무가 ㉣눈이 온들 변하리까. 그런 분부 마옵시고 어서 바삐 죽여 주오." / 하며,
몹시 험한 바위가 겹겹으로 쌓인 낭떠러지
푸른 소나무와 푸른 대나무

"향단아, 서방님 어디 계신가 보아라. 어젯밤에 옥 문간에 와 계실 제 천만당부하였더니 어디를 가셨는지 나 죽
는 줄 모르는가."

**3** 어사또 분부하되, / "얼굴 들어 나를 보라."

하시니 춘향이 고개 들어 위를 살펴보니, 걸인으로 왔던 낭군이 분명히 어사또가 되어 앉았구나. 반 웃음 반 울
음에,

"얼씨구나 좋을시고 어사 낭군 좋을시고. ㉤남원 읍내 가을이 들어 떨어지게 되었더니, 객사에 봄이 들어 이화
춘풍(李花春風) 날 살린다. 꿈이냐 생시냐? 꿈을 깰까 염려로다."

한참 이리 즐길 적에 춘향 어미 들어와서 가없이 즐겨 하는 말을 어찌 다 설화(說話)하랴.

> **절정 4**　본관 사또를 파면하고 재회하는 춘향과 몽룡

**결말** **1** 춘향의 높은 절개 광채 있게 되었으니 어찌 아니 좋을쏜가. 어사또 남원의 공무 다한 후에 춘향 모녀와 향단이
를 서울로 데려갈새, <u>위의(威儀)</u>가 찬란하니 세상 사람들이 누가 아니 칭찬하랴. 이때 춘향이 남원을 하직할새, 영
<u>귀(榮貴)</u>하게 되었건만 고향을 이별하니 일희일비(一喜一悲)가 아니 되랴.
위엄이 있고 엄숙한 태도나 차림새
지체가 높고 귀하게

놀고 자던 부용당아. / 너 부디 잘 있거라.

광한루 오작교며 / 영주각(瀛州閣)도 잘 있거라.

봄풀은 해마다 푸르건만

떠난 객은 돌아오지 않는다고 이른 시(詩)는

나를 두고 이름이라.

다 각기 이별할 제 / 길이길이 무고하옵소서.

다시 보기 기약 없네.

이때 어사또는 좌도와 우도의 읍들을 순찰하여 민정을 살핀 후에, 서울로 올라가 임금께 절을 하니 판서, 참판,
백성들의 사정과 생활 형편

참의들이 입시하시어 보고서를 살핀다. 임금께서 크게 칭찬하시며 즉시 이조 참의 대사성을 봉하시고 춘향으로
정렬부인을 봉하신다. 은혜에 감사드리고 물러 나와 부모께 뵈오니 성은(聖恩)을 못 잊어 하시더라. 이때 이조 판
서, 호조 판서, 좌의정, 우의정, 영의정 다 지내고 퇴임한 후에 정렬부인으로 더불어 백년동락(百年同樂)할새, 정
렬부인에게 삼남삼녀(三男三女)를 두었으니 모두가 총명하여 그 부친보다 낫더라. 일품 관직이 대대로 이어져 길
이 전하더라.

> 대궐에 들어가서 임금을 뵙고

> 부부가 되어 한평생을 같이 살며 함께 즐거워함

**결말** 혼인하고 서울로 떠난 뒤 백년해로하는 몽룡과 춘향

## 핵심 정리하기

정답과 해설 15쪽 •

### ✦ 이 글의 갈등 양상에 따른 주제 의식 ②

| 춘향 | | 사회 |
|---|---|---|
| 신분적 한계를 벗어나 사랑을 이루려고 함. | ↔ | 출생에 따른 신분적 제약이 있음. |

- 신분을 초월한 사랑과 절개(표면적 주제)
- 당대 민중의 신분 상승 욕구(이면적 주제)

| 춘향 | | 본관 사또 |
|---|---|---|
| 어사또(이몽룡)에 대한 절개를 지키려 함. | ↔ | 권력을 이용해 춘향에게 수청을 요구함. |

탐관오리에 대한 저항(이면적 주제)

### ✦ 이 글의 표현상 특징 ②

| 반어적 표현 |
|---|
| 내려오는 관장마다 모두 명관(名官)이로구나. |

본관 사또와 같이 춘향에게 수청을 요구하는 어사또의 행태를 반어적으로 비판함.

## 내신 올리기

**08** 등장인물에 대한 설명으로 적절하지 <u>않은</u> 것은?

① 몽룡은 뒤늦게 춘향을 찾아오게 된 일을 안타까워하였다.

② 몽룡은 자신의 정체를 숨기고 춘향의 절개를 시험하였다.

③ 어사또는 서울로 올라간 뒤 많은 직책을 맡아 공무를 수행하였다.

④ 춘향은 위기 상황에서 몽룡을 보고자 하며 변함없는 지조를 표현하였다.

⑤ 춘향은 어사또 앞에서 자신의 굳은 절개를 꺾지 않을 것임을 다짐하였다.

**09** ㉠~㉤을 의미상 유사한 것끼리 묶은 것은?

① ㉠, ㉡, ㉢　　② ㉠, ㉢, ㉤　　③ ㉡, ㉢, ㉣
④ ㉡, ㉣, ㉤　　⑤ ㉢, ㉣, ㉤

**고난도**

**10** 이 글을 〈보기〉와 연관 지어 해석한 내용으로 적절하지 <u>않은</u> 것은?

┤ 보기 ├

　　백제의 왕은 평민인 도미의 아내가 정절을 잘 지킨다는 이야기를 듣고, 이를 시험하기 위해 도미의 아내를 궁녀로 삼고자 한다. 도미의 아내는 왕의 말에 순종하는 체하며 여종을 대신 보낸다. 분노한 왕은 도미의 두 눈을 멀게 하여 다른 곳으로 보낸 뒤 도미의 아내를 궁으로 잡아들인다. 궁에서 탈출한 도미의 아내는 천성도에 이르러 남편과 재회하고, 이후 두 사람은 고구려로 가 함께 살아간다.

－ 「삼국사기」 제48권 열전 제8 「도미」 줄거리

① 이 글의 본관 사또는 〈보기〉의 왕과 유사한 역할을 하고 있군.

② 이 글과 〈보기〉에는 절개를 지키는 의지적인 여인이 등장하고 있군.

③ 이 글과 〈보기〉에는 신분 상승을 향한 민중의 소망이 반영되어 있군.

④ 내용의 유사성으로 보아 이 글은 〈보기〉와 같은 설화를 토대로 형성되었군.

⑤ 이 글과 〈보기〉에는 권력자에게 수난을 당하는 백성의 모습이 나타나 있군.

# 흥보전 ❶ | 작자 미상

**학습 포인트**

어디까지 배운 걸까? 6일 · · · 9일 · · · 12일

• 이 작품에 드러나는 해학과 풍자
• 판소리계 소설의 서술상 특징

> **앞부분 줄거리** 전라도와 경상도 접경의 한 양반 집에 심술궂은 형 놀보와 착한 아우 흥보가 살았는데, 부모님이 돌아가시자 놀보는 부모님의 유산을 모두 빼앗고 흥보를 내쫓는다. 가난하게 살아가던 흥보는 배고파 우는 자식들을 보고 마음이 아픈 나머지 놀보를 찾아가 양식을 빌리려고 하지만, 놀보에게 매만 맞고 쫓겨난다. 이후 흥보는 곡식을 얻으러 관가에 갔다가 매품을 팔면 돈을 받을 수 있다는 이야기를 듣고 병영에 가 보기로 한다.

**전개 1** ❶ 흥보 마삯 돈 닷 냥 받아 차고, '얼씨구 즐겁도다' 제집으로 들어가며,
말을 부린 데 대한 품값으로 주는 돈이나 물건
"애기 어멈, 게 있는가. 문을 열고 이것 보시오. 대장부 한 걸음에 삼십 냥이 들어가네."

흥보 아내 이른 말이, / "그 돈은 웬 돈이며 삼십 냥은 웬 돈이오?" / 흥보 이른 말이,

"천기누설이라, 말부터 앞세우면 이뤄질 일 없으니, 그 돈으로 양식 팔아 배불리 질끈 먹고."
중대한 기밀이 새어 나감을 이르는 말
흥보 아내 이른 말이, / "먹으니 좋소만 그 돈은 어디서 났소?" / 흥보 이른 말이,

"본읍 좌수 대신으로 병영 가서 곤장 맞기로 삼십 냥에 결단하고 마산 돈 닷 냥 받아 왔네."
조선 시대에, 지방의 자치 기구인 향청(鄕廳)의 우두머리

❷ 흥보 아내 이 말 듣고 기가 막혀 이른 말이,

"그놈의 죄상도 모르고 병영으로 올라갔다가 저 모습 저 몰골에 곤장 열을 맞으면 곤장 아래 혼백 될 것이니 제발 덕분 가지 마오." / 흥보 이른 말이, / "볼기의 구실이 있나니." / "볼기가 구실이 있단 말이오?"

"그렇지. 볼기 구실 들어 보소, 이내 몸이 정승 되어 평교자에 앉아 볼까. 육판서 하였으면 초헌 위에 앉아 볼까, 사복시 관리 하였으면 임금 타는 말에 앉아 볼까, 팔도 감사 하여 선화당에 앉아 볼까, 각 읍 수령 하조선 시대에, 종일품 이상 및 기로소(耆老所)의 당상관이 타던 가마 / 조선 시대에, 종이품 이상의 벼슬아치가 타던 수레 여 좋은 가마에 앉아 볼까, 좌수 별감 하여 향사당에 앉아 볼까, 이방 호장 하여 작청 좋은 자리에 앉아 볼조선 시대에, 궁중의 가마나 말에 관한 일을 맡아보던 관아 / 각 도의 관찰사가 사무를 보던 정당(正堂) 까, 소리명창 되어 크고 넓은 좋은 집 양반 앞에 앉아 볼까, 풍류 호걸 되어 기생집에 앉아 볼까, 서울 이름고려·조선 시대에, 지방의 수령을 보좌하던 자문 기관 / 군아(郡衙)에서 구실아치가 일을 보던 곳 난 기생 되어 가마 안에 앉아 볼까, 많은 돈 벌어 부담마에 앉아 볼까, 쓸데없는 이내 볼기 놀려 무엇 한단부담롱(작은 농짝)을 싣고, 사람도 함께 타도록 꾸민 말 말인가. 매품이나 팔아먹세."

[A]

❸ 흥보 자식들이 벌 떼같이 나앉으며,

"아버지 말씀을 들으니 호사가 큼직하오. 그래 아버지 병영 가신다 하니, 날 오동철병 하나 사다 주오."
호화롭게 사치하는 것 / 검붉은 빛이 나는 구리로 만든 병
흥보 이른 말이, / "고의 벗은 놈이 어디다 차게야?"
남자의 여름 홑바지
"귀밑머리에 차도 찰 터이옵고 생갈비를 뚫고 차도 찰 터이오니 사 오기만 사 오오."

또 한 놈 나앉으며, / "나는 남수주 비단으로 만든 큰 창옷 한 벌 사다 주오."
예전에, 중치막 밑에 입던 웃옷의 하나
"고의 벗은 놈이 어디다 입게야?"

흥보 큰아들 나앉으며 제 동생들을 꾸짖는데 옳게 꾸짖는 게 아니라 하늘에 사무칠 듯 꾸짖어,

"에라 심하구나, 후레아들 놈들. 아버지 그렇잖소. 나는 담비 가죽 탕평채에 모초의 한 놈과, 한포단 허리띠 비단 주머니 당팔사 끈 꿰어, 쇠거울 돌 거울 넣어다 주오."
비단의 일종 / 파초의 섬유로 짠, 날이 굵은 베
예전에 중국에서 만든 매우 가는 노끈. 여덟 가락으로 꼬아져 있음
흥보 이른 말이, / "네 아무것도 안 찾을 듯이 하더니 단계를 높여 하는구나. 너희 놈들이 내 마른 볼기를 대송방으로 아는 놈들이로구나." 〈중략〉
예전에, 주로 서울에서 개성 사람이 포목 따위를 팔던 큰 가게

**전개 1** 매품을 팔기로 한 것에 대해 가족과 이야기하는 흥보

# 핵심 정리하기

## ◆ 작품 개관

| 갈래 | 국문 소설, 판소리계 소설 |
|---|---|
| 성격 | 해학적, 풍자적 |
| 배경 | • 시간적: 조선 후기<br>• 공간적: 전라도와 경상도의 접경 지역 |
| 시점 | 전지적 작가 시점 |
| 제재 | 흥보와 놀보 형제의 삶 |
| 주제 | • 표면적: 형제간의 우애와 권선징악<br>• 이면적: 빈부 격차로 인한 갈등 |
| 특징 | • 토속적인 어휘와 과장된 표현 등을 활용한 해학과 풍자가 두드러짐.<br>• 판소리 사설의 특징과 함께 서술자가 작품에 개입하는 편집자적 논평이 드러남. |

### ✦ 이 글에 나타난 당대의 사회상

- 돈을 벌기 위해 매품을 팔아야 할 만큼 가난한 처지의 사람들이 존재했음을 보여 줌.
- 돈과 권력으로 죄에 대한 처벌을 대신할 수 있었던 당대 권력층의 부조리함을 보여 줌.

### ✦ 흥보 가족의 모습에 나타난 해학과 풍자

| 해학 | • 처지와 상황에 맞지 않는 물건을 사 달라고 요구하는 아들들<br>• 동생들을 꾸짖으며 더 귀한 물건을 사 달라고 하는 큰아들<br>→ 비극적인 상황을 해학적인 표현으로 승화함. |
|---|---|
| 풍자 | 제대로 된 옷도 갖춰 입지 못하는 아들들<br>→ 가난한 당대 민중의 모습을 통해 당대 사회상을 풍자함. |

# 내신 올리기

**01** 이 글에 대한 설명으로 적절하지 <u>않은</u> 것은?

① 창으로 불린 판소리를 소설로 창작한 것이다.

② 조선 후기 사회 변동에 따른 당대의 사회상을 보여 준다.

③ 산문이지만 운율감이 느껴지는 어투를 빈번하게 사용하고 있다.

④ 양반이 사용하는 한자어와 평민이 사용하는 비속어가 혼재되어 있다.

⑤ 특정 장면을 축소하여 서술함으로써 상황을 해학적으로 보여 주는 대목이 있다.

**02** 이 글을 읽고 알 수 있는 당대의 사회상으로 적절하지 <u>않은</u> 것은?

① 경제적으로 어려운 처지에 놓인 양반 계층이 존재했다.

② 죄를 짓고도 돈으로 그 벌을 대신할 수 있었던 부조리한 사회였다.

③ 이권을 둘러싼 당대 지배층의 탐욕으로 백성들의 삶이 피폐해졌다.

④ 바지도 갖춰 입지 못한 흥보 아들들처럼 궁핍하게 살아가던 사람들이 존재했다.

⑤ 누군가는 돈으로 처벌을 대신하지만 누군가는 매품을 팔 만큼 빈부 격차가 심했다.

**03** '흥보'의 큰아들에 대한 설명으로 가장 적절한 것은?

① 매품을 팔러 가는 아버지를 생각하며 동생들을 꾸짖고 있다.

② 철이 없는 다른 아들들과 같이 이 작품의 주요 비판 대상이다.

③ 아버지가 매품을 팔러 가는 일에 가슴 아파하며 반대하고 있다.

④ 아버지의 처지를 고려하지 않아 흥보가 처한 비극성을 강화한다.

⑤ 부조리한 권력층을 직접적으로 비판하며 작품의 풍자성을 드러낸다.

**04** [A]에 대한 설명으로 적절하지 <u>않은</u> 것은?

① 판소리 사설의 특징이 나타나 있다.

② 4음보 연속체를 사용해 리듬감을 주고 있다.

③ 간단하게 할 수 있는 말을 장황하게 서술하고 있다.

④ 유사한 문장 구조를 반복하여 음악성을 드러내고 있다.

⑤ 할 수 있는 다양한 일을 열거하여 해학적 효과를 거두고 있다.

## 흥보전 ② | 작자 미상

**전개 2** **1** 흥보 이른 말이, / "그리 말고 서로 가난 자랑하여 아무라도 제일 가난한 사람이 팔아 갑세."

그 말이 옳다 하고, / "저분 가난 어떠하오?"

"내 가난 들어 보오. 집이라고 들어가면 사방 어디로도 들어갈 작은 곳이 없어, 닫는 벼룩 쪼그려 앉을 데 없고 삼순구식 먹어 본 내 아들 없소."
삼십 일 동안 아홉 끼니밖에 먹지 못한다는 뜻으로, 몹시 가난함을 이르는 말
한 놈 나앉으며, / "족히 먹고살 수는 있겠소. 저분 가난 어떠하오?"

"내 가난 들어 보오. 내 가난 남과 달라 이 대째 내려오는 광주산 사발 하나 선반에 얹은 지가 팔 년이로되, 여러 날 내려오지 못하고 아침저녁으로 눈물만 뚝뚝 짓고, 부엌의 노랑 쥐가 밥알을 주우려고 다니다가 다리에 가래톳이 서서 종기 터뜨리고 드러누운 지가 석 달 되었소. 좌우 들으신 바 내 신세 어떠하오?"
넓다리 윗부분의 림프샘이 부어 생긴 멍울
김딱직이 썩 나앉으며,

"거기는 참으로 장자라 할 수 있소. 내 가난 들어 보오. 조그마한 한 칸 초막 발 뻗을 길 전혀 없어, 우리 아내와 나와 둘이 안고 누워 있으면 내 상투는 울 밖으로 우뚝 나가고, 우리 아내 궁둥이는 담 밖으로 알궁둥이 보이니, 동네에서 숨바꼭질하는 아이들이 우리 아내 궁둥이 치는 소리 사월 팔일 관등 다는 소리 같고, 집에 연기 나지 않은 지가 삼 년째 되었소. 좌우 들으신 바 내 신세 어떠하오? 아무 목득의 아들놈도 못 팔아 갈 것이니."

이놈 아주 거기서 계정을 먹더니라. 흥보 숨숨 생각하니, 자기에게는 어느 시절에 차례가 돌아올 줄 몰라,
불평을 품고 떠드는 말과 행동
"동무님, 내 매품이나 잘 팔아 가지고 가오. 나는 돌아가오."

**2** 하직하고 돌아오며, 탄식하고 집에 들어가니, 흥보 아내 거동 보소. 왈칵 뛰어 달려들어 흥보 소매 검쳐 잡고 듣기 싫을 정도로 크고 섧게 울며,

"하늘이 사람들을 세상에 나게 할 때 반드시 자기 할 일을 주었으니, 생기는 대로 먹고살지 남 대신으로 맞을까. 애고애고 설움이야." / 이렇듯 섧게 우니 흥보 이른 말이,

"애기 어멈 울지 마소. 애기 어멈 울지 마소. 영문에 들어가니 세상의 가난한 놈은 거기 모두 모여 내 가난은 거기다 비교하니 장자라 일컬을 수 있어, 매도 못 맞고 돌아왔네."

흥보 아내 이 말 듣고,

"얼씨구나 즐겁도다. 우리 낭군 병영 내려갔다 매 아니 맞고 돌아오니, 이런 영화 또 있을까."

"배고픔을 생각하여 음식 노래 불러 보자. 무슨 밥이 좋던 게요? 보리밥이 좋거던. 무슨 국이 좋던 게요? 비짓국이 좋거던. 음식을 맛있게 하여 먹으려면, 개장국에 늙은 호박을 따 넣고 승늉에는 고춧가루를 많이 치고 들기름을 많이 쳐, 사곰은 괴곰이 먹을 만하고, 이만큼 시장할 때는 들깨 깻묵 두어 둘레쯤 먹고 찬물 댓 사발쯤 먹었으면 든든커던."

이렇게 말을 할 제 흥보 아내 우는 말이,

"우정 가장 애중 자식 배곯리고 못 입히는 내 설움 의논컨대 피눈물이 반죽 되면 아황 여영 설움이요, 홍곡가를 지어 내던 왕소군의 설움이요, 장신궁중 꽃이 피니 반첩여의 설움이요, 옥으로 장식한 장막 속에서 죽으니 우미
순임금의 부인들
한나라의 궁녀    한나라의 궁녀
인의 설움이요. 목을 잘라 절사하니 하씨 열녀 설움이요, 만경창파 너른 물을 말말이 다 되인들 끝없는 이내 설움 어디다 하소연할꼬."
항우의 사랑을 받던 여인    경남 의령군에 전해지는 설화 속 열녀

흥보 역시 슬퍼, 샘물같이 솟아 나오는 눈물 가랑비같이 흩뿌리며 목이 막혀 기절하더니 다시 살아나서, 들릴

듯 말 듯한 말로 겨우 내어 기운 없이 가는 목소리를 처량하게 슬피 울며 만류하여 이른 말이,

㉠"마음만 옳게 먹고 의롭지 않은 일 아니하면 장래 한때 볼 것이니 서러워 말고 살아나세."

부부 앉아 탄식할 제, 청산은 높이 솟아 있고 온갖 꽃이 화려하고 찬란하게 피어 있는 때 접동 두견 꾀꼬리는 때를 찾아 슬피 우니 뉘 아니 슬퍼하리.

> **전개 2**  매품을 팔지 못하고 돌아온 흥보와 가난한 처지를 서러워하는 흥보 아내

## 핵심 정리하기

정답과 해설 17쪽 •

## 내신 올리기

### ✦ 세 인물의 가난 자랑

| 첫 번째 인물 | • 벼룩이 앉을 곳도 없이 집이 작음.<br>• 살순구식도 하지 못함. |
|---|---|
| 두 번째 인물 | • 사발에 음식을 담은 지가 팔 년임.<br>• 부엌 쥐가 먹을 것이 없어 드러누운 지 석 달이 됨. |
| 김딱직 | • 상투와 궁둥이가 집 밖에 나올 정도로 집이 좁음.<br>• 집에 연기가 안 난 지 삼 년임. |

↓

• 평민들이 극도로 궁핍하게 살아가는 처지를 강조하고, 그러한 당대 사회상을 비판함.
• 가난의 정도를 점점 과장해서 이야기하고, 가난이라는 비극적 상황을 웃음으로 극복하려는 해학과 풍자가 나타남.

**05** '전개 2 - '을 이해한 내용으로 적절하지 <u>않은</u> 것은?

① 가난의 정도를 점점 더 과장하여 표현하고 있다.

② 여러 인물이 서로 자신의 가난을 자랑하고 있다.

③ 당대 민중의 비극적 상황을 해학적으로 묘사하고 있다.

④ 흥보의 불쌍한 처지를 부각하여 작품의 비장한 분위기를 심화하고 있다.

⑤ 매품 파는 것을 두고 경쟁하는 모습을 통해 당대의 궁핍한 생활상을 드러내고 있다.

**06** '전개 2 - '에 제시된 '흥보' 아내의 말하기 방식에 대한 설명으로 적절한 것은?

① 원통한 일을 당한 인물들을 열거하며 자신의 서러움을 강조하고 있다.

② 중국 고사를 인용하여 자신이 문제를 해결할 수 있음을 강조하고 있다.

③ 사랑을 잃은 인물들을 제시하며 자신도 남편을 잃을 수 있다는 걱정을 토로하고 있다.

④ 자신의 처지를 다른 인물들과 비교하여 자신이 더 힘든 현실에 놓였음을 호소하고 있다.

⑤ 절개를 지킨 고사 속 여인들을 언급하며 자신 또한 가난한 상황에서도 절개를 지킬 것임을 다짐하고 있다.

### ✦ 흥보 아내의 태도

| 내 설움 의논컨대 ~ 어디다 하소연할꼬. |
|---|

↓

비극적 삶을 살았던 고사 속 여인들의 설움을 열거하며 남편이 매품까지 팔려고 할 정도로 가난한 상황에 놓인 자신의 설움을 강조함.

> **고난도**

**07** ㉠에 드러난 '흥보'의 태도로 적절한 것은?

① 빈부의 격차로 인한 사회적 갈등을 지적하고 있다.

② 무위도식하는 양반들의 허위의식을 비판하고 있다.

③ 남녀평등 의식과 주체적 서민 의식을 표출하고 있다.

④ 빈이무원의 자세로 힘든 상황에서도 긍정적으로 살아가고자 한다.

⑤ 가난한 처지를 벗어나고자 신분 상승에 대한 욕망을 드러내고 있다.

# 봄·봄 ① | 김유정



**학습 포인트**
- 인물의 성격과 인물 간의 갈등 관계
- 표현상의 특징과 그 효과



---

**발단 1**

"장인님! 인제 저⋯⋯."

내가 이렇게 뒤통수를 긁고, 나이가 찼으니 성례를 시켜 줘야 하지 않겠느냐고 하면, 그 대답이 늘

*혼인의 예식을 지내는 것*

"이 자식아! 성례구 뭐구 미처 자라야지!"

하고 만다.

이 자라야 한다는 것은 내가 아니라 장차 내 안해가 될 점순이의 키 말이다.

내가 여기에 와서 돈 한 푼 안 받고 일하기를 삼 년 하고 꼬박이 일곱 달 동안을 했다. 그런데도 미처 못 자랐다니까 이 키는 언제야 자라는 겐지 짜증 영문 모른다. 일을 좀 더 잘해야 한다든지, 혹은 밥을 ㉠(많이 먹는다고 노

*짜장의 방언. 과연, 정말로*

상 걱정이니까) 좀 덜 먹어야 한다든지 하면 나도 얼마든지 할 말이 많다. 허지만, 점순이가 안죽 어리니까 더 자라야 한다는 여기에는 어째 볼 수 없이 고만 벙벙하고 만다.

*어리둥절하여 얼빠진 상태처럼 멍하고*

**2**

이래서 나는 애최 계약이 잘못된 걸 알았다. 이태면 이태, 삼 년이면 삼 년, 기한을 딱 작정하고 일을 해야 원, 할 것이다. 덮어놓고 딸이 자라는 대로 성례를 시켜 주마 했으니, 누가 늘 지키고 섰는 것도 아니고, 그 키가 언제

*원래는 그래야 할 것이다.*

자라는지 알 수 있는가. 그리고 난 사람의 키가 무럭무럭 자라는 줄만 알았지 붙배기 키에 모로만 벌어지는 몸도 있는 것을 누가 알았으랴. 때가 되면 장인님이 어련하랴 싶어서 군소리 없이 꾸벅꾸벅 일만 해 왔다. 그럼 말이다, 장인님이 제가 다 알아채려서, "어 참, 너 일 많이 했다. 고만 장가들어라." 하고 살림도 내주고 해야 나도 좋을 것이 아니냐. 시치미를 딱 떼고 도리어 그런 소리가 나올까 봐서 지레 펄펄 뛰고 이 야단이다. 명색이 좋아 데릴사위

*처가에서 데리고 사는 사위*

지 일하기에 승겁기도 할뿐더러 이건 참 아무것도 아니다.

숙맥이 그걸 모르고 점순이의 키 자라기만 까맣게 기달리지 않었나.

*사리 분별을 못하고 세상 물정을 모르는 사람. '숙맥불변'에서 나온 말*

**3**

언젠가는 하도 갑갑해서 ㉡자를 가지고 덤벼들어서 그 키를 한번 재 볼까 했다마는, 우리는 장인님이 내외를 해야 한다고 해서 마주 서 이야기도 한마디 하는 법 없다. 움물길에서 어쩌다 마주칠 적이면 겨우 눈어림으로 재

*'우물길'의 방언*

보고 하는 것인데, 그럴 적마다 나는 저만침 가서

㉢"제—미, 키두!"

하고 논둑에다 침을 툭 뱉는다. 아무리 잘 봐야 내 겨드랑(다른 사람보다 좀 크긴 하지만) 밑에서 넘을락 말락 밤낮 요 모양이다. ㉣개, 돼지는 푹푹 크는데 왜 이리도 사람은 안 크는지, 한동안 머리가 아프도록 궁리도 해 보았다. 아하, 물동이를 자꾸 이니까 뼉다귀가 옴츠라드나 부다 하고, 내가 넌즛넌즈시 그 물을 대신 길어도 주었다. 그뿐만 아니라, 나무를 하러 가면 소낭당에 돌을 올려놓고 "㉤점순이의 키 좀 크게 해 줍소사. 그러면 담엔 떡 갖다 놓고 고사드립죠니까." 하고 치성도 한두 번 드린 것이 아니다. 어떻게 돼먹은 킨지 이래도 막무관해니⋯⋯.

*신이나 부처에게 지성으로 빎. 또는 그런 일*

*막무가내. 달리 어찌할 수 없음*

**발단** 데릴사위가 되어 삼 년 칠 개월 동안 일만 한 '나'

**전개 1**

그래 내 어저께 싸운 것이지 결코 장인님이 밉다든가 해서가 아니다.

모를 붓다가 가만히 생각을 해 보니까 또 승겁다. 이 벼가 자라서 점순이가 먹고 좀 큰다면 모르지만, 그렇지도

못할 걸 내 심어서 뭘 하는 거냐. 해마다 앞으로 축 거불지는 장인님의 아랫배(가 너머 먹는 걸 모르고 내병이라나, 그 배)를 불리기 위하야 심으곤 조곰도 싶지 않다. 〈중략〉



## ◆ 작품 개관

| | |
|---|---|
| 갈래 | 단편 소설, 농촌 소설, 순수 소설 |
| 성격 | 해학적, 토속적, 향토적 |
| 배경 | • 시간적 : 1930년대 봄<br>• 공간적 : 강원도 산골의 농촌 마을 |
| 시점 | 1인칭 주인공 시점 |
| 제재 | '나'와 점순이의 성례 |
| 주제 | • 산골 남녀의 순수한 사랑<br>• 어수룩한 데릴사위와 교활한 장인 사이의 갈등 |
| 특징 | • 1인칭 주인공 시점으로 서술자의 심리가 생생하게 드러남.<br>• 토속어와 비속어, 희극적 상황을 통해 해학성을 유발함.<br>• 시간의 흐름이 순차적이지 않고 과거와 현재를 오가는 역순행적 구성임. |

## ◆ 갈등의 원인과 양상

| | |
|---|---|
| 원인 | '나'와 점순이의 성례 문제 |
| 양상 | 어수룩한 '나'와 교활한 장인이 성례를 둘러싸고 벌이는 개인과 개인 간의 갈등 |

## ◆ '나'와 장인의 성격

| '나' | 장인 |
|---|---|
| 장인으로부터 점순이와의 혼인을 약속받고 돈 한 푼 안 받고 삼 년 칠 개월을 넘게 일함. | 혼인을 명목으로 '나'를 머슴으로 부려 먹음. |
| ↓ | ↓ |
| 남의 말을 쉽게 믿는 어수룩하고 순박한 성격 | 교활하고 욕심이 많으며 인색한 성격 |



정답과 해설 17쪽 •

**01** 이 글에 대한 설명으로 적절하지 <u>않은</u> 것은?

① 사투리를 사용하여 향토적 느낌을 드러내고 있다.

② 인물이 갈등을 겪는 이유가 무엇인지 밝히고 있다.

③ 주인공인 '나'가 직접 자신의 이야기를 전달하고 있다.

④ 인물의 대화로 이야기를 시작하여 흥미를 유발하고 있다.

⑤ 비속어를 사용하여 인물 간의 대립이 심화되는 것을 보여 주고 있다.

**02** '나'에 대한 설명으로 적절한 것은?

① 일하기를 싫어하는 게으른 인물이다.

② 자신의 분수를 모르고 잘난 척하는 인물이다.

③ 자신이 처한 상황을 정확하게 알지 못하는 어수룩한 인물이다.

④ 현재의 삶에서 벗어나기 위해 탈출을 시도하는 계획적인 인물이다.

⑤ 장인의 속셈을 알고 있지만 미래의 이득을 위해 참는 영리한 인물이다.

**03** 〈보기〉를 바탕으로 이 글을 이해한 내용으로 적절하지 <u>않은</u> 것은?

> ┤ 보기 ├
>
> 서사 문학은 작품이 창작된 당대의 현실을 반영하고, 현실에 대응하는 여러 인물의 모습을 보여 줌으로써 사회의 모순을 고발한다. 데릴사위 제도는 어린 남자가 여자 집에 가서 일정 기간 생활한 후 결혼하는 전근대적인 제도로, 남자가 없는 집에서 노동력이 필요하여 실시하였다.

① '나'는 데릴사위 제도의 피해자라고 할 수 있군.

② '나'는 결혼을 하기 위해 점순이의 집에서 일을 하고 있군.

③ 장인은 혼인 풍속을 악용하여 '나'의 노동력을 착취하고 있군.

④ 점순이는 '나'의 집에 머무르며 일정 기간 생활하다가 '나'와 결혼을 하겠군.

⑤ 장인이 '나'에게 돈을 주지 않고 오랜 기간 일만 시키는 것은 전근대적인 행태라 할 수 있군.

**04** ㉠~㉤ 중, 이 글의 해학적 요소로 적절하지 <u>않은</u> 것은?

① ㉠    ② ㉡    ③ ㉢    ④ ㉣    ⑤ ㉤

# 봄·봄 ❷ | 김유정

**2** "ⓐ그러면 얼찐 성롓 해 줘야 안 하지유. 밤낮 부려만 먹구 해 준다, 해 준다……."

"글쎄, 내가 안 하는 거냐, 그년이 안 크니까……."

하고 어름어름 담배만 담으면서 늘 하는 소리를 또 늘어놓는다.

이렇게 따져 나가면 언제든지 늘 나만 밑지고 만다. 이번엔 안 된다 하고 대뜸 구장님한테로 단판 가자고 소맷자락을 내끌었다. / "아, 이 자식이 왜 이래, 어른을."
<u>판단을 받으러 가자고</u>

안 간다구 뻗디디고 이렇게 호령은 제 맘대로 하지만 장인님 제가 내 기운은 못 당한다. 막 부려 먹고 딸은 안 주고, 게다 땅땅 치는 건 다 뭐야…….

**3** 그러나 내 사실 참, 장인님이 미워서 그런 것은 아니다.

그 전날, 왜 내가 새고개 맞은 봉우리 화전밭을 혼자 갈고 있지 않었느냐. 밭 가생이로 돌 적마다 야릇한 꽃 내가 물컥물컥 코를 찌르고 머리 우에서 벌들은 가끔 '붕, 붕.' 소리를 친다. 바위틈에서 샘물 소리밖에 안 들리는 산골짜기니까 맑은 하늘의 봄볕은 이불 속같이 따스하고 꼭 꿈꾸는 것 같다. 나는 몸이 나른하고 몸살(을 아직 모르지만 병)이 날랴구 그러는지 가슴이 울렁울렁하고 이랬다.
<u>가장자리</u>

**4** "어러이! 말이! 맘 마 마……."

이렇게 노래를 하며 소를 부리면 여느 때 같으면 어깨가 으쓱으쓱한다. 웬일인지 밭 반도 갈지 않어서, 온몸의 맥이 풀리고 대구 짜증만 난다. 공연히 소만 들입다 두들기며
<u>계속하여 자꾸</u>
"ⓑ안야! 안야! 이 망할 자식의 소(장인님의 소니까) 대리를 꺾어 들라."

그러나 내 속은 정말 안야 때문이 아니라 점심을 이고 온 점순이의 키를 보고 울화가 났든 것이다.

점순이는 뭐 그리 썩 이쁜 계집애는 못 된다. 그렇다구 또 개떡이냐 하면 그런 것두 아니고, 꼭 내 안해가 돼야 할 만치 그저 툽툽하게 생긴 얼굴이다. 나보다 십 년이 아래니까 올에 열여섯인데, 몸은 남보다 두 살이나 덜 자랐다. 남은 잘도 현칠이들 크건만 이건 ⓒ우아래가 몽툭한 것이 내 눈에는 헐없이 감참외 같다. 참외 중에는 감참외
<u>생김새가 멋이 없고 투박하게</u>
가 제일 맛좋고 이쁘니까 말이다. 둥글고 커단 눈은 서글서글하니 좋고, 좀 지쳐 찢어졌지만 입은 밥술이나 혹혹히 먹음직하니 좋다. 아따, 밥만 많이 먹게 되면 팔자는 고만 아니냐. 헌데 한 가지 파가 있다면 가끔가다 몸이(장인님은 이걸 채시니없이 들까븐다고 하지만) 너머 빨리빨리 논다. 그래서 밥을 나르다가 때 없이 풀밭에다 깨빡을
<u>결점</u>
<u>채신이 없이 들까분다고. ─ 몸가짐이나 행동을 몹시 경망스럽게 한다고</u>
쳐서 흙투성이 밥을 곧잘 먹인다. 안 먹으면 무안해할까 봐서 이걸 씹고 앉았노라면 으적으적 소리만 나고 돌을 먹는 겐지 밥을 먹는 겐지…….

**5** 그러나 ⓓ이날은 웬일인지 성한 밥째루 밭머리에 곱게 나려놓았다. 그리고 또 내외를 해야 하니까 저만큼 떨어져 이쪽으로 등을 향하고 옹크리고 앉어서 그릇 나기를 기다린다.

내가 다 먹고 물러섰을 때, 그릇을 와서 챙기는데 난 깜짝 놀라지 않었느냐. 고개를 푹 숙이고 밥함지에 그릇을 포개면서 날더러 들으래는지 혹은 제 소린지
<u>나무로 네모지게 짜서 만든 그릇</u>

"밤낮 일만 하다 말 텐가!" / 하고 혼자서 좋알거린다. 고대 잘 내외하다가 이게 무슨 소린가 하고 난 정신이 얼떨떨했다. 그러면서도 한편 무슨 좋은 수나 있는가 싶어서 나도 공중을 대고 혼잣말로

"그럼 어떡해?" / 하니까,

"성례시켜 달라지 뭘 어떡해." / 하고 되알지게 쏘아붙이고 ⓔ얼굴이 발개져서 산으로 그저 도망질을 친다.
<u>몹시 올차고 야무지게</u>

**6** 나는 잠시 동안 어떻게 되는 심판인지 맥을 몰라서 그 뒷모양만 덤덤히 바라보았다.

㉮ 봄이 되면 온갖 초목이 물이 오르고 싹이 트고 한다. 사람도 아마 그런가 부다 하고 며칠 내에 부쩍(속으로)

자란 듯싶은 점순이가 여간 반가운 것이 아니다.

이런 걸 멀쩡하게 안죽 어리다구 하니까……. 〈중략〉




| 전개 | '나'에게 성례를 재촉할 것을 부추기는 점순이 |
| --- | --- |

## 핵심 정리하기

**◆ 인물 간의 갈등 양상**

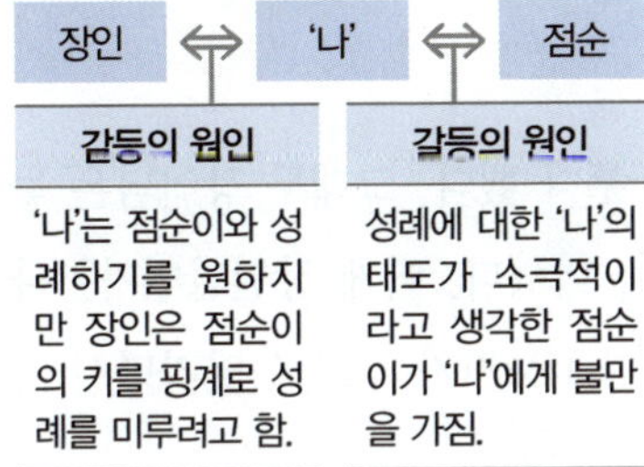



| 갈등이 원인 | 갈등의 원인 |
| --- | --- |
| '나'는 점순이와 성례하기를 원하지만 장인은 점순이의 키를 핑계로 성례를 미루려고 함. | 성례에 대한 '나'의 태도가 소극적이라고 생각한 점순이가 '나'에게 불만을 가짐. |

**◆ '봄'의 상징적 의미**

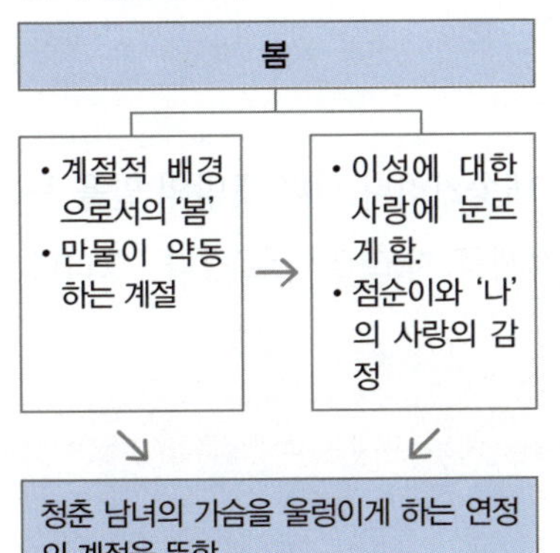



**◆ 제목 '봄·봄'의 상징적 의미**

• 사랑의 감정이 싹트고 연정을 느끼는 '나'와 점순이의 심리를 의미함.
• 매년 봄마다 '나'와 장인의 갈등이 반복될 것임을 암시함.

## 내신 올리기



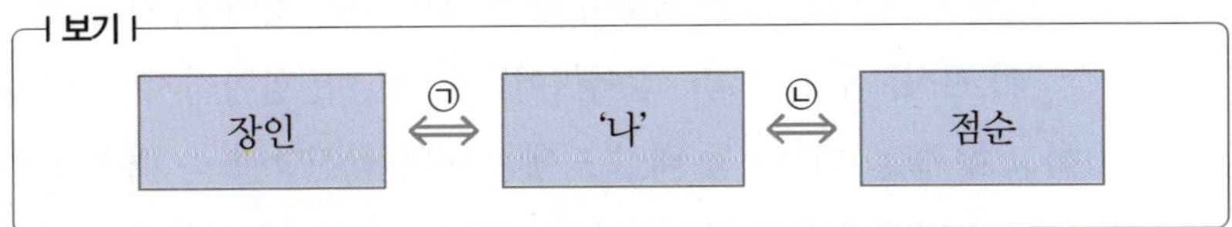

**05** 〈보기〉의 갈등 양상을 바탕으로 이 글을 이해한 내용으로 적절하지 <u>않은</u> 것은?



① ㉠, ㉡은 모두 성례가 원인이 되겠군.

② ㉠은 '나'의 바람과 장인의 속셈이 충돌하여 발생하겠군.

③ ㉡은 '나'를 부추기는 계기로 작용하겠군.

④ ㉡은 '나'의 소극적인 태도 때문이겠군.

⑤ ㉡이 해결되면, ㉠도 자연스럽게 해결되겠군.

**06** ⓐ~ⓔ에 대한 설명으로 가장 적절한 것은?

① ⓐ: 장인에게 잘 보여야 한다고 생각하여 행동을 절제하고 있다.

② ⓑ: 밭을 갈아야 하는데 말을 듣지 않는 소를 질책하고 있다.

③ ⓒ: 상대의 외모를 비하하며 불만을 표출하고 있다.

④ ⓓ: 평소와 변함없이 행동하는 모습을 보여 주고 있다.

⑤ ⓔ: 자신의 행동에 대해 부끄러움을 드러내고 있다.

**07** ㉮의 의미로 적절하지 <u>않은</u> 것은?

① 만물이 약동하는 계절을 의미한다.

② 인물 간의 사건이 일어나는 계절적 배경이다.

③ 점순이가 혼례에 대한 소망을 드러내는 계절이다.

④ 남녀의 가슴을 울렁이게 하는 연정의 계절을 의미한다.

⑤ 남녀가 곧 사랑의 결실을 맺을 것임을 암시하는 계절이다.

# 봄·봄 ③ | 김유정

**절정 1**

**1** 　장인님은 더 약이 바짝 올라서 잡은 참 지게막대기로 내 어깨를 그냥 나려갈겼다. 정신이 다 아찔하다. 다시 고개를 들었을 때 그때엔 나도 온몸에 약이 올랐다. 이 녀석의 장인님을 하고 눈에서 불이 퍽 나서 그 아래 밭 있는 넝 알로 그대로 떼밀어 굴려 버렸다.

　기어오르면 굴리고 굴리면 기어오르고, 이러길 한 너덧 번을 하며, 그럴 적마다 / "부려만 먹구 왜 성례 안 하지유!" / 나는 이렇게 호령했다. 허지만, 장인님이 선뜻 오냐 낼이라두 성례시켜 주마 했으면 나도 성가신 걸 그만두었을지 모른다. 나야 이러면 때린 건 아니니까 나중에 장인 쳤다는 누명도 안 들을 터이고 얼마든지 해도 좋다.

**2** 　한번은 장인님이 헐떡헐떡 기어서 올라오드니 내 바지가랭이를 요렇게 노리고서 담박 옹켜잡고 매달렸다. 악, 소리를 치고 나는 그만 세상이 다 팽그르 도는 것이 / "빙장님! 빙장님! 빙장님!"

　"이 자식! 잡아먹어라, 잡아먹어!" / "아! 아! 할아버지! 살려 줍쇼, 할아버지!"

하고 두 팔을 허둥지둥 내절 적에는 이마에 진땀이 쭉 내솟고 인젠 참으로 죽나 부다 했다. 그래두 장인님은 놓질 않드니 내가 기어이 땅바닥에 쓰러져서 거진 까무러치게 되니까 놓는다. 더럽다, 더럽다. 이게 장인님인가? 나는 한참을 못 일어나고 쩔쩔맸다. 그러다 얼굴을 드니(눈에 참 아무것도 보이지 않았다.) 사지가 부르르 떨리면서 나도 엉금엉금 기어가 장인님의 바지가랭이를 꽉 옹키고 잡아나꿨다.

> **절정 1** 　성례를 시켜 주지 않는 장인과 성례를 요구하는 '나'의 격렬한 싸움

**결말**

**1** 　내가 머리가 터지도록 매를 얻어맞은 것이 이 때문이다. 그러나 여기가 또한 우리 장인님이 유달리 착한 곳이다. 여느 사람이면 사경을 주어서라도 당장 내쫓았지, 터진 머리를 불솜으로 손수 지져 주고, 호주머니에 히연 한

상처를 소독하기 위하여 불에 그슬린 솜방망이　　　　　　회연. 일제 강점기 때의 담배 이름

봉을 넣어 주고, 그리고

　"올갈엔 꼭 성례를 시켜 주마. 암말 말구 가서 뒷골의 콩밭이나 얼른 갈아라."

하고 등을 뚜덕여 줄 사람이 누구냐.

　나는 장인님이 너무나 고마워서 어느덧 눈물까지 났다. 점순이를 남기고 인젠 내쫓기려니 하다 뜻밖의 말을 듣고,

　"빙장님! 인제 다시는 안 그러겠어유……." / 이렇게 맹서를 하며 불랴살야 지게를 지고 일터로 갔다. 그러나 이 때는 그걸 모르고 장인님을 원수로만 여겨서 잔뜩 잡아다렸다.

> **결말** 　장인이 성례를 약속하자 마음이 풀린 '나'

**절정 2**

**1** 　"아! 아! 이놈아! 놔라, 놔, 놔……."

　장인님은 헷손질을 하며 솔개미에 챈 닭의 소리를 연해 질렀다. 놓긴 왜, 이왕이면 호되게 혼을 내 주리라 생각하고 짓궂이 더 댕겼다마는, 장인님이 땅에 쓰러져서 눈에 눈물이 피잉 도는 것을 알고 좀 겁도 났다.

　"할아버지! 놔라, 놔, 놔, 놔놔."

　그래도 안 되니까, / "애, 점순아! 점순아!"

**2** 　이 악장에 안에 있었든 장모님과 점순이가 헐레벌떡하고 단숨에 뛰어나왔다.

　나의 생각에 장모님은 제 남편이니까 역성을 할는지도 모른다. 그러나 점순이는 내 편을 들어서 속으로 고수해서 하겠지……. 대체 이게 웬 속인지(지금까지도 난 영문을 모른다.) 아버질 혼내 주기는 제가 내래 놓고 이제 와서는 달겨들며 / ㉠"에그머니! 이 망할 게 아버지 죽이네!"

하고 내 귀를 뒤로 잡아댕기며 마냥 우는 것이 아니냐. 그만 여기에 기운이 탁 꺾이어 나는 얼빠진 등신이 되고 말았다. 장모님도 덤벼들어 한쪽 귀마저 뒤로 잡아채면서 또 우는 것이다.

이렇게 꼼짝도 못 하게 해 놓고 장인님은 지게 막대기를 들어서 사뭇 나려조겼다. 그러나 나는 구태여 피할랴지도 않고 암만 해도 그 속 알 수 없는 점순이의 얼굴만 멀거니 들여다보았다.

"이 자식! 장인 입에서 할아버지 소리가 나오도록 해?"

절정 2  '나'와 장인의 싸움에서 장인의 편을 드는 점순이

## 핵심 정리하기

### ✦ 이 글의 해학적 요소

| | |
|---|---|
| 어리숙한 '나'의 모습 | 어수룩하고 순박한 '나'로 인해 사건이 왜곡됨. |
| 비속어와 사투리의 사용 | 인물의 성격을 드러낼 뿐만 아니라 작품의 분위기를 형성함. |
| 익살스러운 표현 | 언어적 모순 표현이나 상황에 어울리지 않는 표현 등을 사용함. |
| 과장된 희극적 상황 | '나'와 장인이 벌이는 신경전이나 격투 장면 등 비정상적인 상황이 나타남. |

### ✦ 점순이의 이중적 태도

| | |
|---|---|
| 싸움 이전 | 어수룩한 '나'를 부추겨 장인과 싸움을 하게 만듦. |

↓

| | |
|---|---|
| 싸움 이후 | 장인의 편을 들어 '나'를 어리둥절하게 함. |

점순이의 이중적인 행동은 '나'가 점순이의 의도를 잘못 파악하도록 하고, 끝까지 영문을 몰라하는 '나'의 어수룩함을 돋보이게 함.

### ✦ 이 글의 역순행적 구성과 그 효과

| 결말 | | 절정 |
|---|---|---|
| '나'와 장인의 갈등 해소와 화해 | → | '나'와 장인의 희극적 싸움 |

이 글에서 역순행적 구성은 갈등의 해소보다는 인물 간의 비정상적인 싸움을 두드러지게 강조하여 해학성을 부각시키며, 갑작스러운 극적 전환에 따른 화해로 결말을 유도함.

## 내신 올리기

정답과 해설 18쪽 •

**08** 이 글의 구성상 특징으로 적절한 것은?

① 역순행적 구성을 사용하여 행복한 결말을 강조하고 있다.

② 결말을 절정 사이에 삽입하여 희극적 상황을 극대화하고 있다.

③ 공간의 이동에 따라 서술하여 사건의 긴박감을 조성하고 있다.

④ 계절의 흐름에 따라 구성하여 농촌의 계절에 따른 변화를 부각하고 있다.

⑤ 동일한 시간에 일어난 일을 나란히 배치하여 사건의 양면성을 드러내고 있다.

**09** ㉠을 듣고 '나'가 느꼈을 심정과 어울리는 속담으로 적절한 것은?

① 도둑이 제 발 저린다.

② 불난 집에 부채질한다.

③ 믿는 도끼에 발등 찍힌다.

④ 아니 땐 굴뚝에 연기 날까.

⑤ 될성부른 나무는 떡잎부터 알아본다.

고난도

**10** '결말'을 통해 알 수 있는 내용으로 적절하지 <u>않은</u> 것은?

① '나'의 순진한 성격을 알 수 있다.

② '나'가 장인에게 승리했음을 알 수 있다.

③ 작품의 시대적인 배경을 추측할 수 있다.

④ '나'와 장인의 갈등이 일시적으로나마 해소됐음을 알 수 있다.

⑤ '나'와 장인이 갈등을 빚게 된 근본적인 원인을 짐작할 수 있다.

# 겨울 나들이 **1** | 박완서





**학습 포인트**
• '나'가 겪는 갈등과 깨달음의 과정
• 아주머니와 '나'가 생각하는 '대사업'의 의미

> **앞부분의 줄거리** '나'의 남편은 6·25 전쟁 때 북쪽에 아내를 둔 채 딸만 데리고 남쪽으로 온 화가이다. '나'는 서울에서 남편, 남편의 딸과 함께 살며 남편의 딸이 출가할 때까지 정성껏 보살펴 왔다. 어느 날 '나'는 남편이 딸의 초상화를 그리는 모습을 보고, 남편이 딸에게서 젊은 전처를 떠올릴 것이라고 짐작하며 소외감과 허탈함을 느낀다. 무작정 온양으로 떠나온 '나'는 한 여인숙에 머무는데, 그곳에서 주인아주머니와 주인아주머니의 시어머니(노파)를 만난다.

**위기 1** 아주머니가 먼저 노파 얘기를 꺼냈기 때문에 나는 자연스럽게 ㉠노파의 이상한 도리질에 대해 물을 수가 있었다.

"할머니께서 제가 몹시 못마땅하셨나 보죠? 말씀은 안 하셨지만 제가 안방에 있는 내내 고개를 젓고 계셨어요."

"벌써 이십오 년 동안이나 그러고 계신걸요."

"이십오 년 동안이나!"

나는 기가 막혀서 벌린 입을 못 다물었다.

"네, 이십오 년 동안이나 허구한 날, 자는 시간만 빼놓고……."

나는 아주머니의 ㉡눈이 젖어 오는 것처럼 느꼈으나 말씨는 침착하고 고즈넉했다. 〈중략〉

**위기** 여인숙에서 '나'가 만난 주인아주머니와 도리질하는 그녀의 시어머니

**절정 1** 그것은 6·25 동란 통에 발작한 증세였다. 동란 당시 젊은 면장이던 그녀의 남편은 미처 피난을 못 가서 숨어 살
폭동, 반란, 전쟁 따위가 일어나 사회가 질서를 잃고 소란해지는 일
아야 했다. 처음엔 집에 숨어 있었지만 새로 득세한 패들의 기세에 심상치 않은 살기가 돌기 시작하고부터는 집에 숨겨 놓는다는 게 암만해도 불안했다.

어느 야밤을 타 그녀는 남편을 집에서 이십 리쯤 떨어진 광덕산 기슭의 산촌인 그녀의 친정으로 피신을 시켰다. 시어머니와 그녀만이 알게 감쪽같이 그 일은 이루어졌다. 어떻게 된 게 세상은 점점 더 못되게만 돌아가 이웃끼리도 친척끼리도 아무개가 반동이라고 서로 고자질하는 것이 성행해, 피비린내 나는 끔찍한 일이 이 마을 저 마을에
진보적이거나 발전적인 움직임을 반대하여 강압적으로 가로막음
하루도 안 일어나는 날이 없었다. 끔찍한 나날이었다. 이렇게 되자 그녀는 시어머니까지도 못 미더워지기 시작했다. 어리숙하고 고지식하기만 해 생전 남을 의심할 줄 모르는 시어머니가 행여 누구 꼬임에 빠져 남편이 가 있는 곳을 실토하면 어쩌나 싶어서였다. ㉢시어머니 같은 사람이 살 세상이 아니었다.

**2** ㉣그녀는 공부 못하는 아이에게 구굿셈을 익혀 주듯이 끈질기게 허구한 날 시어머니에게 '모른다'를 가르쳤다.

"어머님은 그저 모른다고만 그러세요. 세상 없는 사람이 물어도 아범 있는 곳은 그저 모른다고 그러셔야 돼요. 난리 나던 날 집 나가고 나선 어떻게 됐는지 모른다고 딱 잡아떼셔야 돼요. 입 한번 잘못 놀려 사람 목숨이 왔다 갔다 하는 세상이에요. 큰댁 식구들이나 작은댁 식구들이 물어도 그저 모른다고 그러셔야 돼요. 이쁜이 할머니가 물어도, 개똥이 할머니가 물어도 그저 모른다고 그러셔야 돼요. 아무도 믿으시면 안 된다구요. 네, 아셨죠, 어머님?"

그녀는 힘차게 도리질까지 곁들여 가며 거듭거듭 이 '모른다'를 교습했다. 시어머니는 ㉤늘상 겁먹고 외로운 얼굴을 해 가지고 혼자 있을 때도 "몰라요. 난 몰라요." 하며, 역시 도리질까지 해 가며 열심히 연습을 하는 것이었다. 〈중략〉

# 핵심 정리하기

## ❖ 작품 개관

| | |
|---|---|
| 갈래 | 단편 소설, 분단 소설 |
| 성격 | 사실적, 고백적, 성찰적 |
| 시점 | • 외부: 1인칭 주인공 시점<br>• 내부: 전지적 작가 시점 |
| 배경 | • 시간적: 1970년대, 겨울<br>• 공간적: 서울, 온양 |
| 제재 | 전쟁과 분단에 따른 상처 |
| 주제 | • 6·25 전쟁이 남긴 상처와 극복<br>• 삶의 참된 의미에 대한 깨달음 |
| 특징 | • 외화와 내화로 이루어진 액자식 구성임.<br>• 여행을 떠났다가 깨달음을 얻고 다시 돌아오는 여로형 구조임.<br>• 전쟁이 남긴 상처와 극복을 가족사 중심으로 표현함. |

## ✦ 6·25 전쟁이 인물의 삶에 미친 영향

| '나' | 아주머니 |
|---|---|
| 전쟁 중 이북에서 어린 딸 하나를 데리고 온 지금의 남편과 결혼함. | 전쟁 중 인민군의 총에 남편이 죽고 홀로 시어머니를 모시며 아들을 키워 옴. |

↓ ↙

전쟁으로 가족이 죽거나 헤어짐을 경험하며 깊은 정신적 상처를 받음.

## ✦ 이 글의 액자식 구성

〈외부 이야기〉

'나'의 겨울 여행

〈내부 이야기〉

노파의 도리질에 얽힌 사연

작가는 6·25 전쟁으로 인해 직접적, 간접적으로 고통을 받으며 살아온 두 인물의 이야기를 연결하여 전쟁이 남긴 상처를 효과적으로 보여 줌.

# 내신 올리기

**01** '절정 – 1 ~ 2 '의 서술상 특징으로 적절하지 <u>않은</u> 것은?

① 전쟁의 참혹함을 사실적으로 드러내고 있다.

② 액자식 구성 내용 중 내부 이야기에 해당한다.

③ 1인칭 시점으로 인물의 시점에서 사건을 전개하고 있다.

④ '나'가 아니라 '아주머니'가 겪은 일을 중심으로 하고 있다.

⑤ 현재가 아닌 과거에 일어난 사건을 구체적으로 서술하고 있다.

**02** 이 글을 통해 알 수 있는 전쟁 당시의 시대적 상황으로 적절하지 <u>않은</u> 것은?

① 평소 잘 알고 지낸 이웃들도 믿을 수 없는 상황이었다.

② 인민군이 전투에 참여하지 않은 민간인을 죽이기도 하였다.

③ 가족을 보호하기 위해 가족을 숨기거나 먼 곳으로 떠나보내기도 하였다.

④ 인민군의 점령지에서 그들의 세력을 등에 업고 힘을 행사한 사람들이 있었다.

⑤ 인민군에 동조한 사람들과 국군에 동조한 사람들이 서로 치열한 전투를 벌였다.

**03** ㉠~㉤에 대한 설명으로 적절하지 <u>않은</u> 것은?

① ㉠: '나'는 노파가 자신을 거부하는 몸짓으로 오해하고 있다.

② ㉡: 아주머니에게 슬픈 사연이 있음을 암시한다.

③ ㉢: 시어머니처럼 순진한 사람이 잘 적응하여 살 수 있는 세상이 아니었음을 의미한다.

④ ㉣: 시어머니가 자신의 안위를 위해 남편의 거처를 실토할까 봐 걱정하고 있다.

⑤ ㉤: 노파의 도리질이 6·25 전쟁과 관계가 있음을 나타낸다.

**3** 　이런 어중간하고 모호한 때에 벌써 성질이 급한 남편은 야밤을 타서 집에 돌아와 있었다. 서울이 이미 **수복됐는**
데 제까짓 것들이 여기서 버텨 봤댔자 며칠을 더 버티겠느냐는 거였다.
　　　　　　　　　　　　　　　　　　　　　　　　　잃었던 땅이나 권리 따위를 되찾음

　텃밭엔 이미 김장배추를 간 뒤였지만 울타리엔 기름이 잘잘 흐르는 애호박이 한창 잘 열 찬바람내기였다. 아침
이슬을 헤치며 뒤란으로 애호박을 따러 나갔던 시어머니가 별안간 찢어지는 소리를 냈다.

　"몰라요. 몰라요. 정말 난 모른단 말예요."

　소름이 쪽 끼치고 간담이 서늘해지는 처참한 비명이었다. 그녀도 뛰어나가고 그녀의 남편까지도 엉겁결에 뛰어
나갔다. 잠깐 아무도 분별력이 없었다. 저만치 뒷간 모퉁이에 패잔병인 듯싶은 지치고 남루한 인민군 서너 명이
일제히 총부리를 시어머니에게 겨누고 있었다. 그들도 놀란 것 같았다. 그들은 처음부터 누굴 해치려고 나타났다
기보다는 그냥 시어머니와 마주쳤거나 마주친 김에 옷이나 먹을 것을 달랄 작정이었는지도 모른다. 그런데 그들
이 무슨 말을 걸기도 전에 시어머니는 그 자리에 꼼짝도 못 하고 못 박힌 채 고개만 미친 듯이 저으며 "몰라요. 난
몰라요."를 딴사람같이 드높고 새된 소리로 되풀이했다. 패잔병 중 한 사람의 눈에 살기가 번뜩이는가 하는 순간
총이 그녀의 남편을 향해 난사됐다. 그녀의 남편은 처참한 모습으로 나동그라지고 그들도 어디론지 도망쳤다. 이
　　　　　　　　　　목소리가 높고 날카로운
런 일은 일순에 일어났다.
일순간에, 아주 짧은 시간에

**4** 　그 후 거의 실성하다시피 한 시어머니를 오랫동안 극진히 봉양한 끝에 어느 만큼 회복은 됐지만 그때 뒷간 모퉁
이에서 죽길 기를 쓰고 흔들어 대던 도리질만은 그때 같은 박력만 가셨다 뿐 멈출 줄 모르는 고질병이 되고 말았
다. 그래서 도리도리 할머니라는 이 동네 명물 할머니가 됐다.

　아주머니는 이런 얘기를 조금도 수다스럽지 않고 담담하고 고즈넉하게 했다.

　"이젠 고쳐 드려야겠다는 생각보단 도와드려야겠다는 생각뿐이에요."

　"도와드리다니요? 어떻게요?"

　"당신 임의로는 못 하시는 일이고, 얼마나 힘이 드시겠어요. 삼시 잡숫는 거라도 정성껏 잡숫게 해 드리고 몸 편
케 보살펴 드리고, 뭐. 그런 거죠. 대사업을 완수하시고 돌아가시는 날까지 그거야 못 해 드리겠어요."

　치매가 된 채 허구한 날 도리질이나 해대는 걸 '대사업'이라고 하는 아주머니의 농담에 웃으려다 말고 입을 다물
었다. 아주머니의 태도가 조금도 농담 같지 않아서였다. 정말 대사업을 힘껏 보필하는 이의 사명감과 긍지로 아주
머니의 얼굴이 은은히 빛나 보이기까지 했다. 나는 어쩌면 이 아주머니야말로 대사업을 하고 있는 게 아닌가 하는
생각이 들면서 등골에 전율이 지나갔다. 〈중략〉

> **절정** 　6·25 전쟁 중 아들을 잃고 25년이나 도리질을 하게 된 노파의 사연

**결말** **1** 　나는 불현듯 아직도 마주 잡고 있는 고부의 손 위에 내 손을 포개 보고 싶어졌다. 남남끼리이면서 가장 친한 두
손, 대사업의 동업자끼리이기도 한 이 두 손 사이를 맥맥이 흐르는 그 무엇을 직접 내 손으로 맥 짚어 보고, 느끼
고, 오래 기억해 두고 싶었다. 마치 이 세상 온갖 것 중 허망하지 않은 단 하나의 것에 닿아 볼 수 있는 처음이자
마지막 기회라도 되는 듯이 나는 감지덕지 그 일을 했다. ㉠거칠지만 푸근한 두 손 위에 내 유약한 한 손이 경건
하게 보태졌다.

　"할머니, 안녕히 계세요."

노파는 고개만 살래살래 흔들었지만 나는 노파가, "너는 결코 헛살지만은 않았어. 암, 헛살지 않았고말고." 하는 것처럼 느꼈다.


고부의 삶을 통해 가족에 대한 사랑과 삶의 참된 의미를 깨닫고 집으로 돌아가기로 결심하는 '나'

## 핵심 정리하기

### ✦ '대사업'의 의미

**아주머니가 생각하는 노파(시어머니)의 '대사업'**

전쟁 당시 아들을 잃었지만, 계속해서 도리질을 하고 있는 것은 가족에 대한 사랑과 책임감을 보여 주는 '대사업'임.

**'나'가 생각하는 아주머니의 '대사업'**

아들을 잃은 충격에 도리질을 하며 평생을 살고 있는 시어머니를 정성껏 봉양하는 일은 가족을 사랑하는 '대사업'임.

'대사업'은 이 글의 주제를 함축하고 있는 핵심어로, 가족 간의 사랑을 통해 전쟁으로 인한 상처를 극복해 나가는 삶을 의미함.

### ✦ '나'의 갈등과 깨달음의 과정

**서울(갈등의 공간)**

- 을씨년스럽고 추운 겨울을 배경으로 한 공간임.
- 남편에게 헌신하며 살아온 삶에 대해 허탈감과 회의감을 느낌.

떠남. ↓　　　↑ 돌아옴.

**온양(깨달음의 공간)**

- 따뜻한 온천이 있는 공간임.
- 가족에게 헌신했던 자신의 삶이 헛되지 않았음을 깨달음.

### ✦ 손을 포개는 '나'의 행동에 담긴 의미

아주머니와 노파가 보여 준 가족애에 자신을 동화시킴.

↓

가족에게 돌아가 그들을 믿고 의지하며 살겠다는 '나'의 의지

## 내신 올리기

정답과 해설 19쪽 •

**04** ㉠의 행동에 담긴 의미로 가장 적절한 것은?
① 유약하게 살아온 자신의 삶에 대한 부끄러움
② 아주머니가 보여 준 친절함과 배려에 대한 고마움
③ 노파를 돌보며 살아가야 하는 아주머니에 대한 연민
④ 병이 완치되어 노파가 정상적인 삶을 살기를 바라는 소망
⑤ 가족에게 돌아가 서로 의지하며 가족을 이루어 나가겠다는 의지

**05** '결말'에서 '나'의 깨달음으로 적절한 것은?
① 가족을 위해 지금보다 더 희생해야 한다.
② 가족 간의 불화를 막기 위해서는 인내가 중요하다.
③ 가족을 위해 헌신한 자신의 삶이 헛되지는 않았다.
④ 전쟁으로 인한 마음의 상처는 누구나 갖고 살아가는 것이다.
⑤ 가족 공동체의 붕괴를 막기 위해서는 개인과 공동체의 노력이 필요하다.

**06** 이 글의 내용을 바탕으로 할 때, '노파의 도리질'이 갖는 의미로 적절하지 <u>않은</u> 것은?
① '나'의 지나온 삶이 위로받는 계기가 된다.
② 가족에 대한 노파의 사랑이 담겨 있는 행동이다.
③ '나'와 아주머니가 서로의 삶을 이해하게 되는 매개가 된다.
④ 아주머니가 시어머니를 이해하며 나름의 의미를 부여하고 있다.
⑤ 아들이 죽는 것을 목격한 노파의 충격과 죄책감이 담긴 행동이다.

# 아무것도 사지 않는 날 ① | 최원형



**학습 포인트**

어디까지 배운 걸까? 6일 ····· 12일

- '아무것도 사지 않는 날'의 등장 배경
- 소비에 대한 필자의 깨달음

**처음 ❶** 저녁 설거지를 마치고 부엌 창 너머를 잠시 내다보고 있었습니다. 7시가 조금 넘었을 뿐인데 이미 어둠이 온전히 내려앉아 사위가 깜깜했습니다. 겨울이라 해가 지는 시간이 점점 빨라졌습니다. 그러다 문득 앞 동에서 반짝이는 불
〔사방의 둘레〕
빛이 보였습니다. 어느 집 거실에 마련해 놓은 크리스마스트리에서 색색 전구가 반짝이고 있었습니다. 그러고 보니 얼마 전 들렀던 연말 분위기 물씬 풍기던 거리가 생각났습니다.

> **처음** 연말의 분위기에 '아무것도 사지 않는 날'을 떠올림.

**가운데 ❶** 한 가게 점원이 밖으로 나와 ⓐ블랙 프라이데이라고 적힌 손 팻말을 들고 있었습니다. 몇 년 사이에 블랙 프라이데이는 쇼핑 업계를 중심으로 우리 사회에서도 빠르게 퍼졌습니다. 미국에서 시작된 블랙 프라이데이는 11월 추수 감사절을 시작으로 크리스마스, 새해 무렵까지 이어지는 대규모 쇼핑 기간입니다. 연말 분위기에 편승해서 기업들이 소
〔세태나 남의 세력을 이용하여 자신의 이익을 거두어서〕
비를 부추겨 매출을 올리려고 안간힘을 쓰는 시기입니다. 블랙 프라이데이에 대한 반동으로 과도한 소비가 언제까지
〔어떤 작용에 대하여 그 반대로 작용함〕
고 가능하지는 않으리라 생각하는 사람들이 나타났고 그들 사이에서 ⓑ'아무것도 사지 않는 날'이 자연스레 생겼습니다. 처음에는 추수 감사절이 끝날 즈음인 11월 마지막 주 어느 날이었는데 이후 한 환경 단체가 11월 26일로 정하고 알리기 시작했습니다.

**❷** 피아니스트 세이모어 번스타인의 삶과 예술 세계를 담은 다큐멘터리 ㉠영화 「피아니스트 세이모어의 뉴욕 소네트」는 새로운 발견이었습니다. 제 삶에 영향을 끼친 몇 편의 영화 가운데 하나입니다. 세이모어의 더할 수 없이 멋진 연주와 하나하나 받아 적고 싶도록 깊은 철학이 담긴 그의 대사에도 감명받았지만, 무엇보다 그의 삶을 그대로 보여 주는 집이 특히나 감동이었습니다. 영화에서는 여러 차례 세이모어의 집 내부가 공개됐습니다. 피아노가 놓인 거실에 작은 부엌과 화장실이 전부인 그 소박한 공간이 무척 인상 깊었습니다. 아침에 일어나 세이모어가 먼저 침대를 접어 소파로 만들면 침실은 순식간에 거실로 바뀝니다. 피아노 교습을 받으러 온 제자들이 모두 돌아가고 일과를 끝낸 세이모어는 다시 소파를 펼쳐 침대로 만듭니다. 노구를 이끌며 아침저녁으로 소파 침대를 접었다 펼쳤다 하는 세이모
〔늙은 몸〕
어를 보며 어떤 측은이나 가난 같은 낱말은 떠오르지 않았습니다. 오히려 고귀한 삶의 방식을 엿봤다고 할까요. 언젠
〔가엾고 불쌍함〕
가 읽은 책 「나는 단순하게 살기로 했다」의 저자 사사키 후미오의 집도 비슷했습니다. 그곳에서 소파 침대와 함께 제 눈길을 끈 것은 탁자로, 밥상으로, 디딤판으로 쓰는 물건이었습니다. 법정 스님은 무소유란 아무것도 갖지 않는 것이 아니라 불필요한 것을 갖지 않는다는 뜻이라고 했습니다.

## 핵심 정리하기

### ◆ 작품 개관

| 갈래 | 수필 |
|---|---|
| 성격 | 경험적, 교훈적 |
| 제재 | 최소한의 소비 |
| 주제 | 최소한의 소비 실천 |
| 특징 | • 필자의 경험을 통해 필요한 것만 사는 소비에 대한 깨달음을 제시함.<br>• 유명 인사의 사례를 소개하여 독자의 공감을 이끌어냄. |

### ✦ '아무것도 사지 않는 날'의 유래

| 등장 배경 | 미국의 '블랙 프라이데이'에 대한 반동으로 과도한 소비를 줄이기 위한 '아무것도 사지 않는 날'이 자연스레 생겨남. |
|---|---|
| 날짜 | 추수 감사절이 끝난 11월 마지막 주 어느 날에 시행되다 한 환경 단체에 의해 11월 26일로 확정됨. |

### ✦ 최소한의 소비와 관련한 유명 인사의 사례

| 피아니스트 세이모어 번스타인 |
|---|
| 피아노가 놓인 거실에 작은 부엌과 화장실이 전부인 소박한 공간에서 삶. |

| 작가 사사키 후미오 |
|---|
| 한 개의 물건을 다양한 용도로 활용하는 최소한의 것을 지닌 공간에서 삶. |

| 법정 스님 |
|---|
| 무소유란 불필요한 것을 갖지 않는다는 뜻이라는 삶의 철학을 전함. |

불필요한 소비를 추구하지 않으며 최소한의 소비를 하는 유명 인사의 삶을 사례로 제시하여 소비에 대한 글쓴이의 관점을 보여 줌.

## 내신 올리기

**01** 이 글의 갈래에 대한 설명으로 적절하지 <u>않은</u> 것은?

① 일정한 틀에 얽매이지 않고 자유롭게 쓰는 글이다.

② 필자의 정서와 가치관, 말투 등의 독특한 개성이 나타난다.

③ 필자를 대신하는 가공의 서술자가 줄글 형식으로 사건을 전개한다.

④ 필자가 경험을 통해 얻은 주관적인 생각이나 느낌이 진솔하게 드러난다.

⑤ 필자가 얻은 삶의 지혜를 전달함으로써 독자에게 감동과 깨달음을 준다.

**02** 이 글에서 제시한 유명 인사들의 공통적인 삶의 모습으로 가장 적절한 것은?

① 측은하고 가난한 삶

② 편리하고 풍족한 삶

③ 과도한 소비를 하는 삶

④ 최소한의 소비를 하는 삶

⑤ 아무것도 소유하지 않는 삶

**03** ㉠에 대한 설명으로 적절하지 <u>않은</u> 것은?

① 필자의 삶에 영향을 끼친 몇 편의 영화 가운데 하나이다.

② 세이모어 번스타인의 삶과 예술 세계를 담은 다큐멘터리 영화이다.

③ 피아니스트 세이모어 번스타인의 고귀한 삶의 방식을 엿볼 수 있다.

④ 세이모어 번스타인의 멋진 연주와 깊은 철학이 담긴 대사를 들을 수 있다.

⑤ 세이모어 번스타인의 감각적이면서 화려한 집 내부가 자세하게 소개되어 있다.

**04** ⓐ와 ⓑ에 대한 설명으로 적절하지 <u>않은</u> 것은?

① ⓐ는 우리나라에서 처음으로 시작되었다.

② ⓐ는 우리나라에서 쇼핑 업계를 주축으로 확산되었다.

③ ⓐ는 연말 분위기를 이용하여 더 많은 소비를 유도한다.

④ ⓑ는 지속 가능한 삶에 대한 성찰로 발생하였다.

⑤ ⓑ는 한 환경 단체에 의해 특정한 날로 확정되었다.

# 아무것도 사지 않는 날 ❷ | 최원형

**3**     어느 날 접시를 꺼내려 찬장 문을 열었다가 그 많은 접시 가운데 정작 사용하는 접시는 열 개를 넘지 않는다는 걸 깨달았습니다. 열 개도 어쩌다 쓰는 것까지 포함한 개수이니 실제 사용하는 접시는 손에 꼽을 정도입니다. 그러니 나머지는 그저 자리를 차지할 따름입니다. 찬장마다 그득한 저 많은 그릇 가운데 그릇으로 쓰임을 한 번도 하지 않은 것이 훨씬 많다는 걸 알고 나니 내게 필요한 물건은 몇 가지나 되며, 정말 필요한 것의 기준은 뭘까 생각해 보게 되었습니다.

**4**     꼭 아무것도 사지 않는 날이 아니더라도 올해는 나도 한 달에 하루를 정해서 아무것도 사지 말아야겠다고 마음먹었습니다. 집을 나섰다가 돌아올 때까지 아무것도 사지 않으면 되니까 하루쯤이야 할 수 있겠지 싶었습니다. 드디어 그날이 돌아왔습니다. 밖에 있으니 점심시간에 무엇인가를 사 먹어야 했습니다. '아무것도 사지 않는 날인데'라고 내 안에서 목소리가 들려왔습니다. 그런데 또 다른 목소리가 '이것은 끼니인데? 그러니까 예외지.'라고 반론을 제기했습니다. 듣고 보니 그랬습니다. 그래서 밥을 사 먹었습니다. 그러고 나니 커피가 또 생각났지만 굳은 의지로 건너뛰었습니다. 오후에 사람들을 만나 회의를 했습니다. 카페에서 만나다 보니 자연스레 음료를 주문해야 했습니다. 결국 그날은 아무것도 사지 않는 날이 되지 못했습니다.

> **가운데** '아무것도 사지 않는 날'을 통해 일상생활 속 자신의 소비를 반성함.

**끝 1**     집에 와 곰곰이 생각해 봤습니다. 바깥에서 끼니를 해결해야 한다면 아무것도 사지 않는 날이 될 수 없을까? 미리 도시락을 챙겨서 나서면 아무것도 사지 않을 수 있겠더군요. 회의가 있으면 음료도 챙겨 가면 됩니다. 아무것도 사지 않는 하루를 보내려면 소풍 가듯 가방을 챙겨 다니면 되는 일이었습니다. 물건이 흔치 않던 시절 우리 삶은 대략 이렇지 않았을까 싶습니다. 누구든 길을 떠나기 전에 끼니가 될 만한 걸 봇짐 속에 넣는 일은 당연했습니다. 동서고금을 막론하고 이런 삶은 꽤 오래 이어졌습니다. 인류가 지금처럼 언제 어디서든 돈만 있으면 모든 걸 해결할 수 있는 삶을 산 지는 얼마 되지 않습니다. 이 짧은 시간 동안 우리는 편리함에 길들었고, 이런 삶에서 조금이라도 벗어나면 괴롭고 불안해집니다. 그러나 이처럼 편리하고 풍족한 삶이 언제까지 지속될지는 모를 일입니다. 좀 낯설고 번거롭더라도 소비하는 삶보다 지속 가능한 삶 쪽으로 방향을 틀어 보는 건 어떨까요? 세이모어의 삶이 더 빛나는 것은 그의 철학이 삶 속에 고스란히 녹아들었기 때문이었습니다.

*이것저것 따지고 가려 말하지 아니하고*

*등에 지기 위하여 물건을 보자기에 싸서 꾸린 짐*

*동양과 서양, 옛날과 지금을 통틀어 이르는 말*

> **끝** 소비하는 삶보다 지속 가능한 삶이 중요함을 깨달음.

# 핵심 정리하기

## ✦ 이 글의 서술상 특징

- 접시를 꺼내려 찬장을 열었던 경험을 통해 소비에 대한 깨달음을 제시함.
- 아무것도 사지 않기로 한 날을 실천하며 머릿속으로 생각한 내용을 인용해 글에 생동감을 부여함.
- 아무것도 사지 않기로 한 날을 실천하며 경험한 일들을 시간의 흐름대로 제시하여 독자가 사건을 쉽게 이해하도록 함.
- 밖에서 끼니를 해결해야 경우에 어떻게 해야 할지 물음과 답을 제시하여 독자의 흥미를 유발함.
- 설의법을 사용하여 지속 가능한 삶을 살아 보기를 제안하며, 독자의 자연스러운 참여를 유도함.

## ✦ 필자가 자신의 소비를 되돌아본 계기

- 접시를 꺼내려 찬장을 열음.
- 접시가 많이 있으나 정작 사용하는 접시는 열 개도 안 된다는 것을 깨달음.

- 자신에게 필요한 물건이 몇 가지가 되는지 생각함.
- 정말 필요한 것의 기준은 무엇인지 생각해 보게 됨.

## ✦ 필자의 경험과 깨달음

### 경험

- 한 달에 하루를 정해서 아무것도 사지 않기로 마음먹음.
- 밖에 있으니 점심을 사 먹고, 카페에서 사람들과 회의를 하느라 음료를 사 먹어야 했음.

↓

### 깨달음

- 아무것도 사지 않는 하루를 보내려면 소풍을 가듯 가방을 챙겨 다니면 되는 일이라는 깨달음을 얻음.
- 편리하고 풍족한 삶이 언제까지 지속될지 모르므로 소비하는 삶보다 지속 가능한 삶을 살아야겠다고 다짐함.

---

# 내신 올리기

**05** 이 글의 내용과 일치하지 <u>않는</u> 것은?

① 과거에는 외식으로 끼니를 해결하는 일이 적었다.

② 필자에게 정말 필요한 그릇은 열 개를 넘지 않는다.

③ 지금처럼 소비하는 삶의 방식이 등장한 지 오래 되지 않았다.

④ 필자는 한 달에 하루는 아무 것도 사지 않겠다고 결심하였다.

⑤ 필자는 아무것도 사지 않는 날을 계획할 때 식사비는 제외하기로 하였다.

**06** 이 글의 서술상 특징으로 적절하지 <u>않은</u> 것은?

① 문답법을 통해 독자의 흥미를 유발하고 있다.

② 구체적인 경험을 통해 필자의 깨달음을 드러내고 있다.

③ 인용 표현을 활용하여 내용을 생동감 있게 전달하고 있다.

④ 과거와 현재를 교차하며 사건을 입체적으로 제시하고 있다.

⑤ 설의법을 이용해 독자의 자연스러운 동의를 유도하고 있다.

### 고난도

**07** 이 글과 〈보기〉를 연관 지어 이해한 내용으로 가장 적절한 것은?

│ 보기 │

　욜로(YOLO, You Only Live Once)족이 현재의 행복을 추구하며 소비 지향적인 삶을 추구한다면, 이에 반대하며 등장한 요노(YONO, You Only Need One)족은 불필요한 소비를 지양한다. 요노족은 형편에 맞는 소비가 바람직하다고 여기며, 외식이나 배달 음식 대신 집밥으로 끼니를 해결하고, 정해진 금액 안에서 지출하며, 중고 거래 등을 이용해 절약을 실천한다.

① 필자와 욜로족은 현재의 행복을 추구한다는 점에서 비슷해.

② 필자와 욜로족은 외식을 즐겨 하지 않는다는 공통점이 있어.

③ 필자와 욜로족이 지향하는 삶은 환경 보호에도 도움이 되겠어.

④ 필자와 요노족은 아무것도 사지 않는 날을 꾸준히 실천하고 있어.

⑤ 필자와 요노족은 모두 기존의 소비문화를 비판적으로 바라보고 있어.

**1회** 구운몽 | 김만중

**01~03** 다음 글을 읽고 물음에 답하시오.

"사부는 어느 곳으로부터 오셨나이까?"

노승이 웃으며 대답하기를,

"평생 알고 지낸 사람을 몰라보시니 일찍이, '귀인은 잊기를 잘한다.'는 말이 옳소이다."

양 승상(양소유)이 자세히 보니 과연 얼굴이 익숙한 듯하였다. 문득 깨달아 능파 낭자를 돌아보며 말하기를,

"㉠내가 지난날 토번을 정벌할 때 꿈에 동정 용궁의 잔치에 참석하고 돌아오는 길에, 한 화상이 법좌(法座)에 앉아서 경을 강론하는 것을 보았는데 노승이 바로 그 노화상이냐?"

노승이 박장대소하고 가로되,

"옳도다, 옳도다. 비록 그 말이 옳으나 꿈속에서 잠깐 만난 일은 기억하고 십 년 동안 같이 살았던 것은 기억하지 못하니 누가 양 승상을 총명하다 하였는가?"

승상이 망연자실하여 말하기를,

"소유는 십오륙 세 이전에는 부모의 슬하를 떠난 적이 없고, 십육 세에 급제하여 곧바로 직명을 받아 관직에 있었으니, 동으로 연나라에 사신으로 가고 토번을 정벌하러 떠난 것 외에는 일찍이 경사(京師)를 떠나지 아니하였거늘, 언제 사부와 함께 십 년을 상종하였으리오?"

노승이 웃으며 말하기를,

"상공이 아직도 춘몽을 깨지 못하였도다."

승상이 이르기를,

"사부는 어찌하면 저로 하여금 춘몽을 깨게 하실 수 있나이까?"

노승이 이르기를,

"이는 어렵지 않도다."

하고 손에 잡고 있던 지팡이를 들어 돌난간을 두어 번 두드렸다. 갑자기 네 골짜기에서 구름이 일어나 누각 위를 뒤덮어 지척을 분변하지 못하였다. 승상이 정신이 아득하여 마치 꿈속에 있는 듯하다 소리를 질러 말하기를,

"사부는 어찌하여 정도(正道)로 소유를 인도하지 아니하고, 환술(幻術)로써 희롱하시나이까?"

승상이 말을 마치지 못하여 구름이 걷히는데 노승은 간 곳이 없고 좌우를 돌아보니 팔 낭자도 간 곳이 없었다. 승상이 매우 놀라 어찌할 바를 모르는 중에 높은 대와 많은 집들이 한 순간에 없어지고 자기의 몸은 작은 암자의 포단 위에 앉았는데, 향로에 불은 이미 사라지고 지는 달이 창가에 비치고 있었다.

자신의 몸을 보니 백팔 염주가 걸려 있고 머리를 손으로 만져 보니 갓 깎은 머리털이 가칠가칠하였으니 완연히 소화상의 몸이요 전혀 대승상의 위의가 아니니, 정신이 황홀하여 오랜 후에야 비로소 제 몸이 연화도량의 성진(性眞) 행자(行者)임을 깨달았다.

그리고 생각하기를, '처음에 스승에게 책망을 듣고 풍도옥(酆都獄)으로 가서 인간 세상에 환도하여 양가의 아들이 되었다가, ㉡장원급제를 하여 한림학사를 한 후 출장입상(出將入相), 공명신퇴(功名身退)하여 두 공주와 여섯 낭자로 더불어 즐기던 것이 다 하룻밤의 꿈이로다. 이는 필연 사부가 나의 생각이 그릇됨을 알고 나로 하여금 그런 꿈을 꾸게 하시어 인간 부귀와 남녀 정욕이 다 허무한 일임을 알게 한 것이로다.'

성진이 서둘러 세수하고 의관을 정제하여 처소에 나아가니, 제자들이 이미 다 모여 있었다.

육관 대사가 큰 소리로 묻기를,

"성진아, 인간 부귀를 지내니 과연 어떠하더냐?"

성진이 머리를 조아리고 눈물을 흘리며 하는 말이,

"㉢성진이 이미 깨달았나이다. 제자가 불초하여 생각을 그릇되게 하여 죄를 지었으니 마땅히 인간 세상에서 윤회하는 벌을 받아야 하거늘, 사부께서 자비하시어 하룻밤 꿈으로 제자의 마음을 깨닫게 하시니 사부의 은혜는 천만 겁이 지나도 갚기 어렵나이다."

대사가 말하기를,

"네가 흥을 타고 갔다가 흥이 다하여 돌아왔으니 내가 무슨 간여할 바가 있겠느냐? 또 네가 말하기를, '인간 세상에 윤회한 것을 꿈을 꾸었다.'고 하니, 이는 꿈과 세상을 다르다고 하는 것이니, 네가 아직도 꿈을 깨지 못하였도다. 옛말에 '㉣장주(莊周)가 꿈에서 나비가 되었다가 다시 나비가 장주가 되었다.'고 하니, 어느 것이 거짓 것이고, 어느 것이 참된 것인지 분변하지 못하나니, 이제 성진과 소유에 있어 어느 것이 참이며 어느 것이 꿈이냐?"

성진이 이에 대답하기를,

"제자 성진은 아득하여 꿈과 참을 분별하지 못하겠사오니,
ⓜ사부는 설법(說法)을 베풀어 제자로 하여금 깨닫게 하소
서."

– 김만중, 「구운몽」 –

* **풍도옥** 도가에서, 지옥을 이르는 말.
* **출장입상** 나가서는 장수가 되고 들어와서는 재상이 됨.
* **공명신퇴** 공을 세워서 자기의 이름을 널리 드러낸 후 물러남.

## 01 윗글에 대한 설명으로 가장 적절한 것은?

① 내적 독백을 통해 극적 긴장감을 고조시키고 있다.

② 대화를 통해 인물 간 대립의 양상이 심화되고 있다.

③ 묘사의 방식을 통해 장면이 전환되었음을 드러내고
있다.

④ 구체적 시대 상황을 설정하여 내용의 사실성을 높이
고 있다.

⑤ 서술자가 개입하여 과거의 사건을 압축적으로 제시
하고 있다.

## 02 윗글의 인물에 대한 이해로 적절하지 않은 것은?

① 성진은 육관 대사의 가르침을 따르려 한다.

② 노승은 양소유가 자각하도록 도와주고 있다.

③ 성진은 꿈속의 노승이 육관 대사임을 알게 된다.

④ 양소유는 팔 낭자와 함께 꿈에서 깨어나고자 한다.

⑤ 성진은 양소유로서의 자신의 삶을 되돌아보고 있다.

## 03 〈보기〉를 참고하여 윗글을 감상한 것으로 적절하지 않은 것은? [3점]

┤ 보기 ├

「구운몽」은 '회의(懷疑)와 부정(否定)'의 과정을 통
해서 서사가 구성된다. 작품 초반에 성진이 세속에
호기심을 갖는 모습은 불교적 가치관에 대한 '회의
와 부정'에서, 결말에 이르러 다시금 불교적 삶을
택하는 모습은 세속적 삶에 대한 '회의와 부정'에서,
마지막 육관 대사의 성진에 대한 가르침은 참·거짓
의 이분법적 구분에 대한 '회의와 부정'에서 기인한
것이다. 이러한 세 번의 '회의와 부정'은 작품에 순
차적으로 등장하여 「구운몽」의 주제를 한층 심화시
킨다.

① ㉠은 '첫 번째 회의와 부정'을 경험하기 전의 일이다.

② ㉡은 '첫 번째 회의와 부정'과 '두 번째 회의와 부정'
사이에 일어난 일이다.

③ ㉢은 '두 번째 회의와 부정'을 경험한 직후의 일이다.

④ ㉣은 '세 번째 회의와 부정' 단계의 핵심 내용을 보여
주는 비유적인 표현이다.

⑤ ㉤은 '두 번째 회의와 부정'에서 '세 번째 회의와 부
정'으로 나아가고자 함을 의미한다.



2023학년도 수능

**2회** **최척전** | 조위한

**01~04** 다음 글을 읽고 물음에 답하시오.

혼례를 마친 후 최척이 아내와 함께 장모를 모시고 집으로
돌아오매 하인들이 기뻐했다. 대청에 오르자 **친척들**이 축하하
여 온 집안에 기쁨이 넘쳤고, 이들을 기리는 소리가 사방의 이
웃으로 퍼졌다. 시집에 온 옥영은 소매를 걷고 머리를 빗어 올
린 채 손수 물을 긷고 절구질을 했으며, 시아버지를 봉양하고
남편을 대할 때 효와 정성을 다하고, 윗사람을 받들고 아랫사
람을 대할 때는 성의와 예의를 두루 갖췄다. **이웃 사람들**이 이
를 듣고는 모두 양홍의 처나 포선의 아내도 이보다 낮지 않을
것이라고 칭찬했다.

최척은 결혼한 후 구하는 것이 뜻대로 되어 재산이 점차 넉넉히 불었으나, 다만 일찍이 자식이 없는 것이 걱정이었다. 최척 부부는 후사를 염려하여 ㉠매월 초하루가 되면 몸과 마음을 깨끗이 하고 함께 만복사에 올라 부처께 기도를 올렸다. 다음 해 갑오년 ㉡정월 초하루에도 만복사에 올라 기도를 했는데, 이날 밤 장육금불이 옥영의 꿈에 나타나 말했다.

"나는 **만복사의 부처**로다. 너희 정성이 가상해 기이한 **사내아이**를 점지해 주니, 태어나면 반드시 특이한 징표가 있을 것이다."

옥영은 ㉢그달에 바로 잉태해 열 달 뒤 과연 아들을 낳았는데, 등에 어린아이 손바닥만 한 **붉은 점**이 있었다. 그래서 최척은 아들 이름을 몽석(夢釋)이라고 지었다.

최척은 피리를 잘 불었으며, ㉣매양 꽃 피는 아침과 달 뜬 밤이 되면 아내 곁에서 피리를 불곤 했다. 일찍이 날씨가 맑은 ㉤어느 봄날 밤이었는데, 어둠이 깊어 갈 무렵 미풍이 잠깐 일며 밝은 달이 환하게 비췄으며, 바람에 날리던 꽃잎이 옷에 떨어져 그윽한 향기가 코끝에 스며들었다. 이에 최척은 옥영과 술을 따라 마신 후, 침상에 기대 피리를 부니 그 여음이 하늘거리며 퍼져 나갔다. 옥영이 한동안 침묵하다 말했다.

"저는 평소 여인이 시 읊는 것을 좋게 여기지 않습니다. 그런데 이처럼 맑은 정경을 대하니 도저히 참을 수가 없군요."

옥영은 마침내 절구 한 수를 읊었다.

왕자진이 피리를 부니 달도 내려와 들으려는데,
바다처럼 푸른 하늘엔 이슬이 서늘하네.
때마침 날아가는 푸른 난새를 함께 타고서도,
안개와 노을이 가득해 봉도 가는 길 찾을 수 없네.

최척은 애초에 자기 아내가 이리 시를 잘 읊는 줄 모르고 있던 터라 놀라 감탄하였다.

**[중략 줄거리]** 전란으로 가족과 이별한 최척은 명나라 배를 타고 안남에 이르러 처량한 마음에 피리를 불었다.

최척은 동방이 밝아 오자, 강둑을 내려가 **일본인 배에 이르러 조선말로** 물었다.

"어젯밤 시를 읊던 사람은 조선 사람 아닙니까? 나도 조선 사람이어서 한번 만나 보았으면 합니다. 멀리 **다른 나라를 떠도는 사람**이 비슷하게 생긴 **고국 사람을 만나**는 것이 어찌 그저 기쁘기만 한 일이겠습니까?"

옥영도 생각하기를 어젯밤 들은 **피리 소리**가 조선의 곡조인데다, 평소 익히 들었던 것과 너무나 흡사했다. 그래서 남편 생각에 감회가 일어 절로 시를 읊게 되었던 것이다. 옥영은 자기를 찾는 사람의 목소리를 듣고는 황망히 뛰쳐나와 최척을 보았다. 둘은 서로 마주하고 놀라 **소리를 지르며 끌어안고** 백사장을 뒹굴었다. 목이 메고 기가 막혀 마음을 안정할 수 없었으며, 말도 할 수 없었다. 눈에서는 **눈물이 다하자 피가 흘러내려** 서로를 볼 수도 없을 지경이었다. 양국의 **뱃사람들**이 저잣거리처럼 모여들어 구경했는데, 처음에는 친척이나 잘 아는 친구인 줄로만 알았다. 뒤에 그들이 부부 사이라는 것을 알고 서로 돌아보며 소리쳐 말했다.

"이상하고 기이한 일이로다! 이것은 하늘의 뜻이요, 사람이 이룰 수 있는 일이 아니로다. 이런 일은 옛날에도 들어 보지 못하였다."

최척은 옥영에게 그간의 소식을 물었다.

"산속에서 붙들려 강가로 끌려갔다는데, 그때 아버지와 장모님은 어찌 되었소?"

옥영이 말했다.

"날이 어두워진 뒤 배에 오른 데다 정신이 없어 서로 잃어버렸으니, 제가 두 분의 안위를 어떻게 알겠습니까?"

두 사람이 손을 붙들고 통곡하자, 옆에서 지켜보던 사람들도 슬퍼하며 눈물을 닦지 않는 이가 없었다.

– 조위한, 「최척전」 –

**01** 윗글에 대한 설명으로 가장 적절한 것은?

① 시를 삽입하여 인물 간의 갈등 양상이 구체화되는 상황을 드러내고 있다.

② 인물의 행위가 연속적으로 나열된 장면을 통해 신분의 변화 과정을 드러내고 있다.

③ 주변 인물이 알고 있는 사례를 근거로 주요 인물에 대해 상반된 평가를 내리게 하고 있다.

④ 감각적인 배경 묘사를 통해 인물의 행동이 전개되는 상황의 낭만적 분위기를 부각하고 있다.

⑤ 인물 간 대화가 오가는 장면을 보여 주어 이전 사건에 따른 다른 인물들의 현재 행선지를 드러내고 있다.

## 02 윗글의 인물에 대한 이해로 적절하지 <u>않은</u> 것은?

① '뱃사람들'은 최척과 옥영의 관계가 자신들이 생각하던 것과 달라 놀라워했다.

② '최척'은 강둑을 내려가 자신을 '다른 나라를 떠도는 사람'이라 말하며 자신의 처지와 심정을 드러냈다.

③ '최척'은 옥영의 시에 대한 재능을 결혼 전에 알고 있었지만, 옥영이 시를 읊기 전까지 이를 모른 척했다.

④ '옥영'은 가정의 구성원들을 정성스러운 마음으로 대했고, 옥영이 시집온 후 최척의 집안은 점차 부유해졌다.

⑤ '친척들'은 최척의 결혼을 경사로 받아들였고, '이웃 사람들'은 옥영의 행실을 칭찬했다.

## 03 ㉠~㉤에 대한 이해로 가장 적절한 것은?

① ㉠은 인물의 심리적 갈등이 발생하는, ㉢은 ㉠에서 발생한 갈등이 심화되는 시간의 표지이다.

② ㉢과 ㉤은 모두 과거의 행위를 통해 인물의 성격이 변화됨을 드러내는 시간의 표지이다.

③ ㉣은 인물의 행위가 반복적으로 일어나는, ㉤은 ㉣ 중 한 시점을 특정하는 시간의 표지이다.

④ ㉡은 ㉠에서부터 이어진 행위를 알려 주는, ㉤은 그 행위가 완결된 순간을 지시하는 시간의 표지이다.

⑤ ㉡과 ㉢은 인물의 소망이 실현되어 가는 과정에 포함되는, ㉤은 인물의 소망이 좌절된 시간의 표지이다.

## 04 〈보기〉를 바탕으로 윗글을 감상한 내용으로 적절하지 <u>않은</u> 것은? [3점]

| 보기 |

「최척전」에는 하나의 문제 상황이 해결되면 또 다른 문제가 확인되는 서사 구조가 나타나고 있다. 이 과정에서 도움을 주는 신이한 존재를 나타나게 하거나, 예언의 실현을 보여 주는 특이한 증거를 활용하거나, 문제 해결의 계기가 되는 소재를 제시하거나, 공간적 배경을 확장하여 다양한 국적의 사람들을 등장시키는 등의 서사적 장치들이 확인된다. 이러한 서사 구조와 다양한 서사적 장치는 독자가 이야기에 흥미를 가지고 그것을 자연스럽게 수용하는 데 기여한다.

① 옥영의 꿈에 나타난 '만복사의 부처'는, 옥영이 겪고 있는 현실적인 문제를 해결하는 데 도움을 주는 신이한 존재로서 역할을 한다고 볼 수 있겠군.

② 몽석의 몸에 나타난 '붉은 점'은, '사내아이'의 출생과 관련한 예언이 실제로 이루어졌음을 확인할 수 있는 특이한 증거로 활용된다고 볼 수 있겠군.

③ 최척이 '일본인 배에 이르러 조선말로 물'어보는 것과 '고국 사람을 만나'려 하는 것은, 서사 전개 과정에서 공간적 배경을 조선뿐 아니라 다른 나라로도 확장한 것과 관련이 있겠군.

④ 옥영이 들은 '피리 소리'는, 옥영이 최척을 떠올리게 하여 이별의 상황을 해결하는 계기가 되는 소재로 작용하고 있다고 볼 수 있겠군.

⑤ 최척과 옥영이 '소리를 지르며 끌어안'는 것은 문제의 해결에 따른 기쁨과, '눈물이 다하자 피가 흘러내'리는 것은 또 다른 문제 확인에 따른 인물의 불안감과 관련이 있겠군.

**3회** | **봄·봄** | 김유정

**01~04** 다음 글을 읽고 물음에 답하시오.

우리 장인님은 약이 오르면 이렇게 손버릇이 아주 못됐다. 또 사위에게 이 자식 저 자식 하는 이놈의 장인님은 어디 있느냐. 오죽해야 우리 동리에서 누굴 물론하고 그에게 욕을 안 먹는 사람은 명이 짜르다, 한다. 조그만 아이들까지도 그를 돌라세 놓고 욕필이 ㉠(본 이름이 봉필이니까), 욕필이, 하고 손가락질을 할 만치 두루 인심을 잃었다. 허나 인심을 정말 잃었다면 욕보다 읍의 배참봉 댁 마름으로 더 잃었다. 번이 마름이란 욕 잘 하고 사람 잘 치고 그리고 생김 생기길 호박개 같아야 쓰는 거지만 장인님은 외양이 똑 됐다. 작인이 닭 마리나 좀 보내지 않는다든가 애벌논 때 품을 좀 안 준다든가 하면 그해 ⓐ**가을**에는 영락없이 땅이 뚝뚝 떨어진다. 그러면 미리부터 돈도 먹이고 술도 먹이고 안달재신으로 돌아치던 놈이 그 땅을 슬쩍 돌라안는다. 이 바람에 장인님 집 빈 외양간에는 눈깔 커다란 황소 한 놈이 절로 엉금엉금 기어들고, 동리 사람들은 그 욕을 다 먹어 가면서도 그래도 굽신굽신하는 게 아닌가 ―

그러나 내겐 장인님이 감히 큰소리할 계제가 못 된다.

뒷생각은 못 하고 뺨 한 개를 딱 때려 놓고는 장인님은 무색해서 덤덤히 쓴침만 삼킨다. 난 그 속을 퍽 잘 안다. 조금 있으면 갈도 꺾어야 하고 모도 내야 하고, 한창 바쁜 때인데 나 일 안 하고 우리 집으로 그냥 가면 고만이니까. 작년 이 맘때도 트집을 좀 하니까 늦잠 잔다고 돌멩이를 집어 던져서 자는 놈의 발목을 삐게 해 놨다. 사날씩이나 건승 끙, 끙, 앓았더니 종당에는 거반 울상이 되지 않았는가 ―

"애, 그만 일어나 일 좀 해라. 그래야 올갈에 벼 잘 되면 너 장가들지 않니."

그래 귀가 번쩍 띄어서 그날로 일어나서 남이 이틀 품 들일 ⓑ**논**을 혼자 삶아 놓으니까 장인님도 눈깔이 커다랗게 놀랐다. 그럼 정말로 가을에 와서 혼인을 시켜 줘야 원 경우가 옳지 않겠나. 볏섬을 척척 들여 쌓아도 다른 소리는 없고 물동이를 이고 들어오는 점순이를 담배통으로 가리키며,

"이 자식아 미처 커야지. 조걸 데리고 무슨 혼인을 한다고 그러니 원!" 하고 남 낯짝만 붉게 해 주고 고만이다.

(중략)

그 전날 왜 내가 새고개 맞은 봉우리 ⓒ**화전밭**을 혼자 갈고 있지 않았느냐. 밭 가생이로 돌 적마다 야릇한 꽃내가 물컥 물컥 코를 찌르고 머리 위에서 벌들은 가끔 붕, 붕, 소리를 친다. 바위틈에서 샘물 소리밖에 안 들리는 산골짜기니까 맑은 하늘의 봄볕은 이불 속같이 따스하고 꼭 꿈꾸는 것 같다. 나는 몸이 나른하고 몸살㉡(을 아직 모르지만 병)이 나려고 그러는지 가슴이 울렁울렁하고 이랬다. / "어러이! 말이! 맘 마 마…."

이렇게 노래를 하며 소를 부리면 여느 때 같으면 어깨가 으쓱으쓱한다. 웬일인지 ⓓ**밭** 반도 갈지 않아서 온몸의 맥이 풀리고 대고 짜증만 난다. 공연히 소만 들입다 두들기며 ―

"안야! 안야! 이 망할 자식의 소 ㉢(장인님의 소니까) 대리를 꺾어 줄라."

그러나 내 속은 정말 안야 때문이 아니라 점심을 이고 온 점순이의 키를 보고 울화가 났던 것이다.

점순이는 뭐 그리 썩 이쁜 계집애는 못 된다. 그렇다구 또 개떡이냐 하면 그런 것도 아니고, 꼭 내 아내가 돼야 할 만치 그저 툽툽하게 생긴 얼굴이다. 나보다 십 년이 아래니까 올해 열여섯인데 몸은 남보다 두 살이나 덜 자랐다. 남은 잘도 훤칠히들 크건만 이건 위아래가 몽툭한 것이 내 눈에는 헐없이 감참외 같다. 참외 중에는 감참외가 젤 맛 좋고 이쁘니까 말이다. 둥글고 커단 눈은 서글서글하니 좋고 좀 지쳐 찢어졌지만 입은 밥술이나 혹혹이 먹음직하니 좋다. 아따 밥만 많이 먹게 되면 팔자는 고만 아니냐. 헌데 한 가지 파가 있다면 가끔가다 몸이 ㉣(장인님은 이걸 채신이 없이 들까분다고 하지만) 너무 빨리빨리 논다. 그래서 밥을 나르다가 때 없이 풀밭에서 깨빡을 쳐서 흙투성이 밥을 곧잘 먹인다. 안 먹으면 무안해할까 봐서 이걸 씹고 앉았노라면 으적 으적 소리만 나고 돌을 먹는 겐지 밥을 먹는 겐지 ―

그러나 ⓔ**이날**은 웬일인지 성한 밥채로 밭머리에 곱게 내려놓았다. 그리고 또 내외를 해야 하니까 저만큼 떨어져 이쪽으로 등을 향하고 웅크리고 앉아서 그릇 나기를 기다린다.

내가 다 먹고 물러섰을 때 그릇을 와서 챙기는데 그런데 난 깜짝 놀라지 않았느냐. 고개를 푹 숙이고 밥함지에 그릇을 포개면서 날더러 들으라는지 혹은 제 소린지,

"밤낮 일만 하다 말 텐가!" 하고 혼자서 종알거린다. 고대 잘 내외하다가 이게 무슨 소린가, 하고 난 정신이 얼떨떨했다.

그러면서도 한편 무슨 좋은 수나 있는가 싶어서 나도 공중을 대고 혼잣말로, / "그럼 어떻게?" 하니까,

"성례시켜 달라지 뭘 어떻게." 하고 되알지게 쏘아붙이고 얼굴이 발개져서 산으로 그저 도망질을 친다.

나는 잠시 동안 어떻게 되는 셈판인지 맥을 몰라서 그 뒷모양만 덤덤히 바라보았다.

봄이 되면 온갖 초목이 물이 오르고 싹이 트고 한다. 사람도 아마 그런가 보다, 하고 며칠 내에 부쩍 ⓜ(속으로) 자란 듯싶은 점순이가 여간 반가운 것이 아니다.

– 김유정, 「봄·봄」 –

## 01 윗글에 대한 설명으로 가장 적절한 것은?

① 동시에 일어나는 두 개의 사건을 병치하여 긴장감을 조성하고 있다.

② 과거 사건을 현재 상황에 끌어 들여 인물들의 관계를 드러내고 있다.

③ 현학적 표현을 사용하여 등장인물들의 긍정적 성격을 강조하고 있다.

④ 작중 인물이 관찰자의 입장에서 작중 세계를 객관적으로 묘사하고 있다.

⑤ 다른 사람의 체험을 듣고 독자에게 전해 주는 액자식 구성을 취하고 있다.

## 02 윗글의 인물에 대한 이해로 가장 적절한 것은?

① '점순이'는 성례를 위해 적극적으로 행동을 취하지 않는 '나'에게 불만을 표시한다.

② '나'는 '점순이'와의 갈등을 회피하기 위해서 자신의 집으로 돌아갈 것을 결심한다.

③ '나'와 '장인'이 갈등을 일으키는 이유는 '점순이'에게 함부로 일을 시키는 '장인'의 태도 때문이다.

④ '동리 사람들'에게 '장인'이 인심을 잃게 된 주된 이유는 '나'와 '점순이'의 혼례를 치러 주지 않았기 때문이다.

⑤ '나'는 '동리 사람들'이 '장인'에게 보여 주는 태도와 상반된 입장을 보임으로써, '나'는 '장인'이 '동리 사람들'에게 취하는 행동을 옹호한다.

## 03 ㉠~㉤에 대한 설명으로 적절하지 <u>않은</u> 것은?

① ㉠: 인물의 이름과 별명의 연관성을 제시하고 있다.

② ㉡: 괄호를 제거해도 자연스러운 문장이 되도록 서술자의 진술이 이루어지고 있다.

③ ㉢: 소의 주인과 소를 동일시하여 '장인'에 대한 서술자의 반감을 드러내고 있다.

④ ㉣: '너무 빨리빨리 논다'라는 행동에 대한 '장인'의 평가를 첨가하고 있다.

⑤ ㉤: '점순이'가 부쩍 자란 사실을 숨겨 온 '장인'의 속셈을 알아내고 반가워하는 '나'의 태도를 제시하고 있다.

## 04 〈보기〉를 참조할 때, ⓐ~ⓔ에 대한 감상으로 적절하지 <u>않은</u> 것은? [3점]

> **보기**
>
> 「봄·봄」은 시·공간의 이동을 통해 사건들이 전개된다. 소설 속 사건이 일어나는 배경은 단순히 물리적 시·공간을 제시하는 데에서 그치는 것이 아니다. 인물을 둘러싼 구체적 환경은 인물의 성격을 드러내거나 태도에 변화를 줄 뿐만 아니라 사건의 분위기를 조성하기도 한다. 그리고 인물이 처한 사회적 환경을 환기하기도 하고 때로는 인물의 심리 상태에 영향을 미친다.

① ⓐ: 대부분의 마름들이 장인과 같이 행동하였다면, '가을'에 많은 소작농들은 불안감에 시달렸겠군.

② ⓑ: '논'은 '장인'의 회유에 넘어간 '나'가 일꾼으로서의 면모를 발휘하는 장소로군.

③ ⓒ: '화전밭'에서 '나'는 생기 있는 봄의 분위기에 취해 정서적으로 반응하고 있군.

④ ⓓ: '밭'에서 '나'는 '장인' 때문에 생긴 울화를 '소'와 '점순이'에게 한껏 터트리고 있군.

⑤ ⓔ: '이날'은 '점순이'의 평소와 다른 말과 행동을 통해 '나'가 '점순이'의 본심을 알아채는 날이겠군.

# 읽기


13 소비자의 사회적 책임, '윤리적 소비'

14 참된 친구란 무엇일까요

15 공감의 반경

16 인공 지능, 예술에 도전하다

17 영화 「업(UP)」 비평문

무엇을 배울까?

사실적 독해
추론적 독해
비판적 · 창의적 독해
독서의 원리

읽기 목적에 따른
읽기 방법의
점검과 조정

읽기

사회적 독서 활동
주제 통합적
읽기
매체 비평 자료
읽기


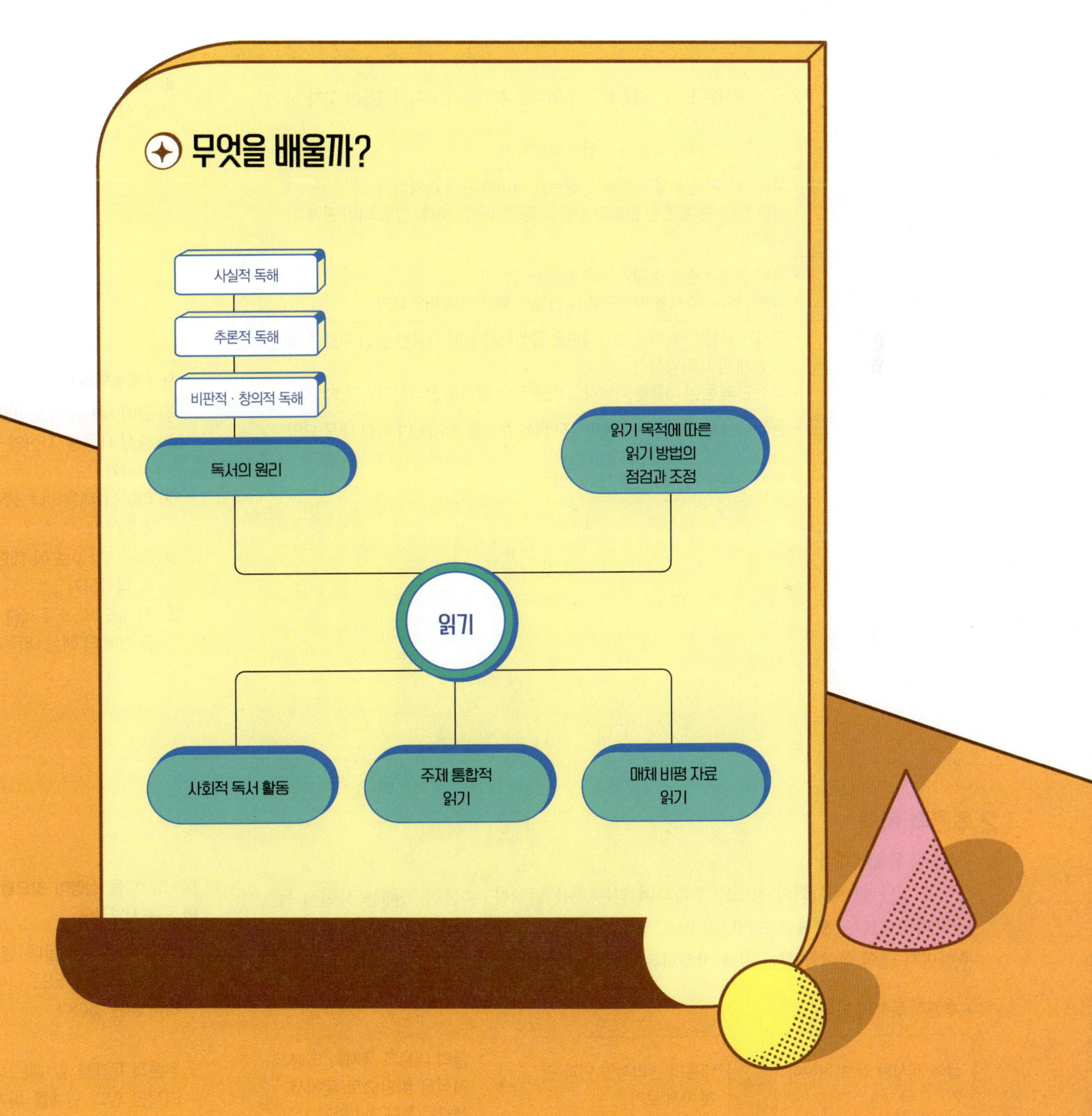

## 01 독서의 원리

### 1 사실적 독해

#### • 사실적 독해의 개념

글에 명시적으로 드러난 내용을 있는 그대로 이해하며 읽는 것을 말한다. 글의 세부 정보를 확인하고, 핵심 단어 및 어구를 찾거나 중심 내용을 요약하는 등 글의 내용을 정확하게 파악하는 독해 방법이다.

#### • 사실적 독해의 방법

| | |
|---|---|
| 글의 세부 정보 확인하기 | • 글에 제시된 단어, 문장, 문단의 의미를 확인하여 필자가 전달하고자 하는 정보 파악하기<br>• 개념이나 이론에 대한 세부 정보 파악하기 |
| 정보 간의 관계 파악하기 | • 글에 제시된 정보를 파악하고, 정보들 사이의 관계 파악하기<br>• 문단 간의 관계, 중심 문장과 뒷받침 문장의 관계, 어휘 간의 의미 관계 파악하기 |
| 핵심 내용 파악하기 | • 글의 주제나 중심 소재와 같은 화제 파악하기<br>• 각 문단의 소주제를 바탕으로 글 전체의 핵심 내용 파악하기 |
| 글의 구조 및 전개 방식 파악하기 | • 필자가 글을 쓴 목적을 효과적으로 달성하기 위해 사용한 글의 구조와 내용 전개 방식 파악하기<br>• 각 문단의 중심 내용을 파악하고 이들 간의 관계를 정리하여 구조화하기 |
| 글의 내용 요약하기 | • 중심 내용을 선택하거나 중요하지 않은 부분을 삭제하여 핵심 내용 요약하기<br>• 중심 내용을 자신의 말로 재구성하기 |

### 2 추론적 독해

#### • 추론적 독해의 개념

글에 드러난 내용 이외의 정보를 추측하며 읽는 것을 말한다. 추론적 독해는 사실적 독해를 바탕으로 글에 직접 드러나지 않은 정보 또는 필자가 생략하거나 함축한 내용을 유추하면서 글의 의미를 깊이 있게 이해하는 독해 방법이다.

#### • 추론적 독해의 과정

| 글에 제시된 정보 이해하기 | → | 내용의 논리적인 인과 관계 따져 보기 | → | 글의 내용과 독자의 배경지식을 바탕으로 글에서 생략된 정보 추리하기 |
|---|---|---|---|---|

---

★ 개념 확인하기

**[1~2]** 다음 빈칸에 들어갈 알맞은 말을 쓰시오.

**1** 글에 명시적으로 드러난 내용을 있는 그대로 이해하며 읽는 방법을 (　　　　) 독해라고 한다.

**2** 사실적 독해를 할 때는 중심 내용을 선택하거나 중요하지 않은 부분을 삭제하여 글의 핵심 내용을 (　　　　)해 본다.

**3** 사실적 독해의 방법이 <u>아닌</u> 것은?

① 글에 제시된 정보 파악하기
② 중심 내용을 자신의 말로 재구성하기
③ 이어질 내용이나 생략된 내용 추론하기
④ 개념이나 이론에 대한 세부 정보 파악하기
⑤ 각 문단의 소주제를 바탕으로 글 전체의 핵심 내용 파악하기

**[4~5]** 다음 설명이 맞으면 ○, 틀리면 × 표시하시오.

**4** 추론적 독해는 글에 명시적으로 드러난 내용을 있는 그대로 이해하며 읽는 것이다. （○, ×）

**5** 추론적 독해를 할 때는 내용의 논리적인 인과 관계를 따져 보아야 한다. （○, ×）

## • 추론적 독해의 방법

| 글의 내용 추론하기 | • 글에 제시된 정보를 바탕으로, 제시되지 않은 정보 추론하기<br>• 글에 제시된 내용, 문단 간의 관계, 글의 구조 등을 바탕으로 이어질 내용이나 생략된 내용 추론하기 |
|---|---|
| 전제 및 근거 추론하기 | • 글의 내용을 읽고 그 내용의 바탕이 되는 전제 추론하기<br>• 글에 제시된 내용을 바탕으로 제시되지 않은 근거 추론하기 |
| 필자의 의도 및 관점 추론하기 | 글 전체의 내용과 맥락, 배경지식 등을 바탕으로 필자의 의도나 목적, 대상에 대한 관점 및 태도 추론하기 |
| 구체적 사례에 적용하기 | • 글에 제시된 원리나 추상적인 개념을 구체적인 사례 혹은 시각 자료 등에 적용하기<br>• 글에 제시된 사례와 다른 범주에 속하는 사례에 글의 내용 적용하기 |

## 3 비판적·창의적 독해

### • 비판적 독해의 개념

글의 내용, 형식, 표현, 필자의 생각이나 가치관 등을 판단하고 평가하며 읽는 것을 말한다. 논리적이고 합리적인 사고를 바탕으로 필자의 생각에 수긍하거나 반박할 부분을 찾아 평가하는 과정이다.

### • 창의적 독해의 개념

글에 제시된 정보를 이해하고 필자의 생각과 자신의 생각을 종합하여 새로운 의미를 만들어 냄으로써 사고를 확장하며 읽는 것을 말한다.

### • 비판적·창의적 독해의 방법

| 타당성, 공정성, 정확성 평가하기 | • 글의 내용이 타당한지, 필자의 의견이 어느 한쪽에 치우치지 않고 공정한지 등을 판단하기<br>• 제시된 자료의 출처가 분명하고 신뢰할 만한지 등을 판단하기 |
|---|---|
| 구성 및 표현 평가하기 | • 글의 전개 방식과 구조적 특징이 내용을 전달하는 데 효과적인지 판단하기<br>• 어휘 사용이나 문장의 길이 등이 적절한지 판단하기 |
| 다른 자료와 비교하기 | 중심 소재나 주제가 유사한 다른 자료와 비교해 보며 글에 나타난 관점이나 구성 등을 비판적으로 검토하기 |
| 필자의 생각이나 주장 비판 및 보완하기 | • 필자의 관점과 다른 자신의 생각을 정리하여 반박할 근거 찾기<br>• 필자의 생각이나 주장의 미흡한 부분을 보완하거나 대체할 수 있는 대안 탐색하기 |
| 자신의 생각 재구성하기 | 글의 화제, 주제, 관점 등을 새로운 측면에서 접근해 보고, 자신만의 창의적인 생각을 글에 적용하여 논리적으로 재구성하기 |

## ✦ 개념 확인하기

**[6~7]** 다음 문장에서 알맞은 말을 고르시오.

**6** 추론적 독해를 할 때는 글에 제시된 내용을 바탕으로 제시되지 않은 근거를 ( 요약 / 추론 )해 본다.

**7** 추론적 독해를 할 때는 글에 제시된 원리나 추상적 개념을 구체적이거나 범주가 다른 ( 사례 / 목적 )에 적용해 본다.

**[8~9]** 다음 빈칸에 들어갈 알맞은 말을 쓰시오.

**8** 글의 내용, 형식 등을 판단하고 평가하며 읽는 방법은 (      ) 독해이다.

**9** 필자의 생각과 자신의 생각을 종합하여 새로운 의미를 만들어 냄으로써 사고를 확장하며 읽는 방법은 (      ) 독해이다.

**10** 비판적·창의적 독해의 방법으로 적절하지 **않은** 것을 〈보기〉에서 골라 기호를 쓰시오.

| 보기 |
| --- |
| ㄱ. 필자의 생각이 타당하고 공정한지 판단하기<br>ㄴ. 필자의 의도나 목적, 대상에 대한 관점 추론하기<br>ㄷ. 필자의 관점과 다른 자신의 생각을 정리하여 반박할 근거 찾기 |

(      )

## 02 읽기 목적에 따른 읽기 방법의 점검과 조정

### 1 읽기 방법의 선택과 읽기 과정의 점검과 조정

독자는 효과적인 읽기를 위해 읽기 목적이나 글의 특성에 따라 적절한 읽기 방법을 선택해야 한다. 그리고 읽기 과정에서도 자신의 읽기 방법을 끊임없이 점검하고 조정하며 글을 읽어야 한다.

### 2 다양한 읽기 방법

| 발성 여부에 따라 | 음독 | 소리 내어 읽는 방법 |
|---|---|---|
| | 묵독 | 소리 내지 않고 읽는 방법 |
| 읽는 속도에 따라 | 속독 | 빨리 읽는 방법 |
| | 정독 | 뜻을 새겨 가며 자세히 읽는 방법 |
| 읽는 범위에 따라 | 통독 | 처음부터 끝까지 훑어 읽는 방법 |
| | 발췌독 | 필요한 부분을 골라 읽는 방법 |

### 3 읽기 과정에 따른 읽기 전략

| 읽기 전 | 읽는 중 | 읽은 후 |
|---|---|---|
| • 읽기 목적을 확인하기<br>• 배경지식 활성화하기<br>• 제목, 차례, 사진 등을 통해 전개될 내용 예측하기 | • 예측한 내용 확인하며 읽기<br>• 주요 내용이나 궁금한 점 기록하며 읽기<br>• 글의 내용과 관련한 질문을 만들고 글에서 답을 찾으며 읽기 | • 글의 전체 내용을 요약하고 중심 내용 파악하기<br>• 새롭게 알게 된 내용이나 깨달은 점 정리하기<br>• 더 읽고 싶은 책을 찾아 새로운 독서 계획 세우기 |

## 03 사회적 독서 활동

• **사회적 독서 활동의 개념과 의의**

| 개념 | 의의 |
|---|---|
| 다른 사람과 함께 책을 읽고 독서 결과를 공유하며 생각을 나누는 활동 | • 다른 사람들과 지식과 정보를 교류하고 다양한 삶의 방식과 가치관을 이해할 수 있음.<br>• 독자 개인의 성장뿐만 아니라 사회 통합과 사회 문화 발전을 도움. |

• **사회적 독서 활동의 방법**

수업, 교내 독서 동아리, 외부 독서 모임, 매체에 기반한 독서 토론 공간 등에서 독서 과정과 결과를 공유하며 사회적 독서 활동에 참여할 수 있다.



---

✦ **개념 확인하기**

**[11~12]** 다음 문장에서 알맞은 말을 고르시오.

**11** 소리 내어 읽는 방법을 ( 음독 / 묵독 )이라고 한다.

**12** 처음부터 끝까지 훑어 읽는 방법을 ( 통독 / 정독 )이라고 한다.

**[13~14]** 다음 설명이 맞으면 ○, 틀리면 × 표시하시오.

**13** 글을 읽기 전에 더 읽고 싶은 책을 찾아 새로운 독서 계획을 세워야 한다.　　　　　( ○, × )

**14** 주요 내용이나 궁금한 점을 기록하며 읽는 것은 글을 읽는 중에 활용할 수 있는 읽기 전략이다.
　　　　　　　　　( ○, × )

**15** 사회적 독서 활동의 의의가 **아닌** 것을 〈보기〉에서 골라 기호를 쓰시오.

┌ 보기 ┐
ㄱ. 사회 통제
ㄴ. 사회 문화 발전
ㄷ. 독자 개인의 성장

(　　　　　)

## 04 주제 통합적 읽기

### 1 주제 통합적 읽기의 개념과 방법

**• 주제 통합적 읽기의 개념**

동일한 화제에 대하여 다양한 관점과 형식으로 작성된 글이나 자료를 보고, 읽기 목적에 따라 글이나 자료를 비판적으로 재구성하며 읽는 방법을 말한다.

**• 주제 통합적 읽기의 방법**

| 읽기 목적을 구체적으로 정하기 | → | • 글이나 자료의 내용을 비교하며 분석하기<br>• 읽기 목적을 고려해 유의미한 정보 선별하기<br>• 정보 간에 상충되거나 모순되는 점을 확인하고 평가하기 | → | 읽기 목적에 맞게 화제에 관한 자신의 견해를 재구성하기 |

### 2 주제 통합적 읽기의 효과

• 정보를 무비판적으로 수용하지 않는 태도를 기를 수 있다.
• 다양한 관점이 드러난 글과 자료를 비교하여 정보를 얻을 수 있다.
• 편향되지 않은 관점으로 여러 자료를 참조하는 균형 잡힌 태도를 기를 수 있다.
• 선입견을 배제하고 글, 자료에 드러난 관점을 평가하며 자신의 관점을 설정할 수 있다.

## 05 매체 비평 자료 읽기

### 1 매체 비평 자료의 개념과 내용

| 개념 | 매체 자료를 분석하고 그 가치를 평가한 내용을 담은 다양한 종류의 글이나 자료 |
|---|---|
| 내용 | • 매체 자료의 내용과 주제, 주제를 드러내기 위해 사용한 방법<br>• 매체 자료에서 주제를 가장 잘 드러낸 부분과 그 이유<br>• 제작자의 관점과 의도, 그 관점과 의도가 잘 드러난 부분<br>• 제작자의 관점과 의도에 대한 비평하는 사람의 생각<br>• 매체 자료가 비평하는 사람에게 주는 의미<br>• 사회·문화적 맥락 속에서 매체 자료가 지닌 가치 |

### 2 매체 비평 자료 읽기의 방법과 효과

| 방법 | | 효과 |
|---|---|---|
| • 공정한 관점에서 매체 자료를 비평하고 있는지 살펴보기<br>• 비평한 내용의 근거가 타당한지 검토하기<br>• 비평 자료의 내용을 무비판적으로 수용하지 않고, 자신의 생각을 정리하며 비판적으로 수용하기 | → | • 다양한 매체 비평 자료를 살펴 매체 자료의 비판적 분석 방법을 익힐 수 있음.<br>• 매체 자료를 심도 있게 분석하고 주체적으로 해석할 수 있음.<br>• 여러 매체 비평 자료와 자신의 비평 내용을 비교하며 생각의 폭을 넓힐 수 있음. |



**[16~17]** 다음 설명이 맞으면 ○, 틀리면 × 표시하시오.

**16** 주제 통합적으로 읽으려면 서로 다른 화제에 대하여 다양한 관점과 형식으로 작성된 글이나 자료를 읽는다. ( ○ , × )

**17** 주제 통합적 읽기를 하면 정보를 비판하지 않고 무조건적으로 수용하는 태도를 기를 수 있다. ( ○ , × )

**[18~19]** 다음 빈칸에서 알맞은 말을 고르시오.

**18** 글을 주제 통합적으로 읽으려면 가장 먼저 ( 읽기 목적 / 읽기 방법 )을 구체적으로 정해야 한다.

**19** 매체 비평 자료에는 ( 제작자 / 독자 )의 의도와 그 의도가 잘 드러난 부분에 대한 내용이 담겨 있어야 한다.

**20** 매체 비평 자료를 읽는 방법으로 적절하지 <u>않은</u> 것은?
① 자신이 비평한 내용과 비교하기
② 비평의 관점이 공정한지 판단하기
③ 비평 내용의 근거가 타당한지 검토하기
④ 매체 비평 자료에 담긴 관점을 전부 수용하기
⑤ 자기 생각을 정리하여 비평 내용을 비판적으로 수용하기

# 소비자의 사회적 책임, '윤리적 소비' | 김선화, 신효진  비상(박)

• '윤리적 소비'의 개념과 의의
• '윤리적 소비'의 특징

**처음 1** 최근 일반 제품보다 가격이 더 비싸더라도 친환경적인 제품을 구매하거나 개발 도상국의 생산자들에게 정당한
대가가 돌아가는 공정 무역 제품을 구매하는 사람들이 늘고 있다. 그들은 재화의 품질이 뛰어나거나 대중에게 영
<sub>산업의 근대화와 경제 개발이 선진국에 비하여 뒤떨어진 나라</sub>
향력 있는 상품이라고 할지라도 자신이 세운 윤리적 가치에 부합하지 않으면 그 상품을 구매하지 않거나 더 나아
<sub>상호 간의 혜택이 동등한 가운데 이루어지는 무역</sub>
가 불매 운동을 벌이기도 한다. 이러한 소비자의 구매 활동을 ㉠윤리적 소비라고 한다. 그렇다면 윤리적 소비가
무엇인지 좀 더 자세히 알아보기로 하자.

> **처음** 윤리적 가치에 따라 소비하는 새로운 소비 성향인 윤리적 소비

**가운데 1** 자본주의 시장 체제에서 소비 시스템은 기업과 소비자, 정부가 상호 작용을 하면서 작동하는데, 그동안 소비자
는 주로 소비 시스템의 객체로서만 역할을 하였다. 하지만 소비를 통해 다양한 사회 문제를 해결할 수 있다는 인
<sub>작용의 대상이 되는 쪽</sub>
식이 확산되면서 소비자의 사회적 책임을 실천하는 소비 행동이 나타나기 시작했다. 개인의 만족을 위한 소비에
서 나아가 당면한 사회 문제를 해결하기 위한 소비로 나아가려 한 것이다. 즉, 윤리적 소비는 대안적 소비 활동이
<sub>바로 눈앞에 당한</sub>
자 소비자의 사회적 책임을 실천하는 소비자 운동으로 이해할 수 있다.

**2** 처음 윤리적 소비가 등장했을 때 참여하는 사람들은 소수에 불과했다. 하지
만 환경 단체 활동에 참여하거나 개발 도상국을 돕는 단체에 직접 기부를 하지
않더라도 윤리적 소비를 통해 세상의 긍정적 변화를 이끌어 낼 수 있다는 인식
이 확산되면서 점차 사람들의 많은 호응을 얻게 되었다. 지난 2019년 영국의
윤리적 소비 관련 지출 규모는 1억 파운드(한화 약 67조 원)로 조사가 시작된
1999년 이후 가장 높은 수치를 기록하였다. 또한 영국의 가구당 윤리적 소비
관련 물품 구입 비용이 1999년 대비 약 6.3배 증가한 1,278파운드(한화 약 209
만 원)였다는 점에서 윤리적 소비에 대한 공감대가 확산되고 있음을 짐작할 수
있다.

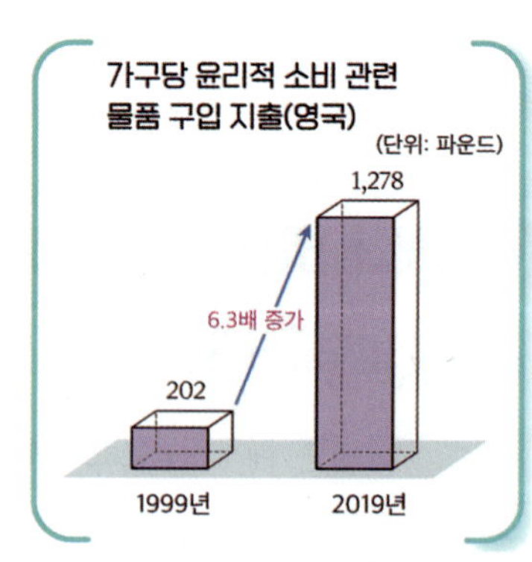


**3** 그렇다면 윤리적 소비는 어떻게 실천하는 것일까? 윤리적 소비의 첫걸음은 자신에게 가장 중요한 문제가 무엇
인지를 확인하는 것에서부터 시작된다. 사람에 따라 기후 변화나 동물 복지를 가장 중요하게 생각할 수도 있고,
노동의 문제를 가장 중요하게 여길 수도 있다. 각자의 관심사가 다르듯 그 우선순위 역시 저마다 다를 수 있다. 이
처럼 윤리적 소비는 개인의 주관적 태도가 소비에 영향을 미치기 때문에, 자신의 우선순위에 따라 다양한 방법으
로 실천할 수 있다. 예를 들어 윤리적 성격을 가진 상품을 구매하는 '긍정적 구매 행동'으로 실천할 수도 있으며,
비윤리적 성격을 가진 상품의 구매를 자제하거나 그러한 상품에 대하여 불매 운동을 벌이는 '부정적 구매 행동'으
로 실천할 수도 있다. 또한 제품 및 서비스의 충분한 비교를 통한 구매, 생활 협동조합 등을 매개로 한 관계적 구
<sub>경제적으로 약소한 처지에 있는 소비자, 농·어민, 중소기업자 등이 각자의 생활이나 사업의 개선을 위해 만든 협력 조직</sub>
매, 지속 가능한 구매 등으로 윤리적 소비를 실천할 수 있다.

> **가운데** 윤리적 소비의 등장과 확산 및 윤리적 소비를 실천하는 방법

소비가 필수인 사회에서 우리가 어떤 소비를 하는지에 따라 소비와 얽힌 여러 관계를 바꿀 수 있다. 즉 소비는 '투표'와 같은 힘을 갖고 있다. 그렇기 때문에 건강과 안전, 환경, 인권, 노동 문제 등의 변화를 추구하는 윤리적 소비의 실천이 중요하다. 소비에는 나 자신뿐만 아니라 우리 모두의 미래를 고민해야 하는 사회적 쟁점이 깃들어 있기 때문이다.

> **끝** 윤리적 소비를 실천하는 일의 의의

## 핵심 정리하기

### ◆ 작품 개관

| | |
|---|---|
| 갈래 | 설명문 |
| 성격 | 객관적, 해설적 |
| 제재 | 윤리적 소비 |
| 주제 | 윤리적 소비의 등장과 발전 |
| 특징 | 다양한 설명 방법을 사용해 독자의 이해를 도움. |

### ✦ '윤리적 소비'의 개념과 의의

| | |
|---|---|
| 개념 | 소비자가 자신의 윤리적 가치에 따라 상품을 구매하거나 구매하지 않는 활동 |
| 의의 | 우리가 어떤 소비를 하는지에 따라 소비와 얽힌 여러 관계를 바꿀 수 있음. |

### ✦ '윤리적 소비'의 특징

- 환경이나 인간에게 해를 끼치지 않는 상품을 구매함.
- 소비를 통해 사회 문제를 해결할 수 있다는 인식에서 등장함.
- 소비자의 사회적 책임을 중시하는 소비 형태임.
- 개인의 우선순위에 따라 형태가 달라질 수 있고, 개인 또는 단체로서 실천할 수 있음.
- '윤리적 소비'를 함으로써 소비자는 소비 시스템의 주체적인 역할을 하게 됨.

## 내신 올리기

정답과 해설 24쪽 •

**01** 이와 같은 글을 읽는 방법으로 적절하지 <u>않은</u> 것은?
① 설명 대상이 무엇인지 확인하며 읽는다.
② 제시된 자료가 믿을 만한지 판단하며 읽는다.
③ 어떤 설명 방법으로 내용을 제시하는지 파악하며 읽는다.
④ 주장에 대한 근거가 타당하고 논리적인지 확인하며 읽는다.
⑤ 글에 제시된 정보가 이해하기 쉽게 설명되어 있는지 판단하며 읽는다.

**02** 이 글의 '윤리적 소비'에 대한 설명으로 적절하지 <u>않은</u> 것은?
① 각자의 가치관에 따라 실천 방법이 달라질 수 있다.
② 소비 시스템의 주체로서 올바른 소비를 지향하는 행동이다.
③ 사회적 문제보다 개인의 만족에 더 많은 관심을 두는 소비이다.
④ 가격이 비싸더라도 환경에 해가 되지 않는 제품을 구매하는 행동이다.
⑤ 제품의 생산자에게 적절한 임금이 주어지는 제품을 구매하는 소비이다.

> 고난도

**03** 이 글의 ㉠과 〈보기〉의 ㉡을 비교한 내용으로 적절하지 <u>않은</u> 것은?

> ┤ 보기 ├
> ㉡공유 경제란 제품을 여럿이 공유하여 사용하는 협업 소비를 지향하는 경제로, 한 자원을 여러 사람이 활용한다는 점에서 친환경적이라는 평가를 받는다. 대표적으로 차 한 대를 여러 사람이 시간을 나누어 이용하거나, 사용하지 않는 집의 빈방을 대여하는 것 등이 있다.

① ㉠은 ㉡과 달리 여러 사람이 동참하기 어렵다.
② ㉠과 ㉡은 모두 환경 보호에 도움이 될 수 있다.
③ ㉡은 ㉠을 실천하기 위한 하나의 방안으로 사용할 수 있다.
④ ㉠은 ㉡과 달리 소비를 하지 않는 것으로도 실천할 수 있다.
⑤ ㉠과 ㉡을 실천함으로써 소비자는 소비 시스템의 주체가 될 수 있다.

# 참된 친구란 무엇일까요 | 박찬국



**학습 포인트**
- 니체가 생각하는 우정의 특성
- 니체가 말한 '동정'과 '우정'의 차이점

**어디까지 배운 걸까?** 13일 · 14일 · 17일

**처음 1** 　독일의 철학자 니체는 "동정이 아니라 우정!"이라고 외쳤습니다. 동정은 불쌍한 사람을 보면서 안쓰럽게 생각하는 마음입니다. 동정심은 흔히 선한 마음으로 찬양받습니다. 동정심이 많은 것은 보통 칭찬의 말로 쓰입니다. 그런데 니체는 동정을 비판하고 우정을 찬양합니다. 왜 그러는 것일까요?

> **처음** 　동정을 비판하고 우정을 찬양하는 니체

**가운데 1** 　니체는 우정을 나누는 사이를 서로 완전한 존재가 될 수 있도록 독려하고 돕는 관계로 보았습니다. 이런 우정에는 상대에 관한 존경과 존중이 전제되어 있습니다. 참된 우정을 나누는 친구들은 상대의 잠재력을 서로 믿습니다. <sup>어떠한 사물이나 현상이 이루어질 목적으로 먼저 내세워져</sup> 상대의 능력과 성실함을 신뢰하고 그런 상대를 존경합니다. 그럼 상대를 동정할 때는 어떨까요? 그를 도울지라도 그가 홀로 일어설 수 있다고 확신하지 않습니다. 예를 들어 헐벗은 차림으로 구걸하는 사람에게 천 원짜리 한 장을 줄 때 우리는 그 사람이 그것으로 구걸하는 생활을 그만둘 것이라고 생각하지 않습니다. 그 사람이 한두 끼 밥을 먹고 연명하는 데 도움이 되기를 바랄 뿐입니다.

**2** 　니체가 상대를 대할 때 동정이 아니라 우정을 바탕으로 해야 한다고 주장한 이유가 바로 여기에 있습니다. 동정에는 상대에 관한 믿음과 존중이 들어 있지 않기 때문입니다. 상대가 설령 큰 실패로 좌절에 빠져 있더라도 진정한 친구는 그가 다시 일어설 수 있다고 믿습니다. 그러면서 친구가 다시 일어설 수 있는 방법을 함께 찾습니다. 그런데도 여전히 친구가 좌절에 빠져 있으면 친구를 위로하기도 하고 혼내기도 하면서 다시 일어설 수 있도록 독려합니다. 니체는 『자라투스트라는 이렇게 말했다』에서 다음과 같이 말합니다.

**3** 　"그대에게 고통받는 친구가 있다면 그의 고민에 휴식처가 되도록 하라. 그러나 딱딱한 야전 침대가 되도록 하라. 그러면 그대는 그에게 가장 많이 유용한 존재가 될 것이다."

　이 말에서 눈여겨볼 대목이 있습니다. 니체는 그 친구에게 '딱딱한 야전 침대'가 되라고 말합니다. 병상용 침대와는 달리 딱딱한 야전 침대는 전쟁터에서 일시적인 휴식을 취하는 데 사용하죠. 본래 건강한 사람은 야전 침대에서 잠시 휴식을 취하고도 쉽게 기력을 회복합니다. 진정한 친구는 상대의 잠재력을 신뢰하기 때문에 상대가 좌절에 빠져 있을 때 위로와 힘도 주겠지만 동시에 그가 자신의 잠재력을 활발하게 다시 발휘할 수 있도록 독려할 게 분명합니다. 이런 의미에서 진정한 친구는 상대에게 환자가 눕는 병상용 침대가 아닌 야전 침대가 되어야 하는 것이죠.

**4** 　또 니체는 우정의 가장 근본적인 특성 중 하나를 동락이라고 봅니다. 타인의 고통을 함께 느끼는 것은 그리 어렵지 않습니다. <sup>같이 즐김</sup> 하지만 타인의 기쁨을 함께 느끼는 것은 꽤 어렵습니다. 우리 모두에게는 자신이 남들보다 우월해지길 바라는 마음이 있습니다. 또 타인의 성공을 시기하는 마음도 강하게 자리하고 있습니다. 우리가 동정을 느끼는 사람들은 나의 자존심과 자부심을 상하게 하지는 않습니다. 오히려 우리는 은연중에 그 사람들과 달리 불행한 <sup>남이 모르는 가운데</sup> 처지에 빠지지 않은 자신의 처지에 만족을 느끼기도 합니다. 한편 우리보다 성공한 사람들에게 질투와 시기심을 느끼게 되죠. 아울러 그 사람보다 못한 자기 자신에게는 열등의식을 느끼기 쉽습니다. 유명인에게 달리는 악의적인 댓글에서 그런 열등의식을 확인할 수 있습니다.

> **가운데** 　상대에 관한 존경과 존중을 전제로, 상대의 잠재력을 신뢰하고 상대의 기쁨을 함께 느끼는 우정

 이처럼 니체는 참된 친구는 상대를 믿고 존중하며 상대가 행복감을 느끼고 더 훌륭한 인간으로 성장하는 것을 함께 기뻐해 주는 존재라고 말합니다. 고통을 느낄 때 고통에서 벗어나 일어설 수 있도록 위로와 힘을 주고, 기쁨을 느낄 때 기쁨을 함께 나누면서 기쁨을 두 배로 만들어 주는 친구. 당신의 옆에는 이런 친구가 있나요?

**끝** 니체가 생각하는 참된 친구의 의미

## 핵심 정리하기

### ◆ 작품 개관

| | |
|---|---|
| 갈래 | 설명문 |
| 성격 | 교훈적, 성찰적 |
| 제재 | 동정과 우정 |
| 주제 | 니체가 생각하는 참된 친구의 의미 |
| 특징 | • 구체적인 예시를 통해 독자의 이해를 도움.<br>• 인물의 말을 인용하여 그 인물의 주장을 설명함.<br>• 질문으로 글을 마무리해 글의 내용을 독자의 삶에 적용하고 성찰해 보도록 함. |

### ✦ 니체가 생각하는 '우정'의 특성

상대에 대한 존경과 존중을 바탕으로, 상대의 잠재력을 신뢰하며 상대의 기쁨을 함께 느낌.

### ✦ 니체가 말한 '동정'과 '우정'의 차이점

| 동정 | 우정 |
|---|---|
| • 상대가 일어설 수 있다는 확신이 부재함.<br>• 상대에 관한 믿음과 존중이 들어 있지 않음. | • 상대의 잠재력을 신뢰함.<br>• 상대에 관한 존경과 존중이 전제되어 있음. |

## 내신 올리기

정답과 해설 24쪽 •

**01** 이 글에 대한 설명으로 적절한 것은?

① 동정의 정의에 대한 상반된 입장을 소개하고 있다.

② 인간관계에 대한 특정 인물의 견해에 문제를 제기하고 있다.

③ 다양한 예를 들어 우정에 대한 특정 인물의 견해를 설명하고 있다.

④ 우정에 대한 다양한 이론을 소개한 뒤 이에 대한 반박을 서술하고 있다.

⑤ 인간관계에서 중시되는 덕목의 변화 과정을 통시적으로 분석하고 있다.

**02** 이 글에 나타난 '니체'의 생각으로 적절하지 <u>않은</u> 것은?

① 동정에는 상대를 존중하고 믿는 마음이 포함되어 있다.

② 구걸하는 사람이 연명하기를 바라는 마음으로 그를 돕는 것은 동정이다.

③ 우정을 나누는 사이는 서로 완전한 존재가 될 수 있도록 응원하는 관계이다.

④ 우정을 나누는 사이라면 상대가 좌절에 빠져 있을 때 상대를 독려할 수 있다.

⑤ 상대의 능력에 대한 신뢰가 없다면 진정한 우정을 나누는 사이로 볼 수 없다.

**고난도**

**03** 이 글을 읽은 학생들의 반응으로 적절하지 <u>않은</u> 것은?

① 진정한 친구라면 상대보다 우월해지기를 바라는 마음을 솔직하게 표현해야겠구나.

② 친구들에게 좋은 일이 생겼을 때 진심으로 축하해 줄 수 있는 참된 친구가 되어야겠어.

③ 나보다 시험을 잘 본 친구에게 질투심만 느꼈는데, 나는 그 친구에게 참된 친구가 아니었던 것 같아.

④ 진정한 친구로서 시험을 망쳐 우울해하는 친구에게 앞으로 남은 시험은 잘 볼 수 있을 거라고 독려해 줘야겠어.

⑤ 친구가 유명인의 누리 소통망에 악성 댓글을 다는 모습을 보았는데, 그것이 열등의식에서 비롯된 행동일 수 있겠다는 생각이 들었어.

# 공감의 반경 | 장대익



**학습 포인트**
- '정서적 공감'과 '인지적 공감'의 차이점
- '인지적 공감'이 중요한 이유



**서론 1** 　누군가는 말한다. 오늘날 갈등과 편 가르기 문제가 심화되는 것은 타인에 대한 공감이 부족하기 때문이라고. 나는 그렇지 않다고 생각한다. 오히려 깊게 공감하면 위기가 더 심각해질 수 있다. 우리의 편 가르기는 자기 집단에 대한 과잉 공감에서 오기 때문이다. 대체 무슨 말인가? 공감은 인지적 노력과 감정적 노력이라는 자원을 필요로 하므로 무한정 끌어다 쓸 수 없다. 따라서 자기가 속한 집단에 공감을 과하게 쓰면 다른 집단에 쓸 공감이 부족해진다. 자기 집단에만 깊이 공감하게 되는 것이다.

> **서론** 　오늘날 갈등과 편 가르기가 심화되는 현상과 자기 집단에 대한 과잉 공감 문제

**본론 1** 　그러나 인류의 역사 전체를 살펴보면 우리의 공감력은 새롭게 보인다. 인류는 공감이 미치는 범위를 조금씩 확장해 왔다. 자원을 둘러싸고 전쟁을 벌이며 타인에 대한 증오를 키우기도 했지만, 이성적 판단으로 공감의 범위를 넓히면서 외부 집단과 공존과 평화를 구축해 왔다. 이처럼 공감의 범위는 넓어질 수 있고, 이때의 공감은 타인의 감정을 내 것처럼 느끼는 데서 그치지 않는다. 타인도 나와 같은 사람임을 인지하는 데까지 나아간다.

**2** 　그렇다면 공감이란 대체 무엇인가? 공감은 ㉠정서적 공감과 ㉡인지적 공감 두 유형으로 나뉜다. 정서적 공감이란 타인의 감정을 함께 느끼는 상태로, 쉽게 말해 감정 이입이다. 익숙하고 쉽고 자동적이다. 인지적 공감은 타인의 관점을 이해하는 능력이다. 역지사지가 알맞은 표현이다. 그런데 정서적 공감과 달리 자동적이지 않아서, 인지적 공감을 하려면 의식적으로 노력해야 한다.

　　대상과 자기가 서로 통한다고 느끼는 일
　　처지를 바꿔서 생각해 봄

**3** 　인간은 이 두 가지 공감의 힘을 바탕으로 서로 협력하고 타인을 배려하며 함께 문명을 건설해 왔다. 인간은 정서적 공감만으로는 번영할 수 없었다. 협력은 울타리 안의 집단을 넘어서서 이루어지기 때문에, 외부 집단까지 포용하는 인지적 공감은 문명을 이루는 데에 필수적인 조건이었다.

**4** 　심리학자 스티븐 핑커는 인구 10만 명당 폭력에 의한 희생자 수를 비교했을 때 폭력이 발생하는 빈도가 과거보다 줄었음을 입증했다. 그리고 공감력의 증진이 폭력이 감소한 주요 원인 중 하나라고 주장했다. 또, 응용 윤리학자 피터 싱어는 인류가 역사를 거듭하면서 자기와 비슷한 존재로 지각하는 대상의 범위를 점점 확장해 왔다고 주장했다. 반려동물이 또 하나의 가족이 된 것이 좋은 사례다.

**5** 　이처럼 인간의 공감력은 공감할 수 있는 대상을 넓힐 수 있다. 나는 여기서 내부 집단에만 치우치게 만드는 깊고 정서적인 공감을 바깥쪽에서 안쪽으로 향하는 힘으로 보아 '공감의 구심력'이라고 부르려고 한다. 그리고 외부 집단을 고려하는 넓고 인지적인 공감을 안쪽에서 바깥쪽으로 향하는 힘으로 보아 '공감의 원심력'이라고 부르고자 한다. 즉, 인지적 공감은 공감의 반경을 넓히는 힘이다.

　　원운동을 하는 물체나 입자에 작용하는, 원의 중심으로 나아가려는 힘
　　원운동을 하는 물체나 입자에 작용하는, 원의 바깥으로 나아가려는 힘

> **본론** 　정서적 공감과 인지적 공감의 특징과, 외부 집단을 포용하는 인지적 공감 확장의 예

**결론 1** 　공감의 구심력과 원심력은 서로 힘겨루기를 하고 있으며, 어느 쪽이 강화되느냐에 따라 우리 문명은 발전할 수도, 퇴보할 수도 있다. 현재 인류가 맞닥뜨린 문명의 위기를 해결하는 정신적 토대를 만들려면 공감이 미치는 반

경을 넓혀야 한다. 즉, 공감의 구심력보다는 원심력을 만들어야 한다. 우리에게 필요한 건 깊이가 아니라 넓이다.

결론  공감의 반경을 넓히는 인지적 공감의 중요성

# 핵심 정리하기

## ➊ 작품 개관

| 갈래 | 논설문 |
|---|---|
| 성격 | 설득적, 성찰적 |
| 제재 | 정서적 공감과 인지적 공감 |
| 주제 | 공감의 반경을 넓혀야 함. |
| 특징 | • 공감의 두 가지 유형을 비교하여 설명함.<br>• 전문가의 말을 인용해 글의 신뢰성을 높임. |

## ✦ 공감의 두 가지 유형

• 정서적 공감

| 개념 | 타인의 감정을 느끼는 상태(감정 이입) |
|---|---|
| 특징 | • 익숙하고 쉽고 자동적임.<br>• 내부 집단에 치우칠 수 있음.<br>• '공감의 구심력'에 해당함. |

• 인지적 공감

| 개념 | 타인의 관점을 이해하는 능력(역지사지) |
|---|---|
| 특징 | • 의식적으로 노력해야 발생함.<br>• 외부 집단을 포용할 수 있음.<br>• '공감의 원심력'에 해당함. |

## ✦ 오늘날의 문제에 대한 필자의 주장

| 오늘날의 문제 |
|---|
| 내부 집단에 대한 과잉 공감으로 갈등과 편 가르기가 심화됨. |

↓

| 필자의 주장 |
|---|
| 내부 집단에 대한 정서적 공감인 공감의 구심력보다 외부 집단에 대한 인지적 공감인 공감의 원심력을 키워 공감의 반경을 넓혀야 함. |

# 내신 올리기

정답과 해설 25쪽 •

**01 이 글의 서술상 특징으로 적절하지 않은 것은?**

① 기존의 통념을 반박하며 주제를 강조하고 있다.

② 대상을 두 유형으로 분류한 뒤 차이점을 설명하고 있다.

③ 전문가의 견해를 인용하여 주장의 신뢰도를 높이고 있다.

④ 구체적인 수치를 제시하여 현재 상황의 심각성을 강조하고 있다.

⑤ 비유적인 표현을 사용하여 제목의 의미를 효과적으로 드러내고 있다.

**02 ㉠과 ㉡에 대한 설명으로 적절하지 않은 것은?**

① ㉠은 쉽고 자동적으로 일어난다.

② ㉡은 역지사지라고 할 수 있다.

③ ㉠과 ㉡은 모두 넓이보다는 깊이가 더 중요하다.

④ ㉠은 공감의 구심력에, ㉡은 공감의 원심력에 해당한다.

⑤ ㉠과 ㉡은 인간이 서로 협력하며 문명을 건설하는 데 도움을 주었다.

★ 고난도

**03 〈보기〉에서 설명하는 읽기 과정에서 이 글을 읽은 전략으로 가장 적절한 것은?**

| 보기 |
|---|
| • 새롭게 알게 된 내용이나 깨달은 점을 정리함.<br>• 더 읽고 싶은 책을 찾아 새로운 독서 계획을 세움. |

① 「공감의 반경」이라는 제목을 바탕으로 글의 내용을 예측했다.

② 스티븐 핑커와 피터 싱어의 주장에 관해 궁금한 점을 기록했다.

③ 정서적 공감과 인지적 공감에 대한 글을 읽어야 하는 목적이 무엇인지 확인했다.

④ 정서적 공감과 인지적 공감의 차이점을 요약하여 정리하고, 글의 중심 내용을 파악했다.

⑤ 공감의 범위를 확장한다는 말의 의미가 무엇인지에 관해 질문을 만들고 글에서 답을 찾아봤다.

# 인공 지능, 예술에 도전하다 ❶ | 구본권



**학습 포인트**
- 인공 지능 기술의 발달 수준
- 인공 지능 시대에 인간 예술의 지위



**서론 ❶** 　2018년 10월 미국 뉴욕 크리스티 경매에 인공 지능이 창작한 그림이 최초로 출품되었다. 이 그림은 프랑스의 연구자들이 개발한 인공 지능 화가 오비어스가 그린 초상화 ㉠「에드몽 드 벨라미」이다. 예상 낙찰가는 1만 달러 수준이었는데. 실제 경매에서는 수집가들이 경쟁적으로 입찰 가격을 올리면서 예상가의 40배가 넘는 43만 2,500달러(한화 약 5억 2,000만 원)에 낙찰이 이루어졌다. 이 작품은 가상의 남자를 그린 초상화로, 눈, 코, 입과 얼굴 윤곽을 모호하게 묘사해 신비로운 분위기를 표현하였다. 오비어스는 14세기부터 20세기까지의 서양화 작품 중에서 초상화를 데이터베이스로 만들고 이미지를 분석해 초상화 구성 요소를 학습한 뒤 이를 창작해 냈다. 이날 크리스티 경매에는 앤디 워홀의 작품도 출품되었는데, 워홀 작품의 낙찰가는 7만 5,000달러(한화 약 9,000만 원)였다. 미술품 경매 전문가들이 인기 높은 팝 아트 거장의 작품보다 인공 지능 작품의 가치를 여섯 배가량 높게 평가한 것이다.

> 경매에서 경쟁자들이 낙찰 희망 가격이나 기타 조건을 문서로 제출하여 참여함
> 경매에서 어떤 사람, 단체가 경매 물건이나 권리를 갖도록 결정됨

> **서론** 　경매에서 거장의 작품보다 높은 가격으로 평가받은 인공 지능의 예술 작품

**본론1 ❶** 　세계적 미술 경매 시장에서 인공 지능의 창작물이 ㉡유명 작가 작품의 몇 배 가격으로 판매된 이 사건은 많은 사람에게 인공 지능 예술의 시대가 열릴 것이라는 기대를 주었다. 또한 인공 지능의 창작물이 미적 가치를 인정받고 소장과 투자 대상이 되었다는 것을 보여 주었다. 무수히 많은 창작물 가운데 가치 있는 예술 작품으로 인정받는 주요 경로 중 하나는 전문가들과 감상자들이 내리는 평가인데, 크리스티 경매가 그 대표적인 자리이기 때문이다.

**❷** 　인공 지능과 자동화 기술의 발달로 대부분의 직업과 직무가 기계로 대체될 것이라는 불안과 우려가 대두되었고 ⓐ창의성은 그동안 이러한 문제의 해결 방안으로 여겨져 왔다. 창의성은 인간만의 능력이므로 기계는 반복적인 일, 인간은 창의적인 일을 담당하는 것이 인공 지능 시대에 인간과 기계의 바람직한 역할 분담이라는 논리였다. 하지만 최근 인공 지능이 구현해 내는 기술적 수준을 보면 창의성을 인간만의 영역이라고 고집하기 어렵다. 오비어스의 등장 이후에도 인간의 창의성을 가장 잘 드러내는 예술과 창작 영역에서 인공 지능이 인간을 대체하거나 그에 필적할 수준에 이르렀음을 보여 주는 사례가 줄을 이었기 때문이다. 이러한 상황에서 예술을 인간만의 영역이라고 할 수 있을까? 인공 지능의 창작물은 예술 작품으로 인정받을 수 있는 것일까?

> 어떤 현상이나 세력이 두드러지게 나타나거나 일어났고
> 구체적인 모습으로 뚜렷이 나타내어
> 능력이나 세력이 엇비슷하여 서로 맞섬

> **본론1** 　인공 지능의 등장으로 인간의 고유 영역이라고 여긴 예술에 대해 생긴 의문

# 핵심 정리하기

## ◆ 작품 개관

| 갈래 | 논설문 |
|---|---|
| 성격 | 논리적, 예시적 |
| 제재 | 인공 지능의 예술 |
| 주제 | 인공 지능 시대에 인간의 예술이 가지는 지위 |
| 특징 | • 구체적인 사례를 들어 독자의 이해를 도움.<br>• 질문을 하고 답함으로써 독자의 호기심을 유발함. |

## ✦ '오비어스'의 창작 과정

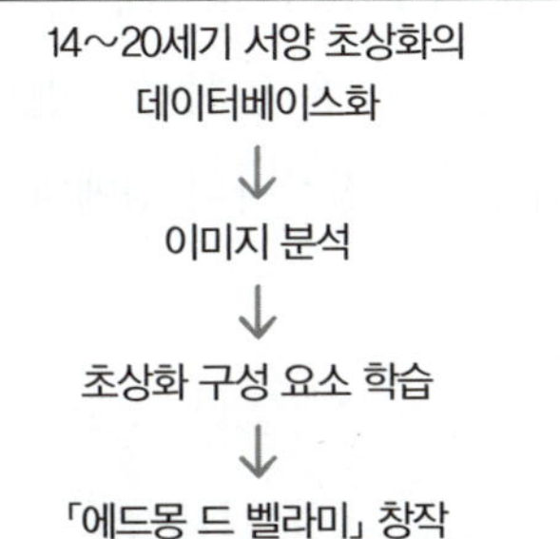


## ✦ 「에드몽 드 벨라미」의 특징

- 프랑스 연구자들이 만든 인공 지능 화가의 작품임.
- 인공 지능 창작물로서는 최초로 크리스티 경매에 출품됨.
- 가상의 남자를 그린 초상화로, 눈, 코, 입, 얼굴 윤곽을 모호하게 그려 신비로운 분위기를 표현함.
- 같은 날 경매된 팝 아트 거장 앤디 워홀의 작품보다 비싸게 낙찰됨.

## ✦ 「에드몽 드 벨라미」의 경매가 미친 영향

- 인공 지능 예술 시대가 열릴 것이라는 기대가 증폭됨.
- 인공 지능 창작물이 소장과 투자의 대상이 됨.

↓

인간에 필적하는 능력을 지닌 인공 지능의 대두로 창의성이 인간만의 영역이라는 통념에 의문이 듦.

# 내신 올리기

**01** 이 글의 서술상 특징에 대한 설명으로 적절한 것은?

① 상반된 두 입장을 소개한 뒤 하나로 통합하고 있다.

② 대상의 개념을 유사한 대상에 빗대어 설명하고 있다.

③ 구체적인 사례를 들어 독자의 호기심을 유발하고 있다.

④ 대조되는 두 대상을 언급한 뒤 두 대상의 공통점을 소개하고 있다.

⑤ 대상을 일정한 기준에 따라 분류한 뒤 대상의 특성을 설명하고 있다.

**02** 이 글을 이해한 내용으로 적절하지 <u>않은</u> 것은?

① 인공 지능 예술은 소장과 투자의 대상이 될 수 있다.

② 인공 지능 예술은 인간의 예술보다 미적 가치가 뛰어나지 않다.

③ 인공 지능은 인간만이 갖는 고유성에 대해 재고하게 해 주었다.

④ 인공 지능은 과거 자료를 데이터베이스화하여 결과물을 만들어 냈다.

⑤ 인공 지능의 작품이 고가에 낙찰되며 인공 지능 예술 시대가 열릴 것이라는 기대를 주었다.

**03** ㉠과 ㉡에 대한 설명으로 적절하지 <u>않은</u> 것은?

① ㉠은 가상의 인물을 신비롭게 그린 초상화이다.

② ㉠은 프랑스에서 개발한 인공 지능이 그렸다.

③ ㉡은 인기 있는 팝 아트 예술가의 작품이다.

④ ㉡은 예상 낙찰가보다 높은 가격으로 낙찰되었다.

⑤ ㉠과 ㉡은 전문가와 감상자에게 예술 작품으로 인정 받았다.

**04** ⓐ의 근거로 적절한 것은?

① 인공 지능의 기술적 수준이 높기 때문에

② 인간은 기존의 데이터를 분석할 수 없기 때문에

③ 인공 지능과 자동화 기술에는 창의성이 전혀 없기 때문에

④ 인공 지능과 자동화 기술은 반복적인 일만 할 수 있기 때문에

⑤ 인공 지능과 자동화 기술이 할 수 있는 영역이 아니라고 여겼기 때문에

# 인공 지능, 예술에 도전하다 ❷ | 구본권

**본론2 ❶**     결론부터 말하자면 인공 지능이 아무리 뛰어난 완성도의 창작품을 만들어 낸다고 할지라도 그것은 인간의 예술 작품과 구별될 것이다. 예술 작품에서 중요한 것은 희소성이다. 아무리 아름답고 의미가 큰 작품도 희소성이 없으면 예술 작품이 되지 못한다. 예술은 인간의 의미 부여 행위인데, 인간은 무한한 것이 아닌 희소한 것에 의미를 부여하고 보존하며 소장하고 싶어 한다. 희소하다는 것은 한정되어 있다는 것, 즉 유한성을 의미한다. 보존하고 싶은데 얼마 없는 것, 즉 희소성을 가지는 것이 예술 작품이 되는 것이다.

**❷**     이때 예술 작품의 희소성은 그 작품을 만들어 낸 창작자의 삶과 의도와 밀접한 관련이 있다. 창작자의 숨결이 깃든 작품은 한정되어 있을 뿐 아니라 예술 작품이 갖는 고유한 분위기인 아우라가 느껴지는데, 이 아우라는 특정한 시공간을 살았던 창작자의 삶과 의도에 기반한다. 네덜란드 출신의 화가 반 고흐의 열정적인 작품들은 불우한 여건 속에서도 예술을 향한 추구를 멈추지 않았던 그의 삶과 따로 떼어서 이해되거나 평가되지 않는다. 이처럼 예술의 가치는 창작자의 생애와 정신에 기반하여 매겨진다.

    *Aura. 예술 작품이 가진 고고하고 개성적인 분위기*

**❸**     따라서 인공 지능이 고흐의 화풍을 그대로 모방하여 뛰어난 완성도의 그림을 그렸다고 해도 그 그림이 예술 작품으로서 가치를 인정받을 리는 만무하다. 오비어스의 그림이 높은 값에 팔렸다지만, 그것은 일회성 이벤트에 불과한 일이다. 인공 지능이 아무리 정교하고 아름다운 그림을 그렸다 해도 그 그림에서는 창작자의 생애와 정신을 찾아볼 수 없기 때문이다.

    *그림을 그리는 경향이나 태도*

> **본론 2**    인공 지능 창작물이 예술 작품으로 가치를 인정받지 못하는 이유

**결론 ❶**     사진술이 등장했다고 해서 회화의 영역과 가치가 사라지지는 않았다. 사진술 이후의 회화는 사진술 이전에는 없던 새로운 화풍의 창조를 견인해 더욱 다양한 예술 경향을 만들어 냈고, 사진술을 이용한 장르도 생겨났다. 인공 지능도 마찬가지이다. 인간은 인공 지능을 도구 삼아 인공 지능의 창작물과 차별화되는 장르를 개척함으로써 예술의 영역을 확장할 것이고, ㉠인공 지능의 시대에도 인간의 예술은 그 지위를 유지할 것이다.

    *원하는 방향으로 끌어당겨*

> **결론**    인공 지능 시대에도 확장될 인간의 예술 영역

## 핵심 정리하기

**✦ 이 글 전체의 서술상 특징**

- 창의성과 관련하여 통념에 반하는 최근의 흐름을 언급하고, 이에 대한 의문을 제기함.
- 질문을 통해 독자의 호기심을 유발하고, 글의 단조로움을 피함.
- 사례를 소개하며 독자의 이해를 돕고 주장의 설득력을 높임.
- 예상되는 미래의 모습을 추측함.

**✦ 인공 지능의 창작물과 인간의 창작물 비교**

| 인공 지능의 창작물 | 인간의 창작물 |
| --- | --- |
| • 기존의 데이터베이스를 이용해 만들어짐.<br>• 희소성이 낮음.<br>• 예술 작품으로서 가치를 인정받지 못함. | • 창작자의 삶, 의도가 담겨 아우라를 형성함.<br>• 희소성이 높음.<br>• 예술 작품으로서 가치를 인정받을 수 있음. |

**✦ 인간의 예술 작품과 희소성의 관계**

| 인간의 예술 작품 | • 창작자의 생애, 의도, 사상 등과 밀접한 관련이 있음.<br>• 창작자의 숨결이 깃든 작품은 한정되어 있고, 작품의 고유한 아우라가 담겨 있음. |
| --- | --- |

↓

희소하고 한정된 가치를 지녀 예술 작품이 됨.

↓

인공 지능 시대에도 인간의 예술은 가치를 지니며 그 지위를 유지할 것임.

## 내신 올리기

**05** 이 글에 대한 설명으로 적절한 것은?

① 시간의 흐름에 따라 인간 예술의 발달 과정을 설명하였다.

② 인공 지능 창작물에 대한 견해를 다각도의 관점에서 제시하였다.

③ 인공 지능의 발달에 따른 문제점을 제시하고 해결 방향을 제시하였다.

④ 전문가의 견해를 제시하여 인공 지능의 발전을 객관적으로 서술하였다.

⑤ 예술을 인간의 영역으로 볼 수 있는지에 대한 질문과 답을 함께 제시하였다.

**06** 이 글에 제시된 필자의 주장으로 가장 적절한 것은?

① 예술의 영역은 점차 확대될 것이다.

② 인공 지능은 인간의 화풍을 모방할 것이다.

③ 인공 지능의 기술적 수준이 점차 높아질 것이다.

④ 인공 지능 시대의 도래로 새로운 화풍이 등장할 것이다.

⑤ 인공 지능 시대에도 인간의 예술은 존재하고 확대될 것이다.

**07** ㉠의 근거로 적절하지 <u>않은</u> 것은?

① 인간의 예술에는 희소성이 있기 때문이다.

② 인간의 예술에는 아우라가 담겨 있기 때문이다.

③ 인간의 예술은 창작자의 삶, 의도와 밀접한 관련이 있기 때문이다.

④ 인공 지능을 도구화하여 새로운 예술의 영역을 확장할 수 있기 때문이다.

⑤ 인공 지능이 인간만큼 정교하고 아름다운 작품을 만들지 못하기 때문이다.

고난도

**08** 〈보기〉를 참고할 때, 이 글의 관점에서 반 고흐의 작품을 이해한 내용으로 가장 적절한 것은?

┤ 보기 ├

화가 반 고흐는 우울증과 불안을 겪으며 가족, 친구들과 사이가 나빠졌지만, 먼 곳으로 이사를 가서 휴식을 취하고 치료도 받으며 작품 활동도 계속 이어 나갔다. 이 시기에 그는 많은 걸작을 창작해 냈다.

① 실제 생애와 상관없이 예술적으로 뛰어난 작품으로 평가받는다.

② 화가가 살았던 사회적·문화적 배경을 표현해 냈다고 평가받는다.

③ 당대의 화가들과는 다른 창의적 기법을 사용한 작품으로 평가받는다.

④ 인공 지능이 따라할 수 없는 완성도를 보여 주는 작품으로 평가받는다.

⑤ 삶의 괴로움 속에서도 예술에 대한 열정을 보여 주는 희소성 있는 작품으로 평가받는다.

# 영화 「업(UP)」 비평문 ❶ | 이동진



**학습 포인트**  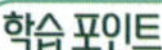



• 필자가 비평한 영화 「업(UP)」의 요소
• 영화 「업(UP)」의 비평에 필자가 제시한 근거

---

**영화 「업(UP)」의 줄거리**

어린 시절부터 친구인 '칼'과 '엘리' 두 사람은 남아메리카의 파라다이스 폭포를 모험하겠다는 꿈을 간직해 왔다. 하지만 녹록지 않은 현실 때문에 두 사람은 어른이 되어 결혼을 한 후에도 꿈을 이루지 못했고, '엘리'는 먼저 세상을 떠난다.

한편 '칼'은 집 주변이 개발되면서 집을 팔라는 압박을 받지만 아내 '엘리'와의 추억이 담긴 집을 지키려 한다. 그러던 어느 날 '칼'과 공사장 인부 사이에 문제가 생기고, '칼'은 집을 떠나야 하는 처지에 놓인다. 집을 떠나기 전날, '칼'은 짐을 챙기다가 '엘리'의 꿈이 적혀 있는 공책을 발견하고, '엘리'의 꿈을 이뤄 주기로 결심한다. 다음 날 '칼'은 집에 수많은 풍선을 매달고 하늘로 떠올라 파라다이스 폭포로 떠난다. '칼'은 소년 '러셀', 말하는 개 '더그', 희귀한 새 '케빈'을 만나 여정을 함께하게 되지만, 일행들이 귀찮기만 하다.

파라다이스 폭포 부근에 도착한 '칼'과 일행들은 희귀한 새 '케빈'을 노리는 악당의 공격을 받게 된다. '칼'은 파라다이스 폭포 가까이에 가는 것이 목표였기 때문에 일행들이 위험에 빠진 상황에서도 풍선이 달린 집을 먼저 챙긴다. 그러던 중 '칼'은 '엘리'가 공책의 맨 뒷장에 쓴 '모험을 하게 해 주어서 고마워요. 이제 당신의 새로운 모험을 해 봐.'라는 글을 발견하고, 그 글을 읽으며 모험의 진정한 의미와 자신이 할 일이 무엇인지를 깨닫는다. 깨달음을 얻은 '칼'은 악당을 무찔러 일행을 구하고 새로운 인생을 시작한다.

---

**처음 ❶** 　삶이라는 여행. 여행이라는 꿈. 꿈이라는 약속. 약속이라는 삶. 「업」은 끝내 ㉠이루지 못한 오랜 꿈에 대해 쓸쓸히 이야기하면서 시작한다. 함께 떠나기를 간절히 원했지만 결국 홀로 남게 된 자는 이제 무엇을 바라보아야 하는 걸까. 환상적인 미지의 세계로 데려가 주겠다던 ㉡어린 시절의 약속을 세월 속에 흘려보내고 만 사람이 얼마 남지 않은 시간 앞에서 무엇을 결심할 수 있을까. 그는 다시 꿈꿀 수 있을까. 꿈을 향해 이제라도 걸음을 내디딜 수 있을까.

아직 알지 못함

> **처음**　영화의 시작 장면에 대한 소개와 이에 대한 필자의 질문

**가운데 ❶** 　'칼'은 아내 '엘리'가 어린 시절부터 함께 꿈꾸던 남미의 파라다이스 폭포에 끝내 가지 못하고 세상을 뜨자 크게 상심한다. 궁리 끝에 '칼'은 그들이 수십 년간 살아온 작은 ㉢이층집에 수많은 풍선을 매달고 공중에 띄우는 데 성공한다. 본격적으로 파라다이스 폭포로 가려던 '칼'은 이웃의 여덟 살 소년 '러셀'이 집 근처에서 서성이다가 우연히 그 ㉣여행에 합류하게 되었음을 알게 된다. ⓐ애니메이션 「업」은 꿈과 ㉤모험이라는 애니메이션 본유의 영역에 가장 충실한 작품이다. 괴팍한 노인과 호기심 많은 소년이 말하는 개와 거대한 희귀 새를 만나 신비의 폭포를 향해 가는 이 여정은 '러셀'의 천진무구한 행동에서 근력 약한 노인들이 아픈 허리를 잡아가며 싸우는 몸싸움까지, 기분 좋은 웃음을 시종 잃지 않아 관객을 즐겁게 한다.

본디부터 있음

처음부터 끝까지

## 핵심 정리하기

### ◆ 작품 개관

| 갈래 | 비평문 |
|---|---|
| 성격 | 설명적, 분석적 |
| 제재 | 영화 「업(UP)」 |
| 주제 | 영화 「업(UP)」의 다양한 요소에 대한 비평과 근거 |
| 특징 | • 영화 「업(UP)」의 다양한 요소 (캐릭터 디자인, 배경 음악 등) 를 분석하고 평가함. <br> • 영화의 소재와 필자의 경험을 연관 지으며 글을 마무리함. |

### ✦ 영화 「업(UP)」에 대한 필자의 평가

| 평가 | 꿈과 모험이라는 애니메이션 본 유의 영역에 충실함. |
|---|---|
| 근거 | • 인물들이 목적지를 향해 떠나 는 여정을 담음. <br> • 기분 좋은 웃음으로 관객을 즐 겁게 함. |

### ✦ 매체 자료 비평 시 참고 질문

| 내용 및 표현 방법 |
|---|
| • 매체 자료의 내용과 주제는 무엇인가? <br> • 매체 자료에서 주제가 잘 드러나는 부 분과 이유는 무엇인가? <br> • 주제를 드러내기 위해 활용한 표현 방 법은 무엇인가? |

| 제작자의 의도 및 관점 |
|---|
| • 매체 자료에 드러난 제작자의 의도 및 관점은 무엇인가? <br> • 매체 자료에서 제작자의 의도 및 관점 이 가장 잘 드러난 부분과 이유는 무엇 인가? <br> • 매체 자료에 드러난 제작자의 관점과 의 도에 대한 나의 생각은 어떠한가? |

| 매체 자료의 가치 |
|---|
| • 매체 자료가 사회·문화적으로 지닌 가 치는 무엇인가? <br> • 내가 바라보는 매체의 관점은 무엇인 가? <br> • 해당 매체 자료가 나에게 어떤 의미를 지니는가? |

## 내신 올리기

**01** 이 글에 대한 설명으로 적절하지 <u>않은</u> 것은?

① 매체 자료에 대한 각기 다른 견해를 비교하고 있다.

② 근거를 들어 매체 자료에 대한 필자의 평가를 표현하고 있다.

③ 질문을 던지며 매체 자료에 대한 독자의 궁금증을 유발하고 있다.

④ 매체 자료의 줄거리를 소개하며 매체 자료에 대한 이해를 높이고 있다.

⑤ 매체 자료의 시작 장면을 언급하며 독자의 흥미를 불러일으키고 있다.

**02** 이 글을 읽는 태도로 적절하지 <u>않은</u> 것은?

① 매체 자료에 대한 필자의 관점과 가치관을 파악하며 읽는다.

② 필자가 매체 자료를 비평한 근거가 타당한지 따져보며 읽는다.

③ 필자가 공정한 관점에서 매체 자료를 비평했는지 살펴보며 읽는다.

④ 매체 자료에 대한 필자의 생각이나 평가를 그대로 수용하며 읽는다.

⑤ 필자가 매체 자료의 어떤 요소에 집중하여 비평했는지 파악하며 읽는다.

**03** ㉠~㉤ 중, 의미하는 바가 <u>다른</u> 것은?

① ㉠          ② ㉡          ③ ㉢          ④ ㉣          ⑤ ㉤

**04** ⓐ에 대한 비평 자료를 제작할 때, 생각해 볼 질문으로 적절하지 <u>않은</u> 것은?

① ⓐ의 내용과 주제는 무엇인가?

② ⓐ는 어떤 표현 방법을 사용하고 있는가?

③ ⓐ를 만든 제작자의 의도 및 관점은 무엇인가?

④ ⓐ는 사회·문화적으로 어떠한 가치를 지니고 있는가?

⑤ ⓐ는 작품을 감상할 관객들의 삶을 사실적으로 반영하고 있는가?

# 영화 「업(UP)」 비평문 ❷ | 이동진

**2** 　「업」에서 캐릭터 디자인은 삼등신에 가깝게 머리를 크게 그림으로써 만화적이고 정감 어린 인물의 느낌을 강조했다. 반면에 배경은 정교하기 이를 데 없는 표현력으로 생생히 살려 냈다. 또, 「업」에서는 각진 외모를 강조한 '칼'과 둥그스름한 외모의 '러셀'을 대비시킴으로써 흥미를 배가한다.

**3** 　수없이 많은 풍선들이 일시에 부푼 후 마침내 집이 두둥실 천천히 떠올라 비행할 때의 그 우아한 리듬은 빠르게 <sub>갑절 또는 몇 배로 늘어난다.</sub> 휘몰아치기만 하는 오늘의 허다한 오락 영화들이 결코 체현할 수 없는 아름다움을 갖추고 있다. 그리고 서정적이면서 내향적인 음악은 그 어느 때보다도 극에 절묘하게 어울린다. 세상을 떠나 그 여행에 동행할 수 없었던 '칼'의 <sub>사상이나 관념 따위의 정신적인 것을 구체적인 형태나 행동으로 표현하거나 실현할</sub> 아내 '엘리'는 반복되는 테마 음악을 통해 강력하게 상기됨으로써 그 여정에 내내 함께한다.

**4** 　결국 「업」이 그려 내려는 세계는 무수한 풍선을 매달고서 창공에 둥실 떠 있는 작은 목조 이층집의 이미지에 또렷이 함축되어 있다. 미지의 세계를 향해 날아가고 싶어 하는 인간의 가장 오래된 소망이 가장 화려한 색들을 지닌 풍선의 도움으로 날개를 활짝 펴면서도, 삶을 지탱하게 만들었던 소중한 기억 역시 낡은 집에 여전히 편안하게 깃들어 있다. 지나간 시간에 대한 추억과 다가올 시간에 대한 꿈이 함께하는 이 특별한 여행은 머무르면서 떠나는 역설을 풍선에 매달린 집으로 선명하게 시각화한다.

**5** 　이 영화는 시종 유쾌하다. 하지만 가장 인상적인 대목은 극의 초반부와 후반부에서 강력하게 관객의 마음을 사로잡는 두 차례의 장면이다. '칼'과 '엘리'가 결혼식을 올리는 순간부터 늙은 아내가 세상을 떠난 후 늙은 남편이 홀로 파란 풍선을 들고 귀가하는 순간까지를 단 한 마디의 대사도 없이 4분가량으로 압축한 초반 장면은 아마도 가장 아름다우면서도 쓸쓸한 잔상을 남기는 명장면일 것이다. 그리고 마침내 모든 것을 다 이룬 것 같은 후반부의 어느 지점에서, 안락의자에 앉은 '칼'이 공책을 넘기다가 맨 뒷장에서 발견하게 되는 '엘리'가 쓴 문장 "모험을 하게 해 주어서 고마워요. 이제 당신의 새로운 모험을 해 봐요."는 감동과 용기를 끝내 함께 안기며 정화와 고양의 <sub>정신이나 기분 따위를 북돋워서 높임</sub> 순간을 빚는다. <sub>작품을 봄으로써 우울감, 불안감 등이 해소되고 마음이 깨끗해지는 일</sub>

> **가운데**　영화의 줄거리와 영화에 대한 필자의 비평

**끝** **1** 　언론 시사회에 이어 이 영화를 일반 시사회에서 한 번 더 보고 나오던 날, 극장 직원들이 선물로 나눠 주던 빨간 풍선 하나를 받았다. 집으로 돌아오는 밤길은 멀고 고단했지만 끝내 그 풍선을 터뜨리거나 버리지 않았다. 거실에 불을 켜고 꽃병에 풍선을 꽂자, 내 어린 날의 ⓐ꿈이 생생히 떠올랐다. 오래도록 잊고 있었던 작은 꿈이었다.

> **끝**　영화 시사회에서 받은 풍선을 보며 필자가 떠올린 어린 시절의 꿈

# 핵심 정리하기

# 내신 올리기

## ✦ 이 글의 비평 요소

### • 인물이나 배경의 형상화 방법

| 인물 | • 3등신에 가까운 캐릭터 디자인으로 만화적이고 정감 어린 느낌을 강조함.<br>• '칼'의 각진 외모와 '러셀'의 둥근 외모를 대비하여 흥미를 배가함. |
|---|---|
| 배경 | 정교한 표현력으로 배경을 생생히 살려 냄. |

### • 사용된 음악

| 배경 음악 | 서정적, 내향적인 음악을 사용함. |
|---|---|
| 테마 음악 | '엘리'의 테마 음악을 반복하여 '엘리'가 여행에 동행하는 느낌을 유발함. |

### • 주제를 함축적으로 표현한 이미지

| 많은 풍선을 매달고 창고에 떠 있는 작은 목조 이층집의 이미지를 제시함. |
|---|

↓

| 지나간 시간에 대한 추억과 다가올 시간에 대한 꿈이라는 주제 의식을 시각화함. |
|---|

### • 인상적인 장면

| 초반부 | '칼'과 '엘리'의 결혼식부터 '엘리'의 죽음 이후 '칼'이 홀로 귀가하는 장면까지를 대사도 없이 4분가량으로 압축하여 보여 줌. |
|---|---|
| 후반부 | 안락의자에 앉은 '칼'이 공책 맨 뒷장에서 '엘리'가 쓴 문장을 발견함. |

### • 필자의 경험과 연관된 가치

| 영화 시사회에서 빨간 풍선을 받고, 집으로 돌아와 자신이 잊고 있던 어린 시절의 꿈을 떠올림. |
|---|

**05** 이 글의 서술상 특징으로 적절하지 <u>않은</u> 것은?

① 매체 자료를 다양한 방면에서 분석하고 있다.

② 매체 자료와 관련된 자신의 경험을 언급하고 있다.

③ 매체 자료에 등장하는 두 인물의 장단점을 설명하고 있다.

④ 매체 자료에 대한 깊이 있는 서술로 독자의 이해를 돕고 있다.

⑤ 끝 부분에서 감상적으로 글을 마무리하며 독자에게 여운을 남기고 있다.

**06** 영화 「업(UP)」을 비평한 내용으로 적절하지 <u>않은</u> 것은?

① '칼'과 '러셀'의 외모를 대비하여 흥미를 높이고 있다.

② '엘리'의 테마 음악을 반복하여 '엘리'와 동행하는 느낌을 주고 있다.

③ 캐릭터 디자인과 달리 정교한 표현으로 배경을 생생히 살리고 있다.

④ 집이 떠오르는 장면을 영화의 가장 인상적인 장면으로 꼽을 수 있다.

⑤ 떠오르는 집의 이미지를 통해 머무르면서 떠나는 역설을 보여 주고 있다.

**07** ⓐ에 대한 설명으로 적절한 것은?

① 필자가 영화를 보고 관객들이 깨닫기를 바란 내용이다.

② 필자가 뚜렷한 청각적 이미지와 함께 떠올린 요소이다.

③ 영화 「업(UP)」의 '칼'이 오래도록 잊고 있었던 작은 꿈이다.

④ 필자가 영화 「업(UP)」의 인상적인 장면으로 꼽은 내용이다.

⑤ 필자가 영화의 주제와 자신의 경험을 연결 지어 상기한 내용이다.

**고난도**

**08** 〈보기〉로 보아 이 글에서 다루고 있는 요소로 적절하지 <u>않은</u> 것은?

| 보기 |

  비평문은 문학, 영화 등의 매체 자료를 분석하고 평가하는 글로 매체 자료의 여러 요소를 비평한다. 이러한 비평 요소로는 ㉠주제를 표현하는 방법, ㉡장면과 내용의 의미, ㉢작중 인물과 배경의 특징, ㉣음악 등의 표현 방법, ㉤다른 작품과의 영향 관계, 자신과 관계된 경험 등이 있다.

① ㉠　　② ㉡　　③ ㉢　　④ ㉣　　⑤ ㉤

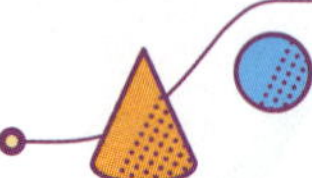



**1회  사회**

**01~04  다음 글을 읽고 물음에 답하시오.**

[A]  정부는 공공의 이익을 위해 정책을 기획, 수행하여 유형 또는 무형의 생산물인 공공 서비스를 공급한다. 공공 서비스의 특성은 배제성과 경합성의 개념으로 설명할 수 있다. 배제성은 대가를 지불하여야 사용이 가능한 성질을 말하며, 경합성은 한 사람이 서비스를 사용하면 다른 사람은 사용할 수 없는 성질을 말한다. 이러한 배제성과 경합성의 정도에 따라 공공 서비스의 특성이 결정된다. 예를 들어 국방이나 치안은 사용자가 비용을 직접 지불하지 않고 여러 사람이 한꺼번에 사용할 수 있으므로 배제성과 경합성이 모두 없다. 이에 비해 배제성은 없지만, 많은 사람이 한꺼번에 사용하는 것이 불편하여 경합성이 나타나는 경우도 있다. 무료로 이용하는 공공 도서관에서 이용자가 많아서 도서 ⓐ열람이나 대출이 제한될 경우가 이에 해당한다.

과거에는 공공 서비스가 경합성과 배제성이 모두 약한 사회 기반 시설 공급을 중심으로 제공되었다. 이런 경우 서비스 제공에 드는 비용은 주로 세금을 비롯한 공적 재원으로 ⓑ충당을 한다. 하지만 복지와 같은 개인 단위 공공 서비스에 대한 사회적 요구가 증가함에 따라 관련 공공 서비스의 다양화와 양적 확대가 이루어지고 있다. 이로 인해 정부의 관련 조직이 늘어나고 행정 업무의 전문성 및 효율성이 떨어지는 문제점이 나타나기도 한다. 이 경우 정부는 정부 조직의 규모를 확대하지 않으면서 서비스의 전문성을 강화할 수 있는 민간 위탁 제도를 도입할 수 있다. 민간 위탁이란 공익성을 유지하기 위해 서비스의 대상이나 범위에 대한 결정권과 서비스 관리의 책임을 정부가 갖되, 서비스 생산은 민간 업체에게 맡기는 것이다.

민간 위탁은 주로 다음과 같은 몇 가지 방식으로 운용되고 있다. 가장 일반적인 것은 '경쟁 입찰 방식'이다. 이는 일정한 기준을 충족하는 민간 업체 간 경쟁 입찰을 거쳐 서비스 생산자를 선정, 계약하는 방식이다. 공원과 같은 공공 시설물 관리 서비스가 이에 해당한다. 이 경우 정부가 직접 공공 서비스를 제공할 때보다 서비스의 생산 비용이 절감될 수 있고 정부의 재정 부담도 ⓒ경감될 수 있다. 다음으로는 '면허 발급 방식'이 있다. 이는 서비스 제공을 위한 기술과 시설이 기준을 충족하는 민간 업체에게 정부가 면허를 발급하는 방식이다. 자동차 운전면허 시험, 산업 폐기물 처리 서비스 등이 이에 해당한다. 이 경우 공공 서비스가 갖춰야 할 최소한의 수준은 유지하면서도 공급을 민간의 자율에 맡겨 공공 서비스의 수요와 공급이 탄력적으로 조절되는 효과를 얻을 수 있다. 또한 '보조금 지급 방식'이 있는데, 이는 민간이 운영하는 종합 복지관과 같이 안정적인 공공 서비스 제공이 필요한 기관에 보조금을 주어 재정적으로 지원하는 것이다.

하지만 민간 위탁 업체는 수익성을 중심으로 공공 서비스를 제공하기 때문에, 수익이 나지 않을 경우에는 민간 위탁 업체가 제공하는 공공 서비스가 기대 수준에 미치지 못할 수 있다. 또한 민간 위탁 제도에 의한 공공 서비스 제공의 성과는 정확히 측정하기 어려운 경우가 많아서 평가와 ⓓ개선이 지속적으로 이루어지지 않을 때에는 오히려 민간 위탁 제도가 공익을 ⓔ저해할 수 있다. 따라서 ㉠민간 위탁 제도의 도입을 결정할 때에는 서비스의 성격과 정부의 관리 능력 등을 면밀히 검토하여 신중하게 결정해야 한다.

**01**  윗글에서 언급한 내용이 <u>아닌</u> 것은?

① 공공 서비스의 제공 목적
② 공공 서비스 공급의 주체
③ 공공 서비스 범위의 확대 배경
④ 공공 서비스의 수익 산정 방식
⑤ 공공 서비스의 민간 위탁 방식

**02**  [A]의 서술 방식에 대한 설명으로 가장 적절한 것은?

① 대상의 특성이 변화되는 과정을 기술하고 있다.
② 대상의 특성을 사례와 더불어 설명하고 있다.
③ 대상의 가치와 효용을 비유적으로 기술하고 있다.
④ 대상이 지닌 문제점의 원인을 다각도로 살펴보고 있다.
⑤ 대상에 대한 인식의 변화를 시간 순서에 따라 서술하고 있다.

**03** 윗글의 내용상 ㉠의 이유로 가장 적절한 것은? [3점]

① 민간 업체에 위탁하는 공공 서비스가 사회 기반 시설의 공급에 집중되어 공공 서비스의 수익이 제한되기 때문

② 민간 위탁 제도에 의한 공공 서비스 제공에는 공공 서비스의 공익성을 불안정하게 만들 수 있는 위험 요인이 존재하기 때문

③ 민간 위탁은 대부분 면허 발급 방식에 의해 이루어지므로 정부의 관리 비용과 공공 서비스의 생산 비용이 증가하기 때문

④ 민간 위탁에 의해 공공 서비스가 제공되면 정부의 보조금 지급이 필수적으로 요청되어 수요자의 비용 부담이 증가할 수 있기 때문

⑤ 공공 서비스 공급을 확대하기 위한 정부의 민간 위탁 방식이 단일화되어 있어서 공공 서비스의 생산과 수요를 탄력적으로 조절할 수 없기 때문

**04** ⓐ~ⓔ를 사용하여 만든 문장으로 적절하지 <u>않은</u> 것은?

① ⓐ: 그는 행사 관련 서류의 <u>열람</u>을 집행부에 요구했다.

② ⓑ: 그는 회사의 자금 <u>충당</u> 방안을 마련하느라 동분서주했다.

③ ⓒ: 직원들의 노력에도 회사의 손익이 계속 <u>경감될</u> 뿐이다.

④ ⓓ: 정부는 무역 수지 <u>개선</u>에 온 힘을 기울이고 있다.

⑤ ⓔ: 집단 이기심은 사회 발전을 <u>저해할</u> 요인으로 작용한다.



**2회 | 인문**

**01~04** 다음 글을 읽고 물음에 답하시오.

전통적 공리주의는 세 가지 요소에 기초하여 성립하는 대표적 윤리 이론이다. 첫째, 공리주의는 행동의 윤리적 가치가 행동의 결과에 의존한다는 결과주의이다. 행동은 전적으로 예상되는 결과에 의해서 선하거나 악한 것으로 판단된다. 둘째, 행동의 결과를 평가할 때의 유일한 기준은 바로 행동의 결과가 산출할, 계산 가능한 '행복의 양'이다. 이에 ⓐ따르면 불행과 대비하여 행복의 양을 많이 산출할수록 선한 행동이 되며, 가장 선한 행동은 최대 다수의 최대 행복을 산출하는 것이다. 셋째, 행동을 하기 전 발생할 행복의 양을 계산할 때 개개인의 행복을 모두 동일하게 중요한 것으로 간주하므로 어느 누구의 행복도 다른 누구의 행복보다 더 중요하지는 않다. 그래서 두 사람의 행복을 비교할 때 오로지 그 둘에게 산출될 행복의 양들만을 고려한다. 이는 공리주의가 전형적인 공평주의라는 사실을 보여 준다.

이러한 공리주의에 대하여 반공리주의자가 제기하는 가장 심각한 문제는 공리주의가 때때로 정의의 개념을 배제하는 결과를 초래한다는 것이다. 그는 위의 세 요소들을 실천하는 공리주의자인 민우가 집단 A와 집단 B 간의 갈등이 심각하게 진행되고 있는 나라를 방문했다고 가정한다. 민우는 집단 A의 한 사람이 집단 B의 한 사람을 심하게 폭행하는 장면을 우연히 목격하게 되었다. 민우가 만약 진실을 증언하면 두 집단의 갈등을 더 악화시켜 유혈 사태를 야기할 수 있지만, 집단 B의 무고한 한 사람을 지목하여 거짓 증언을 하면 집단 간의 충돌을 막을 수 있다. 증언하지 않을 때 생기는 불확실성은 더 위험하다. ㉠이 상황에서 전통적 공리주의자인 민우는 어떤 행동을 할 것인가?

[A] 이와 같은 정의 배제 상황에 대한 공리주의자들의 몇 가지 대응 중 가장 주목할 만한 하나는 공리주의 또한 정의의 개념을 포함할 수 있다는 것이다. 이것은 진실을 증언하는 사회와 그렇지 않은 사회를 먼저 가정하고 과연 어느 사회가 결과적으로 더 많은 행복을 산출하는 사회인가를 검토하는 것이다. 장기적인 관점에서 전자의 사회가 더 많은 행복을 산출하기 때문에 좋은 사회라는 결론이 도출된

다. 그래서 행복을 더 많이 산출하는 진실을 증언함으로써 정의를 바로 세우는 규칙을 만들고 그에 따라 행동하도록 개인의 행동을 제약한다. 이와 같은 대응을 하는 공리주의자들을 규칙 공리주의자라고 한다.

**01** 〈보기〉의 '갑'의 행동을 전통적 공리주의의 관점에서 선하다고 평가할 때, 그 이유로 적절하지 <u>않은</u> 것은?

> ┤보기├
> '갑'은 몸살로 집에 누워 있는 친구를 간호하러 가던 중, 교통사고로 심각하게 다친 운전자를 목격했다. '갑'은 도와야 한다는 생각에 그를 급히 응급실로 옮겨서 다행히도 목숨을 구할 수 있었다. 그러나 '갑'은 친구를 간호할 수는 없었다.

① '갑'은 전체의 행복의 양을 증가시키는 쪽으로 행동했군.
② '갑'은 다친 사람을 도우면 자신만이 행복해진다고 판단했겠군.
③ '갑'은 친한 사람이라고 해서 그 사람의 행복이 더 가치 있다고 판단하지 않았겠군.
④ '갑'은 몸살 환자보다 다친 사람을 돕는 것이 더 많은 행복을 산출한다고 판단했겠군.
⑤ '갑'은 자신의 행동이 결과적으로 선할 것이라는 판단에 따라 누구를 도울지를 결정했겠군.

**02** ㉠에 대해 반공리주의자가 예상하는 답으로 가장 적절한 것은?

① 피해자를 적극적으로 설득하여 가해자를 용서하도록 할 것이다.
② 증언의 결과가 미칠 파장을 우려하여 묵비권을 행사할 것이다.
③ B 집단의 무고한 한 사람을 범인으로 지목할 것이다.
④ 가해자와 피해자를 적극적으로 화해시킬 것이다.
⑤ 가해자에 관한 진실을 증언할 것이다.

**03** [A]의 규칙 공리주의자와 〈보기〉의 의무론자에 대한 설명으로 가장 적절한 것은?

> ┤보기├
> 의무론자는 어떤 경우에도 항상 거짓말을 하지 않아야 한다고 주장한다. 거짓말을 하지 않아야 하는 이유는 거짓말을 하지 않을 때 좋은 결과가 산출되어서가 아니라, 거짓말을 하지 않는 것이 조건 없이 따라야 하는 절대적인 규칙이기 때문이다.

① 규칙 공리주의자는 규칙을 무조건적으로 따라야 한다고 했어.
② 의무론자는 예상되는 결과에 따라 진실을 말해야 한다고 했어.
③ 의무론자와 규칙 공리주의자는 모두 결과의 중요성을 강조했어.
④ 의무론자는 규칙의 절대성을, 규칙 공리주의자는 정의의 배제를 강조했어.
⑤ 의무론자는 결과와 무관하게, 규칙 공리주의자는 결과에 의존하여 정의를 강조했어.

**04** 밑줄 친 부분이 ⓐ와 가장 가까운 뜻으로 쓰인 것은? [1점]

① 어머니 말씀을 <u>따르면</u> 항상 좋은 일이 생긴다.
② 누구라도 나를 잘 <u>따르면</u> 귀여워할 수밖에 없다.
③ 누구나 남들이 하는 대로 <u>따르면</u> 비슷한 결과가 나온다.
④ 네가 어머니의 음식 솜씨를 <u>따르면</u> 좋은 요리사가 될 거다.
⑤ 이러한 원칙에 <u>따르면</u> 그 사람에게는 상을 주는 것이 맞다.

**3회  기술**

**01~03  다음 글을 읽고 물음에 답하시오.**

디지털 피아노는 건반의 움직임에 따라 내장 컴퓨터가 해당 건반의 소리를 재생하는 악기이다. 각 건반의 소리는 디지털 데이터 형태로 녹음되어 내장 컴퓨터의 저장 장치에 저장되어 있다.

건반의 움직임은 일반적으로 각 건반마다 설치된 3개의 센서가 감지한다. 각 센서는 정해진 순서대로 작동하는데, 가장 먼저 작동하는 센서는 건반의 눌림 동작을 감지하고, 나머지 둘은 건반을 누르는 세기를 감지한다. 첫 센서에 의해 건반의 움직임이 감지되면 내장 컴퓨터의 중앙 처리 장치(CPU)가 해당 건반에 대응하는 소리 데이터를 저장 장치로부터 읽어 온다.

건반을 누르는 세기에 따라 음의 크기가 달라지도록 해 주어야 하는데, 이를 위해서는 나머지 두 센서를 이용한다. 강하게 누르면 건반이 움직이는 속도가 빨라져 두 번째와 세 번째 센서가 작동하는 시간 간격이 줄어든다. CPU는 두 센서가 작동하는 시간의 차이가 줄어드는 만큼 음의 크기가 커지도록 소리 데이터를 처리한다. 이렇게 처리가 끝난 소리 데이터는 디지털-아날로그 신호 변환 장치(DAC)를 거쳐 아날로그 신호로 바뀌고 앰프와 스피커를 통해 피아노 소리로 재현된다.

그렇다면 저장 장치에 저장되어 있는 각 건반의 소리는 어떤 과정을 거쳐 디지털 데이터로 바뀐 것일까? ㉠각 건반의 소리는 샘플링과 양자화 과정을 거쳐 디지털 데이터의 형태로 녹음된다. 샘플링은 시간에 따라 지속적으로 변하는 소리 파동의 모양에 대한 정보를 얻기 위해 파동을 일정한 시간 간격으로 나누고, 매 구간마다 파동의 크기를 측정하여 수치화한 샘플을 얻

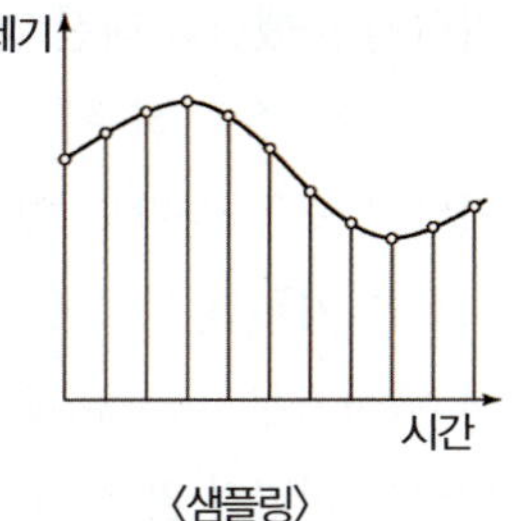


는 것이다. 이때의 시간 간격을 샘플링 주기라고 하는데, 이 주기를 짧게 설정할수록 음질이 좋아진다. 하지만 각 주기마다 데이터가 하나씩 생성되기 때문에 샘플링 주기가 짧아지면 단위 시간당 생성되는 데이터도 많아진다.

양자화는 샘플링을 통해 얻어진 측정값을 양자화 표를 이용해 디지털 부호로 바꾸는 것이다. 양자화 표는 일반 피아노가 낼 수 있는 소리의 최대 변화 폭을 일정한 수의 구간으로 나눈 다음, 각 구간에 이진수로 표현되는 부호를 일대일로 대응시켜 할당한 표이다. 양자화 구간의 개수는 부호에 사용되는 이진수의 자릿수에 의해 결정된다. 가령, 하나의 부호를 3자리의 이진수로 나타낸다면 양자화 구간의 개수는 000~111까지의 부호가 할당된 8개가 된다. 즉 가장 작은 소리부터 가장 큰 소리까지 8단계로 구분하여 나타낼 수 있다. 만일 자릿수가 늘어나면 양자화 구간의 간격이 좁아져 소리를 세밀하게 표현할 수 있지만 전체 데이터의 양은 커진다. 이렇게 건반의 소리는 샘플링과 양자화 과정을 통해 변환된 부호의 형태로 저장 장치에 저장된다.

**01  위 글의 내용과 일치하지 않는 것은?**

① 소리는 디지털 데이터로 미리 녹음되어 저장된다.
② 각 건반에는 같은 수의 센서가 설치되어 있다.
③ 건반의 눌림 동작과 세기는 동시에 감지된다.
④ 소리 파동 모양의 정보는 샘플링을 통해 얻는다.
⑤ 양자화 구간마다 할당된 부호는 서로 다르다.

**02  〈보기〉는 디지털 피아노의 작동 원리를 도식화한 것이다. ⓐ~ⓔ에 해당하는 것으로 옳지 않은 것은?**

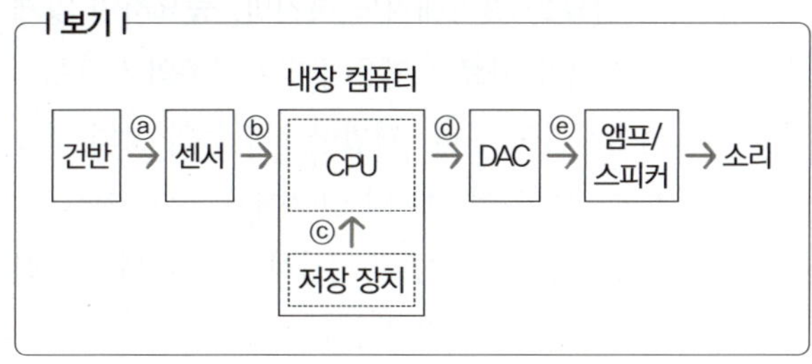


① ⓐ: 건반의 눌림과 움직이는 속도
② ⓑ: 샘플링된 소리의 측정값
③ ⓒ: 해당 건반의 소리 데이터
④ ⓓ: 처리된 소리 데이터
⑤ ⓔ: 변환된 아날로그 신호

**03** ㉠에 대한 설명으로 옳지 <u>않은</u> 것은?

① 소리 파동의 모양은 생성되는 데이터의 개수를 결정한다.

② 부호의 자릿수는 소리 표현의 세밀한 정도를 결정한다.

③ 부호의 자릿수는 양자화 구간의 개수를 결정한다.

④ 샘플의 측정값은 양자화를 통해 부호로 바뀐다.

⑤ 샘플링 주기는 재생되는 음질에 영향을 준다.

2020학년도 9월 모의평가

**4회** 인문＋예술

**01~02** 다음 글을 읽고 물음에 답하시오.

과거는 지나가 버렸기 때문에 역사가가 과거의 사실과 직접 만나는 것은 불가능하다. 역사가는 사료를 매개로 과거와 만난다. 사료는 과거를 그대로 재현하는 것은 아니기 때문에 불완전하다. 사료의 불완전성은 역사 연구의 범위를 제한하지만, 그 불완전성 때문에 역사학이 학문이 될 수 있으며 역사는 끝없이 다시 서술된다. 매개를 거치지 않은 채 손실되지 않은 과거와 만날 수 있다면 역사학이 설 자리가 없을 것이다. 역사학은 전통적으로 문헌 사료를 주로 활용해 왔다. 그러나 유물, 그림, 구전 등 과거가 남긴 흔적은 모두 사료로 활용될 수 있다. 역사가들은 새로운 사료를 발굴하기 위해 노력한다. 알려지지 않았던 사료를 찾아내기도 하지만, 중요하지 않게 여겨졌던 자료를 새롭게 사료로 활용하거나 기존의 사료를 새로운 방향에서 파악하기도 한다. 평범한 사람들의 삶의 모습을 중점적인 주제로 다루었던 미시사 연구에서 재판 기록, 일기, 편지, 탄원서, 설화집 등의 이른바 '서사적' 자료에 주목한 것도 사료 발굴을 위한 노력의 결과이다.

시각 매체의 확장은 사료의 유형을 더욱 다양하게 했다. 이에 따라 역사학에서 영화를 통한 역사 서술에 대한 관심이 일고, 영화를 사료로 파악하는 경향도 나타났다. 역사가들이 주로 사용하는 문헌 사료의 언어는 대개 지시 대상과 물리적·논리적 연관이 없는 추상화된 상징적 기호이다. 반면 영화는 카메라 앞에 놓인 물리적 현실을 이미지화하기 때문에 그 자체로 물질성을 띤다. 즉, 영화의 이미지는 닮은꼴로 사물을 지시하는 도상적 기호가 된다. 광학적 메커니즘에 따라 피사체로부터 비롯된 영화의 이미지는 그 피사체가 있었음을 지시하는 지표적 기호이기도 하다. 예를 들어 다큐멘터리 영화는 피사체와 밀접한 연관성을 갖기 때문에 피사체의 진정성에 대한 믿음을 고양하여 언어적 서술에 비해 호소력 있는 서술로 비춰지게 된다.

그렇다면 영화는 역사와 어떻게 관계를 맺고 있을까? 역사에 대한 영화적 독해와 영화에 대한 역사적 독해는 영화와 역사의 관계에 대한 두 축을 이룬다. 역사에 대한 영화적 독해는 영화라는 매체로 역사를 해석하고 평가하는 작업과 연관된다. 영화인은 자기 나름의 시선을 서사와 표현 기법으로 녹여내어 역사를 비평할 수 있다. 역사를 소재로 한 역사 영화는 역사적 고증에 충실한 개연적 역사 서술 방식을 취할 수 있다. 혹은 역사적 사실을 자원으로 삼되 상상력에 의존하여 가공의 인물과 사건을 덧대는 상상적 역사 서술 방식을 취할 수도 있다. 그러나 비단 역사 영화만이 역사를 재현하는 것은 아니다. 모든 영화는 명시적이거나 우회적인 방법으로 역사를 증언한다. 영화에 대한 역사적 독해는 영화에 담겨 있는 역사적 흔적과 맥락을 검토하는 것과 연관된다. 역사가는 영화 속에 나타난 풍속, 생활상 등을 통해 역사의 외연을 확장할 수 있다. 나아가 제작 당시 대중이 공유하던 욕망, 강박, 믿음, 좌절 등의 집단적 무의식과 더불어 이상, 지배적 이데올로기 같은 미처 파악하지 못했던 가려진 역사를 끌어내기도 한다.

영화는 주로 허구를 다루기 때문에 역사 서술과는 거리가 있다고 보는 사람도 있다. 왜냐하면 역사가들은 일차적으로 사실을 기록한 자료에 기반해서 연구를 펼치기 때문이다. 또한 역사가는 ㉠자료에 기록된 사실이 허구일지도 모른다는 의심을 버리지 않고 이를 확인하고자 한다. 그러나 문헌 기록을 바탕으로 하는 역사 서술에서도 허구가 배격되어야 할 대상만은 아니다. 역사가는 허구의 이야기 속에서 그 안에 반영된 당시 시대적 상황을 발견하여 사료로 삼으려고 노력하기도 한다. 지어낸 이야기는 실제 있었던 사건에 대한 기록이 아니지만 사고방식과 언어, 물질문화, 풍속 등 다양한 측면을 반영하며, 작가의 의도와 상관없이 혹은 작가의 의도 이상으로 동

시대의 현실을 전달해 주기도 한다. 어떤 역사가들은 허구의 이야기에 반영된 사실을 확인하는 것에서 더 나아가 사료에 직접적으로 나타나지 않은 과거를 재현하기 위해 허구의 이야기를 활용하여 사료에 기반한 역사적 서술을 보완하기도 한다. 역사가가 허구를 활용하는 것은 실제로 존재했던 과거에 접근하고자 하는 고민의 결과이다.

[A] 영화는 허구적 이야기에 역사적 사실을 담아냄으로써 새로운 사료의 원천이 될 뿐 아니라, 대안적 역사 서술의 가능성까지 지니고 있다. 영화는 공식 제도가 배제했던 역사를 사회에 되돌려 주는 '아래로부터의 역사'의 형성에 기여한다. 평범한 사람들의 회고나 증언, 구전 등의 비공식적 사료를 토대로 영화를 만드는 작업은 빈번하게 이루어지고 있다. 그리하여 영화는 하층 계급, 피정복 민족처럼 역사 속에서 주변화된 집단의 묻혀 있던 목소리를 표현해 낸다. 이렇듯 영화는 공식 역사의 대척점에서 활동하면서 역사적 의식 형성에 참여한다는 점에서 역사 서술의 한 주체가 된다.

## 01 ㉠에 나타난 역사가의 관점에서 [A]를 비판한 내용으로 가장 적절한 것은?

① 영화는 많은 사실 정보를 담고 있기 때문에 사료로서의 가능성을 가지고 있다.

② 하층 계급의 역사를 서술하기 위해서는 영화와 같이 허구를 포함하는 서사적 자료에 주목해야 한다.

③ 영화가 늘 공식 역사의 대척점에 있는 것은 아니며, 공식 역사의 입장에서 지배적 이데올로기를 선전하는 수단으로 활용되곤 한다.

④ 주변화된 집단의 목소리는 그 집단의 이해관계를 반영하기 때문에 그것에 바탕을 둔 영화는 주관에 매몰된 역사 서술일 뿐이다.

⑤ 기억이나 구술 증언은 거짓이거나 변형될 가능성이 있기 때문에 다른 자료와 비교하여 진위 여부를 검증한 후에야 사료로 사용이 가능하다.

## 02 윗글을 바탕으로 〈보기〉를 이해한 내용으로 적절하지 <u>않은</u> 것은? [3점]

| 보기 |

1982년 작 영화 「마르탱 게르의 귀향」은 16세기 중엽 프랑스 농촌의 보통 사람들 간의 사건에 관한 재판 기록을 토대로 한다. 당시 사건의 정황과 생활상에 관한 고증을 맡은 한 역사가는 영화 제작 이후 재판 기록을 포함한 다양한 문서들을 근거로 동명의 역사서를 출간했다. 1993년, 영화 「마르탱 게르의 귀향」은 19세기 중엽 미국을 배경으로 하여 허구적 인물과 사건으로 재구성한 영화 「서머스비」로 탈바꿈되었다. 두 작품에서는 여러 해 만에 귀향한 남편이 재판 과정에서 가짜임이 드러난다. 전자는 당시 생활상을 있는 그대로 복원하는 데 치중했다. 반면 후자는 가짜 남편을 마을에 바람직한 변화를 가져온 지도자로 묘사하면서 미국 근대사를 긍정적으로 평가하고자 하는 대중의 욕망을 반영했다.

① 「서머스비」에 반영된, 미국 근대사를 긍정적으로 평가하려는 대중의 욕망은 영화가 제작된 당시 사회의 집단적 무의식에 해당하는군.

② 실화에 바탕을 둔 영화 「마르탱 게르의 귀향」을 가공의 인물과 사건으로 재구성한 「서머스비」에서는 영화에 대한 역사적 독해를 시도하기 어렵겠군.

③ 영화 「마르탱 게르의 귀향」은 실제 사건의 재판 기록을 토대로 제작됐지만, 그 속에도 역사에 대한 영화인 나름의 시선이 표현 기법으로 나타났겠군.

④ 영화 「마르탱 게르의 귀향」은 역사적 고증에 바탕을 두고 당시 사건과 생활상을 충실히 재현하기 위해 노력했다는 점에서 개연적 역사 서술 방식에 가깝겠군.

⑤ 역사서 「마르탱 게르의 귀향」은 16세기 프랑스 농촌의 평범한 사람들의 삶의 모습을 서사적 자료에 근거하여 다루었다는 점에서 미시사 연구의 방식을 취했다고 볼 수 있군.

18 발표하기

19 협상하기

# ✦ 무엇을 배울까?

발표하기
발표의 구성 단계,
발표의 과정,
발표의 다양한 전략
듣기·말하기
협상하기
협상의 절차,
협상의 방법
책임감 있게 듣고 말하기
사회적 소통 윤리의 필요성,
책임감 있게 듣고 말하는 방법

## 01 청중을 고려하여 발표하기

### 1 발표의 개념

청중에게 자기의 생각이나 의견, 어떤 정보나 사실을 알리는 말하기 방법이다.

### 2 발표의 구성 단계

| 도입부 | 발표의 주제, 목적 등 발표 내용을 소개함. |
| --- | --- |
| 전개부 | 청중의 특성을 고려하고 다양한 자료와 구체적인 사례를 제시하여 청중이 쉽게 이해할 수 있도록 발표 내용을 전달함. |
| 정리부 | 발표 내용의 요약 및 청중에 대한 당부 등을 제시하며 발표 내용을 마무리함. |

### 3 발표의 과정

| 발표 목적·주제 선정 | 발표의 목적과 주제를 구체적으로 정함. |
| --- | --- |
| 예상 청중 분석 | 예상 청중의 관심사, 배경지식, 이해 수준, 주제에 대한 태도를 고려함. |
| 발표 내용 생성 | 자료를 수집하고, 청중을 고려해 적절한 자료를 선별한 뒤 내용을 마련함. |
| 발표 내용 조직 | • 발표 내용을 청중이 이해하기 쉽도록 체계적으로 조직함.<br>• 매체 자료 활용 계획을 세우고 발표 전략을 준비함. |
| 발표 진행 | • 청중의 관심을 유지하는 다양한 전략을 활용하고, 청중의 반응을 살펴 상호 작용함으로써 발표 내용을 조정함.<br>• 질의응답할 수 있는 시간을 마련하고, 청중의 질문에 효과적으로 답변함. |
| 발표 활동 성찰 | • 발표자로서 적절하게 발표했는지 성찰함.<br>• 청중으로서 적극적으로 소통했는지 성찰함. |

### 4 발표의 다양한 전략

• 발표 내용을 보완할 수 있도록 적절한 몸짓이나 손짓 등을 활용한다.
• 발표의 핵심 내용은 반복하여 진술하거나 요약하여 전달함으로써 강조한다.
• 발표 내용에 맞는 다양한 매체 자료를 활용하여 발표 내용을 효과적으로 전달한다.
• 사례를 제시하거나 전문가의 말을 인용하는 등 청중이 쉽게 이해할 수 있도록 돕고, 발표의 신뢰성을 높인다.
• 청중의 주의를 집중시키기 위해 질문을 던지거나 청중의 경험을 떠올리게 한다.
• 청중의 질문을 예상하여 답변을 미리 준비한다.



---

### ✦ 개념 확인하기

[1~2] 다음 설명이 맞으면 ○, 틀리면 × 표시하시오.

**1** 발표는 청중을 대상으로 자신의 생각, 의견, 정보, 사실 등을 알리는 말하기 방법이다. ( ○ , × )

**2** 발표의 구성 단계 중 정리부에서는 다양한 자료와 사례를 제시하여 청중이 쉽게 이해할 수 있도록 발표 내용을 전개한다. ( ○ , × )

[3~4] 다음 빈칸에 들어갈 알맞은 말을 쓰시오.

**3** 발표할 때는 무엇을 발표할 것인지 발표의 (          )을/를 선정하고, 무엇을 목적으로 발표하는 것인지 발표의 목적을 구체적으로 정해야 한다.

**4** 발표를 들을 예상 (          )의 관심사, 배경지식, 이해 수준 등을 분석해야 한다.

**5** 발표 전략으로 적절한 것을 〈보기〉에서 모두 골라 기호를 쓰시오.

| 보기 |

ㄱ. 다양한 매체 자료를 사용하여 청중의 이해를 돕는다.
ㄴ. 발표의 신뢰성을 높일 수 있는 다양한 자료를 준비한다.
ㄷ. 청중이 이해할 수 있는 수준보다 어려운 전문 용어를 사용한다.
ㄹ. 발표할 때 몸짓과 손짓을 사용하지 않음으로써 청중을 집중시킨다.

(                    )

## 02 대안을 탐색하며 협상하기

### 1 협상의 개념

개인이나 집단 사이에서 각자의 이익과 주장이 달라 갈등이 생길 때, 서로 타협하고 의견을 조정하여 문제를 해결하는 의사소통의 방법이다.

### 2 협상의 절차

| 시작 단계 | • 갈등의 원인을 분석하고, 문제 해결의 가능성을 확인함.<br>• 참여자들은 자신의 입장과 함께 협상을 통해 자신이 얻고자 하는 바를 구체적이고 명확하게 밝혀야 함. |
|---|---|

| 조정 단계 | 문제를 확인히여 상대측의 치지의 관점을 이해하고, 구체적인 제안이나 대안에 대하여 상호 검토하는 과정을 통해 서로의 입장 차이를 좁혀 나감. |
|---|---|

| 해결 단계 | 최선의 해결책을 제시하여 타협과 조정을 통해 문제를 해결하고 합의함으로써 양측이 모두 만족할 만한 결과를 이끌어 냄. |
|---|---|

### 3 협상의 방법

- 쟁점을 명확히 파악하고, 양보할 수 있는 점과 그렇지 않은 점을 정하여 협상에 임한다.
- 쟁점을 중심으로 양측이 서로 만족할 결과를 내기 위해 의견을 조정한다.
- 상대측의 근원적인 동기를 고려하여 우리 측의 대안을 마련한다.
- 상대측과 적극적으로 협력하여 문제를 해결하려는 태도를 지닌다.

## 03 책임감 있게 듣고 말하기

### 1 사회적 소통 윤리의 필요성

듣기·말하기 행위는 개인적 차원을 넘어 사회적 담론과 의사소통 문화를 형성하므로 언어 공동체 구성원 사이에 사회적 소통 윤리를 준수하며 의사소통하는 태도를 내면화하는 것이 필요하다.

### 2 책임감 있게 듣고 말하는 방법

- 개인의 말이 사회에 미치는 영향력을 고려한다.
- 거짓된 내용이나 왜곡된 사실을 전달하지 않아야 한다.
- 다른 사람의 말을 인용할 때는 말의 출처를 분명히 밝혀야 한다.
- 상대의 처지와 입장을 이해하고 상대를 존중하는 표현을 사용해야 한다.
- 상대방에게 피해를 줄 수 있는 내용을 전달하지 않는지 스스로 점검해야 한다.



**[6~7]** 다음 문장에서 알맞은 말을 고르시오.

**6** ( 협상 / 토론 )은 갈등이나 문제를 해결하기 위해 서로 타협하고 의견을 조정하는 의사소통 방법이다.

**7** 협상의 절차 중 ( 시작 / 조정 / 해결 ) 단계에서는 상대측과 구체적인 제안이나 대안을 상호 검토한다.

**[8~9]** 다음 설명이 맞으면 ○, 틀리면 × 표시하시오.

**8** 협상에서는 쟁점이 되는 사항을 명확히 알고 우리 측이 협상 가능한 지점을 정해야 한다. ( ○ , × )

**9** 협상을 할 때는 상대방의 근원적 동기를 파악하여 우리 측의 대안을 마련해야 한다. ( ○ , × )

**[10~11]** 다음 빈칸에 들어갈 알맞은 말을 쓰시오.

**10** 듣고 말하는 행위는 개인적 차원을 넘어 사회적 영향을 미치기 때문에 언어 공동체의 일원으로서 (        ) 소통 윤리를 내면화해야 한다.

**11** 다른 사람의 말을 인용할 때는 말의 (        )을/를 분명히 밝혀야 한다.

# 18 발표하기



**01~06** 다음 발표를 읽고 물음에 답하시오.

**1** 안녕하세요. 창의적인 사람들의 뇌와 관련한 이야기를 할 정재승입니다. 먼저 제가 질문을 하나 드리겠습니다. 창의적인 사람들은 어떻게 만들어질까요? (청중 반응 확인) 사실 아쉽게도 인류는 '창의적인 발상으로 가는 지름길'을 발견하지 못했습니다. 아직 창의성에 관한 연구도 걸음마 단계이고요. 다만 우리는 창의성의 본질에 접근할 수 있는 단초를 찾아내기 시작했습니다. 오늘 저는 뇌 과학과 관련한 창의적인 존재의 특징, 창의적 존재가 되기 위한 방법을 중심으로 이야기를 진행하겠습니다. 일단 제가 그렇다, 아니다로 대답하실 수 있는 몇 가지 질문을 드리겠습니다.

**2** 우선 창의성과 지능은 상관이 있을까요, 없을까요? (청중 반응 확인) 있기도 하고 없기도 합니다. (청중 웃음 확인) 무슨 얘기냐면 지능 지수[IQ] 110 이하의 피험자군에서는 지능 지수가 높을수록 창의성도 높아집니다. 그런데 이 수치가 110~120이 넘어가면 더 창의적이지는 않습니다. 다시 말해 창의적이려면 어느 정도 지적 능력은 있어야 하지만, 일정 수준이 넘으면 지능이 높다고 창의성이 높아지는 것은 아닙니다.

**3** 여러분의 이해를 돕기 위해 이론 한 가지를 소개해 드리겠습니다. 혹시 '1만 시간의 법칙'을 들어 보셨나요? (청중 반응 확인) 고개를 갸우뚱거리는 분이 많으신 것을 보니 들어 보신 분이 거의 없으신 것 같은데요. (손가락으로 화면을 가리키며) 바로 화면에 보이는 스웨덴 출신 심리학자 안데르스 에릭슨 교수의 이론입니다. 이 분 의견에 따르면 청춘의 시기에 무언가 1만 시간 정도를 집중해서 훈련하면 뛰어난 성취를 할 수 있다고 합니다. 전문적인 악기 연주자와 아마추어 연주자 간의 차이가 무엇인지 추적하던 에릭슨 교수는 그들이 어렸을 때 재능에는 큰 차이가 없었으나 10대 시절 연습량이 1만 시간, 8,000시간, 4,000시간으로 서로 달랐다는 사실을 발견하면서 '1만 시간의 법칙'을 세상에 내놓았죠. 그만큼 창의적인 성취를 하려면 훈련이 중요하다는 뜻입니다.

**4** 그렇다면 우리의 뇌는 어떻게 창의적인 발상을 하는 것일까요? 신경 과학자들은 창의적인 발상의 실마리를 신경 과학적인 접근에서 찾을 수 있다고 믿는데요. 연구자들은 실제로 창의적인 사람들이 기발한 발상을 했을 때 뇌에서 어떤 일이 벌어지는지 실험을 하였습니다. ㉠바로 창의적인 실험 참가자들을 에프엠알아이(fMRI) 안에 눕혀 놓고 그들의 뇌를 찍었습니다. (청중이 이해하지 못하는 표정을 지음.) 에프엠알아이가 생소하시죠? 에프엠알아이는 몸의 혈류와 관련한 변화를 감지하여 뇌 활동을 측정하는 장비입니다. (청중 고개 끄덕거림.)

**5** 그렇다면 창의적인 아이디어를 얻기 위해 일상에서 실천할 수 있는 방법에는 어떤 것이 있는지 말씀드리겠습니다. 우선 바로 실천할 수 있는 방법은 운동입니다. 운동을 하면 신경 세포가 많이 만들어집니다. 흔히 신경 세포는 두 살까지만 만들어지고 그 이후로는 만들어지지 않는다고 알고 계시잖아요? (단호한 표정을 지으며) 사실은 그렇지 않습니다. 지난 20년간 많은 연구들이 어른이 되어서도 신경 세포는 계속 만들어지며 운동을 할수록 더욱 많이 만들어진다는 결과를 쏟아 냈습니다. 세계적인 물리학자 알베르트 아인슈타인은 창의적인 발상을 주로 자전거 위에서 했다고 하지요? 격렬하지 않은 운동, 예를 들어 자전거 타기나 산책은 창의적인 발상에 매우 도움이 됩니다.

**6** 창의적인 사람이 따로 있는 것이 아니라 창의적인 순간이 있을 뿐입니다. 우리 삶 속에서도 그 순간을 종종 만들어 내 봅시다. 발표를 들으면서 궁금한 점이 있으셨을 텐데요. 질의 응답 시간을 충분히 갖기 위해 발표를 마무리하도록 하겠습니다. 그럼 질문 있으신 분들은 말씀해 주시면 감사하겠습니다.

---

**01** 이 발표를 하기 전에 발표자가 청중을 분석했을 내용으로 적절하지 <u>않은</u> 것은?

① 뇌과학에 대한 지식이 적을 것이다.

② 창의성과 관련한 배경지식이 많지 않을 것이다.

③ 뇌의 구조와 기능과 관련한 지식 수준이 높을 것이다.

④ 창의성을 기르는 방법에 대해 흥미를 지니고 있을 것이다.

⑤ '창의성', '지능 지수' 등의 용어를 알고 있는 청소년 이상의 연령일 것이다.

**02** 발표의 단계 중 **1**에 대한 설명으로 적절한 것은?

① 용어에 대한 정의를 통해 내용 이해를 돕고 있다.

② 질문으로 발표를 시작하여 청중의 관심을 유도하고 있다.

③ 정보의 출처를 밝히며 발표 내용의 신뢰성을 높이고 있다.

④ 청중들의 웃음을 유발하는 말로 발표 분위기를 부드럽게 하고 있다.

⑤ 발표 주제와 관련된 배경지식을 확인한 후 발표 내용을 수정하고 있다.

**03** **2**~**5**에서 사용한 발표 전략과 효과로 적절하지 <u>않은</u> 것은?

① 매체 자료를 활용하여 청중의 주의를 집중시켰다.

② 전문가가 행한 실험 방법과 과정을 제시하여 발표의 신뢰성을 높였다.

③ 발표 내용의 순서를 안내하여 청중이 발표 내용을 예상할 수 있도록 하였다.

④ 손짓이나 표정 같은 비언어적 표현을 활용해 발표 내용의 전달 효과를 높였다.

⑤ 발표 내용과 관련된 이론을 소개하여 청중이 발표 내용을 쉽게 이해할 수 있도록 하였다.

**04** ㉠에서 청중의 반응을 보고 발표자가 할 반응으로 적절한 것은?

① 자료의 신뢰도를 추측한다.

② 청중의 이해 정도를 파악한다.

③ 청중의 생활 속 실천을 유도한다.

④ 발표 시간을 효율적으로 분배한다.

⑤ 설명하려는 내용을 간단하게 압축한다.

**05** 이와 같이 발표를 할 때 사용할 방법으로 적절하지 <u>않은</u> 것은?

① 예상되는 청중의 질문에 대비해 발표를 준비한다.

② 청중의 흥미나 요구를 파악해 발표의 목적을 정한다.

③ 발표자의 지식 수준에 부합하게 발표 내용을 정리한다.

④ 청중의 질문에 적극적으로 대답하며 원활하게 소통한다.

⑤ 발표 중에는 청중의 이해 정도를 파악하며 발표 내용을 조정한다.

★ 고난도

**06** 〈보기〉는 이 발표를 들은 후 학생들이 보인 반응이다. 이를 이해한 내용으로 적절하지 <u>않은</u> 것은?

┤ 보기 ├

학생 1: 창의성을 얻기 위해 운동이 중요하다는 사실은 평소에 운동이 부족한 나에게는 매우 좋은 정보였어. 발표자는 창의성을 얻기 위한 실천 방법으로 운동을 강조했는데, 그렇다면 청소년의 적정 운동 시간은 몇 시간일까?

학생 2: 이번 발표를 통해서 실제로 1만 시간 동안 무언가를 꾸준히 했을 때의 결과가 그렇지 못한 사람과 차이가 난다는 것을 명확히 알 수 있었어. 나도 무언가를 1만 시간 해서 뛰어난 성취를 이룰 수 있도록 해야겠어.

학생 3: 창의적인 사람이 따로 있는 것이 아니라 창의적인 순간이 있을 뿐이라는 말이 어떤 의미인지 궁금했어. 질의 응답 시간에 발표자에게 질문하여 구체적인 설명으로 답변을 받아서 만족스러워.

① '학생 1'은 발표 내용을 들은 뒤 더 알아보고 싶은 내용에 대한 궁금증을 드러내었다.

② '학생 1'은 창의성과 운동에 대한 정보를 제공받은 것에 대해 긍정적으로 평가하였다.

③ '학생 2'는 발표 내용을 실천할 구체적 활동 계획을 세웠다.

④ '학생 3'은 발표의 마지막 부분에서 자신이 이해하지 못한 부분을 파악하였다.

⑤ '학생 3'은 발표자에게 발표 내용에 관해 질문하며 발표자와 적극적으로 소통하였다.

# 협상하기



---

**01~05** 다음 협상을 읽고 물음에 답하시오.

**1** **미래시 공무원:** 안녕하십니까? 미래시 청정 도시 환경 부서의 담당자입니다. 최근 사랑천 주변을 대상으로 생태 조사를 한 결과, 멸종 위기 야생 생물 1급 종이자 천연기념물 330호인 수달이 최소 여섯 마리 이상 서식하고 있음을 확인했습니다. 수달을 보호하고자, 우리 미래시에서는 사랑천 산책로를 연장하려던 기존 계획을 수정하는 것이 좋겠다고 판단했습니다. 산책로 연장 계획을 수정하면서 희망구 주민들의 이익을 고려하여 주민들이 만족할 만한 방안을 논의해 보았으면 합니다.

**희망구 주민 대표:** 안녕하세요. 저는 희망구 주민 대표입니다. 희망구 내에 있는 사랑천에 수달이 서식한다는 건 그만큼 그 일대의 자연환경이 건강하다는 뜻이죠. 이는 우리 구민 모두가 기뻐할 만한 일이며, 우리 주민들은 수달을 보호해야 한다는 미래시의 입장에 공감하고 있습니다. 다만 그동안 희망구 주민들은 사랑천을 직접 보고 느낄 수 있는 산책로 연장 계획을 지지해 왔던 만큼 미래시의 이번 결정에 우려와 실망 또한 큽니다. 이런 점을 고려해 희망구 주민들의 이익이 침해받지 않는 방향으로 협의가 이루어지길 바랍니다.

**2** **미래시 공무원:** 네. 기존에 계획한 산책로 연장 구간을 주택 지역 근처로 옮겨 조성하고 산책로 중간에 공원을 마련하여 다양한 운동 시설을 설치하려고 합니다. 그러면 산책로의 접근성을 높일 수 있고, 주민들의 건강한 생활에도 도움이 될 것입니다. 수달을 보호하는 일이 곧 사랑천을 보호하는 일이고, 희망구 주민들을 위한 일이라고 생각합니다.

**희망구 주민 대표:** 수달을 보호하는 일이 곧 사랑천을 보호하는 일과 같다는 말씀에는 공감합니다. 그러나 주택 지역으로 산책로를 연장하는 건 문제가 있습니다. 접근성이야 더 좋겠지요. 하지만 이미 주택 지역에는 운동과 여가를 즐길 수 있는 공원이 세 곳이나 되고, 모두 교통과 접근성이 나쁘지 않습니다. 그런 곳에 산책로와 공원을 더 만드는 건 불필요한 일입니다. 더욱 중요한 건 주민 누구도 자연으로부터 멀리 떨어진 곳에, 그것도 차도 옆으로 나는 산책로를 바라

지 않는다는 겁니다.

**3** **희망구 주민 대표:** 희망구 주민들 입장에서 어린이들과 청소년들의 생태 교육에 도움이 되는 시설이 생기는 건 반가운 제안이네요. 하지만 그렇다고 해도 사랑천 주변을 직접 걸으며 여가를 즐기고 싶은 주민들의 바람을 충족하진 못합니다. 그럼, 이건 어떤가요? 미래시의 제안대로 생태 복합 시설 건설을 추진하되, 기존 산책로의 폭을 더 넓히는 겁니다. 그렇게 하면 주말처럼 많은 사람이 이용할 때 산책로가 붐비는 불편함을 다소 해소할 수 있을 텐데요.

**미래시 공무원:** 많은 주민들이 사랑천 산책로를 이용하는 것은 잘 알고 있습니다. 하지만 산책로의 폭을 넓히는 것은 어렵습니다. 공사가 수달의 서식에 영향을 줄 위험이 크고, 사랑천에 더 많은 사람이 유입되어 수달이 위협을 느낄 것 같아 우려됩니다. 대신 기존 산책로가 노후하고 위험 방지 시설이 부족한 것으로 아는데, 그 부분을 개선하면 어떨까요? 낡은 산책로를 보수하면서, 미끄럼 방지 시설과 긴급 구조 안내 표지판 등을 설치하는 겁니다. 그렇게 하면 특히 노약자들의 안전에 도움이 될 것이라고 생각합니다. 기존 산책로 보수공사는 짧은 기간 내에 완료할 수 있어서, 수달에게 미치는 영향도 비교적 적을 것 같습니다.

**4** **희망구 주민 대표:** 음……. 좋습니다. 아쉬움이 없는 건 아니지만, 수달과 희망구 주민들 모두를 위한 최선의 방안을 이끌어 냈다고 생각합니다. 그런데 한 가지 더 제안하고 싶은 것이 있습니다. 새로 만들 생태 복합 시설의 공간을 조성하는 계획을 세울 때 희망구 주민들이 참여할 수 있을까요? 이왕이면 희망구 주민들의 의견을 반영한 공간을 만들었으면 합니다.

**미래시 공무원:** 주민들의 의견을 반영한다면 더 좋은 시설을 만들 수 있겠습니다. 제안해 주신 내용은 미래시의 관계 부처와 협의해 보겠습니다. 우선 미래 시에서는 주민들의 불편을 최소화하기 위해 되도록 가까운 시일 내에 산책로 보수를 마치겠습니다.

**01** 이 협상의 주요 쟁점으로 적절한 것은?

① 사랑천의 수질 오염이 매우 심각하다.

② 주민들의 여가 생활 공간의 확충이 필요하다.

③ 수달을 보호하고자 마련한 정책의 일관성이 없다.

④ 청소년의 생태 교육에 도움이 되는 시설이 부족하다.

⑤ 수달을 보호하고자 산책로 연장 계획을 수정해야 한다.

**02** 이 협상의 진행 단계에 대한 설명으로 적절하지 <u>않은</u> 것은?

① **1**은 문제 해결의 가능성을 확인한다는 점에서 시작 단계에 해당한다.

② **1**은 상대측과의 입장 차이를 확인한다는 점에서 시작 단계에 해당한다.

③ **2**는 양측이 서로의 처지와 관점을 이해하고, 제안을 검토한다는 점에서 조정 단계에 해당한다.

④ **3**은 양측이 입장과 목표를 밝히고 있다는 점에서 조정 단계에 해당한다.

⑤ **4**는 양측이 최선의 해결책을 얻고 합의한다는 점에서 해결 단계에 해당한다.

**03** 이 협상에 참여한 양측에 대한 설명으로 적절하지 <u>않은</u> 것은?

① '희망구 주민 대표'는 생태 복합 시설을 건설하는 것의 한계를 밝히며 새로운 제안을 하고 있다.

② '희망구 주민 대표'는 주택 지역에 여가 시설이 많다는 것을 근거로 주택 지역 근처의 산책로 조성을 반대하고 있다.

③ '미래시 공무원'은 사랑천 산책로의 연장 구간을 변경하여 주택 지역 근처에 산책로를 조성하겠다는 대안을 제시하고 있다.

④ '미래시 공무원'은 산책로의 폭을 넓히자는 '희망구 주민 대표'의 제안을 거부하면서 입장 차이가 좁혀질 수 없음을 지적하고 있다.

⑤ '희망구 주민 대표'는 '미래시 공무원'의 제안을 수용하면서 생태 복합 시설의 공간 조성에 대해 추가적으로 제안하고 있다.

**04** '희망구 주민 대표' 측에서 이 협상을 통해 얻게 된 이익으로 적절한 것은?

① 기존 산책로의 폭을 넓히게 되었다.

② 사랑천 산책로 구간을 연장하게 되었다.

③ 예정되었던 산책로의 위치를 변경하게 되었다.

④ 산책로와 먼 곳으로 수달의 서식지를 이전하게 되었다.

⑤ 산책로를 보수하고 안전을 위한 시설을 설치하게 되었다.



**05** 〈보기〉는 이 협상 후에 일어난 일이다. 〈보기〉로 보아 사회적 소통 과정에서 지켜야 할 태도로 적절하지 <u>않은</u> 것은?

| 보기 |

민수: 수현아, 어제 협상에서 산책로를 폐쇄하기로 했다는 게 사실이야?

수현: 그게 무슨 말이야? 산책로 연장은 무산되었지만, 그 대신 생태 복합 시설을 만들고 낡은 산책로를 보수하기로 했어.

민수: (교실로 들어오는 철민을 보고) 철민아, 마침 잘 왔어. 어제 네가 미래시가 산책로를 폐쇄하기로 했다고 방송했잖아. 그게 사실이야?

소연: 협상을 직접 본 수현이가 산책로를 폐쇄한다고 한 적 없다는데?

철민: 그래? 나도 다른 사람 영상을 보고 방송한 거라서 사실인지를 모르겠는데.

민수: 내가 미래시 누리집에 항의하는 글을 올렸으면 어쩔 뻔했어!

소연: 야! 뭐야. 진짠 줄 알았잖아. 넌 왜 맨날 그런 식이야? 한심하다!

① 상대를 존중하고 배려하는 표현을 사용한다.

② 거짓된 내용이나 왜곡된 사실을 공유하지 않는다.

③ 중의적 표현을 사용하여 생각을 모호하게 말한다.

④ 자신의 말이 상대방에게 피해를 주지 않을지 점검한다.

⑤ 정확하지 않은 내용을 추측하거나 임의로 판단하여 전달하지 않는다.

**1회** **발표**

**01** **다음은 학생의 발표이다. 물음에 답하시오.**

여러분, 물고기가 눈을 감는 모습을 상상해 봅시다. (청중의 반응을 살피며) 잘 떠오르지 않으시죠? 일반적으로 물고기는 눈꺼풀이 없어 눈을 감지 못합니다. 물에 사니 눈을 촉촉하게 하고 이물질을 제거해 주는 역할을 하는 눈꺼풀이 필요 없는 거죠. 그런데 사람의 눈꺼풀처럼 눈을 덮어 주는 피부가 있어, 눈을 개폐하는 물고기가 있다고 합니다. 오늘은 그 물고기에 대해 발표하겠습니다.

바다와 갯벌을 오가는 말뚝망둑어를 소개해 드리죠. 화면을 봅시다. (자료 제시) 동영상에 보이는 것처럼 말뚝망둑어가 눈을 닫을 때 위로 볼록 솟아 있는 눈이 아래의 구멍으로 들어가고, 이어서 눈 아래 피부가 올라와 눈을 덮어 줍니다. 함몰된 눈이 다시 올라오면 피부가 내려가서 눈이 열리죠. 말뚝망둑어의 눈 구조에 대해 말씀드릴게요. (자료 제시) 말뚝망둑어와 물속에서만 사는 둥근망둑어의 안구와 눈 근육을 각각 그린 그림입니다. 말뚝망둑어 눈 근육은 둥근망둑어에 비해 그 기울기가 훨씬 가파릅니다. 이로 인해 눈 근육이 수직 방향으로 수축하며 안구를 아래로 잡아당길 수 있죠. 그래서 말뚝망둑어는 둥근망둑어와 달리 눈을 닫을 수 있습니다. 한 연구에 따르면 말뚝망둑어 눈의 개폐는 사람의 눈 깜빡임과 같은 역할을 수행하며, 이를 통해 갯벌에서도 살아갈 수 있다고 합니다.

민물고기 꾸구리도 말뚝망둑어처럼 눈을 개폐합니다. 다만 차이는 눈이 좌우로 개폐된다는 거죠. (자료 제시) 나란히 놓인 두 사진이 보이시죠? 왼쪽 사진은 밝은 곳에서 꾸구리가 눈으로 들어오는 빛을 줄이기 위해 눈 양옆의 피부로 눈을 덮은 모습입니다. 오른쪽 사진에서는 어두운 곳에서 꾸구리의 눈이 활짝 열린 것을 확인할 수 있죠. 꾸구리의 눈 양옆 피부는 눈으로 들어오는 빛의 양을 조절하는 역할을 하는 겁니다. 그렇다면 꾸구리는 낮과 밤 중 언제 주로 활동할까요? (대답을 듣고) 맞습니다. 밤이죠. 야행성인 꾸구리는 어두운 밤에 먹이를 잘 찾을 수 있도록 눈을 여는 겁니다.

오늘 발표 내용 잘 이해되었나요? 말뚝망둑어와 꾸구리는

모두 눈을 개폐하지만, 그 양상과 역할은 각각 다르죠. 특별한 두 물고기에 대해 알게 된 유익한 시간이 되었길 바랍니다.

**01** **다음은 발표를 준비하며 참고한 내용이다. ㉠~㉢을 구체화한 발표 계획 중 발표에 반영되지 않은 것은?**

┤ 보기 ├
- 청중 분석
  - 청중의 요구, 배경지식, 청중과의 관련성 등
- 발표의 구성
  - 도입부: 청중의 관심 유발 ·······························㉠
  - 전개부: 효과적인 정보 전달을 위한 내용 조직 ··· ㉡
          전달할 내용에 알맞은 자료 활용 ··········· ㉢
  - 정리부: 내용 요약 및 강조

① ㉠: 청중의 관심을 끌기 위해 물고기에게서 흔히 보기 어려운 모습을 떠올리도록 청중에게 요청해야겠어.

② ㉡: 말뚝망둑어 눈의 개폐 과정을 드러내기 위해 눈과 눈 아래 피부의 움직임을 순서대로 설명해야겠어.

③ ㉡: 말뚝망둑어 눈의 개폐가 가능한 이유를 설명하기 위해 말뚝망둑어와 둥근망둑어의 눈 근육을 비교하여 말해야겠어.

④ ㉢: 두 물고기의 눈 개폐 양상을 보여 주기 위해 말뚝망둑어의 동영상과 꾸구리의 사진을 제시해야겠어.

⑤ ㉢: 꾸구리 눈이 개폐된 모습의 차이를 드러내기 위해 두 사진을 화면에 순차적으로 제시해야겠어.

**2회 협상**

2022학년도 9월 모의평가

**01 다음은 협상이다. 물음에 답하시오.**

**시청 담당자:** 오늘은 Z동에 신축할 주민 복지 센터 3층 공간 활용에 대해 협상을 진행하겠습니다. 첫 협상에 이어 후속 협상에도 참여해 주신 Y동 대표님과 Z동 대표님께 감사드립니다.

**Y동 대표:** 우리 동은 학령 인구의 비율이 높지만 아이들이 책을 읽고 공부할 수 있는 공간이 부족합니다. 그래서 도서관 건립을 지속적으로 건의해 왔습니다. 시청의 선호도 조사에서도 우리 동 주민들의 1순위는 도서관이었습니다. Z동에 주민 복지 센터가 지어지는 만큼 3층 공간에 대해서는 우리 동의 의견을 따라 주시면 좋겠습니다.

**Z동 대표:** 우리 동에서도 도서관을 선호하는 의견은 있었습니다. 하지만 우리 동은 중장년층 인구 비율이 높아 체육 시설의 필요성이 더 큽니다. 선호도 조사에서도 체육 시설을 가장 선호하는 것으로 나타났습니다. 이 점을 고려하여 체육 시설을 마련하면 좋겠습니다.

**Y동 대표:** 저희도 Z동의 상황을 알고 있습니다. 현재 진행 중인 저희 동의 체육 시설 확장 공사가 마무리되면 Z동의 중장년층 주민들도 편리하게 이용할 수 있을 것입니다. ㉠그러니 주민 복지 센터에 도서관을 만들면 두 동에 필요한 시설을 다 갖추게 되어 모두에게 이득이 되지 않을까요?

**Z동 대표:** 물론 두 시설을 다 이용할 수 있으면 좋습니다. 하지만 Y동의 체육 시설과 우리 동 사이의 거리가 멀고 교통편도 불편합니다. 주민 복지 센터로 연결되는 신설 버스 노선이 체육 시설에도 연결되도록 조정하는 추가 조치도 있어야 합니다.

**시청 담당자:** 그 문제는 버스 회사와 협의해야 하는 문제이고, 조정도 쉽지 않습니다.

**Z동 대표:** 그러면 체육 시설을 통한 수익 증가가 예상되는 Y동에서 비용을 부담해 주시는 것은 어떻습니까?

**Y동 대표:** 이번 협상을 준비하면서 우리 동에서 양보할 수 있는 부분에 대해 주민들과 의견을 나누었습니다. 우리 체육 시설에서 운영하는 무료 셔틀버스를 Z동까지 운행하는 것은 가능합니다.

**Z동 대표:** 그뿐만 아니라 Y동의 체육 시설 이용료는 기존 복지 센터 내 체육 시설 이용료보다 비쌉니다. ㉡Y동 입장에서는 이용자 증가로 더 큰 수익을 얻을 수 있지만, 우리 동 주민들은 체육 시설 이용에 대한 부담이 더 커질 것이므로 요금에 대한 부담을 낮춰 주십시오.

**Y동 대표:** 도서관을 설치하는 것에 동의해 주신다면 Z동 주민에게 우리 동 주민과 동일한 수준의 요금 할인을 적용하겠습니다.

**Z동 대표:** 네, 동의하겠습니다.

**시청 담당자:** 그럼 3층에 도서관을 설치하는 것으로 협상이 타결되었습니다. 세부 추진 방법은 차후에 논의하겠습니다. 참여해 주셔서 감사합니다.

**01** 협상 진행 과정을 고려할 때, ㉠, ㉡에 대한 설명으로 가장 적절한 것은? [3점]

① ㉠은 도서관 설치와 관련해 양보할 수 있는 범위를 제시하여 상대의 제안과 절충을 시도하는 발화이다.

② ㉠은 체육 시설에 대한 상대의 제안을 일부 수용하여 자신의 제안을 조정함으로써 상대의 양보를 이끌어 내는 발화이다.

③ ㉡은 체육 시설 설치가 실현 가능성이 낮음을 들어 자신의 이익을 극대화하는 발화이다.

④ ㉡은 체육 시설 이용에 대한 상대의 요구 사항을 언급하며 자신이 양보 가능한 범위를 제시하는 발화이다.

⑤ ㉡은 체육 시설 이용 시 예상되는 상대의 이익과 자신의 부담을 언급하며 추가적인 요구 사항을 제시하는 발화이다.

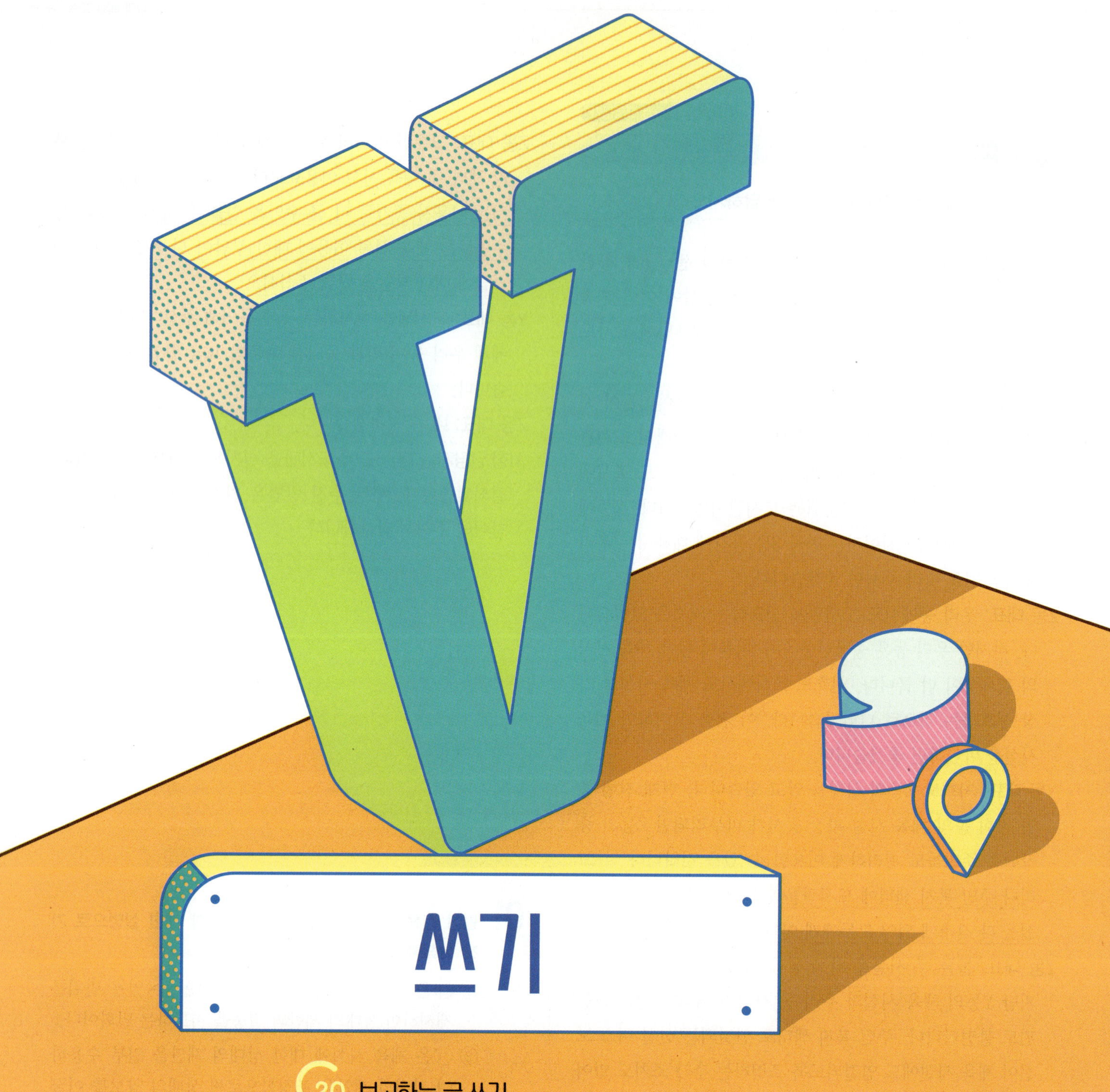

# 쓰기

20 보고하는 글 쓰기

21 논증하는 글 쓰기

# 무엇을 배울까?

쓰기
보고하는 글 쓰기
보고서의 개념과 작성 과정
공동 보고서의 개념과 작성 태도
논증하는 글 쓰기
논증 요소
주장
이유
근거
예상 반론과 그에 대한 반박
논증 방법
연역
귀납
논증하는 글 작성 방법

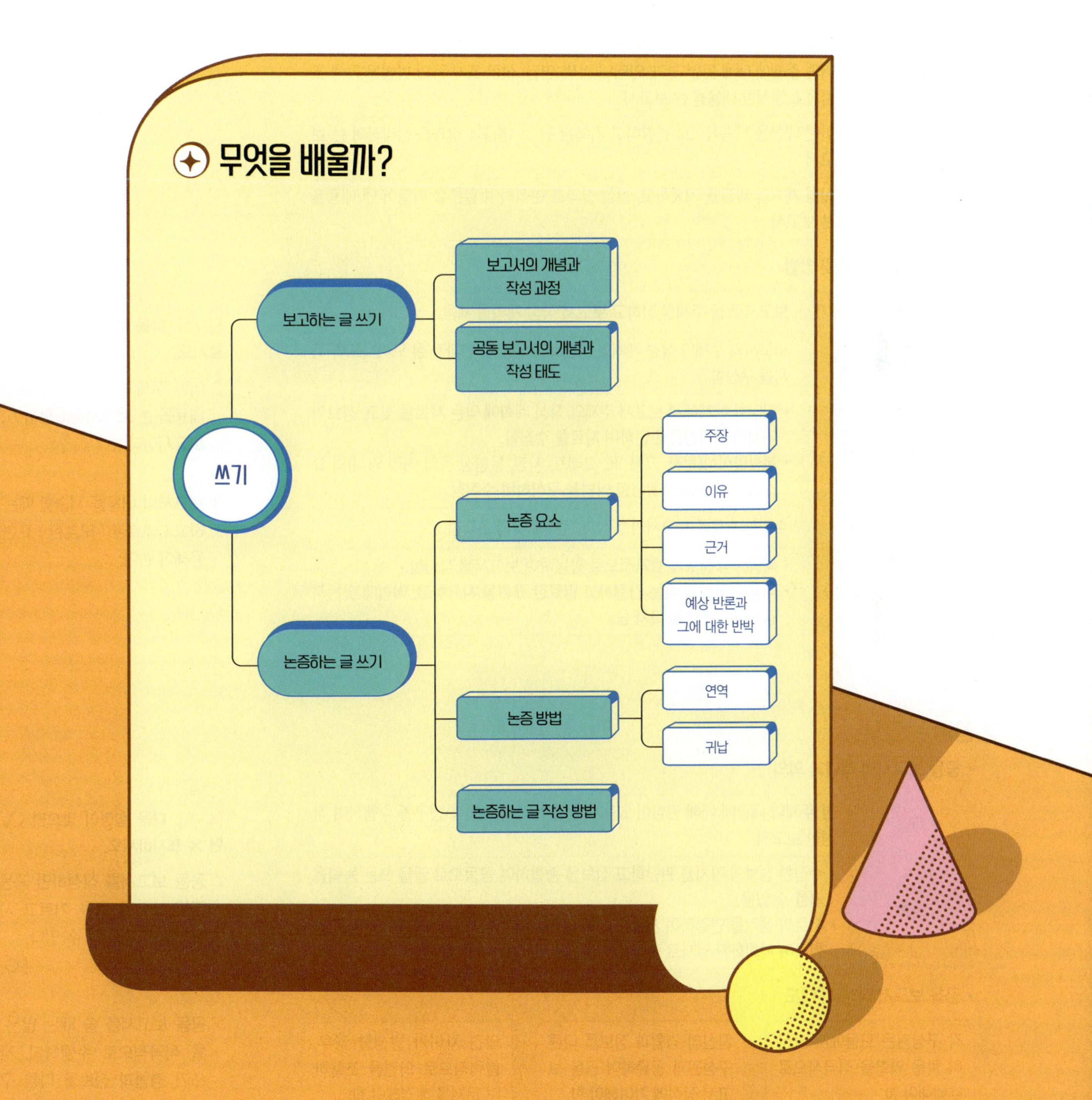

## 01 보고하는 글 쓰기

### 1 보고서

- **보고서의 개념**

어떤 주제나 대상에 대해 조사, 관찰, 실험 등을 하고, 그 절차와 결과를 체계적으로 정리하여 쓴 글이다.

- **보고서의 유형**

| | |
|---|---|
| 조사 보고서 | 어떤 주제에 대해 문헌 찾기, 인터넷 검색, 면담, 설문 조사 등의 방법을 통해 조사하고 분석한 내용을 쓴 보고서 |
| 관찰 보고서 | 어떤 대상을 지속적으로 관찰하고 기록한 뒤 그 내용과 결과를 정리하여 쓴 보고서 |
| 실험 보고서 | 실험 계획과 과정을 기록하고, 실험 결과를 분석하여 결론을 이끌어 낸 내용을 쓴 보고서 |

- **보고서 작성 과정 및 방법**

| | |
|---|---|
| 주제 선정 및 계획하기 | 보고서로 쓸 주제를 정하고 보고서 작성 계획을 세움. |
| 목차 구성하기 | 보고서의 주제와 작성 계획을 바탕으로 절차와 결과가 잘 드러나도록 목차를 구성함. |
| 자료 수집하기 | • 다양한 매체에서 보고서 주제와 작성 계획에 맞는 자료를 찾고, 정보의 가치와 신뢰성을 판단하며 자료를 수집함.<br>• 복합양식성(문자, 그림, 표, 그래프, 사진, 동영상 등의 여러 양식)의 요소를 지닌 자료를 활용할 방법을 구상하며 수집함. |
| 내용 조직하기 | 수집한 자료를 보고서의 형식과 목차에 맞게 조직함. |
| 작성하기(고쳐쓰기) | • 복합양식 자료를 효과적으로 활용하여 보고서를 작성함.<br>• 내용을 작성할 때는 간결하고 명료한 표현을 사용하고, 어법에 맞는지 검토하며 초안을 고쳐 씀. |

### 2 공동 보고서

- **공동 보고서의 개념과 의의**

| | |
|---|---|
| 개념 | 한 주제나 대상에 대해 관심이 있는 사람들이 모여서 함께 연구를 수행하여 작성한 보고서 |
| 의의 | • 수집한 정보의 가치를 판단하고 정보를 종합하여 공동으로 글을 쓰는 능력을 기를 수 있음.<br>• 서로의 생각을 연결하여 새로운 생각을 떠올리고 문제를 해결하는 과정을 경험하며 사회화된 필자로 성장할 수 있음. |

- **공동 보고서 작성 시 태도**

| | | |
|---|---|---|
| 각 구성원은 모둠에서 자신이 맡은 역할을 적극적으로 수행해야 함. | 자신의 경험과 정보를 다른 구성원과 공유하여 공동 보고서 작성에 기여해야 함. | 의견 차이가 발생할 경우, 협력적으로 의견을 조율하며 문제를 해결해야 함. |



---



**1** 〈보기〉에서 설명하는 글의 종류를 쓰시오.

┤보기├
어떤 주제나 대상에 대해 조사, 관찰, 실험 등을 하고, 그 절차와 결과를 체계적으로 정리하여 쓴 글

(         )

**[2~3]** 다음 문장에서 알맞은 말을 고르시오.

**2** 어떤 주제에 대해 조사하고 분석한 내용을 쓴 보고서는 ( 관찰 / 조사 ) 보고서이다.

**3** 보고서의 내용을 서술할 때는 간결하고 ( 명료한 / 모호한 ) 표현을 사용해야 한다.

**[4~5]** 다음 설명이 맞으면 ○, 틀리면 × 표시하시오.

**4** 공동 보고서를 작성하면 공동으로 글을 쓰는 능력을 기르고 사회화된 필자로 성장할 수 있다.

( ○ , × )

**5** 공동 보고서를 쓸 때는 맡은 역할을 적극적으로 수행하되, 자신의 쓰기 경험과 정보를 다른 구성원과 공유해서는 안 된다.   ( ○ , × )

# 02 논증하는 글 쓰기

## 1 논증

### • 논증의 개념
주장이 정당함을 입증하기 위해 이유와 근거를 제시하는 방법 또는 주장과 이를 뒷받침하는 이유와 근거 간의 관계를 의미한다.

### • 논증 요소

| 주장 | 필자가 내세우는 의견<br>예 '잊힐 권리'를 법제화해야 한다. |
|---|---|
| 이유 | 근거를 바탕으로 주장을 가능하게 하는 주관적 요인<br>예 개인에게 자신이 원하는 정보를 공개할 권리가 있듯이 원하지 않는 정보를 삭제할 권리도 중요하다. |
| 근거 | 주장을 지지하는 객관적 자료<br>예 유럽 연합은 2018년에 개인 정보 보호법을 채택하면서 제17조에 '삭제권'을 명시하였다. |
| 예상 반론과 그에 대한 반박 | 독자가 제기할 것으로 예상되는 반대 의견(반론)과 그에 대한 필자의 반박<br>예 개인의 '잊힐 권리'보다 공공의 알권리가 더욱 중요하다고 주장하는 사람도 있다. 그러나 개인 정보 유출로 인한 피해 사례를 막기 위해 '잊힐 권리'를 법제화할 필요가 있다. |

### • 논증 방법

| 연역 | 일반적인 원리나 법칙으로부터 개별적이고 구체적인 결론을 이끌어 내는 방법 |
|---|---|
| 귀납 | 개별적이고 구체적인 사실에서 일반적이고 보편적인 결론을 이끌어 내는 방법 |

## 2 논증하는 글 작성 방법

### • 논증하는 글의 작성 단계

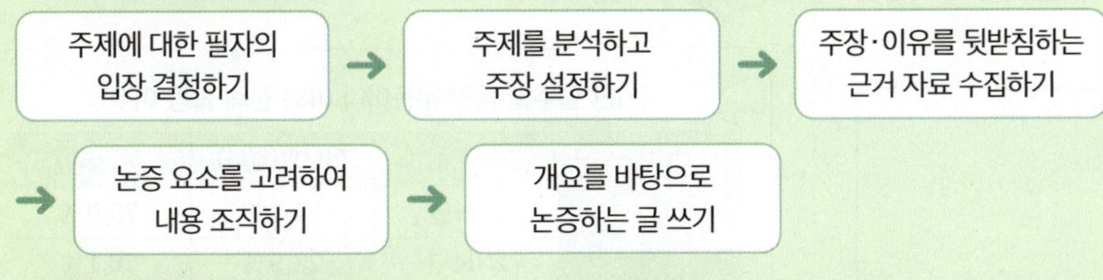


### • 논증하는 글을 쓸 때 고려할 점
– 필자의 주장을 뒷받침할 수 있도록 타당한 근거 자료를 수집한다.

– 수집한 근거 자료의 타당성을 판단하고, 이를 논리적으로 선별한다.

– 선별한 자료의 내용을 과장 또는 축소하지 않고, 왜곡하지 않는다.

– 논증 요소를 효과적으로 나타낼 수 있는 논증 방법을 선택해서 글을 체계적으로 구성한다.

– 문장을 명료하고 간결하게 표현하고, 문맥에 맞는 정확한 단어를 사용한다.

– 다른 사람의 글이나 자료를 인용할 때는 반드시 출처를 밝혀 준다.

---



**6** 다음을 적절한 것끼리 짝지으시오.

(1) 근거 •　　• ㉠ 필자가 내세우는 의견

(2) 주장 •　　• ㉡ 주장을 지지하는 객관적 자료

**7** 논증하는 글을 쓰는 방법이 <u>아닌</u> 것은?

① 주제를 분석하고 주장 설정하기

② 주제에 대한 필자의 입장 결정하기

③ 논증 요소를 고려하여 내용 조직하기

④ 개요를 바탕으로 논증하는 글 작성하기

⑤ 선정한 논증 방법에 맞는 자료 수집하기

**[8~9]** 다음 빈칸에 들어갈 알맞은 말을 쓰시오.

**8** 논증하는 글을 쓸 때는 신뢰할 만한 객관적 자료인 (　　　)을/를 마련해야 한다.

**9** 연역, 귀납 등의 (　　　　　) 을/를 적절히 활용하면 논증하는 글의 내용을 효과적으로 조직할 수 있다.

# DAY 20

# 보고하는 글 쓰기



**01** 공동 보고서를 쓸 때의 태도로 적절하지 <u>않은</u> 것은?

① 서로 간의 의견 차이를 조율한다.

② 자신의 쓰기 경험을 다른 사람과 공유한다.

③ 문제가 발생하면 이를 협력적으로 해결한다.

④ 서로의 생각을 연결하여 새로운 생각을 떠올린다.

⑤ 각자의 장점을 살리기 위해 한 사람이 최대한 많은 역할을 맡도록 한다.

**02** 보고서를 쓰는 방법으로 적절하지 <u>않은</u> 것은?

① 글의 내용은 객관적이고 정확한 사실에 근거해야 한다.

② 글의 구성은 간결하면서 짜임새를 갖추고 있어야 한다.

③ 다양한 요소를 결합한 복합양식 자료를 효과적으로 활용해야 한다.

④ 자료를 수집할 때는 신뢰성보다는 활용의 용이성을 고려해야 한다.

⑤ 조사·관찰·실험 등의 절차와 결과를 체계적으로 정리하여 작성해야 한다.

**03** 〈보기〉의 ㉠~㉤을 보고서 쓰기 과정의 순서대로 나열한 것은?

┌ 보기 ├
㉠ 주제 선정 및 계획하기
㉡ 내용 조직하기
㉢ 목차 구성하기
㉣ 자료 수집하기
㉤ 작성하기(고쳐쓰기)

① ㉠ - ㉢ - ㉡ - ㉣ - ㉤
② ㉠ - ㉢ - ㉣ - ㉡ - ㉤
③ ㉡ - ㉠ - ㉤ - ㉢ - ㉣
④ ㉢ - ㉠ - ㉣ - ㉡ - ㉤
⑤ ㉢ - ㉣ - ㉡ - ㉠ - ㉤

**[04~07]** 다음을 읽고 물음에 답하시오.

**가** 공동 보고서 작성을 위한 모둠원 회의

남학생 1: 우리는 청소년의 생활에 관심이 있어서 모였어. 나는 청소년의 생활 중에서도 운동 실태에 관심이 가.

여학생 1: 나도. 청소년의 운동 참여율이 지속적으로 감소하고 있다는 인터넷 기사를 봤거든.

남학생 2: 그럼 청소년의 운동 실태를 조사하고, 운동과 청소년이 느끼는 삶의 만족도 사이에 연관성이 있는지 조사해 보자.

여학생 2: 조사 대상은 우리 학교 1학년 학생들로 한정하자. 친구들도 이 주제에 관심이 있을 테니 예상 독자는 청소년으로 하자.

**나** 모둠원이 수집한 자료

• ㉠인터넷 신문

> 문화 체육 관광부가 전국 17개 시·도 국민 9천 명을 대상으로 벌인 국민 생활 체육 조사를 보면, 전 연령대 중 생활 체육 참여율이 가장 낮게 나타난 10대의 스포츠 참여율을 높이는 것이 숙제로 떠올랐다. 10대의 생활 체육 참여율은 이전 기간에 조사된 55퍼센트보다 2.4퍼센트포인트 하락한 52.6퍼센트로 평균에 못 미쳤다.
>
> — 케이비에스(KBS) 뉴스 누리집(2023. 1. 13.)

• ㉡통계 자료

〈지난 일주일 동안 운동이나 야외 신체 활동 여부〉

| 구분 | | 아니요(없다) | 예(있다) |
|---|---|---|---|
| 연도별 | 2011년 | 24.1% | 75.9% |
| | 2014년 | 23.9% | 76.1% |
| | 2017년 | 43.3% | 56.7% |
| | 2020년 | 60.9% | 39.1% |
| 연령별 | 9~12세 | 54.0% | 46.0% |
| | 13~18세 | 61.4% | 38.6% |
| | 19~24세 | 63.9% | 36.1% |

— 2020년 청소년 종합 실태 조사(여성 가족부, 2021)

**04** 〈가〉의 학생들이 공동 보고서 작성 계획을 세우기 위해 고려할 사항으로 적절하지 <u>않은</u> 것은?

① 보고서의 주제를 명료하게 표현한다.

② 모둠이 연구하려는 목적을 세운다.

③ 보고서를 읽을 예상 독자를 선정한다.

④ 독자의 흥미를 끌 수 있는 주제를 선정한다.

⑤ 여러 연구 방법 중에서 어떤 방법을 활용할지 선택한다.

**05** 〈가〉의 학생들이 공동 보고서를 작성할 때, 각 구성 단계에 제시해야 하는 내용으로 적절하지 <u>않은</u> 것은?

① 머리말에서 연구 동기와 주제, 목적을 드러낸다.

② 본문에서 실제로 연구를 한 과정을 설명한다.

③ 본문에서 연구의 내용과 결과를 면밀하게 분석하여 제시한다.

④ 맺음말에서 조사를 하면서 느낀 점을 제시한다.

⑤ 맺음말에서 연구의 필요성과 범위를 상세하게 설명한다.

**06** 〈가〉의 학생들이 공동 보고서에 활용하기 위해 〈나〉를 검토한 내용으로 적절하지 <u>않은</u> 것은?

① ㉠은 문화 체육 관광부의 자료를 토대로 쓴 기사이므로 신뢰할 수 있다.

② ㉠은 청소년의 운동 참여율이 이전보다 하락하였음을 보여 주는 자료로 쓸 수 있다.

③ ㉡은 청소년의 운동 실태를 보여 주는 자료로 활용할 수 있다.

④ ㉡은 2011년도와 19~24세에 해당하는 조사 결과를 활용할 수 있다.

⑤ ㉡은 출처가 명확하게 드러나므로 보고서에 활용할 수 있다.



**07** 다음은 〈가〉의 학생들이 〈나〉를 바탕으로 구성한 공동 보고서의 목차이다. ⓐ~ⓔ에 대해 논의한 내용으로 적절하지 <u>않은</u> 것은?

| 주제 | 우리 학교 1학년 학생들의 운동 실태와 삶의 만족도 간의 관계 |
|---|---|
| 머리말 | 1. 연구 동기<br>　•ⓐ<u>청소년의 운동 참여율 하락을 다룬 뉴스</u><br>　•ⓑ<u>우리나라 청소년들의 운동 부족 문제 상황</u><br>2. 연구 주제와 목적<br>　가. 우리 학교 1학년 학생들의 운동 실태<br>　나. 운동 실태와 삶의 만족도 간의 연관성 분석 |
| 본문 | 3. 연구 과정<br>　가. 설문 조사 방법<br>　나. 설문 조사 문항<br>4. 연구 내용과 결과<br>　가. ⓒ<u>설문 조사의 결과</u><br>　나. 설문 조사 결과를 바탕으로 운동 실태에 따른 삶의 만족도 분석<br>　다. ⓓ<u>운동의 필요성과 운동 시간 증대 방안</u> |
| 맺음말 | 5. 연구 결과 요약<br>　우리 학교 1학년 학생들의 운동 실태와 삶의 만족도 간의 관계<br>6. 연구 소감 |
| 참고<br>자료 | •ⓔ<u>김인수, 「10대 청소년 운동 참여율, 전 연령대 중 최저 기록」, 『케이비에스(KBS) 뉴스』, 2023년 1월 13일 자 기사.</u><br>•여성 가족부, 「2020년 청소년 종합 실태 조사」, 2021. |

① ⓐ에서 문제의 심각성을 인지할 수 있도록 관련 뉴스를 링크로 연결하여 제시해야겠군.

② ⓑ에서 공신력 있는 기관의 설문 조사 자료를 활용하여 청소년의 운동이 부족하다는 내용을 제시해야겠군.

③ ⓒ에서 그래프와 표 등을 활용하여 설문 조사 결과를 시각적으로 제시해야겠군.

④ ⓓ는 보고서의 핵심이 되는 부분이므로 운동 시간 증대와 관련하여 다양한 방안을 제시해야겠군.

⑤ ⓔ와 같이 참고 자료를 제시하여 공동 보고서의 신뢰성을 높일 수 있겠군.

# 논증하는 글 쓰기

**01** 논증하는 글에 대한 설명으로 적절하지 <u>않은</u> 것은?

① 적절한 논증 방법을 활용하여 작성해야 한다.

② 합리적인 이유와 근거가 주장을 뒷받침하는 글이다.

③ 근거는 필자의 주장과 관련 있는 주관적 자료를 제시해야 한다.

④ 근거를 바탕으로 필자의 주장을 논리적으로 증명하는 글을 의미한다.

⑤ 예상 반론과 이에 대한 반박을 포함하여 작성하면 글의 설득력을 높일 수 있다.

**02~03** 다음 글을 읽고 물음에 답하시오.

**가** '금융 이해력'이란 합리적이고 건전한 금융 생활을 위해 필요한 금융 지식·금융 행위·금융 태도 등 금융에 관한 전반적인 이해 정도를 말한다. 2023년 우리나라 중·고등학생들의 금융 이해력 평균 점수는 46.8점이었다. 이는 기준 점수는 넘겼으나 매우 낮은 수준이다. 이처럼 우리나라 청소년들의 금융 이해력은 매우 부족한 상황으로 우리나라 청소년들은 미래를 위해 금융 이해력을 길러야 한다.

**나** 우선 금융 이해력을 기르면 금융 범죄 피해를 줄일 수 있다. 2022년 서민 금융 진흥원에서 조사한 결과, 금융 사기를 당했을 때 바로 경찰이나 금융 당국에 신고했는지를 묻는 질문에 금융 교육을 받은 사람 중 "그렇다."라고 대답한 비율이 금융 교육을 받지 않은 사람에 비하여 10.4퍼센트포인트 더 높았다. 이로써 금융 이해력을 기르면 금융 사기를 당하더라도 적절하게 대처할 가능성이 높다는 것을 알 수 있다.

**다** 또 금융 이해력을 기르면 합리적인 금융 생활을 할 수 있다. 금융 이해력을 갖추면 경제적 어려움이 닥쳤을 때 효과적으로 대응할 수 있고, 자금을 합리적으로 소비하고 관리할 수 있기 때문이다. 2020년 금융 감독원과 한국은행에서 조사한 결과, 갑작스러운 지출을 감당할 수 있다고 응답한 비율은 금융 이해력이 높은 사람이 낮은 사람보다 16.8퍼센트포인트 더 높았고, 소득이 없을 때 대응할 수 있다고 응답한 비율은 12.6퍼센트포인트 더 높았다. 그리고 금융 이해력 점수가 높은 사람은 구매를 신중하게 하는지, 카드 이용 금액을 납부일 안에 지불하는지, 평소에 자금 상황을 점검하는지를 확인하는 항목에서도 점수가 더 높았다. 이처럼 금융 이해력을 기르면 다양한 측면에서 긍정적인 효과를 얻을 수 있다.

**라** 학문적 지식 외에 삶을 살아가려면 필요한 실용적인 지식들이 있다. 우리가 미래의 삶을 꾸려 나가는 데에 유익한 지식과 능력은 마땅히 계발하고 길러야 한다. 금융 이해력은 우리의 삶을 영위하는 데 실질적인 도움이 될 것이다. 따라서 우리 청소년들은 금융 생활을 성찰하고, 금융 지식을 익히고, 학교 안팎의 금융 교육 프로그램을 활용하는 등 적극적으로 노력하여 금융 이해력을 길러야 한다.

**02** 이 글에 대한 설명으로 적절하지 <u>않은</u> 것은?

① 참고한 자료의 출처를 명확히 밝히고 있다.

② 구체적인 통계 수치를 제시하여 글의 신뢰도를 높이고 있다.

③ 청소년의 문제 상황을 제시하며 독자의 흥미를 유발하고 있다.

④ 글의 내용을 쉽게 이해할 수 있도록 핵심 개념을 제시하고 있다.

⑤ 금융 이해력 향상이 미치는 긍정적 영향을 바탕으로 결론을 이끌어 내는 연역을 사용하고 있다.

**03** 이 글을 이해한 내용으로 적절하지 <u>않은</u> 것은?

① 금융 이해력을 기르면 금융 범죄에 적절히 대처할 수 있다.

② 금융 이해력이 높은 사람은 자금을 합리적으로 관리할 수 있다.

③ 금융 생활을 성찰하는 것은 금융 이해력을 기르는 데 도움이 된다.

④ 금융 이해력은 삶을 살아가는 데 필요한 실용적인 지식에 해당한다.

⑤ 우리나라 중·고등학생들은 금융에 관한 전반적인 이해 정도가 매우 높다.

**[04~05]** 다음 글을 읽고 물음에 답하시오.

**가** 누리 소통망과 같은 온라인 서비스가 발달하면서 개인 정보가 노출될 위험도 함께 커지고 있다. 이에 2014년에 유럽 연합 사법 재판소는 정보 주체가 자신에게 해로울 것이 우려되거나 지워지길 원하는 정보를 삭제할 수 있는 '잊힐 권리'를 인정했다. 우리나라도 피해가 분명한 불법 정보는 임시로 차단하거나 그 피해에 대한 손해 배상을 요청할 수 있다. 그러나 피해가 심각하지 않거나 게시 당시의 기준으로 불법 정보가 아닌 경우는 규제할 법적 근거가 없다. 따라서 개인 정보의 침해나 악용을 막고 피해를 예방하기 위해 '잊힐 권리'를 법제화해야 한다.

**나** 개인에게 자신의 정보를 공개할 권리가 있는 것처럼 자신이 원하지 않는 정보를 삭제할 권리도 있다. 유럽 연합은 2018년에 개인 정보 보호법을 채택하면서 제17조에 '삭제권'을 명시하였다. 정보를 올리고 공개할 권리처럼 삭제할 권리도 인정한 것이다. 그런데 우리나라는 헌법 제17조에서 '모든 국민은 사생활의 비밀과 자유를 침해받지 아니한다.'고 규정하고 있지만, 개인의 권리가 침해된 경우에만 문제를 제기할 수 있다. 그러나 정보가 빠르게 공유되고 광범위하게 전달되는 인터넷에서 개인이 자신의 정보를 찾고 관리하는 것은 실질적으로 어려운 일이다. 따라서 삭제권이 보장되지 않는다면 정보 주체가 예측할 수 있는 피해도 예방할 수 없어 개인의 권리가 침해될 수 있다.

**다** 다음으로 개인 정보 유출로 인한 피해를 예방하기 위한 법안을 마련해야 한다는 사회적 공감대도 커지고 있다. 최근 개인의 신상 정보를 인터넷에 무분별하게 퍼뜨리는, 이른바 '신상 털기' 문제가 논란이 되면서, 많은 사람이 이와 같은 행위가 피해자의 삶을 망가뜨릴 수 있음을 깨달은 것이다. 이에 우리나라에서도 2023년 4월에 '아동·청소년 디지털 잊힐 권리 시범 사업'을 시행하였다. 사업이 시행된 지 두 달 만에 3,488건이나 삭제 요청이 접수되었는데, 이러한 점에서 사람들이 얼마나 '잊힐 권리'의 법제화를 바라는지 알 수 있다.

**라** 이처럼 많은 사람이 잊힐 권리의 필요성을 느끼고 있으며 디지털 잊힐 권리 사업이 더 확대되기를 바라고 있다. 모든 정보를 스스로 선택하고 삭제를 요청할 수 있는 개인의 자유와 권리를 존중하고, 알권리라는 명목으로 개인의 정보가 침해되

는 것을 막아야 한다. 따라서 잊힐 권리를 법제화하여 개인의 자유와 권리를 법적으로 보장해야 한다.

**04** 이 글의 주장, 이유, 근거를 다음과 같이 정리할 때 적절하지 **않은** 것은?

| 주장 | 잊힐 권리를 법제화해야 한다. ····················· ① |
|---|---|
| 이유 | • 개인에게는 자신의 정보를 공개할 권리처럼 원치 않는 정보를 삭제할 권리도 있다. ··········· ②<br>• 개인 정보 유출로 인한 피해 사례가 심각하여 이를 예방하는 법안을 마련해야 한다는 사회적 공감대가 필요하다. ························· ③ |
| 근거 | • 유럽 연합은 2018년에 개인 정보 보호법을 채택하면서 삭제권을 명시하고 있다. ············· ④<br>• '아동·청소년 디지털 잊힐 권리 시범 사업'을 시행한 지 두 달만에 3천 건이 넘는 삭제 요청이 접수되었다. ························· ⑤ |

★ **고난도**

**05** 〈보기〉는 이 글의 필자가 예상한 반론이다. 이에 대한 반박으로 가장 적절한 것은?

┤ 보기 ├
　개인의 잊힐 권리보다 공공의 알권리가 더 중요하다고 주장하는 사람도 있다.

① 누리 소통망에서는 개인 정보 유출보다 더 심각한 문제가 많이 발생하고 있다.

② 개인의 잊힐 권리는 개인의 문제일 뿐 법제화할 정도로 중요한 권리는 아니다.

③ 개인의 잊힐 권리가 개인 정보 도용으로 잘못 사용되는 문제 상황도 벌어질 수 있다.

④ 개인의 잊힐 권리를 보장하면 과도한 온라인 규제를 일으켜 표현의 자유를 침해할 것이다.

⑤ '신상 털기'와 같이 개인 정보 유출로 심각한 문제가 발생하고 있으므로 공공의 알권리보다 개인의 잊힐 권리를 더 중요하게 고려해야 한다.

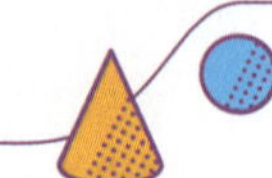

# 수능으로 실력 쌓기



**1회 보고하는 글 쓰기**

**01~02** **가** 는 글쓰기를 위한 학생의 생각이고, **나** 는 **가** 를 바탕으로 쓴 학생의 초고이다. 물음에 답하시오.

**가** [학생의 생각]

학교 주변의 어린이 식품안전보호구역은 불량 식품과 관련 있다고 들었어. 무엇이 불량 식품이고, 이를 없애기 위해 우리 사회는 어떤 노력을 하고 있을까? 교지 원고를 모집하던데, 불량 식품에 관한 글을 써 봐야지. ㉠불량 식품의 개념과 ㉡불량 식품에 해당하는 것을 밝히고, ㉢불량 식품을 근절하는 방안을 제시해야겠어.

**나** [학생의 초고]

불량 식품은 건강과 직접적으로 관련된다. 따라서 불량 식품에 대해 이해하는 것은 중요하다. 연구 보고서에 따르면, 불량 식품은 생산, 유통, 판매 등의 과정에서 식품 위생 관련 법규를 준수하지 않은 식품을 말한다.

불량 식품에 해당하는 것이 다양하다 보니 무엇이 불량 식품인지 잘 모르는 경우가 있다. 예를 들어, 저렴한 군것질거리는 불량 식품으로 생각되기 쉽지만 법규에 맞게 위생적으로 만들어져 유통, 판매되는 것이라면 불량 식품이 아니다. 그렇다면 의약품인 것처럼 광고하는 식품은 불량 식품일까? 허위 광고나 과대광고를 통해 판매되는 식품은 소비자에게 유해한 불량 식품이다.

안전한 식생활을 위해 불량 식품을 근절하는 방안이 시행되고 있다. 첫째, 어린이 식품안전보호구역 제도가 있다. 이 제도는 학교 주변에서 불량 식품 판매 사례가 발생함에 따라 2009년부터 시행되었다. 이 구역의 어린이 기호 식품 조리·판매업소는 식품 위생 및 안전에 대해 관리를 받는다. 이 제도는 어린이가 위생적이고 안전한 식품을 접하게 하는 효과가 있다.

둘째, 이물 보고 의무화 제도가 있다. 이 제도는 식품 이물에 대한 업체의 소극적 대응에 소비자 불만이 커지면서 2010년부터 시행되었다. 업체는 식품에서 이물이 나왔다는 소비자의 신고를 받으면 이를 관련 기관장에게 보고해야 한다. 불량 식품 적발 유형 중 이물 검출 사례가 가장 많았는데, 이 제도는 이물 검출 문제를 해결하는 데 기여할 것으로 보인다.

---

[A]

---

**01** **가** 의 ㉠~㉢을 **나** 에 구체화한 내용으로 적절하지 <u>않은</u> 것은?

① ㉠: 연구 보고서에서 제시한 불량 식품의 개념을 밝힌다.

② ㉡: 불량 식품인 것과 아닌 것을 구분하여 제시한다.

③ ㉡: 불량 식품에 대한 인식의 변화를 시기별로 제시한다.

④ ㉢: 불량 식품 근절을 위한 제도가 도입된 배경을 제시한다.

⑤ ㉢: 어린이 식품안전보호구역 제도와 이물 보고 의무화 제도를 설명한다.

**02** 다음은 **나** 를 읽은 교지 편집부장의 조언이다. 이를 반영하여 [A]를 작성한 내용으로 가장 적절한 것은?

> 식품 산업의 변화와 관련지어 독자가 글의 중심 내용을 아는 것이 어떤 의의가 있는지를 밝히는 마지막 문단이 있어야겠어.

① 소비자가 다양한 식품을 접할 수 있게 되면서 안전한 먹거리에 대한 관심이 높아지고 있다. 건강한 먹거리에 대한 기대가 큰 만큼 불량 식품 근절을 위한 노력이 요구된다.

② 식품 산업이 변화하면서 식품 안전의 사각지대가 발생하고 있다. 허위 광고나 과대광고로 홍보하는 식품의 신고 방법을 알면 불량 식품으로 인한 피해를 예방할 수 있다.

③ 어린이 식품안전보호구역과 이물 보고 의무화 제도가 불량 식품 문제를 해결할 수 있음을 아는 것은 중요하다. 이 제도는 앞으로도 불량 식품을 근절하는 역할을 할 것이다.

④ 식품 산업계는 안전한 식품을 원하는 소비자의 요구에 따라 건강한 식재료를 식품에 활용하고 있다. 식품업체는 소비자의 신뢰를 얻을 수 있는 식품 생산에 집중할 전망이다.

⑤ 식품 유통 및 판매 방식의 다변화로 다양한 식품이 출시되고 있다. 이 변화에 맞춰 무엇이 불량 식품이고 불량 식품 근절 방안이 무엇인지 아는 것은 우리 건강을 지키는 첫걸음이다.



## 2회 논증하는 글 쓰기

**01~02** 다음은 작문 상황과 이를 바탕으로 학생이 작성한 초고이다. 물음에 답하시오.

○ **작문 상황:** ○○ 지역 신문의 독자 기고란에 청소년 문제와 관련해 주장하는 글을 쓰려 함.

○ **초고**

최근 감염병 유행에 따른 일상의 변화로 인해 무기력이나 우울과 불안 등의 부정적 감정을 겪는 청소년이 늘고 있다. 청소년기는 자아 정체성을 확립해 가는 시기로 부정적인 감정이 계속되면 부정적인 정체성을 형성할 우려가 있다. 그러므로 현 상황의 문제 해결을 위해 청소년을 위한 감정 관리 프로그램을 확대 실시해야 한다.

현재 우리 지역에서는 청소년의 감정 관리를 위해 전문 상담 기관을 운영하고 있다. 이를 근거로 청소년의 감정 관리 프로그램이 실시되고 있어 프로그램 확대 실시는 필요 없다고 주장할 수 있다. 하지만 기존의 감정 관리 프로그램은 소수의 청소년만을 대상으로 하며 전문적인 상담 활동만으로 시행된다는 한계가 있다.

감정 관리 프로그램은 청소년이 자신의 감정을 알아차리고 이해함으로써 상황에 따라 감정을 조절할 수 있도록 돕는 것을 목표로 한다. 청소년을 위한 감정 관리 프로그램의 실질적인 확대 실시를 위해서는 실시 대상의 확대와 활동 내용의 다양화라는 두 가지 방향에서 접근해야 한다. 실시 대상의 확대가 필요한 이유는 부정적 감정을 겪는 청소년이 증가했고, 심각한 감정 상태임에도 기존의 전문 상담 기관을 찾지 않는 청소년이 있기 때문이다. 그리고 활동 내용의 다양화가 필요한 이유는 부정적 감정과 관련한 청소년 개개인의 다양성을 고려하

여 보다 다양하고 단계적인 활동을 마련해야 청소년의 개인적 특성에 맞는 감정 관리 활동을 선택할 수 있기 때문이다.

[A] 요컨대 청소년 문제에 적극적으로 대응하고 청소년이 심리적으로 건강한 청소년기를 보낼 수 있도록 대상을 모든 청소년으로 확대하여 감정 관리 프로그램을 실시해야 한다. 이를 위해 지역 구성원의 관심이 필요하다.

**01** '초고'에 대한 설명으로 가장 적절한 것은?

① 문제의 원인을 항목별로 유형화하였다.
② 일반적 통념이 지닌 모순을 지적하였다.
③ 주장에 대해 예상되는 반론을 반박하였다.
④ 자신의 주장이 지닌 한계점을 제시하였다.
⑤ 다양한 문제 해결 방안의 장단점을 비교하였다.

**02** 〈보기〉는 [A]를 고쳐 쓴 것이다. 그 과정에서 반영된 교사의 조언으로 가장 적절한 것은?

┤ 보기 ├

요컨대 부정적 감정을 겪는 청소년이 늘고 있는 상황에 적극적으로 대응하고 청소년이 긍정적 자아 정체성을 형성할 수 있도록 청소년 감정 관리 프로그램의 실시 대상을 확대하고 활동 내용을 다양화해야 한다. 이를 위해 청소년 감정 관리 문제에 지역 구성원 모두의 관심이 필요하다.

① 실행 방법이 나타나지 않았으니 글에서 언급한 실행 방법을 강조하는 게 어때?
② 예상 독자가 언급되지 않았으니 예상 독자에게 호소하며 글을 마무리하는 게 어때?
③ 해결 방안 중 일부만 제시되어 있으니 글에서 다룬 주장을 모두 포함하는 게 어때?
④ 앞서 논의한 내용과 거리가 있는 내용이 제시되어 있으니 이를 지우고 글의 요점을 제시하는 게 어때?
⑤ 해결 방안의 이점을 다루지 않았으니 실행을 통해 기대할 수 있는 변화를 구체적으로 드러내는 게 어때?

22 중세 국어

23 한글 맞춤법

무엇을 배울까?

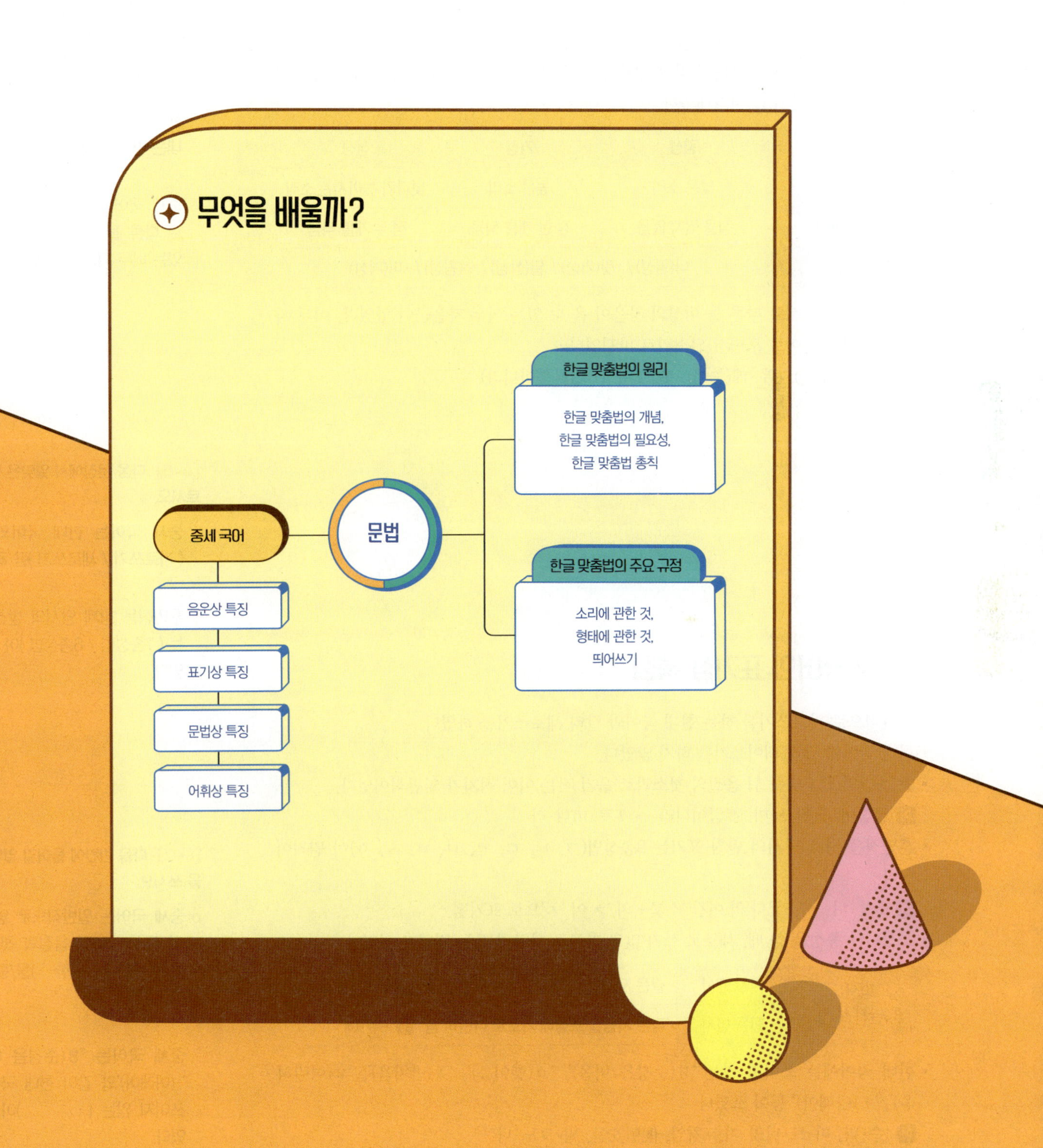
중세 국어
음운상 특징
표기상 특징
문법상 특징
어휘상 특징
문법
한글 맞춤법의 원리
한글 맞춤법의 개념,
한글 맞춤법의 필요성,
한글 맞춤법 총칙
한글 맞춤법의 주요 규정
소리에 관한 것,
형태에 관한 것,
띄어쓰기

## 01 중세 국어의 음운상 특징

- 양성 모음(ㆍ, ㅗ, ㅏ)은 양성 모음끼리, 음성 모음(ㅡ, ㅜ, ㅓ)은 음성 모음끼리 어울리는 모음 조화가 현대 국어에 비해 잘 지켜졌다.

  예 ㅂㄹ·매 → 양성 모음끼리 어울림.
    ·뜨·들 → 음성 모음끼리 어울림.

- 성조(음절 안에서 나타나는 소리의 높낮이)로 단어의 뜻을 구분하였다. 글자 왼쪽에 방점을 표시하여 성조를 나타내었다.

| | 평성 | 거성 | 상성 |
|---|---|---|---|
| 높낮이 | 낮은 소리 | 높은 소리 | 낮다가 높아지는 소리 |
| 표시 방법 | 점을 찍지 않음. | 점 한 개를 찍음. | 점 두 개를 찍음. |
| 예 | 나(평성) / ·랏(거성) / :말(상성) / 쓰(평성) / ·미(거성) | | |

- 음절 첫머리에 서로 다른 둘 이상의 자음이 올 수 있는 어두 자음군이 있었다. 어두 자음군은 현대 국어로 오면서 된소리로 바뀌었다.

  예 ·뜨·들(뜻을), ·뿌·메(씀에), ㄸ른·미니·라(따름이니라)

## 02 중세 국어의 표기상 특징

- 일반적으로 가로쓰기를 하는 현대 국어와 달리 세로쓰기를 하였다.
- 현대 국어와 달리 띄어쓰기를 하지 않았다.
- 앞 음절의 끝소리를 뒤 음절의 첫소리로 옮겨 적는 이어 적기가 일반적이었다.

  예 말씀이 → 말쓰·미, ㄸ롬이니라 → ㄸ른·미니·라

- 훈민정음 창제 당시의 받침 표기는 8종성법(ㄱ, ㄴ, ㄷ, ㄹ, ㅁ, ㅂ, ㅅ, ㅇ)이 원칙이었다.

  예 ᄉᄆᆺ·디 → 'ᄉᄆᆺ다'의 어간 'ᄉᄆᆺ-'의 'ㅊ'이 'ㅅ'으로 표기됨.

- 초성이나 종성을 쓸 때, 세로로 쓰지 않고 가로로 나란히 쓰는 병서가 있었다.

| 병서<br>(나란히 쓰기) | 각자 병서 | 같은 자음을 초성에 가로로 나란히 씀. 예 말쓰·미 |
|---|---|---|
| | 합용 병서 | 다른 자음을 초성에 가로로 나란히 씀. 예 ·뿌·메 |

- 현대 국어에는 쓰이지 않는 'ㅸ(순경음 비읍)', 'ㆁ(옛이응)', 'ㅿ(반치음)', 'ㆆ(여린히읗)', 'ㆍ(아래아)' 등이 쓰였다.

  예 :수·비, 미·드·니잇·가, ·처섬, 便뼌安ᅙᆞᆫ, 밍·ㄱ노·니




✦ 개념 확인하기

[1~3] 다음 설명이 맞으면 ○, 틀리면 × 표시하시오.

1 중세 국어는 현대 국어보다 모음 조화가 잘 지켜졌다. ( ○, × )

2 중세 국어에는 글자의 왼쪽에 점을 표시하여 소리의 길이를 나타내는 방점이 있었다. ( ○, × )

3 중세 국어에는 음절 첫머리에 서로 다른 둘 이상의 자음이 올 수 있는 어두 자음군이 있었다. ( ○, × )

[4~5] 다음 문장에서 알맞은 말을 고르시오.

4 중세 국어는 현대 국어와 달리 ( 가로쓰기 / 세로쓰기 )를 하였다.

5 훈민정음 창제 당시의 받침 표기는 ( 7종성법 / 8종성법 )이 원칙이었다.

[6~7] 다음 빈칸에 들어갈 알맞은 말을 쓰시오.

6 중세 국어는 일반적으로 앞 음절의 끝소리를 뒤 음절의 첫소리로 옮겨 적는 (        )을/를 하였다.

7 중세 국어는 'ㅸ(순경음 비읍)', 'ㆍ(아래아)'와 같이 현대 국어에는 쓰이지 않는 (        )이/가 있었다.

## 03 중세 국어의 문법상 특징

- 주어를 나타내는 주격 조사로 '이/ㅣ/∅'이 쓰였다.

| 이 | 자음 뒤에 나타남.<br>예 百·빅姓·셩·이(빅셩+이) → 백성이 |
|---|---|
| ㅣ | 모음 'ㅣ'나 반모음 'ǐ' 외의 모음 뒤에 나타남.<br>예 ·홀ㆆ·배이·셔·도(바+ㅣ) → 바가 있어도 |
| ∅ | 모음 'ㅣ'나 반모음 'ǐ(덧말:˘)' 뒤에 나타남.<br>예 불휘(불휘+∅) → 뿌리가 |

- 비교를 나타내는 비교격 조사로 '에'가 쓰였다.

  예 中듕國·귁·에달·아(중국과 달라)

- 무정 명사나 높임의 대상 뒤에 쓰이는 관형격 조사로 'ㅅ'이 있다.

  예 나·랏:말쏘·미(나라의 말이), 부텻·나·히(부처의 나이)

- 명사형 어미로 '-옴/-움'이 쓰였다.

  예 ·뿌·메(씀에) → 동사의 어간 '쓰-'에 명사형 어미 '-움'이 붙어 명사가 됨.

## 04 중세 국어의 어휘상 특징

- 소멸하여 현대 국어에는 쓰이지 않는 어휘들이 있었다.

  예 젼·ᄎ → '까닭'이라는 뜻으로 현대 국어에서는 쓰이지 않음.

- 현대 국어와는 다른 의미로 쓰인 어휘들이 있었다.

| 의미의 이동 | 어휘의 의미가 변함.<br>예 :어엿·비 → 중세 국어에서는 '불쌍하게, 가엾게'라는 뜻이었으나 현대 국어에서는 '예쁘게'라는 뜻으로 의미가 바뀜. |
|---|---|
| 의미의 축소 | 어휘가 가리키는 의미의 영역이 좁아짐.<br>예 ·노·미 → 중세 국어에서는 '놈'이 '보통 사람'이라는 뜻이었으나 현대 국어에서는 남자를 낮잡아 이르는 말로 의미가 바뀜. |

- 이웃 나라와 접촉하는 과정에서 중국어, 몽골어, 여진어 등의 외래어가 들어오기도 하였다.

---



**[8~11]** 다음 설명이 맞으면 ○, 틀리면 × 표시하시오.

**8** 중세 국어에는 현대 국어처럼 주어를 나타내는 조사로 '가'가 쓰였다. (○, ×)

**9** 중세 국어의 관형격 조사 'ㅅ'은 무정 명사나 높임의 대상 뒤에 쓰였다. (○, ×)

**10** 중세 국어에서는 명사형 어미 '-옴/-움'이 쓰여 명사를 만들었다. (○, ×)

**11** 중세 국어에는 비교를 나타내는 조사로 '에'가 쓰였다. (○, ×)

**[12~13]** 다음 문장에서 알맞은 말을 고르시오.

**12** '어엿비'는 중세 국어에서 '( 가엾게 / 예쁘게 )'라는 의미를 지닌 어휘였으나 현대 국어에서는 의미가 변하였다.

**13** '놈'의 의미가 중세 국어에서 '보통 사람'이었다가 현대 국어에서 남자를 낮잡아 이르는 말로 바뀐 것은 의미의 ( 이동 / 축소 )에 해당한다.

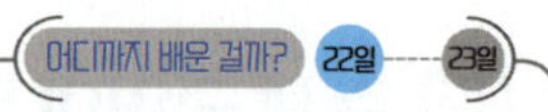



# 중세 국어

## 01~02 다음을 읽고 물음에 답하시오.

불·휘기·픈남·군브 른·매아·니:뮐·씨곶:됴·코여·름·하
노·니
:시·미기·픈·므·른·フ 루·래아·니그·츨·씨:내·히이·러
바·루·래·가느·니

– 『용비어천가(龍飛御天歌)』

**✦ 현대어 풀이**

뿌리가 깊은 나무는 바람에 아니 움직이므로, 꽃 좋고 열매가 많으니.
샘이 깊은 물은 가뭄에 아니 그치므로, 내(川)가 이루어져 바다에 가느니.

### 01 이 글에서 알 수 있는 중세 국어의 특징으로 적절하지 않은 것은?

① '기·픈'과 같이 이어 적기를 하였다.
② ':뮐·씨'처럼 방점을 찍어 성조를 표시하였다.
③ '브 른·매'와 같이 구개음화가 적용되지 않았다.
④ ':시·미'의 'ㆍ'처럼 현대 국어에는 없는 음운이 있었다.
⑤ '불·휘'에 쓰인 것처럼 주격 조사 '이'가 다양한 형태로 쓰였다.

### 02 〈보기〉에서 설명하는 어휘를 이 글에서 찾아 쓰시오.

┌ 보기 ┐
중세 국어에서 이 어휘는 '많다'라는 뜻이었는데, 지금은 사라져서 현대 국어에서는 사용하지 않는다.

## 03~08 다음을 읽고 물음에 답하시오.

世·솅宗종御·엉製·졩訓·훈民민正·졍音흠

㉠나·랏:말쏘·미中듕國·귁·에달·아文문字·쫑·와·로서
르스뭇·디아·니홀·씨·이런젼·츠·로어·린百·빅姓·셩·이니
르·고·져·훓·배이·셔·도무·춤:내제·뜨·들시·러펴·디:몯
홇·노·미하·니·라㉡·내·이·룰爲·윙·호·야:어엿·비너
·겨·새·로·스·믈여·듧字·쫑·룰밍·フ노·니㉢:사룸:마·다
:히·여:수·비니·겨·날·로·뿌·메便뼌安한·킈호·고·져훓뜻
루·미니·라

– 『월인석보(月印釋譜)』

**✦ 현대어 풀이**

우리나라의 말이 중국과 달라 문자(한자)로 서로 통하지 아니하여서, 이런 까닭으로 어리석은 백성이 이르고자 하는 바가 있어도 마침내 제 뜻을 능히 펴지 못하는 사람이 많다. 내가 이를 불쌍히 여겨 새로 스물여덟 자를 만드니, 사람마다 하여금 쉽게 익혀 날마다 씀에 편안하게 하고자 할 따름이다.

### 03 이 글을 통해 알 수 있는 중세 국어의 특성과 그 예로 적절지 않은 것은?

① 모음 조화가 지켜졌다. → ·뜨·들
② 어두 자음군이 쓰였다. → ·내·이·룰爲·윙·호·야
③ 받침을 표기할 때 8종성법이 지켜졌다. → 스뭇·디
④ 현대 국어에서 쓰이지 않는 음운이 쓰였다. → :수·비
⑤ 띄어쓰기를 하지 않았다. → 무·춤:내제·뜨·들시·러펴·디

## 04 ㉠~㉢에 나타난 '훈민정음'의 창제 정신을 바르게 묶은 것은?

| | ㉠ | ㉡ | ㉢ |
|---|---|---|---|
| ① | 자주 정신 | 실용 정신 | 애민 정신 |
| ② | 실용 정신 | 애민 정신 | 자주 정신 |
| ③ | 자주 정신 | 애민 정신 | 실용 정신 |
| ④ | 실용 정신 | 자주 정신 | 애민 정신 |
| ⑤ | 애민 정신 | 실용 정신 | 자주 정신 |

## 05 〈보기〉에서 설명하는 중세 국어와 현대 국어의 차이점이 드러난 단어로 적절한 것은?

┤보기├

중세 국어에서는 앞 음절의 끝소리를 뒤 음절의 첫소리로 옮겨 적는 이어 적기를 하였으나, 현대 국어에서는 끊어 적기를 한다.

    〈중세 국어〉        〈현대 국어〉
① 하·니·라 → 많다
② ·날·로 → 날마다
③ 니르·고·져 → 이르고자
④ :말쏘·미 → 말씀이
⑤ ·스·믈여·듧 → 스물여덟

## 06 〈보기〉와 유사한 의미의 변화가 나타난 단어로 적절한 것은?

┤보기├

중세 국어에서 '어·린'은 '어리석은'이라는 의미를 지녔으나, 현대 국어에서는 '나이가 적은'이라는 의미로 이동되어 쓰인다.

① 젼·ᄎ ② :수·비
③ ᄉᆞᄆᆞᆺ·디 ④ :어엿·비
⑤ 무·춤:내

## 07 〈보기〉의 설명에 해당하는 어휘가 포함된 부분을 이 글에서 찾아 2음절로 쓰시오.

┤보기├

중세 국어에서 현대 국어로 이어져 오면서 어휘의 의미나 형태가 변화하였다. 이 중에서 어휘의 의미 영역이 좁아져 의미가 축소되는 경우도 있었다.

★ 고난도

## 08 이 글을 중심으로 중세 국어와 현대 국어의 차이점을 다음과 같이 정리할 때, 적절하지 <u>않은</u> 것은?

| | 중세 국어 → 현대 국어 | 차이점 |
|---|---|---|
| ① | 나·랏:말쏘·미 → 나라의 말이 | 중세 국어에는 관형격 조사로 'ㅅ'이 쓰였다. |
| ② | 中듕國·귁·에달·아 → 중국과 달라 | 중세 국어에는 '에'가 현대 국어의 '과/와'와 같이 비교를 나타내는 조사로 쓰였다. |
| ③ | 제·ᄠᅳ·들 → 제 뜻을 | 중세 국어에는 어두 자음군이 쓰였으며, 끊어 적기가 일반적으로 사용되었다. |
| ④ | 니르·고·져·홇·배이·셔·도 → 이르고자 하는 바가 있어도 | 중세 국어에는 주격 조사로 '이'가 쓰였고, 주격 조사 '이'는 환경에 따라 '이', 'ㅣ'로 실현되거나 생략되기도 하였다. |
| ⑤ | ·날·로·뿌·메 → 날마다 씀에 | 중세 국어에는 명사형 어미로 '-옴/-움'이 쓰였다. |

# 한글 맞춤법

## 01 한글 맞춤법의 개념과 원리

### 1 한글 맞춤법의 개념과 필요성

**• 개념**

우리말을 한글로 적을 때 지켜야 하는 기준을 정하여 놓은 것으로, 한글로써 우리말을 표기하는 규칙 전반을 뜻한다.

**• 필요성**

> 사람들이 원활하게 의사소통하기 위한 최소한의 기준으로, 올바른 표기 생활을 영위하기 위해 한글 맞춤법을 이해하고 실제 국어생활에 적용해야 함.

↓

> • 자신과 주변의 국어생활을 점검하며 어떤 문제가 있는지 살펴야 함.
> • 한글 맞춤법을 활용하여 문제를 적극적으로 개선하고 해결하려 노력해야 함.

### 2 한글 맞춤법의 원리

**• 한글 맞춤법 총칙**

| 제1항 | 한글 맞춤법은 표준어를 소리대로 적되, 어법에 맞도록 함을 원칙으로 한다. |
|---|---|

| 소리대로 적되, | 어법에 맞도록 함. |
|---|---|
| 말하는 소리 그대로 적는 것을 의미함. | 의미가 같은 하나의 말이라도 발음하는 조건에 따라 소리가 달라질 수 있음. 그러므로 본래의 뜻을 쉽게 파악하도록 하나의 뜻을 나타내는 말은 형태를 고정하여 일관되게 적음. |
| 예 강[강], 눈물[눈물], 돌[돌] | 예 읽다[익따], 읽어[일거], 읽는[잉는] |

| 제2항 | 문장의 각 단어는 띄어 씀을 원칙으로 한다. |
|---|---|

• 우리말을 글로 적을 때는 문장의 의미를 이해하기 쉽게 단어별로 띄어 씀을 원칙으로 함.
　예 친구가방에들어간다. → 친구ⅴ가방에ⅴ들어간다. / 친구가ⅴ방에ⅴ들어간다.
• 다만 조사는 혼자 쓸 수 없으므로 앞말에 붙여 씀.
　예 이제ⅴ믿을ⅴ것은ⅴ실력뿐이다.



---



**[1~3]** 다음 설명이 맞으면 ○, 틀리면 × 표시하시오.

**1** 한글 맞춤법은 사람들이 말과 글로 원활하게 의사소통하는 데에 필요하다.　　　　( ○ , × )

**2** 한글 맞춤법은 우리말을 한글로 적을 때 지켜야 하는 기준을 정한 것이다.　　　　( ○ , × )

**3** 한글 맞춤법을 적용하여 자신과 주변의 국어생활을 성찰하고 국어생활을 개선하도록 노력해야 한다.　　　　( ○ , × )

**[4~6]** 다음 빈칸에 들어갈 알맞은 말을 쓰시오.

**4** 한글 맞춤법 총칙에서 한글 맞춤법은 표준어를 (　　　　)대로 적되, (　　　　)에 맞도록 함을 원칙으로 한다.

**5** '꽃은', '꽃이', '꽃도'와 같이 발음하는 조건에 따라 말의 소리가 달라질 수 있으므로, 본래의 뜻을 쉽게 파악할 수 있도록 (　　　　)을/를 고정하여 적어야 한다.

**6** 한글 맞춤법 총칙에서 문장의 각 (　　　　)은/는 띄어 씀을 원칙으로 하되, (　　　　)은/는 앞말에 붙여 쓰도록 한다고 하였다.

# 02 한글 맞춤법의 주요 규정

## 1 소리에 관한 것

### • 된소리

| | |
|---|---|
| 제5항 | 한 단어 안에서 뚜렷한 까닭 없이 나는 된소리는 다음 음절의 첫소리를 된소리로 적는다.<br>1. 두 모음 사이에서 나는 된소리<br>　예 소쩍새, 어깨, 오빠, 으뜸<br>2. 'ㄴ, ㄹ, ㅁ, ㅇ' 받침 뒤에서 나는 된소리<br>　예 살짝, 몽땅, 훨씬<br>다만, 'ㄱ, ㅂ' 받침 뒤에서 나는 된소리는, 같은 음절이나 비슷한 음절이 겹쳐 나는 경우가 아니면 된소리로 적지 아니한다.<br>　예 국수, 갑자기, 싹둑 |

### • 구개음화

| | |
|---|---|
| 제6항 | 'ㄷ, ㅌ' 받침 뒤에 종속적 관계를 가진 '-이(-)'나 '-히-'가 올 적에는, 그 'ㄷ, ㅌ'이 'ㅈ, ㅊ'으로 소리 나더라도 'ㄷ, ㅌ'으로 적는다.<br>예 맏이, 굳이, 끝이, 핥이다, 닫히다 |

### • 두음 법칙

| | |
|---|---|
| 제10항 | 한자음 '녀, 뇨, 뉴, 니'가 단어 첫머리에 올 적에는, 두음 법칙에 따라 '여, 요, 유, 이'로 적는다.<br>예 여자(女子), 요소(尿素), 유대(紐帶), 익명(匿名) |
| 제11항 | 한자음 '랴, 려, 례, 료, 류, 리'가 단어의 첫머리에 올 적에는, 두음 법칙에 따라 '야, 여, 예, 요, 유, 이'로 적는다.<br>예 양심(良心), 역사(歷史), 예의(禮儀), 이발(理髮) |
| 제12항 | 한자음 '라, 래, 로, 뢰, 루, 르'가 단어의 첫머리에 올 적에는, 두음 법칙에 따라 '나, 내, 노, 뇌, 누, 느'로 적는다.<br>예 낙원(樂園), 내일(來日), 노인(老人), 누각(樓閣) |

- 접두사처럼 쓰이는 한자가 붙어서 된 말이나 합성어에서, 뒷말의 첫소리가 'ㄴ' 소리로 나더라도 두음 법칙에 따라 적는다.
  - 예 신여성(新女性), 공염불(空念佛)
- 모음이나 'ㄴ' 받침 뒤에 이어지는 '렬, 률'은 '열, 율'로 적는다.
  - 예 나열(羅列), 백분율(百分率)





## ✦ 개념 확인하기

[7~8] 다음 설명이 맞으면 ○, 틀리면 × 표시하시오.

7 '깍두기'는 'ㄱ' 받침 뒤에서 나는 된소리를 반영하여 '깍뚜기'라고 적어야 한다. 　　　( ○ , × )

8 '같이'는 [가치]로 발음되더라도 '같이'라고 적어야 한다. 　　( ○ , × )

[9~10] 다음 문장에서 알맞은 말을 고르시오.

9 '녀자(女子)'를 '여자(女子)'로 적는 것은 ( 두음 법칙 / 구개음화 )을/를 반영한 표기이다.

10 모음이나 'ㄴ' 받침 뒤에 이어지는 한자어 '렬, 률'은 '열, 율'로 적으므로 ( 실패율 / 실패률 )로 적는다.

[11~12] 다음 빈칸에 들어갈 알맞은 말을 쓰시오.

11 '해돋이'는 (　　　　)에 따라 [해도지]로 소리 나지만 '해돋이'로 적는다.

12 '내년(來年)'은 한자음 '래'가 단어의 첫머리에 온 것이므로 두음 법칙에 따라 '(　　　　)'으로 적는다.

## 2 형태에 관한 것

### • 체언과 조사

| 제14항 | 체언은 조사와 구별하여 적는다.<br>예 옷이, 옷을, 옷에, 옷도, 옷만 ┗조사 |

### • 어간과 어미

| 제15항 | 용언의 어간과 어미는 구별하여 적는다.<br>예 높다, 높고, 높아, 높으니 ┗어간<br>[붙임 1] 두 개의 용언이 어울려 한 개의 용언이 될 적에, 앞말의 본뜻이 유지되고 있는 것은 그 원형을 밝히어 적고, 그 본뜻에서 멀어진 것은 밝히어 적지 아니한다.<br>예 쓰러지다('쓸다'의 의미에서 멀어졌으므로 원형을 안 밝힘.)<br>[붙임 2] 종결형에서 사용되는 어미 '-오'는 '요'로 소리 나는 경우가 있더라도 그 원형을 밝혀 '오'로 적는다.<br>예 이것은 책이오.<br>[붙임 3] 연결형에서 사용되는 '이요'는 '이요'로 적는다.<br>예 이것은 책이요, 저것은 붓이요, 또 그것은 먹이다. |

### • 접미사가 붙어서 된 말

| 제19항 | 어간에 '-이'나 '-음/-ㅁ'이 붙어서 명사로 된 것과 '-이'나 '-히'가 붙어서 부사로 된 것은 그 어간의 원형을 밝히어 적는다.<br>1. '-이'가 붙어서 명사로 된 것<br>예 길이, 깊이, 높이, 다듬이<br>2. '-음/-ㅁ'이 붙어서 명사로 된 것<br>예 걸음, 묶음, 믿음, 얼음<br>3. '-이'가 붙어서 부사로 된 것<br>예 같이, 굳이, 많이, 실없이<br>4. '-히'가 붙어서 부사로 된 것<br>예 밝히, 익히 |
| 제20항 | 명사 뒤에 '-이'가 붙어서 된 말은 그 명사의 원형을 밝히어 적는다.<br>1. 부사로 된 것<br>예 낱낱이, 샅샅이<br>2. 명사로 된 것<br>예 바둑이, 삼발이 |



---



**[13~16]** 다음 설명이 맞으면 ○, 틀리면 × 표시하시오.

**13** 용언의 어간과 어미는 구별하여 적되, 어간의 받침을 어미의 첫소리 자리로 이어 적는 것도 허용한다. ( ○ , × )

**14** '쓰러지다'는 앞말이 그 본뜻에서 멀어졌기에 원형을 밝히지 않는다. ( ○ , × )

**15** 종결형에서 사용되는 어미 '-오'는 '요'로 소리 나는 경우 '오'로 적는다. ( ○ , × )

**16** 연결형에서 사용되는 '이요'는 '이요'로 소리 나는 경우가 있더라도 '이오'로 적어야 한다. ( ○ , × )

**[17~18]** 다음 빈칸에 들어갈 알맞은 말을 쓰시오.

**17** 어간에 '-이'나 '-음/-ㅁ'이 붙어서 명사로 된 것과 '-이'나 '-히'가 붙어서 부사로 된 것은 그 어간의 (        )을/를 밝히어 적는다.

**18** '곳곳이'는 명사 뒤에 '(        )'이/가 붙어서 된 말이므로 원형을 밝히어 적는다.

- 합성어 및 접두사가 붙은 말

| | |
|---|---|
| 제30항 | 사이시옷은 다음과 같은 경우에 받치어 적는다.<br>1. 순우리말로 된 합성어로서 앞말이 모음으로 끝난 경우<br>(1) 뒷말의 첫소리가 된소리로 나는 것 예 냇가, 뱃길<br>(2) 뒷말의 첫소리 'ㄴ, ㅁ' 앞에서 'ㄴ' 소리가 덧나는 것 예 냇물, 빗물<br>(3) 뒷말의 첫소리 모음 앞에서 'ㄴㄴ' 소리가 덧나는 것 예 뒷일, 나뭇잎<br>2. 순우리말과 한자어로 된 합성어로서 앞말이 모음으로 끝난 경우<br>(1) 뒷말의 첫소리가 된소리로 나는 것 예 전셋집, 햇수<br>(2) 뒷말의 첫소리 'ㄴ, ㅁ' 앞에서 'ㄴ' 소리가 덧나는 것 예 제삿날, 훗날<br>(3) 뒷말의 첫소리 모음 앞에서 'ㄴㄴ' 소리가 덧나는 것 예 예삿일, 훗일 |

- 한자어임에도 사이시옷을 받치어 적는 경우
곳간(庫間), 셋방(貰房), 숫자(數字), 찻간(車間), 툇간(退間), 횟수(回數)

- 준말

| | |
|---|---|
| 제35항 | 모음 'ㅗ, ㅜ'로 끝난 어간에 '-아/-어, -았-/-었-'이 어울려 'ㅘ/ㅝ, ㅘㅆ/ㅝㅆ'으로 될 적에는 준 대로 적는다.<br>예 • 두어 → 둬 / 쏘아 → 쏴 / 주어 → 줘<br>• 두었다 → 뒀다 / 쏘았다 → 쐈다 / 주었다 → 줬다<br>[붙임 2] 'ㅚ' 뒤에 '-어, -었-'이 어울려 'ㅙ, ㅙㅆ'으로 될 적에도 준 대로 적는다.<br>예 • 되어 → 돼 / 뵈어 → 봬<br>• 되었다 → 됐다 / 뵈었다 → 뵀다 |

## 3 띄어쓰기

| | | |
|---|---|---|
| 제41항 | 조사는 그 앞말에 붙여 쓴다.<br>예 여기에서부터 저기까지 청소하자. | 조사는 자립성이 없고, 문법적인 관계를 표시하므로 체언에 붙여 씀. |
| 제42항 | 의존 명사는 띄어 쓴다.<br>예 나도 할 수 있다. | 의존 명사는 의미적 독립성은 없으나 명사적 기능을 담당하는 단어이므로 띄어 씀. |
| 제43항 | 단위를 나타내는 명사는 띄어 쓴다.<br>예 차 한 대 / 밥 한 그릇 | 단위를 나타내는 말은 의존 명사이든 자립 명사이든 하나의 단어로 인정되는 명사이므로 앞말과 띄어 씀. |
| 제47항 | 보조 용언은 띄어 씀을 원칙으로 하되, 경우에 따라 붙여 씀도 허용한다.<br>다만, ①앞말에 조사가 붙거나 ②앞말이 합성 용언인 경우, 그리고 ③중간에 조사가 들어갈 적에는 그 뒤에 오는 보조 용언은 띄어 쓴다.<br>예 불이 꺼져 간다. 〈원칙〉 / 불이 꺼져간다. 〈허용〉<br>① 책을 읽어도 보고 (○) / 책을 읽어도보고 (×)<br>② 떠내려가 버리다. (○) / 떠내려가버리다. (×)<br>③ 올 듯도 하다. (○) / 올 듯도하다. (×) | |

정답과 해설 35쪽 •

+ 개념 확인하기

[19~22] 다음 설명이 맞으면 ○, 틀리면 × 표시하시오.

19 '귓병'은 뒷말의 첫소리가 된소리로 나서 [귀뼝/귇뼝]으로 소리 나므로 사이시옷을 받치어 적는다. (○, ×)

20 '깻잎'은 뒷말의 첫소리 모음 앞에서 'ㄴㄴ' 소리가 덧나 [깬닙]으로 소리 나므로 사이시옷을 받치어 적는다. (○, ×)

21 한자어끼리 결합하여 만들어진 합성어에도 반드시 사이시옷을 받치어 적는다. (○, ×)

22 '셋방'은 순우리말로 된 합성어로서, 뒷말의 첫소리가 된소리로 나므로 사이시옷을 받치어 적는다. (○, ×)

[23~24] 다음 문장에서 알맞은 말을 고르시오.

23 '보았다'를 준 대로 적으면 ( 봤다 / 봐았다 )로 적어야 한다.

24 '바람을 쐬어'의 '쐬어'를 준 대로 적으면 ( 쐐 / 쐐어 )로 적어야 한다.

[25~26] 다음 빈칸에 들어갈 알맞은 말을 쓰시오.

25 '아는 이를 만났다.'에서 '이'와 같은 (　　　)은/는 띄어 쓴다.

26 '팽이가돌아가고있다.'를 바르게 띄어 쓰면 '(　　　　　　)'라고 쓴다.

# 한글 맞춤법



**01** 〈보기〉를 바르게 이해한 내용으로 적절하지 <u>않은</u> 것은?

| 보기 |
> 제1항  한글 맞춤법은 표준어를 소리대로 적되, 어법에 맞도록 함을 원칙으로 한다.

① '너무', '눈물'은 표준어를 소리대로 적은 것이다.
② '국물', '같이'는 소리대로 적지 않고 어법에 맞게 적은 것이다.
③ '늙고[늘꼬]', '늙지[늑찌]'는 어간과 어미의 원형을 밝혀 적은 것이다.
④ '더워[더워]', '더우니[더우니]'는 어간의 본 모양을 밝혀 어법대로 적은 것이다.
⑤ 어법에 맞도록 한다는 것은 본래의 뜻을 파악하기 쉽게 형태를 고정하여 일관되게 적는다는 의미이다.

**02** 〈보기〉를 고려할 때, 바르게 표기된 것끼리 묶인 것은?

| 보기 |
> 제5항  한 단어 안에서 뚜렷한 까닭 없이 나는 된소리는 다음 음절의 첫소리를 된소리로 적는다.
> 1. 두 모음 사이에서 나는 된소리
> 2. 'ㄴ, ㄹ, ㅁ, ㅇ' 받침 뒤에서 나는 된소리
>    다만, 'ㄱ, ㅂ' 받침 뒤에서 나는 된소리는, 같은 음절이나 비슷한 음절이 겹쳐 나는 경우가 아니면 된소리로 적지 아니한다.
> 제6항  'ㄷ, ㅌ' 받침 뒤에 종속적 관계를 가진 '-이(-)'나 '-히-'가 올 적에는 그 'ㄷ, ㅌ'이 'ㅈ, ㅊ'으로 소리 나더라도 'ㄷ, ㅌ'으로 적는다.

> ㉠ 끝이　　㉡ 해도지　　㉢ 해쓱하다
> ㉣ 잔득　　㉤ 깍뚜기

① ㉠, ㉢　　② ㉡, ㉢　　③ ㉡, ㉢, ㉣
④ ㉡, ㉣, ㉤　　⑤ ㉢, ㉤

**03** 〈보기〉의 규정을 참고할 때 한글 맞춤법에 <u>어긋난</u> 것은?

| 보기 |
> 제11항  한자음 '랴, 려, 례, 료, 류, 리'가 단어의 첫머리에 올 적에는, 두음 법칙에 따라 '야, 여, 예, 요, 유, 이'로 적는다.
> [붙임 1] 단어의 첫머리 이외의 경우에는 본음대로 적는다.
>     다만, 모음이나 'ㄴ' 받침 뒤에 이어지는 '렬, 률'은 '열, 율'로 적는다.

① 양심　　② 예의　　③ 개량
④ 쌍룡　　⑤ 백분률

**04** 〈보기〉의 밑줄 친 내용의 사례로 알맞은 낱말끼리 묶은 것은?

| 보기 |
> 제15항  용언의 어간과 어미는 구별하여 적는다.
> [붙임 1] 두 개의 용언이 어울려 한 개의 용언이 될 적에, 앞말의 본뜻이 유지되고 있는 것은 그 원형을 밝히어 적고, <u>그 본뜻에서 멀어진 것은 밝히어 적지 아니한다.</u>

① 흩어지다, 늘어지다
② 사라지다, 쓰러지다
③ 늘어나다, 돌아가다
④ 들어가다, 벌어지다
⑤ 엎어지다, 틀어지다

**05** 밑줄 친 말 중, 한글 맞춤법에 맞게 표기된 것은?

① 이것은 <u>책이요.</u>
② 그 일은 네가 하면 <u>되.</u>
③ <u>낱낱이</u> 따져 보면 우리가 이득이야.
④ 계곡에 흐르는 <u>급유</u>를 조심해야 합니다.
⑤ <u>살림사리</u>가 나아져 큰 집으로 이사 간다.

## 06 〈보기〉의 띄어쓰기 규정을 참고하여 ㉠~㉤을 설명한 내용으로 적절하지 <u>않은</u> 것은?

┌ 보기 ┐

제41항  조사는 그 앞말에 붙여 쓴다.

제42항  의존 명사는 띄어 쓴다.

제43항  단위를 나타내는 명사는 띄어 쓴다.

제47항  보조 용언은 띄어 씀을 원칙으로 하되, 경우에 따라 붙여 씀도 허용한다.

　　　다만, 앞말에 조사가 붙거나 앞말이 합성 용언인 경우, 그리고 중간에 조사가 들어갈 적에는 그 뒤에 오는 보조 용언은 띄어 쓴다.

---

㉠ 오늘은 비가 올 듯도 하다.

㉡ 먹을만큼만 먹어야 건강하게 살수 있다.

㉢ 명절을 맞아 굴비 한두름과 쌀 한말을 가지고 오셨다.

㉣ 역시 너 밖에 없다.

㉤ 진주는 그 일을 일주일만에 해냈다.

① ㉠은 앞말에 조사가 붙었으므로 보조 용언을 붙여 '오늘은 비가 올 듯도하다.'로 고쳐 써야 한다.

② ㉡은 의존 명사를 띄어 쓰지 않아 띄어쓰기 규정을 지키지 않고 있다.

③ ㉢은 단위를 나타내는 명사를 띄어 써서 '명절을 맞아 굴비 한 두름과 쌀 한 말을 가지고 오셨다.'로 고쳐 써야 한다.

④ ㉣은 '밖에'가 조사이므로 앞말에 붙여 '너밖에'로 고쳐 써야 한다.

⑤ ㉤은 '일주일만에'에서 '만'이 앞말이 가리키는 동안이나 거리를 나타내는 의존 명사이므로 '일주일 만에'로 띄어 써야 한다.

## 07 다음 문장 중 띄어쓰기가 적절하지 <u>않은</u> 것은?

① 가을 하늘이 무척 높다.

② 모든 티켓이 매진되었다.

③ 우리는 저 마다 높은 꿈을 가졌다.

④ 너희보다 우리가 상황이 더 괜찮다.

⑤ 예로부터 제사를 올리는 일은 중요했다.

---



## 08 〈보기〉의 규정을 참고하여 ㉠~㉤을 이해한 내용으로 적절하지 <u>않은</u> 것은?

┌ 보기 ┐

제30항  사이시옷은 다음과 같은 경우에 받치어 적는다.

　1. 순우리말로 된 합성어로서 앞말이 모음으로 끝난 경우

　　(1) 뒷말의 첫소리가 된소리로 나는 것

　　(2) 뒷말의 첫소리 'ㄴ, ㅁ' 앞에서 'ㄴ' 소리가 덧나는 것

　　(3) 뒷말의 첫소리 모음 앞에서 'ㄴㄴ' 소리가 덧나는 것

　2. 순우리말과 한자어로 된 합성어로서 앞말이 모음으로 끝난 경우

　　(1) 뒷말의 첫소리가 된소리로 나는 것

　　(2) 뒷말의 첫소리 'ㄴ, ㅁ' 앞에서 'ㄴ' 소리가 덧나는 것

　　(3) 뒷말의 첫소리 모음 앞에서 'ㄴㄴ' 소리가 덧나는 것

　3. 두 음절로 된 다음 한자어

　　예  곳간, 셋방, 숫자, 찻간, 툇간, 횟수

---

㉠ 제삿날, 훗날, 툇마루

㉡ 귓밥, 나룻배, 부싯돌

㉢ 전셋집, 햇수

㉣ 잇몸, 뒷머리

㉤ 베갯잇, 깻잎

① ㉠은 뒷말의 첫소리 'ㄴ, ㅁ'에서 'ㄴ' 소리가 덧나는 말로 사이시옷을 받쳐 적는다.

② ㉡은 뒷말의 첫소리가 된소리가 나는 말로 사이시옷을 받쳐 적는다.

③ ㉢은 순우리말과 한자어가 결합한 말로 뒷말의 첫소리가 된소리가 나며 사이시옷을 받쳐 적는다.

④ ㉡, ㉣, ㉤에 쓰인 말은 모두 순우리말로 된 합성어로 앞말이 모음으로 끝난다.

⑤ ㉣은 '냇물', '댓잎'과 같이 뒷말의 첫소리 'ㄴ, ㅁ' 앞에서 'ㄴ' 소리가 덧나는 말이다.

**01** <학습 활동>을 수행한 결과로 적절하지 <u>않은</u> 것은?

2023학년도 수능

〈학습 활동〉

다음은 중세 국어의 문자 및 표기와 관련된 내용이다. 〈자료〉에서 ⓐ~ⓔ를 확인할 수 있는 예를 모두 골라 묶어 보자.

> ⓐ 乃냉終즁ㄱ소리는 다시 첫소리를 쓰느니라
> [종성 글자는 따로 만들지 않고 다시 초성 글자를 사용한다]
>
> ⓑ ㅇ를 입시울쏘리 아래 니서 쓰면 입시울 가비야본 소리 드외느니라
> [ㅇ을 순음 글자 아래 이어 쓰면 순경음 글자가 된다]
>
> ⓒ 첫소리를 어울워 뚫디면 글바 쓰라 乃냉終즁ㄱ소리도 혼가지라
> [초성 글자를 합하여 사용하려면 옆으로 나란히 쓰라 종성 글자도 마찬가지이다]
>
> ⓓ ㆍ와 ㅡ와 ㅗ와 ㅜ와 ㅛ와 ㅠ와란 첫소리 아래 브텨 쓰고
> [‘ㆍ, ㅡ, ㅗ, ㅜ, ㅛ, ㅠ’는 초성 글자 아래에 붙여 쓰고]
>
> ⓔ ㅣ와 ㅏ와 ㅓ와 ㅑ와 ㅕ와란 올흔녀긔 브텨 쓰라
> [‘ㅣ, ㅏ, ㅓ, ㅑ, ㅕ’는 초성 글자 오른쪽에 붙여 쓰라]

┤ 자료 ├

뼈니, 분, 사비, 스ㄱ볼, 빡, 흙

① ⓐ : 분, 빡, 흙

② ⓑ : 사비, 스ㄱ볼

③ ⓒ : 뼈니, 빡, 흙

④ ⓓ : 분, 스ㄱ볼, 흙

⑤ ⓔ : 뼈니, 사비, 빡

**02** 〈보기 1〉의 ㉠~㉢에 해당하는 예만을 〈보기 2〉에서 고른 것은?

2020학년도 수능

┤ 보기 1 ├

중세 국어의 주격 조사는 음운 조건에 따라 ‘이’, ‘Ø(영형태)’, ‘ㅣ’로 실현되었다.

• 자음 다음에는 ‘이’가 나타났다. ················· ㉠
  예 바비(밥+이) [밥이]

• 모음 ‘이’나 반모음 ‘ㅣ’ 다음에는 ‘Ø(영형태)’로 실현되어, 나타나지 않았다. ················· ㉡
  예 활 쏘리(활 쏠 이+Ø) [활 쏠 이가], 새(새+Ø) [새가]

• 모음 ‘이’와 반모음 ‘ㅣ’ 이외의 모음 다음에는 ‘ㅣ’가 나타났다. 예 쇠(쇼+ㅣ) [소가]

• 음운 조건에 관계없이 생략되기도 했다. ················· ㉢
  예 곳 됴코 [꽃 좋고], 나모 셧는 [나무 서 있는]

┤ 보기 2 ├

ⓐ : **나리** 져므러  [날이 저물어]

ⓑ : **太子** 오느다 드르시고  [태자 온다 들으시고]

ⓒ : 내해 **드리** 업도다  [개천에 다리가 없도다]

ⓓ : **아드리** 孝道ᄒᆞ고  [아들이 효도하고]

ⓔ : **孔子ㅣ** 드르시고  [공자가 들으시고]

① ㉠ : ⓐ, ⓓ

② ㉠ : ⓐ, ⓔ

③ ㉡ : ⓑ, ⓒ

④ ㉡ : ⓑ, ⓓ

⑤ ㉢ : ⓒ, ⓔ

## 2회  한글 맞춤법

**01**  〈보기〉의 ㉠, ㉡의 예로 적절한 것은?

2014학년도 수능

┤ 보기 ├

　'〈한글 맞춤법〉 제4장(형태에 관한 것)'의 파생어와 합성어에 대한 표기 규정은 다음과 같이 네 가지로 정리해 볼 수 있다.
• 파생어이면서 어근의 원형을 밝히어 적는 경우
• 파생어이면서 어근의 원형을 밝히어 적지 않는 경우
　――――――――――――――――――――――――――― ㉠
• 합성어이면서 어근의 원형을 밝히어 적는 경우 ····· ㉡
• 합성어이면서 어근의 원형을 밝히어 적지 않는 경우

|  | ㉠ | ㉡ |
|---|---|---|
| ① | 길이, 마중 | 무덤, 지붕 |
| ② | 무덤, 지붕 | 뒤뜰, 쌀알 |
| ③ | 뒤뜰, 쌀알 | 무덤, 지붕 |
| ④ | 길이, 무덤 | 뒤뜰, 쌀알 |
| ⑤ | 마중, 지붕 | 길이, 쌀알 |

**02**  〈자료〉의 밑줄 친 발음 표시 부분을 맞춤법에 맞게 표기할 때에 적용되는 원칙을 〈보기〉에서 찾아 바르게 짝지은 것은?

2016학년도 9월 모의평가

┤ 자료 ├

㉠ 이것은 유명한 책이 [아니요].
㉡ 영화 구경 [가지요].
㉢ 이것은 [설탕이요], 저것은 소금이다.

┤ 보기 ├

○ 용언의 어간과 어미는 구별하여 적는다.
• 종결형에서 사용되는 어미 '-오'는 '요'로 소리 나는 경우가 있더라도 그 원형을 밝혀 '오'로 적는다.
　――――――――――――――――――――――――― ⓐ
　이리로 오시오. (○)　이리로 오시요. (×)
• 연결형에서 사용되는 '이요'는 '이요'로 적는다. ·· ⓑ
　이것은 책이요, 저것은 붓이다. (○)
　이것은 책이오, 저것은 붓이다. (×)
○ 어미 뒤에 덧붙는 조사 '요'는 '요'로 적는다. ······ ⓒ
　읽어　읽어요　먹을게　먹을게요

| ① ㉠-ⓐ | ② ㉠-ⓑ | ③ ㉡-ⓑ |
|---|---|---|
| ④ ㉢-ⓐ | ⑤ ㉢-ⓒ | |

**03**  〈보기 1〉을 바탕으로 〈보기 2〉의 ㉠~㉤에 대해 탐구한 내용으로 적절하지 않은 것은?

2018학년도 11월 고1 전국연합

┤ 보기 1 ├

〈한글 맞춤법〉
제15항  용언의 어간과 어미는 구별하여 적는다.
　[붙임 1] 두 개의 용언이 어울려 한 개의 용언이 될 적에, 앞말의 본뜻이 유지되고 있는 것은 그 원형을 밝히어 적고, 그 본뜻에서 멀어진 것은 밝히어 적지 아니한다.
제19항  어간에 '-이'나 '-음/-ㅁ'이 붙어서 명사로 된 것과 '-이'나 '-히'가 붙어서 부사로 된 것은 그 어간의 원형을 밝히어 적는다.
제23항  '-하다'나 '-거리다'가 붙는 어근에 '-이'가 붙어서 명사가 된 것은 그 원형을 밝히어 적는다.

┤ 보기 2 ├

• 나는 모퉁이를 ㉠도라가다 예쁜 꽃을 보았다.
• 바닷물이 빠지자 갯벌이 ㉡드러났다.
• 날씨가 너무 더워서 ㉢얼음이 녹았다.
• 건축 기사가 건물의 ㉣노피를 측량했다.
• 요새 동생이 밥을 잘 먹지 못해 ㉤홀쭈기가 되었다.

① ㉠은 제15항 [붙임 1]을 적용해 '돌아가다'로 정정해야겠군.
② ㉡은 제15항 [붙임 1]을 적용해 '드러났다'로 표기한 것이 적절하군.
③ ㉢은 제19항을 적용해 '얼음'으로 표기한 것이 적절하군.
④ ㉣은 제23항을 적용해 '높이'로 정정해야겠군.
⑤ ㉤은 제23항을 적용해 '홀쭉이'로 정정해야겠군.

# Ⅶ

## 매체


24 매체 비평

25 매체의 변화

무엇을 배울까?

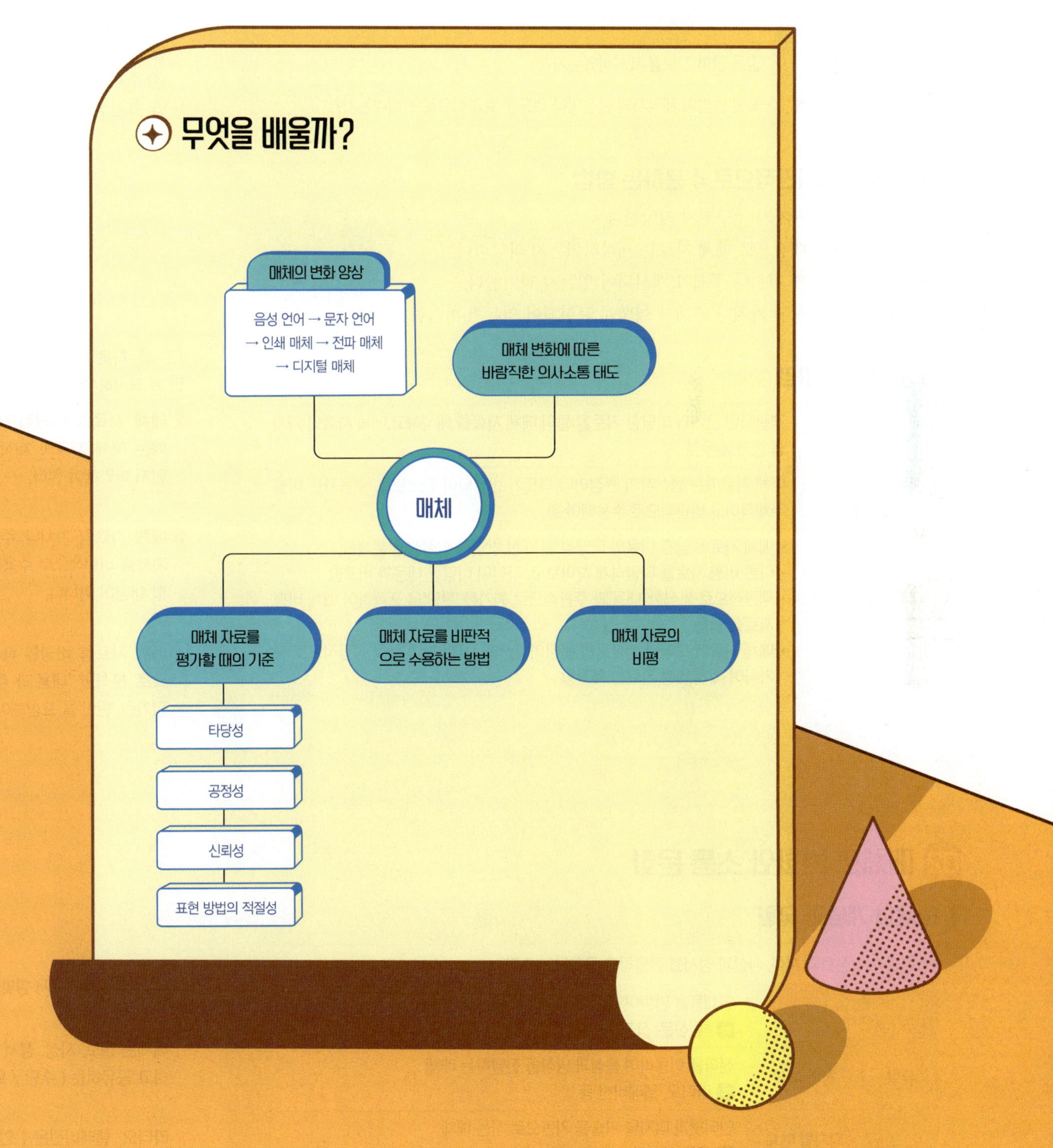
매체의 변화 양상
음성 언어 → 문자 언어
→ 인쇄 매체 → 전파 매체
→ 디지털 매체
매체 변화에 따른
바람직한 의사소통 태도
매체
매체 자료를
평가할 때의 기준
매체 자료를 비판적
으로 수용하는 방법
매체 자료의
비평
타당성
공정성
신뢰성
표현 방법의 적절성

# 매체

## 01 매체 자료의 비판적 수용과 비평

### 1 매체 자료를 평가할 때의 기준

| 타당성 | 제작자의 관점이나 의도가 타당하고 적절한가? |
|---|---|
| 공정성 | 내용이 편견에 치우치지 않고 공정한가? |
| 신뢰성 | 믿을 만한 정보를 제시하였는가? |
| 표현 방법의 적절성 | 표현 방법이 제작자의 관점이나 의도를 효과적으로 드러내는가? |

### 2 매체 자료를 비판적으로 수용하는 방법

- 매체 자료의 제작자가 누구인지 파악한다.
- 어떤 수용자를 대상으로 매체 자료를 제작하였는지 파악한다.
- 매체 자료에 어떤 가치나 주제가 제시되어 있는지 파악한다.
- 매체 자료에 제시된 가치나 주제가 어떻게 표현되어 있는지 파악한다.

### 3 매체 자료의 비평

| 매체 자료 비평의 의미 | 객관적인 근거와 타당한 기준을 들어 매체 자료를 해석하고 매체 자료의 가치를 평가하는 것 |
|---|---|
| 매체 자료 비평의 필요성 | 매체 자료에는 생산자의 관점이나 의도가 반영되어 있으므로, 수용자는 이를 주체적이고 비판적으로 수용해야 함. |
| 매체 자료 비평의 방법 | • 매체 자료에 담긴 내용의 타당성 및 표현 방법의 적절성을 분석함.<br>• 다른 비평 자료를 다양하게 찾아보고, 자신이 비평한 내용과 비교함.<br>• 객관적으로 분석한 '내용'과 주관적으로 평가한 '판단'을 포함하여 매체 비평 자료를 만듦.<br>• 매체 자료에 드러난 생산자의 관점이나 의도, 표현 방법 등을 종합적으로 평가하여 매체 비평 자료를 제작함. |

## 02 매체의 변화와 소통 문화

### 1 매체의 개념과 유형

| 개념 | | 정보와 지식, 사상과 정서를 전달하고 공유하는 수단 |
|---|---|---|
| 유형 | 인쇄 매체 | 인쇄물을 만들어 독자와 의사소통하는 매체<br>예 책, 신문, 잡지 등 |
| | 전파 매체 | 전파를 이용하여 음성과 영상을 전달하는 매체<br>예 라디오, 텔레비전 등 |
| | 디지털 매체 | 인터넷과 디지털 기술을 기반으로 하는 매체<br>예 포털 사이트, 사회 관계망 서비스(SNS), 온라인 동영상 플랫폼 등 |



---



**1** 매체 자료를 평가할 때의 기준이 아닌 것은?

① 신뢰성
② 공정성
③ 타당성
④ 주제의 양면성
⑤ 표현 방법의 적절성

**[2~4]** 다음 설명이 맞으면 ○, 틀리면 × 표시하시오.

**2** 매체 자료를 비판적으로 수용할 때는 매체 자료의 제작자가 누구인지 파악해야 한다. ( ○, × )

**3** 매체 자료의 가치나 주제는 매체 자료를 비판적으로 수용할 때 고려할 대상이 아니다. ( ○, × )

**4** 매체 자료를 비평할 때는 객관적으로 분석한 '내용'과 주관적으로 평가한 '판단'을 포함해야 한다.
( ○, × )

**[5~6]** 다음 문장에서 알맞은 말을 고르시오.

**5** 매체는 정보, 사상, 정서 등을 전달하고 공유하는 ( 수단 / 목적 )이다.

**6** 라디오, 텔레비전은 ( 인쇄 / 전파 / 디지털 ) 매체에 속한다.

## 2 매체의 변화 양상

| 음성 언어 | • 음성을 중심으로 표정, 몸짓으로 의미를 주고받음.<br>• 내용을 다른 시간이나 공간으로 옮길 수 없음. |
|---|---|
| 문자 언어 | • 음성 언어의 한계를 보완하기 위해 만들어짐.<br>• 문자를 활용하여 기록한 내용을 보존함으로써 문명의 발전 계기가 됨. |
| 인쇄 매체 | • 인쇄 기술이 발달하며 등장함.<br>• 문자뿐 아니라 사진, 그림 등을 복합적으로 활용하여 정보를 전달함.<br>• 이전에 비해 단기간에 대량으로 인쇄물을 생산하고 전파할 수 있음. |
| 전파 매체 | • 전자 기술의 발달로 음성과 영상을 전달할 수 있게 됨.<br>• 시간적, 공간적 제약이 적어 많은 사람에게 대량의 정보를 신속하게 제공함. |
| 디지털 매체 | • 무선 인터넷 기술의 발전과 디지털 매체의 대중화에 따라 발달함.<br>• 실시간으로 정보가 유통되고, 정부 확산 속도가 빨라 파급력이 큼.<br>• 디지털 매체 환경만의 언어적 특성과 소통 특성이 나타남.<br>• 시간적, 공간적 제약을 거의 받지 않으며, 인터넷상에서 매체 자료의 생산과 수용이 쌍방향적으로 이루어짐. |

## 3 과거와 현대의 매체 의사소통 방식 변화

| 과거 | • 인쇄 매체, 전파 매체 등이 대표적임.<br>• 수용자에게 정보가 일방향으로 전달됨.<br>• 정보 제공자가 한정적이며, 생산자와 수용자의 소통이 제한적임. |
|---|---|

| 현재 | • 디지털 매체가 대표적임.<br>• 실시간·쌍방향으로 정보를 소통할 수 있음.<br>• 누구나 매체 자료를 생산·수용하게 되면서 생산자와 수용자의 경계가 무너짐. |
|---|---|

## 4 매체 변화에 따른 바람직한 의사소통 태도

매체는 정보나 지식을 전달하는 의사소통 도구일 뿐만 아니라 일상의 감정과 정서를 공유하고, 다양한 문화를 형성하는 토대로 작용함.

바람직한 매체 소통 문화를 형성하기 위해서는 언어 윤리를 지키고 매체의 특성을 고려하여 효과적으로 의사소통해야 함.



**[7~8]** 다음 설명이 맞으면 ○, 틀리면 × 표시하시오.

**7** 인쇄 매체가 등장하여 대량으로 인쇄물을 생산하고 전파할 수 있게 되었다. ( ○ , × )

**8** 전파 매체가 등장하자 전파 매체 환경만의 언어적 특성과 소통 특성이 나타나게 되었다. ( ○ , × )

**9** 현대의 매체 의사소통 방식에 대한 설명이 <u>아닌</u> 것은?

① 디지털 매체가 대표적이다.
② 정보 제공자가 한정적이다.
③ 실시간으로 정보를 공유할 수 있다.
④ 누구나 매체 자료를 생산할 수 있다.
⑤ 과거와 달리 생산자와 수용자의 경계가 무너졌다.

**[10~11]** 다음 빈칸에 들어갈 알맞은 말을 쓰시오.

**10** 매체는 정보나 지식을 전달하는 (　　　) 도구일 뿐만 아니라 일상의 감정과 정서를 공유하는 문화적 토대이다.

**11** 바람직한 매체 소통 문화를 형성하기 위해서는 언어 (　　　)을/를 지키고 매체의 특성을 고려해야 한다.

# 매체 비평



**01** 매체 비평 자료를 제작하는 방법으로 적절하지 <u>않은</u> 것은?

① 매체 자료에 담긴 내용의 타당성 및 표현 방법의 적절성을 분석한다.

② 다른 비평 자료를 다양하게 찾아보고, 자신이 비평한 내용과 비교해 본다.

③ 객관적으로 분석한 '내용'과 주관적으로 평가한 '판단'을 포함하여 비평 자료를 만든다.

④ 다른 비평 자료와 자신의 비평 내용에 차이가 크면 다른 비평 자료를 참고하여 비평 자료를 제작한다.

⑤ 매체 자료에 드러난 제작자의 관점이나 의도, 표현 방법 등을 종합적으로 평가하여 비평 자료를 제작한다.

**02** 〈보기〉와 같은 매체 자료를 수용할 때 매체 자료에서 파악할 내용으로 적절하지 <u>않은</u> 것은?

┤ 보기 ├

• 오디션 프로그램

　연예인이 되고 싶은 청소년들이 출연하여 경연을 벌이고, 매회 합격자나 탈락자가 선정됨. 다양한 오디션 프로그램이 유행하며 큰 인기를 끌고 있음. 이러한 오디션 프로그램들이 인기를 얻는 이유를 분석해 보고자 함.

① 매체 자료의 제작자

② 매체 자료의 표현 방법

③ 매체 자료에 대한 자신의 선호

④ 매체 자료가 대상으로 한 수용자

⑤ 매체 자료에서 제시한 가치와 주제

**가**

인공 지능 그림 "악마의 영감을 받은 느낌" … 미술전 1위 논란

수정 2022. 9. 6. 오전 09:46, 한겨레, 곽노필 기자

문자를 이미지로 바꿔 주는 프로그램 활용
'예술의 죽음' 대 '예술의 개념 확장'
인공 지능과의 공존을 위한 고민 필요해

▲ 인공 지능 프로그램으로 만든 「스페이스 오페라 극장」

　최근 열린 미국 콜로라도주 박람회 미술전에서 제이슨 앨런이 제출한 작품 「스페이스 오페라 극장」이 신인 디지털 예술가 부문에서 1위를 차지했다. 이 그림은 한 줄의 문구를 그림으로 변환해 주는 인공 지능 프로그램으로 제작됐다. 〈중략〉

　논란은 그가 상을 받은 뒤 수상작 사진이 누리 소통망에 공유되면서 시작됐다. 한 누리 소통망 이용자는 "우리는 예술의 죽음이 눈앞에서 펼쳐지는 것을 보고 있다."라는 댓글을 달았다. "너무 끔찍하다.", "인공 지능 그림이 얼마나 유익한지는 알겠지만, 그렇다고 예술이라고 주장할 수 있을까?" 등의 반응도 있었다.

　그러나 앨런 쪽을 옹호하는 이들은 인공 지능을 이용해 작품을 만드는 것은 디지털 이미지 조작 도구를 사용하는 것과 다르지 않다고 말한다. 품질 좋은 이미지를 얻으려면 편집 프로그램을 잘 다룰 줄 알아야 하듯이, 원하는 그림을 얻기 위해서는 정확한 문구를 입력해야 한다. 그리고 이것이야말로 기계가 아니라 인간 고유의 영역에 해당한다는 논리이다.

　인공 지능, 더 멀게는 기계가 개입한 예술을 둘러싼 논쟁은 사실 오래됐다. 처음 카메라가 발명됐을 당시 화가들은 이를 인간 예술성의 타락으로 여겼다. 예컨대 19세기 프랑스 시인

겸 미술 평론가 샤를 보들레르는 사진 기술을 '예술의 가장 치명적인 적'이라고 비난했다. 20세기에는 디지털 편집 도구와 컴퓨터 기반 디자인 프로그램들이 비슷한 이유로 비난의 대상이 됐다.

그러나 기술의 발전과 함께 등장한 새로운 이미지 도구들은 사람들의 호응 속에 점차 세상의 중심을 향해 나아갔다. 그리고 각기 나름의 독자적 세계를 구축하면서 예술의 개념을 확장하고 새로운 시장을 열어 갔다. 이러한 가운데 인공 지능이 만든 작품들을 예술의 영역으로 포함할 것인지에 관한 논란은 끊이지 않을 전망이다. 예술을 예술답게 만드는 본질은 무엇이며, 인공 지능 시대에 인간의 역할은 무엇일까? 인공 지능과의 공존을 위해서 그 답을 고민해 봐야 할 시점이다.

**03** **가**에 대한 설명으로 적절하지 <u>않은</u> 것은?

① 독자의 호기심을 유발하는 표제를 사용하고 있다.

② 독자가 구체적인 내용을 인식할 수 있는 부제를 사용하고 있다.

③ 인공 지능 시대에 인간이 다뤄야 할 예술의 본질을 주제로 다루고 있다.

④ 인공 지능이 그린 그림을 제시하여 내용에 대한 독자의 이해를 돕고 있다.

⑤ 논란에 대한 입장을 편향적으로 제시하여 독자에게 생각할 거리를 주고 있다.

**고난도**

**04** 〈보기〉에서 **나**를 비평한 내용으로 적절하지 <u>않은</u> 것은?

| 보기 |

[비평 자료 1] 다루고 있는 주제 자체만으로도 시의성이 있기에 잔잔한 울림을 준다. 요즘 벌어지는 일들을 소재로 활용해 공감을 유도하고, 왼쪽에서 오른쪽으로 이어지는 영상 전개 방식이 존중과 배려가 이어진다는 메시지를 시각적으로 표현해 이해를 돕는다. 다만 보편적인 메시지가 나열되는 방식으로 전달돼 시선을 끌거나 귀를 사로잡는 요소가 없어 아쉽다.

[비평 자료 2] '존중과 배려'라는 핵심어가 선순환되는 과정이 잘 드러난다. 특정 인물을 중심에 두기보다는 배려를 받는 사람이 다시 배려를 하는 사람으로 입장이 바뀌며 연속적으로 이어지는 구성으로 작위성을 줄인 부분도 좋다. 하지만 돈쭐, 세대 간 소통 등 '존중과 배려'라는 핵심어 안에 다양한 소재를 욱여넣다 보니 핵심 메시지가 옅어지고 광고 자체의 강렬한 인상도 약해져 아쉽다.   – 『에이피(AP) 신문』(2022. 3. 30.)

① '비평 자료 1'은 주목할 만한 요소가 부족한 점이 아쉽다고 말하고 있어.

② '비평 자료 1'은 '비평 자료 2'와는 달리 주제의 측면에서 시의성이 있다는 점을 높이 평가하고 있어.

③ '비평 자료 2'는 '비평 자료 1'과는 달리 구성 방식의 측면에서 작위적이지 않다는 점을 높이 평가하고 있어.

④ '비평 자료 2'는 핵심어 안에 다양한 소재가 들어가 핵심어의 순환이 잘 이루어지지 않는다고 평가하고 있어.

⑤ '비평 자료 1'과 '비평 자료 2'는 모두 **나**에서 다루고 있는 소재를 평가하고 있어.

# 매체의 변화





**1** 매체는 의사소통의 매개체이다. 즉, 정보와 지식, 사상과 정서 등을 다른 사람에게 전달하고 공유할 수 있게 해 주는 도구와 기술, 환경이다. 매체는 시간의 흐름과 기술의 발전에 따라 음성 언어와 문자 언어, 인쇄 매체, 전파 매체, 디지털 매체 등으로 발전해 왔다.

**2** 인류는 음성으로 소통을 시작하였다. 음성 언어에 의한 소통은 말을 중심으로 표정, 몸짓 등으로 의미를 주고받는 소통 방식이다. 음성 언어는 곧장 사라져 그 내용을 다른 시간이나 공간으로 옮길 수 없다. 인류는 이러한 한계를 보완하려고 문자를 만들었고, 문자를 활용하여 기록한 내용을 보존할 수 있게 되면서 문명을 발전시킬 수 있었다.

**3** 이후 인쇄 기술이 발달하면서 책, 신문, 잡지 같은 인쇄 매체가 등장하였다. 인쇄 매체는 문자뿐만 아니라 사진, 그림 등을 복합적으로 활용하여 정보를 전달할 수 있다. 그리고 이전에 비해 짧은 시간 안에 대량으로 인쇄물을 생산하고 전파할 수 있다. 이러한 인쇄 매체의 발달은 지식을 널리 보급하여 시민 사회가 성장하는 발판이 되었다.

**4** 이후 전자 기술이 발달하면서 라디오, 텔레비전 같은 전파 매체로 음성과 영상을 전달할 수 있게 되었다. 라디오는 음성으로, 텔레비전은 소리, 음성, 문자, 이미지가 복합된 영상으로 정보를 전달한다. 전파 매체의 등장으로 시·공간의 제약 없이 많은 사람들에게 대량의 정보를 빠른 속도로 제공할 수 있게 되었다. 하지만 전파 매체는 정보 제공자가 한정되어 있고, 정보가 일방향적으로 제공되며, 수용자와 소통하는 통로가 제한적이라는 한계가 있다.

**5** 20세기 후반에는 인터넷이 새롭게 등장하였다. 전 세계의 사람들은 인터넷을 통해 서로 연결되었으며, 실시간으로 다양한 정보를 주고받을 수 있게 되었다. 그리고 인터넷이라는 공간에서 누구나 자신의 생각이나 지식을 표현할 수 있게 되면서 정보 생산자와 수용자의 경계가 허물어졌다.

**6** 무선 인터넷 기술이 발전하고 스마트폰과 같은 디지털 매체가 대중화되면서, 우리는 무선 인터넷에 연결되기만 하면 언제 어디서든 편리하게 소통할 수 있게 되었다. 포털사이트, 사회 관계망 서비스(SNS), 온라인 동영상 플랫폼 등이 일상적으로 사용되면서 정보의 확산 속도는 지극히 빨라지고 파급력은 더욱 커졌다. 또 디지털 매체 환경만의 언어적 특징이나 소통 특성이 나타나기도 하였다.

**7** 최근에는 증강 현실 기술과 가상 현실 기술 등이 발전하고 인공 지능이 급속히 발달하면서, 이를 활용한 다양한 매체가 등장하고 있다. 이러한 상황에서 매체의 변화를 이해하고, 매체의 특성을 고려하며 효과적으로 의사소통하는 능력은 더욱 중요해지고 있다.

## 01 이 글을 읽고 각 매체의 특징을 설명한 내용으로 적절하지 않은 것은?

① 음성 언어는 내용을 다른 시·공간으로 옮길 수 없다.

② 전파 매체는 생산자와 수용자 사이의 소통 통로가 제한적이다.

③ 인류는 문자를 활용하여 기록한 내용을 보존함으로써 문명을 발전시켰다.

④ 인쇄 매체의 등장에 따라 실시간으로 다양한 정보를 주고받을 수 있게 되었다.

⑤ 디지털 매체에서는 정보의 확산이 빨라 디지털 매체 환경만의 언어적 특성과 소통 특성이 나타난다.

## 02 이 글을 읽고 매체의 변화를 설명한 내용으로 적절하지 않은 것은?

① 문자 언어는 음성 언어의 한계를 보완하기 위하여 만들어졌다.

② 전파 매체의 등장으로 매체 수용자도 정보를 생산할 수 있게 되었다.

③ 인쇄 매체의 발달로 지식이 널리 보급되어 시민 사회가 성장하는 계기가 되었다.

④ 디지털 매체의 대중화 이후 온라인 동영상 플랫폼 등이 일상적으로 사용되고 있다.

⑤ 최근 인공 지능을 비롯하여 여러 기술이 발전하면서 이를 활용한 다양한 매체가 등장하고 있다.

**03** 과거와 현재의 의사소통 방식 변화를 설명한 내용으로 적절하지 **않은** 것은?

① 과거의 매체 의사소통은 생산자와 수용자의 경계가 분명하였다.

② 과거의 매체 의사소통은 수용자에게 정보가 일방향으로 전달되었다.

③ 현재의 매체 의사소통은 수용자에게 실시간으로 정보를 제공할 수 있다.

④ 현재의 매체 의사소통은 생산자와 수용자 사이에 정보가 오고 갈 수 있다.

⑤ 현재의 매체 의사소통은 빠르게 소통하기 위해 정보 제공자가 한정적이다.

**04** 다음과 같은 매체 자료의 특징으로 적절한 것은?

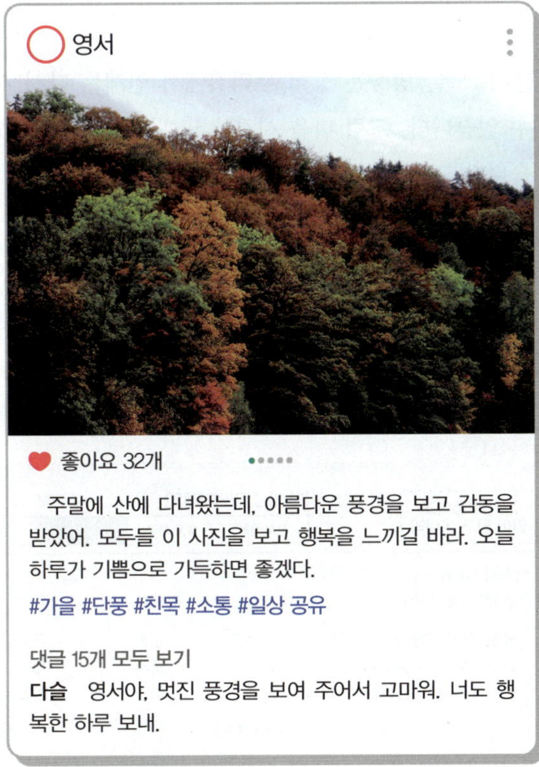


① 정보의 파급력과 확산 속도가 느리다.

② 주로 음성 언어를 사용하여 의미를 전달한다.

③ 정보 제공자와 수용자 간의 소통이 제한적이다.

④ 자료의 내용을 다른 시·공간으로 옮길 수 없다.

⑤ 개인이 정보를 생산하게 되면서 수용자와 생산자 간의 경계가 불명확하다.



**05** **가** 와 **나** 를 설명한 내용으로 적절한 것은?

① **가** 는 **나** 와 달리 언어 규범을 준수하며 의사소통을 하고 있다.

② **가** 는 **나** 와 달리 줄임말과 같은 문자 언어를 사용하여 의사소통을 하고 있다.

③ **나** 는 **가** 와 달리 온라인 대화에 기반하여 일방향으로 의사소통을 하고 있다.

④ **나** 는 **가** 와 달리 언어 표현을 생략하고 사진, 이모티콘 등의 다양한 기호로 이를 대신하고 있다.

⑤ **가** 와 **나** 는 모두 직접 목격한 상대방의 행동에 대한 감사의 뜻을 언어를 통해 전하고 있다.

**01~04** 가 는 텔레비전 방송 프로그램이고, 나 는 동아리 누리집이다. 물음에 답하시오.

### 가

**진행자:** 시청자 여러분, 안녕하세요? '오늘, 상식' 열 번째 시간입니다. 이번 시간에는 20여 년간 대학에서 어문 규범을 가르쳐 오신 김◇◇ 교수님을 모셨습니다.

**전문가:** 안녕하세요?

**진행자:** 오늘 짜장면에 대해 말씀해 주신다고 들었는데요, 어떤 이야기인지 궁금합니다.

**전문가:** 우리가 맛있게 먹는 짜장면이, 한때는 자장면만 표준어로 인정됐다는 사실을 알고 계신가요?

**진행자:** ㉠아, 예전에 그런 내용을 본 적 있어요.

**전문가:** 네, 전에는 자장면만 표준어였죠. ㉡짜장면은 2011년 8월 31일에서야 복수 표준어로 인정되었습니다.

**진행자:** 그런데 표준어로 인정되기 전에도 짜장면이 흔히 쓰이지 않았나요?

**전문가:** 그렇습니다. 과거의 신문 기사를 보시죠.

| ○○일보 | △△신문 |
|---|---|
| 1999년 ○○월 ○○일 | 1999년 ○○월 ○○일 |
| 자장면의 변신은 무죄 | 맛으로 떠나는 시간 여행 |
| 고급화를 통한 차별화 전략 | 짜장면에 담긴 추억을 아시나요? |

**진행자:** 음, 화면을 보니 같은 해에 나온 기사인데도 자장면과 짜장면이 둘 다 쓰이고 있네요?

**전문가:** 네, 보시는 자료 이외에 다른 신문 기사에도 짜장면이라는 표기가 나타납니다. 비교적 어문 규범이 정확하게 적용되는 신문에서 짜장면을 사용할 정도로, 일상에서 짜장면이 널리 쓰였다는 것을 알 수 있습니다. 이 무렵에 복수 표준어 선정을 위해 실시한 발음 실태 조사에서도, 비표준어였던 짜장면이 표준어인 자장면에 비해 세 배 이상 많이 사용된다고 나타났습니다.

**진행자:** ㉢그렇다면 어문 규범이 언어 현실을 충분히 반영하지 못한 측면이 있군요.

**전문가:** 당시 언중들이 일상에서는 어문 규범과 달리 짜장면을 흔하게 사용하고 있었던 거죠.

**진행자:** 그러면 사람들의 언어 사용 실태를 반영하여 짜장면을 복수 표준어로 인정하게 된 거네요. 시청자 여러분께서 내용을 잘 파악하실 수 있도록 간략하게 말씀해 주시겠어요?

**전문가:** 네, 많은 사람들이 오랜 시간 짜장면을 자연스럽게 사용해 왔고 자장이라 표기하면서도 짜장으로 발음해 온 언어 현실을 반영하여 짜장면이 자장면의 복수 표준어로 인정되었다고 할 수 있습니다.

**진행자:** 그럼 짜장면처럼 지금 우리가 사용하는 말 중에서도 현재는 표준어가 아니어도 언젠가 표준어로 인정받을 수 있는 말이 있겠군요.

**전문가:** 맞습니다. ㉣표준어가 아닌 말도 많은 사람들이 일상에서 자주 사용하다 보면 표준어가 될 수 있는 거죠.

**진행자:** ㉤말씀을 듣고 보니 짜장면이 표준어가 된 나름의 이유가 있었네요. 이렇게 오늘은 우리말에 대한 상식을 하나 더 배웠습니다. 말씀 감사합니다.

**전문가:** 고맙습니다.

**진행자:** 오늘 방송은 공식 누리집에서 언제든 다시 시청하실 수 있습니다. 그럼 다음 시간에 또 다른 이야기로 찾아오겠습니다.

### 나

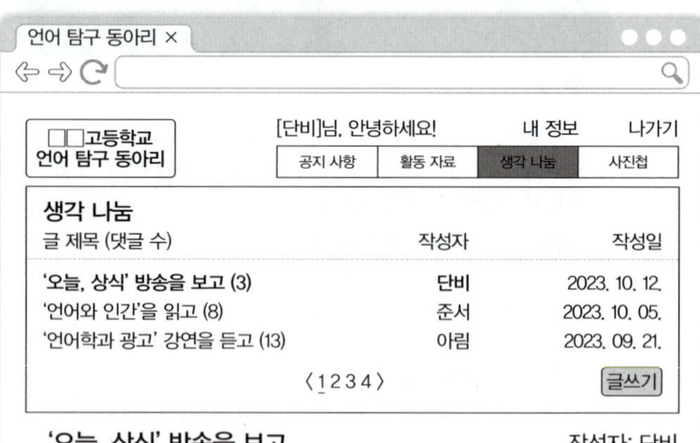

**좋아요(19) 댓글(3)**

[아림] 나도 재밌게 봤어. 발음 실태 조사에 대해 듣고 당시 사람들도 짜장면을 자장면보다 훨씬 많이 썼다는 것도 알았고. 그런데 조사 기관이 언급되지 않아서 관련 자료를 찾아봐야겠어.

[준서] 나도 그 방송 봤는데, 자장면만 표준어로 인정됐던 이유를 자세히 설명해 주었다면 좋았을 거라고 생각했어.

[성호] 나는 방송에서 다룬 과거 신문 기사를 통해 자장면과 짜장면이 함께 쓰이고 있었다는 것을 알았어. 근데 신문에서 짜장면을 사용했다는 것만으로 일상에서 널리 쓰였다고 해도 괜찮을까?

## 01 가 에 나타난 정보 전달 방식으로 가장 적절한 것은?

① '전문가'는 시청자에게 정보가 일방적으로 전달되는 상황에서 방송 내용과 관련된 정보를 방송 이후에 추가적으로 확인할 수 있는 방법을 안내하였다.

② '전문가'는 방송 내용에 대한 시청자의 이해를 돕기 위해 앞서 제시한 정보를 정리하여 전달하였다.

③ '전문가'는 방송의 첫머리에 '진행자'와 문답을 이어 가는 방식으로 주요 용어의 개념을 설명하였다.

④ '진행자'는 방송 내용이 시청자에게 미칠 영향을 언급하며 방송 내용을 재확인할 때 주목해야 할 부분을 안내하였다.

⑤ '진행자'는 방송의 취지를 밝히며 방송에서 소개될 내용의 순서를 안내하였다.

## 02 나 에 대한 설명으로 적절하지 <u>않은</u> 것은?

① 게시물 수정 이력을 확인할 수 있는 기능이 제공되고 있다.

② 게시물에 반응할 수 있는 공감 표시 기능이 제공되고 있다.

③ 게시물을 누리 소통망으로 가져갈 수 있는 기능이 제공되고 있다.

④ 게시물을 작성하여 올릴 수 있는 범주가 항목별로 설정되어 있다.

⑤ 게시물에는 다른 누리집에 있는 정보로 연결되는 하이퍼링크가 포함되어 있다.

## 03 가 에 대해 나 의 학생들이 보인 수용 태도에 대한 설명으로 적절하지 <u>않은</u> 것은?

① '단비'는 정보 전달자의 전문성에 주목하여 방송에서 다룬 내용이 신뢰할 만한 것이라고 판단하였다.

② '단비'는 짜장면이 복수 표준어로 인정된 이유에 주목하여 방송에서 언급된 내용이 다른 사람들에게도 유용할 것이라고 판단하였다.

③ '아림'은 발음 실태 조사에 주목하여 방송에서 제시된 정보의 출처를 확인할 수 없다고 판단하였다.

④ '준서'는 자장면만 표준어로 인정됐던 사실에 주목하여 그 사실과 관련된 내용이 충분히 다루어지지 않았다고 판단하였다.

⑤ '성호'는 과거의 신문 기사를 다룬 내용에 주목하여 방송에서 다루는 정보가 최근의 상황을 반영하지 않았다고 판단하였다.

## 04 ㉠~㉤에 대한 설명으로 적절하지 <u>않은</u> 것은?

① ㉠: 관형사형 어미 '-ㄴ'을 사용하여, '전문가'의 직전 발화와 관련된 '진행자' 자신의 과거 경험을 드러내고 있다.

② ㉡: 피동 접사 '-되다'를 사용하여, 행위의 주체를 드러내지 않으면서 행위의 대상인 짜장면에 초점을 두고 있다.

③ ㉢: 보조 용언 '못하다'를 사용하여, 어문 규범이 언어 현실을 반영하는 일이 지속될 수 없음을 나타내고 있다.

④ ㉣: '-ㄹ 수 있다'를 사용하여, 표준어가 아닌 말이 표준어가 될 가능성이 있음을 나타내고 있다.

⑤ ㉤: '-고 보다'를 사용하여, '진행자'가 특정 사실을 알게 된 것이 '전문가'의 말을 듣고 난 후임을 드러내고 있다.

# 한끝 고등 공통국어2 통합편

## 수록 목록 _ 저작자 및 출처

| 대단원 | 교재 쪽 | 제재명 | 저자 | 출처 |
|---|---|---|---|---|
| I<br>운문<br>문학 | 14, 36 | 「제망매가」 | 월명사 | 『향가 해독법 연구』(서울대학교 출판부, 2008) |
| | 16 | 「가시리」 | 작자 미상 | 『(새로 고친) 고려 가요의 어석 연구』(국학 자료원, 1994) |
| | 18 | 「청산별곡」 | 작자 미상 | 『청산에 살어리랏다』(보리, 2008) |
| | 20, 37 | 「서경별곡」 | 작자 미상 | 『석주 고려 가요』(이회문화사, 2003) |
| | 22 | 「강호사시가」 | 맹사성 | 『한국의 옛노래』(전북대학교출판문화원, 2022) |
| | 24 | 「만흥」 | 윤선도 | 『시조문학사전』(신구문화사, 1966) |
| | 26, 28 | 「속미인곡」 | 정철 | 『송강가사』(신구문화사, 2006) |
| | 30, 38 | 「나룻배와 행인」 | 한용운 | 『만해 한용운 시전집』(참글세상, 2016) |
| | 32 | 「한 그리움이 다른 그리움에게」 | 정희성 | 『한 그리움이 다른 그리움에게』(창비, 2009) |
| | 34 | 「진달래꽃」 | 김소월 | 『정본 김소월 전집』(집문당, 1995) |
| | 36 | 「나의 집」 | 김소월 | 『정본 김소월 전집』(집문당, 1995) |
| | 36 | 「길」 | 윤동주 | 『하늘과 바람과 별과 시』(미래사, 2003) |
| | 37, 38 | 「만분가」 | 조위 | 『가려 뽑은 가사』(현암사, 2015) |
| | 39 | 「내 마음을 아실 이」 | 김영랑 | 『김영랑을 읽다』(휴머니스트, 2020) |
| | 39 | 「우리가 물이 되어」 | 강은교 | 『우리가 물이 되어』(문학과지성사, 1986) |

| 대단원 | 교재 쪽 | 제재명 | 저자 | 출처 |
|---|---|---|---|---|
| **Ⅱ 산문 문학** | 48, 50, 82, 83 | 「구운몽」 | 김만중 | 『구운몽』(문학동네, 2021) |
| | 52, 54, 56, 83, 84 | 「최척전」 | 조위한 | 『최척전·김영철전』(현암사, 2005) |
| | 58, 60, 62 | 「춘향전」 | 작자 미상 | 『춘향전』(민음사, 2006) |
| | 64, 66 | 「흥보전」 | 작자 미상 | 『흥보전·흥보가·옹고집전』(문학동네, 2010) |
| | 68, 70, 72, 86, 87 | 「봄·봄」 | 김유정 | 『김유정 전집』(강, 2007) |
| | 74, 76 | 「겨울 나들이」 | 박완서 | 『겨울 나들이 외』(푸른사상, 2013) |
| | 78, 80 | 「아무것도 사지 않는 날」 | 최원형 | 『착한 소비는 없다』(자연과생태, 2020) |
| **Ⅲ 읽기** | 94 | 「소비자의 사회적 책임, '윤리적 소비'」 | 김선화, 신효진 | 『윤리적 소비에서 공정 무역 마을 운동으로』(쿱드림, 2021) |
| | 96 | 「참된 친구란 무엇일까요」 | 박찬국 | 『이런 철학은 처음이야』(21세기북스, 2023) |
| | 98 | 「공감의 반경」 | 장대익 | 『공감의 반경』(바다출판사, 2023) |
| | 100, 102 | 「인공 지능, 예술에 도전하다」 | 구본권 | 『로봇 시대, 인간의 일』(어크로스, 2020) |
| | 104, 106 | 「영화 「업(UP)」 비평문」 | 이동진 | 『영화는 두 번 시작된다』(위즈덤하우스, 2023) |
| **Ⅳ 듣기· 말하기** | 118 | 「창의적인 사람들의 뇌에서는 무슨 일이 벌어질까」 | 정재승 | 『열두 발자국』(어크로스, 2018) |
| **Ⅴ 쓰기** | 128 | 「"시간 없어요" 10대 청소년 운동 참여율, 전 연령대 중 최저 기록」 | 김인수 | https://news.kbs.co.kr/news/pc/view/view.do?ncd=7299639(케이비에스 뉴스 누리집, 2023. 1. 13.) |
| | 128 | 2020년 청소년 종합 실태 조사 | | https://www.mogef.go.kr(여성 가족부) |
| **Ⅵ 문법** | 138 | 「용비어천가」 | | 『용비어천가』, 광해군4년(1612) |
| | 138 | 「세종어제훈민정음」 | | 『월인석보(月印釋譜)』, 세조5년(1459) |
| **Ⅶ 매체** | 152, 153 | 「인공 지능 그림 "악마의 영감을 받은 느낌" … 미술전 1위 논란」 | 곽노필 | https://www.hani.co.kr/arti/science/technology/1057475.html(한겨레, 2022. 9. 6.) |
| | 153 | 공익 광고 | | https://kobaco.co.kr(한국 방송 광고 진흥 공사) |
| | 153 | 비평 자료 1, 2 | | https://www.apnews.kr/news/articleView.html?idxno=3001207(에이피(AP)신문, 2022. 3. 30) |

# MEMO

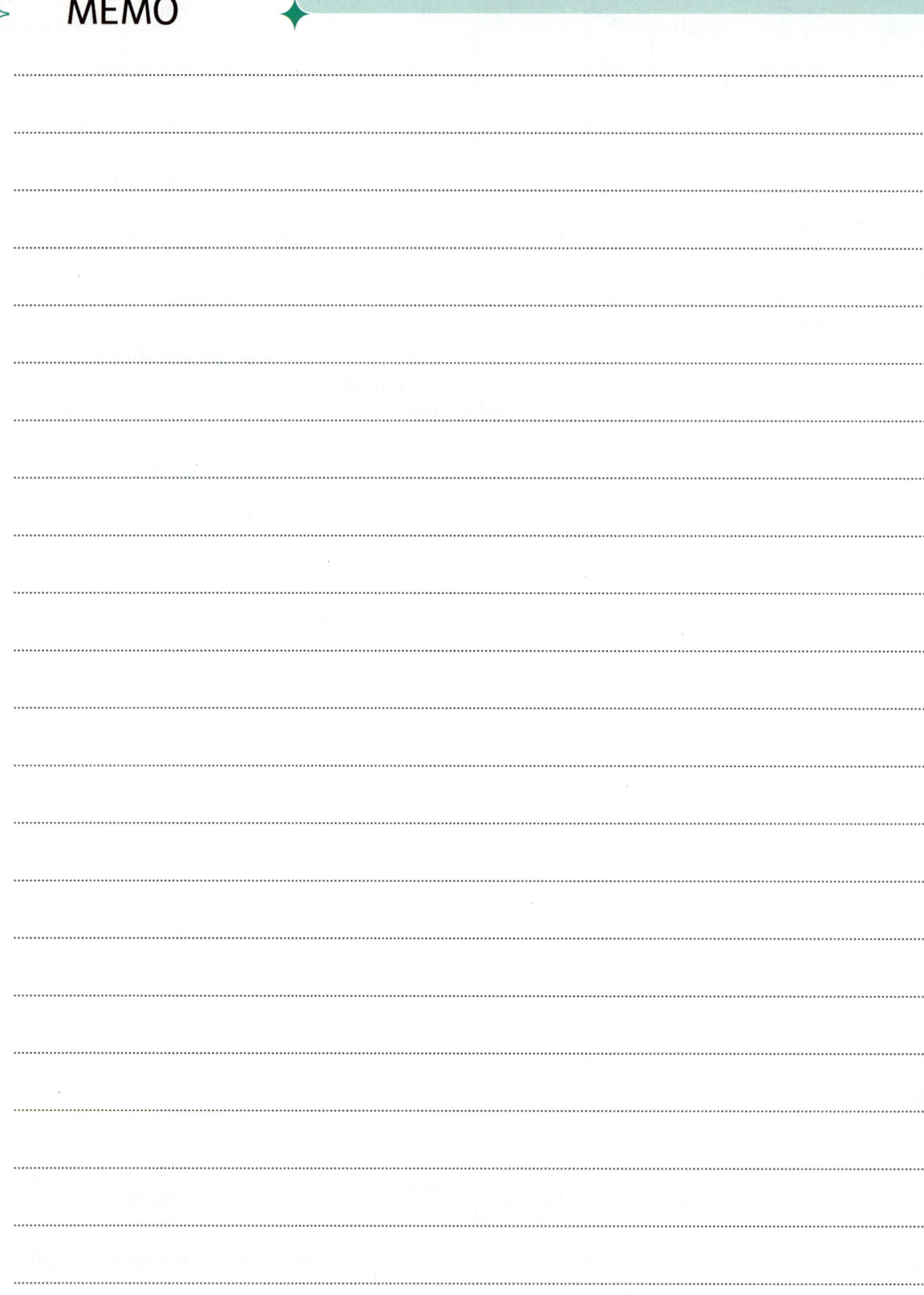

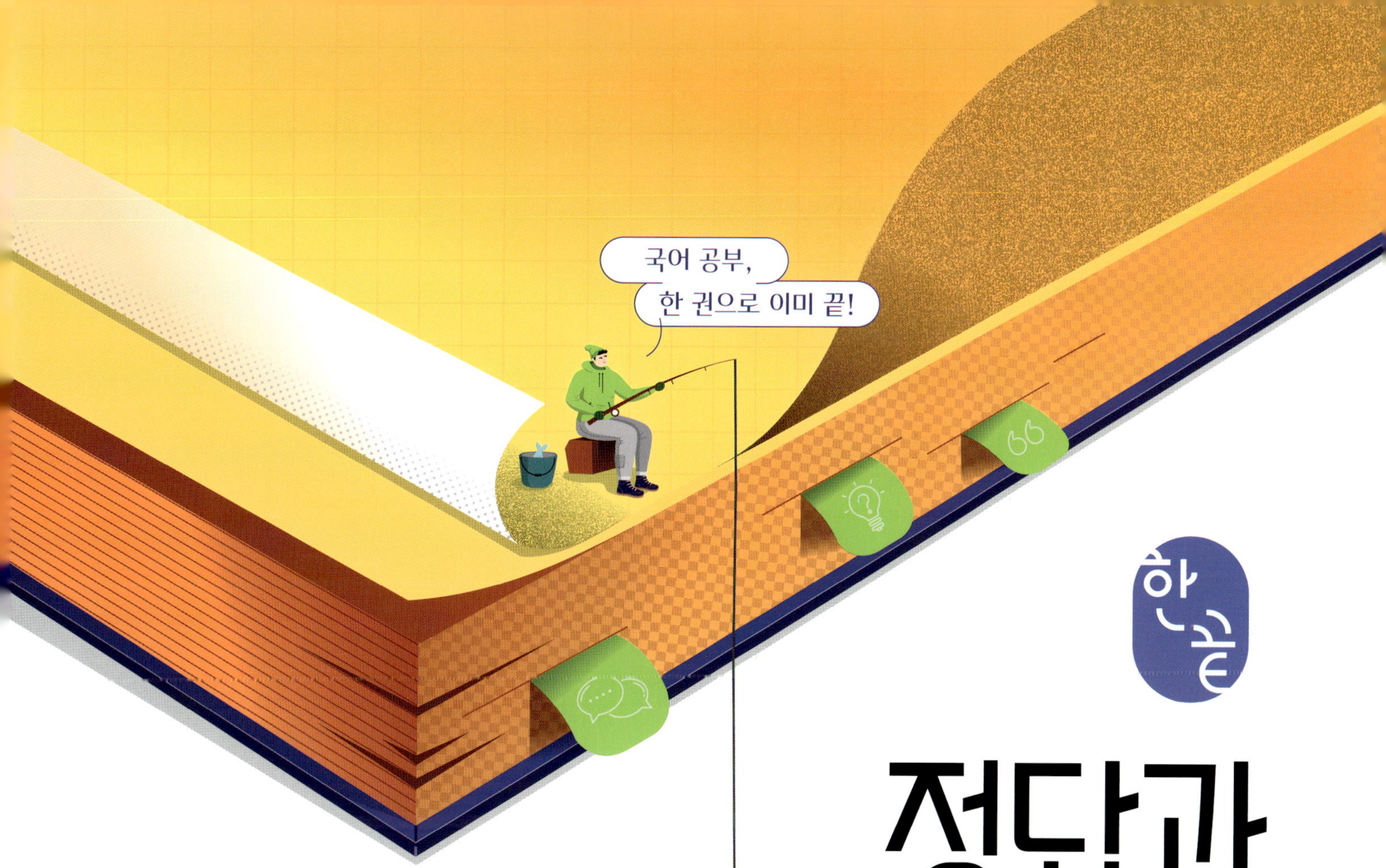

한끝

# 정답과 해설

통합편

고등
공통
국어2

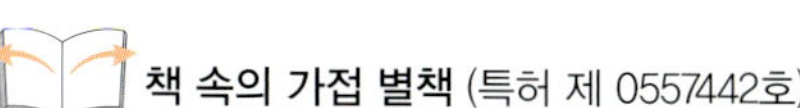
**책 속의 가접 별책** (특허 제 0557442호)

'정답과 해설'은 본책에서 쉽게 분리할 수 있도록 제작되었으므로
유통 과정에서 분리될 수 있으나 파본이 아닌 정상제품입니다.

## ABOVE IMAGINATION

우리는 남다른 상상과 혁신으로
교육 문화의 새로운 전형을 만들어
모든 이의 행복한 경험과 성장에 기여한다

# 정답과 해설

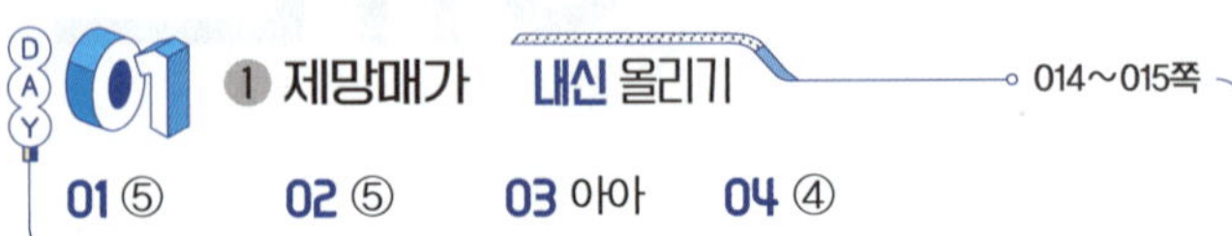

Ⅰ 운문 문학

**＋ 개념 확인하기**  ○ 008~013쪽

| | | | | | |
|---|---|---|---|---|---|
| **1** ○ | **2** ○ | **3** × | **4** 시적 상황 | **5** 태도 | **6** 어조 |
| **7** ○ | **8** ○ | **9** 후각적 | **10** 시각화 | **11** 운율 | **12** 반복 |
| **13** × | **14** × | **15** ○ | **16** 영탄법 | **17** 점층법 | **18** 대조법 |
| **19** 변화 | **20** 감정 이입 | **21** × | **22** × | **23** ○ | |
| **24** 반어법 | **25** 설의법 | **26** × | **27** ○ | **28** ○ | |
| **29** 수미상관 | **30** 기승전결 | **31** 선경후정 | **32** × | | |
| **33** ○ | **34** ○ | **35** 사설시조 | **36** 3음절 | **37** 가사 | |

**DAY 01**  ① 제망매가  **내신 올리기**  ○ 014~015쪽

**01** ⑤   **02** ⑤   **03** 아아   **04** ④

---

### 제망매가 _월명사

**해제** 이 시가는 신라 경덕왕 때 승려 월명사가 죽은 누이의 명복을 빌며 부른 10구체 향가이다. 누이에 대한 애상적 정서와 함께 삶과 죽음에 대한 화자의 인식이 드러나고 있다. 화자는 비유적 표현을 사용하여 요절한 누이에 대한 안타까움과 슬픔을 감각적으로 표현하고 있다. 한 부모에게서 태어났으나 죽어서는 어디로 가는지 알 수 없다는 점에서 삶의 무상함을 느끼고 고뇌하지만, '미타찰'에서 누이와 재회할 것을 믿음으로써 누이의 죽음에 따른 슬픔을 종교적으로 극복해 내고 있다.

**주제** 죽은 누이에 대한 추모의 슬픔과 종교적 승화

**특징** • 불교의 윤회 사상 및 불교적 세계관이 드러남.
• 함축적 의미를 지닌 시어로 화자의 정서를 감각적으로 표현함.

**한눈에 보기**

| 1~4구 | 5~8구 | 9~10구 |
|---|---|---|
| 누이의 죽음에 대한 슬픔과 괴로움 | → 이른 나이에 죽은 누이에 대한 안타까움과 삶의 무상함에 대한 고뇌 → | 슬픔의 종교적 승화와 재회에 대한 다짐 |

**01** '한 가지에 나고'는 같은 부모 아래서 태어났다는 의미이다. 같은 부모에게서 태어났으나 죽고 나서는 어디로 가는지 모른다는 데에서 화자는 삶의 무상함을 느끼고 있다.

**02** 9구에 제시된 '미타찰'은 현실에 존재하는 공간이 아니라 불교에서 말하는 극락 중 하나이다. 따라서 이 시가의 화자가 누이와 현실에서의 재회를 기약했다고 보기 어렵다.

**오답 풀이**
❶ '나는 간다는 말도 / 못다 이르고 어찌 갑니까.'에서 화자는 누이의 죽음에 대한 슬픔과 안타까움을 느끼고 있음을 알 수 있다.
❷, ❸ '한 가지에 나고 / 가는 곳 모르온저.'에는 혈육이라도 죽어서는 어디로 가는지 알 수 없다는 사실을 깨닫고 삶의 무상함을 느끼는 화자의 정서가 드러나 있다.
❹ 9~10구에서 화자는 도를 닦아 '미타찰'에서 누이와 만나기를 기다리겠다고 다짐하고 있다. 이를 통해 화자가 이별의 슬픔을 종교적으로 승화하며 누이와의 재회를 기약하고 있다고 볼 수 있다.

**03** 10구체 향가의 형식적 특징이며, 내용을 전환하고 시상을 고양하는 역할을 하는 것은 낙구의 첫머리에 위치하는 감탄사이다. 이 시가에서는 '아아'가 〈보기〉의 설명에 해당한다.

**04** 〈보기〉는 고려 왕조의 도읍지를 둘러보며 인생의 무상함과 자연의 불변성을 대조적으로 인식한 화자가 망국의 한을 노래한 시조이다. 이 시가에서 ㉠ '예'는 화자가 죽은 누이와 사별하고 슬픔을 느끼는 이승이고, ㉡에서 '미타찰'은 불교의 극락 중 하나로 죽은 누이와 재회할 수 있는 공간이다. 〈보기〉의 ⓐ '도읍지'는 멸망한 고려의 옛 도읍지를 뜻하므로 화자가 상념에 잠겨 회고하는 공간이고, ⓑ의 '태평연월'은 태평하고 안락한 세월을 뜻하는 말로 고려가 융성했던 과거를 의미한다.

**오답 풀이**
❶ 이 시가의 화자는 누이의 죽음에서 비롯된 상실감을 느끼고 있고, 〈보기〉의 화자는 고려 왕조의 도읍지를 둘러보며 고려 왕조가 몰락한 데에서 오는 상실감을 느끼고 있다.
❷ 이 시가는 3단 구성을 취하며, 낙구 첫머리에는 감탄사가 들어간다. 이는 '초장 - 중장 - 종장'의 3장으로 이루어지고, 종장의 첫 음보에 감탄사가 들어간 〈보기〉에도 영향을 미쳤다고 볼 수 있다.
❸ 〈보기〉는 '오백 년(五百年)∨도읍지(都邑地)를∨필마(匹馬)로∨도라드니,'와 같이 4음보의 율격이 나타나고 있다.
❺ 이 시가의 ㉡은 누이와의 재회에 대한 화자의 다짐을 드러내고 있고, 〈보기〉의 ⓑ는 과거의 모습을 떠올리며 허망함을 느끼는 화자의 정서가 드러난다.

**DAY 01**  ② 가시리  **내신 올리기**  ○ 016~017쪽

**01** ①   **02** ⑤   **03** 셜온 님   **04** ③

---

### 가시리 _작자 미상

**해제** 이 시가는 우리 민족의 전통적 정서인 이별의 정한을 노래한 고려 가요이다. 화자는 떠나는 임을 붙잡지 못하는 소극적인 태도를 보이지만 곧 다시 돌아오라는 소망을 직접적으로 드러냄으로써 임에 대한 마음을 진솔하게 표현하고 있다.

**주제** 이별의 정한(情恨)

**특징**
- 총 4연의 분연체로 구성됨.
- 여음과 후렴구가 반복되어 운율을 형성함.
- 간결하고 솔직한 어조로 임을 보내는 애절한 마음을 드러냄.

**한눈에 보기**

| 1연 | 2연 | 3연 | 4연 |
|---|---|---|---|
| 화자를 버리고 떠나는 임 | 떠나는 임에 대한 원망 | 임을 붙잡고 싶은 감정의 절제와 체념 | 임에 대한 부탁과 재회의 기원 |

**01** 이 시가는 임이 떠나는 상황을 맞이한 화자의 심정을 노래하고 있는 고려 가요이다. 각 연에서 임과 이별하는 화자의 애절한 마음과 임에 대한 감정이 드러나고 있으나 이를 시간의 특정한 흐름에 따라 드러내고 있지는 않다.

**02** 이 시가에서는 3음보, 3·3·2조의 운율, aaba 구조, 시구의 반복, 여음 및 후렴구 등을 활용해 운율을 형성하고 있다. 처음과 끝에 유사하거나 동일한 시구를 배치하는 수미상관 구조 또한 운율을 형성하고 형태적, 구조적 안정감을 주지만 이 시가에서는 사용하고 있지 않다.

**오답 풀이**
❶ 이 시가는 '가시리(3)∨가시리(3)∨잇고(2)'와 같이 3·3·2조의 음수율과 한 행을 3번에 끊어 읽는 3음보의 율격이 나타나고 있다.
❷ 이 시가는 '가시리(a) 가시리잇고(a) (나는) / 부리고(b) 가시리잇고(a)'와 같이 '반복 – 반복 – 변화 – 반복(aaba)' 구조가 나타나고 있다.
❸, ❹ '나는', '위 증즐가 대평셩디(大平盛代)'와 같이 여음과 후렴구가 반복되어 음악적 효과와 형태적 안정감을 주고 있다

**03** 이 시가의 4연에 제시된 '셜온 님'은 '셜온'의 주체를 누구로 보느냐에 따라 '이별을 서러워하는 임', '화자를 서럽게 하는 임'의 두 가지 의미로 해석할 수 있다. 전자로 해석할 경우 시적 상황은 임도 화자와 마찬가지로 이별을 슬퍼하나 어쩔 수 없이 이별을 맞이한 상황이 되며, 후자로 해석할 경우 시적 상황은 임이 화자를 떠나 버린 상황이 된다.

**04** 이 시가의 화자는 3연에서 떠나는 임을 붙잡아 두고 싶다는 진심을 드러내면서도 그렇게 하면 임이 돌아오지 않을까 봐 걱정하며 임을 붙잡지 못하고 있다. 따라서 ⓒ에서 화자는 임을 붙잡겠다거나 따라가겠다는 등의 적극적인 의지를 보이지 않고 이별에 체념하는 태도를 보이고 있다.

**오답 풀이**
❶ ㉠은 임에게 자신을 떠나가려는 것인지를 묻고 있는 것으로, 반복을 통해 화자는 임에게 정말 떠나는 것인지 물으며 이별을 안타까워하고 있다.
❷ ㉡에서 화자는 임이 없이 살아가야 하는 자신의 상황을 한탄하며 떠나는 임에 대한 원망을 드러내고 있다.
❹ ㉢과 ㉣은 '생각 같아서는 임을 붙잡아 두고 싶지만, 혹시나 임께서 서운하면 다시는 오지 않을까 봐 두렵다.'는 의미이다. 따라서 떠나는 임을 붙잡고 싶은 화자의 진심과 함께 임을 떠나보낼 수밖에 없는 이유가 나타나 있다.

❺ ㉤은 '떠나더라도 바로 돌아오시라.'는 간절한 염원을 직접적으로 표출한 것으로, 임을 떠나보낼 수밖에 없는 상황에서 그저 임이 돌아오기만을 소망하고 있음을 알 수 있다.

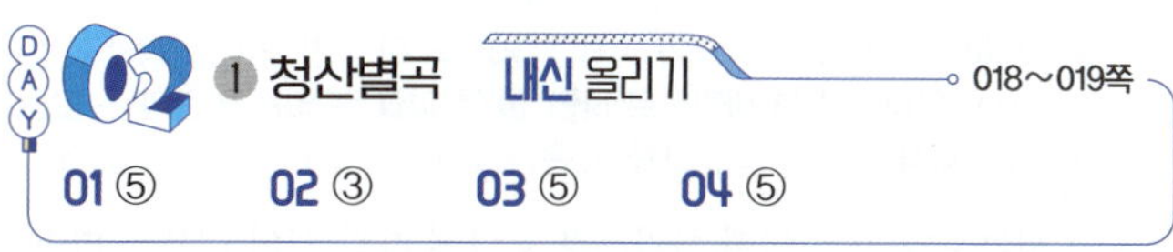


**청산별곡**_작자 미상

**해제** 이 시가는 삶의 비애와 고달픈 현실에서 벗어나고자 이상향을 추구하지만 현실에 부딪쳐 체념할 수밖에 없는 당시 사람들의 삶의 애환을 다룬 고려 가요이다. 청산과 바다를 동경하는 화자의 정서를 드러내며 청산을 중심으로 하는 1~4연과 바다를 중심으로 하는 5~8연이 대칭을 이루고 있다. 이 시가는 구전되어 오다가 한글 창제 이후에 문자로 기록되어 전해졌다. 고도의 상징성을 지녀 화자를 누구로 해석하느냐에 따라 다양한 주제로 해석할 수 있다.

**주제** 삶의 고통과 비애에서 벗어나고 싶은 마음

**특징**
- 후렴구를 반복하고 울림소리인 'ㄹ', 'ㅇ'을 활용해 운율감을 조성함.
- 3·3·2조와 3음보의 율격, 분연체 구성을 지님.

**한눈에 보기**

| 1~4연 청산의 노래 | | 5~8연 바다의 노래 | |
|---|---|---|---|
| 1연 | 청산에 대한 동경 | 5연 | 비극적인 운명에 대한 체념 |
| 2연 | 삶의 비애와 고독 | 6연 | 바다에 대한 동경 |
| 3연 | 현실 세계에 대한 미련 | 7연 | 삶에 대한 절박한 심정 |
| 4연 | 절망적인 고독과 비탄 | 8연 | 술을 통한 고뇌의 해소 |

(대칭)

**01** 이 시가의 5연은 피할 수 없는 인간의 운명에 어쩔 수 없이 운다는 내용, 6연은 바다에서 살고 싶다는 내용이다. 5연과 6연의 순서를 바꾸면, 1~4연은 청산을 중심으로 하는 노래이고, 5~8연은 바다를 중심으로 한 노래로 대칭적 구조를 이루며 시상이 자연스럽게 연결된다.

**02** 이 시가에서 '청산'과 '바다'는 각각 1연과 6연에 제시되어 있는데, 두 시어 모두 화자가 괴로운 현실에서 벗어나 도피처로 선택한 자연의 공간이라는 점에서 의미가 유사하다고 볼 수 있다.

**03** 이 시가의 7연에 제시된 ㉤ '사슴'에는 '사슴'이 장대에 올라가 해금을 켜는 것과 같이 기적을 바라는 절박함 또는 유희에 탐닉하려는 화자의 심정이 반영되어 있다.

❶ '우러라 우러라 새여 자고 니러 우러라 새여.'에서 화자는 시름 많은 자신이 자고 일어나 우는 것처럼 '새'도 울고 있다고 하였다. 이는 화자가 '새'에 자신의 감정을 이입한 것이다.
❷ '가던 새 가던 새 본다 믈 아래 가던 새 본다.'에서 '믈 아래'는 세상에 미련을 버리지 못한 화자가 바라보는 속세를 의미하며, 화자가 살고자 하는 '청산'이나 '바다'와 대비되는 공간이다.
❸ '오리도 가리도 업슨 바므란 또 엇디 호리라.'에서 올 사람도 갈 사람도 없다고 하였으므로 '밤'은 고독한 시간을 의미한다.
❹ '어듸라 더디던 돌코 누리라 마치던 돌코.'와 뒤 구인 '믜리도 괴리도 업시 마자셔 우니노라.'를 바탕으로 하면 '돌'은 피할 수 없는 인간의 운명을 의미하며 화자는 고통스러운 자신의 운명에 체념하고 있음을 알 수 있다.

**04** 이 시가는 화자를 어떤 사람으로 두냐에 따라 시의 내용을 다양하게 해석할 수 있다. 화자를 자신의 뜻을 이루지 못하여 속세를 떠난 지식인으로 이해한다면, '잉 무든 장글란'은 고려 시대의 혼란스러운 정세를 고려하여 '날이 무딘 병기를'로 해석해 볼 수 있다. 화자를 사랑을 잃은 여인으로 보면 '잉 무든 장글란'은 '이끼 묻은 은장도'로 해석할 수 있고, 유랑민을 화자로 보면 '이끼 묻은 쟁기'로도 해석할 수 있다.



❶ 실연한 사람으로 화자를 설정하면, 실연한 슬픔 때문에 화자가 세상을 떠나 '청산', '바다'로 가고자 하는 사람임을 알 수 있다.
❷ 5연의 '믜리도 괴리도 업시'는 실연한 사람의 상황을 드러내며 화자의 고독함을 표현했다고 볼 수 있다.
❸ 유랑민으로 화자를 설정하면, 화자는 혼란한 시대 상황에서 삶의 터전을 잃은 농민으로 해석할 수 있다.
❹ 3연의 '가던 새 가던 새 본다'에서 '가던 새'는 유랑민을 화자로 설정하면 '갈던 밭이랑'으로 해석할 수 있으며 유랑민이 농사지으며 살던 옛 삶을 그리워하는 것으로 볼 수 있다.

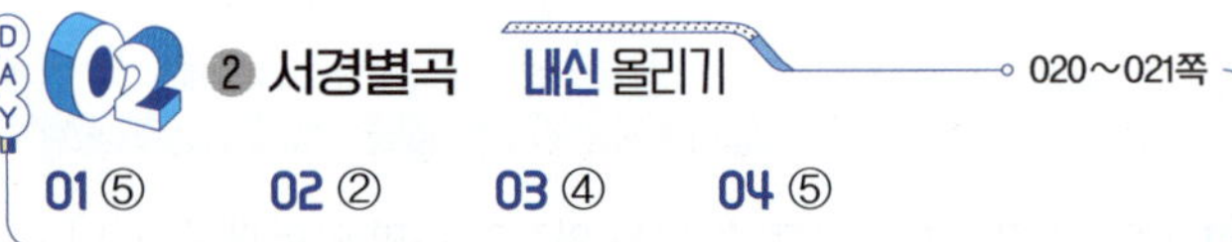


### 서경별곡 _작자 미상

**해제** 이 시가는 애절한 사랑과 이별의 정한을 노래한 고려 가요이다. 임과 이별하는 상황에서 임에 대한 변함없는 사랑을 노래하면서 자신을 버리고 떠나는 임에 대한 원망과 질투의 감정을 직설적인 어조로 노래하고 있다. 이 시가는 전체가 여러 개의 연으로 구성되어 있고 3음보의 율격이 나타나며 여음구와 후렴구가 드러난다.

**주제** 이별의 정한(情恨)

**특징** • 상징적 시어를 통해 화자가 처한 이별 상황을 드러냄.
• 설의법을 통해 임에 대한 사랑을 맹세하는 화자의 정서를 드러냄.
• 시상 전개에 따라 슬픔, 사랑, 원망 등 화자의 정서 변화가 드러남.

**한눈에 보기**

| 1~4연 | 5~8연 | 9~14연 |
|---|---|---|
| 이별에 대한 거부와 임에 대한 연모의 정을 드러냄. | 임에 대한 영원한 사랑과 믿음을 맹세함. | 떠나는 임에 대한 불안감과 사공에 대한 원망을 드러냄. |

**01** 이 시가는 고려 가요로, 고려 시대에 주로 일반 백성들이 창작하여 부르던 노래이다. 평민들의 일상적인 삶을 진솔한 표현으로 노래한 시가로, 구전되다가 조선 시대에 훈민정음이 창제되면서 문자로 기록되었다.

**02** 5연의 '바회예', 9연의 '대동강', 13연의 '고즐여'에서 자연물을 활용하여 화자의 마음을 표현하고 있다. 5연의 '바회예'는 '구슬이 바위에 떨어진들 끈이야 끊어지겠는가'라는 의미의 시구에서 화자의 사랑을 방해하는 장애물의 의미를 지니고 있다. 9연의 '대동강'은 화자가 임과 이별하는 이별의 공간이다. 13연의 '꽃'은 임이 만날 다른 여인을 비유한 표현이다.



❶, ❹ 5~6연에서 화자는 임에 대한 자신의 사랑을 '구슬'과 '끈'을 대비하여 표현하였다. '구슬'은 잘 깨어지는 성질의 대상이고, '끈'은 끊어지지 않는 성질의 대상이다. 화자는 두 대상을 통해 '끈'처럼 불변하고 영원한 사랑과 믿음을 강조하고 있다.
❸ 9연에서 '대동강'이라는 구체적 지명을 제시하여 이별하는 공간을 제시하고, 10연에서 임을 대동강 건너편으로 데려다 주어 이별 상황을 만드는 '사공'에게 원망을 드러내고 있다.
❺ 6연에서 화자는 설의적 표현인 '그츠리잇가'를 통해 임에 대한 사랑을 강조하였다.

**03** 이 시가의 10연에 제시된 ㉣ '사공'은 임이 대동강 건너편으로 이동할 수 있게 도와주는 인물로, 화자가 임에게 느끼는 원망을 간접적으로 표출하는 대상이다.

**04** 이 시가에서는 이별을 맞이한 화자의 심정을 알 수 있을 뿐, 임이 화자와의 이별을 안타까워하고 있는지는 알 수 없다.



❶ 이 시가는 고려 시대의 평민들이 주로 부른 고려 가요이다. 그러므로 영화 속 등장인물의 옷은 고려 시대 백성의 복장이어야 한다.
❷ 이 시가의 화자는 9연에서 대동강 가에서 임과 이별하고 있으며, 임은 배를 타고 대동강을 건너 화자를 떠나고 있다. 따라서 영화 촬영 장소는 배가 건너갈 수 있을 정도의 큰 강가여야 한다.
❸ 화자는 임과 이별하는 상황에서 자신의 애달픈 마음을 절절하게 표현하고 있다. 따라서 화자의 심정을 부각할 수 있는 슬픈 음악을 배경 음악으로 선정해야 한다.
❹ 화자는 3연에서 '질삼뵈 부리시고'라고 하였다. '질삼뵈'는 길쌈하던 베라는 뜻으로 이 시가의 화자가 여성임을 알 수 있다.

 **③ 1 강호사시가 내신 올리기** ○─ 022~023쪽

**01** ①　　**02** ⑤　　**03** ⑤　　**04** ③

---

### 강호사시가 _맹사성

**해제** 이 시가는 강호에 묻혀 자연을 즐기며 임금의 은혜에 감사하는 내용을 담은 연시조이다. 화자는 자연에서의 한가로운 삶의 즐거움을 노래하면서 이러한 즐거움을 느끼는 것이 모두 임금의 은혜임을 표현하고 있다. 이 시가는 사계절의 흐름에 따라 자연 속에서 안분지족하는 은사의 삶을 효과적으로 그리고 있으며, 각 연의 마지막 구절에서 유교적 충정을 드러내고 있다.

**주제** 강호에서 자연을 즐기며 임금의 은혜에 감사하는 삶

**특징**
- '봄 – 여름 – 가을 – 겨울'의 흐름에 따라 계절별로 한 수씩을 노래함.
- 각 수가 동일한 구조로 반복되어 형태적 안정감을 줌.
- 대유법, 대구법, 의인법 등 다양한 표현 방법을 활용함.

**한눈에 보기**

| 제1수 춘사 | 제2수 하사 | 제3수 추사 | 제4수 동사 |
|---|---|---|---|
| 시냇가에서 물고기를 안주 삼아 탁주를 마시는 봄의 흥취 | 한가로이 강바람을 즐기는 여름의 초당 생활 | 강에서 고기를 잡으며 즐기는 가을의 정취 | 삿갓과 도롱이로 만족하는 겨울의 강호 생활 |

---

**01** 음성 상징어란 소리를 흉내 내는 말인 의성어, 모양이나 움직임을 흉내 내는 말인 의태어를 함께 이르는 말이다. 이 시가에서는 각 수의 종장이 반복되며 운율을 형성하고 있을 뿐 음성 상징어를 사용한 부분은 없다.

**오답 풀이**
❷ 제2수의 '유신한 강파는 보내나니 바람이로다'에서 강 물결을 의인화하여 강 물결이 바람을 일으키는 것처럼 표현하였다.
❸, ❺ 각 수마다 초장에 '강호에 ~이 드니', 종장에 '이 몸이 ~도 역군은이샷다.'라는 동일한 문장 구조를 반복하여 형태적 안정감을 주고 있다.
❹ 이 연시조에는 봄, 여름, 가을, 겨울을 지내는 화자의 삶이 드러나 있다. 각 연의 중장에 화자의 계절별 생활이 구체적으로 제시되어 있다.

**02** 이 시가는 사계절의 흐름에 따라 계절별로 한 수씩 노래하는 구조를 취하고 있는데, 제3수에서 화자는 '가을'에 물고기를 잡으며 자연을 즐기고 있다. 그러나 이는 제3수 종장에 제시된 것처럼 '소일'일 뿐 노동이라고 보기는 어렵다. 또한 화자는 제4수에서 '겨울'에 삿갓을 비스듬히 쓰고 누역으로 옷을 삼아 소박한 삶을 살고 있다. 그러므로 화자의 삶이 노동을 통해 점점 풍요로워진다는 설명은 적절하지 않다.

---

**03** ㉠ '강호'는 풍류를 즐길 수 있는 자연을 의미하는 동시에 임금의 은혜를 느끼게 하는 공간이다. 화자는 현실에서 도피하기 위해 자연을 택한 것이 아니라 자연에서 안분지족(安分知足)하는 삶의 즐거움을 노래하고 있다.

**04** 이 시가의 화자는 자연 속에서 살아가는 흥을 노래하면서도 그러한 생활을 가능하게 해 준 임금의 은혜에 감사하고 있다. 제3수의 '소일'은 '어떤 일에 재미를 붙여 심심하지 않게 시간을 보내는 것'을 의미하므로, 관직에 나가겠다는 의지가 아니라 고기를 잡는 소일을 하며 자연 속에서 시간을 보내겠다는 의미임을 알 수 있다.

**오답 풀이**
❶ 제1수에서 자연을 즐기는 흥취를 '미친 흥'으로 표현하였다.
❷, ❺ 각 수의 종장에서 '역군은이샷다'로 마무리하여 연군지정의 마음을 드러내고 있다.
❹ 제4수에서 '삿갓 빗기 쓰고 누역으로 옷을 삼아'라는 대목으로 겨울에 도롱이를 입어도 춥지 않다며 임금에 대한 충정을 표현하였다.

---

 **③ 2 만흥 내신 올리기** ○─ 024~025쪽

**01** ②　　**02** ③　　**03** ①　　**04** ①

---

### 만흥 _윤선도

**해제** '만(漫)'은 가득 차서 넘쳐흐른다는 뜻이고, '흥(興)'은 흥겨움을 뜻한다. 즉, '만흥'은 속세를 벗어난 자연 속에서의 흥취가 화자의 마음속에 가득 차 있다는 것을 의미한다. 이 시가는 자연 속에서의 즐거운 삶에 만족하고 임금의 은혜에 감사하는 강호한정가이자 강호가도의 특징이 드러나 있다. 현재 자신의 삶에 만족하고 자연 친화적인 화자의 모습이 우리말의 묘미를 잘 살린 표현을 통해 나타나 있다.

**주제** 속세를 떠나 자연에 묻혀 사는 즐거움

**특징**
- 우리말의 아름다움이 잘 드러남.
- 속세와 자연의 대비를 통해 화자의 안분지족하는 삶의 자세를 드러냄.

**한눈에 보기**

| 제1수~제5수 | 제6수 |
|---|---|
| 자연 속에서 분수에 맞는 삶에 만족함. ↘ 자연 속에서 사는 삶의 즐거움 | 자연 속에서의 삶은 임금의 덕분임. ↘ 임금의 은혜에 대한 감사와 찬양 |

**01** 이 시가는 총 6수의 평시조가 묶여 이루어진 연시조이다. ②는 사설시조에 대한 설명에 해당한다. 사설시조는 평시조에 비해 초장과 중장이 제한 없이 길며 종장도 길어진 형태를 보이는 시조 형태이다.

**02** 이 시가의 화자는 속세에서 벗어나 자연과 더불어 살며, 현재의 삶이 부귀공명을 추구하는 속세의 삶보다 낫다는 인식과 자부심을 드러내고 있으므로 가난한 생활을 하면서도 편안한 마음으로 도를 즐겨 지킨다는 '안빈낙도'의 태도를 지니고 있다고 볼 수 있다.

**｜모답 풀이｜**
❶ 하는 일 없이 놀고 먹음.
❷ 남의 권세를 빌려 위세를 부림. 『전국책』의 「초책(楚策)」에 나오는 말로 여우가 호랑이의 위세를 빌려 호기를 부린다는 데에서 유래한다.
❹ 모든 일은 반드시 바른길로 돌아감.
❺ 사람의 몸에 날개가 돋아 하늘로 올라가 신선이 됨.

**03** 제1수에 나오는 '뛰집'은 '산슈간 바회 아래'라는 자연 즉, 속세를 초탈한 곳에 지으려는 집이므로 [B] 자연에서의 삶을 상징하는 공간이라고 할 수 있다.

**04** 〈보기〉는 조선 초기에 정극인이 지은 시가인 「상춘곡」이다. 제시된 부분은 '공명도 나를 꺼리고 부귀도 나를 꺼리니, / 아름다운 자연 외에 어떤 벗이 있을까. / 가난한 처지에 헛된 생각 아니하니, / 아무튼 한평생 즐거움을 누리는 것이 이만하면 족하지 않은가.'라는 의미이다. 이 작품은 조선 시대 사대부 가사의 효시로 여겨지는 작품인데, 이후 송순의 「면앙정가」, 정철의 「성산별곡」으로 이어지며 강호가도의 시풍을 형성한다. 이 시가와 〈보기〉는 자연을 탈속적인 공간으로 바라보며 화자가 자연 친화적 태도를 보인다는 공통점이 있다.

**｜모답 풀이｜**
❷ 이 시가와 〈보기〉 모두 양반 계층이 지은 작품이다.
❸ 이 시가와 〈보기〉 모두 자연 속에서 사는 삶에 대한 만족감을 설의법을 사용하여 드러내고 있다. 반어적 표현은 나타나지 않는다.
❹ 이 시가에서는 제6수의 '님군 은혜(恩惠)를 이제 더욱 아노이다.'에 임금의 은혜에 대한 감사가 직접적으로 드러나 있지만, 〈보기〉에는 이러한 내용이 드러나지 않는다.
❺ 이 시가와 〈보기〉에는 사회에 대한 화자의 태도가 드러나지 않으며 속세(사회)에서 벗어나 자연 속에서 느끼는 화자의 정서가 드러난다.

---

### 속미인곡 _정철

**｜해제｜** 이 시가는 임금을 그리워하는 마음을 임과 이별한 여인의 애달픈 심정으로 대입하여 표현한 가사이다. 「사미인곡」 이후에 지어진 노래여서 「속미인곡」이라는 제목을 지니고 있다. '충신연주지사'라고도 한다. 중심 화자와 보조적 화자를 설정하여 대화 형식으로 시상을 전개하여 임(임금)을 향한 사랑과 그리움을 간곡하게 노래하고 있다.

**｜주제｜** 임에 대한 그리움과 슬픔

**｜특징｜**
• 두 여인의 대화 형식으로 시상을 전개함.
• 우리말 표현의 아름다움을 잘 살림.
• 화자의 심정과 화자가 처한 상황을 다양한 소재를 사용하여 드러냄.

**｜한눈에 보기｜**

| 서사 | 본사 | 결사 |
|---|---|---|
| 여인 1의 질문<br>여인 2의 대답 | 여인 1의 위로<br>여인 2의 하소연 | 여인 2의 소망<br>여인 1의 조언 |
| 임이 이별한 사연 | 임에 대한 걱정과 그리움 | 죽어서라도 이루고 싶은 깊은 사랑 |

**01** 이 시가의 제목에서 '미인(美人)'은 화자가 사랑하는 임이자 작자가 그리워하는 임금을 의미한다.

**｜모답 풀이｜**
❶ 이 시가는 '뎨 가논∨뎌 각시∨본 듯도∨혼뎌이고'와 같이 한 행을 네 번 끊어 읽는 4음보의 율격을 보이고 있다.
❷, ❸ 이 시가는 조선 시대에 지어진 가사로, 가사는 '서사 - 본사 - 결사' 구성으로 이루어져 있다.
❹ 이 시가는 「사미인곡」의 속편으로, '속(續)'은 '잇다'라는 뜻이다.

**02** 이 시가는 중심 화자인 여인 2와 보조적 화자인 여인 1이 대화하는 형식으로 구성되어 있다. 여인 1이 이별한 이유를 묻자 여인 2는 '내 몸의 지은 죄 뫼フ티 짜혀시니', '조믈(造物)의 타시로다'라고 말하며 임과의 이별 이유가 자신과 조물주에게 있다고 말한다. 이에 여인 1은 '글란 싱각 마오'라고 말하며 여인 2를 위로하고 있다.

**03** ㉠ '하놀히라 원망ᄒ며 사룸이라 허믈ᄒ랴'에는 중심 화자인 여인 2가 임과 헤어진 것이 하늘이나 다른 사람을 원망할 것이 아니라 자신에게 잘못이 있다는 뜻이 담겨 있다. ㉠의 앞에서 화자는 자신이 지은 죄가 산 같이 쌓여서 임과 헤어졌다고 생각하고 있으므로, 자신의 잘못을 자책하는 것으로 볼 수 있다.

**04** 〈보기〉에서 이 시가의 작자 정철이 동인의 탄핵으로 임금의 곁에서 벗어나 낙향했다고 하였으나, 여인 2는 임과 이별한 원인을 하늘이나 다른 사람의 탓을 하지 않고 자신을 자책하며 '조믈(조물주)'을 탓하고 있다. 이를 통해 자신의 운명으로 받아들이는 작자의 태도를 알 수 있다.

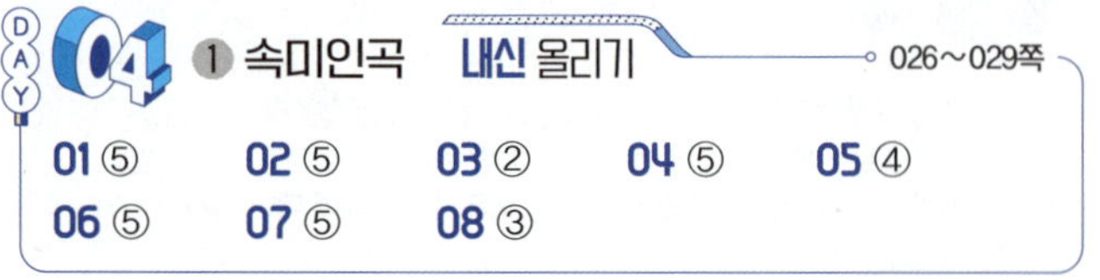

### 오답 풀이

❶ 〈보기〉에서 정철이 활동하던 시기의 임금은 '선조'이므로 이 시가에 드러난 임은 '선조'임을 알 수 있다.

❷ 임과 이별하여 임의 곁으로 가지 못하는 각시(여인 2)는 벼슬에서 물러나 낙향하여 지내던 작자 자신을 의미한다.

❸ '나도 님을 미더 군쁘디 전혀 업서'에 '군뜻'은 다른 뜻이라는 의미이다. 〈보기〉에서 작자 정철은 탄핵을 받았다고 하였으므로 '군뜻'이 없다는 것은 자신이 결백하다는 의미임을 알 수 있다.

❹ '빅옥경(白玉京)'은 옥황상제가 사는 곳이므로 작자의 입장에서는 임금이 있는 한양을 의미하는 것이다. 한양에서 떠나왔다는 것에서 벼슬에서 물러난 것임을 추측할 수 있다.

**05** 이 시가의 화자는 '[C] 초가집 찬 자리'로 이동한 후에도 임을 그리워하며, 결사에서는 죽어서라도 임을 따르고자 하는 의지를 내보이고 있다. 따라서 화자가 [C]로 이동한 후 임과의 이별을 받아들이기로 했다는 설명은 적절하지 않다.

### 오답 풀이

❶ 화자는 높은 산에는 '구름'과 '안개'라는 장애물이 존재하여 임에 대한 소식을 듣지 못하여 물가로 이동한다.

❷ 화자는 높은 산에 올라가 임에 대한 소식을 듣고자 했으나 듣지 못하고, 물가에라도 가서 소식을 듣고자 이동을 하고 있다.

❸ 물가에 '빈 배'가 걸려 있지만 사공이 없으므로 임과 재회의 가능성은 보이지 않고 화자의 외로움이 심화된다.

❺ 화자는 높은 산에서는 '구름'과 '안개' 때문에, 물가에서는 '바람'과 '물결' 때문에 임의 소식을 듣지 못한다. '모첨(茅簷) 찬 자리'에 와서 꿈에서나마 임을 보고자 하나 '계성' 때문에 잠을 깨고 만다.

**06** ㉠~㉢은 모두 임과 화자 사이를 가로막는 장애물을 의미하지만, 꿈속에서나마 화자가 임을 볼 수 있었으므로 ㉤은 화자가 임을 보게 하는 매개체이다.

**07** '낙월'과 '구준비'는 모두 죽어서라도 임을 만나고 싶은 마음을 보여 주는 화자의 분신을 의미한다고 할 수 있다. '낙월'은 멀리서 잠깐만 임을 비춘다는 점에서 소극적인 태도가 나타난다. 반면에 '구준비'는 임의 옷을 적시며 임의 가까이에 있을 수 있다는 점에서 적극적인 태도가 드러난다. 이 시가에는 임에 대한 원망의 마음이 드러나지 않으므로 '낙월'과 '구준비'가 자신을 알아주지 않는 임에 대한 원망을 드러낸다는 설명은 적절하지 않다.

**08** 〈보기〉는 이 시가에 드러난 '충신연주지사'의 특징을 설명하고 있다. 이 시가는 여성 화자를 내세움으로써 이별의 안타까움을 섬세하고 절절하게 노래하고 있고, 시가의 내용에서 군신 관계를 임과 임을 그리워하는 여인의 관계로 치환하여 공감을 불러일으킨다.

### 오답 풀이

❶ 임금과 멀어져서 낙향한 작자의 상황, 임과 이별하여 임을 보지 못하는 여인 2의 상황 모두 임과 이별하는 상황을 직접적으로 드러내고 있다.

❷ 이 시가에는 임과 헤어진 이유를 조물주의 탓이라고 하여 임금에 대한 원망을 드러내지 않고 있다.

❹ 임과 임을 그리워하는 여인의 관계에 빗대어 임금에 대한 작자의 충정을 돌려서 표현하고 있다.

❺ 임과 이별한 여인의 상황에 작자의 상황을 대입하여 표현하고 있으므로 작자가 처한 현실을 사실적으로 다루고 있지 않다.

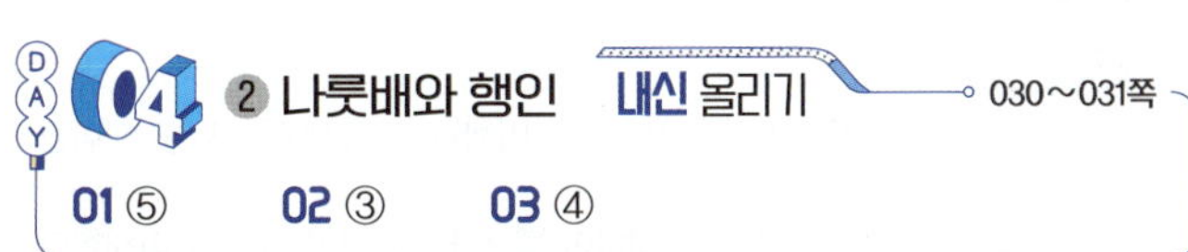


## 나룻배와 행인 _한용운

**해제** 이 시는 '나룻배'와 '행인'에 '나'와 '당신'의 관계를 비유하여, 인내와 헌신으로 실천하는 참된 사랑을 효과적으로 그려 낸 작품이다. 임을 향한 절대적인 믿음으로 고난과 역경을 참고 견디며, 임이 돌아올 것을 기다리는 화자의 모습을 통해 참된 사랑이란 무엇인지 엿볼 수 있다.

**주제** 인내와 희생을 통한 참된 사랑의 실천

**특징**
- 은유와 상징을 사용하여 '나'와 '당신'의 관계를 대조적으로 설정하고, 주제를 효과적으로 드러냄.
- 수미상관의 구조로 형태적 안정감과 운율감을 줌.

### 한눈에 보기

| '나' | '당신' |
|---|---|
| • '당신'을 안고 물을 건너감.<br>• '당신'이 돌아올 것을 믿고 기다림. | • '나'를 흙발로 짓밟음.<br>• 물만 건너면 '나'를 돌아보지도 않고 떠남. |
| ↓ | ↓ |
| 헌신적이고 희생적인 태도 | 무관심하고 무정한 태도 |

**01** 이 시의 화자는 '당신'이 무정한 모습을 보이더라도, 어떤 시련과 고난이 닥쳐도 변함없이 '당신'을 위해 희생하고 '당신'을 기다릴 것을 다짐하고 있다. 시행의 길이 변화로 화자의 감정을 표현하는 것은 이 시에 드러나지 않는다.

### 오답 풀이

❶ 1연과 4연에서 수미상관의 구조를 보이며 형태적 안정감과 운율감을 주고 있다.

❷, ❸ '-ㅂ니다'의 경어체를 반복적으로 사용하여 각운을 형성하고, 경건한 시적 분위기를 자아내고 있다.

❹ '나'에게 무심하고 무정한 '당신'의 태도와, '당신'에게 희생하고 헌신하는 '나'의 태도를 대비하여 '나'의 희생을 강조하고 있다.

**02** 이 시의 3연에 제시된 ㉢은 '당신'에 대한 '나'의 태도가 아니라, '나'에 대한 '당신'의 무심한 태도가 드러나는 구절이다.

### 오답 풀이

❶, ❷ ㉠과 ㉡에는 '당신'을 위해 헌신하는 '나'의 모습이 드러나 있다.

❹ ㉣에는 '당신'에 대한 '나'의 믿음이 드러나 있다.

❺ ㉤에는 '당신'을 기다리며 인내하는 '나'의 모습이 드러나 있다.

**03** 이 시에서 '나'는 '당신'을 위해 인내하며 희생하는 모습을 보여 주고 있다. 따라서 이 시를 독립운동과 관련짓는다면 '나'는 조국의 독립을 바라는 사람으로 해석할 수 있고, '당신'은 조국, 조국의 광복으로 해석할 수 있다. 침략자로 '당신'을 바라보는 것은 이 시를 감상한 내용으로 적절하지 않다.

❶ '나'를 창작의 고통을 겪는 시인으로 이해할 때, '당신'은 '시'를 의미한다고 볼 수 있다.

❷, ❸ 시인이 승려였던 점을 고려하여 불교와 관련지어 이 시를 이해한다면, '나'를 진리를 찾는 종교의 구도자로 해석할 때, '당신'은 종교적 구원이 필요한 중생, 도달하기 힘든 불교적 진리로 해석할 수 있다.

❺ 시인이 독립운동가였음을 고려하면 '당신'은 조국, 조국의 광복으로 해석되므로, '나'는 조국의 광복을 기다리는 사람으로 해석할 수 있다.

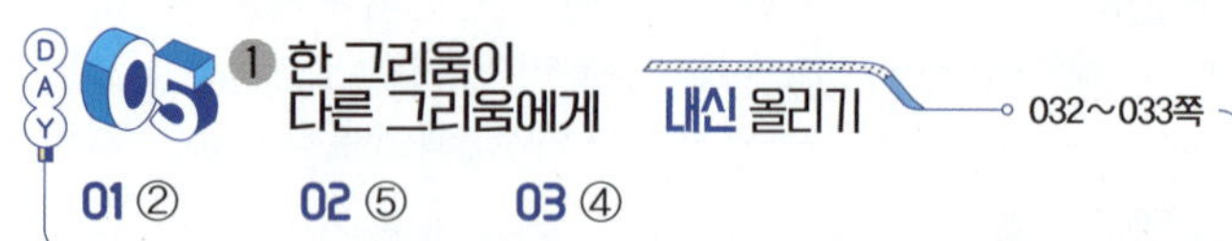

DAY 05 ❶ 한 그리움이 다른 그리움에게  내신 올리기 ○ 032~033쪽

01 ②    02 ⑤    03 ④

---

### 한 그리움이 다른 그리움에게 _정희성

**해제** 이 시는 '날실'과 '씨실'이 한 폭의 비단을 이루는 것처럼 '당신'과 '나'의 사랑이 결실을 맺기를 바라는 화자의 소망을 표현한 작품이다. 사랑이라는 추상적 감정을 비단이라는 사물을 활용하여 구체적으로 그려 내며, 고난과 시련을 극복한 뒤 '당신'과의 재회를 바라는 화자의 의지를 서정적 필치로 형상화하고 있다. 이 시에서 '나'와 '당신'의 관계는 사랑의 의미를 뛰어넘어 암울한 현실에서 서로에게 위로와 위안을 전하는 공동체적 연대를 의미하기도 한다.

**주제** '당신'과의 재회에 대한 바람과 기다림

**특징** • 가정법을 사용하여 '당신'에 대한 그리움과 사랑을 강조함.
• 수미상관 구조로 화자의 정서를 부각함.
• 비단이라는 사물을 활용해 사랑이라는 추상적인 감정을 구체적으로 표현함.

**한눈에 보기**

| 1~5행 | 6~10행 | 11~15행 |
| --- | --- | --- |
| '당신'과 함께 결실을 만들고 싶은 간절한 마음을 드러냄. | 어떠한 시련에도 인내하며 '당신'을 기다림. | 기다림의 끝에서 '당신'과의 만남을 바람. |

**01** 이 시는 화자와 '당신'의 사랑을 '하나의 꿈', '한 폭의 비단' 등 아름다운 시어에 비유하며 서정적인 시적 분위기를 조성하고, 가정적 표현과 수미상관 구조 등을 활용하여 '당신'을 사랑하고 그리워하는 화자의 정서를 강조하고 있다. 그러나 화자의 감정을 대상에 이입하여 표현하고 있지는 않다.



❶ '나는 기다리리, 추운 길목에서'와 같이 도치법을 활용하여 화자의 의지를 강조하고 있다.

❸ 이 시는 '~있다면', '~된다면'과 같이 미래 상황을 가정하는 표현을 사용함으로써 그리움의 정서를 강조하고 있다.

❹ '추운 길목', '오랜 침묵과 외로움', '겨울' 등의 시어를 사용하여 화자가 처한 암담하고 괴로운 현실을 드러내고 있다.

❺ 이 시는 첫 부분과 끝 부분에서 유사한 문장 구조를 반복하며 구조적 안정감을 부여하고 시적 여운을 느끼게 한다.

**02** 화자는 '하나의 꿈', '한 폭의 비단'과 같은 사랑의 결실을 맺기 위해 '추운 길목', '겨울', '외롭고 긴 기다림'이라는 현실의 시련을 이겨 내겠다는 굳은 의지를 보이고 있다.



❶ 화자는 현재의 고난과 시련을 이겨 내고 '당신'과 재회하겠다는 의지를 보이고 있다.

❷ 화자와 '당신'이 현재 헤어져 있는 상황으로 볼 수 있으나, 시에서 '나'가 '당신'을 떠나보내는 모습은 나타나지 않는다.

❸ 화자가 옛사랑의 추억을 회상하는 모습은 제시되어 있지 않다.

❹ 화자는 '당신'과의 재회를 소망하고 있으나, 이것이 이루어질 수 없다는 불안함을 표현하고 있지는 않다.

**03** ㉣은 어떤 고난과 시련도 '나'와 '당신'의 사랑을 막을 수는 없다는 화자의 굳은 의지를 강조하는 표현이다.



❶ ㉠은 화자와 '당신'이 만나는 미래의 시간을 가리킨다.

❷ ㉡은 '한 폭의 비단'과 같이 화자와 '당신'과의 만남을 통해 맺는 사랑의 결실을 의미한다.

❸ ㉢은 '당신'과 화자가 서로에게 건네는 위로와 위안을 의미한다.

❺ ㉤은 화자가 처해 있는 시련과 고난의 현실을 의미한다.

DAY 05 ❷ 진달래꽃  내신 올리기 ○ 034~035쪽

01 ④    02 ①    03 ⑤

---

### 진달래꽃 _김소월

**해제** 이 시는 사랑하는 사람과의 이별을 가정하여 이별의 정한과 슬픔을 드러낸 작품으로 화자, 주제 등에서 전통적 시가 문학의 요소를 계승하고 있다. 이별의 상황을 가정하고 체념하던 화자가 떠나는 임을 축복하고 희생과 인고의 의지로 슬픔을 극복해 나가는 과정을 애상적 어조로 노래하고 있다.

**주제** 이별의 정한(情恨)과 극복

**특징** • 7·5조, 3음보의 민요적 율격을 사용함.
• 우리 민족의 전통적 정서인 '한(恨)'을 노래함.
• 반어적 표현을 통해 '애이불비'(哀而不悲)의 정서를 드러냄.

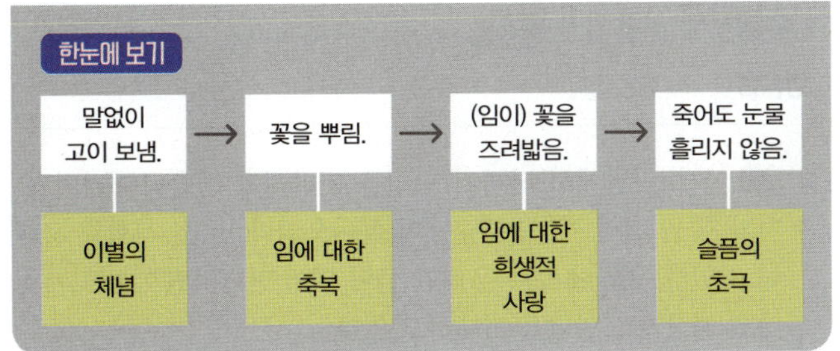


**01** 이 시는 애상적 어조로 화자의 정서를 드러내며 '-우리다'라는 일정한 종결 어미를 반복적으로 사용해 운율을 형성한다. 또한 '영변에 약산'이라는 구체적인 지명을 제시해 향토적 정서를 불러일으키며 1연과 4연이 수미상관을 이루어 형태적 안정감을 주고 운율을 느끼게 한다. 그러나 대조적인 이미지의 시어를 사용하고 있지는 않다.

**02** ㉠은 화자의 속마음을 반대로 표현하는 반어법을 사용하여 화자의 심정을 극대화하고 있으나, 영탄적 어조는 나타나지 않는다. 또한 화자는 자기희생의 자세로 임과의 이별을 인내하겠다고 말하고 있으나, 임과의 재회에 대한 소망을 이야기하고 있지는 않다.


❷ '죽어도 눈물을 흘리지 않겠다.'라는 표현을 '죽어도 아니 눈물 흘리우리다.'로 어순을 바꾸어 화자의 의지를 강조하고 있다.
❸ ㉠은 표면적으로 '슬퍼도 꾹 참고 임을 보내 드리겠다.'는 의미이지만, 이면적으로는 '제발 날 버리고 떠나지 말라.'는 의미를 함축하고 있다.
❹ 이 시에서 화자는 인고의 자세로 이별을 받아들이며, 임을 보내 드리겠다고 이야기하고 있다.
❺ ㉠과 같은 반어적 표현을 통해 화자는 자신이 느낀 이별의 한과 슬픔을 더 강렬하게 드러내고 있다.

**03** 이 시의 화자는 떠나는 임을 축복하며 이별의 슬픔을 겉으로 드러내지 않는 반면, 〈보기〉의 화자는 떠나는 임을 원망하며 자신의 감정을 직접적으로 토로하고 있다.


❶ 이 시와 〈보기〉는 모두 3음보 율격으로 이루어져 있다.
❷ 〈보기〉는 자연물을 화자의 분신으로 사용하고 있지 않다.
❸, ❹ 이 시의 화자는 임과의 이별을 받아들이고 있으며, 임과 재회할 것을 확신하고 있지 않다.



**01** [A]에서는 화자가 '그대'를 기다리는 저녁에서 아침까지의 시간이 나타나 있고, [B]에서는 '아침에서 저녁으로／저녁에서 아침

으로'라는 시구를 통해 한 방향으로 끊임없이 흐른다는 시간의 특성이 제시되어 있다. 이는 시간의 특성에 반하거나 모순된 표현들이 아니므로, 시간을 역설적으로 표현하고 있다는 설명은 적절하지 않다.


❶ [A]에서는 시간을 시각적, 청각적 이미지로 표현하고 있다.
❷ [B]의 '아침에서 저녁으로 / 저녁에서 아침으로'에서 시간이 지속되는 양상을 확인할 수 있다.
❸ [B]에서는 '아침', '저녁'이라는 시간과 '길'이라는 공간을 결합하여 형상화하고 있다.
❺ [A]에서 '아침'은 화자가 '그대'를 기다리기 시작한 시간을 나타내며, [B]에서 시간은 쇠문의 그림자가 길 위에 길게 드리운 것에서 알 수 있듯 화자의 오랜 고뇌를 의미한다.

**02** 나 의 화자는 '하늘'을 보며 부끄러움을 느끼고, 끊임없이 반성하며 자아를 찾고자 노력하고 있다. 다 의 화자에게 '미타찰'은 누이의 죽음에 따른 슬픔을 종교적으로 승화하는 공간이다.


❶ 나 에서 '하늘'은 맑고 푸른 대상으로 화자가 자아 성찰을 하도록 하는 매개체이며, 다 의 '미타찰'은 화자가 지향하는 공간이다. 따라서 '하늘'과 '미타찰'이 각 시의 화자가 몸을 담고 있는 공간이라는 설명은 적절하지 않다.
❷ 다 의 '미타찰'은 누이를 잃은 화자가 슬픔을 승화하는 공간으로, 비장함을 자아내는 공간으로 보기는 어렵다.
❸ 다 의 '미타찰'은 죽은 누이와 재회할 수 있다고 믿는 공간이지만, 나 의 '하늘'은 성찰을 하는 공간이지만 환상을 불러일으키는 공간으로 볼 수 없다.
❺ 나 의 '하늘'은 맑고 푸르른 공간이지만, 자연의 영원성을 상징하는 것은 아니다. 다 의 '미타찰'은 인간의 유한성이 아니라, 이를 극복하기 위한 공간을 가리킨다.

**03** 가 의 화자는 ㉠의 '집'을 '들가에 떨어져 나가 앉은 메기슭의 넓은 바다의 물가 뒤에' 짓겠다고 하고 있다. 이는 새로운 곳에 집을 짓고자 하는 화자의 의지를 나타내며, 탈속한 삶에 대한 소망을 상징하는 것은 아니다.


❷ ㉡에서 주머니를 더듬는 행위는 잃어버린 본질적 자아를 찾으려는 화자가 내면적으로 방황하는 모습을 나타낸다.
❸ 나 의 돌담은 화자가 본질적 자아를 회복하지 못하도록 방해하는 장애물을 상징한다. 이때 ㉢에서 반복되는 '돌'은 이러한 장애물의 존재가 굳건함을 나타내고, 화자의 무거운 심리 또한 드러낸다고 할 수 있다.
❹ ㉣에서 '풀 한 포기 없는'은 화자가 서 있는 길 위를 묘사하는 표현으로, 화자가 처한 상황이 황량함을 나타낸다.
❺ ㉤의 '머뭇거리고'를 통해, 누이의 죽음을 겪은 화자가 생사의 문제에 대해 고뇌하고 있음을 알 수 있다.

**04** ⓐ '바람'은 ⓑ '잎'을 떨어뜨리는 존재로, '이른 바람'은 누이의 이른 죽음을 상징한다. 이때 누이의 죽음을 화자의 시련으로 이해할 수 있다. A의 '바람' 또한 '도화'를 지게 하는 존재이지만, 화자는 '낙화인들 꽃이 아니랴'라고 말하며 바람으로 떨어진 꽃을 쓸지 않고자 한다. 떨어진 꽃은 화자의 감회와 흥취를 부각시키고 있는 대상이기에 A의 '바람'은 화자의 시련과는 거리가 있다.

❷ ⓐ와 B의 '바람'은 각각 잎이 떨어지고 나무가 쓰러지는 원인으로 작용하고 있다.

❸ ⓑ는 바람에 의해 떨어지는 존재로, 죽은 누이를 의미하므로 화자의 감회와 흥취를 부각하는 대상으로 볼 수 없다. 반면 A의 '도화'는 떨어진 뒤에도 화자의 감회와 흥취를 부각시키는 대상이다.

❹ ⓑ는 죽은 누이를 의미하며, B의 '나무'는 임을 그리워하다가 병이 든 화자 자신을 가리킨다.

❺ ⓑ, A의 '도화', B의 '나무'는 모두 '바람'에 의해 떨어지거나 쓰러지는 대상으로, 수동성을 함축하고 있다.

---

## 수능으로 실력 쌓기 2회 · 037~038쪽

**01** ④  **02** ②

**01** 가 의 '좃니노이다'는 임이 자신을 사랑해 준다면 임을 따라가겠다는 화자의 소망이 담겨 있고, 나 의 '빗취어든'은 화자가 달빛에 비친 그림자가 되어 임의 옷에 가 닿고 싶다는 의미로, 임의 곁에 있고 싶다는 화자의 소망을 드러낸 것으로 볼 수 있다.



❶ 가 의 '셔울'은 화자가 현재 머무르고 있는 공간이지만, 나 의 '건덕궁'은 임이 있는 공간으로 화자가 '가고지고', 즉 가고 싶어 하는 공간이다.

❷ 가 의 '질삼뵈'는 길쌈하는 베로 화자의 생업과 관련되어 중요한 대상이지만 임과 함께할 수 있다면 기꺼이 버리겠다고 말하고 있다. 나 의 '빈 낙대'는 욕심 없는 화자의 마음을 대변하는 소재이다. 따라서 '질삼뵈'나 '빈 낙대' 모두 화자가 회피하고 싶은 대상이라고 볼 수 없다.

❸ 가 의 '우러곰'은 떠나는 임을 따라가려는 화자의 마음을 나타내고, 나 의 '슬피 우러'는 임에게 자신의 소리가 들리기를 바라는 화자의 마음을 드러내고 있으므로, '우러곰'과 '슬피 우러'는 모두 임의 심정이 아닌 화자의 심정을 드러내는 표현이라고 할 수 있다.

❺ 가 의 '그츠리잇가'는 임에 대한 믿음은 끊어지지 않는다는 화자의 확신이 드러나고, 나 의 '반기실가'는 임이 자신을 반가워하기를 바라는 화자의 기대감을 드러낸 표현이다.

**02** [A]의 '신'과 [B]의 '붉은 마음'은 모두 임에 대한 화자의 변함없는 마음을 비유적으로 나타낸 것이고, '바위'는 그 마음을 변하게 할 수 있는 장애물을 의미하므로, [A]의 '신'과 [B]의 '붉은 마음'을 굳건한 '바위'로 형상화하였다고 이해한 내용은 적절하지 않다.



❶ '구슬'은 바위에 떨어져도 '끈'은 끊어지지 않는다고 하였다. 따라서 '구슬'은 변할 수 있는 것을, '끈'은 변하지 않는 것을 비유하는 소재로 활용하였다.

❸ [A]에서는 천 년을 외롭게 살아간다고 해도 임에 대한 믿음이 끊어지지 않는다고 하였고, [B]에서는 낭군과 천 년을 이별한다고 해도 붉은 마음이 바뀌지 않는다고 하였다. 따라서 '신'과 '붉은 마음'을 통해 변하지 않는 마음을 소중한 가치로 여기는 화자의 태도를 알 수 있다.

❹ [A]와 [B]는 모두 '구슬과 끈'의 관계를 바탕으로 한 표현을 화자의 마음을 드러내는 모티프로 삼고 있는데, [A]는 고려 가요로, [B]는 한시의 형식으로 수용되었다.

❺ [A]에서는 여음구가 반복적으로 사용되었고, [B]에서는 여음구가 사용되지 않았다.

---

## 수능으로 실력 쌓기 3회 · 038~039쪽

**01** ②  **02** ③

**01** 가 에서는 '밤에서 낮까지 당신을 기다리고 있습니다'라며 화자가 물을 건너 떠나는 '당신'이 돌아오리라 믿고, 재회를 고대하고 있다. 다 에서는 '우리가 물이 되어 만난다면'이라고 가정하며 대상과의 만남을 기대하고 있다.



❶ 가 의 화자는 '당신'이 돌아올 것을 믿으며 기다리고 있다. 따라서 현재 자신의 처지를 비관한다고 보기 어렵다.

❸, ❹ 나 는 임에 대한 애틋한 마음을 표현한 작품으로, 이상향에 대한 동경이나 바람직한 미래에 대한 신념이 나타나 있지 않다.

❺ 나 에는 대조적인 이미지가 제시되어 있지 않다. 다 에는 '물'과 '불'이라는 대조적인 시어가 등장하지만 이를 통해 이별의 정서를 표현하고 있지는 않다.

**02** 다 의 '우리가 물이 되어 만난다면 / 가문 어느 집에선들 좋아하지 않으랴.'라는 구절을 통해 '물'이라는 시어가 긍정적으로 쓰였음을 알 수 있다. 따라서 ⓒ는 '소멸과 죽음'이 아니라 죽은 나무뿌리를 적셔 다시 살리는 '정화와 재생'을 상징한다고 볼 수 있다.



❶ '피안'은 '사바세계 저쪽에 있는 깨달음의 세계'를 뜻한다. '나룻배'는 '행인'에게는 강을 건너게 해 주는 수단이다. 그러므로 〈보기〉의 '작은 배'의 상징성과 연결지어 현실에서 벗어나 깨달음의 세계로 데려가 주는 수단으로 해석할 수 있다.

❷ '향 맑은 옥돌에 불이 달아'는 사랑이 은근하게 타오르는 것을 의미한다. 〈보기〉에 제시된 '불'의 상승 이미지와 사랑을 적용하는 것이 적절하다.

❹ '키 큰 나무'에서는 건강함과 생명력을 느낄 수 있다. 〈보기〉에서 '나무'는 인간의 상승 욕구와 초월에의 의지를 상징한다고 하였으므로 이를 연결해 볼 수 있다.

❺ '넓고 깨끗한 하늘'은 완전한 합일의 의미를 지니고 있다. 그러므로 〈보기〉의 '불'에 제시된 모든 고뇌가 사라진 정화의 경지와 연결지어 해석할 수 있다.

# Ⅱ 산문 문학

## ✦ 개념 확인하기
○ 042~047쪽

| | | | | |
|---|---|---|---|---|
| **1** 주제 | **2** 사건 | **3** 직접적 | **4** 심리 | **5** 태도 |
| **6** ○ | **7** × | **8** 절정 | **9** ○ | **10** × | **11** ㄱ, ㄹ |
| **12** 시간적 | **13** 시대적 | **14** ㄱ, ㄷ, ㄹ | **15** 1인칭 주인공 |
| **16** 전지적 작가 | **17** 서술 | **18** 대화 | **19** × | **20** ○ |
| **21** × | **22** 전형적 | **23** 전기성 | **24** 권선징악 |
| **25** 희곡 | **26** 현재 | **27** ㄱ, ㄷ, ㅁ | **28** 영화 | **29** 인물 |
| **30** 지시문 | **31** × | **32** ○ | **33** × | **34** 개성 |
| **35** 한문 | **36** 문답식 | | | |

## 06 구운몽 ❶ 내신 올리기
○ 048~049쪽

**01** ⑤  **02** ⑤  **03** ①

---

### 구운몽 _김만중

**해제** 이 글은 한글로 쓴 국문 소설이자 꿈속 이야기를 다룬 몽자류 소설이며 꿈속 양소유의 영웅적 일대기가 드러나는 영웅 소설에 속한다. '구운몽(九雲夢)'이라는 제목은 성진과 팔선녀라는 아홉 명의 등장인물(九), 인생의 부귀공명이 구름과 같이 덧없음(雲), 꿈과 현실을 오가는 구성(夢)으로 글 전체의 내용을 집약적으로 보여 준다. 이 글에서는 비현실적 선계가 현실이고, 인간계가 꿈인 역설적인 구조를 취하며 이를 통해 꿈속의 일, 즉 세속적 욕망이 공허함을 말하고 있다.

**주제** 인생무상의 깨달음을 통한 진정한 삶의 가치와 불법 귀의

**특징** • '현실 – 꿈 – 현실'의 환몽 구조로 이루어짐.
• 유교, 불교, 도교의 사상이 모두 드러나나, 불교의 공(空) 사상을 중심으로 함.

**전체 줄거리**

**발단** 이름난 고승인 육관 대사는 천축에서 당나라로 와 불도를 가르친다. 그중 제자 성진을 용궁으로 보내 심부름을 시키는데, 성진은 돌아오는 길에 남악 형산의 위 부인을 모시는 팔선녀를 만나 서로 희롱하며 논다.

**전개** 절에 돌아온 성진은 팔선녀를 그리워하며 속세의 부귀영화를 꿈꾼다. 이에 육관 대사는 도술을 부려 성진과 팔선녀를 인간 세상에 환생시킨다. 속세에서 명문가 자제로 태어난 양소유(성진)는 과거에 급제하여 온갖 부귀영화를 누리다가 팔선녀가 환생한 두 부인과 여섯 첩을 거느리며 산다.

**절정** 세월이 흘러 벼슬에서 은퇴한 뒤 양소유는 문득 인생의 공허함을 깨닫는다. 양소유는 유교와 도교의 한계를 느끼고, 평소 참선하는 꿈을 자주 꾸는 것을 계기로 불교에 귀의할 결심을 한다. 그러자 부인들 또한 양소유와 함께 출가할 의지를 밝힌다. 이때 양소유는 한 노승을 만나 꿈에서 깨어나 성진으로 돌아온다. 수록 부분

**결말** 꿈에서 깨어나 육관 대사에게 꾸지람을 들은 성진은 자신의 잘못을 뉘우치고, 깨달음을 얻어 불교에 정진하고자 한다. 팔선녀도 육관 대사의 제자가 되기로 한다. 불도에 정진한 성진과 팔선녀는 이후 득도하여 극락 세계로 간다.

---

**01** 이 글은 시간의 흐름에 따라 사건이 전개되고 있다. 작품 전체는 '현실 – 꿈 – 현실'의 환몽 구조를 지녀 선계의 성진이 세속적인 것을 욕망하여 인간계의 양소유로 태어나 지내다가 인생무상(人生無常)을 깨닫고 선계로 돌아오는 이야기를 그리고 있다. 하지만 꿈속이나 현실에서 현재에서 과거로 시간을 되돌려 사건을 전개하는 양상은 드러나지 않는다.

**02** '나무하고 소 먹이는 아이들'은 보통 사람을 의미한다. 양소유는 지금 부귀영화를 누리는 자신의 삶도 시간이 지나면 덧없이 사라지고 훗날 나무하고 소 먹이는 아이들 같은 보통 사람들에게 회고될 뿐이라고 하였다.

**모답 풀이**
❶, ❷, ❹ '진시황의 아방궁', '현종 임금의 화청궁', '한나라 무제의 무덤인 무릉'은 모두 양 승상에게 인생이 덧없음을 느끼게 해 주는 소재로 볼 수 있다. 이 황제들은 생전에 최고의 부귀영화를 누렸으나 지금은 죽고 없는 상태이다. 이에 양소유는 어떤 부귀영화도 사람이 한 번 죽은 뒤에는 아무 소용이 없으며 인생은 덧없다는 것을 느끼고 있다. 즉, 양소유는 자신이 현재 누리고 있는 부귀영화도 언젠가 사라질, 덧없는 것이라고 여기고 있다.
❸ '낭자들의 옥용화태'는 양소유의 두 부인과 여섯 첩의 아름다운 용모를 나타내는 소재이다. 외면의 아름다움 역시 일시적이고 유한하므로 인생의 덧없음을 보여 주는 소재라고 할 수 있다.

**03** '절정 1– ❶'에서 양소유는 '유도는 그것이 온전히 이루어진다 해도 인륜을 밝히고 공을 세워 죽은 다음 이름을 남기는 데 그칠 뿐이고'라고 말하며 유교의 한계에 대하여 이야기하고 있다. 이러한 모습에서 양소유는 자신이 입신양명을 이루었으나 입신양명을 추구하는 것이 의미 있다고 생각하지 않음을 알 수 있다.

**모답 풀이**
❷, ❹ 양소유는 유도에 대해서는 사후에 이름을 남기는 것에 대한 허망함을 드러내고 있으며, 선도에 대해서는 신선이 되어 불멸을 얻는 것이 어려움을 이야기하고 있다. 유도와 선도는 인생무상을 느끼기는 마찬가지라며 한계가 있다고 본 것이다.
❸ 양소유는 유도와 선도의 한계점을 말하며 불도에 귀의하여 인간 세상의 괴로움에서 벗어나겠다고 말하였다.
❺ '절정 1– ❶'에서 양소유는 '내 나이 들어 벼슬에서 물러나 여기에 온 후, 매일 밤 잠이 들면 꿈속에서 부들방석 위에서 참선을 하였소. 필시 불가와 인연이 있는 듯하오.'라고 말하며, 자신이 불도와 인연이 있다고 생각하여 불교에 귀의하려고 한다. 이는 현실(천상계)의 성진을 양소유가 꿈으로 꾼 것이기도 하다.

**04** 불승은 성진의 스승인 육관 대사를 가리키는데, 세속의 부귀영화 때문에 갈등하는 제자 성진에게 속세의 영화로운 꿈을 꾸게 하다가 현실로 다시 인도하고 있다. 육관 대사는 성진에게 깨우침을 주기 위해 양소유로 인간계의 삶을 살도록 하였다. 그러나 성진(양소유)이 꿈에서 깨어나지 못해 자신을 알아보지 못하자, 도술을 부려 그를 꿈에서 깨움으로써 자신이 성진임을 깨닫도록 하였다.

**모답 풀이**
❶, ❷ 불승은 양소유(성진)의 앞에 나타나, 성진이 자신을 못 알아보자 도술로 성진을 꿈에서 깨운다. 이를 통해 성진이 꿈에서 현실 세계로 돌아오게 되며 사건이 전환된다.
❹, ❺ 불승 즉 육관 대사는 성진에게 깨달음을 주고자 성진이 꿈을 꾸도록 하고, 이 과정에서 양소유의 세계인 꿈속과 성진의 세계인 현실 세계를 자유롭게 넘나들고 있다.

**05** 육관 대사는 인간 세상과 꿈이 다르지 않음을 알지 못하는 성진에게 『장자』에 등장하는 꿈 이야기인 '호접지몽(胡蝶之夢)'의 고사를 들어 설명해 주고 있다. 성진은 자신이 양소유로 인간 세상에 환생한 것을 꿈을 꾼 것이라고 생각하고, 현실과 꿈은 다른 것이라고 여기고 있다. 이에 육관 대사는 장자의 꿈에서 자신이 나비가 된 것인지 나비가 자신이 된 것인지 분별하지 못한 것처럼, 깨달음을 얻지 못한 성진이나 세속적 욕망을 쫓던 양소유나 깨닫지 못했다는 점에서는 본질적으로 같으므로 꿈과 현실의 구분이 무의미하다는 것을 깨달아야 한다고 성진에게 이르고 있다.

**06** 성진은 꿈속 인간계에서 양 처사의 아들로 태어나 열여섯에 장원급제하고 토번을 물리치는 등 온갖 부귀공명을 누린다. 이후 벼슬에서 물러나 인생이 무상하다는 것을 느끼고, 유도의 한계와 선도의 허탄함을 말하며 불교에 귀의할 뜻을 밝힌다. 따라서 덧없는 삶을 극복하기 위해 학문에 정진하였다는 설명은 적절하지 않다.

**모답 풀이**
❶ 48쪽 '앞부분의 줄거리'에서 성진이 육관 대사의 심부름으로 용왕을 만나러 갔다가 돌아오는 길에 남악 위 부인을 모시는 팔선녀를 만나 희롱하고, 절에 돌아와서도 팔선녀를 떠올리며 세속적 욕망에 사로잡혔다는 내용을 알 수 있다.
❷ 48쪽 '앞부분의 줄거리'에서 육관 대사가 성진과 팔선녀를 인간 세상으로 추방하여 양소유로 환생하도록 하였다는 내용과 양소유로 환생한 성진이 과거에 급제하여 입신양명하고, 인간으로 태어난 팔선녀와 인연을 맺어 여덟 처첩과 함께 부귀영화를 누렸다는 내용을 확인할 수 있다.
❹ '절정 2-❷, ❸'에서 육관 대사의 도술로 구름이 걷히며 불승과 처첩이 모두 사라진 채 작은 암자의 부들자리 위에 앉아 있었던 성진이 자신의 모습을 깨닫는 장면을 통해 확인할 수 있다.
❺ '결말-❶'에서 성진은 육관 대사 앞에서 머리를 조아리고 눈물을 흘리며 크게 깨달았음을 이야기하고, 육관 대사의 은혜에 감사하고 있다.



---

### 최척전 _ 조위한

**해제** 이 글은 임진왜란, 정유재란, 병자호란이라는 역사적 사건을 배경으로 하여 창작된 고전 소설이다. 전쟁으로 인해 최척의 가족이 뿔뿔이 흩어져 살다가 우여곡절 끝에 재회하는 과정을 담아내고 있다. 이 글은 평범한 인물이 전란 중에 겪는 고난과 역경을 사실적으로 그려 내고 있다는 점에서 민족적 영웅의 활약상에 주목하였던 당시 대부분의 군담 소설들과 차이가 있으며, 실제 지명과 실제 인물을 등장시켜 현장감과 사실성을 높이고 있다. 또한 대외 무역이 활발하였던 당시의 사회적 상황을 반영하여 조선뿐만 아니라 일본, 중국, 베트남 등으로 공간적 배경을 확장한 점도 특징적이다.

**주제** 전쟁으로 인한 가족 이산의 고통과 재회

**특징** • 임진왜란, 정유재란 등의 역사적 사건을 바탕으로 창작되었으며 당시 백성들의 고통을 사실적으로 표현함.
• 17세기에 나온 대부분의 군담 소설이 민족적 영웅담을 담아낸 것과 달리 평범한 인물이 겪는 고난과 역경을 보여 줌.

**전체 줄거리**

**발단** 최척은 정 생원의 집으로 공부하러 다니던 중, 옥영을 만나 혼인하여 첫째 아들 몽석을 낳는다.

**전개** 정유재란의 발발로 최척의 가족은 조선, 일본, 중국 등지로 흩어진다. 최척은 중국에서, 옥영은 일본에서 살아가다 베트남에서 우연히 극적으로 재회한다. 두 사람은 중국에서 둘째 아들 몽선을 낳는다. _(수록 부분)_

**위기** 최척은 후금과 명나라의 전쟁에 출전하게 되어 가족과 다시 헤어진다.

**절정** 최척과 몽석은 전쟁 중 포로로 우연히 만나 조선으로 탈출하고, 옥영은 몽선과 며느리를 데리고 조선으로 돌아간다.

**결말** 최척의 온 가족이 20여 년 만에 남원에서 재회하여 행복하게 살아간다. _(수록 부분)_

**01** 17세기에 나온 다른 군담 소설들(「임진록」, 「박씨전」 등)에서는 영웅적 인물이 활약하여 전쟁에서 승리하고 국가나 민족을 보호하는 내용이 주를 이룬다. 하지만 이 글은 민족적 영웅담을 담아내는 대신 평범한 인물들이 전쟁으로 인해 겪는 고난과 역경을 중심으로 내용을 전개하고 있으며, 이는 이 글의 가장 특징적인 점이기도 하다.

❷ '전개 1-❶'에서 전쟁 중에 가족과 떨어져 홀로 일본으로 끌려간 옥영이 스스로 목숨을 끊고자 했을 때, 만복사의 장륙불이 꿈속에 나타나 옥영을 만류하며 반드시 기쁜 일이 있을 것이라고 예언하였다. 이처럼 고전 소설에서는 초현실적 존재가 나타나는 비현실적 사건이 전개되기도 한다.
❸ '전개 1-❶'에서 옥영을 데려간 일본 사람인 돈우가 불교 신자라는 상황, 옥영의 꿈에 부처가 나타나는 상황 등에서 이 글이 지어진 시기에 불교의 영향력이 컸음을 짐작할 수 있다.
❹ 이 글의 주인공 중 한 명인 옥영은 전쟁을 겪고 그로 인해 가족과 헤어져 홀로 지내게 된 상황에서 스스로를 보호하며 역경을 극복하기 위해 노력하는 인물이다. '전개 1-❶'에서 옥영은 일본에 끌려가 남장을 하고, 기지를 발휘하여 자신의 앞날을 도모하고 있다.
❺ 이 글에는 조선을 비롯하여 중국, 일본, 베트남 등의 공간적 배경이 드러난다. '전개 1-❶'에는 일본의 나고야, '전개 2-❶'에는 중국의 다양한 지명이 등장하고 있다.

**02** ㉠에서 장륙불이 나타나 '훗날 반드시 기쁜 일'이라고 언급한 것은 옥영과 최척이 재회하게 될 것임을 뜻한다. ㉡에서 송우가 최척에게 배를 타고 다니면서 장사를 하자고 권하는 것은 이미 돈우와 함께 배를 타고 다니면서 장사를 하고 있던 옥영과 재회할 수 있도록 계기를 마련해 주는 것을 뜻한다.



❶ ㉠을 말하고 있는 장륙불(만복사의 부처)은 미래를 예언함으로써 앞으로의 일을 암시하는 역할을 하고 있을 뿐, 새로운 조력자로 등장한 것은 아니다. ㉡을 말하고 있는 송우는 최척의 조력자라고 볼 수도 있지만, 최척에게 새롭게 나타난 인물은 아니다.
❷ ㉠과 ㉡은 각각 최척과 옥영이 처할 새로운 고난이 아니라 최척과 옥영의 재회를 암시하거나 재회의 계기를 마련하는 장치로 작용한다.
❸ ㉠은 옥영이 절망적인 태도를 버리고 삶의 의지를 되찾는 계기로 작용한다. 하지만 ㉡은 최척이 '불로장생의 약을 먹고 굶주림을 참으며 괴로움을 자초하면서 산도깨비의 이웃'이 되려는 마음을 버리고 송우와 장사를 하며 계속해서 속세를 살아가는 계기로 작용한다. 즉, ㉡으로 인해 최척은 기존의 태도를 바꾸게 된다.
❺ ㉠을 통해 이 글이 창작될 당시에 불교적 세계관의 영향이 컸음을 짐작할 수 있다. 하지만 ㉡을 통해서는 당시 상업과 대외 무역이 발달하였음을 짐작할 수 있을 뿐, 당시 사람들이 여러 나라를 유랑하며 살았다는 것을 추론하기는 어렵다.

**03** '전개 1-❶'에서 장륙불이 옥영의 꿈에 나타나 옥영에게 훗날 반드시 기쁜 일이 있을 테니 죽어서는 안 된다고 말하기 전, 옥영은 가족과 뿔뿔이 흩어져 깊은 슬픔과 절망에 빠지게 된다. 이러한 옥영의 심정을 가장 적절하게 나타내는 한자 성어는 각골통한(刻骨痛恨)으로, 뼈에 사무칠 만큼 원통하고 한스러움 또는 그런 일을 뜻한다.



❶ 점입가경(漸入佳境)은 '들어갈수록 점점 재미가 있음.' 또는 '시간이 지날수록 하는 짓이나 몰골이 더욱 꼴불견임을 비유적으로 이르는 말.'을 뜻하는 한자 성어이다.
❷ 천우신조(天佑神助)는 '하늘이 돕고 신령이 도움. 또는 그런 일.'이라는 뜻의 한자 성어이다.
❹ 사상누각(沙上樓閣)은 '모래 위에 세운 누각이라는 뜻으로, 기초가 튼튼하지 못하여 오래 견디지 못할 일이나 물건을 이르는 말.'이라는 뜻의 한자 성어이다.
❺ 절치부심(切齒腐心)은 '몹시 분하여 이를 갈며 속을 썩임.'이라는 뜻의 한자 성어이다.

**DAY 07** 최척전 ❷   **내신 올리기**   ○ 054~055쪽

**04** ③   **05** ④   **06** ②   **07** ①

**04** 이 글에서는 최척과 옥영이 임진왜란, 정유재란, 명나라와 후금의 전쟁 등 혼란한 시대적 상황 속에서 겪는 만남과 이별과 재회의 과정을 사실적으로 제시하고 있다.



❶ 이 글은 임진왜란, 정유재란, 명나라와 후금의 전쟁 등 실제로 있었던 역사적 사건을 사실적으로 서술하여 당시 사회의 모습을 그려 내고 있다. 우의적 표현은 드러내고자 하는 대상을 다른 대상에 빗대어 표현하거나 풍자하는 방식이며, 이 글에는 사실적 서술이 주로 쓰여 대상에 대한 풍자가 드러나지 않는다.
❷ 이 글은 전쟁이라는 시대적 상황 속에서 인물들이 반복적으로 겪는 이산의 아픔을 그리고 있다. 따라서 이 글은 인물 사이에 발생하는 갈등을 중심으로 사건이 전개되고 있다기보다는 인물과 사회가 겪는 갈등을 중심으로 사건이 선개되고 있다고 보는 것이 적절하다.
❹ 이 글은 구체적인 지명을 제시하거나 시대적 배경을 사실적으로 묘사함으로써 글의 사실성을 높이고 있다. '전개 3-❶'에서 베트남의 포구에 정박해 있는 배들의 모습을 사실적으로 그려 내며 고요하고 쓸쓸한 분위기를 보여 주고 있다.
❺ 이 글은 시간적 순서에 따라 내용을 전개하고 있으나, 같은 시간대에 벌어지는 여러 사건을 제시하여 복합적으로 서술하고 있지는 않다.

**05** 옥영은 '전개 3-❶'에서 최척이 분 퉁소 소리를 듣고, '전개 3-❷'에서 퉁소 소리가 조선의 가락이자 귀에 익은 가락이므로 혹시 자기 남편이 저쪽 배에 타고 있지 않은지 의심하여 시를 읊었다고 하였다. 이러한 내용으로 볼 때 옥영은 퉁소 소리로 최척의 존재를 확신한 것이 아니라 혹시 최척이 있지는 않은지 의심해 보았다고 하는 것이 적절하다.



❶ 이 글에서는 ㉠과 같이 실제 역사적 사건이 일어난 시기와 맞추어 시간을 사실적으로 밝혀 현장감과 사실성을 느낄 수 있다.
❷ 새 울음소리만 들리는 쓸쓸하고 깊은 밤 풍경은 전쟁으로 인해 식솔과 헤어져 있는 인물들의 심정을 나타내 준다.
❸ 최척이 가족과 헤어진 자신의 신세를 생각하며 분 퉁소 소리는 옥영과 가족에 대한 그리움을 드러내는 소재이다. 또한, 이 퉁소 소리를 들은 옥영이 퉁소를 분 사람이 최척인지 의심하여 시를 읊음으로써 두 사람의 재회가 이루어진다.
❺ 최척은 자신이 들은 시가 아내인 옥영이 지은 시임을 알고는 헤어진 옥영이 근처에 있을 수도 있다는 생각에 놀라서 ㉢과 같이 반응하였다.

**06** '전개 3-❷'에서 옥영은 '시험 삼아 예전에 지었던 시를 읊어 본 것이었다.'라고 하였으며, '전개 3-❶'에서 최척은 '저건 내 아내가 지은 시일세. 우리 부부 말곤 아무도 알지 못하는 시야.'라고 말하고 있다. 따라서 '전개 3-❶'에 삽입된 시는 최척이 지은 시가 아니라 옥영이 지은 시라고 보는 것이 적절하다.

**07** 고전 소설에서는 사건이 일어나는 필연적 동기 없이 우연적인 만남이나 상황에 의해 사건이 전개된다. '전개 3-❷'에서도 헤어졌던 최척과 옥영이 우연히 근처에 있게 되어 서로 만나는 사건 전개가 나타난다.

**08** '결말-❷'에서 옥영은 둘째 아들 몽선, 며느리 홍도와 함께 고생한 끝에 남원에 도착하여 살던 집터에 가 보았는데, '금석교에 이르러 바라보니 성곽이며 마을이 예전 모습 그대로였다.'라고 서술하고 있다. 따라서 금석교 일대의 성곽과 마을이 폐허가 되어 있었다는 설명은 적절하지 않다.

**오답 풀이**
❶ '결말-❷'에서 옥영의 일행이 찾아온 것을 보고 최척이 놀라 소리치자 몽석과 심 씨, 진위경이 뛰어나오는 모습을 통해 이들이 남원의 집에 함께 살고 있었음을 유추할 수 있다.
❷ '결말-❷'에서 옥영은 가족들이 죽었을 것이라고 생각하고, 남원 집을 가리키며 '지금은 어떤 사람이 들어와 사는지 모르겠구나.'라고 말하고 있다.
❹ '결말-❷'에서 옥영은 '아들과 며느리를 이끌고 대엿새 동안을 산 넘고 물 건너며 고생'한 뒤, 마침내 남원 집에서 가족과 재회하고 있다.
❺ '결말-❶'과 '결말-❷'에서 옥영의 일행이 통제사의 무역선을 만나 섬을 탈출한 뒤 순천 해안에 무사히 도착하였음을 알 수 있다.

**09** 이 글의 주인공은 최척과 옥영으로, 두 인물이 겪는 전쟁 상황에서의 이별과 재회를 통해 당시 전란 속에서 살아간 민중들의 삶을 그리고 있다.

**오답 풀이**
❶ '결말 1-❶'에 '나주'라는 지명이, '결말 1-❷'에 '순천'이라는 지명과 '경신년(1620) 4월'이라는 날짜가 구체적으로 제시되어 있다.
❷, ❺ 최척과 옥영은 전쟁으로 인하여 여러 번 헤어지고, 온 가족이 뿔뿔이 흩어지는 고통을 당한다. 이는 당시 전란으로 인해 우리 민족이 겪어야만 하였던 아픔이기도 하다. 따라서 두 사람의 고통은 당대 민중이 겪은 아픔을 대변한다고 볼 수 있다.
❸ '결말 1-❷'에 '어머니와 아들이 상봉한 장면은 자세히 말하지 않아도 알 수 있으리라.'라고 서술자가 개입하여 재회한 가족의 기쁨을 압축하여 제시하였다.

**10** 최척과 옥영은 최척이 임진왜란에서 돌아온 후 첫 번째로 재회한 다음, 정유재란의 발발로 인하여 일가족이 모두 헤어지게 된다. 이후 최척과 옥영은 서로 배를 타고 타국에서 장사하던 중, 우연히 재회한다. 그러나 명나라와 후금의 전쟁이 발발하자 최척과 옥영은 다시 이별한다. 최척은 명나라에서 첫째 아들 몽석과 재회한 뒤 먼저 고국으로 돌아가고 옥영은 둘째 아들인 몽선과 며느리 홍도를 데리고 뒤늦게 남원으로 돌아간다. 남원에서는 최척과 옥영의 일가족이 일시에 재회하여 기쁨을 누린다.

**오답 풀이**
❶ 최척과 옥영은 약혼하였다가 임진왜란이 발발하자 최척이 의병으로 참전하면서 처음으로 이별을 경험한다. 이후 임진왜란에서 돌아온 최척은 자신을 기다린 옥영과 혼인한다.
❷ 정유재란이 발발하자 최척과 옥영의 일가족은 모두 뿔뿔이 흩어진다.
❸ 최척과 옥영은 서로 배를 타고 타국에서 장사하던 중, 베트남에서 우연히 재회한다.
❹ 명나라와 후금 사이에 전쟁이 발발하자 최척은 명나라 군사로 참전하기 위해 다시 옥영과 이별한다.



---

### 춘향전_작자 미상

**해제** 이 글은 춘향을 중심으로 일어나는 사랑과 갈등을 그린 판소리계 소설이다. 오랜 세월에 걸쳐 여러 사람에 의해 형성된 적층 문학으로 근원 설화에서 판소리를 거쳐 소설로 정착되었다. 이 글은 이몽룡과 춘향의 신분을 초월한 사랑을 표면적 주제로 드러내면서 동시에 신분 상승 욕구와 탐관오리에 대한 서민의 저항 의식을 이면적 주제로 드러내고 있다. 이와 같은 주제는 당대의 현실에서는 실현될 수 없는, 민중의 꿈과 소망을 반영하고 있는 것이라 할 수 있다. 이 글은 이런 주제 의식을 해학적인 표현과 토속적 어조, 판소리 문체 등을 통해 구현하고 있다.

**주제** • 표면적: 신분을 초월한 남녀의 지순한 사랑
　　　 • 이면적: 탐관오리에 대한 저항과 비판

**특징** • 사건이나 인물의 심리에 대한 편집자적 논평이 드러남.
　　　 • 해학과 풍자에 의한 골계미가 나타남.

**전체 줄거리**

**발단** 남원 부사의 아들 몽룡은 퇴기 월매의 딸 춘향과 백년가약을 맺기로 하지만 부친이 다른 곳으로 부임하면서 서울을 떠나게 되어 춘향과 이별한다.

**전개** 새로운 남원 부사인 변학도는 본관 사또로서 춘향을 불러내어 수청을 강요한다. 춘향은 절개를 지키기 위해 이를 거부하다가 고문을 받고 옥에 갇힌다.

**위기** 한양으로 올라갔던 몽룡은 장원 급제하여 암행어사가 된다. 몽룡은 남원으로 내려오는 길에 본관 사또가 학정을 일삼고 있다는 소식을 듣고, 신분을 감춘 채 옥에 갇힌 춘향을 찾아간다.

**절정** 걸인 차림으로 본관 사또의 생일잔치에 간 몽룡은 한시를 지어 본관 사또를 비판하지만, 어리석은 본관 사또는 몽룡의 정체를 눈치채지 못한다. 몽룡은 암행어사로 출두하여 탐관오리를 숙청하고 춘향을 구한다.
〔수록 부분〕

**결말** 재회한 몽룡과 춘향은 남원을 떠나 서울로 함께 향한다. 서울에서 몽룡은 수많은 직책을 맡고 공무를 수행하는 한편, 춘향과의 사이에 삼남삼녀를 두고 백년해로한다.

**01** 판소리계 소설을 포함한 고전 소설에서는 전기적(傳奇的) 요소를 통해 비현실성을 강조하고, 이러한 전기성을 고전 소설의 일반적인 특성으로 볼 수 있다. 그러나 이 글에서는 현실적인 배경을 바탕으로 춘향과 몽룡의 이야기를 서술하고 있을 뿐 전기적 요소는 드러나지 않고 있다.

**02** 본관 사또(변학도)는 탐관오리의 전형적 인물이다. '절정 1-**1**'에서 본관 사또의 생일잔치를 화려하게 치르기 위해 다과를 올리고 큰 소를 잡고 악공을 대령하고 천막을 대령하는 대목은 힘들게 살아가는 백성들의 궁핍한 삶과 대비된다. 따라서 세금을 가혹하게 거두어들이고, 무리하게 재물을 빼앗는다는 뜻의 한자 성어인 '가렴주구(苛斂誅求)'가 적절하다.

<blockquote>모답 풀이</blockquote>

❶ 호가호위(狐假虎威)는 남의 권세를 빌려 위세를 부린다는 뜻의 한자 성어이다. 그러나 이 글에서는 본관이 위정자의 힘을 빌려 위세를 부리는 모습은 드러나지 않는다.
❷ 무위도식(無爲徒食)은 하는 일 없이 놀고먹는다는 뜻의 한자 성어이다. 이 글에서 본관은 일을 하지 않는 인물이 아니라, 학정을 하여 백성들을 괴롭히는 인물에 해당하므로 이 한자 성어를 통해 본관의 정치 행태를 비판하는 것은 적절하지 않다.
❸ 안빈낙도(安貧樂道)는 가난한 생활을 하면서도 편안한 마음으로 도를 즐겨 지킨다는 뜻의 한자 성어이다. 이 글에서 본관은 백성들을 착취하여 호화롭게 지내고 있는 인물이므로 이 한자 성어를 통해 본관의 정치 행태를 비판하는 것은 적절하지 않다.
❹ 혹세무민(惑世誣民)은 세상을 어지럽히고 백성을 미혹하게 하여 속인다는 뜻의 한자 성어이다. 그러나 이 글에서는 본관이 백성들을 속이는 모습은 드러나지 않는다.

**03** 어사또(몽룡)가 지은 한시에는 가난하게 살아가는 백성은 아랑곳하지 않고 사치스러운 생일잔치를 벌이는 본관 사또를 비판하고, 탐관오리들의 가혹한 정치를 비판하는 내용이 담겨 있다. 부패한 탐관오리를 비판한다는 점에서 어사또의 강직함을 엿볼 수는 있으나 선정, 즉 어진 정치를 펼치겠다는 의지를 밝히고 있다고 보기는 어렵다.

<blockquote>모답 풀이</blockquote>

❶ 어사또는 이 글의 주요 인물이고, 암행로사로서 본관 사또를 처단할 것이라는 새로운 사건을 예고하고 있다.
❸, ❹ '절정 2-**2**'에서 '백성들의 형편을 생각하고 본관 사또의 정체를 감안하려' 한시를 지었다고 언급되어 있다.
❺ 한시를 통해 기존 권력자를 비판함으로써 작품의 긴장감을 고조한다.

**04** ⓒ은 본래 '나쁜 짓을 해서 이익은 자신이 챙기고 책임은 다른 사람에게 미룬다.'라는 의미이다. 그러나 이 글에서는 어사또가 암행어사로서 본관 사또의 사치스러운 생일잔치를 엉망으로 만들고, 학정을 일삼는 본관 사또를 벌주겠다는 의도가 드러나는 말이다.

<blockquote>모답 풀이</blockquote>

❶ ㉠에는 본관 사또의 생일잔치를 화려하게 치르기 위해 준비하는 모습이 담겨 있다. 이는 힘든 현실을 살고 있는 당대 백성의 모습과 대비되며 탐관오리의 사치스러운 모습을 부각한다고 볼 수 있다.
❷ 이 글은 원래 판소리로 불렸던 '춘향가'를 소설로 창작한 것으로 판소리의 여러 특징이 글 속에 반영되어 있다. 예를 들어 ⓛ과 같은 서술은 판소리에서 창자가 청중 앞에서 늘어놓던 말(사설)과 같은 역할을 하는 것으로 볼 수 있다.
❹ 실제로는 양반인 어사또가 걸인인 체하며 상을 발로 차고 운봉의 갈비를 가리키며 자신도 갈비가 먹고 싶다고 하는 장면은 독자로 하여금 웃음을 짓게 한다. 이러한 해학적 표현은 판소리계 소설의 특징 중 하나이다.
❺ 어사또는 본관 사또의 생일잔치에 참석은 하게 되었지만 변변치 않은 음식만을 대접받아 불쾌함을 느끼고 있다. 따라서 ⓓ은 자신이 대접받은 상황과 반대되는 반어적(모순적) 표현으로 볼 수 있다.

---

**DAY 08** 춘향전 **2** 　내신 올리기　　　　○─ 060~061쪽

**05** ①　　　**06** 암행어사 출두야.　　　**07** ③

**05** 암행어사(어사또)가 된 몽룡이 지방으로 내려와 백성들의 삶을 살피고 탐관오리인 본관 사또를 벌하는 내용에서 당시 부패한 관리를 감찰하는 제도와 암행어사라는 벼슬이 있었음을 알 수 있다. 또, 부패한 관리를 감찰하는 제도가 있었다는 것에서 지방 수령들의 부패가 심했고 이에 백성들이 고통을 받았다는 것을 예상할 수 있다.

**06** '절정 3-**2**'에서 '암행어사 출두야.'라는 대사가 나온 이후, 아전들이 넋을 잃고 분주하게 움직이고 본관 사또와 수령들이 달아나는 등 사건이 전환되며 장면의 극적 반전이 일어나고 있다.

**07** [A]에서는 암행어사 출도에 당황한 관리들의 모습을 구체적으로 그리고 있을 뿐, 일반 서민들의 삶의 모습이 드러나 있지는 않다.

<blockquote>모답 풀이</blockquote>

❶ '모든 수령 도망갈 제 거동 보소.'라며 작품 밖의 서술자가 작품에 개입하여 평가를 내리고 있다.
❷, ❹, ❺ '공방 불러 ~ 숙직 단속.'과 '좌수, 별감 넋을 잃고 ~ 북과 장고라.'에서 열거와 대구를 통한 확장적 문체로 어사 출도에 허둥대는 관리들의 모습을 해학적이고 운율감 있게 표현하고 있다.

**DAY 08** 춘향전 **3** 　내신 올리기　　　　○─ 062~063쪽

**08** ①　　　**09** ④　　　**10** ③

**08** 몽룡이 어사또로서 춘향과 재회하는 장면에서, 몽룡이 뒤늦게 춘향을 찾아온 일을 미안해하거나 안타까워하는 장면은 제시되어 있지 않다. 오히려 몽룡은 춘향의 절개를 확인해 보고자 수청을 요구하며 춘향을 시험하기도 한다.

**09** ㉠은 험한 낭떠러지와 같이 드높은 것이고, ㉢은 소나무와 대나무처럼 사시사철 푸르른 것으로 모두 춘향의 드높고 변함없는 절개를 의미한다. ㉡과 ㉣은 외부의 시련, 즉 춘향이 요구받은 본관 사또의 수청을 의미한다. ㉤은 본관 사또가 수청을 강요하고 춘향이 이를 거부하면서 위기에 처한 춘향의 상황을 가을이라는 계절에 빗댄 것이다. 따라서 ㉠, ㉢은 춘향의 절개를 의미하고 ㉡, ㉣, ㉤은 춘향에게 닥친 고난과 시련을 의미한다.

**10** 이 글에서 어사또인 이몽룡은 양반이고, 춘향은 기생의 딸로 서로 신분이 다르다. 따라서 춘향이 신분적 한계를 벗어나 몽룡과의 사랑을 이루려고 하는 것에는 당대 민중의 신분 상승을 향한 소망이 반영되어 있다고 볼 수 있다. 하지만 〈보기〉의 도미와 도미 아내는 모두 백제의 평민이므로 신분이 같다. 따라서 〈보기〉에 신분 상승을 향한 소망이 반영되어 있다고 보기 어렵다.

**오답 풀이**

❶ 이 글의 춘향은 본관 사또의 수청 요구를 거절하며 절개를 지키고 있고, 〈보기〉의 도미의 아내는 왕의 명령을 거부하며 절개를 지키고 있다. 따라서 이 글의 본관 사또와 〈보기〉의 왕은 유사한 역할을 하고 있다고 볼 수 있다.

❷ 이 글의 춘향은 본관 사또의 수청을 거부하였기 때문에 고문을 받고 옥에 갇히는 고초를 겪지만 자신의 절개를 지키기 위해 최선을 다한다. 〈보기〉의 도미의 아내는 왕에 의해 남편과 이별하고 궁으로 잡혀 가는 등 고초를 겪지만 자신의 절개를 지키고 남편과 재회한다.

❹ 이 글과 〈보기〉는 외부의 압력에 의해 위기에 처한 여인(춘향, 도미의 아내)이 고난을 극복하고 사랑하는 사람과 재회하는 내용을 담고 있다. 따라서 이 글은 〈보기〉와 같은 열녀 설화를 바탕으로 형성되었음을 짐작할 수 있다.

❺ 이 글의 춘향과 〈보기〉의 도미의 아내는 각각 본관 사또와 왕이라는 권력자에게 부당한 요구를 받지만 절개를 지켜 낸 여인들이다. 따라서 이 글과 〈보기〉에는 모두 권력자에게 수난을 당하는 백성의 모습이 나타나 있다고 볼 수 있다.

---

**DAY 09** 흥보전 ❶   **내신** 올리기   ○ 064~065쪽

**01** ⑤    **02** ③    **03** ④    **04** ⑤

---

### 흥보전_작자 미상

**해제** 이 글은 부자이지만 부도덕한 놀보와 가난하지만 선량한 흥보가 등장하는 조선 후기의 대표적인 판소리계 소설이다. 대조적인 두 인물을 통해 표면적으로는 형제간의 우애와 권선징악(勸善懲惡)의 주제를 전달하고 있지만, 이면적으로는 조선 후기의 농토를 잃은 영세 농민과 물질적 부를 이룬 지주 간의 계급적 갈등을 드러내고 있다. 토속적인 어휘, 과장된 표현을 통해 비극적인 상황을 웃음으로 극복하고자 한 한국 문학의 전통과 특징을 엿볼 수 있는 글이다.

**주제** • 표면적: 형제간의 우애와 권선징악(勸善懲惡)
       • 이면적: 빈부 간의 갈등

**특징** • 과장된 표현, 익살, 해학 등을 통해 골계미를 드러냄.
       • 이면적으로 빈농과 부농의 경제적 갈등을 제시함.

---

**전체 줄거리**

**발단** 부모님이 돌아가시자 욕심 많은 형 놀보는 유산을 독차지하기 위해 착한 동생 흥보를 무일푼으로 집에서 내쫓는다.

**전개** 흥보는 놀보를 찾아가 도움을 요청하지만, 놀보는 흥보를 흠씬 두들겨 팬다. 이후 흥보는 돈을 벌기 위해 매품을 팔고자 하는 등 몹시 궁핍하게 살아간다.  *(수록 부분)*

**위기** 어느 해 봄, 흥보는 다리가 부러진 제비를 치료해 준다. 그 제비가 이듬해 봄에 돌아와 박씨를 물어다 준다.

**절정** 제비가 물어다 준 박씨에서 금은보화가 쏟아져 나와 흥보 가족은 부자가 된다. 이에 놀보는 일부러 제비 다리를 부러뜨린 뒤 치료해 준다. 제비는 놀보에게 몹쓸 것으로 가득한 박을 물어다 주고, 놀보는 큰 벌을 받아 패가망신한다.

**결말** 놀보의 소식을 들은 흥보는 패망한 놀보에게 자신이 가진 재산을 나누어 주며 위로한다. 이에 놀보는 자신의 잘못을 뉘우치고, 두 사람은 오래도록 행복하게 살아간다.

---

**01** 이 글은 판소리계 소설로, 판소리로 불렸던 '흥보가'를 소설로 창작한 것이다. 판소리계 소설에서는 특정 장면을 축소하는 것이 아니라 장황하게 서술하는 확대 기법을 사용하여 글의 해학성을 높이는데, 이는 판소리계 소설이 갖는 주요 특징 중 하나이다. '전개 1-❷'에서는 흥보가 매품을 팔러 가는 이유를 말하기 위해 볼기 구실을 서술하는 장면이 장황하게 서술되어 있는데, 이 장면은 독자로 하여금 웃음을 유발한다.

**오답 풀이**

❶, ❸ 판소리는 창, 아니리, 발림, 너름새로 이루어져 있다. 이때 창이란 소리꾼이 장단을 넣어 부르는 노래를 뜻한다. 이 글은 판소리 '흥보가'가 한글로 기록되어 정착된 판소리계 소설이므로 운율감이 강하다.

**02** 이 글에서는 이권을 둘러싼 당대 지배층의 다툼이나 비리와 같은 상황이 아닌, 조선 후기에 몰락하기 시작한 양반의 모습과 서민의 비참한 생활 모습을 보여 주고 있다. 이때 몰락하기 시작한 양반의 모습이란 흥보를 말하는데, 형 놀보로 인하여 부모님의 유산을 받지 못하고 무일푼으로 쫓겨나 가난하게 살아가는 흥보의 모습에서 이러한 점을 파악할 수 있다.

**오답 풀이**

❶ 흥보는 원래 양반이었지만, 경제적으로 몰락하여 매품까지 팔아야 하는 상황에 처해 있다. 이를 통하여 경제적으로 어려움에 처한 몰락한 양반 계층이 존재하였음을 확인할 수 있다.

❷ 흥보는 본읍 좌수 대신 병영에 가서 매품을 파는 대가로 삼십 냥을 벌어 오겠다고 한다. 이처럼 죄를 짓고도 돈으로 그 벌을 대신할 수 있었던 사람들이 존재하였고, 그것이 용인되었던 부조리한 사회적 환경이 조성되어 있었음을 알 수 있다.

❹ '전개 1-❸'에서 흥보는 아들들을 '고의 벗은 놈이'라고 지칭하고 있다. 흥보의 아들들은 고의, 즉 바지도 갖춰 입지 못할 만큼 궁핍한 환경에서 살고 있고, 당시 이와 비슷한 사람들이 존재했음을 짐작할 수 있다.

❺ 흥보는 매품을 팔아야 할 만큼 가난하지만, 본읍 좌수는 흥보에게 돈을 주고 처벌을 대신할 만큼 부유하다고 볼 수 있다. 이러한 대목에서 빈부 격차가 극심했던 당대의 사회상을 엿볼 수 있다.

**03** '전개 1–❸'에서 흥보가 매품을 팔러 간다고 하자 흥보의 자식들은 아버지가 매를 맞게 될 상황은 아랑곳하지 않고 각자 필요한 물건을 사 달라고 하며 철없는 모습을 보이고 있다. 특히 큰아들은 동생들을 나무라는 듯하다가 동생들이 요구한 것보다도 더 많고 귀한 물건을 요구하고 있다. 이러한 모습은 가족의 생계를 위해 매품을 팔러 가야 하는 흥보의 서글픈 처지를 드러내며 흥보가 처한 상황의 비극성을 강화한다고 할 수 있다.

**04** [A]에서는 단순하게 서술할 수 있는 부분을 장황하게 서술하는 판소리의 특징과 판소리 사설 특유의 음악성이 잘 나타나고 있다. 흥보는 볼기 구실을 이야기하겠다고 하며 자신이 할 수 없는 다양한 일을 장황하게 열거하고 자신이 왜 매품을 팔러 갈 수밖에 없는지 그 이유를 말하고 있다.

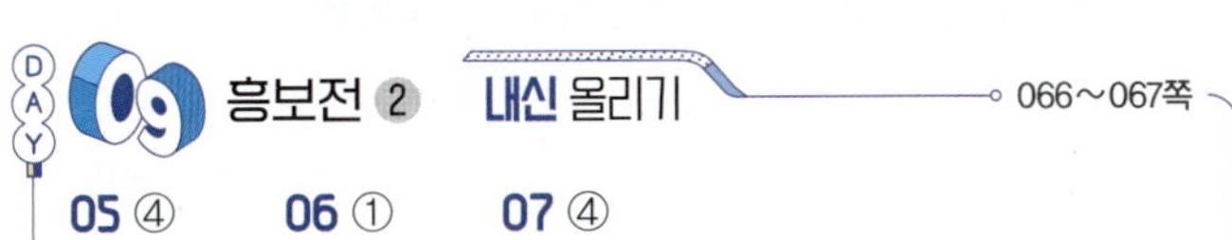

**DAY 09** 흥보전 ②　내신 올리기　○ 066~067쪽

**05** ④　　**06** ①　　**07** ④

**05** '전개 2–❶'에서는 세 명의 인물이 서로 자기가 더욱 가난하다고 다투며 경쟁하듯 말하고 있다. 세 인물은 대화가 진행될수록 가난의 정도를 점점 더 과장하여 표현함으로써 해학적 웃음을 유발하기도 한다. 이 대목에서 힘든 현실을 웃음으로 극복하고자 하였던 선조들의 지혜를 엿볼 수 있다. 한편 흥보는 자신보다 더 가난한 처지에 놓인 사람들의 이야기를 듣고는 끝내 매품 팔이를 포기한다. 이때 흥보의 처지보다 더 불쌍한 다른 인물들의 처지가 부각되고, 과장과 해학적 표현으로 인하여 우스꽝스러운 분위기가 조성되고 있다.

**06** 흥보의 아내는 가장과 자식을 배 굶기고 못 입히는 자신의 설움을 이야기하며 아황과 여영, 왕소군, 반첩여, 우미인, 하씨 열녀와 같은 고사 속 여인들을 언급하고 있다. 이러한 인물들은 모두 원통한 일을 당해 죽었다는 공통점이 있는데, 흥보의 아내는 자신의 설움이 고사 속 인물들의 원통함과 다르지 않으며 자신의 괴로운 심정이 어디에 하소연하기조차 힘들 만큼 크다는 점을 강조하고 있다.

**모답 풀이**
❷ 흥보의 아내가 고사를 인용하고 있기는 하지만, 자신이 문제를 해결할 수 있다는 태도를 보이고 있지는 않다.
❸ 흥보의 아내가 언급한 고사 속 인물들이 사랑을 잃은 것은 맞지만, 흥보의 아내가 남편을 잃을까 봐 걱정하고 있다고 보기는 어렵다.
❹ 흥보의 아내는 자신의 처지를 다른 인물들과 비교하지 않고, 언급한 인물들보다 자신이 더 힘든 상황에 놓여 있다고 강조하고 있지도 않다. 흥보의 아내는 원통함을 겪은 인물들을 열거하며, 그들만큼 자신 역시 서럽다는 점을 표현하고 있다고 보는 것이 가장 적절하다.
❺ 흥보의 아내가 언급한 고사 속 인물들이 절개를 지킨 것은 맞지만, 흥보의 아내가 가난한 상황에서도 자신의 절개를 지킬 것을 다짐하고 있다고 보기는 어렵다.

**07** 이 글의 주인공 흥보는 몰락한 양반으로, 경제적 어려움에 빠져 매품까지 팔아야 하는 힘든 처지에 놓여 있다. 하지만 ㉠에서 흥보는 궁핍한 처지를 서러워하는 아내에게 긍정적인 삶의 태도를 가지고 살아갈 것을 권유하고, 그러다 보면 훗날 좋은 일이 있을 것이라며 위로를 건네고 있다. 따라서 ㉠에 드러난 흥보의 태도로는 가난해도 세상을 원망하지 않겠다는 뜻의 빈이무원(貧而無怨)이 적절하다.

**모답 풀이**
❶ 이 글에서 흥보와 같이 가난한 사람들은 매품을 팔아서까지 생계를 유지해야 할 정도로 궁핍한 상황에 처해 있지만, 일부 사람들은 죄를 짓고도 돈으로 벌을 대신하고 있다. 이를 통해 이 글의 이면적 주제를 살펴볼 수 있는 것은 맞지만, ㉠에 드러난 내용이 아니므로 적절하지 않다.
❷ 이 글에서 매품을 거래하는 일부 권력층의 모습이 나타나 있기는 하지만, ㉠에서 흥보가 양반의 무위도식하는 모습이나 양반의 허위의식을 비판하고 있지는 않다.
❸ ㉠에는 남녀평등 의식과 주체적 서민 의식이 표출되어 있지 않다.
❺ ㉠에서 흥보는 가난한 처지임에도 불구하고 긍정적으로 살아가자고 말하고 있을 뿐, 가난한 처지를 벗어나고자 하거나 신분 상승에 대한 욕망을 드러내고 있지는 않다. 또한 흥보는 몰락한 양반 계층으로, 신분상 양반에 해당하는 인물이다.

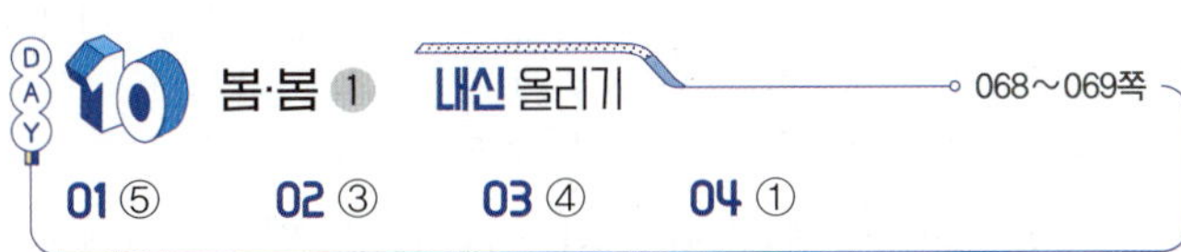

**DAY 10** 봄·봄 ①　내신 올리기　○ 068~069쪽

**01** ⑤　　**02** ③　　**03** ④　　**04** ①

**봄·봄 _ 김유정**

**해제** 이 글은 '나'와 점순이의 풋풋한 사랑과, '나'와 장인이 성례 문제를 놓고 벌이는 갈등을 그린 소설이다. 소설의 계절적 배경은 만물이 싹트는 계절인 봄으로, 생명력이 가득한 계절이라는 점에서 청춘 남녀의 가슴을 울렁이게 하는 연정의 계절이기도 하다. 이러한 봄을 맞이해 '나'와 점순이는 이성에 대한 사랑에 눈을 떠 서로가 서로에게 설렘을 느끼게 된다. 또한 이 글은 강원도 산골 마을의 토속적인 어휘와 어수룩한 인물의 등장, '나'와 장인의 비정상적인 싸움, 결말을 절정에 삽입한 구성 등을 통해 작품의 해학성을 부각시키고 있다.

**주제** • 어수룩한 데릴사위와 교활한 장인 사이의 갈등
　　　• 산골 남녀의 순수한 사랑

**특징** • 1인칭 주인공 시점으로 서술자의 심리가 생생하게 드러남.
　　　• 토속어와 비속어, 희극적 상황을 통해 해학성을 유발함.
　　　• 시간의 흐름이 순차적이지 않고 과거와 현재를 오가는 역순행적 구성임.

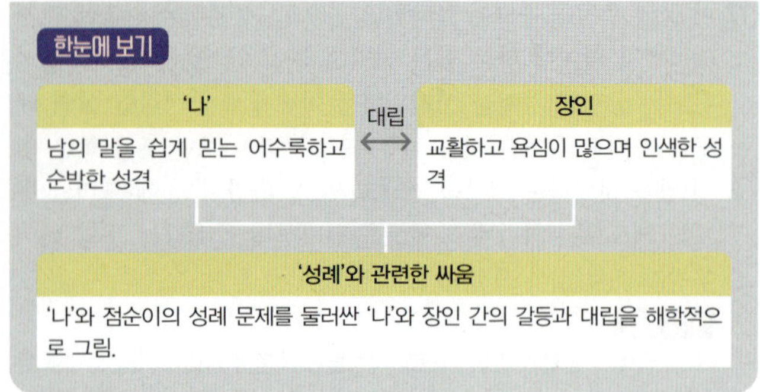



**01** 이 글에서 비속어의 사용은 작품에 현장감과 사실성을 부여하고 해학성을 느끼게 하는 역할을 하고 있다. 따라서 비속어를 사용하여 인물들 간의 대립이 심화되는 것을 보여 주고 있다는 설명은 적절하지 않다.

[모답 풀이]
❶ 등장인물의 사투리 사용은 이 글의 공간적 배경인 강원도 어느 산골 마을의 향토색을 드러내며, 현장성과 사실성을 높인다.
❷ 점순이의 키를 빌미로 성례를 시켜 주지 않는 장인과 이에 대해 불만을 품고 있는 '나' 사이의 갈등이 드러나고 있다.
❸ 이 글은 1인칭 주인공 시점으로 '나'가 자신의 이야기를 서술하고 있다.
❹ 이 글은 인물이나 배경을 제시하지 않고 대화로 소설을 시작하며 독자의 흥미를 유발하고 있다.

**02** '나'는 데릴사위로 들어올 때의 계약이 잘못되었다는 것을 인식하고 있지만, 장인의 속셈을 알아차리지 못한 채 점순이의 키가 자라기만을 기다리며 돈 한 푼 받지 않고 일을 하고 있다. 이를 통해 '나'가 어수룩한 인물임을 알 수 있다.

**03** 〈보기〉에 따르면 데릴사위 제도는 어린 남자가 여자 집에 가서 일정 기간 생활한 뒤 결혼하는 것이므로, 점순이가 '나'의 집에 머무는 것이 아니라 '나'가 점순이의 집에서 머무는 것으로 이해해야 한다.

[모답 풀이]
❶, ❺ 〈보기〉에서 데릴사위 제도는 남자가 없는 집에서 노동력이 필요하여 실시한 전근대적 제도임을 알 수 있다. '나'는 데릴사위로 점순이의 집에서 삼 년 칠 개월 넘게 무일푼으로 노동해 왔으므로 데릴사위 제도의 피해자로 볼 수 있다.
❷ '발단─❷'의 '명색이 좋아 데릴사위지'에서 '나'가 데릴사위로 점순이의 집에서 일을 하고 있음을 알 수 있고, '발단─❷'의 '딸이 자라는 대로 성례를 시켜 주마 했으니'와 '때가 되면 장인님이 어련하랴 싶어서 군소리 없이 꾸벅꾸벅 일만 해 왔다'에서 '나'의 목적이 결혼임을 알 수 있다.
❸ '발단─❶'의 '돈 한 푼 안 받고 일하기를 꼬박 삼 년 하고 꼬박이 일곱 달 동안을 했다.'에서 '나'가 임금도 받지 않고 노동해 왔음이 나타나 있다. 또한 '발단─❷'를 통해 장인이 데릴사위 제도라는 혼인 풍속을 악용하여 '나'의 노동력을 착취하고 있음을 알 수 있다.

**04** ㉠은 '나'가 아닌 장인이 걱정하는 것으로, 장인의 인색한 성품이 드러나는 대목이라고 볼 수 있다.

[모답 풀이]
❷ ㉡은 '나'의 어리숙한 모습을 보여 주며 해학성을 유발하고 있다.
❸ ㉢은 비속어를 사용하여 해학성을 유발하고 있다.
❹ ㉣은 점순이와 동물을 비교하여 해학성을 유발하고 있다.
❺ ㉤은 치성의 순서를 바꿔 말하여 해학성을 유발하고 있다.

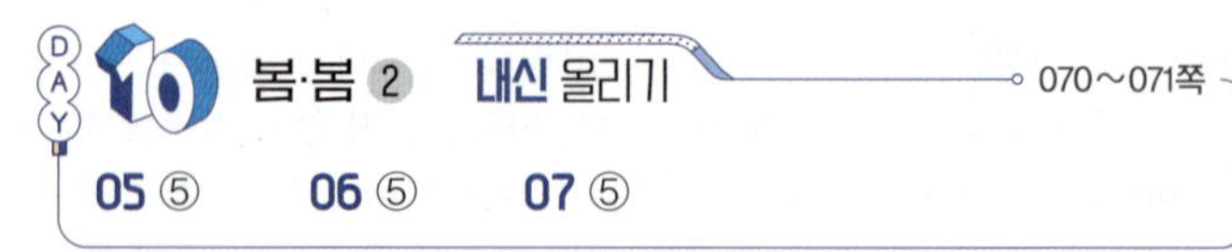


**05** 점순이와 '나'의 갈등은 성례에 대한 '나'의 소극적인 태도 때문이다. 따라서 '나'와 점순이의 갈등이 해소된다고 해서 '나'와 장인의 갈등이 해소되는 것은 아니다. 오히려 ㉠이 해결되면 ㉡도 자연스럽게 해결된다.

[모답 풀이]
❶ '나'는 점순이와 성례하기를 원하지만 장인은 점순이의 키를 핑계로 성례를 미루려고 하기 때문에 ㉠이 발생하고 있고, ㉡은 성례에 대한 '나'의 소극적인 태도 때문에 발생하고 있다. 따라서 ㉠과 ㉡은 모두 성례가 원인이 되어 발생하는 것이다.
❷ '나'는 점순이와 성례하기를 바라지만, 장인은 성례를 미루며 '나'의 노동력을 착취하겠다는 속셈을 가지고 있다.
❸ ㉡을 계기로 '나'는 마음이 들뜨고, 점순이와 성례를 올릴 것을 더욱 원하게 된다.
❹ ㉡은 성례에 대한 '나'의 소극적인 태도 때문에 발생하고 있다.

**06** 점순이는 성례를 올릴 것을 적극적으로 요구하라고 '나'에게 쏘아붙인 뒤, 부끄러움을 느끼고 얼굴이 빨개진 채 산으로 도망치고 있다.

**07** '봄'은 초목에 물이 오르고 싹이 트며 만물이 약동하는 계절이자, 남녀가 사랑에 눈을 뜨고 가슴의 울렁임을 느끼는 사랑의 계절을 의미한다. 하지만 이런 사랑이 결실을 맺을 것임을 암시한다고는 볼 수 없다.

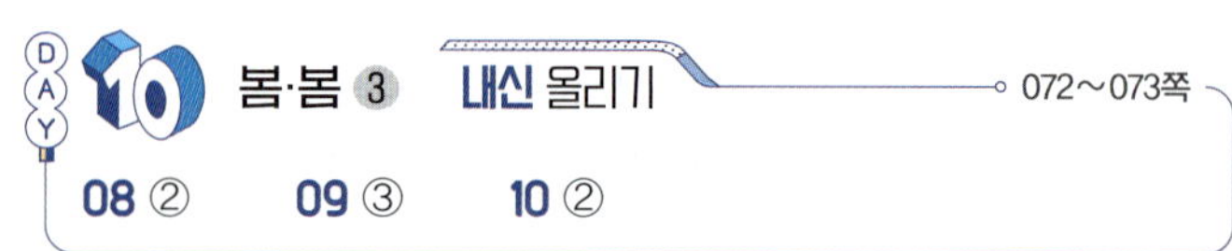


**08** 이 글은 결말이 절정 부분에 삽입되어 있다. 이처럼 절정과 결말 부분을 역순행적으로 구성한 까닭은 희극적 싸움이 주는 긴장감과 해학성을 살리기 위해서이다.

[모답 풀이]
❶ 이 글은 절정 사이에 결말을 삽입하는 역순행적 구성을 사용하였으나, 이는 작품의 희극적 싸움을 부각하며 해학성을 주기 위한 것이다. 행복한 결말을 강조하고 있지는 않다.
❸ 이 글은 공간에 따라 발생하는 등장인물 간의 갈등을 보여 주고는 있으나, 사건의 긴박감을 조성하고 있지는 않다.
❹ 이 글은 '봄'을 계절적 배경으로 하고 있을 뿐, 계절의 흐름이나 그에 따른 농촌의 변화는 드러나지 않는다.
❺ 이 글에는 동일한 시간에 일어난 일이 배치되어 있지는 않다. 오히려 시간의 흐름을 역순행으로 구성한 일을 보여 주고 있다.

**09** '나'는 점순이가 자신의 편을 들 것이라고 예상했으나, 장인의 편을 들어서 당황하고 있다. 이러한 '나'의 심정과 어울리는 속담은 아무 염려 없다고 믿고 있던 일이 어긋나거나 믿고 있던 사람으로부터 오히려 해를 입음을 비유적으로 이르는 '믿는 도끼에 발등 찍힌다.'가 적절하다.

**10** '결말'에서는 장인이 성례를 약속하자 마음이 풀린 '나'의 모습이 나타나 있다. 하지만 이는 장인이 '나'와의 다툼 이후에 '나'를 달래기 위한 것으로, '나'와 장인의 갈등이 일시적으로 해소되었음을 드러내고 있을 뿐 '나'가 장인에게 승리했다고 보기는 어렵다.

**모답 풀이**
① '나'를 회유하는 장인에게 속아 눈물을 흘리까지 하는 모습에서 '나'의 순진한 면모가 나타나고 있다.
③ '히연'은 일제 강점기 때의 담배 이름으로, 작품의 시대적 배경을 드러내고 있다.
④ '나'는 장인이 성례를 약속하자 마음을 풀고, 지게를 진 채 일터로 향하고 있다. 이를 통해 '나'와 장인 사이의 갈등이 일시적으로 해소되었음을 알 수 있다.
⑤ '올갈엔 꼭 성례를 시켜 주'겠다는 장인의 말로 '나'의 마음이 풀린 것으로 보아 '나'와 장인이 겪은 갈등의 근본적인 원인이 성례 문제임을 알 수 있다.

## 겨울 나들이 ① 내신 몰리기 ○ 074~075쪽

**01** ③　　**02** ⑤　　**03** ④

### 겨울 나들이 _박완서

**해제** 이 글은 분단으로 인한 상처를 가진 가족들의 이야기를 소재로 한 소설로, 6·25 전쟁으로 인한 상처를 회복하는 과정이 작가의 따뜻한 시선으로 그려지고 있다. 남편에 대한 배신감과 삶에 대한 허탈감으로 여행을 떠난 주인공이 여행지에서 만난 고부의 사연을 듣게 되면서 삶의 의미와 가족에 대한 사랑을 깨닫고 다시 서울로 돌아가고자 하는 회귀 구조로 이루어져 있다.

**주제** • 6·25 전쟁이 남긴 상처와 그 극복
　　　• 삶의 참된 의미에 대한 깨달음

**특징** • 외화와 내화로 이루어진 액자식 구성임.
　　　• 여행을 떠났다가 깨달음을 얻고 다시 돌아오는 여로형 구조임.
　　　• 전쟁이 남긴 상처와 극복을 가족사 중심으로 표현함.

**한눈에 보기**

| 여행을 떠나기 전 | 여행 중 | 여행이 끝날 무렵 |
| --- | --- | --- |
| 남편과 딸에 대한 배신감과 소외감으로 자신의 삶이 헛된 것이었다는 허탈감을 느낌. | 6·25 전쟁 때 아들을 잃은 시어머니를 극진히 보살피는 아주머니의 모습에 감동을 받음. | 자신의 삶이 헛되지 않았다는 것과 가족의 소중함을 깨닫고 집으로 돌아가려고 함. |

**01** 이 글은 전체적으로는 1인칭 주인공 시점으로 서술되어 있으나, '절정 - ①~②'는 액자식 구성의 내부 이야기로 아주머니가 겪은 전쟁 당시의 이야기와 상처를 전지적 작가 시점으로 서술하고 있다.

**모답 풀이**
① '절정-①'에서 이웃과 친척끼리도 서로 고자질을 하는 모습, 피비린내 나는 끔찍한 일 등 전쟁으로 인해 나타나는 비인간적인 사회의 모습을 보여 줌으로써 전쟁의 참혹함을 사실적으로 드러내고 있다.
②, ④, ⑤ '절정-①~②'는 액자식 구성의 내화로, '나'가 겨울 여행을 하며 만난 아주머니와 노파의 과거 이야기이다.

**02** 이 글을 통해 알 수 있는 6·25 전쟁의 상황은 인민군 점령지 내에서 벌어진 민간인들 사이의 갈등과, 인민군이 아주머니의 남편을 죽인 것과 같은 민간인 학살의 문제이다. 인민군에 동조한 사람과 국군에 동조한 사람 간에 전투가 벌어졌다는 내용은 이 글에 제시되어 있지 않다.

**모답 풀이**
① '절정-①~②'에서 이웃이나 친척과 같은 가족끼리도 서로 믿을 수 없었다고 하고 있다.
② '절정-①'에서 미처 피난을 가지 못했지만 집에 숨어 있어야 하고, '아무개가 반동이라고' 고자질을 하면 피비린내 나는 끔찍한 일이 일어난다고 하였다. 이를 통해 인민군이 전투에 참여하지 않은 민간인들을 죽이기도 한다는 것을 추측할 수 있다.
③ '절정-①'에서 아주머니가 자신의 남편을 친정으로 피신시켰다는 점에서 당시 가족을 보호하기 위해 가족을 숨기거나 먼 곳으로 떠나보내기도 했음을 알 수 있다.
④ '절정-①'에서 '새로 득세한 패들의 기세에 심상치 않은 살기가 돌'았다고 하고 있다.

**03** 아주머니는 가까운 친척이나 이웃조차도 믿을 수 없는 시대적 분위기 속에서 겁이 많고 순진한 시어머니가 남의 꾐에 빠져서 남편이 숨어 있는 곳을 알려 줄까 봐 걱정이 되어 '모른다.'를 가르친 것이다. 아주머니가 시어머니를 본인의 안위를 지키고자 자식의 거처를 실토할 인물로 본 것은 아니다.

## 겨울 나들이 ② 내신 몰리기 ○ 076~077쪽

**04** ⑤　　**05** ③　　**06** ③

**04** 마주 잡고 있는 고부의 손에 '나'의 손을 포갠 것은 고부가 보여 준 가족애에 자신을 동화시킴으로써 자신도 가족에게 돌아가 남편과 딸을 의지하며 가족을 이루어 나가겠다는 의지를 드러내는 행동이다.

**05** '결말-①'에서 '나'는 고부의 모습을 통해 가족에게 헌신하고 사랑하며 살아가는 삶의 고귀한 가치를 깨달으며, 노파가 자신에게 헛살지 않았다고 말하는 것처럼 느끼고 있다.

**06** 이 글에는 '나'가 아주머니와 노파가 살아온 이야기를 들으며 시어머니를 극진하게 보살피는 아주머니의 모습에 감동하는 내용이 드러나 있다. 그러나 '나'가 아주머니에게 자신의 이야기를 들려주는 부분은 나오지 않으므로 '노파의 도리질'을 매개로 '나'와 아주머니가 서로의 삶을 이해한다는 것은 적절하지 않다.

［오답 풀이］
❶ '나'는 '노파의 도리질'이 "너는 결코 헛살지만은 않았어. 암. 헛살지 않았고말고."라고 말하는 것처럼 느껴져 위로와 격려를 받고 있다.
❷ 노파는 과거 자신의 아들을 지키기 위해 '모른다'는 말과 함께 도리질을 끊임없이 연습했으나, 아들을 잃은 충격으로 그때의 도리질이 고질병이 되고 말았다. 따라서 '노파의 도리질'은 가족에 대한 노파의 사랑이 담겨 있는 행동이라고 볼 수 있다.
❹ 아주머니는 시어머니의 도리질을 가족에 대한 사랑과 가족을 지키려는 의지로 받아들여 나름의 의미를 부여하고, 시어머니가 돌아가실 때까지 극진히 모실 것이라고 말하고 있다.
❺ 노파는 자신의 아들이 눈앞에서 죽는 것을 직접 목격한 충격과 그 죽음의 원인이 자신에게 있다는 죄책감으로 인해 '도리질'이라는 행동으로 나타나는 고질병을 얻게 된 것이다.

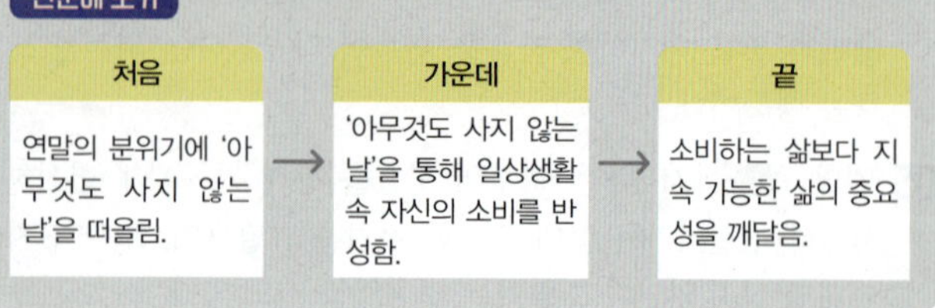

## 아무것도 사지 않는 날 _최원형

［해제］ 이 글은 불필요한 소비를 줄이고 최소한의 소비를 해야 한다는 깨달음을 담은 수필이다. 필자는 블랙 프라이데이의 반동으로 시작된 '아무것도 사지 않는 날'을 떠올리며 불필요한 소비를 하지 않았던 유명 인사의 삶을 돌아본다. 그리고 자신의 삶에서도 불필요한 것을 줄이고 최소한의 소비를 실천해야겠다는 깨달음을 얻고 있다.

［주제］ 최소한의 소비 실천

［특징］ • 필자의 경험을 통해 필요한 것만 사는 소비에 대한 깨달음을 제시함.
• 유명 인사의 사례를 소개하여 독자의 공감을 끌어냄.

［한눈에 보기］

| 처음 | 가운데 | 끝 |
|---|---|---|
| 연말의 분위기에 '아무것도 사지 않는 날'을 떠올림. | '아무것도 사지 않는 날'을 통해 일상생활 속 자신의 소비를 반성함. | 소비하는 삶보다 지속 가능한 삶의 중요성을 깨달음. |

**01** 수필은 필자가 경험에서 얻은 깨달음을 형식에 얽매이지 않고 자유롭게 쓰는 글이다. 필자를 대신하는 가공의 서술자가 줄글 형식으로 사건을 전개하는 것은 소설의 특성에 해당한다.

［오답 풀이］
❶ 수필은 필자의 경험이나 사상 등을 정해진 형식 없이 자유롭게 산문 형식으로 쓴 글이다. 또한 전문적인 작가가 아니어도 누구나 수필을 쓸 수 있다.
❷ 수필은 자기 고백적인 문학으로, 필자가 자신의 생각이나 정서를 솔직하게 표현하므로 다른 갈래보다 필자의 정서와 가치관, 인생관 등 필자만의 독특한 개성이 드러난다.
❹ 수필에는 필자가 체험하거나 생각한 모든 것이 제재로 쓰일 수 있고, 이러한 제재에는 필자의 개성적 안목과 비판적 관점 등이 반영된다. 따라서 수필에는 필자의 경험과 그로 인한 주관적인 생각이나 느낌이 진솔하게 나타난다.
❺ 수필에는 필자가 체험을 통해 얻은 삶의 지혜가 반영되어 있으므로 독자는 수필을 읽고 감동을 받거나 깨달음을 얻을 수 있다.

**02** 이 글에서 제시하고 있는 유명 인사인 피아니스트 세이모어 번스타인, 작가 사사키 후미오, 법정 스님은 모두 불필요한 소비를 추구하지 않으며 최소한의 소비를 하는 지속 가능한 삶을 살고 있다.

**03** 이 글에 따르면 영화 「피아니스트 세이모어의 뉴욕 소네트」에서는 피아노가 놓인 거실에 작은 부엌과 화장실이 전부인 세이모어 번스타인의 소박한 집 내부를 공개하고 있다. 따라서 ㉠에 대한 설명으로 세이모어 번스타인의 집 내부가 감각적이면서 화려하다는 내용은 적절하지 않다.

［오답 풀이］
❶ '가운데 - ❶'에서 필자는 영화 「피아니스트 세이모어의 뉴욕 소네트」가 '제 삶에 영향을 끼친 몇 편의 영화 가운데 하나'라고 밝히고 있다.
❷ '가운데 - ❶'에서 영화 「피아니스트 세이모어의 뉴욕 소네트」가 '피아니스트 세이모어 번스타인의 삶과 예술 세계를 담은 다큐멘터리 영화'라고 밝히고 있다.
❸ '가운데 - ❶'에서 영화 「피아니스트 세이모어의 뉴욕 소네트」의 특정 장면, 즉 세이모어 번스타인이 아침에 일어나 침대를 접으면 '침실이 순식간에 거실로' 바뀌고, 일과가 끝난 뒤에는 '다시 소파를 펼쳐 침대로' 만드는 대목을 소개하고 있다. 이에 필자는 '오히려 고귀한 삶의 방식을 엿봤다고 할까요.'라고 말하고 있다.
❹ '가운데 - ❶'에서 필자는 영화 「피아니스트 세이모어의 뉴욕 소네트」에 감명받은 이유로 '세이모어의 더할 수 없이 멋진 연주와 하나하나 받아 적고 싶도록 깊은 철학이 담긴 그의 대사'를 꼽고 있다.

**04** '블랙 프라이데이'는 11월 추수 감사절을 시작으로 크리스마스, 새해 무렵까지 이어지는 대규모 쇼핑 기간으로서, 우리나라에서 시작된 것이 아니라 미국에서 시작되었다.

［오답 풀이］
❷ '가운데 - ❶'에서 몇 년 사이에 우리나라에서는 쇼핑 업계를 중심으로 ⓐ가 빠르게 퍼졌다고 하고 있다.
❸ '가운데 - ❶'에서 ⓐ는 기업들이 연말 분위기에 편승하여 소비를 부추겨 매출을 올리려고 하는 시기라고 하고 있다.
❹ '가운데 - ❶'에서 블랙 프라이데이에 대한 반동으로 과도한 소비가 언제까지고 가능하지는 않으리라 생각하는 사람들에 의해 ⓑ가 생겨났다고 하고 있다.
❺ '가운데 - ❶'에서는 ⓑ가 원래 11월 마지막 주 어느 날이었는데, 한 환경 단체에 의해 11월 26일로 정해졌다고 하고 있다.

## DAY 12 아무것도 사지 않는 날 ② | 내신 올리기 ○─ 080~081쪽

**05** ⑤    **06** ④    **07** ⑤

**05** 필자는 아무것도 사지 않는 날을 실천하려고 하였으나 밖에서는 점심을 사 먹어야 해서 예상하지 못한 지출을 하게 되었다. 이를 통해 필자는 도시락을 챙겼더라면 아무것도 사지 않을 수 있었다는 것을 깨닫게 되었을 뿐, 필자가 아무것도 사지 않는 날을 계획할 때 식사비는 제외하기로 했다는 설명은 제시되어 있지 않다.

**모답 풀이**
❶ '끝-❶'에서 필자는 과거에는 '누구든 길을 떠나기 전에 끼니가 될 만한 걸 봇짐 속에 넣는 일은 당연했다'고 하였다.
❷ '가운데-❸'에서 필자가 사용하는 접시는 열 개를 넘지 않는다고 하였다.
❸ '끝-❶'에서 필자는 '인류가 지금처럼 언제 어디서든 돈만 있으면 모든 걸 해결할 수 있는 삶을 산 지는 얼마 되지 않는다고 하였다.
❹ '가운데-❹'에서 필자는 한 달에 하루를 정해 아무것도 사지 말아야겠다고 마음먹었다고 하고 있다.

**06** 이 글에서는 필자가 찬장 속 접시를 보며 소비를 반성한 사건과, '아무것도 사지 않는 날' 실천을 실패한 사건이 시간의 순서대로 제시되어 있다. 따라서 과거와 현재를 교차하며 사건을 입체적으로 제시하고 있다는 설명은 적절하지 않다.

**07** 필자는 소비 지향적인 삶에 반대하고 있으며, 〈보기〉의 요노족도 욜로족으로 살아가는 삶에 반대하며 등장했기 때문에 ⑤의 설명이 적절하다.

**모답 풀이**
❶ 현재의 행복을 추구하며 소비 지향적인 삶을 추구하는 것은 욜로족이며, 필자는 이러한 삶의 태도에 반대하고 있다.
❷ 욜로족은 소비 지향적인 삶을 추구하므로, 외식을 즐겨 하지 않는다는 것은 요노족과 더 어울리는 설명이라고 할 수 있다.
❸ 욜로족이 지향하는 소비 지향적인 삶은 환경 보호에 도움이 된다고 보기 어렵다.
❹ 이 글과 〈보기〉에서 확인할 수 없는 내용이다.

## 수능으로 실력 쌓기 1회 ○─ 082~083쪽

**01** ③    **02** ④    **03** ①

**01** '승상이 말을 마치지 못하여 ~ 성진 행자임을 깨달았다.'를 살펴보면 노승이 양소유의 춘몽을 깨우고, 꿈에서 깨어난 성진이 자신의 신분을 깨닫는다. 이는 꿈에서 현실로 장면이 전환되었음을 알 수 있다. 그런데 이때 높은 대와 많은 집들, 즉 인간 세상의 모습이 사라지고 암자에서 성진이 수행하는 모습과 그 주변 환경, 또 불도를 닦는 행자로서의 차림이 묘사되어 있다. 따라서 묘사를 통해 장면이 전환되었음을 드러내고 있다고 볼 수 있다.

**모답 풀이**
❶ 이 글에서 '처음에 스승에게 책망을 듣고 ~ 허무한 일임을 알게 한 것이로다.'라고 제시된 부분을 성진의 내적 독백이라고 볼 수 있지만, 이는 성진이 속세에서의 삶이 꿈이었음을 깨닫고 있음을 보여 주는 것으로, 극적 긴장감을 고조한다고 보기는 어렵다.
❷ 이 글에서 성진과 육관 대사가 대화를 나누는 부분은 제시되어 있지만, 이는 성진(양소유)을 깨달음에 이르게 하기 위한 대화이므로 인물 간 대립의 양상이 심화되는 것은 아니다.
❹ '연나라'나 '토번'이라는 단어와 '장원급제를 하여 한림학사를 한' 것에서 이 글의 배경이 중국이고 봉건 사회임을 짐작할 수 있을 뿐, 구체적인 시대 상황이 설정되어 있지는 않다.
❺ '처음에 스승에게 책망을 듣고 ~ 다 하룻밤의 꿈이로다.'에서 과거의 사건을 요약적으로 제시하고 있지만, 이는 등장인물인 성진의 생각을 그대로 보여 주는 내적 독백으로 이에 서술자가 개입하고 있지는 않다.

**02** 노승이 양소유에게 '상공이 아직도 춘몽을 깨지 못하였도다.'라고 하자 양소유는 '사부는 어찌하면 저로 하여금 춘몽을 깨게 하실 수 있나이까?'라고 묻고 있다. 이를 통해 양소유가 꿈에서 깨어나고자 한다는 것을 알 수 있다. 그러나 이때 양소유가 팔 낭자에 대해 언급하고 있지는 않다.

**모답 풀이**
❶ 꿈에서 깨어난 성진이 육관 대사에게 '사부는 설법(說法)을 베풀어 제자로 하여금 깨닫게 하소서.'라고 말한 부분에서 이를 확인할 수 있다.
❷ 육관 대사가 성진에게 '어느 것이 거짓 것이고, 어느 것이 참된 것인지 분변하지 못하나니, 이제 성진과 소유에 있어 어느 것이 참이며 어느 것이 꿈이냐?'라고 말한 부분에서 이를 확인할 수 있다.
❸ 꿈에서 깨어난 성진이 '이는 필연 사부가 나의 생각이 그릇됨을 알고 나로 하여금 그런 꿈을 꾸게 하시어 인간 부귀와 남녀 정욕이 다 허무한 일임을 알게 한 것이로다.'라고 생각한 부분에서 이를 확인할 수 있다.
❺ 꿈에서 깨어난 성진이 '풍도옥(酆都獄)'으로 가서 인간 세상에 환도하여 양가의 아들이 되었다가, 장원급제를 하여 한림학사를 한 후 출장입상(出將入相), 공명신퇴(功名身退)하여 두 공주와 여섯 낭자로 더불어 즐기던 것이 다 하룻밤의 꿈이로다.'라고 생각한 부분에서 이를 확인할 수 있다.

**03** 〈보기〉에서 언급한 '첫 번째 회의와 부정'은 성진이 꿈속에서 세속적 삶을 살기 전에 가지고 있던 불교적 가치관에 대한 것이다. '두 번째 회의와 부정'은 성진이 꿈속에서 부귀공명을 누리다가 느낀 삶의 세속적 가치관에 대한 것이다. '세 번째 회의와 부정'은 꿈에서 깨어난 성진이 육관 대사로부터 얻은 참과 거짓의 이분법적 구분에 대한 것이다. 따라서 ⊙은 꿈속에서의 삶(세속적 삶)이기 때문에 '첫 번째 회의와 부정'을 경험한 후의 일이라고 볼 수 있다.

**모답 풀이**
❷ ⓛ은 성진이 꿈속에서 양소유로서 살 때 있었던 일로, '첫 번째 회의와 부정' 이후에 일어난 일이며, 불교적 삶을 선택하기 전에 일어난 일이므로 '두 번째 회의와 부정' 이전에 일어난 일에 해당한다.
❸ ⓒ은 성진이 꿈에서 깨어난 후의 일이지만, 참과 거짓의 이분법적 구분에 대한 육관 대사의 가르침을 받기 전의 일이기도 하므로 '두 번째 회의와 부정'을 경험한 직후의 일이다.
❹ ⓔ은 육관 대사가 성진에게 참과 거짓의 이분법적 구분에 대한 가르침을 주고자 비유한 것으로, '세 번째 회의와 부정'의 핵심 내용을 보여 준다.
❺ ⓜ은 성진이 참과 거짓의 이분법적 구분에 대한 육관 대사의 가르침을 완전히 깨닫지 못하여 다시 한 번 가르침을 구하는 내용으로, '두 번째 회의와 부정'에서 '세 번째 회의와 부정'으로 나아가는 단계라고 볼 수 있다.

**01** 이 글에서는 '어느 봄날 밤'의 풍경을 '어둠이 깊어 ~ 코끝에 스며들었다'라고 감각적으로 묘사하고, 옥영은 이러한 풍경 속에서 최척의 피리 소리를 듣고 '절구 한 수'를 읊고 있다. 따라서 이 글에서는 감각적인 배경 묘사를 통해 인물이 시를 읊는 행동을 하는 등 낭만적 분위기를 부각하고 있다고 할 수 있다.

**오답 풀이**
❶ 어느 봄날 밤에 옥영이 최척의 피리 소리를 듣고 절구 한 수를 읊은 것은 맑은 정경을 보고 그에 대한 감흥을 주체하지 못하여 시를 읊은 것이다. 여기에 인물 간의 갈등은 나타나 있지 않다.
❷ 안남(베트남)에서 우연히 재회한 최척과 옥영은 '서로 마주하고 놀라 소리를 지르며 끌어안고 백사장을 뒹굴었다.', '목이 메고 기가 막혀 마음을 안정할 수 없었으며, 말도 할 수 없었다'고 서술되어 있다. 이처럼 인물의 행위가 연속적으로 나열된 장면이 있기는 하지만 신분의 변화 과정이 나타나 있다고 보기는 어렵다.
❸ 최척과 옥영이 결혼하는 장면에서 하인들이 기뻐하고 친척들이 축하하는 장면, 이웃 사람들이 옥영을 칭찬하는 장면에서 주변 인물이 알고 있는 사례를 근거로 옥영에 대하여 긍정적인 평가를 내리고 있다는 것을 확인할 수 있다. 또한 최척과 옥영이 재회하는 장면에서 양국의 뱃사람들이 두 사람을 구경하며 하늘의 뜻이라고 감탄하고, 옥영이 가족에 관한 슬픈 소식을 전하자 함께 슬퍼해 주는 등의 장면이 제시되어 있다. 따라서 주변 인물이 옥영에 대하여 상반된 평가를 내리고 있지는 않다.
❺ 최척은 전란으로 인해 가족과 이별한 뒤 명나라 배를 타고 안남에 이르러 장사를 하고 있다. 그러다가 안남에서 옥영과 재회하고, 마찬가지로 전란 때문에 헤어진 아버지와 장모님의 안위를 묻지만 옥영은 두 사람의 안위를 알지 못하고 있다. 따라서 전란이라는 이전 사건에 따른 다른 인물들의 현재 행선지는 알 수 없다.

**02** 어느 봄날 밤 최척은 자신의 피리 소리를 듣던 옥영이 절구 한 수를 읊자 '애초에 자기 아내가 이리 시를 잘 읊는 줄 모르고 있던 터라 놀라 감탄'하였다고 서술되어 있다. 따라서 최척은 옥영과 결혼하기 전, 시에 대한 옥영의 재능을 모르고 있었으며, 옥영이 시를 읊기 전까지 이를 모른 척한 것이라고 볼 수 없다.

**오답 풀이**
❶ '뱃사람들'은 처음에 최척과 옥영을 친척이나 잘 아는 친구 정도로만 생각하였다가 사실은 두 사람이 부부라는 것을 알고 나서는 '이상하고 기이한 일이로다! 이것은 하늘의 뜻이요, 사람이 이룰 수 있는 일이 아니로다. 이런 일은 옛날에도 들어 보지 못하였다.'라고 말하며 놀라워하고 있다.
❷ 최척은 강둑을 내려가 일본인들이 타고 있는 배 가까이 다가가 '어젯밤 시를 읊던 사람은 조선 사람 아닙니까?'라고 묻고 있다. 또한 자신의 처지를 '멀리 다른 나라를 떠도는 사람'이라고 밝힌 후, '비슷하게 생긴 고국 사람을 만나는 것이 어찌 그저 기쁘기만 한 일이겠습니까?'라고 이야기하며 자신의 심정을 드러내고, '어젯밤 시를 읊던 조선 사람'을 만날 수 있도록 해 달라며 부탁하고 있다.
❹ 최척과 결혼하여 최척의 집에 들어온 옥영은 '소매를 걷고 머리를 빗어 올린 채 손수 물을 긷고 절구질을 했으며, 시아버지를 봉양하고 남편을 대할 때 효와 정성을 다하고, 윗사람을 받들고 아랫사람을 대할 때는 성의와 예의를 두루 갖췄다.'라고 서술되어 있다. 즉, 옥영은 정성이 가득한 마음으로 최척 일가를 대하였다고 볼 수 있다. 또한 '최척은 결혼 후 구하는 것이 뜻대로 되어 재산이 점차 넉넉히 불었다'고 언급되어 있으므로 최척과 옥영의 결혼 이후 최척의 집안이 점차 부유해졌음을 파악할 수 있다.

❺ 최척과 옥영이 혼례를 마친 후 '대청에 오르자 친척들이 축하하여 온 집안에 기쁨이 넘쳤고, 이들을 기리는 소리가 사방의 이웃으로 퍼졌다.'라고 서술되어 있다. 따라서 친척들이 최척과 옥영의 결혼을 경사로 받아들였다고 볼 수 있다. 또한 이웃 사람들은 정성을 다하여 최척 일가를 대하는 옥영을 보고 '양홍의 처나 포선의 아내도 이보다 낫지 않을 것이라고 칭찬했다.'라고 언급되어 있다. 즉, 이웃 사람들도 옥영의 행실을 칭찬하였음을 알 수 있다.

**03** 최척은 ㉣이 되면 아내 곁에서 피리를 불곤 하였다고 서술되어 있다. 따라서 ㉣은 인물의 행위가 반복적으로 일어나는 시간의 표지라고 볼 수 있다. ㉤은 ㉣과 같은 날들 중 하나로, 옥영이 최척의 앞에서 처음으로 시를 한 수 읊은 때이므로 ㉤은 ㉣ 중 한 시점을 특정하는 시간의 표지라고 볼 수 있다.

**오답 풀이**
❶ ㉠은 최척과 옥영이 후사를 걱정하며 만복사에 올라 부처께 기도를 올린 때를 뜻하므로, ㉠을 인물의 심리적 갈등이 발생하는 시간의 표지라고 보기는 어렵다. 이후 옥영의 꿈에 장육금불이 나타나고, ㉢에 옥영이 아이를 잉태하여 후사에 대한 염려에서 벗어날 수 있게 된다. 따라서 ㉢을 ㉠에서 발생한 갈등이 심화되는 시간의 표지라고 보기는 어렵다.
❷ ㉢은 옥영이 아이를 잉태한 때로 후사에 대한 염려에서 벗어난 상태임을 알 수 있다. 따라서 ㉢은 인물의 성격이 변화한 것이 아니라 인물이 심리적 갈등에서 벗어났다는 것을 알려 주는 표지이다. ㉤은 옥영이 최척의 피리 소리를 듣고 절구 한 수를 읊은 때로, 최척은 옥영의 시 읊는 실력에 놀라 감탄하고 있다. 따라서 ㉢과 ㉤ 모두 인물의 성격 변화와는 관련이 없다.
❹ ㉡은 최척과 옥영이 후사를 위하여 만복사에 올라 부처께 기도를 올렸던 ㉠ 중에서 하루에 해당하는 시간의 표지이다. 따라서 ㉡은 ㉠에서부터 이어진 행위를 알려 주는 시간의 표지라고 할 수 있다. 하지만 ㉤은 최척이 피리를 불자 옥영이 절구 한 수를 읊고, 최척이 옥영의 시 읊는 실력에 감탄한 날이므로, 완결된 순간을 지시하는 시간의 표지라고 보기 어렵다.
❺ ㉠에서부터 행해지던 행위가 ㉡을 거친 후 ㉢에 이르러 그 결실이 나타났고, 이에 최척과 옥영은 자식을 잉태해 아들을 낳았으므로 ㉡과 ㉢은 인물의 소망이 실현되어 가는 과정에 포함되는 시간의 표지라고 볼 수 있다. 하지만 ㉤은 최척이 피리를 불 때 옥영이 절구 한 수를 읊고, 최척이 옥영의 시 읊는 실력에 감탄한 날이므로 ㉤을 인물의 소망이 좌절된 시간의 표지라고 보기는 어렵다.

**04** 이 글에서 최척과 옥영은 안남(베트남)이라는, 전혀 예상치 못한 타국의 공간에서 극적으로 재회하고 있다. 두 사람은 재회의 기쁨을 감추지 못한 채 '서로 마주하고 놀라 소리를 지르며 끌어안고 백사장을 뒹굴었'고, '목이 메고 기가 막혀 마음을 안정할 수 없었으며, 말도 할 수 없었다. 눈에서는 눈물이 다하자 피가 흘러내려 서로를 볼 수도 없을 지경'이었다고 서술되어 있다. 이 대목에서는 재회의 기쁨이 그만큼 크다는 것을 강조 및 과장하고 있다. 따라서 '눈물이 다하자 피가 흘러내'리는 것을 또 다른 문제 확인에 따른 인물의 불안감과 관련이 있다고 감상한 내용은 적절하지 않다.

**오답 풀이**
❶ 최척과 옥영은 결혼한 후 후사가 태어나지 않자 이를 걱정하여 만복사에 올라 정성을 다해 부처에게 기도하였다. 시간이 흐른 후 옥영은 꿈에서 장육금불을 보았고, 그달에 바로 잉태하여 열 달 뒤 아들을 낳았다. 옥영의 꿈에 나타난 장육금불, 즉 만복사의 부처는 옥영이 아들을 잉태하는 데 도움을 준 신이한 존재라고 볼 수 있다.

❷ 장육금불은 옥영의 꿈에 나타나 사내아이를 점지해 주면서 그 사내아이에게 특이한 징표가 있을 것이라고 예언하고 있다. 옥영이 아들을 낳은 후 아들의 등에는 어린아이 손바닥만 한 붉은 점이 있어 장육금불의 예언이 실제로 이루어졌음을 보여 주는 특이한 증거라고 볼 수 있다.
❸ 정유재란이 발발하자 참전한 최척은 이후 명나라 배를 타고 장사를 하다가 안남에 도착하였고, 그곳에서 어젯밤 시를 읊던 조선 사람을 찾고 있다. 최척이 타국에서 '고국 사람을 만나'려 하는 것은 이 글의 공간적 배경이 조선에만 국한되지 않고 다른 나라로까지 확장되었음을 보여 주는 것과 관련이 있다.
❹ 최척과 마찬가지로 장사를 하다가 안남에 이른 옥영은 피리 소리를 들으면서 자신의 남편인 최척을 떠올리고 감회에 젖어 절로 시를 읊고 있다. 최척 또한 시를 읊던 사람을 찾으러 일본인들의 배를 찾아가고, 두 사람은 타국에서 극적으로 재회한다. 따라서 피리 소리는 최척과 옥영의 이별이라는 문제를 해결하는 데 계기가 되는 소재라고 볼 수 있다.

# 수능으로 실력 쌓기 3회

086~087쪽

01 ②    02 ①    03 ⑤    04 ④

**01** 이 글에서 '나'는 장인과 대립하고 있는데, 장인이 '나'의 뺨을 때린 것이 현재 진행 중인 상황이다. 이때 서술자인 '나'는 '작년 이맘때'의 사건, 즉 장인이 던진 돌멩이에 발목을 맞아 '나'가 태업을 하자 장인이 장가를 가게 해 주겠다고 회유하고 '나'가 이에 넘어갔던 사건을 회상하고 있다. 이 회상을 통해 독자는 '나'가 점순이와 혼인하기로 하고 장인의 집에서 머슴살이를 하고 있는 인물임을 알 수 있으며, 인물들의 관계도 함께 짐작할 수 있다.

### 오답 풀이
❶ 이 글에서는 현재 진행 중인 사건을 서술하다가 '작년 이맘때'의 사건, '그 전날'의 사건을 순차적으로 회상하고 있다. 따라서 동시에 일어나는 두 사건을 병치하고 있다는 설명은 적절하지 않다.
❸ 현학적인 표현은 학식이 있음을 자랑하는 표현을 의미하는데, 이 글은 일상적인 구어체와 강원도 사투리를 사용하고 있어 현학적인 표현을 찾아보기 어렵다.
❹ 이 글은 작중 인물인 '나'가 서술자로서 자신의 이야기를 전달하고 있다. 따라서 관찰자의 입장이 아니라 당사자의 입장에서 작중 세계를 주관적으로 묘사하고 있다고 할 수 있다.
❺ 이 글에서는 '나'와 장인, '나'와 점순이 사이에 있었던 일을, 그 사건을 직접 겪은 당사자인 '나'가 전달하는 구성을 취하고 있다. 따라서 액자식 구성을 취하고 있다는 설명은 적절하지 않다.

**02** 점순이는 '나'에게 밤낮 일만 하다 말 것이냐고 물으며 성례를 시켜 달라고 해야 한다고 쏘아붙이고 있다. 이는 점순이가 성례를 위해 적극적으로 행동하지 않는 '나'에 대한 불만을 표시한 것으로 볼 수 있다.

### 오답 풀이
❷ '나'는 장인이 '나'의 뺨을 때린 뒤 덤덤히 쓴침만 삼키는 이유에 대해, 한창 일이 바쁜 때가 돌아오기 때문이라고 말하고 있다. 이는 '나'가 장인과의 갈등 상황에서 떠올린 것이며, 그것도 집으로 돌아가겠다고 실제로 결심한 것이 아니라 장인이 자신에게 함부로 할 수 없는 이유의 한 가지로 떠올린 것임을 알 수 있다.

❸ 장인은 가을에 혼인을 시켜 주겠다는 말을 하며 '나'를 달랬지만, 막상 가을에 '나'가 혼인을 요구하면 핑계를 대며 이를 거절하고 있다. 따라서 '나'와 장인이 갈등을 일으키는 이유는 장인이 혼인을 시켜 주지 않는 데에 있다.
❹ '나'는 장인이 인심을 잃은 이유가 배참봉 댁 마름으로서 행실이 고약했기 때문이라고 하였다.
❺ '동리 사람들은 그 욕을 다 먹어 가면서도 그래도 굽신굽신하는 게 아닌가'라는 부분에서, 장인이 횡포를 부려도 동리 사람들이 굽신거릴 수밖에 없는 상황을 이해하는 '나'의 태도가 드러난다. 따라서 '나'는 동리 사람들이 장인에게 보여 주는 태도와 상반된 입장을 보인다고 할 수 없으며, 장인이 동리 사람들에게 취하는 행동을 옹호한다고 보기도 어렵다.

**03** ㉤은 겉으로 보았을 때 점순의 키가 크지는 않지만 속으로는 제법 성숙해져 있는 것 같다는 뜻에서 한 말이다.

### 오답 풀이
❶ ㉠은 장인의 별명이 '욕필'이라고 붙여진 이유가 장인의 본명이 '봉필'이라는 점과 연관되어 있음을 나타내고 있다.
❷ ㉡에서 괄호를 제거해도 자연스러운 문장이 이어지므로 적절한 설명이라고 할 수 있다.
❸ '나'는 장인에 대한 반감을 장인이 소유한 소에게 대신 표출하고 있는데, ㉢은 그러한 '나'의 속마음을 드러내고 있다.
❹ ㉣은 장인이 점순이의 행동에 대해 '채신이 없이 들까분다'라고 평가하고 있음을 알려 주는 부분이다.

**04** '나'는 밭에서 일을 하던 중, 장인에 대한 반감과 점심을 이고 온 점순이의 키를 보고 생긴 울화를 장인 소유의 소에게 풀고 있다. 즉, 점순이가 '나'의 화풀이 대상이라고 보기는 어렵다.

### 오답 풀이
❶ 이 글에서 '작인이 닭 마리나 ～ 땅이 뚝뚝 떨어진다.'라고 제시된 부분을 통하여 장인은 마름이라는 지위를 이용해 소작인들에게 부당한 요구를 하는 인물이라는 것을 알 수 있다. 대부분의 마름이 장인과 같이 행동하였다면 소작인들이 안정적으로 소작하기 어려울 테고 이로 인하여 ⓐ, 즉 농작물을 수확할 무렵, 소작인들이 불안감에 시달렸을 것이라고 추측할 수 있다.
❷ 과거를 회상하는 대목 중, 장인이 '나'에게 돌멩이를 던져 '나'가 태업을 하자 장인은 '얘, 그만 일어나 일 좀 해라. 그래야 올갈에 벼 잘 되면 너 장가들지 않니.'라고 말하며 '나'를 회유하고 있다. '나'는 이러한 장인의 회유에 넘어가 ⓑ에서 이틀 걸릴 일을 하루에 해치우며 일꾼으로서의 면모를 발휘하고 있다.
❸ '나'는 ⓒ에서 일하던 중, 생동하는 봄 풍경에 휩쓸려 몸이 나른하고 가슴이 울렁거리는 것을 느끼며 노래를 하는 등 봄이라는 계절의 분위기에 취한 모습을 보여 주고 있다.
❺ '나'는 ⓔ에 평소와 다른 점순이의 말과 행동에서 '나'와 혼인하고 싶어 하는 점순이의 마음을 알아차린다.

## ✦ 개념 확인하기
090~093쪽

| | | | | | |
|---|---|---|---|---|---|
| **1** 사실적 | **2** 요약 | **3** ③ | **4** ✕ | **5** ○ | **6** 추론 |
| **7** 사례 | **8** 비판적 | **9** 창의적 | **10** ㄴ | | **11** 음독 |
| **12** 통독 | **13** ✕ | **14** ○ | **15** ㄱ | **16** ✕ | **17** ✕ |
| **18** 읽기 목적 | **19** 제작자 | **20** ④ | | | |

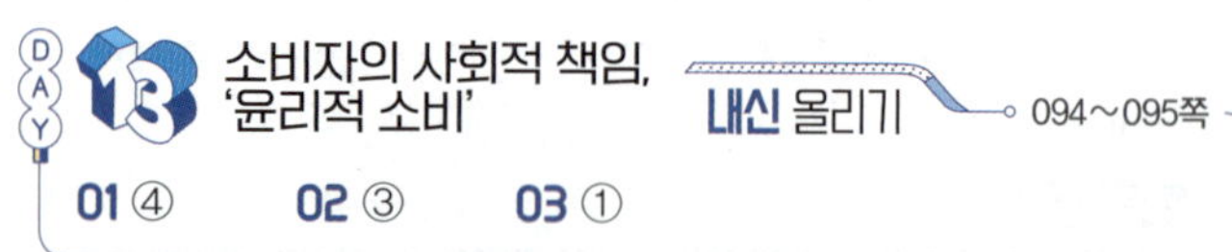

**13** 소비자의 사회적 책임, '윤리적 소비' 내신 올리기 094~095쪽

**01** ④  **02** ③  **03** ①

---

### 소비자의 사회적 책임, '윤리적 소비' _김선화, 신효진

**해제** 이 글은 새로운 소비 경향을 나타내는 윤리적 소비의 개념과 등장 배경, 실천 방법을 소개하는 설명문이다. 먼저 윤리적 가치에 따라 구매를 하거나 하지 않는 소비자의 행동을 예로 들어 윤리적 소비의 개념을 설명하고 있다. 그리고 이러한 소비 경향이 등장한 배경과 확산하게 된 계기를 순차적으로 설명한 뒤, 윤리적 소비를 실천하는 방법을 구체적인 예시를 통해 제시하고 있다. 또한 소비를 '투표'에 비유함으로써 윤리적 소비 실천의 중요성을 전하며 글을 마무리하고 있다.

**주제** 윤리적 소비의 등장과 발전

**특징** 다양한 설명 방법을 사용하여 독자의 이해를 도움.

**한눈에 보기**

| 윤리적 소비의 개념 | 소비자가 자신이 세운 윤리적 가치에 따라 부합하는 상품을 구매하거나 부합하지 않는 상품을 구매하지 않는 활동 |
|---|---|

| 윤리적 소비의 확산 | 윤리적 소비의 실천 방법 |
|---|---|
| 윤리적 소비로 긍정적 변화를 이끌어 낼 수 있다는 인식이 확산됨. | 개인의 주관적 가치와 태도가 소비에 영향을 미쳐 우선순위에 따라 다양한 방법으로 실천함. |

↓

| 윤리적 소비를 실천하는 태도의 중요성 |
|---|

**01** 이 글은 설명하는 글(설명문)이므로 글의 설명 대상과 설명 방법, 표현상의 특징을 고려하며 읽어야 한다. 또한 제시된 정보와 자료가 정확하고 신뢰할 만한지 판단하며 읽어야 한다. ④와 같이 주장에 대한 근거의 타당성과 논리를 확인하며 읽는 것은 논설문과 같은 글을 읽을 때 필요한 태도이다.

**02** 윤리적 소비는 소비자가 자신의 윤리적 가치에 따라 상품을 구매하거나 구매하지 않는 활동으로, 사회 문제를 해결하는 데 도움을 주고 소비자의 사회적 책임을 실천할 수 있게 한다. 따라서 윤리적 소비를 실천하는 소비자는 개인의 만족보다 사회적 문제를 더 고려한다고 볼 수 있다.

**오답 풀이**

❶ '가운데-❸'에서 개개인의 관심사가 다양하듯 각자 중요하게 생각하는 문제의 우선순위가 다를 수 있으며, 윤리적 소비는 이러한 '우선순위에 따라 다양한 방법으로 실천'할 수 있음을 말하고 있다.

❷ '가운데-❶'에서는 그동안 소비자가 소비 시스템의 객체 역할만을 해 왔다는 점과 대비하여, 소비자가 소비 시스템의 주체로서 사회적 책임을 실천하는 소비 행동이 바로 윤리적 소비임을 말하고 있다. 이를 통해 윤리적 소비는 소비 시스템의 주체로서 올바른 소비를 지향하는 행동임을 알 수 있다.

❹ '처음-❶'에서 '가격이 더 비싸더라도 친환경적인 제품을 구매'하는 활동을 예로 들어 윤리적 소비의 개념을 말하고 있다.

❺ '처음-❶'에서 '개발 도상국의 생산자들에게 정당한 대가가 돌아가는 공정 무역 제품을 구매'하는 것을 윤리적 소비의 예로 들고 있다. 따라서 제품 생산자에게 적절한 임금이 주어지는 제품을 구매하는 것 또한 윤리적 소비에 해당한다고 볼 수 있다.

**03** '가운데-❸'에서 소비자가 자신의 윤리적 가치에 부합하지 않는 상품에 대해 불매 운동을 하거나 협동조합을 매개로 구매하는 등 ㉠의 실천 방법이 제시되어 있다. 즉 ㉠은 ㉡과 마찬가지로 여러 사람이 동참할 수 있다.

**오답 풀이**

❷ 필자는 친환경적인 제품을 구매하는 것을 ㉠의 예로 들고 있으므로 ㉠이 환경 보호에 도움이 될 수 있음을 알 수 있다. 또한 〈보기〉에서는 ㉡이 '친환경적이라는 평가를 받는다'라고 하고 있다.

❸ ㉡에서 지향하는 소비는 친환경적이라고 평가할 수 있다. 이러한 친환경적 소비 행위는 ㉠으로 볼 수 있다.

❹ '처음-❶'에서 '상품을 구매하지 않거나 더 나아가 불매 운동을 벌이'는 것을 ㉠의 예로 들고 있다. 그러나 〈보기〉에서는 소비를 하지 않는 것으로 ㉡을 실천할 수 있다는 내용을 찾아볼 수 없다.

❺ '가운데-❶'에서 소비자가 '당면한 사회 문제를 해결하기 위한 소비로 나아가려' 하였다고 언급되어 있다. 따라서 소비자는 ㉠을 통하여 소비 시스템의 주체 역할을 할 수 있게 되었다. 〈보기〉의 ㉡ 역시 '제품을 여럿이 공유하여 사용하는 협업 소비'라는 점에서 대안적 소비 활동일 뿐만 아니라 개인이 재화나 서비스를 제공하는 역할을 할 수도 있음을 알 수 있다. 즉, ㉠과 ㉡을 실천함으로써 소비자는 소비 시스템의 주체가 될 수 있다.

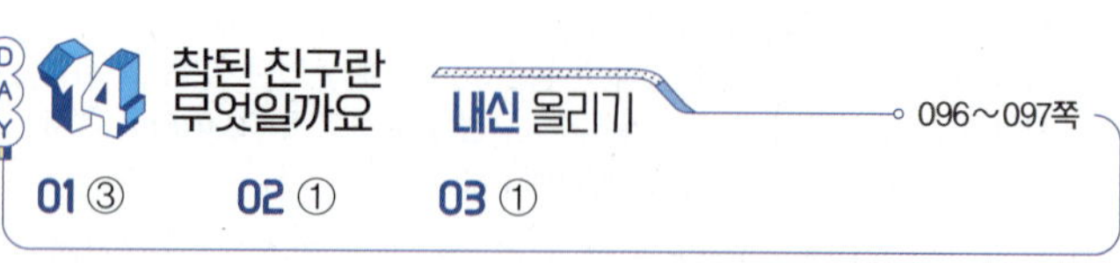

**14** 참된 친구란 무엇일까요 내신 올리기 096~097쪽

**01** ③  **02** ①  **03** ①

---

### 참된 친구란 무엇일까요 _박찬국

**해제** 이 글은 우정과 동정에 대한 니체의 견해를 서술한 설명문이다. 이 글에서는 먼저 니체의 말을 인용하여 글의 중심 화제를 제시하고 있다. 그리고 구체적인 예를 들어 동정과 우정의 차이점을 설명하고, 니체의 또 다른 말을 인용하여 우정의 특성에 대해 소개하고 있다.

정답과 <sup>해설</sup>

**주제** 니체가 생각하는 참된 친구의 의미

**특징** • 구체적인 예시를 통해 독자의 이해를 도움.
• 질문으로 글을 마무리해 글의 내용을 독자의 삶에 적용하고 성찰해 보도록 함.

**한눈에 보기**

| 동정 | | 우정 |
| --- | --- | --- |
| • 상대가 일어설 수 있다는 확신이 부재함.<br>• 상대에 관한 믿음과 존중이 들어 있지 않음. | < | • 상대의 잠재력을 신뢰함.<br>• 상대에 관한 존경과 존중이 전제되어 있음. |

**01** 이 글은 설명문으로, 동정과 우정에 대한 니체의 견해를 소개한 후 구체적인 예를 들며 참된 친구란 무엇인지를 설명하고 있다.

**오답 풀이**

❶ 동정의 정의에 대한 니체의 견해만을 소개하고 있다.
❷ 우정을 인간관계와 관련한 것으로 볼 수 있으나, 이에 대한 니체의 견해에 문제를 제기하고 있지는 않다.
❹ 우정에 대한 니체의 견해를 설명할 뿐, 우정에 대한 이론을 다양하게 소개하고 있지 않다.
❺ 우정의 특성을 설명하고 있으나 인간관계에서 중시되는 덕목이 시대에 따라 변화하였다는 내용은 드러나 있지 않다.

**02** '가운데 - ❷'에서 니체는 상대를 대할 때 동정이 아니라 우정을 바탕으로 해야 한다고 주장하고 있다. 이렇게 주장한 이유로는 '동정에는 상대에 관한 믿음과 존중이 들어있지 않기 때문'이라고 서술되어 있다.

**오답 풀이**

❷ '가운데-❶'에서 구걸하는 사람에게 천 원짜리 한 장을 줄 때 우리는 그 사람이 연명하는 데 도움이 되기를 바랄 뿐이라며, 동정의 사례로 제시하고 있다.
❸ '가운데-❶'에서 '니체는 우정을 나누는 사이를 서로 완전한 존재가 될 수 있도록 독려하고 돕는 관계로 보았'다고 하였다.
❹ '가운데-❷'에서 니체가 상대를 대할 때 우정을 바탕으로 해야 한다고 주장한 이유를 설명하며, 진정한 친구는 '친구가 좌절에 빠져 있으면 친구를 위로하기도 하고 혼내기도 하면서' 독려한다고 하였다.
❺ '가운데-❶'에서 니체의 견해를 설명하면서, 참된 우정을 나누는 친구들은 상대의 잠재력, 즉 능력과 성실함을 신뢰한다고 하고 있다.

**03** '가운데 - ❹'에서 사람들에게 남들보다 우월해지기를 바라는 마음이 있다고 설명하고 있다. 이러한 태도는 타인의 기쁨을 함께 느끼는 '동락'과 대비되는 것이므로, 상대보다 우월해지기를 바라는 마음을 솔직하게 표현하는 것은 진정한 친구의 태도로 적절하지 않다.

**오답 풀이**

❷ '가운데-❹'에서 우정의 특성 중 하나로 동락의 개념을 소개하고 있다.
❸ '가운데-❹'에서 말하고 있는 동락, 다시 말해 상대의 기쁨을 함께 느끼는 것을 하지 못하였으므로 참된 친구가 아님을 알 수 있다.
❹ '가운데-❷'에서 진정한 친구는 좌절에 빠진 친구가 다시 일어설 수 있도록 독려한다고 하고 있다.
❺ '가운데-❹'에서 유명인에게 달리는 악의적인 댓글에서 열등의식을 확인할 수 있다고 하고 있다.

---



**01** ④  **02** ③  **03** ④

## 공감의 반경 _장대익

**해제** 이 글은 공감을 정서적 공감과 인지적 공감으로 분류한 뒤, 인지적 공감의 중요성을 주장하고 있다. 서론에서는 사회적 갈등이 심화하는 문제의 원인이 공감의 부족이라는 기존 통념을 반박하고, 그 원인으로 자기 집단에 대한 과잉 공감을 제시하고 있다. 그리고 본론에서 정서적 공감과 인지적 공감의 개념과 특징을 설명하고, 스티븐 핑커와 피터 싱어의 견해를 인용하여 인지적 공감의 중요성을 강조하고 있다. 또한 공감의 범위를 확장해야 한다고 주장하며 글을 마무리하고 있다.

**주제** 공감의 반경을 넓혀야 함.

**특징** • 공감의 두 가지 유형을 비교하여 설명함.
• 전문가의 말을 인용해 글의 신뢰성을 높임.

**한눈에 보기**

| 정서적 공감 | | 인지적 공감 |
| --- | --- | --- |
| • 익숙하고 쉽고 자동적임.<br>• 내부 집단에 치우칠 수 있음. | ↔ | • 의식적으로 노력해야 발생함.<br>• 외부 집단을 포용할 수 있음. |

| 공감의 반경을 넓히는 힘인 인지적 공감이 필요함. |
| --- |

**01** '본론-❹'에서 인구 10만 명당 폭력에 의한 희생자 수를 비교했을 때 과거에 비해 폭력의 발생 빈도가 줄었다고 하였을 뿐 어느 정도가 줄었는지 구체적인 수치를 제시하고 있지 않다.

**오답 풀이**

❶ '서론-❶'에서 '오늘날 갈등과 편 가르기 문제가 심화되는 것은 타인에 대한 공감이 부족하기 때문'이라는 말에 동의하지 않는다고 말하며 기존의 통념을 반박하고 있다.
❷ '본론-❷'에서 공감을 정서적 공감과 인지적 공감으로 분류한 뒤 두 유형의 개념과 차이점을 설명하고 있다.
❸ '본론-❹'에서 심리학자 스티븐 핑커와 응용 윤리학자 피터 싱어의 견해를 인용하고 있다.
❺ '본론-❺'에서 정서적 공감을 '공감의 구심력'에, 인지적 공감을 '공감의 원심력'에 비유하며 '공감의 반경'이라는 제목의 의미를 드러내고 있다.

**02** 필자의 주장에 따르면 인류가 맞닥뜨린 문명의 위기를 해결하는 정신적 토대를 만들기 위해서는 공감의 구심력보다는 원심력이, 공감의 깊이가 아니라 넓이가 중요하다.

**오답 풀이**

❶ '본론-❷'에서 ㉠은 익숙하고 쉽고 자동적이라고 하였다.
❷ '본론-❷'에서 ㉡은 타인의 관점을 이해하는 능력이라고 하였다.
❹ '본론-❺'에서는 ㉠을 공감의 구심력으로, ㉡을 공감의 원심력으로 부르고 있다.
❺ '본론-❸'에서 인간이 ㉠과 ㉡을 바탕으로 서로 협력하고 타인을 배려하며, 문명을 건설해 왔다고 하였다.

**03** 〈보기〉의 해당하는 읽기 과정은 '읽은 후 단계'이다. 이 단계에서 사용하는 읽기 전략으로는 〈보기〉에 제시된 두 가지 방법 외에도 글의 전체 내용을 요약하고 중심 내용을 파악하는 방법을 사용할 수 있다.

**모답 풀이**
①, ③ 읽기 전 단계에서 활용할 수 있는 읽기 전략에 해당한다.
②, ⑤ 읽는 중 단계에서 활용할 수 있는 읽기 전략에 해당한다.

---

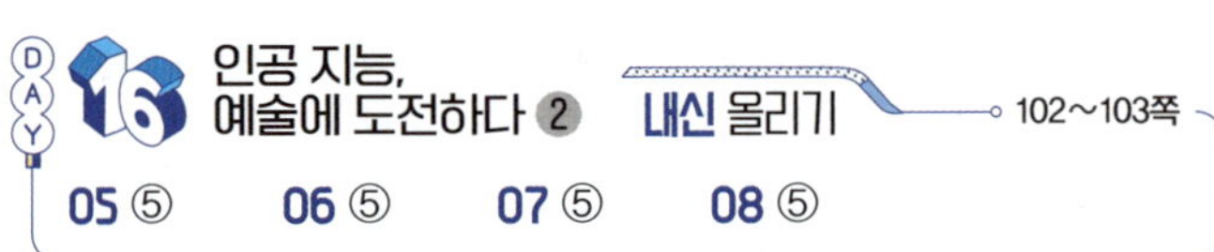

**DAY 16 인공 지능, 예술에 도전하다 ①  내신 올리기**  ○ 100~101쪽

**01** ③   **02** ②   **03** ④   **04** ⑤

### 인공 지능, 예술에 도전하다 _구본권

**해제** 이 글은 인공 지능 시대에도 인간의 예술은 그 지위를 유지할 수 있다고 주장하는 논설문이다. 이 글에서는 인공 지능의 창작물에 대한 관심이 높아지고 있지만 희소성이 부족한 인공 지능의 창작물은 예술 작품으로 인정받기 어렵다고 지적하고 있다. 따라서 인공 지능 시대에도 인간의 예술은 지위를 유지할 것임을 주장하며 글을 마무리하고 있다.

**주제** 인공 지능 시대에 인간의 예술이 가지는 지위

**특징** • 구체적인 사례를 들어 독자의 이해를 도움.
• 질문을 하고 답함으로써 독자의 호기심을 유발함.

**한눈에 보기**

| 인공 지능의 창작물의 등장 | 인공 지능 기술의 발달로 인공 지능이 만든 예술 작품에 대한 기대가 커짐. |
| --- | --- |

↓

| 인공 지능의 창작물의 특징 | 인간의 창작물의 특징 |
| --- | --- |
| • 기존 작품을 데이터베이스로 만들고 이를 바탕으로 작품을 창작함.<br>• 희소성이 낮음. | • 창작자의 삶과 의도가 담겨 있어 아우라를 형성함.<br>• 희소성이 높음. |

↓

| 인공 지능의 시대에도 지위를 유지할 인간의 예술 |
| --- |

**01** 서론에서 뉴욕 크리스티 경매에서 인공 지능 화가 오비어스가 그린 초상화가 예상가의 40배가 넘는 43만 2,500달러에 낙찰이 이루어졌다는 사례를 언급함으로써 글의 내용에 대한 독자의 호기심을 유발하고 있다.

**02** 이 글에서는 과거에는 인간만이 창의성을 지닐 수 있다는 통념이 있었지만 최근 인공 지능 역시 작품을 구현해 내는 수준이 인간에 필적하는 사례가 있다고 언급하고 있다. '본론 1'에서 인

---

공 지능이 창작한 예술 작품도 뛰어난 미적 가치를 지니고 있으며 그래서 창의성을 인간만의 영역이라고 여기기 어려워졌다고 하였다.

**모답 풀이**
❶ '본론 1-①'에서 '인공 지능의 창작물이 미적 가치를 인정받고 소장과 투자 대상이 되었다는 것을 보여 주었다'라고 언급하고 있다.
❸ '본론 1-②'에서 여태까지는 창의성이 인간만의 능력이라고 보는 통념이 있었지만, '최근 인공 지능이 구현해 내는 기술적 수준을 보면 창의성을 인간만의 영역이라고 고집하기 어렵다.'라는 내용이 언급되고 있다.
❹ '서론-①'에서 인공 지능 화가 오비어스는 과거 예술 작품을 데이터베이스로 만들고 이미지를 분석해 초상화 구성 요소를 학습한 후 작품을 창작했다고 서술되어 있다.
❺ '본론 1-①'에서 인공 지능의 창작물이 유명 작가의 작품보다 높은 가격에 낙찰되면서 사람들에게 인공 지능 예술의 시대가 열릴 것을 기대하게 했다고 서술되어 있다.

**03** 예상 낙찰가보다 높은 가격으로 낙찰된 작품은 ⓛ '유명 작가 작품'이 아니라 ㉠「에드몽 드 벨라미」로, 예상 낙찰가는 1만 달러 수준이었으나 실제로는 43만 2,500달러에 낙찰되었다.

**04** 과거에는 창의성을 인간 고유의 능력이라고 여겼기 때문에 인공 지능과 자동화 기술이 발달해도 인간은 창의적인 일을, 기계는 반복적인 일을 담당한다면 대부분의 직업과 직무가 기계로 대체될 것이라는 불안과 우려를 종식시킬 수 있었다.

---

**DAY 16 인공 지능, 예술에 도전하다 ②  내신 올리기**  ○ 102~103쪽

**05** ⑤   **06** ⑤   **07** ⑤   **08** ⑤

**05** '본론 1'에서 인공 지능의 발달에 따라 창의성을 발휘하는 예술의 영역을 인간 고유의 영역으로 볼 수 있을지에 대한 질문을 제기하고, '본론 2'에서 이에 대한 답을 제시하고 있다.

**06** 이 글의 필자는 인공 지능이 그린 그림에는 희소성이 낮고 예술 작품이 갖는 고유한 분위기가 나타나지 않기 때문에 인공 지능의 기술 수준이 높아지더라도 인간의 예술 작품보다 뛰어나다고 볼 수 없다고 주장하고 있다. 따라서 필자는 인공 지능 시대에도 인간의 예술은 그 지위를 유지하고 확장될 것이라고 하였다.

**07** 필자는 인공 지능의 기술 수준이 발전하면서 인공 지능이 인간만의 능력이라고 여겨졌던 창의성을 발휘하여 정교하고 아름다운 예술 작품을 만들어내기도 하지만 인공 지능이 아무리 뛰어난 그림을 그렸다 해도 그 그림에서는 창작자의 생애와 정신을 찾기 어려워 인간의 예술과 같은 희소성을 갖추고 있지 않다고 하였다. 그러므로 필자는 인공 지능의 창작물과 인간의 예술은 작품은 구별될 것이라고 하였다.

**모답 풀이**
❶, ❷, ❸ 이 글에서 인간의 창작물의 특성으로 필자가 언급한 내용이다.
❹ 인간이 인공 지능을 도구 삼아 인공 지능의 창작물과 차별화되는 새로운 장르를 개척할 것으로 필자는 예측하고 있다.

**08** 〈보기〉에서 반 고흐가 불우한 여건 속에서도 예술을 추구했고, 그의 삶과 예술을 향한 열정이 그의 작품에 반영되었음을 알 수 있다. 따라서 반 고흐의 작품은 그의 숨결이 깃들어 있고 작품 고유한 아우라가 담겨 있기 때문에 희소성 있는 작품이라고 볼 수 있다.

**03** ㉠, ㉡, ㉣, ㉤은 모두 영화의 주인공 '칼'이 죽은 아내 '엘리'와 약속했던 남미 여행을 뜻한다. 하지만 ㉢ '이층집'은 '칼'과 '엘리'가 현실에서 수십 년간 살아온 집을 가리킨다.

**04** 매체 자료를 비평할 때는 자료의 내용과 주제, 표현 방법, 매체 제작자의 의도와 관점, 매체 자료의 가치 등을 비판적으로 분석해야 한다. 하지만 매체를 수용하는 수용자의 삶을 현실적으로 반영했는지 분석할 필요는 없다.

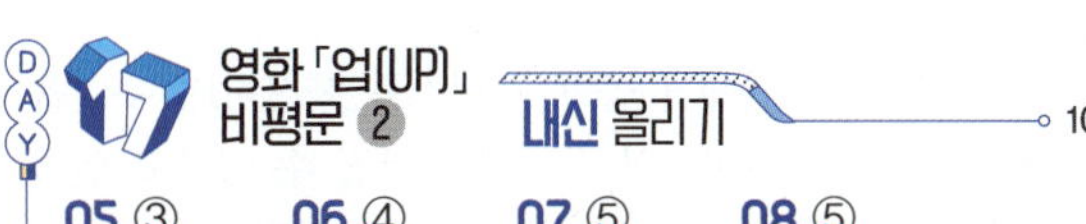

**영화 「업(UP)」**
**비평문 ❶**  **내신 올리기**  104~105쪽

**01** ①  **02** ④  **03** ③  **04** ⑤

---

### 영화 「업(UP)」 비평문 _이동진

**해제** 이 글은 영화 「업(UP)」에서 인물이나 배경을 형상화한 방법, 사용된 음악, 주제를 함축적으로 표현한 이미지 등을 다룬 비평문이다. 영화 「업(UP)」을 감상한 필자가 영화를 통해 잊고 있었던 어린 시절의 꿈을 떠올리며 감상적으로 글을 마무리한다.

**주제** 영화 「업(UP)」의 다양한 요소에 대한 비평과 근거

**특징** • 영화 「업(UP)」의 다양한 요소를 분석하고 평가함.
• 영화의 소재와 필자의 경험을 연관 지으며 글을 마무리함.

**한눈에 보기**

| 영화 「업(UP)」에 대한 필자의 평가 |
| --- |
| 꿈과 모험이라는 애니메이션 본유의 영역에 충실함. |

| 영화 「업(UP)」을 비평한 요소 |
| --- |

• 영화 「업(UP)」의 줄거리
• 영화 「업(UP)」 캐릭터 디자인과 배경의 특징
• 영화 「업(UP)」에 사용된 음악의 효과
• 영화 「업(UP)」의 주제를 함축적으로 표현한 이미지
• 영화 「업(UP)」의 인상적인 장면
• 영화 「업(UP)」과 필자의 경험을 연관시킨 가치

**01** 이 글에는 한 매체 자료에 대한 필자의 의견만을 제시하고 있다. 필자는 매체 자료인 영화 「업(UP)」의 시작 장면을 언급하며 독자의 궁금증과 흥미를 유발하고 있다.

**02** 이 글은 영화에 대한 비평문으로, 이러한 비평 자료에는 매체 자료에 대한 필자의 관점이나 태도가 드러난다. 비평 자료를 읽을 때에는 필자의 관점과 태도를 그대로 수용할 것이 아니라 관점이 타당한지 편견이 들어 있지는 않은지 생각해 보고, 자신의 생각을 정리하여 비판적으로 수용해야 한다.

---

**영화 「업(UP)」**
**비평문 ❷**  **내신 올리기**  106~107쪽

**05** ③  **06** ④  **07** ⑤  **08** ⑤

**05** 이 글은 영화 「업(UP)」에서 '칼'의 각진 외모와 '러셀'의 둥근 외모가 서로 대조되면서 흥미를 높이고 있다고 분석하고 있지만 이는 두 인물의 장단점을 비교하고 있다고 보기 어렵다.

**모답 풀이**
❶ 이 글은 영화의 인물이나 배경의 형상화 방법, 사용된 음악, 주제를 함축적으로 표현한 이미지 등 다양한 방면에서 영화를 분석하고 있다.
❷ 이 글의 마지막 부분에서 필자는 영화 시사회에서 받은 빨간 풍선을 바라보며 자신이 잊고 있었던 어린 시절의 꿈이 떠올랐다며 자신의 경험을 영화와 연결하고 있다.
❹ 필자는 다양한 비평 요소를 통해 매체 자료를 비평하고 그 근거를 제시하며 비평문을 읽는 독자의 이해를 돕고 있다.
❺ 필자가 영화를 보고 와서 꽃병에 풍선을 꽂자, 자신의 어린 날의 꿈이 생생히 떠올랐다는 감상적인 서술로 독자에게 여운을 주고 있다.

**06** 이 글의 필자가 꼽은 영화 「업(UP)」의 인상적인 장면은 영화의 초반부와 후반부이다. 초반부는 '칼'과 '엘리'의 결혼식부터 '엘리'의 죽음까지를 짧게 요약한 대목이고, 후반부는 '칼'이 공책을 보다가 '엘리'가 '칼'에게 남긴 문장을 발견하는 대목이다.

**모답 풀이**
❶ 필자는 '가운데-❷'에서 '각진 외모를 강조한 '칼'과 둥그스름한 외모의 '러셀'을 대비시킴으로써 흥미를 배가한다.'라고 서술하고 있다.
❷ 필자는 '가운데-❸'에서 '세상을 떠나 그 여행에 동행할 수 없었던 '칼'의 아내 '엘리'는 반복되는 테마 음악을 통해 강력하게 상기됨으로써 그 여정에 내내 함께한다.'라고 서술하고 있다.
❸ 필자는 '가운데-❷'에서 '캐릭터 디자인은 삼등신에 가깝게 머리를 크게 그림으로써 만화적이고 정감 어린 인물의 느낌을 강조했다. 반면에 배경은 정교하기 이를 데 없는 표현력으로 생생히 살려 냈다.'라고 서술하고 있다.
❺ 필자는 '가운데-❹'에서 '지나간 시간에 대한 추억과 다가올 시간에 대한 꿈이 함께하는 이 특별한 여행은 머무르면서 떠나는 역설을 풍선에 매달린 집으로 선명하게 시각화한다.'라고 서술하고 있다.

**07** ⓐ '꿈'은 이 글의 필자가 영화 「업(UP)」을 감상하고 영화관에서 받은 빨간 풍선으로 인해 떠올린 자신의 어린 날의 꿈이다. 이처럼 필자는 매체 자료를 비평하며 필자의 경험과 연관된 가치를 발견하고 있다.

**08** 이 글은 인물이나 배경의 형상화 방법, 사용된 음악, 주제를 함축적으로 표현한 이미지, 인상적인 장면, 필자의 경험과 연관된 가치를 분석함으로써 다양한 비평 요소를 나타내고 있다. 하지만 다른 작품과의 영향 관계를 다루지 않고, 하나의 매체 자료인 영화 「업(UP)」만을 비평의 대상으로 삼고 있다.

**01** 4문단에서 민간 위탁 업체가 공공 서비스를 생산하며 수익을 내지 못할 경우, 공공 서비스의 수준이 낮아질 수 있다고 언급하고 있지만, 공공 서비스의 수익 선정 양식에 대해서는 언급하고 있지 않다.

**［오답 풀이］**
❶ 정부가 공공 서비스를 공급하는 목적은 공공의 이익을 위해서라고 언급되어 있다.
❷ 공공 서비스를 공급하는 주체는 정부임이 언급되어 있다.
❸ 공공 서비스의 다양화와 양적 확대가 이루어진 배경이 개인 단위 공공 서비스에 대한 사회적 요구가 증가하였기 때문임이 제시되었으므로 공공 서비스 범위의 확대 배경은 이 글에서 언급한 내용임을 알 수 있다.
❺ 이 글에서 공공 서비스의 민간 위탁 방식으로 '경쟁 입찰 방식, 면허 발급 방식, 보조금 지급 방식'이 있음을 제시하고 그 내용을 설명하고 있다. 따라서 공공 서비스의 민간 위탁 방식은 이 글에서 언급한 내용임을 알 수 있다.

**02** [A]에서 공공 서비스의 특성이 배제성과 경합성에 따라 결정된다고 말한 뒤 국방이나 치안, 이용자가 공공 도서관의 도서 열람이나 대출이 제한되는 경우를 예로 들어 이를 설명하고 있다.

**［오답 풀이］**
❶ [A]에서는 공공 서비스의 특성을 배제성과 경합성의 개념으로 설명하고 있을 뿐, 특성이 변화되는 과정에 대해서는 설명하지 않았다.
❸ '비유'는 어떤 현상이나 사물을 직접 설명하지 않고 다른 비슷한 현상이나 사물에 빗대어 설명하는 방법이다. [A]에서의 대상은 '공공 서비스'인데, [A]에는 공공 서비스의 가치나 효용을 빗대어 설명한 부분이 나타나지 않는다.
❹ [A]에서 공공 서비스의 문제점에 대해서는 다루지 않았다. 따라서 문제점의 원인을 다각도로 살펴보는 내용 또한 제시되지 않았다.
❺ [A]에서는 대상인 공공 서비스의 제공 목적, 공급 주체, 특성 등에 대해 설명하고 있을 뿐, 공공 서비스에 대한 인식의 변화를 시간 순서에 따라 서술한 내용은 제시되지 않았다.

**03** 4문단에서 민간 위탁 제도를 신중하게 결정해야 하는 이유에는 두 가지 문제가 있다며, 수익이 나지 않을 경우 민간 위탁 업체가 제공하는 공공 서비스가 기대 수준에 미치지 못하는 문제, 평가와 개선이 지속적이지 못할 때 오히려 민간 위탁 제도가 공익을 저해할 수 있는 문제를 언급하고 있다.

**［오답 풀이］**
❶ 과거에 공공 서비스가 경합성과 배제성이 모두 약한 사회 기반 시설 공급을 중심으로 제공되었다고 하였다. 이어서 공공 서비스에 대한 사회적

요구가 증가하였음을 밝힌 뒤, 그 영향으로 민간 위탁 제도를 도입할 수 있게 되었다고 하였다. 따라서 민간 업체에 위탁하는 공공 서비스가 사회 기반 시설의 공급에 집중된다는 설명은 바르지 못함을 알 수 있다.
❸ 면접 발급 방식의 개념과 예, 면허 발급 방식을 사용함으로써 얻을 수 있는 효과는 설명하고 있으나 이 내용만으로 민간 위탁이 대부분 면허 발급 방식에 의해 이루어진다는 내용을 이끌어 낼 수 없다.
❹ 민간 위탁은 세 가지 방식으로 운용되는데, 이 중 보조금을 주어 재정적으로 지원하는 것은 '보조금 지급 방식'임을 알 수 있다. 다른 방법에서는 보조금을 지급한다는 설명이 제시되지 않았기 때문에, 민간 위탁에 의해 공공 서비스가 제공되면 정부의 보조금 지급이 필수적으로 요청된다는 설명은 적절하지 않다.
❺ 민간 위탁의 세 가지 방식인 경쟁 입찰 방식, 면허 발급 방식, 보조금 지급 방식을 설명하고 있으므로 민간 위탁 방식이 한 가지 방법으로 단일화되어 있다는 설명은 적절하지 않다.

**04** ⓒ의 '경감(輕減)될'은 '부담이나 고통 따위가 줄어서 가볍게 될'의 뜻을 지닌다. '손익이 계속 경감될'에서 '손익(損益)'은 '손해와 이익'을 아울러 이르는 말이다. 이는 '경감될'과 의미상 호응을 이루지 않는다.

**［오답 풀이］**
❶ ⓐ의 '열람(閱覽)'은 '책이나 문서 따위를 죽 훑어보거나 조사하면서 봄.'이라는 뜻을 지닌다. '서류의 열람'에서 서류는 책이나 문서 따위에 해당하는 것이므로, ⓐ를 사용하기에 적절하다.
❷ ⓑ의 '충당(充當)'은 '모자라는 것을 채워 메움.'이라는 뜻을 지닌다. '자금 충당'은 모자라는 자금을 채워 메움이라는 의미가 되므로, ⓑ를 사용한 표현으로 적절하다.
❹ ⓓ의 '개선(改善)'은 '잘못된 것이나 부족한 것, 나쁜 것 따위를 고쳐 더 좋게 만듦.'의 뜻을 지닌다. '무역 수지(貿易收支)'는 '정해진 기간 동안 다른 나라와의 수입과 수출을 모두 계산한 수치'를 나타낸 말이다. '무역 수지 개선'은 이 수치가 부족한 것을 고쳐 더 좋게 만든다는 의미가 되므로, ⓓ를 사용하기에 적절하다.
❺ ⓔ의 '저해(沮害)할'은 '막아서 못 하도록 해칠'의 뜻을 지닌다. '사회 발전을 저해할'은 '사회 발전을 막아서 못 하도록 해칠'의 의미가 되므로, ⓔ를 사용하기에 적절하다.



**01** 전통적 공리주의는 최대 다수의 최대 행복을 추구한다. '갑'이 전통적 공리주의의 입장에서 선한 행동을 했다면, 어느 특정한 사람의 행복을 우선시한 것이 아니라 자신이 행동한 일로 인해 얻어진 행복이 최대일 것이라는 판단 아래에서 결정을 내렸다고 볼 수 있다.

**［오답 풀이］**
❶ 전통적 공리주의에서는 행복의 양을 최대로 산출하는 데 의미를 두기 때문에 '갑'은 최대 다수의 최대 행복을 추구하는 쪽으로 행동했을 것이다.
❸ 전통적 공리주의의 입장에서는 사람에 따라 행복의 가치가 다르다고 생각하지 않는다. 이는 전통적 공리주의가 공평주의라는 특성을 지녔기 때문이다.

❹ '갑'은 최대 다수의 최대 행복을 산출하는 쪽으로 결정했을 것이므로 다친 사람을 구하는 것이 더 많은 행복을 가져온다고 믿었을 것이다.
❺ '갑'은 행동의 결과가 선하다는 기준과, 자신의 행동이 결과적으로 행복을 증진하게 될 것이라는 판단 아래 행동을 결정하게 된다.

**02** 전통적 공리주의자인 민우는 최대 다수의 최대 행복을 추구하기 위해 집단 B의 무고한 한 사람을 지목하여 거짓 증언을 함으로써 집단 간의 충돌을 막을 것이다. 즉 한 사람의 희생으로 많은 사람이 행복을 느끼는 방향이 선하다고 판단할 것이다. 하지만 이는 거짓 증언으로 죄 없는 사람에게 죄를 뒤집어씌우는 행동이기 때문에 최대 다수의 최대 행복이라는 정의를 지켰다고 보기 어렵다. 따라서 반공리주의자들은 민우가 정의를 고려하지 않은 채 행복의 총합만을 생각하며 행동하게 될 것이라고 예상할 것이다.

**모답 풀이**
❶ 피해자를 설득한다는 것은 일방적인 용서를 요구하는 것이기 때문에 이는 반공리주의자들의 입장과 맞아떨어진다고 보기 어렵다.
❷ 묵비권을 행사할 경우의 불확실성은 더욱 위험하다는 것이 2문단에 제시되어 있고, 반공리주의는 전통적 공리주의가 지닌 정의의 소홀을 비판하는 입장이므로 이 방법은 적절하지 않다.
❹ 가해자와 피해자를 화해시키는 일에는 정의를 소홀히 한 부분이 없으므로 반공리주의자들이 전통적 공리주의자들에게 지닐 생각으로는 적절하지 않다.
❺ 가해자가 피해자를 폭행했다는 사실을 그대로 증언할 경우에는 두 집단의 갈등을 더 악화시켜 행복의 총량이 줄 수 있기 때문에 전통적 공리주의의 입장에서는 취할 태도라고 볼 수 없다.

**03** 〈보기〉의 의무론자는 어떠한 경우에도 거짓말을 하지 않아야 한다는 인식을 보여 주고 있다. 반면 [A]에서 언급된 규칙 공리주의의 사례를 살펴보면, 규칙 공리주의자는 '좋은 사회'라는 결과를 상정해 놓은 상태에서 그에 의존하여 정의를 강조하고 있다.

**모답 풀이**
❶ 규칙 공리주의자는 공리주의에 정의의 개념을 포함해야 한다고 주장하고 있을 뿐 모든 규칙을 무조건적으로 따라야 한다는 입장을 취하고 있지는 않다.
❷ 의무론자는 결과에 대한 고려 없이 가치 있는 것을 지켜야 한다는 입장을 취하고 있다.
❸ 규칙 공리주의자만이 결과에 의존하여 행동을 결정한다.
❹ 규칙 공리주의자는 공리주의도 정의를 배제할 것이 아니라 정의의 개념을 포괄할 수 있어야 한다고 주장한다.

**04** ❺의 원칙에 '따른다'는 '어떤 경우, 사실이나 기준 따위에 의거한다'는 의미이므로 ⓐ와 유사한 뜻으로 사용되었다.

**모답 풀이**
❶ 어머니의 말씀대로 행하면 좋은 일이 생긴다는 의미이다. '따르다'의 뜻 중에서 '관례, 유행이나 명령, 의견 따위를 그대로 실행하다.'의 의미이다.
❷ 사람을 잘 따른다는 것은 '좋아하거나 존경하여 가까이 좇다.'라는 의미이다.
❸ 남들을 따라 하면 비슷한 결과가 나온다는 말이므로 '관례, 유행이나 명령, 의견 따위를 그대로 실행하다.'라는 의미로 쓰였다.
❹ 어머니의 음식 솜씨를 좇아 같은 수준에 이른다는 의미이므로 '앞선 것을 좇아 같은 수준에 이르다.'라는 뜻으로 쓰였다.



**01** 디지털 피아노의 각 건반에는 3개의 센서가 있는데 건반의 눌림 동작을 감지하는 센서가 가장 먼저 작동하고, 나머지 두 개의 센서는 건반을 누르는 세기를 순차적으로 감지한다.

**모답 풀이**
❶ 1문단의 '각 건반의 소리는 디지털 데이터 형태로 녹음되어 내장 컴퓨터의 저장 장치에 저장되어 있다.'에서 알 수 있다.
❷ 2문단의 '각 건반마다 설치된 3개의 센서가 감지한다.'에 의하면 각 건반에는 같은 수의 센서가 설치되어 있다.
❹ 4문단의 '샘플링은 시간에 따라 지속적으로 변하는 소리 파동의 모양에 대한 정보를 얻기 위해'에 의하면 소리 파동 모양의 정보는 샘플링을 통해 이루어진다.
❺ 5문단의 '양자화 표는 일반 피아노가 낼 수 있는 소리의 최대 변화 폭을 일정한 수의 구간으로 나눈 다음, 각 구간에 이진수로 표현하는 부호를 일대일로 대응시켜 할당한 표이다.'에 의하면 각 구간마다 할당된 이진수 부호는 같을 수 없다.

**02** 각 건반에 있는 3개의 센서가 건반의 눌림 동작과 건반을 누르는 세기를 감지하면, 내장 컴퓨터의 중앙 처리 장치(CPU)는 감지된 정보를 바탕으로 해당 건반의 소리 데이터를 저장 장치에서 읽고 소리의 크기를 조절한다. ⓑ를 통하여 샘플링된 소리의 측정값은 디지털 피아노의 작동 과정이 아니라, 건반의 소리를 디지털 데이터 형태로 녹음할 때 샘플링하는 과정에서 얻은 소리 파동의 모양을 수치화한 것이다.

**모답 풀이**
❶ 각 건반에 있는 3개의 센서는 건반의 눌림 동작과 건반을 누르는 세기를 감지하는데 건반을 누르는 세기는 건반이 움직이는 속도로 감지한다.
❸ 건반의 센서로부터 건반의 움직임이 감지되면 CPU는 해당 건반에 대응하는 소리 데이터를 저장 장치로부터 읽어 온다.
❹ 건반의 센서로부터 건반을 누르는 세기가 감지되면 CPU는 음의 크기가 적절하도록 소리 데이터를 처리하여 디지털-아날로그 신호 변환 장치(DAC)로 보낸다.
❺ DAC는 CPU가 보낸 소리 데이터를 아날로그 신호로 바꾼다.

**03** 시간에 따라 지속적으로 변하는 소리 파동의 모양에 대한 정보를 얻기 위해 파동을 일정한 시간 간격으로 나누고, 구간마다 파동의 크기를 측정하여 수치화한 것을 샘플링이라고 한다. '각 주기마다 데이터가 하나씩 생성되기 때문에 샘플링 주기가 짧아지면 단위 시간당 생성되는 데이터도 많아진다.'라고 하였으므로 생성되는 데이터의 개수는 설정한 시간 간격과 관련 있으며 소리 파동의 모양과는 관련이 없다.

**모답 풀이**
❷ 5문단의 '자릿수가 늘어나면 양자화 구간의 간격이 좁아져 소리를 세밀하게 표현할 수 있지만'에서 알 수 있다.
❸ 5문단의 '양자화 구간의 개수는 부호에 사용되는 이진수의 자릿수에 의해 결정된다.'에서 알 수 있다.
❹ 5문단의 '양자화는 샘플링을 통해 얻어진 측정값을 양자화 표를 이용해 디지털 부호로 바꾸는 것이다.'에서 알 수 있다.
❺ 4문단의 '이때의 시간 간격을 샘플링 주기라고 하는데, 이 주기를 짧게 설정할수록 음질이 좋아진다.'에서 알 수 있다.

**01** [A]에서는 영화가 평범한 사람들의 회고나 증언, 구전 등의 비공식적 사료를 토대로 만들어져 주변화된 집단의 묻혀 있던 목소리를 표현함으로써 '아래로부터의 역사' 형성에 기여한다고 이야기하고 있다. ㉠의 관점에서 이를 비판한다면 기억이나 구술 증언은 허구일지도 모르므로 다른 자료와 비교하여 진위 여부를 검증해야 한다고 할 것이다. 따라서 ⑤는 적절하다고 할 수 있다.

**오답 풀이**

❶ ㉠에 나타난 역사가의 관점에서 보면, 영화가 담고 있는 사실 정보는 허구일 수 있기 때문에 자료의 사실성 여부를 확인하지 않는 이상 사료로서의 가능성이 낮다.

❷ ㉠에 나타난 역사가의 관점에서 보면, 하층 계급의 역사를 서술하기 위해서는 영화와 같이 허구를 포함한 자료가 아닌, 실제로 고증이 된 역사적 자료를 사용하여야 한다.

❸ ㉠에 나타난 역사가의 관점과 영화가 지배적 이데올로기를 선전하는 수단으로 활용되었다는 내용은 직접적 관련성이 없다. 또한 이 글에서는 영화가 지배적 이데올로기와 같이 미처 파악하지 못했던 가려진 역사를 끌어낼 수 있다고 하였으므로 ❸의 내용은 [A]에 대한 비판으로 적절하지 않다.

❹ ㉠에 나타난 역사가의 관점에서 역사 사료로서의 영화를 비판할 때는 영화가 주관에 매몰된 역사 서술이라서 비판하는 것이 아니라, 주변화된 집단의 목소리가 실제 사실인지 아닌지의 여부에 주목할 것이므로 ④는 [A]에 대한 비판으로 적절하지 않다.

**02** 이 글의 3문단에서 '영화에 대한 역사적 독해'는 영화에 담겨 있는 역사적 흔적과 맥락을 검토하는 것이라고 하였다. 실화를 바탕으로 한 「마르탱 게르의 귀향」과 달리 「서머스비」는 허구적 인물과 사건으로 재구성되었지만, 이 역시 19세기 중엽 미국 사회를 배경으로 하고 있다. 그리고 「서머스비」를 통해 당시 대중이 공유하던 욕망과 생활상 등을 이해할 수 있기 때문에 영화에 담겨 있는 역사적 흔적과 맥락을 검토하는 '영화에 대한 역사적 독해'를 시도할 수 있다.

**오답 풀이**

❶ 〈보기〉에 따르면 「서머스비」는 가짜 남편을 마을에 바람직한 변화를 가져온 지도자로 묘사하면서 미국 근대사를 긍정적으로 평가하려는 대중의 욕망을 반영했다고 하였다. 이는 3문단에 언급된 영화 제작 당시 대중이 공유하던 욕망, 강박, 믿음 등의 집단적 무의식에 해당됨을 알 수 있다.

❸ 이 글의 3문단에서 영화를 만드는 사람은 자기 나름의 시선을 서사와 표현 기법으로 녹여 역사를 비평할 수 있다고 하였으므로, 「마르탱 게르의 귀향」 역시 그 속에 영화인 나름의 시선이 표현 기법으로 나타났을 것임을 알 수 있다.

❹ 〈보기〉에 따르면 「마르탱 게르의 귀향」은 역사적 고증에 바탕을 두고 당시 사건과 생활상을 충실히 재현했다고 하였는데, 이는 역사적 고증에 충실한 개연적 역사 서술 방식에 해당한다고 볼 수 있다.

❺ 이 글의 1문단에 따르면 미시사 연구에서는 평범한 사람들의 삶의 모습을 중점적인 주제로 다루고, 재판 기록 등의 '서사적 자료'에 주목하였다고 하였다. 역사서 「마르탱 게르의 귀향」 역시 16세기 중엽 프랑스 농촌의 보통 사람들 간의 사건을 다루고, 당시 재판 기록을 토대로 하고 있다는 점에서 미시사 연구의 방식을 취했다고 볼 수 있다.

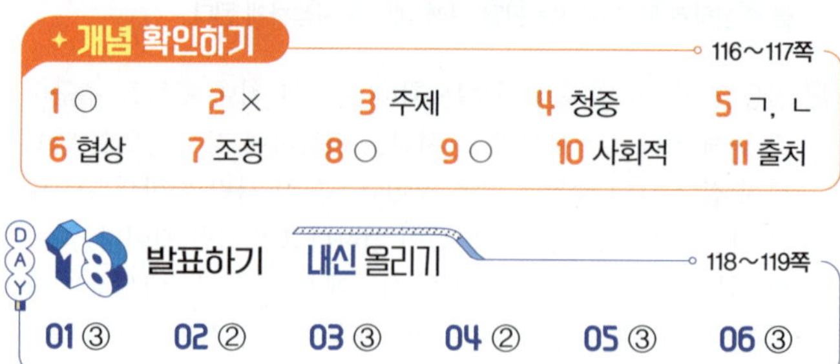

# Ⅳ 듣기·말하기

**개념 확인하기** ○ 116~117쪽

| 1 ○ | 2 × | 3 주제 | 4 청중 | 5 ㄱ, ㄴ |
| 6 협상 | 7 조정 | 8 ○ | 9 ○ | 10 사회적 | 11 출처 |

**DAY 18 발표하기** **내신 올리기** ○ 118~119쪽

01 ③    02 ②    03 ③    04 ②    05 ③    06 ③

**01** 이 발표는 뇌 과학 측면에서 창의적 존재의 특징과 창의적 존재가 되기 위한 실천 방법을 소개하는 내용으로 이루어져 있다. 발표자는 청중이 창의성에는 관심이 있지만 창의성과 지능의 상관관계, 뇌와 신경 과학에 대해서는 지식 수준이 높지 않다고 분석하여 자세한 설명을 준비하였다.

**오답 풀이**

❶ 발표자는 발표를 들을 청중들이 뇌 과학에 대한 배경지식이 적다고 예상하고 청중에게 뇌 과학 측면에서의 창의성에 대해 설명하기 위해 '1만 시간의 법칙'을 예로 들고 실험 과정을 설명하는 등의 전략을 선택하였다.

❷ 청중이 창의성에 관심이 있으나 창의성에 대한 배경지식이 많지 않다고 예상하고 ❷에서와 같이 창의성과 지능의 관계를 청중에게 질문하고 있다.

❹ 발표자는 청중이 창의성을 기르는 방법에 대하여 흥미를 가지고 있을 것이라고 판단하여 이와 같은 주제로 발표를 준비하였을 것이다.

❺ 발표자는 청중의 연령대와 지식 수준을 고려하여 '창의성', '지능 지수' 등과 같은 용어를 따로 설명하고 있지 않다.

**02** ❶은 발표의 단계 중 도입부에 해당한다. 도입부에서는 발표의 주제, 목적 등 발표 내용을 소개한다. 발표자는 본격적인 발표에 앞서 '창의적인 사람들은 어떻게 만들어질까요?'라는, 발표와 관련된 질문을 하며 청중의 관심을 유도하고 있다.

**오답 풀이**

❶ 발표자는 ❹에서 '에프엠알아이(fMRI)'라는 용어의 뜻을 밝히며 청중이 발표 내용을 더욱 잘 이해할 수 있도록 돕고 있다.

❸ 발표자는 ❸에서 '1만 시간의 법칙' 이론의 출처를 밝히며 발표 내용의 신뢰성을 높이고 있다.

❹ 발표자는 ❷에서 창의성과 지능의 상관관계에 대하여 청중의 웃음을 유발하고, 발표 분위기를 부드럽게 조성하고 있다.

❺ 발표자는 ❸과 ❹에서 '1만 시간의 법칙', '에프엠알아이(fMRI)' 등 발표 내용과 관련하여 청중의 배경지식을 확인한 후 설명을 덧붙이는 방식으로 발표를 진행하고 있다.

**03** ❷~❺는 발표의 단계 중 전개부에 해당한다. 전개부에서는 다양한 자료와 구체적인 사례를 제시하여 청중이 쉽게 이해할 수 있도록 발표 내용을 전개한다. 발표 내용의 순서를 안내하는 것은 전개부가 아니라 도입부에서 사용하는 발표 전략이다.

**오답 풀이**

❶ 발표의 과정 중 '예상 청중 분석'에서 사용할 수 있는 방법이다.

❷ 발표의 과정 중 '발표 목적·주제 선정'에서 사용할 수 있는 방법이다.

❹ 발표의 과정 중 '발표 진행'에서 사용할 수 있는 방법이다.

**04** ㉠에서 발표자는 청중의 표정이나 몸짓을 통하여 청중이 '에프엠알아이(fMRI)'를 잘 이해하지 못하는 것을 파악한 뒤 해당 용어를 보충 설명하고 있다.

**05** 발표 내용을 정리할 때는 예상 청중의 지식 수준이나 관심사, 배경지식 등을 파악하고 그에 맞는 발표 내용을 준비해야 발표 내용에 대한 청중의 이해도를 높이고, 효과적으로 발표할 수 있다.

**06** 〈보기〉의 '학생 2'는 '1만 시간의 법칙'에 대하여 정확한 정보를 알게 되었으며 이와 관련한 활동의 실천 의지를 밝히고 있다. 하지만 구체적인 활동 계획은 세우지 않았으므로 ③의 내용은 적절하지 않다.

**오답 풀이**

❶ 〈보기〉의 '학생 1'은 청소년의 적정 운동 시간은 몇 시간인지를 더 알아보고 싶어 하며 궁금증을 드러내고 있다.

❷ 〈보기〉의 '학생 1'은 자신의 경험을 바탕으로 창의성과 운동의 상관관계에 대한 정보를 얻은 것을 긍정적으로 평가하고 있다.

❹ 〈보기〉의 '학생 3'은 발표의 마지막 부분인 ❻에서 '창의적인 사람이 따로 있는 것이 아니라 창의적인 순간이 있을 뿐입니다.'라는 내용의 의미를 궁금해하고 있다.

❺ 〈보기〉의 '학생 3'은 창의적인 순간이 있을 뿐이라는 말이 어떤 의미인지 발표자에게 적극적으로 질문하였고, 그에 대한 구체적인 답변을 받아 만족하고 있다.

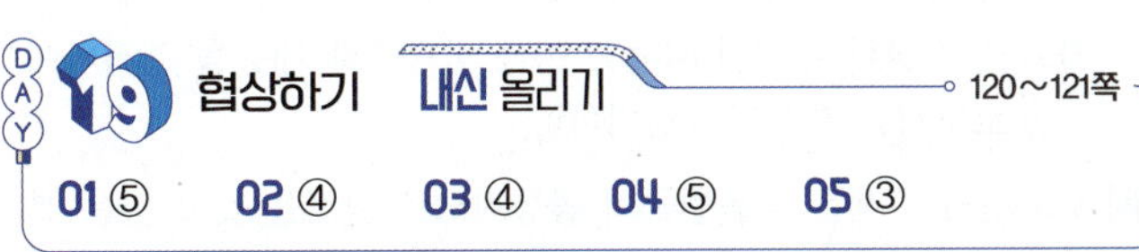

DAY **19**  협상하기  **내신 올리기** ○ 120~121쪽

**01** ⑤　**02** ④　**03** ④　**04** ⑤　**05** ③

**01** 이 협상에서 '미래시 공무원'은 멸종 위기 야생 생물이자 천연기념물인 수달을 보호하기 위해 사랑천 산책로 연장 계획을 수정해야 한다고 말하고 있다. 이에 산책로 연장 계획을 원하였던 희망구 주민들과 협상을 진행하며 주민들이 만족할 만한 방안을 논의해 보고자 한다.

**오답 풀이**

❶ '희망구 주민 대표'는 ❶에서 '사랑천에 수달이 서식한다는 건 그만큼 그 일대의 자연환경이 건강하다는 뜻이죠.'라고 이야기하고 있다.

❷ '희망구 주민 대표'는 ❷에서 주민들이 여가와 운동을 즐길 수 있는 공간은 주택 지역에 이미 많다고 하였다. '희망구 주민 대표'는 사랑천 산책로의 연장을 바라고 있으며, '미래시 공무원'은 이러한 희망구 주민들과 원만한 합의를 하기 위해 협상을 하고 있다.

❸ '미래시 공무원'과 '희망구 주민 대표'는 수달을 보호하는 다양한 방법이 아니라 기존의 산책로 연장 계획을 수정하면서 주민들이 만족할 만한 방안을 논의하고 있다.

❹ '희망구 주민 대표'는 ❸에서 생태 교육 시설이 생기는 것은 반가운 일이지만 사랑천 산책로 연장을 바라는 주민들의 바람을 충족하지는 못한다고 말하고 있다.

**02** 협상은 시작 단계, 조정 단계, 해결 단계로 이루어진다. 이 글의 ❸은 양측이 구체적인 제안이나 대안을 제시하고 상호 검토한다는 점에서 조정 단계에 해당한다고 볼 수 있다. 양측이 입장과 목표를 명확히 밝히는 것은 협상의 시작 단계에서 이루어져야 한다.

**03** 이 협상에서 '희망구 주민 대표'가 기존 산책로의 폭을 넓히자고 제안하자 '미래시 공무원'은 기존 산책로 보수, 위험 방지 시설 확충 등 대안을 제시하며 상호 간의 입장 차이를 좁히기 위해 노력하고 있다.

**오답 풀이**

❶ ❸에 나타난 '희망구 주민 대표'의 발화 '사랑천 주변을 ~ 충족하진 못합니다.', '생태 복합 ~ 넓히는 겁니다.'에서 확인할 수 있다.

❷ ❷에 나타난 '희망구 주민 대표'의 발화 '주택 지역에는 ~ 세 곳이나 되고'에서 확인할 수 있다.

❸ ❷에 나타난 '미래시 공무원'의 발화 '기존에 계획한 ~ 옮겨 조성하고'에서 확인할 수 있다.

❺ ❸과 ❹에 각각 나타난 '희망구 주민 대표'의 발화 '어린이들과 청소년들의 ~ 반가운 제안.', '새로 만들 ~ 참여할 수 있을까요?'에서 확인할 수 있다.

**04** ❸에서 '희망구 주민 대표'는 생태 교육에 도움이 되는 시설의 건축을 반기고 있고, ❹에서는 새로 만들 생태 복합 시설의 공간 조성 계획에 대한 내용을 언급하고 있다. 이를 통해 희망구 주민들은 사랑천 산책로의 연장 대신 생태 복합 시설을 건설하는 데 합의하였음을 알 수 있다. 이와 함께 ❸에서 기존 산책로를 넓히는 대신 산책로를 보수하고 안전을 위한 시설을 설치할 것을 제안 받았다. ❹의 '미래시 공무원'의 말을 통해 산책로를 보수할 것을 협의하였음을 알 수 있다.

**오답 풀이**

❶ '희망구 주민 대표'는 ❸에서 기존 산책로의 폭을 넓히자고 제안하였으나 '미래시 공무원'이 공사가 수달의 서식지에 영향을 끼칠 것을 우려하여 합의가 이루어지지 않았다.

❷ 기존 산책로를 연장하는 대신 주민들의 이익을 고려하여 주민들이 만족할 만한 방안을 논의하기 위해 협상을 하게 되었다.

❸ '미래시 공무원'은 ❷에서 산책로 연장 구간을 주택 지역 근처로 옮기고자 하였으나 '희망구 주민 대표'가 반대하여 합의가 이루어지지 않았다.

❹ '미래시 공무원'과 '희망구 주민 대표'는 산책로 연장 공사로 인하여 수달의 서식지에 영향이 가지 않도록 대안을 논의하고 있다.

**05** 사회적 소통 과정에서 책임감 있게 듣고 말하기 위해서는 사회적 소통 윤리를 지켜야 한다. 〈보기〉에서 철민은 정확하게 알지 못하는 내용을 공유함으로써 사회적 소통 윤리를 지키지 않았다. 소연은 철민의 행위를 비판하며 철민을 존중하고 배려하는 표현을 사용하지 않음으로써 사회적 소통 윤리를 지키지 않았다. ③에서 중의적 표현이란 한 단어나 문장이 두 가지 이상의 의미로 해석될 수 있는 표현을 말한다. 〈보기〉의 철민은 잘못된 내용을 공유하고 있으나 중의적 표현을 사용하여 생각을 모호하게 말하고 있다고 보기 어렵다.

**오답 풀이**

❶, ❷, ❹, ❺ 듣기·말하기 행위는 개인적 차원을 넘어 사회적 담론과 의사소통 문화를 형성하므로 책임감 있게 듣고 말하는 태도를 가져야 한다.

**01** ⑤

**01** 발표의 3문단에서 발표자는 꾸구리 눈이 개폐된 모습의 차이를 드러내기 위해 밝은 곳에서 눈이 피부로 덮인 사진과 어두운 곳에서 눈이 드러난 사진을 나란히 놓아 제시하였다. 따라서 두 사진을 화면에 순차적으로 제시해야겠다는 발표 계획은 반영되지 않았음을 알 수 있다.

> **오답 풀이**
> ❶ 발표자는 1문단에서 청중의 관심을 끌기 위해 물고기가 눈을 감은 모습을 상상해 볼 것을 청중에게 요청하고 있다. 이어서 발표자는 청중의 반응을 살피며 '잘 떠오르지 않으시죠?'라고 말하고, 일반적으로 물고기는 눈꺼풀이 없어 눈을 감지 못한다는 사실을 설명하였다.
> ❷ 발표자는 2문단에서 말뚝망둑어 눈의 개폐 과정에 대해 설명하고 있다. 먼저 눈이 아래의 구멍으로 들어가면 눈 아래의 피부가 올라와 눈을 덮어 주고, 이어서 눈이 다시 올라오면 피부가 내려가서 눈이 다시 열린다. 이는 눈과 눈 아래 피부의 움직임을 순서대로 설명한 것이다.
> ❸ 발표자는 말뚝망둑어와 둥근망둑어의 눈 근육 그림을 비교하고, 말뚝망둑어 눈 근육이 둥근망둑어에 비해 기울기가 훨씬 가파르다고 설명하고 있다. 이 때문에 말뚝망둑어의 눈 근육은 수축하며 안구를 아래로 잡아당기고 눈을 닫을 수 있는 것이다.
> ❹ 발표자는 2문단에서 말뚝망둑어의 동영상 자료를 제시하고, 4문단에서 꾸구리의 사진을 제시하여 두 물고기의 눈 개폐 양상을 보여 주고 있다.



**01** ⑤

**01** Z동 대표는 ⓒ에서 Z동 주민들이 Y동의 체육 시설을 이용할 경우 예상되는 Y동의 이익과 Z동의 부담을 함께 언급하고 있다. 더불어 '요금에 대한 부담', 즉 Z동의 부담을 낮춰 달라고 말하며 추가적인 요구 사항을 제시하고 있다.

> **오답 풀이**
> ❶ Y동 대표는 ㉠에서 도서관 설치가 Y동뿐만 아니라 Z동에게도 이익이 된다고 말하며 자신의 입장을 강조하고 있다.
> ❷ Y동 대표는 ㉠에서 Z동 주민 복지 센터에 도서관을 만들자고 말하며 체육 시설이 필요하다는 Z동 대표의 제안을 수용하지 않고 있다.
> ❸ Z동 대표는 Z동 주민들이 Y동에 있는 체육 시설을 이용할 때 요금 부담을 줄여 달라고 제안하였다. 이는 자신의 이익을 극대화하기 위한 발언이다. Z동에 체육 시설과 도서관 중 무엇을 설치할지 정해지지 않았으므로 체육 시설의 설치가 실현 가능성이 낮다는 것은 적절하지 않다.
> ❹ Z동 대표는 ⓒ에서 Y동의 요구 사항을 제시하지 않고 Y동이 체육 시설로 얻을 수 있는 이익에 대해서 언급하고 있다. 그리고 Z동 주민들이 얻은 부담을 언급하고 그 부담을 줄이는 방법으로 Z동에서 양보해 주었으면 하는 바를 추가적으로 제시하고 있다.

## 개념 확인하기 ○ 126~127쪽

**1** 보고서   **2** 조사   **3** 명료한   **4** ○   **5** ×
**6** (1)-ⓒ / (2)-㉠   **7** ⑤   **8** 근거   **9** 논증 방법

### DAY 20 보고하는 글 쓰기  내신 올리기 ○ 128~129쪽

**01** ⑤   **02** ④   **03** ②   **04** ④   **05** ⑤   **06** ④
**07** ④

**01** 공동 보고서를 쓸 때 각자의 장점을 살릴 수 있는 방향으로 역할을 분배해야 하는 것은 맞지만, 한 사람이 너무 많은 역할을 맡거나 너무 적은 역할을 맡지 않게 역할을 적절히 나누어야 한다.

> **오답 풀이**
> ❶, ❸ 모둠 구성원 간에 의견 차이가 발생하면 서로 의견을 조율하며 문제를 협력적으로 해결해 나가야 한다.
> ❷ 자신의 경험과 지식을 다른 구성원과 공유하며 협력적으로 보고서를 작성해야 한다.
> ❹ 공동 보고서를 쓰는 과정에서 구성원들은 서로의 생각을 연결하여 새로운 생각을 떠올릴 수 있다.

**02** 보고서를 쓰기 위해 자료를 수집하는 과정에서는 그 자료가 타당하고 신뢰할 만한 객관적 자료인지를 우선적으로 검토해야 한다.

**03** 보고서를 작성하려면 먼저 주제와 작성 계획을 정한 뒤(㉠) 목차를 구성해야 한다(ⓒ). 그리고 나서 주제와 작성 계획에 따라 자료를 적절히 수집하고(㉣), 이를 바탕으로 내용을 조직하여(ⓒ) 보고서를 작성해야 한다(㉤).

**04** 보고서의 주제는 모둠원들이 공통적으로 관심을 갖고 있는 분야나 조사해 보고 싶은 분야를 선정한 후 협의하여 정하는 것이다. 독자의 흥미를 끄는 요소는 보고서에 넣을 매체의 활용 방안과 관련 있는 것이다.

**05** 공동 보고서는 크게 '머리말, 본문, 맺음말'로 구성되며, 연구의 필요성과 범위는 머리말에 제시되는 것이 적절하다.

> **오답 풀이**
> ❶ 공동 보고서의 머리말에서는 연구 동기를 밝히고, 연구의 주제와 목적을 소개하는 것이 적절하다.
> ❷, ❸ 공동 보고서의 본문에서는 연구를 진행한 과정을 설명하고, 연구 내용과 결과를 제시하는 것이 적절하다.
> ❹ 공동 보고서의 맺음말에서는 조사한 연구 결과를 요약한 내용과 함께 연구 소감을 서술할 수 있다.

**06** **가** 의 학생들은 청소년의 운동 참여율이 지속적으로 하락하고 있는 실태를 조사하려고 하고 있으므로, **나** 의 ⓒ에서 '아니요(없다)'라고 응답한 비율이 가장 높은 부분을 공동 보고서 작성에 활용할 수 있다. 이는 2020년과 13~18세에 해당하는 조사 결과이다.

**07** 제시된 목차에 따르면, 1학년 학생들의 운동 실태와 삶의 만족
도 간의 연관성이 작성하고자 하는 공동 보고서의 주제이다. 그
런데 ⓓ는 보고서의 주제에서 벗어나는 내용이므로 삭제하는
것이 적절하다.

**[오답 풀이]**
❶ 나 의 ㉠을 자료로 활용하여 ⓐ를 제시할 수 있다. 또한 해당 인터넷
뉴스를 사진이나 동영상 등의 시청각 자료로 보여 줌으로써 자료의 신뢰
성을 높이고, 독자의 흥미를 이끌어 낼 수 있다.
❷ 나 의 ㉡을 자료로 활용하여 ⓑ를 제시할 수 있다.
❸ 나 의 ㉡에 제시된 표를 활용하여 ⓒ를 시각적으로 보여 줄 수 있다.
❺ 보고서에 참고한 자료의 출처를 제시하여 글의 신뢰성을 높일 수 있다.

**[오답 풀이]**
❶ 개인의 잊힐 권리의 중요성을 축소하여 말하고 있으므로 예상 반론에
대한 반박으로 적절하지 않다.
❷ 가 에서 이미 우리나라는 '피해가 심각하지 않거나 게시 당시의 기준
으로 불법 정보가 아닌 경우는 규제할 법적 근거가 없다.'라고 밝히며 개인
의 잊힐 권리를 중요하게 다루지 않는 상황을 문제로 지적하고 있다. 따라
서 예상 반론에 대한 반박으로 적절하지 않다.
❸ 개인의 잊힐 권리를 인정했을 때 벌어질 수 있는 문제점을 지적한 것으
로, 예상 반론에 해당한다.
❹ 개인의 잊힐 권리를 인정하는 것과 표현의 자유와는 서로 연관성이 부
족하므로, 예상 반론에 대한 반박으로 적절하지 않다.

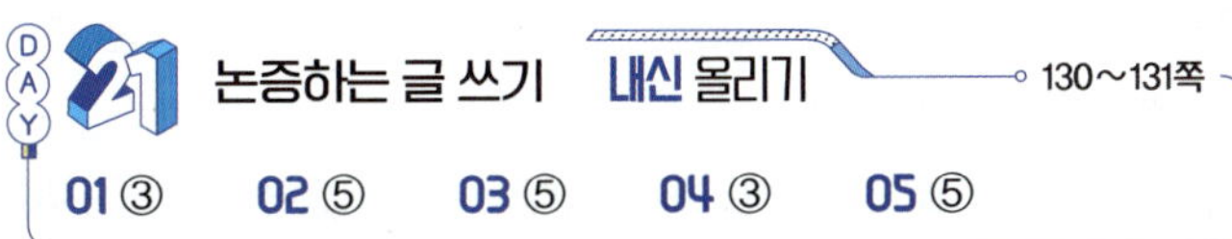


**01** 논증 요소로는 필자가 내세우는 의견인 주장, 근거를 바탕으로
주장을 가능하게 하는 주관적 요인인 이유, 주장을 지지하는 객
관적 자료인 근거가 있다.

**02** 나 와 다 에서는 금융 이해력 향상이 미치는 긍정적 영향(개
별적인 사실)을 바탕으로 결론을 이끌어 내는 귀납을 사용하고
있다. 연역은 라 에서 삶을 살아가기 위해 실용적 지식이 필요
하다는 일반적 사실에서 개별적 사실을 이끌어 내는 데 사용하
고 있다.

**[오답 풀이]**
❶, ❷ 나 , 다 에서 서민 금융 진흥원, 금융 감독원과 한국은행의 조사
결과를 구체적인 수치와 함께 출처를 제시하며 글의 신뢰도를 높이고 있다.
❸ 가 에서 중·고등학생들의 금융 이해력이 부족한 문제 상황을 점수로
제시하며 독자의 흥미를 이끌어 내고 있다.
❹ 가 에서 '금융 이해력'이라는 특정 개념의 정의를 제시하고 있다.

**03** 가 에서 2023년 우리나라 중·고등학생들의 금융 이해력 평균
점수가 46.8점으로 우리나라 청소년들의 금융 이해력이 매우
부족한 상황이라고 밝히고 있다.

**04** 다 에서 '신상 털기' 문제가 논란이 되면서 많은 사람이 잊힐
권리의 필요성을 느끼고 있음을 언급하고 있다. 즉, 필자는 잊
힐 권리에 대한 사회적 공감대가 이미 형성되어 있다고 본 것이
므로, ③의 내용은 적절하지 않다.

**05** 〈보기〉는 개인의 잊힐 권리보다 공공의 알권리를 중시하는 사
람도 있을 수 있다는 반론을 예상한 것이다. 이를 반박하기 위
해서는 개인의 잊힐 권리의 중요성을 강조하거나 공공의 알권
리의 부정적인 측면을 제시하는 것이 적절하다.



**01** 이 글의 필자는 나 에서 ㉡을 구체화하기 위하여 불량 식품에
해당하는 것이 무엇인지 밝히고 있을 뿐 불량 식품에 대한 인식
의 변화를 언급하거나 이러한 변화를 시기별로 제시하고 있지
는 않다.

**[오답 풀이]**
❶ 나 의 1문단에서는 '연구 보고서에 따르면, 불량 식품은 ~ 식품을 말
한다.'라고 언급하며 ㉠을 구체화하고 있다.
❷ 나 의 2문단에서는 '예를 들어, 저렴한 군것질거리는 ~ 유해한 불량
식품이다.'라고 언급하며 ㉡을 구체화하고 있다.
❹ 나 의 3문단에서는 '학교 주변에서 불량 식품 판매 사례가 발생함에
따라', 4문단에서는 '식품 이물에 대한 업체의 소극적 대응에 소비자 불만
이 커지면서'라고 언급하며 ㉢을 구체화하고 있다.
❺ 나 의 3문단에서는 어린이 식품안전보호구역 제도, 4문단에서는 이물
보고 의무화 제도에 대하여 설명하면서 ㉢을 구체화하고 있다.

**02** ⑤의 앞부분에 해당하는 '식품 유통 ~ 출시되고 있다.'에는 교
지 편집부장의 조언 중 식품 산업의 변화와 관련지으라는 것이
반영되어 있고, ⑤의 뒷부분에 해당하는 '이 변화에 맞춰 ~ 우
리 건강을 지키는 첫걸음이다.'에는 교지 편집부장의 조언 중
독자가 글의 중심 내용을 아는 것이 어떤 의의가 있는지를 반영
하고 있다.

**[오답 풀이]**
❶ 식품 산업의 변화에 대한 내용은 나오지만, 독자가 글의 중심 내용을
아는 것이 어떤 의의가 있는지를 밝히는 내용은 나타나 있지 않다.
❷ 식품 산업의 변화에 대한 내용은 나오지만, '허위 광고나 과대광고로
홍보하는 식품의 신고 방법'은 글의 중심 내용에 해당한다고 보기 어렵다.
❸ 독자가 글의 중심 내용을 아는 것이 어떤 의의가 있는지를 밝히는 내용
은 나오지만, 식품 산업의 변화에 대한 내용은 나타나 있지 않다.
❹ 식품 산업의 변화에 대한 내용은 나오지만, 독자가 글의 중심 내용을
아는 것이 어떤 의의가 있는지를 밝히는 내용은 나타나 있지 않다. ④의
뒷부분인 '식품 업체는 소비자의 ~ 집중할 전망이다.'에서는 독자가 아니
라 식품업체에 대한 내용을 언급하고 있다.

**01** 초고의 2문단에서는 청소년의 감정 관리 프로그램이 실시되고 있어 프로그램 확대 실시는 필요 없다는 예상 반론을 제시한 뒤, 기존의 감정 관리 프로그램이 소수의 청소년들을 대상으로 하여 전문적인 상담 활동만으로 시행되고 있다는 한계가 있음을 말하며 예상 반론을 반박하고 있다.

**[모답 풀이]**
❶ 초고의 1문단에서는 부정적 감정을 겪는 청소년이 증가하고 있다는 문제의 원인으로 '감염병 유행에 따른 일상의 변화'라는 원인을 제시하고 있지만, 문제의 원인을 항목별로 유형화하고 있지는 않다.
❷ 초고에는 통념을 언급하는 내용, 통념의 모순을 지적한 내용이 나타나 있지 않다.
❹ 초고의 3문단에서는 청소년을 위한 감정 관리 프로그램을 실질적으로 확대하여 실시해야 한다는 주장을 펼치고 있지만, 이 주장의 한계점을 제시하고 있지는 않다.
❺ 초고의 3문단에서는 문제 해결 방안으로 청소년 감정 관리 프로그램의 실시 대상 확대와 활동 내용 다양화를 주장하고 있지만, 이러한 주장에 대한 장단점을 비교하고 있지는 않다.

**02** [A]에서는 초고에서 제시한 해결 방안의 접근 방향인 '실시 대상의 확대'와 '활동 내용의 다양화' 중 전자만을 언급하고 있고, 〈보기〉에서는 두 가지를 모두 언급하고 있다. 따라서 초고를 고쳐 쓰는 과정에서 교사는 '해결 방안 중 일부만 제시되어 있으니 글에서 다룬 주장을 모두 포함하는 게 어때?'라고 조언할 수 있다.

**[모답 풀이]**
❶ [A]에서는 모든 청소년을 대상으로 하는 감정 관리 프로그램을 실시할 것을 주장하며 실행 방법을 제시하고 있다.
❷ [A]에서는 예상 독자를 지역 구성원으로 상정하고 있음을 언급하고 있다.
❹ [A]에서는 초고와 거리가 먼 내용을 찾기 어려우며 〈보기〉와 비교하였을 때 특별히 삭제된 부분을 찾기도 어렵다.
❺ [A]에서는 '청소년 문제에 적극적으로 대응하고 청소년이 심리적으로 건강한 청소년기를 보낼 수 있도록'이라고 말하며 문제 해결 방안의 이점을 드러내고 있다.

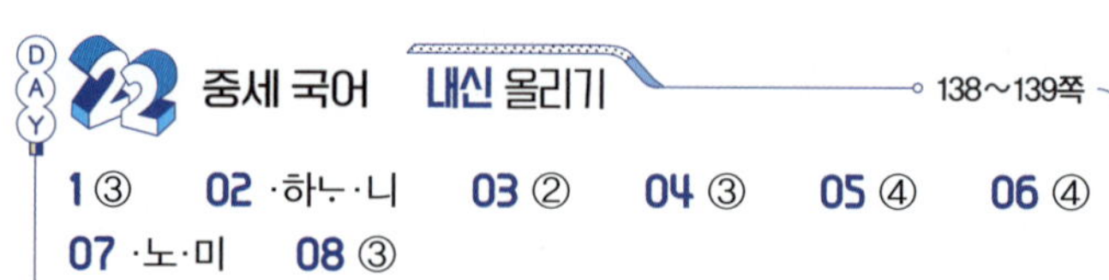

# Ⅵ 문법

**◆ 개념 확인하기** ────○ 136～137쪽

**1** ○　　**2** ×　　**3** ○　　**4** 세로쓰기　　**5** 8종성법
**6** 이어 적기　　**7** 음운　　**8** ×　　**9** ○　　**10** ○
**11** ○　　**12** 가없게　　**13** 축소

**DAY 22 중세 국어　내신 올리기** ────○ 138～139쪽

**1** ③　　**02** ·하ᄂ·니　　**03** ②　　**04** ③　　**05** ④　　**06** ④
**07** ·노·미　　**08** ③

**01** 'ᄇᆞᄅ·매'에서는 양성 모음은 양성 모음끼리 어울리는 모음 조화 현상을 찾아볼 수 있다.

**02** 현대어 풀이를 참고하면 '여·름·하ᄂ·니'는 '열매가 많으니'라는 의미임을 알 수 있다. '·하ᄂ·니'의 기본형인 '하다'는 '많다'는 의미로 쓰였지만 현대 국어에서는 사용되지 않는다.

**03** '·ᄠᆞ·들'의 '·ᄠᆞ', '·ᄲᅮ·메'의 '·ᄲᅮ', 'ᄡᆞᄅᆞ·미니·라'의 'ᄡᆞ'처럼 음절의 첫소리에 연속으로 둘 이상 오는 자음을 어두 자음군이라고 한다. '·내·이·룰爲·윙·ᄒᆞ·야'에는 현대 국어에서는 쓰이지 않는 'ᆞ(아래아)' 음운이 사용된 것과 성조를 표시하는 방점이 사용된 것을 알 수 있다.

**[모답 풀이]**
❶ 모음 조화는 양성 모음(ᆞ, ㅗ, ㅏ)은 양성 모음끼리, 음성 모음(ㅡ, ㅜ, ㅓ)은 음성 모음끼리 어울려 사용하는 현상이다. '·ᄠᆞ·들'은 음성 모음(ㅡ)끼리 어울려 모음 조화가 드러난다.
❸ 8종성법은 훈민정음 창제 당시 초성으로 만들어진 17자음 중에서 'ㄱ, ㄴ, ㄷ, ㄹ, ㅁ, ㅂ, ㅅ, ㆁ'의 8개 자음만 받침으로 사용하는 표기법이다. '스ᄆᆞᆺ·디'는 '스ᄆᆞᆾ다'의 어간인 '스ᄆᆞᆾ-'의 'ㅊ'이 'ㅅ'으로 표기되어 8종성법이 드러난다.
❹ 중세 국어에는 현대 국어에서는 쓰이지 않는 'ㅸ(순경음 비읍), ㆁ(옛이응), ㅿ(반치음), ㆆ(여린히읗), ᆞ(아래아)' 등이 쓰였다. ':수·ᄫᅵ'에는 현대 국어에서는 사라진 'ㅸ'(순경음 비읍)이 나타난다.
❺ 중세 국어에서는 현대 국어와 달리 띄어쓰기를 하지 않아 모든 글자를 붙여 썼다.

**04** ㉠은 '나라의 말이 중국과 달라 문자(한자)로 서로 통하지 아니하여서'라는 의미로, 중국과 우리나라의 언어생활의 차이를 인식했다는 점에서 자주 정신이 드러난다. ㉡은 '내가 이를 불쌍히 여겨 새로 스물여덟 자를 만드니'라는 의미로, 문자 생활을 하지 못하는 백성들을 가없게 여겼다는 점에서 애민 정신이 드러난다. ㉢은 '사람마다 하여금 쉽게 익혀 날마다 씀에 편안하게 하고자 할 따름이다.'라는 의미로, 사용하기 쉽고 편리한 문자를 창제했다는 점에서 실용 정신이 드러난다.

**05** ':말ᄊ·미', 'ᄯ·ᄅ·미니·라' 등을 통해 앞 음절의 끝소리를 뒤 음절의 첫소리로 옮겨 적는 이어 적기를 하였음을 확인할 수 있다.

**06** 〈보기〉에서는 '어·린'이라는 어휘가 중세 국어에서는 '어리석다'라는 의미를 지녔으나 현대 국어에서는 그 의미가 '나이가 적은'이라는 다른 의미로 이동하여 사용되고 있음을 설명하고 있다. ':어엿·비' 또한 중세 국어에서 '가엾게'라는 의미로 쓰였으나 현대 국어에서는 '예쁘게'라는 뜻으로 의미가 이동하여 쓰이고 있다.

**모답 풀이**
❶ 젼·ᄎ → 까닭
❷ :수·비 → 쉽게
❸ ᄉᆞᆺ·디 → 통하지
❺ 무·ᄎᆞᆷ:내 → 마침내

**07** 〈보기〉는 중세 국어의 어휘상 특징 중 어휘의 의미 영역이 좁아지는 '의미의 축소'를 설명하고 있다. 이 글에 나타난 '·노·미'에서 '놈'은 중세 국어에서는 보통 사람을 의미하였으나 현대 국어에 이르러 남자를 낮잡아 이르는 말로 의미가 축소되어 사용되고 있다.

**08** '·ᄠᅳ·들'은 'ᄠᅳᆮ+을 → ᄠᅳ들'로, 음절 첫머리에 서로 다른 둘 이상의 자음이 오는 어두 자음군(ㅳ)이 쓰였고, 이어 적기가 사용되었다. 중세 국어에서는 주로 이어 적기가 사용되었으며 현대 국어로 오면서 점차 끊어 적기를 사용하였다.

**모답 풀이**
❶ 나·랏·말ᄊᆞ·미: '나라의 말이'라는 의미로 중세 국어에서는 무정 명사나 높임의 대상 뒤에 관형격 조사 'ㅅ'이 쓰였음을 알 수 있다.
❷ 中듕國·귁·에달·아: '중국과 달라'라는 의미로 중세 국어에서는 비교를 나타내는 비교격 조사 '에'가 사용되었음을 알 수 있다.
❹ 니르·고·져·홇·배이·셔·도: '이르고자 하는 바가 있어도'라는 의미로 '·배'는 주격 조사 '이'가 모음 'ㅣ'나 반모음 'ĭ'가 아닌 모음 뒤에 'ㅣ' 형태로 붙은 것을 알 수 있다.
❺ ·날·로·ᄡᅮ·메: '날마다 씀에'라는 의미로 '·ᄡᅮ·메'의 어간 'ᄡᅳ–'에 명사형 어미 '–움'이 붙어 명사가 되었음을 알 수 있다.

---

**✦ 개념 확인하기**  ○───── 140~143쪽

| | | | | |
|---|---|---|---|---|
| **1** ○ | **2** ○ | **3** ○ | **4** 소리, 어법 | **5** 형태 |
| **6** 단어, 조사 | **7** × | **8** ○ | **9** 두음 법칙 | **10** 실패율 |
| **11** 구개음화 | **12** 내년 | **13** × | **14** ○ | **15** ○ |
| **16** × | **17** 원형 | **18** –이 | **19** ○ | **20** ○ | **21** × |
| **22** × | **23** 봤다 | **24** 쐐 | **25** 의존 명사 | **26** 팽이 |

가 돌아가고 있다.

---



| | | | | |
|---|---|---|---|---|
| **01** ④ | **02** ① | **03** ⑤ | **04** ② | **05** ③ |
| **06** ① | **07** ③ | **08** ⑤ | | |

**01** '더워', '더우니'는 어간의 본 모양인 '덥–'을 밝혀 적지 않고 소리대로 적은 말에 해당한다.

**모답 풀이**
❶ '너무'는 [너무]로, '눈물'은 [눈물]로 소리 나며, 이는 한글 맞춤법 제1항에 따라 소리 나는 대로 적은 것이다.
❷ '국물'은 [궁물]로, '같이'는 [가치]로 소리 나지만 어법에 맞게 적음으로써 그 의미를 파악할 수 있도록 한 것이다.
❸ '늙고'는 [늘꼬]로, '늙지'는 [늑찌]로 소리 나서, 이를 소리 나는 대로 적으면 그 본뜻을 알기 어렵다. 그렇기에 어간과 어미의 원형을 밝혀 적은 것이다.
❺ 한글 맞춤법 총칙에서 '어법에 맞도록 함을 원칙으로 한다'는 말은 하나의 말이라도 소리가 달라질 수 있으므로 본래의 뜻을 쉽게 파악할 수 있도록 형태를 고정하여 적는 것을 원칙으로 한다는 의미이다.

**02** ㉠ '끝이'는 [끄치]로 소리 난다. 한글 맞춤법 제6항에 따라 'ㅌ'이 [ㅊ]으로 소리가 나더라도 'ㅌ'으로 바르게 적었다. ㉢ '해쓱하다'는 [해쓰카다]로 소리 난다. 이는 두 모음 사이에서 뚜렷한 까닭 없이 된소리가 나는 경우로, 제5항에 따라 그 다음 음절의 첫소리를 된소리로 적은 것이다.

**모답 풀이**
㉡ 해도지 → 해돋이: 'ㄷ, ㅌ' 받침 뒤에 종속적 관계를 가진 '–이(–)'나 '–히–'가 올 적에는 그 'ㄷ, ㅌ'이 'ㅈ, ㅊ'으로 소리 나더라도 'ㄷ, ㅌ'으로 적는다. '돋–'에 접미사 '–이'가 붙어 이루어진 단어이므로 '해돋이'로 적는다.
㉣ 잔득 → 잔뜩: 한 단어 안에서 뚜렷한 까닭 없이 나는 된소리는 다음 음절의 첫소리를 된소리로 적는데, 이때 'ㄴ, ㄹ, ㅁ, ㅇ' 받침 뒤에서 된소리가 나는 경우이다. '잔'의 'ㄴ' 받침 뒤에 '득'이 된소리로 소리 나므로 된소리로 적는다.
㉤ 깍뚜기 → 깍두기: 'ㄱ, ㅂ' 받침 뒤에서 나는 된소리는, 같은 음절이나 비슷한 음절이 겹쳐 나는 경우가 아니면 된소리로 적지 않는다. 따라서 '깍'의 'ㄱ' 받침 뒤에 나는 [뚜]는 된소리로 적지 않는다.

**03** 〈보기〉에서 모음이나 'ㄴ' 받침 뒤에 이어지는 '렬, 률'은 '열, 율'로 적는다고 하였다. '백분률'의 '률'은 'ㄴ' 받침 뒤에 이어지므로 '율'로 적는다.

**모답 풀이**
❶, ❷ 양심(良心), 예의(禮儀): 한자음 '랴, 려, 례, 료, 류, 리'가 단어의 첫머리에 올 적에는, 두음 법칙에 따라 '야, 여, 예, 요, 유, 이'로 적는다.
❸, ❹ 개량(改良), 쌍룡(雙龍): 한자음 '랴, 려, 례, 료, 류, 리'가 단어의 첫머리 이외에 올 경우, 한글 맞춤법 제11항 [붙임 1]에 따라 본음대로 적는다.

**04** '사라지다'는 '살다'라는 말과 무관하게 쓰이므로 원형을 밝히어 적지 않고, '쓰러지다'는 '쓸다'라는 말과 무관하게 쓰이므로 원형을 밝히어 적지 않는다.

**05** '낱낱이'는 명사 뒤에 '–이'가 붙은 말로 명사의 원형을 밝혀 적으며 소리 나는 대로 적지 않는다.

**오답 풀이**

❶ 책이요 → 책이오: 종결형에서 사용되는 어미 '-오'는 '요'로 소리 나는 경우가 있더라도 그 원형을 밝혀 '오'로 적는다.
❷ 되 → 돼: 어간 모음 'ㅚ' 뒤에 '-어'가 결합하여 'ㅙ'로 줄어드는 경우, 'ㅙ'로 적는다. '되-'에 '-어'가 결합한 '되어'가 준 것이므로 '돼'로 적는다.
❹ 급유 → 급류(急流): 한자음 '랴, 려, 례, 료, 류, 리'가 단어의 첫머리에 올 적에는, 두음 법칙에 따라 '야, 여, 예, 요, 유, 이'로 적지만, 단어의 첫머리 이외의 경우에는 본음대로 적는다. '급류(急流)'에서 한자음 '류'가 단어의 첫머리가 아닌 곳에 위치하므로 본음대로 '류'로 적는다.
❺ 살림사리 → 살림살이: 어간에 '-이'나 '-음/-ㅁ'이 붙어서 명사로 된 것과 '-이'나 '-히'가 붙어서 부사로 된 것은 그 어간의 원형을 밝히어 적는다. 어간 '살-'에 '-이'가 붙어 명사가 되었으므로 '살림살이'로 적는다.

**06** ㉠의 '올 듯도 하다'는 제47항 보조 용언의 띄어쓰기 규칙에 따르면 중간에 조사가 들어갔으므로 뒤에 오는 보조 용언인 '하다'를 띄어 써야 한다. 따라서 ㉠은 바르게 쓰인 문장이다.

**07** '저 마다'의 '마다'는 조사이므로 앞말과 붙여 써야 한다.

**08** ㉣은 [인몸], [뒨:머리]로 소리 나고, 순우리말로 된 합성어로 앞말이 모음으로 끝나며, 뒷말의 첫소리 'ㄴ, ㅁ' 앞에서 'ㄴ' 소리가 덧나는 것에 해당하여 사이시옷을 받쳐 적는다. '냇물'은 ㉣처럼 뒷말의 첫소리 'ㄴ, ㅁ' 앞에서 'ㄴ' 소리가 덧나는 [낸:물]로 소리 나서 사이시옷을 받쳐 적는 말이다. 하지만 '댓잎'은 뒷말의 첫소리 모음 앞에서 'ㄴㄴ' 소리가 덧나 [댄닙]으로 소리 나는 말로 ㉤과 같은 예에 해당한다.

**오답 풀이**

❶ ㉠은 [제:산날], [훈:날], [퇸:마루/퉨:마루]로 소리 난다. '제삿날'은 '제사(祭祀)+날', '훗날'은 '후(後)+날', '툇마루'는 '퇴(退)+마루'로 순우리말과 한자어로 된 합성어로 앞말이 모음으로 끝나며, 뒷말의 첫소리 'ㄴ, ㅁ' 앞에서 'ㄴ' 소리가 덧나는 것에 해당한다.
❷ ㉡은 [귀빱/귇빱], [나루빼/나룯빼], [부시똘/부싣똘]로 소리 난다. 순우리말로 된 합성어로 앞말이 모음으로 끝나며, 뒷말의 첫소리가 된소리로 나는 것에 해당한다.
❸ ㉢은 [전세찝/전섿찝], [해쑤/핻쑤]로 소리 난다. '전셋집'은 '전세(傳貰)+집', '햇수'는 '해+수(數)'로 순우리말과 한자어로 된 합성어로 앞말이 모음으로 끝나고 뒷말의 첫소리가 된소리로 나는 것에 해당한다.
❹ ㉤은 [베갠닏], [깬닙]으로 소리 난다. 순우리말로 된 합성어로 앞말이 모음으로 끝나며, 뒷말의 첫소리 모음 앞에서 'ㄴㄴ' 소리가 덧나는 것에 해당한다. ㉡, ㉣, ㉤은 순우리말로 된 합성어에서 사이시옷을 받쳐 적는 단어의 예이다.

## 수능으로 실력 쌓기 1회

146쪽

01 ① 02 ①

**01** ⓐ는 종성 글자를 따로 만들지 않고 초성 글자를 사용한다는 종성의 제자 원리에 대한 설명으로, 〈자료〉에서 종성이 있는 것은 '붇, ᄉᆞᄀᆞᇦ, ᄧᅡᆨ, ᄒᆞᆰ'이다. '붇'의 종성은 'ㄷ', 'ᄉᆞᄀᆞᇦ'의 종성은 'ㄹ', 'ᄧᅡᆨ'의 종성은 'ㄱ', 'ᄒᆞᆰ'의 종성은 'ㄹ'과 'ㄱ'이다. 'ᄒᆞᆰ'의 'ㄺ'은 종성 합용 병서에 해당한다. 이때의 종성은 모두 초성에 있는 글자를 사용하였으므로, ⓐ에 해당하는 예는 '붇, ᄉᆞᄀᆞᇦ, ᄧᅡᆨ, ᄒᆞᆰ' 총 4개이다. 따라서 〈학습 활동〉에서 중세 국어의 특징을 확인할 수 있는 예를 '모두' 고르라고 하였으므로, ①의 수행 결과는 적절하지 않다.

**오답 풀이**

❷ ⓑ는 순경음의 표기에 대한 설명으로, 순경음이 쓰인 예를 찾으면 된다. 〈자료〉에서 순경음이 쓰인 것은 '사ᄫᅵ, ᄉᆞᄀᆞᇦ'로, 각각 순경음 'ㅸ'이 쓰였다. 따라서 ②는 〈학습 활동〉의 수행 결과로 적절하다.
❸ ⓒ는 초성이나 종성에서 초성자 두 글자나 세 글자를 옆으로 나란히 쓰는 것에 대한 설명이다. 'ᄢᅳ니'에서는 'ᄢᅳ'에 'ᄢ'이, 'ᄧᅡᆨ'에서는 'ᄧ'이, 'ᄒᆞᆰ'에서는 'ㄺ'이 나란히 쓰였다. 따라서 ③은 〈학습 활동〉의 수행 결과로 적절하다.
❹ ⓓ는 '붙여 쓰기' 중에서 초성 글자의 아래에 중성 글자를 붙여 쓰는 '하서(下書)'에 대한 설명이다. 〈자료〉에서 이러한 방식으로 쓰인 것은 '붇, ᄉᆞᄀᆞᇦ, ᄒᆞᆰ'으로, '붇'에는 'ㅜ', 'ᄉᆞᄀᆞᇦ'에는 'ㅡ, ㆍ', 'ᄒᆞᆰ'에는 'ㆍ'를 초성 글자의 아래쪽에 붙여 썼다. 따라서 ④는 〈학습 활동〉의 수행 결과로 적절하다.
❺ ⓔ는 '붙여 쓰기' 중에서 초성 글자 오른쪽에 중성 글자를 붙여 쓰는 '우서(右書)'에 대한 설명이다. 〈자료〉에서 이러한 방식으로 쓰인 것은 'ᄢᅳ니, 사ᄫᅵ, ᄧᅡᆨ'으로, 'ᄢᅳ니'에는 'ㅣ', '사ᄫᅵ'에는 'ㅏ, ㅣ', 'ᄧᅡᆨ'에는 'ㅏ'를 초성 글자의 오른쪽에 붙여 썼다. 따라서 ⑤는 〈학습 활동〉의 수행 결과로 적절하다.

**02** ⓐ의 '나리'는 현대어 풀이 '날이'를 고려할 때 '날+이'가 연철 표기된 것으로 자음 'ㄹ' 뒤에 주격 조사 '이'가 실현된 경우이다. 마찬가지로 ⓓ의 '아ᄃᆞ리'는 현대어 풀이 '아들이'를 고려할 때 '아ᄃᆞᆯ+이'가 연철 표기된 것으로 자음 'ㄹ' 뒤에 주격 조사 '이'가 실현된 경우이다. 따라서 ⓐ, ⓓ는 모두 ㉠에 해당함을 알 수 있다.

**오답 풀이**

❷ ⓐ의 '나리'는 '날+이'로 분석되므로 자음 'ㄹ' 뒤에 주격 조사 '이'가 실현된 경우, 즉 ㉠에 해당한다. 그런데 ⓔ의 '孔子ㅣ'는 현대어 풀이 '공자가'를 고려할 때 '孔子(공자)+ㅣ'로 분석되므로 모음 '이'와 반모음 'ㅣ' 이외의 모음 'ㅏ' 뒤에서 주격 조사 'ㅣ'가 실현된 경우에 해당한다. 즉 ㉠에 해당하지 않는다. 따라서 ⓐ는 ㉠에 해당하지만 ⓔ는 ㉠에 해당하지 않음을 알 수 있다.
❸ ⓑ의 '太子'는 현대어 풀이 '태자'를 고려할 때 주격 조사가 나타나지 않았으므로 음운 조건에 관계없이 생략된 경우, 즉 ㉢에 해당한다. 그리고 ⓒ의 'ᄃᆞ리'는 현대어 풀이 '다리가'를 고려할 때 모음 '이'나 반모음 'ㅣ' 뒤에서 주격 조사가 'Ø(영형태)'로 실현되어 나타나지 않는 경우, 즉 ㉡에 해당한다. 따라서 ⓒ는 ㉡에 해당하지만 ⓑ는 ㉡에 해당하지 않음을 알 수 있다.
❹ ⓑ의 '太子'는 주격 조사가 나타나지 않았으므로 음운 조건에 관계없이 생략된 경우, 즉 ㉢에 해당한다. ⓓ의 '아ᄃᆞ리'는 '아ᄃᆞᆯ+이'로 분석되므로 자음 'ㄹ' 뒤에 주격 조사 '이'가 실현된 경우, 즉 ㉠에 해당한다. 따라서 ⓑ, ⓓ 모두 ㉡에 해당하지 않음을 알 수 있다.
❺ ⓒ의 'ᄃᆞ리'는 현대어 풀이 '다리가'를 고려할 때 'ᄃᆞ리' 뒤에 오는 주격 조사가 모음 '이' 뒤에서 'Ø(영형태)'로 실현되는 경우, 즉 ㉡에 해당한다. ⓔ의 '孔子ㅣ'는 '孔子(공자)+ㅣ'로 분석되므로 모음 '이'와 반모음 'ㅣ' 이외의 모음 'ㅏ' 뒤에서 주격 조사 'ㅣ'가 실현된 경우에 해당한다. 따라서 ⓒ, ⓔ 모두 ㉢에 해당하지 않음을 알 수 있다.

**01** ②　　　**02** ①　　　**03** ④

**01** 파생어는 어근+접사(접사+어근)로 이루어진 단어, 합성어는 어근+어근으로 이루어진 단어이다. '무덤'은 '묻-+-엄', '지붕'은 '집+-웅'으로 분석되는 파생어이다. '무덤'과 '지붕' 모두 어근인 '묻-'과 '집'의 원형을 밝히어 적지 않았으므로 ㉠에 해당한다. '뒤뜰'은 '뒤+뜰', '쌀알'은 '쌀+알'로 이루어진 합성어이다. '뒤뜰'과 '쌀알' 모두 어근의 원형을 밝히어 적고 있으므로 ㉡에 해당한다.

**[ 오답 풀이 ]**
❶ '길이'는 '길-+-이'로 분석되는 파생어이고 원형을 밝히어 적은 경우에 해당한다. '마중'은 '맞-+-웅'으로 분석되는 파생어이며 원형을 밝히어 적지 않았으므로 ㉠에 해당한다. '무덤'과 '지붕' 또한 ㉠에 해당한다.
❸ '뒤뜰'과 '쌀알'은 ㉡에 해당하고, '무덤'과 '지붕'은 ㉠에 해당한다.
❹ '길이'는 ㉠과 ㉡ 모두에 해당하지 않고, '무덤'은 ㉠에 해당한다. '뒤뜰'과 '쌀알'은 ㉡에 해당한다.
❺ '마중'과 '지붕'은 ㉠에 해당한다. '길이'는 ㉠과 ㉡ 모두에 해당하지 않고, '쌀알'은 ㉡에 해당한다.

**02** ㉠의 [아니요]는 용언의 어간과 어미가 결합된 말로, 문장의 끝에 놓였으므로 [아니요]로 소리 나더라도 종결형 어미 '-오'가 사용된 것으로 보아야 한다. 따라서 @의 적용을 받아 '아니오'로 표기해야 한다.

**[ 오답 풀이 ]**
㉡ [가지요]의 '요'는 종결 어미 '-지' 뒤에 덧붙은 보조사이다. '영화 구경 가지.'가 하나의 완결된 문장으로 성립됨을 통해 '요'가 보조사임을 알 수 있다. ©에서 어미 뒤에 덧붙는 보조사 '요'의 표기를 규정하였다.
© [설탕이요]의 '요'는 어떤 사물이나 사실 따위를 열거할 때 쓰이는 연결 어미이며, '이-'는 서술격 조사 '이다'의 어간이다. ⓑ의 규정을 적용하여 '설탕이요'로 표기해야 한다.

**03** '높이'의 어근 '높-'에 '-하다'나 '-거리다'가 붙을 수 없으므로 한글 맞춤법 제23항을 적용하여 '노피'를 '높이'로 고쳐야 한다는 탐구 내용은 적절하지 않다. '높이'는 어간 '높-'에 '-이'가 결합하여 만들어진 명사이므로 한글 맞춤법 제19항을 적용하여 '높이'로 고치는 것이 적절하다.

**[ 오답 풀이 ]**
❶ '돌아가다'는 '돌다'와 '가다'가 결합한 합성 동사로, 앞말인 '돌다'의 본뜻이 유지되고 있다. 따라서 한글 맞춤법 제15항 [붙임 1]을 적용하여 '도라가다'를 '돌아가다'로 고치는 것이 적절하다.
❷ '드러나다'는 두 개의 용언이 어울려 한 개의 용언이 될 적에 그 본뜻에서 멀어진 동사이다. 따라서 한글 맞춤법 제15항 [붙임 1]을 적용하여 '드러났다'로 표기하는 것이 적절하다.
❸ '얼음'은 어간 '얼-'에 '-음'이 결합하여 만들어진 명사이다. 따라서 한글 맞춤법 제19항을 적용하여 '얼음'으로 표기하는 것이 적절하다.
❺ '홀쭉이'는 어근 '홀쭉-'에 '-이'가 결합한 명사로, 한글 맞춤법 제23항에 따라 '홀쭈기'를 '홀쭉이'로 고치는 것이 적절하다.

---

**1** ④　　**2** ○　　**3** ×　　**4** ○　　**5** 수단
**6** 전파　　**7** ○　　**8** ×　　**9** ②　　**10** 의사소통
**11** 윤리

**24** 매체 비평　내신 올리기 ────○ 152~153쪽

**01** ④　　**02** ③　　**03** ⑤　　**04** ④

**01** 매체 비평 자료를 제작할 때 해당 자료를 비평한 비평 자료를 찾아보고, 자신이 비평한 내용과 비교하면 매체 자료에 대한 자신의 시야와 생각의 폭을 넓힐 수 있다. 하지만 다른 비평 자료와 자신이 비평한 내용 간에 차이가 크다고 해서 다른 매체 비평 자료를 참고하여 제작할 필요는 없다.

**[ 오답 풀이 ]**
❶ 매체 비평 자료를 제작할 때는 매체 자료를 비판적으로 수용할 필요가 있다. 따라서 매체 자료에 담긴 내용의 타당성, 표현 방법의 적절성 등을 비판적으로 분석해야 한다.
❷ 매체 비평 자료를 제작할 때는 해당 매체 자료를 비평한 다양한 자료를 찾아보면서 자신이 비평한 내용과 비교하면 자신의 관점을 넓힐 수 있다.
❸ 매체 비평 자료를 제작할 때는 자료의 내용을 객관적으로 분석하면서 매체 자료에 대한 자신의 주관적인 판단을 타당하게 제시해야 한다.
❺ 매체 비평 자료를 제작할 때는 매체 자료에 담긴 제작자의 관점이나 의도를 비판적으로 수용해야 한다. 이러한 내용을 자신의 매체 비평 자료에 드러낼 수 있다.

**02** 〈보기〉와 같은 매체 자료를 수용할 때는 매체 자료를 제작한 사람, 매체 자료를 수용할 대상자, 매체 자료에 담긴 가치나 주제, 가치나 주제를 표현하는 방식 등을 파악하여 비판적으로 받아들여야 한다.

**03** **가** 는 인터넷 기사로, 표제와 부제를 통하여 각각 독자의 호기심을 유발하고 독자가 구체적으로 내용을 인식하도록 돕고 있다. 본문에서는 인공 지능이 그린 그림을 제시하며 이에 대한 사람들의 상반된 입장을 균형 있게 보여 주고, 인공 지능 시대에 인간의 역할에 대한 고민의 필요성을 제기하고 있다.

**04** '비평 자료 2'는 광고에 등장하는 인물의 입장이 계속 바뀌면서 핵심어가 선순환되는 과정이 잘 드러난다는 점을 긍정적으로 평가했지만, '존중과 배려'라는 핵심어 안에 다양한 소재가 등장하다 보니 광고의 핵심 메시지가 흐려지는 것에 대해 아쉬움을 표하고 있다.

❶ '비평 자료 1'은 사람들의 시선을 끌 만한 요소가 부족한 점에 대해 아쉬움을 나타내고 있다.
❷ '비평 자료 1'에서는 광고가 다루고 있는 주제가 현재 우리 사회에서 시의성 있게 다루어야 하는 주제라고 평가하고 있지만 '비평 자료 2'에서는 광고의 형식 때문에 주제가 잘 드러나지 않는다고 평가하고 있다.
❸ '비평 자료 2'는 █나█ 에서 특정 인물을 중심으로 하지 않고, 배려를 받는 사람이 다시 배려를 베푸는 모습을 보여 줌으로써 작위성을 줄였다는 점을 긍정적으로 평가하고 있다.
❺ '비평 자료 1'과 '비평 자료 2'는 모두 광고에서 다루는 주요 메시지를 비평 요소로 삼고 있다.

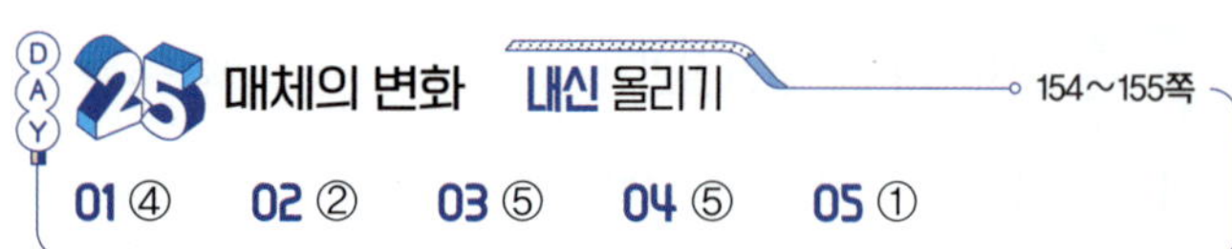

DAY 25 매체의 변화 내신 올리기 ──── 154~155쪽

01 ④  02 ②  03 ⑤  04 ⑤  05 ①

01 인쇄 매체는 문자뿐 아니라 사진, 그림 등을 복합적으로 활용하여 정보를 전달한다는 점이 특징이다. 이러한 인쇄 매체의 발달로 인하여 이전에 비해 단기간에 대량으로 인쇄물을 생산하고 전파할 수 있게 되었다. 그러나 ④에서 실시간으로 다양한 정보를 주고받을 수 있는 것은 인쇄 매체가 아니라 디지털 매체의 특징이다.

02 시간의 흐름과 기술의 발전에 따라 매체는 음성 언어, 문자 언어, 인쇄 매체, 전파 매체, 디지털 매체 등으로 발전해 왔다. 그중 전파 매체는 전자 기술의 발달로 등장해 음성과 영상을 전달할 수 있게 되었으며 시·공간의 제약을 덜 받으며 많은 사람에게 대량의 정보를 신속하게 제공했다. 그러나 정보 제공자가 한정적이고, 생산자와 수용자 사이의 소통이 제한적이라는 한계를 가지고 있다.

03 기술이 발전하며 디지털 매체가 출현한 현재에는 누구나 매체 자료를 생산하고 수용하게 되면서 정보 제공자가 다양해지고, 생산자와 수용자 간의 경계도 무너지고 있다. 정보 제공자가 한정적이라는 것은 과거의 매체 의사소통의 한계로, 전파 매체에도 해당한다.

04 이 매체 자료는 디지털 매체 중 사회 관계망 서비스(SNS)에 해당한다. 과거에 개인은 주로 정보를 수용하는 역할을 하였지만, 디지털 매체가 발달하면서 개인도 정보를 생산할 수 있게 되었고, 생산자와 수용자 간의 경계가 허물어졌다.



❶ 디지털 매체는 정보의 파급력과 확산 속도가 빠르다.
❷ 디지털 매체는 음성 언어뿐 아니라 문자, 이미지, 이모티콘 등이 결합된 다양한 양식으로 정보를 제공할 수 있다.
❸ 디지털 매체는 정보 제공자와 수용자 간의 소통이 자유롭다.
❹ 디지털 매체는 자료의 내용을 다른 시·공간으로 옮기는 것에 제약이 적다.

05 █가█ 는 편지를 기반으로 한 소통이고, █나█ 는 온라인 대화를 기반으로 한 소통이다. █가█ 는 문자 언어를 사용하여 의미를 전달하고 있으며, 생산자와 수용자의 소통이 일방향이다. 또한 언어 규범을 준수하며 의사소통하고 있다.



❷ █가█ 는 문자 언어를 활용하여 언어 규범을 준수하며 의사소통하고 있다. 줄임말과 같은 언어적 특성은 █나█ 와 같은 디지털 매체에서 주로 드러난다.
❸ █나█ 는 온라인 대화에 기반하여 상대방과 실시간·쌍방향으로 의사소통하고 있다. 의사소통이 일방향으로 이루어지는 것은 █가█ 이다.
❹ █나█ 는 문자 언어를 비롯하여 사진, 이모티콘 등의 다양한 기호를 함께 사용하며 의사소통하고 있다. 언어 표현을 생략하고 있지는 않다.
❺ █가█ 와 █나█ 는 모두 직접 목격하지 못한 상대방의 행동에 대한 감사의 뜻을 매체를 통해 전달하고 있다.

수능으로 실력 쌓기 ──── 156~157쪽

01 ②  02 ①  03 ⑤  04 ③

01 '진행자'가 시청자의 내용 파악을 돕기 위해 짜장면이 복수 표준어로 인정받게 된 이유를 간략히 말해 달라고 요청하고 있다. 이와 관련하여 '전문가'는 앞에서 제시한 정보를 정리하여 전달하고 있다.



❶ █가█ 는 시청자에게 정보가 일방적으로 전달되는 텔레비전 방송이다. '진행자'가 오늘 진행된 방송을 방송 후에도 공식 누리집을 통해 확인할 수 있음을 밝히고 있으나, '전문가'가 방송 내용과 관련된 정보를 방송 이후에 추가적으로 확인할 수 있는 방법을 안내하는 내용은 제시되어 있지 않다.
❸ 방송의 첫머리에서 '진행자'가 '전문가'를 소개하고, '진행자'와 '전문가'는 예전에는 짜장면이 아닌 자장면만 표준어로 인정했던 사실에 관해 문답을 이어 가는 방식으로 이야기를 나누고 있다. 하지만 이 방송에서 다루는 주요 용어인 복수 표준어나 주요 화제인 짜장면과 자장면의 개념에 대해 '전문가'가 개념을 설명하는 내용은 제시되어 있지 않다.
❹ '진행자'는 방송 내용을 공식 누리집에서 다시 시청할 수 있음을 안내하고 있을 뿐, 방송 내용을 재확인할 때 주목해야 할 부분은 언급하고 있지 않다.
❺ '진행자'는 '전문가'를 소개하고, 방송의 중심 화제를 언급하며 방송될 내용에 대한 궁금증을 드러내고 있다. 그러나 '진행자'가 방송의 취지를 밝히거나 방송에서 소개될 내용의 순서를 안내하는 부분은 나타나 있지 않다.

02 █나█ 의 '생각 나눔'에서 게시물의 제목과 작성자, 작성일을 확인할 수 있는 기능이 있고, 또 게시물 아래 '수정하기' 버튼이 있는 것으로 보아 게시물을 수정하는 것이 가능함을 알 수 있다. 그러나 게시물을 수정한 이력을 확인할 수 있는 기능은 █나█ 에 따로 제공되어 있지 않다.



❷ █나█ 의 "'오늘, 상식' 방송을 보고"라는 게시물 아래 '좋아요'를 누를 수 있는 버튼을 제공하고 있다. '좋아요'는 게시물을 읽는 사람이 게시물에 대한 공감을 표시하는 기능을 한다.

❸ 나 의 "'오늘, 상식' 방송을 보고"라는 게시물 아래에는 '누리 소통망 공유'를 누를 수 있는 버튼이 위치하고 있다. 이 '누리 소통망 공유' 버튼은 게시물을 누리 소통망, 즉 사회 관계망 서비스(SNS)에 가져갈 수 있는 기능을 제공한다.
❹ 나 의 누리집 상단에 게시물을 작성하여 올릴 수 있는 범주가 '공지 사항', '활동 자료', '생각 나눔', '사진첩'의 항목별로 설정되어 있는 것을 확인할 수 있다.
❺ 나 의 "'오늘, 상식' 방송을 보고"라는 게시물 아래 게시물 작성자가 어문 규범 공부에 도움이 될 수 있을 것 같아서 링크를 걸어 두겠다고 하며 "'오늘, 상식' 10회 차 다시 보기 ☞ 클릭"을 제공하고 있다. 이를 통해 게시물에 다른 누리집에 있는 정보로 연결되는 하이퍼링크가 포함되어 있음을 확인할 수 있다

**03** 나 에서 '성호'는 방송에서 다룬 과거 신문 기사를 통해 자장면과 짜장면이 함께 쓰이고 있었음을 알게 되었다는 사실을 밝히고 있다. 그리고 신문 기사에 짜장면이라는 단어를 사용했다는 것만으로 기사가 쓰일 당시에 짜장면이 일상에서 널리 쓰였고 일반화해도 되는지 문제를 제기하고 있다. 따라서 '성호'는 과거의 상황에 대한 판단이 적절한지에 문제를 제기하고 있을 뿐, 방송에서 다룬 정보가 최근의 상황을 반영하지 않았다고 판단한 것은 아님을 알 수 있다.

**모답 풀이**

❶ 가 의 '전문가'는 20여 년간 대학에서 어문 규범을 가르친 교수이다. 나 에서 '단비'는 가 의 정보 전달자인 '전문가'가 '어문 규범을 가르치시는 교수'라서 설명이 '믿음이 갔'다고 말하고 있다. 이로 보아 '단비'는 정보 전달자의 전문성에 주목하여 방송에서 다룬 내용이 신뢰할 만하다고 판단하였음을 알 수 있다.
❷ 나 에서 '단비'는 방송에서 다룬 '짜장면이 복수 표준어가 된 이유'에 대한 설명이 믿음이 가며, 자신이 본 내용이 '동아리 부원들의 어문 규범 공부에도 도움이 될 것 같아서 링크를 걸어' 둔다고 하고 있다. 이로 보아 '단비'가 짜장면이 복수 표준어로 인정된 이유에 주목하여 방송에서 언급된 내용이 다른 사람들에게도 유용할 것이라고 판단하였음을 알 수 있다.
❸ 가 에서 '전문가'가 '복수 표준어 선정을 위해 실시한 발음 실태 조사'를 언급하며 비표준어였던 짜장면이 표준어인 자장면보다 훨씬 많이 사용되었음을 밝히고 있다. 나 에서 '아림'은 '발음 실태 조사에 대해 듣고' 알게 된 사실을 말하면서, 정보의 출처인 '조사 기관이 언급되지 않아서 관련 자료를 찾아봐야겠'다고 하고 있다. 이로 보아 '아림'은 발음 실태 조사에 주목하여 방송에서 제시된 정보의 출처를 확인할 수 없다고 판단하였음을 알 수 있다.
❹ 가 에서 비표준어였던 짜장면이 표준어로 인정받은 사실을 다루고 있으나, 이전에 자장면만을 표준어로 인정했던 이유는 밝히고 있지 않다. 그래서 나 에서 '준서'는 자장면만 표준어로 인정했던 사실에 주목하여 그 이유를 설명해 주었으면 좋았을 것이라고 말하고 있다. 이로 보아 '준서'는 방송에서 자장면만 표준어로 인정됐던 사실에 주목하여 관련된 내용이 충분히 다루어지지 않았다고 판단하였음을 알 수 있다.

**04** 보조 용언 '못하다'는 '반영하다'라는 본동사 뒤에 쓰인 보조 동사로, '앞말이 뜻하는 행동에 대하여 그것이 이루어지지 않거나 그것을 이룰 능력이 없음'을 나타낸다. 따라서 ⓒ에 쓰인 '못하다'는 반영하는 일이 이루어지지 않았음을 나타내는 것이지, 언어 현실을 반영하는 일이 지속될 수 없음을 나타내는 것은 아니다.

**모답 풀이**

❶ '전문가'는 '한때는 자장면만 표준어로 인정됐다는 사실'을 아는지 '진행자'에게 물었고, 이에 대해 '진행자'가 '그런 내용을 본 적'이 있다며 자신

의 경험을 말하고 있다. 이때 '진행자'는 '본 적'에 과거에 일어난 일임을 나타내는 관형사형 어미인 '-ㄴ'을 사용하여 자신의 과거 경험을 드러내고 있다.
❷ '(누가) 짜장면을 복수 표준어로 인정하다.'와 같이 '인정하다'를 사용하면 복수 표준어로 인정한 주체에 초점이 맞추어진다. 하지만 '짜장면은 복수 표준어로 인정되다.'와 같이 피동 접사 '-되다'를 사용하여 '인정되다'로 표현하면 인정을 하는 행위의 주체인 '누가'는 드러나지 않고, 행위의 대상인 '짜장면'에 초점이 맞추어진다.
❹ '-ㄹ 수 있다'는 어떤 일이 일어날 가능성이라는 의미를 나타낸다. 따라서 ⓔ은 '-ㄹ 수 있다'를 사용하여 '표준어가 아닌 말도' 일상에서 자주 쓰면 '표준어가 될' 가능성이 있음을 나타내고 있다.
❺ '진행자'는 '전문가'의 '말씀을 듣고 보니' 짜장면이 표준어가 된 이유를 알게 되었다고 말하고 있다. 따라서 ⓜ에서 '진행자'는 '듣고 보니'라는 표현을 사용하여 짜장면이 표준어가 된 이유를 알게 된 것이 '전문가'의 말을 듣고 난 후임을 드러내고 있다.

# MEMO

# HIGH TOP

1등급으로 티어 오르는

# 내신 탑티어

**1권** 개념 학습서

중학교 과학 1-2

동아출판

# HIGH TOP
## 내신 탑티어

## HIGH TOP 내신 탑티어 중학 과학 1-2


| | |
|---|---|
| 집필진 | 이연숙 신석진 김익순 |
| 발행일 | 2025년 3월 30일 |
| 인쇄일 | 2025년 9월 20일 |
| 펴낸곳 | 동아출판㈜ |
| 펴낸이 | 이욱상 |
| 등록번호 | 제300-1951-4호(1951. 9. 19.) |
| 개발총괄 | 김영지 |
| 개발책임 | 박병희 |
| 개발 | 이도형 김유진 안영빈 |
| 디자인책임 | 목진성 |
| 디자인 | 권구철 송현아 이소연 강혜빈 ARTICON |
| 대표번호 | 1644-0600 |
| 주소 | 서울시 영등포구 은행로 30 (우 07242) |

# HIGH TOP

# 내신 탑티어

중학교 **과학** 1-2

개념
학습서

과학, 개념에 응용을 더하여 한 권으로 끝내자!
개념 학습서로 차근차근 공부하고,
시험 대비서로 복습하면 과학 내신이 완벽해져!

# HIGH TOP 내신 탑티어 활용법

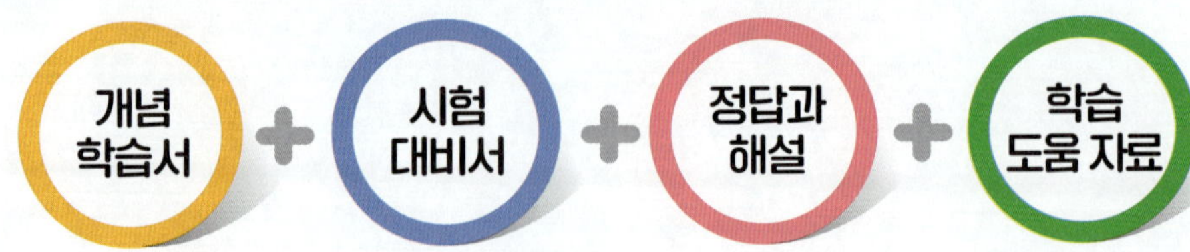


교과서 개념 정리와 시험에 잘 출제되는 문제로 개념 다지기!

핵심 개념을 다시 확인하고 실전 문제 풀이로 내신 대비하기!

자세하고 친절한 해설로 틀린 문제를 정확하게 이해하기!

탐구 및 문제풀이 영상, 과학 용어 사전 등으로 실력 완성하기!

## 개념 학습서

① 교과서 **내용 정리**를 꼼꼼히 읽고 **개념**을 **이해**해 보자.
② **개념 확인**하기로 학습한 내용을 바로 확인해.

③ 시험에 잘 나오는 **탐구**는 **동영상**을 보면서 꽉 잡아!
④ 어려운 **개념** 또는 **자료**는 **동영상**을 보면서 한 번 더 체크!

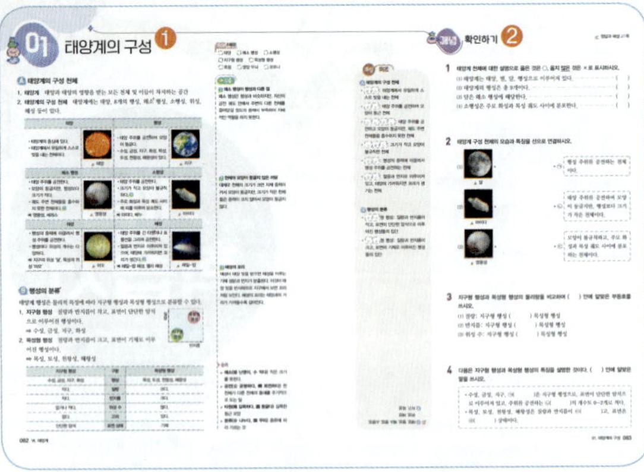

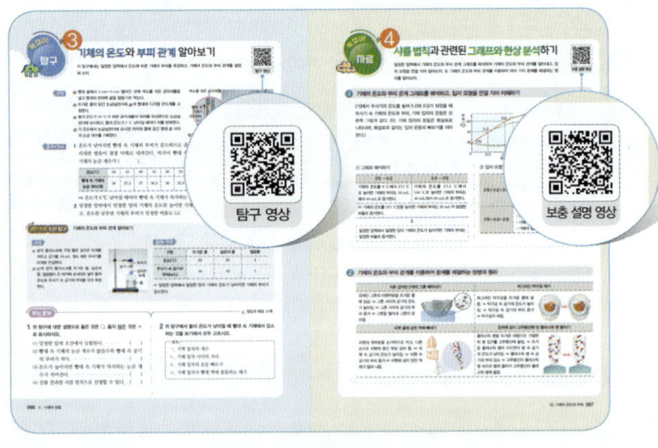

⑤ 시험에 잘 나오는 **자료&보기**를 살펴보고,
⑥ **기출 문제**로 내 **실력**을 확인해 보자.
⑦ **서술형**은 **단계별** 문제로 **연습**해 봐.
⑧ 실력을 더 올리고 싶다면 **고난도 문제**를 풀어 봐.
　어렵다면 **문제풀이 영상**을 참고해.

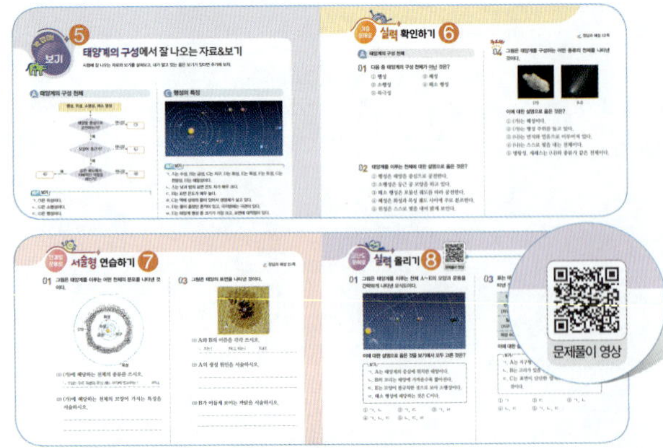

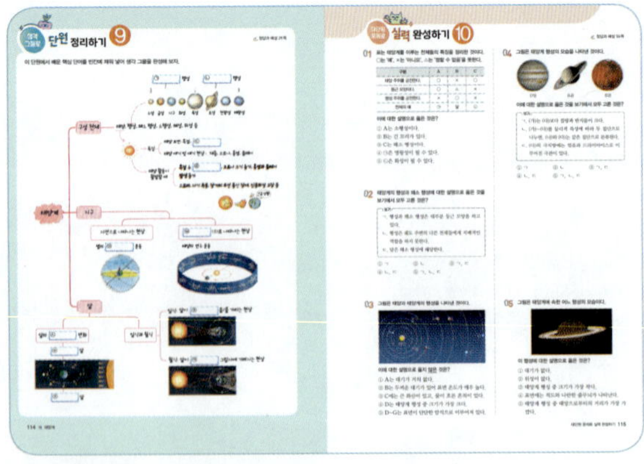

⑨ **생각 그물**로 단원 내용을 차분하게 **정리**해 보자.
⑩ **대단원 문제**까지 푼다면 **실력 완성**!

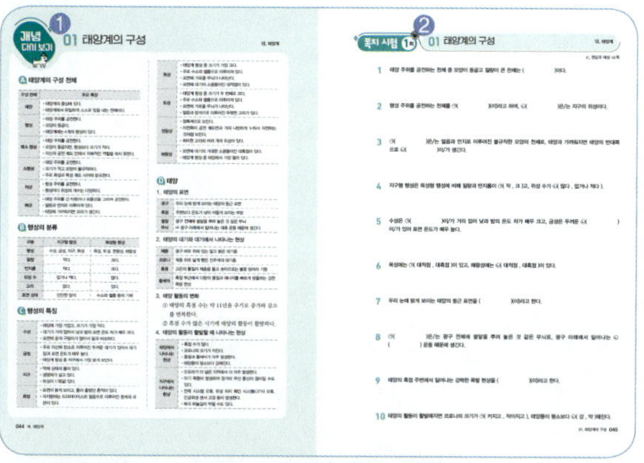

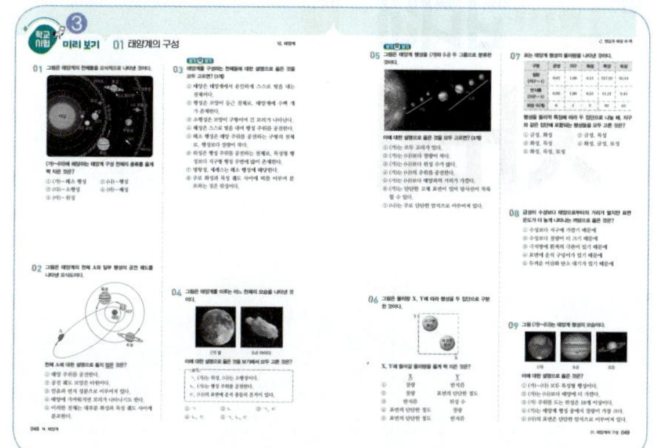

❶ 시험 준비를 위해 **핵심 개념**을 **다시 한번 정리**해 보자.
❷ **쪽지 시험** 문제를 풀면서 **개념**을 **확인**해 봐.

❸ **학교 시험 미리 보기**를 풀면서 **실전 연습**을 해 보자!

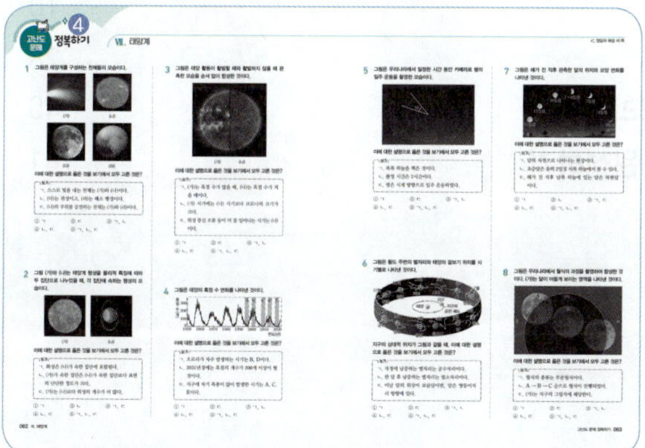

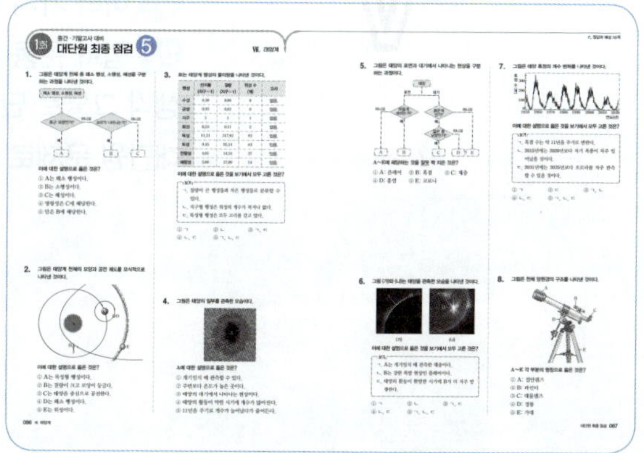

❹ **1등급**을 목표로 **고난도 문제**를 **정복**해 봐.

❺ **시험 직전**에는 대단원 **최종 점검** 문제를 풀면서 **대비하기**!





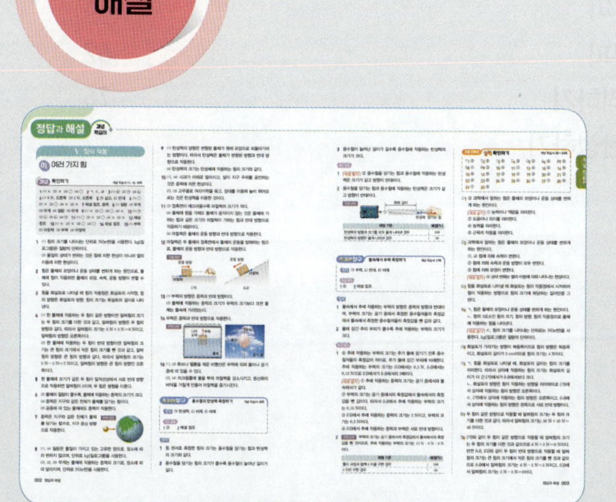

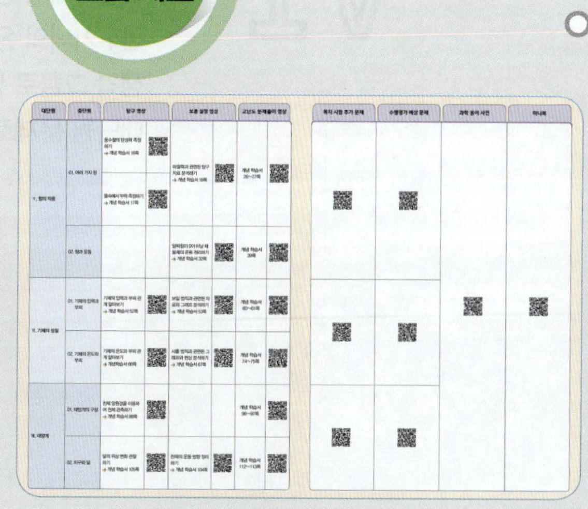

틀린 문제는 **자세하고 친절한 해설**을 읽고 **바로 알기**!

쉿! **QR 코드**로 나만을 위한 **학습 도움 자료**를 받아 봐.

HIGH TOP 내신 탑티어

# 차례

## V 힘의 작용


01 여러 가지 힘   10
02 힘과 운동   28
생각 그물로 단원 정리하기   40
대단원 문제로 실력 완성하기   41

## VI 기체의 성질


01 기체의 압력과 부피   46
02 기체의 온도와 부피   62
생각 그물로 단원 정리하기   76
대단원 문제로 실력 완성하기   77

# VII 태양계


| 01 태양계의 구성 | 82 |
| 02 지구와 달 | 98 |
| 생각 그물로 단원 정리하기 | 114 |
| 대단원 문제로 실력 완성하기 | 115 |

## 중2-1 미리 보기


| I 물질의 특성 | 01 물질의 특성(1) |
| | 02 물질의 특성(2) |
| | 03 혼합물의 분리 |

| II 지권의 변화 | 01 지권의 구조 |
| | 02 지각의 구성 물질 |
| | 03 지권의 이동 |

| III 빛과 파동 | 01 빛 |
| | 02 파동 |

| IV 물질의 구성 | 01 원소와 주기율표 |
| | 02 분자와 이온 |

# "내 교과서 내용을 HIGH TOP 내신 탑티어 에서 찾아보기"

| 대단원 | 중단원 | HIGH TOP 내신 탑티어 | 동아출판 |
| --- | --- | --- | --- |
| Ⅴ. 힘의 작용 | 01. 여러 가지 힘 | 10~27 | 145~163 |
| | 02. 힘과 운동 | 28~39 | 167~175 |
| Ⅵ. 기체의 성질 | 01. 기체의 압력과 부피 | 46~61 | 187~195 |
| | 02. 기체의 온도와 부피 | 62~75 | 199~203 |
| Ⅶ. 태양계 | 01. 태양계의 구성 | 82~97 | 215~226 |
| | 02. 지구와 달 | 98~113 | 229~242 |

내 교과서의 **출판사 이름**과 **배우는 내용**을 확인하고,
**HIGH TOP 내신 탑티어**에서 **해당 쪽수**를 찾아 공부해 보자.

| 비상교육 | 미래엔 | 천재교과서(임) | 천재교과서(정) | 지학사 | 와이비엠 |
|---|---|---|---|---|---|
| 158~161<br>164~174 | 156~173 | 152~169 | 154~169 | 154~171 | 139~151 |
| 178~187 | 178~185 | 174~181 | 174~183 | 176~185 | 155~161 |
| 198~202<br>206~209 | 198~205 | 196~203 | 194~203 | 198~205 | 173~181 |
| 210~215 | 210~215 | 208~213 | 208~213 | 210~215 | 185~191 |
| 226~235 | 228~239 | 228~243 | 226~239 | 228~239 | 203~213 |
| 238~247 | 244~253 | 248~259 | 244~259 | 244~253 | 217~228 |

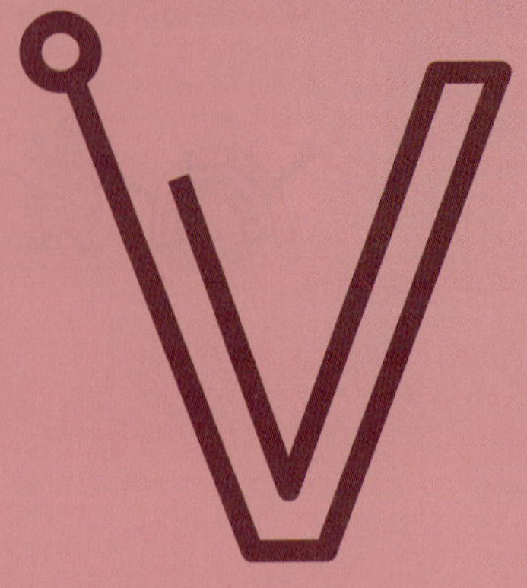

# V

# 힘의 작용


**01** 여러 가지 힘      10

**02** 힘과 운동      28

**'과학 공부의 시작은 용어!'**

**용어 먼저 잡고 개념을 학습해 보자.**

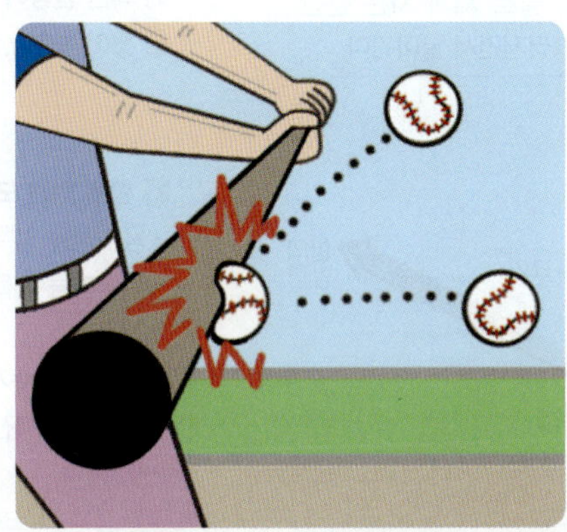

### 힘

물체의 모양이나 운동 상태를 변하게 하는 원인

### 운동 상태
(運 돌다, 動 움직이다, 狀 형상, 態 모양)

물체의 빠르기(속력)나 운동 방향

### 알짜힘

한 물체에 여러 힘이 동시에 작용할 때, 여러 힘을 합한 것과 같은 효과를 내는 하나의 힘

### 힘의 평형
(平 평평하다, 衡 저울대)

한 물체에 여러 힘이 동시에 작용할 때 알짜힘이 0이어서 물체의 운동 상태가 변하지 않는 상태

이 단원의
핵심 용어를
더 알고 싶다면

# 01 여러 가지 힘



## A 힘의 표현

1. **힘** 물체의 모양이나 운동 상태❶를 변하게 하는 원인❷

| 모양의 변화❸ | 운동 상태의 변화❹ | 모양과 운동 상태 모두 변화❺ |
| --- | --- | --- |
| 점토를 누르면 점토의 모양이 변한다. | 썰매를 밀면 썰매의 속력이 빨라진다. | 축구공을 발로 세게 차는 순간 공이 찌그러지면서 날아간다. |

2. **힘의 단위** N(뉴턴)

3. **힘의 표시**❻ 화살표를 사용하여 힘을 나타낸다.

① 힘의 작용점: 화살표가 시작하는 지점

② 힘의 방향: 화살표가 가리키는 방향

③ 힘의 크기: 화살표의 길이 ➡ 힘의 크기가 클수록 화살표의 길이가 길다.

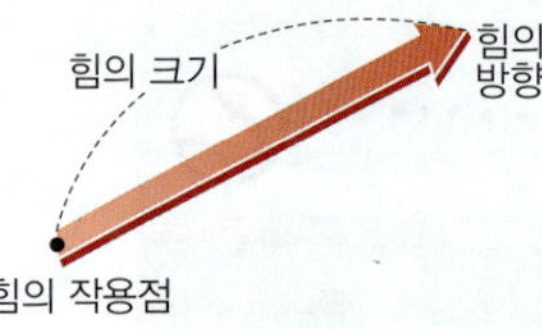


## B 힘의 합성과 평형

1. **알짜힘과 힘의 합성**

① 알짜힘(합력): 한 물체에 여러 힘이 동시에 작용할 때, 여러 힘을 합한 것과 같은 효과를 내는 하나의 힘

② 힘의 합성: 한 물체에 여러 힘이 동시에 작용할 때 알짜힘(합력)을 구하는 것

| 구분 | 같은 방향으로 작용하는 두 힘 | 반대 방향으로 작용하는 두 힘 |
| --- | --- | --- |
| 합성 |  |  |
| 알짜힘의 크기 | 두 힘의 크기를 더한 것 | 큰 힘의 크기에서 작은 힘의 크기를 뺀 것 |
| 알짜힘의 방향 | 두 힘의 방향 | 큰 힘의 방향 |

2. **힘의 평형**

① 힘의 평형: 한 물체에 여러 힘이 동시에 작용할 때 알짜힘이 0이어서 물체의 운동 상태가 변하지 않는 상태

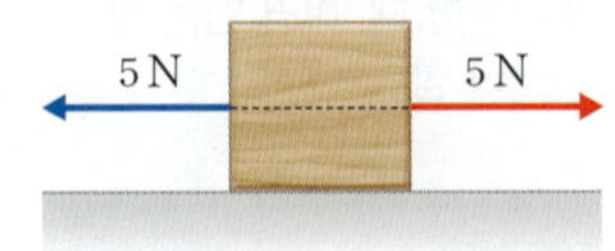


② 두 힘의 평형 조건: 한 물체에 크기가 같은 두 힘이 일직선상에서 서로 반대 방향으로 작용해야 한다.

#  개념 확인하기

---



**1** 힘에 대한 설명으로 옳은 것은 ○, 옳지 <u>않은</u> 것은 ×로 표시하시오.

(1) 힘의 크기를 나타내는 단위로 kg을 사용한다. ────────── (　　)

(2) 물이 끓는 것은 힘이 작용하여 나타나는 현상이다. ───────── (　　)

(3) 힘은 물체의 모양이나 운동 상태를 변하게 하는 원인이다. ────── (　　)

(4) 힘을 표현할 때 힘이 작용하는 지점, 힘의 방향, 힘의 크기를 함께 나타낸다. ────────────────────────────── (　　)

**2** 물체에 힘이 작용할 때 나타날 수 있는 효과를 보기에서 모두 고르시오.

> 보기
>
> ㄱ. 물체의 모양이 변한다. 　　　　ㄴ. 물체의 질량이 변한다.
> ㄷ. 물체의 속력이 변한다. 　　　　ㄹ. 물체의 운동 방향이 변한다.

**3** 힘을 화살표로 나타낼 때 화살표의 각 요소가 의미하는 것을 선으로 연결하시오.

(1) 화살표의 시작점 •　　　　　　　• ㉠ 힘의 방향

(2) 화살표의 방향 •　　　　　　　• ㉡ 힘의 크기

(3) 화살표의 길이 •　　　　　　　• ㉢ 힘의 작용점

**4** 그림과 같이 물체에 3 N과 5 N의 힘이 동시에 작용할 때 물체에 작용하는 알짜힘의 크기와 방향을 각각 쓰시오.

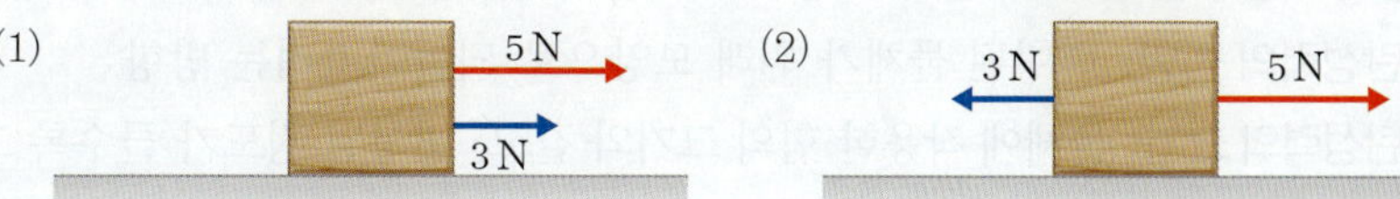


**5** (　　) 안에 알맞은 말을 고르시오.

> 한 물체에 일직선상에서 작용하는 두 힘이 평형을 이루려면 두 힘의 크기가 ㉠( 같고, 다르고 ), 두 힘이 서로 ㉡( 같은, 반대 ) 방향으로 작용해야 한다.

# 01 여러 가지 힘

## C 중력

**1. 중력**  지구와 같은 천체가 물체를 당기는 힘
  ① 중력의 방향: 지구 중심 방향, 즉 연직 아래 방향
  ② 중력의 크기: 물체의 질량이 클수록 크다.
  ③ 중력에 의한 현상 [7]

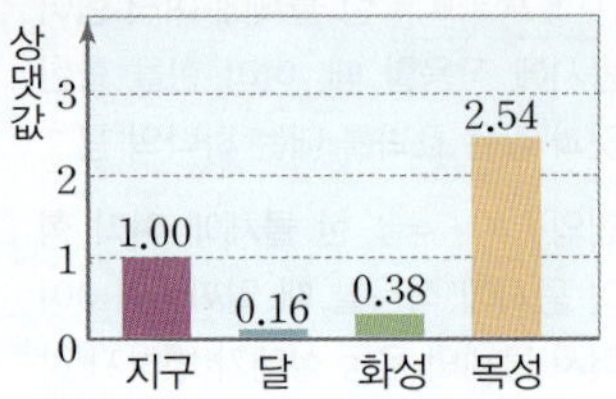


> - 고드름이 아래로 자란다.
> - 공을 가만히 놓으면 아래로 떨어진다.
> - 중력의 방향을 감지하여 스마트폰 화면이 자동으로 회전한다.
> - 음료가 든 컵을 기울이면 컵 속의 음료가 지면을 따라서 기울어진다.

**2. 무게와 질량**

| | 무게 | 질량 |
|---|---|---|
| 의미 | 물체에 작용하는 중력의 크기 [8] | 물질이 가지고 있는 고유한 양 |
| 특징 | 같은 물체라도 장소에 따라 무게가 달라진다. | 같은 물체라면 장소가 달라져도 질량이 변하지 않는다. |
| 단위 | N(뉴턴) | g(그램), kg(킬로그램) |
| 측정 도구 | 용수철저울, 가정용 저울, 힘 센서 등 | 양팔저울, 윗접시저울 등 |
| 관계 | - 지구 표면에서 질량이 1 kg인 물체의 무게는 약 9.8 N이다.<br>➡ 지구에서 물체의 무게=9.8×질량<br>- 같은 장소에서 측정한 물체의 무게는 질량에 비례한다. | |

- 지구와 달에서의 무게와 질량

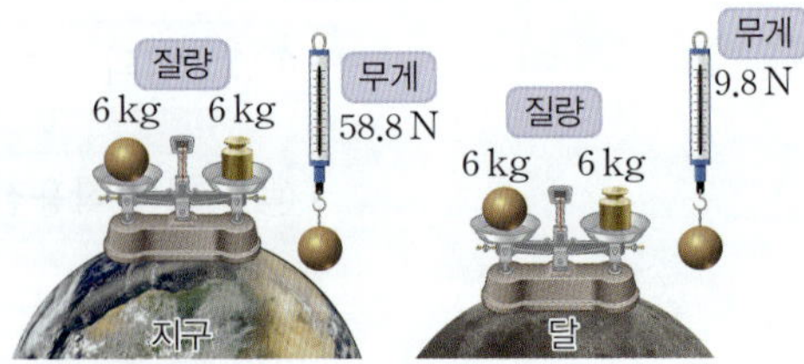


> - 무게: 달에서의 중력은 지구에서의 중력의 약 $\frac{1}{6}$이다. ➡ 달에서 측정한 물체의 무게는 지구에서의 약 $\frac{1}{6}$이다.
> - 질량: 달에서 측정한 물체의 질량은 지구에서 측정한 질량과 같다.

## D 탄성력  ✓ 꽉 잡아! 탐구 16쪽

**1. 탄성**  힘을 받아 변형된 물체가 원래 모양으로 되돌아가려는 성질
**2. 탄성력**  변형된 물체가 원래 모양으로 되돌아가려는 힘
  ① 탄성력의 방향: 변형된 물체가 원래 모양으로 되돌아가려는 방향
  ② 탄성력의 크기: 물체에 작용한 힘의 크기와 같고, 변형된 정도가 클수록 크다. [9]

| 왼쪽으로 10 N의 힘으로 용수철을 누른 경우 | 오른쪽으로 10 N의 힘으로 용수철을 당긴 경우 | 오른쪽으로 20 N의 힘으로 용수철을 당긴 경우 |
|---|---|---|
| 처음 길이<br>누르는 힘  탄성력 | 처음 길이<br>탄성력  당기는 힘 | 처음 길이<br>탄성력  당기는 힘 |
| 탄성력의 방향: 오른쪽<br>탄성력의 크기: 10 N | 탄성력의 방향: 왼쪽<br>탄성력의 크기: 10 N | 탄성력의 방향: 왼쪽<br>탄성력의 크기: 20 N |

**3. 탄성력의 이용**  장대높이뛰기, 머리끈, 볼펜, 컴퓨터 자판, 용수철저울 등 [10]



---

### ➕ 보충

**[7] 중력에 의한 현상**
- 중력에 의해 달이 지구 주위를 공전한다.
- 중력에 의해 위와 아래를 구분할 수 있다.
- 중력에 의해 지구상에 생물과 물체가 머물러 있다.

**[8] 천체에 따른 중력의 크기**
지구를 기준으로 하였을 때 다른 천체에서 작용하는 중력의 상대적인 크기는 다음과 같다.



**[9] 용수철이 늘어난 길이와 탄성력의 관계**
용수철을 잡아당겨 용수철이 늘어난 길이가 2배, 3배가 되면 탄성력의 크기도 2배, 3배가 된다. ➡ 용수철의 탄성력의 크기는 용수철이 늘어난 길이에 비례한다.

**[10] 탄성력의 이용**
- 장대높이뛰기 선수는 장대의 탄성력을 이용해 높이 뛰어오른다.
- 머리끈의 탄성력을 이용해 머리카락을 묶는다.
- 볼펜을 누르면 용수철의 탄성력에 의해 볼펜 심이 안으로 들어간다.
- 컴퓨터 자판을 누르면 탄성력에 의해 다시 올라온다.
- 용수철저울로 물체의 무게를 측정한다.

### ➤ 용어

- **천체(天 하늘, 體 몸)** 우주에 존재하는 모든 물체로, 별, 행성, 위성 등을 통틀어 이르는 말
- **연직(鉛 납, 直 곧다)** 실에 추를 달아 늘어뜨릴 때 실이 나타내는 방향으로, 지표면에 대하여 수직인 방향
- **변형(變 변하다, 形 모양)** 모양이나 형태가 달라지거나 달라지게 하는 것

정답과 해설 2쪽

**초성 퀴즈**

**C 중력**

- ㅈ ㄹ: 지구와 같은 천체가 물체를 당기는 힘
- ㅁ ㄱ: 물체에 작용하는 중력의 크기
- ㅈ ㄹ: 물질이 가지고 있는 고유한 양

**D 탄성력**

- ㅌ ㅅ: 힘을 받아 변형된 물체가 원래 모양으로 되돌아가려는 성질
- ㅌ ㅅ ㄹ: 변형된 물체가 원래 모양으로 되돌아가려는 힘
- 탄성력의 크기: 물체의 변형된 정도가 클수록 ㅋ 다.

답 C 중력, 무게, 질량 D 탄성, 탄성력, 크

**6** 중력에 대한 설명으로 옳은 것은 ○, 옳지 않은 것은 ×로 표시하시오.

(1) 중력의 단위는 N(뉴턴)이다. ( )
(2) 모든 물체에 같은 크기로 작용한다. ( )
(3) 지구에서 중력은 지구 중심 방향으로 작용한다. ( )
(4) 지구와 같은 천체가 물체를 미는 힘이다. ( )
(5) 공중에 떠 있는 물체에는 중력이 작용하지 않는다. ( )

**7** 그림과 같이 지표면 근처에서 어떤 물체를 가만히 놓았을 때 물체가 떨어지는 방향을 그림에 화살표로 나타내고, 그 원인이 되는 힘을 쓰시오.

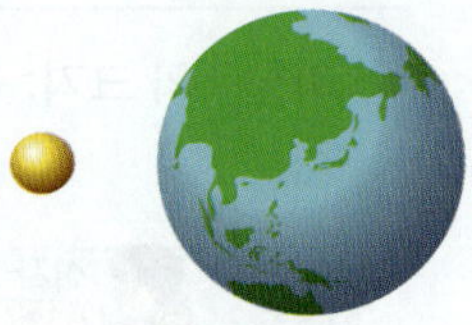

**8** 무게에 대한 설명에는 '무게', 질량에 대한 설명에는 '질량'이라고 쓰시오.

(1) 물질이 가지고 있는 고유한 양으로, 장소에 관계없이 일정하다. ( )
(2) 물체에 작용하는 중력의 크기로, 장소에 따라 달라진다. ( )
(3) 용수철저울로 측정하며, 단위는 N(뉴턴)을 사용한다. ( )
(4) 윗접시저울로 측정하며, 단위는 kg(킬로그램)을 사용한다. ( )
(5) 달에서의 크기는 지구에서의 약 $\frac{1}{6}$이다. ( )

**9** 탄성력에 대한 설명으로 옳은 것은 ○, 옳지 않은 것은 ×로 표시하시오.

(1) 탄성력은 물체가 변형된 방향으로 작용한다. ( )
(2) 물체의 변형이 클수록 탄성력의 크기가 크다. ( )
(3) 변형된 물체가 원래 모양으로 되돌아가려는 힘이다. ( )
(4) 탄성력의 크기는 탄성체에 작용하는 힘의 크기보다 작다. ( )

**10** 일상생활에서 볼 수 있는 여러 가지 현상과 원인이 되는 힘을 선으로 연결하시오.

(1) 사과가 아래로 떨어진다. •
(2) 고무줄로 머리카락을 묶는다. •
(3) 장대를 이용해 높이 뛰어오른다. •
(4) 달이 지구 주위를 공전한다. •

• ㉠ 중력
• ㉡ 탄성력

## E 마찰력 ✔ 꽉 잡아! 자료 18쪽

**1. 마찰력** 두 물체의 접촉면에서 물체의 운동을 방해하는 힘
  ① 마찰력의 방향: 물체에 작용하는 힘의 방향이나 물체의 운동 방향과 반대 방향

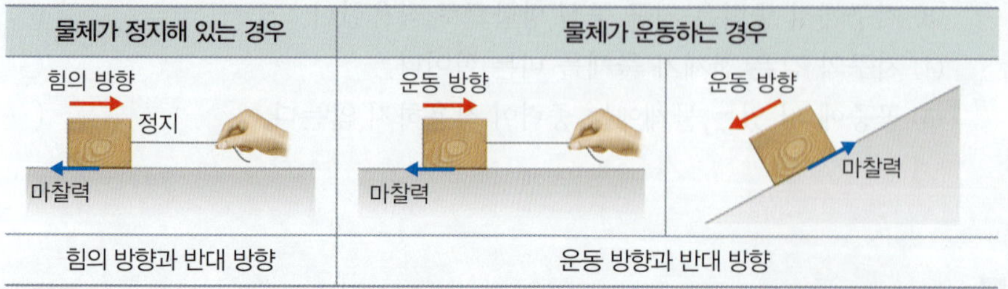


  ② 마찰력의 크기: 접촉면이 거칠수록, 물체의 무게가 무거울수록 크다.

**2. 마찰력의 이용** ⑪

| 마찰력을 작게 하여 잘 미끄러지게 하는 예 | 마찰력을 크게 하여 미끄러지는 것을 방지하는 예 |
|---|---|
| • 스노보드의 표면을 매끄럽게 만든다.<br>• 자전거 체인에 윤활유를 뿌린다.<br>• 창문을 열고 닫기 쉽도록 작은 바퀴를 사용한다.<br>• 물 미끄럼틀에 물을 계속 흘려 준다. | • 계단 끝에 미끄럼 방지 테이프를 붙인다.<br>• 눈이 올 때 자동차 타이어에 스노우 체인을 감는다.<br>• 제동 장치를 작동하여 자전거 바퀴를 멈추게 한다.<br>• 고무장갑의 손바닥 부분을 울퉁불퉁하게 만든다. |

## F 부력 ✔ 꽉 잡아! 탐구 17쪽

**1. 부력** 액체나 기체가 그 속에 있는 물체를 위로 밀어 올리는 힘

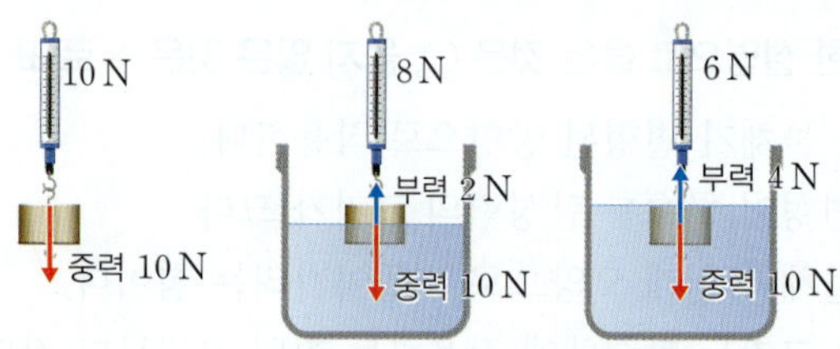


  ① 부력의 방향: 공기 중에서 측정한 용수철저울의 측정값보다 물속에서 측정한 용수철저울의 측정값이 작다. ➡ 부력은 물체를 위로 밀어 올리는 방향, 즉 중력과 반대 방향으로 작용한다.
  ② 부력의 크기: 물체가 물에 잠기기 전후 용수철저울의 측정값의 차이와 같다.

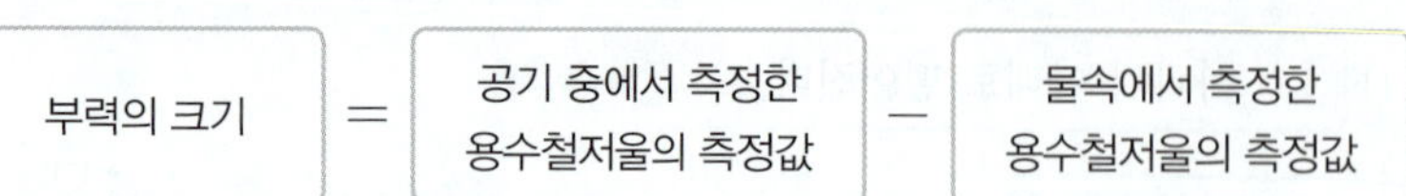


  ③ 부력의 크기에 영향을 미치는 요인: 물에 잠긴 물체의 부피가 클수록 물속에서 측정한 용수철저울의 측정값이 작다. ➡ 물에 잠긴 물체의 부피가 클수록 물체에 작용하는 부력의 크기가 크다. ⑫ ⑬
**2. 부력의 이용** 튜브, 화물선 ⑭, 테왁, 비행선 등



---



**⑪ 걸을 때 작용하는 마찰력**
걸을 때에는 신발이 바닥을 미는 방향과 반대 방향으로 마찰력이 작용하여 몸이 앞으로 나아가게 한다. 표면이 매끄러운 바닥에서 걷기 힘든 까닭은 표면이 매끄러울수록 마찰력이 작아지기 때문이다.

**⑫ 물에 잠긴 부피에 따른 부력의 크기**

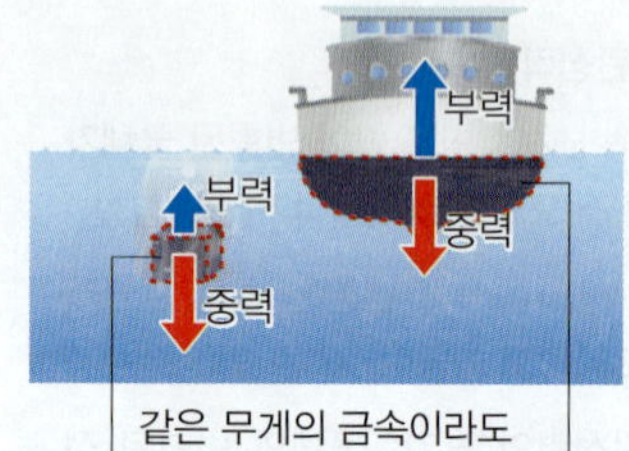


같은 무게의 금속이라도

| 물에 잠긴 부피가 작아서 부력이 작다. ➡ 물속에 가라앉는다. | 물에 잠긴 부피가 커서 부력이 크다. ➡ 물 위에 뜬다. |
|---|---|

**⑬ 부력과 중력의 크기에 따른 물체의 움직임**
물속에 있는 물체에 작용하는 중력과 부력의 크기에 따라 물체의 움직임이 다르다.
  • 중력 > 부력: 가라앉는다.
  • 중력 = 부력: 가라앉거나 떠오르지 않고 정지해 있다.
  • 중력 < 부력: 위로 떠오른다.

**⑭ 화물선에 작용하는 부력**

짐을 가득 실은 무거운 배가 물에 뜰 수 있는 까닭은 배에 짐을 많이 실어 무게가 증가하면 배의 아랫부분이 물에 더 잠기므로 부력의 크기도 커지기 때문이다.

➤ 용어
◆ **윤활유(潤 젖다, 滑 미끄럽다, 油 기름)** 기계가 맞닿는 부분의 마찰을 줄이기 위해 쓰는 기름
◆ **제동(制 억제하다, 動 움직이다)** 기계나 자동차 등의 운동을 멈추게 하는 것

**11** 마찰력에 대한 설명으로 옳은 것은 ○, 옳지 <u>않은</u> 것은 ×로 표시하시오.

(1) 마찰력은 물체의 운동을 방해하는 힘이다. ⋯⋯⋯⋯⋯⋯⋯⋯⋯⋯ (　　)

(2) 접촉면이 매끄러울수록 마찰력의 크기가 크다. ⋯⋯⋯⋯⋯⋯⋯⋯ (　　)

(3) 물체의 무게가 무거울수록 마찰력의 크기가 크다. ⋯⋯⋯⋯⋯⋯ (　　)

(4) 물체가 움직이지 않으면 마찰력이 작용하지 않는다. ⋯⋯⋯⋯⋯ (　　)

(5) 마찰력은 물체의 운동 방향과 같은 방향으로 작용한다. ⋯⋯⋯ (　　)

**12** 그림 (가)는 수평면에 놓인 물체가 운동하는 모습을, (나)는 빗면에 놓인 물체가 운동하는 모습을 나타낸 것이다. (가)와 (나)에서 물체에 작용하는 마찰력의 방향을 그림에 화살표로 나타내시오.

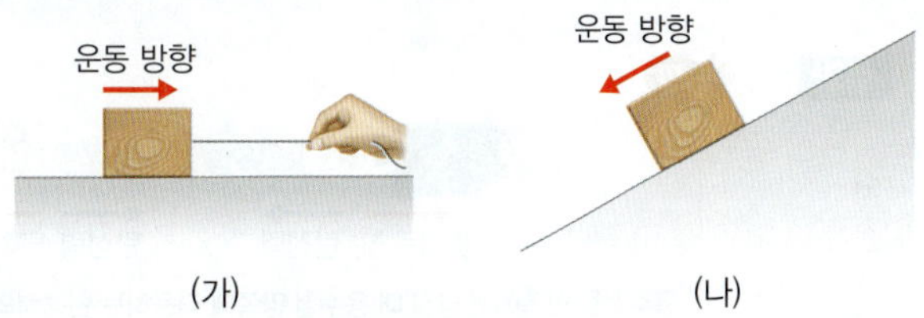


**13** 부력에 대한 설명으로 옳은 것은 ○, 옳지 <u>않은</u> 것은 ×로 표시하시오.

(1) 부력의 방향은 중력과 같은 방향이다. ⋯⋯⋯⋯⋯⋯⋯⋯⋯⋯⋯⋯ (　　)

(2) 물속에 가라앉는 물체에는 부력이 작용하지 않는다. ⋯⋯⋯⋯⋯ (　　)

(3) 물에 잠긴 물체의 부피가 클수록 물체가 받는 부력의 크기가 크다. (　　)

(4) 물 위에 떠 있는 물체에 작용하는 중력의 크기와 부력의 크기는 같다.

⋯⋯⋯⋯⋯⋯⋯⋯⋯⋯⋯⋯⋯⋯⋯ (　　)

**14** 그림 (가)는 물 위에 떠 있는 나무 도막을, (나)는 공기 중에 떠 있는 헬륨이 든 풍선을 나타낸 것이다. (가)와 (나)에서 나무 도막과 풍선에 작용하는 부력의 방향을 그림에 화살표로 나타내시오.

**15** 마찰력과 관련된 현상에는 '마찰력', 부력과 관련된 현상에는 '부력'이라고 쓰시오.

(1) 튜브를 사용하면 물에 쉽게 뜬다. ⋯⋯⋯⋯⋯⋯⋯⋯⋯⋯⋯⋯⋯ (　　)

(2) 수영장의 미끄럼틀에 물을 뿌린다. ⋯⋯⋯⋯⋯⋯⋯⋯⋯⋯⋯⋯ (　　)

(3) 헬륨을 채운 비행선이 하늘에 떠 있다. ⋯⋯⋯⋯⋯⋯⋯⋯⋯⋯ (　　)

(4) 등산화의 바닥을 울퉁불퉁하게 만든다. ⋯⋯⋯⋯⋯⋯⋯⋯⋯⋯ (　　)

# 용수철의 탄성력 측정하기

이 탐구를 통해 용수철이 늘어난 길이에 따른 탄성력의 크기를 측정해 보자.

탐구 영상

**과정**

**● 유의점**

용수철은 탄성 한계 이상 늘어나면 다시 원래 모양으로 되돌아가지 않으므로 용수철을 무리하게 잡아당기지 않는다.

❶ 고정한 힘 센서에 용수철을 연결하고, 자를 설치한다.
❷ 센서 분석 앱을 실행한 뒤 영점 버튼을 누른다.
❸ 용수철을 천천히 당겨 용수철이 늘어난 길이에 따른 힘의 크기를 측정하고, 용수철이 늘어난 길이를 센서 분석 앱에 입력한다.
❹ 센서 분석 앱에 그려진 용수철이 늘어난 길이에 따른 힘의 크기 그래프를 확인한다.

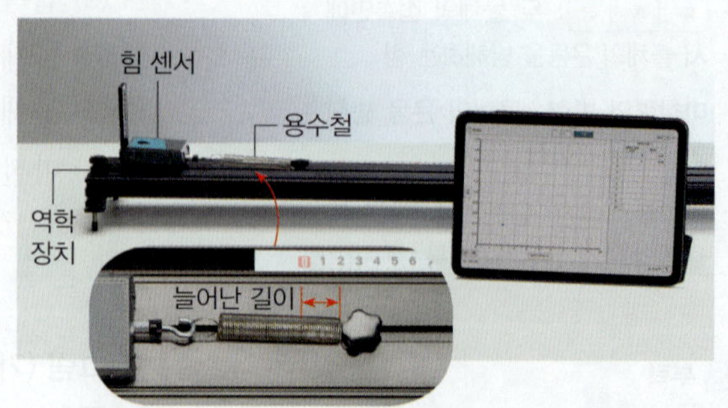


**결과**

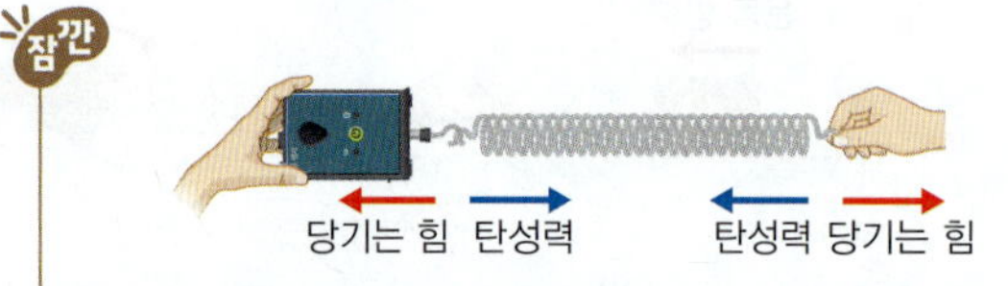


용수철을 양쪽에서 당길 때 용수철 양쪽에 작용하는 탄성력의 크기는 같다.

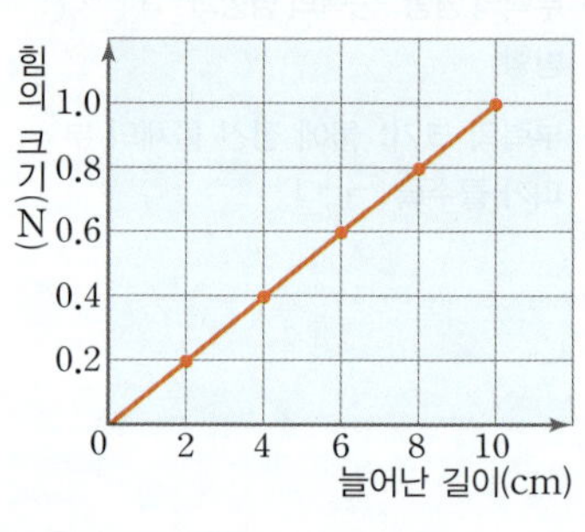


| 용수철이 늘어난 길이(cm) | 0 | 2 | 4 | 6 | 8 | 10 |
| --- | --- | --- | --- | --- | --- | --- |
| 힘의 크기(N) | 0 | 0.2 | 0.4 | 0.6 | 0.8 | 1.0 |

**1** 용수철에 힘을 가하여 당기면 용수철의 길이가 늘어난다. ➡ 용수철의 길이가 늘어나면 용수철에 당기는 방향과 반대 방향으로 탄성력이 작용한다.

**2** 용수철을 일정하게 늘이면 힘 센서에서 측정한 힘의 크기도 일정하게 증가한다.

**정리**

**1** 용수철을 당기는 힘의 크기와 용수철에 작용하는 탄성력의 크기는 같다. ➡ 힘 센서로 측정한 힘의 종류는 ㉠(          )이다.

**2** 용수철이 늘어난 길이는 용수철을 당기는 힘의 크기에 ㉡( 비례 , 반비례 )한다.

**3** 용수철에 작용하는 탄성력의 크기는 용수철이 늘어난 길이에 ㉢( 비례 , 반비례 )한다.

**확인 문제**

⟳ 정답과 해설 2쪽

**1** 이 탐구에 대한 설명으로 옳지 **않은** 것은?

① 용수철이 늘어난 길이는 탄성력의 크기에 비례한다.
② 탄성력의 크기는 용수철을 당기는 힘의 크기와 같다.
③ 탄성력의 방향은 용수철을 당기는 힘의 방향과 같다.
④ 힘 센서로 측정한 힘의 크기는 탄성력의 크기와 같다.
⑤ 용수철을 당기는 힘의 크기가 클수록 용수철의 변형 정도가 크다.

**2** 그림과 같이 용수철을 당겼을 때 용수철에 작용하는 탄성력의 방향과 크기를 그림에 화살표로 나타내시오.

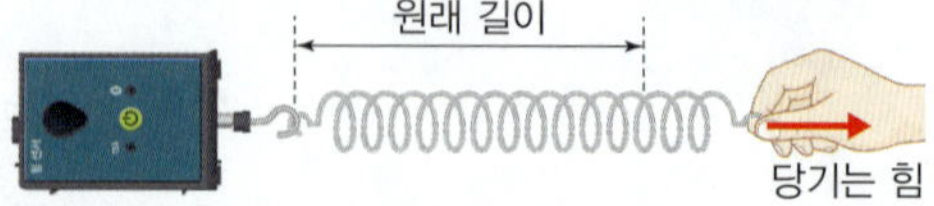

# 물속에서 부력 측정하기

이 탐구를 통해 물속에 있는 물체에 작용하는 부력의 크기를 측정해 보자.

**과정**

❶ 용수철저울에 질량이 200 g인 추를 매달고 용수철저울의 눈금을 읽는다.

❷ 추를 물에 반쯤 잠기게 넣고 용수철저울의 눈금을 읽는다.

❸ 추를 물속에 완전히 잠기게 넣고 용수철저울의 눈금을 읽는다.

**유의점**

추가 비커 바닥에 닿지 않도록 한다.

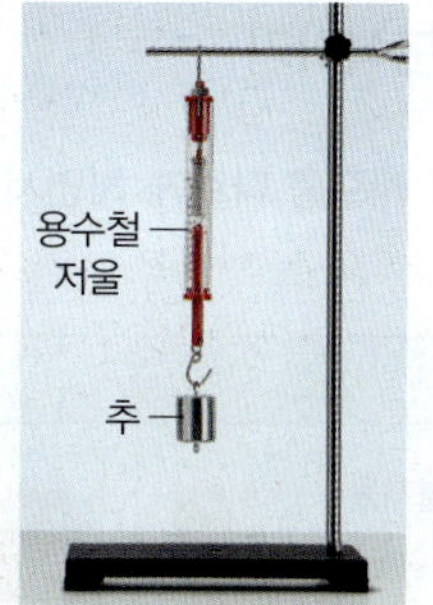


**잠깐**

❶ 용수철저울 대신 힘 센서를 사용할 수 있다.

❷ 용수철저울에 연결한 추를 물이 가득 든 비커에 넣을 때 비커에서 넘친 물의 무게를 재어 부력을 측정할 수 있다.

➡ 추에 작용하는 부력의 크기=넘친 물의 무게

**결과**

| 구분 | (가) 추가 물에 잠기기 전(공기 중) | (나) 추가 물에 반쯤 잠겼을 때 | (다) 추가 물에 완전히 잠겼을 때 |
|---|---|---|---|
| 측정 모습 | | | |
| 측정값 | 2 N | 1.85 N | 1.7 N |
| (가)와 비교해 감소한 값 | — | 0.15 N | 0.3 N |

1 추가 물에 잠기기 전 측정값은 2 N이다. ➡ 공기 중에서 추에 작용하는 중력의 크기는 2 N이다.

2 추가 물에 반쯤 잠겼을 때 측정값은 1.85 N이다. ➡ 공기 중에서의 측정값보다 0.15 N 감소하였다. ➡ 추에 작용하는 부력의 크기는 0.15 N이다.

3 추가 물에 완전히 잠겼을 때 측정값은 1.7 N이다. ➡ 공기 중에서의 측정값보다 0.3 N 감소하였다. ➡ 추에 작용하는 부력의 크기는 0.3 N이다.

**정리**

1 추가 물에 잠겼을 때 측정값이 감소한다. ➡ 감소한 값은 ㉠(          )의 크기와 같고, ㉠(          )은/는 중력과 ㉡( 같은 , 반대 ) 방향으로 작용한다.

2 추가 물에 잠긴 부피가 클수록 감소한 값이 크다. ➡ 물속에 잠긴 물체에 작용하는 부력의 크기는 물속에 잠긴 물체의 부피에 ㉢( 비례 , 반비례 )한다.

**확인 문제**

↩ 정답과 해설 3쪽

**1** 이 탐구에 대한 설명으로 옳은 것은?

① 추에 작용하는 중력의 크기는 (가)에서가 (나)에서보다 크다.

② (나)에서 추에 작용하는 부력의 크기는 1.85 N이다.

③ (다)에서 추에 작용하는 부력과 중력의 크기는 같다.

④ (다)에서 추에 작용하는 부력은 중력과 같은 방향이다.

⑤ 추에 작용하는 부력의 크기는 (다)에서가 (나)에서의 2배이다.

**서술형**

**2** 그림과 같이 공기 중에서 힘 센서에 추를 매달았을 때 측정값이 15 N, 물속에 추를 넣었을 때 측정값이 9 N이었다. 추에 작용하는 부력의 크기를 풀이 과정과 함께 구하시오.

# 마찰력과 관련된 탐구 자료 분석하기

마찰력이 작용하는 방향 및 마찰력의 크기를 탐구하는 다양한 방법과 그 결과를 자세하게 분석해 보자.

## ❶ 용수철저울을 이용한 마찰력 탐구 분석하기

거칠기가 다른 수평면에 놓인 나무 도막의 개수를 다르게 하면서 용수철저울로 천천히 끌어당겨 나무 도막이 움직이기 시작할 때 용수철저울의 눈금을 측정한다.

| 구분 | (가) | (나) | (다) |
|---|---|---|---|
| 변화시킨 요인 | 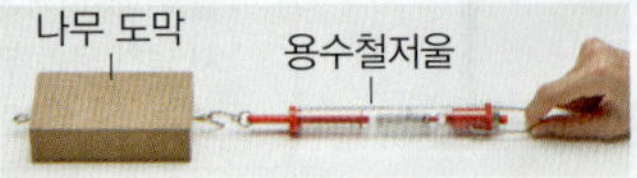 매끄러운 책상 위에 놓인 나무 도막 1개 | 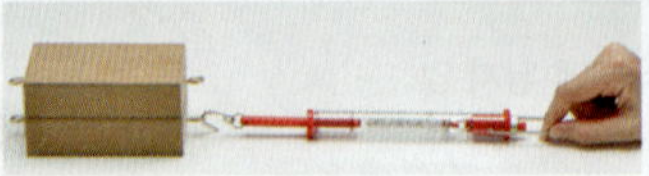 매끄러운 책상 위에 놓인 나무 도막 2개 | 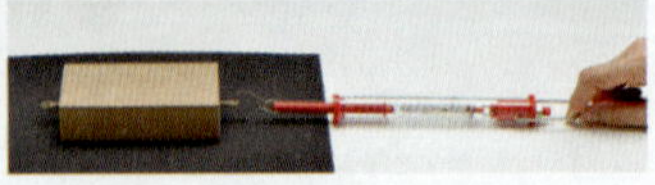 거친 사포 위에 놓인 나무 도막 1개 |
| 용수철저울의 눈금 | 1.6 N | 3.2 N | 2.8 N |

① 용수철저울로 측정한 값은 마찰력의 크기이다.
② 마찰력의 크기에 영향을 미치는 요인

| 요인 | 물체의 무게 | 접촉면의 거칠기 |
|---|---|---|
| 판단 근거 | (가)와 (나)에서의 마찰력의 크기 비교:<br>(가) 1.6 N < (나) 3.2 N<br>➡ 접촉면의 거칠기가 같을 때 물체의 무게가 무거울수록 마찰력의 크기가 크다. | (가)와 (다)에서의 마찰력의 크기 비교:<br>(가) 1.6 N < (나) 2.8 N<br>➡ 물체의 무게가 같을 때 접촉면이 거칠수록 마찰력의 크기가 크다. |
| 결론 | 물체의 무게와 접촉면의 거칠기는 마찰력의 크기에 영향을 준다. | |

## ❷ 미끄러지는 거리를 이용한 마찰력 탐구 분석하기

빗면 위의 같은 위치에 물체를 놓은 뒤 물체가 거칠기가 다른 수평면에서 미끄러진 거리를 측정한다.

사포 위에서 미끄러질 때

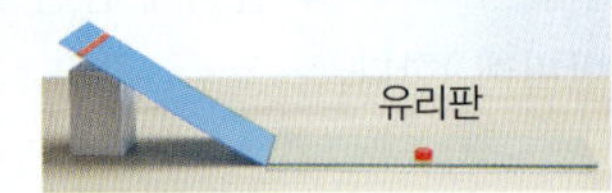
유리판 위에서 미끄러질 때

① 마찰력의 방향: 수평면에서 운동하던 물체가 멈춘다. ➡ 마찰력은 물체가 운동하는 방향의 반대 방향으로 작용한다.
② 마찰력의 크기
 • 물체가 수평면에서 미끄러진 거리가 작을수록 마찰력의 크기가 크다.
 • 유리판에서보다 사포 위에서 미끄러진 거리가 더 작다.
  ➡ 접촉면이 거칠수록 마찰력의 크기가 크다.

## ❸ 미끄러지는 각도를 이용한 마찰력 탐구 분석하기

매끄러운 빗면 위에 거칠기가 다른 나무 도막을 올려 놓은 뒤 빗면의 기울기를 증가시키면서 나무 도막이 미끄러지기 시작하는 각도를 측정한다.

① 나무 도막이 미끄러지기 시작하는 빗면의 각도가 클수록 마찰력의 크기가 크다.
② 빗면과 접촉한 면이 사포면일 때 나무 도막이 미끄러지기 시작하는 빗면의 각도가 더 크다.
 ➡ 접촉면이 거칠수록 마찰력의 크기가 크다.

# 여러 가지 힘에서 잘 나오는 자료&보기

시험에 잘 나오는 자료와 보기를 살펴보고, 내가 알고 있는 옳은 보기가 있다면 추가해 보자.

## C 중력

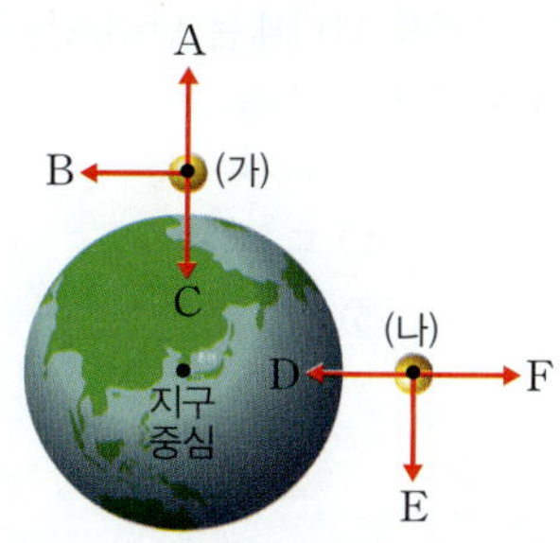


### 옳은 보기

ㄱ. (가)에 작용하는 중력의 방향은 C이다.

ㄴ. (나)에 작용하는 중력의 방향은 D이다.

ㄷ. (가)와 (나)의 질량이 같다면 (가)와 (나)에 작용하는 중력의 크기는 같다.

ㄹ. 지구가 물체를 당기는 힘을 중력이라고 한다.

ㅁ. 중력은 지구 중심 방향으로 작용한다.

ㅂ. 물체에 작용하는 중력의 크기를 무게라고 한다.

ㅅ. 달에서 (가)와 (나)의 무게를 측정하면 지구에서의 약 $\frac{1}{6}$이다.

ㅇ. 달에서 (가)와 (나)의 질량을 측정하면 지구에서와 같다.

## D 탄성력

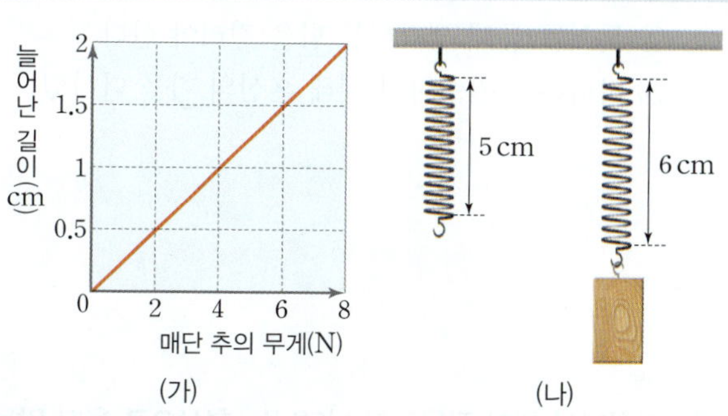


### 옳은 보기

ㄱ. (가)에서 용수철이 늘어난 길이가 길수록 탄성력의 크기가 크다.

ㄴ. 용수철이 늘어난 길이는 용수철에 매단 물체의 무게에 비례한다.

ㄷ. 탄성력의 크기는 용수철에 매단 물체의 무게와 같다.

ㄹ. 용수철이 늘어난 길이는 탄성력의 크기에 비례한다.

ㅁ. (나)에서 용수철에 매단 물체의 무게는 4 N이다.

ㅂ. (나)에서 용수철에 매단 물체에 작용하는 탄성력의 방향은 연직 위 방향이고, 탄성력의 크기는 4 N이다.

ㅅ. (나)에서 나무 도막 대신 무게가 6 N인 추를 용수철에 매달면 용수철의 전체 길이는 6.5 cm가 된다.

ㅇ. 이러한 성질을 이용하여 용수철저울을 만들어 물체의 무게를 측정할 수 있다.

## E 마찰력

### 옳은 보기

ㄱ. (가)와 (나)를 비교하면 접촉면의 거칠기에 따른 마찰력의 크기를 비교할 수 있다.

ㄴ. (나)와 (다)를 비교하면 물체의 무게에 따른 마찰력의 크기를 비교할 수 있다.

ㄷ. 용수철저울의 측정값을 비교하면 (다)>(나)>(가)이다.

ㄹ. 접촉면의 거칠기가 거칠수록 마찰력의 크기가 크다.

ㅁ. 물체의 무게가 무거울수록 마찰력이 크다.

ㅂ. 마찰력은 물체가 운동하려는 방향과 반대 방향으로 작용한다.

ㅅ. (가)에서 나무 도막을 오른쪽으로 당길 때 나무 도막에 작용하는 마찰력의 방향은 왼쪽이다.

## F 부력

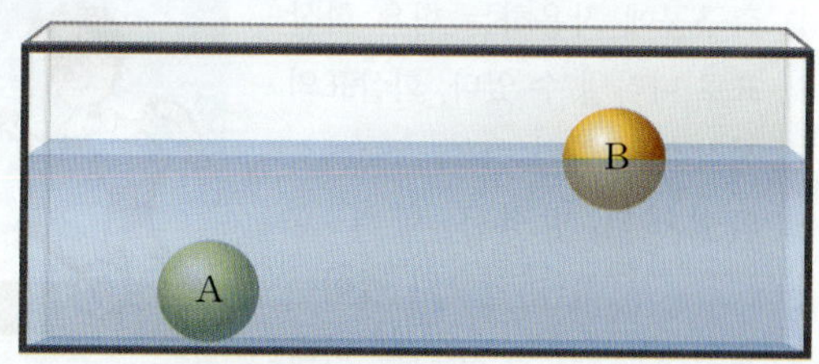


### 옳은 보기

ㄱ. 바닥에 가라앉은 A에 작용하는 중력의 크기가 부력의 크기보다 크다.

ㄴ. 물 위에 떠 있는 B에 작용하는 중력의 크기와 부력의 크기는 같다.

ㄷ. A에 작용하는 부력의 방향은 중력의 방향과 반대 방향이다.

ㄹ. A와 B에 작용하는 부력의 방향은 같다.

ㅁ. A와 B에 작용하는 중력의 방향은 같다.

ㅂ. A와 B의 부피가 같다면 A에 작용하는 부력의 크기가 B에 작용하는 부력의 크기보다 크다.

ㅅ. 부력의 크기는 물속에 잠긴 물체의 부피가 클수록 크다.

**A** 힘의 표현

**01** 밑줄 친 '힘'이 과학에서 말하는 힘을 뜻하는 경우는?

① 다 함께 <u>힘</u>을 모았다.
② 친구의 격려가 <u>힘</u>이 되었다.
③ <u>힘</u>을 주어 가방을 들어 올렸다.
④ 독서를 통해 생각하는 <u>힘</u>을 길러야 한다.
⑤ 마라톤을 완주하기 위해 혼신의 <u>힘</u>을 다하였다.

**02** 과학에서 힘이 작용하여 나타나는 현상으로 옳지 않은 것은?

① 빗줄기가 아래로 떨어졌다.
② 야구공을 던졌더니 멀리 날아갔다.
③ 빈 알루미늄 캔을 밟았더니 찌그러졌다.
④ 굴러오는 축구공을 그대로 두었더니 멈췄다.
⑤ 아이스크림을 책상 위에 올려 두었더니 녹았다.

**중요해!**
**03** 다음은 정지해 있는 축구공을 발로 찰 때 공에 작용하는 힘에 대한 설명이다.

> 축구공에 작용하는 힘은 화살표로 나타낼 수 있다. 화살표의 시작점은 힘의 ㉠(      ), 화살표의 방향은 힘의 ㉡(      ), 화살표의 길이는 힘의 ㉢(      )을/를 나타낸다. 힘의 작용점이 달라지면 같은 방향과 크기의 힘이 작용해도 힘의 효과는 달라질 수 있다.

(      ) 안에 알맞은 말을 옳게 짝 지은 것은?

| | ㉠ | ㉡ | ㉢ |
|---|---|---|---|
| ① | 방향 | 크기 | 작용점 |
| ② | 방향 | 작용점 | 크기 |
| ③ | 크기 | 방향 | 작용점 |
| ④ | 작용점 | 크기 | 방향 |
| ⑤ | 작용점 | 방향 | 크기 |

**04** 힘에 대한 설명으로 옳은 것을 보기에서 모두 고른 것은?

> 보기
> ㄱ. 물체에 힘이 작용하면 물체의 모양이나 운동 상태가 변한다.
> ㄴ. 물체에 작용하는 힘을 나타내려면 힘의 크기, 힘의 방향, 힘의 작용점을 함께 표시한다.
> ㄷ. 힘의 크기를 나타내는 단위로는 kg(킬로그램)을 사용한다.

① ㄱ　　② ㄷ　　③ ㄱ, ㄴ
④ ㄴ, ㄷ　　⑤ ㄱ, ㄴ, ㄷ

**05** 그림과 같이 화살표를 이용하여 힘을 나타냈다. 이때 힘의 방향과 크기를 옳게 짝 지은 것은? (단, 1 cm는 2 N의 힘을 의미한다.)

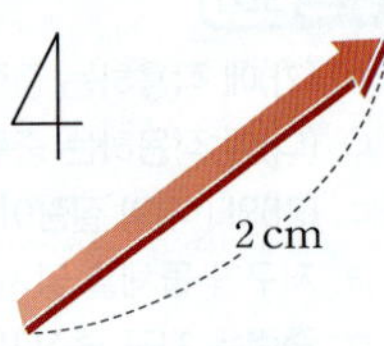

| | 힘의 크기 | 힘의 방향 | | 힘의 크기 | 힘의 방향 |
|---|---|---|---|---|---|
| ① | 2 N | 북동쪽 | ② | 2 N | 남서쪽 |
| ③ | 4 N | 북동쪽 | ④ | 4 N | 남서쪽 |
| ⑤ | 4 N | 북쪽 | | | |

**중요해!**
**06** 그림 (가), (나)는 상자에 작용하는 힘을 화살표로 나타낸 것이다.

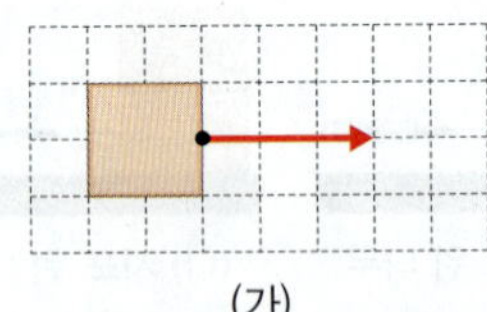
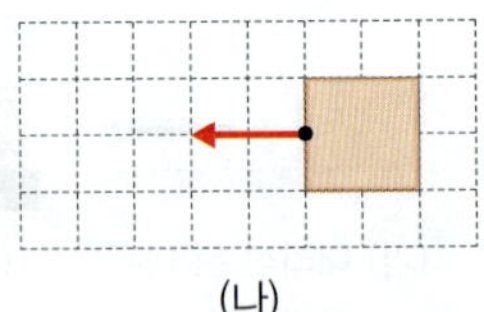

(가)　　　　　　(나)

이에 대한 설명으로 옳은 것을 보기에서 모두 고른 것은? (단, 눈금의 간격은 같다.)

> 보기
> ㄱ. 상자에 작용하는 힘의 크기는 (가)에서가 (나)에서보다 크다.
> ㄴ. (가)에서 상자에 작용하는 힘의 방향은 오른쪽이다.
> ㄷ. (가)와 (나)에서 상자에 작용하는 힘의 방향은 반대이다.

① ㄱ　　② ㄴ　　③ ㄱ, ㄷ
④ ㄴ, ㄷ　　⑤ ㄱ, ㄴ, ㄷ

**B** 힘의 합성과 평형

**07** 그림과 같이 한 물체에 같은 방향으로 크기가 각각 10 N, 30 N인 두 힘이 작용할 때, 알짜힘의 크기는? (단, 마찰은 무시한다.)

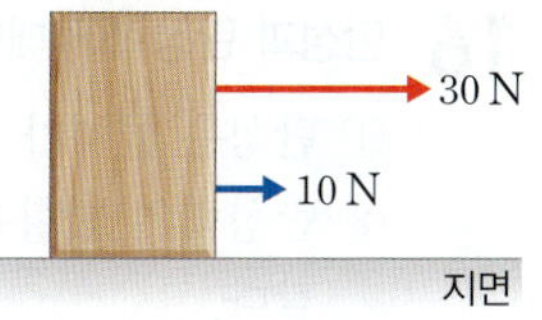


① 0　　　② 10 N　　　③ 20 N
④ 30 N　　　⑤ 40 N

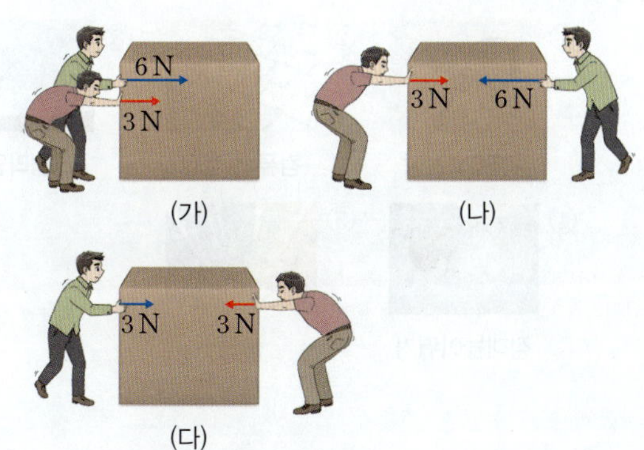

**08** 그림 (가)~(다)는 두 사람이 상자를 미는 모습을 나타낸 것이다.



상자에 작용하는 알짜힘의 크기를 옳게 비교한 것은? (단, 마찰은 무시한다.)

① (가) > (나) > (다)　　② (가) = (나) > (다)
③ (나) > (가) > (다)　　④ (나) = (다) > (가)
⑤ (다) > (나) > (가)

**09** 나란하게 작용하는 두 힘이 평형을 이루는 조건을 보기에서 모두 고른 것은?

> **보기**
> ㄱ. 한 물체에 작용하는 두 힘의 크기가 같다.
> ㄴ. 두 물체에 각각 작용하는 두 힘의 크기가 같다.
> ㄷ. 한 물체에 작용하는 두 힘의 방향이 서로 반대 방향이다.

① ㄱ　　　② ㄴ　　　③ ㄱ, ㄷ
④ ㄴ, ㄷ　　　⑤ ㄱ, ㄴ, ㄷ

**C** 중력

**10** 중력에 대한 설명으로 옳은 것은?

① 중력의 단위는 kg(킬로그램)이다.
② 중력은 지구가 물체를 미는 힘이다.
③ 중력은 지구에서만 작용하는 힘이다.
④ 물체에 작용하는 중력의 크기를 무게라고 한다.
⑤ 지표면에서 떨어져 있는 물체에는 중력이 작용하지 않는다.

**11** 그림은 힘이 작용하여 나타나는 현상을 나타낸 것이다.

밑줄 친 현상이 나타나게 하는 힘은?

① 중력　　　② 마찰력　　　③ 탄성력
④ 부력　　　⑤ 자기력

**12** 그림과 같이 두 물체 (가), (나)를 지구 주위에서 가만히 놓았다.

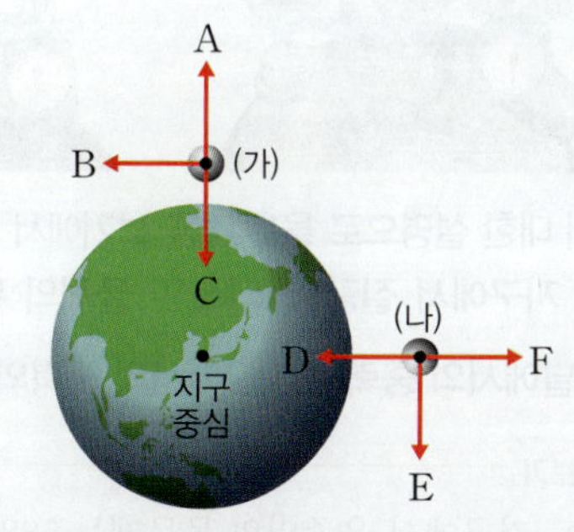


두 물체가 움직이는 방향을 옳게 짝 지은 것은?

|     | (가) | (나) |     | (가) | (나) |
| --- | --- | --- | --- | --- | --- |
| ① | A | D | ② | A | E |
| ③ | B | F | ④ | C | D |
| ⑤ | C | E |   |   |   |

**13** 무게와 질량에 대한 설명으로 옳은 것은?

① 무게는 윗접시저울로 측정한다.
② 질량은 장소에 따라 값이 달라진다.
③ 물체의 질량이 클수록 무게가 작다.
④ 질량의 단위로는 N(뉴턴)을 사용한다.
⑤ 물체에 작용하는 중력의 크기를 무게라고 한다.

**14** 표는 지구와 달에서 물체 A의 무게를 나타낸 것이다.

| 측정 장소 | 지구 | 달 |
|---|---|---|
| A의 무게 | 58.8 N | 9.8 N |

지구와 달에서의 A의 질량을 옳게 짝 지은 것은? (단, 지구에서 질량이 1 kg인 물체의 무게는 9.8 N이며, 달에서의 중력은 지구에서의 중력의 $\frac{1}{6}$이다.)

| | 지구 | 달 | | 지구 | 달 |
|---|---|---|---|---|---|
| ① | 1 kg | 1 kg | ② | 1 kg | 6 kg |
| ③ | 6 kg | 1 kg | ④ | 6 kg | 3 kg |
| ⑤ | 6 kg | 6 kg | | | |

**15** 그림과 같이 지구에서 질량이 60 kg인 우주인이 달에 갔다.

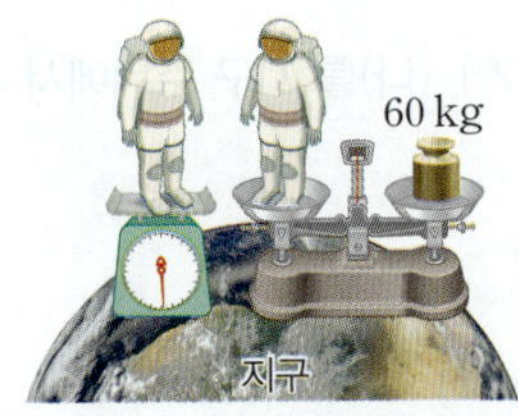
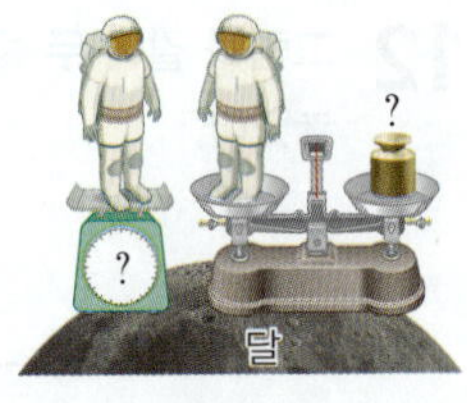


이에 대한 설명으로 옳은 것을 보기에서 모두 고른 것은? (단, 지구에서 질량이 1 kg인 물체의 무게는 9.8 N이며, 달에서의 중력은 지구에서의 중력의 $\frac{1}{6}$이다.)

> **보기**
> ㄱ. 지구에서 우주인의 몸무게는 588 N이다.
> ㄴ. 달에서 우주인의 몸무게는 98 N이다.
> ㄷ. 달에서 우주인의 질량은 60 kg이다.

① ㄱ        ② ㄷ        ③ ㄱ, ㄴ
④ ㄴ, ㄷ        ⑤ ㄱ, ㄴ, ㄷ



**16** 탄성과 탄성력에 대한 설명으로 옳은 것은?

① 탄성은 물체가 변형되려는 성질이다.
② 탄성력의 방향은 물체에 작용하는 힘의 방향과 같다.
③ 탄성력의 크기는 물체에 작용하는 힘의 크기보다 크다.
④ 물체의 모양이 많이 변할수록 탄성력의 크기가 작아진다.
⑤ 탄성력은 변형된 물체가 원래 모양으로 되돌아가려는 힘이다.

**17** 탄성력을 이용한 기구가 아닌 것은?

① 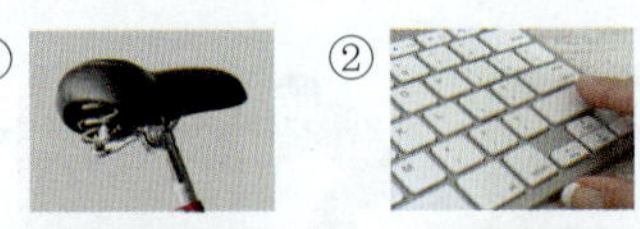
② 
③ 
자전거 안장        컴퓨터 자판        집라인

④ 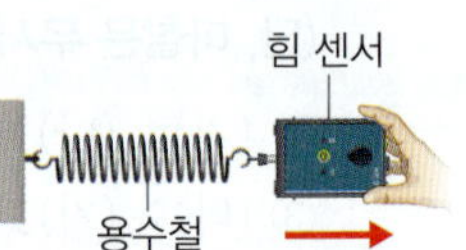
⑤
장대높이뛰기        볼펜

**18** 그림과 같이 용수철에 힘 센서를 연결하고 힘 센서를 천천히 당기면서 용수철이 늘어난 길이에 따라 힘 센서에 나타난 힘의 크기를 측정하였다. 측정 결과를 나타낸 그래프로 가장 적절한 것은?



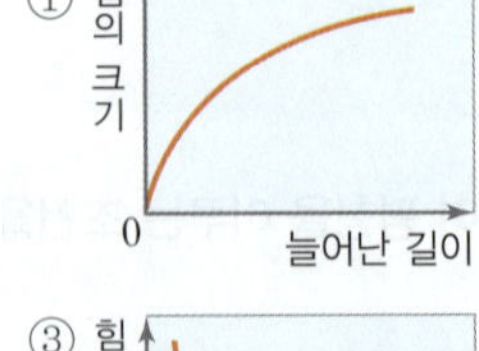
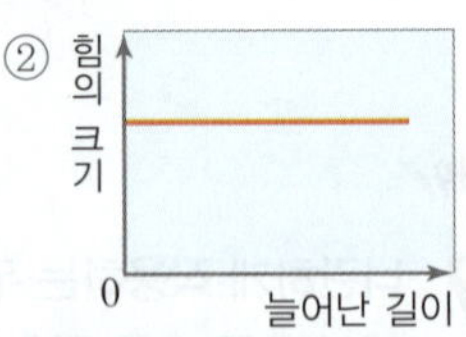
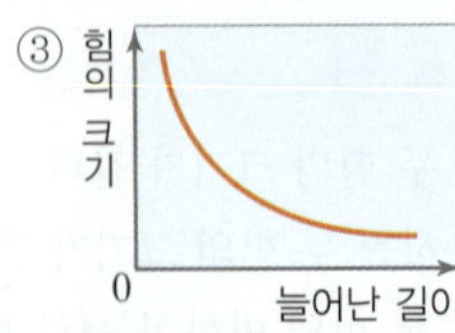
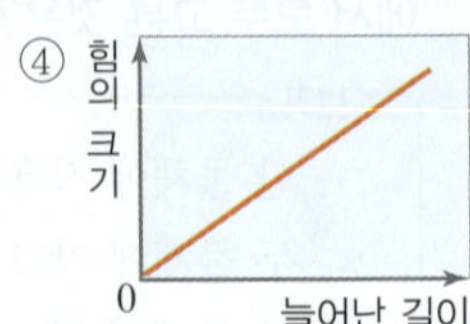
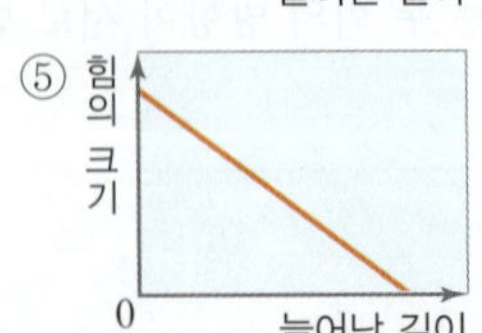

[19~20] 그림과 같이 힘 센서에 연결된 용수철을 5 cm만큼 잡아당겼더니 힘 센서에 10 N의 힘이 측정되었다.

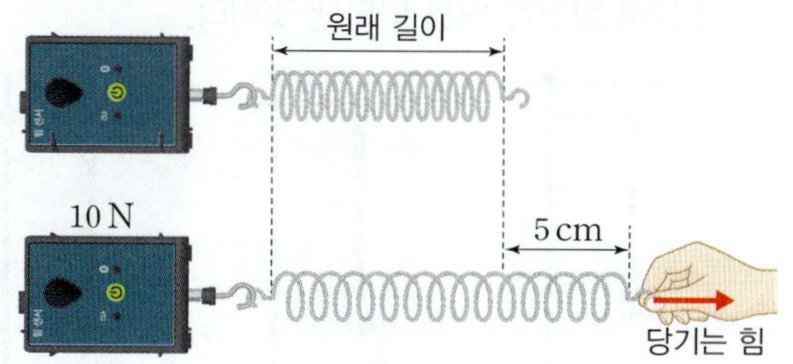



**19** 이에 대한 설명으로 옳은 것을 보기에서 모두 고른 것은?

> **보기**
> ㄱ. 힘 센서가 측정한 힘의 종류는 탄성력이다.
> ㄴ. 손이 용수철을 당기는 힘의 크기와 용수철의 탄성력의 크기는 같다.
> ㄷ. 손이 용수철을 당기는 힘과 용수철의 탄성력은 같은 방향으로 작용한다.

① ㄱ  ② ㄷ  ③ ㄱ, ㄴ
④ ㄴ, ㄷ  ⑤ ㄱ, ㄴ, ㄷ

**중요해!**
**20** 용수철을 10 cm만큼 잡아당겼을 때 탄성력의 크기와 방향을 옳게 짝 지은 것은?

| | 탄성력의 크기 | 탄성력의 방향 |
| --- | --- | --- |
| ① | 10 N | 오른쪽 |
| ② | 10 N | 왼쪽 |
| ③ | 20 N | 오른쪽 |
| ④ | 20 N | 왼쪽 |
| ⑤ | 30 N | 오른쪽 |

**E 마찰력**

**21** 마찰력에 대한 설명으로 옳지 <u>않은</u> 것은?

① 두 물체가 접촉해 있어야 작용한다.
② 물체의 무게가 무거울수록 크기가 작아진다.
③ 두 물체의 접촉면이 거칠수록 크기가 커진다.
④ 물체가 운동하는 방향과 반대 방향으로 작용한다.
⑤ 두 물체의 접촉면에서 물체의 운동을 방해하는 힘이다.

[22~23] 그림 (가), (나), (다)와 같이 다양한 조건에서 크기와 재질이 같은 나무 도막을 천천히 끌어당기면서 나무 도막이 움직이는 순간 용수철저울의 눈금을 측정하였다.

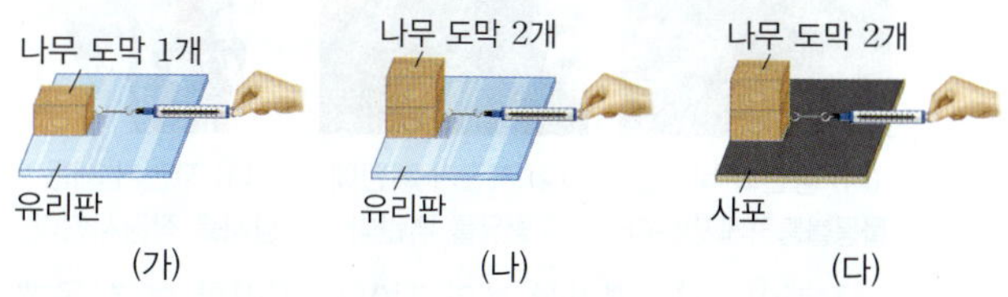



**22** 이에 대한 설명으로 옳은 것을 보기에서 모두 고른 것은?

> **보기**
> ㄱ. 용수철저울이 측정한 힘의 종류는 마찰력이다.
> ㄴ. (가)와 (나)의 결과를 비교하면 물체의 무게와 마찰력의 크기 관계를 알 수 있다.
> ㄷ. 접촉면의 거칠기에 따른 마찰력의 크기를 알아보려면 (가)와 (다)를 비교한다.

① ㄱ  ② ㄷ  ③ ㄱ, ㄴ
④ ㄴ, ㄷ  ⑤ ㄱ, ㄴ, ㄷ

**중요해!**
**23** 마찰력의 크기를 옳게 비교한 것은?

① (가) > (나) > (다)  ② (가) > (나) = (다)
③ (다) > (가) > (나)  ④ (다) > (가) = (나)
⑤ (다) > (나) > (가)

**24** 그림은 수평면에서 물체가 미끄러져 나아가다가 정지하는 모습을 나타낸 것이다.

물체가 미끄러지는 동안에 대한 설명으로 옳은 것은?

① 물체의 속력은 일정하게 빨라진다.
② 물체가 미끄러지는 방향이 변한다.
③ 물체에는 알짜힘이 작용하지 않는다.
④ 물체에 작용하는 힘들은 평형을 이룬다.
⑤ 물체가 미끄러지는 방향과 반대 방향으로 마찰력이 작용한다.

정답과 해설 3쪽

**25** 그림은 일상생활에서 마찰력의 크기를 다르게 하여 이용하는 예를 나타낸 것이다.

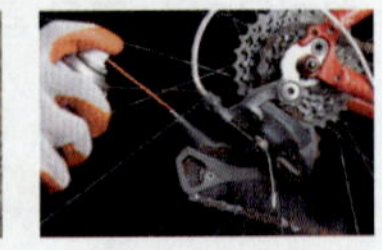

(가) 등산화 바닥을 울퉁불퉁하게 만든다. (나) 자전거 체인에 윤활유를 뿌린다. (다) 자전거 제동 장치를 작동시킨다.

마찰력이 커서 편리한 예와 작아서 편리한 예로 옳게 분류한 것은?

| | 마찰력이 커서 편리한 예 | 마찰력이 작아서 편리한 예 |
|---|---|---|
| ① | (가) | (나), (다) |
| ② | (다) | (가), (나) |
| ③ | (가), (나) | (다) |
| ④ | (가), (다) | (나) |
| ⑤ | (나), (다) | (가) |

---

**F** 부력

**26** 다음 설명에 해당하는 힘은?

> • 액체나 기체가 그 속에 있는 물체를 위로 밀어 올리는 힘이다.
> • 힘의 크기는 액체나 기체에 잠긴 물체의 부피가 클수록 크다.

① 중력 ② 탄성력 ③ 마찰력
④ 부력 ⑤ 추진력

**27** 그림과 같이 수조에 물을 채운 뒤 물속에서 고무공을 잡은 채 가만히 있었다. 고무공을 잡고 있던 손을 놓았을 때에 대한 설명으로 옳은 것은?

① 부력에 의해 공이 위로 떠오른다.
② 탄성력에 의해 공이 위로 떠오른다.
③ 중력에 의해 공이 아래로 가라앉는다.
④ 힘이 작용하지 않아 공이 처음 위치에 머물러 있다.
⑤ 부력과 중력이 동시에 작용하여 공이 위아래로 왕복한다.

---

**28** 그림 (가)는 용수철저울에 매달린 추가 물에 잠기기 전, (나)는 추가 물에 절반 정도 잠겼을 때, (다)는 추가 물에 완전히 잠겼을 때를 나타낸 것이다.

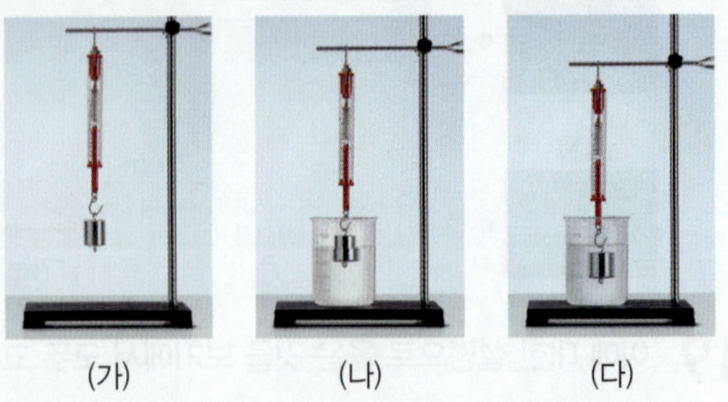

(가) (나) (다)

추에 작용하는 부력의 크기를 옳게 비교한 것은?

① (가)>(나)>(다) ② (가)>(다)>(나)
③ (다)=(나)>(가) ④ (다)>(나)=(가)
⑤ (다)>(나)>(가)

**29** 그림 (가)는 물체 A가 용수철저울에 매달려 정지해 있는 모습을, (나)는 (가)의 A를 물에 넣었을 때 A가 물 속에서 정지해 있는 모습을 나타낸 것이다. (가)와 (나)에서 용수철저울로 측정한 힘의 크기는 각각 40 N, 30 N이다.

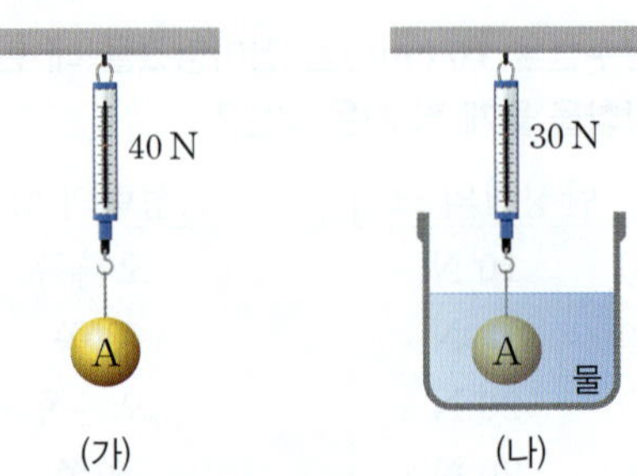


(나)에서 A에 작용하는 부력의 크기는?

① 10 N ② 30 N ③ 40 N
④ 50 N ⑤ 70 N

**30** 그림과 같이 튜브를 물에 띄우는 힘과 같은 힘을 사용하는 경우가 아닌 것은?

① 놀이공원의 헬륨 풍선
② 하늘로 올라가는 풍등
③ 바다에 떠 있는 화물선
④ 해녀가 바다에서 잠시 쉴 때 이용하는 테왁
⑤ 장대높이뛰기를 할 때 이용하는 긴 장대

**01** 표는 어떤 물체의 무게를 여러 천체에서 측정한 값을 나타낸 것이다. (단, 지구에서 질량이 1 kg인 물체의 무게는 9.8 N이다.)

| 천체 | 화성 | 지구 | 달 |
|---|---|---|---|
| 무게(N) | 37 | 98 | 16 |

(1) 이 물체의 질량을 구하시오.

↘ 지구에서 물체의 무게는 '9.8×(         )'이므로, 이 물체의 질량은 (         ) kg이다.

(2) 같은 물체라도 천체마다 무게가 다른 까닭을 서술하시오.

_______________________________

_______________________________

**02** 그림과 같이 용수철에 힘 센서를 연결하고 3 cm만큼 잡아당겼더니 힘 센서에 5 N의 힘이 측정되었다.

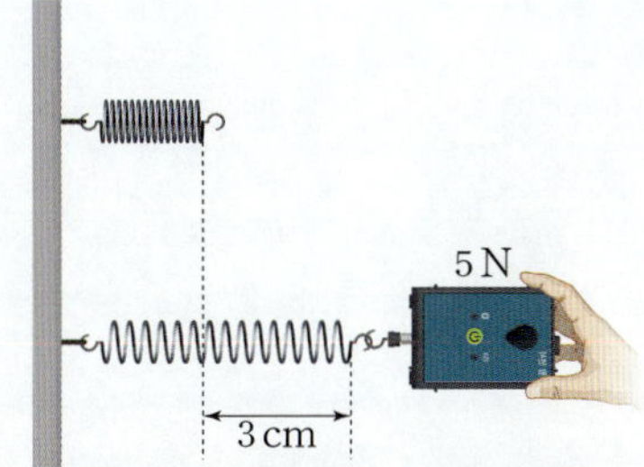


(1) 이 용수철을 3 cm만큼 잡아당길 때 용수철에 작용하는 탄성력의 크기를 쓰시오.

↘ 힘 센서가 측정하는 힘의 종류는 (         )이므로 탄성력의 크기는 (         ) N이다.

(2) 이 용수철을 6 cm만큼 잡아당길 때 용수철에 작용하는 탄성력의 크기를 쓰고, 탄성력의 크기를 알아낼 수 있는 까닭을 서술하시오.

_______________________________

_______________________________

**03** 그림과 같이 빗면의 같은 높이에서 병뚜껑을 가만히 놓았더니 병뚜껑이 사포보다 유리판 위에서 더 긴 거리를 미끄러졌다.

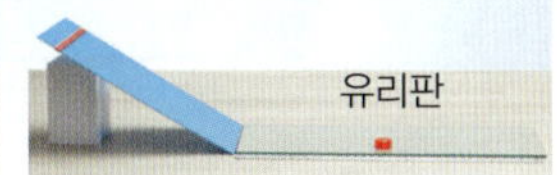


(1) 이 실험 결과로 알 수 있는 사실을 서술하시오.

↘ 두 물체의 접촉면에서 물체의 운동을 방해하는 힘인 (         )의 크기는 접촉면이 거칠수록 (         ).

(2) 이 실험 결과와 관련지어 눈이 많이 오는 날 교통사고가 많이 일어나는 까닭을 서술하시오.

_______________________________

_______________________________

**04** 그림은 배가 다리 밑을 지나가는 모습을 나타낸 것이다.

(1) 배의 윗부분이 다리에 닿지 않고 지나가는 방법을 배의 무게와 관련지어 서술하시오.

↘ 배의 무게가 더 (         ) 다리에 닿지 않고 지나갈 수 있다.

_______________________________

(2) (1)과 같이 생각한 까닭을 다음 단어를 모두 사용하여 서술하시오.

| 중력 | 부력 | 힘의 평형 |
|---|---|---|

_______________________________

_______________________________

**01** 그림은 교사와 학생의 온라인 대화창을 나타낸 것이다.

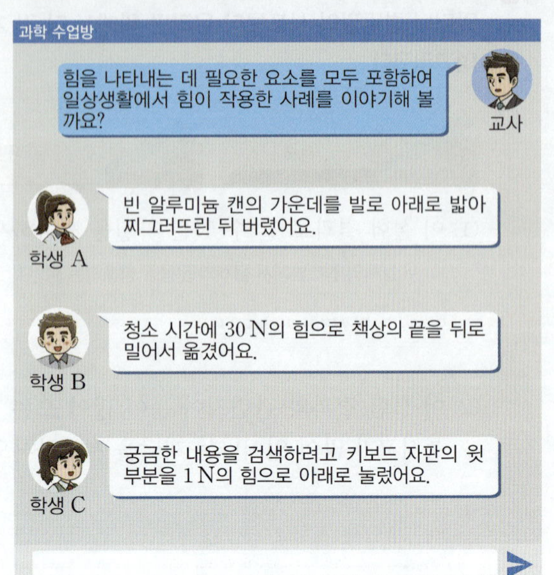


교사의 질문에 답변한 내용이 옳은 학생을 모두 고른 것은?

① A ② C ③ A, B
④ B, C ⑤ A, B, C

**02** 그림은 지구에서 무게가 147 N인 물체 A와 달에서 무게가 147 N인 물체 B를 나타낸 것이다.

이에 대한 설명으로 옳은 것을 보기에서 모두 고른 것은? (단, 지구에서 질량이 1 kg인 물체의 무게는 9.8 N이고, 달에서의 중력은 지구에서의 중력의 $\frac{1}{6}$이다.)

> **보기**
> ㄱ. 지구가 A를 당기는 힘의 크기는 147 N이다.
> ㄴ. 달에서의 무게는 A가 B의 6배이다.
> ㄷ. A와 B의 질량은 같다.

① ㄱ ② ㄴ ③ ㄱ, ㄴ
④ ㄱ, ㄷ ⑤ ㄴ, ㄷ

[03~04] 그림 (가)는 원래 길이가 10 cm인 용수철에 연결한 힘 센서를 천천히 잡아당기면서 용수철이 늘어난 길이를 측정하는 모습을 나타낸 것이고, (나)는 용수철이 늘어난 길이에 따른 힘 센서의 측정값을 나타낸 것이다.

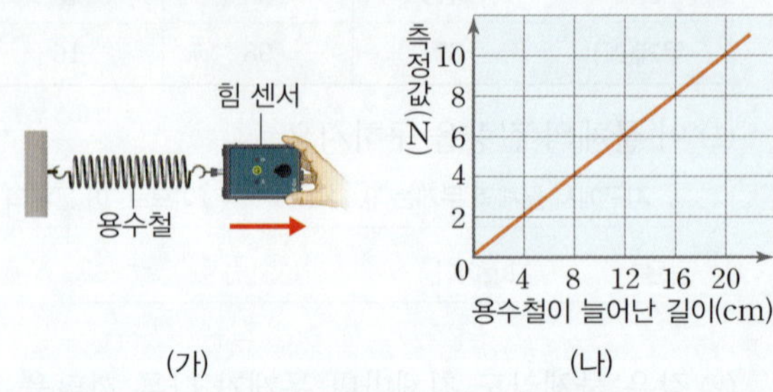


**03** 이에 대한 설명으로 옳은 것을 보기에서 모두 고른 것은?

> **보기**
> ㄱ. (가)에서 힘 센서에 작용하는 알짜힘은 0이다.
> ㄴ. (가)에서 힘 센서가 측정하는 힘의 종류는 탄성력이다.
> ㄷ. 용수철의 탄성력의 크기는 용수철이 늘어난 길이에 비례한다.

① ㄱ ② ㄷ ③ ㄱ, ㄴ
④ ㄴ, ㄷ ⑤ ㄱ, ㄴ, ㄷ

**04** (가)의 용수철을 그림과 같이 천장에 건 뒤 어떤 물체를 매달았더니 용수철의 전체 길이가 20 cm가 되었다.

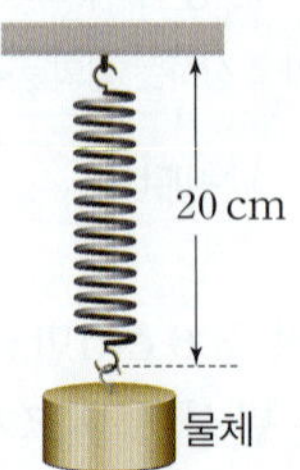


용수철에 매단 물체의 무게는?

① 5 N ② 7.5 N ③ 10 N
④ 12.5 N ⑤ 15 N

**05** 그림과 같이 두 사람이 한 물체에 오른쪽으로 각각 300 N, 200 N의 힘을 작용하였지만 물체가 움직이지 않았다. 이에 대한 설명으로 옳은 것을 보기에서 모두 고른 것은?

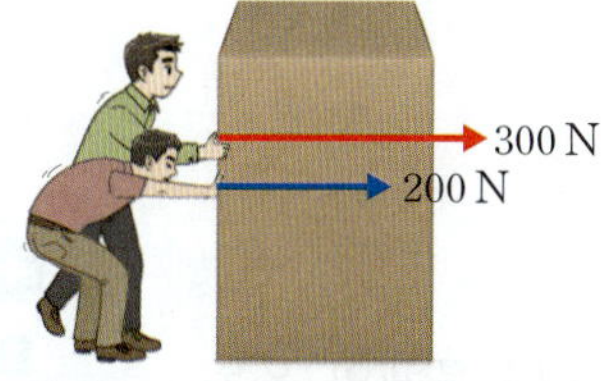


> **보기**
> ㄱ. 물체에 작용하는 알짜힘은 500N이다.
> ㄴ. 물체에 작용하는 마찰력의 크기는 500N이다.
> ㄷ. 물체에 작용하는 마찰력의 방향은 두 힘의 방향과 같다.

① ㄱ      ② ㄴ      ③ ㄱ, ㄷ
④ ㄴ, ㄷ      ⑤ ㄱ, ㄴ, ㄷ

**06** 다음은 철수가 마찰력의 크기를 알아보기 위해 수행한 실험이다.

> **[실험 과정]**
> (가) 그림과 같이 바닥에 나무 도막 1개를 올려놓고 용수철저울을 건 뒤, 용수철저울을 천천히 당겨 물체가 움직이기 시작하는 순간 용수철저울의 눈금을 측정한다.
>
> 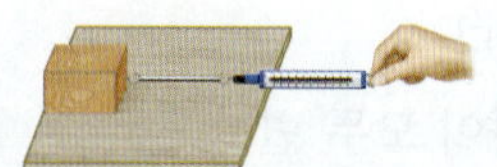
>
> (나) 나무 도막 1개를 더 올려놓고 과정 (가)를 반복한다.
> (다) 바닥에 사포를 깔고 과정 (가)를 반복한다.
>
> **[실험 결과]**
>
> | 과정 | (가) | (나) | (다) |
> | --- | --- | --- | --- |
> | 측정 값 | 2 N | 4 N | 3.5 N |
>
> **[실험 결론]**
> • (가)와 (나): 마찰력의 크기는    ㉠    크다.
> • (가)와 (다): 마찰력의 크기는 접촉면이 거칠수록    ㉡    .

이에 대한 설명으로 옳은 것을 보기에서 모두 고른 것은?

> **보기**
> ㄱ. 용수철저울이 측정하는 힘은 마찰력이다.
> ㄴ. '물체의 무게가 무거울수록'은 ㉠으로 적절하다.
> ㄷ. ㉡은 '작다'이다.

① ㄱ      ② ㄷ      ③ ㄱ, ㄴ
④ ㄴ, ㄷ      ⑤ ㄱ, ㄴ, ㄷ

**07** 그림과 같이 부피가 같은 물체 A, B가 물속에 잠겨 있다. A는 물속에 떠 있고, B는 바닥에 가라앉아 있다. 이에 대한 설명으로 옳은 것을 보기에서 모두 고른 것은?

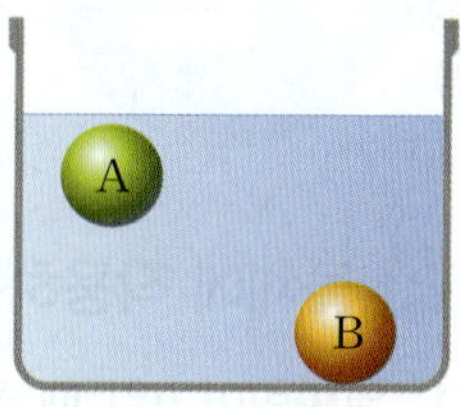


> **보기**
> ㄱ. A에 작용하는 부력과 중력의 크기가 같다.
> ㄴ. A보다 B에 작용하는 부력의 크기가 작다.
> ㄷ. A보다 B에 작용하는 중력의 크기가 크다.

① ㄴ      ② ㄷ      ③ ㄱ, ㄷ
④ ㄴ, ㄷ      ⑤ ㄱ, ㄴ, ㄷ

**08** 다음은 용수철을 이용한 부력 측정 실험이다.

> (가) 원래 길이가 10 cm인 용수철에 물체 A를 매달았더니 용수철의 길이가 12 cm가 되었다.
> (나) A 아래에 부피가 A의 2배인 물체 B를 실로 매달고, B만 물에 잠기게 했더니 용수철의 길이가 16 cm가 되었다.
> (다) A, B를 모두 물에 잠기게 했더니 용수철의 길이가 15.5 cm가 되었다.
> (라) (나)에서 A와 B의 위치를 바꿔 달고, A만 물에 잠기게 했더니 용수철의 길이가 ㉠ cm가 되었다.
>
> 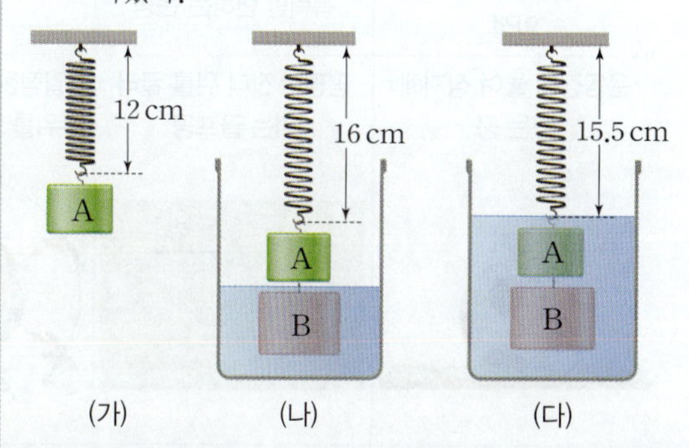
> 

이에 대한 설명으로 옳은 것을 보기에서 모두 고른 것은? (단, 실의 질량과 부피는 무시한다.)

> **보기**
> ㄱ. (가)에서 A 대신 B만 매달면 용수철이 늘어난 길이는 5 cm이다.
> ㄴ. (다)에서 물체에 작용하는 부력의 크기는 B가 A의 2배이다.
> ㄷ. (라)에서 ㉠은 16.5이다.

① ㄱ      ② ㄴ      ③ ㄱ, ㄷ
④ ㄴ, ㄷ      ⑤ ㄱ, ㄴ, ㄷ

# 02 힘과 운동



## A 물체에 작용하는 힘과 운동 ❶

**1. 알짜힘이 0일 때 물체의 운동**  물체에 작용하는 알짜힘이 0이면 물체의 운동 상태는 변하지 않고 유지된다.
① 정지해 있는 물체의 경우: 정지해 있는 물체는 계속 정지해 있다.
② 운동하는 물체의 경우: 운동하는 물체는 일정한 방향과 속력으로 계속 운동한다.

| 정지해 있는 물체 | 운동하는 물체 |
| --- | --- |
| 정지 | |
| 마찰이 없는 수평면에 정지해 있는 자동차는 계속 정지해 있다. | 마찰이 없는 수평면에서 운동하는 자동차는 일정한 방향과 속력으로 계속 운동한다. |

**2. 알짜힘이 0이 아닐 때 물체의 운동**  물체에 알짜힘이 작용하면 물체의 운동 상태가 변한다. ✔ 꽉 잡아! 개념 32쪽
① 운동 방향과 알짜힘의 방향이 나란한 경우: 속력만 변한다. ❷
② 운동 방향과 알짜힘의 방향이 수직인 경우: 운동 방향만 변한다.
③ 운동 방향과 알짜힘의 방향이 비스듬한 경우: 속력과 운동 방향이 모두 변한다.

**3. 물체에 작용하는 알짜힘에 따른 물체의 운동 상태의 예 ❸**

| 알짜힘이 0일 때 | 알짜힘이 0이 아닐 때 | | |
| --- | --- | --- | --- |
| 속력과 운동 방향이 일정 | 속력만 변하는 운동 | 운동 방향만 변하는 운동 | 속력과 운동 방향이 모두 변하는 운동 |
| 운동장에 놓여 정지해 있는 공 | 평평한 잔디 위를 굴러가는 골프공 | 일정한 속력으로 지구 주위를 도는 인공위성 ❹ | 골대를 향해 비스듬히 던져 올린 농구공 ❺ |
| 정지 | 운동 방향 / 마찰력 | 중력 / 운동 방향 | 운동 방향 / 중력 |
| 컨베이어 벨트 위에서 이동하는 상자 | 빗면을 내려오는 스키 점프 선수 | 회전하는 시곗바늘 | 비스듬히 쏘아 올린 물줄기 |
| 무빙워크 | 자이로드롭 | 대관람차 | 바이킹 |

**A 물체에 작용하는 알짜힘과 운동**

- 운동 방향과 알짜힘의 방향이 나란한 경우: 물체의 ㅅㄹ 만 변한다.
- 운동 방향과 알짜힘의 방향이 수직인 경우: 물체의 ㅇㄷㅂㅎ 만 변한다.
- 운동 방향과 알짜힘의 방향이 ㅂㅅㄷ 한 경우: 물체의 속력과 운동 방향이 모두 변한다.

**1** 물체에 작용하는 힘과 운동에 대한 설명이다. ( ) 안에 알맞은 말을 고르시오.

(1) 물체에 알짜힘이 작용하면 물체의 운동 상태는 ( 변한다 , 변하지 않는다 ).

(2) 물체의 운동 방향과 같은 방향으로 알짜힘이 작용하면 ( 속력 , 운동 방향 ) 만 변하는 운동을 한다.

(3) 물체의 운동 방향과 ( 수직인 , 비스듬한 ) 방향으로 알짜힘이 작용하면 운동 방향만 변하는 운동을 한다.

(4) 운동하는 물체에 작용하는 알짜힘이 0이면 물체의 속력은 ( 일정하게 감소한다 , 일정하다 , 일정하게 증가한다 ).

**2** 그림은 마찰이 없는 수평면에서 일정한 속력으로 운동하던 물체에 힘이 작용할 때 물체의 속력이 점점 감소하다가 정지하는 모습을 나타낸 것이다. 물체에 작용하는 힘의 방향을 그림에 화살표로 나타내시오. (단, •은 힘의 작용점이다.)

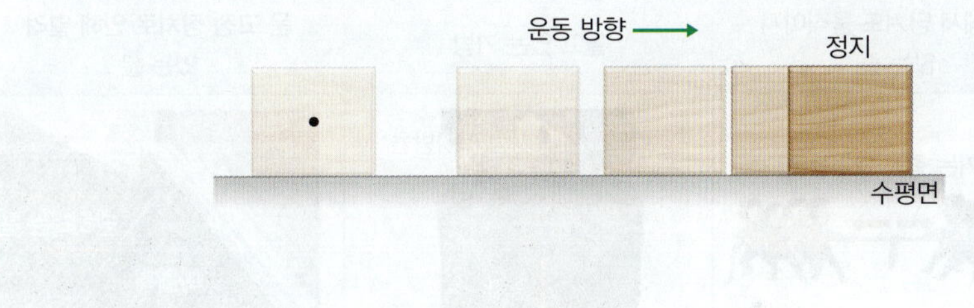


**3** 놀이공원에 있는 여러 놀이기구와 운동 상태 변화를 선으로 연결하시오.

(1)

대관람차

• ⓐ 속력만 변한다.

(2)

바이킹

• ⓑ 운동 방향만 변한다.

(3)

자이로드롭

• ⓒ 속력과 운동 방향이 모두 변한다.

## 02 힘과 운동

### B 여러 가지 힘의 평형

**1. 힘이 평형을 이룰 때 물체의 운동**  한 물체에 작용하는 여러 힘이 평형을 이루어 알짜힘이 0이면 물체의 운동 상태는 변하지 않고 유지된다.

① 정지해 있는 물체의 경우: 정지해 있는 물체는 계속 정지해 있다.

② 운동하는 물체의 경우: 운동하는 물체는 일정한 방향과 속력으로 계속 운동한다.

| 정지해 있는 물체 | 운동하는 물체 |
| --- | --- |
|  |  |
| 정지해 있는 물체를 당길 때, 당기는 힘과 마찰력이 평형을 이루면 물체는 계속 정지해 있다. | 운동하는 물체를 당길 때, 당기는 힘과 마찰력이 평형을 이루면 물체는 일정한 방향과 속력으로 운동한다. |

### 2. 두 힘이 평형을 이루는 예

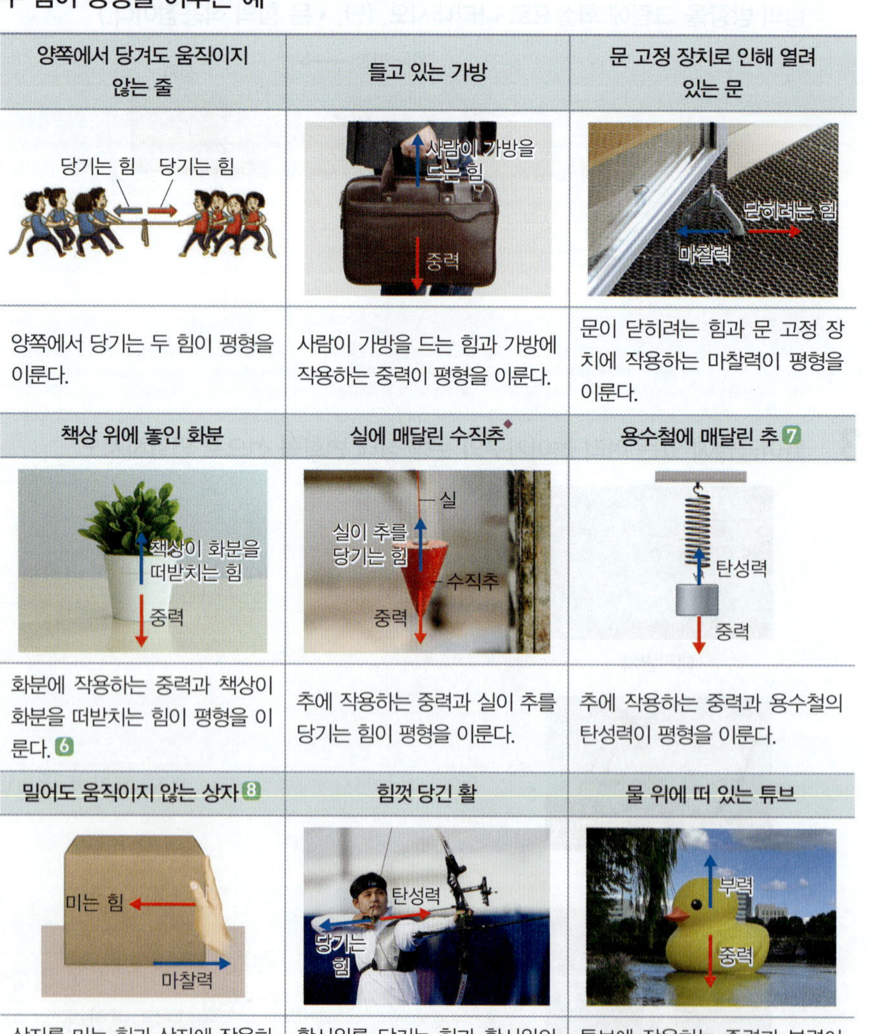



| 양쪽에서 당겨도 움직이지 않는 줄 | 들고 있는 가방 | 문 고정 장치로 인해 열려 있는 문 |
| --- | --- | --- |
| 양쪽에서 당기는 두 힘이 평형을 이룬다. | 사람이 가방을 드는 힘과 가방에 작용하는 중력이 평형을 이룬다. | 문이 닫히려는 힘과 문 고정 장치에 작용하는 마찰력이 평형을 이룬다. |
| **책상 위에 놓인 화분** | **실에 매달린 수직추** | **용수철에 매달린 추 ❼** |
| 화분에 작용하는 중력과 책상이 화분을 떠받치는 힘이 평형을 이룬다. ❻ | 추에 작용하는 중력과 실이 추를 당기는 힘이 평형을 이룬다. | 추에 작용하는 중력과 용수철의 탄성력이 평형을 이룬다. |
| **밀어도 움직이지 않는 상자 ❽** | **힘껏 당긴 활** | **물 위에 떠 있는 튜브** |
| 상자를 미는 힘과 상자에 작용하는 마찰력이 평형을 이룬다. | 활시위를 당기는 힘과 활시위의 탄성력이 평형을 이룬다. | 튜브에 작용하는 중력과 부력이 평형을 이룬다. |



---

**➕ 보충**

**❻ 바닥면이 물체를 떠받치는 힘**

물체가 놓인 바닥면에 수직인 방향으로 작용한다.

**❼ 힘의 평형을 이용한 무게 측정 원리**

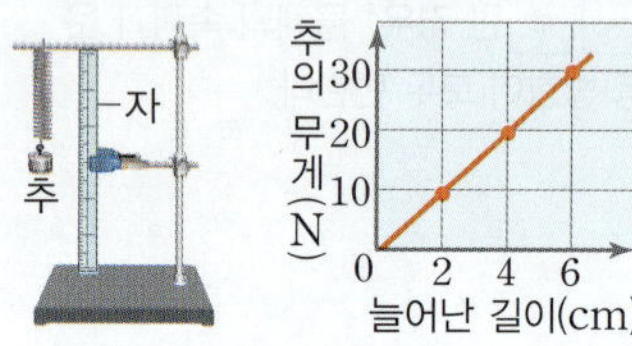


추에 작용하는 중력(무게)과 용수철의 탄성력의 크기는 같다.

↓

용수철의 탄성력은 용수철이 늘어난 길이에 비례한다.

↓

용수철이 늘어난 길이를 측정하여 매단 추의 무게를 알 수 있다.
⟮예⟯ 용수철이 늘어난 길이가 4 cm라면 매단 추의 무게는 20 N이다.

**❽ 밀어도 움직이지 않는 상자에 작용하는 힘의 평형**

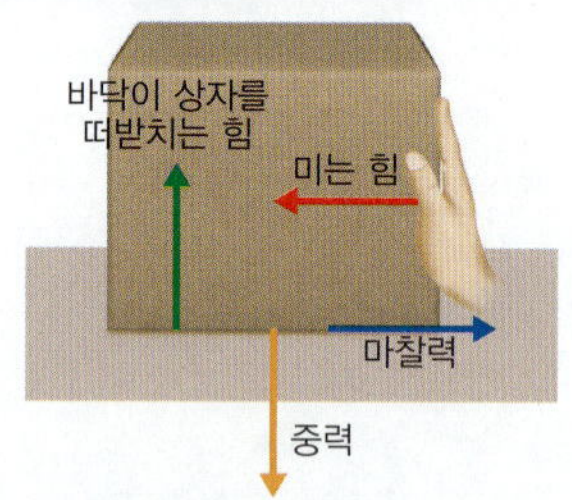


• 수직 방향의 힘의 평형: 상자에 작용하는 중력과 바닥이 상자를 떠받치는 힘이 평형을 이룬다.
• 수평 방향의 힘의 평형: 상자를 미는 힘과 상자에 작용하는 마찰력이 평형을 이룬다.

**⟩ 용어**

◆ **수직추(垂 드리우다, 直 곧다, 錘 저울추)** 공중에서 늘어뜨린 가는 줄에 매단 작은 추로, 가는 줄이 중력에 의해 지구 중심 방향을 가리키므로 수평면이나 연직선을 확인할 때 사용한다.

---

**초성 퀴즈**

**B 여러 가지 힘의 평형**

- 한 물체에 작용하는 여러 힘이 ㅍ ㅎ 을 이루어 알짜힘이 0이면 물체의 운동 상태가 유지된다.

- 책상 위에 놓인 화분: ㅈ ㄹ 과 책상이 화분을 떠받치는 힘이 평형을 이룬다.

- 물 위에 떠 있는 튜브: 중력과 ㅂ ㄹ 이 평형을 이룬다.

---

**4** 물체에 작용하는 힘과 운동에 대한 설명으로 옳은 것은 ○, 옳지 <u>않은</u> 것은 ×로 표시하시오.

(1) 힘의 평형을 이루는 물체에 작용하는 알짜힘은 0이다. ·········· (　　)

(2) 지구 주위를 일정한 속력으로 공전하는 인공위성에 작용하는 알짜힘은 0이다. ·········· (　　)

(3) 용수철저울에 매달려 정지해 있는 추에 작용하는 중력과 탄성력은 평형을 이룬다. ·········· (　　)

(4) 수평면에서 수레를 밀다가 놓았을 때 수레의 속력이 느려지는 까닭은 수레에 힘이 작용하지 않기 때문이다. ·········· (　　)

(5) 바닥에 놓인 상자를 당겨도 상자가 움직이지 않는 까닭은 상자에 작용하는 마찰력의 크기가 상자를 당기는 힘의 크기보다 크기 때문이다. ··· (　　)

**5** 다음은 책상 위에 놓인 화분에 작용하는 힘에 대한 설명이다. (　　) 안에 알맞은 말을 쓰시오.

- 화분에 작용하는 중력과 ㉠(　　　　　　　) 이/가 서로 평형을 이룬다.

- 화분에 작용하는 두 힘은 크기가 같고, 방향은 서로 ㉡(　　　　) 방향이다.

**6** 물체에 작용하는 두 힘이 평형을 이룰 때 물체에 일어날 수 있는 변화를 보기에서 모두 고르시오.

┌ 보기 ┐

ㄱ. 물체의 운동 방향이 변한다.

ㄴ. 운동하던 물체가 정지한다.

ㄷ. 정지한 물체는 계속 정지해 있다.

**7** 다음은 여러 가지 상황에서 두 힘이 평형을 이루고 있는 예이다. (　　) 안에 알맞은 힘의 종류를 쓰시오.

(1) 책상을 미는 힘과 (　　　　)이 평형을 이루고 있어 책상을 밀어도 움직이지 않는다.

(2) 튜브에 작용하는 중력과 (　　　　)이 평형을 이루고 있어 튜브가 물에 떠 있을 수 있다.

(3) 번지 점프 줄에 매달려 있는 사람에 작용하는 중력과 (　　　　)이 평형을 이루어 사람이 정지해 있다.

# 알짜힘이 0이 아닐 때 물체의 운동 정리하기

물체에 작용하는 알짜힘이 0이 아닐 때 물체의 운동 방향과 알짜힘의 방향에 따라 물체의 운동 상태가
어떻게 변하는지 자세하게 정리해 보자.

미끄럼대에서 탁구공을 굴린 뒤 휴대용 선풍기로 탁구공에 바람을 불어 줄 때
바람의 방향에 따라 탁구공의 운동 상태가 어떻게 달라지는지 관찰한다.

**잠깐**

| | |
|---|---|
| 속력이 점점 빨라지는 운동의 예 | 빗면을 내려오는 공, 자이로드롭, 높은 곳에서 떨어뜨린 공 등 |
| 속력이 점점 느려지는 운동의 예 | 운동장을 굴러가는 공, 연직 위로 던져 올린 공, 브레이크를 밟은 자동차 등 |
| 운동 방향만 변하는 운동의 예 | 지구 주위를 도는 인공위성, 대관람차, 회전목마 등 |
| 속력과 운동 방향이 모두 변하는 운동의 예 | 비스듬히 던져 올린 농구공, 바이킹, 그네 등 |

## ① 운동 방향과 알짜힘의 방향이 나란할 때 물체의 운동 상태 변화

| 구분 | 운동 방향과 힘의 방향이 같을 때 | 운동 방향과 힘의 방향이 반대일 때 |
|---|---|---|
| 물체의 모습 | 힘 → 　 운동 방향 → | 힘 ← 　 운동 방향 → |
| 속력 | 속력이 점점 빨라진다. | 속력이 점점 느려진다. |
| 운동 방향 | 운동 방향이 일정하다. | |

↓

> 운동 방향과 알짜힘의 방향이 나란하면 물체의 속력만 변한다.

## ② 운동 방향과 알짜힘의 방향이 나란하지 않을 때 물체의 운동 상태 변화

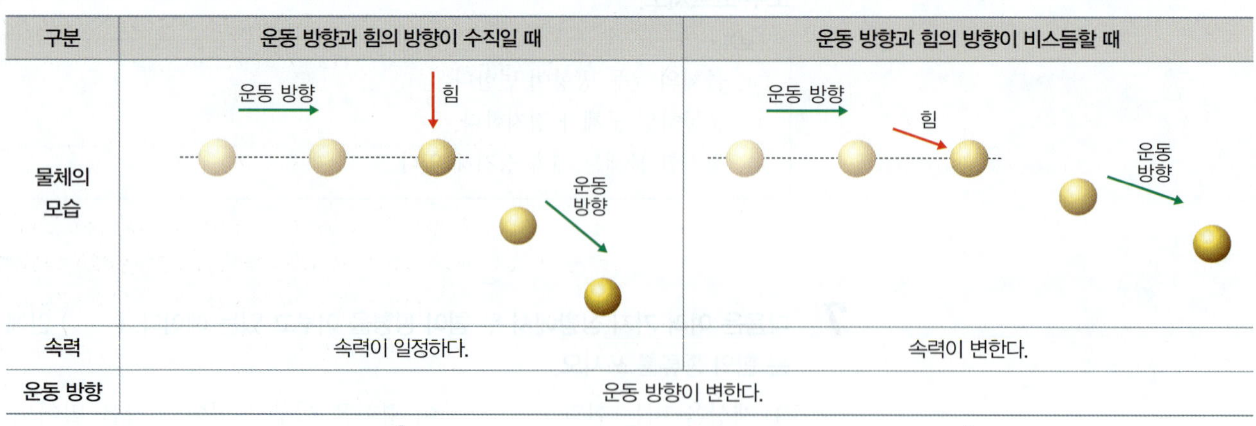

| 구분 | 운동 방향과 힘의 방향이 수직일 때 | 운동 방향과 힘의 방향이 비스듬할 때 |
|---|---|---|
| 물체의 모습 | 운동 방향 → 　 힘 ↓ 　 운동 방향 ↘ | 운동 방향 → 　 힘 ↘ 　 운동 방향 ↘ |
| 속력 | 속력이 일정하다. | 속력이 변한다. |
| 운동 방향 | 운동 방향이 변한다. | |

↓ 　　　　　　　　　　　↓

> 운동 방향과 알짜힘의 방향이 수직이면 물체의 운동 방향만 변한다.

> 운동 방향과 알짜힘의 방향이 비스듬하면 물체의 속력과 운동 방향이 모두 변한다.

# 힘과 운동에서 잘 나오는 자료&보기

시험에 잘 나오는 자료와 보기를 살펴보고, 내가 알고 있는 옳은 보기가 있다면 추가해 보자.

## A 물체에 작용하는 힘과 운동

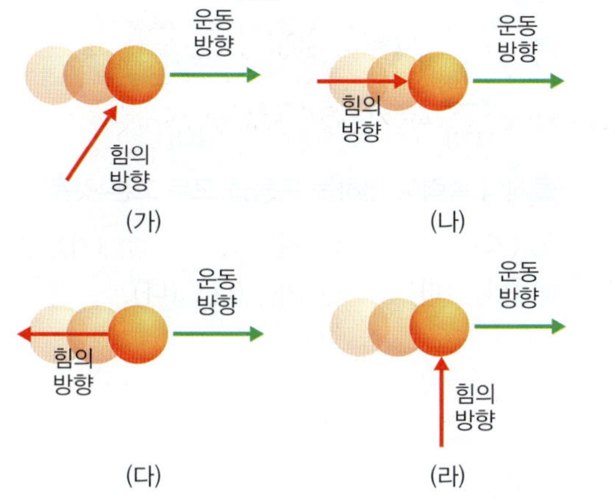


### 옳은 보기

ㄱ. 물체에 (가)와 같이 힘이 작용하는 경우 물체는 속력과 운동 방향이 모두 변하는 운동을 한다.

ㄴ. 물체에 (나)와 같이 힘이 작용하는 경우 물체는 속력만 변하는 운동을 한다.

ㄷ. (나)와 같이 물체의 운동 방향과 같은 방향으로 힘이 작용하면 물체의 속력이 증가한다.

ㄹ. 물체에 (다)와 같이 힘이 작용하는 경우 물체는 속력만 변하는 운동을 한다.

ㅁ. (다)와 같이 물체의 운동 방향과 반대 방향으로 힘이 작용하면 물체의 속력이 감소한다.

ㅂ. 물체에 (라)와 같이 힘이 작용하는 경우 물체는 운동 방향만 변하는 운동을 한다.

ㅅ. 물체에 (라)와 같이 힘이 작용하는 경우 물체의 속력은 일정하다.

ㅇ. 왕복 운동하는 그네에 작용하는 힘의 방향은 (가)와 같다.

ㅈ. 빗면을 내려오는 수레에 작용하는 힘의 방향은 (나)와 같다.

ㅊ. 연직 위로 던진 공이 올라가는 동안 공에 작용하는 힘의 방향은 (다)와 같다.

ㅋ. 브레이크를 밟은 자동차에 작용하는 힘의 방향은 (다)와 같다.

ㅌ. 지구 주위를 일정한 속력으로 도는 인공위성에 작용하는 힘의 방향은 (라)와 같다.

ㅍ. (가)~(라) 중 물체의 속력만 변하는 운동은 (나), (다)이다.

ㅎ. (가)~(라) 중 물체의 속력과 운동 방향이 모두 변하는 운동은 (가)이다.

## B 여러 가지 힘의 평형

(가)　　　　　(나)

### 옳은 보기

ㄱ. (가)와 (나)에서 물체에 작용하는 알짜힘은 0이다.

ㄴ. (가)와 (나)에서 물체의 운동 상태는 변하지 않는다.

ㄷ. (가)와 (나)에서 물체에는 중력이 아래 방향으로 작용한다.

ㄹ. 화분에는 책상이 화분을 떠받치는 힘이 위 방향으로 작용한다.

ㅁ. 화분에 작용하는 중력과 책상이 화분을 떠받치는 힘의 크기는 같다.

ㅂ. 화분에 작용하는 중력과 책상이 화분을 떠받치는 힘의 방향은 반대이다.

ㅅ. 화분에 작용하는 중력과 책상이 화분을 떠받치는 힘은 평형을 이룬다.

ㅇ. 튜브에는 부력이 위 방향으로 작용한다.

ㅈ. 튜브에 작용하는 중력과 튜브의 부력의 크기는 같다.

ㅊ. 튜브에 작용하는 중력과 튜브의 부력의 방향은 반대이다.

ㅋ. 튜브에 작용하는 중력과 튜브의 부력은 힘의 평형을 이룬다.

### 나만의 노트

**A** 물체에 작용하는 힘과 운동

**01** 그림 (가), (나), (다)는 여러 가지 물체의 운동을 나타낸 것이다.

(가) 일정한 속력으로 직선 운동하는 자동차　(나) 속력과 운동 방향이 변하는 바이킹　(다) 일정한 속력으로 원운동하는 대관람차

운동 상태가 변하는 것을 모두 고른 것은?

① (가)　　② (다)　　③ (가), (나)
④ (나), (다)　　⑤ (가), (나), (다)

중요해!

**02** 그림 (가)는 자유 낙하하는 물체, (나)는 일정한 속력으로 원운동하는 물체, (다)는 수평으로 던진 물체의 운동을 각각 일정한 시간 간격으로 나타낸 것이다.

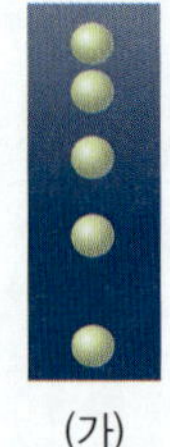 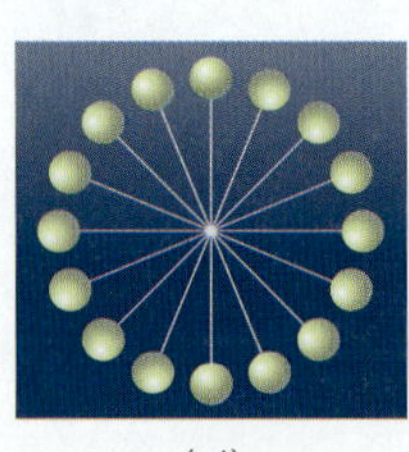 

(가)　　　　(나)　　　　(다)

물체의 운동에 대한 설명으로 옳은 것을 보기에서 모두 고른 것은?

> **보기**
> ㄱ. (가)에서 속력이 일정한 운동을 한다.
> ㄴ. (나)에서 운동 방향이 변하는 운동을 한다.
> ㄷ. (다)에서 속력과 운동 방향이 모두 변하는 운동을 한다.

① ㄱ　　② ㄷ　　③ ㄱ, ㄴ
④ ㄴ, ㄷ　　⑤ ㄱ, ㄴ, ㄷ

**03** 그림 (가)는 실에 매달려 왕복 운동하는 추, (나)는 얼음판 위를 미끄러져 가는 상자, (다)는 자유 낙하하는 물체의 운동을 각각 일정한 시간 간격으로 나타낸 것이다.

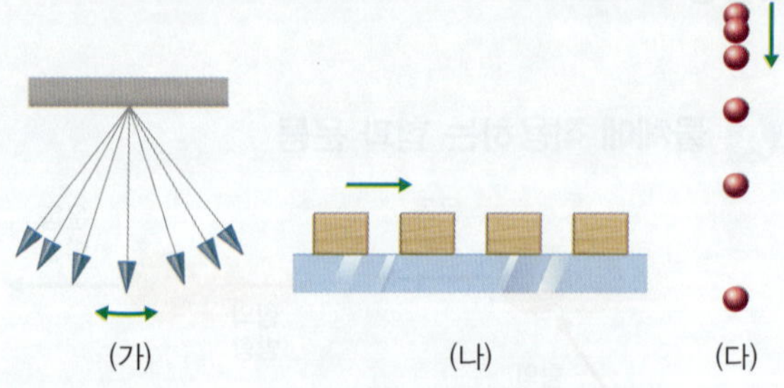

(가)　　　　　(나)　　　　　(다)

물체의 속력이 변하는 운동을 모두 고른 것은?

① (가)　　② (나)　　③ (가), (다)
④ (나), (다)　　⑤ (가), (나), (다)

**04** 물체가 운동하는 동안 운동 방향만 변하는 예로 가장 적절한 것은?

① 아이가 놀이터에서 그네를 탄다.
② 농구공이 위에서 아래로 떨어진다.
③ 인공위성이 일정한 속력으로 지구 주위를 돈다.
④ 양궁 선수가 쏜 화살이 포물선을 그리며 멀리 날아간다.
⑤ 승강장에 들어오는 열차가 직선 선로에서 서서히 멈춘다.

**05** 물체에 알짜힘이 작용할 때 물체에 일어날 수 있는 현상을 보기에서 모두 고른 것은?

> **보기**
> ㄱ. 물체의 모양이 변한다.
> ㄴ. 물체의 운동 방향이 변한다.
> ㄷ. 정지한 물체가 계속 정지해 있다.
> ㄹ. 운동하던 물체가 정지한다.

① ㄱ, ㄴ　　② ㄴ, ㄷ　　③ ㄷ, ㄹ
④ ㄱ, ㄴ, ㄹ　　⑤ ㄱ, ㄷ, ㄹ

**06** 물체에 작용하는 알짜힘에 따른 물체의 운동에 대한 설명으로 옳은 것은?

① 물체에 알짜힘이 작용하면 물체의 운동 상태는 일정하게 유지된다.

② 운동하는 물체에 작용하는 알짜힘이 0이면 물체의 속력은 일정하게 감소한다.

③ 물체의 운동 방향과 수직인 방향으로 알짜힘이 작용하면 물체의 속력이 변한다.

④ 물체의 운동 방향과 같은 방향으로 알짜힘이 작용하면 물체의 운동 방향이 변한다.

⑤ 물체의 운동 방향과 비스듬한 방향으로 알짜힘이 작용하면 물체의 속력과 운동 방향이 모두 변한다.

**07** 그림 (가)는 가만히 잡고 있던 사과를 놓았을 때 사과가 지면으로 떨어지고 있는 모습을, (나)는 수평으로 사과를 던졌을 때 사과가 지면으로 떨어지고 있는 모습을 나타낸 것이다.

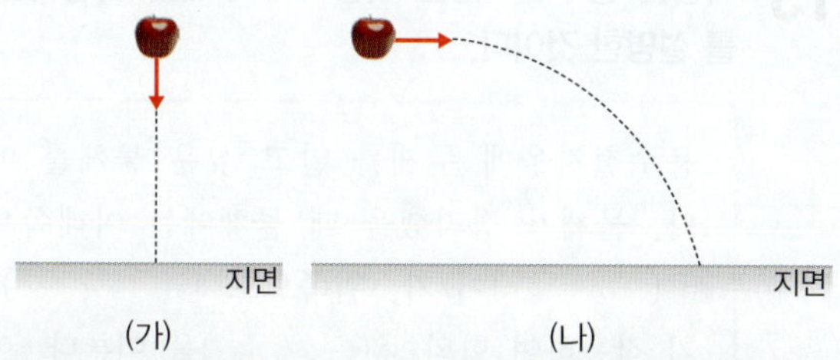


사과가 지면에 도달하기 전, 사과에 작용하는 힘과 사과의 운동에 대한 설명으로 옳지 <u>않은</u> 것은? (단, 마찰과 공기 저항은 무시한다.)

① (가)에서 사과의 운동 방향은 일정하다.

② (가)에서 사과의 운동 방향과 사과에 작용하는 알짜힘의 방향은 같다.

③ (나)에서 사과의 속력은 매순간 변한다.

④ (나)에서 사과의 운동 방향과 사과에 작용하는 알짜힘의 방향은 나란하다.

⑤ (가)와 (나)에서 사과에 작용하는 중력의 방향은 같다.

**08** 다음은 힘이 작용할 때 물체의 운동에 대한 설명이다.

> 물체의 운동 방향과 나란한 방향으로 힘이 작용하면 물체의 ㉠(      )이/가 변한다. 물체의 운동 방향과 비스듬한 방향으로 힘이 작용하면 물체의 ㉠(      )와/과 ㉡(      )이/가 모두 변한다.

(      ) 안에 알맞은 말을 옳게 짝 지은 것은?

|   | ㉠ | ㉡ |
|---|---|---|
| ① | 속력 | 운동 방향 |
| ② | 운동 방향 | 속력 |
| ③ | 속력 | 질량 |
| ④ | 질량 | 속력 |
| ⑤ | 질량 | 운동 방향 |

**09** 그림은 무빙워크, 대관람차, 그네의 운동을 운동 상태에 따라 분류한 것이다.

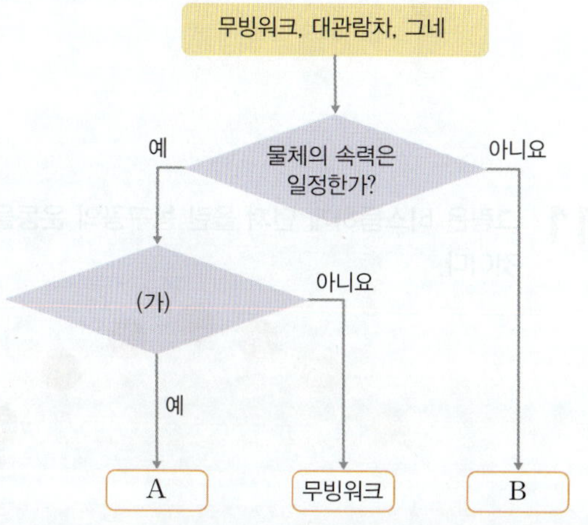


이에 대한 설명으로 옳은 것을 보기에서 모두 고른 것은?

> **보기**
> ㄱ. '물체의 운동 방향은 일정한가?'는 (가)로 적절하다.
> ㄴ. A는 대관람차이다.
> ㄷ. B에 작용하는 알짜힘은 0이다.

① ㄱ　　　② ㄴ　　　③ ㄱ, ㄷ

④ ㄴ, ㄷ　　　⑤ ㄱ, ㄴ, ㄷ

**중요해!**

**10** 그림 (가)~(라)는 오른쪽 방향으로 운동하는 공에 각각 힘이 작용하는 모습을 나타낸 것이다.

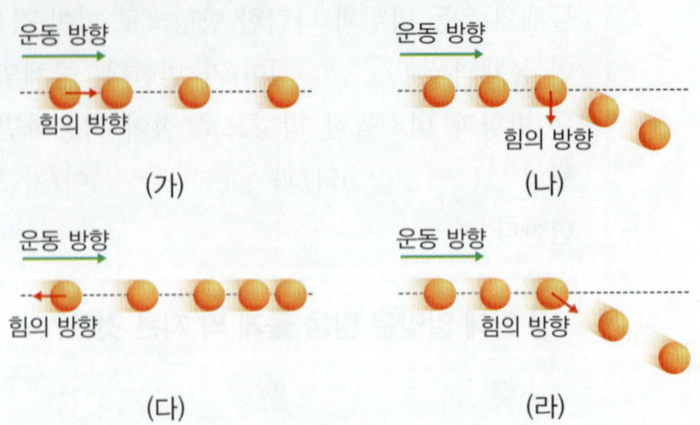


공의 운동에 대한 설명으로 옳지 <u>않은</u> 것은?

① 공에 알짜힘이 작용하면 공의 운동 상태가 달라진다.

② (가)에서 운동 방향이 일정하다.

③ (나)에서 속력이 증가한다.

④ (다)에서 속력이 감소한다.

⑤ (라)에서 속력과 운동 방향이 모두 변한다.

**11** 그림은 비스듬하게 던져 올린 농구공의 운동을 나타낸 것이다.

공이 운동하는 동안 변하는 것을 보기에서 모두 고른 것은? (단, 공의 회전과 공기 저항은 무시한다.)

> **보기**
> ㄱ. 공의 속력
> ㄴ. 공의 운동 방향
> ㄷ. 공에 작용하는 힘의 방향

① ㄱ      ② ㄷ      ③ ㄱ, ㄴ

④ ㄴ, ㄷ      ⑤ ㄱ, ㄴ, ㄷ

**B** 여러 가지 힘의 평형

**12** 그림은 한 물체에 작용하는 여러 힘이 평형을 이룰 때, 이 물체의 운동에 대한 학생들의 대화를 나타낸 것이다.

옳은 설명을 한 학생을 모두 고른 것은?

① A      ② B      ③ A, B

④ B, C      ⑤ A, B, C

**중요해!**

**13** 다음은 용수철저울을 이용하여 무게를 측정하는 원리를 설명한 것이다.

> 용수철저울에 무게를 알고 싶은 물체를 매단다. 물체가 정지했을 때 물체에는 아래쪽으로 ㉠(    )이/가, 위쪽으로 ㉡(    )이/가 작용하여 힘의 ㉢(    )을 이룬다. 이때 ㉡(    )의 크기는 용수철이 늘어난 길이에 비례하므로 용수철이 늘어난 길이를 측정하면 물체의 무게를 알 수 있다.

( ) 안에 알맞은 말을 옳게 짝 지은 것은?

| | ㉠ | ㉡ | ㉢ |
|---|---|---|---|
| ① | 중력 | 탄성력 | 평형 |
| ② | 중력 | 탄성력 | 합성 |
| ③ | 탄성력 | 중력 | 평형 |
| ④ | 탄성력 | 중력 | 합성 |
| ⑤ | 부력 | 중력 | 합성 |

**중요해!**

**14** 그림과 같이 무게가 300 N인 상자를 오른쪽으로 150 N의 힘으로 밀었지만 상자는 움직이지 않았다.

물체에 작용하는 마찰력과 알짜힘의 크기를 옳게 짝 지은 것은?

| | 마찰력 | 알짜힘 | | 마찰력 | 알짜힘 |
|---|---|---|---|---|---|
| ① | 0 | 0 | ② | 150 N | 0 |
| ③ | 150 N | 150 N | ④ | 300 N | 0 |
| ⑤ | 300 N | 150 N | | | |

**15** 물 위에 떠서 정지해 있는 배에 작용하는 힘에 대한 설명으로 옳은 것은?

① 배에 작용하는 알짜힘은 위로 작용한다.
② 배에 작용하는 부력과 중력의 방향이 같다.
③ 배에 작용하는 부력과 중력은 힘의 평형을 이룬다.
④ 배에 작용하는 부력의 크기는 중력의 크기보다 크다.
⑤ 배에 짐을 더 실으면 배에 작용하는 부력의 크기가 작아져 배가 물에 더 많이 잠긴다.

**16** 그림은 열기구가 하늘에 떠서 정지해 있는 모습을 나타낸 것이다. 이에 대한 설명으로 옳은 것을 보기에서 모두 고른 것은?

┌ **보기** ┐
ㄱ. 열기구에 작용하는 알짜힘은 0이다.
ㄴ. 열기구에는 중력과 부력이 작용한다.
ㄷ. 열기구에 작용하는 부력의 방향은 중력과 반대 방향이다.

① ㄱ  ② ㄷ  ③ ㄱ, ㄴ
④ ㄴ, ㄷ  ⑤ ㄱ, ㄴ, ㄷ

**중요해!**

**17** 그림 (가)는 수평면 위에 정지해 있는 물체를, (나)는 수평면 위에서 일정한 방향과 속력으로 운동하는 물체를 나타낸 것이다.

이에 대한 설명으로 옳은 것을 보기에서 모두 고른 것은?

┌ **보기** ┐
ㄱ. (가)에서 물체에는 중력과 바닥이 떠받치는 힘이 작용한다.
ㄴ. (나)에서 물체에는 운동하는 방향으로 알짜힘이 작용한다.
ㄷ. 물체에 작용하는 알짜힘의 크기는 (가)에서보다 (나)에서 더 크다.

① ㄱ  ② ㄷ  ③ ㄱ, ㄴ
④ ㄴ, ㄷ  ⑤ ㄱ, ㄴ, ㄷ

**18** 그림은 사람이 잡고 있는 줄을 강아지가 물고 200 N의 힘으로 당길 때 줄이 어느 쪽으로도 움직이지 않고 정지해 있는 것을 나타낸 것이다.

이에 대한 설명으로 옳은 것을 보기에서 모두 고른 것은?

┌ **보기** ┐
ㄱ. 줄에 작용하는 알짜힘은 0이다.
ㄴ. 사람이 줄을 당기는 힘의 크기는 200 N이다.
ㄷ. 사람이 줄을 당기는 힘과 강아지가 줄을 당기는 힘은 평형 관계이다.

① ㄱ  ② ㄷ  ③ ㄱ, ㄴ
④ ㄴ, ㄷ  ⑤ ㄱ, ㄴ, ㄷ

↪ 정답과 해설 8쪽

**01** 그림 (가)는 일정한 빠르기로 움직이는 무빙워크를 타고 서 있는 사람, (나)는 휘어지고 경사진 레일을 따라 내려오는 롤러코스터를 타고 있는 사람, (다)는 일정한 빠르기로 회전하고 있는 대관람차를 타고 앉아 있는 사람의 운동을 각각 나타낸 것이다.

(가)      (나)      (다)

(1) (가)와 (나)에서 사람의 운동 상태를 각각 쓰시오.

   ↘ (가)에서는 속력과 운동 방향이 모두 (    ) 운동을, (나)에서는 속력과 운동 방향이 모두 (    ) 운동을 한다.

(2) (다)에서 사람의 운동 상태를 쓰고, 그 까닭을 사람에 작용하는 알짜힘과 관련지어 서술하시오.

________________________________

________________________________

**02** 그림은 어떤 물체에 작용하는 두 힘이 평형을 이룰 때 물체의 운동을 분석한 개념도이다.

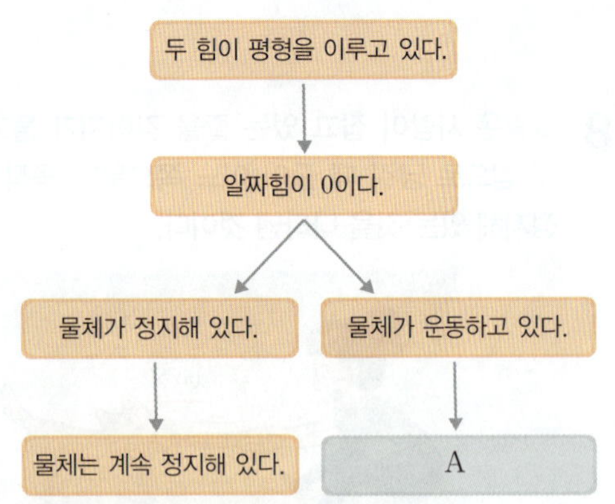


(1) 물체에 작용하는 두 힘이 평형을 이루는 조건을 쓰시오.

   ↘ 물체에 크기가 (    ) 두 힘이 일직선상에서 서로 (    ) 방향으로 작용한다.

(2) A에 들어갈 알맞은 내용을 쓰고, 그 까닭을 서술하시오.

________________________________

________________________________

**03** 그림은 나무 위에 가만히 누워 있는 판다의 모습을 나타낸 것이다.

(1) 판다에 작용하는 힘을 쓰시오.

   ↘ 판다에는 (    )과 (    )이 작용한다.

(2) 판다에 작용하는 알짜힘의 크기를 쓰고, 그 까닭을 운동 상태 변화와 연관 지어 서술하시오.

________________________________

________________________________

**04** 그림 (가)는 무게가 5 N인 공을 물속에 넣었을 때 공이 떠오르고 있는 모습을, (나)는 (가)의 공이 물속에 일부 잠긴 채 정지해 있는 모습을 나타낸 것이다.

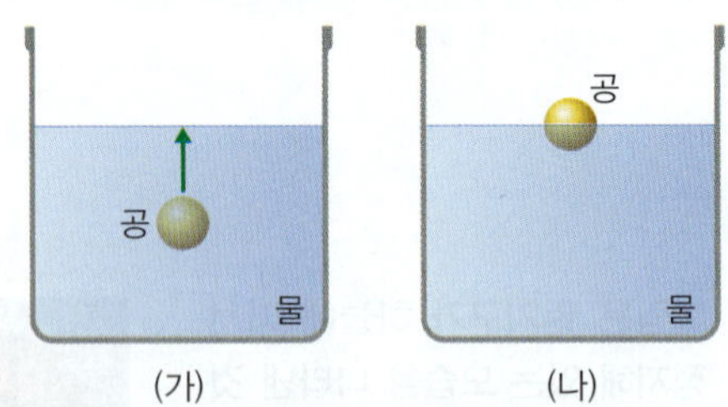


(1) (가)와 (나) 중에서 힘이 평형을 이루고 있는 것을 골라 쓰시오.

   ↘ 공에 작용하는 여러 힘이 평형을 이루어 알짜힘이 (    ) 이면 공의 운동 상태는 (    )되므로 힘의 평형 상태인 것은 (    )이다.

(2) (나)에서 공에 작용하는 부력의 크기를 쓰고, 그 까닭을 서술하시오.

정답과 해설 9쪽

**01** 표는 물체의 운동을 A, B, C, D로 분류한 것이다.

| 분류 기준 | | 물체의 운동 방향이 일정한가? | |
|---|---|---|---|
| | | 예 | 아니요 |
| 물체의 속력이 일정한가? | 예 | A | B |
| | 아니요 | C | D |

이에 대한 설명으로 옳은 것을 보기에서 모두 고른 것은?

┌ 보기 ┐
ㄱ. A에 해당하는 운동을 하는 물체에 작용하는 알짜힘은 0이다.
ㄴ. C에 해당하는 운동을 하는 물체에는 운동 방향과 나란한 방향으로 알짜힘이 작용한다.
ㄷ. 비스듬히 찬 축구공의 운동은 D에 해당한다.

① ㄱ  ② ㄴ  ③ ㄱ, ㄷ
④ ㄴ, ㄷ  ⑤ ㄱ, ㄴ, ㄷ

**02** 그림 (가)는 사과를 수평 방향으로 던진 모습을, (나)는 달이 지구 주위를 일정한 속력으로 원운동하는 모습을 나타낸 것이다.

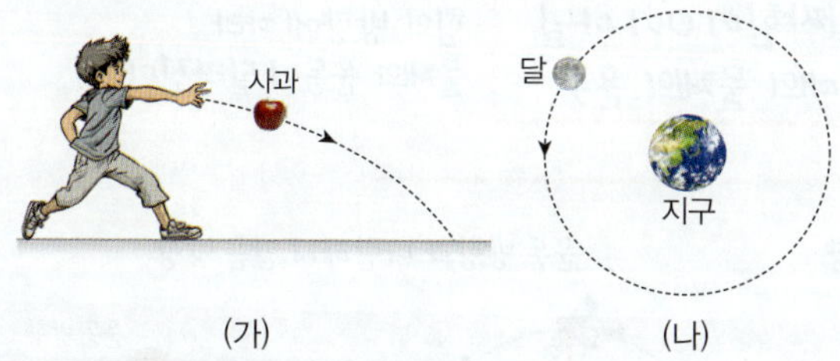


이에 대한 설명으로 옳은 것을 보기에서 모두 고른 것은? (단, 공기 저항은 무시한다.)

┌ 보기 ┐
ㄱ. 사과와 달에는 모두 중력이 작용한다.
ㄴ. 사과는 운동하는 동안 운동 방향이 계속 변한다.
ㄷ. 달에 작용하는 알짜힘은 0이다.

① ㄱ  ② ㄷ  ③ ㄱ, ㄴ
④ ㄱ, ㄷ  ⑤ ㄱ, ㄴ, ㄷ

**03** 그림은 인형이 나무에 매달려 정지해 있는 모습을 나타낸 것이다. 이에 대한 설명으로 옳은 것을 보기에서 모두 고른 것은? (단, 공기 저항은 무시한다.)

┌ 보기 ┐
ㄱ. 인형에 작용하는 중력의 크기는 0이다.
ㄴ. 지구가 인형을 당기는 힘과 실이 인형을 당기는 힘은 크기가 같다.
ㄷ. 실이 끊어지면 인형은 일정한 속력으로 떨어진다.

① ㄱ  ② ㄴ  ③ ㄱ, ㄷ
④ ㄴ, ㄷ  ⑤ ㄱ, ㄴ, ㄷ

**04** 그림은 철수와 강아지가 평상 위에 가만히 앉아 있는 모습을 나타낸 것이다. 질량은 철수가 강아지보다 크다.

이에 대한 설명으로 옳은 것을 보기에서 모두 고른 것은?

┌ 보기 ┐
ㄱ. 철수에 작용하는 중력의 크기는 강아지에 작용하는 중력의 크기보다 크다.
ㄴ. 철수에 작용하는 알짜힘의 크기가 강아지에 작용하는 알짜힘의 크기보다 크다.
ㄷ. 강아지에 작용하는 중력과 평상이 강아지를 떠받치는 힘은 평형을 이룬다.

① ㄱ  ② ㄴ  ③ ㄱ, ㄷ
④ ㄴ, ㄷ  ⑤ ㄱ, ㄴ, ㄷ

# 생각 그물로 **단원** 정리하기

이 단원에서 배운 핵심 단어를 빈칸에 채워 넣어 생각 그물을 완성해 보자.

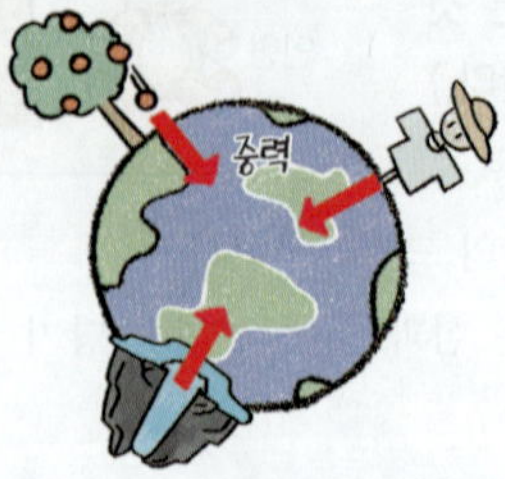

- 방향: 지구 **⑦** 방향
- 크기(무게): 물체의 질량이 클수록 크다.

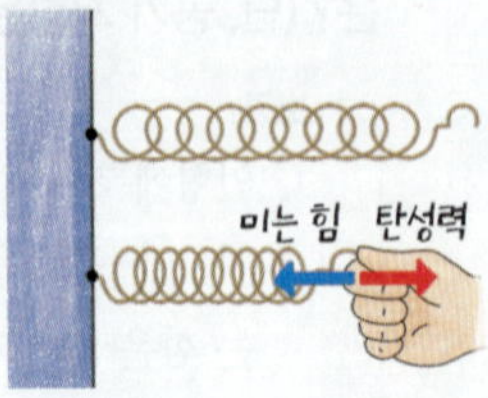

- 방향: 원래의 모양으로 되돌아가려는 방향
- 크기: 변형된 정도가 클수록 크다.

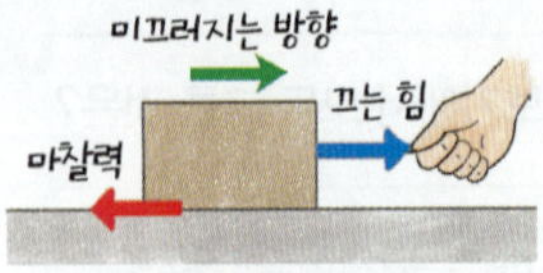

- 방향: 운동 방향과 반대 방향
- 크기: 접촉면이 **©** , 물체가 무거울수록 크다.

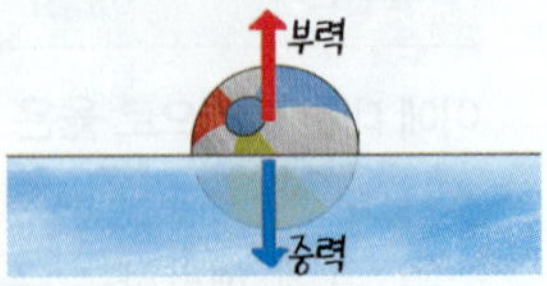

- 방향: 중력과 반대 방향
- 크기: 액체나 기체에 잠긴 물체의 **②** 이/가 클수록 크다.



| 중력 | **©** | 마찰력 | 부력 |

**여러 가지 힘**

**힘의 표현**


**⑩**

**힘의 작용**

**⑭**

여러 힘을 합한 것과 같은 효과를 내는 하나의 힘

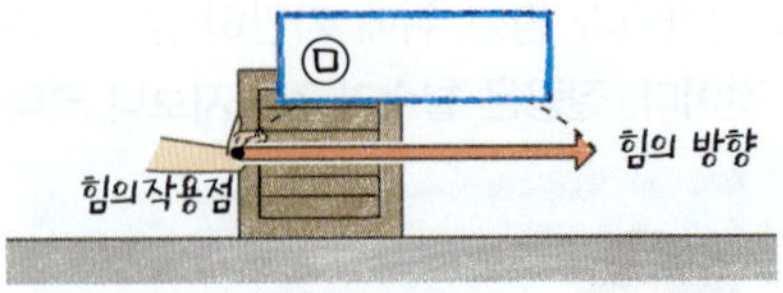

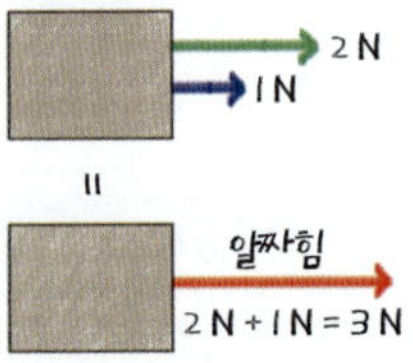

**힘과 운동**

**힘의 평형**

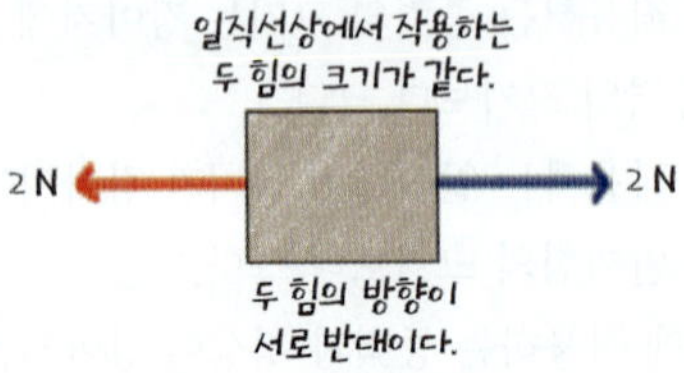

**알짜힘이 0이 아닐 때의 물체의 운동**

힘의 방향에 따라 물체의 운동이 달라진다.

**⚖** 이/가 0이어서 물체의 운동 상태가 변하지 않는 상태

일직선상에서 작용하는 두 힘의 크기가 같다.



두 힘의 방향이 서로 반대이다.

운동 방향과 나란한 방향

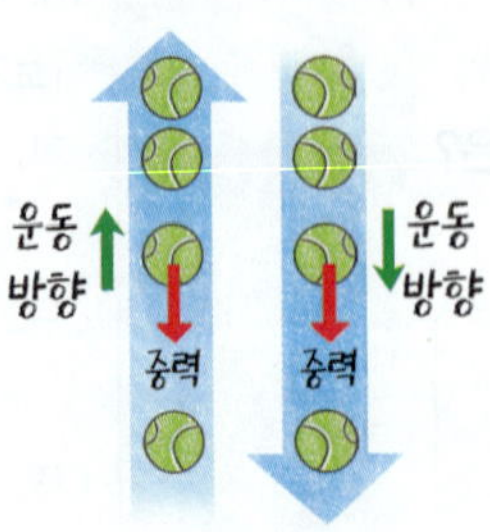

물체의 속력만 변한다.

운동 방향과 나란하지 않은 방향

물체의 **◎** 만 변한다.

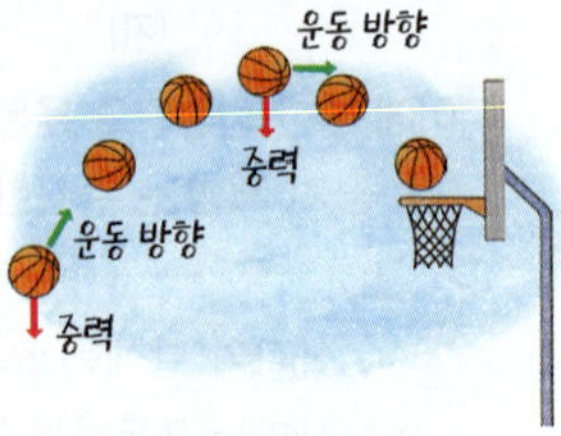

물체의 속력과 운동 방향이 변한다.

**01** 힘에 대한 설명으로 옳지 <u>않은</u> 것은?

① 힘의 방향은 화살표의 방향으로 나타낸다.
② 힘의 3요소는 힘의 크기, 방향, 작용점이다.
③ kg(킬로그램)은 힘의 크기를 나타내는 단위이다.
④ 힘은 물체의 모양이나 운동 상태를 변하게 하는 원인이다.
⑤ 용수철저울이나 힘 센서로 힘의 크기를 측정할 수 있다.

**02** 그림 (가)와 (나)는 각각 한 물체에 나란한 두 힘이 동시에 작용하는 모습을 나타낸 것이다.

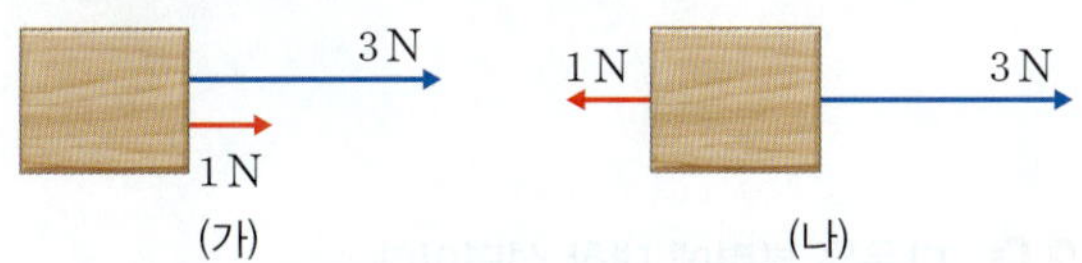


이에 대한 설명으로 옳은 것을 보기에서 모두 고른 것은?

보기
ㄱ. (가)에서 물체에 작용하는 알짜힘의 크기는 4 N이다.
ㄴ. 물체에 작용하는 알짜힘의 크기는 (가)에서보다 (나)에서 더 크다.
ㄷ. 물체에 작용하는 알짜힘의 방향은 (가)에서와 (나)에서 같다.

① ㄱ     ② ㄴ     ③ ㄱ, ㄷ
④ ㄴ, ㄷ     ⑤ ㄱ, ㄴ, ㄷ

**03** 그림은 양쪽에서 힘을 주어 밀고 있지만 정지해 있는 상자의 모습을 나타낸 것이다. 이에 대한 설명으로 옳은 것을 보기에서 모두 고른 것은? (단, 마찰은 무시한다.)

보기
ㄱ. 두 힘의 크기는 같다.
ㄴ. 두 힘은 반대 방향으로 작용한다.
ㄷ. 두 힘은 일직선상에서 작용한다.

① ㄱ     ② ㄷ     ③ ㄱ, ㄴ
④ ㄴ, ㄷ     ⑤ ㄱ, ㄴ, ㄷ

**04** 중력에 대한 설명으로 옳은 것을 보기에서 모두 고른 것은?

보기
ㄱ. 같은 물체에 작용하는 중력의 크기는 지구에서 보다 달에서 더 크다.
ㄴ. 같은 장소에서 질량이 큰 물체가 작은 물체보다 더 큰 중력을 받는다.
ㄷ. 물체에 작용하는 중력의 크기로 물체의 무겁고 가벼운 정도를 비교할 수 있다.

① ㄱ     ② ㄴ     ③ ㄱ, ㄷ
④ ㄴ, ㄷ     ⑤ ㄱ, ㄴ, ㄷ

**05** 그림은 무게와 질량에 대한 학생들의 대화를 나타낸 것이다.

옳은 설명을 한 학생을 모두 고른 것은?

① A     ② B     ③ A, C
④ B, C     ⑤ A, B, C

**06** 달에서 측정했을 때 무게가 98 N인 물체가 있다. 지구에서 이 물체의 질량과 무게를 옳게 짝 지은 것은? (단, 지구에서 질량이 1 kg인 물체의 무게는 9.8 N이며, 달에서의 중력은 지구에서의 중력의 $\frac{1}{6}$이다.)

|  | 질량 | 무게 |  | 질량 | 무게 |
|---|---|---|---|---|---|
| ① | 10 kg | 98 N | ② | 10 kg | 588 N |
| ③ | 60 kg | 98 N | ④ | 60 kg | 588 N |
| ⑤ | 98 kg | 98 N |  |  |  |

**07** 그림 (가)는 용수철에 나무 도막을 연결하여 오른쪽으로 당기고 있는 모습을, (나)는 (가)에서 잡고 있던 나무 도막을 놓는 순간 나무 도막이 왼쪽으로 움직이는 모습을 나타낸 것이다.

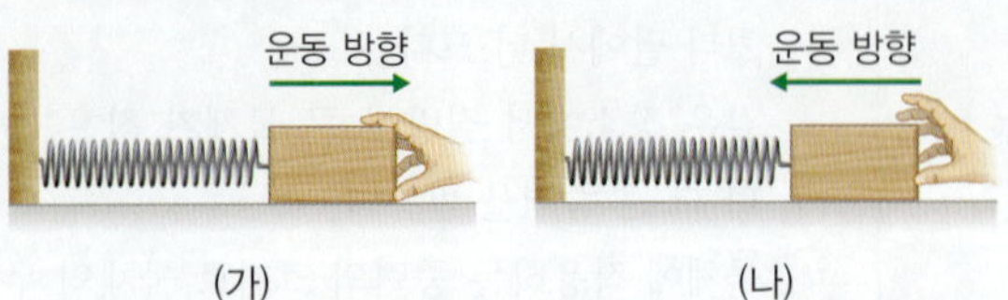


(가), (나)에서 나무 도막에 작용하는 탄성력과 마찰력의 방향을 옳게 짝 지은 것은?

| | (가) | | (나) | |
|---|---|---|---|---|
| | 탄성력 | 마찰력 | 탄성력 | 마찰력 |
| ① | → | → | → | → |
| ② | → | ← | ← | ← |
| ③ | ← | → | → | ← |
| ④ | → | → | → | ← |
| ⑤ | ← | ← | ← | → |

**08** 그림은 물이 든 물병에 미끄럼 방지 장갑을 끼운 뒤 잡아당기는 모습을 나타낸 것이다.

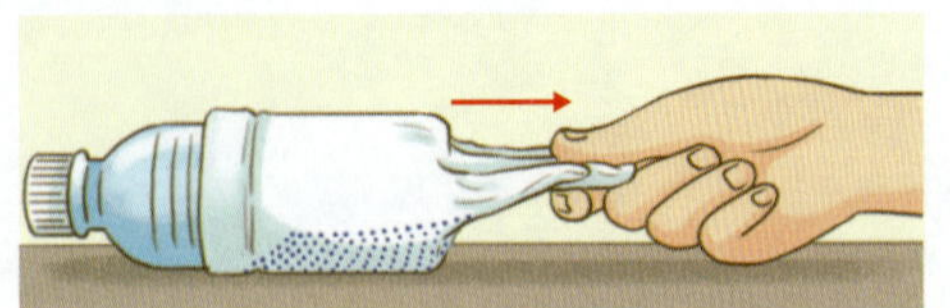

이때 장갑을 끼운 물병에 작용하는 마찰력에 대한 설명으로 옳지 <u>않은</u> 것은?

① 물병의 운동을 방해하는 힘이다.
② 물병의 운동 방향과 반대 방향으로 작용한다.
③ 물병에 든 물의 양이 많을수록 마찰력의 크기가 작다.
④ 물병에 끼운 장갑과 바닥의 접촉면이 거칠수록 마찰력의 크기가 크다.
⑤ 마찰력과 물병을 당기는 힘의 크기가 같으면 물병이 움직이지 않는다.

**09** 그림은 마찰이 있는 수평면에 놓여 있는 물체에 5 N의 힘을 작용했을 때, 물체가 정지해 있는 모습을 나타낸 것이다.

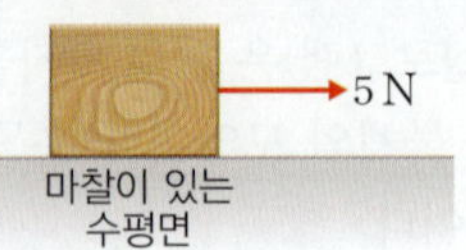


이에 대한 설명으로 옳은 것은?

① 물체에 작용하는 힘들은 평형을 이룬다.
② 물체에 작용하는 알짜힘의 크기는 5 N이다.
③ 물체에 작용하는 마찰력의 방향은 오른쪽이다.
④ 물체에 작용하는 마찰력의 크기는 5 N보다 크다.
⑤ 접촉면을 더 거칠게 하면 물체를 움직일 수 있다.

**10** 다음은 부력에 대한 설명이다.

> 부력의 방향은 중력의 방향과 ㉠(　　　) 방향이고, 크기는 물에 잠긴 물체의 ㉡(　　　)이/가 클수록 크다.

(　　) 안에 알맞은 말을 옳게 짝 지은 것은?

| | ㉠ | ㉡ | | ㉠ | ㉡ |
|---|---|---|---|---|---|
| ① | 같은 | 부피 | ② | 같은 | 질량 |
| ③ | 반대 | 부피 | ④ | 반대 | 질량 |
| ⑤ | 반대 | 무게 | | | |

**11** 그림과 같이 부피가 같은 물체 A, B를 물속에 넣었더니 A는 반쯤 잠긴 채 물 위에 떠 있고, B는 바닥에 가라앉았다. 이에 대한 설명으로 옳은 것은?

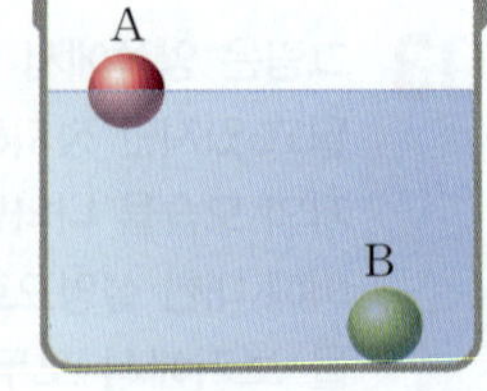


① A에 작용하는 부력의 크기가 중력의 크기보다 크다.
② B에 작용하는 중력과 부력의 크기는 같다.
③ 물체에 작용하는 부력의 크기는 A가 B보다 크다.
④ 물체에 작용하는 중력의 크기는 B가 A보다 크다.
⑤ 물체에 작용하는 알짜힘의 크기는 A가 B보다 크다.

**12** 그림 (가)~(다)는 놀이공원에서 볼 수 있는 놀이기구의 모습을 나타낸 것이고, 표는 물체의 운동을 운동 상태 변화에 따라 분류하기 위한 기준이다.

(가) 회전목마　(나) 자이로드롭　(다) 롤러코스터

〈분류 기준〉

| A | B | C |
|---|---|---|
| 운동 방향은 일정하고 속력만 변함. | 속력은 일정하고 운동 방향만 변함. | 속력과 운동 방향이 모두 변함. |

(가), (나), (다)에서의 운동을 분류 기준에 따라 가장 적절하게 분류한 것은?

| | A | B | C |
|---|---|---|---|
| ① | (가) | (나) | (다) |
| ② | (가) | (다) | (나) |
| ③ | (나) | (가) | (다) |
| ④ | (나) | (다) | (가) |
| ⑤ | (다) | (가) | (나) |

**13** 그림은 탁구공이 운동하는 모습을 나타낸 것이다. 속력을 나타내는 화살표의 길이가 길수록 속력이 크다.

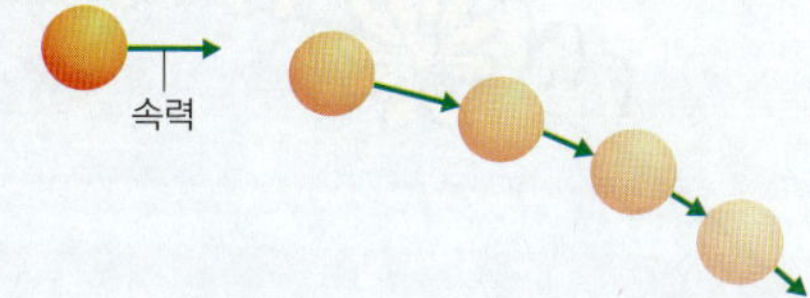


이에 대한 설명으로 옳은 것을 보기에서 모두 고른 것은?

보기
ㄱ. 탁구공은 속력과 운동 방향이 모두 변한다.
ㄴ. 탁구공에 작용하는 힘은 평형을 이룬다.
ㄷ. 탁구공의 운동 방향과 수직인 방향으로 알짜힘이 작용한다.

① ㄱ　　② ㄷ　　③ ㄱ, ㄴ
④ ㄴ, ㄷ　　⑤ ㄱ, ㄴ, ㄷ

◇ **서술형**

[14~15] 그림 (가)는 용수철에 어떤 물체를 매달았을 때 용수철의 길이가 늘어난 모습을 나타낸 것이다. 그림 (나)는 (가)의 용수철이 늘어난 길이와 용수철에 작용하는 탄성력의 관계를 나타낸 것이다.

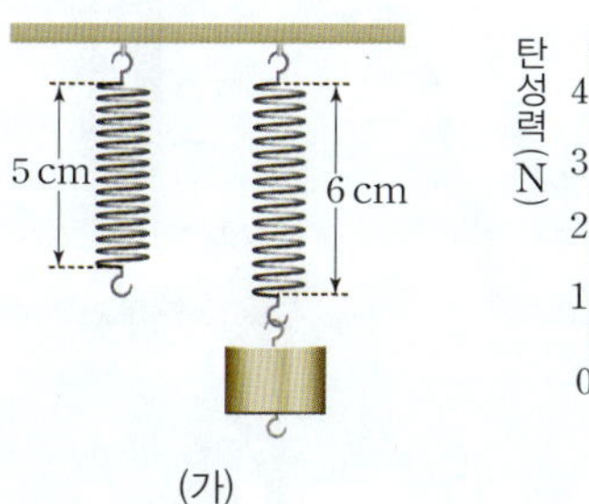


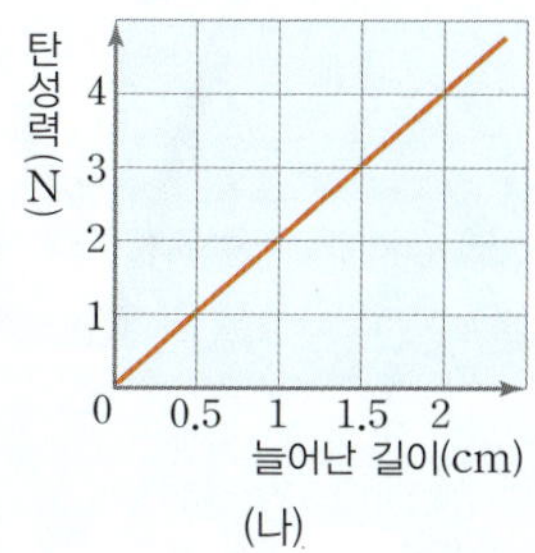


**14** (가)에서 물체를 매단 용수철에 작용하는 탄성력의 크기는 몇 N인지 쓰시오.

**15** 이 용수철에 인형을 매달았을 때 용수철이 2.5 cm 늘어났다. 인형의 무게는 몇 N인지 풀이 과정과 함께 서술하시오.

**16** 그림 (가)는 공기 중에서 용수철에 무게가 10 N인 물체를 매달았을 때, 용수철이 원래 길이보다 5 cm만큼 늘어난 모습을, (나)는 (가)의 물체를 물속에 완전히 잠기게 했을 때 용수철이 원래 길이보다 3 cm만큼 늘어난 모습을 나타낸 것이다.

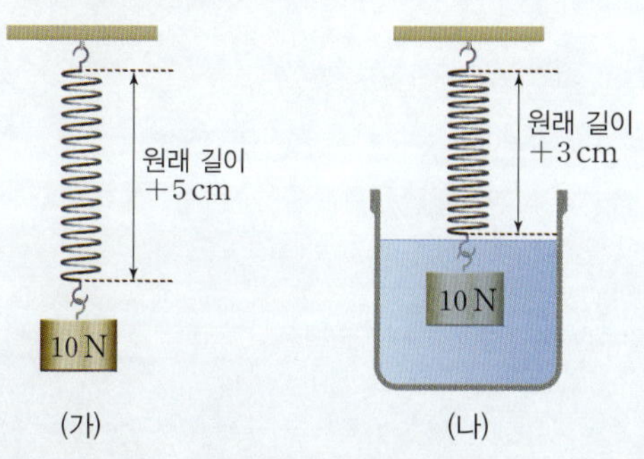


(나)에서 물체에 작용하는 부력의 크기는 몇 N인지 풀이 과정과 함께 서술하시오.

# VI
# 기체의 성질


**01** 기체의 압력과 부피    46

**02** 기체의 온도와 부피    62

**용어 먼저 잡고 개념을 학습해 보자.**

**압력**
(壓 누르다, 力 힘)

일정한 면적에 작용하는 힘

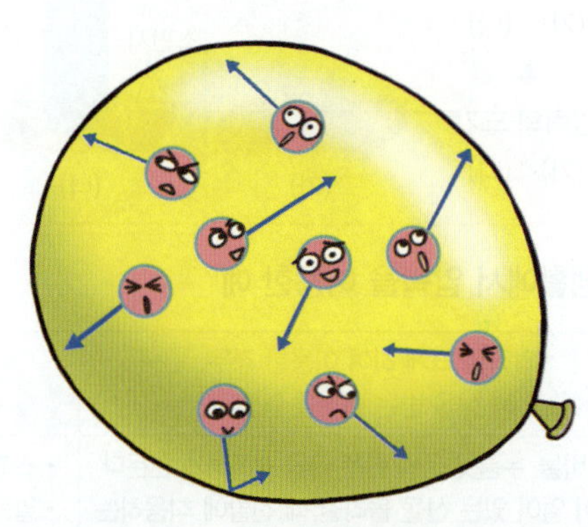

**기체의 압력**

기체 입자들이 일정한 면적의 용기 벽에 가하는 힘

**보일 법칙**
(Boyle 과학자 이름, 法 본받다, 則 모범으로 삼다)

온도가 일정할 때 일정한 양의 기체의 압력과 부피는
반비례한다는 법칙

**샤를 법칙**
(Charles 과학자 이름, 法 본받다, 則 모범으로 삼다)

압력이 일정할 때 일정한 양의 기체의 온도가 높아지
면 기체의 부피가 일정한 비율로 증가한다는 법칙

이 단원의
핵심 용어를
더 알고 싶다면

# 01 기체의 압력과 부피



## A 압력

1. **압력** 일정한 면적에 작용하는 힘
2. **압력의 크기** 힘이 작용하는 면적이 같을 때는 힘의 크기가 클수록 압력이 커지고, 작용하는 힘의 크기가 같을 때는 힘이 작용하는 면적이 작을수록 압력이 커진다. **❶**

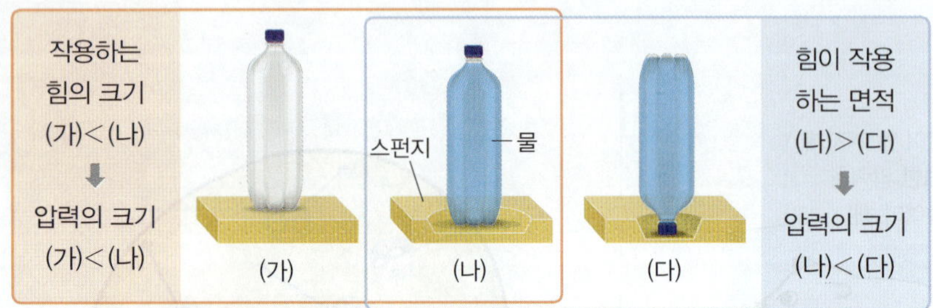


3. 일상생활에서 압력을 이용한 예

| 압력을 크게 하여 이용한 경우<br>➡ 힘을 받는 면적을 좁힘. | 압력을 작게 하여 이용한 경우<br>➡ 힘을 받는 면적을 넓힘. |
|---|---|
| • 못, 바늘, 누름못 등의 한쪽 끝을 뾰족하게 만든다.<br>• 눈이 얼어 있는 산을 올라갈 때 신발에 착용하는 아이젠에 박힌 금속은 뾰족하다. | • 스키, 스노보드, 눈썰매, 설피의 밑면이 넓다.<br>• 얼음판 위를 걸어가는 것보다 기어가는 것이 얼음판이 깨질 위험이 작다. |

## B 기체의 압력

1. **기체의 압력** 기체 입자들이 일정한 면적의 용기 벽에 충돌하여 가하는 힘 **❷❸**
   ① **기체의 압력이 작용하는 방향**: 기체 입자는 끊임없이 모든 방향으로 운동하면서 용기 벽과 충돌하므로 기체의 압력은 모든 방향으로 똑같이 작용한다.
   ② **기체 입자의 충돌 횟수와 기체의 압력**: 기체 입자가 용기 벽에 충돌하는 횟수가 많을수록 기체의 압력이 커진다. **❹**
   ③ 고무풍선 속 기체의 압력

| 공기를 넣으면 고무풍선이 부풀어 오르는 까닭 | 고무풍선이 둥근 모양으로 부풀어 오르는 까닭 |
|---|---|
| 고무풍선 속 기체 입자의 개수가 많아져 기체 입자의 충돌 횟수가 증가하기 때문 | 기체의 압력이 모든 방향으로 똑같이 작용하기 때문 |

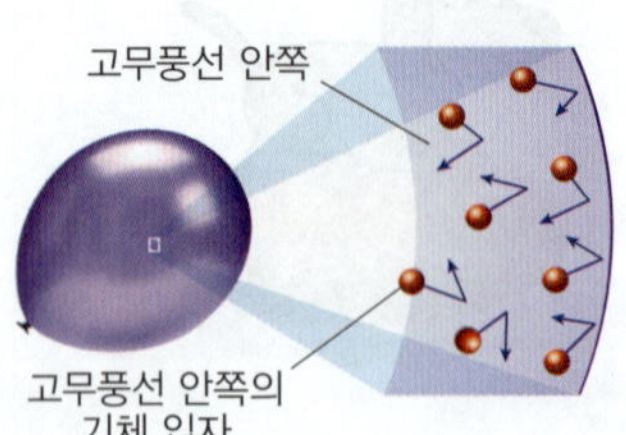


2. 기체의 압력을 이용한 예

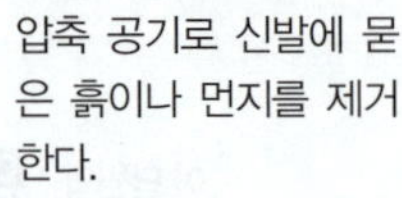

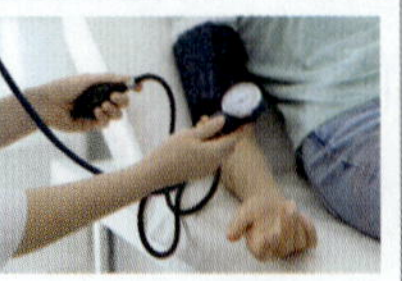

| 압축 공기로 신발에 묻은 흙이나 먼지를 제거한다. | 공기 주머니에 공기를 채워 자동차를 들어 올린다. | 혈압계에 공기를 채워 팔에 힘을 가해 혈압을 측정한다. | 안전 매트 속 공기의 압력으로 충격을 줄여 사람을 구조한다. |
|---|---|---|---|



**❶ 압력의 크기 비교**
• 작용하는 힘의 크기가 다른 경우

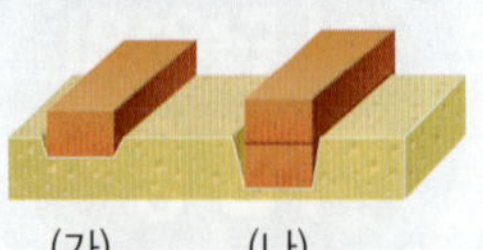


➡ 압력: (가)<(나)
• 힘이 작용하는 면적이 다른 경우

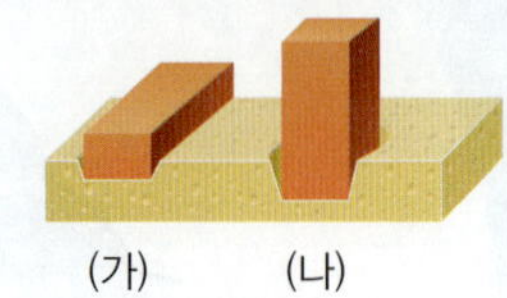


➡ 압력: (가)<(나)

**❷ 페트병 속 쇠구슬의 운동**
페트병에 쇠구슬을 넣고 흔들면 쇠구슬이 페트병 벽에 충돌하면서 힘을 가하기 때문에 손바닥에 힘이 느껴진다. 이처럼 기체 입자가 물체와 충돌하는 힘의 크기가 기체의 압력이다.

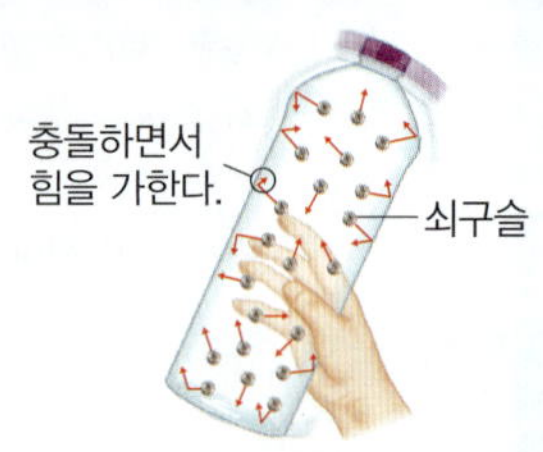


**❸ 대기압**
지구를 둘러싸고 있는 대기에 의한 압력으로, 지표 부근에서 약 1 기압이다.

**❹ 탄산음료가 든 페트병 속 기체의 압력**
뚜껑을 열지 않은 페트병 (가)보다 뚜껑을 열었다 닫은 페트병 (나)가 페트병 위쪽을 손으로 누르기 쉽다. 이는 (나)는 (가)보다 페트병 속 기체 입자 개수가 줄어들어 기체 입자의 충돌 횟수가 감소해 기체의 압력이 작기 때문이다.

◆ **설피**(雪 눈, 皮 가죽) 눈에 빠지지 않도록 신발의 바닥에 대는 넓적한 덧신

## 개념 확인하기



**1** 압력과 기체의 압력에 대한 설명으로 옳은 것은 ○, 옳지 않은 것은 ×로 표시하시오.

(1) 힘의 크기가 같을 때 힘이 작용하는 면적이 클수록 압력이 커진다. ( )

(2) 기체의 압력은 기체 입자들이 일정한 면적의 용기 벽에 작용하는 힘이다. ( )

(3) 기체의 압력은 아래쪽 방향으로만 작용한다. ( )

(4) 기체 입자가 용기 벽에 충돌하는 횟수가 많을수록 기체의 압력이 작아진다. ( )

**2** 그림과 같이 페트병을 스펀지 위에 올려놓았을 때 스펀지가 눌리는 정도를 등호나 부등호를 이용하여 비교하시오.

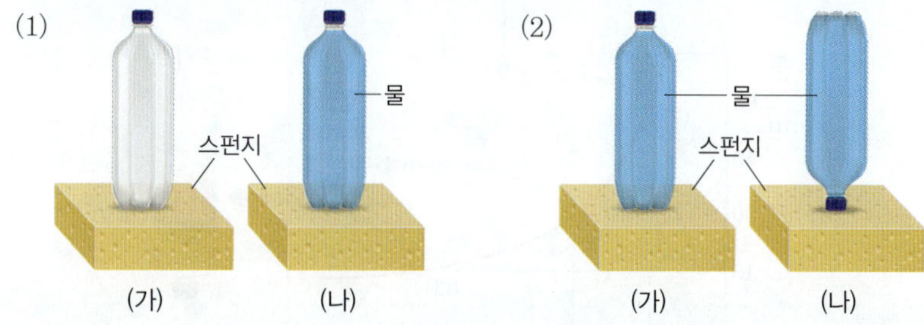


**3** 일상생활에서 볼 수 있는 현상에서 압력을 작게 하여 이용하는 경우는 '작', 압력을 크게 하여 이용하는 경우는 '크'라고 쓰시오.

(1) 스키는 바닥의 면적이 넓다. ( )

(2) 못의 한쪽 끝을 뾰족하게 만든다. ( )

(3) 눈이 얼어 있는 산을 올라갈 때 신발에 착용하는 아이젠에는 뾰족한 금속이 박혀 있다. ( )

**4** 다음은 고무풍선에 공기를 불어 넣었을 때에 대한 설명이다. ( ) 안에 알맞은 말을 고르시오.

고무풍선에 공기를 불어 넣으면 고무풍선 속 기체 입자의 개수가 많아져 기체 입자가 고무풍선의 안쪽 벽에 충돌하는 횟수가 ㉠( 증가 , 감소 )한다. 따라서 고무풍선 속 기체의 압력이 ㉡( 증가 , 감소 )하여 고무풍선이 부풀어 오른다. 이때 고무풍선이 둥근 모양으로 부풀어 오른 까닭은 기체의 압력이 ㉢( 한 , 모든 ) 방향으로 똑같이 작용하기 때문이다.

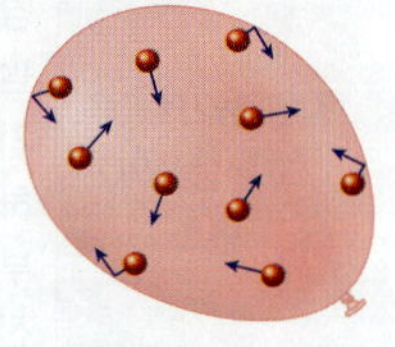

**5** 기체의 압력을 이용하는 예로 옳은 것을 보기에서 모두 고르시오.

보기
ㄱ. 접촉식 온도계
ㄴ. 자동차 정비용 공기 주머니
ㄷ. 구조용 안전 매트
ㄹ. 흙먼지를 제거하는 압축 공기

# 01 기체의 압력과 부피

## C 기체의 압력과 부피 관계 ✓ 꽉 잡아! 탐구 52쪽 ✓ 꽉 잡아! 자료 53쪽

1. **압력에 따른 기체의 부피 변화**  일정한 온도에서 일정한 양의 기체에 작용하는 압력이 증가하면 기체의 부피가 감소하고, 기체에 작용하는 압력이 감소하면 기체의 부피가 증가한다. **5**

2. **보일 법칙 6**  온도가 일정할 때 기체의 압력과 부피 사이의 관계를 나타낸 법칙

> 온도가 일정할 때 일정한 양의 기체의 압력과 부피를 곱한 값은 항상 일정하다.
> ➡ 기체의 압력과 부피는 반비례한다.

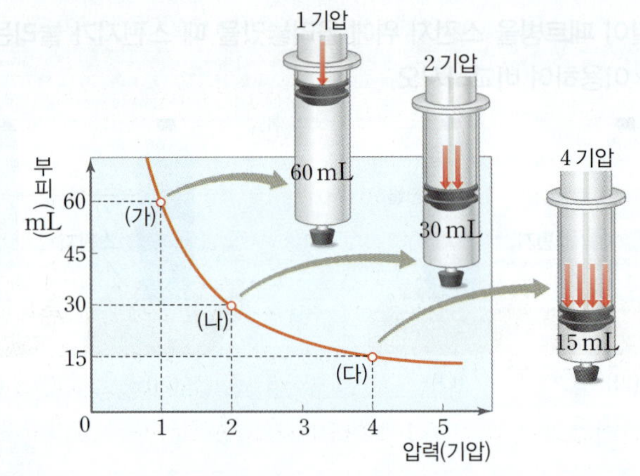


| 구분 | (가) → (나) | | (가) → (다) | |
|---|---|---|---|---|
| | (가) | (나) | (가) | (다) |
| 압력(기압) | 1 | 2 | 1 | 4 |
| 부피(mL) | 60 | 30 | 60 | 15 |
| 압력×부피 | 60 | 60 | 60 | 60 |
| 비교 | • 압력과 부피의 곱은 일정하다.<br>• 기체에 작용하는 압력이 2배, 4배로 증가하면 기체의 부피는 $\frac{1}{2}$, $\frac{1}{4}$로 감소한다. | | | |

3. **압력에 따른 기체의 부피 변화와 관련된 현상**

| 감압 용기 7 속 고무풍선의 변화 | 감압 용기에 작게 분 고무풍선을 넣고 펌프로 공기를 빼내면 감압 용기 속 공기의 압력이 감소한다. ➡ 풍선에 작용하는 압력이 감소하여 풍선 속 기체의 부피가 증가하므로 풍선의 크기가 커진다. |
|---|---|
| 주사기 속 고무풍선의 변화 | • 주사기에 작게 분 고무풍선을 넣고 피스톤을 누르면 주사기 속 풍선에 작용하는 압력이 증가하여 풍선 속 기체의 부피가 감소하므로 풍선의 크기가 작아진다.<br>• 주사기의 피스톤을 당기면 주사기 속 고무풍선에 작용하는 압력이 감소하여 풍선 속 기체의 부피가 증가하므로 풍선의 크기가 커진다. |



---



**5 주사기 속 공기에 작용하는 압력과 공기의 부피 관계**

주사기에 공기를 넣고 주사기 끝을 막은 뒤 피스톤을 누르면 주사기 속 공기에 작용하는 압력이 증가하여 공기의 부피가 감소한다.

**6 보일(Boyle, R., 1627~1691)**
영국의 과학자로, J자 모양의 관과 수은을 이용하여 기체의 압력과 부피 관계를 알아내고, 1662년 보일 법칙을 발표하였다.

**7 감압 용기의 원리**
감압 용기에 펌프를 연결한 뒤, 펌프를 위아래로 움직이면 감압 용기 속 공기 입자의 개수가 줄어들어 공기의 압력이 감소한다.

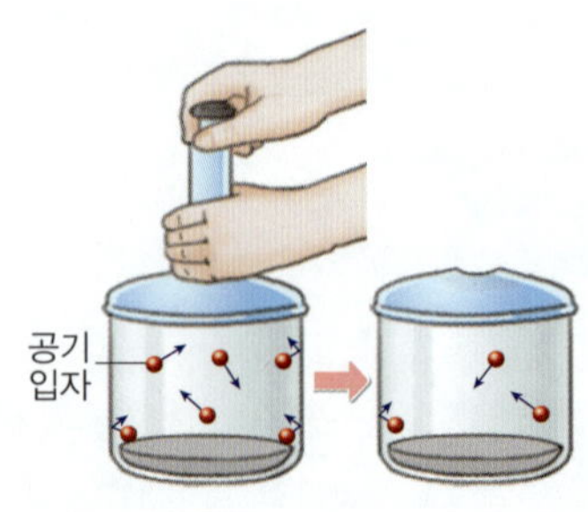


**용어**

◆ **반비례(反 되돌리다, 比 견주다, 例 법식)** 한 값이 일정한 비율로 커질수록 다른 값이 같은 비율로 작아지는 관계

**C**-1 기체의 압력과 부피 관계

- 압력에 따른 기체의 부피 변화: 일정한 온도에서 일정한 양의 기체에 작용하는 압력이 증가하면 기체의 부피는 ㄱㅅ하고, 기체에 작용하는 압력이 감소하면 기체의 부피는 ㅈㄱ한다.
- ㅂㅇ 법칙: 온도가 일정할 때 일정한 양의 기체의 압력과 부피 사이의 관계를 나타내며, 기체의 압력과 부피는 반비례한다.

**6** 일정한 온도에서 일정한 양의 기체의 압력과 부피 관계에 대한 설명으로 옳은 것은 ○, 옳지 <u>않은</u> 것은 ×로 표시하시오.

(1) 기체에 작용하는 압력이 감소하면 기체의 부피는 증가한다. ⋯⋯⋯ (　　)

(2) 기체의 부피가 감소해도 기체의 압력은 일정하다. ⋯⋯⋯⋯⋯⋯⋯ (　　)

(3) 기체에 작용하는 압력이 2배가 되면 기체의 부피도 2배가 된다. ⋯⋯ (　　)

(4) 기체의 압력과 부피의 관계는 보일 법칙으로 설명한다. ⋯⋯⋯⋯⋯ (　　)

**[7~8]** 오른쪽 그림은 일정한 온도에서 일정한 양의 기체의 압력과 부피의 관계를 나타낸 것이다.

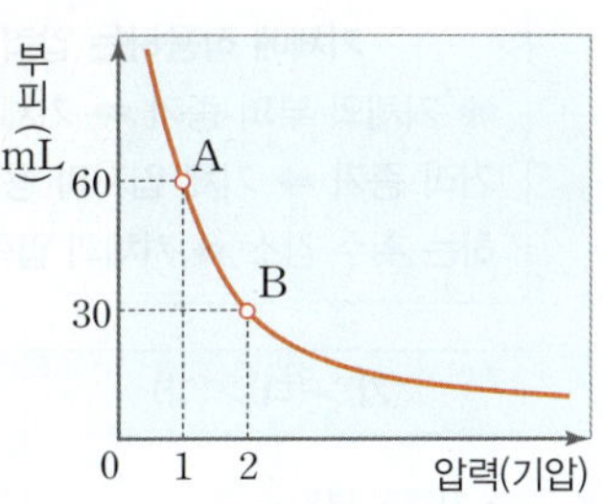


**7** 다음을 비교하여 (　　) 안에 등호나 부등호를 쓰시오.

(1) 기체의 압력: A(　　　　)B

(2) 기체의 부피: A(　　　　)B

(3) 기체의 압력×기체의 부피: A(　　　　)B

**8** 다음은 위 그래프에 대한 설명이다. (　　) 안에 알맞은 말이나 값을 고르시오.

> A에서 B로 변할 때 기체의 압력이 1 기압에서 2 기압으로 ㉠( 2배 , $\frac{1}{2}$ )만큼 증가할 때 기체의 부피는 60 mL에서 30 mL로 ㉡( 2배 , $\frac{1}{2}$ )만큼 감소한다. 따라서 기체의 압력과 부피는 ㉢( 비례 , 반비례 ) 관계이다.

**9** 다음은 감압 용기에 뜯지 않은 과자 봉지를 넣고 펌프로 용기 속 공기를 빼낼 때 나타나는 변화를 나타낸 것이다. (　　) 안에 '증가', '감소', '일정' 중 알맞은 말을 쓰시오.

> 감압 용기 속 공기의 압력 ㉠(　　　　) ➡ 과자 봉지 속 기체에 작용하는 압력 ㉡(　　　　) ➡ 과자 봉지 속 기체의 부피 ㉢(　　　　) ➡ 과자 봉지가 부풀어 오름.

**4. 압력에 따른 기체의 부피 변화와 기체 입자 운동**  일정한 온도에서 일정한 양의 기체에 작용하는 압력(외부 압력 **8**)이 변하면 기체의 압력이 외부에서 작용하는 압력과 같아질 때까지 기체의 부피가 감소하거나 증가한다.

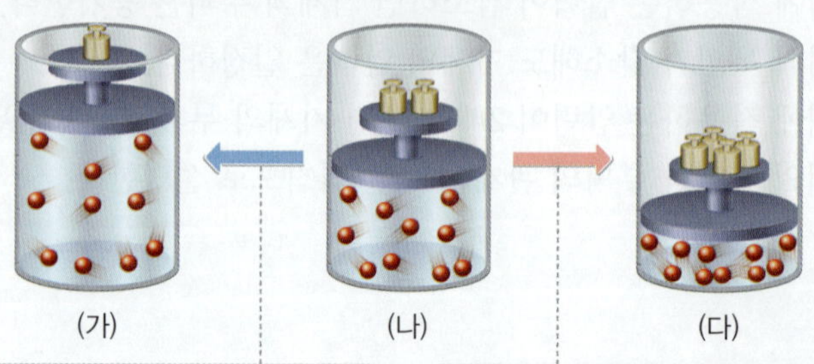


| 기체에 작용하는 압력 감소 | 기체에 작용하는 압력 증가 |
|---|---|
| ➡ 기체의 부피 증가 ➡ 기체 입자 사이의 거리 증가 ➡ 기체 입자가 용기 벽에 충돌하는 횟수 감소 ➡ 기체의 압력 감소 | ➡ 기체의 부피 감소 ➡ 기체 입자 사이의 거리 감소 ➡ 기체 입자가 용기 벽에 충돌하는 횟수 증가 ➡ 기체의 압력 증가 |

| (가)>(나)>(다) | (가)<(나)<(다) | (가)=(나)=(다) |
|---|---|---|
| • 기체의 부피<br>• 기체 입자 사이의 거리 | • 기체에 작용하는 압력(외부 압력)<br>• 기체 입자의 충돌 횟수<br>• 기체의 압력 | • 기체 입자의 운동 빠르기 **9**<br>• 기체 입자의 개수<br>• 기체 입자의 크기와 질량 |

## D 생활 속 보일 법칙과 관련된 현상

**1. 압력에 따라 기체의 부피가 변하는 예**

① 높은 산에 올라가면 과자 봉지가 부풀어 오른다. **10**

② 헬륨 풍선이 하늘 높이 올라갈수록 점점 커지다가 터진다.

③ 비행기를 타고 하늘 높이 올라가면 페트병이 부풀어 오른다.

④ 잠수부가 내뿜은 공기 방울은 수면 가까이 올라올수록 커진다.

⑤ 공기 침대에 누우면 침대에 가해지는 압력이 커져 공기 침대 속 기체의 부피가 줄어든다.

**2. 기체의 압력과 부피 관계를 이용하는 예 11**

① 공기가 들어 있는 놀이기구에서 뛰면 놀이기구가 눌리면서 기구 속 공기의 압력이 커지고 부피가 작아지면서 사람이 받는 충격이 줄어든다.

② 밑창에 공기 주머니가 들어 있는 운동화를 신고 뛰면 압력에 따른 공기의 부피 변화를 이용하여 사람이 받는 충격이 줄어든다.

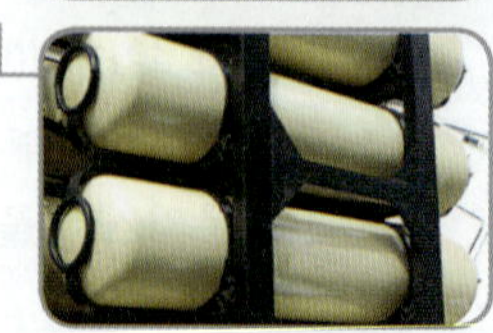


③ 수소 기체는 부피가 커서 보관이 쉽지 않으므로 높은 압력을 가하여 부피를 줄여 보관한다. 이때 높은 압력을 견딜 수 있는 특수 저장 용기를 사용한다.



---

**+ 보충**

**8 외부 압력**

일정한 양의 기체가 들어 있는 용기의 피스톤을 누르는 것과 같이 기체에 작용하는 압력을 외부 압력이라고 한다. 외부 압력은 용기 속 기체 입자가 용기 벽에 충돌하는 횟수와 관련된 기체의 압력과 구별된다.

**9 기체 입자의 운동 빠르기**

입자의 운동 빠르기는 온도에 따라 달라지므로 온도가 일정할 때 기체 입자의 운동 빠르기는 변하지 않는다.

**10 높이에 따른 대기압**

높은 곳으로 올라가면 공기의 양이 감소하여 대기압이 작아진다.

**11 기체의 압력과 부피 관계를 이용하는 또 다른 예**

• 에어 로켓을 날릴 때 공기가 들어 있는 펌프를 강하게 눌러 부피를 줄이면 공기의 압력이 커지므로 펌프와 연결되어 있는 에어 로켓이 하늘로 날아간다.

• 물건을 포장할 때 사용하는 에어캡(뽁뽁이)은 외부에서 압력이 작용할 때 에어캡(뽁뽁이) 속 기체의 압력이 커지고 부피가 작아지면서 물건의 파손을 막아 준다.

**› 용어**

◆ **충격(衝 찌르다, 擊 치다)** 물체에 급격히 가하여지는 힘

**10** 오른쪽 그림은 일정한 온도에서 용기에 들어 있는 일정한 양의 기체에 작용하는 압력이 커질 때 기체의 부피 변화를 입자 모형으로 나타낸 것이다. 용기 속 기체의 변화를 '증가', '감소', '일정'으로 구분하여 쓰시오.

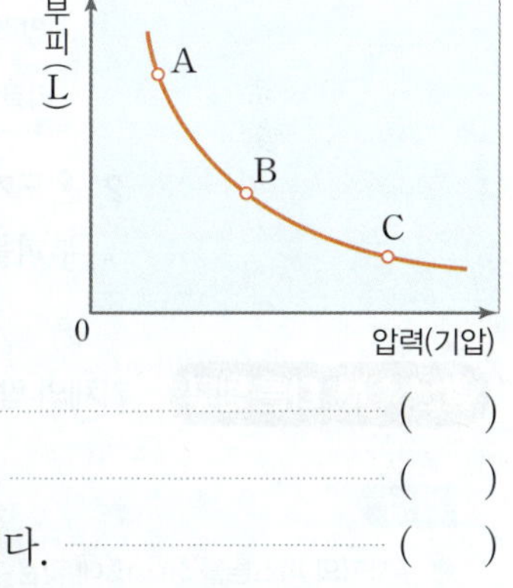

(1) 기체의 부피 ⋯⋯⋯⋯⋯⋯⋯⋯⋯⋯⋯⋯⋯⋯ ( )
(2) 기체 입자의 개수 ⋯⋯⋯⋯⋯⋯⋯⋯⋯⋯⋯⋯ ( )
(3) 기체 입자의 운동 빠르기 ⋯⋯⋯⋯⋯⋯⋯⋯⋯ ( )
(4) 기체 입자가 용기 벽에 충돌하는 횟수 ⋯⋯⋯ ( )
(5) 기체의 압력 ⋯⋯⋯⋯⋯⋯⋯⋯⋯⋯⋯⋯⋯⋯ ( )

**11** 오른쪽 그림은 일정한 온도에서 일정한 양의 기체가 들어 있는 주사기의 피스톤을 눌러 부피와 압력을 측정한 것을 그래프로 나타낸 것이다. A~C에 대한 설명으로 옳은 것은 ○, 옳지 <u>않은</u> 것은 ×로 표시하시오.

(1) 기체의 압력이 가장 큰 것은 C이다. ⋯⋯⋯⋯ ( )
(2) 기체 입자의 운동이 가장 빠른 것은 B이다. ⋯ ( )
(3) 기체 입자 사이의 거리가 가장 먼 것은 A이다. ⋯ ( )
(4) 기체 입자의 충돌 횟수가 가장 많은 것은 A이다. ⋯ ( )

**12** 다음은 물속에서 잠수부가 내뿜은 공기 방울의 부피 변화에 대한 설명이다. ( ) 안에 알맞은 말을 쓰시오.

> 잠수부가 내뿜은 공기 방울은 수면 가까이 올라올수록 크기가 점점 ㉠( ) 진다. 이는 물속 깊은 곳에서 수면 가까이 올라올수록 물에 의한 압력이 작아져 공기 방울에 작용하는 압력이 ㉡( )지기 때문이다.

**13** 보일 법칙과 관련된 현상으로 옳은 것은 ○, 옳지 <u>않은</u> 것은 ×로 표시하시오
(1) 물이 끓으면 물속에 기포가 생긴다. ⋯⋯⋯⋯⋯ ( )
(2) 자전거 타이어에 공기를 넣으면 타이어가 팽팽해진다. ⋯ ( )
(3) 하늘 높이 올라간 헬륨 풍선은 점점 커지다가 결국 터진다. ⋯ ( )
(4) 밑창에 공기 주머니가 들어 있는 운동화를 신고 뛰면 발에 전달되는 충격이 줄어든다. ⋯⋯⋯⋯⋯⋯⋯⋯⋯⋯ ( )

# 기체의 압력과 부피 관계 알아보기

이 탐구에서는 일정한 온도에서 기체의 압력과 부피를 측정하고, 기체의 압력과 부피 관계를 설명해 보자.

**과정**

**유의점**

주사기 속 공기의 압력은 압력 센서가 측정해 주지만, 공기의 부피는 눈으로 관찰하여 측정한다. 이때 공기와 맞닿는 쪽인 피스톤 윗부분의 눈금을 읽는다.

❶ 주사기의 피스톤을 20 mL로 맞춘 뒤 무선 기체 압력 센서와 주사기를 연결한다.
❷ 센서를 작동하여 압력을 측정하고, 센서 분석 앱에 주사기 속 공기의 부피인 20 mL를 입력한다.
❸ 주사기의 피스톤을 천천히 누르며 주사기 속 공기의 부피가 18, 16, 14, 12, 10 mL일 때의 압력을 측정하고, 이때의 부피를 센서 분석 앱에 입력한다.
❹ 압력과 부피 변화 그래프를 확인한다.

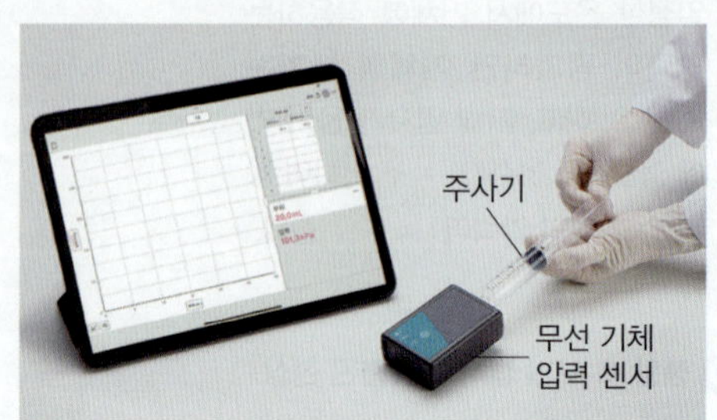


**결과+정리**

**1** 피스톤을 누르면 주사기 속 공기의 부피가 감소하고, 공기의 압력이 (        )한다.

| 부피(mL) | 20 | 18 | 16 | 14 | 12 | 10 |
|---|---|---|---|---|---|---|
| 압력(기압) | 1.00 | 1.11 | 1.25 | 1.43 | 1.67 | 2.00 |
| 압력×부피 | 20 | 20 | 20 | 20 | 20 | 20 |

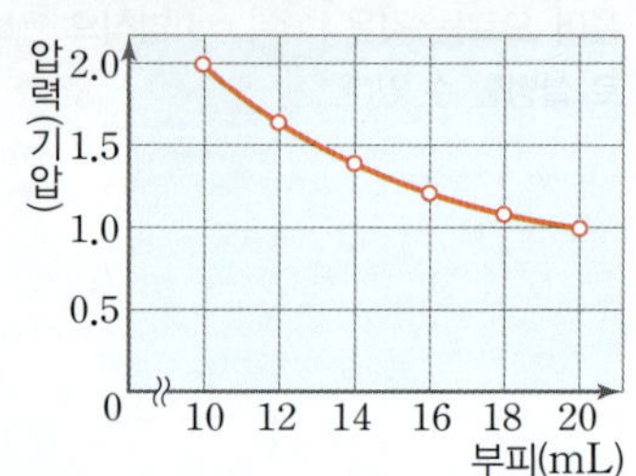


**2** 온도가 일정할 때 일정한 양의 기체의 부피가 감소할수록 기체의 압력이 증가하며, 기체의 압력과 부피를 곱한 값은 ㉠(        )하므로 기체의 압력과 부피는 ㉡(        )한다.

---

**같은 주제 다른 탐구**  기체의 압력과 부피 관계 알아보기

**과정**

❶ 주사기의 피스톤을 50 mL에 맞춘 뒤 압력계가 연결된 실리콘 관의 다른 끝을 주사기 입구에 연결한다.
❷ 주사기의 피스톤을 누르면서 주사기 속 공기의 부피와 압력을 측정한다.

**결과+정리**

| 압력(기압) | 1.0 | 1.5 | 2.0 | 2.5 | 3.0 |
|---|---|---|---|---|---|
| 부피(mL) | 50.0 | 33.3 | 25.0 | 20.0 | 16.7 |

➡ 일정한 온도에서 기체에 작용하는 압력이 증가하면 기체의 부피는 감소하고, 기체의 압력이 증가한다.

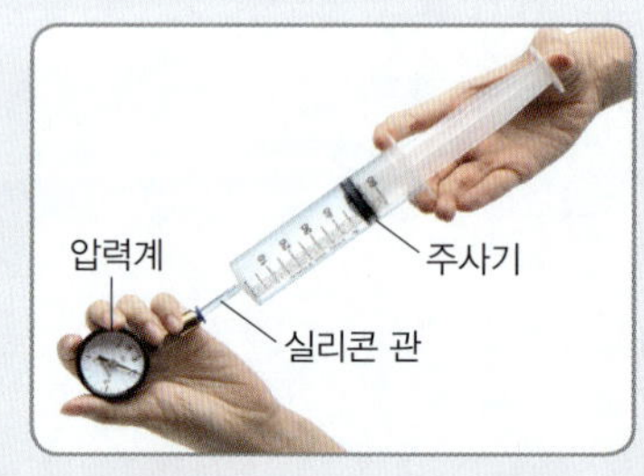


---

**확인 문제**

⟳ 정답과 해설 11쪽

**1** 위 탐구에 대한 설명으로 옳은 것은 ○, 옳지 않은 것은 ×로 표시하시오.

(1) 일정한 온도 조건에서 실험한다. ·············· (    )
(2) 기체의 부피가 감소하면 기체의 압력이 증가한다. ·············· (    )
(3) 기체의 압력이 3배 증가하면 기체의 부피도 3배 증가한다. ·············· (    )
(4) 실험 결과를 보일 법칙으로 설명할 수 있다. (    )

**2** 위 탐구에서 주사기의 피스톤을 눌렀을 때 증가하는 것을 모두 고르면? (단, 온도는 일정하다.) (2개)

① 주사기 속 기체의 압력
② 주사기 속 기체 입자의 개수
③ 주사기 속 기체 입자 사이의 거리
④ 주사기 속 기체 입자의 운동 빠르기
⑤ 기체 입자가 주사기 벽과 충돌하는 횟수

# 보일 법칙과 관련된 자료와 그래프 분석하기

일정한 온도에서 기체의 압력과 부피의 관계를 알아보는 실험의 결과로부터 기체의 압력이나 부피를 추론 및 계산하는 방법을 알아보자. 또 기체의 압력과 부피 관계 그래프와 입자 모형을 연결지어 알아보자.



## 1 보일 법칙을 이용하여 문제 해결하기

보일 법칙에 따르면 일정한 온도에서 일정한 양의 기체의 압력이 2배, 3배 … 증가하면 기체의 부피는 $\frac{1}{2}$, $\frac{1}{3}$ …로 감소한다. 즉, 기체의 압력과 부피의 곱은 항상 일정하므로 오른쪽과 같은 식으로 나타낼 수 있다.

> 처음 압력 × 처음 부피 = 나중 압력 × 나중 부피

### 〈예제〉

표는 일정한 온도에서 압력에 따른 기체의 부피 변화를 측정하여 나타낸 것이다. ㉠과 ㉡ 값을 구해 보자.

| 실험 | (가) | (나) | (다) | (라) | (마) |
|---|---|---|---|---|---|
| 압력(기압) | 1.0 | 1.5 | 2.0 | 2.5 | 3.0 |
| 부피(mL) | 50 | 33.3 | ㉠ | ㉡ | 16.7 |
| ⬇ | ⬇ | ⬇ | ⬇ | ⬇ | ⬇ |
| 압력 × 부피 | 50 | 50 | 50 | 50 | 50 |

① 부등호를 사용하여 ㉠과 ㉡의 값 비교하기

기체의 압력이 증가하면 기체의 부피가 감소한다.

➡ ㉠＞㉡이며, ㉠＜33.3 mL이고, ㉡＞16.7 mL라는 것을 알 수 있다.

② 기체의 압력과 부피의 곱이 일정한 것을 이용하여 ㉠과 ㉡ 계산하기

- (가)의 압력 × (가)의 부피 = (다)의 압력 × (다)의 부피
  ➡ (가)의 압력＝1.0 기압, (가)의 부피＝50 mL, (다)의 압력＝2.0 기압이므로 (다)의 부피인 ㉠은 다음과 같이 구한다.
  1.0 기압 × 50 mL ＝ 2.0 기압 × ㉠ mL
  따라서 ㉠＝25이다.
- (가)의 압력 × (가)의 부피 = (라)의 압력 × (라)의 부피
  ➡ (가)의 압력＝1.0 기압, (가)의 부피＝50 mL, (라)의 압력＝2.5 기압이므로 (라)의 부피인 ㉡은 다음과 같이 구한다.
  1.0 기압 × 50 mL ＝ 2.5 기압 × ㉡ mL
  따라서 ㉡＝20이다.

## 2 기체의 압력과 부피 관계 그래프와 입자 모형을 연결지어 이해하기

(가)에서 주사기의 피스톤을 눌러 (나)가 되었을 때 주사기 속 기체의 압력과 부피, 기체 입자의 운동은 그림과 같다. (단, 기체 입자의 운동은 화살표로 나타내며, 화살표의 길이는 입자 운동의 빠르기를 의미한다.)

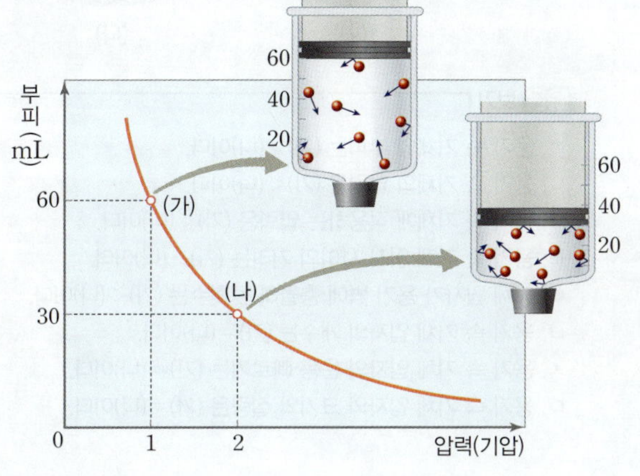


| | |
|---|---|
| (가)＜(나) | • 기체에 작용하는 압력(외부 압력)<br>• 기체의 압력<br>• 기체 입자의 충돌 횟수 |
| (가)＞(나) | • 기체의 부피<br>• 기체 입자 사이의 거리 |
| (가)＝(나) | • 기체 입자의 운동 빠르기<br>• 기체 입자의 개수<br>• 기체 입자의 크기<br>• 기체 입자의 질량<br>• 기체의 질량<br>• 기체의 압력과 부피의 곱 |

# 기체의 압력과 부피에서 잘 나오는 자료&보기

시험에 잘 나오는 자료와 보기를 살펴보고, 내가 알고 있는 옳은 보기가 있다면 추가해 보자.

## A 압력

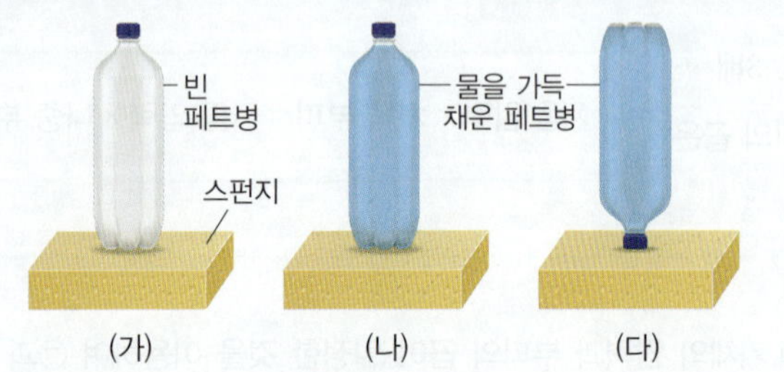


**옳은 보기**

ㄱ. 스펀지가 가장 깊게 눌리는 것은 (다)이다.
ㄴ. 스펀지가 눌리는 깊이는 (가)<(나)<(다) 순으로 깊다.
ㄷ. 스펀지에 작용하는 압력이 가장 작은 것은 (가)이다.
ㄹ. 스펀지에 작용하는 압력이 가장 큰 것은 (다)이다.
ㅁ. 스펀지에 작용하는 압력의 크기는 (가)<(나)<(다)이다.
ㅂ. (가)와 (나)는 힘이 작용하는 면적이 같다.
ㅅ. (나)와 (다)는 작용하는 힘의 크기가 같다.
ㅇ. 힘의 크기가 압력의 크기에 미치는 영향을 알아보려면 (가)와 (나)를 비교한다.
ㅈ. 힘이 작용하는 면적이 압력의 크기에 미치는 영향을 알아보려면 (나)와 (다)를 비교한다.

## C 기체의 압력과 부피 관계

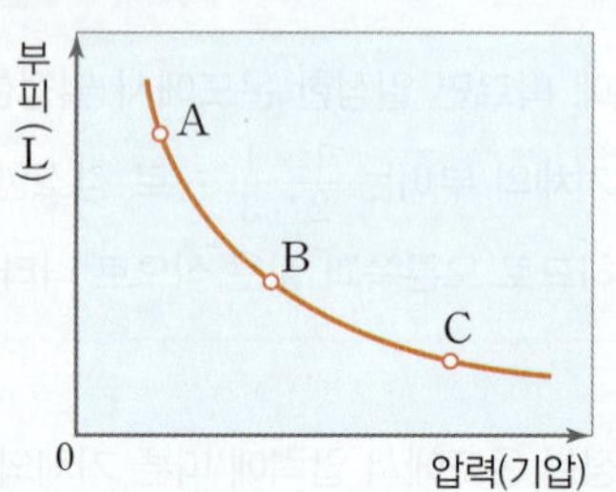


**옳은 보기**

ㄱ. 기체의 부피는 A>B>C이다.
ㄴ. 기체의 압력은 A<B<C이다.
ㄷ. 기체 입자 사이의 거리는 A>B>C이다.
ㄹ. 기체 입자의 충돌 횟수는 A<B<C이다.
ㅁ. 기체 입자의 개수는 A=B=C이다.
ㅂ. 기체 입자의 운동 빠르기는 A=B=C이다.
ㅅ. 기체의 압력과 부피를 곱한 값은 A=B=C이다.
ㅇ. 일정한 온도에서 기체의 압력과 부피는 반비례한다.

## C 기체의 압력과 부피 관계

일정한 온도에서 피스톤을 누를 때

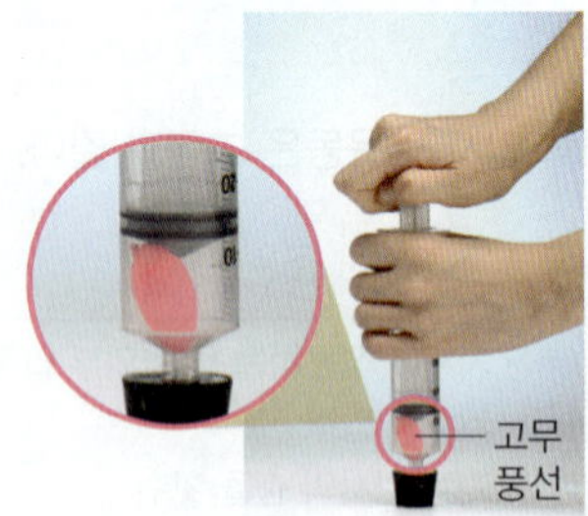


**옳은 보기**

ㄱ. 주사기 속 기체의 부피가 감소한다.
ㄴ. 주사기 속 기체의 압력이 증가한다.
ㄷ. 고무풍선의 크기가 작아진다.
ㄹ. 고무풍선 속 기체의 부피가 감소한다.
ㅁ. 고무풍선 속 기체의 압력이 증가한다.
ㅂ. 고무풍선 속 기체 입자 사이의 거리가 가까워진다.
ㅅ. 고무풍선 속 기체 입자의 충돌 횟수가 커진다.
ㅇ. 고무풍선 속 기체 입자의 운동 빠르기는 일정하다.

## C 기체의 압력과 부피 관계

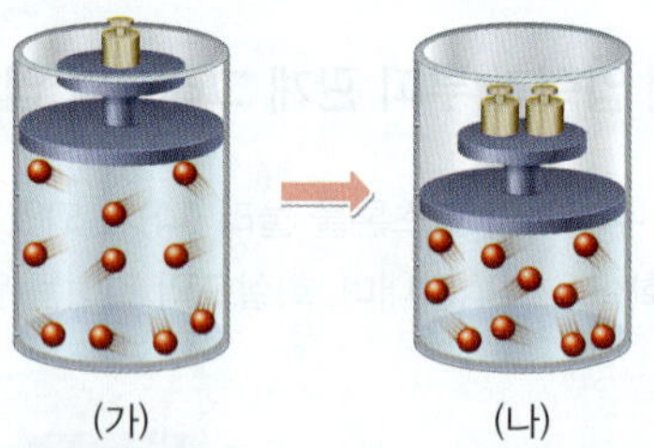


**옳은 보기**

ㄱ. 용기 속 기체의 부피는 (가)>(나)이다.
ㄴ. 용기 속 기체의 압력은 (가)<(나)이다.
ㄷ. 용기 속 기체에 작용하는 압력은 (가)<(나)이다.
ㄹ. 용기 속 기체 입자 사이의 거리는 (가)>(나)이다.
ㅁ. 기체 입자가 용기 벽에 충돌하는 횟수는 (가)<(나)이다.
ㅂ. 용기 속 기체 입자의 개수는 (가)=(나)이다.
ㅅ. 용기 속 기체 입자의 운동 빠르기는 (가)=(나)이다.
ㅇ. 용기 속 기체 입자의 크기와 질량은 (가)=(나)이다.

## A 압력

**01** 압력에 대한 설명으로 옳은 것을 보기에서 모두 고른 것은?

> **보기**
> ㄱ. 압력은 일정한 면적에 작용하는 힘이다.
> ㄴ. 힘이 작용하는 면적이 같을 때 힘의 크기가 클수록 압력이 크다.
> ㄷ. 같은 크기의 힘이 작용할 때 힘이 작용하는 면적이 작을수록 압력이 작다.

① ㄱ      ② ㄴ      ③ ㄷ
④ ㄱ, ㄴ      ⑤ ㄴ, ㄷ

**중요해!**

**02** 그림 (가)는 빈 페트병을 스펀지 위에 올려놓은 모습을, 그림 (나)와 (다)는 물을 가득 채운 페트병을 스펀지 위에 다르게 올려놓은 모습을 각각 나타낸 것이다.

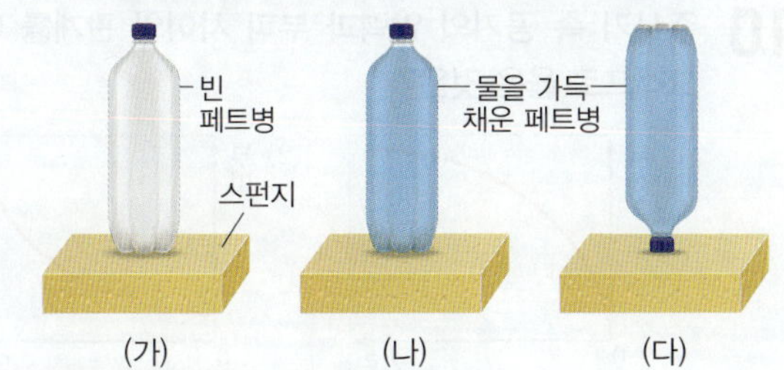


이에 대한 설명으로 옳은 것은?

① 압력의 크기는 (가)<(다)<(나) 순이다.
② (가)와 (나)는 일정한 면적에 작용하는 힘의 크기가 같다.
③ (나)와 (다)는 힘이 작용하는 면적이 같다.
④ 힘의 크기가 압력에 미치는 영향을 알아보기 위해서는 (가)와 (나)를 비교한다.
⑤ 힘이 작용하는 면적이 압력에 미치는 영향을 알아보기 위해서는 (가)와 (다)를 비교한다.

## B 기체의 압력

**중요해!**

**03** 기체의 압력에 대한 설명으로 옳지 <u>않은</u> 것은?

① 기체의 압력은 아래쪽 방향으로만 작용한다.
② 기체의 압력은 기체 입자들이 일정한 면적의 용기 벽에 충돌하여 가하는 힘이다.
③ 기체의 압력은 기체 입자가 스스로 끊임없이 운동하기 때문에 나타난다.
④ 기체 입자가 용기 벽에 충돌하는 횟수가 많을수록 기체의 압력이 커진다.
⑤ 용기의 부피와 온도가 일정할 때 기체 입자 수가 많을수록 기체의 압력이 커진다.

**04** 그림과 같이 고무풍선에 공기를 불어 넣었더니 고무풍선이 둥근 모양으로 부풀어 올랐다.

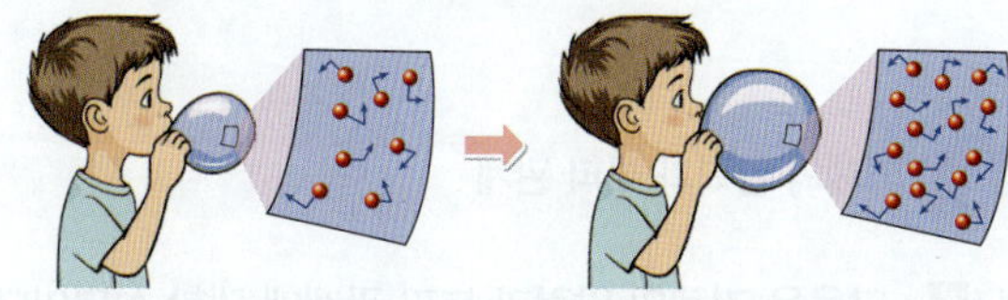

이때 고무풍선 속에서 일어나는 변화에 대한 설명으로 옳은 것은? (단, 온도는 일정하다.)

① 고무풍선 속 공기의 압력이 작아진다.
② 고무풍선 속 공기 입자의 크기가 커진다.
③ 고무풍선 속 공기 입자의 개수가 적어진다.
④ 고무풍선 속 공기 입자가 풍선의 안쪽 벽에 충돌하는 횟수가 많아진다.
⑤ 고무풍선 속 공기의 압력은 입자의 운동 방향에 따라 다른 크기로 작용한다.

**05** 일상생활에서 기체의 압력을 이용한 예가 <u>아닌</u> 것은?

① 향수병을 열어 두면 향기가 퍼져 나간다.
② 압축 공기로 신발에 있는 먼지를 제거한다.
③ 구조용 안전 매트를 사용하여 사람을 구조한다.
④ 공기 주머니에 공기를 채워 자동차를 들어 올린다.
⑤ 혈압계의 공기 주머니에 공기를 채워 혈압을 측정한다.

**06** 그림 (가)는 뚜껑을 열지 않은 페트병에 들어 있는 기체를, 그림 (나)는 뚜껑을 열었다가 닫은 페트병에 들어 있는 기체를 각각 입자 모형으로 나타낸 것이다.

(가)　　　　　(나)

이에 대한 설명으로 옳은 것을 보기에서 모두 고른 것은? (단, 온도는 일정하다.)

보기
ㄱ. 페트병 속 기체의 압력은 (가)가 (나)보다 크다.
ㄴ. 기체 입자의 충돌 횟수는 (가)가 (나)보다 많다.
ㄷ. 기체 입자의 운동 빠르기는 (가)가 (나)보다 빠르다.
ㄹ. (가)는 (나)보다 페트병 위쪽의 기체가 들어 있는 부분을 누르기 쉽다.

① ㄱ, ㄴ　　　② ㄱ, ㄹ　　　③ ㄴ, ㄷ
④ ㄴ, ㄷ, ㄹ　　⑤ ㄱ, ㄷ, ㄹ

**C** 기체의 압력과 부피 관계

**07** 다음은 기체의 압력과 부피 관계에 대한 설명이다.

> 일정한 온도에서 일정한 양의 기체에 작용하는 압력이 증가하면 기체의 부피는 ㉠(　　　　)하고, 기체에 작용하는 압력이 ㉡(　　　　)하면 기체의 부피는 증가한다.

(　　) 안에 알맞은 말을 옳게 짝 지은 것은?

|  | ㉠ | ㉡ |  | ㉠ | ㉡ |
|---|---|---|---|---|---|
| ① | 증가 | 증가 | ② | 증가 | 감소 |
| ③ | 감소 | 증가 | ④ | 감소 | 감소 |
| ⑤ | 일정 | 일정 |  |  |  |

**08** 일정한 온도에서 일정한 양의 기체의 부피를 줄이면 기체의 압력이 커지는 까닭으로 옳은 것은?

① 기체 입자의 질량이 작아지기 때문
② 기체 입자의 크기가 작아지기 때문
③ 기체 입자의 개수가 많아지기 때문
④ 기체 입자의 운동이 더 빨라지기 때문
⑤ 기체 입자가 용기 벽에 충돌하는 횟수가 많아지기 때문

**[09~10]** 그림과 같이 일정한 온도에서 주사기의 피스톤을 20 mL로 맞추고 주사기 끝을 무선 기체 압력 센서와 연결한 뒤, 피스톤을 누르면서 주사기 속 공기의 부피에 따른 공기의 압력을 측정하여 표와 같은 결과를 얻었다.

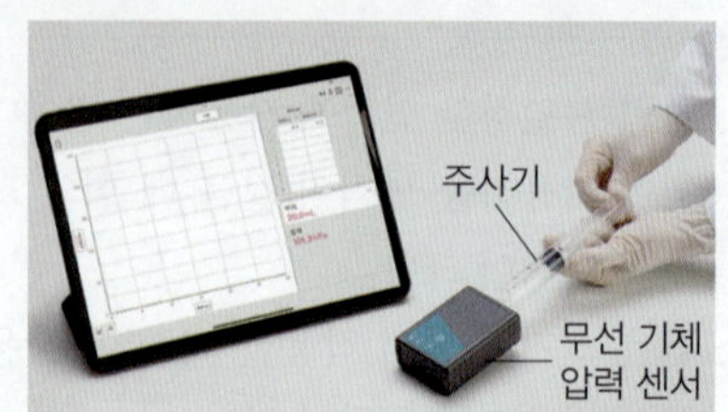


| 부피(mL) | 20 | 18 | 16 | 14 | 12 |
|---|---|---|---|---|---|
| 압력(기압) | 1.00 | 1.11 | ㉠ | ㉡ | 1.67 |

**09** 이 실험에 대한 설명으로 옳은 것을 보기에서 모두 고른 것은? (단, 온도는 일정하다.)

보기
ㄱ. ㉠의 값은 ㉡의 값보다 크다.
ㄴ. 피스톤을 강하게 누를수록 공기의 압력이 커진다.
ㄷ. 주사기 속 공기의 부피가 작을수록 공기의 압력이 크다.

① ㄱ　　　　　② ㄷ　　　　　③ ㄱ, ㄴ
④ ㄴ, ㄷ　　　⑤ ㄱ, ㄴ, ㄷ

**중요해!**
**10** 주사기 속 공기의 압력과 부피 사이의 관계를 나타낸 그래프로 옳은 것은?

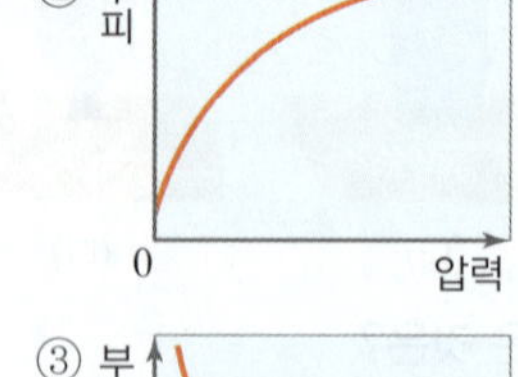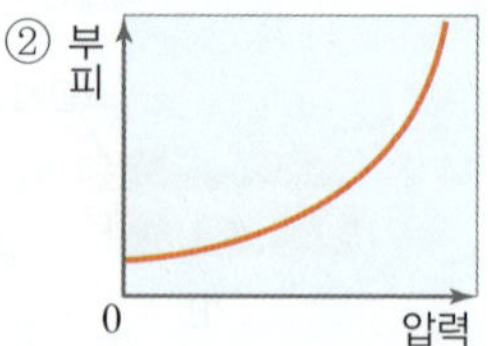
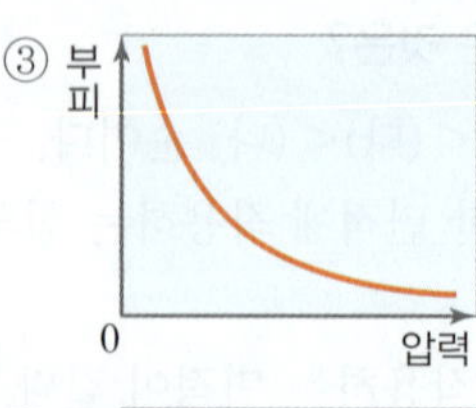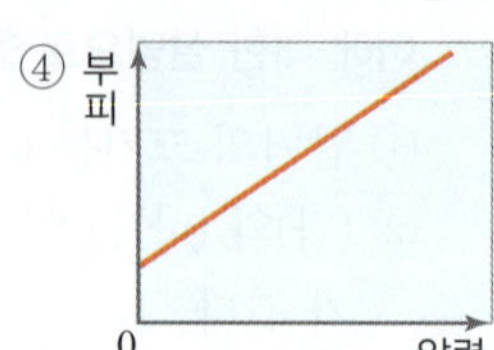
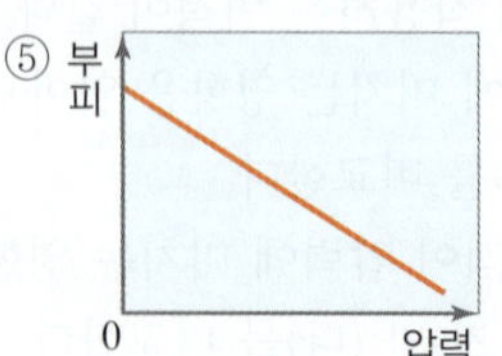

**11** 오른쪽 그림은 일정한 온도에서 공기를 넣은 주사기의 피스톤을 눌렀다가 누르던 손을 뗄 때의 모습을 나타낸 것이다. (가)에서 (나)로 변할 때 주사기 속 공기의 변화를 옳게 짝 지은 것은?

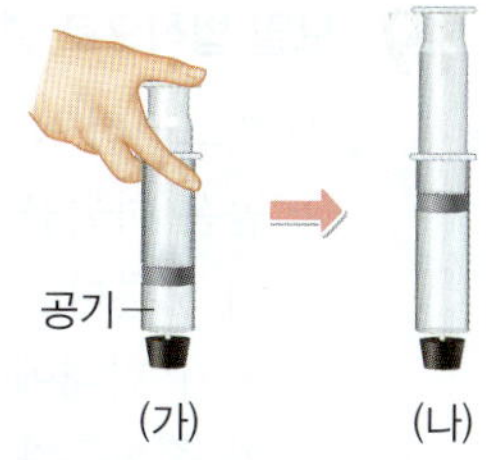


| | 공기 입자 사이의 거리 | 공기 입자의 충돌 횟수 | 공기의 압력 |
|---|---|---|---|
| ① | 감소 | 감소 | 감소 |
| ② | 감소 | 증가 | 증가 |
| ③ | 증가 | 감소 | 감소 |
| ④ | 증가 | 감소 | 증가 |
| ⑤ | 증가 | 증가 | 감소 |

[12~13] 그림은 일정한 온도에서 일정한 양의 기체에 작용하는 압력이 커질 때의 변화를 입자 모형으로 나타낸 것이다.

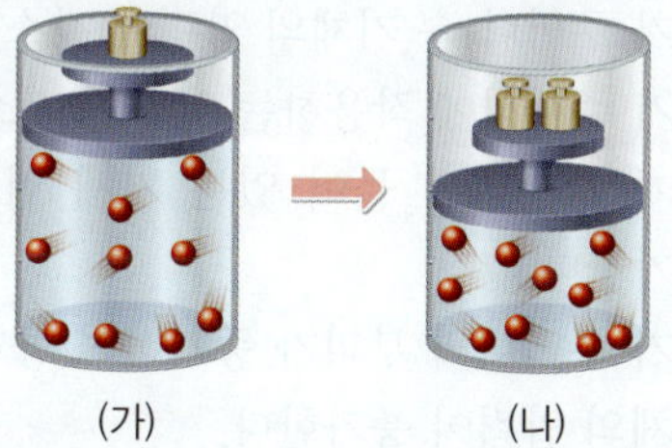


**중요해!**

**12** (가)에서 (나)로 변할 때 용기 속 기체에서 나타나는 변화에 대한 설명으로 옳지 <u>않은</u> 것은?

① 기체의 압력이 증가한다.
② 기체의 부피가 감소한다.
③ 기체 입자의 크기가 작아진다.
④ 기체 입자 사이의 거리가 가까워진다.
⑤ 기체 입자가 용기 벽에 충돌하는 횟수가 많아진다.

**13** (가)에서 (나)로 변할 때 용기 속 기체에서 변하지 않는 것을 보기에서 모두 고른 것은?

보기
ㄱ. 기체의 질량
ㄴ. 기체 입자의 개수
ㄷ. 기체 입자의 운동 빠르기

① ㄱ   ② ㄷ   ③ ㄱ, ㄴ
④ ㄴ, ㄷ   ⑤ ㄱ, ㄴ, ㄷ

**중요해!**

**14** 그림은 일정한 온도에서 일정한 양의 기체의 압력과 부피의 관계를 나타낸 것이다.

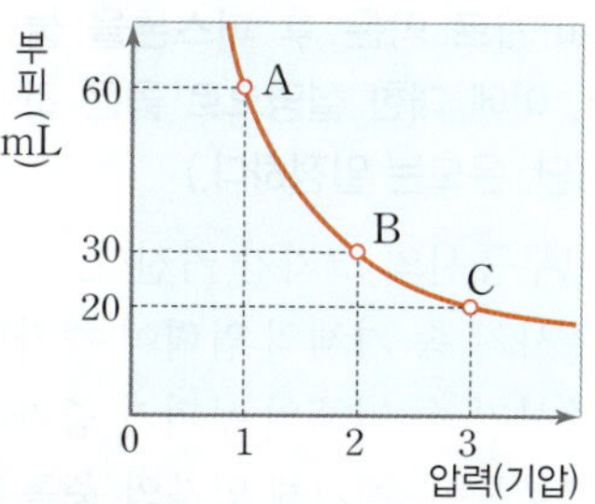


A~C에 대한 설명으로 옳은 것은?

① A에서 기체 입자의 운동이 가장 빠르다.
② C에서 기체의 부피가 가장 크다.
③ A~C에서 기체 입자 사이의 거리는 모두 같다.
④ A에서 B로 변할 때 압력이 2배 증가하고, 기체의 부피는 $\frac{1}{2}$로 감소한다.
⑤ B에서 C로 변할 때 기체 입자가 용기 벽에 충돌하는 횟수가 감소한다.

**15** 오른쪽 그림은 감압 용기에 고무풍선이 들어 있는 모습을 기체 입자 모형으로 나타낸 것이다. 펌프를 사용하여 감압 용기 속 공기를 빼낸 후의 변화를 입자 모형으로 옳게 나타낸 것은? (단, 온도는 일정하고, 화살표의 길이는 입자 운동의 빠르기를 나타낸다.)

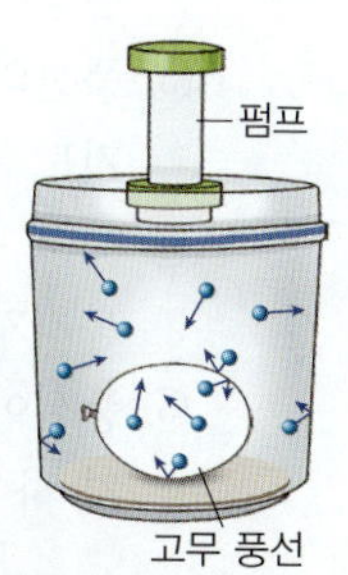


① 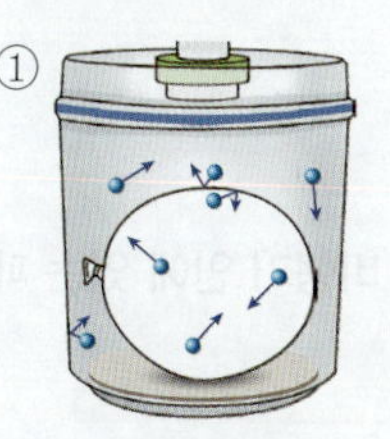
② 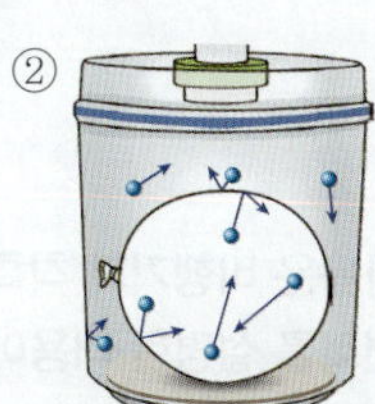
③ 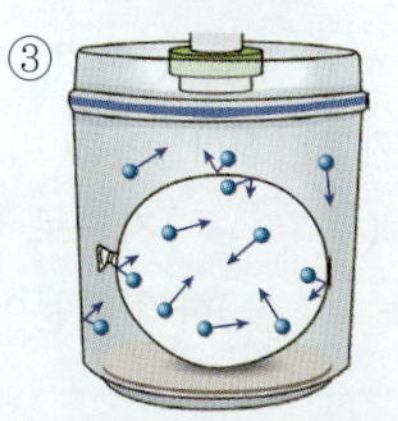
④ 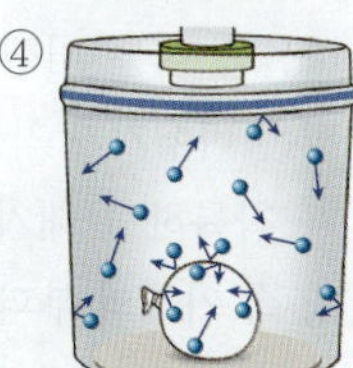
⑤ 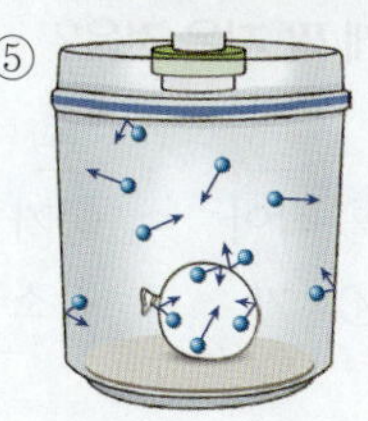

**16** 오른쪽 그림과 같이 주사기에 작은 고무풍선을 넣고 주사기 끝을 고무마개로 막은 후 피스톤을 눌렀다. 이에 대한 설명으로 옳은 것은? (단, 온도는 일정하다.)

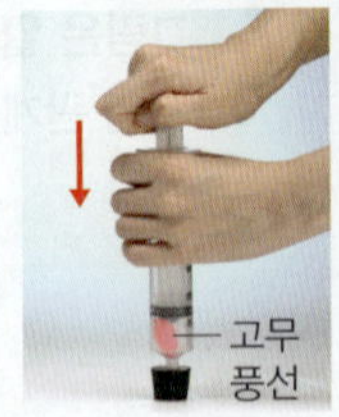


① 고무풍선의 크기가 커진다.
② 주사기 속 기체의 압력이 증가한다.
③ 주사기 속 기체의 부피가 증가한다.
④ 고무풍선 속 기체 입자의 충돌 횟수가 감소한다.
⑤ 고무풍선 속 기체 입자 사이의 거리가 멀어진다.

**D** 생활 속 보일 법칙과 관련된 현상

**17** 헬륨 기체가 들어 있는 풍선을 하늘 높이 띄우면 풍선이 점점 커진다. 이에 대한 설명으로 옳은 것은?

① 온도에 따른 기체의 부피 변화 때문에 생기는 현상이다.
② 풍선 속 기체의 양이 적어지기 때문에 생기는 현상이다.
③ 풍선의 크기가 커지면 풍선 속 기체 입자의 크기도 커진다.
④ 과자 봉지를 가지고 높은 산에 올라가면 과자 봉지가 부푸는 것과 원리가 같다.
⑤ 풍선이 하늘 높이 올라갈수록 풍선 속 기체 입자 사이의 거리는 가까워진다.

**18** 다음은 비행기가 착륙할 때 비행기 안에 있는 페트병의 변화를 설명한 내용이다.

> 하늘을 나는 비행기 안에서 뚜껑을 닫아 둔 페트병은 비행기가 착륙하면 찌그러진다. 이는 비행기가 착륙하면 대기압이 ㉠(　　　　)지므로 페트병 속 기체의 부피가 ㉡(　　　　)하기 때문이다.

(　　) 안에 알맞은 말을 옳게 짝 지은 것은?

| | ㉠ | ㉡ | | ㉠ | ㉡ |
|---|---|---|---|---|---|
| ① | 작아 | 감소 | ② | 작아 | 증가 |
| ③ | 작아 | 일정 | ④ | 커 | 감소 |
| ⑤ | 커 | 일정 | | | |

**19** 보일 법칙으로 설명할 수 있는 현상이 <u>아닌</u> 것은?

① 찌그러진 농구공에 공기를 넣었더니 팽팽해졌다.
② 높은 하늘을 나는 비행기 안에서 페트병이 부풀어 오른다.
③ 공기 침대에 누우면 공기 침대 속 기체의 부피가 줄어든다.
④ 잠수부가 내뿜은 공기 방울은 수면 가까이 올라올수록 커진다.
⑤ 과자 봉지를 가지고 높은 산에 올라가면 과자 봉지가 팽팽해진다.

**20** 오른쪽 그림은 밑창에 공기 주머니가 들어 있는 운동화를 나타낸 것이다. 이 운동화를 신고 뛰어 올랐다가 착지할 때 공기 주머니의 변화에 대한 설명으로 옳은 것은?

① 공기 주머니 속 기체의 압력이 감소한다.
② 공기 주머니에 작용하는 압력이 감소한다.
③ 공기 주머니에 들어 있는 기체 입자의 개수가 증가한다.
④ 공기 주머니의 부피가 증가하여 공기 주머니 속 기체의 압력이 증가한다.
⑤ 공기 주머니에 작용하는 압력이 증가하여 공기 주머니의 부피가 감소한다.

**21** 오른쪽 그림은 자동차 연료로 사용하는 수소 기체를 저장하는 용기를 나타낸 것이다. 이 용기는 높은 압력을 견딜 수 있는데, 수소 기체를 저장할 때 이와 같은 용기를 사용하는 까닭으로 가장 적절한 것은? (단, 온도는 일정하다.)

① 수소는 기체 입자의 운동이 매우 느리기 때문
② 수소는 기체 입자들의 충돌 횟수가 적기 때문
③ 수소는 기체 입자 사이의 거리가 매우 가깝기 때문
④ 대기압 상태에서 수소 기체는 부피가 매우 크기 때문
⑤ 대기압 상태에서 수소 기체는 쉽게 액체로 변하기 때문

**01** 그림과 같이 연필의 양쪽 끝을 같은 힘으로 눌러 보았다.

(1) A와 B 중에서 어느 쪽이 더 아프게 느껴지는지 쓰시오.

↳ (　　　)가 더 아프게 느껴진다.

(2) (1)과 같이 답한 까닭을 다음의 단어를 모두 사용하여 서술하시오.

> 압력　　　면적　　　힘

**02** 그림과 같이 일정한 온도에서 공기 60 mL가 들어 있는 주사기의 끝을 막고 주사기의 피스톤을 눌렀더니 기체의 부피가 30 mL가 되었다.

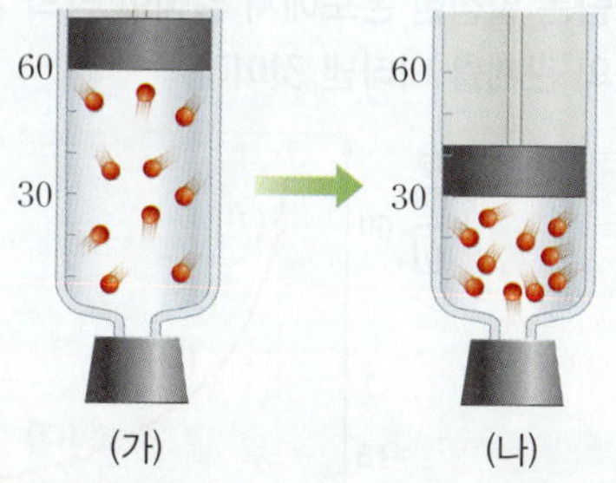


(1) (가)에서 기체의 압력이 1 기압일 때 (나)에서 기체의 압력은 몇 기압인지 서술하시오.

↳ 기체의 부피가 60 mL에서 30 mL로 $\frac{1}{2}$만큼 감소했으므로 기체의 압력은 (　　)배 증가한 (　　) 기압이다.

(2) (가)에서 (나)로 변할 때 기체 입자가 주사기 벽에 충돌하는 횟수는 어떻게 변하는지 기체의 부피 변화와 관련지어 서술하시오.

**03** 그림은 일정한 온도에서 일정한 양의 기체의 압력과 부피의 관계를 나타낸 것이다.

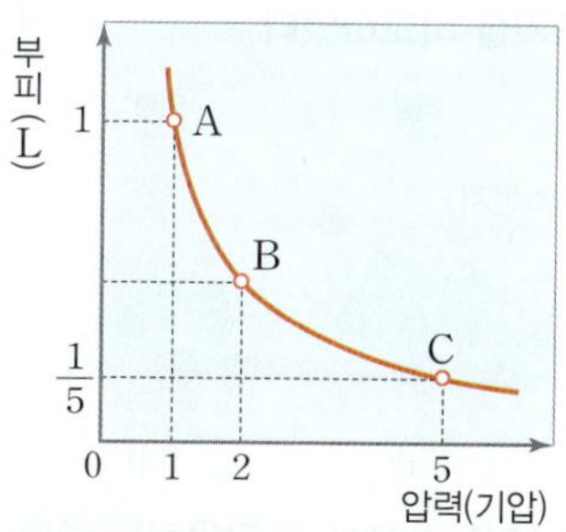


(1) A에서 B로 변할 때 기체의 부피는 어떻게 변하는지 쓰시오.

↳ A에서 B로 변할 때 기체의 압력이 (　　)배 커지므로 기체의 부피는 (　　)로 작아진다.

(2) B에서 C로 변할 때 기체 입자의 충돌 횟수와 기체 입자의 운동 빠르기는 어떻게 변하는지 서술하시오.

**04** 그림과 같이 하늘을 날고 있는 비행기에서는 과자 봉지가 부풀어 오른다.

(1) 이 현상과 관련 있는 법칙의 이름을 쓰고, 그 법칙이 무엇인지 서술하시오.

↳ (　　　), 일정한 (　　　)에서 일정한 양의 기체에 작용하는 압력이 (　　　)하면 기체의 부피는 (　　　)한다.

(2) 과자 봉지가 부풀어 오른 까닭을 기체의 압력과 부피 관계와 관련지어 서술하시오.

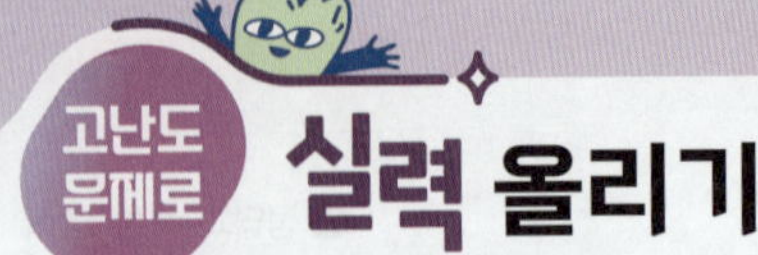

**01** 그림과 같이 물이 든 삼각 플라스크의 입구를 고무마개로 막아 스펀지 위에 올려놓고 스펀지에 작용하는 압력의 크기를 비교하였다.

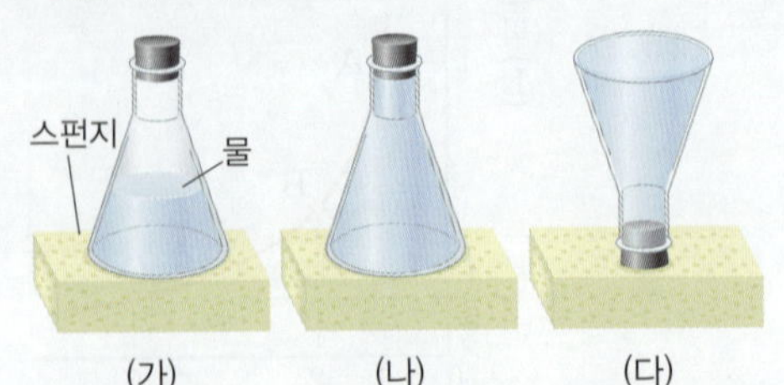


(가)~(다) 중에서 ㉠작용하는 힘의 크기와 압력의 관계, ㉡힘이 작용하는 면적과 압력의 관계를 알아보기 위해 각각 비교해야 할 것을 골라 압력의 크기를 비교한 결과로 옳은 것은?

| | ㉠ | ㉡ |
|---|---|---|
| ① | (가)=(나) | (가)<(다) |
| ② | (가)<(나) | (나)<(다) |
| ③ | (나)<(다) | (가)<(나) |
| ④ | (나)=(다) | (가)<(나) |
| ⑤ | (다)<(가) | (나)<(가) |

**02** 그림은 25 °C에서 부피가 일정한 밀폐 용기에 들어 있는 기체를 입자 모형으로 나타낸 것이다.

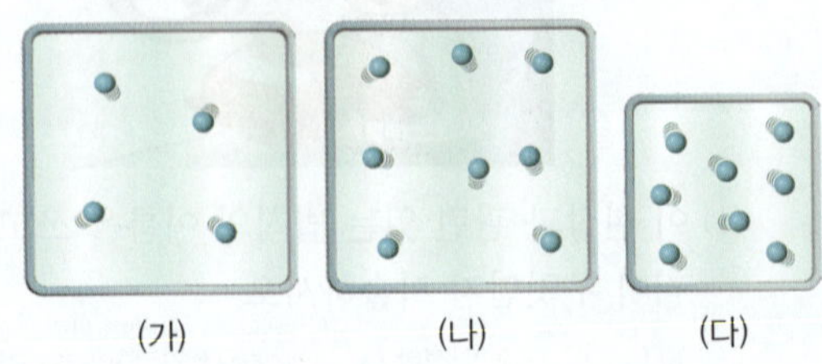


(가)~(다)에서 기체의 압력의 크기를 비교한 것으로 옳은 것은?

① (가)=(나)=(다)
② (가)=(나)<(다)
③ (가)<(나)=(다)
④ (가)<(나)<(다)
⑤ (다)<(나)<(가)

**03** 다음은 자동차 정비용 공기 주머니에 대한 설명이다.

자동차를 정비할 때는 자동차를 들어 올려야 한다. 이때 공기 주머니를 사용하는데, 공기 주머니에 공기를 채우면 공기 주머니가 부풀어 오르면서 자동차를 들어 올린다.

이에 대한 설명으로 옳은 것을 보기에서 모두 고른 것은?

> 보기
> ㄱ. 기체의 압력을 이용하는 예이다.
> ㄴ. 공기 주머니에 공기를 채울 때 공기 주머니 속 기체 입자의 개수가 많아진다.
> ㄷ. 공기 주머니에 공기를 채울 때 공기 주머니 속 기체 입자가 주머니 내부 벽에 충돌하는 횟수가 많아진다.

① ㄱ    ② ㄷ    ③ ㄱ, ㄴ
④ ㄴ, ㄷ    ⑤ ㄱ, ㄴ, ㄷ

**04** 그림은 일정한 온도에서 일정한 양의 기체의 압력과 부피의 관계를 나타낸 것이다.

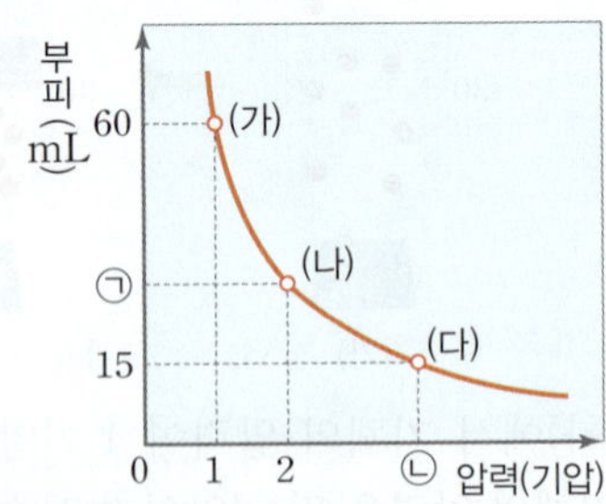


이에 대한 설명으로 옳지 않은 것은?

① ㉠은 30이다.
② ㉡은 5이다.
③ (가)~(다) 중 (가)에서 기체 입자 사이의 거리가 가장 멀다.
④ (가)~(다)에서 기체 입자의 운동 빠르기는 모두 같다.
⑤ (나)에서 (다)로 변할 때 기체 입자의 충돌 횟수가 증가한다.

**05** 그림은 주사기 안에 작은 고무풍선을 넣고 주사기 끝을 고무마개로 막은 뒤, (가)와 같이 피스톤을 누를 때와 (나)와 같이 피스톤을 당길 때 주사기 속 고무풍선의 변화를 각각 나타낸 것이다.

(가)                    (나)

(가)와 (나)를 비교한 것으로 옳은 것은? (단, 온도는 일정하다.)

① 주사기 속 공기의 질량: (가)<(나)
② 주사기 속 공기의 압력: (가)=(나)
③ 고무풍선 속 공기의 압력: (가)>(나)
④ 고무풍선 속 공기 입자의 크기: (가)<(나)
⑤ 고무풍선 속 공기 입자의 충돌 횟수: (가)=(나)

**06** 오른쪽 그림과 같이 주사기와 무선 기체 압력 센서를 연결하여 주사기 속 공기의 부피에 따른 공기의 압력을 측정하였다. (가)는 주사기에 공기 40 mL를, (나)는 주사기에 공기 20 mL를 각각 넣은 뒤 부피를 변화시키면서 압력을 측정한 결과이다.

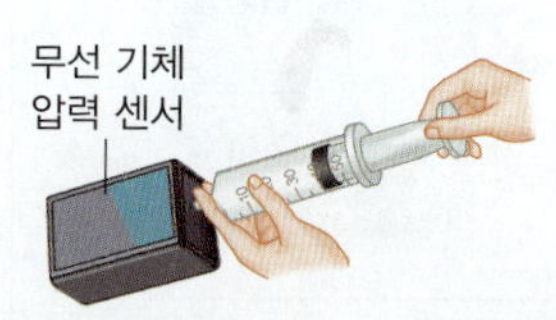


| (가) | 부피(mL) | 40 | ㉠ | ㉡ |
|---|---|---|---|---|
| (나) | 부피(mL) | 20 | ㉢ | 10 |
| 압력(기압) | | 1 | 1.5 | 2 |

이에 대한 설명으로 옳은 것을 보기에서 모두 고른 것은? (단, 온도는 일정하며, 주사기의 종류는 같다.)

보기
ㄱ. ㉠>㉡이다.
ㄴ. ㉢은 ㉠의 2배이다.
ㄷ. (나)에서는 보일 법칙이 성립하지 않는다.

① ㄱ          ② ㄴ          ③ ㄱ, ㄷ
④ ㄴ, ㄷ       ⑤ ㄱ, ㄴ, ㄷ

**07** 그림과 같이 일정한 온도에서 일정한 양의 기체가 들어 있는 용기 위에 올려놓은 추의 개수를 증가시켰다. (가)에서 기체에 작용하는 압력은 1 기압이며, 추 1개에 의한 압력은 $\frac{1}{2}$ 기압이다.

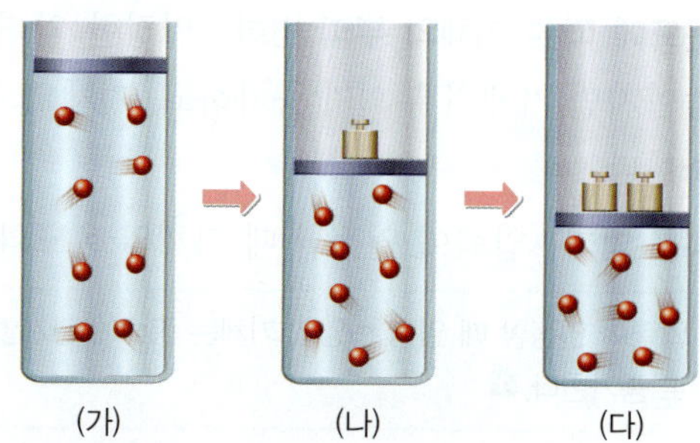

(가)          (나)          (다)

이에 대한 설명으로 옳은 것을 보기에서 모두 고른 것은?

보기
ㄱ. (다)에서 기체의 압력은 1 기압이다.
ㄴ. (가)~(다)에서 기체 입자의 운동 빠르기는 모두 같다.
ㄷ. (나)에서 기체에 작용하는 압력과 기체의 압력은 같다.
ㄹ. 기체 입자가 용기 벽에 충돌하는 횟수가 가장 많은 것은 (다)이다.

① ㄱ, ㄴ       ② ㄱ, ㄷ       ③ ㄴ, ㄹ
④ ㄱ, ㄷ, ㄹ    ⑤ ㄴ, ㄷ, ㄹ

**08** 오른쪽 그림은 에어 로켓을 발사하는 모습을 나타낸 것이다. 에어 로켓은 공기가 들어 있는 펌프로 연결되어 있으며, 펌프를 눌러 주면 에어 로켓이 하늘로 날아간다. 이에 대한 설명으로 옳은 것을 보기에서 모두 고른 것은?

보기
ㄱ. 기체의 압력과 부피 관계를 이용한 예이다.
ㄴ. 펌프를 누르면 펌프 속 공기의 압력이 감소한다.
ㄷ. 펌프를 더 강하게 누르면 에어 로켓이 더 멀리 날아간다.

① ㄱ          ② ㄴ          ③ ㄱ, ㄷ
④ ㄴ, ㄷ       ⑤ ㄱ, ㄴ, ㄷ

# 02 기체의 온도와 부피



## A 기체의 온도와 부피 관계 ✔ 꽉 잡아! 탐구 66쪽  ✔ 꽉 잡아! 자료 67쪽

1. **온도에 따른 기체의 부피 변화**  일정한 압력에서 일정한 양의 기체의 온도가 높아지면 기체의 부피가 증가하고, 기체의 온도가 낮아지면 기체의 부피가 감소한다.

2. **샤를 법칙**  압력이 일정할 때 기체의 온도와 부피 사이의 관계를 나타낸 법칙

> 압력이 일정할 때 일정한 양의 기체는 종류에 관계없이 온도가 높아지면 부피가 일정한 비율로 증가한다. **1**

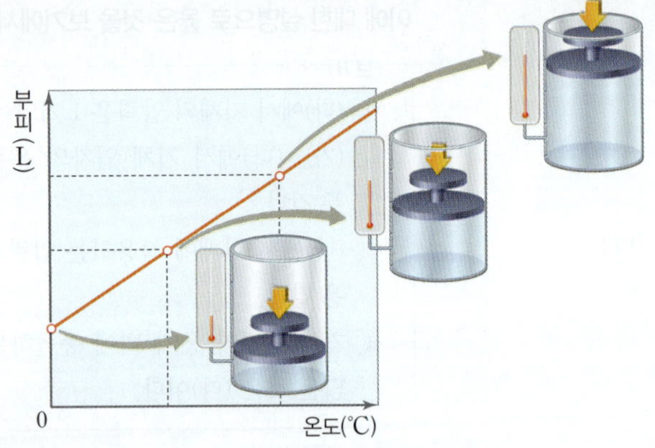



3. **온도에 따른 기체의 부피 변화와 관련된 현상 2 3**

| 온도에 따른 고무풍선의 변화 | • 고무풍선을 씌운 삼각 플라스크를 뜨거운 물에 넣으면 고무풍선 속 기체의 부피가 증가하여 고무풍선이 부풀어 오른다.<br>• 이 삼각 플라스크를 다시 얼음물에 넣으면 고무풍선 속 기체의 부피가 감소하여 고무풍선이 쭈그러든다. | 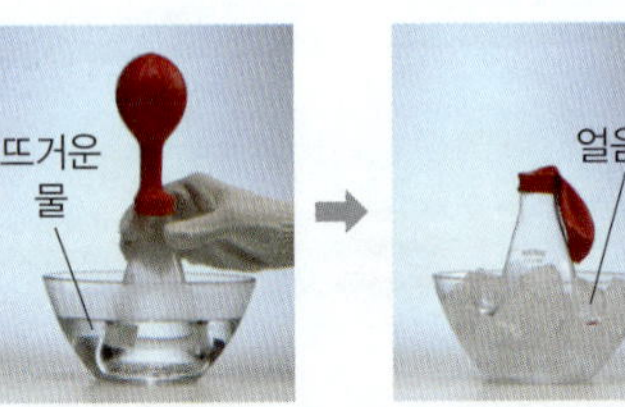 |
| --- | --- | --- |
| 물을 뿜는 오줌싸개 인형 | • 오줌싸개 인형을 뜨거운 물과 찬물에 차례대로 넣었다가 꺼내면 인형 안에 물이 채워진다.<br>• 그 후 뜨거운 물을 부으면 인형에서 물이 뿜어져 나온다. | 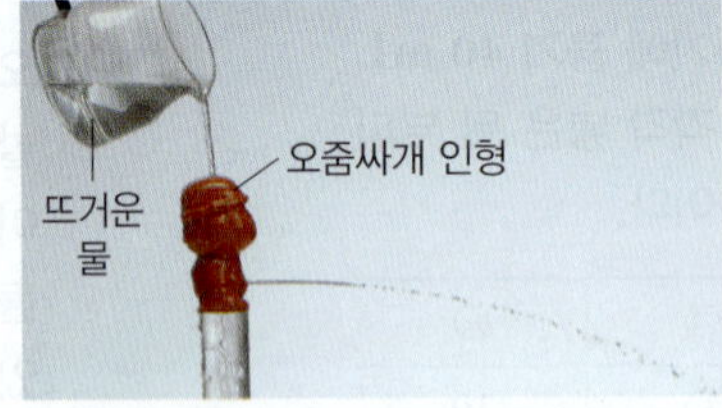 |





| ❶ 인형을 뜨거운 물에 넣기 | ❷ 인형을 찬물에 넣기 | ❸ 인형 위에 뜨거운 물 붓기 |
| --- | --- | --- |
| 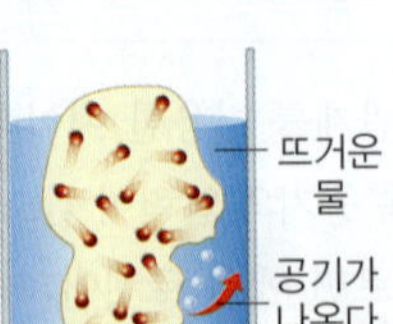 | 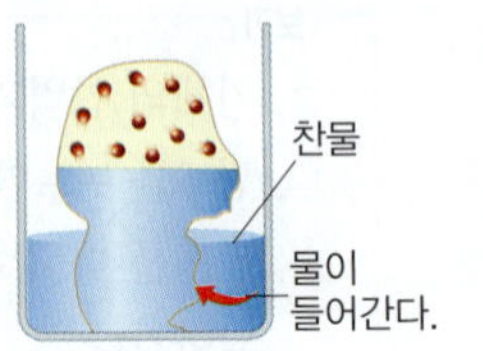 | 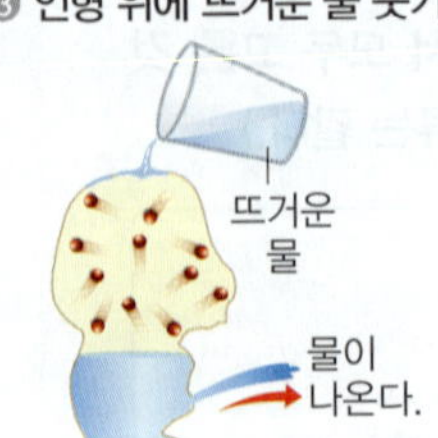 |
| 인형 속 공기의 부피가 증가하여 인형의 작은 구멍으로 공기가 나온다. | 인형 속 공기의 부피가 감소하여 인형 안으로 물이 들어가 채워진다. | 인형 속 공기의 부피가 증가하면서 인형의 작은 구멍으로 물이 뿜어져 나온다. |



---



**1 온도에 따른 기체의 부피 변화의 정량적 관계**

일정한 압력에서 기체의 부피는 기체의 온도가 1 ℃ 높아질 때마다 0 ℃일 때 부피의 $\frac{1}{273}$씩 증가한다.

**2 액체 질소에 넣은 고무풍선의 부피 변화**

액체 질소의 온도는 −196 ℃ 이하로 매우 낮다. 따라서 공기가 들어 있는 고무풍선을 액체 질소에 넣으면 고무풍선 속 공기의 부피가 급격히 감소하여 고무풍선이 쭈그러든다.

**3 온도에 따른 기체의 부피 변화에 대한 실험**

둥근바닥 플라스크를 두 손으로 감싸 쥐면 플라스크 속 기체의 온도가 높아져 기체의 부피가 증가하므로 잉크 방울이 A 방향으로 이동한다.

**➤ 용어**

◆ **비율(比 견주다, 率 비율)** 다른 수나 양에 대한 어떤 수나 양의 비

정답과 해설 15쪽

**초성 퀴즈**

**A-1 기체의 온도와 부피 관계**

• 온도에 따른 기체의 부피 변화: 일정한 압력에서 일정한 양의 기체의 온도가 높아지면 기체의 부피는 ㅈ ㄱ 하고, 기체의 온도가 낮아지면 기체의 부피는 ㄱ ㅅ 한다.

• ㅅ ㄹ 법칙: 압력이 일정할 때 일정한 양의 기체의 온도와 부피 사이의 관계를 나타내며, 기체의 온도가 높아지면 기체의 부피가 일정한 비율로 증가한다.

**1** 일정한 압력에서 일정한 양의 기체의 온도와 부피 관계에 대한 설명으로 옳은 것은 ○, 옳지 않은 것은 ×로 표시하시오.

(1) 기체의 온도가 높아지면 기체의 부피는 증가한다. ············ (　　)

(2) 기체의 부피가 감소하는 것은 기체의 온도가 낮아졌기 때문이다. (　　)

(3) 기체의 온도와 부피 관계는 보일 법칙으로 설명할 수 있다. ········ (　　)

**2** 오른쪽 그림은 일정한 압력에서 일정한 양의 기체의 온도와 부피의 관계를 나타낸 것이다. 이에 대한 설명에서 (　　) 안에 알맞은 말을 고르시오.

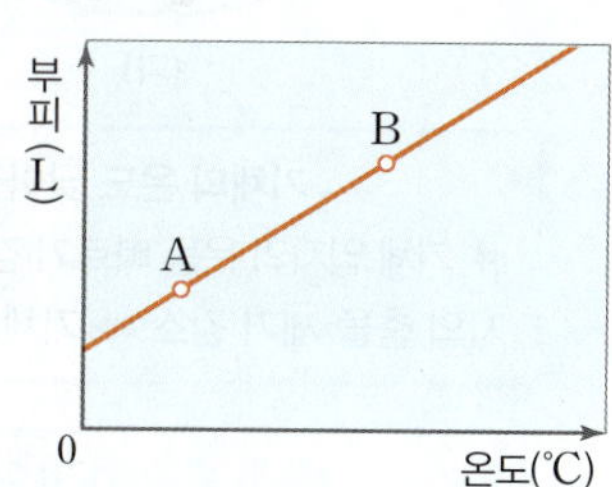

A와 B에서 온도가 더 높은 것은 ㉠( A , B )이고, 기체의 부피가 더 큰 것은 ㉡( A , B )이다. 따라서 온도가 ㉢( 높 , 낮 )아질수록 기체의 부피가 증가한다는 것을 알 수 있다. 이때 0 ℃에서 기체의 부피는 ㉣( 0이다 , 0이 아니다 ).

**3** 오른쪽 그림과 같이 고무풍선을 씌운 삼각 플라스크를 준비한 뒤 뜨거운 물에 넣었다가 얼음물에 넣었을 때 나타나는 변화에 대한 설명으로 옳은 것은 ○, 옳지 않은 것은 ×로 표시하시오.

(1) 삼각 플라스크를 뜨거운 물에 넣으면 플라스크 속 기체의 온도가 높아진다. ············ (　　)

(2) 삼각 플라스크를 뜨거운 물에 넣으면 고무풍선의 크기가 작아진다. ·· (　　)

(3) 뜨거운 물에 넣었던 삼각 플라스크를 다시 얼음물에 넣으면 플라스크 속 기체의 온도가 높아진다. ············ (　　)

(4) 뜨거운 물에 넣었던 삼각 플라스크를 다시 얼음물에 넣으면 고무풍선의 크기가 작아진다. ············ (　　)

**4** 다음은 오줌싸개 인형에 찬물을 채운 후 뜨거운 물을 부었을 때 인형에서 나타나는 변화를 설명한 내용이다. (　　) 안에 알맞은 말을 쓰시오.

인형을 뜨거운 물과 찬물에 차례대로 넣었다가 꺼내면 인형 안에 찬물이 채워진다. 그 후 인형에 뜨거운 물을 부으면 인형 속 공기의 온도가 ㉠(　　　　)지므로 공기의 ㉡(　　　　)이/가 증가하여 인형 안에 들어 있던 물이 뿜어져 나온다.

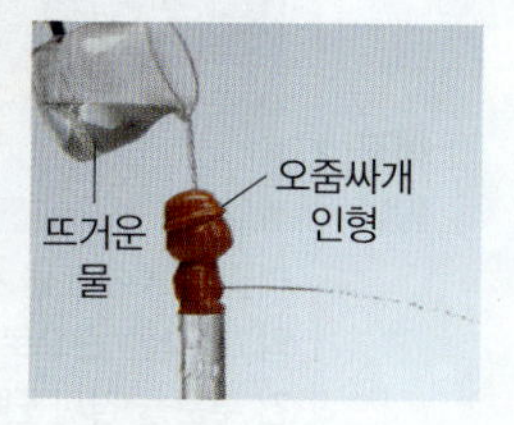


답 A-1 증가, 감소, 샤를

## 02 기체의 온도와 부피

4. **온도에 따른 기체의 부피 변화와 기체 입자 운동** 일정한 압력에서 기체의 온도가 변하면 기체 입자의 운동이 느려지거나 빨라지므로 기체의 부피가 감소하거나 증가한다.

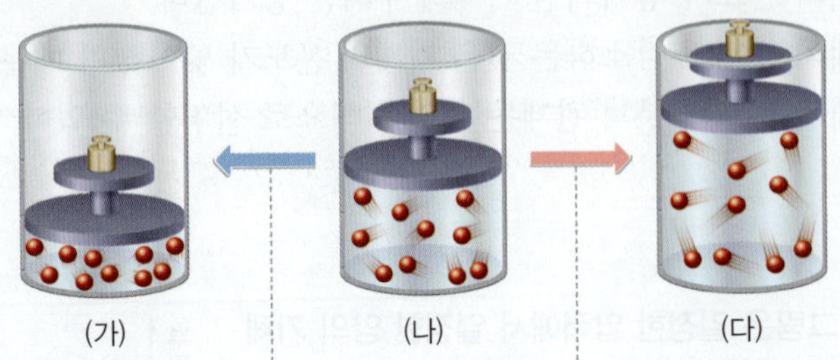

| 기체의 온도 낮아짐. | 기체의 온도 높아짐. |
|---|---|
| ➡ 기체 입자의 운동 빠르기 감소 ➡ 기체 입자의 충돌 세기 감소 ➡ 기체의 부피 감소 | ➡ 기체 입자의 운동 빠르기 증가 ➡ 기체 입자의 충돌 세기 증가 ④ ➡ 기체의 부피 증가 |

| (가)<(나)<(다) | | (가)=(나)=(다) |
|---|---|---|
| • 온도 | • 기체 입자 사이의 거리 | • 기체 입자의 개수 |
| • 기체의 부피 | • 기체 입자의 충돌 세기 | • 기체 입자의 크기 |
| • 기체 입자의 운동 빠르기 | | • 기체 입자의 질량 |

### B 생활 속 샤를 법칙과 관련된 현상

1. **온도에 따라 기체의 부피가 변하는 예** ⑤
   ① 추운 겨울 창고에 보관한 농구공이 바람이 빠진 것처럼 찌그러져 있다.
   ② 열기구의 풍선 속 기체를 가열하면 풍선이 부풀어 올라 열기구가 떠오른다. ⑥
   ③ 뚜껑을 닫은 페트병을 냉장고에 넣으면 페트병이 찌그러지고, 다시 꺼내 두면 페트병이 팽팽해진다.

2. **기체의 온도와 부피 관계를 이용하는 예** ✔ 꽉 잡아! 자료 67쪽

| 구분 | 서로 겹쳐진 2개의 그릇 떼어 내기 | 찌그러진 탁구공 펴기 | 냉장고에서 꺼낸 열리지 않는 밀폐 용기의 뚜껑 열기 |
|---|---|---|---|
| 해결 방법 | 겹쳐진 그릇의 아랫부분을 뜨거운 물에 담가 둔다. | 찌그러진 탁구공을 뜨거운 물에 넣는다. | 밀폐 용기를 따뜻한 물에 넣어 둔다. |

| 구분 | 피펫 끝에 남은 액체 빼내기 | 삶은 달걀을 입구가 작은 병에 넣기 | 접착제 없이 고무풍선에 빈 플라스틱 병 붙이기 |
|---|---|---|---|
| 해결 방법 | 피펫의 윗부분을 손가락으로 막고, 다른 손으로 피펫의 중간 부분을 감싸 쥔다. | 병을 뜨겁게 가열한 뒤 달걀을 병 입구에 올리고 병을 찬 물에 넣는다. | 빈 플라스틱 병을 뜨거운 바람으로 가열한 뒤 병 입구를 고무풍선에 붙인다. |

---

**+ 보충**

**④ 기체 입자의 충돌 세기에 따른 기체의 부피 변화**

기체의 온도가 높아져 기체 입자의 운동이 빨라지면 기체 입자가 용기 벽에 강하게 충돌하는데, 이때 용기 속 기체의 압력이 외부 압력과 같아질 때까지 기체의 부피가 증가한다.

**⑤ 온도에 따라 기체의 부피가 변하는 또 다른 예**
• 뜨거운 음식이 들어 있는 그릇에 비닐 랩을 씌우면 비닐 랩이 부풀어 오른다.
➡ 그릇 속 기체의 온도가 높아져 부피가 증가하기 때문

• 차가운 유리병 입구에 물을 적신 동전을 올려놓고, 양손으로 유리병을 감싸 쥐면 동전이 들썩거리며 움직인다.
➡ 체온에 의해 유리병 속 기체의 온도가 높아져 부피가 증가하면서 동전을 밀어내기 때문

• 바닥이 오목한 그릇에 뜨거운 음식을 담아 놓으면 그릇이 식탁에서 저절로 움직인다.
➡ 그릇과 식탁 사이에 있는 공기의 온도가 높아져 부피가 증가하여 순간적으로 그릇을 들어 올리기 때문

**⑥ 열기구가 떠오르는 원리**

열기구의 풍선 속 기체를 가열하면 기체의 온도가 높아지면서 풍선이 크게 부풀어 오른다. 이때 풍선 속 기체의 일부가 풍선 밖으로 밀려 나가면서 열기구가 가벼워져 위로 떠오른다.

**➤ 용어**
◆ **피펫** 일정한 부피의 액체를 정확히 옮기는 데 사용되는 유리관

**A-2 기체의 온도와 부피 관계**

· 일정한 압력에서 기체의 온도가 높아지면 기체 입자가 더 [ㅃ][ㄹ]게 운동하여 기체 입자가 용기 벽에 더 강하게 [ㅊ][ㄷ]하므로 기체의 부피가 커진다.

**B 생활 속 샤를 법칙과 관련된 현상**

· 찌그러진 탁구공을 뜨거운 물에 넣으면 탁구공이 펴지는 것은 [ㅅ][ㄹ] 법칙으로 설명할 수 있다.

**5** 오른쪽 그림은 일정한 압력에서 용기 속에 들어 있는 일정한 양의 기체의 온도를 높였을 때 기체의 부피 변화를 입자 모형으로 나타낸 것이다. 용기 속 기체의 변화를 '증가', '감소', '일정'으로 구분하여 쓰시오.

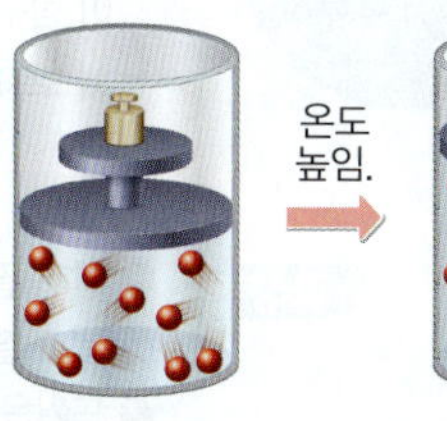


(1) 기체의 부피 ·········································· (          )
(2) 기체 입자의 개수 ·································· (          )
(3) 기체 입자의 크기 ·································· (          )
(4) 기체 입자의 충돌 세기 ························ (          )
(5) 기체 입자 사이의 거리 ························ (          )
(6) 기체 입자의 운동 빠르기 ···················· (          )

**6** 오른쪽 그림은 일정한 압력에서 일정한 양의 기체의 온도와 부피의 관계를 나타낸 것이다. A~C에 대한 설명에서 (     ) 안에 알맞은 기호를 쓰시오.

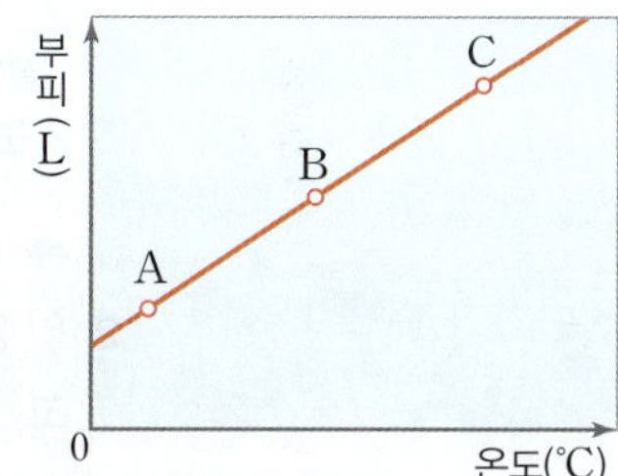


(1) 기체의 부피가 가장 작은 것은 (          )이다.
(2) 기체 입자 사이의 거리가 가장 가까운 것은 (          )이다.
(3) 기체 입자의 운동이 가장 빠른 것은 (          )이다.
(4) 기체 입자가 용기 벽에 가장 강하게 충돌하는 것은 (          )이다.

**7** 보일 법칙과 관련 있는 현상은 '보일', 샤를 법칙과 관련 있는 현상은 '샤를'이라고 쓰시오.

(1) 비행기가 착륙하면 팽팽했던 과자 봉지의 크기가 작아진다. ··· (          )
(2) 잠수부가 내뿜은 공기 방울은 수면 가까이 올라올수록 커진다. ··· (          )
(3) 열기구의 풍선 속 기체를 가열하면 풍선이 부풀어 올라 열기구가 위로 떠오른다. ································ (          )
(4) 밀폐 용기의 뚜껑이 잘 열리지 않을 때 밀폐 용기를 따뜻한 물에 넣어 두면 뚜껑이 잘 열린다. ································ (          )

**8** 다음은 탁구공이 찌그러졌을 때 기체의 온도와 부피 관계를 이용해 문제를 해결하는 과정에 대한 설명이다. (     ) 안에 알맞은 말을 고르시오.

> 찌그러진 탁구공을 뜨거운 물에 넣어 두면 원래대로 펴진다. 이는 탁구공 속에 들어 있는 기체의 온도가 ㉠( 높아 , 낮아 )지므로 기체 입자의 운동이 ㉡( 빨라 , 느려 )져 기체의 부피가 ㉢( 증가 , 감소 )하기 때문이다.

# 기체의 온도와 부피 관계 알아보기

이 탐구에서는 일정한 압력에서 온도에 따른 기체의 부피를 측정하고, 기체의 온도와 부피 관계를 설명해 보자.

탐구 영상

**과정**

❶ 빨대 끝에서 2 cm~3 cm 떨어진 곳에 색소를 섞은 글리세롤을 넣고 빨대의 반대쪽 끝을 밀봉기로 막는다.

❷ 뜨거운 물이 담긴 눈금실린더에 ❶의 빨대와 디지털 온도계를 고정한다.

❸ 물의 온도가 50 ℃가 되면 글리세롤의 위치를 유성펜으로 눈금실린더에 표시하고, 물의 온도가 5 ℃ 낮아질 때마다 이를 반복한다.

❹ 각 온도에서 눈금실린더에 표시된 위치와 물에 잠긴 빨대 끝 사이의 눈금 개수를 기록한다.

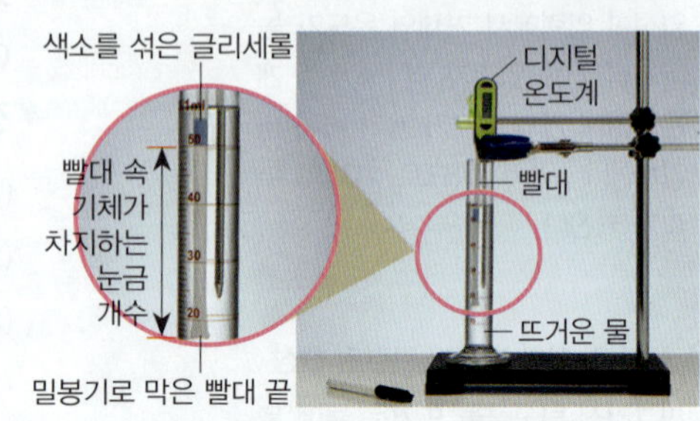


**결과+정리**

**1** 온도가 낮아지면 빨대 속 기체의 부피가 감소하므로 글리세롤 방울이 점점 아래로 내려간다. 따라서 빨대 속 기체의 눈금 개수가 (            ).

| 온도(℃) | 50 | 45 | 40 | 35 | 30 | 25 |
|---|---|---|---|---|---|---|
| 빨대 속 기체의 눈금 개수(개) | 38 | 37.5 | 37 | 36.5 | 36 | 35.5 |

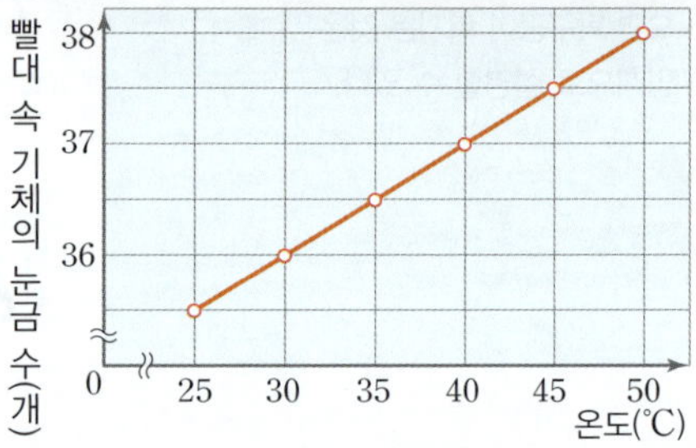

➡ 온도가 5 ℃ 낮아질 때마다 빨대 속 기체가 차지하는 눈금 개수는 0.5 개씩 일정하게 적어진다.



**2** 일정한 압력에서 일정한 양의 기체의 온도를 높이면 기체의 부피가 일정한 비율로 ㉠(            )하고, 온도를 낮추면 기체의 부피가 일정한 비율로 ㉡(            )한다.

## 같은 주제 다른 탐구  기체의 온도와 부피 관계 알아보기

**과정**

❶ 삼각 플라스크에 구멍 뚫린 실리콘 마개를 끼우고 공기를 10 mL 정도 채운 주사기를 마개와 연결한다.

❷ ❶의 삼각 플라스크를 뜨거운 물, 실온의 물, 얼음물이 든 비커에 순서대로 넣어 물의 온도와 주사기 속 공기의 부피를 각각 측정한다.

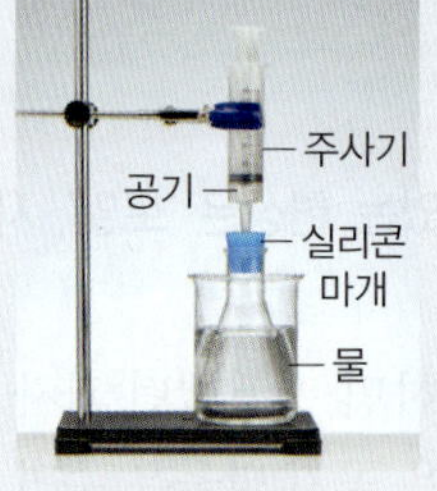


**결과+정리**

| 구분 | 뜨거운 물 | 실온의 물 | 얼음물 |
|---|---|---|---|
| 온도(℃) | 60 | 20 | 4 |
| 주사기 속 공기의 부피(mL) | 18 | 10 | 7 |

➡ 일정한 압력에서 일정한 양의 기체의 온도가 낮아지면 기체의 부피가 감소한다.

## 확인 문제

정답과 해설 16쪽

**1** 위 탐구에 대한 설명으로 옳은 것은 ○, 옳지 <u>않은</u> 것은 ×로 표시하시오.

(1) 일정한 압력 조건에서 실험한다. ─────── (    )

(2) 빨대 속 기체의 눈금 개수가 많을수록 빨대 속 공기의 부피가 작다. ─────── (    )

(3) 온도가 높아지면 빨대 속 기체가 차지하는 눈금 개수가 적어진다. ─────── (    )

(4) 실험 결과를 샤를 법칙으로 설명할 수 있다. ── (    )

**2** 위 탐구에서 물의 온도가 낮아질 때 빨대 속 기체에서 감소하는 것을 보기에서 모두 고르시오.

보기
ㄱ. 기체 입자의 개수
ㄴ. 기체 입자 사이의 거리
ㄷ. 기체 입자의 운동 빠르기
ㄹ. 기체 입자가 빨대 벽에 충돌하는 세기

# 샤를 법칙과 관련된 그래프와 현상 분석하기

일정한 압력에서 기체의 온도와 부피 관계 그래프를 해석하여 기체의 온도와 부피 관계를 알아내고, 입자 모형을 연결 지어 알아보자. 또 기체의 온도와 부피 관계를 이용하여 여러 가지 문제를 해결하는 원리를 알아보자.

## ❶ 기체의 온도와 부피 관계 그래프를 해석하고, 입자 모형을 연결 지어 이해하기

(가)에서 주사기의 온도를 높여 (나)와 (다)가 되었을 때 주사기 속 기체의 온도와 부피, 기체 입자의 운동은 오른쪽 그림과 같다. (단, 기체 입자의 운동은 화살표로 나타내며, 화살표의 길이는 입자 운동의 빠르기를 의미한다.)

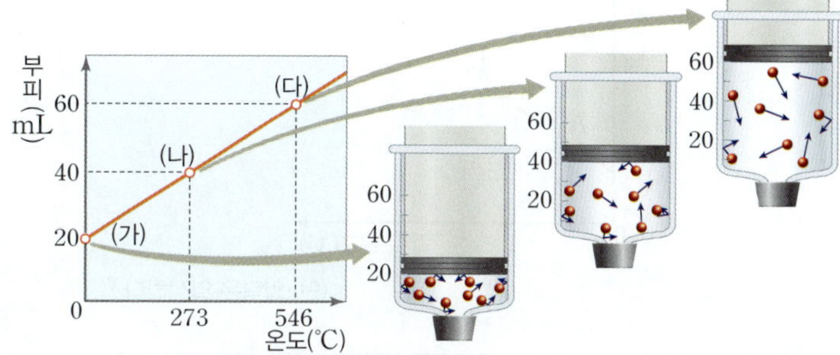



### ① 그래프 해석하기

| (가) → (나) | (나) → (다) |
|---|---|
| 기체의 온도를 0 ℃에서 273 ℃로 높이면 기체의 부피는 20 mL에서 40 mL로 증가한다. | 기체의 온도를 273 ℃에서 546 ℃로 높이면 기체의 부피는 40 mL에서 60 mL로 증가한다. |

➡ 기체의 온도를 273 ℃만큼 높이면 기체의 부피는 20 mL씩 일정한 비율로 증가한다.

⬇

일정한 압력에서 일정한 양의 기체의 온도가 높아지면 기체의 부피는 일정한 비율로 증가한다.

### ② 입자 모형 연결 지어 이해하기

| (가)<(나)<(다) | • 기체의 온도<br>• 기체의 부피<br>• 기체 입자 사이의 거리<br>• 기체 입자의 충돌 세기<br>• 기체 입자의 운동 빠르기 |
|---|---|
| (가)=(나)=(다) | • 기체 입자의 개수<br>• 기체 입자의 크기<br>• 기체 입자의 질량<br>• 기체의 질량(기체 입자 전체의 질량) |

## ❷ 기체의 온도와 부피 관계를 이용하여 문제를 해결하는 방법의 원리

| 서로 겹쳐진 2개의 그릇 떼어내기 | 찌그러진 탁구공 펴기 |
|---|---|
| 겹쳐진 그릇의 아랫부분을 뜨거운 물에 담금. ➡ 그릇 사이의 공기의 온도가 높아짐. ➡ 그릇 사이의 공기의 부피 증가 ➡ 그릇을 밀어내 그릇이 분리됨. 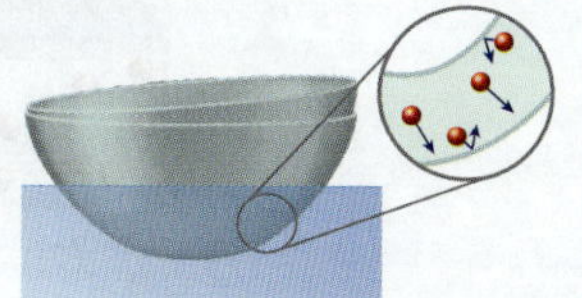 | 찌그러진 탁구공을 뜨거운 물에 넣음. ➡ 탁구공 속 공기의 온도가 높아짐. ➡ 탁구공 속 공기의 부피 증가 ➡ 탁구공이 펴짐. 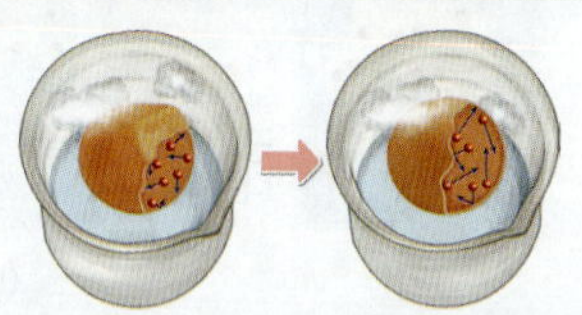 |
| 피펫 끝에 남은 액체 빼내기 | 접착제 없이 고무풍선에 빈 플라스틱 병 붙이기 |
| 피펫의 윗부분을 손가락으로 막고, 다른 손으로 피펫의 중간 부분 감싸 쥠. ➡ 피펫 속 공기의 온도가 높아짐. ➡ 피펫 속 공기의 부피 증가 ➡ 피펫에 남아 있던 액체가 밀려 나옴. 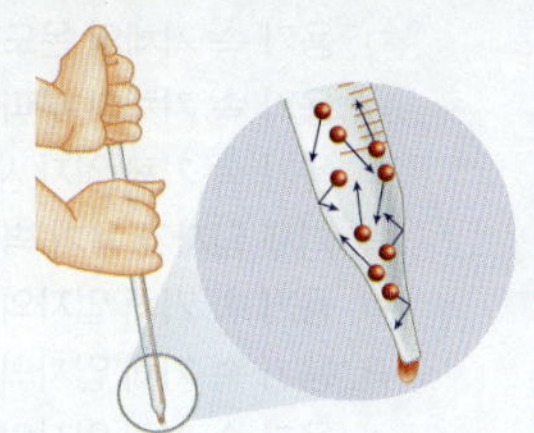 | 플라스틱 병을 뜨거운 바람으로 가열한 뒤 병 입구를 고무풍선에 붙임. ➡ 뜨거운 플라스틱 병이 식으면서 병 속 공기의 온도가 낮아짐. ➡ 플라스틱 병 속 공기의 부피 감소 ➡ 고무풍선이 플라스틱 병 속으로 빨려 들어가 고무풍선이 플라스틱 병에 붙음. 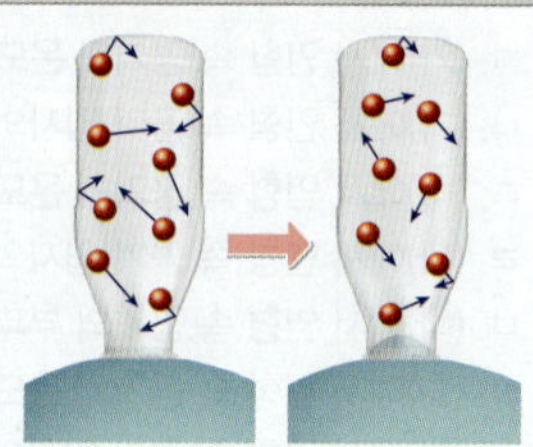 |

# 기체의 온도와 부피에서 잘 나오는 자료&보기

시험에 잘 나오는 자료와 보기를 살펴보고, 내가 알고 있는 옳은 보기가 있다면 추가해 보자.

## A 기체의 온도와 부피 관계

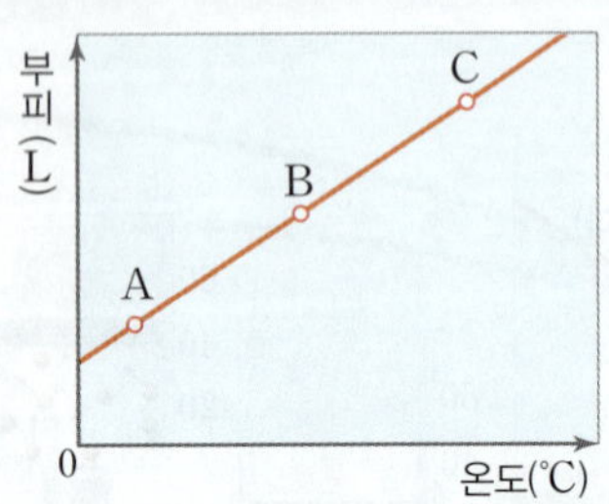


(단, 압력은 일정하다.)

**옳은 보기**

ㄱ. 기체의 부피는 A<B<C이다.
ㄴ. 기체의 온도는 A<B<C이다.
ㄷ. 기체 입자 사이의 거리는 A<B<C이다.
ㄹ. 기체 입자의 충돌 세기는 A<B<C이다.
ㅁ. 기체 입자의 운동 빠르기는 A<B<C이다.
ㅂ. 기체 입자의 개수는 A=B=C이다.
ㅅ. 일정한 압력에서 기체의 온도가 높아지면 기체의 부피는 일정한 비율로 증가한다.

## A 기체의 온도와 부피 관계

**옳은 보기**

ㄱ. (가)에서 고무풍선 속 기체의 온도가 높아진다.
ㄴ. (가)에서 고무풍선 속 기체의 부피가 증가한다.
ㄷ. (가)에서 고무풍선의 크기가 커진다.
ㄹ. (가)에서 고무풍선 속 기체 입자 사이의 거리가 멀어진다.
ㅁ. (가)에서 고무풍선 속 기체 입자의 충돌 세기가 강해진다.
ㅂ. (가)에서 고무풍선 속 기체 입자의 운동이 빨라진다.
ㅅ. (나)에서 고무풍선 속 기체의 온도가 낮아진다.
ㅇ. (나)에서 고무풍선 속 기체의 부피가 감소한다.
ㅈ. (나)에서 고무풍선의 크기가 작아진다.
ㅊ. (나)에서 고무풍선 속 기체 입자 사이의 거리가 가까워진다.
ㅋ. (나)에서 고무풍선 속 기체 입자의 충돌 세기가 약해진다.
ㅌ. (나)에서 고무풍선 속 기체 입자의 운동이 느려진다.

## A 기체의 온도와 부피 관계

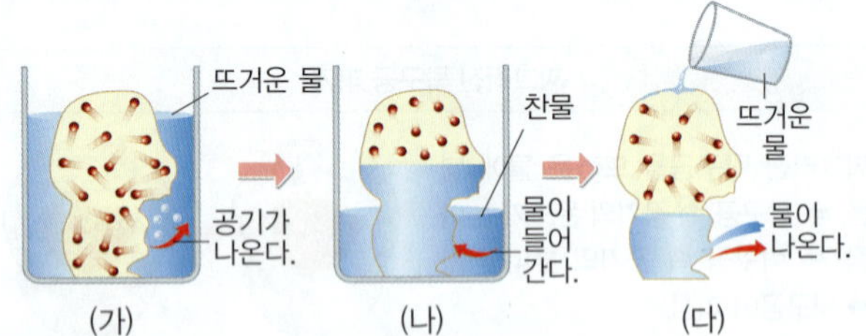


**옳은 보기**

ㄱ. (가)에서 인형 속 공기의 온도가 높아진다.
ㄴ. (가)에서 인형 속 공기 입자의 개수가 감소한다.
ㄷ. (나)에서 인형 속 공기의 온도가 낮아진다.
ㄹ. (나)에서 인형 속 공기 입자의 운동이 느려진다.
ㅁ. (나)에서 인형 속 공기의 부피가 감소한다.
ㅂ. (다)에서 인형 속 공기의 온도가 높아진다.
ㅅ. (다)에서 인형 속 공기 입자의 운동이 빨라진다.
ㅇ. (다)에서 인형 속 공기의 부피가 증가한다.

## A 기체의 온도와 부피 관계

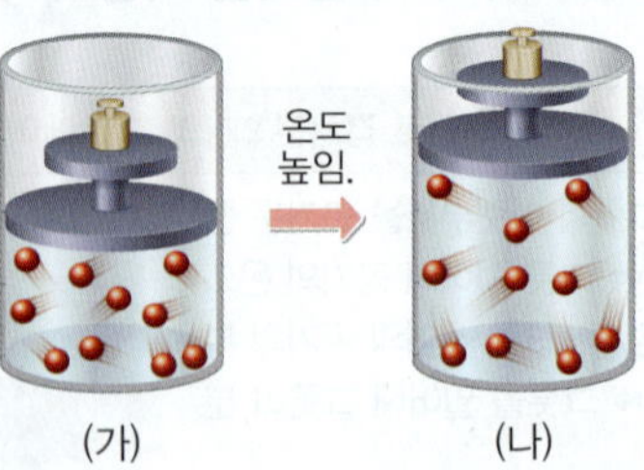


**옳은 보기**

ㄱ. 용기 속 기체의 온도는 (가)<(나)이다.
ㄴ. 용기 속 기체의 부피는 (가)<(나)이다.
ㄷ. 용기 속 기체 입자 사이의 거리는 (가)<(나)이다.
ㄹ. 기체 입자가 용기 벽에 충돌하는 세기는 (가)<(나)이다.
ㅁ. 용기 속 기체 입자의 운동 빠르기는 (가)<(나)이다.
ㅂ. 용기 속 기체 입자의 개수는 (가)=(나)이다.
ㅅ. 용기 속 기체 입자의 크기와 질량은 (가)=(나)이다.
ㅇ. 용기 속 기체의 질량은 (가)=(나)이다.

**A** 기체의 온도와 부피 관계

**01** 다음은 기체의 온도와 부피 관계에 대한 설명이다.

> 일정한 압력에서 일정한 양의 기체의 온도를 높이면 기체의 부피가 ㉠(　　　)하고, 기체의 온도를 낮추면 기체의 부피가 ㉡(　　　)한다.

(　) 안에 알맞은 말을 옳게 짝 지은 것은?

| | ㉠ | ㉡ | | ㉠ | ㉡ |
|---|---|---|---|---|---|
| ① | 증가 | 증가 | ② | 증가 | 감소 |
| ③ | 감소 | 증가 | ④ | 감소 | 감소 |
| ⑤ | 일정 | 감소 | | | |

[02~03] 그림은 일정한 압력에서 일정한 양의 기체의 온도와 부피의 관계를 나타낸 것이다.

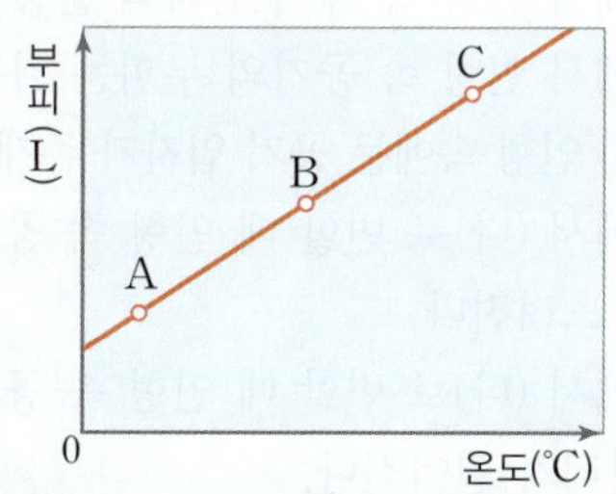

**02** 이에 대한 설명으로 옳은 것을 보기에서 모두 고른 것은?

> **보기**
> ㄱ. 샤를 법칙으로 설명할 수 있다.
> ㄴ. 0 ℃에서 기체의 부피는 0 L이다.
> ㄷ. 온도가 높아지면 기체의 부피는 일정한 비율로 증가한다.

① ㄱ 　　② ㄴ 　　③ ㄱ, ㄷ
④ ㄴ, ㄷ 　　⑤ ㄱ, ㄴ, ㄷ

**중요해!**
**03** A~C에 대한 설명으로 옳은 것은?

① 기체의 질량이 가장 작은 것은 A이다.
② 기체 입자의 운동은 A에서 가장 빠르다.
③ 기체 입자의 개수가 가장 많은 것은 C이다.
④ 기체 입자 사이의 거리가 가장 먼 것은 C이다.
⑤ 기체 입자가 용기 벽에 충돌하는 세기는 A~C에서 모두 같다.

[04~05] 다음은 온도에 따른 빨대 속 기체의 부피를 측정하는 실험이다.

> (가) 빨대 끝에서 조금 떨어진 곳에 색소를 섞은 글리세롤을 넣고, 빨대의 반대쪽 끝을 밀봉기로 막는다.
> (나) 그림과 같이 뜨거운 물이 담긴 눈금실린더에 (가)의 빨대와 디지털 온도계를 고정한 뒤, 일정 시간 간격으로 물의 온도와 빨대 속 기체가 차지하는 눈금 개수를 측정한다.

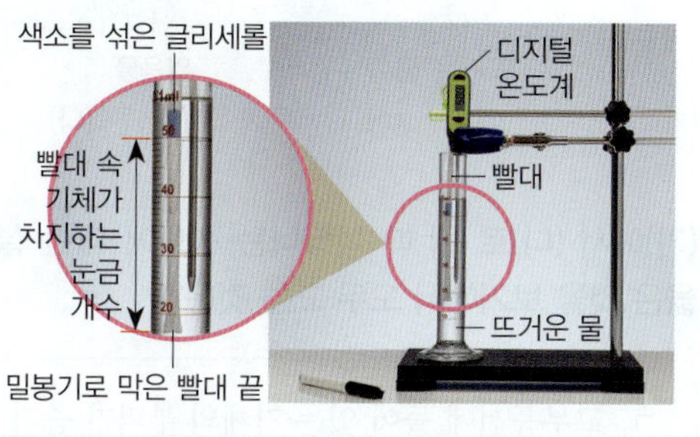


**04** 이 실험에 대한 설명으로 옳은 것은? (단, 빨대 속 기체에 작용하는 압력은 일정하다.)

① 보일 법칙에 관한 실험이다.
② 기체의 양에 따른 기체의 부피 변화를 알아보는 실험이다.
③ 시간이 지나면 빨대 속 기체의 눈금 개수가 적어진다.
④ 온도가 높아지면 빨대 속 기체가 차지하는 눈금 개수가 적어진다.
⑤ 빨대 속 기체의 부피가 클수록 기체가 차지하는 눈금 개수가 적다.

**중요해!**
**05** 이 실험 결과를 나타낸 그래프로 옳은 것은?

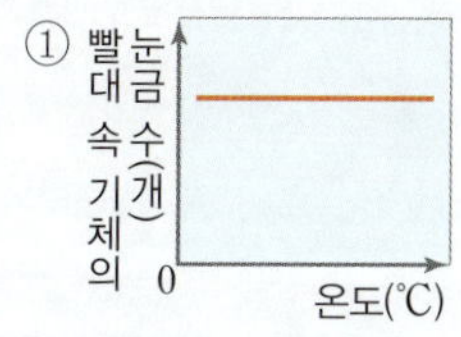


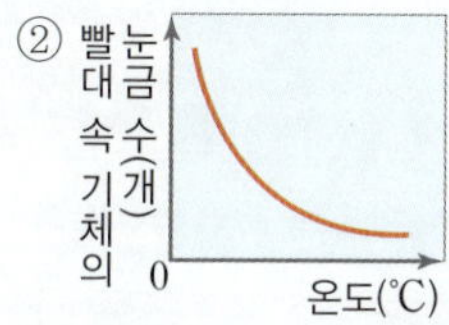


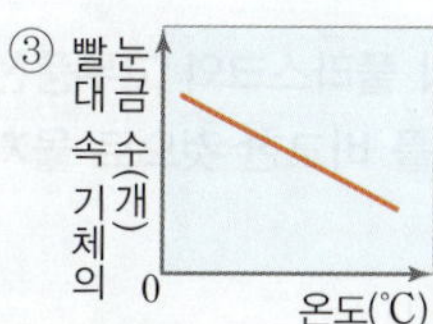


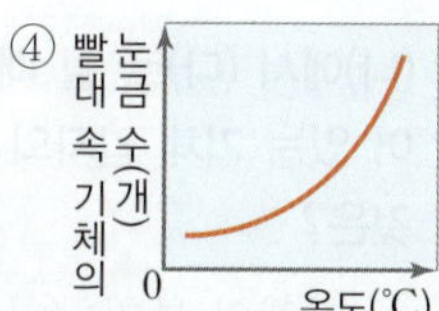


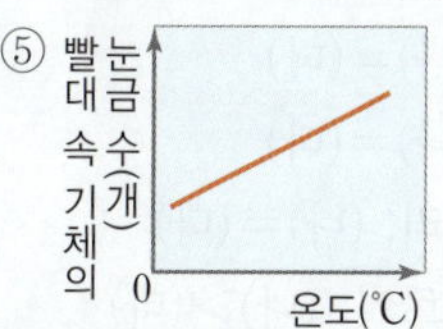

[06~07] 그림과 같이 일정한 압력에서 빈 삼각 플라스크의 입구에 고무풍선을 씌우고 뜨거운 물이 들어 있는 수조에 넣었더니 풍선이 부풀어 올랐고, 삼각 플라스크를 다시 얼음물에 넣었더니 풍선이 쭈그러졌다.

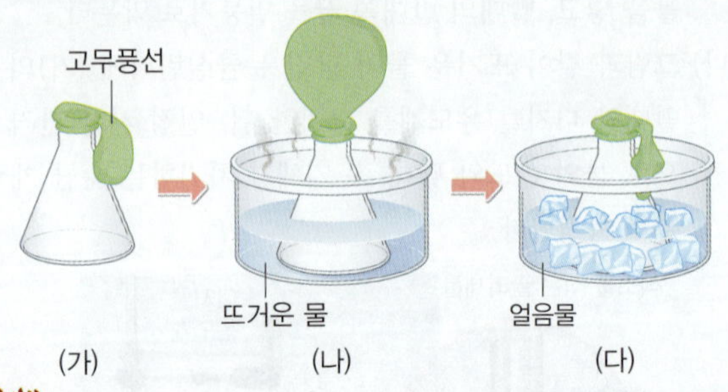


중요해!

**06** (가)에서 (나)로 될 때 나타나는 변화에 대한 설명으로 옳은 것을 보기에서 모두 고른 것은?

┌ 보기 ┐
ㄱ. 고무풍선에 들어 있는 기체의 부피가 증가한다.
ㄴ. 고무풍선에 들어 있는 기체 입자의 크기가 커진다.
ㄷ. 고무풍선과 삼각 플라스크에 들어 있는 기체 입자 사이의 거리가 멀어진다.

① ㄱ　　　　② ㄴ　　　　③ ㄱ, ㄷ
④ ㄴ, ㄷ　　　⑤ ㄱ, ㄴ, ㄷ

**07** (나)에서 (다)로 될 때 삼각 플라스크와 고무풍선에 들어 있는 기체 입자의 변화를 비교한 것으로 옳지 <u>않은</u> 것은?

① 기체의 부피: (나) > (다)
② 기체 입자의 크기: (나) = (다)
③ 기체 입자의 개수: (나) = (다)
④ 기체 입자 사이의 거리: (나) = (다)
⑤ 기체 입자의 운동 빠르기: (나) > (다)

**08** 다음은 오줌싸개 인형에 대한 실험이다.

[실험 과정]
(가) 빈 오줌싸개 인형을 뜨거운 물에 넣는다.
(나) (가)의 인형을 찬물에 넣는다.
(다) (나)의 인형을 꺼낸 후 뜨거운 물을 붓는다.

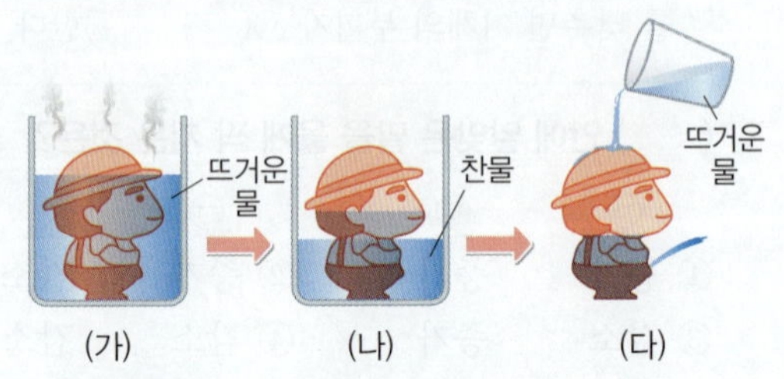


[실험 결과]
• (가)에서 인형 속 공기가 빠져나온다.
• (나)에서 인형 안으로 찬물이 들어간다.
• (다)에서 인형의 작은 구멍으로 물이 빠져나온다.

이에 대한 설명으로 옳은 것을 모두 고르면? (2개)

① (가)에서 인형 속 공기 입자의 운동이 빨라진다.
② (나)에서 인형 속 공기의 부피는 일정하다.
③ (나)의 인형 속에는 공기 입자가 존재하지 않는다.
④ (나)에서 (다)로 변할 때 인형 속 공기 입자의 운동이 느려진다.
⑤ (나)에서 (다)로 변할 때 인형 속 공기 입자 사이의 거리가 멀어진다.

**09** 일정한 압력에서 일정한 양의 기체의 온도를 30 ℃에서 0 ℃로 낮출 때 나타나는 변화에 대한 설명으로 옳지 <u>않은</u> 것은? (단, 기체는 액화하지 않는다.)

① 기체 입자가 운동하지 않는다.
② 기체 입자의 개수는 일정하다.
③ 기체 입자가 더 느리게 운동한다.
④ 기체 입자 사이의 거리가 가까워진다.
⑤ 기체 입자가 용기 벽에 더 약하게 충돌한다.

[10~11] 그림은 일정한 압력에서 용기 속에 들어 있는 일정한 양의 기체의 온도를 높였을 때의 변화를 나타낸 것이다.

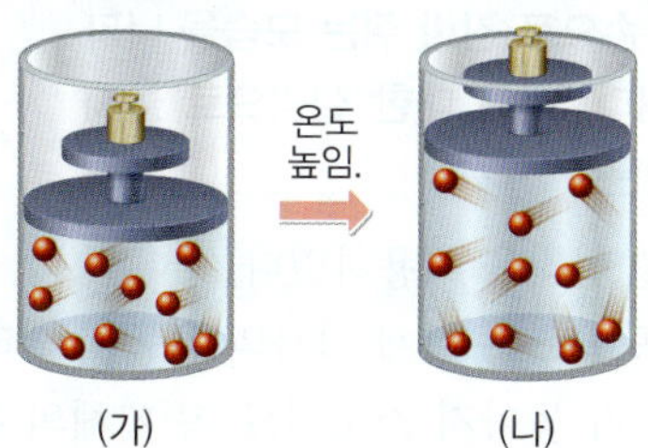

(가)　　　　　(나)

**10** (가)에서 (나)로 변할 때 용기 속 기체에 대한 설명으로 옳은 것은?

① 기체의 질량이 감소한다.
② 기체의 부피는 일정하다.
③ 기체 입자의 크기가 커진다.
④ 기체 입자의 운동이 빨라진다.
⑤ 기체 입자 사이의 거리가 가까워진다.

**11** (가)에서 (나)로 변할 때 그 값이 증가하는 것을 보기에서 모두 고른 것은?

> 보기
> ㄱ. 용기 속 기체 입자의 개수
> ㄴ. 용기 밖에서 기체에 작용하는 압력
> ㄷ. 용기 속 기체 입자가 용기 벽에 충돌하는 세기

① ㄱ　　　　② ㄷ　　　　③ ㄱ, ㄴ
④ ㄴ, ㄷ　　　⑤ ㄱ, ㄴ, ㄷ

**12** 오른쪽 그림은 일정한 압력에서 일정한 양의 기체가 들어 있는 주사기 속 기체를 입자 모형으로 나타낸 것이다. 기체의 온도를 높였을 때의 입자 모형으로 옳은 것은? (단, 화살표의 길이는 입자 운동의 빠르기를 나타낸다.)

**13** 그림 (가)는 주사기에 일정한 양의 공기를 채우고 주사기 끝을 막은 모습을, 그림 (나)와 (다)는 뜨거운 물과 얼음물이 들어 있는 비커를 나타낸 것이다.

(가)의 주사기를 (나)의 비커에 넣었다가 다시 (다)의 비커에 넣었을 때 나타나는 변화에 대한 설명으로 옳은 것을 보기에서 모두 고른 것은? (단, 압력은 일정하다.)

> 보기
> ㄱ. 주사기를 (다)에 넣었을 때 주사기 속 공기의 부피가 가장 작다.
> ㄴ. 주사기를 (나)에 넣었을 때 주사기 속 공기 입자의 운동이 가장 빠르다.
> ㄷ. 주사기를 (나)에 넣었다가 (다)에 넣을 때 주사기 속 공기 입자가 주사기 벽에 충돌하는 세기는 일정하다.

① ㄱ　　　　② ㄷ　　　　③ ㄱ, ㄴ
④ ㄴ, ㄷ　　　⑤ ㄱ, ㄴ, ㄷ

**B** 생활 속 샤를 법칙과 관련된 현상

**14** 기체의 온도와 부피 관계로 설명할 수 있는 현상이 <u>아닌</u> 것은?

① 하늘 높이 올라간 풍선은 크기가 커진다.
② 더운 여름철에는 자동차 타이어가 팽팽해진다.
③ 여름철 햇빛이 비치는 창가에 둔 과자 봉지가 부푼다.
④ 뚜껑을 닫은 빈 페트병을 냉장고에 넣어 두면 페트병이 찌그러진다.
⑤ 뜨거운 음식이 든 그릇에 비닐 랩을 씌우면 비닐 랩이 부풀어 오른다.

**15** 그림은 찌그러진 탁구공을 뜨거운 물에 넣었을 때 펴지는 모습을 나타낸 것이다.

이에 대한 설명으로 옳은 것은?

① 보일 법칙으로 설명할 수 있는 현상이다.
② 탁구공 속 기체의 부피는 (가)가 (나)보다 크다.
③ 탁구공 속 기체의 온도는 (나)가 (가)보다 낮다.
④ 탁구공 속 기체 입자의 운동은 (나)가 (가)보다 더 빠르다.
⑤ 잠수부가 내뿜은 공기 방울이 수면 가까이 올라올수록 커지는 현상과 같은 원리로 설명할 수 있다.

**16** 오른쪽 그림은 뚜껑이 닫힌 페트병에 들어 있는 기체를 입자 모형으로 나타낸 것이다. 이 페트병을 냉장고에 넣어 두었을 때의 변화를 옳게 나타낸 것은? (단, 입자 모형의 자취의 길이는 입자 운동의 빠르기를 나타낸다.)

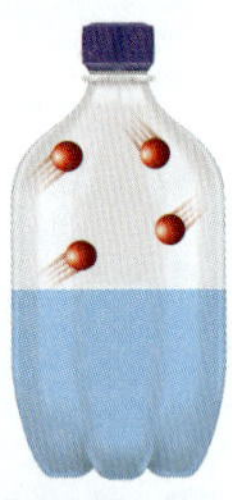

**17** 오른쪽 그림은 스포이트 안에 남은 액체를 빼내기 위해 스포이트의 가운데 부분을 손으로 감싸 쥐는 모습을 나타낸 것이다. 이에 대한 설명으로 옳지 않은 것은?

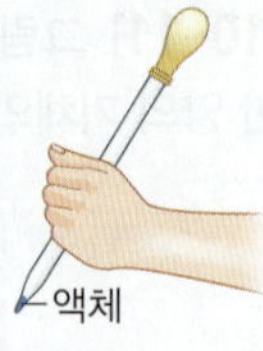


① 샤를 법칙을 이용하였다.
② 스포이트 속 기체 입자의 운동이 빨라진다.
③ 온도가 높아져 스포이트 속 기체의 부피가 증가한다.
④ 손의 체온 때문에 스포이트 속 기체의 온도가 높아진다.
⑤ 스포이트 속 기체 입자가 스포이트 벽에 더 약하게 충돌한다.

**18** 다음은 접착제를 쓰지 않고 고무풍선에 빈 플라스틱 병을 붙이는 활동이다.

(가) 헤어드라이어로 빈 플라스틱 병을 가열한다.
(나) 가열한 플라스틱 병의 입구를 고무풍선 표면에 밀착시키고 시간이 지나면 고무풍선에 플라스틱 병이 달라붙는다.



이에 대한 설명으로 옳은 것을 보기에서 모두 고른 것은? (단, 압력은 일정하다.)

보기
ㄱ. (나)에서 고무풍선 속 기체 입자 수가 감소한다.
ㄴ. (나)에서 플라스틱 병 속 기체의 온도가 낮아진다.
ㄷ. 기체의 온도와 부피 관계로 설명할 수 있다.

① ㄱ　　　　② ㄷ　　　　③ ㄱ, ㄴ
④ ㄴ, ㄷ　　　⑤ ㄱ, ㄴ, ㄷ

**19** 샤를 법칙과 관련된 현상으로 옳은 것을 보기에서 모두 고른 것은?

보기
ㄱ. 높은 산에 올라가면 과자 봉지가 부푼다.
ㄴ. 추운 겨울 창고에 보관한 농구공이 찌그러진다.
ㄷ. 어항의 물은 시간이 지남에 따라 점점 줄어든다.
ㄹ. 열기구의 풍선 속 기체를 가열하면 풍선이 부풀어 올라 열기구가 하늘 위로 올라간다.

① ㄱ, ㄴ　　　② ㄱ, ㄷ　　　③ ㄴ, ㄷ
④ ㄴ, ㄹ　　　⑤ ㄷ, ㄹ

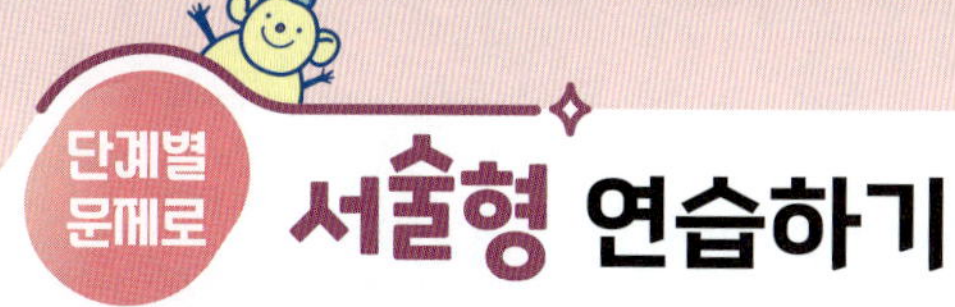


**01** 그림은 일정한 압력에서 일정한 양의 기체의 온도와 부피의 관계를 나타낸 것이다.

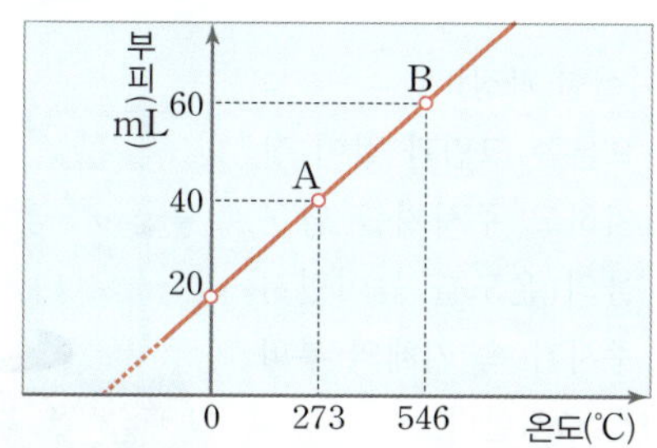

(1) 기체의 온도가 273 ℃ 높아질 때 기체의 부피는 얼마만큼 일정한 비율로 증가하는지 서술하시오.

↳ 기체의 온도가 0 ℃에서 273 ℃로 높아지면 기체의 부피는 20 mL에서 (          ) mL로 증가하고, 기체의 온도가 273 ℃에서 546 ℃로 높아지면 기체의 부피가 40 mL에서 (          ) mL로 증가한다. 따라서 온도가 273 ℃만큼 높아지면 기체의 부피는 (          ) mL씩 일정한 비율로 증가한다.

(2) A에서 B로 변할 때 기체 입자가 용기 벽에 충돌하는 세기와 기체 입자의 개수는 어떻게 변하는지 서술하시오.

**02** 오른쪽 그림과 같이 장치하고 둥근바닥 플라스크를 손으로 감싸 쥐었을 때 일어나는 변화를 관찰하였다.

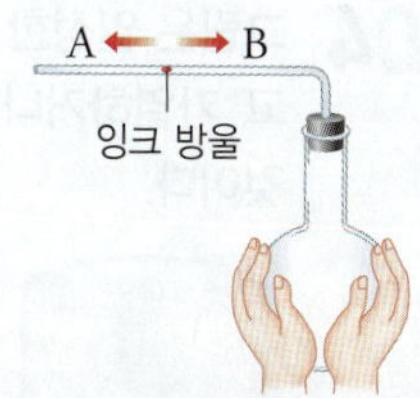


(1) A와 B 중에서 유리관 속 잉크 방울이 움직이는 방향을 쓰시오.

↳ 잉크 방울은 (          ) 방향으로 움직인다.

(2) 잉크 방울이 (1)과 같이 움직이는 까닭을 다음 단어를 모두 포함하여 서술하시오.

| 온도 | 입자 운동 | 부피 |
| --- | --- | --- |

**03** 그림은 일정한 압력에서 용기에 들어 있는 일정한 양의 기체의 부피 변화를 입자 모형으로 나타낸 것이다. (단, 입자의 자취 길이는 입자 운동의 빠르기를 나타낸다.)

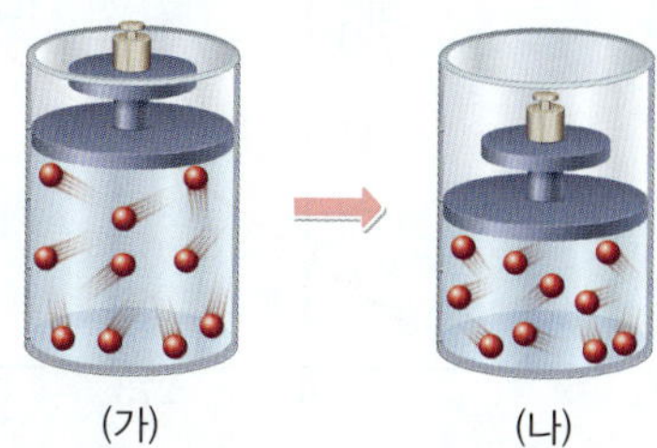


(1) (가)에서 (나)로 변하기 위한 조건을 서술하시오.

↳ 용기 안 기체의 (          )가 낮아졌다.

(2) (가)에서 (나)로 변할 때 기체 입자의 운동 빠르기와 기체 입자 사이의 거리 변화를 서술하시오.

**04** 다음은 설거지를 하다가 2개의 그릇이 서로 겹쳐 꽉 끼어 버렸을 때 두 그릇을 떼어 내는 방법이다.

겹쳐진 바깥쪽 그릇의 아랫부분을 뜨거운 물에 담가 그릇 사이에 있는 기체의 온도를 ㉠(          ).


(1) ㉠에 들어갈 내용을 서술하시오.

↳ 겹쳐진 바깥쪽 그릇의 아랫부분을 뜨거운 물에 담가 그릇 사이에 있는 기체의 온도를 (          ).

(2) 이와 같은 방법을 통해 그릇이 분리되는 까닭을 기체의 온도와 부피 관계를 이용하여 서술하시오.

**01** 그림은 일정한 압력에서 일정한 양의 기체의 온도와 부피의 관계를 나타낸 것이다.

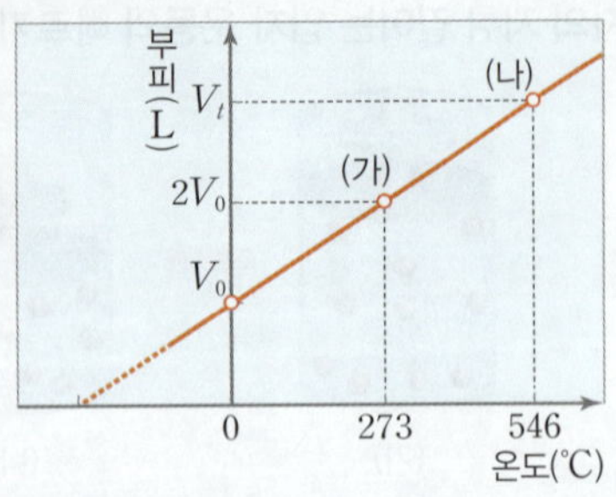

이에 대한 설명으로 옳지 <u>않은</u> 것은?

① (나)에서 기체의 부피인 $V_t$는 $3V_0$이다.

② (가)와 (나)에서 기체의 부피비는 1 : 2이다.

③ 온도가 높아지면 기체의 부피가 일정한 비율로 증가한다.

④ (가)에서 (나)로 변할 때 기체 입자의 충돌 세기가 강해진다.

⑤ (가)에서 (나)로 변할 때 기체 입자의 운동 빠르기가 증가한다.

**02** 그림과 같이 2개의 동일한 주사기에 공기를 각각 20 mL씩 넣고 실리콘 마개로 주사기 끝을 막은 뒤, 뜨거운 물과 얼음물에 각각 담갔다.

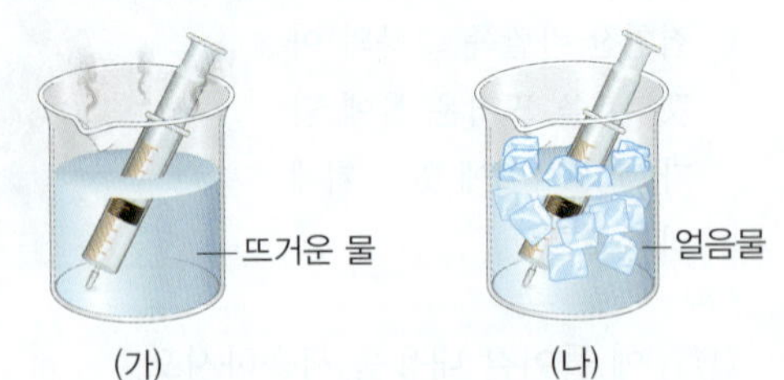

이에 대한 설명으로 옳지 <u>않은</u> 것은? (단, 압력은 일정하다.)

① 주사기 속 공기의 부피는 (가) > (나)이다.

② 주사기 속 공기의 질량은 (가) < (나)이다.

③ 주사기 속 공기 입자의 개수는 (가) = (나)이다.

④ (나)에서 주사기 속 공기의 부피는 20 mL보다 작다.

⑤ 주사기 속 공기 입자의 충돌 세기는 (가) > (나)이다.

**03** 다음은 기체의 온도와 부피의 관계를 알아보기 위한 실험이다.

[실험 과정]

오른쪽 그림과 같이 장치하고 주사기를 담근 물의 온도를 높이면서 주사기 속 기체의 부피를 측정한다.

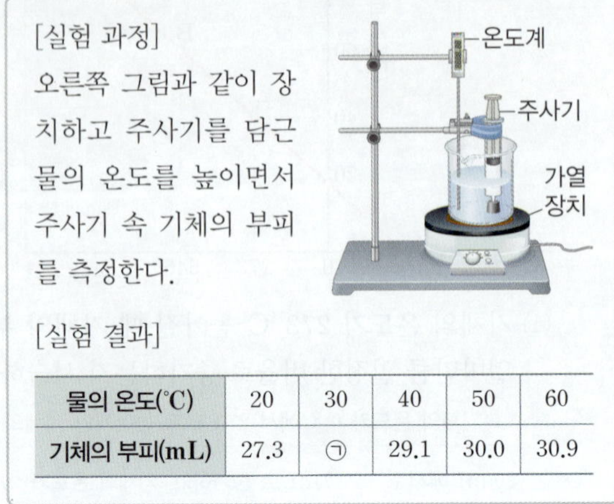

[실험 결과]

| 물의 온도(℃) | 20 | 30 | 40 | 50 | 60 |
| --- | --- | --- | --- | --- | --- |
| 기체의 부피(mL) | 27.3 | ㉠ | 29.1 | 30.0 | 30.9 |

이에 대한 설명으로 옳은 것을 보기에서 모두 고른 것은? (단, 대기압은 일정하다.)

보기
ㄱ. ㉠은 28.2이다.
ㄴ. 샤를 법칙을 확인하기 위한 실험이다.
ㄷ. 온도(℃)가 2배 높아지면 기체의 부피(mL)도 2배 증가한다.

① ㄱ     ② ㄴ     ③ ㄷ
④ ㄱ, ㄴ     ⑤ ㄱ, ㄴ, ㄷ

**04** 그림은 일정한 압력에서 일정한 양의 기체를 용기에 넣고 가열하거나 냉각할 때 기체의 부피 변화를 나타낸 것이다.

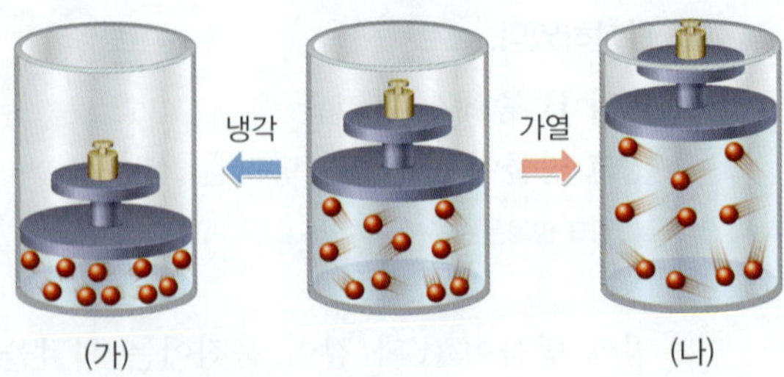


이에 대한 설명으로 옳은 것은?

① 기체의 압력은 (가)가 (나)보다 크다.

② 기체 입자의 크기는 (나)가 (가)보다 크다.

③ 기체 입자의 운동은 (가)가 (나)보다 빠르다.

④ 기체 입자 사이의 거리는 (나)가 (가)보다 멀다.

⑤ (나)에서 용기 밖에서 기체에 작용하는 압력은 기체의 압력보다 크다.

**05** 오른쪽 그림과 같이 물과 공기가 들어 있는 오줌싸개 인형에 뜨거운 물을 부어 주면 인형 속에 들어 있던 물이 빠져나온다. 인형에 뜨거운 물을 부어 주기 전과 후의 모습을 입자 모형으로 옳게 나타낸 것은? (단, 입자 모형의 자취의 길이는 입자 운동의 빠르기를 나타낸다.)

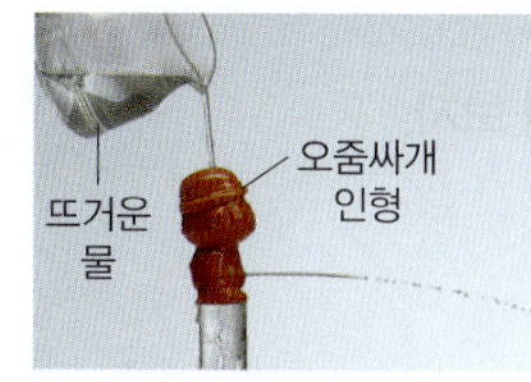


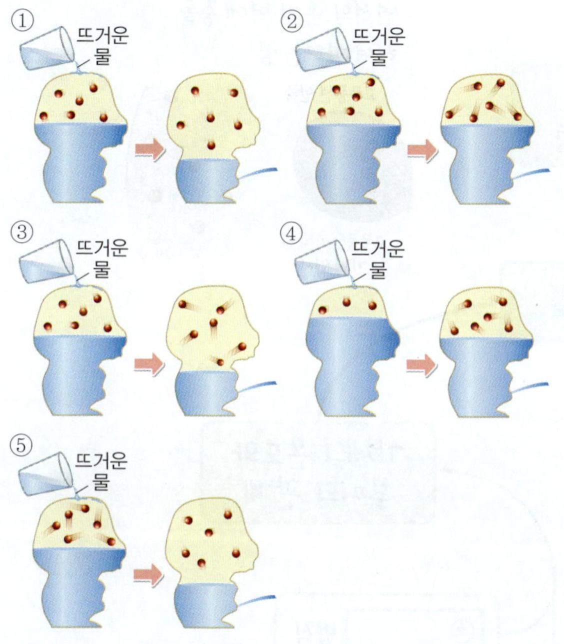


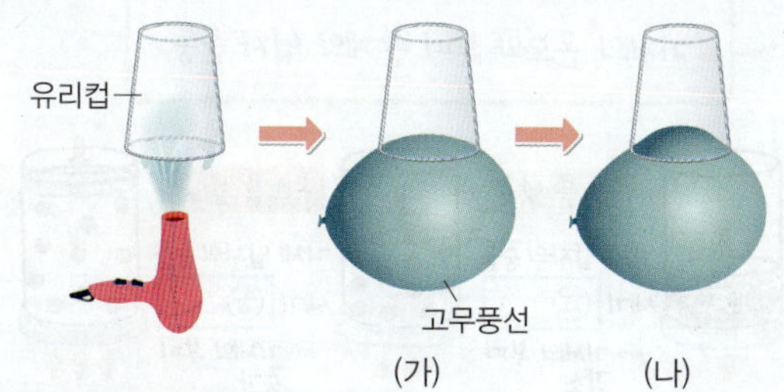


**06** 그림과 같이 유리컵에 뜨거운 바람을 불어 넣어 가열한 뒤, 컵의 입구를 고무풍선에 밀착시켰더니 시간이 지나면서 컵 속에 고무풍선이 빨려 들어가 고무풍선에 컵이 붙었다.

이에 대한 설명으로 옳은 것을 보기에서 모두 고른 것은?

> **보기**
> ㄱ. 유리컵 속 기체의 부피는 (가)와 (나)가 같다.
> ㄴ. 유리컵 속 기체의 온도는 (가)가 (나)보다 높다.
> ㄷ. 온도에 따른 기체의 부피 변화와 관련된 현상이다.

① ㄱ  ② ㄷ  ③ ㄱ, ㄴ  ④ ㄴ, ㄷ  ⑤ ㄱ, ㄴ, ㄷ

**07** 오른쪽 그림과 같이 차가운 빈 유리병 입구에 동전을 올려놓고 유리병을 뜨거운 물이 들어 있는 수조에 넣었다. 이에 대한 설명으로 옳지 <u>않은</u> 것은?



① 동전이 들썩거리며 움직인다.
② 유리병 속 기체의 온도가 높아진다.
③ 유리병 속 기체 입자의 운동이 빨라진다.
④ 유리병 속 기체 입자 사이의 거리가 멀어진다.
⑤ 유리병 속 기체 입자가 동전에 충돌하는 세기가 약해진다.

**08** 그림은 물이 든 페트리 접시에 양초를 세워 놓고 촛불을 켠 뒤, (가)와 같이 유리컵을 덮어 두었을 때 일정 시간이 지나면서 촛불이 꺼지고, (나)와 같이 유리컵 속으로 물이 밀려 들어간 모습을 나타낸 것이다.

이에 대한 설명으로 옳은 것을 보기에서 모두 고른 것은?

> **보기**
> ㄱ. 유리컵 속 기체의 부피는 (가)가 (나)보다 크다.
> ㄴ. 촛불이 꺼지면 유리컵 속 기체의 압력이 커진다.
> ㄷ. 유리컵 속 기체 입자의 운동은 (가)가 (나)보다 빠르다.
> ㄹ. (나)에서 유리컵 속으로 물이 밀려 들어간 까닭은 유리컵 속 기체의 압력이 대기압보다 컸기 때문이다.

① ㄱ, ㄴ  ② ㄱ, ㄷ  ③ ㄴ, ㄷ  ④ ㄴ, ㄹ  ⑤ ㄷ, ㄹ

이 단원에서 배운 핵심 단어를 빈칸에 채워 넣어 생각 그물을 완성해 보자.

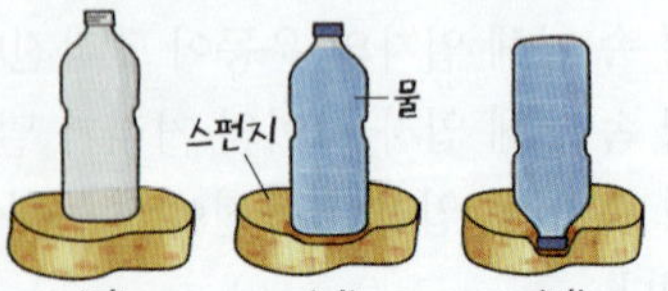

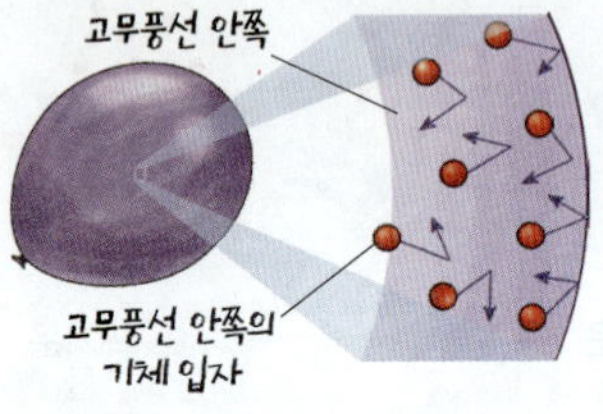

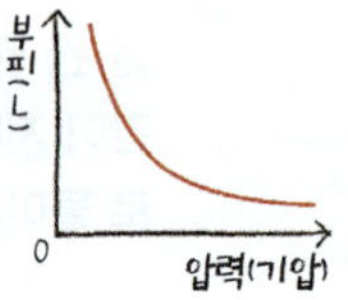

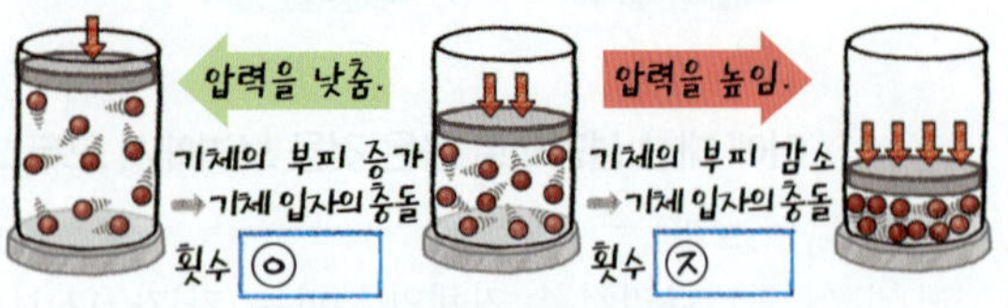

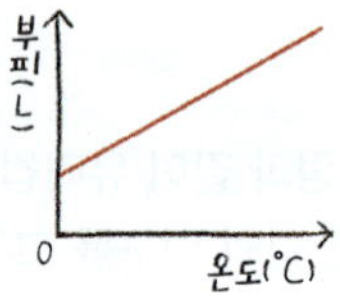

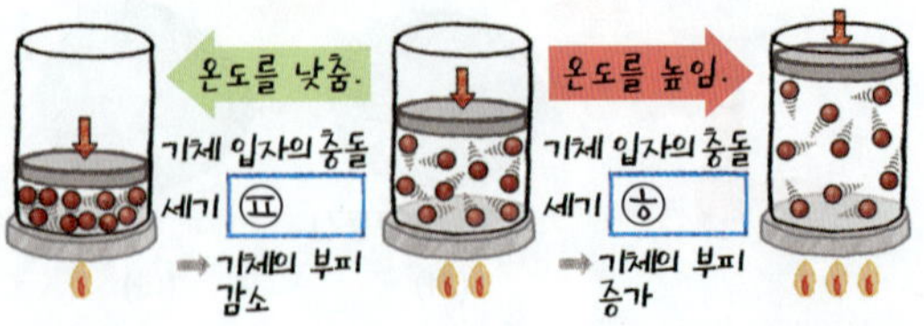

↻ 정답과 해설 20쪽

**01** 그림은 크기와 질량이 같은 벽돌을 스펀지 위에 올려놓은 모습을 나타낸 것이다.

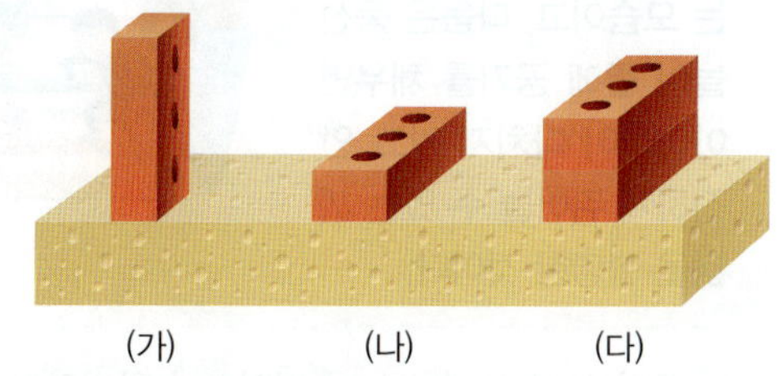



이에 대한 설명으로 옳은 것은?

① (다)는 (나)보다 압력이 크다.
② (가)와 (나)는 압력의 크기가 같다.
③ (나)는 (가)보다 스펀지가 더 깊게 눌린다.
④ (나)와 (다)는 일정한 면적에 작용하는 힘이 같다.
⑤ 힘이 작용하는 면적이 압력에 미치는 영향을 알아보기 위해서는 (가)와 (다)를 비교해야 한다.

**02** 그림과 같이 온도가 일정할 때 찌그러진 농구공에 공기를 더 넣었더니 농구공이 팽팽해졌다.

농구공 속 공기의 변화에 대한 설명으로 옳은 것을 보기에서 모두 고른 것은? (단, 화살표의 길이는 입자 운동의 빠르기를 나타낸다.)

보기
ㄱ. 공기의 압력이 커진다.
ㄴ. 공기 입자의 운동이 더 빨라진다.
ㄷ. 공기 입자는 오른쪽 방향으로만 운동한다.
ㄹ. 공기 입자가 농구공 안쪽 벽에 충돌하는 횟수가 많아진다.

① ㄱ, ㄴ    ② ㄱ, ㄹ    ③ ㄴ, ㄷ
④ ㄴ, ㄹ    ⑤ ㄷ, ㄹ

**03** 그림 (가)는 구조용 안전 매트를, (나)는 자동차를 들어 올리는 공기 주머니의 모습을 나타낸 것이다.

(가)와 (나)에서 공통으로 활용되는 기체의 성질에 대한 설명으로 옳은 것은?

① 기체는 압축되기 어렵다.
② 온도가 높아지면 기체 입자의 운동이 빨라진다.
③ 용기에 공기를 넣으면 기체의 압력이 커져 팽팽해진다.
④ 기체 입자는 스스로 운동하여 모든 방향으로 퍼져 나간다.
⑤ 기체 입자가 용기 벽에 충돌할 때 밀어내는 힘이 약해진다.

**04** 그림은 일정한 온도에서 일정한 양의 기체가 들어 있는 주사기의 피스톤을 눌러 압력을 변화시킬 때 주사기 속 기체의 부피 변화를 나타낸 것이다.

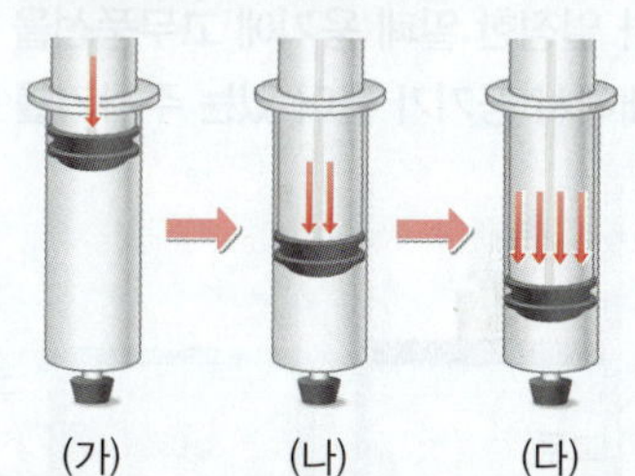



이에 대한 설명으로 옳지 않은 것은?

① 보일 법칙과 관련 있다.
② 주사기에 작용하는 압력은 (다)가 가장 크다.
③ (가)~(다)에서 주사기 속 기체의 질량은 같다.
④ 주사기 속 기체의 압력은 (가)~(다)가 모두 같다.
⑤ 기체에 작용하는 압력이 증가하면 기체의 부피는 감소한다.

**05** 표는 일정한 온도에서 일정한 양의 기체의 압력에 따른 부피를 측정한 결과이다.

| 압력(기압) | 1.0 | 1.5 | 2.0 | 2.5 |
|---|---|---|---|---|
| 부피(mL) | 50 | 33.3 | ㉠ | 20 |

㉠의 값으로 옳은 것은?

① 18    ② 22    ③ 25
④ 28    ⑤ 30

**06** 그림은 일정한 온도에서 일정한 양의 기체의 압력과 부피의 관계를 나타낸 것이다.

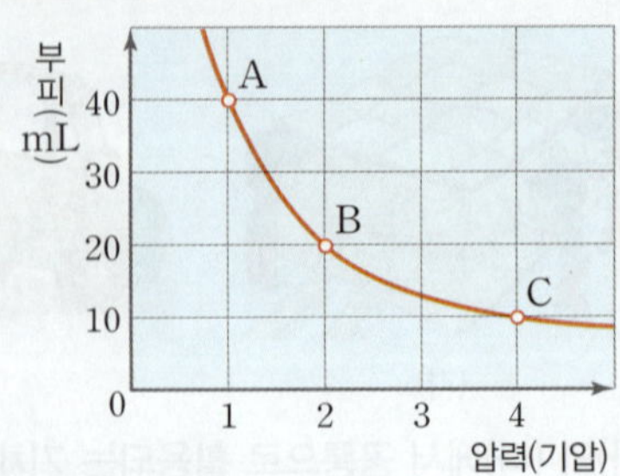


이에 대한 설명으로 옳은 것은?

① 샤를 법칙을 나타낸다.
② 기체 입자의 크기는 C<B<A 순이다.
③ 기체 입자의 충돌 횟수는 A<B<C 순이다.
④ 기체의 압력과 부피의 곱은 C<B<A 순이다.
⑤ 기체의 압력이 5 기압이 되면 기체의 부피는 5 mL가 된다.

**07** 그림 (가)는 용기에 고무풍선을 넣은 모습이고, (나)는 부피가 일정한 밀폐 용기에 고무풍선을 넣고 꼭지를 닫은 상태에서 공기가 들어 있는 주사기를 연결한 모습이다.

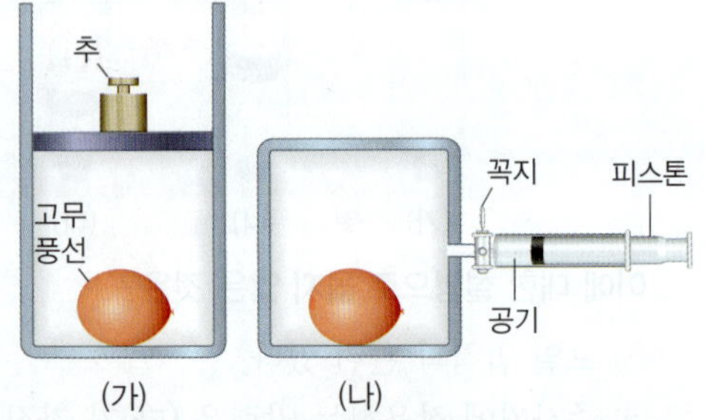


(가)와 (나)에서 고무풍선 속 기체의 부피를 크게 하는 방법으로 옳은 것을 보기에서 모두 고른 것은? (단, 온도는 일정하다.)

> **보기**
> ㄱ. (가)에서 용기 위에 올려놓은 추를 제거한다.
> ㄴ. (가)에서 용기 위에 올려놓은 추의 개수를 늘려 준다.
> ㄷ. (나)에서 꼭지를 열고 피스톤을 왼쪽으로 밀어 준 후 다시 꼭지를 닫는다.
> ㄹ. (나)에서 꼭지를 열고 피스톤을 오른쪽으로 당긴 후 다시 꼭지를 닫는다.

① ㄱ, ㄴ    ② ㄱ, ㄷ    ③ ㄱ, ㄹ
④ ㄴ, ㄷ    ⑤ ㄷ, ㄹ

**08** 오른쪽 그림은 아이들이 풍선 놀이 틀에서 뛰어노는 모습이고, 다음은 풍선 놀이 틀에 공기를 채우면 아이들이 다치지 않고 안전하게 뛰어놀 수 있는 까닭을 설명한 것이다.

> 풍선 놀이 틀에서 높이 뛰었다가 착지하면 풍선에 작용하는 압력이 ㉠(          )하여 풍선 속 공기의 부피가 ㉡(          )하므로 사람이 받는 충격을 줄일 수 있기 때문이다.

(     ) 안에 알맞은 말을 옳게 짝 지은 것은?

|   | ㉠ | ㉡ |   | ㉠ | ㉡ |
|---|----|----|---|----|----|
| ① | 증가 | 증가 | ② | 증가 | 감소 |
| ③ | 증가 | 일정 | ④ | 감소 | 증가 |
| ⑤ | 감소 | 감소 |   |    |    |

**09** 그림은 일정한 압력에서 일정한 양의 기체의 온도와 부피의 관계를 나타낸 것이다.

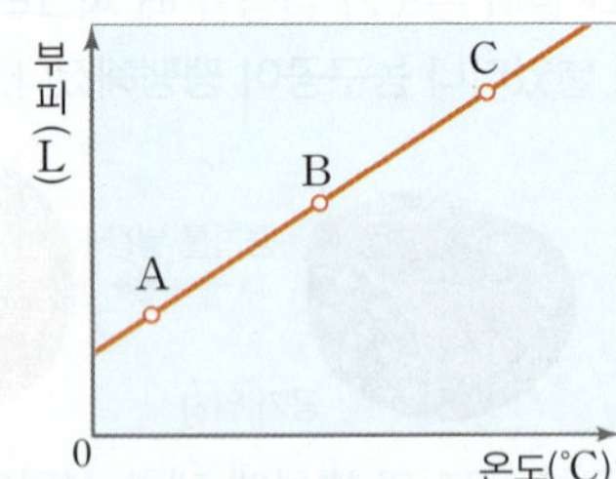


이에 대한 설명으로 옳은 것을 보기에서 모두 고른 것은?

> **보기**
> ㄱ. 0 ℃에서 기체의 부피는 0 L이다.
> ㄴ. A에서 B로 변할 때 기체 입자의 크기가 커진다.
> ㄷ. A에서 C로 변할 때 기체 입자 사이의 거리가 멀어진다.
> ㄹ. B에서 C로 변할 때 기체 입자가 용기 벽에 충돌하는 세기가 강해진다.

① ㄱ, ㄴ    ② ㄱ, ㄷ    ③ ㄱ, ㄹ
④ ㄴ, ㄷ    ⑤ ㄷ, ㄹ

**10** 오른쪽 그림은 삼각 플라스크에 구멍 뚫린 마개를 끼우고 일정한 양의 공기를 채운 주사기를 연결한 뒤 삼각 플라스크를 뜨거운 물이 들어 있는 비커에 넣은 모습이다. 이때 삼각 플라스크와 주사기 속 공기에서 증가하는 값이 <u>아닌</u> 것은? (단, 압력은 일정하다.)

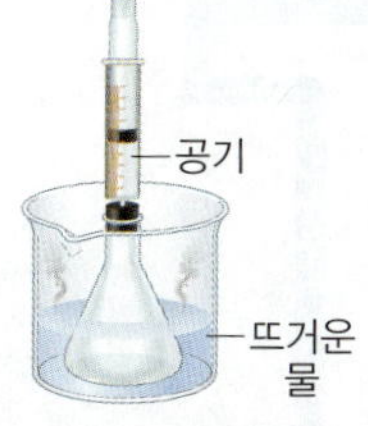


① 공기의 부피
② 공기 입자의 개수
③ 공기 입자 사이의 거리
④ 공기 입자의 운동 빠르기
⑤ 공기 입자가 용기 벽에 충돌하는 세기

**11** 그림은 일정한 압력에서 용기에 들어 있는 일정한 양의 기체의 온도를 낮출 때 기체의 변화를 나타낸 것이다.

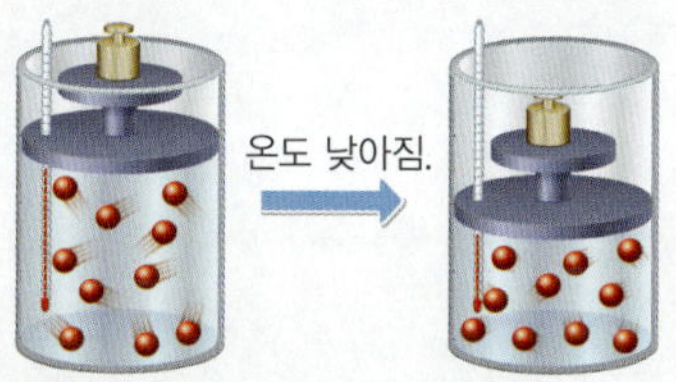


이때 용기 안에서 일어나는 변화로 옳은 것은?

① 기체의 질량 증가
② 기체의 부피 일정
③ 기체 입자의 개수 감소
④ 기체에 작용하는 압력 증가
⑤ 기체 입자의 운동 빠르기 감소

**12** 오른쪽 그림은 고무풍선을 씌운 삼각 플라스크를 냉각하였을 때 고무풍선의 크기가 작아진 모습을 나타낸 것이다. 냉각한 뒤의 입자 모형으로 옳은 것은? (단, 화살표의 길이는 입자 운동의 빠르기를 나타낸다.)

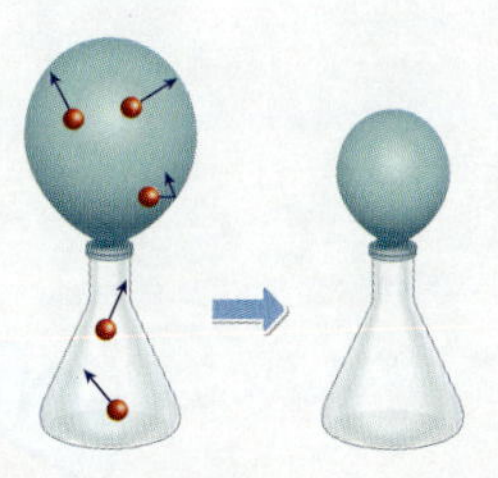

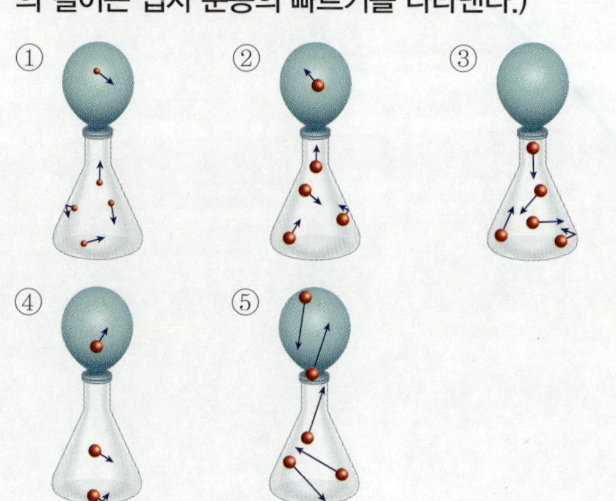


**13** 오른쪽 그림은 차가운 유리병 입구에 물에 적신 동전을 올려놓고 손으로 감싸 쥐는 모습을 나타낸 것이다. 이에 대한 설명으로 옳지 <u>않은</u> 것은?

① 시간이 지나면 동전이 움직인다.
② 유리병 속 기체의 부피가 증가한다.
③ 유리병 속 기체의 온도가 높아진다.
④ 유리병 속 기체 입자의 운동이 느려진다.
⑤ 유리병 속 기체 입자가 동전과 충돌하는 세기가 강해진다.

## ✦ 서술형

**14** 그림은 일정한 온도에서 용기에 들어 있는 일정한 양의 기체의 부피 변화를 나타낸 것이다.

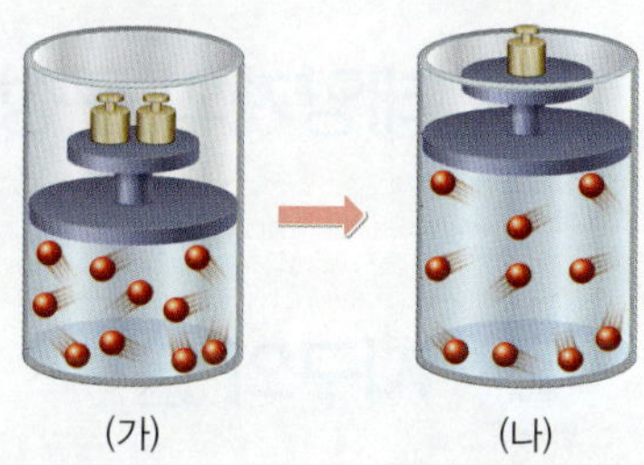


(가)에서 (나)로 변할 때 기체 입자가 용기 벽에 충돌하는 횟수와 입자의 운동 빠르기는 어떻게 변하는지 서술하시오.

_______________________________________

_______________________________________

**15** 오른쪽 그림은 물과 공기가 들어 있는 오줌싸개 인형에 뜨거운 물을 부어 주면 인형에서 물이 뿜어져 나오는 모습을 나타낸 것이다. 이러한 현상이 나타난 까닭을 기체의 온도와 부피 관계와 관련지어 서술하시오.

_______________________________________

# VII.

# 태양계


**01** 태양계의 구성     82

**02** 지구와 달     98

**"과학 공부의 시작은 용어!"**

**용어** 먼저 잡고 **개념**을 학습해 보자.

### 지구형 행성

질량과 반지름이 작고 표면이 단단한 암석으로 이루어진 행성

### 흑점
(黑 검다, 點 점)

태양의 표면에서 주변보다 온도가 낮아 어둡게 보이는 부분

### 달의 위상
(位 자리, 相 서로)

태양, 지구, 달의 위치에 따라 우리 눈에 다르게 보이는 달의 모양

### 일식
(日 해, 蝕 좀먹다)

달이 태양의 일부 또는 전체를 가리는 현상

이 단원의
핵심 용어를
더 알고 싶다면

# 태양계의 구성



## A 태양계의 구성 천체

1. **태양계**   태양과 태양의 영향을 받는 모든 천체 및 이들이 차지하는 공간
2. **태양계의 구성 천체**   태양계에는 태양, 8개의 행성, 왜소 행성, 소행성, 위성, 혜성 등이 있다.

| 태양 | 행성 |
|---|---|
| 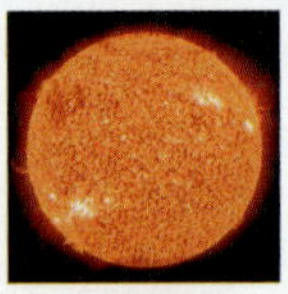 • 태양계의 중심에 있다.<br>• 태양계에서 유일하게 스스로 빛을 내는 천체이다.<br><br>▲ 태양 | 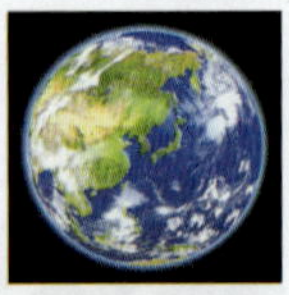 • 태양 주위를 공전하며 모양이 둥글다.<br>• 수성, 금성, 지구, 화성, 목성, 토성, 천왕성, 해왕성이 있다.<br><br>▲ 지구 |
| 왜소 행성 | 소행성 |
| 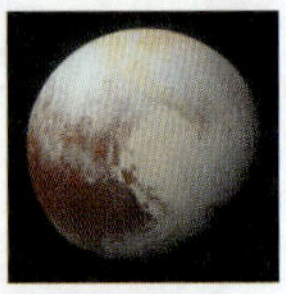 • 태양 주위를 공전한다.<br>• 모양이 둥글지만, 행성보다 크기가 작다.<br>• 궤도 주변 천체들을 흡수하지 못한 천체이다. **1**<br>㉔ 명왕성, 세레스<br>▲ 명왕성 | 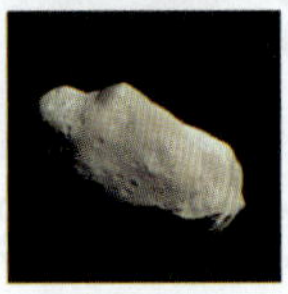 • 태양 주위를 공전한다.<br>• 크기가 작고 모양이 불규칙하다. **2**<br>• 주로 화성과 목성 궤도 사이에 띠를 이루며 분포한다.<br>㉔ 아이다, 베누<br>▲ 아이다 |
| 위성 | 혜성 |
| 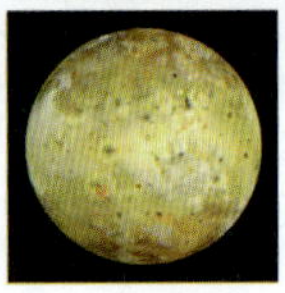 • 행성의 중력에 이끌려서 행성 주위를 공전한다.<br>• 행성마다 위성의 개수는 다양하다.<br>㉔ 지구의 위성 '달', 목성의 위성 '이오'<br>▲ 이오 | 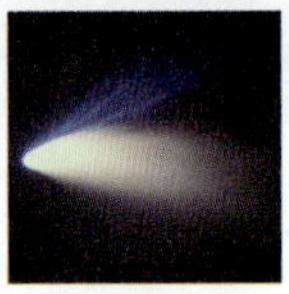 • 태양 주위를 긴 타원이나 포물선을 그리며 공전한다.<br>• 얼음과 먼지로 이루어져 있으며, 태양에 가까워지면 꼬리가 생긴다. **3**<br>㉔ 헤일-밥 혜성, 핼리 혜성<br>▲ 헤일-밥 |

## B 행성의 분류

태양계 행성은 물리적 특징에 따라 지구형 행성과 목성형 행성으로 분류할 수 있다.

1. **지구형 행성**   질량과 반지름이 작고, 표면이 단단한 암석으로 이루어진 행성이다.
   ➡ 수성, 금성, 지구, 화성

2. **목성형 행성**   질량과 반지름이 크고, 표면이 기체로 이루어진 행성이다.
   ➡ 목성, 토성, 천왕성, 해왕성

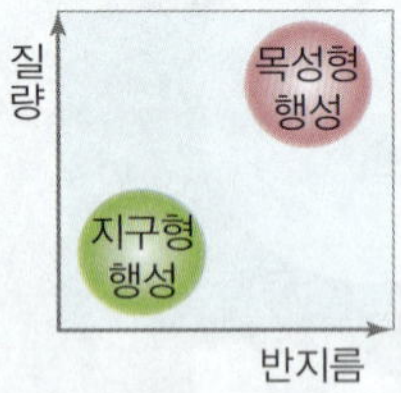

| 지구형 행성 | 구분 | 목성형 행성 |
|---|---|---|
| 수성, 금성, 지구, 화성 | 행성 | 목성, 토성, 천왕성, 해왕성 |
| 작다. | 질량 | 크다. |
| 작다. | 반지름 | 크다. |
| 없거나 적다. | 위성 수 | 많다. |
| 없다. | 고리 | 있다. |
| 단단한 암석 | 표면 상태 | 기체 |

**1** 태양계 천체에 대한 설명으로 옳은 것은 ○, 옳지 <u>않은</u> 것은 ×로 표시하시오.

(1) 태양계는 태양, 별, 달, 행성으로 이루어져 있다. ⋯⋯⋯⋯⋯ ( )

(2) 태양계의 행성은 총 9개이다. ⋯⋯⋯⋯⋯⋯⋯⋯⋯⋯⋯ ( )

(3) 달은 왜소 행성에 해당한다. ⋯⋯⋯⋯⋯⋯⋯⋯⋯⋯⋯ ( )

(4) 소행성은 주로 화성과 목성 궤도 사이에 분포한다. ⋯⋯⋯ ( )

**2** 태양계 구성 천체의 모습과 특징을 선으로 연결하시오.

(1) 
▲ 달

(2) 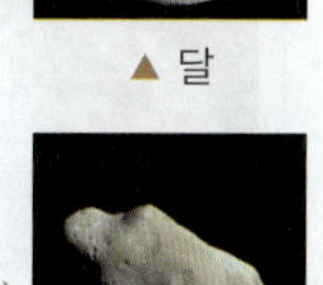
▲ 아이다

(3) 
▲ 명왕성

• ㉠ 행성 주위를 공전하는 천체이다.

• ㉡ 태양 주위를 공전하며 모양이 둥글지만, 행성보다 크기가 작은 천체이다.

• ㉢ 모양이 불규칙하고, 주로 화성과 목성 궤도 사이에 분포하는 천체이다.

**3** 지구형 행성과 목성형 행성의 물리량을 비교하여 ( ) 안에 알맞은 부등호를 쓰시오.

(1) 질량: 지구형 행성 ( ) 목성형 행성

(2) 반지름: 지구형 행성 ( ) 목성형 행성

(3) 위성 수: 지구형 행성 ( ) 목성형 행성

**4** 다음은 지구형 행성과 목성형 행성의 특징을 설명한 것이다. ( ) 안에 알맞은 말을 쓰시오.

• 수성, 금성, 지구, ㉠( )은 지구형 행성으로, 표면이 단단한 암석으로 이루어져 있고, 주위를 공전하는 ㉡( )의 개수도 0~2개로 적다.
• 목성, 토성, 천왕성, 해왕성은 질량과 반지름이 ㉢( )고, 표면은 ㉣( ) 상태이다.

# 01 태양계의 구성

## C 행성의 특징 ✓ 꽉 잡아! 탐구 88쪽

태양계 행성에는 수성, 금성, 지구, 화성, 목성, 토성, 천왕성, 해왕성이 있다.

| | | |
|---|---|---|
| 수성 | • 태양계 행성 중 태양에 가장 가깝다.<br>• 태양계 행성 중 크기가 가장 작다.<br>• 대기가 거의 없어서 낮과 밤의 표면 온도 차가 매우 크다.<br>• 표면에 운석 충돌구 ❹ 가 많이 있다. | |
| 금성 | • 크기와 질량이 지구와 비슷하다.<br>• 주로 이산화 탄소로 이루어진 두꺼운 대기가 있어서 대기압과 표면 온도가 매우 높다.<br>• 태양계 행성 중 지구에서 가장 밝게 보인다. | |
| 지구 | • 액체 상태의 물이 있다.<br>• 다양한 생명체가 살고 있다.<br>• 위성이 1개(달) 있다. | |
| 화성 | • 표면이 붉게 보이고, 과거에 물이 흘렀던 흔적이 있다.<br>• 주로 이산화 탄소로 이루어진 희박한 대기가 있다.<br>• 거대한 화산이 있다.<br>• 극지방에는 얼음과 드라이아이스로 이루어진 극관이 있다. 극관은 계절에 따라 크기가 변한다. ❺ | |
| 목성 | • 태양계 행성 중 크기가 가장 크다.<br>• 주로 수소와 헬륨으로 이루어져 있다.<br>• 빠른 자전 때문에 표면에 가로줄 무늬가 나타난다.<br>• 표면에 대기의 소용돌이인 대적점이 있다.<br>• 희미한 고리와 수많은 위성이 있다. | |
| 토성 | • 태양계 행성 중 크기가 두 번째로 크지만, 크기에 비해 가볍다.<br>• 주로 수소와 헬륨으로 이루어져 있다.<br>• 빠른 자전 때문에 표면에 가로줄 무늬가 나타난다.<br>• 얼음과 암석으로 이루어진 뚜렷한 고리가 있다.<br>• 수많은 위성이 있다. | |
| 천왕성 | • 수소, 헬륨, 메테인 등으로 이루어져 있어서 표면이 청록색으로 보인다.<br>• 자전축이 공전 궤도면과 거의 나란하게 누워서 자전하는 것처럼 보인다.<br>• 여러 개의 희미한 고리와 위성이 있다. | |
| 해왕성 | • 수소, 헬륨, 메테인 등으로 이루어져 있어서 천왕성과 색깔이 비슷하다.<br>• 표면에 대기의 거대한 소용돌이인 대흑점이 있다.<br>• 희미한 고리와 위성이 있다. | |



**❹ 수성의 운석 충돌구**

수성은 달과 마찬가지로 물과 대기가 없어서 풍화와 침식 작용이 일어나지 않으므로 표면에 운석 충돌구가 많이 남아 있다.

▲ 수성 표면

**❺ 화성의 극관**

화성은 지구와 같이 계절의 변화가 나타난다. 따라서 계절에 따라 극관의 크기가 변하는데, 여름에 작아지고 겨울에 커진다.

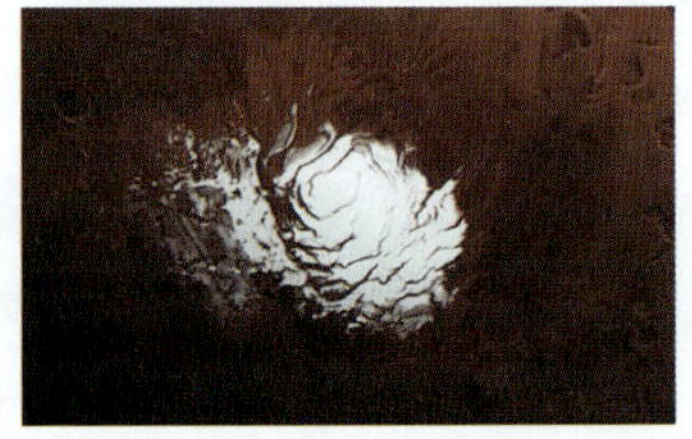

▲ 화성의 극관

**⟩ 용어**

◆ **극관(極 다하다, 冠 갓)** 화성의 양극에서 하얗게 빛나는 부분으로, 얼음과 드라이아이스로 이루어져 있다.
◆ **대적점(大 크다, 赤 붉다, 點 점)** 목성 표면에 붉게 보이는 타원형의 큰 반점
◆ **대흑점(大 크다, 黑 검다, 點 점)** 해왕성의 대기 중 주위에 비해 눈에 띄게 어두운 부분

**C 행성의 특징**

- ㅅ ㅅ : 태양계 행성 중 크기가 가장 작고, 대기가 거의 없어서 낮과 밤의 표면 온도 차가 매우 큰 행성
- ㅁ ㅅ : 태양계 행성 중 크기가 가장 크고, 대적점이 있는 행성
- ㄱ ㅅ : 이산화 탄소로 이루어진 두꺼운 대기가 있어서 대기압과 표면 온도가 매우 높은 행성
- ㅌ ㅅ : 얼음과 암석으로 이루어진 뚜렷한 고리가 있는 행성
- ㅎ ㅅ : 표면에 물이 흐른 흔적이 있고, 극지방에 극관이 있는 행성
- ㅎ ㅇ ㅅ : 표면에 대흑점이 있는 행성
- ㅊ ㅇ ㅅ : 자전축이 공전 궤도면과 거의 나란하게 누워서 자전하는 것처럼 보이는 행성

**5** 그림은 태양계 행성의 모습을 나타낸 것이다.

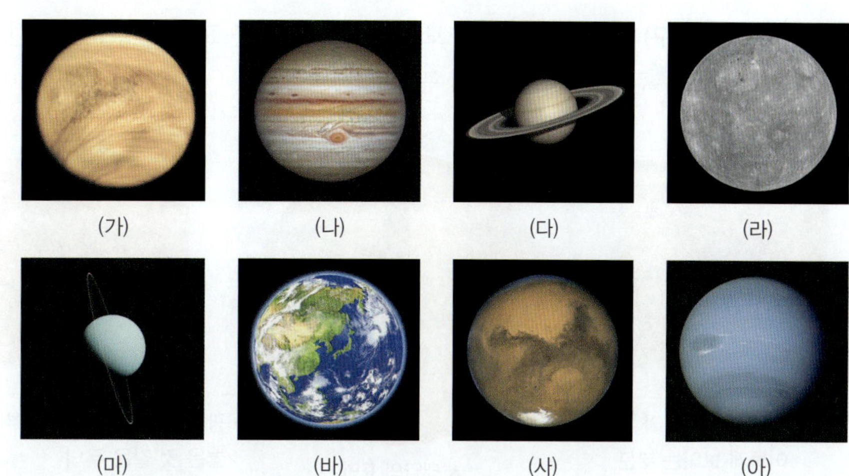



행성 (가)~(아)의 이름을 각각 쓰시오.

**6** 태양계 행성에 대한 설명으로 옳은 것은 ○, 옳지 <u>않은</u> 것은 ×로 표시하시오.

(1) 수성은 태양과 가장 가까운 행성이다. ····················· (    )
(2) 금성은 두꺼운 이산화 탄소 대기 때문에 표면 온도가 매우 높다. (    )
(3) 목성의 표면에는 대흑점이 있다. ······························ (    )
(4) 토성에는 뚜렷한 고리가 있다. ································ (    )
(5) 화성은 목성형 행성에 속한다. ································ (    )

**7** 다음은 태양계 행성을 나열한 것이다.

> 수성, 금성, 지구, 화성, 목성, 토성, 천왕성, 해왕성

(1) 지구에서 가장 밝게 보이는 행성을 골라 쓰시오.
(2) 표면이 붉게 보이고, 물이 흘렀던 흔적이 있는 행성을 골라 쓰시오.
(3) 크기가 가장 큰 행성과 크기가 가장 작은 행성을 골라 순서대로 쓰시오.
(4) 액체 상태의 물이 있고, 다양한 생명체가 살고 있는 행성을 골라 쓰시오.
(5) 극지방에 계절에 따라 크기가 변하는 극관이 있는 행성을 골라 쓰시오.
(6) 낮과 밤의 표면 온도 차가 매우 크고, 표면에 운석 충돌구가 많이 있는 행성을 골라 쓰시오.
(7) 표면에 대적점이 있는 행성과 대흑점이 있는 행성을 골라 순서대로 쓰시오.
(8) 표면이 기체로 이루어져 있는 행성을 모두 골라 쓰시오.
(9) 표면이 단단한 암석으로 이루어져 있는 행성을 모두 골라 쓰시오.

# 01 태양계의 구성

## D 태양 ✔ 꽉 잡아! 탐구 88쪽

**1. 태양의 표면(광구)**  우리 눈에 밝게 보이는 태양의 둥근 표면을 광구라고 한다.
➡ 광구에서는 흑점과 쌀알 무늬가 관측된다.

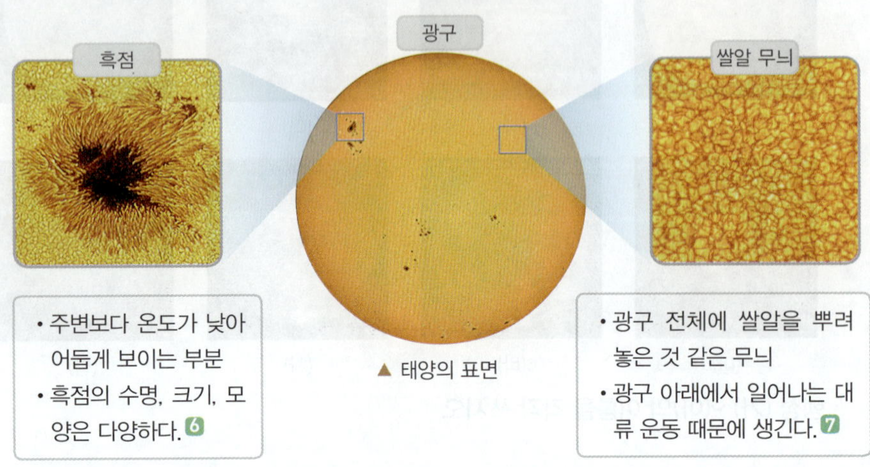


• 주변보다 온도가 낮아 어둡게 보이는 부분
• 흑점의 수명, 크기, 모양은 다양하다. 6

• 광구 전체에 쌀알을 뿌려 놓은 것 같은 무늬
• 광구 아래에서 일어나는 대류 운동 때문에 생긴다. 7

**2. 태양의 대기**  평소에는 광구가 너무 밝아 태양의 대기를 볼 수 없다.
➡ 광구가 가려지면 태양의 대기를 볼 수 있다.

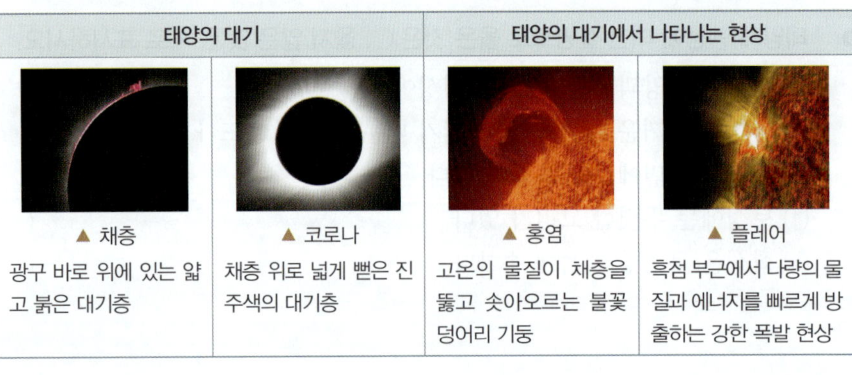

| 태양의 대기 | | 태양의 대기에서 나타나는 현상 | |
|---|---|---|---|
| ▲ 채층 | ▲ 코로나 | ▲ 홍염 | ▲ 플레어 |
| 광구 바로 위에 있는 얇고 붉은 대기층 | 채층 위로 넓게 뻗은 진주색의 대기층 | 고온의 물질이 채층을 뚫고 솟아오르는 불꽃 덩어리 기둥 | 흑점 부근에서 다량의 물질과 에너지를 빠르게 방출하는 강한 폭발 현상 |

**3. 태양 활동의 변화**

① 태양의 흑점 수는 약 11년을 주기로 증가와 감소를 반복한다. 8
② 흑점 수가 많은 시기에 태양의 활동이 활발하다.
③ 태양의 활동이 활발해지면 코로나의 크기가 커지고, 홍염과 플레어가 자주 발생하며, 태양풍◆이 평소보다 강해진다.


▲ 흑점 수의 변화

**4. 태양의 활동이 활발한 시기에 지구에 나타나는 현상**

• 오로라◆가 더 넓은 지역에서 더 자주 발생한다.
• 자기 폭풍◆이 발생하여 장거리 무선 통신이 끊어질 수 있다.
• 전력 시스템 오류로 전기가 끊기거나 화재가 발생할 수 있다.
• 위성 위치 확인 시스템(GPS)의 오류로 정확한 위치 정보를 확인하기 어려울 수 있다.
• 비행기 탑승자가 태양풍에 노출될 수 있어 북극 하늘길이 막힐 수도 있다.
• 인공위성의 센서가 고장 나 기능을 못하거나 궤도를 이탈할 수도 있다.
• 우주에서 활동하는 우주 비행사가 더 많은 태양 방사선에 노출될 수 있다.

---



**6 흑점의 이동**

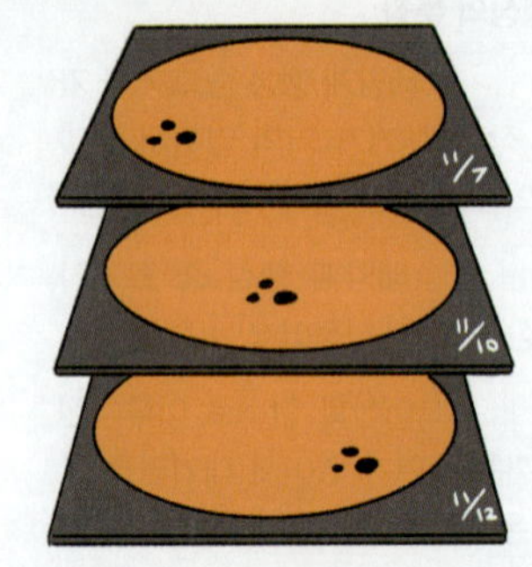


망원경으로 여러 날 동안 태양의 표면을 관측하면 흑점의 위치가 달라지는 것을 알 수 있는데, 이는 태양이 자전하기 때문에 나타나는 현상이다.

**7 쌀알 무늬의 생성 원리**

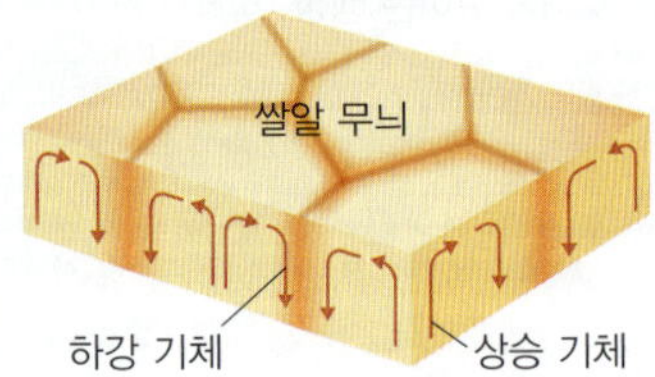


내부에서 뜨거운 물질이 올라오는 곳은 밝고, 표면에서 차가운 물질이 내려가는 곳은 어둡다.

**8 흑점 수의 변화**

흑점 한 개의 수명이 11년이 아니라, 태양 표면에 나타난 흑점의 개수가 많아지고 적어지는 주기가 약 11년이다. 흑점 수가 가장 많은 시기를 극대기, 가장 적은 시기를 극소기라고 한다.

**용어**

◆ **태양풍(太 크다, 陽 볕, 風 바람)** 태양에서 우주 공간으로 방출되는 전기적 성질을 띤 입자의 흐름
◆ **오로라(aurora)** 태양에서 온 입자가 지구 대기와 충돌해 빛을 내는 현상
◆ **자기 폭풍** 강력한 태양풍에 의해 지구 자기장이 불규칙하게 변하는 현상

**8** 태양에 대한 설명으로 옳은 것은 ○, 옳지 <u>않은</u> 것은 ×로 표시하시오.

(1) 광구에서는 흑점과 쌀알 무늬가 관측된다. …………………………………… (　　)
(2) 쌀알 무늬는 광구 아래의 대류 때문에 생긴다. ………………………………… (　　)
(3) 흑점은 주변보다 온도가 높은 곳이다. …………………………………………… (　　)
(4) 평소에는 광구가 너무 밝아 태양의 대기를 볼 수 없다. ……………………… (　　)
(5) 광구를 가리면 쌀알 무늬를 볼 수 있다. ………………………………………… (　　)
(6) 태양의 흑점 수는 약 11년을 주기로 증가와 감소를 반복한다. ……………… (　　)

**9** 다음은 태양에서 나타나는 현상을 나열한 것이다.

> 홍염, 흑점, 코로나, 쌀알 무늬

(1) 태양의 표면에서 나타나는 현상을 모두 골라 쓰시오.
(2) 태양의 대기 또는 대기에서 나타나는 현상을 모두 골라 쓰시오.

**10** 그림 (가)~(다)는 태양을 관측했을 때 볼 수 있는 모습이다.

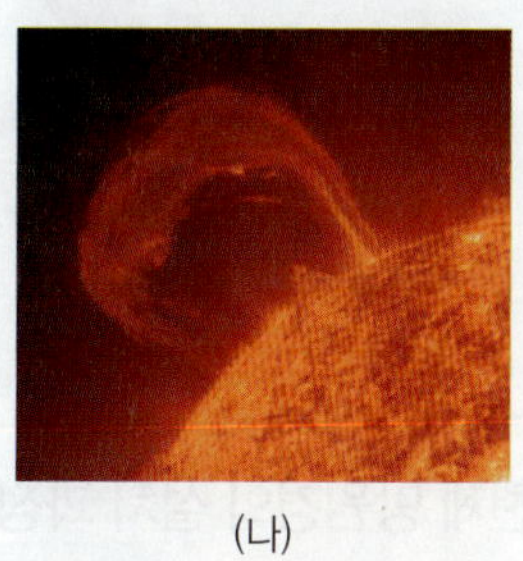

(가)　　　　　　　(나)　　　　　　　(다)

(가)~(다)의 이름을 각각 쓰시오.

**11** 태양 활동이 활발할 때 나타날 수 있는 현상을 보기에서 모두 고르시오.

> 보기
> ㄱ. 흑점 수의 감소　　　　　　ㄴ. 오로라 발생 지역 확대
> ㄷ. 인공위성과 GPS 고장　　　ㄹ. 자기 폭풍 발생

# 천체 망원경을 이용하여 천체 관측하기

이 탐구에서는 천체 망원경을 이용하여 태양, 달, 행성을 관측하는 방법을 알아보자.



## 1 활동 전 준비하기 – 천체 망원경의 구조

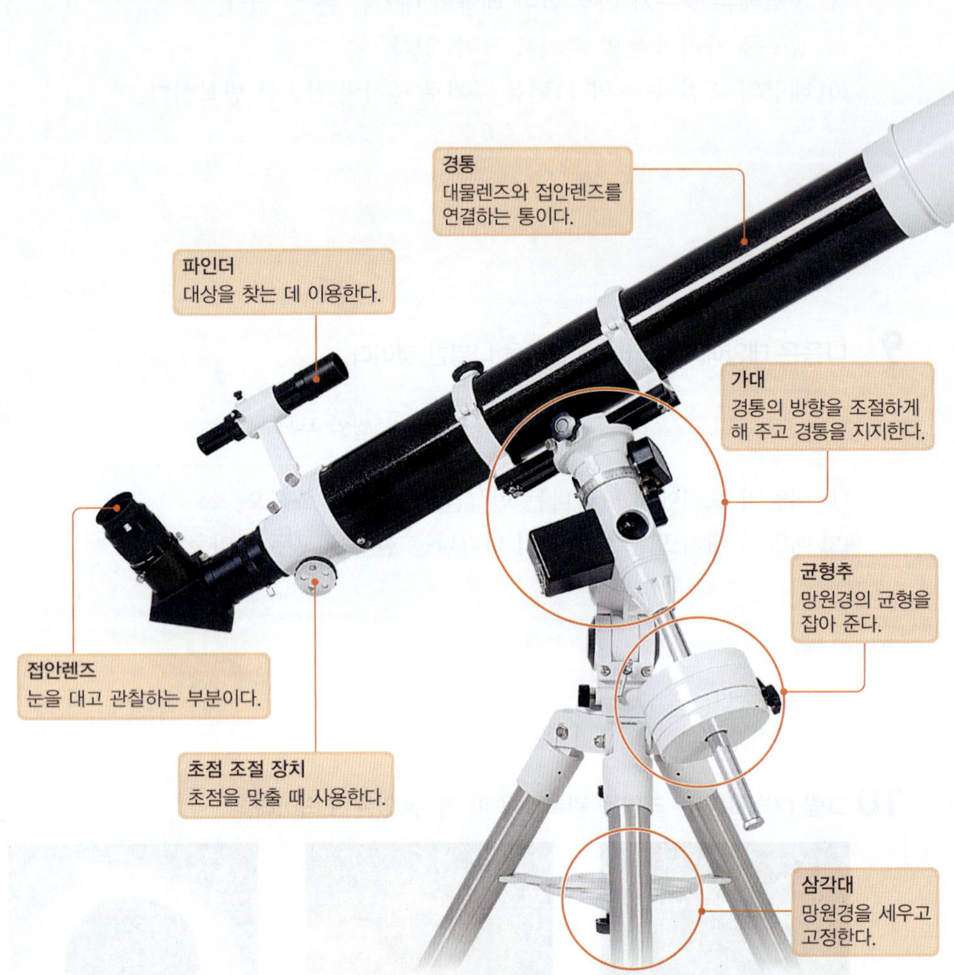

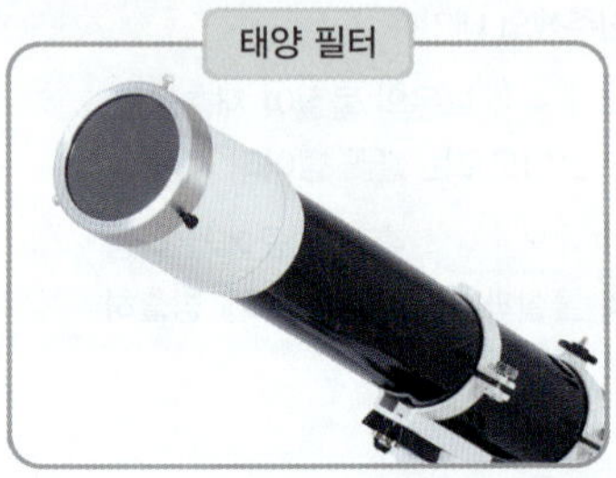

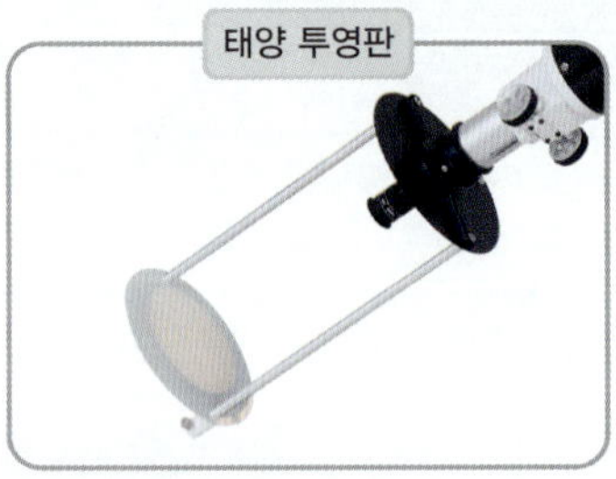

> **잠깐**
> 태양은 매우 밝으므로 망원경으로
> 직접 보면 안 된다.
> ➡ 태양은 태양 필터를 끼우거나,
> 태양 투영판을 설치하여 관측한다.

## 2 활동 전 준비하기 – 천체 망원경의 설치 과정

① 넓고 평평한 곳에 삼각대
를 세우고, 삼각대 위에
가대를 고정한다.

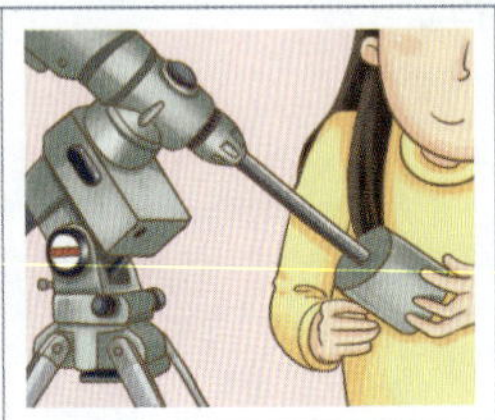

② 가대에 균형추를 매달고,
경통을 가대에 고정한다.

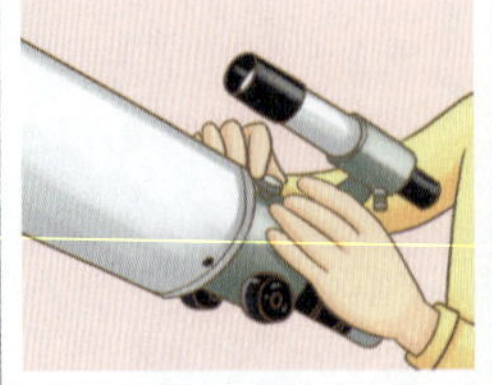

③ 경통에 파인더와 접안렌
즈를 설치한다.

④ 경통과 균형추를 움직여
망원경의 균형을 맞추고,
관측 천체를 향하도록 경
통의 방향을 맞춘다.

⑤ 파인더와 접안렌즈의 시
야 중심이 일치하도록 맞
추고, 접안렌즈로 천체를
보면서 초점을 맞춘다.

**과정**

❶ 날씨가 맑은 날, 태양이 잘 보이는 곳에 천체 망원경을 설치한다.
❷ 태양 필터 또는 태양 투영판 등 태양 관측 장치를 천체 망원경에 연결한다.
❸ 경통을 태양 쪽으로 향하게 하여 태양이 시야의 가운데 오게 하고, 초점을 맞춘다.
❹ 접안렌즈나 투영판을 이용하여 태양의 표면을 관측한다.
❺ 접안렌즈나 투영판에 보이는 태양의 모습을 카메라로 촬영한다.

**결과+정리**

▲ 태양 필터를 연결하여 관측한 태양의 모습

▲ 태양 투영판에 비친 태양의 모습

**1** 둥글고 밝은 공처럼 보이는 태양의 표면인 (           )을/를 볼 수 있다.

**2** 태양의 표면에서 어둡게 보이는 (           )을/를 관측할 수 있다.

---

활동 **2** 천체 망원경으로 달과 행성 관측하기

**과정**

❶ 천체 관측 프로그램을 이용하여 달이나 행성을 볼 수 있는 시각과 하늘에서의 위치를 찾는다.
❷ 천체 망원경을 설치하고, 관측할 대상을 찾은 다음 초점을 맞춘다.
❸ 달이나 행성을 관측하고, 접안렌즈에 보이는 모습을 카메라로 촬영한다.

**결과+정리**

▲ 천체 망원경으로 관측한 달의 모습

▲ 천체 망원경으로 관측한 목성과 위성의 모습

**1** 망원경으로 달의 (          )을/를 관측하면 충돌 구덩이를 볼 수 있다.

**2** 망원경으로 목성을 관측하면 (          ) 무늬와 주변의 위성을 관측할 수 있다.

---

**확인 문제**

정답과 해설 22쪽

**1** 그림은 천체 망원경의 모습을 나타낸 것이다.

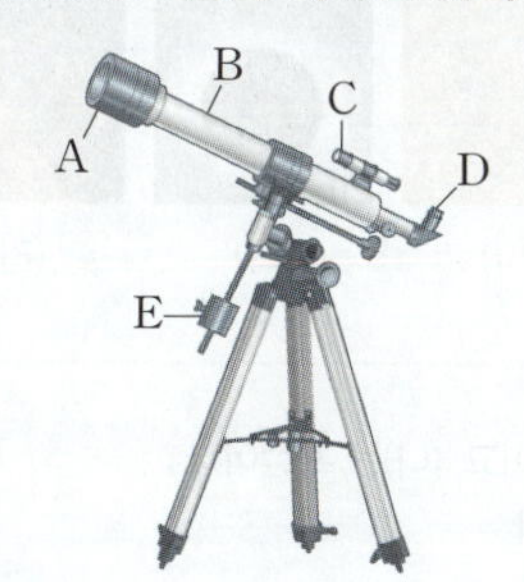


망원경 각 부분의 명칭으로 옳은 것은?

① A – 파인더
② B – 대물렌즈
③ C – 접안렌즈
④ D – 가대
⑤ E – 균형추

**2** 천체 망원경의 구조 중 (가)천체에서 오는 빛을 모으는 역할을 하는 것과 (나)눈을 대고 관찰하는 부분의 명칭을 각각 쓰시오.

**3** 망원경으로 관측한 천체에 대한 설명으로 옳은 것을 보기에서 모두 고른 것은?

**보기**

ㄱ. 달을 관측하면 표면에서 충돌 구덩이가 보인다.
ㄴ. 태양 표면에 보이는 검은 점은 흑점이다.
ㄷ. 태양을 관측할 때 태양 필터를 이용하면 빛의 양이 줄어들어 안전하게 관측할 수 있다.

① ㄱ
② ㄴ
③ ㄱ, ㄷ
④ ㄴ, ㄷ
⑤ ㄱ, ㄴ, ㄷ

# 태양계의 구성에서 잘 나오는 자료&보기

시험에 잘 나오는 자료와 보기를 살펴보고, 내가 알고 있는 옳은 보기가 있다면 추가해 보자.

## A 태양계의 구성 천체

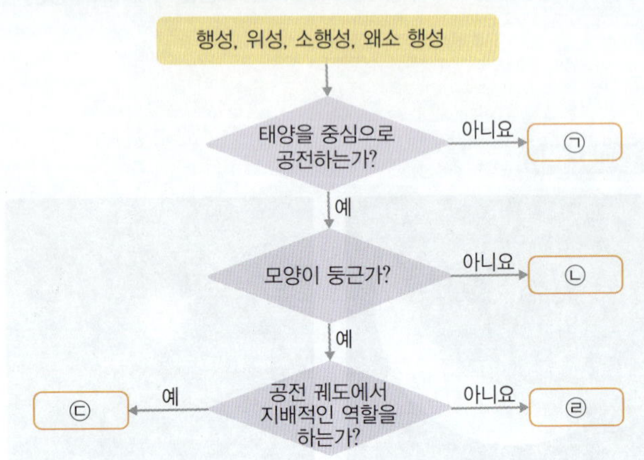


**옳은 보기**

ㄱ. ㉠은 위성이다.
ㄴ. ㉡은 소행성이다.
ㄷ. ㉢은 행성이다.
ㄹ. ㉣은 왜소 행성이다.
ㅁ. 달은 ㉠에 속한다.
ㅂ. 명왕성은 ㉣에 속한다.
ㅅ. ㉡은 주로 화성과 목성 궤도 사이에 분포한다.
ㅇ. ㉢은 태양계에 총 8개 있다.

## B 행성의 분류

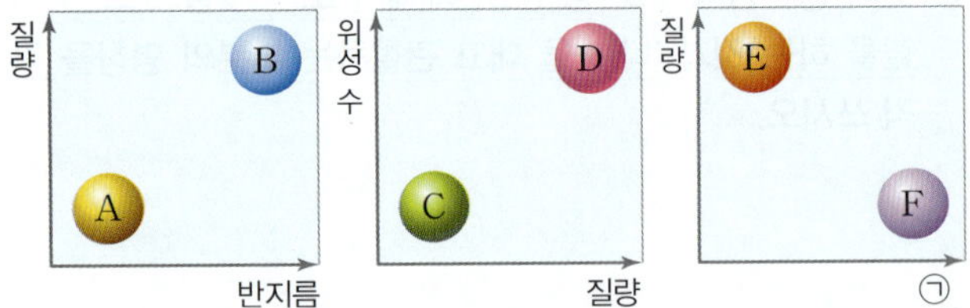


**옳은 보기**

ㄱ. A는 지구형 행성이고, B는 목성형 행성이다.
ㄴ. C는 지구형 행성이고, D는 목성형 행성이다.
ㄷ. E는 목성형 행성이고, F는 지구형 행성이다.
ㄹ. A, C, F에 속하는 행성은 수성, 금성, 지구, 화성이다.
ㅁ. B, D, E에 속하는 행성은 목성, 토성, 천왕성, 해왕성이다.
ㅂ. B는 A보다 위성 수가 많다.
ㅅ. C는 고리가 없고, D는 고리가 있다.
ㅇ. E는 표면이 기체 상태이고, F는 표면이 단단한 암석으로 이루어져 있다.
ㅈ. ㉠에 해당하는 것은 '행성 표면의 단단한 정도'이다.

## C 행성의 특징

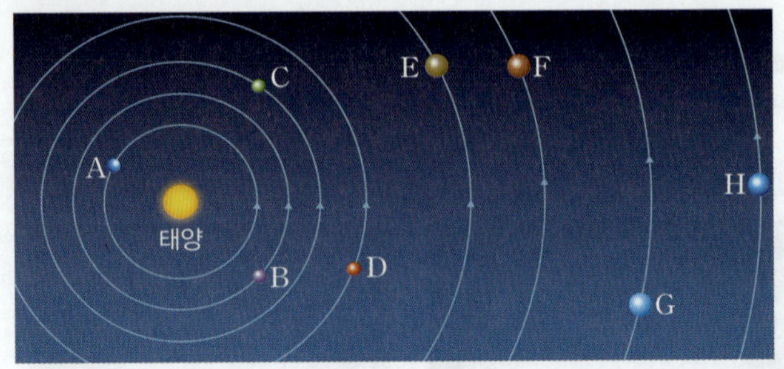


**옳은 보기**

ㄱ. A는 수성, B는 금성, C는 지구, D는 화성, E는 목성, F는 토성, G는 천왕성, H는 해왕성이다.
ㄴ. A는 낮과 밤의 표면 온도 차가 매우 크다.
ㄷ. B는 표면 온도가 매우 높다.
ㄹ. C는 액체 상태의 물이 있어서 생명체가 살고 있다.
ㅁ. D는 물이 흘렀던 흔적이 있고, 극지방에는 극관이 있다.
ㅂ. E는 태양계 행성 중 크기가 가장 크고, 표면에 대적점이 있다.
ㅅ. F는 얼음과 암석으로 이루어진 뚜렷한 고리가 있다.
ㅇ. G는 자전축이 공전 궤도면과 거의 나란하게 누워서 자전하는 것처럼 보인다.
ㅈ. H는 표면에 대기의 거대한 소용돌이인 대흑점이 있다.

## D 태양

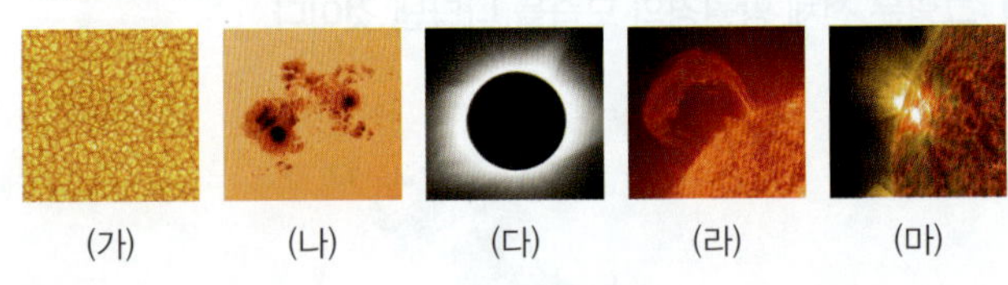


**옳은 보기**

ㄱ. (가)는 쌀알 무늬이고, (나)는 흑점이다.
ㄴ. (다)는 코로나이다.
ㄷ. (라)는 홍염이다.
ㄹ. (마)는 플레어이다.
ㅁ. (가)는 광구 아래에서 일어나는 대류 운동 때문에 생긴다.
ㅂ. (나)는 주변보다 온도가 낮아 어둡게 보이는 부분이다.
ㅅ. (다)는 흑점 수가 많은 시기에 크기가 커진다.
ㅇ. (마)는 흑점 부근에서 나타나는 강한 폭발 현상이다.
ㅈ. 태양의 표면에 나타나는 현상은 (가)와 (나)이다.
ㅊ. (나)의 개수가 많은 시기에는 태양의 활동이 활발하다.
ㅋ. 흑점 수가 많은 시기에는 (라)와 (마)가 자주 발생한다.

정답과 해설 **22쪽**

**A** 태양계의 구성 천체

**01** 다음 중 태양계의 구성 천체가 <u>아닌</u> 것은?

① 행성
② 혜성
③ 소행성
④ 왜소 행성
⑤ 북극성

**02** 태양계를 이루는 천체에 대한 설명으로 옳은 것은?

① 행성은 태양을 중심으로 공전한다.
② 소행성은 둥근 공 모양을 하고 있다.
③ 왜소 행성은 포물선 궤도를 따라 공전한다.
④ 혜성은 화성과 목성 궤도 사이에 주로 분포한다.
⑤ 위성은 스스로 빛을 내어 밝게 보인다.

**03** 그림은 태양계 천체의 모습과 특징을 나타낸 것이다.

(가) 지구 주위를 공전한다.

(나) 크기가 작고, 모양이 불규칙하다.

(다) 모양이 둥글지만, 궤도 주변 천체들을 흡수하지 못한 천체이다.

(가)~(다)에 해당하는 천체의 종류를 옳게 짝 지은 것은?

| | (가) | (나) | (다) |
|---|---|---|---|
| ① | 위성 | 혜성 | 소행성 |
| ② | 행성 | 혜성 | 소행성 |
| ③ | 위성 | 혜성 | 왜소 행성 |
| ④ | 행성 | 소행성 | 왜소 행성 |
| ⑤ | 위성 | 소행성 | 왜소 행성 |

**중요해!**

**04** 그림은 태양계를 구성하는 어떤 종류의 천체를 나타낸 것이다.

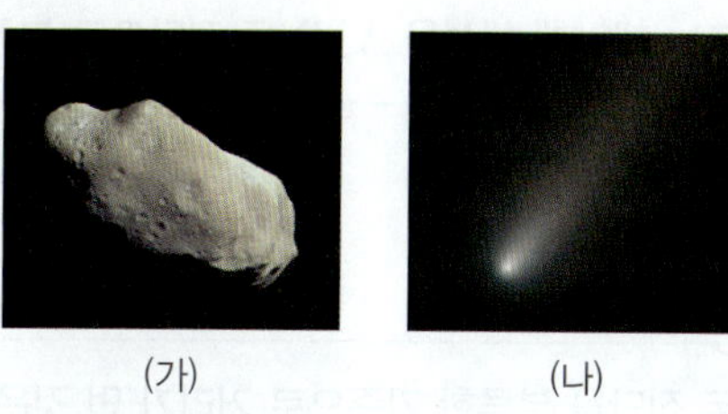

(가)　　　　　(나)

이에 대한 설명으로 옳은 것은?

① (가)는 혜성이다.
② (가)는 행성 주위를 돌고 있다.
③ (나)는 먼지와 얼음으로 이루어져 있다.
④ (나)는 스스로 빛을 내는 천체이다.
⑤ 명왕성, 세레스는 (나)와 종류가 같은 천체이다.

**중요해!**

**05** 그림은 태양계 천체를 특징에 따라 분류하는 과정을 나타낸 것이다.

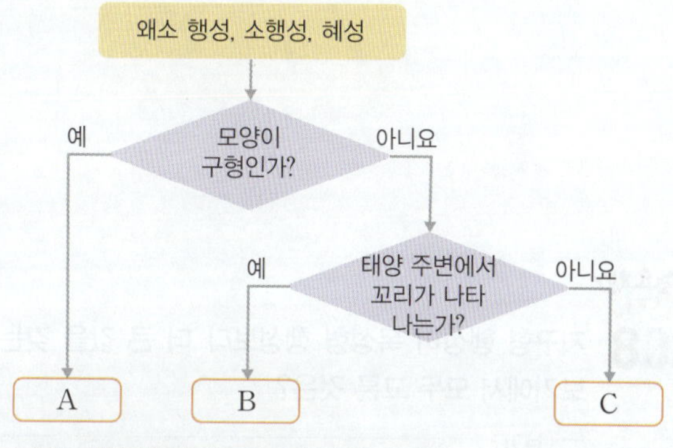


이에 대한 설명으로 옳지 <u>않은</u> 것은?

① A는 왜소 행성이다.
② 명왕성은 A에 해당한다.
③ B는 주로 얼음과 먼지로 이루어져 있다.
④ B는 행성 주위를 공전한다.
⑤ C는 A보다 크기가 작다.

## B 행성의 분류

**06** 표는 태양계 행성을 A, B 두 집단으로 분류한 것이다.

| 집단 | 행성 |
|------|------|
| A | 수성, 금성, 지구, 화성 |
| B | 목성, 토성, 천왕성, 해왕성 |

두 집단을 분류한 기준으로 거리가 **먼** 것은?

① 질량
② 반지름
③ 위성 수
④ 고리의 유무
⑤ 행성의 색깔

**07** 지구형 행성과 목성형 행성에 대한 설명으로 옳은 것은?

① 화성은 목성형 행성에 속한다.
② 지구형 행성은 모두 위성이 없다.
③ 지구형 행성은 목성형 행성보다 반지름이 크다.
④ 목성형 행성의 표면은 단단한 암석으로 이루어져 있다.
⑤ 지구형 행성과 목성형 행성은 물리적 특징에 따라 분류한 것이다.

**08** 지구형 행성이 목성형 행성보다 더 큰 값을 갖는 것을 보기에서 모두 고른 것은?

보기
ㄱ. 반지름
ㄴ. 위성의 개수
ㄷ. 행성 표면의 단단한 정도

① ㄱ
② ㄷ
③ ㄱ, ㄴ
④ ㄱ, ㄷ
⑤ ㄴ, ㄷ

**09** 그림은 태양계 행성을 질량과 반지름을 기준으로 A, B 두 집단으로 분류한 것이다.

이에 대한 설명으로 옳은 것은?

① A는 목성형 행성이다.
② A는 표면이 기체 상태이다.
③ A는 고리가 있다.
④ 지구는 B에 속한다.
⑤ B는 A보다 위성의 수가 많다.

## C 행성의 특징

**10** 그림은 태양과 태양계 행성을 나타낸 것이다.

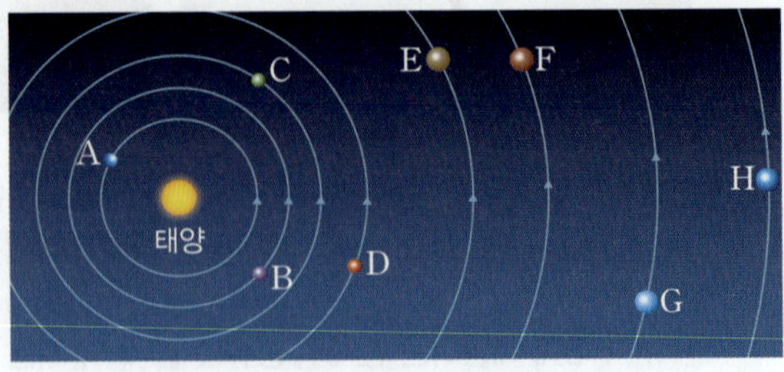


이에 대한 설명으로 옳지 **않은** 것은?

① A는 표면의 모습이 달과 비슷하다.
② D에는 물이 흐른 흔적이 있다.
③ 다양한 생명체가 살고 있는 행성은 C이다.
④ 태양계 행성 중 크기가 가장 큰 행성은 E이다.
⑤ D~H의 표면은 수소와 헬륨으로 이루어져 있다.

**11** 다음 설명에 해당하는 행성은 무엇인가?

> • 표면이 암석으로 이루어져 있다.
> • 낮과 밤의 온도 차이가 매우 크다.
> • 태양계 행성 중 태양에서 가장 가깝다.

① 수성      ② 금성      ③ 화성
④ 목성      ⑤ 토성

**12** 그림은 금성의 모습을 나타낸 것이다. 이에 대한 설명으로 옳은 것을 보기에서 모두 고른 것은?

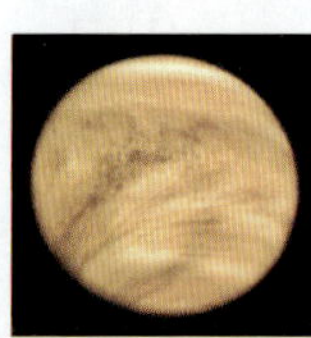

> **보기**
> ㄱ. 표면 온도가 매우 낮다.
> ㄴ. 크기와 질량이 지구와 비슷하다.
> ㄷ. 지구에서 가장 밝게 보이는 행성이다.

① ㄱ      ② ㄴ      ③ ㄱ, ㄷ
④ ㄴ, ㄷ      ⑤ ㄱ, ㄴ, ㄷ

**중요해!**
**13** 그림은 태양계의 어느 천체의 모습을 나타낸 것이다. 이에 대한 설명으로 옳은 것을 보기에서 모두 고른 것은?

> **보기**
> ㄱ. 태양계 행성인 목성이다.
> ㄴ. 다른 행성의 주위를 공전한다.
> ㄷ. 표면에 대기의 소용돌이인 대흑점이 있다.

① ㄱ      ② ㄴ      ③ ㄱ, ㄷ
④ ㄴ, ㄷ      ⑤ ㄱ, ㄴ, ㄷ

**14** 다음은 태양계 행성의 특징을 나열한 것이다.

> (가) 표면에 물이 풍부하여 생명체가 존재한다.
> (나) 표면에 붉은색의 큰 점과 가로줄 무늬가 있다.
> (다) 얼음과 암석으로 이루어진 뚜렷한 고리가 있다.
> (라) 드라이아이스와 얼음으로 이루어진 극관이 있다.

(가)~(라)에 해당하는 행성을 태양에서 가까운 것부터 순서대로 옳게 나열한 것은?

① (가)−(나)−(다)−(라)
② (가)−(라)−(나)−(다)
③ (나)−(다)−(가)−(라)
④ (라)−(가)−(나)−(다)
⑤ (라)−(다)−(나)−(가)

**D** 태양

[15~16] 그림은 태양의 광구 중 일부를 나타낸 것이다.

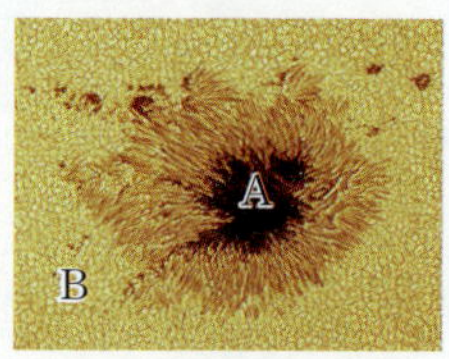

**15** A와 B는 각각 무엇에 해당하는가?

| | A | B |
|---|---|---|
| ① | 흑점 | 쌀알 무늬 |
| ② | 흑점 | 코로나 |
| ③ | 흑점 | 홍염 |
| ④ | 쌀알 무늬 | 흑점 |
| ⑤ | 플레어 | 흑점 |

**중요해!**
**16** A에 대한 설명으로 옳은 것을 보기에서 모두 고른 것은?

> **보기**
> ㄱ. 주변보다 온도가 높은 곳이다.
> ㄴ. 태양의 대기에서 나타나는 현상이다.
> ㄷ. A의 개수는 약 11년을 주기로 증가와 감소를 반복한다.

① ㄱ      ② ㄷ      ③ ㄱ, ㄴ
④ ㄱ, ㄷ      ⑤ ㄴ, ㄷ

↻ 정답과 해설 22쪽

**17** 그림은 태양을 관측한 모습을 나타낸 것이다.

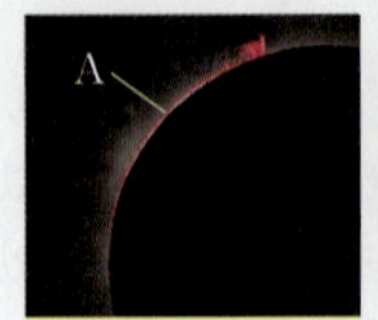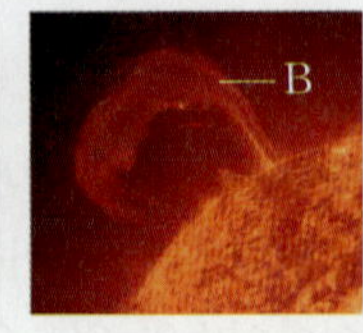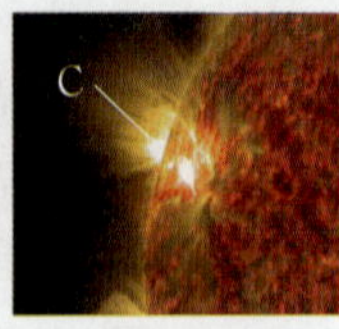

이에 대한 설명으로 옳은 것을 보기에서 모두 고른 것은?

> **보기**
> ㄱ. A는 채층, B는 홍염, C는 코로나이다.
> ㄴ. B와 C는 모두 태양의 대기에서 관측되는 현상이다.
> ㄷ. B와 C는 모두 태양 활동이 활발할 때 자주 발생한다.

① ㄱ     ② ㄷ     ③ ㄱ, ㄴ
④ ㄱ, ㄷ     ⑤ ㄴ, ㄷ

**18** 그림은 태양에서 관측되는 여러 현상을 분류한 것이다.

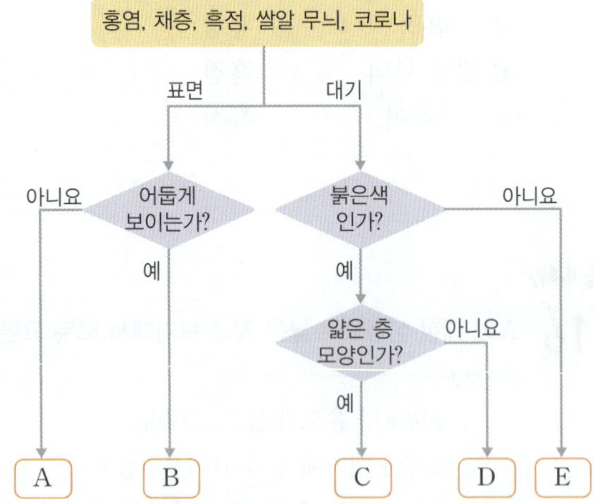


분류 결과를 옳게 짝 지은 것은?

① A – 코로나     ② B – 홍염
③ C – 채층     ④ D – 흑점
⑤ E – 쌀알 무늬

**19** 그림은 태양의 흑점 수 변화를 나타낸 것이다.

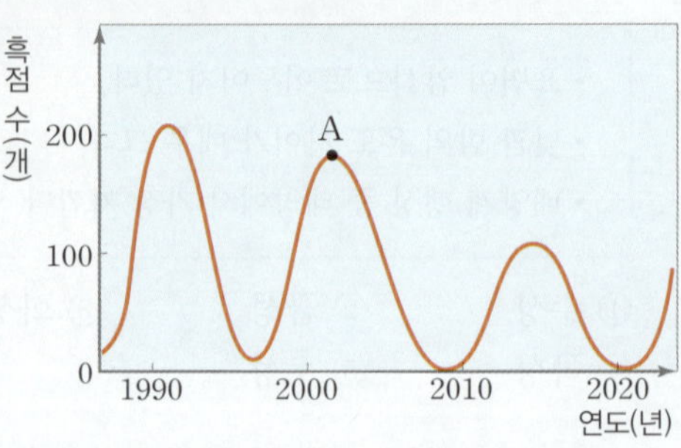


이에 대한 설명으로 옳은 것을 보기에서 모두 고른 것은?

> **보기**
> ㄱ. 흑점 수는 약 11년을 주기로 증가와 감소를 반복한다.
> ㄴ. A 시기에는 태양의 활동이 활발하였을 것이다.
> ㄷ. A 시기에는 코로나의 크기가 작았을 것이다.

① ㄱ     ② ㄴ     ③ ㄷ
④ ㄱ, ㄴ     ⑤ ㄴ, ㄷ

**20** 태양의 활동이 활발한 시기에 지구에서 나타나는 현상으로 옳지 <u>않은</u> 것은?

① 자기 폭풍이 발생한다.
② 오로라를 관측할 수 없게 된다.
③ 장거리 무선 통신이 끊어질 수 있다.
④ 인공위성의 센서가 고장 나 기능을 못할 수 있다.
⑤ 위성 위치 확인 시스템(GPS)에서 오류가 발생할 수 있다.

**21** 그림은 태양 필터와 태양 투영판의 모습이다.

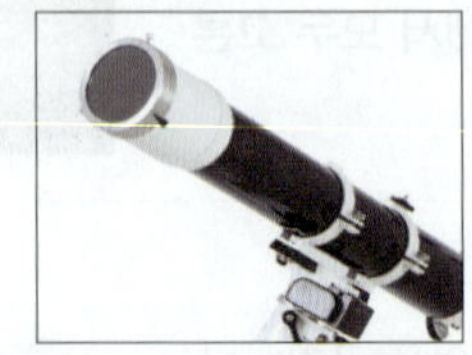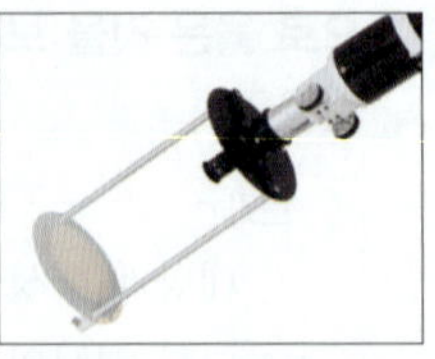

태양 필터와 태양 투영판을 이용하면 어떤 현상을 관측할 수 있는가?

① 흑점     ② 채층     ③ 홍염
④ 플레어     ⑤ 코로나

# 서술형 연습하기



**01** 그림은 태양계를 이루는 어떤 천체의 분포를 나타낸 것이다.

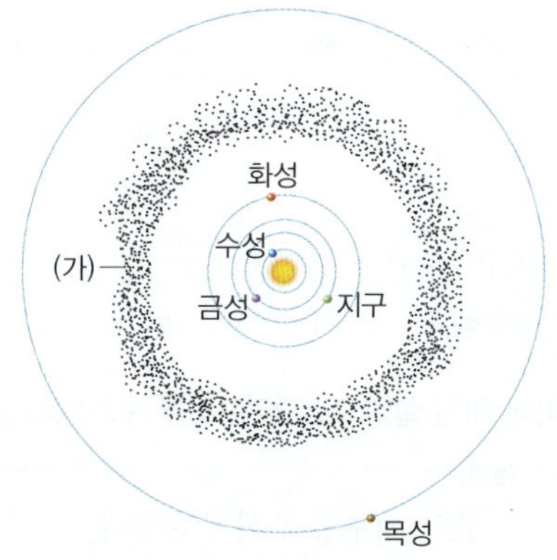


(1) (가)에 해당하는 천체의 종류를 쓰시오.

↳ (가는 주로 화성과 목성 궤도 사이에 분포하는 (　　　)이다.

(2) (가)에 해당하는 천체의 모양이 가지는 특징을 서술하시오.

**02** 그림은 태양계 행성을 A와 B 두 집단으로 분류한 것이다.

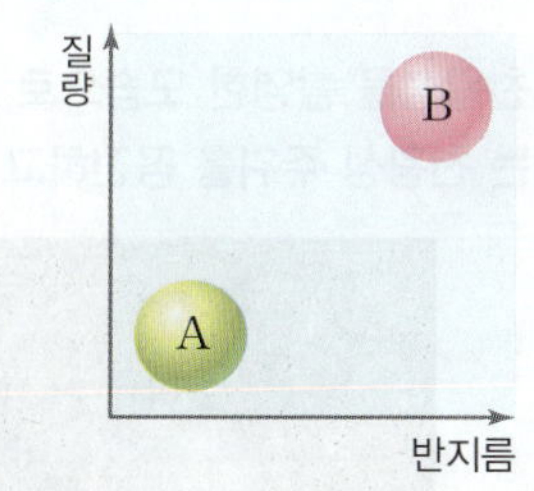


(1) A와 B 집단에 속하는 각각의 행성을 모두 쓰시오.

↳ A 집단에 속하는 행성은 ㉠(　　　　)이고,

B 집단에 속하는 행성은 ㉡(　　　　)이다.

(2) 다음 단어를 모두 포함하여 A와 B 집단의 물리적 특징을 비교하여 서술하시오.

| 위성 | 고리 | 표면 |

**03** 그림은 태양의 표면을 나타낸 것이다.

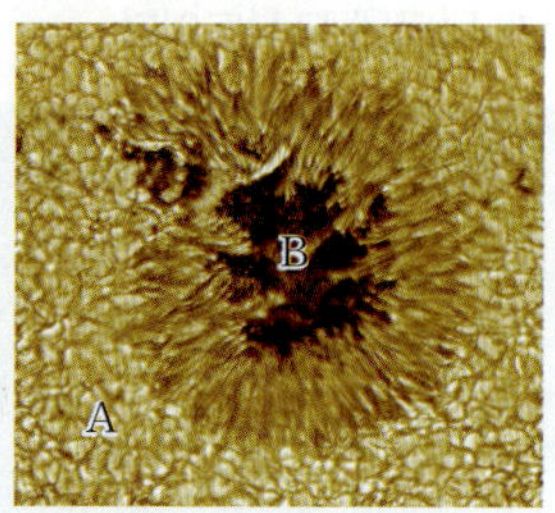


(1) A와 B의 이름을 각각 쓰시오.

↳ A는 (　　　)이고, B는 (　　　)이다.

(2) A의 생성 원인을 서술하시오.

(3) B가 어둡게 보이는 까닭을 서술하시오.

**04** 그림은 흑점 수의 변화를 나타낸 것이다.

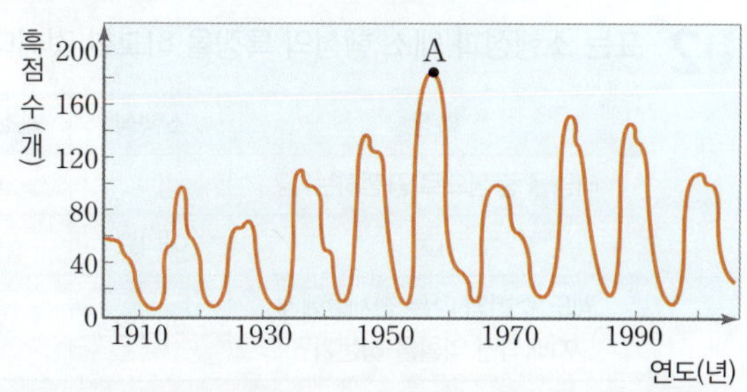


(1) 흑점 수의 변화와 태양 활동의 관계를 쓰시오.

↳ 흑점 수가 (　　　) 때 태양 활동이 활발하다.

(2) A 시기에 지구에서 나타날 수 있는 현상을 두 가지만 서술하시오.

**01** 그림은 태양계를 이루는 천체 A~E의 모양과 운동을 간략하게 나타낸 모식도이다.

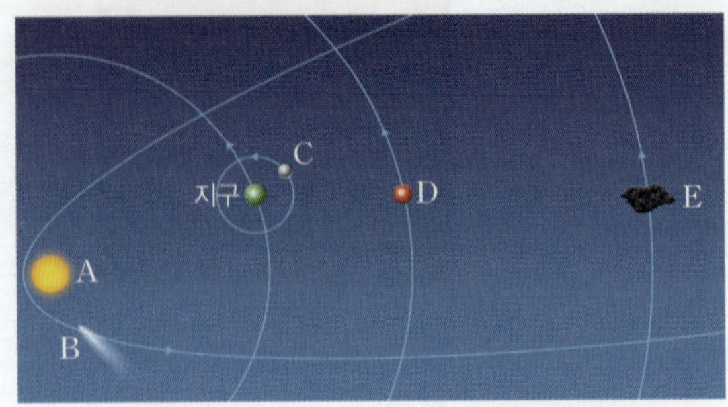

이에 대한 설명으로 옳은 것을 보기에서 모두 고른 것은?

보기
ㄱ. A는 태양계의 중심에 위치한 태양이다.
ㄴ. B의 꼬리는 태양에 가까울수록 짧아진다.
ㄷ. E는 모양이 불규칙한 것으로 보아 소행성이다.
ㄹ. 왜소 행성에 해당하는 것은 C이다.

① ㄱ, ㄴ　　② ㄱ, ㄷ　　③ ㄱ, ㄹ
④ ㄱ, ㄴ, ㄷ　　⑤ ㄴ, ㄷ, ㄹ

**02** 표는 소행성과 왜소 행성의 특징을 비교한 것이다.

| 특징 | 소행성 | 왜소 행성 |
|---|---|---|
| 태양을 중심으로 공전하는가? | ㉠ | 예 |
| ㉡ | 아니요 | 예 |
| 궤도 주변의 다른 천체들에게 지배적인 역할을 하는가? | 아니요 | ㉢ |

이에 대한 설명으로 옳은 것을 보기에서 모두 고른 것은?

보기
ㄱ. ㉠은 '예'이다.
ㄴ. ㉡에 알맞은 물음은 '모양이 둥근가?'이다.
ㄷ. ㉢은 '아니요'이다.

① ㄱ　　② ㄷ　　③ ㄱ, ㄴ
④ ㄱ, ㄷ　　⑤ ㄱ, ㄴ, ㄷ

**03** 표는 태양계 행성 A~C의 여러 가지 물리적 특성을 나타낸 것이다.

| 행성 | 지구 | A | B | C |
|---|---|---|---|---|
| 반지름 (지구=1) | 1 | 0.53 | 9.45 | 11.21 |
| 질량 (지구=1) | 1 | 0.11 | 95.14 | 317.92 |
| 위성 수(개) | 1 | 2 | 83 | 92 |

이에 대한 설명으로 옳은 것을 보기에서 모두 고른 것은?

보기
ㄱ. A는 지구형 행성에 속한다.
ㄴ. B는 고리가 있을 것이다.
ㄷ. C는 표면이 단단한 암석으로 이루어져 있을 것이다.

① ㄱ　　② ㄷ　　③ ㄱ, ㄴ
④ ㄴ, ㄷ　　⑤ ㄱ, ㄴ, ㄷ

**04** 그림은 천왕성을 촬영한 모습으로, 주변에 점으로 보이는 천체는 천왕성 주위를 공전하고 있다.

이에 대한 설명으로 옳은 것을 보기에서 모두 고른 것은?

보기
ㄱ. 천왕성은 고리가 있다.
ㄴ. 태양계 행성 중 태양에서 가장 멀리 있다.
ㄷ. 주변에 점으로 보이는 천체는 왜소 행성이다.

① ㄱ　　② ㄷ　　③ ㄱ, ㄴ
④ ㄴ, ㄷ　　⑤ ㄱ, ㄴ, ㄷ

**05** 그림 (가)와 (나)는 각각 탐사선이 화성과 목성의 표면을 촬영한 모습이다.

 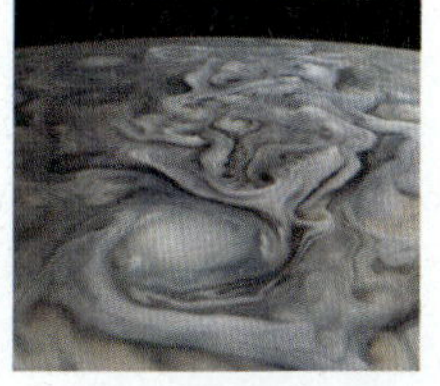

(가) 화성 　　　　(나) 목성

이에 대한 설명으로 옳은 것을 보기에서 모두 고른 것은?

보기
ㄱ. 화성 표면은 고체로 되어 있다.
ㄴ. 목성은 두꺼운 기체와 구름으로 덮여 있다.
ㄷ. 목성에는 탐사선이 착륙할 표면이 있다.

① ㄱ　　　　② ㄷ　　　　③ ㄱ, ㄴ
④ ㄴ, ㄷ　　　⑤ ㄱ, ㄴ, ㄷ

**06** 그림은 1990년 이후 태양 흑점 수의 변화를 나타낸 것이다.

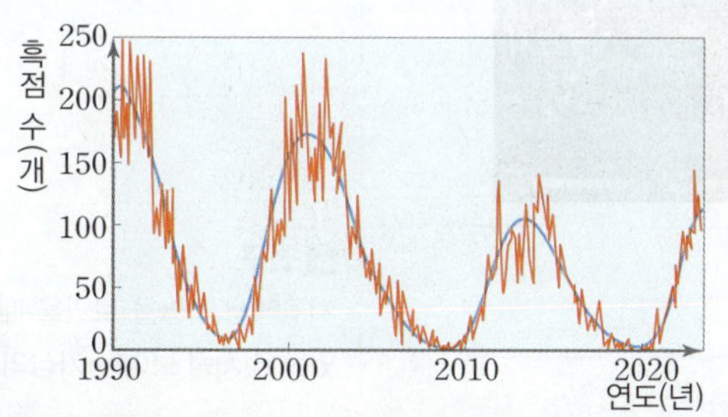


이에 대한 설명으로 옳은 것을 보기에서 모두 고른 것은?

보기
ㄱ. 흑점의 개수는 5년을 주기로 증가와 감소가 반복된다.
ㄴ. 2000년에는 2020년보다 오로라의 발생 횟수가 많았을 것이다.
ㄷ. 2015년부터 2020년까지는 코로나의 크기가 점차 증가하는 추세였을 것이다.

① ㄱ　　　　② ㄴ　　　　③ ㄱ, ㄷ
④ ㄴ, ㄷ　　　⑤ ㄱ, ㄴ, ㄷ

**07** 그림 (가)와 (나)는 서로 다른 시기에 태양의 대기 모습을 나타낸 것이다.

(가) 　　　　(나)

이에 대한 설명으로 옳은 것을 보기에서 모두 고른 것은?

보기
ㄱ. A는 코로나이다.
ㄴ. (가)일 때는 (나)일 때보다 흑점 수가 적을 것이다.
ㄷ. (가)일 때는 (나)일 때보다 태양풍의 세기가 강할 것이다.

① ㄱ　　　　② ㄴ　　　　③ ㄱ, ㄷ
④ ㄴ, ㄷ　　　⑤ ㄱ, ㄴ, ㄷ

**08** 그림은 태양 투영판을 이용하여 태양을 관측하는 모습을 나타낸 것이다.

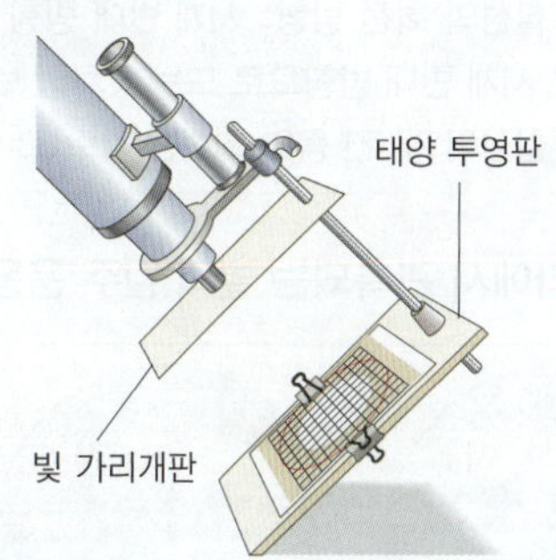


이에 대한 설명으로 옳은 것을 보기에서 모두 고른 것은?

보기
ㄱ. 망원경 앞쪽에 태양 필터를 부착해야 한다.
ㄴ. 이와 같은 방법으로 흑점을 관찰할 수 있다.
ㄷ. 태양의 활동이 활발한 시기에는 이와 같은 방법으로 태양을 관측하기 어렵다.

① ㄱ　　　　② ㄴ　　　　③ ㄱ, ㄷ
④ ㄴ, ㄷ　　　⑤ ㄱ, ㄴ, ㄷ

# 02 지구와 달



핵심 **키워드**

## A 지구의 자전과 천체의 일주 운동

**1. 지구의 자전** 지구가 자전축을 중심으로 하루에 한 바퀴씩 서쪽에서 동쪽(시계 반대 방향)으로 회전하는 운동 **1**

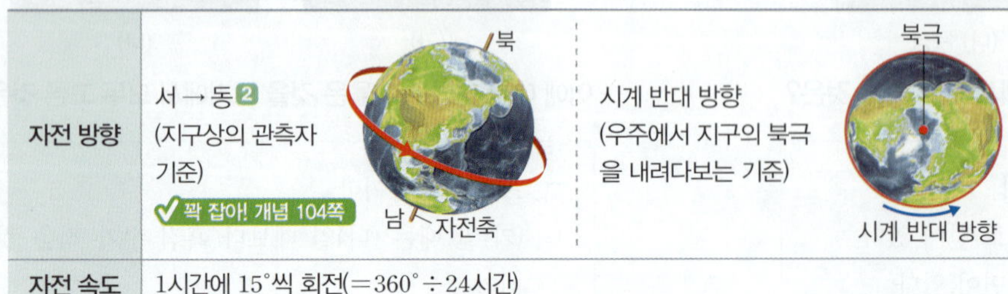

| 자전 방향 | 서 → 동 **2** (지구상의 관측자 기준) ✔ 꽉 잡아! 개념 104쪽 | 시계 반대 방향 (우주에서 지구의 북극을 내려다보는 기준) |
|---|---|---|
| 자전 속도 | 1시간에 15°씩 회전(＝360°÷24시간) | |

**2. 천체의 일주 운동** 천체(태양, 별, 달)가 하루에 한 바퀴씩 동쪽에서 서쪽으로 회전하는 것처럼 보이는 겉보기 운동 **3**

| 일주 운동 원인 | 지구가 자전축을 중심으로 서 → 동으로 자전하기 때문이다. |
|---|---|
| 일주 운동 방향 | 동 → 서 ➡ 지구의 관측자에게는 지구가 멈춰 있고, 천체가 지구 자전 방향과 반대로 도는 것처럼 보인다. |
| 일주 운동 속도 | 1시간에 15° ➡ 지구의 자전 속도와 같다. |

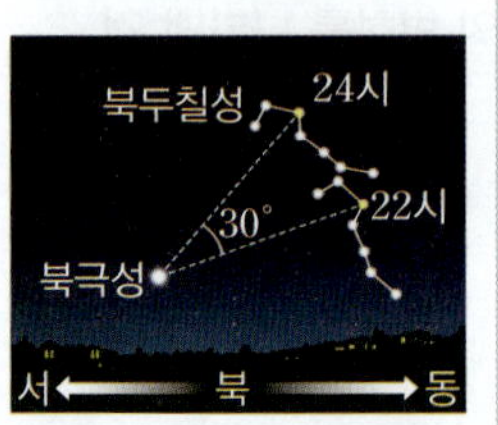


**예 북두칠성의 일주 운동**
그림은 어느 날 2시간 간격으로 북두칠성을 관측한 모습이다.
① 북두칠성의 회전 중심: 북극성 ➡ 일주 운동의 중심
② 북두칠성의 회전 방향: 시계 반대 방향 ➡ 북쪽 하늘에서 별들은 시계 반대 방향으로 도는 것처럼 보임.
③ 북두칠성이 2시간 동안 회전한 각도: 30° ➡ 1시간에 15°



**3. 우리나라에서 관측되는 별의 일주 운동 방향**

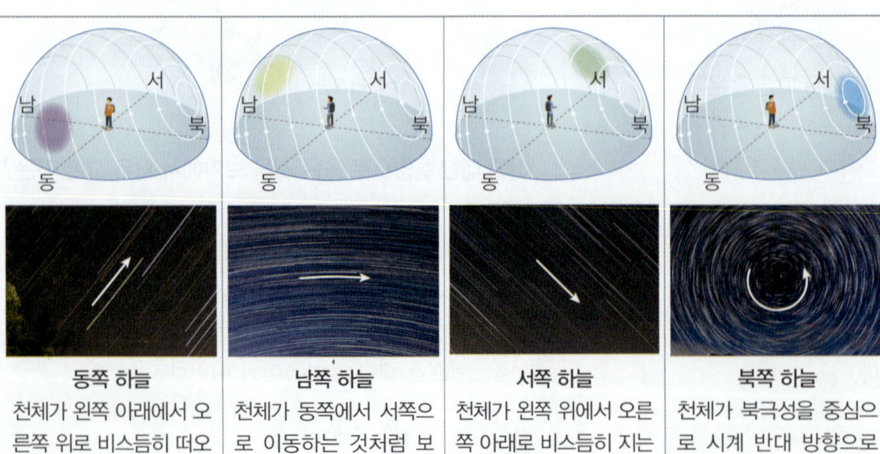

| 동쪽 하늘 | 남쪽 하늘 | 서쪽 하늘 | 북쪽 하늘 |
|---|---|---|---|
| 천체가 왼쪽 아래에서 오른쪽 위로 비스듬히 떠오르는 것처럼 보인다. | 천체가 동쪽에서 서쪽으로 이동하는 것처럼 보인다. | 천체가 왼쪽 위에서 오른쪽 아래로 비스듬히 지는 것처럼 보인다. | 천체가 북극성을 중심으로 시계 반대 방향으로 도는 것처럼 보인다. |

---

**＋보충**

**1 지구의 자전으로 나타나는 현상**
- 낮과 밤의 반복
- 천체의 일주 운동

**2 동서남북 방향 찾기**
북반구에서 지구상의 관측자가 북쪽을 바라보고 섰을 때 왼쪽이 서쪽, 오른쪽이 동쪽이다.

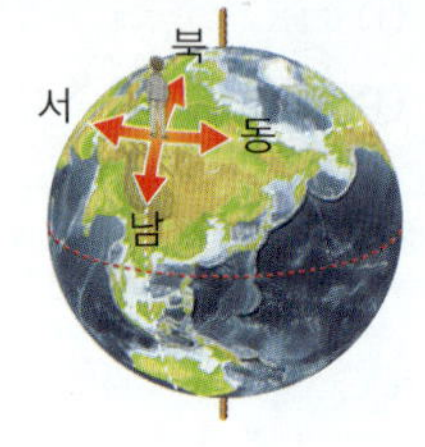


**3 겉보기 운동**
자전하는 지구에서 천체를 바라보면 천체가 움직이는 것처럼 보인다. 이처럼 지구에서 관측한 천체의 상대적인 운동을 겉보기 운동이라고 한다.

**4 천구**
지구에서 하늘을 보았을 때 천체가 붙어 있는 것처럼 보이는 가상의 구

**용어**
- **자전(自 스스로, 轉 돌다)** 천체가 스스로 회전하는 현상
- **일주 운동(日 하루, 週 돌다, 運 옮기다, 動 움직이다)** 하루를 주기로 한 바퀴 회전하는 운동
- **북극성(北 북쪽, 極 다다르다, 星 별)** 천구의 북극 근처에 위치한 별로, 일주 운동의 중심이 되는 별

**A 지구의 자전과 천체의 일주 운동**

• 지구의 [ㅈ][ㅈ]: 지구가 자전축을 중심으로 하루에 한 바퀴씩 서쪽에서 동쪽으로 회전하는 운동

• 천체의 [ㅇ][ㅈ] 운동: 천체가 하루에 한 바퀴씩 동쪽에서 서쪽으로 회전하는 것처럼 보이는 겉보기 운동

• 우리나라 북쪽 하늘에서 관측되는 별의 일주 운동 방향: 천체가 [ㅂ][ㄱ][ㅅ]을/를 중심으로 시계 반대 방향으로 도는 것처럼 보인다.

**1** 지구의 자전에 대한 설명으로 옳은 것은 ○, 옳지 <u>않은</u> 것은 ×로 표시하시오.

(1) 지구는 자전축을 중심으로 하루에 한 바퀴씩 회전한다. ⋯⋯⋯⋯⋯ (　　)

(2) 우주에서 지구의 북극을 내려다보면 지구는 시계 방향으로 회전한다.

⋯⋯⋯⋯⋯⋯⋯⋯⋯⋯ (　　)

(3) 지구는 1시간에 30°씩 회전한다. ⋯⋯⋯⋯⋯⋯⋯⋯⋯⋯ (　　)

(4) 지구가 자전하기 때문에 별의 일주 운동이 나타난다. ⋯⋯⋯⋯ (　　)

**2** 다음은 천체의 일주 운동에 대한 설명이다. (　　) 안에 알맞은 말을 고르시오.

> 지구가 자전축을 중심으로 하루에 한 바퀴씩 ㉠( 서 , 동 )쪽에서 ㉡( 서 , 동 )쪽으로 자전하기 때문에 태양, 별, 달 등의 천체는 하루에 한 바퀴씩 ㉢( 서 , 동 )쪽에서 ㉣( 서 , 동 )쪽으로 회전하는 것처럼 보인다.

**3** 그림은 어느 날 2시간 간격으로 북두칠성을 관측한 모습이다.

(1) 별 P의 이름을 쓰시오.

(2) A와 B 중 북두칠성이 회전한 방향을 쓰시오.

(3) 북두칠성이 2시간 동안 회전한 각도($\theta$)를 쓰시오.

**4** 그림은 우리나라의 동쪽, 서쪽, 남쪽, 북쪽 하늘에서 관측한 별의 일주 운동 모습을 순서 없이 나타낸 것이다. 각각 어느 방향을 관측한 것인지 쓰시오.

(1) (　　　) 하늘　(2) (　　　) 하늘　(3) (　　　) 하늘　(4) (　　　) 하늘

# 02 지구와 달

## B 지구의 공전과 별자리 변화

**1. 지구의 공전** 지구가 태양을 중심으로 1년에 한 바퀴씩 서쪽에서 동쪽(시계 반대 방향)으로 회전하는 운동

| | |
|---|---|
| 공전 방향 | 서 → 동 또는 시계 반대 방향 ✔ 꽉 잡아! 개념 104쪽<br>(우주에서 지구를 바라보면 지구는 태양을 중심으로<br>시계 반대 방향으로 회전) |
| 공전 속도 | 하루에 약 1°씩 회전(≒360°÷365일) |



**2. 태양의 연주* 운동** 태양이 별자리를 배경으로 이동하여 1년 후 처음 위치로 되돌아오는 것처럼 보이는 겉보기 운동 ⑤

| | |
|---|---|
| 연주 운동 원인 | 지구가 태양 주위를 1년에 한 바퀴씩 공전하기 때문 ➡ 지구가 1 → 2 → 3 → 4로 이동하면 태양은 1′ → 2′ → 3′ → 4′으로 이동하는 것처럼 보인다. |
| 연주 운동 방향 | 서 → 동<br>➡ 지구의 공전 방향과 같다. |
| 연주 운동 속도 | 하루에 약 1°<br>➡ 지구의 공전 속도와 같다. |



**3. 계절별 별자리 변화**

① 황도 12궁: 태양이 연주 운동하면서 별자리 사이로 지나가는 길을 황도라 하고, 황도 부근에 위치하는 12개의 대표적인 별자리를 황도 12궁이라고 한다.

② 계절별 별자리 변화: 지구가 태양을 중심으로 공전하여 태양이 보이는 위치가 달라지므로 한밤중에 남쪽 하늘에서 볼 수 있는 별자리가 계절에 따라 달라진다.

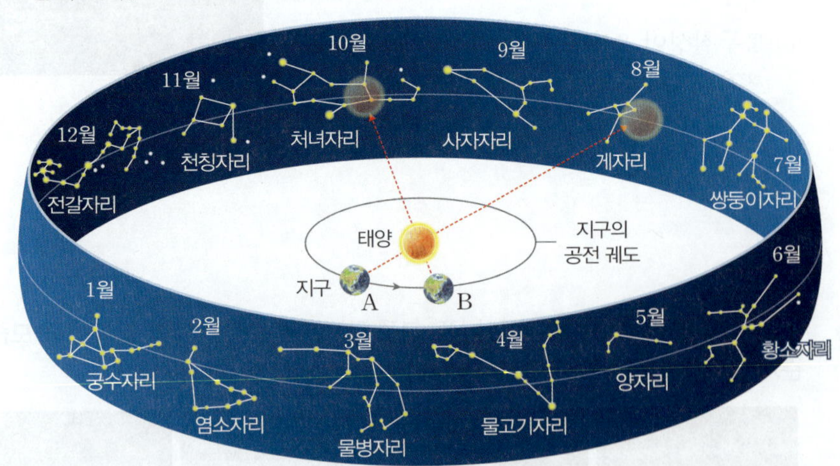


| 지구의 위치 | 시기 | 태양이 지나는 별자리 | 한밤중에 남쪽 하늘에서 보이는 별자리 ⑥ |
|---|---|---|---|
| A | 8월 | 게자리 | 염소자리 |
| B | 10월 | 처녀자리 | 물고기자리 |

➡ 태양 쪽에 있는 별자리는 태양 빛 때문에 관측하기 어렵다.

---



---

### ➕ 보충

**⑤ 태양과 별자리의 위치 변화**

태양이 진 직후 서쪽 하늘의 별자리를 15일 간격으로 관측해 보면, 별자리가 태양을 기준으로 매일 조금씩 동쪽에서 서쪽으로 움직이는 것처럼 보인다. ➡ 별의 연주 운동

이때 별자리를 기준으로 태양을 보면, 태양이 매일 조금씩 서쪽에서 동쪽으로 이동한 것처럼 보인다. ➡ 태양의 연주 운동

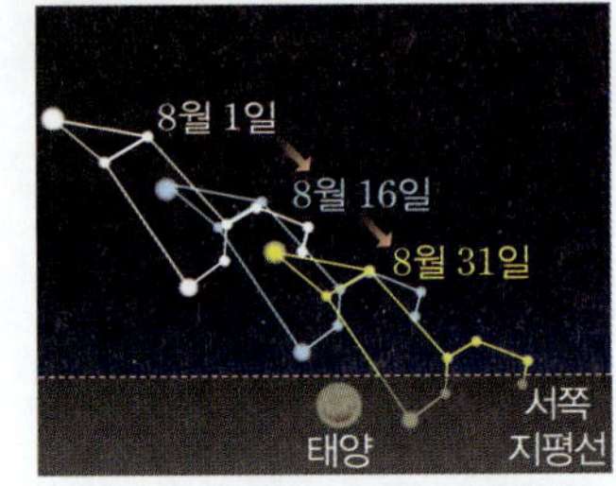


▲ 태양을 기준으로 한 별자리의 위치 변화

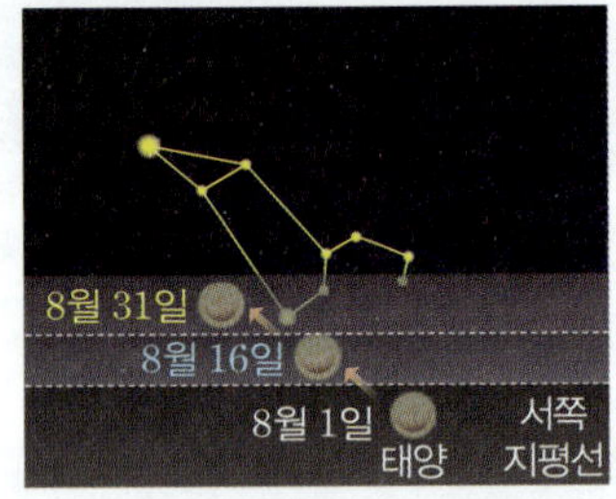


▲ 별자리를 기준으로 한 태양의 위치 변화

**⑥ 한밤중에 남쪽 하늘에서 별자리가 보이는 까닭**

지구를 기준으로 태양과 정반대 방향의 하늘은 한밤중에 남쪽에 오게 되므로, 한밤중에 남쪽 하늘에서 별자리를 잘 볼 수 있다.

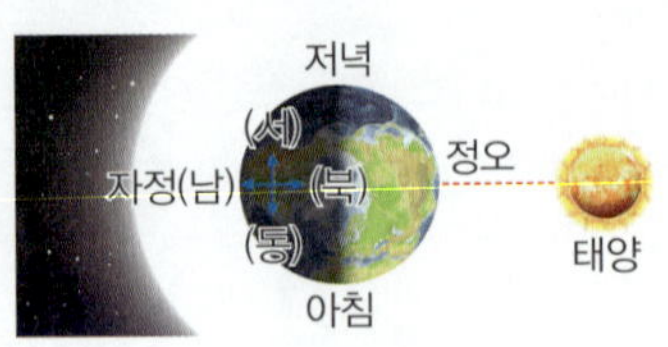


### ➙ 용어

◆ **연주 운동**(年 한 해, 週 돌다, 運 옮기다, 動 움직이다) 일 년을 주기로 한 바퀴 회전하는 운동

**초성 퀴즈**

**B** 지구의 공전과 별자리 변화

- 지구의 ㄱㅈ : 지구가 태양을 중심으로 1년에 한 바퀴씩 서쪽에서 동쪽으로 회전하는 운동
- 태양의 ㅇㅈ 운동: 태양이 별자리를 배경으로 이동하여 1년 후 처음 위치로 되돌아오는 것처럼 보이는 ㄱㅂㄱ 운동
- ㅎㄷ : 태양이 연주 운동하면서 별자리 사이로 지나가는 길
- 계절별 별자리 변화: 지구의 ㄱㅈ(으)로 태양이 보이는 위치가 달라져 한밤중에 남쪽 하늘에서 볼 수 있는 별자리가 계절에 따라 달라진다.

**5** 지구의 공전에 대한 설명으로 옳은 것은 ○, 옳지 <u>않은</u> 것은 ×로 표시하시오.

(1) 지구는 북극성을 중심으로 공전한다. ⋯⋯⋯⋯⋯⋯⋯⋯⋯⋯⋯⋯ (　　)

(2) 지구의 공전 방향은 서 → 동이다. ⋯⋯⋯⋯⋯⋯⋯⋯⋯⋯⋯⋯⋯ (　　)

(3) 지구는 하루에 한 바퀴씩 공전한다. ⋯⋯⋯⋯⋯⋯⋯⋯⋯⋯⋯⋯ (　　)

**6** 다음 (　　) 안에 공통으로 들어갈 알맞은 말을 쓰시오.

> - 지구는 태양을 중심으로 1년에 한 바퀴씩 (　　　　)한다.
> - 태양의 연주 운동은 지구의 (　　　　) 때문에 나타나는 현상이다.
> - 계절에 따라 밤하늘에 보이는 별자리가 달라지는 것은 지구의 (　　　　) 때문에 나타나는 현상이다.

**7** 그림은 지구의 공전 궤도와 황도 12궁을 나타낸 것이다.

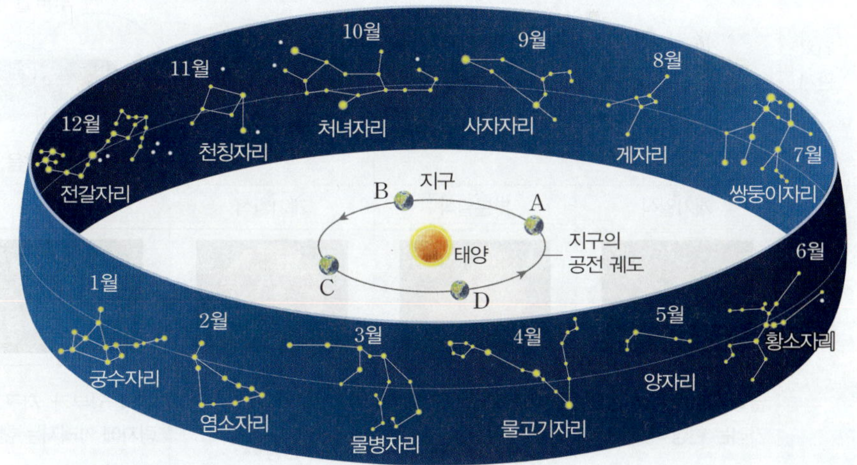


(1) 지구가 A 위치에 있을 때 태양이 지나는 별자리를 쓰시오.

(2) 지구가 A 위치에 있을 때 한밤중에 남쪽 하늘에서 보이는 별자리를 쓰시오.

(3) 지구가 B 위치에 있을 때 태양이 지나는 별자리를 쓰시오.

(4) 지구가 B 위치에 있을 때 한밤중에 남쪽 하늘에서 보이는 별자리를 쓰시오.

(5) 지구가 C 위치에 있을 때 태양이 지나는 별자리를 쓰시오.

(6) 지구가 C 위치에 있을 때 한밤중에 남쪽 하늘에서 보이는 별자리를 쓰시오.

(7) 지구가 D 위치에 있을 때 태양이 지나는 별자리를 쓰시오.

(8) 지구가 D 위치에 있을 때 한밤중에 남쪽 하늘에서 보이는 별자리를 쓰시오.

# 02 지구와 달

## C 달의 위상 변화

1. **달의 공전** 달이 지구를 중심으로 약 한 달에 한 바퀴씩 서쪽에서 동쪽(시계 반대 방향)으로 회전하는 운동 ➡ 하루에 약 13°씩 회전
2. **달의 위상 변화** 달이 지구 주위를 공전하기 때문에 지구, 달, 태양의 위치 관계에 따라 우리 눈에 보이는 달의 모양(위상)이 달라진다. 7 ✔ 꽉 잡아! 탐구 105쪽

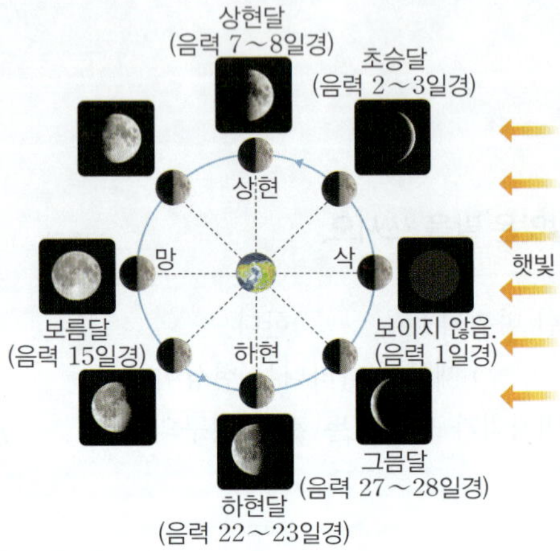


| 위치 | 날짜(음력) | 위상 |
|---|---|---|
| 삭 | 1일경 | 보이지 않음. |
| 상현 | 7~8일경 | 상현달<br>(오른쪽이 둥근 반달) |
| 망 | 15일경 | 보름달 |
| 하현 | 22~23일경 | 하현달<br>(왼쪽이 둥근 반달) |

## D 일식과 월식

| 구분 | 일식 | | 월식 | |
|---|---|---|---|---|
| 정의 | 달이 태양을 가리는 현상 | | 달이 지구 그림자에 가려지는 현상 | |
| 위치 관계 | 태양-달-지구가 일직선일 때 ➡ 삭일 때 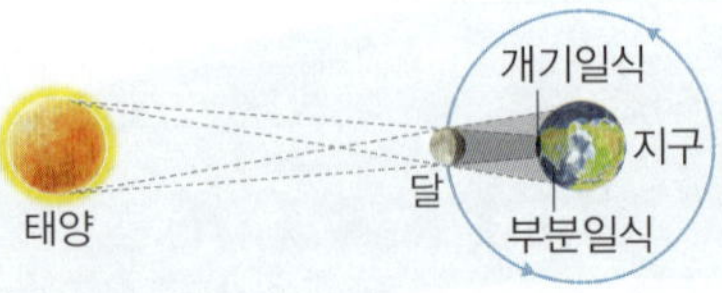  | | 태양-지구-달이 일직선일 때 ➡ 망일 때 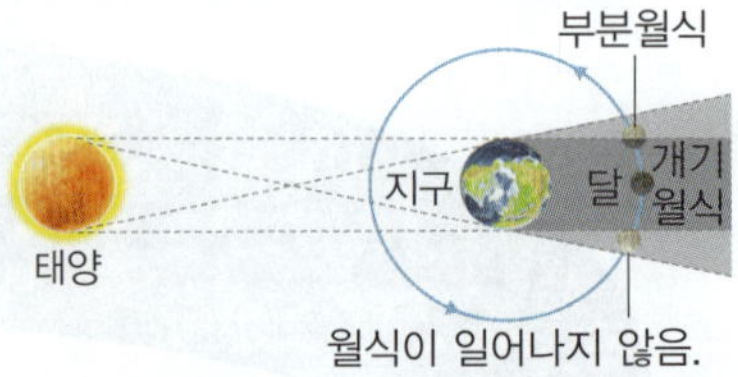  | |
| 종류 | 개기일식  달이 태양을 완전히 가리는 현상 8 | 부분일식 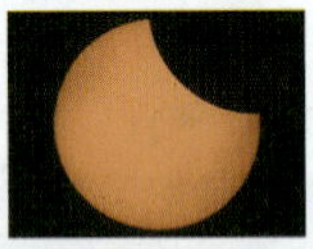 달이 태양의 일부를 가리는 현상 | 개기월식 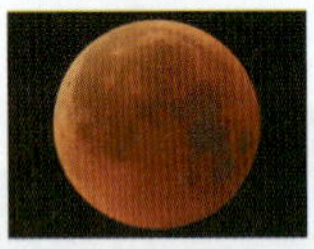 달이 지구 그림자에 완전히 가려져 붉게 보이는 현상 9 | 부분월식  달의 일부가 지구 그림자에 가려지는 현상 |
| 관측 가능 지역 | 달이 태양 전체를 가리는 지역에서만 볼 수 있다. | 달이 태양의 일부를 가리는 지역에서만 볼 수 있다. | 지구에서 밤이 되는 모든 지역에서 볼 수 있다. | |
| 진행 과정 |   태양의 오른쪽부터 가려지기 시작하고, 이후 완전히 가려졌다가 다시 오른쪽부터 서서히 보이기 시작하여 원래의 모습으로 되돌아간다. | |   달의 왼쪽부터 어두워지고, 개기월식을 지나 다시 달의 왼쪽부터 밝아지다가 원래의 모습으로 되돌아간다. | |

**+ 보충**

**7 달의 모양이 다르게 보이는 까닭**

달은 스스로 빛을 내는 천체가 아니므로, 지구에서 달을 볼 때 햇빛을 받아 밝게 보이는 부분이 달라지기 때문에 달의 모양이 변한다.

예 지구, 달, 태양의 위치 관계가 다음과 같을 때는 달의 어두운 부분이 두껍고 달의 밝은 부분이 얇으므로, 초승달로 보인다.

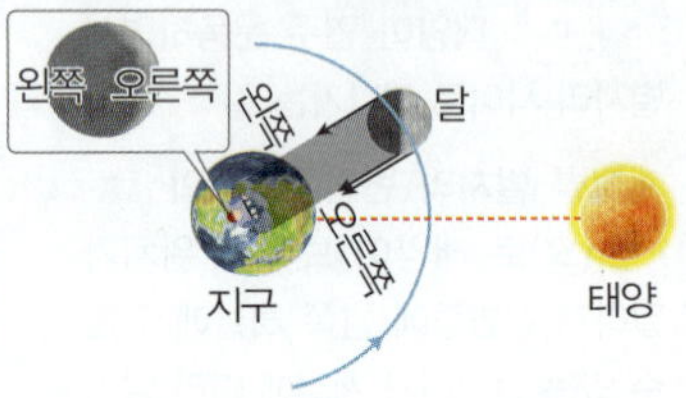


**8 개기일식과 태양의 대기**

개기일식이 일어나면 태양의 광구가 가려지므로 평소에 관측하기 어려운 태양의 대기를 볼 수 있다.

**9 개기월식이 일어날 때 달이 붉게 보이는 까닭**

개기월식 때 지구 대기 때문에 햇빛의 붉은색 빛만 달에 비치기 때문이다.

**용어**

- **음력(陰 그늘, 曆 달력)** 달의 모양 변화를 기준으로 만든 우리나라의 전통 역법
- **삭(朔 초하루)** 달이 태양과 지구 사이에 들어가 일직선을 이루는 때
- **망(望 보름)** 태양, 지구, 달 순으로 일직선을 이루는 때
- **개기(皆 모두, 旣 이미)** 한 천체가 다른 천체에 의해 완전히 가려지는 현상

**8** 그림은 달이 공전하는 모습을 나타낸 것이다.

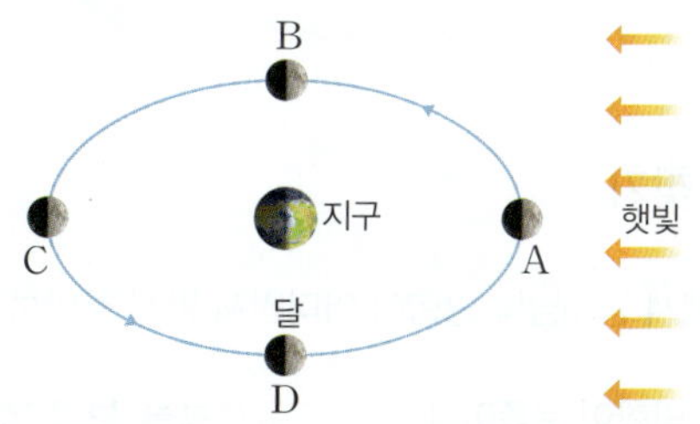


달이 A~D 위치에 있을 때를 무엇이라고 하는지 각각 쓰시오.

**9** 달의 공전과 위상 변화에 대한 설명으로 옳은 것은 ○, 옳지 **않은** 것은 ×로 표시하시오.

(1) 달은 서쪽에서 동쪽으로 공전한다. ········································ (　　)

(2) 달은 하루에 약 13°씩 공전한다. ········································ (　　)

(3) 달의 위상이 변하는 까닭은 달이 자전하기 때문이다. ········· (　　)

(4) 달이 태양과 같은 방향에 있을 때 보름달로 보인다. ··········· (　　)

**10** 그림은 일식이 일어날 때 태양, 지구, 달의 위치를 나타낸 것이고, ㉠과 ㉡은 개기일식과 부분일식 중 하나이다.

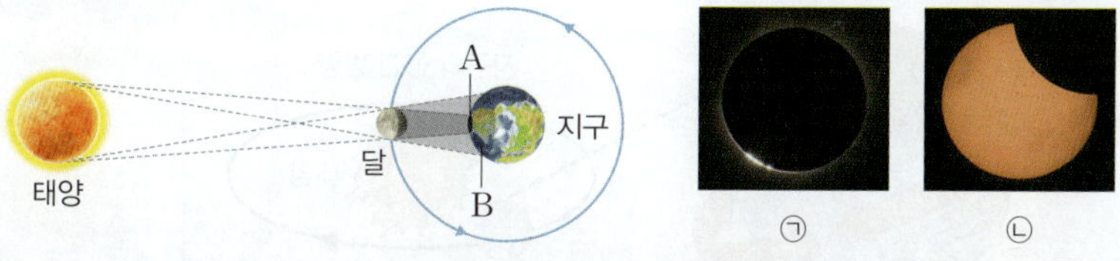


(1) A에서 볼 수 있는 일식의 모습을 ㉠과 ㉡ 중 고르고, 그 이름을 쓰시오.

(2) B에서 볼 수 있는 일식의 모습을 ㉠과 ㉡ 중 고르고, 그 이름을 쓰시오.

**11** 그림은 월식이 일어날 때 태양, 지구, 달의 위치를 나타낸 것이고, ㉠과 ㉡은 개기월식과 부분월식 중 하나이다.

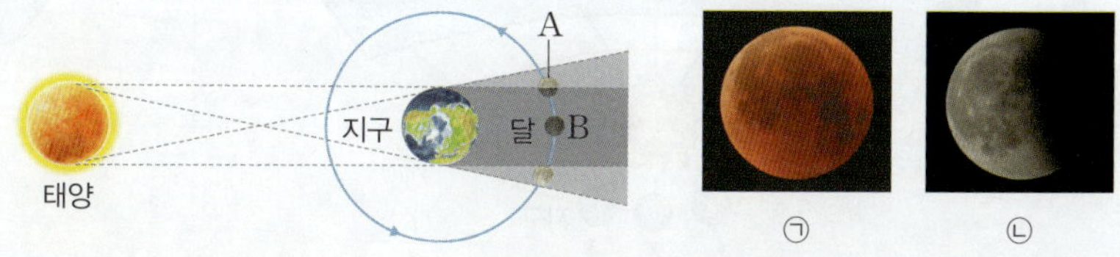


(1) A일 때 지구에서 관측되는 달의 모습을 ㉠과 ㉡ 중 고르고, 그 이름을 쓰시오.

(2) B일 때 지구에서 관측되는 달의 모습을 ㉠과 ㉡ 중 고르고, 그 이름을 쓰시오.

# 천체의 운동 방향 정리하기

헷갈리기 쉬운 지구, 태양, 별의 운동 방향을 다시 한번 정리해 보자.

## ❶ 동서남북 방향 찾기

관측자가 있는 곳에서 동서남북 방향이 어디인지 먼저 찾아보자.

| | | |
|---|---|---|
| • 북극성이 있는 방향이 북쪽이다.<br>• 북쪽의 반대 방향이 남쪽이다. | 북쪽을 보고 있을 때 왼쪽이 서쪽, 오른쪽이 동쪽이다. | 남쪽을 보고 있을 때 왼쪽이 동쪽, 오른쪽이 서쪽이다. |

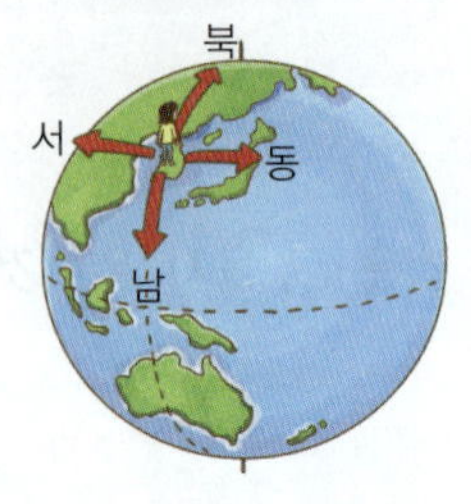

## ❷ 천체의 운동 방향 기억하기

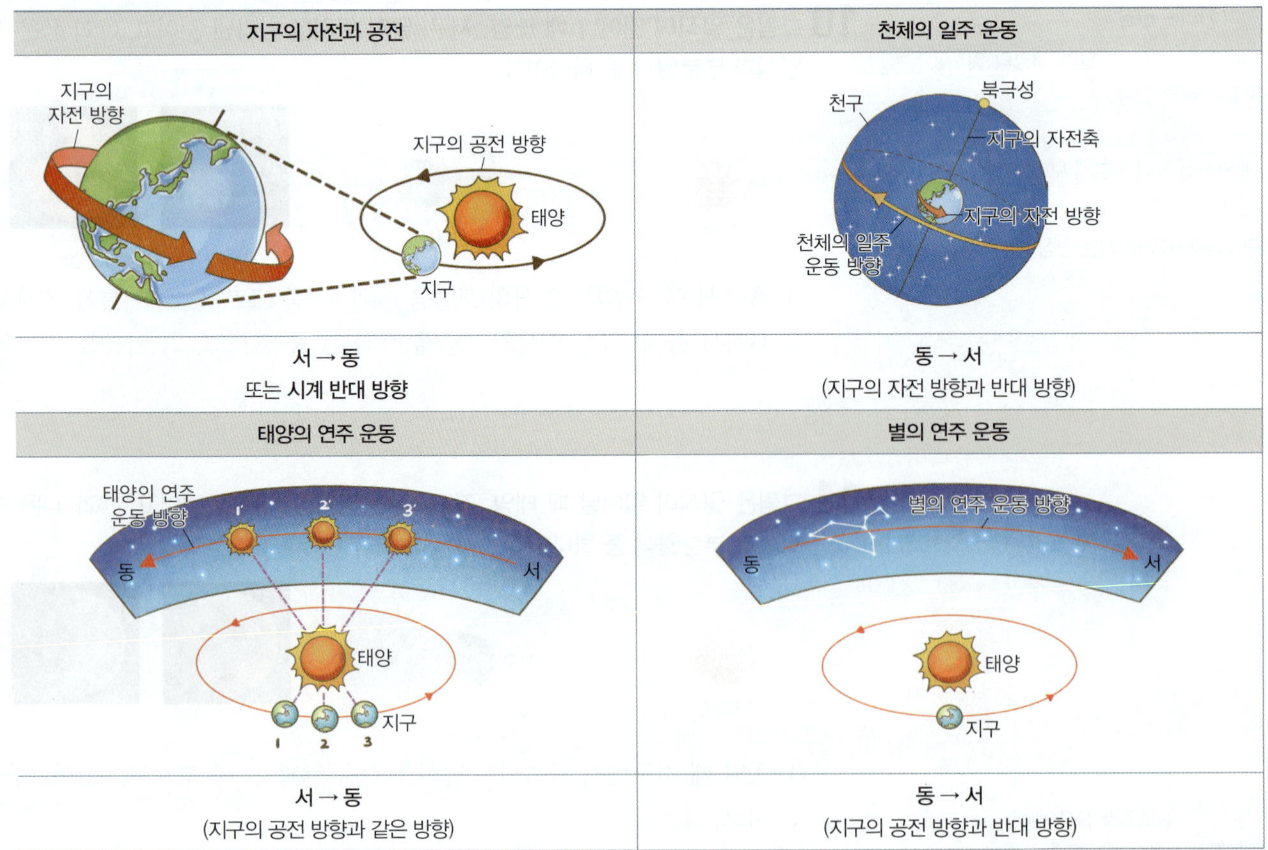

# 달의 위상 변화 관찰하기

이 탐구에서는 달의 위상 변화가 일어나는 원리를 알아보자.

탐구 영상

**과정**

💡 **유의점**
· 전등 빛을 직접 보지 않도록 주의한다.
· 눈이 부시지 않도록 전등 빛의 밝기를 조절하여 실험한다.

❶ 한 사람은 막대에 꽂은 스타이로폼 공을 들고, 다른 한 사람은 적당히 떨어진 지점에서 카메라를 들고 선다.
❷ 한쪽에 전등을 켠 뒤, 교실을 어둡게 한다.
❸ 스타이로폼 공을 든 사람은 카메라를 중심으로 원을 그리며 천천히 돈다.
❹ 카메라를 든 사람은 제자리에서 돌면서 공의 모습을 촬영한다.

**결과**

(가), (나), (다), (라) 지점에서 촬영한 공의 모습은 다음과 같다.

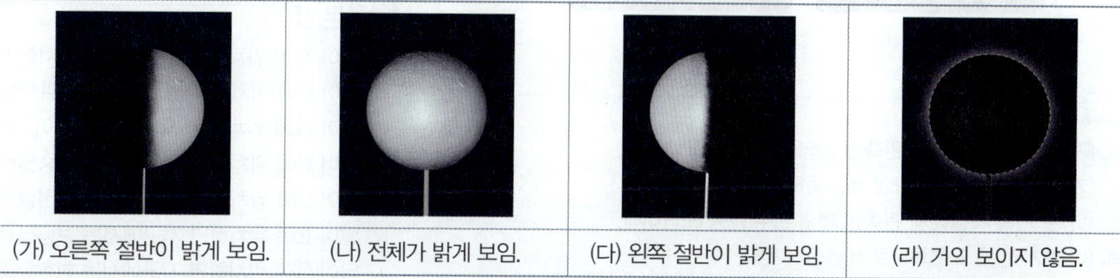

| (가) 오른쪽 절반이 밝게 보임. | (나) 전체가 밝게 보임. | (다) 왼쪽 절반이 밝게 보임. | (라) 거의 보이지 않음. |

➡ 스타이로폼 공은 전등 빛을 반사하여 밝게 보이므로, 스타이로폼 공의 위치에 따라 밝게 보이는 부분이 달라진다.

**정리**

1 카메라를 든 사람은 지구의 관찰자, 스타이로폼 공은 ㉠(　　　　), 전등은 ㉡(　　　　)에 비유할 수 있다.

2 실제로 달은 햇빛을 반사하여 밝게 보이므로, 달이 (　　　)하기 때문에 지구에서 볼 때 햇빛이 비치는 부분이 달라지면서 달의 모양(위상)이 변한다.

**확인 문제**

↰ 정답과 해설 **25**쪽

**1** 그림은 달의 위상 변화를 알아보기 위한 실험 모습을 간단하게 나타낸 것이다.

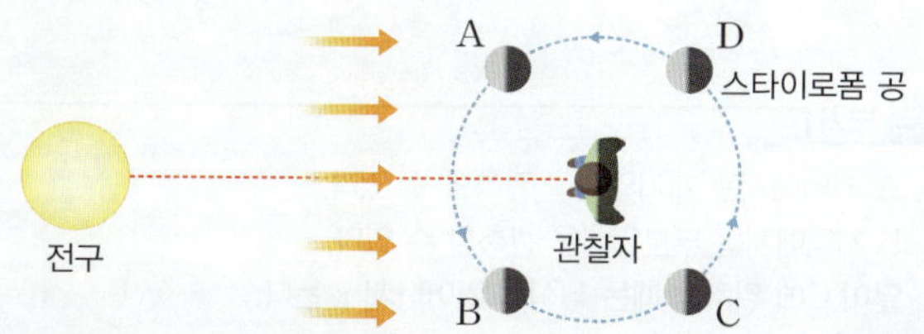


스타이로폼 공이 오른쪽 그림과 같은 위상으로 관찰되는 위치는 A~D 중 어느 곳인가?

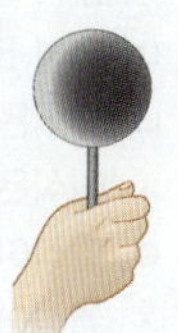

**2** 태양, 지구, 달 순서로 일직선상에 놓일 때, 지구에서 보이는 달의 위상으로 옳은 것은?

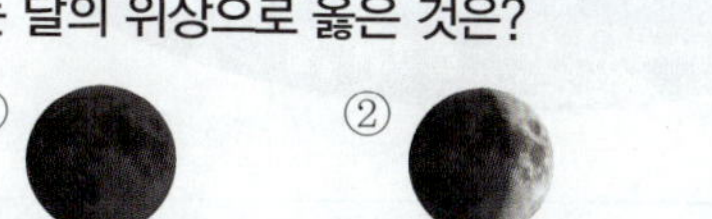

# 지구와 달에서 잘 나오는 자료&보기

시험에 잘 나오는 자료와 보기를 살펴보고, 내가 알고 있는 옳은 보기가 있다면 추가해 보자.

## A 지구의 자전과 천체의 일주 운동

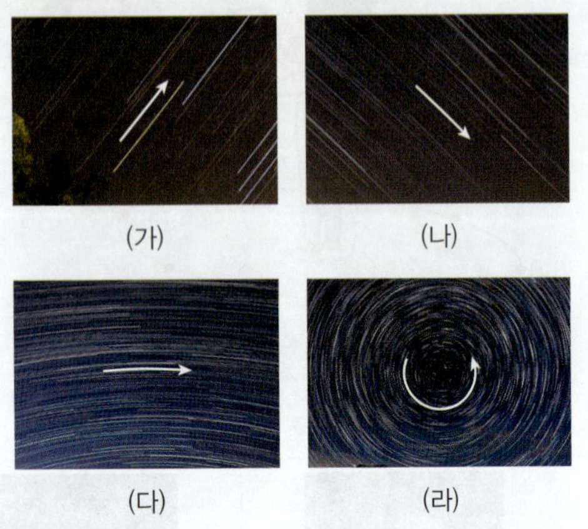

(가)　　　　(나)

(다)　　　　(라)

**옳은 보기**

ㄱ. (가)는 동쪽 하늘에서 관측한 별의 일주 운동 모습이다.
ㄴ. (가)에서 별은 오른쪽으로 비스듬히 떠오른다.
ㄷ. (나)는 서쪽 하늘에서 관측한 별의 일주 운동 모습이다.
ㄹ. (나)에서 별은 오른쪽으로 비스듬히 진다.
ㅁ. (다)는 남쪽 하늘에서 관측한 별의 일주 운동 모습이다.
ㅂ. (다)에서 별은 왼쪽에서 오른쪽으로 이동한다.
ㅅ. (라)는 북쪽 하늘에서 관측한 별의 일주 운동 모습이다.
ㅇ. (라)에서 별은 북극성을 중심으로 시계 반대 방향으로 회전한다.

## B 지구의 공전과 별자리 변화

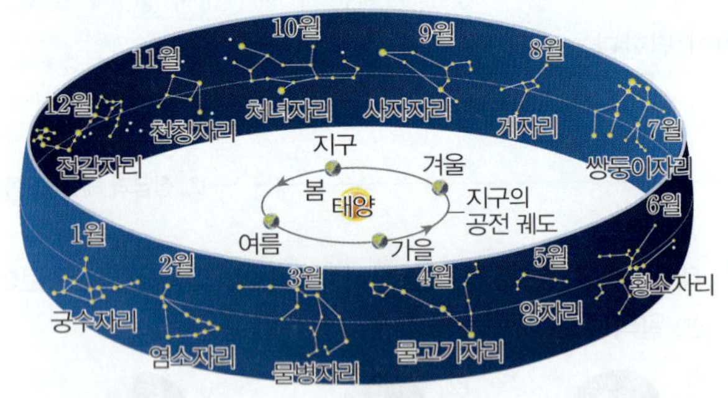

**옳은 보기**

ㄱ. 1월에 태양이 지나는 별자리는 궁수자리이다.
ㄴ. 1월 한밤중에 남쪽 하늘에서 보이는 별자리는 쌍둥이자리이다.
ㄷ. 4월에 태양이 지나는 별자리는 물고기자리이다.
ㄹ. 4월 한밤중에 남쪽 하늘에서 보이는 별자리는 처녀자리이다.
ㅁ. 7월에 태양이 지나는 별자리는 쌍둥이자리이다.
ㅂ. 7월 한밤중에 남쪽 하늘에서 보이는 별자리는 궁수자리이다.
ㅅ. 10월에 태양이 지나는 별자리는 처녀자리이다.
ㅇ. 10월 한밤중에 남쪽 하늘에서 보이는 별자리는 물고기자리이다.
ㅈ. 계절에 따라 별자리가 달라지는 것은 지구가 공전하기 때문이다.

## C 달의 위상 변화

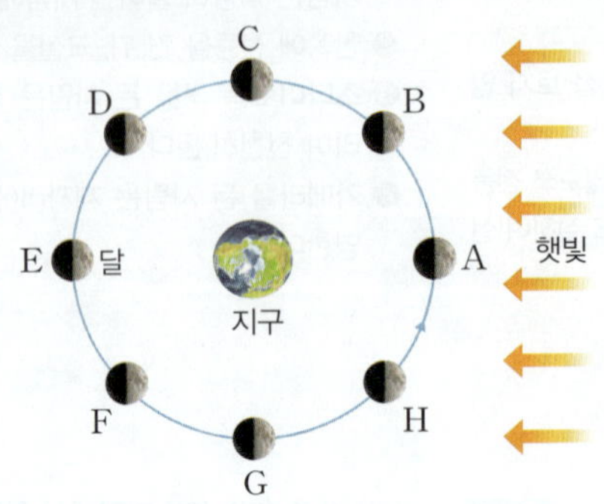

**옳은 보기**

ㄱ. 달이 A에 위치할 때를 삭, E에 위치할 때를 망이라고 한다.
ㄴ. 달이 C에 위치할 때를 상현, G에 위치할 때를 하현이라고 한다.
ㄷ. 달이 A에 위치하면 지구에서는 달이 보이지 않는다.
ㄹ. 달이 B에 위치하면 지구에서는 초승달로 보인다.
ㅁ. 달이 C에 위치하면 지구에서는 상현달로 보인다.
ㅂ. 달이 E에 위치하면 지구에서는 보름달로 보인다.
ㅅ. 달이 G에 위치하면 지구에서는 하현달로 보인다.
ㅇ. 달이 H에 위치하면 지구에서는 그믐달로 보인다.
ㅈ. 달이 D에 위치할 때는 B에 위치할 때보다 밝게 보이는 면적이 넓다.
ㅊ. 달의 위상이 변하는 까닭은 달이 공전하기 때문이다.

## D 일식과 월식

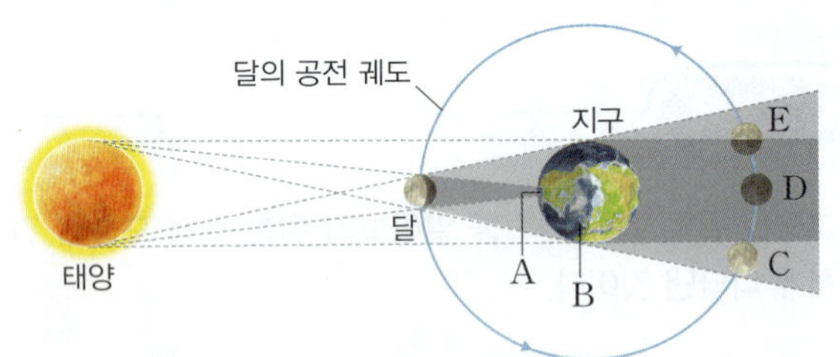

**옳은 보기**

ㄱ. A 지역에서는 개기일식을 관측할 수 있다.
ㄴ. B 지역에서는 부분일식을 관측할 수 있다.
ㄷ. 달이 C에 위치할 때는 월식이 일어나지 않는다.
ㄹ. 달이 D에 위치할 때는 개기월식이 일어난다.
ㅁ. 달이 E에 위치할 때는 부분월식이 일어난다.
ㅂ. 일식은 달의 위상이 삭일 때 일어난다.
ㅅ. 월식은 달의 위상이 망일 때 일어난다.
ㅇ. 일식이 일어날 때는 태양의 오른쪽 부분부터 가려진다.
ㅈ. 월식이 일어날 때는 달의 왼쪽 부분부터 어두워진다.

↻ 정답과 해설 25쪽

**A** 지구의 자전과 천체의 일주 운동

**01** 지구의 자전 방향과 자전 속도를 옳게 짝 지은 것은?

|  | 자전 방향 | 자전 속도 |
|---|---|---|
| ① | 서쪽에서 동쪽 | 1시간에 30° |
| ② | 서쪽에서 동쪽 | 1시간에 15° |
| ③ | 서쪽에서 동쪽 | 1시간에 13° |
| ④ | 동쪽에서 서쪽 | 1시간에 15° |
| ⑤ | 동쪽에서 서쪽 | 1시간에 60° |

**중요해!**

**02** 천체의 일주 운동에 대한 설명으로 옳은 것을 보기에서 모두 고른 것은?

보기
ㄱ. 지구의 자전으로 나타나는 겉보기 운동이다.
ㄴ. 별은 1시간에 15°씩 이동하는 것처럼 보인다.
ㄷ. 별은 서쪽에서 동쪽으로 이동하는 것처럼 보인다.

① ㄱ   ② ㄷ   ③ ㄱ, ㄴ
④ ㄴ, ㄷ   ⑤ ㄱ, ㄴ, ㄷ

**03** 그림은 북두칠성의 일주 운동 모습을 나타낸 것이다.

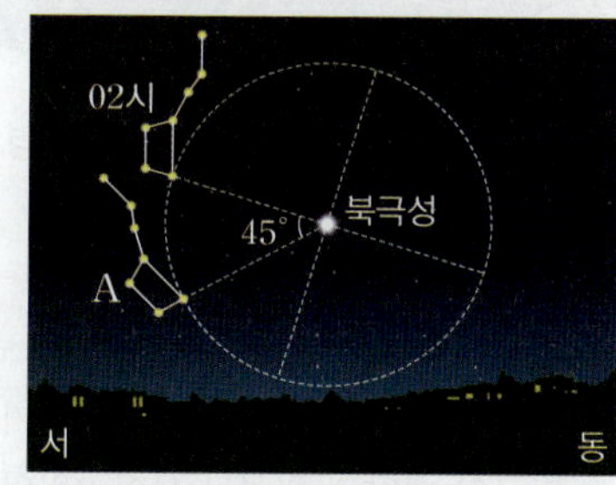


A를 관측한 시각으로 옳은 것은?

① 00시   ② 01시   ③ 03시
④ 04시   ⑤ 05시

**중요해!**

**04** 그림은 어느 날 밤하늘에서 본 별의 일주 운동 모습을 나타낸 것이다.

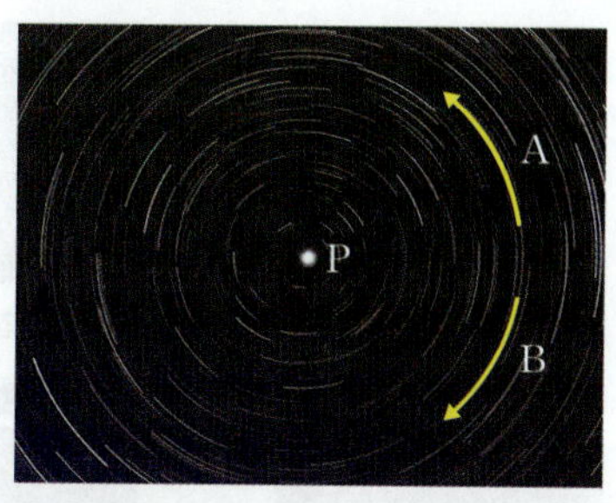


이에 대한 설명으로 옳은 것을 보기에서 모두 고른 것은?

보기
ㄱ. 북쪽 하늘을 관측한 것이다.
ㄴ. 별 P는 북극성이다.
ㄷ. 별의 일주 운동 방향은 A이다.

① ㄱ   ② ㄷ   ③ ㄱ, ㄴ
④ ㄴ, ㄷ   ⑤ ㄱ, ㄴ, ㄷ

**05** 그림은 우리나라에서 관측한 별의 일주 운동 모습을 나타낸 것이다.

이에 대한 설명으로 옳은 것을 보기에서 모두 고른 것은?

보기
ㄱ. 남쪽 하늘을 관측한 것이다.
ㄴ. 별의 일주 운동 방향은 왼쪽에서 오른쪽이다.
ㄷ. 별의 일주 운동은 별이 실제로 움직여서 나타난다.

① ㄱ   ② ㄷ   ③ ㄱ, ㄴ
④ ㄴ, ㄷ   ⑤ ㄱ, ㄴ, ㄷ

**06** 우리나라에서 관측되는 별의 일주 운동 방향을 옳게 표현한 것은?

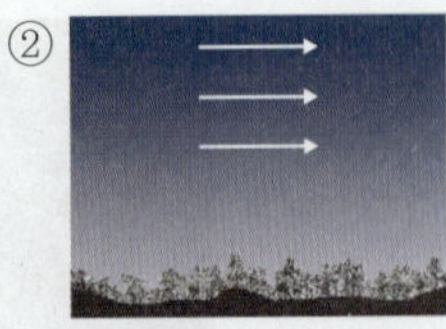

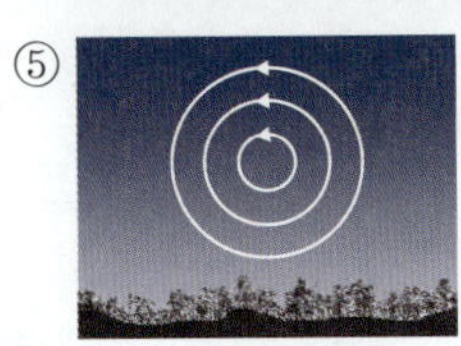



**09** 태양의 연주 운동에 대한 설명으로 옳은 것을 보기에서 모두 고른 것은?

> 보기
> ㄱ. 지구가 공전하기 때문에 나타나는 현상이다.
> ㄴ. 태양은 별자리를 배경으로 이동하여 한 달 후에 처음 위치로 되돌아온다.
> ㄷ. 태양이 연주 운동하면서 별자리 사이로 지나가는 길을 황도라고 한다.

① ㄱ  ② ㄷ  ③ ㄱ, ㄴ
④ ㄱ, ㄷ  ⑤ ㄱ, ㄴ, ㄷ

---

**B** 지구의 공전과 별자리 변화

**07** 지구의 공전에 대한 설명으로 옳은 것을 보기에서 모두 고른 것은?

> 보기
> ㄱ. 태양을 중심으로 시계 방향으로 회전한다.
> ㄴ. 지구의 공전 방향은 자전 방향과 같다.
> ㄷ. 하루에 약 1°씩 회전한다.

① ㄱ  ② ㄷ  ③ ㄱ, ㄴ
④ ㄴ, ㄷ  ⑤ ㄱ, ㄴ, ㄷ

**10** 그림은 태양의 연주 운동과 황도 12궁을 나타낸 것이다.

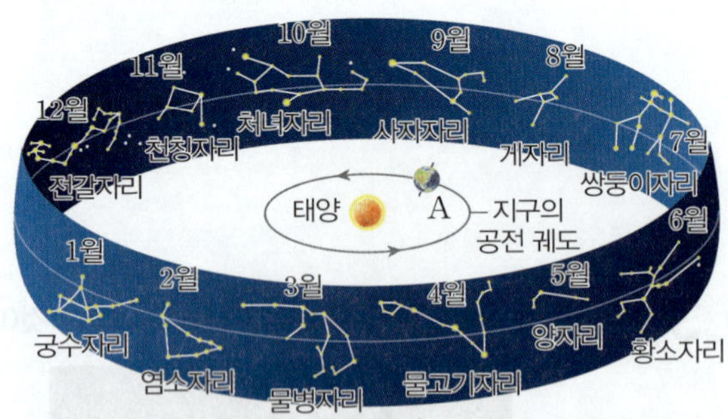



지구가 **A** 위치에 있을 때에 대한 설명으로 옳은 것을 보기에서 모두 고른 것은?

> 보기
> ㄱ. 태양은 염소자리에 있는 것처럼 보인다.
> ㄴ. 한밤중에 남쪽 하늘에서 게자리가 보인다.
> ㄷ. 지구와 태양의 위치로 보아 8월의 모습이다.

① ㄱ  ② ㄴ  ③ ㄷ
④ ㄱ, ㄴ  ⑤ ㄱ, ㄴ, ㄷ

**08** 지구의 공전 방향과 태양의 연주 운동 방향을 옳게 짝 지은 것은?

| | 지구의 공전 | 태양의 연주 운동 |
|---|---|---|
| ① | 서 → 동 | 서 → 동 |
| ② | 서 → 동 | 동 → 서 |
| ③ | 동 → 서 | 서 → 동 |
| ④ | 동 → 서 | 동 → 서 |
| ⑤ | 동 → 서 | 남 → 북 |

**11** 달의 공전과 위상 변화에 대한 설명으로 옳은 것을 보기에서 모두 고른 것은?

> **보기**
> ㄱ. 달은 시계 방향으로 공전한다.
> ㄴ. 달은 하루에 약 1°씩 공전한다.
> ㄷ. 달이 지구 주위를 공전하기 때문에 지구에서 보이는 달의 모양이 달라진다.

① ㄱ　　　　② ㄷ　　　　③ ㄱ, ㄴ
④ ㄴ, ㄷ　　　⑤ ㄱ, ㄴ, ㄷ

**중요해!**

**12** 달의 위상 변화를 순서대로 옳게 나열한 것은?

① 삭 → 초승달 → 상현달 → 보름달 → 하현달 → 그믐달
② 삭 → 그믐달 → 상현달 → 보름달 → 하현달 → 초승달
③ 초승달 → 상현달 → 삭 → 하현달 → 그믐달 → 보름달
④ 초승달 → 상현달 → 삭 → 보름달 → 하현달 → 그믐달
⑤ 삭 → 보름달 → 초승달 → 상현달 → 하현달 → 그믐달

**13** 그림은 달이 공전하는 모습을 나타낸 것이다.

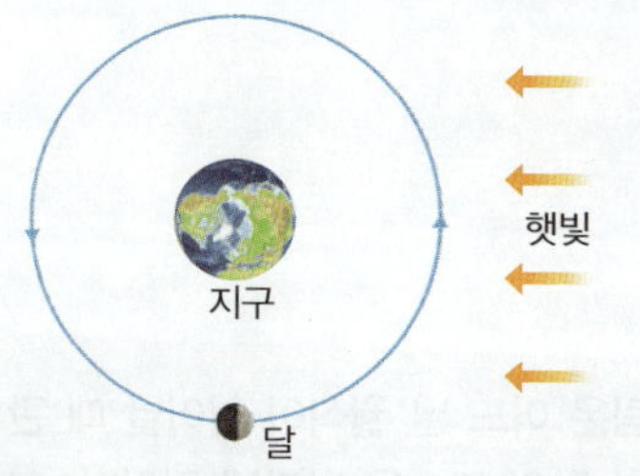


달이 현재와 같은 위치에 있을 때, 지구에서 보이는 달의 모습으로 옳은 것은?

① 　② 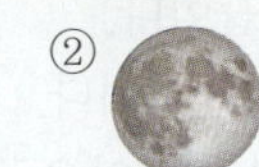　③ 
④ 　⑤ 

**[14~15]** 그림은 달이 공전하는 모습을 나타낸 것이다.

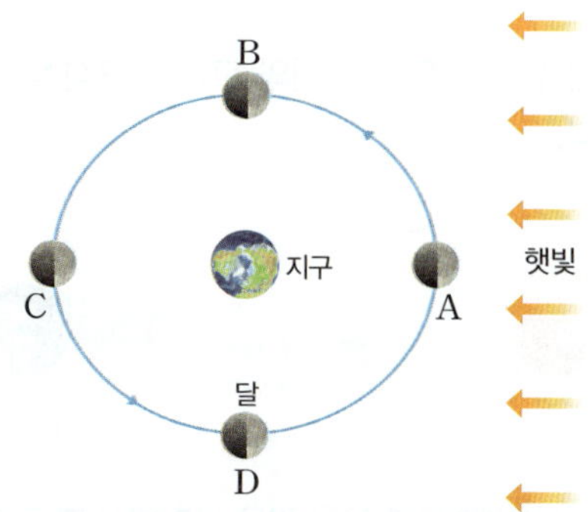


**14** A~D 중 달의 위상이 상현일 때와 하현일 때를 옳게 짝 지은 것은?

|   | 상현 | 하현 |   | 상현 | 하현 |
|---|------|------|---|------|------|
| ① | A | B | ② | A | C |
| ③ | B | D | ④ | C | A |
| ⑤ | D | B |   |   |   |

**중요해!**

**15** 이에 대한 설명으로 옳지 **않은** 것은?

① 달이 A에 위치할 때는 달을 관측하기 어렵다.
② 달이 B에 위치할 때는 음력 7~8일경이다.
③ 달이 C에 위치할 때는 망이다.
④ 달이 D에 위치할 때는 오른쪽이 밝은 반달로 보인다.
⑤ 달이 A에서 다시 A의 위치로 돌아오는 데 약 한 달이 걸린다.

**중요해!**

**16** 그림은 어느 날 자정에 남쪽 하늘에서 관측한 달의 모습이다. 이에 대한 설명으로 옳은 것을 보기에서 모두 고른 것은?

> **보기**
> ㄱ. 보름달이다.
> ㄴ. 달의 위치가 삭일 때의 모습이다.
> ㄷ. 음력 15일경에 관측할 수 있다.

① ㄱ　　　　② ㄴ　　　　③ ㄱ, ㄷ
④ ㄴ, ㄷ　　　⑤ ㄱ, ㄴ, ㄷ

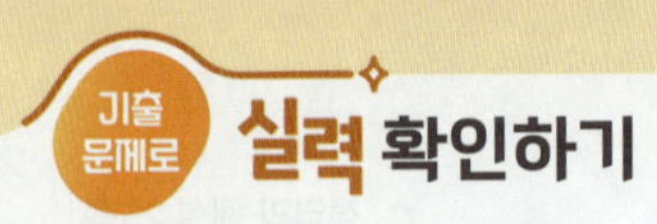

↻ 정답과 해설 25쪽

**D** 일식과 월식

**17** 그림은 일식이 일어날 때의 모습을 모식적으로 나타낸 것이다.

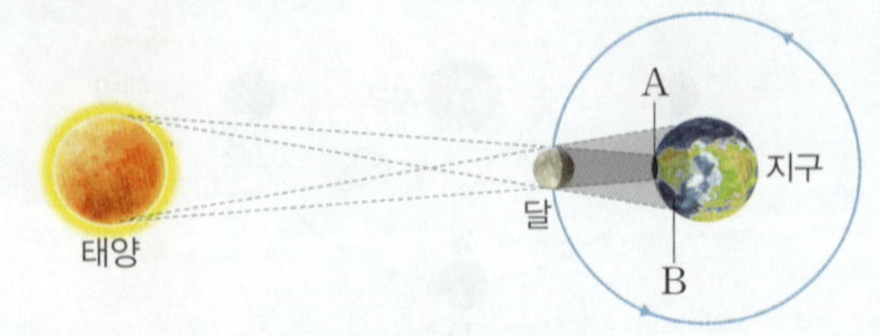

이에 대한 설명으로 옳은 것을 보기에서 모두 고른 것은?

> 보기
> ㄱ. A에서는 개기일식을 볼 수 있다.
> ㄴ. B에서는 부분일식을 볼 수 있다.
> ㄷ. 달이 지구의 그림자에 가려져 보이지 않는 현상이 나타난다.

① ㄱ  ② ㄷ  ③ ㄱ, ㄴ
④ ㄴ, ㄷ  ⑤ ㄱ, ㄴ, ㄷ

**중요해!**
**18** 그림은 월식이 일어날 때의 모습을 모식적으로 나타낸 것이다.

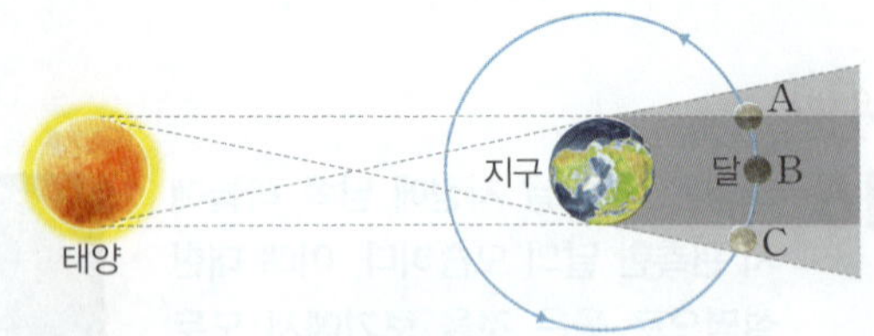

이에 대한 설명으로 옳은 것을 보기에서 모두 고른 것은?

> 보기
> ㄱ. 부분월식이 일어나는 위치는 C이다.
> ㄴ. 월식은 밤이 되는 모든 지역에서 볼 수 있다.
> ㄷ. 월식이 일어나면 달의 왼쪽부터 어두워진다.

① ㄱ  ② ㄷ  ③ ㄱ, ㄴ
④ ㄴ, ㄷ  ⑤ ㄱ, ㄴ, ㄷ

**19** 일식과 월식에 대한 설명으로 옳지 <u>않은</u> 것은?

① 일식은 달이 태양을 가리는 현상이다.
② 월식은 달이 지구 그림자에 가려지는 현상이다.
③ 일식이 일어날 때 달의 위상은 삭이다.
④ 월식이 일어날 때 달의 위상은 망이다.
⑤ 일식은 밤이 되는 모든 지역에서 볼 수 있다.

**중요해!**
**20** 그림은 어느 날 관측한 일식의 모습을 나타낸 것이다. 이에 대한 설명으로 옳은 것을 보기에서 모두 고른 것은?

> 보기
> ㄱ. 개기일식의 모습이다.
> ㄴ. 태양 – 지구 – 달 순으로 일직선을 이룰 때 볼 수 있다.
> ㄷ. 이때는 태양의 대기를 관측할 수 있다.

① ㄱ  ② ㄴ  ③ ㄱ, ㄷ
④ ㄴ, ㄷ  ⑤ ㄱ, ㄴ, ㄷ

**21** 그림은 어느 날 월식이 일어날 때 관측한 달의 모습을 나타낸 것이다. 이에 대한 설명으로 옳지 <u>않은</u> 것은?

① 개기월식의 모습이다.
② 이날은 음력 22일경이다.
③ 달이 지구의 그림자 안으로 들어갔다.
④ 태양 – 지구 – 달이 일직선으로 배열되었다.
⑤ 달이 붉은색을 띠는 것은 지구의 대기 때문이다.

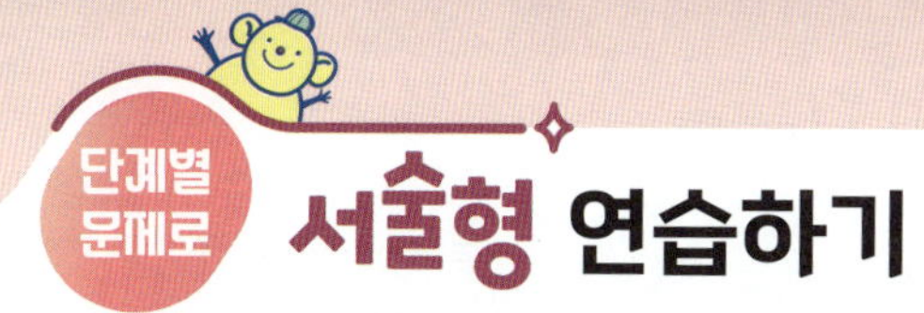

↻ 정답과 해설 27쪽

**01** 그림은 우리나라에서 관측한 별의 일주 운동 모습을 나타낸 것이다.

(1) 어느 쪽 하늘을 관측한 것인지 쓰시오.

↳ 천체가 동심원을 그리면서 도는 것처럼 보이므로 (　　　) 하늘을 관측한 것이다.

(2) 별이 그림과 같이 일주 운동을 하는 까닭은 무엇인지 다음 단어를 모두 포함하여 서술하시오.

| 지구　　자전축　　서쪽　　동쪽 |
| --- |

**02** 그림은 지구의 공전 궤도와 황도 12궁을 나타낸 것이다.

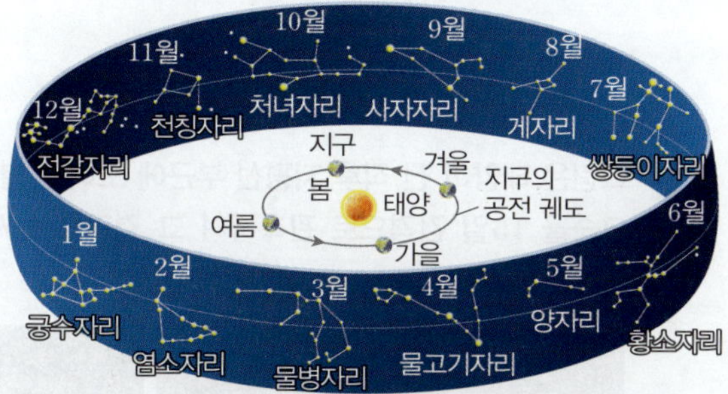


(1) 한밤중에 남쪽 하늘에서 궁수자리가 잘 보이는 계절은 언제인지 쓰시오.

↳ 한밤중에 남쪽 하늘에서 궁수자리가 잘 보이는 계절은 (　　　)이다.

(2) 한밤중에 남쪽 하늘에서 볼 수 있는 별자리가 계절에 따라 달라지는 까닭은 무엇인지 다음 단어를 모두 포함하여 서술하시오.

| 지구　　태양　　공전 |
| --- |

**03** 그림은 지구 주위를 공전하는 달의 모습을 나타낸 것이다.



(1) 달이 A 위치에 있을 때 음력 날짜와 달의 위상을 쓰시오.

↳ 음력 날짜는 약 (　　　)경이고, 달의 위상은 (　　　)이다.

(2) 매일 밤 보이는 달의 위상이 달라지는 까닭은 무엇인지 다음 단어를 모두 포함하여 서술하시오.

| 지구　　달　　공전 |
| --- |

**04** 다음은 어느 날 태양이 가려진 모습과 관찰 기록을 나타낸 것이다.

태양이 완전히 가려지자 주변이 밤처럼 캄캄해졌다. 태양 주변에는 붉은색의 홍염과 뿌연 코로나가 보였다.

(1) 이 현상의 이름은 무엇인지 쓰시오.

↳ 달에 의해 태양이 완전히 가려지는 현상을 (　　　)일식이라고 한다.

(2) 지구에서 이와 같은 현상을 관측할 수 있는 지역에 대해 다음 단어를 모두 포함하여 서술하시오.

| 달　　태양　　전체 |
| --- |

# 실력 올리기

**01** 그림은 우리나라에서 사진기를 몇 시간 동안 노출시켜 찍은 별의 일주 운동 모습을 나타낸 것이다.

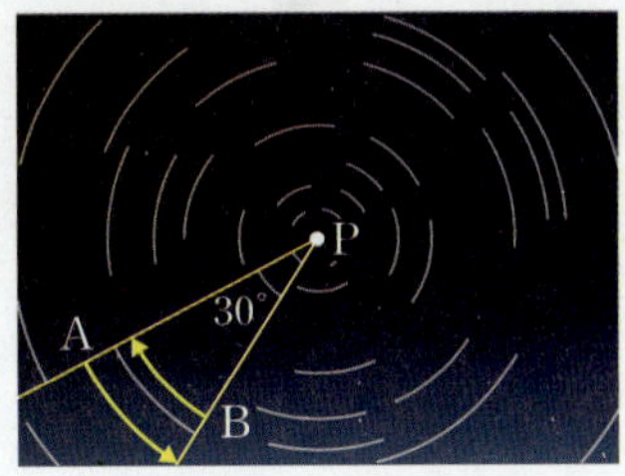


이에 대한 설명으로 옳지 <u>않은</u> 것은?

① 별 P는 북극성이다.
② 북쪽 하늘을 관측한 것이다.
③ 1시간 동안 관측한 모습이다.
④ 별의 일주 운동 방향은 A 방향이다.
⑤ 지구의 자전 때문에 나타나는 현상이다.

**02** 그림은 우리나라에서 관측되는 별의 일주 운동 모습을 나타낸 것이다.

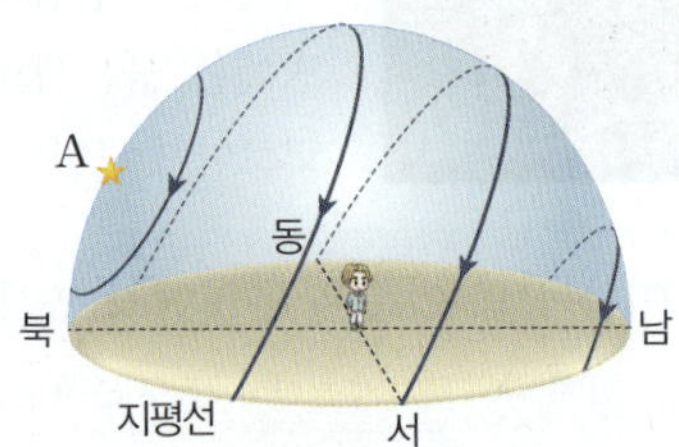


이에 대한 설명으로 옳은 것을 보기에서 모두 고른 것은?

보기
ㄱ. A는 북극성이다.
ㄴ. 지구의 자전으로 나타나는 현상이다.
ㄷ. 관측자가 남쪽 하늘을 보면 별은 시계 방향으로 회전한다.

① ㄱ　　　　② ㄷ　　　　③ ㄱ, ㄴ
④ ㄴ, ㄷ　　　⑤ ㄱ, ㄴ, ㄷ

**03** 그림은 지구의 공전과 별자리 변화를 이해하기 위한 모형실험 모습이다.

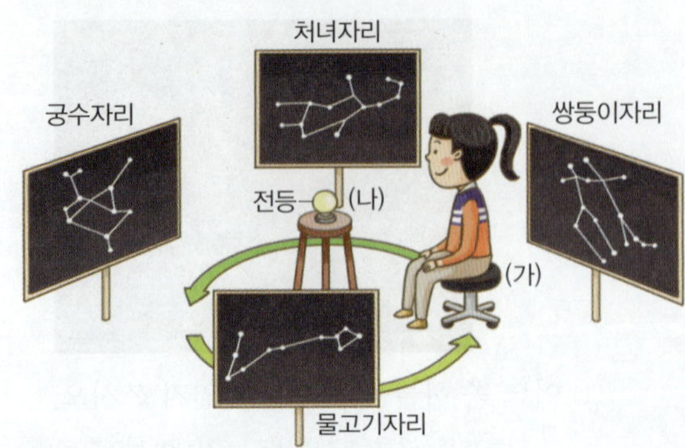


이에 대한 설명으로 옳은 것을 보기에서 모두 고른 것은?

보기
ㄱ. 전등은 태양, 관찰자는 지구에 해당한다.
ㄴ. 관찰자가 (가)에 있을 때 태양은 궁수자리 방향에 있다.
ㄷ. 관찰자가 (나)에 있다면 한밤중에 남쪽 하늘에서 물고기자리를 잘 볼 수 있다.

① ㄱ　　　　② ㄷ　　　　③ ㄱ, ㄴ
④ ㄴ, ㄷ　　　⑤ ㄱ, ㄴ, ㄷ

**04** 그림은 태양이 진 직후 지평선 부근에 보이는 별자리의 모습을 15일 간격으로 관측하여 그 결과를 순서 없이 나타낸 것이다.

이에 대한 설명으로 옳지 <u>않은</u> 것은?

① 서쪽 하늘을 관측한 것이다.
② (다) → (나) → (가) 순으로 변화하였다.
③ 지구의 공전에 의해 나타나는 현상이다.
④ 별자리는 태양을 기준으로 동쪽에서 서쪽으로 이동한다.
⑤ 태양은 별자리를 기준으로 서쪽에서 동쪽으로 이동한다.

**05** 그림은 3일 간격으로 해가 진 직후 관측한 달의 위치와 모양을 나타낸 것이다.

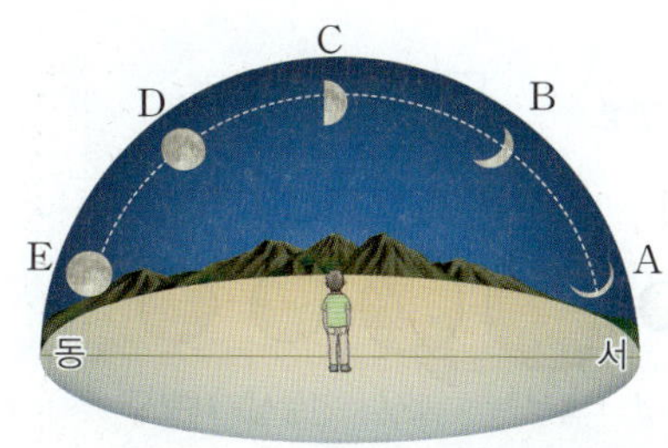


이에 대한 설명으로 옳은 것을 보기에서 모두 고른 것은?

> **보기**
> ㄱ. C는 상현달이다.
> ㄴ. 달은 A → B → C → D → E 순으로 변하였다.
> ㄷ. 태양 – 관측자 – 달 D가 이루는 각도는 90°보다 크다.

① ㄱ     ② ㄷ     ③ ㄱ, ㄴ
④ ㄴ, ㄷ     ⑤ ㄱ, ㄴ, ㄷ

**06** 그림은 일식과 월식의 원리를 알아보기 위한 실험 모습을 순서 없이 나타낸 것이다.

(가)       (나)

이에 대한 설명으로 옳은 것을 보기에서 모두 고른 것은?

> **보기**
> ㄱ. (가)는 일식, (나)는 월식에 관한 실험이다.
> ㄴ. 스타이로폼 공은 달, 전등은 태양에 해당한다.
> ㄷ. 관측자가 앉은 의자를 시계 방향으로 회전시키며 실험해야 한다.

① ㄱ     ② ㄷ     ③ ㄱ, ㄴ
④ ㄴ, ㄷ     ⑤ ㄱ, ㄴ, ㄷ

**07** 그림은 일식이 일어나는 모습을 순서 없이 나타낸 것이다.

(가)       (나)       (다)

이에 대한 설명으로 옳은 것을 보기에서 모두 고른 것은?

> **보기**
> ㄱ. 일식이 일어날 때 관측되는 순서는 (가) → (나) → (다)이다.
> ㄴ. (가)일 때 태양의 대기를 볼 수 있다.
> ㄷ. (가)에서 검은 원 모양으로 보이는 것은 달이다.

① ㄱ     ② ㄷ     ③ ㄱ, ㄴ
④ ㄴ, ㄷ     ⑤ ㄱ, ㄴ, ㄷ

**08** 그림은 일식과 월식의 모습을 순서 없이 나타낸 것이다.

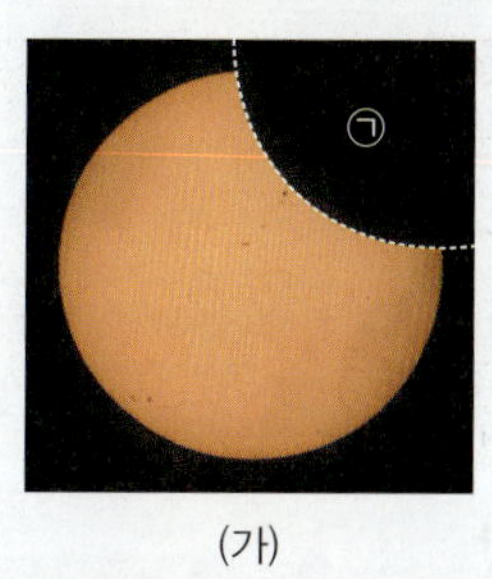 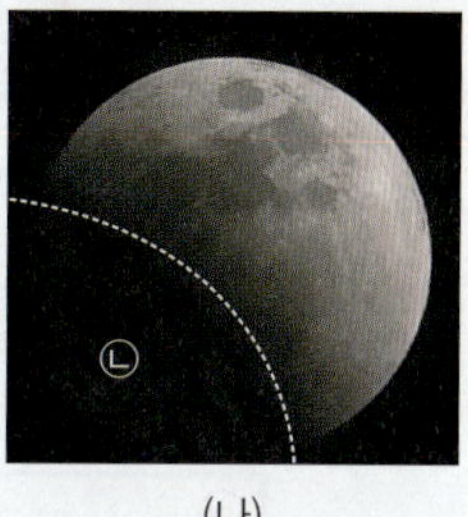


(가)       (나)

이에 대한 설명으로 옳은 것을 보기에서 모두 고른 것은?

> **보기**
> ㄱ. (가)는 일식, (나)는 월식이다.
> ㄴ. (가)에서 ㉠은 달이다.
> ㄷ. (나)에서 ㉡은 지구의 그림자이다.

① ㄱ     ② ㄷ     ③ ㄱ, ㄴ
④ ㄴ, ㄷ     ⑤ ㄱ, ㄴ, ㄷ

# 생각 그물로 단원 정리하기

정답과 해설 28쪽

이 단원에서 배운 핵심 단어를 빈칸에 채워 넣어 생각 그물을 완성해 보자.

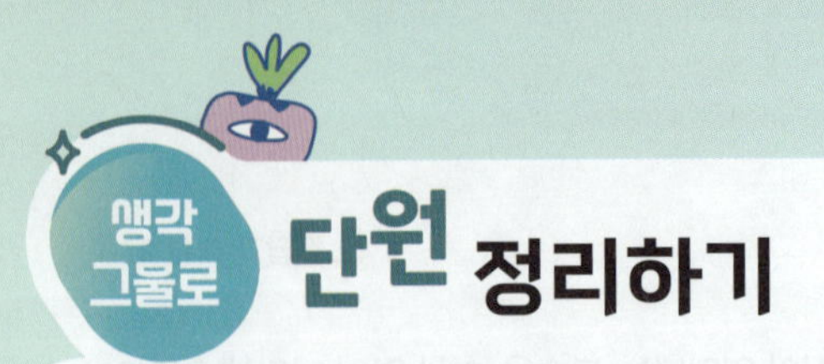

**태양계**

- **구성 천체**: 태양, 행성, 왜소 행성, 소행성, 혜성, 위성 등
  - ㉠ [　　　] 행성 / ㉡ [　　　] 행성

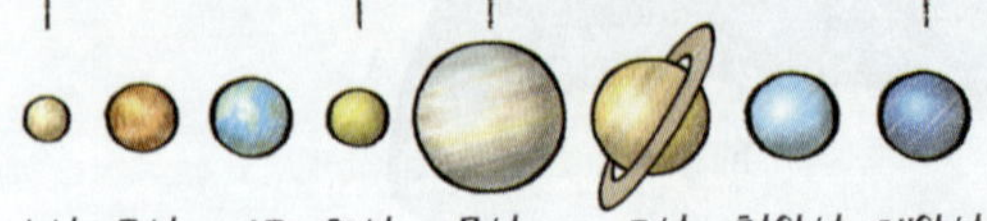
수성
금성
지구
화성
목성
토성
천왕성
해왕성

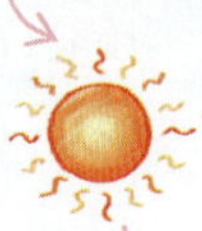

  - 특징
    - 태양 표면: 흑점, ㉢ [　　　]
    - 태양 대기 및 대기 현상: 채층, 코로나, 홍염, 플레어
  - 태양 활동이 활발할 때
    - 흑점 수 ㉣ [　　　], 코로나 크기 증가, 홍염과 플레어 발생 증가
    - 오로라, 자기 폭풍, 장거리 무선 통신 장애, 인공위성 고장 등

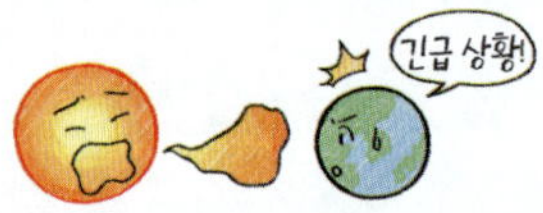
긴급 상황!

- **지구**
  - 자전으로 나타나는 현상
    - 별의 ㉤ [　　　] 운동

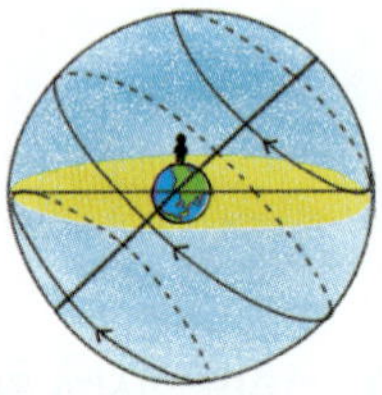

  - ㉥ [　　　](으)로 나타나는 현상
    - 태양의 연주 운동

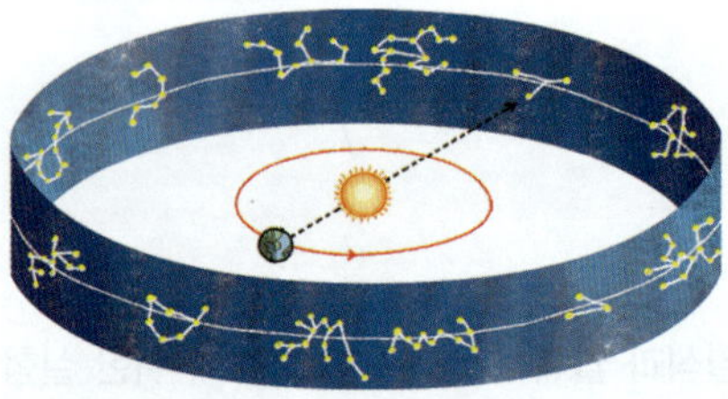

- **달**
  - 달의 ㉦ [　　　] 변화
    - ㉧ [　　　] 달

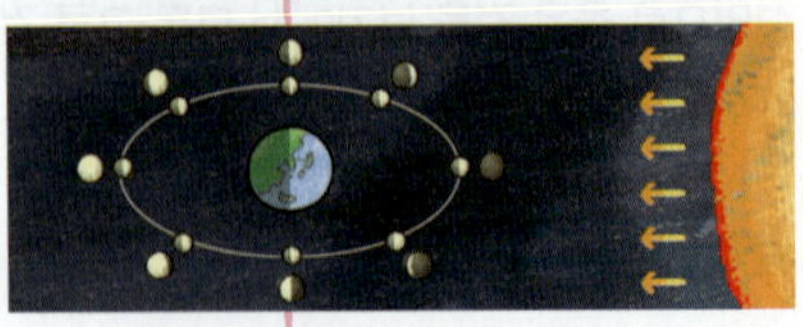

    - ㉨ [　　　] 달
  - 일식과 월식
    - 일식: 달이 ㉩ [　　　] 을/를 가리는 현상

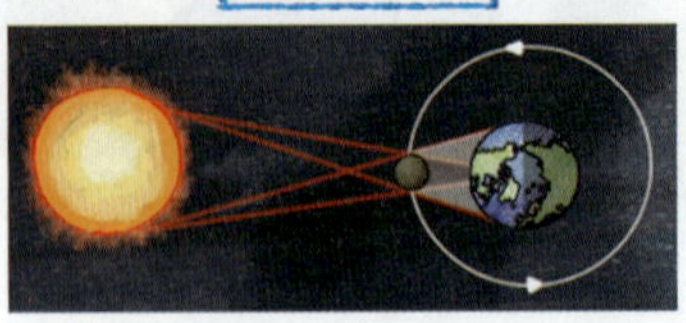

    - 월식: 달이 ㉪ [　　　] 그림자에 가려지는 현상

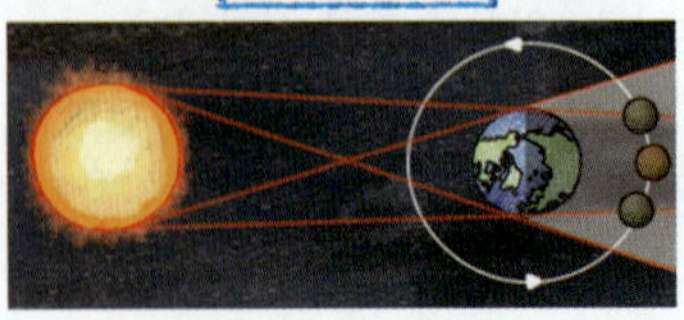

↻ 정답과 해설 **28쪽**

**01** 표는 태양계를 이루는 천체들의 특징을 정리한 것이다. ○는 '예', ×는 '아니요', △는 '정할 수 없음'을 뜻한다.

| 구분 | A | B | C |
|---|---|---|---|
| 태양 주위를 공전한다. | ○ | × | ○ |
| 둥근 모양이다. | ○ | △ | × |
| 행성 주위를 공전한다. | × | ○ | × |
| 천체의 예 | ㉠ | 달 | ㉡ |

이에 대한 설명으로 옳은 것은?

① A는 소행성이다.
② B는 긴 꼬리가 있다.
③ C는 왜소 행성이다.
④ ㉠은 명왕성이 될 수 있다.
⑤ ㉡은 화성이 될 수 있다.

**02** 태양계의 행성과 왜소 행성에 대한 설명으로 옳은 것을 보기에서 모두 고른 것은?

보기
ㄱ. 행성과 왜소 행성은 대부분 둥근 모양을 하고 있다.
ㄴ. 행성은 궤도 주변의 다른 천체들에게 지배적인 역할을 하지 못한다.
ㄷ. 달은 왜소 행성에 해당한다.

① ㄱ     ② ㄴ     ③ ㄱ, ㄷ
④ ㄴ, ㄷ     ⑤ ㄱ, ㄴ, ㄷ

**03** 그림은 태양과 태양계의 행성을 나타낸 것이다.

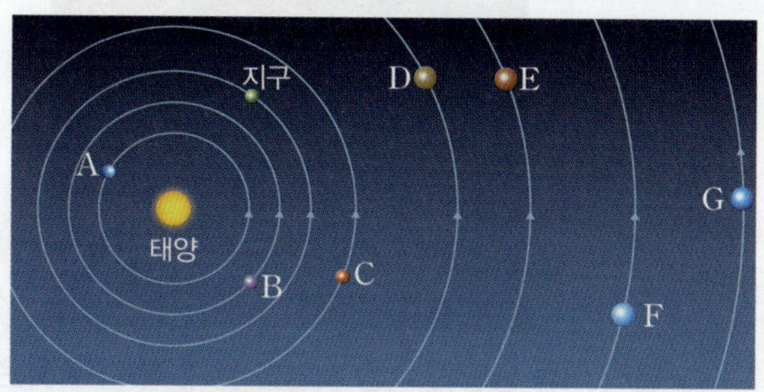


이에 대한 설명으로 옳지 <u>않은</u> 것은?

① A는 대기가 거의 없다.
② B는 두꺼운 대기가 있어 표면 온도가 매우 높다.
③ C에는 큰 화산이 있고, 물이 흐른 흔적이 있다.
④ D는 태양계 행성 중 크기가 가장 크다.
⑤ D~G는 표면이 단단한 암석으로 이루어져 있다.

**04** 그림은 태양계 행성의 모습을 나타낸 것이다.

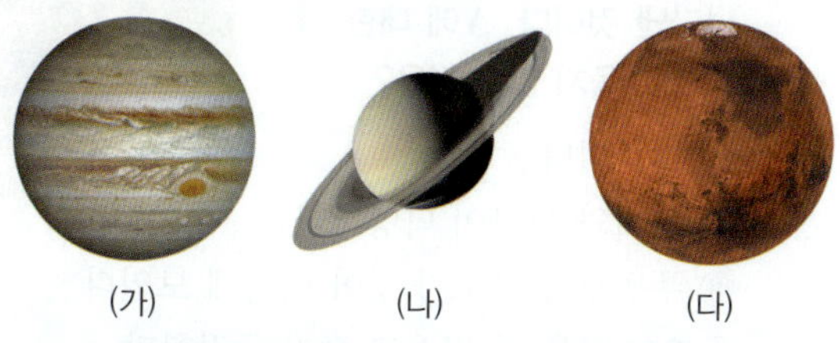

(가)      (나)      (다)

이에 대한 설명으로 옳은 것을 보기에서 모두 고른 것은?

보기
ㄱ. (가)는 (다)보다 질량과 반지름이 크다.
ㄴ. (가)~(다)를 물리적 특성에 따라 두 집단으로 나누면, (나)와 (다)는 같은 집단으로 분류된다.
ㄷ. (다)의 극지방에는 얼음과 드라이아이스로 이루어진 극관이 있다.

① ㄱ     ② ㄴ     ③ ㄱ, ㄷ
④ ㄴ, ㄷ     ⑤ ㄱ, ㄴ, ㄷ

**05** 그림은 태양계에 속한 어느 행성의 모습이다.

이 행성에 대한 설명으로 옳은 것은?

① 대기가 없다.
② 위성이 없다.
③ 태양계 행성 중 크기가 가장 작다.
④ 표면에는 적도와 나란한 줄무늬가 나타난다.
⑤ 태양계 행성 중 태양으로부터의 거리가 가장 가깝다.

**06** 그림은 태양 표면의 일부를 나타낸 것이다. A에 대한 설명으로 옳지 <u>않은</u> 것은?

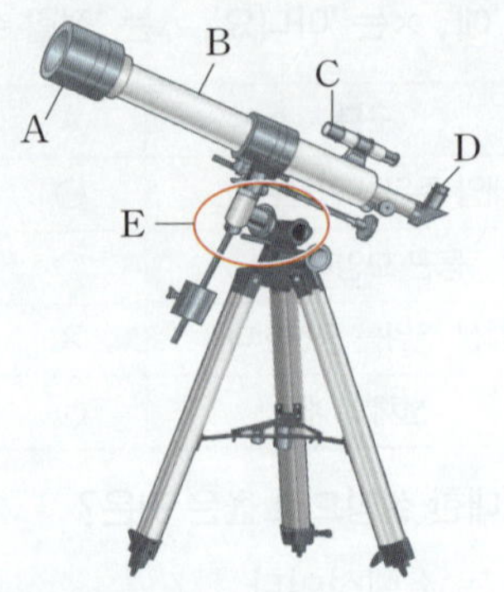

① 흑점이다.
② 크기와 모양이 다양하다.
③ 주변보다 온도가 낮아 어둡게 보인다.
④ 약 5년을 주기로 그 수가 증감한다.
⑤ 태양 표면에 A가 많을수록 태양 활동이 활발하다.

**07** 그림은 태양을 관측했을 때 볼 수 있는 모습이다.

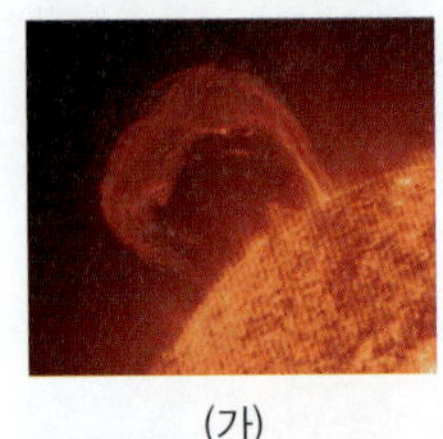
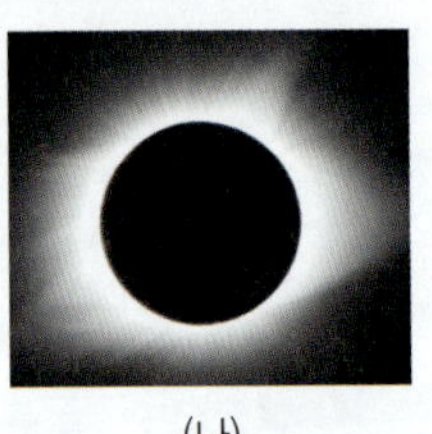

(가)       (나)

이에 대한 설명으로 옳은 것은?

① (가)는 코로나이다.
② (나)는 플레어이다.
③ (가)와 (나)는 모두 태양의 표면에서 관측되는 현상이다.
④ 흑점 수가 적어지면 (가)는 평소보다 자주 발생한다.
⑤ 태양 활동이 활발한 시기에는 (나)의 크기가 커진다.

**08** 태양의 활동이 활발할 때 지구에 미치는 영향에 대한 설명으로 옳은 것을 보기에서 모두 고른 것은?

보기
ㄱ. 오로라가 발생하는 지역이 좁아진다.
ㄴ. 북극 지방 하늘 주위로 비행하기 어려워진다.
ㄷ. 자기 폭풍이 발생하여 장거리 무선 통신이 끊어질 수 있다.

① ㄱ      ② ㄷ      ③ ㄱ, ㄴ
④ ㄴ, ㄷ      ⑤ ㄱ, ㄴ, ㄷ

**09** 그림은 천체 망원경의 구조를 나타낸 것이다.

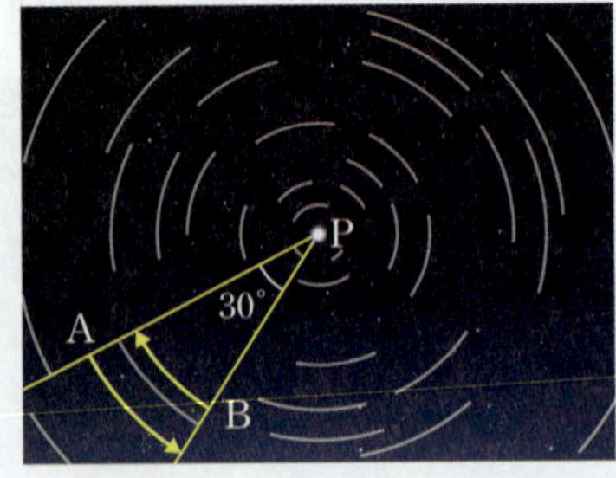


A~E에 대한 설명으로 옳은 것은?

① A는 접안렌즈이다.
② B는 가대이다.
③ C는 천체에서 오는 빛을 모으는 역할을 한다.
④ D는 눈을 대고 관찰하는 부분이다.
⑤ E는 초점을 맞출 때 사용한다.

**10** 그림은 어느 날 우리나라에서 몇 시간 동안 관측한 별의 일주 운동 모습을 나타낸 것이다.



별의 이동 방향과 이동 시간을 옳게 짝 지은 것은?

| | 이동 방향 | 이동 시간 |
|---|---|---|
| ① | A | 1시간 |
| ② | A | 2시간 |
| ③ | A | 3시간 |
| ④ | B | 1시간 |
| ⑤ | B | 2시간 |

**11** 별의 일주 운동에 대한 설명으로 옳지 <u>않은</u> 것은?

① 별은 1시간에 15°씩 일주 운동한다.
② 지구의 자전으로 나타나는 겉보기 운동이다.
③ 별은 동쪽에서 서쪽으로 일주 운동한다.
④ 하루가 지나면 별이 제자리로 돌아온다.
⑤ 북극성을 중심으로 시계 방향으로 회전한다.

**12** 그림은 우리나라에서 여러 방향을 관측한 별의 일주 운동 모습을 나타낸 것이다.

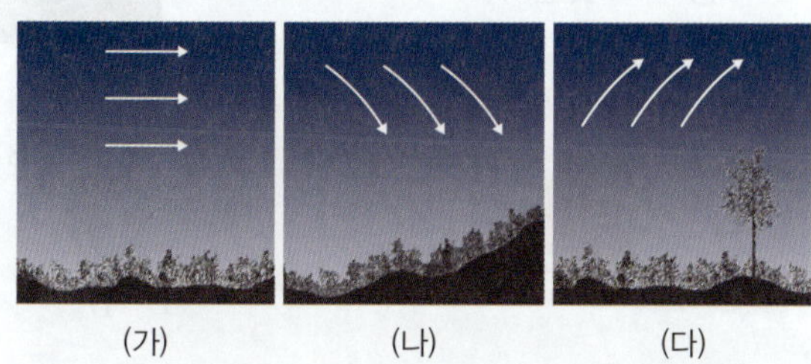


(가)~(다)는 각각 어느 쪽 하늘을 관측한 것인가?

| | (가) | (나) | (다) |
|---|---|---|---|
| ① | 동쪽 | 서쪽 | 남쪽 |
| ② | 동쪽 | 남쪽 | 북쪽 |
| ③ | 남쪽 | 동쪽 | 서쪽 |
| ④ | 남쪽 | 서쪽 | 동쪽 |
| ⑤ | 북쪽 | 서쪽 | 동쪽 |

**13** 지구의 공전에 대한 설명으로 옳지 <u>않은</u> 것은?

① 지구는 서쪽에서 동쪽으로 공전한다.
② 지구의 공전 방향은 자전 방향과 같다.
③ 지구는 태양 주위를 하루에 약 1°씩 공전한다.
④ 별의 연주 운동 방향은 지구의 공전 방향과 같다.
⑤ 지구가 한 바퀴 공전하는 데 걸리는 시간은 1년이다.

**14** 그림은 해가 진 직후 15일 간격으로 서쪽 하늘의 별자리를 관측한 모습을 순서 없이 나타낸 것이다.

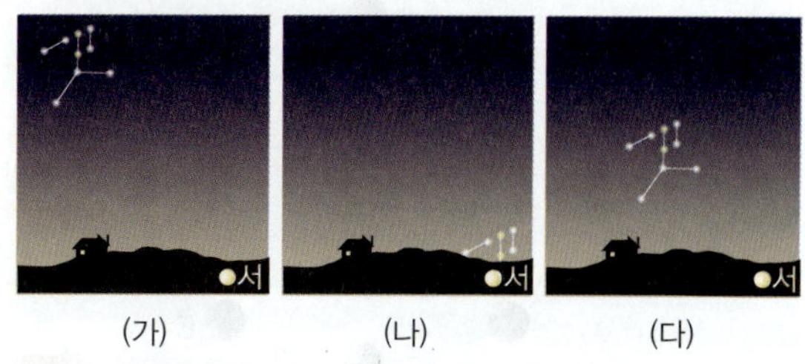


(가)~(다)를 관측한 순서대로 옳게 나열한 것은?

① (가) → (나) → (다)
② (가) → (다) → (나)
③ (나) → (가) → (다)
④ (나) → (다) → (가)
⑤ (다) → (가) → (나)

**15** 그림은 지구의 공전 궤도와 황도 12궁을 나타낸 것이다.

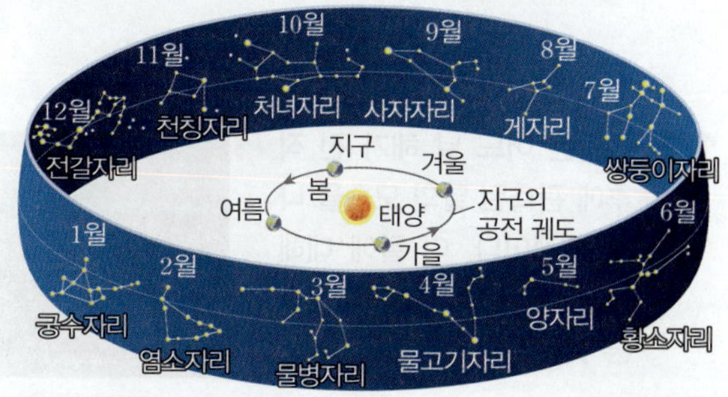


이에 대한 설명으로 옳은 것을 보기에서 모두 고른 것은?

> **보기**
>
> ㄱ. 겨울철에 태양은 처녀자리 방향에 있다.
> ㄴ. 여름철 한밤중에는 쌍둥이자리를 볼 수 있다.
> ㄷ. 3월~4월 기간 동안 태양의 위치는 물병자리에서 물고기자리로 옮겨간다.

① ㄱ          ② ㄴ          ③ ㄷ
④ ㄱ, ㄴ      ⑤ ㄴ, ㄷ

**16** 그림은 달이 공전하는 모습을 나타낸 것이다.

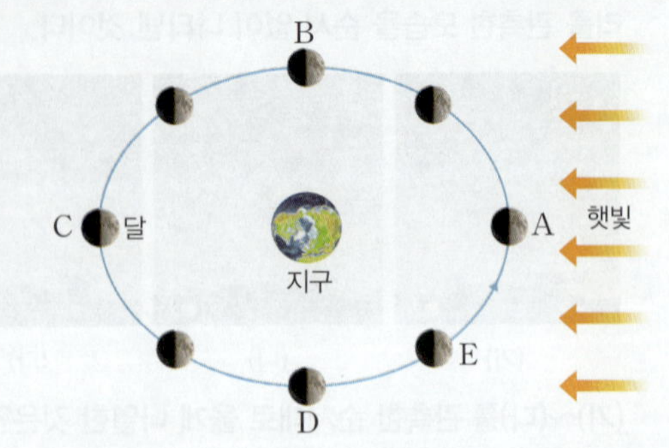


달의 위치와 그 위치에서 보이는 달의 위상을 옳게 짝 지은 것은?

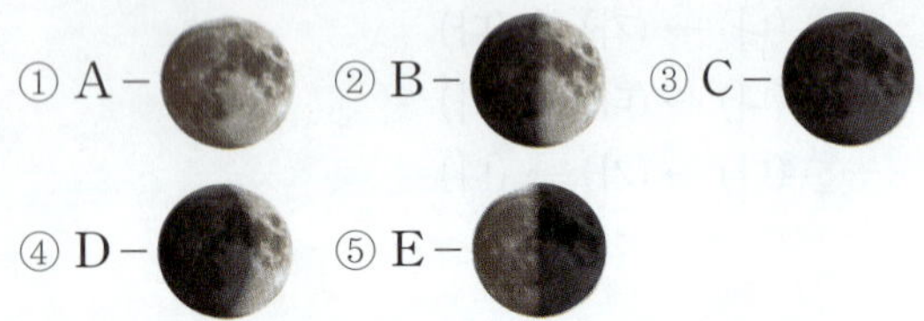


**17** 그림은 어느 날 해가 진 직 후에 관측된 달의 모습을 나 타낸 것이다. 이 달에 대해 옳게 설명한 학생을 모두 고 른 것은?

① A
② B
③ C
④ A, C
⑤ B, C

**18** 일식에 대한 설명으로 옳은 것은?

① 달의 위상이 망일 때 일어난다.
② 붉은색 달의 모습을 관찰할 수 있다.
③ 달 표면에 지구의 그림자가 드리워진다.
④ 태양과 지구 사이에 달이 있을 때 일어난다.
⑤ 지구의 모든 지역에서 동시에 관측할 수 있다.

**19** 그림은 어느 날 일식을 관측한 모 습이다. 지구에서 이와 같은 현상 을 관측할 수 있는 위치는 A~E 중 어느 곳인가?

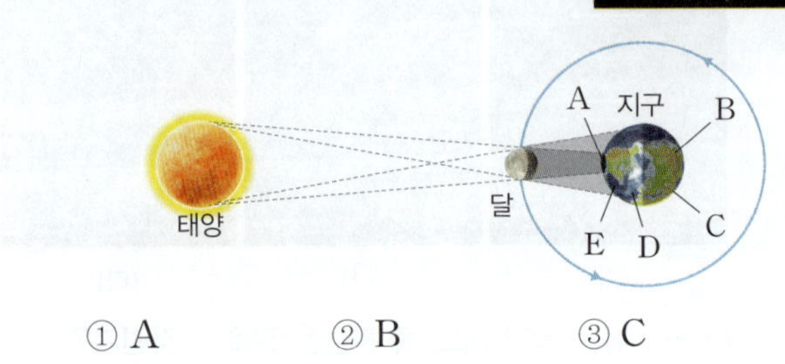


① A
② B
③ C
④ D
⑤ E

**20** 그림은 태양, 지구, 달의 위치 관계를 나타낸 것이다.

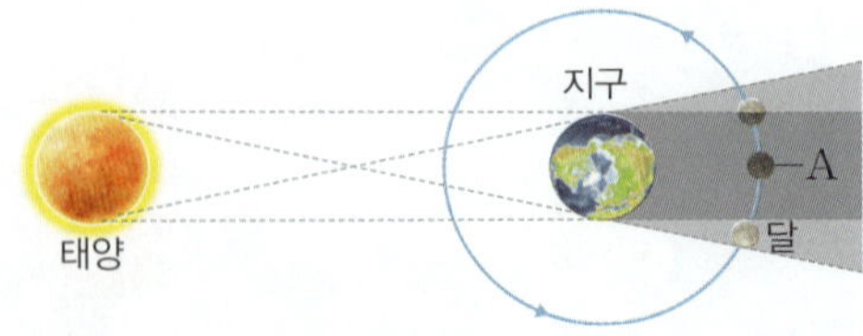


달이 A 위치에 있을 때에 대한 설명으로 옳은 것은?

① 부분일식이 일어난다.
② 부분월식이 일어난다.
③ 개기일식이 일어난다.
④ 지구의 밤에 해당하는 지역에서 모두 개기월식 을 볼 수 있다.
⑤ 지구의 낮에 해당하는 지역에서 모두 개기일식 을 볼 수 있다.

## ✦ 서술형

**21** 그림 (가)와 (나)는 태양계 천체를 지구에서 본 모습과 탐사선이 근접 촬영한 모습을 나타낸 것이다.

(가)　　　　　　　　(나)

이 천체의 종류를 쓰고, 이러한 천체의 특징을 한 가지만 서술하시오.

____________________

**22** 태양계 행성은 물리적 특징에 따라 두 그룹으로 분류할 수 있다. 지구형 행성과 목성형 행성의 분류 기준으로 적절한 것을 5가지 쓰시오.

____________________

**23** 그림은 수성과 달의 표면 모습을 나타낸 것이다.

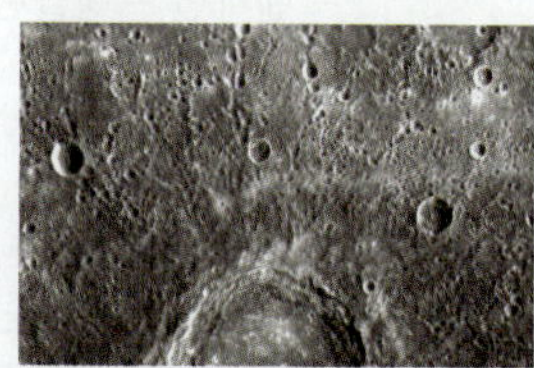

(가) 수성 표면　　　　　(나) 달 표면

수성과 달의 표면 모습이 비슷한 까닭은 무엇인지 서술하시오.

____________________

**24** 그림은 태양의 흑점 수 변화를 나타낸 것이다.

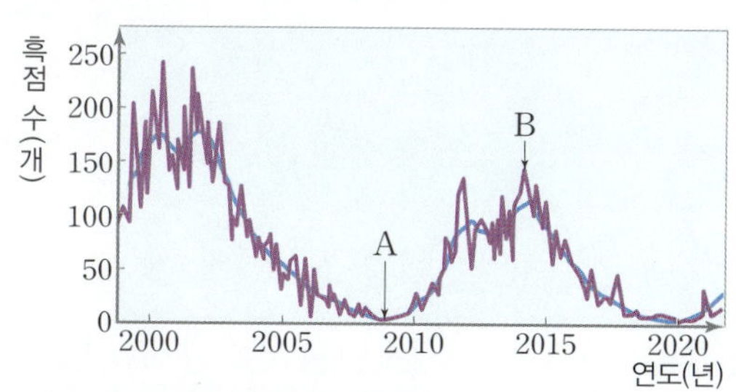


⑴ A와 B 중 태양 활동이 더 활발한 시기를 골라 쓰시오.

____________________

⑵ A 시기와 B 시기에 나타나는 코로나의 크기와 플레어의 발생 빈도는 어떻게 다른지 서술하시오.

____________________

**25** 그림은 지수가 달과 함께 찍힌 모습과 촬영한 달의 달력을 나타낸 것이다.



사진을 촬영한 날짜가 며칠인지 쓰고, 그렇게 답한 까닭을 서술하시오.

____________________

# 좋은 친구 관계를 위한 한 마디

"사람은 마음을 열 때 진짜 자신이 된다."

– 아브라함 링컨

"작은 친절이 큰 우정을 낳는다."

– 소크라테스

"배려는 사소해 보이지만 위대한 힘을 지닌다."

– 넬슨 만델라

"자신이 듣고 싶은 말을 상대에게 먼저 하라."

– 벤자민 프랭클린

"함께 나눈 웃음이 최고의 치료제이다."

– 엘리너 루스벨트

# HIGH TOP

## 내신 탑티어

중학교 과학 **1-2**

| 하이탑 | 중학 | 과학 1, 2, 3 |
| --- | --- | --- |
| | 고등 | **22개정** 통합과학1, 통합과학2, 물리학, 화학, 생명과학, 지구과학 |
| | | **15개정** 물리학Ⅰ, 물리학Ⅱ, 화학Ⅰ, 화학Ⅱ, 생명과학Ⅰ, 생명과학Ⅱ, 지구과학Ⅰ, 지구과학Ⅱ |
| 내신 탑티어 | 중학 | 과학 1~3학년 1·2학기 |
| | 고등 | **22개정** 통합과학1, 통합과학2 |

**Telephone** 1644-0600
**Homepage** www.bookdonga.com
**Address** 서울시 영등포구 은행로 30 (우 07242)


- 정답과 해설은 동아출판 홈페이지 내 학습자료실에서 내려받을 수 있습니다.
- 교재에서 발견된 오류는 동아출판 홈페이지 내 정오표에서 확인 가능하며, 잘못 만들어진 책은 구입처에서 교환해 드립니다.
- 학습 상담, 제안 사항, 오류 신고 등 어떠한 이야기라도 들려주세요.

2022 개정 교육과정

# HIGH TOP

TOP TIER

1등급으로 티어 오르는

# 내신 탑티어

2권 시험 대비서

중학교
과학 1-2

동아출판

# HIGH TOP
## 내신 탑티어

---

**HIGH TOP 내신 탑티어 중학 과학 1-2**


| | |
|---|---|
| **집필진** | 이연숙 신석진 김익순 |
| **발행일** | 2025년 3월 30일 |
| **인쇄일** | 2025년 9월 20일 |
| **펴낸곳** | 동아출판㈜ |
| **펴낸이** | 이욱상 |
| **등록번호** | 제300−1951−4호(1951. 9. 19.) |
| **개발총괄** | 김영지 |
| **개발책임** | 박병희 |
| **개발** | 이도형 김유진 안영빈 |
| **디자인책임** | 목진성 |
| **디자인** | 권구철 송현아 이소연 강혜빈 ARTICON |
| **대표번호** | 1644−0600 |
| **주소** | 서울시 영등포구 은행로 30 (우 07242) |


---

V  힘의 작용  02

VI  기체의 성질  26

VII  태양계  44

대단원 최종 점검  65

# 01 여러 가지 힘(1)

## Ⓐ 힘의 표현

**1. 힘** 물체의 모양이나 운동 상태를 변하게 하는 원인

| 모양의 변화 | • 점토를 누르면 점토의 모양이 변한다.<br>• 알루미늄 캔을 세게 쥐면 캔이 찌그러진다. |
|---|---|
| 운동 상태의 변화 | • 운동장을 굴러가던 공이 멈춘다.<br>• 날아오는 야구공을 받으면 멈춘다.<br>• 썰매를 밀면 썰매의 속력이 빨라진다. |
| 모양과 운동 상태 모두 변화 | • 야구공을 방망이로 치면 야구공이 찌그러지면서 날아간다.<br>• 축구공을 발로 세게 차는 순간 공이 찌그러지면서 날아간다. |

**2. 힘의 단위** N(뉴턴)

**3. 힘의 표시** 화살표를 사용하여 힘의 3요소인 작용점, 크기, 방향을 나타낸다. 힘의 크기가 클수록 화살표의 길이가 길다.

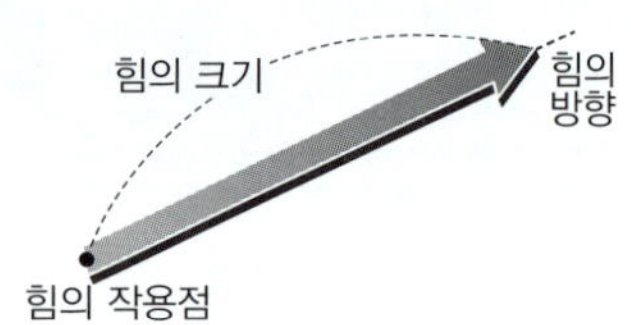


## Ⓑ 힘의 합성과 평형

**1. 알짜힘(합력)** 한 물체에 여러 힘이 동시에 작용할 때, 여러 힘을 합한 것과 같은 효과를 내는 하나의 힘

**2. 힘의 합성** 한 물체에 여러 힘이 동시에 작용할 때 알짜힘(합력)을 구하는 것

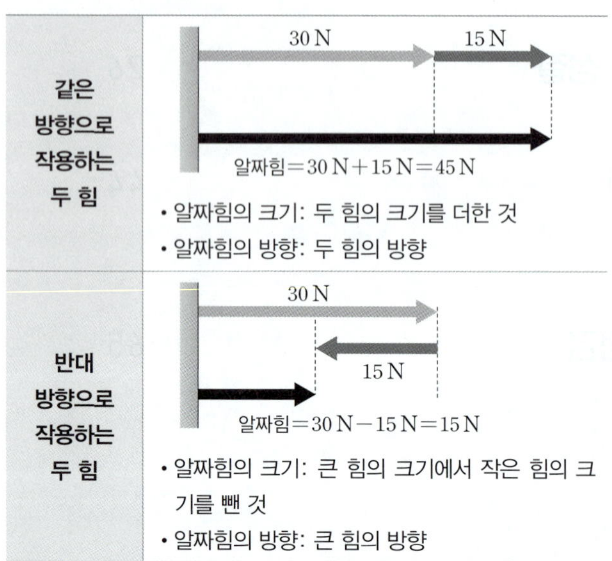


## 3. 힘의 평형

① 힘의 평형: 한 물체에 여러 힘이 동시에 작용할 때 알짜힘이 0이어서 물체의 운동 상태가 변하지 않는 상태

② 두 힘의 평형 조건: 한 물체에 크기가 같은 두 힘이 일직선상에서 서로 반대 방향으로 작용해야 한다.

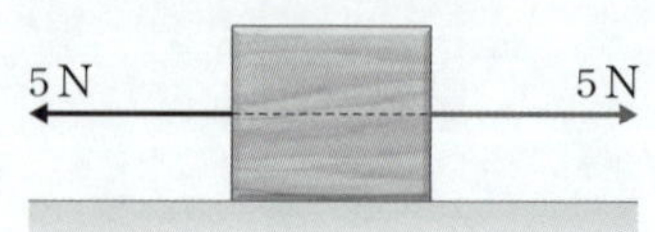


## Ⓒ 중력

**1. 중력** 지구와 같은 천체가 물체를 당기는 힘

① 중력의 방향: 지구 중심 방향, 즉 연직 아래 방향

② 중력의 크기: 물체의 질량이 클수록 크다.

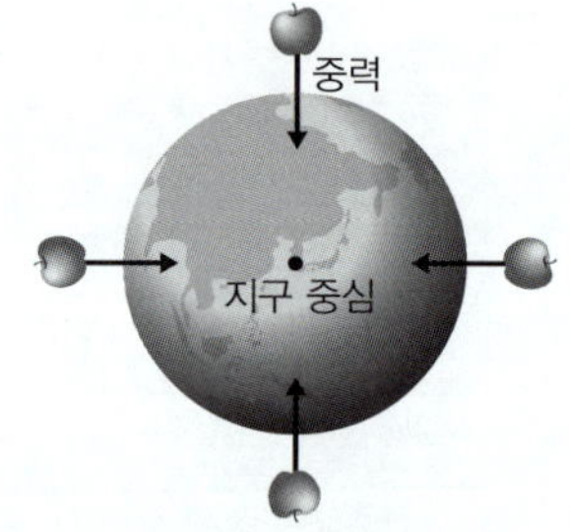


**2. 무게와 질량**

| 구분 | 무게 | 질량 |
|---|---|---|
| 의미 | 물체에 작용하는 중력의 크기 | 물질이 가지고 있는 고유한 양 |
| 특징 | 같은 물체라도 장소에 따라 무게가 달라진다. | 같은 물체라면 장소가 달라져도 질량이 변하지 않는다. |
| 단위 | N(뉴턴) | g(그램), kg(킬로그램) |
| 측정 도구 | 용수철저울, 가정용 저울, 힘 센서 등 | 양팔저울, 윗접시저울 등 |
| 관계 | • 지구 표면에서 질량이 1 kg인 물체의 무게는 약 9.8 N이다. ➡ 지구에서 물체의 무게＝9.8 × 질량<br>• 같은 장소에서 측정한 물체의 무게는 질량에 비례한다. | |

**지구와 달에서의 무게와 질량**

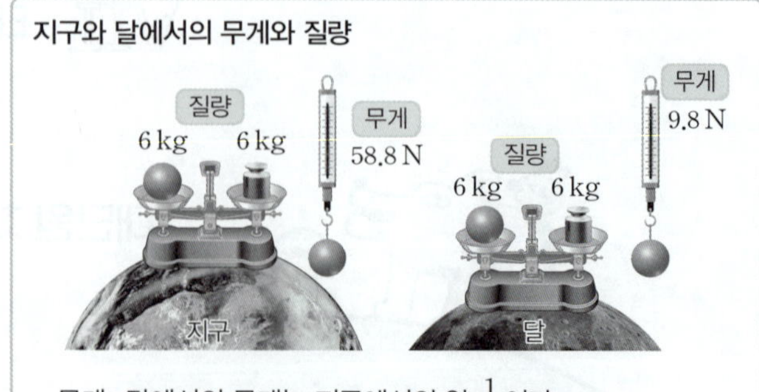


• 무게: 달에서의 무게는 지구에서의 약 $\frac{1}{6}$이다.

• 질량: 지구와 달에서 측정한 질량은 서로 같다.

정답과 해설 **31**쪽

**1** (　　　　　　　)은/는 물체의 모양이나 운동 상태를 변하게 하는 원인이다.

**2** 힘의 3요소는 힘의 ㉠(　　　　　　), 힘의 방향, 힘의 ㉡(　　　　　　)이다.

**3** 한 물체에 여러 힘이 동시에 작용할 때, 이 힘들과 같은 효과를 내는 하나의 힘을 (　　　　　)(이)라고 한다.

**4** 한 물체에 두 힘이 같은 방향으로 작용할 때 알짜힘의 크기는 두 힘의 크기를 ( 더한 , 뺀 ) 것과 같고, 알짜힘의 방향은 두 힘의 방향과 같다.

**5** 한 물체에 두 힘이 반대 방향으로 작용할 때 알짜힘의 크기는 두 힘의 크기의 ㉠( 합 , 차 )와/과 같고, 알짜힘의 방향은 ㉡( 작은 , 큰 ) 힘의 방향과 같다.

**6** 한 물체에 일직선상에서 작용하는 두 힘이 평형을 이루려면 두 힘의 크기는 ㉠(　　　　　　), 서로 ㉡(　　　　　　) 방향으로 작용해야 한다.

**7** 한 물체에 작용하는 두 힘이 평형을 이룰 때 알짜힘의 크기는 ㉠(　　　　　　)이고, 이 물체는 모양이나 운동 상태가 ㉡( 변한다 , 일정하다 ).

**8** 지구, 달 등과 같은 천체가 물체를 당기는 힘을 ㉠(　　　　　)(이)라 하고, 지구에서 이 힘은 ㉡(　　　　　) 방향으로 작용한다.

**9** 물체에 작용하는 중력의 크기를 ㉠(　　　　　　)(이)라고 하며, 장소가 달라져도 변하지 않는 물질이 가지고 있는 고유한 양을 ㉡(　　　　　)(이)라고 한다.

**10** 달에서 어떤 물체의 ㉠(　　　　　)을/를 측정하면 지구에서의 약 $\frac{1}{6}$이고, ㉡(　　　　　)은/는 지구와 달에서 같다.

정답과 해설 31쪽

**1** 물체에 힘이 작용하면 물체의 ㉠( )(이)나 ㉡( )이/가 변한다.

**2** 힘의 크기를 나타내는 단위는 ( )이다.

**3** 힘은 화살표로 나타내며 화살표의 시작점은 힘의 ㉠( ), 화살표의 방향은 힘의 ㉡( ), 화살표의 길이는 힘의 ㉢( )을/를 나타낸다.

**4** 어떤 물체에 크기가 3 N인 힘이 동쪽으로 작용할 때, 이 힘을 화살표로 직접 그리시오. (단, •은 힘의 작용점이고, 눈금 1칸은 1 N이다.)

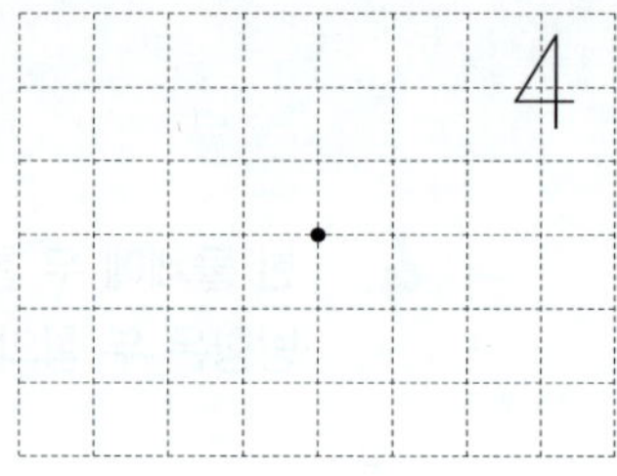

**5** 한 물체에 작용하는 여러 힘을 더하는 것을 ㉠( )(이)라 하고, 합성된 힘을 ㉡( )(이)라고 한다.

**6** 그림 (가), (나)는 물체에 나란하게 작용하는 두 힘을 화살표로 나타낸 것이다. 물체에 작용하는 알짜힘의 크기와 방향을 각각 쓰시오.

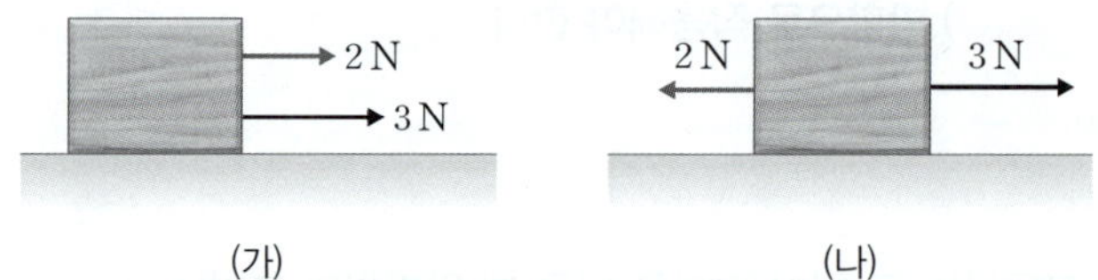


**7** 한 물체에 같은 크기의 두 힘이 일직선상에서 서로 반대 방향으로 작용하는 경우 두 힘은 ( )을/를 이룬다.

**8** 지구 여러 곳에서 물체에 작용하는 중력의 방향으로 연장선을 그으면 지구 ( )에서 만난다.

**[9~10]** 지구에서 질량이 30 kg인 물체가 있다. (단, 달에서의 중력은 지구에서의 중력의 $\frac{1}{6}$이다.)

**9** 지구에서 물체의 무게는 ㉠( )× 질량이므로, 지구에서 이 물체의 무게는 ㉡( ) N 이다.

**10** 달에서 물체의 무게는 지구에서의 ㉠( )이므로, 달에서 이 물체의 무게는 ㉡( ) N 이다.

**01** 과학에서 말하는 힘에 대한 설명으로 옳지 <u>않은</u> 것은?

① 단위로는 N(뉴턴)을 사용한다.
② 화살표의 굵기는 힘의 크기를 나타낸다.
③ 힘의 방향은 화살표의 방향으로 나타낸다.
④ 힘의 3요소는 힘의 방향, 힘의 크기, 힘의 작용점이다.
⑤ 물체의 모양이나 빠르기, 운동 방향을 변화시킨다.

**02** 밑줄 친 힘을 과학에서 의미하는 힘과 같은 뜻으로 사용한 경우는?

① 아는 것이 <u>힘</u>이다.
② 동생이 <u>힘</u>이 없어 보인다.
③ 몸이 아파서 수업을 듣기가 <u>힘</u>들었다.
④ <u>힘</u>을 주어 무거운 상자를 들어 올렸다.
⑤ 어려울 때 친구의 위로가 큰 <u>힘</u>이 되었다.

**보기 더 보기**

**03** 그림은 손으로 물풍선을 누르는 모습을 나타낸 것이다.

힘의 효과가 이와 같은 경우를 모두 고르면? (2개)

① 원반을 던진다.
② 볼링공을 굴린다.
③ 종이비행기를 날린다.
④ 점토를 눌러 반죽한다.
⑤ 닫혀 있던 창문을 민다.
⑥ 고무줄을 손으로 잡아당긴다.
⑦ 날아오는 배구공을 세게 받아친다.
⑧ 바위를 힘껏 밀었으나 움직이지 않았다.

**04** 과학에서 말하는 힘의 작용에 의해 나타나는 현상으로 옳은 것을 보기에서 모두 고른 것은?

┌ 보기 ┐
ㄱ. 물이 얼어서 얼음이 되었다.
ㄴ. 운동장을 굴러가던 축구공이 멈췄다.
ㄷ. 태권도 선수가 대리석을 내리쳐 깬다.
ㄹ. 햇빛이 잘 드는 곳에 널어놓은 빨래가 말랐다.
└──────┘

① ㄱ, ㄴ　　② ㄴ, ㄷ　　③ ㄷ, ㄹ
④ ㄱ, ㄴ, ㄷ　　⑤ ㄴ, ㄷ, ㄹ

**05** 그림은 힘을 화살표로 나타낸 것이다.

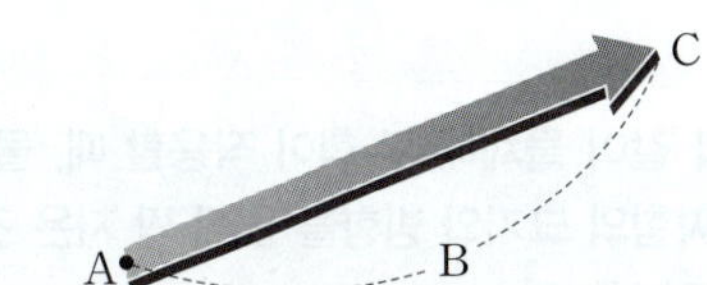

화살표의 A, B, C가 의미하는 것을 옳게 짝 지은 것은?

|  | A | B | C |
|---|---|---|---|
| ① | 힘의 작용점 | 힘의 크기 | 힘의 방향 |
| ② | 힘의 작용점 | 힘의 방향 | 힘의 크기 |
| ③ | 힘의 크기 | 힘의 작용점 | 힘의 방향 |
| ④ | 힘의 크기 | 힘의 방향 | 힘의 작용점 |
| ⑤ | 힘의 방향 | 힘의 크기 | 힘의 작용점 |

**06** 크기가 5 N인 힘을 길이가 2 cm인 화살표로 나타낼 때, 서쪽으로 작용하는 크기가 10 N인 힘을 나타낸 화살표로 옳은 것은?

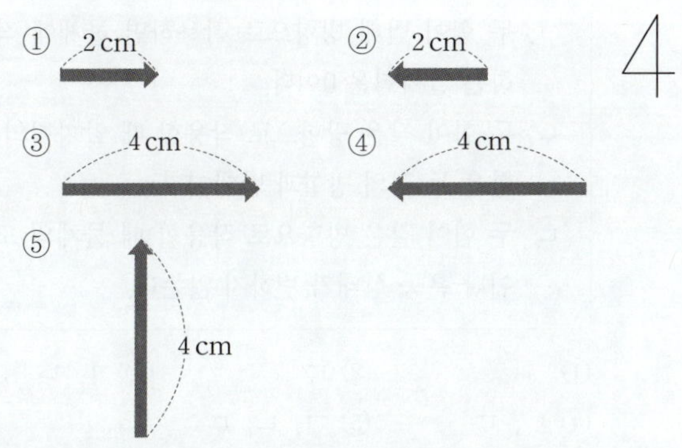

**07** 그림 (가), (나)와 같이 연필에 힘이 작용하였더니 연필의 움직임이 서로 달랐다.

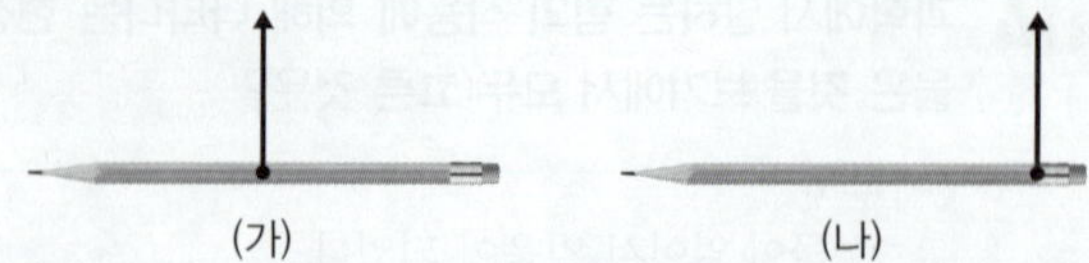

(가)          (나)

연필의 움직임이 서로 다른 까닭으로 옳은 것을 보기에서 모두 고른 것은? (단, (가)와 (나)에서 화살표의 길이는 같다.)

┌─ 보기 ─────────────────────────┐
ㄱ. 두 힘의 크기가 다르기 때문이다.
ㄴ. 두 힘의 방향이 다르기 때문이다.
ㄷ. 두 힘의 작용점이 다르기 때문이다.
└────────────────────────────┘

① ㄱ      ② ㄴ      ③ ㄷ
④ ㄱ, ㄷ      ⑤ ㄴ, ㄷ

**08** 그림과 같이 물체에 두 힘이 작용할 때, 물체에 작용하는 알짜힘의 크기와 방향을 옳게 짝 지은 것은? (단, 마찰은 무시한다.)

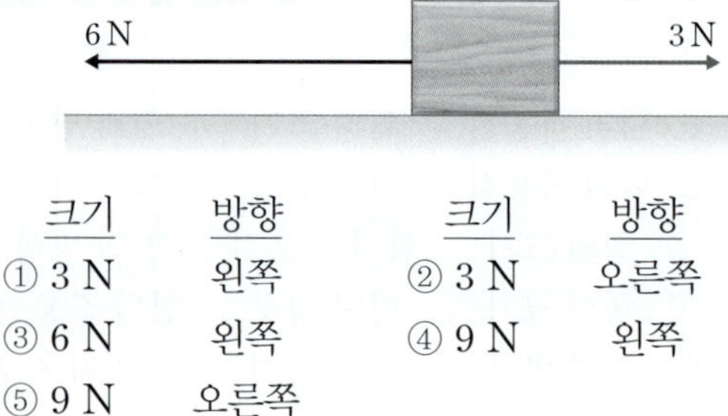

| 크기 | 방향 | 크기 | 방향 |
|---|---|---|---|
| ① 3 N | 왼쪽 | ② 3 N | 오른쪽 |
| ③ 6 N | 왼쪽 | ④ 9 N | 왼쪽 |
| ⑤ 9 N | 오른쪽 | | |

**09** 크기가 같은 두 힘이 한 물체에 일직선상에서 작용할 때에 대한 설명으로 옳은 것을 보기에서 모두 고른 것은?

┌─ 보기 ─────────────────────────┐
ㄱ. 두 힘이 반대 방향으로 작용하면 물체에 작용하는 알짜힘은 0이다.
ㄴ. 두 힘이 같은 방향으로 작용할 때 알짜힘의 방향은 두 힘의 방향과 반대이다.
ㄷ. 두 힘이 같은 방향으로 작용할 때 물체의 모양이나 운동 상태가 변하지 않는다.
└────────────────────────────┘

① ㄱ      ② ㄷ      ③ ㄱ, ㄴ
④ ㄴ, ㄷ      ⑤ ㄱ, ㄴ, ㄷ

**10** 그림 (가)와 (나)는 각각 한 물체에 두 힘이 동시에 작용하는 모습을 나타낸 것이다.

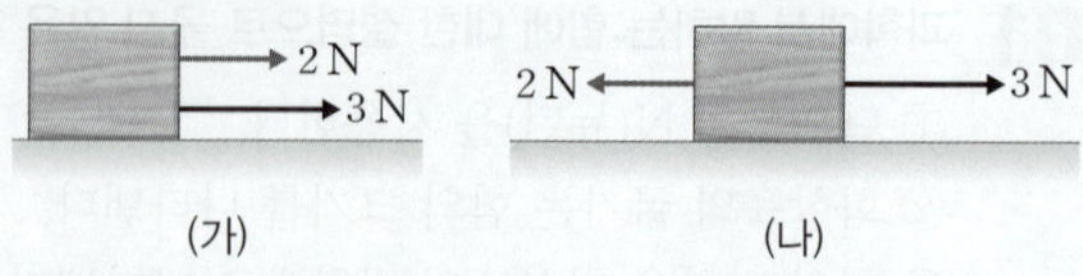

(가)          (나)

물체에 작용하는 알짜힘에 대한 설명으로 옳지 <u>않은</u> 것은? (단, 마찰은 무시한다.)

① (가)에서 알짜힘의 크기는 5 N이다.
② (나)에서 알짜힘의 방향은 오른쪽이다.
③ 알짜힘의 크기는 (가)에서가 (나)에서의 5배이다.
④ 알짜힘의 방향은 (가)에서와 (나)에서가 반대이다.
⑤ (가)와 (나)에서 알짜힘의 방향은 큰 힘의 방향과 같다.

**11** 다음은 힘의 평형에 대한 설명이다.

┌────────────────────────────┐
한 물체에 일직선상에 작용하는 두 힘이 평형을 이루려면 두 힘의 크기가 ㉠(　　　　), 두 힘이 서로 ㉡(　　　　) 방향으로 작용해야 한다.
└────────────────────────────┘

(　　) 안에 알맞은 말을 옳게 짝 지은 것은?

| | ㉠ | ㉡ | | ㉠ | ㉡ |
|---|---|---|---|---|---|
| ① | 같고 | 같은 | ② | 같고 | 반대 |
| ③ | 다르고 | 같은 | ④ | 다르고 | 반대 |
| ⑤ | 같고 | 수직 | | | |

**12** 그림과 같이 크기가 각각 20 N, 40 N인 두 힘을 가하여 물체를 오른쪽으로 밀었지만 물체가 움직이지 않았다.

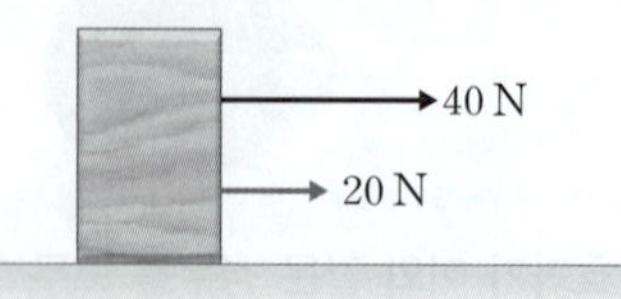

이에 대한 설명으로 옳은 것을 보기에서 모두 고른 것은?

┌─ 보기 ─────────────────────────┐
ㄱ. 물체에 작용하는 알짜힘의 크기는 60 N이다.
ㄴ. 물체에 작용하는 마찰력의 크기는 60 N이다.
ㄷ. 물체에 작용하는 힘들은 평형을 이루고 있다.
└────────────────────────────┘

① ㄱ      ② ㄷ      ③ ㄱ, ㄴ
④ ㄴ, ㄷ      ⑤ ㄱ, ㄴ, ㄷ

**13** 중력에 대한 설명으로 옳지 <u>않은</u> 것은?

① 중력의 방향은 항상 지구 중심 방향이다.
② 물체에 작용하는 중력의 크기는 무게이다.
③ 중력의 크기는 물체의 질량과 관계가 없다.
④ 달에서의 중력은 지구에서의 중력보다 작다.
⑤ 중력의 크기는 측정하는 장소에 따라 달라진다.

**14** 그림과 같이 질량이 각각 1 kg, 2 kg인 물체 A, B를 지표면 근처 (가)와 (나) 지점에서 잡고 있다. 지표면으로부터 (가)와 (나)의 높이는 같다.

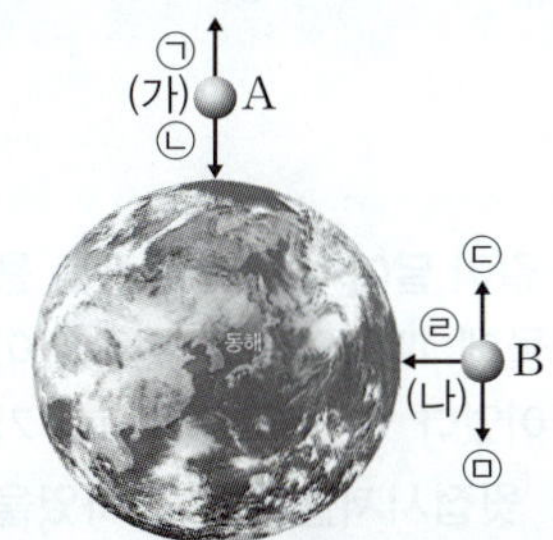


이에 대한 설명으로 옳은 것을 보기에서 모두 고른 것은?

> **보기**
> ㄱ. A와 B에는 모두 중력이 작용한다.
> ㄴ. A와 B의 무게가 같다.
> ㄷ. 물체를 가만히 놓으면 A는 ㉡ 방향, B는 ㉤ 방향으로 떨어진다.

① ㄱ
② ㄷ
③ ㄱ, ㄴ
④ ㄴ, ㄷ
⑤ ㄱ, ㄴ, ㄷ

**보기 더 보기**

**15** 중력에 의해 나타나는 현상이 <u>아닌</u> 것을 모두 고르면? (2개)

① 사과가 나무에서 떨어진다.
② 볼펜을 눌러 볼펜 심을 넣는다.
③ 인공위성이 지구 주위를 공전한다.
④ 긴 장대를 이용하여 높이 뛰어오른다.
⑤ 물이 높은 곳에서 낮은 곳으로 흐른다.
⑥ 스마트폰을 가로로 돌리면 화면이 회전한다.
⑦ 겨울에 처마 끝에 달리는 고드름이 아래로 자란다.
⑧ 음료가 든 컵을 기울이면 컵 속의 음료가 지면을 따라서 기울어진다.

**16** 다음은 물체에 작용하는 힘과 물체의 운동에 대한 설명이다.

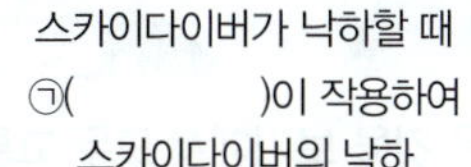

스카이다이버가 낙하할 때 ㉠( )이 작용하여 스카이다이버의 낙하 속력이 점점 빨라진다.

지구 주위를 공전하는 인공위성은 지구 중심 방향으로 ㉠( )을 받는다.

㉠에 해당하는 힘의 종류는?

① 중력
② 부력
③ 탄성력
④ 자기력
⑤ 마찰력

**17** 무게와 질량에 대한 설명으로 옳지 <u>않은</u> 것은?

| 구분 | 무게 | 질량 |
|---|---|---|
| ① 정의 | 중력의 크기 | 물질의 고유한 양 |
| ② 단위 | N(뉴턴) | kg(킬로그램) |
| ③ 측정 도구 | 용수철저울 | 양팔저울 |
| ④ 특징 | 장소에 따라 변함. | 어디서나 일정함. |
| ⑤ 관계 | 지구에서의 질량=9.8×무게 | |

**18** 무게와 질량에 대한 설명으로 옳은 것은?

① 무게는 질량에 반비례한다.
② 질량과 무게의 단위는 모두 kg이다.
③ 무게는 장소에 관계없이 항상 일정하다.
④ 지구에서 물체의 질량은 달에서의 $\frac{1}{6}$이다.
⑤ 물체가 무겁거나 가볍다고 느끼는 것은 물체에 작용하는 중력의 크기가 다르기 때문이다.

**19** 그림과 같이 지구에서 무게가 600 N인 물체를 달에 가져가서 무게를 측정하였더니 100 N이었다.

이에 대한 설명으로 옳은 것을 보기에서 모두 고른 것은?

> 보기
> ㄱ. 무게는 물체에 작용하는 중력의 크기이다.
> ㄴ. 중력의 크기는 지구에서가 달에서의 6배이다.
> ㄷ. 지구가 물체를 당기는 힘의 크기보다 달이 물체를 당기는 힘의 크기가 더 크다.

① ㄱ      ② ㄷ      ③ ㄱ, ㄴ
④ ㄴ, ㄷ      ⑤ ㄱ, ㄴ, ㄷ

**20** 그림과 같이 지구에서 무게가 294 N인 물체가 있다.

이 물체를 달에 가져갔을 때 측정한 무게와 질량을 옳게 짝 지은 것은? (단, 지구에서 질량이 1 kg인 물체의 무게는 9.8 N이며, 달에서의 중력은 지구에서의 중력의 $\frac{1}{6}$이다.)

| | 무게 | 질량 |
|---|---|---|
| ① | 49 N | 5 kg |
| ② | 49 N | 30 kg |
| ③ | 49 N | 180 kg |
| ④ | 98 N | 5 kg |
| ⑤ | 98 N | 30 kg |

**21** 그림과 같이 지구에서 윗접시저울의 왼쪽에 인형을 올려놓고 오른쪽에 질량이 100 g인 추 6개를 올려놓았더니, 윗접시저울이 균형을 이루었다.

달에서 같은 인형을 윗접시저울에 올려놓았을 때 윗접시저울이 균형을 이루려면 오른쪽 접시에 질량이 100 g인 추를 몇 개 올려야 하는가?

① 1개      ② 3개      ③ 6개
④ 12개      ⑤ 36개

**22** 그림과 같이 달에서 어떤 물체를 용수철저울에 매달았더니 측정값이 294 N이었다. 이 물체를 지구에 가져와서 윗접시저울로 측정하였을 때 측정값은? (단, 지구에서 질량이 1 kg인 물체의 무게는 9.8 N이고, 달에서의 중력은 지구에서의 중력의 $\frac{1}{6}$이다.)

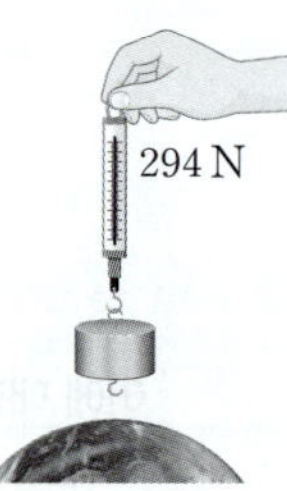


① 30 kg      ② 60 kg      ③ 180 kg
④ 180 N      ⑤ 294 N

**23** 표는 여러 천체에서 중력의 상대적인 크기를 나타낸 것이다.

| 천체 | 지구 | 달 | 화성 | 목성 |
|---|---|---|---|---|
| 중력의 상대적인 크기 | 1 | $\frac{1}{6}$ | $\frac{1}{3}$ | 2.5 |

지구에서 질량이 6 kg인 물체를 다른 천체에 가져갔을 때에 대한 설명으로 옳은 것을 보기에서 모두 고른 것은? (단, 지구에서 질량이 1 kg인 물체의 무게는 10 N이다.)

> 보기
> ㄱ. 달에서 물체의 무게는 10 N이다.
> ㄴ. 물체의 무게는 화성에서가 달에서의 2배이다.
> ㄷ. 목성에서 물체의 질량은 15 kg이다.

① ㄱ      ② ㄷ      ③ ㄱ, ㄴ
④ ㄴ, ㄷ      ⑤ ㄱ, ㄴ, ㄷ

**24** 그림과 같이 물체에 크기가 2 N인 힘이 오른쪽으로 작용하고 있다. 같은 작용점에서 물체에 왼쪽으로 작용하는 크기가 1 N인 힘을 어떻게 나타내야 하는지 서술하고 그리시오.

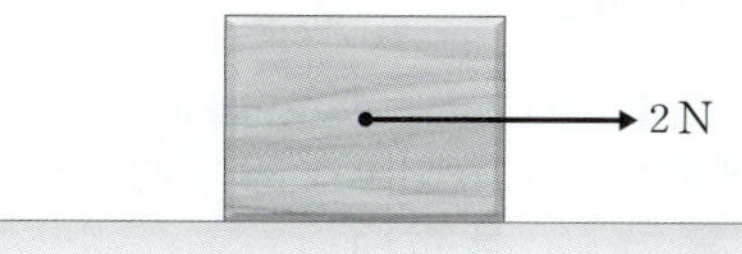


**25** 우리나라 속담에 '백지장도 맞들면 낫다.'라는 말이 있다. 이 속담이 과학적으로 타당한 까닭을 힘의 합성과 관련지어 서술하시오.

**26** 그림은 상자를 일정한 운동 상태로 밀고 가는 모습을 보며 철수와 영희가 대화를 나누는 모습을 나타낸 것이다.

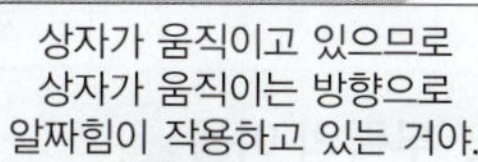

상자에 작용하는 알짜힘을 옳게 설명한 사람을 고르고, 그 까닭을 서술하시오.

**27** 다음은 철수가 우리나라 청도 지방을 여행하던 중 관람한 소싸움을 보고, 두 소가 모두 움직이지 않는 까닭을 생각한 과정이다.

(가) 왼쪽 소가 오른쪽 소를 미는 힘과 오른쪽 소가 왼쪽 소를 미는 힘은 서로 반대 방향이다.
(나) 소들이 움직이지 않고 정지해 있으므로 두 힘의 크기는 서로 같다.
(다) 두 힘은 크기가 같고 방향이 반대이므로 합성하면 알짜힘은 0이어서 힘의 평형을 이룬다.
➡ 따라서 소가 움직이지 않는다.

⑴ 철수의 생각 (가)~(다) 중 옳지 <u>않은</u> 부분을 찾고, 그 까닭을 서술하시오.

⑵ 왼쪽 소가 오른쪽 소를 미는 힘과 평형을 이루는 힘은 어떤 힘인지 쓰시오.

**28** 지구에서 질량이 60 kg인 사람이 우주선을 타고 달에 가면 질량과 몸무게는 어떻게 달라지는지 지구에서와 비교하여 서술하시오. (단, 지구에서 질량이 1 kg인 물체의 무게는 9.8 N이며, 달에서의 중력은 지구에서의 중력의 $\frac{1}{6}$배이다.)

# 개념 다시 보기 01 여러 가지 힘 (2)

## A 탄성력

1. **탄성** 힘을 받아 변형된 물체가 원래 모양으로 되돌아가려는 성질

2. **탄성력** 변형된 물체가 원래 모양으로 되돌아가려는 힘
   ① 탄성력의 방향: 변형된 물체가 원래 모양으로 되돌아가려는 방향
   ② 탄성력의 크기: 물체에 작용한 힘의 크기와 같으며, 변형된 정도가 클수록 크다.

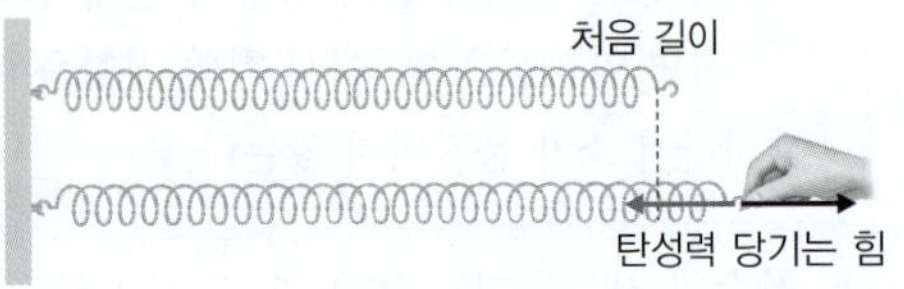


3. **용수철이 늘어난 길이와 탄성력의 관계** 용수철의 탄성력의 크기는 용수철이 늘어난 길이에 비례한다.
   ➡ 용수철이 늘어난 길이로 용수철에 매단 물체의 무게를 측정할 수 있다.

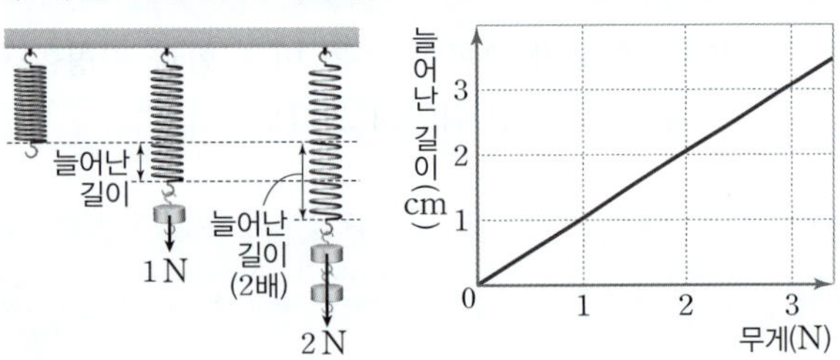


4. **탄성력의 이용** 장대높이뛰기, 머리끈, 볼펜, 컴퓨터 자판, 용수철저울 등

## B 마찰력

1. **마찰력** 두 물체의 접촉면에서 물체의 운동을 방해하는 힘
   ① 마찰력의 방향: 물체에 작용하는 힘의 방향이나 물체의 운동 방향과 반대 방향

| 물체가 정지해 있을 때 | 물체가 운동할 때 |
|---|---|
| 힘의 방향 / 정지 / 마찰력 | 운동 방향 / 마찰력 |
| 물체에 작용하는 힘의 방향과 반대 방향으로 작용 | 물체의 운동 방향과 반대 방향으로 작용 |

② 마찰력의 크기: 접촉면이 거칠수록, 물체의 무게가 무거울수록 크다.

2. **마찰력의 이용**

| 마찰력을 작게 하여 잘 미끄러지게 하는 예 | • 스노보드의 표면을 매끄럽게 만든다.<br>• 자전거 체인이나 기계가 회전하는 부분에 윤활유를 뿌린다.<br>• 창문을 열고 닫기 쉽도록 작은 바퀴를 사용한다.<br>• 물 미끄럼틀에 물을 계속 흘려 준다. |
|---|---|
| 마찰력을 크게 하여 미끄러지는 것을 방지하는 예 | • 계단 끝에 미끄럼 방지 테이프를 붙인다.<br>• 눈이 올 때 자동차 타이어에 스노우 체인을 감는다.<br>• 제동 장치를 작동하여 자전거 바퀴를 멈추게 한다.<br>• 고무장갑의 손바닥 부분을 울퉁불퉁하게 만든다. |

## C 부력

1. **부력** 액체나 기체가 그 속에 있는 물체를 위로 밀어 올리는 힘
   ① 부력의 방향: 물체를 위로 밀어 올리는 방향, 즉 중력과 반대 방향
   ② 부력의 크기: 물속에 잠긴 물체의 부피가 클수록 크다.

2. **물에 잠긴 물체에 작용하는 부력** 물체가 물에 잠기기 전후 용수철저울의 측정값의 차이와 같다.

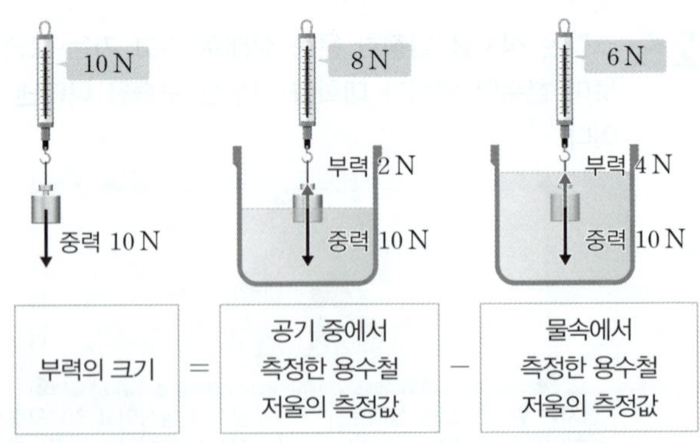


3. **부력의 이용**

- 무거운 짐을 실은 화물선이 부력을 받아 물에 뜬다.
- 공기가 든 튜브나 테왁을 잡으면 부력을 받아 물에 쉽게 뜬다.
- 열기구 속 공기를 가열하여 부피를 크게 하면 부력을 받아 위로 올라간다.
- 공기보다 가벼운 헬륨을 채운 풍선이나 비행선이 부력을 받아 위로 올라간다.

↩ 정답과 해설 33쪽

**1** 물체가 변형되었을 때 원래 모양으로 되돌아가려는 성질을 ㉠(    )(이)라 하고, 변형된 물체가 원래 모양으로 되돌아가려는 힘을 ㉡(    )(이)라고 한다.

**2** 그림과 같이 용수철을 누르거나 잡아당겨 용수철의 모양을 변형시켰다. 용수철을 ㉠눌렀을 때와 ㉡잡아당겼을 때 용수철에 작용하는 탄성력의 방향을 화살표로 나타내시오.

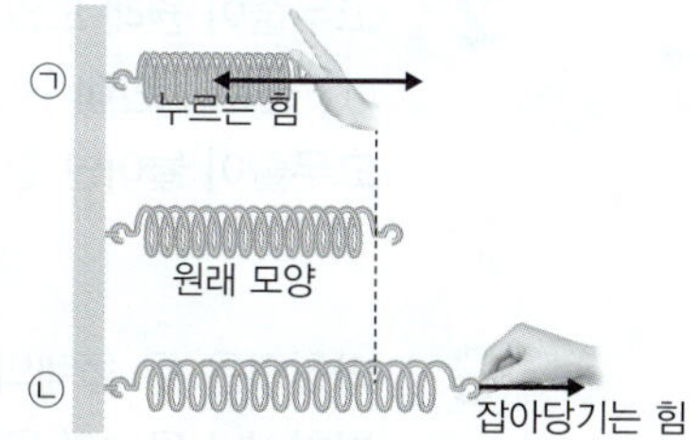


**3** 두 물체의 접촉면에서 물체의 운동을 방해하는 힘의 종류를 쓰시오.

**4** 그림은 마찰이 있는 수평면에 놓인 물체에 힘을 가했을 때 물체가 힘을 가한 방향으로 미끄러지는 모습을 나타낸 것이다. 이때 물체에 작용하는 마찰력의 방향을 화살표로 나타내시오.

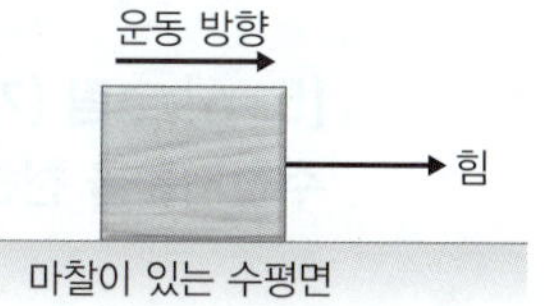


**5** 마찰력의 크기는 접촉면이 ㉠( 거칠 , 매끄러울 )수록, 물체의 무게가 ㉡( 가벼울 , 무거울 )수록 크다.

**6** 그림과 같이 빗면의 같은 높이에서 같은 물체를 가만히 놓았을 때 물체가 각각 사포 위와 유리판 위에서 미끄러진 거리를 등호나 부등호로 비교하시오.

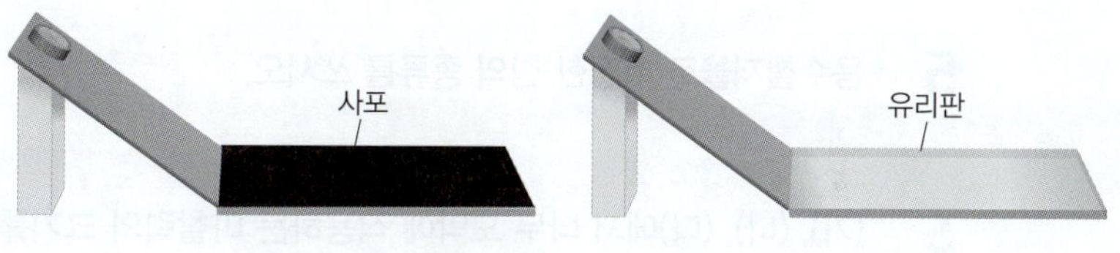


사포 위에서 미끄러진 거리 (    ) 유리판 위에서 미끄러진 거리

**7** 자전거의 제동 장치는 마찰력을 ㉠( 작게 , 크게 ) 하고, 자전거 체인의 윤활유는 마찰력을 ㉡( 작게 , 크게 ) 하여 자전거를 안전하고 편리하게 이용할 수 있게 해 준다.

**8** 액체나 기체가 그 속에 있는 물체를 위로 밀어 올리는 힘을 (    )(이)라고 한다.

**9** 그림은 물 위에 떠 있는 튜브를 나타낸 것이다. 튜브에 작용하는 중력과 부력의 방향을 화살표로 나타내시오.

**10** 공기 중에서 무게가 8 N인 물체를 힘 센서에 매달아 물속에 넣었더니 힘 센서의 측정값이 5 N이었다. 이때 물체에 작용하는 부력의 크기는 몇 N인지 쓰시오.

**[1~2] 그림과 같이 고무줄을 양쪽에서 잡아당겨 고무줄의 길이를 늘였다.**

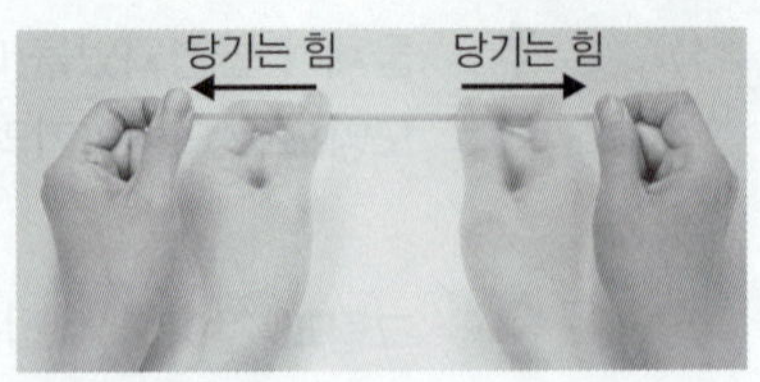


**1** 고무줄이 원래 모양으로 되돌아가려는 힘이 무엇인지 쓰시오.

**2** 고무줄이 원래 모양으로 되돌아가려는 힘의 방향은 당기는 힘의 방향과
㉠( 같은 , 반대 ) 방향이고, 원래 모양으로 되돌아가려는 힘의 크기는
고무줄이 늘어난 길이가 길수록 ㉡( 작아 , 커 )진다.

**3** 마찰력은 두 물체의 접촉면에서 물체의 미끄러짐을 ㉠( 방해하는 , 도와주는 ) 힘으로, 물체에 작용하는 힘의
방향이나 물체의 운동 방향과 ㉡( 같은 , 반대 ) 방향으로 작용한다.

**4** 마찰력의 크기는 접촉면의 ㉠(　　　　　)와/과 물체의 ㉡(　　　　　)에 따라 달라진다.

**[5~6] 그림 (가), (나), (다)와 같이 나무 도막의 개수, 접촉면의 거칠기를 다르게 하고, 나무 도막과 연결한 용
수철저울을 천천히 끌어당기면서 나무 도막이 움직이기 시작할 때의 힘의 크기를 측정하였다.**

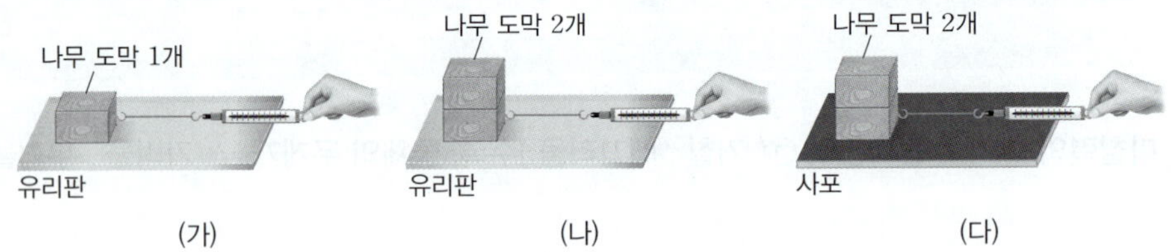


**5** 용수철저울로 측정한 힘의 종류를 쓰시오.

**6** (가), (나), (다)에서 나무 도막에 작용하는 마찰력의 크기를 부등호로 비교하시오.

**7** 물에 잠긴 물체를 가벼워지게 하는 힘은 ㉠(　　　　　)이고, 이 힘의 방향은 ㉡(　　　　　)와/과 반대
방향이다.

**8** 물에 잠긴 물체에 작용하는 부력의 크기는 물에 잠긴 물체의 부피가 ( 작을 , 클 )수록 크다.

**9** 용수철저울에 물체를 매달고 물체를 물에 잠기게 하면서 용수철저울이 가리키는 값을 측정하였다. 이때 물속
에서 물체에 작용하는 부력의 크기는 공기 중에서 측정한 측정값에서 물속에서 측정한 측정값을 ( 뺀 , 더한 )
값과 같다.

**10** 그림과 같이 용수철저울에 추를 매단 다음 추를 물속에 천천히 잠기게 하면 추가 받는 부력의
크기는 ㉠( 점점 감소하고 , 변화 없고 , 점점 증가하고 ), 용수철저울의 측정값은 ㉡( 점점 감소한다 ,
변화 없다 , 점점 증가한다 ).

**01** 다음은 철수의 일기이다.

> 학교 수업을 마치고 수영장에 놀러 갔다. 물 때문에 수영장 바닥이 미끄러워서 '뛰어다니지 마시오.'라고 적혀 있었다. 그래서인지 바닥은 거칠게 되어 있었다.
>
> 　물속에서 잠수를 하는데 내 몸이 가벼워지는 것을 느꼈다. 얕은 곳에서는 바닥을 짚고 쉽게 헤엄을 칠 수 있어서 재미있었다.
>
> 　다른 쪽에서는 다이빙을 하고 있었다. 어린이가 올라서니 다이빙대가 조금 휘어졌고 어른이 올라서니 많이 휘어졌다. 휘어지는 정도가 몸무게와 관련이 있다는 생각이 들었다.
>
> 　수영장에서도 과학 시간에 배운 내용을 찾을 수 있어서 신기했다.

윗글에 나타나지 <u>않은</u> 힘의 종류는?

① 중력　　　② 탄성력　　　③ 마찰력
④ 부력　　　⑤ 자기력

**보기 더 보기**

**02** 그림 (가), (나)는 일상생활에서 힘을 이용한 스포츠를 나타낸 것이다.

(가)

(나)

(가)와 (나)에서 공통적으로 이용하는 힘과 관련된 사례를 모두 고르면? (3개)

① 고드름이 아래로 자란다.
② 침대의 매트리스가 폭신하다.
③ 화물을 가득 실은 화물선이 물에 뜬다.
④ 고무장갑의 손바닥 부분이 울퉁불퉁하다.
⑤ 자전거 안장의 용수철이 충격을 흡수한다.
⑥ 풍선에 입김을 불어 넣으니 부풀어 올랐다.
⑦ 스마트폰을 옆으로 눕히면 화면이 회전한다.

**보기 더 보기**

**03** 다음은 일상생활에서 경험할 수 있는 힘 A, B, C를 나타낸 것이다. A, B, C는 탄성력, 마찰력, 부력을 순서 없이 나타낸 것이다.

| A | B | C |
|---|---|---|
| 튜브를 물 위로 띄우는 힘 | 트램펄린을 탈 때 높이 뛰어오르게 하는 힘 | 계단에서 미끄러지지 않게 하는 힘 |

이에 대한 설명으로 옳은 것을 모두 고르면? (2개)

① A는 탄성력이다.
② A는 연직 아래 방향으로 작용한다.
③ A는 물속에 잠긴 물체의 부피가 클수록 크게 작용한다.
④ B는 모양이 변형된 물체에 작용한다.
⑤ B는 물체에 작용한 힘의 방향과 같은 방향으로 작용한다.
⑥ C는 물체가 운동하는 방향과 같은 방향으로 작용한다.
⑦ C는 물체의 무게가 가벼울수록 크게 작용한다.

**보기 더 보기**

**04** 일상생활에서 경험할 수 있는 현상 중 밑줄 친 부분과 관련된 힘의 종류를 연결한 것으로 옳지 <u>않은</u> 것을 모두 고르면? (2개)

① <u>등산화 바닥이 울퉁불퉁하다.</u> – 마찰력
② <u>고무줄로 머리카락을 묶었다.</u> – 탄성력
③ <u>해녀가 테왁을 잡고 잠시 쉰다.</u> – 중력
④ <u>비가 많이 내려서 우산을 썼다.</u> – 중력
⑤ 워터파크에 가서 <u>물 미끄럼틀을 탔다.</u> – 부력
⑥ 컴퓨터 자판을 눌러도 다시 <u>위로 올라온다.</u> – 탄성력
⑦ 자전거를 타고 가다가 <u>제동 장치를 작동시켰다.</u> – 마찰력
⑧ 헬륨이 든 풍선을 놓쳤더니 <u>하늘 높이 올라갔다.</u> – 부력

**05** 다음은 용수철의 탄성력에 대해 알아보는 실험이다.

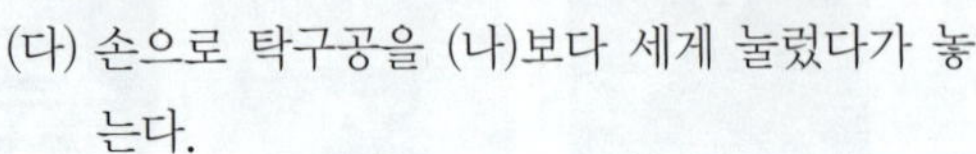

[실험 과정]
(가) 한쪽 끝을 바닥에 고정한 용수철 위에 탁구공을 올려놓는다.
(나) 손으로 탁구공을 눌렀다가 놓는다.
(다) 손으로 탁구공을 (나)보다 세게 눌렀다가 놓는다.



[실험 결과]
• (나) 탁구공이 위로 튀어 오른다.
• (다) 탁구공이 (나)에서보다 더 높이 위로 튀어 오른다.

이에 대한 설명으로 옳은 것을 보기에서 모두 고른 것은?

보기
ㄱ. 용수철을 압축한 길이가 길수록 탁구공은 더 높이 튀어 오른다.
ㄴ. 용수철을 압축한 길이가 길수록 탄성력의 크기가 커진다.
ㄷ. 탄성력의 방향은 용수철을 손으로 누른 방향과 반대 방향이다.

① ㄱ      ② ㄷ      ③ ㄱ, ㄴ
④ ㄴ, ㄷ      ⑤ ㄱ, ㄴ, ㄷ

**06** 그림과 같이 서로 다른 용수철 A, B, C에 질량이 다른 추를 각각 매달았다.

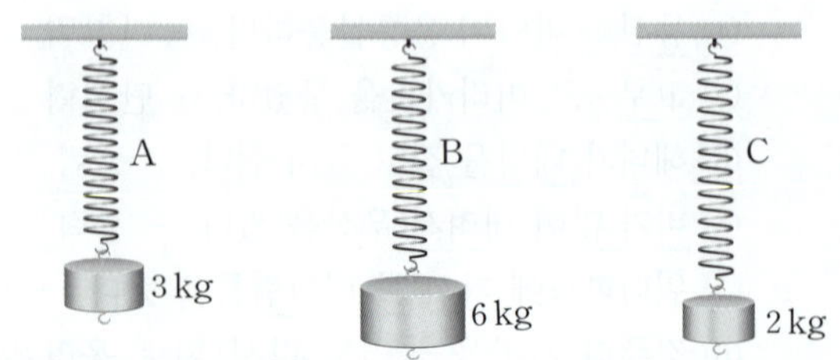



A, B, C에 작용하는 탄성력의 크기를 옳게 비교한 것은?

① A>B>C      ② A>C>B
③ B>A>C      ④ B>C>A
⑤ C>B>A

[07~08] 그림은 한쪽 끝을 고정한 용수철에 연결한 힘 센서를 당겨 용수철을 일정한 길이만큼 늘이면서 힘 센서로 힘의 크기를 측정한 것을 나타낸 것이다.

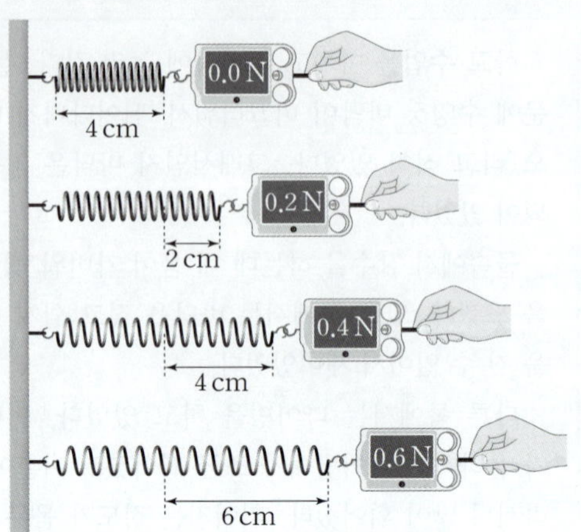



**07** 이에 대한 설명으로 옳지 않은 것은?

① 용수철이 늘어난 길이는 용수철의 탄성력의 크기에 비례한다.
② 용수철의 탄성력의 크기는 용수철을 당기는 힘의 크기와 같다.
③ 힘 센서로 측정한 힘의 크기는 용수철을 당기는 힘의 크기와 같다.
④ 용수철을 당기는 힘의 크기가 클수록 용수철이 늘어난 길이가 길다.
⑤ 용수철에 작용하는 탄성력의 방향은 용수철을 당기는 힘의 방향과 같다.

**08** 이 용수철을 잡아당겨 용수철의 전체 길이가 12 cm가 되었을 때, 용수철에 작용하는 탄성력의 크기와 방향을 옳게 짝 지은 것은?

| | 탄성력의 크기 | 탄성력의 방향 |
| --- | --- | --- |
| ① | 0.8 N | 왼쪽 |
| ② | 0.8 N | 오른쪽 |
| ③ | 1.2 N | 왼쪽 |
| ④ | 1.2 N | 오른쪽 |
| ⑤ | 1.6 N | 왼쪽 |

**09** 마찰력의 크기에 영향을 주는 요인을 보기에서 모두 고른 것은?

| 보기 |
| --- |
| ㄱ. 물체의 무게 |
| ㄴ. 물체의 부피 |
| ㄷ. 접촉면의 거칠기 |

① ㄱ  ② ㄴ  ③ ㄱ, ㄷ
④ ㄴ, ㄷ  ⑤ ㄱ, ㄴ, ㄷ

[10~11] 그림은 크기와 재질이 같은 나무 도막의 한 면에 각각 종이, 비닐, 사포를 붙인 뒤 나무판 위에 올려놓고 나무판을 천천히 들어 올리는 모습을 나타낸 것이고, 표는 나무 도막이 미끄러져 내려가는 순간 빗면의 각도를 나타낸 것이다.

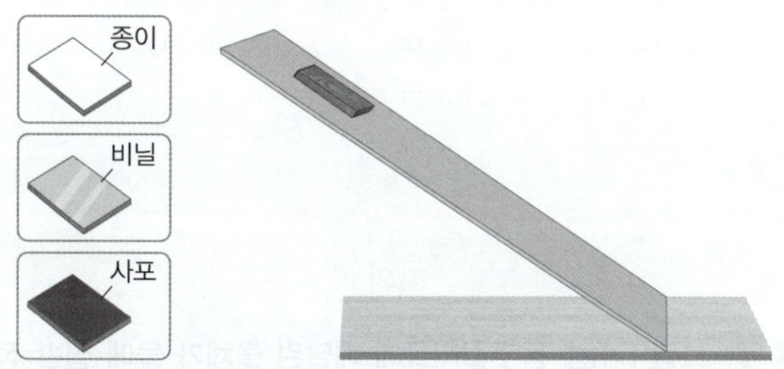


| 나무판을 향한 면 | 종이 면 | 비닐 면 | 사포 면 |
| --- | --- | --- | --- |
| 나무판의 각도(°) | 25 | 15 | 50 |

**10** 나무 도막에 작용한 마찰력의 크기를 옳게 비교한 것은?

① 종이 면>비닐 면>사포 면
② 비닐 면>사포 면>종이 면
③ 비닐 면>종이 면>사포 면
④ 사포 면>종이 면>비닐 면
⑤ 사포 면>비닐 면>종이 면

**11** 이 실험을 통해 알 수 있는 사실로 옳은 것은?

① 마찰력의 크기는 접촉면이 넓을수록 크다.
② 마찰력의 크기는 접촉면이 거칠수록 크다.
③ 마찰력의 크기는 물체가 무거울수록 크다.
④ 마찰력은 물체가 미끄러지는 방향으로 작용한다.
⑤ 마찰력이 클수록 더 낮은 각도에서 미끄러지기 시작한다.

**12** 다음은 마찰력의 크기를 알아보는 실험 과정이다.

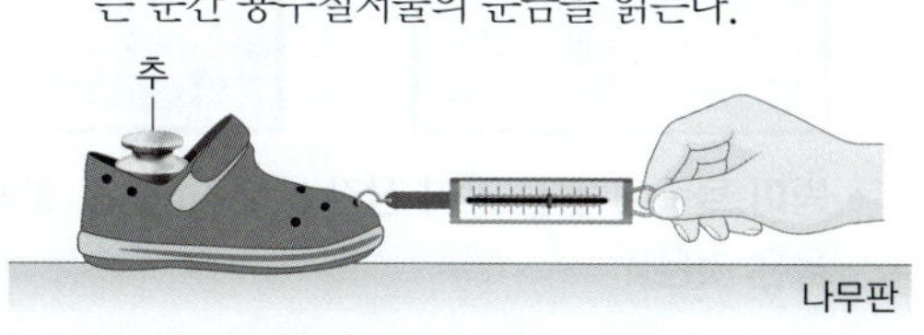

(가) 용수철저울을 건 신발을 나무판 위에 올려놓고 신발 안에 추를 1개 넣는다.
(나) 용수철저울을 천천히 당기면서 신발이 움직이는 순간 용수철저울의 눈금을 읽는다.



위 실험 결과를 근거로 '마찰력은 물체의 무게가 무거울수록 크다.'라는 결론을 내리려고 할 때, 추가해야 할 실험은?

① 사포 위에서 실험한다.
② 신발을 옆으로 눕혀 실험한다.
③ 신발에 추를 1개 더 넣고 실험한다.
④ 다른 종류의 신발로 바꾸어 실험한다.
⑤ 신발에 용수철저울을 2개 걸고 실험한다.

**13** 표는 어떤 용수철을 당기는 힘의 크기에 따라 용수철이 늘어난 길이를 나타낸 것이다.

| 당기는 힘(N) | 0 | 0.8 | 1.6 | 2.4 | 3.2 |
| --- | --- | --- | --- | --- | --- |
| 늘어난 길이(cm) | 0 | 2 | 4 | 6 | 8 |

그림은 수평면 위에 놓여 있는 물체에 이 용수철을 걸고 용수철이 5 cm 늘어날 때까지 수평 방향으로 잡아당겼으나 물체가 움직이지 않은 것을 나타낸 것이다.

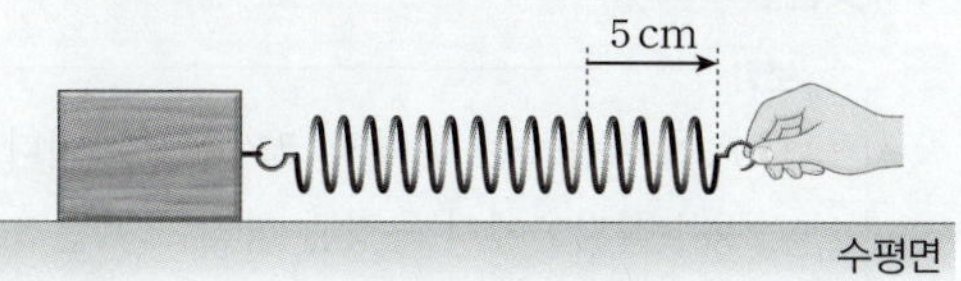


이때 물체와 수평면 사이에 작용하는 마찰력의 크기는?

① 0.5 N  ② 2.0 N  ③ 5.0 N
④ 8.0 N  ⑤ 11.0 N

**14** 그림과 같이 물이 채워진 수조에 빈 플라스틱 병을 넣고 서서히 눌러서 잠기게 하였다.

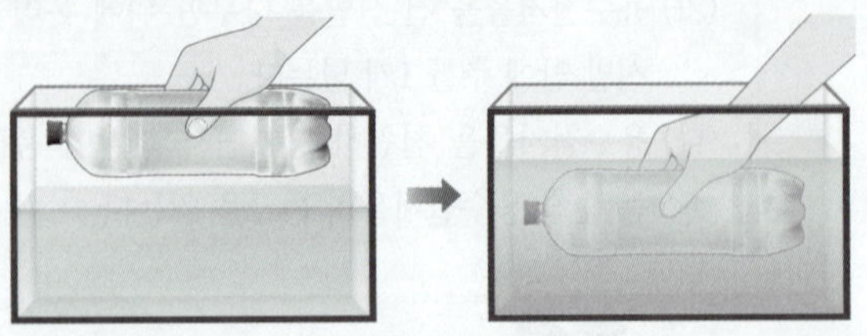

병이 물속에 점점 많이 잠길 때 손이 받는 힘의 변화로 옳은 것은?

① 손이 위쪽으로 받는 힘의 크기가 커진다.
② 손이 위쪽으로 받는 힘의 크기가 작아진다.
③ 손이 아래쪽으로 받는 힘의 크기가 커진다.
④ 손이 아래쪽으로 받는 힘의 크기가 작아진다.
⑤ 손이 받는 힘의 크기는 변하지 않는다.

**15** 그림 (가)와 같이 물을 가득 채운 용기를 저울 P에, 빈 용기를 저울 Q에 올려놓고, 물체 A를 매단 용수철저울을 스탠드에 고정시켰다. P, Q, 용수철저울에서 측정된 힘의 크기는 각각 20 N, 1 N, 5 N이다. 그림 (나)는 (가)의 A를 바닥에 닿지 않고 물에 잠기게 하였더니 정지 상태에서 용기의 넘쳐난 물이 모두 빈 용기로 이동하여 Q에서 측정된 힘의 크기가 3 N인 것을 나타낸 것이다.

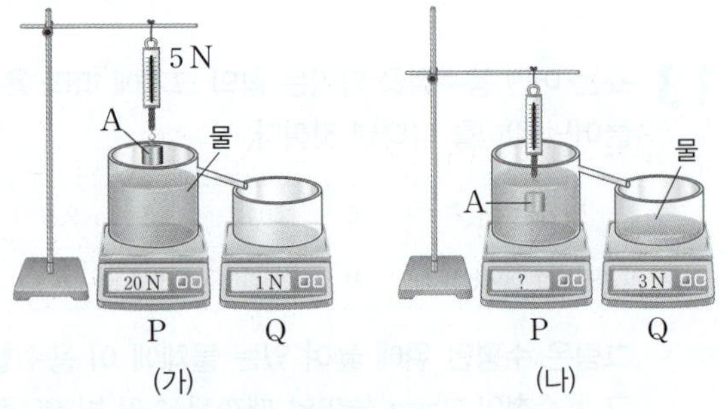

(나)에 대한 설명으로 옳은 것을 보기에서 모두 고른 것은?

보기
ㄱ. A에 작용하는 부력의 크기는 3 N이다.
ㄴ. 용수철저울에서 측정된 힘의 크기는 3 N이다.
ㄷ. P에서 측정된 힘의 크기는 20 N이다.

① ㄱ      ② ㄴ      ③ ㄱ, ㄷ
④ ㄴ, ㄷ      ⑤ ㄱ, ㄴ, ㄷ

**16** 그림 (가)는 용수철저울에 매달린 추가 물에 절반 정도 잠긴 채 정지해 있는 모습을, (나)는 (가)의 추가 물에 완전히 잠긴 채 정지해 있는 모습을 나타낸 것이다.

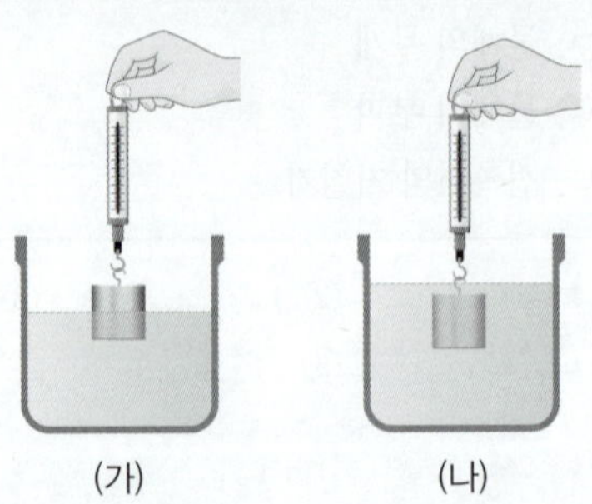

(나)에서가 (가)에서보다 크기가 큰 힘을 보기에서 모두 고른 것은?

보기
ㄱ. 추에 작용하는 중력
ㄴ. 추에 작용하는 부력
ㄷ. 용수철저울로 측정한 힘

① ㄴ      ② ㄷ      ③ ㄱ, ㄴ
④ ㄱ, ㄷ      ⑤ ㄱ, ㄴ, ㄷ

**17** 그림 (가)는 용수철저울에 매달린 물체가 물에 절반 정도 잠긴 채 정지해 있는 모습을, (나)는 (가)의 물체가 물에 완전히 잠긴 채 정지해 있는 모습을 나타낸 것이다. 이때 용수철저울의 눈금은 각각 5.5 N, 5 N이다.

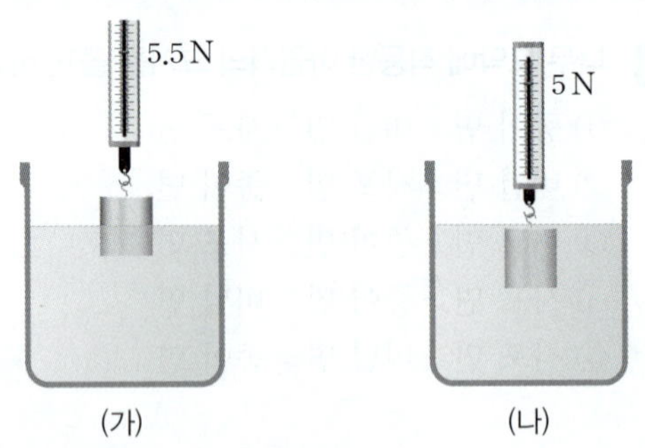

이에 대한 설명으로 옳지 않은 것은?

① 물체의 무게는 6 N이다.
② (나)에서 물체에 작용하는 부력의 크기는 0.5 N이다.
③ 물체에 작용하는 부력의 방향은 중력과 반대 방향이다.
④ 물체에 작용하는 부력의 크기는 (가)에서보다 (나)에서가 크다.
⑤ 물체가 물에 잠긴 부피가 클수록 용수철저울의 눈금이 작아진다.

**18** 그림은 고무 띠의 가운데를 발로 밟고 양쪽 끝을 손으로 천천히 당기는 모습을 나타낸 것이다.

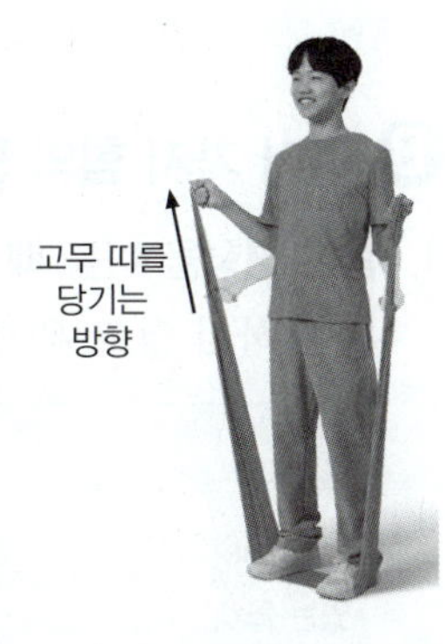


(1) 고무 띠를 화살표 방향으로 잡아당길 때 고무 띠가 손을 당기는 방향을 그림에 화살표로 표시하시오.

(2) 고무 띠를 늘어난 상태로 잡고 있기 어려운 까닭을 고무 띠에 작용하는 힘과 관련지어 서술하시오.

---

**19** 다음은 철수가 마찰력의 크기를 알아보려고 수행한 실험이다.

[실험 과정]

(가) 그림과 같이 나무판 위에서 나무 도막 1개를 천천히 끌면서 용수철저울의 눈금을 측정한다.

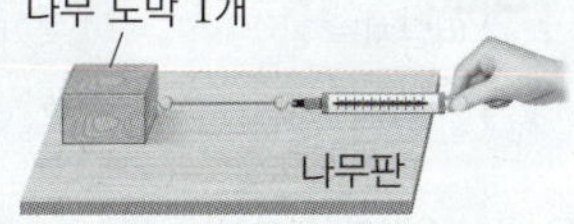


(나) 나무판 위에서 나무 도막 2개를 천천히 끌면서 용수철저울의 눈금을 측정한다.

[실험 결과]

| 실험 과정 | (가) | (나) |
|---|---|---|
| 용수철저울의 측정값(N) | 1.5 N | 3.0 N |

이 실험에서 철수가 세운 가설을 쓰고, 가설을 검증하기 위해 통제한 변인은 무엇인지 서술하시오.

---

**20** 그림과 같이 무게가 5 N인 추를 물속에 완전히 넣었더니 용수철저울의 측정값이 3 N이었다.

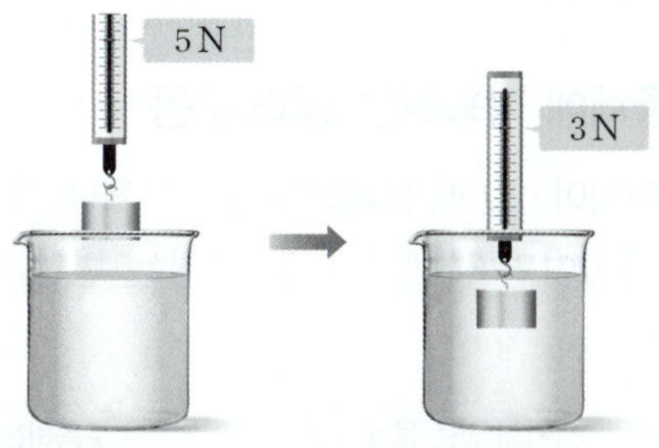


(1) 추에 작용하는 부력의 크기는 몇 N인지 쓰시오.

---

(2) 이 추와 같은 추를 하나 더 매달아 그림과 같이 추 2개를 모두 물에 잠기게 할 때 용수철저울의 측정값은 몇 N인지 쓰고, 그 까닭을 서술하시오.

---

**21** 다음은 전신 수영복이 수영 기록에 미치는 영향을 설명한 글이다.

2000년대 초에 등장한 전신 수영복은 표면에 상어 비늘과 비슷한 돌기가 있어서 물이 쉽게 수영복을 타고 흐르며, 특수한 재질의 섬유를 이용하여 물에 잘 젖지 않으면서도 잘 뜨는 소재로 만들어졌다. 이 수영복을 입고 경기에 참여한 수영 선수들은 대부분 기록을 단축하였다. 이 때문에 2010년 국제 수영 연맹에서는 선수들이 개인 능력보다 전신 수영복의 영향이 기록을 단축한다고 판단하여 전신 수영복을 착용하고 대회에 출전하는 것을 금지하였다.

전신 수영복을 착용하였을 때 기록을 단축할 수 있는 까닭을 마찰력, 부력과 관련지어 서술하시오.

---

# 개념 다시 보기

# 02 힘과 운동

## Ⓐ 물체에 작용하는 힘과 운동

**1. 알짜힘이 0일 때 물체의 운동**  물체에 작용하는 알짜힘이 0이면 물체의 운동 상태는 변하지 않고 유지된다.

| 정지해 있는 물체 | 운동하는 물체 |
|---|---|
| 정지 / 수평면 | 수평면 |
| 정지해 있는 물체는 계속 정지해 있다.<br>㉠ 운동장에 놓여 정지해 있는 공 | 운동하는 물체는 일정한 방향과 속력으로 계속 운동한다.<br>㉠ 컨베이어 벨트 위에서 이동하는 상자, 무빙워크 등 |

**2. 알짜힘이 0이 아닐 때 물체의 운동**  물체에 알짜힘이 작용하면 물체의 운동 상태가 변한다.

| | |
|---|---|
| **운동 방향과 알짜힘의 방향이 나란한 경우** | 힘의 방향 / 운동 방향<br>• 속력만 변하는 운동을 한다.<br>• 알짜힘의 방향이 운동 방향과 같으면 물체의 속력이 증가한다.<br>㉠ 빗면을 내려오는 스키 점프 선수, 자이로 드롭 등<br>• 알짜힘의 방향이 운동 방향과 반대이면 속력이 감소한다.<br>㉠ 평평한 잔디 위를 굴러가는 골프공 |
| **운동 방향과 알짜힘의 방향이 수직인 경우** | 운동 방향 / 힘의 방향<br>운동 방향만 변하는 운동을 한다.<br>㉠ 일정한 속력으로 지구 주위를 도는 인공위성, 회전하는 시곗바늘, 대관람차 등 |
| **운동 방향과 알짜힘의 방향이 비스듬한 경우** | 운동 방향 / 힘의 방향<br>속력과 운동 방향이 모두 변하는 운동을 한다.<br>㉠ 골대를 향해 비스듬히 던져 올린 농구공, 비스듬히 쏘아 올린 물줄기, 바이킹 등 |

## Ⓑ 여러 가지 힘의 평형

**1. 힘이 평형을 이룰 때 물체의 운동**  물체의 운동 상태는 변하지 않고 유지된다.

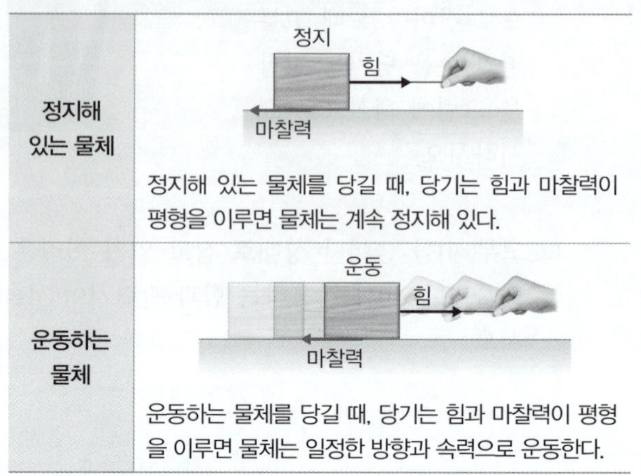


| 정지해 있는 물체 | 정지해 있는 물체를 당길 때, 당기는 힘과 마찰력이 평형을 이루면 물체는 계속 정지해 있다. |
|---|---|
| 운동하는 물체 | 운동하는 물체를 당길 때, 당기는 힘과 마찰력이 평형을 이루면 물체는 일정한 방향과 속력으로 운동한다. |

**2. 두 힘이 평형을 이루는 예**

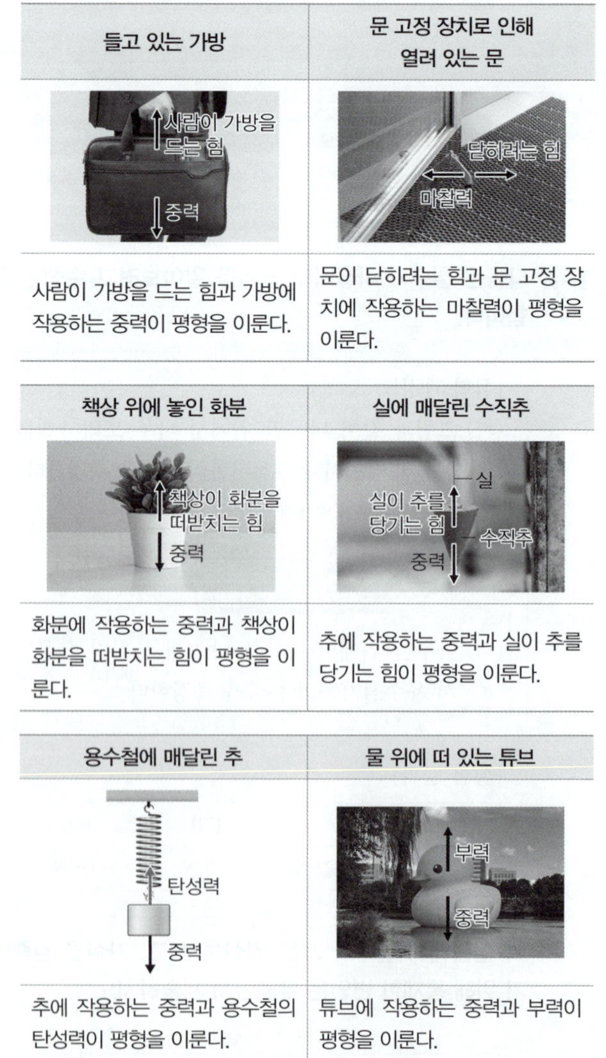


| 들고 있는 가방 | 문 고정 장치로 인해 열려 있는 문 |
|---|---|
| 사람이 가방을 드는 힘과 가방에 작용하는 중력이 평형을 이룬다. | 문이 닫히려는 힘과 문 고정 장치에 작용하는 마찰력이 평형을 이룬다. |
| **책상 위에 놓인 화분** | **실에 매달린 수직추** |
| 화분에 작용하는 중력과 책상이 화분을 떠받치는 힘이 평형을 이룬다. | 추에 작용하는 중력과 실이 추를 당기는 힘이 평형을 이룬다. |
| **용수철에 매달린 추** | **물 위에 떠 있는 튜브** |
| 추에 작용하는 중력과 용수철의 탄성력이 평형을 이룬다. | 튜브에 작용하는 중력과 부력이 평형을 이룬다. |

**1** 물체에 작용하는 알짜힘이 (　　　　　　)이/가 아니면 물체의 속력이나 운동 방향이 변한다.

**2** 물체의 운동 방향과 같은 방향으로 알짜힘이 작용하면 물체의 속력이 ( 감소한다 , 변화없다 , 증가한다 ).

**3** 물체의 운동 방향과 수직으로 알짜힘이 작용하면 물체의 ( 속력만 , 운동 방향만 , 속력과 운동 방향이 모두 ) 변한다.

**4** 속력과 운동 방향이 동시에 변하는 물체에는 물체의 운동 방향과 ( 나란하게 , 수직으로 , 비스듬하게 ) 알짜힘이 작용한다.

**[5~7] 그림은 인공위성, 자이로드롭, 바이킹의 운동을 나타낸 것이다.**

인공위성

자이로드롭

바이킹

**5** 인공위성은 운동 방향에 (　　　　　　)(으)로 중력이 작용하여 지구 주위를 원운동한다.

**6** 자이로드롭이 떨어질 때 운동 방향과 (　　　　　) 방향으로 알짜힘이 작용한다.

**7** 바이킹에 탄 사람의 속력은 ㉠( 일정 , 변 )하고, 운동 방향은 ㉡( 일정하 , 변한 )다.

**8** 물체에 ㉠( 같은 , 다른 ) 크기의 두 힘이 ㉡( 같은 , 반대 ) 방향으로 나란하게 작용하면 물체의 운동 상태가 변하지 않는다.

**9** 줄다리기 경기에서 양쪽에서 줄을 당기는 힘이 (　　　　　　)을/를 이루면 줄이 움직이지 않는다.

**10** 그림과 같이 책상 위의 책이 정지해 있는 것은 ㉠(　　　　　)와/과 ㉡(　　　　　)이/가 서로 평형을 이루기 때문이다.

**미리 보기** **02 힘과 운동**

**01** 다음은 물체의 운동 상태가 변하는 예이다.

> (가) 야구 경기에서 타자가 방망이로 공을 세게 쳤을 때 공은 ㉠(    )와/과 ㉡(    )이/가 모두 변하는 운동을 한다.
> (나) 해머던지기 경기에서 해머를 잡고 원 궤도를 따라 돌리고 있을 때 해머는 ㉡(    )이/가 변하는 운동을 한다.

(    ) 안에 알맞은 말을 옳게 짝 지은 것은?

| | ㉠ | ㉡ | | ㉠ | ㉡ |
|---|---|---|---|---|---|
| ① | 속력 | 질량 | ② | 질량 | 속력 |
| ③ | 속력 | 운동 방향 | ④ | 운동 방향 | 속력 |
| ⑤ | 질량 | 운동 방향 | | | |

**02** 속력은 일정하고 운동 방향만 변하는 운동으로 옳은 것은?

① 흔들리는 그네     ② 내려오는 롤러코스터

③ 비스듬히 찬 축구공     ④ 출발하는 자전거

⑤ 지구 주위를 도는 인공위성

**03** 그림 (가)~(다)는 물체의 운동을 0.1초 간격으로 나타낸 것이다.

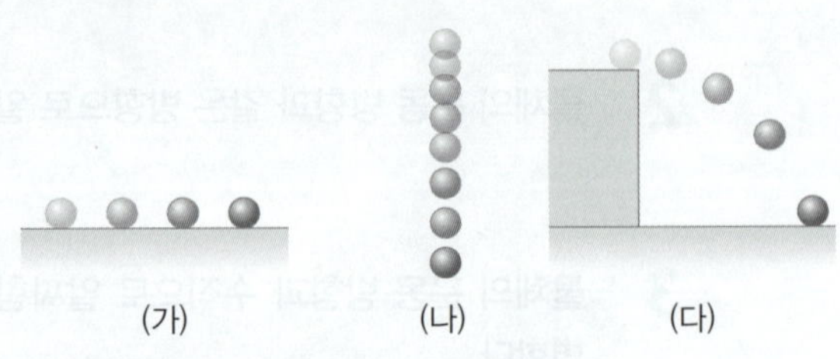

(가)      (나)      (다)

속력이 변하는 운동을 모두 고른 것은?

① (가)     ② (다)     ③ (가), (나)
④ (나), (다)     ⑤ (가), (나), (다)

**04** 알짜힘과 물체의 운동 상태에 대한 설명으로 옳은 것을 보기에서 모두 고른 것은?

> **보기**
> ㄱ. 물체에 작용하는 알짜힘이 0이면 물체의 속력만 변한다.
> ㄴ. 물체에 작용하는 알짜힘이 0이면 물체의 운동 방향만 변한다.
> ㄷ. 물체에 알짜힘이 작용하면 물체의 운동 상태가 변한다.

① ㄱ     ② ㄴ     ③ ㄷ
④ ㄱ, ㄴ     ⑤ ㄴ, ㄷ

**05** 그림은 학생 A, B, C가 힘을 받은 물체의 운동에 대해 대화하는 모습을 나타낸 것이다.

제시한 내용이 옳은 학생을 모두 고른 것은?

① A     ② B     ③ A, C
④ B, C     ⑤ A, B, C

**06** 그림은 축구 선수가 공을 헤딩하기 직전의 모습을 나타낸 것이다.

헤딩을 하는 순간 선수가 변화시킬 수 있는 것을 모두 고르면? (3개)

① 공의 모양
② 공의 질량
③ 공의 속력
④ 공의 무게
⑤ 공의 운동 방향
⑥ 공에 작용하는 중력의 크기

**07** 다음은 과학 수행 평가지의 일부를 나타낸 것이다.

### 과학 수행 평가

1학년 ○반 ○번 이름: ○○○

1. 힘의 크기가 일정할 때, 힘의 방향에 따른 운동 상태의 변화와 운동의 예를 쓰시오.

| 힘의 방향 | 운동 상태의 변화 | | 운동의 예 |
|---|---|---|---|
| 운동 방향과 같을 때 | 운동 방향 ( ㉠ ). | | ( 자유 낙하 운동 ) |
| | 속력 ( 변함 ). | | |
| 운동 방향과 수직일 때 | 운동 방향 ( 변함 ). | | ( ㉡ ) |
| | 속력 ( 변하지 않음 ). | | |
| 운동 방향과 비스듬할 때 | 운동 방향 ( 변함 ). | | ( 포물선 운동 ) |
| | 속력 ( 변함 ). | | |

㉠과 ㉡에 들어갈 내용으로 적절한 것을 옳게 짝 지은 것은?

| | ㉠ | ㉡ |
|---|---|---|
| ① | 변함 | 진자 운동 |
| ② | 변함 | 등속 원운동 |
| ③ | 변함 | 위로 던진 공의 운동 |
| ④ | 변하지 않음 | 진자 운동 |
| ⑤ | 변하지 않음 | 등속 원운동 |

**08** 그림은 스키점프 선수가 경사면을 내려와 도약대에서 점프한 후 포물선 경로를 따라 운동한 것을 나타낸 것이다. 점 p, q는 포물선 경로상의 점이다.

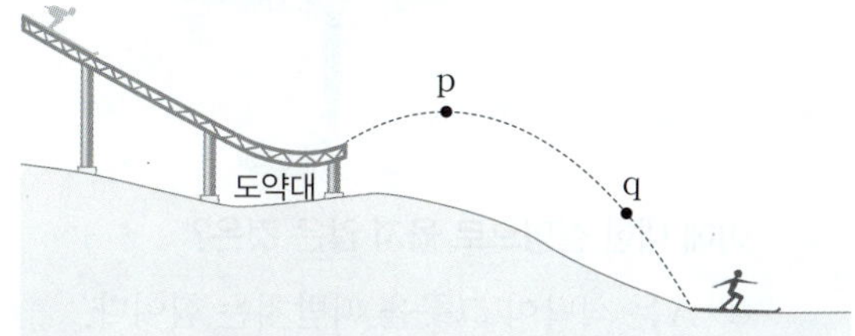


이 선수가 p에서 q까지 운동하는 동안 변하는 것만을 보기에서 모두 고른 것은? (단, 공기 저항은 무시한다.)

> 보기
> ㄱ. 선수의 속력
> ㄴ. 선수의 운동 방향
> ㄷ. 선수에게 작용하는 힘의 방향

① ㄱ ② ㄷ ③ ㄱ, ㄴ
④ ㄴ, ㄷ ⑤ ㄱ, ㄴ, ㄷ

**09** 그림과 같이 활시위를 힘껏 당긴 다음 가만히 놓았더니 화살이 날아가서 과녁에 깊이 박힌 후 정지하였다.

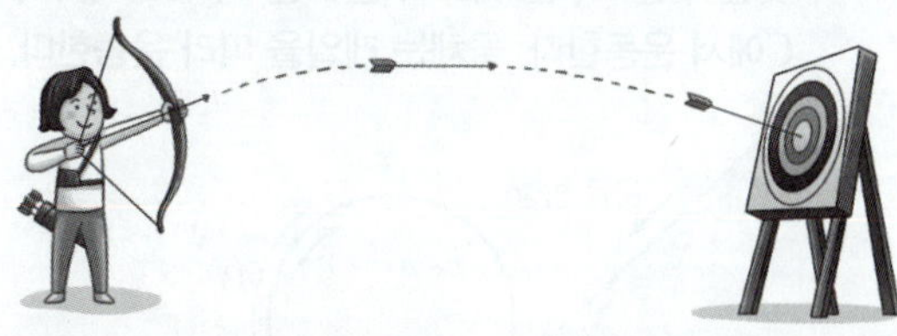

화살에 작용하는 힘과 운동 상태 변화에 대한 설명으로 옳은 것을 보기에서 모두 고른 것은?

> 보기
> ㄱ. 휘어진 활시위의 탄성력이 화살의 속력을 증가시켰다.
> ㄴ. 중력이 날아가는 화살의 운동 방향을 변화시켰다.
> ㄷ. 화살과 과녁 사이의 마찰력이 화살의 속력을 감소시켰다.

① ㄱ ② ㄴ ③ ㄱ, ㄷ
④ ㄴ, ㄷ ⑤ ㄱ, ㄴ, ㄷ

**10** 그림은 빵이 담긴 그릇이 식탁 위에 놓여 있을 때 그릇에 작용하는 두 힘 A, B를 화살표로 나타낸 것이다.

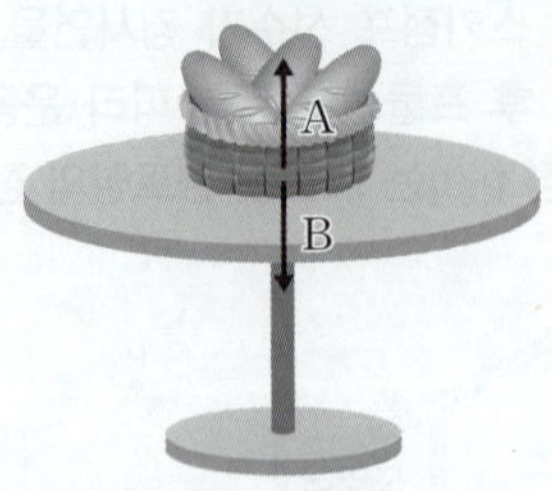

이에 대한 설명으로 옳지 <u>않은</u> 것은?

① A는 식탁이 그릇을 떠받치는 힘이다.
② B는 그릇에 작용하는 중력이다.
③ A와 B의 크기는 같다.
④ 그릇에 작용하는 알짜힘은 0이다.
⑤ 그릇에 빵을 더 담으면 A보다 B의 크기가 커진다.

**11** 그림과 같이 빗면 위의 한 점에서 가만히 놓은 물체가 빗면 구간 A, 원 궤도 구간 B를 차례로 지나 수평 구간 C에서 운동한다. 물체는 레일을 따라 운동한다.

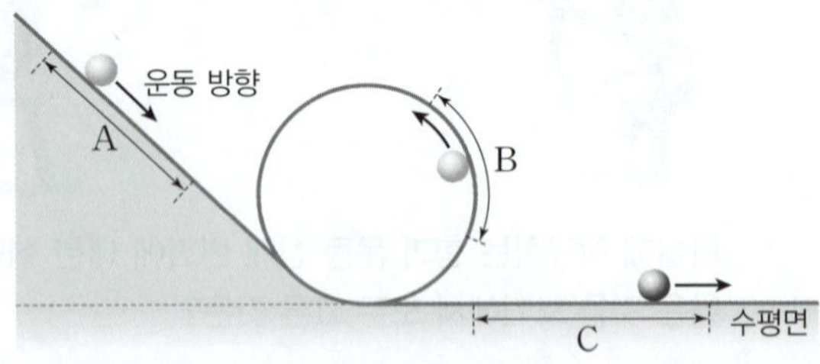


물체의 운동에 대한 설명으로 옳은 것을 모두 고르면? (단, 마찰과 공기 저항은 무시한다.) (4개)

① A에서 속력은 증가한다.
② A에서 운동 방향은 변한다.
③ B에서 속력은 일정하다.
④ B에서 운동 방향은 변한다.
⑤ C에서 속력이 감소한다.
⑥ C에서 운동 방향은 일정하다.
⑦ C에서 작용하는 알짜힘이 0이다.

**12** 그림 (가)는 스카이다이버가 낙하산을 펴기 전 낙하를 하는 모습을, (나)는 낙하산을 편 후 일정한 운동 방향과 속력으로 내려오는 모습을 나타낸 것이다.

이에 대한 설명으로 옳은 것을 보기에서 모두 고른 것은?

보기
ㄱ. (가), (나)에서 스카이다이버에게는 중력이 작용한다.
ㄴ. (가)에서 스카이다이버의 속력은 점점 증가한다.
ㄷ. (나)에서 스카이다이버에게 작용하는 알짜힘은 0이다.

① ㄱ　　　② ㄷ　　　③ ㄱ, ㄴ
④ ㄴ, ㄷ　　　⑤ ㄱ, ㄴ, ㄷ

**13** 영희가 승강기를 타고 올라갈 때 승강기의 운동을 (가)~(라) 구간으로 나누어 정리하였다.

(가) 승강기가 1층에 정지해 있다.
(나) 승강기가 출발하여 속력이 점점 빨라진다.
(다) 승강기가 일정한 속력으로 올라간다.
(라) 승강기의 속력이 감소하다 멈췄다.

영희에게 작용하는 힘에 대한 설명으로 옳은 것을 보기에서 모두 고른 것은?

보기
ㄱ. (가) 구간에서 중력과 승강기 바닥이 떠받치는 힘이 평형을 이루고 있다.
ㄴ. 알짜힘이 0이 아닌 구간은 (나), (다), (라)이다.
ㄷ. (라) 구간에서 알짜힘은 운동 방향과 반대 방향으로 작용한다.

① ㄱ　　　② ㄴ　　　③ ㄱ, ㄷ
④ ㄴ, ㄷ　　　⑤ ㄱ, ㄴ, ㄷ

**14** 그림 (가)~(라)는 여러 가지 물체의 운동을 나타낸 것이고, 표는 속력과 운동 방향의 변화 여부에 따라 물체의 운동을 A~D로 분류한 것이다.

(가) 마찰이 없는 수평한 얼음판에서 컬링 스톤의 운동

(나) 비스듬히 던져 올린 농구공의 운동

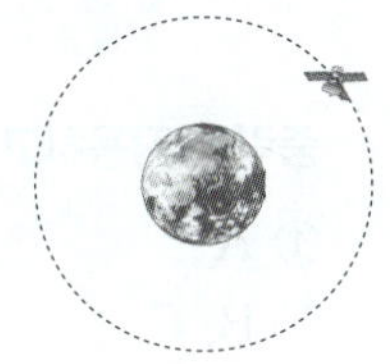

(다) 공중에서 가만히 놓은 탁구공의 운동

(라) 지구 주위를 도는 인공위성의 운동

| 분류 기준 | | 물체의 속력이 일정한가? | |
|---|---|---|---|
| | | 예 | 아니요 |
| 물체의 운동 방향이 일정한가? | 예 | A | B |
| | 아니요 | C | D |

A~D에 해당하는 물체의 운동 (가)~(라)를 옳게 연결하시오.

_______________________________________

**15** 그림은 무게가 5 N인 사과를 손에 올려놓은 것을 나타낸 것이다.

(1) 사과에 작용하는 힘의 종류를 쓰고, 화살표로 방향을 표시하시오.

_______________________________________

(2) 사과에 작용하는 알짜힘의 크기는 몇 N인지 쓰고, 그렇게 생각한 까닭을 서술하시오.

_______________________________________

**16** 다음은 로보컵에 대한 설명이다.

[규칙]

로보컵은 로봇 축구 대회로, 대회에 출전하는 로봇은 사람이 조종하지 않고 완전히 자동으로 움직인다. 로봇은 공을 잡지 않고 패스만으로 장애물을 피하고 공의 속력과 운동 방향을 조절하여 골문에 공을 넣어 점수를 낸다.

[전략]

아래와 같은 전략으로 점수를 내려면 ①, ②, ③번 위치에 있는 로봇은 공을 어떻게 차야 할까?

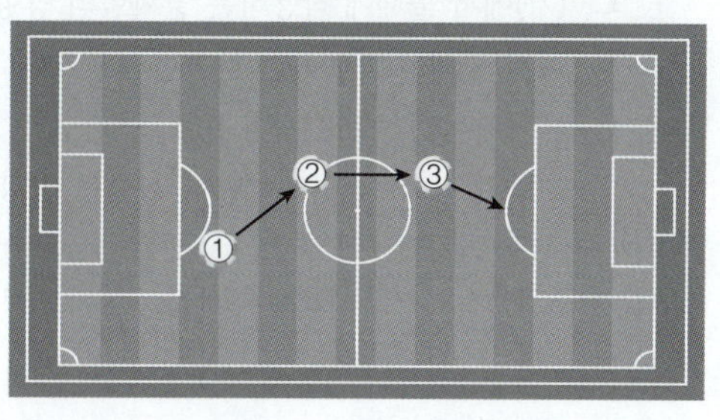

(1) 굴러가는 공의 운동 방향만 변화시키려면 ①번 위치에 있는 로봇이 공을 어떻게 차야 할지 서술하시오.

_______________________________________

(2) 굴러가는 공의 속력만 증가시키려면 ②번 위치에 있는 로봇이 공을 어떻게 차야 할지 서술하시오.

_______________________________________

(3) 굴러가는 공의 속력과 운동 방향을 모두 변화시키려면 ③번 위치에 있는 로봇이 공을 어떻게 차야 할지 서술하시오.

_______________________________________

**1** 그림 (가), (나)는 한 물체에 두 힘이 동시에 작용하는 모습을 나타낸 것이다.

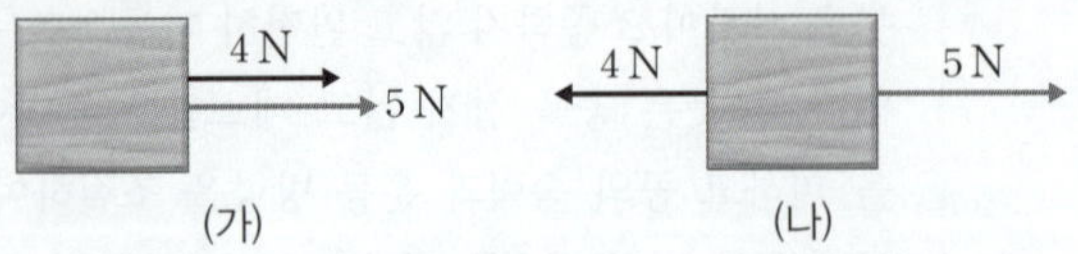

이에 대한 설명으로 옳은 것을 보기에서 모두 고른 것은?

보기
ㄱ. (가)에서 물체에 작용하는 알짜힘의 크기는 9 N이다.
ㄴ. (가)에서 물체에 작용하는 알짜힘의 방향은 (나)에서 물체에 작용하는 알짜힘의 방향과 같다.
ㄷ. (나)에서 물체에 작용하는 알짜힘의 방향은 4 N의 힘이 작용하는 방향과 같은 방향이다.

① ㄱ　　　　② ㄷ　　　　③ ㄱ, ㄴ
④ ㄴ, ㄷ　　　⑤ ㄱ, ㄴ, ㄷ

**2** 그림 (가)는 지구에서 무게가 294 N인 물체 ㉠을, (나)는 달에서 무게가 98 N인 물체 ㉡을 나타낸 것이다.

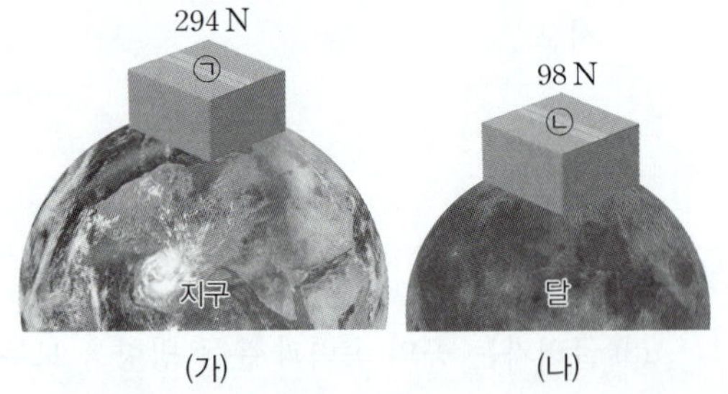

이에 대한 설명으로 옳은 것은? (단, 지구에서 질량이 1 kg인 물체의 무게는 9.8 N이고, 달에서의 중력은 지구에서의 중력의 $\frac{1}{6}$이다.)

① ㉠과 ㉡의 질량은 같다.
② ㉠을 달에 가져가면 무게가 294 N이다.
③ ㉡의 질량은 30 kg이다.
④ ㉡을 지구에 가져가면 무게가 588 N이다.
⑤ ㉠에 작용하는 달 중력의 크기와 ㉡에 작용하는 지구 중력의 크기는 같다.

**3** 그림은 나무에서 떨어지고 있는 사과 A, 나무에 매달려 정지해 있는 사과 B, 지구 주위를 공전하고 있는 달 C를 나타낸 것이다.

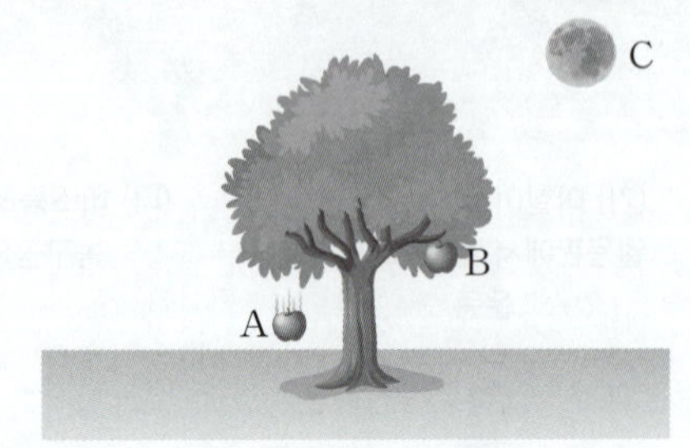

중력이 작용하고 있는 것을 모두 고른 것은?

① A　　　　② B　　　　③ A, C
④ B, C　　　⑤ A, B, C

**4** 그림과 같이 동일한 용수철 A와 B가 같은 길이만큼 늘어난 채 정지해 있다. A, B의 탄성력의 크기는 각각 $F_A$, $F_B$이고, 손이 A를 당기는 힘의 크기와 손이 B에 매달린 추를 당기는 힘의 크기는 각각 $f_A$, $f_B$이다.

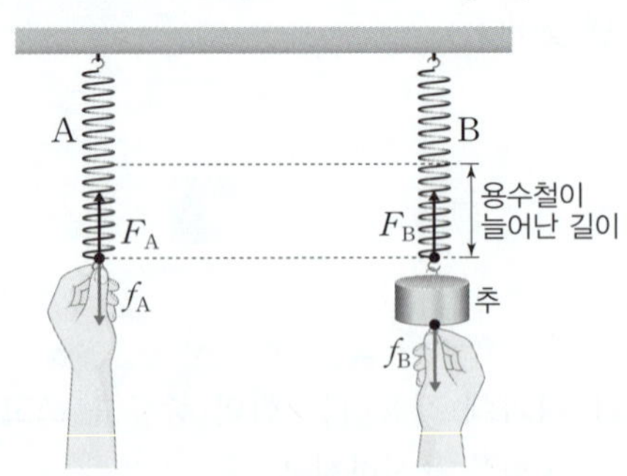

힘의 크기를 옳게 비교한 것은?

|  | 탄성력의 크기 | 손이 당기는 힘의 크기 |
|---|---|---|
| ① | $F_A > F_B$ | $f_A > f_B$ |
| ② | $F_A > F_B$ | $f_A < f_B$ |
| ③ | $F_A = F_B$ | $f_A > f_B$ |
| ④ | $F_A = F_B$ | $f_A < f_B$ |
| ⑤ | $F_A < F_B$ | $f_A = f_B$ |

**5** 그림과 같이 수평면에 놓인 무게가 40 N인 상자를 크기가 각각 20 N, 30 N인 힘으로 끌어당겼을 때 상자가 움직이지 않았다.

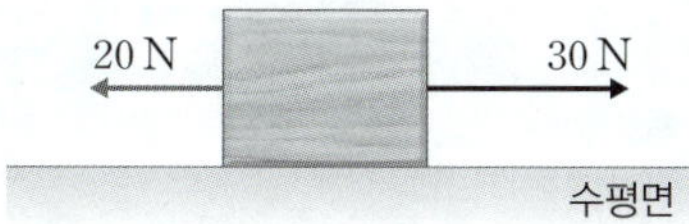


상자에 작용하는 힘에 대한 설명으로 옳지 <u>않은</u> 것은?

① 상자에는 오른쪽으로 마찰력이 작용한다.
② 상자에 작용하는 알짜힘의 크기는 0이다.
③ 상자에 작용하는 중력의 크기는 40 N이다.
④ 상자에 작용하는 마찰력의 크기는 10 N이다.
⑤ 수평면이 상자를 떠받치는 힘의 크기는 40 N이다.

**6** 다음은 부력과 관련된 실험이다.

[실험 과정]
(가) 용수철저울에 질량이 50 g인 추를 매달고 추가 정지한 상태에서 용수철저울의 눈금을 읽는다.

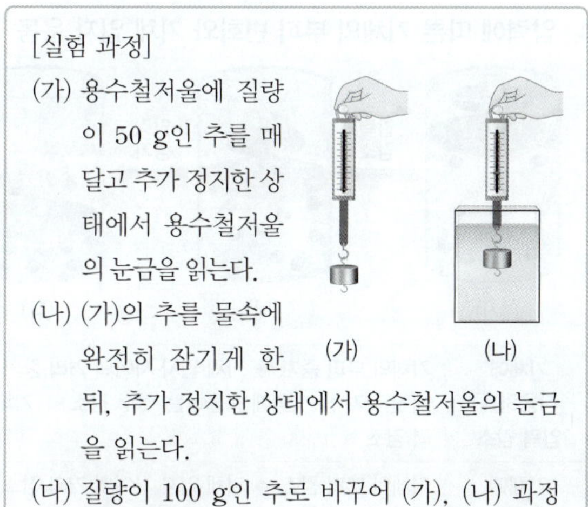


(나) (가)의 추를 물속에 완전히 잠기게 한 뒤, 추가 정지한 상태에서 용수철저울의 눈금을 읽는다.
(다) 질량이 100 g인 추로 바꾸어 (가), (나) 과정을 반복한다.

[실험 결과]

| 추의 질량(g) | (가)에서의 측정값(N) | (나)에서의 측정값(N) |
|---|---|---|
| 50 | $x$ | ㉠ |
| 100 | ㉡ | ㉢ |

이에 대한 설명으로 옳은 것을 보기에서 모두 고른 것은?

보기
ㄱ. ㉠, ㉢은 추에 작용하는 부력의 크기이다.
ㄴ. ㉡은 $x$이다.
ㄷ. ㉢은 ㉡보다 작다.

① ㄱ  ② ㄷ  ③ ㄱ, ㄴ
④ ㄱ, ㄷ  ⑤ ㄴ, ㄷ

**7** 그림은 물체의 운동 4가지를 분류한 것이다. A, B, C는 자유 낙하 운동, 등속 원운동, 포물선 운동을 순서 없이 나타낸 것이다.

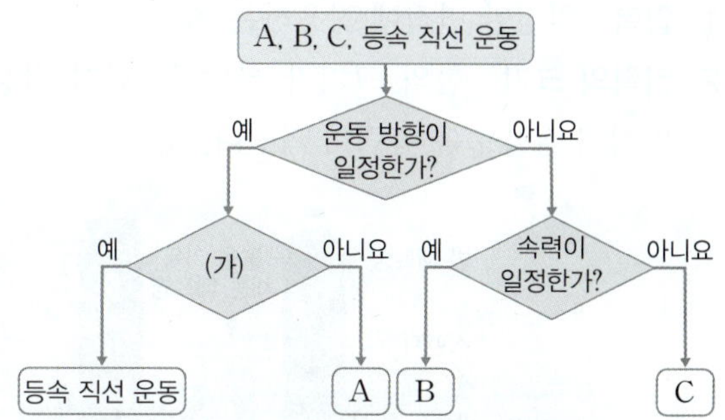


이에 대한 설명으로 옳은 것을 보기에서 모두 고른 것은?

보기
ㄱ. '물체에 작용하는 알짜힘이 0인가?'는 (가)로 적절하다.
ㄴ. B는 포물선 운동이다.
ㄷ. C에서 물체에 작용하는 알짜힘의 방향은 운동 방향과 수직이다.

① ㄱ  ② ㄷ  ③ ㄱ, ㄴ
④ ㄴ, ㄷ  ⑤ ㄱ, ㄴ, ㄷ

**8** 그림 (가)는 실에 매달려 정지해 있는 용수철저울의 측정값이 0인 모습을, (나)는 (가)의 용수철저울에 추를 매단 후 정지해 있는 용수철저울의 측정값이 10 N인 모습을 나타낸 것이다. 용수철저울의 무게는 3 N이다. 이에 대한 설명으로 옳은 것을 보기에서 모두 고른 것은?

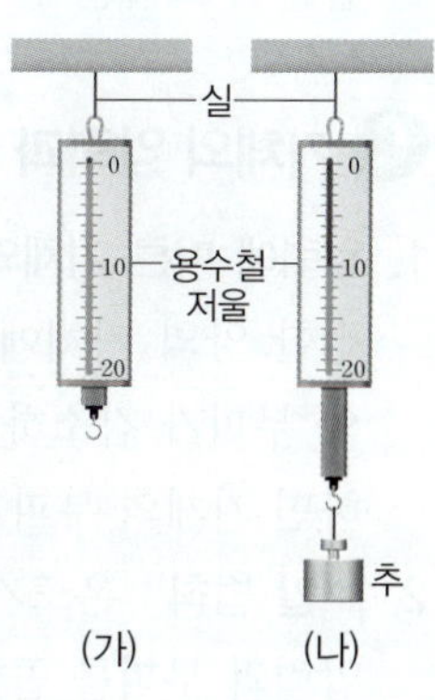


보기
ㄱ. (가)에서 용수철저울에 작용하는 알짜힘은 0이다.
ㄴ. (나)에서 실이 용수철저울에 작용하는 힘의 크기는 13 N이다.
ㄷ. (나)에서 추에 작용하는 중력과 용수철저울이 추에 작용하는 힘은 평형을 이룬다.

① ㄱ  ② ㄴ  ③ ㄱ, ㄷ
④ ㄴ, ㄷ  ⑤ ㄱ, ㄴ, ㄷ

# 개념 다시 보기  01 기체의 압력과 부피

## A 압력

1. **압력**  일정한 면적에 작용하는 힘
2. **압력의 크기**  힘의 크기가 클수록, 힘이 작용하는 면적이 작을수록 압력이 커진다.

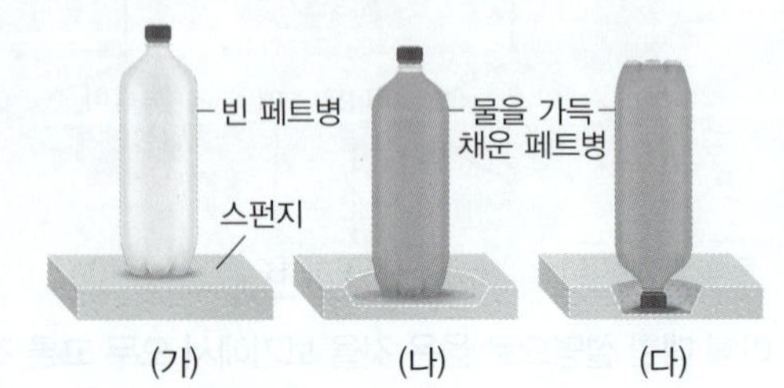


스펀지에 작용하는 압력의 크기: (가)<(나)<(다)

## B 기체의 압력

1. **기체의 압력**  기체 입자들이 일정한 면적의 용기 벽에 충돌하여 가하는 힘
   ① 기체의 압력은 모든 방향으로 똑같이 작용한다.
   ② 기체 입자가 용기 벽에 충돌하는 횟수가 많을수록 기체의 압력이 커진다.
2. **기체의 압력을 이용한 예**  먼지를 제거하는 압축 공기, 자동차를 들어 올리는 공기 주머니, 혈압계, 사람을 구조하는 안전 매트 등

## C 기체의 압력과 부피 관계

1. **압력에 따른 기체의 부피 변화**  일정한 온도에서 일정한 양의 기체에 작용하는 압력이 증가하면 기체의 부피가 감소하고, 기체에 작용하는 압력이 감소하면 기체의 부피가 증가한다.
2. **보일 법칙**  온도가 일정할 때 일정한 양의 기체의 압력과 부피를 곱한 값은 항상 일정하며, 기체의 압력과 부피는 반비례한다.

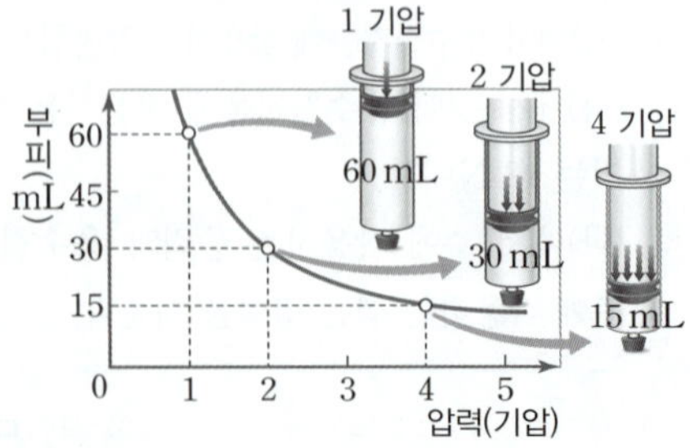


## 3. 압력에 따른 기체의 부피 변화와 관련된 현상

| 감압 용기에 풍선을 넣고 용기 속 공기를 빼낼 때 | <br><br>풍선에 작용하는 압력 감소 ➡ 풍선 속 기체의 부피 증가 |
| --- | --- |
| 주사기에 풍선을 넣고 피스톤을 누르거나 당길 때 | 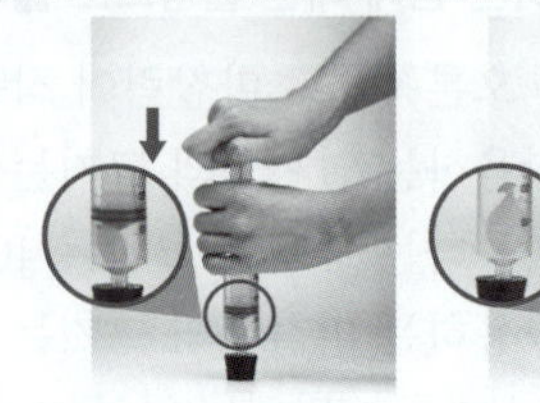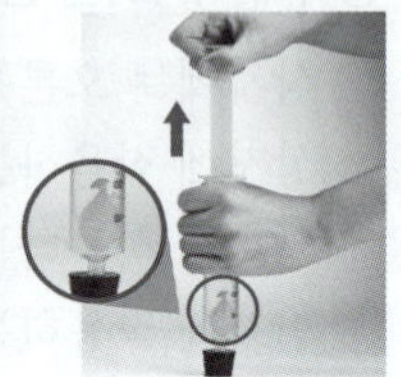<br>• 피스톤을 누를 때: 풍선에 작용하는 압력 증가 ➡ 풍선 속 기체의 부피 감소<br>• 피스톤을 당길 때: 풍선에 작용하는 압력 감소 ➡ 풍선 속 기체의 부피 증가 |

## 4. 압력에 따른 기체의 부피 변화와 기체 입자 운동

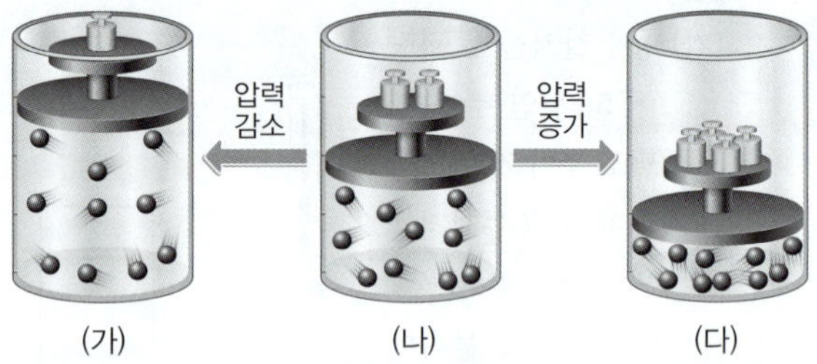


| 기체에 작용하는 압력 감소 | 기체의 부피 증가 ➡ 기체 입자 사이의 거리 증가 ➡ 기체 입자가 용기 벽에 충돌하는 횟수 감소 ➡ 기체의 압력 감소 |
| --- | --- |
| 기체에 작용하는 압력 증가 | 기체의 부피 감소 ➡ 기체 입자 사이의 거리 감소 ➡ 기체 입자가 용기 벽에 충돌하는 횟수 증가 ➡ 기체의 압력 증가 |
| 비교 | • 기체의 부피: (가)>(나)>(다)<br>• 기체 입자 사이의 거리: (가)>(나)>(다)<br>• 기체 입자의 충돌 횟수: (가)<(나)<(다)<br>• 기체의 압력: (가)<(나)<(다) |

## D 생활 속 보일 법칙과 관련된 현상

| 예 | • 높은 산에 올라가면 과자 봉지가 부풀어 오른다.<br>• 헬륨 풍선이 하늘 높이 올라갈수록 점점 커지다가 터진다.<br>• 비행기를 타고 하늘 높이 올라가면 페트병이 부풀어 오른다.<br>• 잠수부가 내뿜은 공기 방울은 수면 가까이 올라올수록 커진다. |
| --- | --- |
| 이용 | • 밑창에 공기 주머니가 들어 있는 운동화는 압력에 따른 공기의 부피 변화를 이용하여 사람이 받는 충격을 줄여 준다.<br>• 수소 기체는 높은 압력을 가하여 부피를 줄여 특수 저장 용기에 담아 보관한다. |

↺ 정답과 해설 **38**쪽

**1** 압력은 일정한 면적에 작용하는 ㉠(　　　　　)이며, 기체의 압력은 기체 입자들이 일정한 면적의 용기 벽에 ㉡(　　　　　)하여 가하는 힘이다.

**[2~3]** **오른쪽 그림은 빈 페트병과 물을 가득 채운 페트병을 스펀지 위에 올려놓은 모습이다.**

**2** (가)는 (나)보다 스펀지에 작용하는 힘이 ㉠( 크 , 작으 )므로 (가)는 (나)보다 스펀지에 작용하는 압력의 크기가 ㉡( 크다 , 작다 ).

**3** (나)는 (다)보다 스펀지에 힘이 작용하는 면적이 ㉠( 크 , 작으 )므로 (나)는 (다)보다 스펀지에 작용하는 압력의 크기가 ㉡( 크다 , 작다 ).

**4** 압축 공기를 이용하여 신발에 묻은 흙 제거하기, 혈압계에 공기를 채워 혈압 측정하기, 안전 매트를 이용하여 사람 구조하기는 모두 기체의 (　　　　　)을/를 이용한 예이다.

**[5~7]** **오른쪽 표는 일정한 온도에서 일정한 양의 기체의 압력과 부피의 관계를 나타낸 것이다.**

| 구분 | (가) | (나) | (다) |
| --- | --- | --- | --- |
| 압력(기압) | 1 | 2 | 4 |
| 부피(mL) | 4 | 2 | 1 |

**5** 기체의 압력이 증가하면 기체의 부피가 ㉠( 증가 , 감소 )하고, 기체의 압력이 감소하면 기체의 부피가 ㉡( 증가 , 감소 )한다.

**6** (가)에서 (나)로 변할 때 기체의 압력이 ㉠( 2 , 4 )배 커지고, 기체의 부피는 ㉡( $\frac{1}{2}$ , $\frac{1}{4}$ )로 작아진다.

**7** (가)~(다)에서 기체의 압력과 부피의 곱은 ㉠( 증가 , 일정 , 감소 )하므로 기체의 압력과 부피는 ㉡( 비례 , 반비례 ) 관계이다.

**[8~9]** **오른쪽 그림은 일정한 온도에서 일정한 양의 기체에 작용하는 압력이 커질 때 기체의 부피 변화를 입자 모형으로 나타낸 것이다.**

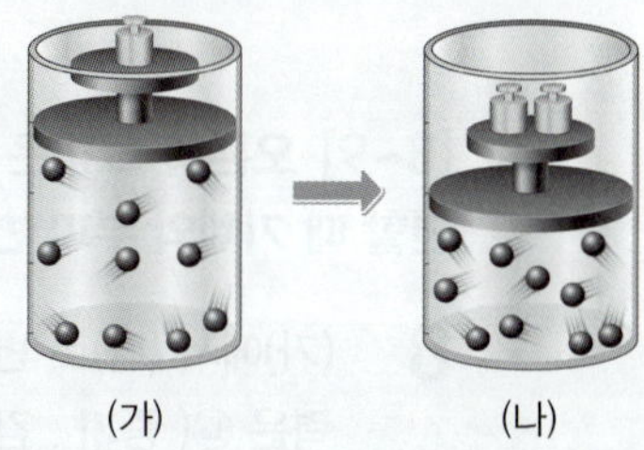


**8** (가)에서 (나)로 변할 때 기체의 부피가 ㉠( 증가 , 감소 )하므로 기체 입자가 용기 벽에 충돌하는 횟수는 ㉡( 증가 , 감소 )한다.

**9** 기체에 작용하는 압력이 변해도 기체 입자의 크기와 개수, 기체 입자의 운동 빠르기는 ( 증가한다 , 일정하다 , 감소한다 ).

**10** 헬륨 풍선이 하늘 높이 올라가면 풍선에 작용하는 대기압이 ㉠( 커 , 작아 )지므로 풍선이 점점 ㉡( 커 , 작아 )지다가 터진다.

정답과 해설 38쪽

**[1~2]** 오른쪽 그림은 벽돌을 개수와 모양을 다르게 하여 스펀지 위에 올려놓은 모습을 나타낸 것이다.

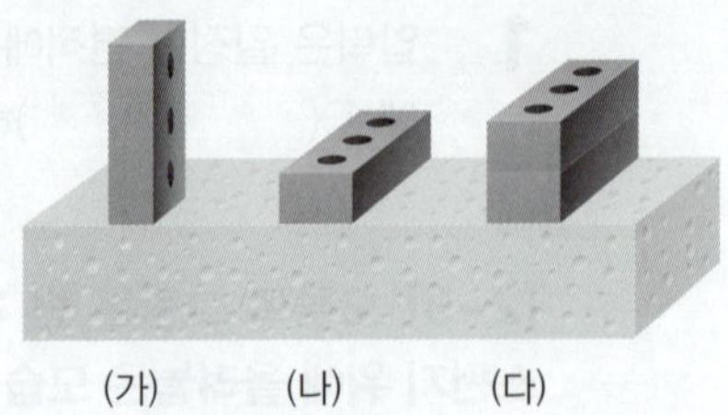


**1** (가)는 (나)보다 스펀지에 힘이 작용하는 면적이 ㉠( 크 , 작으 )므로 (가)는 (나)보다 스펀지에 작용하는 압력의 크기가 ㉡( 크다 , 작다 ).

**2** (나)는 (다)보다 스펀지에 작용하는 힘이 ㉠( 크 , 작으 )므로 (나)는 (다)보다 스펀지에 작용하는 압력의 크기가 ㉡( 크다 , 작다 ).

**[3~4]** 오른쪽 그림은 고무풍선에 공기를 넣은 후의 모습을 입자 모형으로 나타낸 것이다.

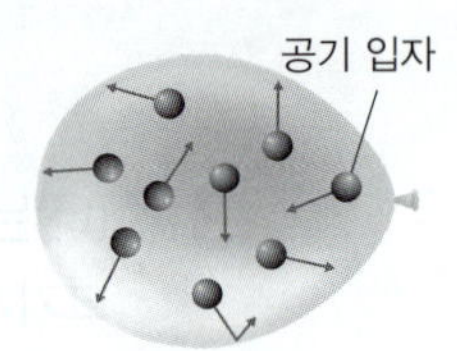


**3** 고무풍선에 공기를 넣으면 고무풍선 속 공기 입자의 개수가 ㉠( 증가 , 감소 )하여 공기 입자가 고무풍선 안쪽 벽에 충돌하는 횟수가 ㉡( 증가 , 감소 )한다. 이로 인해 고무풍선 속 공기의 압력이 ㉢( 증가 , 감소 )하여 고무풍선이 부풀어 오른다.

**4** 고무풍선이 둥근 모양으로 부풀어 오른 까닭은 기체의 압력이 (　　　　　　) 방향으로 똑같이 작용하기 때문이다.

**[5~7]** 오른쪽 그림은 일정한 온도에서 일정한 양의 기체의 압력과 부피의 관계를 나타낸 것이다.

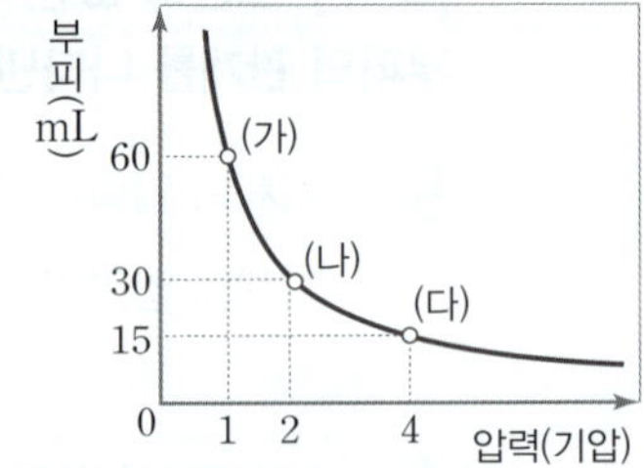


**5** (가)에서 (나)로 변할 때 기체의 압력은 ㉠( 증가 , 감소 )하고 기체의 부피는 ㉡( 증가 , 감소 )한다.

**6** 기체의 압력이 1 기압에서 2 기압으로 2배만큼 증가하면 기체의 부피는 60 mL에서 ㉠(　　　　) mL로 ㉡( $\frac{1}{2}$ , $\frac{1}{4}$ )로 감소한다.

**7** (나)에서 (다)로 변할 때 기체 입자의 충돌 횟수는 ㉠( 증가 , 감소 )하고, 기체 입자 사이의 거리는 ㉡( 증가 , 감소 )한다.

**[8~9]** 오른쪽 그림은 일정한 온도에서 일정한 양의 기체에 가하는 압력이 변할 때 기체의 부피 변화를 입자 모형으로 나타낸 것이다.

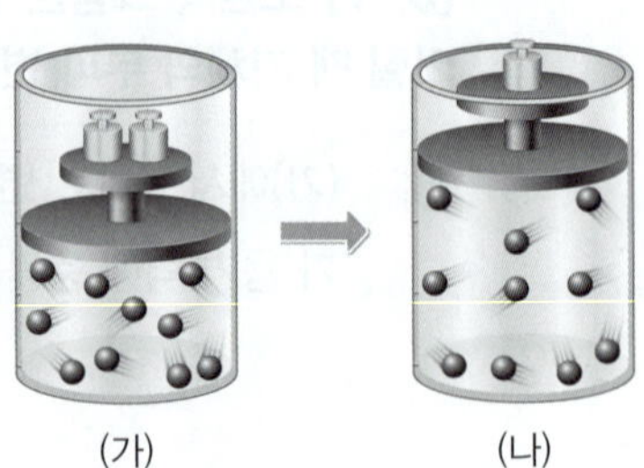


**8** (가)에서 (나)로 변할 때 기체의 부피가 ㉠( 증가 , 감소 )하므로 기체의 압력은 ㉡( 증가 , 감소 )한다.

**9** (가)에서 (나)로 변할 때 기체 입자의 운동 빠르기와 기체 입자의 개수는 (　　　　　)하다.

**10** 잠수부가 내뿜은 공기 방울은 수면 가까이 올라올수록 크기가 ㉠( 커 , 작아 )지는데, 그 까닭은 수면 가까이 올라올수록 공기 방울에 작용하는 압력이 ㉡( 커 , 작아 )지기 때문이다. 이 현상은 ㉢( 보일 , 샤를 ) 법칙으로 설명할 수 있다.

**01** 압력과 기체의 압력에 대한 설명으로 옳지 <u>않은</u> 것은?

① 압력은 일정한 면적에 작용하는 힘의 크기이다.

② 힘이 작용하는 면적이 클수록 압력이 작아진다.

③ 기체의 압력은 지구 중심 방향으로 가장 크게 나타난다.

④ 기체 입자가 용기 벽과 충돌하면서 기체의 압력이 나타난다.

⑤ 지구를 둘러싸고 있는 공기에 의한 압력을 대기압이라고 한다.

**02** 그림 (가)는 빈 페트병을 스펀지 위에 올려놓은 모습을, 그림 (나)와 (다)는 물을 가득 채운 페트병을 스펀지 위에 다르게 올려놓은 모습을 각각 나타낸 것이다.

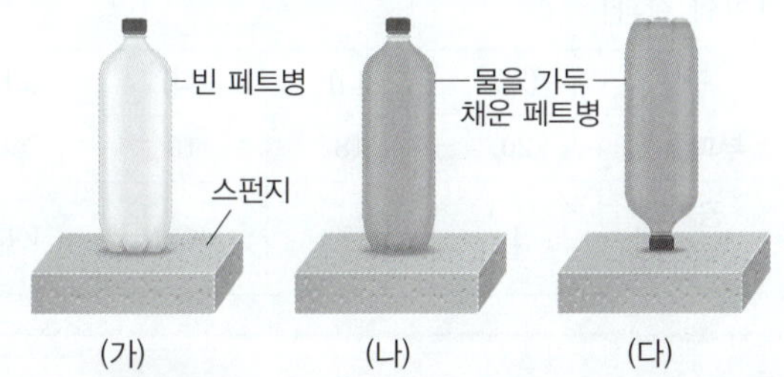


(가)~(다)를 옳게 비교한 것을 보기에서 모두 고른 것은?

> 보기
> ㄱ. 스펀지가 눌린 깊이: (가)>(나)
> ㄴ. 힘이 작용하는 면적: (나)>(다)
> ㄷ. 스펀지에 작용하는 압력의 크기: (나)>(다)

① ㄱ          ② ㄴ          ③ ㄱ, ㄷ
④ ㄴ, ㄷ       ⑤ ㄱ, ㄴ, ㄷ

**03** 그림과 같이 일정한 온도에서 찌그러진 농구공에 공기를 더 넣었더니 농구공이 팽팽해졌다.

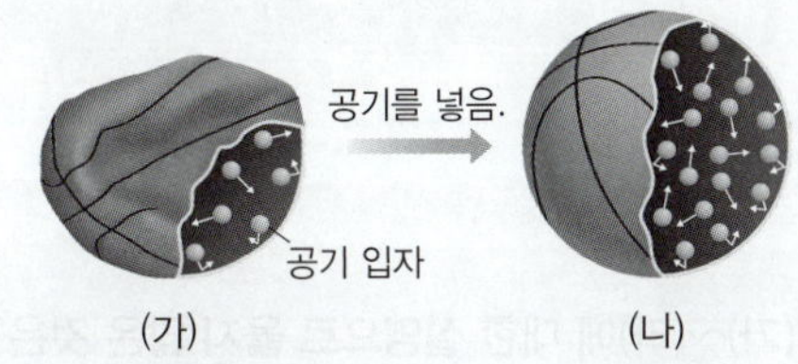


농구공 안 공기의 변화를 옳게 비교한 것은?

① 공기의 압력: (가)=(나)

② 공기 입자의 크기: (가)<(나)

③ 공기 입자의 개수: (가)=(나)

④ 공기 입자의 운동 빠르기: (가)<(나)

⑤ 공기 입자가 농구공 안쪽 벽과 충돌하는 횟수: (가)<(나)

**04** 다음은 기체의 압력과 입자 운동의 관계를 알아보기 위한 활동이다.

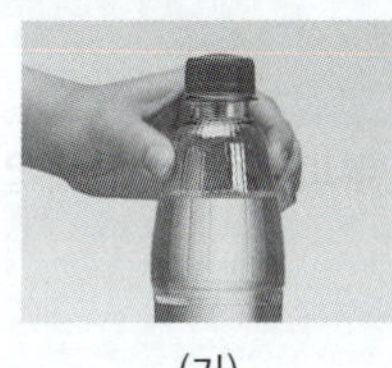


> (가) 동일한 페트병 2개를 준비한다.
> (나) 페트병 하나에 쇠구슬 5개를 넣고, 그림과 같이 잡고 흔든다.
> (다) 다른 페트병에 쇠구슬 20개를 넣고 (나)와 같은 빠르기로 흔든다.

쇠구슬을 기체 입자에 비유한다면, 이에 대한 설명으로 옳은 것을 보기에서 모두 고른 것은?

> 보기
> ㄱ. 손바닥에서 느껴지는 힘은 기체의 압력이다.
> ㄴ. (다)는 (나)보다 손바닥에 더 강한 힘이 느껴진다.
> ㄷ. 이 활동으로 기체 입자의 빠르기와 기체의 압력의 관계를 알 수 있다.
> ㄹ. 손바닥에서 힘이 느껴지는 까닭은 쇠구슬이 운동하여 페트병 안쪽 벽에 충돌하기 때문이다.

① ㄱ, ㄴ          ② ㄱ, ㄷ          ③ ㄷ, ㄹ
④ ㄱ, ㄴ, ㄹ       ⑤ ㄴ, ㄷ, ㄹ

**05** 탄산수가 든 페트병 2개를 준비한 뒤, 그림 (가)는 뚜껑을 열지 않은 페트병의 위쪽을, 그림 (나)는 뚜껑을 열었다가 닫은 페트병의 위쪽을 각각 손으로 누르는 모습을 나타낸 것이다.

이에 대한 설명으로 옳지 <u>않은</u> 것은? (단, 온도와 대기압은 일정하다.)

① (가)는 (나)보다 누르는 데 더 큰 힘이 든다.

② 페트병 속 기체의 압력은 (가)가 (나)보다 크다.

③ 페트병 속 기체 입자 수는 (가)가 (나)보다 많다.

④ 페트병 속 기체 입자의 운동은 (가)가 (나)보다 빠르다.

⑤ 페트병 속 기체 입자가 페트병 안쪽 벽과 충돌하는 횟수는 (가)가 (나)보다 많다.

**06** 오른쪽 그림은 일정한 온도에서 고무풍선에 공기를 불어 넣으면 고무풍선이 둥근 모양으로 부풀어 오르는 모습을 입자 모형으로 나타낸 것이다. 고무풍선이 둥근 모양으로 부풀어 오른 까닭에 대한 설명으로 가장 알맞은 것은?

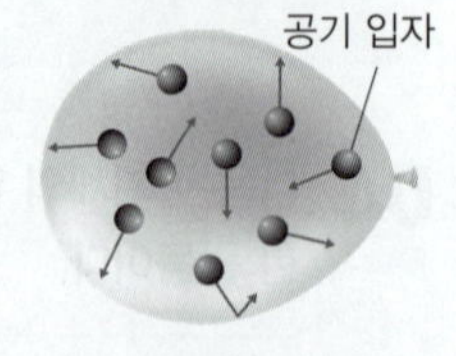


① 공기 입자의 충돌 횟수가 적어지기 때문
② 공기의 압력이 아래쪽 방향으로 작용하기 때문
③ 공기 입자가 아래쪽 방향으로만 운동하기 때문
④ 공기 입자가 고무풍선의 위쪽 벽에만 충돌하기 때문
⑤ 공기 입자가 모든 방향으로 운동하여 고무풍선 벽과 충돌하기 때문

**07** 다음 물건들이 공통으로 이용하는 원리로 옳은 것은?

> • 공기 분사기: 압축 공기로 신발의 흙을 제거한다.
> • 구조용 안전 매트: 매트에 공기를 넣어 사람이 받는 충격을 줄인다.
> • 자동차 정비용 공기 주머니: 공기 주머니에 공기를 채워 자동차를 들어 올린다.

① 기체의 부력
② 기체의 압력
③ 지구의 중력
④ 고무의 탄성력
⑤ 온도에 따른 기체의 부피 변화

**08** 다음은 기체의 압력과 부피 관계를 기체 입자의 운동으로 설명한 것이다.

> 일정한 온도에서 일정한 양의 기체에 작용하는 압력이 커지면 기체의 부피는 ㉠(　　　)지고, 기체 입자가 용기 벽에 충돌하는 횟수가 ㉡(　　　)하므로 기체의 ㉢(　　　)이/가 커진다.

(　　) 안에 알맞은 말을 옳게 짝 지은 것은?

| | ㉠ | ㉡ | ㉢ | | ㉠ | ㉡ | ㉢ |
|---|---|---|---|---|---|---|---|
| ① | 커 | 증가 | 질량 | ② | 커 | 감소 | 압력 |
| ③ | 작아 | 증가 | 압력 | ④ | 작아 | 감소 | 압력 |
| ⑤ | 작아 | 일정 | 질량 | | | | |

[09~10] 다음은 일정한 온도에서 무선 기체 압력 센서를 이용하여 주사기 속 공기의 압력과 부피 관계를 알아보는 실험이다.

[실험 과정]
(가) 주사기에 공기 20 mL를 채우고 주사기와 무선 기체 압력 센서를 연결한다.
(나) 피스톤을 눌러 주사기 속 공기의 부피를 2 mL씩 줄이면서 공기의 압력을 각각 측정한다.

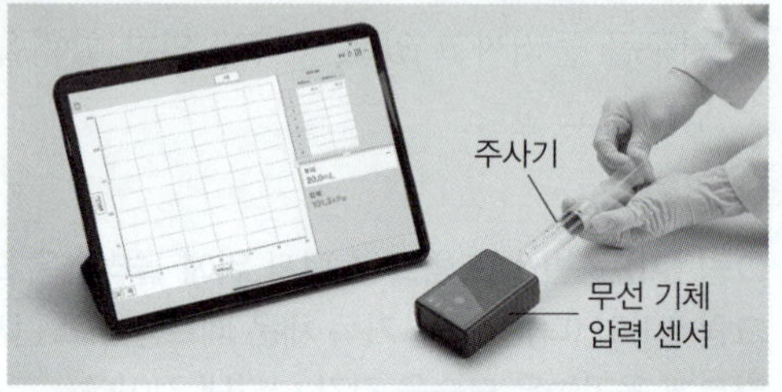


[실험 결과]

| 구분 | (가) | (나) | (다) | (라) |
|---|---|---|---|---|
| 부피(mL) | 20 | 18 | 16 | 14 |
| 공기의 압력(기압) | 1 | ㉠ | ㉡ | 1.43 |

**09** 이 실험에 대한 설명으로 옳은 것을 보기에서 모두 고른 것은?

> **보기**
> ㄱ. 주사기 속 공기의 압력과 부피는 반비례 관계이다.
> ㄴ. 주사기 속 공기의 부피가 작아질수록 공기의 압력이 커진다.
> ㄷ. 주사기 속 공기의 부피가 14 mL일 때 공기에 작용하는 압력은 1 기압이다.

① ㄱ
② ㄷ
③ ㄱ, ㄴ
④ ㄴ, ㄷ
⑤ ㄱ, ㄴ, ㄷ

**10** (가)~(라)에 대한 설명으로 옳지 <u>않은</u> 것은?

① ㉠의 값은 ㉡보다 작다.
② (가)~(라)에서 공기 입자의 개수는 같다.
③ '㉠ 기압 × 18 mL'는 '1 기압 × 20 mL'보다 작다.
④ 공기 입자 사이의 거리가 가장 가까운 것은 (라)이다.
⑤ (가)에서 (나)로 변할 때 공기 입자의 충돌 횟수가 증가한다.

[11~12] 그림은 일정한 온도에서 일정한 양의 기체의 압력과 부피의 관계를 나타낸 것이다.

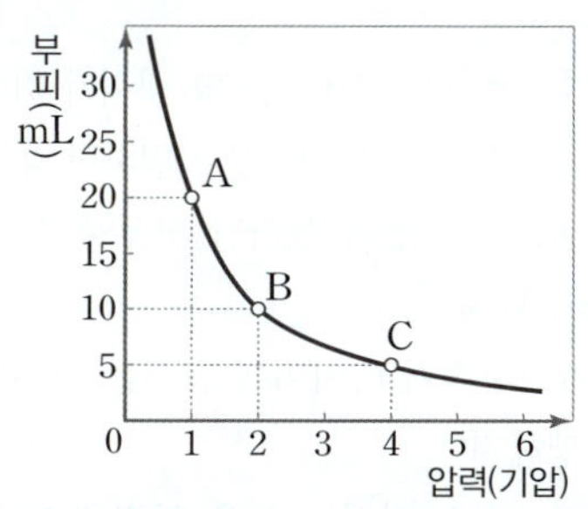

**11** A~C에 대한 설명으로 옳은 것은?

① 샤를 법칙을 확인할 수 있다.
② 기체 입자의 운동은 A에서 가장 빠르다.
③ C에서 기체 입자 사이의 거리가 가장 가깝다.
④ A에서 B로 변할 때 기체 입자가 용기 벽에 충돌하는 횟수가 감소한다.
⑤ A에서 C로 변할 때 압력이 4배 증가하므로 기체의 부피도 4배 증가한다.

**12** 그림은 A에서 주사기 속 기체를 입자 모형으로 나타낸 것이다.

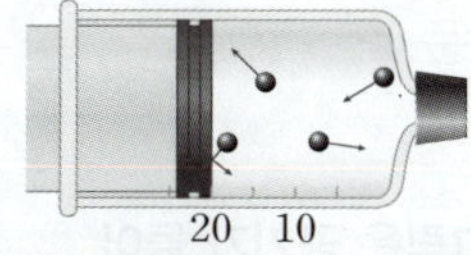

B에서의 입자 모형으로 옳은 것은? (단, 화살표의 길이는 입자 운동의 빠르기를 나타낸다.)

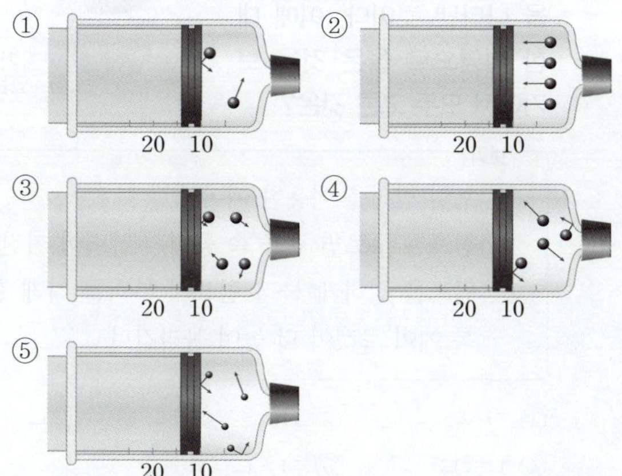



**13** 그림은 일정한 온도에서 일정한 양의 기체가 들어 있는 용기 위에 올려놓은 추의 개수를 줄일 때의 모습을 나타낸 것이다.

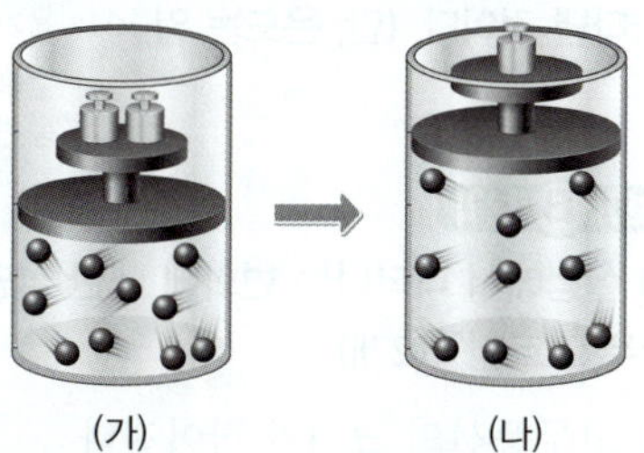


(가)에서 (나)로 변할 때 나타나는 변화를 옳게 비교한 것을 모두 고르면? (2개)

① 기체의 부피: (가)=(나)
② 용기 속 기체의 압력: (가)=(나)
③ 기체에 작용하는 압력: (가)<(나)
④ 기체 입자 사이의 거리: (가)<(나)
⑤ 기체 입자의 운동 빠르기: (가)=(나)
⑥ 기체 입자가 용기 벽에 충돌하는 횟수: (가)<(나)

**14** 그림은 작게 분 고무풍선을 넣은 주사기의 피스톤을 누를 때의 변화를 나타낸 것이다. (가)의 입자 모형은 피스톤을 누르기 전의 고무풍선 속 기체의 모습이다.

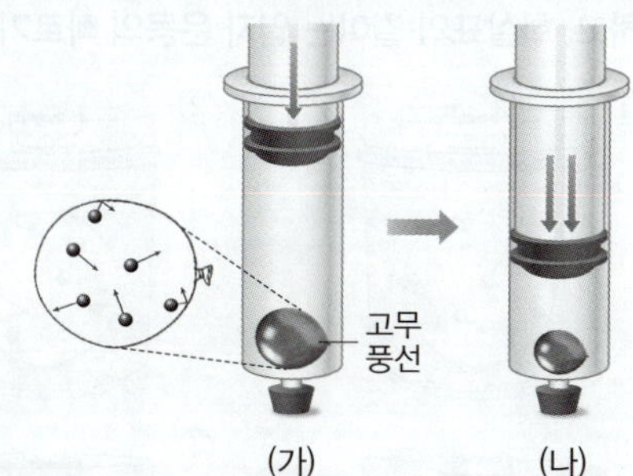


(가)와 (나)에서 고무풍선 속 기체에 대한 설명으로 옳지 <u>않은</u> 것은? (단, 온도는 일정하며, 화살표의 길이는 입자 운동의 빠르기를 나타낸다.)

① (나)에서 기체 입자의 충돌 횟수가 많아진다.
② (나)에서 기체 입자 사이의 거리가 가까워진다.
③ (가)와 (나)에서 기체 입자의 개수는 같다.
④ (가)와 (나)에서 기체 입자 운동의 빠르기는 같다.
⑤ (가)와 (나)에서 고무풍선에 작용하는 압력은 같다.

[15~16] 오른쪽 그림은 감압 용기에 기체가 들어 있는 고무풍선을 넣고 펌프를 연결하여 공기를 빼내는 모습을 나타낸 것이다. (단, 온도는 일정하다.)

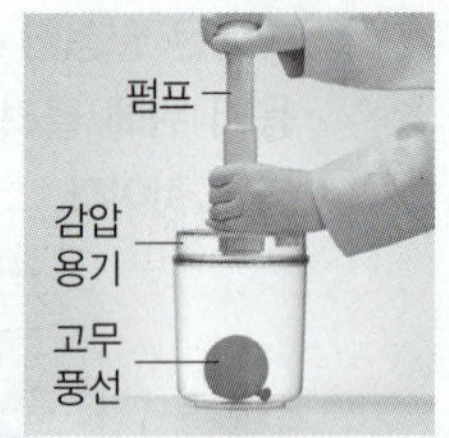


**보기 더 보기**

**15** 이 실험에서 나타나는 변화에 대한 설명으로 옳은 것을 모두 고르면? (2개)

① 고무풍선의 크기가 작아진다.
② 고무풍선 속 기체의 압력이 감소한다.
③ 고무풍선에 작용하는 압력이 증가한다.
④ 고무풍선 속 기체 입자의 개수가 감소한다.
⑤ 감압 용기에서 공기가 차지하는 부피는 일정하다.
⑥ 감압 용기에 들어 있는 공기 입자의 개수가 감소한다.

**16** 오른쪽 그림은 펌프로 감압 용기 속 공기를 뺀 뒤 고무풍선의 모습을 모형으로 나타낸 것이다. 감압 용기의 마개를 열어 다시 공기를 넣었을 때 고무풍선의 변화를 모형으로 나타낸 것으로 옳은 것은? (단, 온도는 일정하고, 화살표의 길이는 입자 운동의 빠르기를 나타낸다.)

① 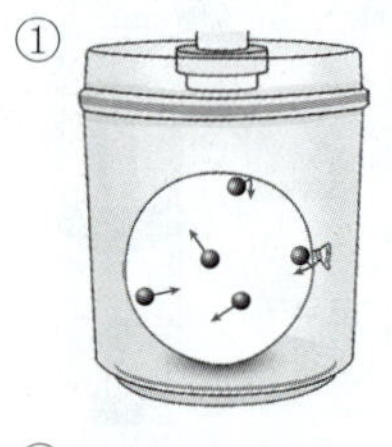  ② 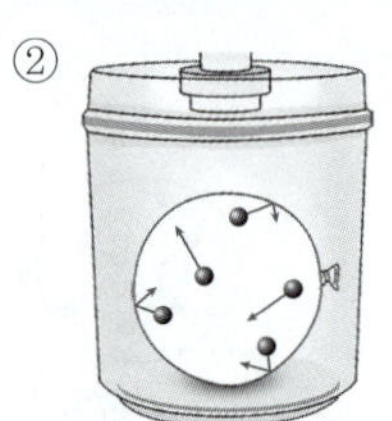

③ 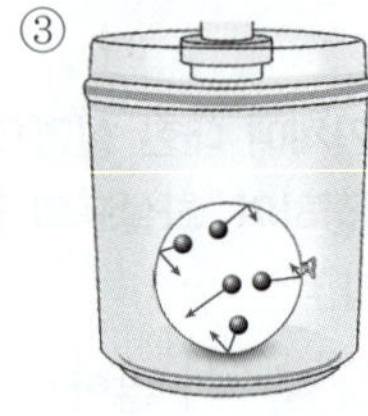  ④ 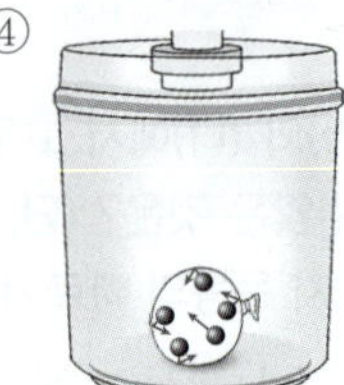

⑤ 

**17** 다음은 우리 주변에서 기체와 관련된 현상에 대한 학생들의 대화이다.

- 철수: 빵집 주위에서는 빵 냄새가 퍼져 나가.
- 영희: 찌그러진 탁구공을 가열하면 탁구공이 펴져.
- 형민: 하늘 높이 올라간 고무풍선은 점점 커지다가 터져.
- 민수: 자전거 타이어에 공기를 채우면 타이어가 팽팽해져.
- 서은: 수소 기체는 높은 압력을 가하여 부피를 줄여 특수 저장 용기에 보관해.

보일 법칙과 관련된 현상을 말한 학생만을 옳게 짝 지은 것은?

① 철수, 영희   ② 철수, 민수   ③ 형민, 서은
④ 민수, 서은   ⑤ 영희, 형민, 서은

**18** 오른쪽 그림과 같이 높은 하늘을 날고 있는 비행기에서 과자 봉지가 팽팽해졌다. 그 까닭에 대한 설명으로 옳은 것은?

① 비행기 내부의 온도가 낮아졌기 때문
② 과자 봉지 속 기체 입자의 크기가 커졌기 때문
③ 과자 봉지 속 기체 입자의 개수가 많아졌기 때문
④ 과자 봉지에 작용하는 공기의 압력이 작아졌기 때문
⑤ 과자 봉지 속 기체 입자의 충돌 횟수가 많아졌기 때문

**19** 오른쪽 그림은 공기가 들어 있는 펌프를 눌러 에어 로켓이 하늘로 날아가는 모습을 나타낸 것이다. 이에 대한 설명으로 옳은 것을 보기에서 모두 고른 것은?

보기

ㄱ. 보일 법칙을 이용한 예이다.
ㄴ. 펌프를 누르면 펌프 속 공기의 압력이 커진다.
ㄷ. 펌프를 강하게 눌러 펌프의 부피를 작게 할수록 에어 로켓이 더 높이 올라간다.

① ㄱ        ② ㄷ        ③ ㄱ, ㄴ
④ ㄴ, ㄷ     ⑤ ㄱ, ㄴ, ㄷ

**20** 그림 (가)는 스노보드를 타고 눈 위에서 미끄러지는 모습을, 그림 (나)는 눈에 미끄러지지 않도록 신발에 아이젠을 착용하고 눈 위에 서 있는 모습을 나타낸 것이다.

(가)와 (나)에서 눈에 작용하는 압력을 비교하고, 그렇게 생각한 까닭을 서술하시오. (단, 몸무게가 같은 사람이 스노보드를 타거나 아이젠을 착용한 신발을 신었고, 스노보드와 아이젠을 착용한 신발의 질량은 같다.)

**21** 오른쪽 그림은 일정한 온도에서 일정한 양의 기체의 압력과 부피의 관계를 나타낸 것이다. A에서 B로 변할 때 기체 입자가 용기 벽에 충돌하는 횟수와 기체 입자의 운동 빠르기는 어떻게 변하는지 서술하시오.

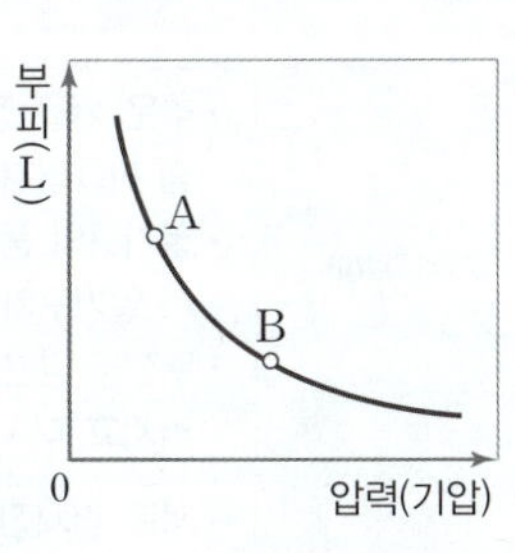


**22** 오른쪽 그림과 같이 감압 용기에 뜯지 않은 과자 봉지를 넣고 용기 속의 공기를 빼내었더니 과자 봉지가 부풀었다. 그 까닭을 감압 용기 속 공기의 압력 변화 및 과자 봉지 속 기체의 부피 변화와 관련지어 서술하시오.

**23** 그림은 일정한 온도에서 일정한 양의 기체에 작용하는 압력 변화에 따른 부피 변화를 나타낸 것이다.

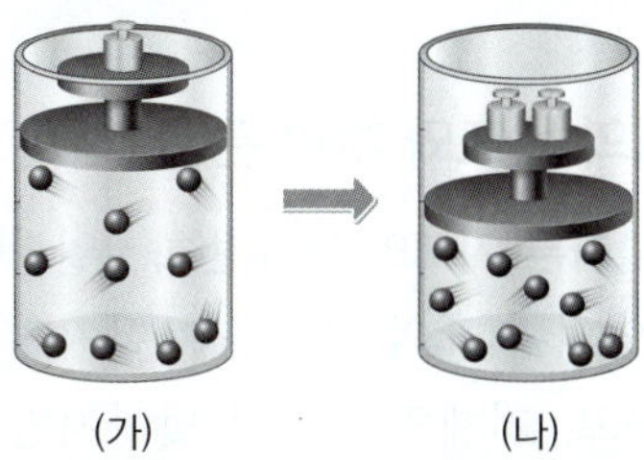


(가)에서 (나)로 변할 때 기체의 압력 변화, 기체 입자 사이의 거리 변화, 기체의 질량 변화를 각각 서술하시오.

**24** 그림은 일정한 온도에서 일정한 양의 기체가 들어 있는 용기의 부피 변화를 나타낸 것이다.

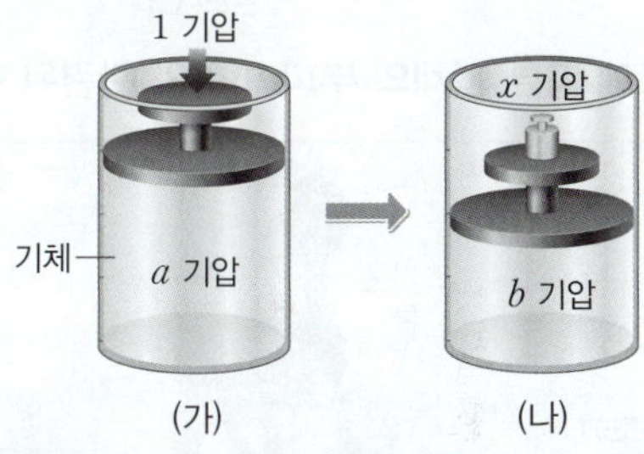


(가)와 (나)에서 용기 속 기체의 압력은 각각 $a$ 기압, $b$ 기압이고, 기체에 작용하는 압력은 각각 1 기압, $x$ 기압이다. 이때 $a$와 $b$의 크기와 $b$와 $x$의 크기를 각각 비교하여 서술하시오.

**25** 하늘로 올라간 헬륨 풍선이 크기가 점점 커지다가 터졌다. 하늘 높이 올라가면 공기의 양이 감소하여 대기압이 변하는데, 헬륨 풍선의 부피가 변하는 까닭을 대기압의 변화와 관련지어 서술하시오. (단, 온도는 일정하다.)

# 02 기체의 온도와 부피

## A 기체의 온도와 부피 관계

1. **온도에 따른 기체의 부피 변화** 일정한 압력에서 일정한 양의 기체의 온도가 높아지면 기체의 부피가 증가하고, 기체의 온도가 낮아지면 기체의 부피가 감소한다.

2. **샤를 법칙** 압력이 일정할 때 일정한 양의 기체는 종류에 관계없이 온도가 높아지면 부피가 일정한 비율로 증가한다.

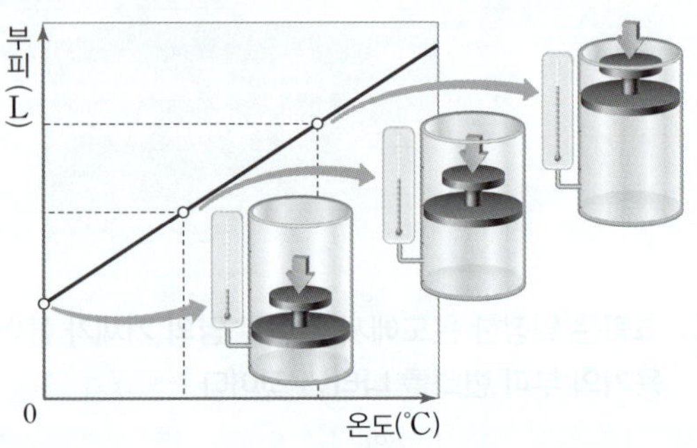

3. **온도에 따른 기체의 부피 변화와 관련된 현상**

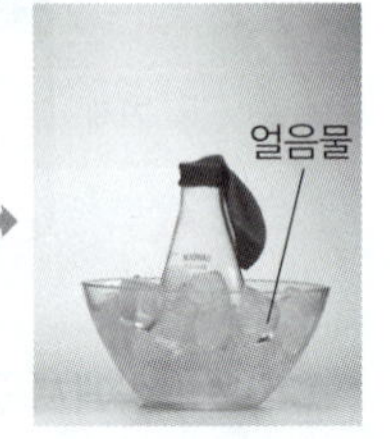


| 온도에 따른 고무풍선의 변화 | • 고무풍선을 씌운 삼각 플라스크를 뜨거운 물에 넣을 때: 온도 높아짐. ➡ 고무풍선 속 기체의 부피 증가 ➡ 고무풍선이 부풀어 오름.<br>• 이 삼각 플라스크를 다시 얼음물에 넣을 때: 온도 낮아짐. ➡ 고무풍선 속 기체의 부피 감소 ➡ 고무풍선이 쭈그러듦. |
|---|---|
| 물을 뿜는 오줌싸개 인형 | • 인형을 뜨거운 물과 찬물에 차례대로 넣었다가 꺼내기: 인형 안에 물이 채워짐.<br>• 인형에 뜨거운 물 붓기: 인형 속 공기의 온도 높아짐. ➡ 공기의 부피 증가 ➡ 물이 뿜어져 나옴. |

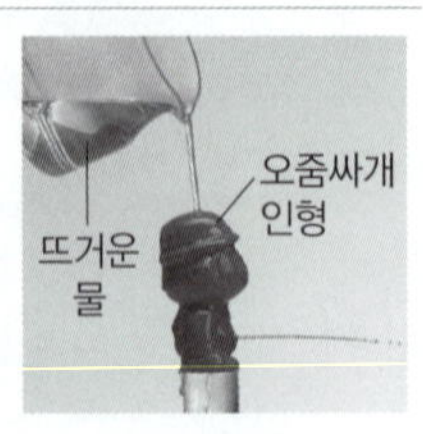


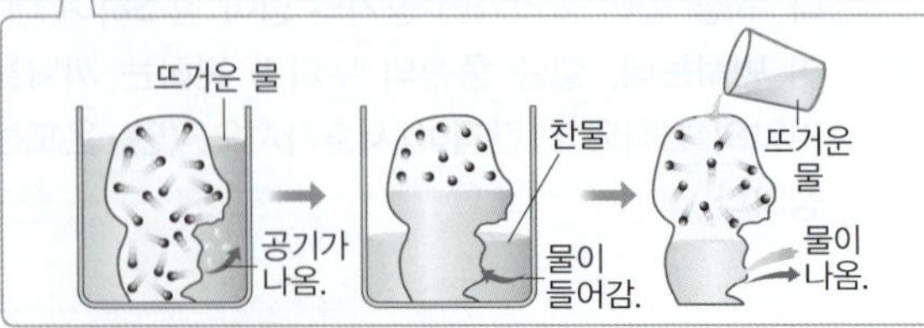


## 4. 온도에 따른 기체의 부피 변화와 기체 입자 운동

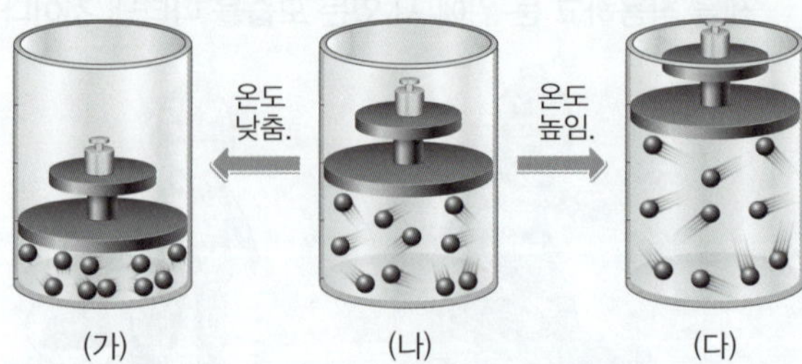


| 기체의 온도 낮춤. | 기체의 온도 낮아짐. ➡ 기체 입자의 운동 빠르기 감소 ➡ 기체 입자의 충돌 세기 감소 ➡ 기체의 부피 감소 |
|---|---|
| 기체의 온도 높임. | 기체의 온도 높아짐. ➡ 기체 입자의 운동 빠르기 증가 ➡ 기체 입자의 충돌 세기 증가 ➡ 기체의 부피 증가 |
| 비교 | • 기체 입자의 운동 빠르기: (가)<(나)<(다)<br>• 기체 입자의 충돌 세기: (가)<(나)<(다)<br>• 기체 입자 사이의 거리: (가)<(나)<(다)<br>• 기체의 부피: (가)<(나)<(다) |

## B 생활 속 샤를 법칙과 관련된 현상

| 예 | • 추운 겨울 창고에 보관한 농구공이 바람이 빠진 것처럼 찌그러져 있다.<br>• 열기구의 풍선 속 기체를 가열하면 풍선이 부풀어 올라 열기구가 위로 떠오른다.<br>• 뚜껑을 닫은 페트병을 냉장고에 넣으면 페트병이 찌그러지고, 다시 꺼내 두면 페트병이 팽팽해진다. |
|---|---|
| 이용 | • 서로 겹쳐진 2개의 그릇 떼어 내기: 그릇의 아랫부분을 뜨거운 물에 담가 둔다. ➡ 그릇 사이 공기의 부피가 커져 그릇을 밀어내기 때문<br>• 찌그러진 탁구공 펴기: 탁구공을 뜨거운 물에 넣는다. ➡ 탁구공 속 공기의 부피가 커지기 때문<br>• 냉장고에서 꺼낸 열리지 않는 밀폐 용기의 뚜껑 열기: 밀폐 용기를 따뜻한 물에 넣어 둔다. ➡ 용기 속 공기의 부피가 커져 뚜껑을 밀어내기 때문<br>• 피펫 끝에 남은 액체 빼내기: 피펫의 윗부분을 손가락으로 막고, 다른 손으로 피펫의 중간 부분을 감싸 쥔다. ➡ 피펫 속 공기의 부피가 커져 남은 액체를 밀어내기 때문<br>• 접착제 없이 고무풍선에 빈 플라스틱 병 붙이기: 플라스틱 병을 가열한 뒤 병 입구를 고무풍선에 붙인다. ➡ 병 속 공기의 부피가 작아지기 때문 |

찌그러진 탁구공 펴기

피펫 끝에 남은 액체 빼내기

↻ 정답과 해설 **41**쪽

**1** 일정한 압력에서 일정한 양의 기체의 온도가 높아지면 기체 입자의 운동이 ㉠( 느려 , 빨라 )져서 기체의 부피가 ㉡( 증가 , 감소 )한다.

**[2~4]** 오른쪽 그림은 일정한 압력에서 일정한 양의 기체의 온도와 부피의 관계를 나타낸 것이다.

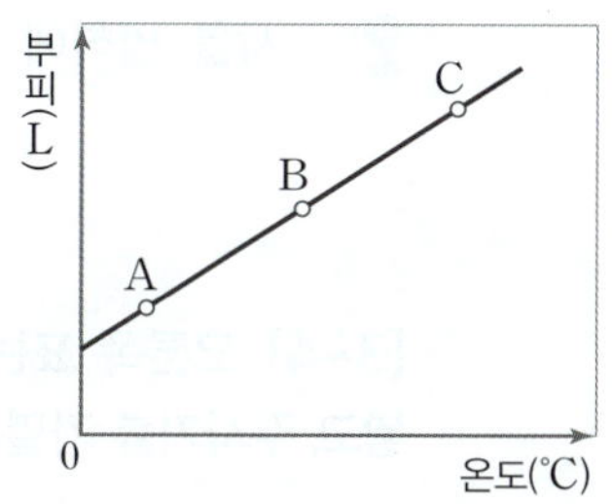


**2** 기체의 온도가 ㉠( 높아 , 낮아 )지면 기체의 부피가 일정한 비율로 증가하는데, 이를 ㉡(              ) 법칙이라고 한다.

**3** A에서 B로 변할 때 기체 입자가 용기 벽에 더 ( 강 , 약 )하게 충돌한다.

**4** A~C 중에서 기체 입자의 운동이 가장 빠른 것은 (              )이다.

**[5~6]** 오른쪽 그림 (가)는 삼각 플라스크에 고무풍선을 씌운 모습이며, 그림 (나)와 (다)는 이 삼각 플라스크를 각각 뜨거운 물, 얼음물 순으로 넣은 모습을 나타낸 것이다.

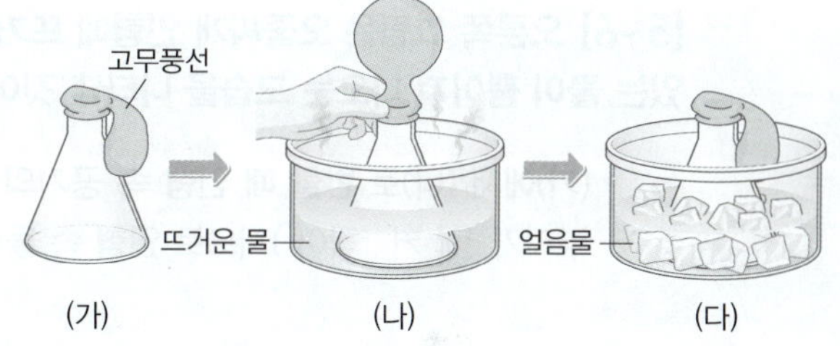


**5** (가)에서 (나)로 변할 때 온도가 ㉠( 높아 , 낮아 )지므로 고무풍선이 ㉡( 부풀어 오른다 , 쭈그러든다 ).

**6** (나)에서 (다)로 변할 때 온도가 ㉠( 높아 , 낮아 )지므로 고무풍선이 ㉡( 부풀어 오른다 , 쭈그러든다 ).

**[7~8]** 오른쪽 그림은 일정한 압력에서 기체의 온도를 높일 때 기체의 부피 변화를 입자 모형으로 나타낸 것이다.

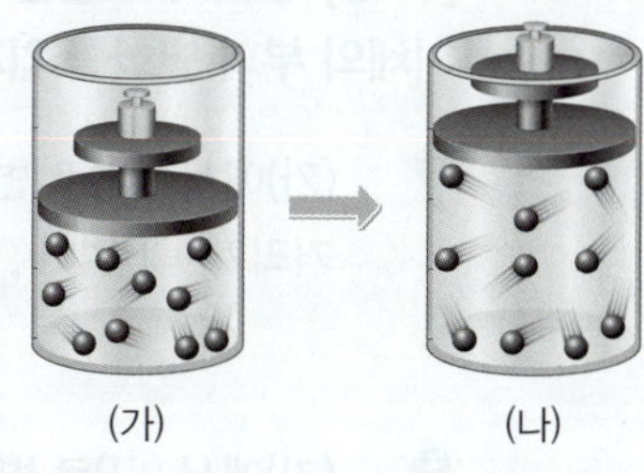


**7** (가)에서 (나)로 변할 때 기체 입자의 운동이 ㉠( 빨라 , 느려 )져 기체 입자가 용기 벽에 ㉡( 강 , 약 )하게 충돌하므로 기체의 부피가 증가한다.

**8** 기체를 가열해도 기체 입자의 크기와 입자의 개수는 (              )하다.

**9** 뚜껑을 닫은 페트병을 냉장고에 넣어 두면 페트병이 ㉠( 찌그러 , 팽팽해 )지고, 다시 냉장고에서 꺼내 두면 페트병이 ㉡( 찌그러 , 팽팽해 )진다.

**10** 설거지를 하다가 겹쳐진 2개의 그릇을 떼어 내기 위해서는 겹쳐진 그릇의 아랫부분을 ㉠( 뜨거운 , 차가운 ) 물에 담가 둔다. 그 까닭은 그릇 사이의 공기의 부피가 ㉡( 증가 , 감소 )하면서 그릇을 밀어내기 때문이다.

↻ 정답과 해설 41쪽

**1** 압력이 일정할 때 일정한 양의 기체의 온도가 높아지면 기체의 부피가 ㉠( 증가 , 감소 )하고, 기체의 온도가 낮아지면 기체의 부피가 ㉡( 증가 , 감소 )한다.

**2** 샤를 법칙에 따르면 일정한 ㉠(          )에서 일정한 양의 기체의 온도를 높이면 기체의 부피가 ㉡(          )한 비율로 증가한다.

**[3~4]** 오른쪽 표는 일정한 압력에서 일정한 양의 공기를 주사기에 넣고 주사기를 가열하면서 주사기 속 공기의 부피를 측정한 결과이다.

| 온도(℃) | 20 | 30 | 40 | 50 |
|---|---|---|---|---|
| 부피(mL) | 27.2 | ㉠ | ㉡ | 32.9 |

**3** 30 ℃에서 기체의 부피 ㉠은 40 ℃에서 기체의 부피 ㉡보다 ( 크다 , 작다 ).

**4** ㉠에서 ㉡으로 변할 때 공기 입자가 주사기 벽과 충돌하는 세기는 ( 커진다 , 작아진다 ).

**[5~6]** 오른쪽 그림은 오줌싸개 인형에 뜨거운 물을 부으면 인형 안에 들어 있는 물이 뿜어져 나오는 모습을 나타낸 것이다.

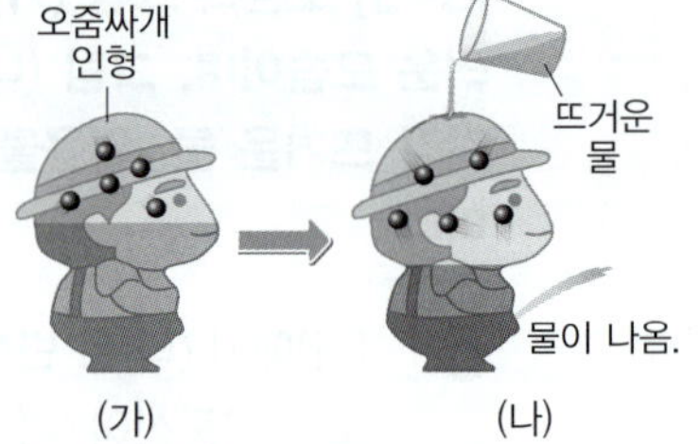


**5** (가)에서 (나)로 변할 때 인형 속 공기의 온도가 ㉠( 높 , 낮 )아져 공기의 부피가 ㉡( 커 , 작아 )지므로 인형 속 물이 뿜어져 나온다.

**6** (가)에서 (나)로 변할 때 인형 속 공기 입자의 운동이 ㉠( 빨라 , 느려 )지고, 공기 입자 사이의 거리가 ㉡( 가까워 , 멀어 )진다.

**[7~8]** 오른쪽 그림은 일정한 압력에서 일정한 양의 기체의 온도를 낮출 때 기체의 부피 변화를 입자 모형으로 나타낸 것이다.

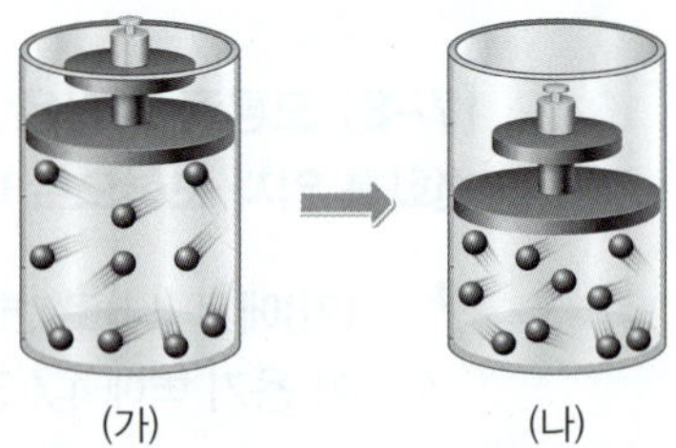


**7** (가)에서 (나)로 변할 때, 입자 운동이 ㉠( 빨라 , 느려 )지고, 입자 사이의 거리가 ㉡( 멀어 , 가까워 )진다.

**8** (가)에서 (나)로 변할 때 기체의 부피가 ㉠( 증가 , 감소 )해도 기체 입자의 크기는 ㉡(          )하다.

**9** 찌그러진 탁구공을 ㉠( 차가운 , 뜨거운 ) 물에 넣으면 탁구공이 원래대로 펴지며, 추운 겨울 창고에 보관한 농구공은 ㉡( 찌그러진다 , 팽팽해진다 ).

**10** 빈 플라스틱 병을 뜨거운 바람으로 가열한 뒤 병 입구를 고무풍선에 붙이면 고무풍선에 플라스틱 병이 붙는다, 그 까닭은 뜨거운 플라스틱 병의 온도가 ㉠( 낮아 , 높아 )지면서 병 속 공기의 부피가 ㉡( 증가 , 감소 )하여 고무풍선이 플라스틱 병 안으로 빨려 들어가기 때문이다.

## 미리 보기  02 기체의 온도와 부피

**01** 다음은 기체의 온도와 부피 관계를 기체 입자의 운동으로 설명한 것이다.

> 일정한 압력에서 일정한 양의 기체의 온도를 높이면 기체의 부피가 ㉠(      )지는데, 이는 기체 입자의 운동이 더 ㉡(      )져 기체 입자가 용기 벽에 ㉢(      )하게 충돌하기 때문이다.

(    ) 안에 알맞은 말을 옳게 짝 지은 것은?

|   | ㉠ | ㉡ | ㉢ |
|---|---|---|---|
| ① | 커 | 빨라 | 강 |
| ② | 커 | 빨라 | 약 |
| ③ | 커 | 느려 | 강 |
| ④ | 작아 | 느려 | 약 |
| ⑤ | 작아 | 빨라 | 약 |

[02~03] 그림은 일정한 압력에서 일정한 양의 기체의 온도와 부피의 관계를 나타낸 것이다.

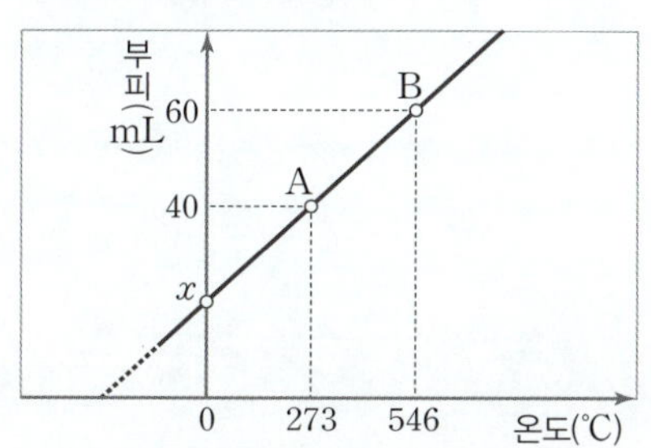

**02** A에서 B로 갈수록 증가하는 값이 <u>아닌</u> 것은?

① 기체의 부피
② 기체 입자의 개수
③ 기체 입자 사이의 거리
④ 기체 입자의 운동 빠르기
⑤ 기체 입자가 용기 벽에 충돌하는 세기

**03** $x$의 값으로 옳은 것은?

① 5　　　　② 10　　　　③ 20
④ 25　　　　⑤ 30

**04** 오른쪽 그림은 주사기에 공기 50 mL를 넣고 끝을 막은 뒤 헤어드라이어로 가열하는 모습을 나타낸 것이다. 가열 후 나타나는 변화에 대한 설명으로 옳은 것은? (단, 주사기에 작용하는 공기의 압력은 일정하다.)

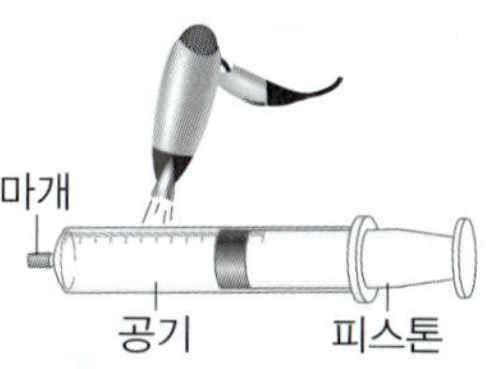


① 주사기의 피스톤이 왼쪽으로 이동한다.
② 주사기 속 공기 입자의 크기가 커진다.
③ 주사기 속 공기 입자의 개수가 많아진다.
④ 주사기 속 공기 입자의 운동 빠르기가 증가한다.
⑤ 주사기 속 공기 입자 사이의 거리는 일정하게 유지된다.

**05** 기체의 온도와 부피 관계를 알아내기 위한 실험에서 일정하게 유지해야 할 요소를 보기에서 모두 고른 것은?

> 보기
> ㄱ. 기체의 질량
> ㄴ. 기체에 작용하는 압력
> ㄷ. 기체가 들어 있는 용기의 크기

① ㄱ　　　　② ㄷ　　　　③ ㄱ, ㄴ
④ ㄴ, ㄷ　　　　⑤ ㄱ, ㄴ, ㄷ

**06** 그림은 기체를 넣은 고무풍선을 온도가 −196 °C인 액체 질소에 넣었을 때 고무풍선이 쭈그러지는 모습을 나타낸 것이다.

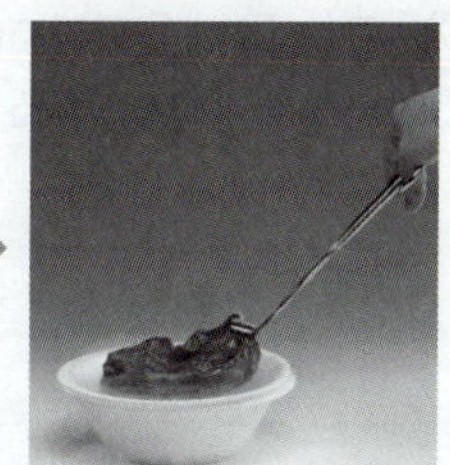

고무풍선 속 기체의 변화에 대한 설명으로 옳지 <u>않은</u> 것은? (단, 고무풍선에 작용하는 공기의 압력은 일정하다.)

① 기체의 온도가 낮아진다.
② 기체 입자의 종류가 달라진다.
③ 기체 입자의 크기는 변하지 않는다.
④ 기체 입자 사이의 거리가 가까워진다.
⑤ 기체 입자가 고무풍선 벽에 충돌하는 횟수가 감소한다.

[07~09] 그림과 같이 일정한 압력에서 뚜껑에 피펫을 꽂은 유리병과 디지털 온도계를 60 ℃의 물이 담긴 비커에 넣은 후, 액체 색소를 피펫 안에 넣었다.

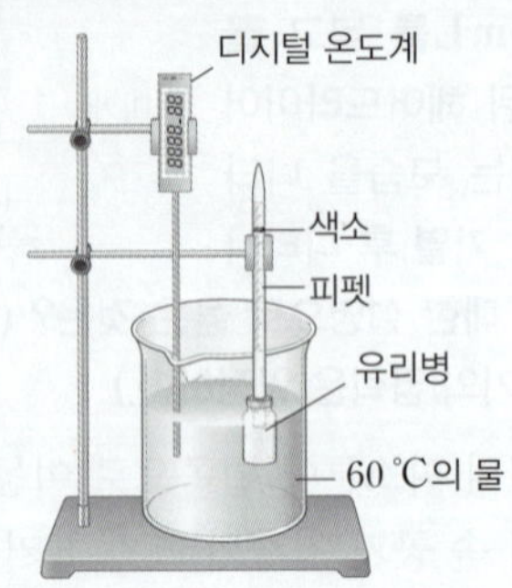


**보기 더 보기**

**07** 이 실험에서 물의 온도가 점점 낮아질 때 나타나는 변화에 대한 설명으로 옳은 것을 모두 고르면? (2개)

① 피펫 속 색소의 양이 늘어난다.
② 피펫 속 공기의 부피가 증가한다.
③ 피펫 속 색소가 아래로 내려간다.
④ 피펫 속 공기 입자의 운동이 느려진다.
⑤ 피펫 속 공기 입자 사이의 거리가 멀어진다.
⑥ 피펫 속 공기 입자가 색소와 충돌하는 세기가 강해진다.

**08** 표는 물의 온도가 50 ℃가 되었을 때 물의 온도가 2 ℃ 낮아질 때마다 색소 아랫부분의 피펫 눈금을 나타낸 것이다.

| 온도(℃) | 50 | 48 | 46 | 44 | 42 |
|---|---|---|---|---|---|
| 피펫 눈금(mL) | 3.0 | (가) | (나) | 2.4 | 2.2 |

이에 대한 설명으로 옳은 것을 보기에서 모두 고른 것은?

**보기**
ㄱ. (가)는 (나)보다 크다.
ㄴ. 이 실험은 샤를 법칙과 관계있다.
ㄷ. 물의 온도가 낮아지면 색소 아랫부분의 공기가 차지하는 부피가 일정하게 작아진다.

① ㄱ          ② ㄷ          ③ ㄱ, ㄴ
④ ㄴ, ㄷ      ⑤ ㄱ, ㄴ, ㄷ

**09** 오른쪽 그림은 물의 온도가 50 ℃가 되었을 때 유리병 속 기체 입자를 모형으로 나타낸 것이다. 물의 온도가 40 ℃가 되었을 때의 입자 모형으로 옳은 것은? (단, 화살표의 길이는 입자 운동의 빠르기를 나타낸다.)

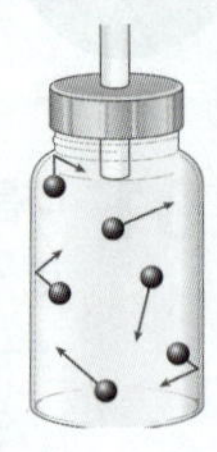

① 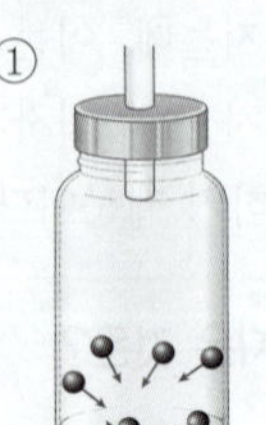   ② 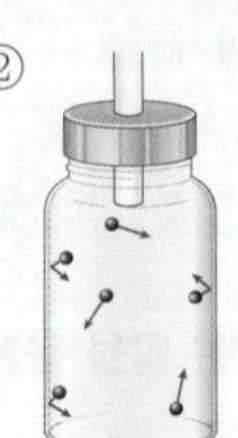   ③ 

④ 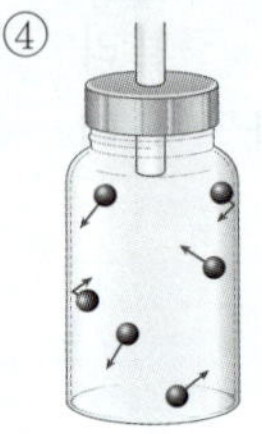   ⑤ 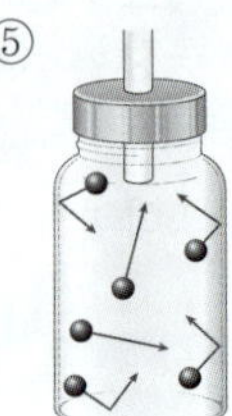

**10** 오른쪽 그림과 같이 스포이트의 끝에 잉크가 남아 있을 때 스포이트를 손으로 감싸 쥐었더니 잉크 방울이 위쪽으로 이동하였다. 이때 나타난 변화에 대한 설명으로 옳은 것을 보기에서 모두 고른 것은?

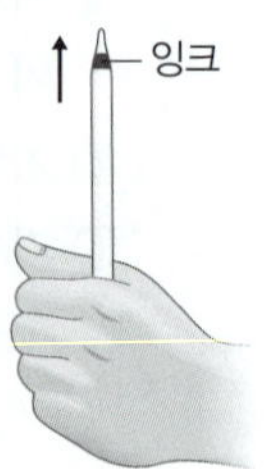


**보기**
ㄱ. 샤를 법칙과 관계있다.
ㄴ. 스포이트 속 기체의 부피가 감소한다.
ㄷ. 스포이트 속 기체 입자의 운동이 빨라진다.

① ㄱ          ② ㄴ          ③ ㄱ, ㄷ
④ ㄴ, ㄷ      ⑤ ㄱ, ㄴ, ㄷ

**11** 그림과 같이 기체가 들어 있는 가지 달린 삼각 플라스크의 가지 부분에 공기를 뺀 고무풍선을 끼우고 뜨거운 바람으로 가열한 뒤, 얼음물이 들어 있는 수조 속에 넣었더니 고무풍선이 쭈그러들었다.

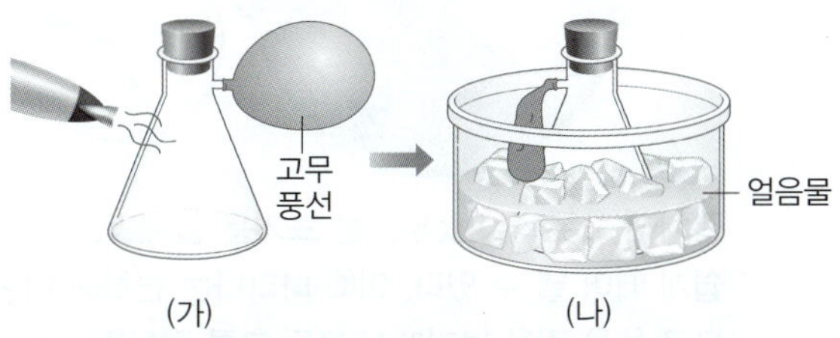



(가)에서 (나)로 변할 때 삼각 플라스크와 고무풍선 속 공기에서 일어나는 변화로 옳은 것을 모두 고르면? (2개)

① 공기 입자의 크기가 작아진다.
② 공기 입자의 개수가 감소한다.
③ 공기의 부피는 일정하게 유지된다.
④ 공기 입자의 운동이 빨라진다.
⑤ 공기 입자 사이의 거리가 가까워진다.
⑥ 공기 입자가 고무풍선 안쪽 벽에 더 약하게 충돌한다.

**12** 그림은 오줌싸개 인형에서 물의 출입 과정을 모형으로 나타낸 것이다.

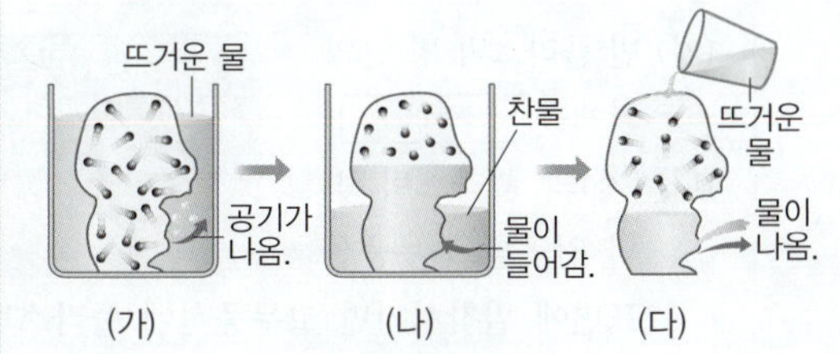



이에 대한 설명으로 옳은 것은?

① (가)에서 인형 속 공기의 입자 수는 일정하다.
② (나)에서 인형 속 공기의 부피는 증가한다.
③ (다)에서 인형 속 공기 입자가 수면과 충돌하는 세기가 약해진다.
④ (가)에서 (나)로 변할 때 인형 속 공기 입자의 운동은 느려진다.
⑤ (다)에서 뜨거운 물의 온도가 낮을수록 물이 더 멀리까지 이동할 수 있다.



**13** 그림은 일정한 압력에서 용기에 들어 있는 일정한 양의 기체의 가열과 냉각에 따른 부피 변화를 나타낸 것이다.

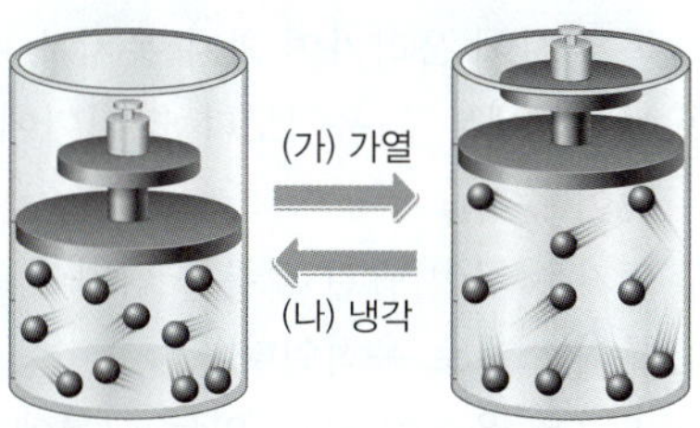



(가)와 (나)에서 일어나는 변화에 대한 설명으로 옳은 것을 모두 고르면? (2개)

① (가)에서 기체의 부피가 일정하다.
② (가)에서 기체 입자의 개수가 증가한다.
③ (가)에서 기체 입자 사이의 거리가 멀어진다.
④ (나)에서 기체 입자의 질량이 작아진다.
⑤ (나)에서 기체 입자의 운동이 빨라진다.
⑥ (나)에서 기체 입자가 용기 벽에 더 약하게 충돌한다.

**14** 그림 (가)는 가열한 유리컵에 고무풍선을 올려놓은 모습을, 그림 (나)는 시간이 지나 유리컵이 식었을 때의 모습을 입자 모형으로 나타낸 것이다.

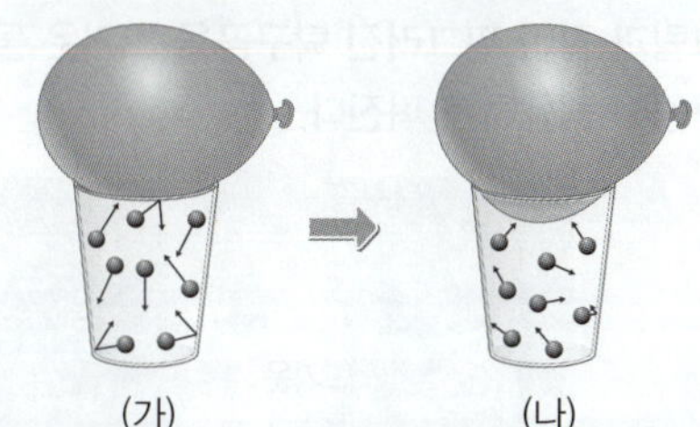



(가)와 (나)에서 유리컵 속의 기체를 비교한 것으로 옳지 않은 것은? (단, 화살표의 길이는 입자 운동의 빠르기를 나타낸다.)

① 기체의 부피: (가)=(나)
② 기체의 질량: (가)=(나)
③ 기체 입자 사이의 거리: (가)>(나)
④ 기체 입자의 운동 빠르기: (가)>(나)
⑤ 기체 입자가 풍선 벽에 충돌하는 세기: (가)>(나)

**15** 일상생활에서 볼 수 있는 여러 현상 중에서 적용되는 원리가 나머지와 <u>다른</u> 것은?

① 높은 산에 올라가면 과자 봉지가 팽팽해진다.
② 여름철에는 겨울철보다 타이어에 공기를 적게 넣어 준다.
③ 뜨거운 국이 담긴 그릇을 탁자에 올려놓으면 그릇이 스스로 움직인다.
④ 뜨거운 음식이 들어 있는 그릇에 비닐 랩을 씌우면 비닐 랩이 팽팽해진다.
⑤ 공기가 들어 있는 페트병의 뚜껑을 닫고 냉장고에 넣어 두면 페트병이 찌그러진다.

**16** 오른쪽 그림과 같이 차가운 유리병 입구에 물에 적신 동전을 올려놓고 양손으로 유리병을 감싸 쥐었더니 동전이 움직였다. 이에 대한 설명으로 옳지 <u>않은</u> 것은?

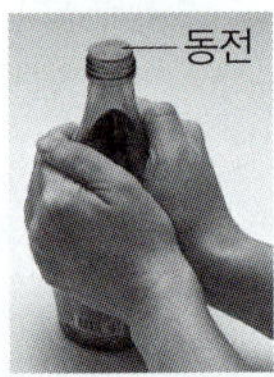


① 유리병 속 기체의 온도가 높아진다.
② 유리병 속 기체의 부피가 감소한다.
③ 유리병 속 기체 입자의 운동이 빨라진다.
④ 유리병 속 기체 입자 사이의 거리가 멀어진다.
⑤ 유리병 속 기체 입자가 유리병 안쪽 벽에 더 강하게 충돌한다.

**17** 그림과 같이 찌그러진 탁구공을 뜨거운 물에 넣으면 탁구공이 팽팽하게 펴진다.

이에 대한 설명으로 옳은 것을 보기에서 모두 고른 것은?

보기
ㄱ. 탁구공 속 기체 입자의 운동이 빨라진다.
ㄴ. 탁구공 속 기체 입자의 개수는 일정하다.
ㄷ. 온도에 따른 기체의 부피 변화를 확인할 수 있다.

① ㄱ　　② ㄷ　　③ ㄱ, ㄴ
④ ㄴ, ㄷ　　⑤ ㄱ, ㄴ, ㄷ

**18** 그림은 2개의 그릇이 서로 겹쳐 있을 때 겹쳐진 그릇 사이의 공기를 입자 모형으로 나타낸 것이다.

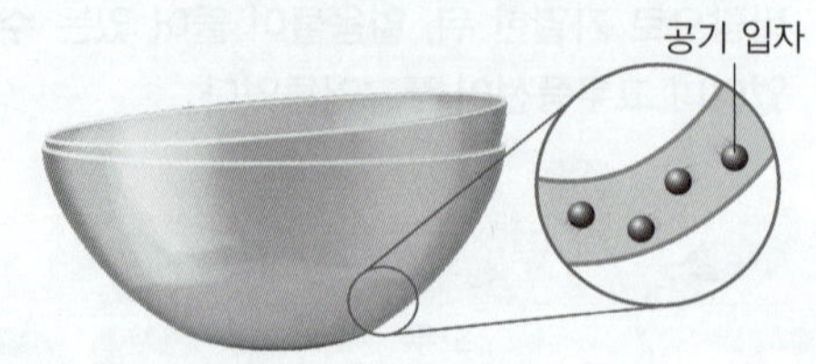


겹쳐진 그릇의 아랫부분을 뜨거운 물에 넣으면 그릇을 쉽게 떼어 낼 수 있다. 이때 나타나는 변화에 대한 설명으로 옳은 것을 보기에서 모두 고른 것은?

보기
ㄱ. 그릇 사이에 있는 공기의 부피가 증가한다.
ㄴ. 그릇 사이에 있는 공기 입자의 운동이 빨라진다.
ㄷ. 그릇 사이에 있는 공기 입자가 그릇의 벽에 더 강하게 충돌한다.
ㄹ. 그릇 사이의 공간에 물이 채워지므로 2개의 그릇이 쉽게 분리된다.

① ㄱ, ㄹ　　② ㄱ, ㄷ　　③ ㄴ, ㄹ
④ ㄱ, ㄴ, ㄷ　　⑤ ㄴ, ㄷ, ㄹ

**19** 다음은 접착제를 사용하지 않고 고무풍선에 빈 플라스틱 병을 붙이는 활동이다.

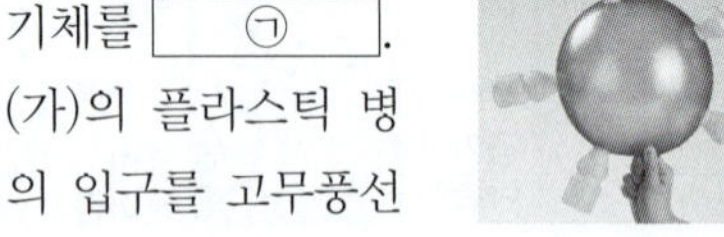


(가) 빈 플라스틱 병 안의 기체를 　㉠　.
(나) (가)의 플라스틱 병의 입구를 고무풍선 표면에 밀착시키면 고무풍선에 플라스틱 병이 달라붙는다.

이에 대한 설명으로 옳은 것은? (단, 압력은 일정하다.)

① ㉠에는 '가열한다'가 적절하다.
② 고무풍선 속 기체 입자의 크기가 커진다.
③ 기체의 압력과 부피의 관계를 이용한 예이다.
④ (나)에서 플라스틱 병에 들어 있는 기체의 부피가 증가한다.
⑤ (나)에서 플라스틱 병에 들어 있는 기체 입자의 운동이 빨라진다.

정답과 해설 41쪽

**20** 오른쪽 그림은 일정한 압력에서 일정한 양의 기체의 온도와 부피의 관계를 나타낸 것이다. A에서 B로 변할 때 기체 입자의 운동 빠르기와 기체 입자 사이의 거리는 어떻게 변하는지 그 까닭과 함께 서술하시오.

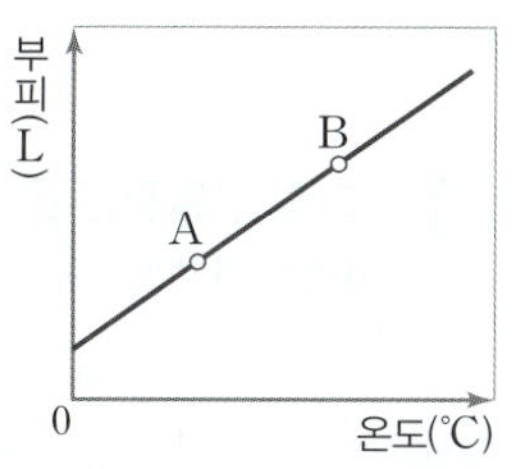


**21** 다음은 기체의 온도와 부피 관계를 알아보는 실험이다.

> (가) 스포이트의 둥근 부분을 자에 붙인 뒤 한쪽 끝에 색소 한 방울을 넣는다.
> (나) 차가운 물이 들어 있는 비커에 (가)의 장치와 디지털 온도계를 넣고 색소 방울의 위치(cm)와 물의 온도를 측정한다.
> (다) 따뜻한 물이 들어 있는 비커를 사용하여 (나)를 반복한다.

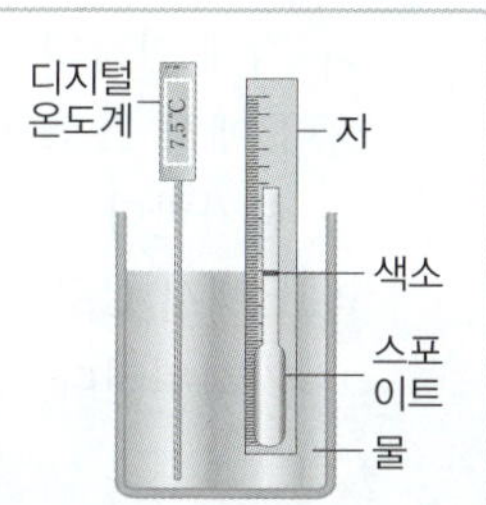


물의 온도가 높아질 때 색소 방울의 위치 변화를 기체의 온도와 부피 관계와 관련지어 서술하시오.

**22** 그림은 일정한 압력에서 용기에 들어 있는 일정한 양의 기체의 온도를 높였을 때의 변화를 입자 모형으로 나타낸 것이다.

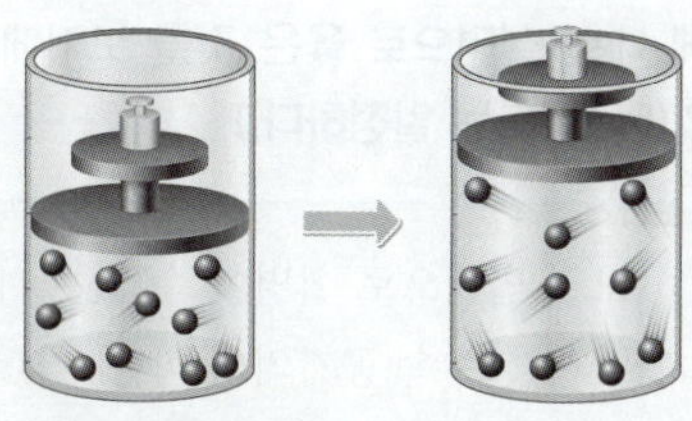

용기 안 기체의 부피 변화를 기체 입자가 용기 벽에 충돌하는 세기와 관련지어 서술하시오.

**23** 오른쪽 그림은 실내 공연장에서 구입한 은박 풍선을 가지고 추운 바깥으로 나갔을 때 풍선이 쭈그러든 모습을 나타낸 것이다. 이때 은박 풍선에 들어 있는 기체 입자의 운동 빠르기와 기체 입자의 개수는 어떻게 변하는지 서술하시오.

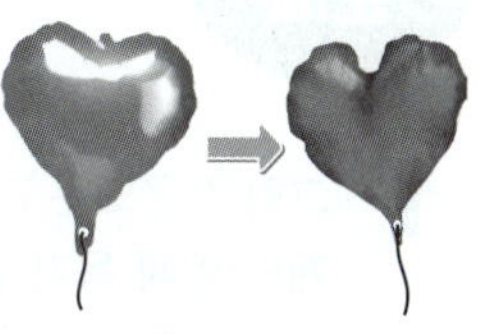

**24** 오른쪽 그림과 같이 차가운 냉장고에 오랫동안 보관한 밀폐 용기는 뚜껑이 잘 열리지 않는 경우가 많다. 이 문제를 기체의 온도와 부피 관계를 이용하여 해결하는 방법을 서술하시오.

**25** 다음은 껍질을 벗긴 삶은 달걀을 입구가 작은 유리병에 넣는 활동이다.

> 입구가 작은 유리병을 뜨거운 물이 든 수조에 넣었다가 꺼낸 뒤 껍질을 벗긴 삶은 달걀을 유리병 입구에 올려놓으면 달걀이 유리병 속으로 들어간다.

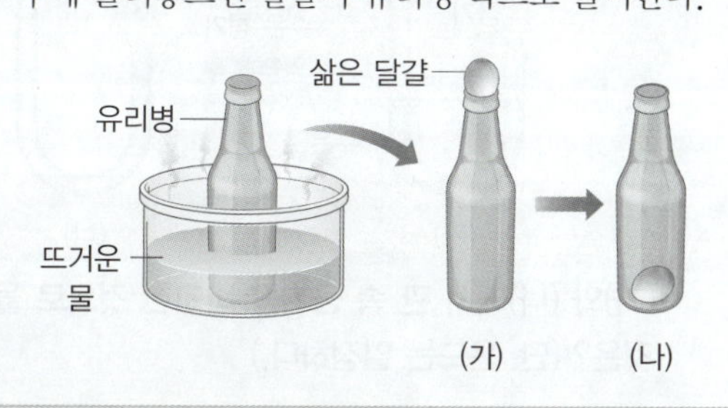


(가)에서 (나)로 변할 때 유리병 속 기체 입자의 운동 빠르기와 기체의 부피는 어떻게 변하는지 서술하시오.

**1** 그림은 온도는 같지만 부피가 각각 10 L와 15 L인 2개의 밀폐 용기에 같은 양의 공기를 채운 모습을 나타낸 것이다.

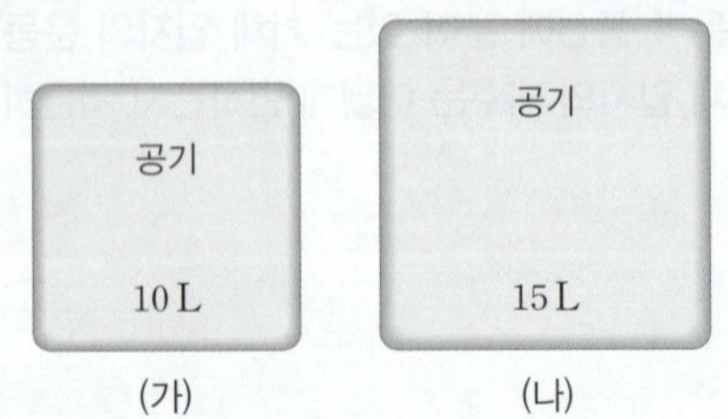



이에 대한 설명으로 옳은 것을 보기에서 모두 고른 것은?

> **보기**
> ㄱ. 공기의 부피는 (가)=(나)이다.
> ㄴ. 공기의 압력은 (가)>(나)이다.
> ㄷ. (나)에서 공기를 가열하면 공기의 압력이 감소한다.
> ㄹ. (가)에서 공기 입자의 개수를 줄이면 공기의 압력이 감소한다.

① ㄱ, ㄴ  ② ㄱ, ㄷ  ③ ㄴ, ㄹ
④ ㄱ, ㄷ, ㄹ  ⑤ ㄴ, ㄷ, ㄹ

**2** 그림 (가)와 같이 한쪽이 막힌 J자 모양의 관에 수은을 넣은 뒤, 그림 (나)와 같이 수은을 더 넣었더니 관의 막힌 쪽에 들어 있는 공기의 부피가 감소하였다.

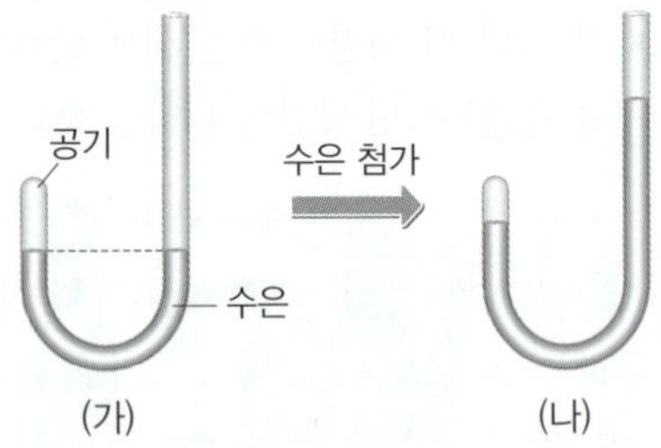



(가)와 (나)에서 관 속 공기를 비교한 것으로 옳지 <u>않은</u> 것은? (단, 온도는 일정하다.)

① 공기 입자의 개수: (가)=(나)
② 공기에 작용하는 압력: (가)=(나)
③ 공기 입자 사이의 거리: (가)>(나)
④ 공기 입자의 충돌 횟수: (가)<(나)
⑤ 공기 입자의 운동 빠르기: (가)=(나)

**3** 그림은 일정한 온도에서 일정한 양의 기체의 압력과 부피의 관계를 나타낸 것이다.

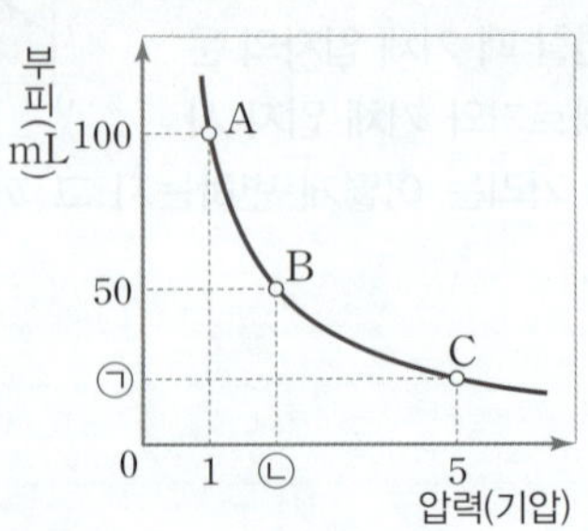



이에 대한 설명으로 옳은 것은?

① ㉠은 10이다.
② ㉡은 1.5이다.
③ 기체 입자의 개수는 A가 B의 2배이다.
④ B에서 A로 변할 때 기체 입자의 충돌 횟수가 증가한다.
⑤ B에서 C로 변할 때 기체 입자 사이의 거리가 가까워진다.

**4** 마시멜로에는 작은 공기 주머니가 많이 있다. 그림과 같이 감압 용기에 마시멜로를 넣고 용기 속 공기를 빼내었더니 마시멜로가 부풀어 올랐다.

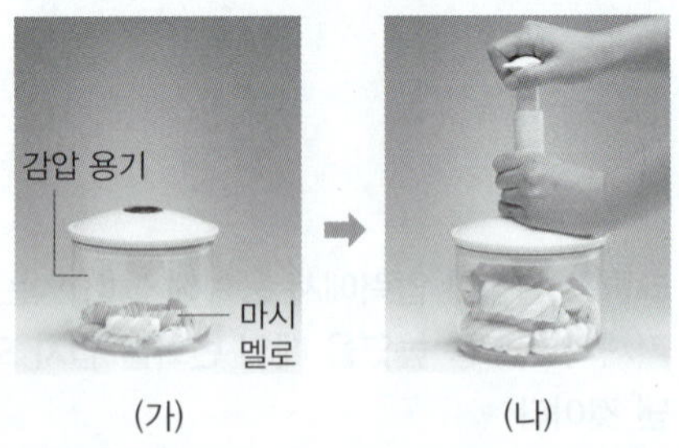



이에 대한 설명으로 옳은 것을 보기에서 모두 고른 것은? (단, 온도는 일정하다.)

> **보기**
> ㄱ. 보일 법칙으로 설명할 수 있는 예이다.
> ㄴ. 마시멜로 속 공기의 부피는 (가)<(나)이다.
> ㄷ. 감압 용기 속 공기 입자가 마시멜로 표면과 충돌하는 횟수는 (가)>(나)이다.

① ㄱ  ② ㄷ  ③ ㄱ, ㄴ
④ ㄴ, ㄷ  ⑤ ㄱ, ㄴ, ㄷ

**5** 그림은 일정한 압력에서 일정한 양의 기체의 온도와 부피의 관계를 나타낸 것이다.

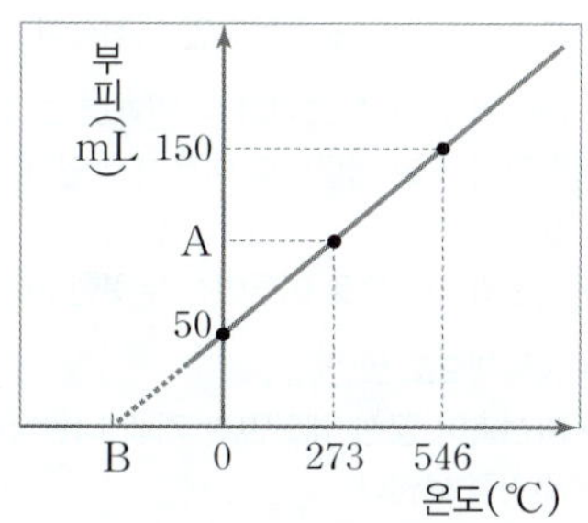

이에 대한 설명으로 옳은 것을 보기에서 모두 고른 것은?

보기
ㄱ. 온도가 높아지면 기체의 부피는 증가한다.
ㄴ. 273 ℃에서 기체의 부피 A는 100 mL이다.
ㄷ. B의 온도는 −273 ℃이다.

① ㄱ      ② ㄷ      ③ ㄱ, ㄴ
④ ㄴ, ㄷ      ⑤ ㄱ, ㄴ, ㄷ

**6** 다음은 오줌싸개 인형에서 물이 나오는 과정을 나타낸 것이다.

(가) 오줌싸개 인형을 뜨거운 물에 넣는다.
(나) (가)의 인형을 찬물에 넣는다.
(다) (나)의 인형을 꺼낸 후 인형 위에 뜨거운 물을 붓는다.

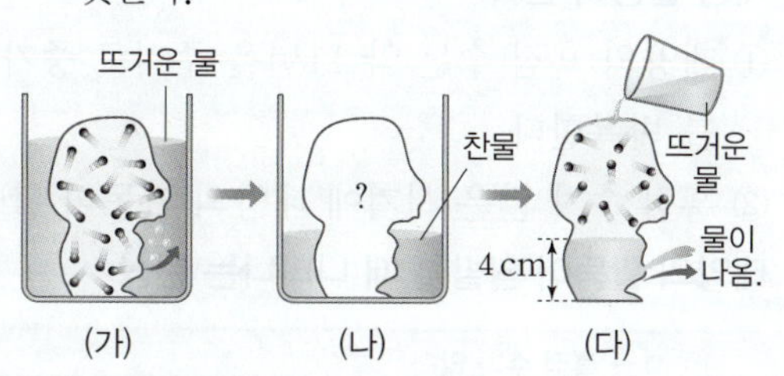

이에 대한 설명으로 옳지 <u>않은</u> 것은?
① (가)에서 인형 속의 공기가 빠져나온다.
② (나)에서 찬물이 인형 안으로 들어간다.
③ (나)의 인형 속 찬물의 높이는 4 cm보다 낮다.
④ (가)에서 (나)로 변할 때 인형 속 공기 입자의 크기는 같다.
⑤ (나)에서 (다)로 변할 때 인형 속 공기 입자의 운동이 빨라진다.

**7** 그림 (가)는 삼각 플라스크에 구멍 뚫린 고무마개를 끼운 후 25 ℃의 공기 10 mL를 채운 주사기를 연결한 모습이다. 그림 (나)는 (가)의 삼각 플라스크를 뜨거운 물에 넣었을 때 공기의 부피가 변한 모습을, (다)는 얼음물이 들어 있는 비커를 나타낸 것이다.

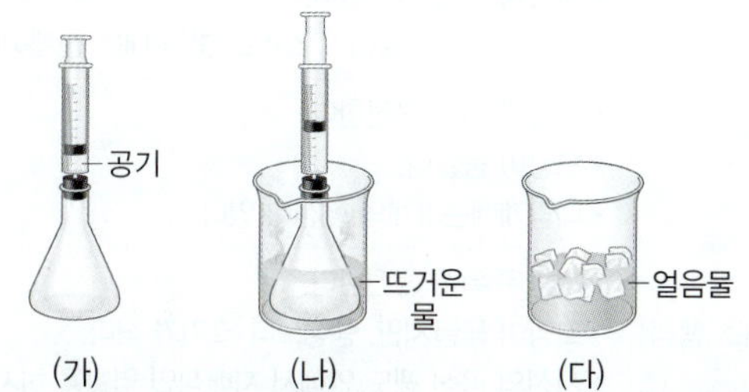

이에 대한 설명으로 옳지 <u>않은</u> 것은? (단, 삼각 플라스크의 열팽창은 없다고 가정한다.)
① 공기 입자의 운동 빠르기는 (가) < (나)이다.
② 삼각 플라스크 속 공기의 부피는 (가) < (나)이다.
③ (가)와 (나)에서 주사기와 삼각 플라스크에 들어 있는 공기 입자의 전체 개수는 같다.
④ (나)의 삼각 플라스크를 (다)에 넣으면 주사기 속 공기의 부피는 10 mL보다 작아진다.
⑤ (나)의 삼각 플라스크를 (다)에 넣으면 공기 입자가 주사기 안쪽 벽에 충돌하는 세기가 약해진다.

**8** 그림은 일정한 압력에서 기체가 들어 있는 용기를 나타낸 것이다. 이때 (나)는 (가)의 온도를 273 ℃로 높였을 때의 모습이다.

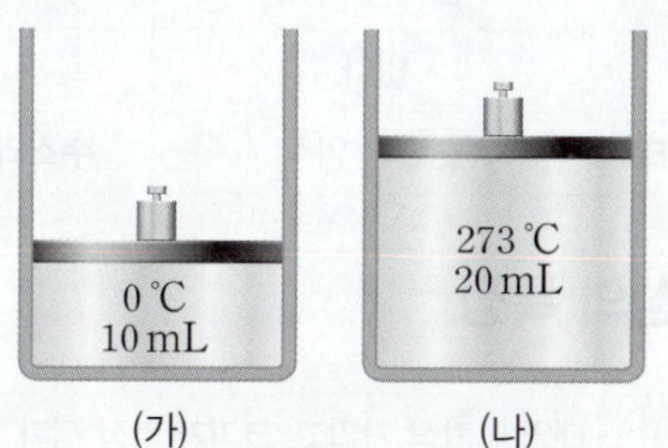

이에 대한 설명으로 옳은 것을 보기에서 모두 고른 것은?

보기
ㄱ. (가)에서 (나)로 될 때 기체 입자의 크기가 커진다.
ㄴ. (가)에서 (나)로 될 때 기체 입자 사이의 거리가 멀어진다.
ㄷ. (가)의 온도를 546 ℃로 높이면 기체의 부피는 40 mL가 된다.

① ㄱ      ② ㄴ      ③ ㄷ
④ ㄱ, ㄷ      ⑤ ㄴ, ㄷ

# 01 태양계의 구성

## A 태양계의 구성 천체

| 구성 천체 | 주요 특징 |
|---|---|
| 태양 | • 태양계의 중심에 있다.<br>• 태양계에서 유일하게 스스로 빛을 내는 천체이다. |
| 행성 | • 태양 주위를 공전한다.<br>• 모양이 둥글다.<br>• 태양계에는 8개의 행성이 있다. |
| 왜소 행성 | • 태양 주위를 공전한다.<br>• 모양이 둥글지만, 행성보다 크기가 작다.<br>• 자신의 공전 궤도 안에서 지배적인 역할을 하지 못한다. |
| 소행성 | • 태양 주위를 공전한다.<br>• 크기가 작고 모양이 불규칙하다.<br>• 주로 화성과 목성 궤도 사이에 분포한다. |
| 위성 | • 행성 주위를 공전한다.<br>• 행성마다 위성의 개수는 다양하다. |
| 혜성 | • 태양 주위를 긴 타원이나 포물선을 그리며 공전한다.<br>• 얼음과 먼지로 이루어져 있다.<br>• 태양에 가까워지면 꼬리가 생긴다. |

## B 행성의 분류

| 구분 | 지구형 행성 | 목성형 행성 |
|---|---|---|
| 행성 | 수성, 금성, 지구, 화성 | 목성, 토성, 천왕성, 해왕성 |
| 질량 | 작다. | 크다. |
| 반지름 | 작다. | 크다. |
| 위성 수 | 없거나 적다. | 많다. |
| 고리 | 없다. | 있다. |
| 표면 상태 | 단단한 암석 | 수소와 헬륨 등의 기체 |

## C 행성의 특징

| 수성 | • 태양에 가장 가깝고, 크기가 가장 작다.<br>• 대기가 거의 없어서 낮과 밤의 표면 온도 차가 매우 크다.<br>• 표면에 운석 구덩이가 많아서 달과 비슷하다. |
|---|---|
| 금성 | • 주로 이산화 탄소로 이루어진 두꺼운 대기가 있어서 대기 압과 표면 온도가 매우 높다.<br>• 태양계 행성 중 지구에서 가장 밝게 보인다. |
| 지구 | • 액체 상태의 물이 있다.<br>• 생명체가 살고 있다.<br>• 위성이 1개(달) 있다. |
| 화성 | • 표면이 붉게 보이고, 물이 흘렀던 흔적이 있다.<br>• 극지방에는 드라이아이스와 얼음으로 이루어진 흰색의 극 관이 있다. |

| 목성 | • 태양계 행성 중 크기가 가장 크다.<br>• 주로 수소와 헬륨으로 이루어져 있다.<br>• 표면에 가로줄 무늬가 나타난다.<br>• 표면에 대기의 소용돌이인 대적점이 있다. |
|---|---|
| 토성 | • 태양계 행성 중 크기가 두 번째로 크다.<br>• 주로 수소와 헬륨으로 이루어져 있다.<br>• 표면에 가로줄 무늬가 나타난다.<br>• 얼음과 암석으로 이루어진 뚜렷한 고리가 있다. |
| 천왕성 | • 청록색으로 보인다.<br>• 자전축이 공전 궤도면과 거의 나란하게 누워서 자전하는 것처럼 보인다.<br>• 희미한 고리와 여러 개의 위성이 있다. |
| 해왕성 | • 표면에 대기의 거대한 소용돌이인 대흑점이 있다.<br>• 태양계 행성 중 태양에서 가장 멀리 있다. |

## D 태양

### 1. 태양의 표면

| 광구 | 우리 눈에 밝게 보이는 태양의 둥근 표면 |
|---|---|
| 흑점 | 주변보다 온도가 낮아 어둡게 보이는 부분 |
| 쌀알 무늬 | 광구 전체에 쌀알을 뿌려 놓은 것 같은 무늬<br>➡ 광구 아래에서 일어나는 대류 운동 때문에 생긴다. |

### 2. 태양의 대기와 대기에서 나타나는 현상

| 채층 | 광구 바로 위에 있는 얇고 붉은 대기층 |
|---|---|
| 코로나 | 채층 위로 넓게 뻗은 진주색의 대기층 |
| 홍염 | 고온의 물질이 채층을 뚫고 솟아오르는 불꽃 덩어리 기둥 |
| 플레어 | 흑점 부근에서 다량의 물질과 에너지를 빠르게 방출하는 강한 폭발 현상 |

### 3. 태양 활동의 변화

① 태양의 흑점 수는 약 11년을 주기로 증가와 감소를 반복한다.

② 흑점 수가 많은 시기에 태양의 활동이 활발하다.

### 4. 태양의 활동이 활발할 때 나타나는 현상

| 태양에서 나타나는 현상 | • 흑점 수가 많다.<br>• 코로나의 크기가 커진다.<br>• 홍염과 플레어가 자주 발생한다.<br>• 태양풍이 평소보다 강해진다. |
|---|---|
| 지구에서 나타나는 현상 | • 오로라가 더 넓은 지역에서 더 자주 발생한다.<br>• 자기 폭풍이 발생하여 장거리 무선 통신이 끊어질 수도 있다.<br>• 전력 시스템 오류, 위성 위치 확인 시스템(GPS) 오류, 인공위성 센서 고장 등이 발생한다.<br>• 북극 하늘길이 막힐 수도 있다. |

↻ 정답과 해설 **45**쪽

**1** 태양 주위를 공전하는 천체 중 모양이 둥글고 질량이 큰 천체는 (　　　　)이다.

**2** 행성 주위를 공전하는 천체를 ㉠(　　　　)(이)라고 하며, ㉡(　　　　)은/는 지구의 위성이다.

**3** ㉠(　　　　)은/는 얼음과 먼지로 이루어진 불규칙한 모양의 천체로, 태양과 가까워지면 태양의 반대쪽으로 ㉡(　　　　)이/가 생긴다.

**4** 지구형 행성은 목성형 행성에 비해 질량과 반지름이 ㉠( 작 , 크 )고, 위성 수가 ㉡( 많다 , 없거나 적다 ).

**5** 수성은 ㉠(　　　　)이/가 거의 없어 낮과 밤의 온도 차가 매우 크고, 금성은 두꺼운 ㉡(　　　　)이/가 있어 표면 온도가 매우 높다.

**6** 목성에는 ㉠( 대적점 , 대흑점 )이 있고, 해왕성에는 ㉡( 대적점 , 대흑점 )이 있다.

**7** 우리 눈에 밝게 보이는 태양의 둥근 표면을 (　　　　)(이)라고 한다.

**8** ㉠(　　　　)은/는 광구 전체에 쌀알을 뿌려 놓은 것 같은 무늬로, 광구 아래에서 일어나는 ㉡(　　　　) 운동 때문에 생긴다.

**9** 태양의 흑점 주변에서 일어나는 강력한 폭발 현상을 (　　　　)(이)라고 한다.

**10** 태양의 활동이 활발해지면 코로나의 크기가 ㉠( 커지고 , 작아지고 ), 태양풍이 평소보다 ㉡( 강 , 약 )해진다.

**↻ 정답과 해설 45쪽**

**1** 태양계에서 스스로 빛을 내는 천체는 (                )뿐이다.

**2** 태양 주위를 공전하며, 크기가 작고 모양이 불규칙한 천체는 ㉠(                )이다. ㉠(                )은/는 주로 ㉡(                ) 궤도와 ㉢(                ) 궤도 사이에 많이 분포한다.

**3** 태양계 행성은 질량과 반지름이 작은 ㉠(                )형 행성과, 질량과 반지름이 큰 ㉡(                )형 행성으로 분류할 수 있다.

**4** 지구형 행성의 표면은 단단한 ( 고체 , 액체 , 기체 )로 이루어져 있다.

**5** 화성은 과거에 물이 흘렀던 흔적이 있고, 극지방에는 ㉠(                )와/과 ㉡(                )(으)로 이루어 진 흰색의 ㉢(                )이/가 있다.

**6** 자전축이 공전 궤도면과 거의 나란하고, 청록색으로 보이는 행성은 (                )이다.

**7** 광구에 나타나는 검은 점을 태양의 ㉠(                )(이)라고 한다. 검게 보이는 까닭은 다른 부분보다 온도가 ㉡( 높 , 낮 )기 때문이다.

**8** 광구 바로 위에 있는 붉은색의 얇은 대기층을 ㉠(                )(이)라고 하며, 그 위로 넓게 뻗은 진주색의 대 기층을 ㉡(                )(이)라고 한다.

**9** 태양의 흑점 수는 약 ㉠(                )년을 주기로 증가와 감소를 반복하고, 흑점 수가 ㉡( 많은 , 적은 ) 시기 에 태양의 활동이 활발하다.

**10** 태양의 활동이 활발한 시기에는 평소보다 홍염과 플레어가 ㉠( 자주 , 적게 ) 발생하며, 지구에서는 오로라를 더 ㉡( 넓은 , 좁은 ) 지역에서 볼 수 있다.

# 01 태양계의 구성

Ⅶ. 태양계

↪ 정답과 해설 45쪽

## 1 태양계의 구성 천체

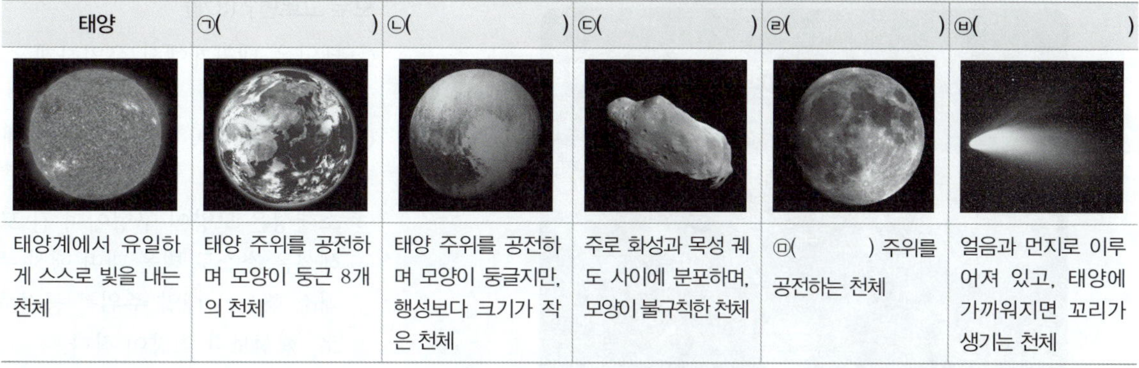

| 태양 | ㉠( ) | ㉡( ) | ㉢( ) | ㉣( ) | ㉤( ) |
|---|---|---|---|---|---|
| 태양계에서 유일하게 스스로 빛을 내는 천체 | 태양 주위를 공전하며 모양이 둥근 8개의 천체 | 태양 주위를 공전하며 모양이 둥글지만, 행성보다 크기가 작은 천체 | 주로 화성과 목성 궤도 사이에 분포하며, 모양이 불규칙한 천체 | ㉤( ) 주위를 공전하는 천체 | 얼음과 먼지로 이루어져 있고, 태양에 가까워지면 꼬리가 생기는 천체 |

## 2 지구형 행성

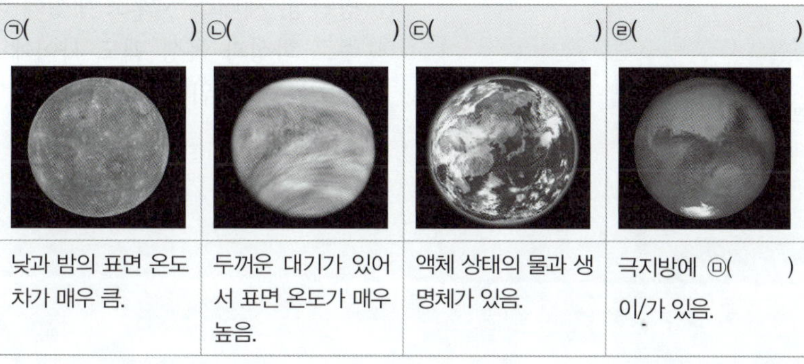

| ㉠( ) | ㉡( ) | ㉢( ) | ㉣( ) |
|---|---|---|---|
| 낮과 밤의 표면 온도 차가 매우 큼. | 두꺼운 대기가 있어서 표면 온도가 매우 높음. | 액체 상태의 물과 생명체가 있음. | 극지방에 ㉤( ) 이/가 있음. |

## 3 목성형 행성

| ㉠( ) | ㉢( ) | ㉣( ) | ㉤( ) |
|---|---|---|---|
| 행성 중 크기가 가장 크고, 표면에 ㉡( )이/가 있음. | 얼음과 암석으로 이루어진 뚜렷한 고리가 있음. | 자전축이 공전 궤도면과 거의 나란하게 누워서 자전함. | 표면에 ㉥( ) 이/가 있음. |

## 4 태양의 표면과 대기

| ㉠( ) | ㉡( ) | ㉢( ) | ㉣( ) | ㉤( ) | ㉥( ) |
|---|---|---|---|---|---|
| 광구 아래에서 일어나는 대류 운동 때문에 생기는 무늬 | 광구에서 주변보다 온도가 낮아 어둡게 보이는 부분 | 광구 바로 위에 있는 얇고 붉은 대기층 | 채층 위로 넓게 뻗은 진주색의 대기층 | 고온의 물질이 채층을 뚫고 솟아오르는 불꽃 덩어리 기둥 | 흑점 부근에서 나타나는 강한 폭발 현상 |

## 학교시험 미리 보기  01 태양계의 구성

**01** 그림은 태양계의 천체들을 모식적으로 나타낸 것이다.

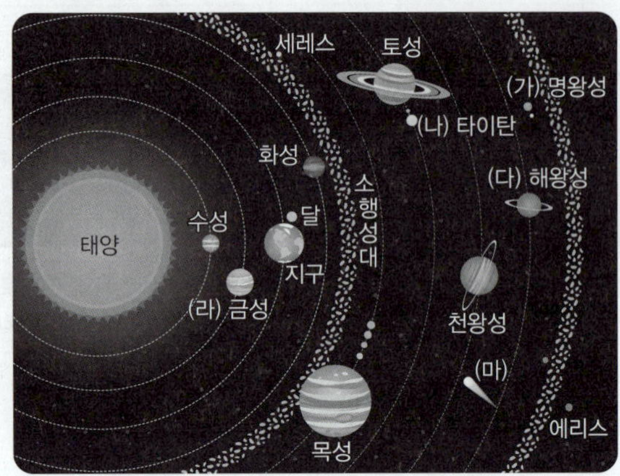

(가)~(마)에 해당하는 태양계 구성 천체의 종류를 옳게 짝 지은 것은?

① (가) – 왜소 행성　　② (나) – 행성
③ (다) – 소행성　　　④ (라) – 혜성
⑤ (마) – 위성

**02** 그림은 태양계의 천체 A와 일부 행성의 공전 궤도를 나타낸 모식도이다.

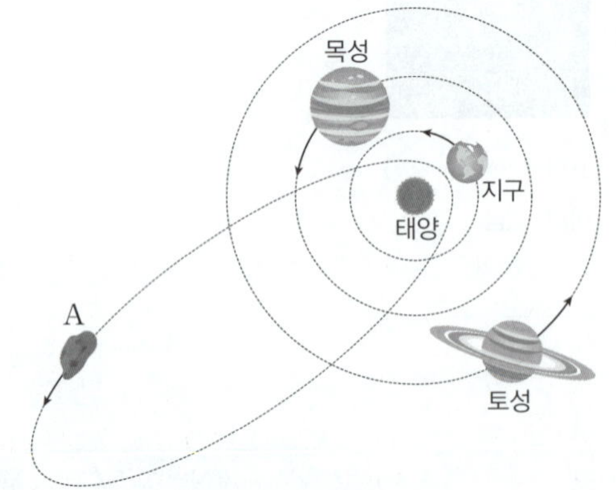


천체 A에 대한 설명으로 옳지 <u>않은</u> 것은?

① 태양 주위를 공전한다.
② 공전 궤도 모양은 타원이다.
③ 얼음과 먼지 성분으로 이루어져 있다.
④ 태양에 가까워지면 꼬리가 나타나기도 한다.
⑤ 이러한 천체는 대부분 화성과 목성 궤도 사이에 분포한다.



**03** 태양계를 구성하는 천체들에 대한 설명으로 옳은 것을 모두 고르면? (3개)

① 태양은 태양계에서 유일하게 스스로 빛을 내는 천체이다.
② 행성은 모양이 둥근 천체로, 태양계에 수백 개가 존재한다.
③ 소행성은 모양이 구형이며 긴 꼬리가 나타난다.
④ 혜성은 스스로 빛을 내며 행성 주위를 공전한다.
⑤ 왜소 행성은 태양 주위를 공전하는 구형의 천체로, 행성보다 질량이 작다.
⑥ 위성은 행성 주위를 공전하는 천체로, 목성형 행성보다 지구형 행성 주변에 많이 존재한다.
⑦ 명왕성, 세레스는 왜소 행성에 해당한다.
⑧ 주로 화성과 목성 궤도 사이에 띠를 이루며 분포하는 것은 위성이다.

**04** 그림은 태양계를 이루는 어느 천체의 모습을 나타낸 것이다.

(가) 달　　　　　　(나) 아이다

이에 대한 설명으로 옳은 것을 보기에서 모두 고른 것은?

> **보기**
> ㄱ. (가)는 위성, (나)는 소행성이다.
> ㄴ. (가)는 행성 주위를 공전한다.
> ㄷ. (나)의 표면에 운석 충돌의 흔적이 있다.

① ㄱ　　　　② ㄴ　　　　③ ㄱ, ㄷ
④ ㄴ, ㄷ　　　⑤ ㄱ, ㄴ, ㄷ

**05** 그림은 태양계 행성을 (가)와 (나) 두 그룹으로 분류한 것이다.

이에 대한 설명으로 옳은 것을 모두 고르면? (3개)

① (가)는 모두 고리가 있다.

② (가)는 (나)보다 질량이 작다.

③ (가)는 (나)보다 위성 수가 많다.

④ (가)는 (나)의 주위를 공전한다.

⑤ (가)는 (나)보다 태양과의 거리가 가깝다.

⑥ (가)는 단단한 고체 표면이 있어 탐사선이 착륙할 수 있다.

⑦ (나)는 주로 단단한 암석으로 이루어져 있다.

**06** 그림은 물리량 X, Y에 따라 행성을 두 집단으로 구분한 것이다.

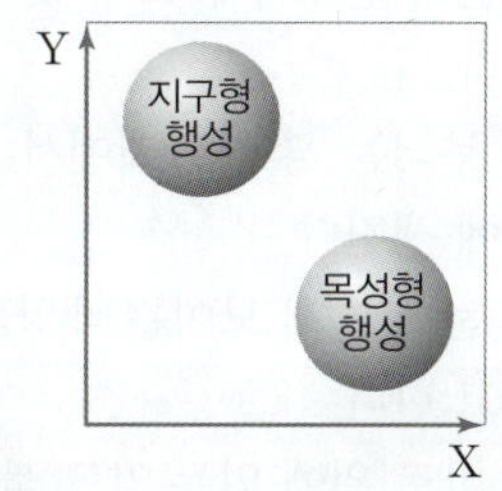


X, Y에 들어갈 물리량을 옳게 짝 지은 것은?

|   | X | Y |
|---|---|---|
| ① | 질량 | 반지름 |
| ② | 질량 | 표면의 단단한 정도 |
| ③ | 반지름 | 위성 수 |
| ④ | 표면의 단단한 정도 | 질량 |
| ⑤ | 표면의 단단한 정도 | 반지름 |

**07** 표는 태양계 행성의 물리량을 나타낸 것이다.

| 구분 | 금성 | 지구 | 화성 | 목성 | 토성 |
|---|---|---|---|---|---|
| 질량 (지구=1) | 0.82 | 1.00 | 0.11 | 317.92 | 95.14 |
| 반지름 (지구=1) | 0.95 | 1.00 | 0.53 | 11.21 | 9.45 |
| 위성 수(개) | 0 | 1 | 2 | 92 | 83 |

행성을 물리적 특징에 따라 두 집단으로 나눌 때, 지구와 같은 집단에 포함되는 행성들을 모두 고른 것은?

① 금성, 화성

② 금성, 목성

③ 화성, 목성

④ 화성, 금성, 토성

⑤ 화성, 목성, 토성

**08** 금성이 수성보다 태양으로부터의 거리가 멀지만 표면 온도가 더 높게 나타나는 까닭으로 옳은 것은?

① 수성보다 지구에 가깝기 때문에

② 수성보다 질량이 더 크기 때문에

③ 극지방에 흰색의 극관이 있기 때문에

④ 표면에 운석 구덩이가 있기 때문에

⑤ 두꺼운 이산화 탄소 대기가 있기 때문에

**09** 그림 (가)~(다)는 태양계 행성의 모습이다.

이에 대한 설명으로 옳은 것은?

① (가)~(다) 모두 목성형 행성이다.

② (가)는 (나)보다 태양에 더 가깝다.

③ (가) 주위를 도는 위성은 10개 이상이다.

④ (가)는 태양계 행성 중에서 질량이 가장 크다.

⑤ (다)의 표면은 단단한 암석으로 이루어져 있다.

**10** 표는 태양계 행성 (가), (나)의 특징을 나열한 것이다.

| 행성 | 특징 |
|---|---|
| (가) | • 표면은 붉은색을 띠는 토양과 암석으로 되어 있다.<br>• 과거에 물이 흘렀던 흔적이 있다. |
| (나) | • 표면에 여러 개의 가로줄 무늬가 나타난다.<br>• 표면에 붉은색의 대기 소용돌이가 있다.<br>• 많은 위성을 거느리고 있다. |

행성 (가), (나)의 이름을 옳게 짝 지은 것은?

|  | (가) | (나) |
|---|---|---|
| ① | 지구 | 목성 |
| ② | 화성 | 목성 |
| ③ | 화성 | 천왕성 |
| ④ | 금성 | 천왕성 |
| ⑤ | 금성 | 해왕성 |

**11** 그림은 태양을 관찰한 모습이다.

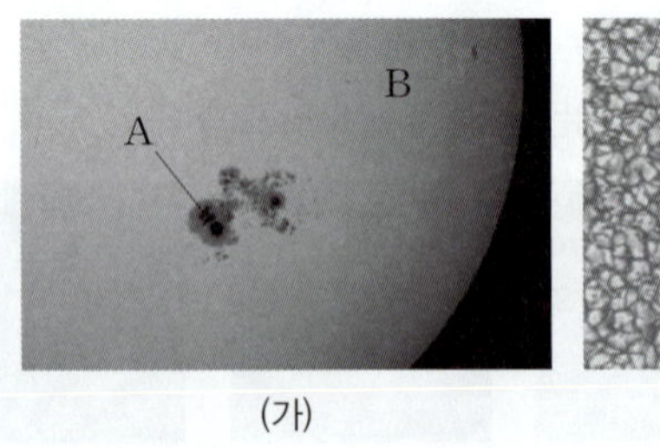
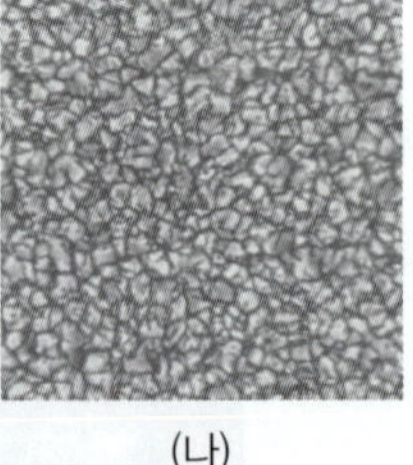


이에 대한 설명으로 옳지 <u>않은</u> 것은?

① A는 흑점이다.
② B는 태양의 표면이다.
③ A는 B보다 온도가 높다.
④ (나)는 (가)의 B 부분을 확대한 모습이다.
⑤ (나)를 통해 태양의 표면 아래에서 대류가 일어 남을 알 수 있다.

**12** 그림은 태양을 관찰한 모습이다.

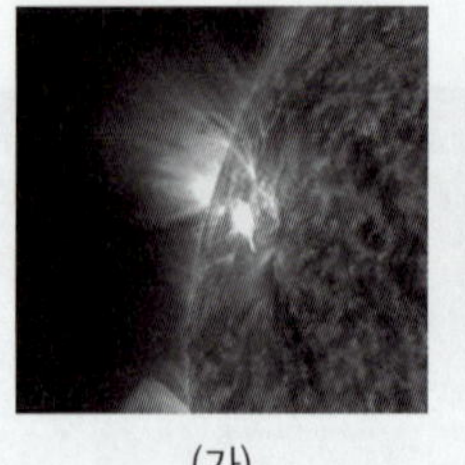

이에 대한 설명으로 옳은 것을 보기에서 모두 고른 것은?

> **보기**
> ㄱ. (가)는 플레어이다.
> ㄴ. (나)의 밝은 부분은 홍염이다.
> ㄷ. 태양의 활동이 활발한 시기에는 (가)가 자주 나타나고 (나)의 밝은 부분이 커진다.

① ㄱ  ② ㄷ  ③ ㄱ, ㄴ
④ ㄱ, ㄷ  ⑤ ㄱ, ㄴ, ㄷ

**보기 더 보기**

**13** 태양에 대한 설명으로 옳지 <u>않은</u> 것을 모두 고르면? (3개)

① 흑점의 크기와 모양은 다양하다.
② 흑점은 주변보다 온도가 낮아 어둡게 보이는 부분이다.
③ 쌀알 무늬는 광구 아래에서 일어나는 대류 운동 때문에 생긴다.
④ 우리 눈에 밝게 보이는 태양의 둥근 표면을 채층이라고 한다.
⑤ 광구 바로 위에 있는 얇고 붉은 대기층을 코로나라고 한다.
⑥ 플레어와 같은 폭발 현상은 주로 흑점 부근에서 발생한다.
⑦ 흑점의 수가 많은 시기에는 홍염의 발생 횟수가 감소한다.
⑧ 평상시에는 광구가 너무 밝아 채층과 코로나를 보기 어렵다.

**[14~15]** 그림은 태양의 흑점 수 변화를 나타낸 것이다.

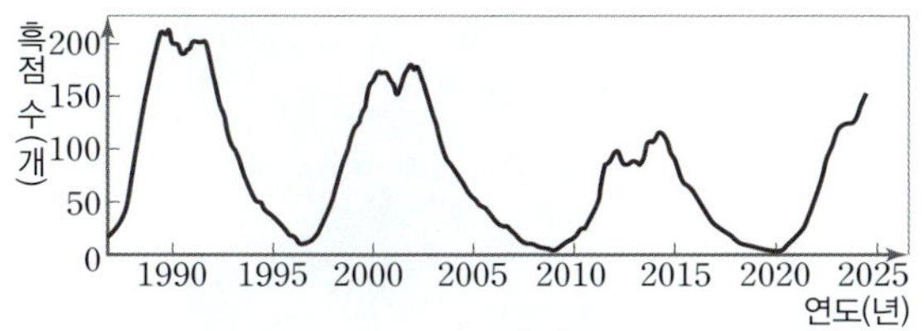

**14** 이에 대한 설명으로 옳은 것을 보기에서 모두 고른 것은?

> **보기**
> ㄱ. 1990년에는 1997년보다 흑점 수가 더 많았다.
> ㄴ. 2002년은 태양의 활동이 활발했던 시기이다.
> ㄷ. 2014년에는 2020년보다 코로나의 크기가 컸
>    을 것이다.

① ㄱ          ② ㄴ          ③ ㄱ, ㄷ
④ ㄴ, ㄷ       ⑤ ㄱ, ㄴ, ㄷ

**15** 그림은 태양의 대기에서 나타나는 어떤 현상의 모습이다. 이러한 현상이 자주 나타나는 시기로 옳은 것은?

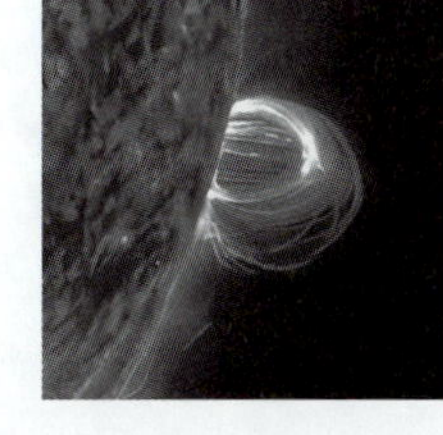

① 1994년      ② 1997년
③ 2002년      ④ 2020년
⑤ 2031년

**16** 태양의 활동이 활발한 시기에 태양과 지구 환경에 나타나는 변화로 옳은 것은?

① 흑점의 수가 적어진다.
② 코로나의 규모가 작아진다.
③ 태양풍이 평소보다 약해진다.
④ 오로라가 발생하는 지역이 더 고위도로 이동한다.
⑤ 위성 위치 확인 시스템(GPS)의 오류 발생 횟수가 증가한다.

**17** 그림은 망원경의 구조를 나타낸 것이다.

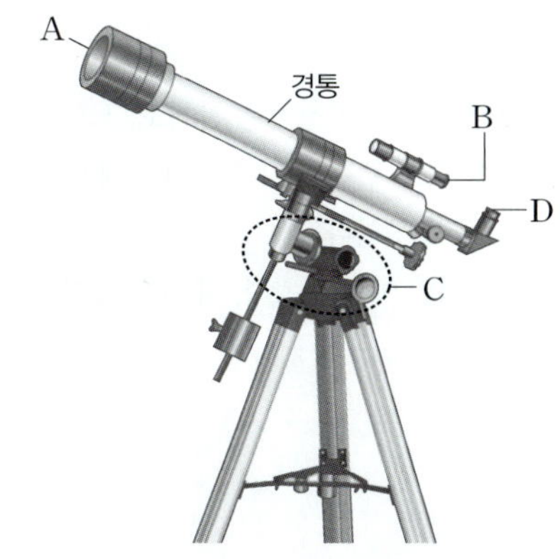


**A~D**의 명칭을 옳게 짝 지은 것은?

|   | A | B | C | D |
|---|---|---|---|---|
| ① | 접안렌즈 | 대물렌즈 | 파인더 | 가대 |
| ② | 접안렌즈 | 파인더 | 대물렌즈 | 가대 |
| ③ | 접안렌즈 | 가대 | 파인더 | 대물렌즈 |
| ④ | 대물렌즈 | 파인더 | 가대 | 접안렌즈 |
| ⑤ | 대물렌즈 | 가대 | 파인더 | 접안렌즈 |

**18** 다음은 천체 망원경의 설치 과정을 순서 없이 나열한 것이다.

> (가) 가대에 균형추를 매달고, 경통을 가대에 고정한다.
> (나) 경통에 파인더와 접안렌즈를 설치한다.
> (다) 파인더와 접안렌즈의 시야 중심이 일치하도록 맞춘다.
> (라) 넓고 평평한 곳에 삼각대를 세우고, 삼각대 위에 가대를 고정한다.
> (마) 경통과 균형추를 움직여 망원경의 균형을 맞추고, 관측 천체를 향하도록 경통의 방향을 맞춘다.

**순서대로 옳게 나열한 것은?**

① (가) → (나) → (다) → (라) → (마)
② (가) → (다) → (나) → (마) → (라)
③ (나) → (라) → (가) → (다) → (마)
④ (라) → (가) → (나) → (마) → (다)
⑤ (라) → (나) → (가) → (다) → (마)

**19** 다음 설명에 해당하는 태양계 구성 천체의 종류를 쓰시오.

> • 태양 주위를 공전하는 천체로, 모양이 구형이다.
> • 공전 궤도 주변의 다른 천체들에게 지배적인 역할을 하지 못한다.
> • 대표적인 예로 명왕성, 세레스 등이 있다.

**20** 다음 설명에 해당하는 태양계 구성 천체의 종류를 쓰시오.

> • 태양 주위를 공전하며, 질량이 작아 불규칙한 모양을 하고 있다.
> • 화성과 목성 궤도 사이에 주로 분포한다.

**21** 그림은 태양계의 행성을 물리적 특징에 따라 (가), (나) 두 집단으로 분류한 것이다.

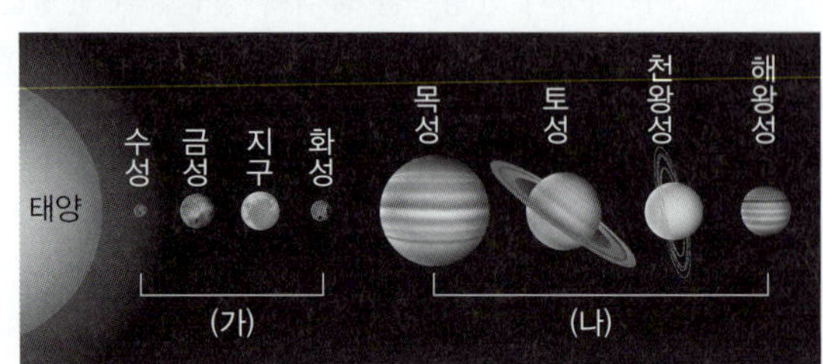


(나)가 (가)보다 큰 값을 가지는 물리량을 세 가지만 쓰시오.

**22** 그림은 태양의 표면에서 볼 수 있는 현상이다.

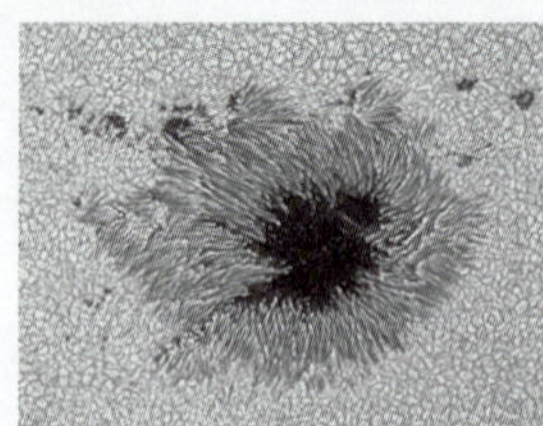

이 현상의 이름을 쓰고, 다른 부분에 비해 어둡게 보이는 까닭을 서술하시오.

**23** 그림은 지구의 극지방에서 주로 관측할 수 있는 어떤 현상의 모습이다.

(1) 이 현상의 이름을 쓰시오.

(2) 이 현상을 보기 위해 여행을 간다면, 여행 시기는 어느 때가 좋을지 태양 활동의 주기성과 관련지어 서술하시오.

#  02 지구와 달

## A 지구의 자전과 천체의 일주 운동

1. **지구의 자전**
   ① 자전 방향: 서 → 동 또는 시계 반대 방향
   ② 자전 속도: 1시간에 15°

2. **천체의 일주 운동**   지구의 자전으로 나타나는 현상
   ① 일주 운동 방향: 동 → 서
   ② 일주 운동 속도: 1시간에 15°

3. **북쪽 하늘에서 1시간 동안 관측한 별의 일주 운동**
   ① 일주 운동 중심: 북극성
   ② 일주 운동 방향: 시계 반대 방향
   ③ 일주 운동 속도: 15°/시

4. **우리나라에서 관측되는 별의 일주 운동 방향**

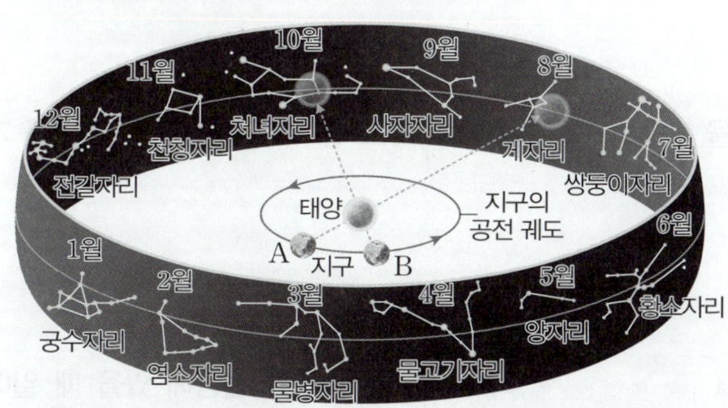


## B 지구의 공전과 별자리 변화

1. **지구의 공전**
   ① 공전 방향: 서 → 동 또는 시계 반대 방향
   ② 공전 속도: 하루에 약 1°

2. **태양의 연주 운동**   지구의 공전으로 나타나는 현상
   ① 연주 운동 방향: 서 → 동
   ② 연주 운동 속도: 하루에 약 1°

3. **계절별 별자리 변화**



| 지구의 위치 | 태양이 지나는 별자리 | 한밤중에 남쪽 하늘에서 보이는 별자리 |
|---|---|---|
| A | 게자리 | 염소자리 |
| B | 처녀자리 | 물고기자리 |

## C 달의 위상 변화

1. **달의 공전**
   ① 공전 방향: 서 → 동 또는 시계 반대 방향
   ② 공전 속도: 하루에 약 13°

2. **달의 위상 변화**   삭 → 초승달 → 상현달 → 보름달(망) → 하현달 → 그믐달 → 삭

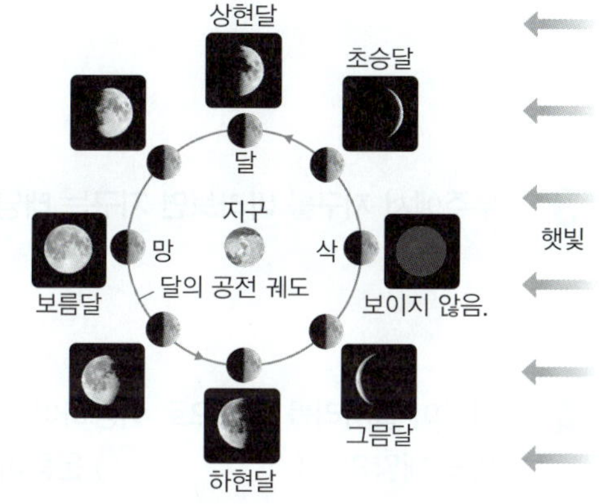


## D 일식과 월식

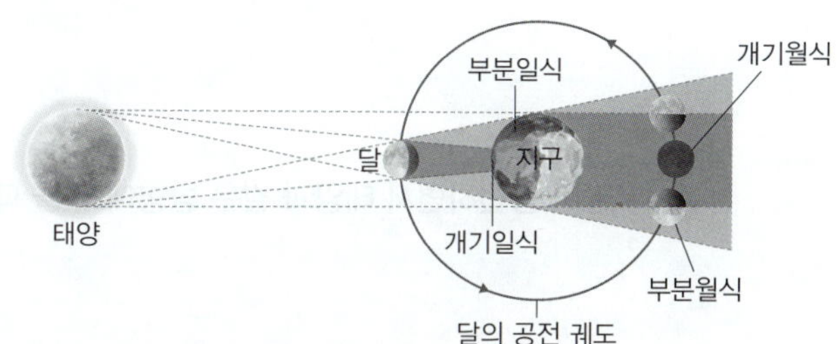


1. **일식**   달이 태양을 가리는 현상
   ① 위치 관계: 태양-달-지구 순서로 일직선상에 위치할 때 발생 ➡ 달의 위상이 삭일 때
   ② 일식의 종류: 개기일식, 부분일식 ➡ 개기일식 때 채층, 코로나 등 태양의 대기를 볼 수 있다.
   ③ 관측 지역: 지구에서 달의 그림자가 생기는 지역
   ④ 진행 방향: 태양의 오른쪽부터 가려지기 시작

2. **월식**   달이 지구 그림자에 가려지는 현상
   ① 위치 관계: 태양-지구-달 순서로 일직선상에 위치할 때 발생 ➡ 달의 위상이 망일 때
   ② 월식의 종류: 개기월식, 부분월식 ➡ 개기월식 때 달은 지구 대기의 영향으로 붉게 보인다.
   ③ 관측 지역: 지구에서 밤이 되는 모든 지역
   ④ 진행 방향: 달의 왼쪽부터 어두워지기 시작

↵ 정답과 해설 46쪽

**1** 지구는 ㉠(　　　　　)을/를 중심으로 하루에 한 바퀴씩 ㉡(　　　　　)쪽에서 ㉢(　　　　　)쪽으로 자전한다.

**2** 우리나라에서는 남쪽 하늘을 보면 천체가 ㉠(　　　　　)쪽에서 ㉡(　　　　　)쪽으로 이동하는 것처럼 보인다.

**3** 우주에서 지구를 바라보면 지구는 태양을 중심으로 (　　　　　) 방향으로 회전하는 것처럼 보인다.

**4** 태양이 별자리를 배경으로 이동하여 ㉠(　　　　　)년 후 처음 위치로 되돌아오는 것처럼 보이는 겉보기 운동을 태양의 ㉡(　　　　　) 운동이라고 한다.

**5** 계절에 따라 밤하늘에 보이는 별자리가 달라지는 것은 지구의 (　　　　　) 때문에 나타나는 현상이다.

**6** 달이 공전하면서 태양과 같은 방향에 있을 때를 (　　　　　)(이)라고 한다.

**7** 달과 태양이 지구를 중심으로 직각을 이루어 달의 오른쪽 반원이 보일 때를 (　　　　　)(이)라고 한다.

**8** 달이 삭의 위치에 와서 태양을 완전히 가리는 현상을 ㉠(　　　　　)(이)라고 하고, 달이 태양의 일부를 가리는 현상을 ㉡(　　　　　)(이)라고 한다.

**9** 월식은 ㉠(　　　　　)－㉡(　　　　　)－㉢(　　　　　)이/가 순서대로 일직선상에 있을 때 일어난다.

**10** 월식이 일어날 때는 달의 ㉠( 왼 , 오른 )쪽부터 어두워지고, 개기월식을 지나 다시 달의 ㉡( 왼 , 오른 )쪽부터 밝아지다가 원래의 모습으로 되돌아간다.

↺ 정답과 해설 **46**쪽

**1** 지구가 자전하기 때문에 별들이 천구상에서 하루에 한 바퀴씩 회전하는 것처럼 보이는 것을 별의 (      ) 운동이라고 한다.

**2** 우리나라에서는 북쪽 하늘을 보면 천체가 ㉠(      )을/를 중심으로 ㉡(      ) 방향으로 도는 것처럼 보인다.

**3** 지구가 태양을 중심으로 1년에 한 바퀴씩 ㉠(      )쪽에서 ㉡(      )쪽으로 회전하는 운동을 지구의 ㉢(      )(이)라고 한다.

**4** 태양이 연주 운동하면서 별자리 사이로 지나가는 길을 ㉠(      )(이)라 하고, 그 부근에 위치하는 12개의 대표적인 별자리를 ㉡(      )(이)라고 한다.

**5** 지구에서 볼 때 밝게 보이는 달의 모양을 달의 (      )(이)라고 한다.

**6** 달이 공전하면서 태양의 반대 방향에 있을 때를 ㉠(      )(이)라고 하고, 이때 달은 ㉡(      ) 달로 보인다.

**7** 달과 태양이 지구를 중심으로 직각을 이루어 달의 왼쪽 반원이 보일 때를 (      )(이)라고 한다.

**8** 일식은 ㉠(      )-㉡(      )-㉢(      )이/가 순서대로 일직선상에 있을 때 일어난다.

**9** 일식이 일어날 때는 태양의 ㉠( 왼 , 오른 )쪽부터 가려지기 시작하고, 이후 완전히 가려졌다가 다시 ㉡( 왼 , 오른 )쪽부터 서서히 보이기 시작하여 원래의 모습으로 되돌아간다.

**10** 달이 지구 그림자에 완전히 가려져 붉게 보이는 현상을 ㉠(      )(이)라고 하고, 달의 일부가 지구 그림자에 가려지는 현상을 ㉡(      )(이)라고 한다.

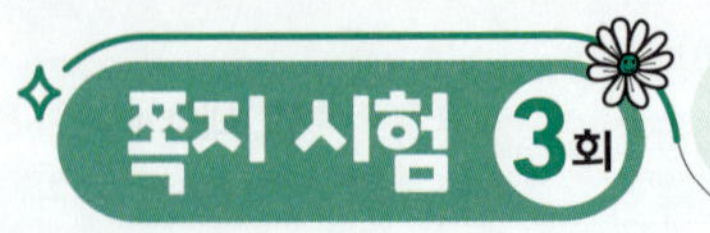

↩ 정답과 해설 47쪽

**1** 우리나라에서 관측되는 별의 일주 운동 방향

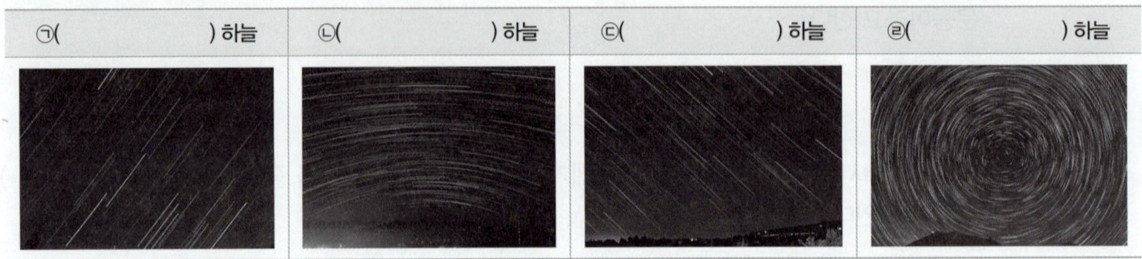



**2** 계절별 별자리 변화

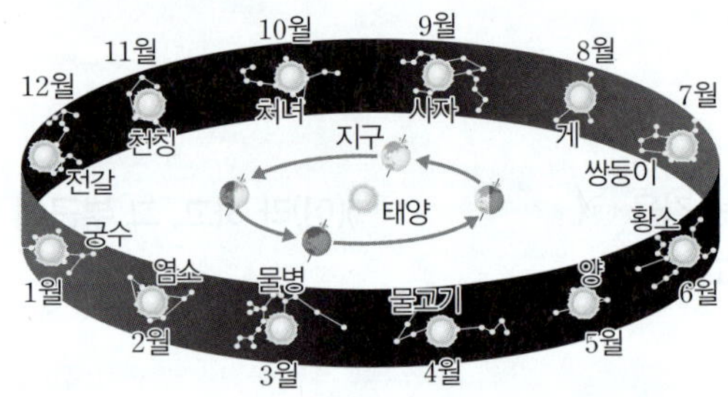



| 시기 | 태양이 지나는 별자리 | 한밤중에 남쪽 하늘에서 보이는 별자리 |
|---|---|---|
| 3월 | ㉠(          )자리 | ㉡(          )자리 |
| 6월 | ㉢(          )자리 | ㉣(          )자리 |
| 9월 | ㉤(          )자리 | ㉥(          )자리 |
| 12월 | ㉦(          )자리 | ㉧(          )자리 |

**3** 달의 위상 변화

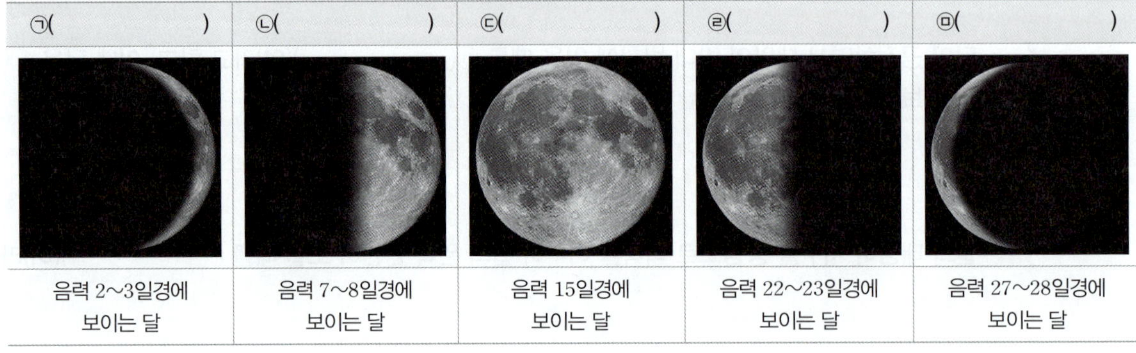



| 음력 2~3일경에 보이는 달 | 음력 7~8일경에 보이는 달 | 음력 15일경에 보이는 달 | 음력 22~23일경에 보이는 달 | 음력 27~28일경에 보이는 달 |
|---|---|---|---|---|

**4** 일식과 월식의 종류

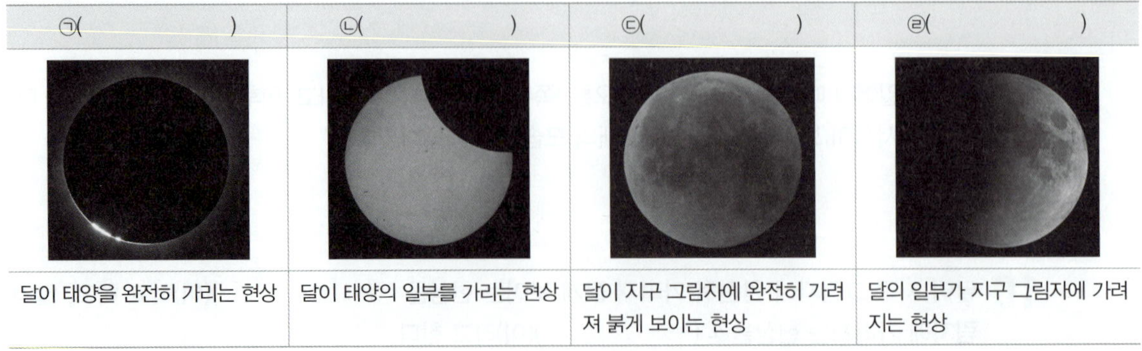



| 달이 태양을 완전히 가리는 현상 | 달이 태양의 일부를 가리는 현상 | 달이 지구 그림자에 완전히 가려져 붉게 보이는 현상 | 달의 일부가 지구 그림자에 가려지는 현상 |
|---|---|---|---|

**01** 지구의 자전과 자전으로 나타나는 현상에 대한 설명으로 옳지 <u>않은</u> 것은?

① 지구는 자전축을 중심으로 하루에 한 바퀴씩 자전한다.
② 우주에서 지구의 북극을 내려다보면 지구는 시계 반대 방향으로 자전한다.
③ 천체의 일주 운동은 지구가 자전하기 때문에 나타나는 겉보기 운동이다.
④ 지구의 자전 방향과 천체의 일주 운동 방향은 같다.
⑤ 별의 일주 운동 속도는 지구의 자전 속도와 같다.

**02** 천체의 운동 방향에 대한 설명으로 옳지 <u>않은</u> 것은?

① 지구는 서에서 동으로 자전한다.
② 태양의 연주 운동은 서에서 동으로 나타난다.
③ 별들이 일주 운동을 할 때 서쪽에서 떠서 동쪽으로 진다.
④ 북쪽 하늘을 보면 일주 운동이 시계 반대 방향으로 나타난다.
⑤ 북극 상공의 우주에서 지구를 내려다보면 지구는 시계 반대 방향으로 자전한다.

**03** 그림은 우리나라에서 어느 날 밤 21시에 관측한 별 S의 위치를 기록한 것이다.

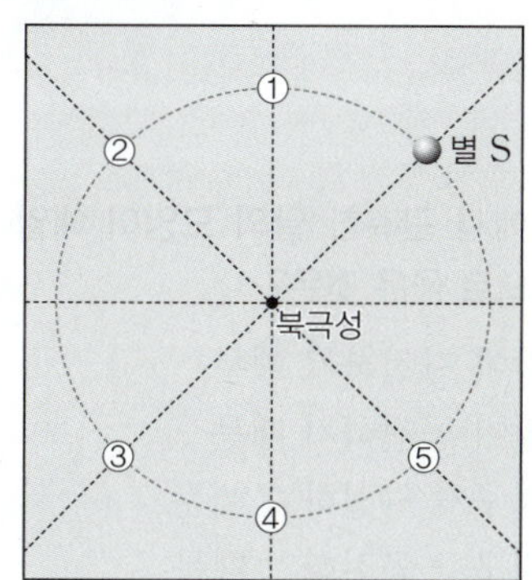


6시간 후에 별 S의 위치로 옳은 것은?

**04** 그림 (가)와 (나)는 우리나라에서 각기 다른 방향의 하늘을 관측했을 때 나타나는 별의 일주 운동 모습이다.

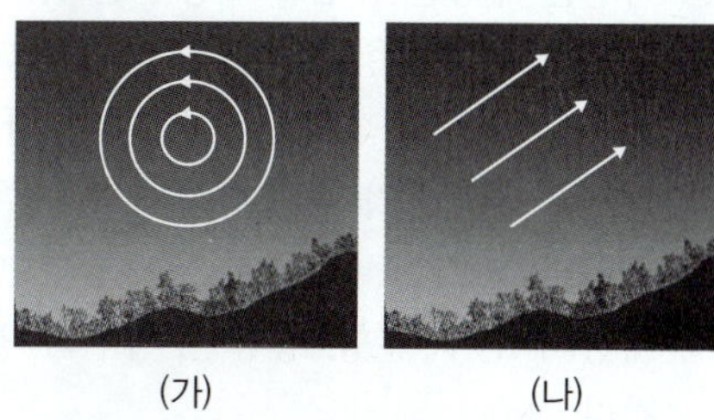


관측한 방향을 옳게 짝 지은 것은?

|  | (가) | (나) |
|---|---|---|
| ① | 북쪽 하늘 | 서쪽 하늘 |
| ② | 북쪽 하늘 | 동쪽 하늘 |
| ③ | 북쪽 하늘 | 남쪽 하늘 |
| ④ | 남쪽 하늘 | 서쪽 하늘 |
| ⑤ | 남쪽 하늘 | 동쪽 하늘 |



**05** 그림은 우리나라에서 관측한 별의 일주 운동을 나타낸 것이다.

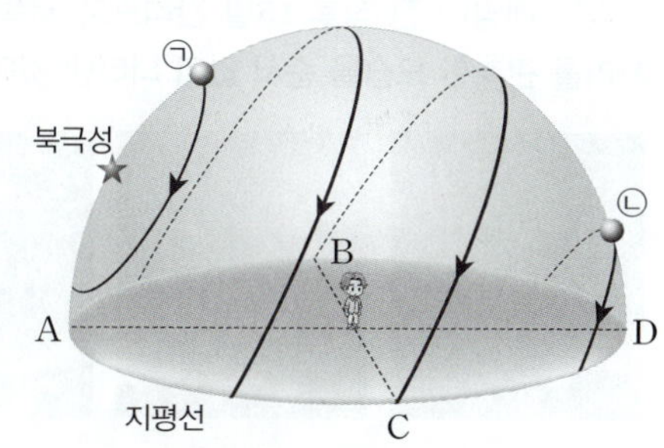


이에 대한 설명으로 옳은 것을 모두 고르면? (4개)

① A는 북쪽이다.
② B는 서쪽이다.
③ C는 동쪽이다.
④ C에서는 별이 떠오른다.
⑤ D는 남쪽이다.
⑥ 별 ㉠은 시계 반대 방향으로 일주 운동한다.
⑦ 별 ㉡은 서쪽에서 동쪽으로 이동하는 것처럼 보인다.
⑧ 지구가 자전하기 때문에 나타나는 현상이다.

**06** 지구의 공전과 공전으로 나타나는 현상에 대한 설명으로 옳지 <u>않은</u> 것을 모두 고르면? (2개)

① 지구는 하루에 한 바퀴씩 공전한다.
② 지구는 태양을 중심으로 공전한다.
③ 지구의 공전 방향은 자전 방향과 같다.
④ 태양은 하루에 약 15°씩 연주 운동한다.
⑤ 지구가 공전하기 때문에 태양의 연주 운동이 나타난다.
⑥ 태양의 연주 운동 방향은 지구의 공전 방향과 같다.
⑦ 계절에 따라 별자리가 달라지는 것은 지구가 공전하기 때문이다.

**07** 그림은 태양이 진 직후 15일 간격으로 서쪽 하늘의 별자리를 관측한 모습을 순서 없이 나타낸 것이다.

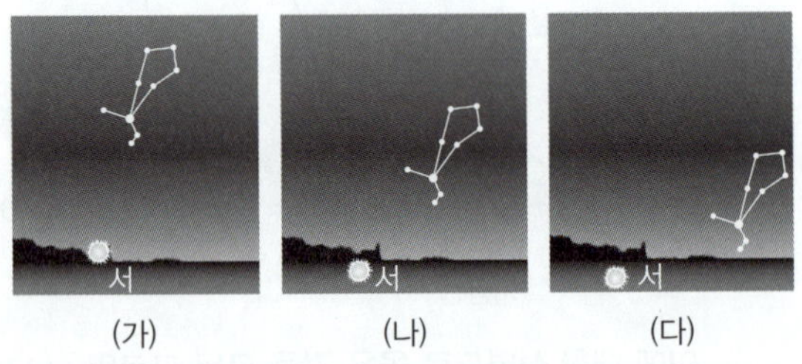



이에 대한 설명으로 옳은 것을 보기에서 모두 고른 것은?

보기
ㄱ. 관측한 시간 순으로 나열하면 (다) → (나) → (가)이다.
ㄴ. 지구의 공전 때문에 나타나는 현상이다.
ㄷ. 별자리를 기준으로 태양은 매일 조금씩 서쪽에서 동쪽으로 이동한 것처럼 보인다.

① ㄱ          ② ㄴ          ③ ㄱ, ㄷ
④ ㄴ, ㄷ      ⑤ ㄱ, ㄴ, ㄷ

[08~09] 그림은 태양이 지나가는 길에 위치한 12개의 별자리를 나타낸 것이다.

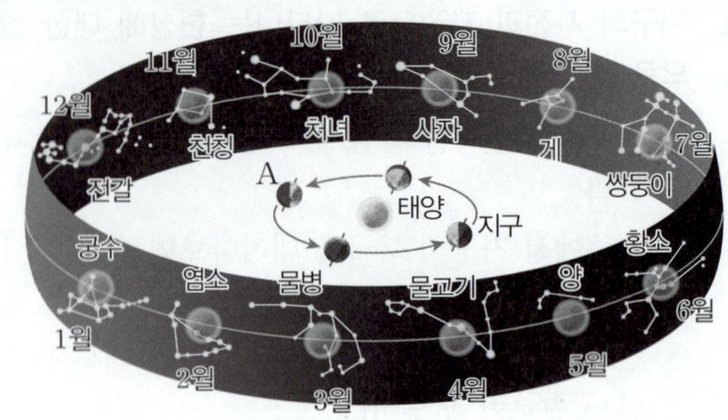



**08** 지구가 A 위치를 지나고 있을 때 태양은 어느 별자리 근처를 지나고 있는가?

① 전갈자리          ② 천칭자리
③ 궁수자리          ④ 황소자리
⑤ 게자리

**09** 5월 한밤중에 남쪽 하늘에서 볼 수 있는 별자리는 무엇인가?

① 염소자리          ② 천칭자리
③ 궁수자리          ④ 황소자리
⑤ 양자리

**10** 지구에서 관측한 달의 모양이 매일 조금씩 달라지는 까닭으로 옳은 것은?

① 달이 자전하기 때문
② 달이 공전하기 때문
③ 지구가 자전하기 때문
④ 지구가 공전하기 때문
⑤ 태양이 자전하기 때문

**11** 그림은 지구를 중심으로 공전하는 달의 위치를 나타낸 것이다.

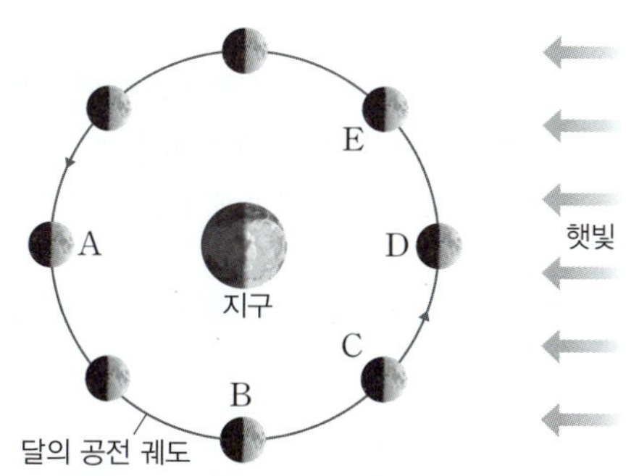


달이 A~E 위치에 있을 때 우리나라에서 보이는 달의 모양으로 옳은 것은?

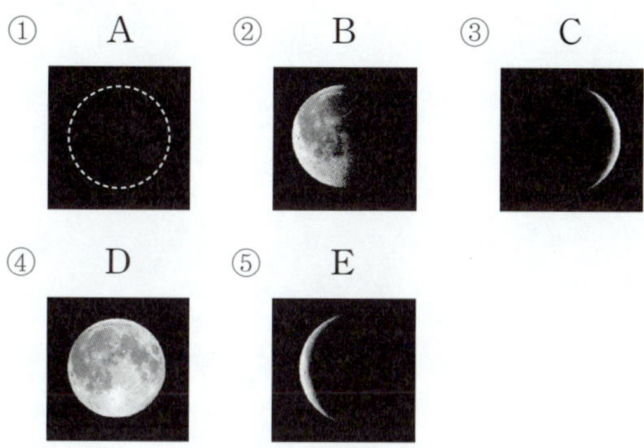

① A ② B ③ C ④ D ⑤ E

**12** 우리나라에서 달의 모양을 2~3일 간격으로 관찰하였을 때 나타날 수 있는 변화 순서로 옳지 <u>않은</u> 것은?

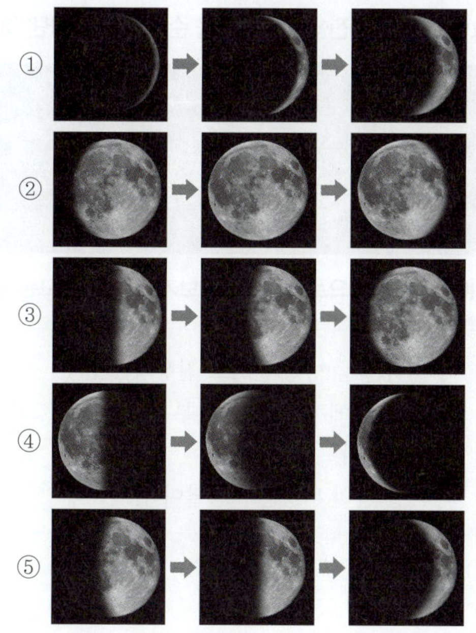



**13** 그림은 달이 공전하는 모습을 나타낸 것이다.

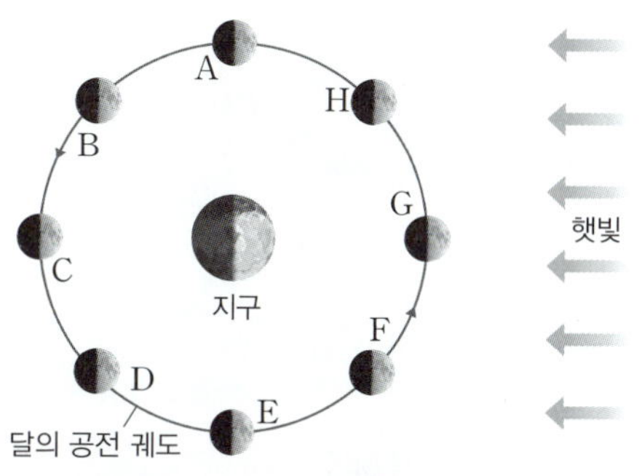


이에 대한 설명으로 옳지 <u>않은</u> 것을 모두 고르면? (2개)

① 달이 A에 위치할 때를 상현이라고 한다.
② 달이 B에 위치할 때는 달의 밝은 면이 절반보다 넓다.
③ 달이 C에 위치할 때는 음력 15일경이다.
④ 달이 D에서 E로 갈수록 달의 밝은 면이 점점 넓어진다.
⑤ 달이 E에 위치할 때는 왼쪽 절반이 밝게 보인다.
⑥ 달이 F에 위치할 때는 그믐달로 보인다.
⑦ 달이 G에 위치할 때 월식이 일어날 수 있다.
⑧ 달이 H에 위치할 때 초승달로 보인다.

**14** 그림 (가), (나)는 낮에 발생한 식 현상을 관찰한 것으로, 식의 전체 과정 중 가장 많이 가려진 순간의 모습이다.

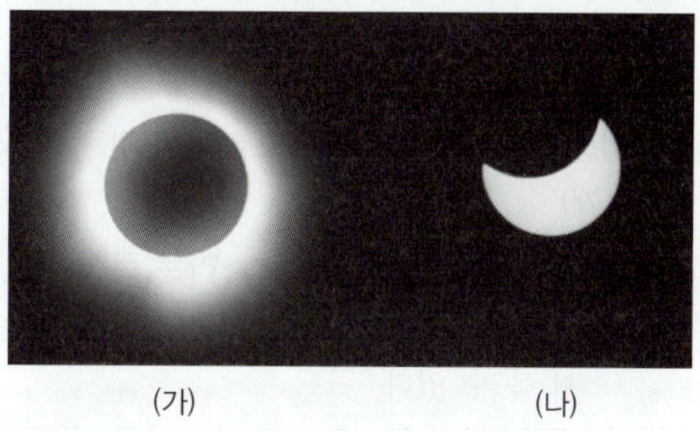

(가)      (나)

이에 대한 설명으로 옳은 것을 보기에서 모두 고른 것은?

> **보기**
> ㄱ. (가)는 개기일식이다.
> ㄴ. (나)에서 태양이 달을 가리고 있다.
> ㄷ. (가)일 때 달의 위상은 삭이다.

① ㄱ      ② ㄴ      ③ ㄷ
④ ㄱ, ㄷ      ⑤ ㄱ, ㄴ, ㄷ

**15** 그림은 일식의 원리를 나타낸 것이다.

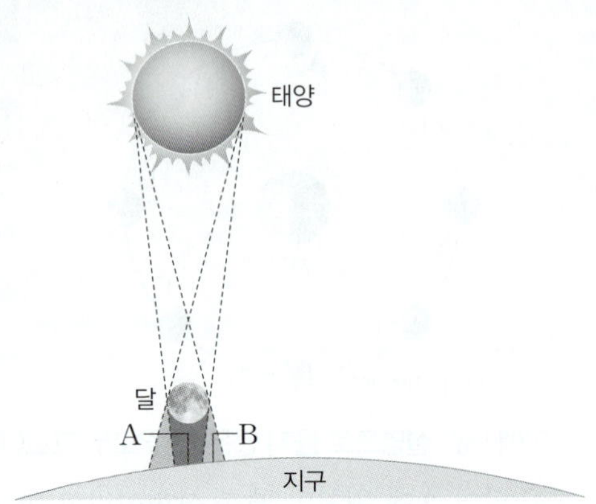



이에 대한 설명으로 옳은 것을 보기에서 모두 고른 것은?

보기
ㄱ. A의 관측자는 개기일식을 볼 수 있다.
ㄴ. B에서는 태양의 일부분을 볼 수 있다.
ㄷ. 일식이 일어나면 태양의 오른쪽 부분부터 가려
　　지기 시작한다.

① ㄱ　　　　② ㄷ　　　　③ ㄱ, ㄴ
④ ㄴ, ㄷ　　　⑤ ㄱ, ㄴ, ㄷ

**보기 더 보기**

**16** 일식과 월식에 대한 설명으로 옳은 것을 모두 고르면?
(4개)
① 일식은 지구가 태양을 가리는 현상이다.
② 일식은 지구에서 달의 그림자가 생기는 지역에
　서 볼 수 있다.
③ 태양-달-지구 순서로 일직선을 이룰 때 일식이
　일어난다.
④ 일식이 일어나면 태양의 왼쪽부터 가려지기 시
　작한다.
⑤ 월식은 달이 지구 그림자에 가려지는 현상이다.
⑥ 월식은 달의 위상이 삭일 때 일어난다.
⑦ 달이 지구 그림자에 완전히 가려지면 달은 붉은
　색의 보름달로 보인다.

**17** 월식에 대한 설명으로 옳은 것을 보기에서 모두 고른
것은?

보기
ㄱ. 태양-지구-달 순서로 배열될 때 일어난다.
ㄴ. 개기월식이 일어나면 달이 붉게 보인다.
ㄷ. 밤이 되는 모든 지역에서 볼 수 있다.

① ㄱ　　　　② ㄷ　　　　③ ㄱ, ㄴ
④ ㄴ, ㄷ　　　⑤ ㄱ, ㄴ, ㄷ

**18** 그림은 월식이 진행되는 과정을 순서 없이 나타낸 것이다.

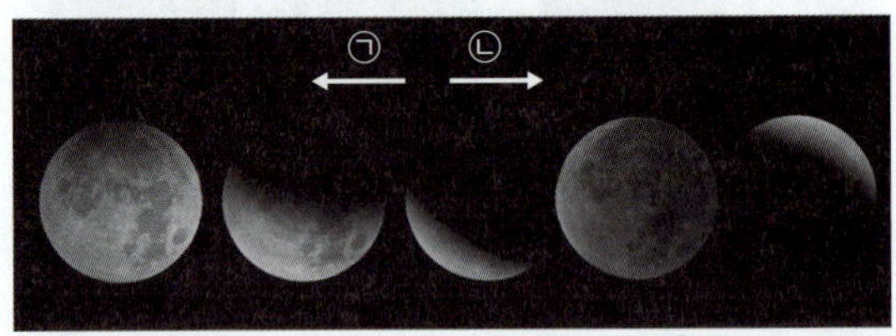



이에 대한 설명으로 옳은 것을 보기에서 모두 고른 것은?

보기
ㄱ. 월식은 ㉡ 방향 순서로 진행되었다.
ㄴ. 달 표면에서 어두워진 부분은 지구의 그림자
　　영역이다.
ㄷ. 이날 달의 위상은 보름달이다.

① ㄱ　　　　② ㄴ　　　　③ ㄷ
④ ㄱ, ㄴ　　　⑤ ㄴ, ㄷ

↻ 정답과 해설 47쪽

**19** 그림은 어느 날 우리나라에서 지평선 부근의 별들이 움직인 흔적을 나타낸 것이다.

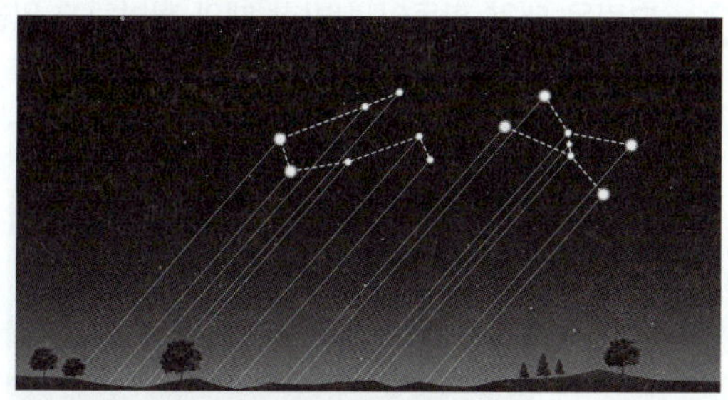

어느 방향의 하늘을 관측한 것인지 쓰고, 그렇게 생각한 까닭을 서술하시오.

**20** 그림은 지구의 공전 궤도와 황도 12궁을 나타낸 것이다.

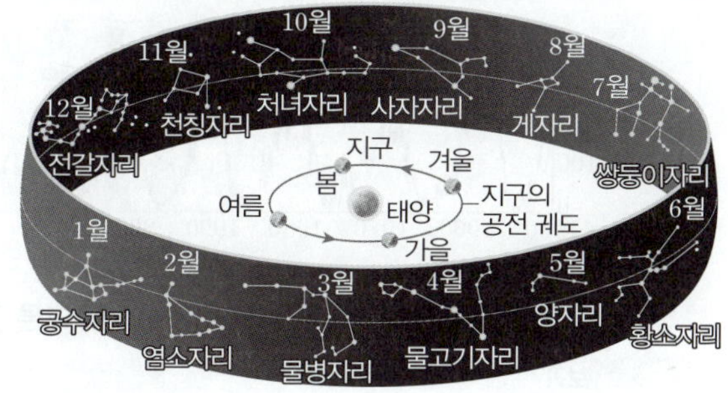


(1) 10월 한밤중에 가장 관측하기 어려운 별자리의 이름을 쓰시오.

(2) 그렇게 생각한 까닭을 서술하시오.

**21** 그림은 태양이 진 직후 15일 간격으로 서쪽 하늘의 별자리를 관측한 모습을 순서 없이 나타낸 것이다.

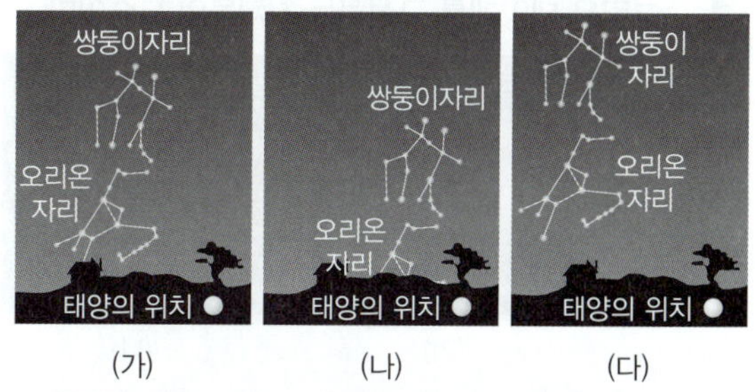


(1) (가)~(다)를 관측한 순서대로 나열하시오.

(2) 이와 같은 변화가 나타나는 까닭을 서술하시오.

**22** 그림은 일식과 월식의 원리를 알아보기 위한 실험을 순서 없이 나타낸 것이다.

(1) 전등, 스타이로폼 공, 사람은 각각 무엇에 해당하는지 서술하시오.

(2) (가)와 (나) 중 월식의 원리를 알아보기 위한 것은 무엇인지 골라 쓰고, 월식이 일어날 때 태양, 지구, 달의 위치 관계에 대해 서술하시오.

**1** 그림은 태양계를 구성하는 천체들의 모습이다.

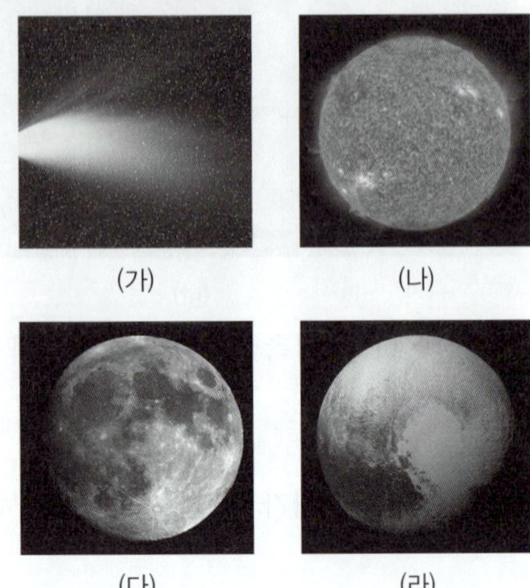

(가) (나)

(다) (라)

이에 대한 설명으로 옳은 것을 보기에서 모두 고른 것은?

> **보기**
> ㄱ. 스스로 빛을 내는 천체는 (가)와 (나)이다.
> ㄴ. (다)는 위성이고, (라)는 왜소 행성이다.
> ㄷ. (나)의 주위를 공전하는 천체는 (가)와 (라)이다.

① ㄱ      ② ㄷ      ③ ㄱ, ㄴ
④ ㄴ, ㄷ      ⑤ ㄱ, ㄴ, ㄷ

**2** 그림 (가)와 (나)는 태양계 행성을 물리적 특징에 따라 두 집단으로 나누었을 때, 각 집단에 속하는 행성의 모습이다.

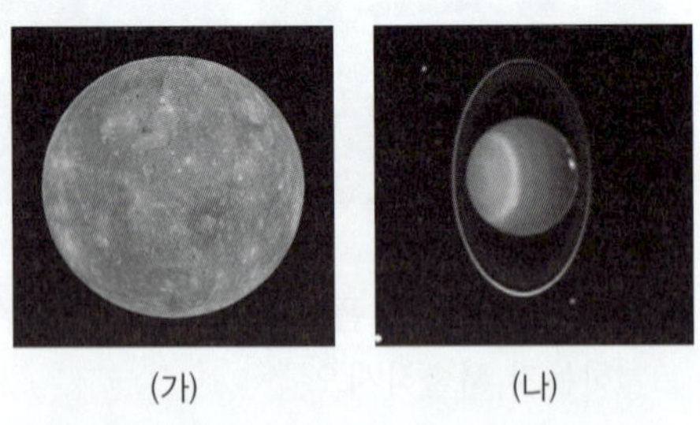

(가) (나)

이에 대한 설명으로 옳은 것을 보기에서 모두 고른 것은?

> **보기**
> ㄱ. 화성은 (나)가 속한 집단에 포함된다.
> ㄴ. (가)가 속한 집단은 (나)가 속한 집단보다 표면의 단단한 정도가 크다.
> ㄷ. (가)는 (나)보다 위성의 개수가 더 많다.

① ㄱ      ② ㄴ      ③ ㄱ, ㄷ
④ ㄴ, ㄷ      ⑤ ㄱ, ㄴ, ㄷ

**3** 그림은 태양 활동이 활발할 때와 활발하지 않을 때 관측한 모습을 순서 없이 합성한 것이다.

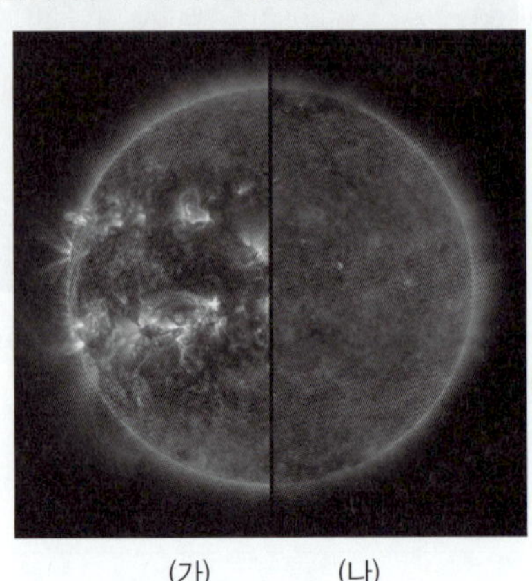

(가) (나)

이에 대한 설명으로 옳은 것을 보기에서 모두 고른 것은?

> **보기**
> ㄱ. (가)는 흑점 수가 많을 때, (나)는 흑점 수가 적을 때이다.
> ㄴ. (가) 시기에는 (나) 시기보다 코로나의 크기가 크다.
> ㄷ. 위성 통신 오류 등이 더 잘 일어나는 시기는 (나)이다.

① ㄱ      ② ㄷ      ③ ㄱ, ㄴ
④ ㄴ, ㄷ      ⑤ ㄱ, ㄴ, ㄷ

**4** 그림은 태양의 흑점 수 변화를 나타낸 것이다.

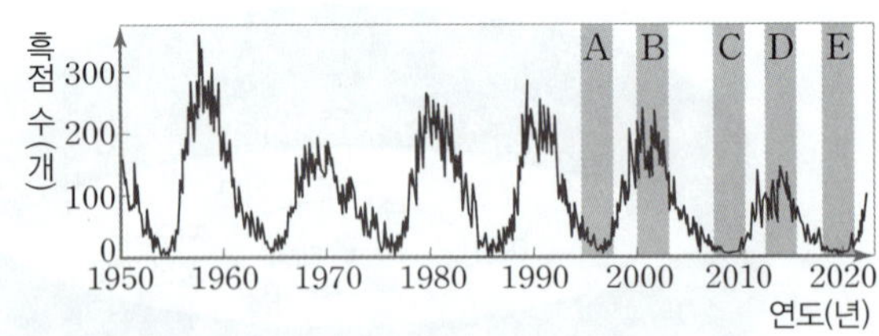


이에 대한 설명으로 옳은 것을 보기에서 모두 고른 것은?

> **보기**
> ㄱ. 오로라가 자주 발생하는 시기는 B, D이다.
> ㄴ. 2031년경에는 흑점의 개수가 200개 이상이 될 것이다.
> ㄷ. 지구에 자기 폭풍이 많이 발생한 시기는 A, C, E이다.

① ㄱ      ② ㄷ      ③ ㄱ, ㄴ
④ ㄴ, ㄷ      ⑤ ㄱ, ㄴ, ㄷ

**5** 그림은 우리나라에서 일정한 시간 동안 카메라로 별의 일주 운동을 촬영한 모습이다.

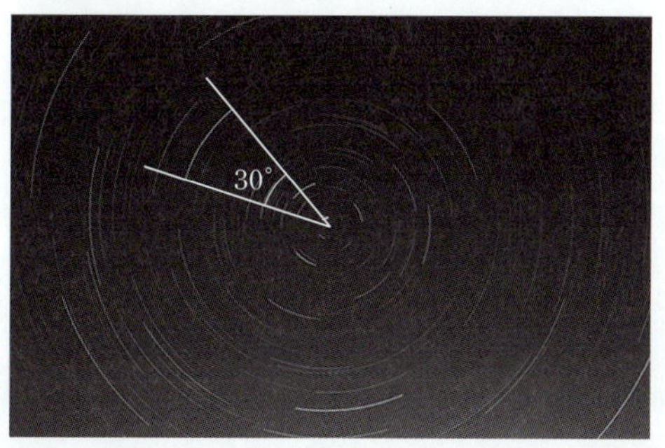

이에 대한 설명으로 옳은 것을 보기에서 모두 고른 것은?

보기
ㄱ. 북쪽 하늘을 찍은 것이다.
ㄴ. 촬영 시간은 2시간이다.
ㄷ. 별은 시계 방향으로 일주 운동하였다.

① ㄱ　　　　② ㄷ　　　　③ ㄱ, ㄴ
④ ㄴ, ㄷ　　　⑤ ㄱ, ㄴ, ㄷ

**6** 그림은 황도 주변의 별자리와 태양의 겉보기 위치를 시기별로 나타낸 것이다.

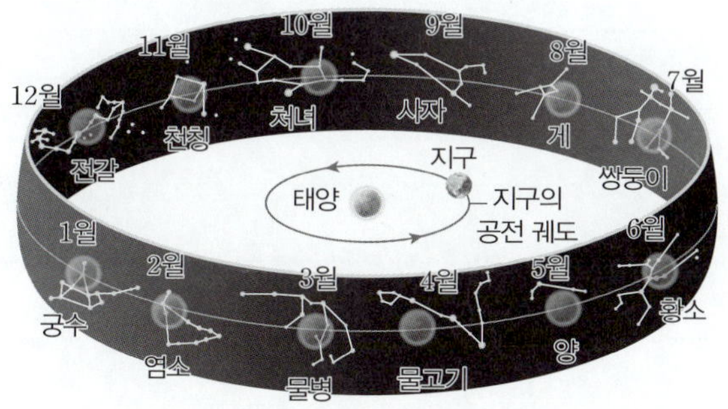

지구의 상대적 위치가 그림과 같을 때, 이에 대한 설명으로 옳은 것을 보기에서 모두 고른 것은?

보기
ㄱ. 자정에 남중하는 별자리는 궁수자리이다.
ㄴ. 한 달 후 남중하는 별자리는 염소자리이다.
ㄷ. 이날 달의 위상이 보름달이면, 달은 쌍둥이자리 방향에 있다.

① ㄱ　　　　② ㄷ　　　　③ ㄱ, ㄴ
④ ㄴ, ㄷ　　　⑤ ㄱ, ㄴ, ㄷ

**7** 그림은 해가 진 직후 관측한 달의 위치와 모양 변화를 나타낸 것이다.

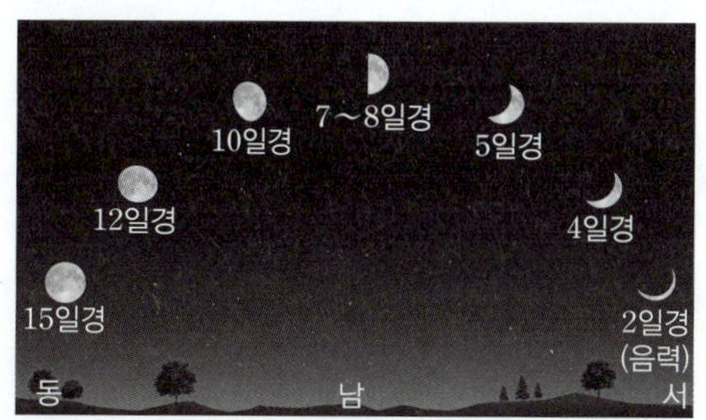


이에 대한 설명으로 옳은 것을 보기에서 모두 고른 것은?

보기
ㄱ. 달의 자전으로 나타나는 현상이다.
ㄴ. 초승달은 음력 2일경 서쪽 하늘에서 볼 수 있다.
ㄷ. 해가 진 직후 남쪽 하늘에 있는 달은 하현달이다.

① ㄱ　　　　② ㄴ　　　　③ ㄱ, ㄷ
④ ㄴ, ㄷ　　　⑤ ㄱ, ㄴ, ㄷ

**8** 그림은 우리나라에서 월식의 과정을 촬영하여 합성한 것이다. (가)는 달이 어둡게 보이는 영역을 나타낸 것이다.

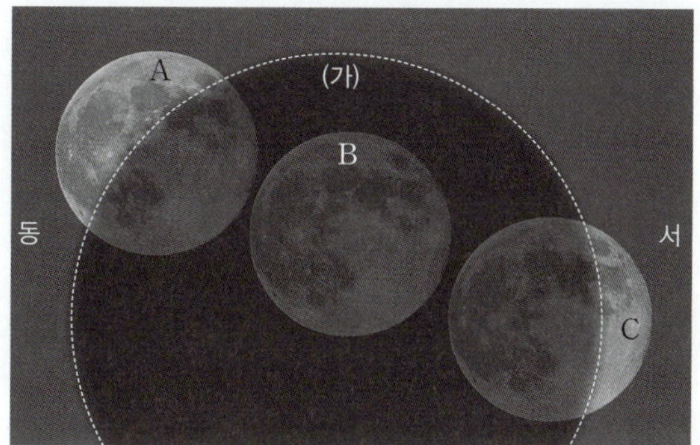


이에 대한 설명으로 옳은 것을 보기에서 모두 고른 것은?

보기
ㄱ. 월식의 종류는 부분월식이다.
ㄴ. A → B → C 순으로 월식이 진행되었다.
ㄷ. (가)는 지구의 그림자에 해당한다.

① ㄱ　　　　② ㄷ　　　　③ ㄱ, ㄴ
④ ㄴ, ㄷ　　　⑤ ㄱ, ㄴ, ㄷ

HIGH TOP

내신 **탑티어**

중학교 **과학 1-2**

## 시험 대비서

## 대단원 최종 점검


V 힘의 작용     66

VI 기체의 성질     76

VII 태양계     86

**1회** 중간·기말고사 대비
# 대단원 최종 점검

**1.** 과학에서 말하는 힘이 작용한 사례가 <u>아닌</u> 것은?

① 점토를 반죽하여 컵을 빚었다.
② 함박눈이 펑펑 쏟아져 내렸다.
③ 얼음물이 든 컵 표면에 물방울이 맺혔다.
④ 고무공을 손으로 세게 쥐었더니 찌그러졌다.
⑤ 정지해 있던 축구공을 발로 세게 차니 날아갔다.

**2.** 힘에 대한 설명으로 옳은 것을 보기에서 모두 고른 것은?

> **보기**
> ㄱ. 힘의 단위는 N(뉴턴)을 사용한다.
> ㄴ. 힘의 3요소는 힘의 크기, 방향, 작용점이다.
> ㄷ. 물체의 모양이나 운동 상태를 변하게 하는 원인이다.

① ㄱ          ② ㄴ          ③ ㄱ, ㄷ
④ ㄴ, ㄷ       ⑤ ㄱ, ㄴ, ㄷ

**3.** 다음은 힘을 표시하는 방법에 대한 설명이다.

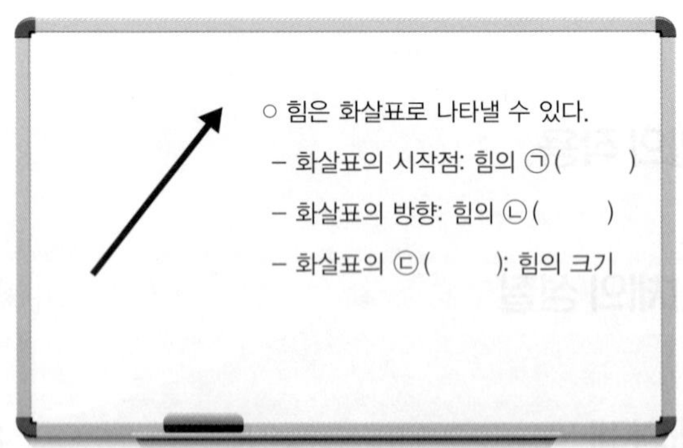


(      ) 안에 알맞은 말을 옳게 짝 지은 것은?

| | ㉠ | ㉡ | ㉢ |
|---|---|---|---|
| ① | 작용점 | 방향 | 굵기 |
| ② | 작용점 | 방향 | 길이 |
| ③ | 방향 | 길이 | 작용점 |
| ④ | 방향 | 작용점 | 굵기 |
| ⑤ | 방향 | 작용점 | 길이 |

**[4~5]** 그림은 고리로 연결한 두 용수철저울을 서로 반대 방향으로 잡아당기는 것을 나타낸 것이고, 표는 고리가 움직이지 않을 때 용수철저울의 측정값을 나타낸 것이다.

| 구분 | 용수철저울의 측정값(N) | |
|---|---|---|
| | 왼쪽 | 오른쪽 |
| (가) | 2 | 2 |
| (나) | 4 | ㉠ |
| (다) | 6 | 6 |

**4.** 이에 대한 설명으로 옳지 <u>않은</u> 것은?

① ㉠은 4이다.
② (가)에서 고리에 작용하는 알짜힘은 0이다.
③ (나)에서 고리에 작용하는 두 힘은 일직선상에 작용한다.
④ 고리에 작용하는 알짜힘이 가장 큰 경우는 (다)이다.
⑤ (다)에서 고리에 작용하는 두 힘은 평형을 이루고 있다.

**5.** 고리에 작용하는 두 힘이 평형을 이루기 위한 조건을 보기에서 모두 고른 것은?

> **보기**
> ㄱ. 두 힘의 크기가 같다.
> ㄴ. 두 힘의 일직선상에 작용한다.
> ㄷ. 두 힘의 방향이 서로 반대 방향이다.

① ㄱ          ② ㄴ          ③ ㄱ, ㄷ
④ ㄴ, ㄷ       ⑤ ㄱ, ㄴ, ㄷ

**6.** 그림과 같이 질량이 같은 두 물체 (가), (나)를 지표면으로부터 같은 높이에서 가만히 놓았다.

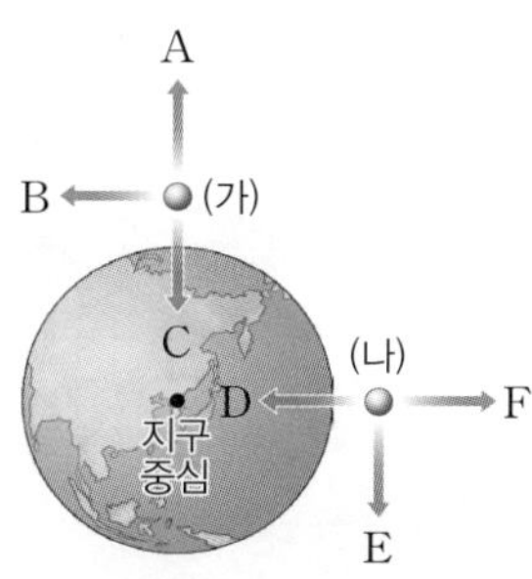


이에 대한 설명으로 옳은 것을 보기에서 모두 고른 것은?

보기
ㄱ. (가), (나)에 작용하는 중력의 크기는 같다.
ㄴ. (가), (나)는 모두 중력에 의해 운동한다.
ㄷ. (가)는 C 방향으로 힘을 받는다.
ㄹ. (나)는 E 방향으로 운동한다.

① ㄱ, ㄴ          ② ㄱ, ㄹ          ③ ㄷ, ㄹ
④ ㄱ, ㄴ, ㄷ      ⑤ ㄴ, ㄷ, ㄹ

**7.** 그림은 지구와 달에서 양팔저울 위에 같은 사과와 분동을 올려놓았더니 양팔저울이 수평을 이룬 모습을 나타낸 것이다.

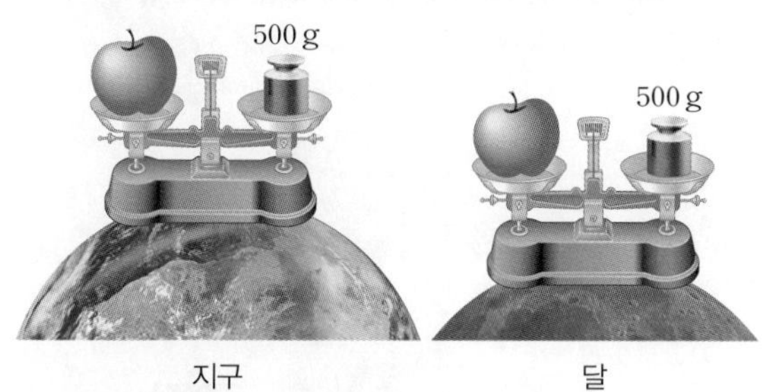


이를 통해 알 수 있는 사실은?

① 무게는 질량에 비례한다.
② 양팔저울로 무게를 측정한다.
③ 질량은 물체에 작용하는 중력의 크기이다.
④ 같은 물체의 질량은 장소와 관계없이 같다.
⑤ 달에서의 중력은 지구에서의 중력의 6배이다.

**8.** 그림은 지구에서 질량이 2 kg인 추를 용수철에 매달았을 때 정지해 있는 모습을 나타낸 것이다. 이에 대한 설명으로 옳지 <u>않은</u> 것은? (단, 지구에서 질량이 1 kg인 물체에 작용하는 중력의 크기는 9.8 N이다.)

① 추에 작용하는 중력의 크기는 2 N이다.
② 추에 작용하는 탄성력의 방향은 위쪽이다.
③ 추에 작용하는 중력과 탄성력의 방향은 반대이다.
④ 추에 작용하는 중력과 탄성력은 힘의 평형을 이룬다.
⑤ 용수철이 늘어나게 하는 힘은 추에 작용하는 중력이다.

**9.** 다음은 어떤 힘에 대해 알아보기 위한 실험이다.

[실험 과정]
(가) 플라스틱 컵에 고무줄을 끼워 고정한 뒤 다른 컵을 고무줄 위에 놓고 누른다.
(나) 누르는 손을 놓았을 때 컵이 튀어 올라가는 높이를 관찰한다.

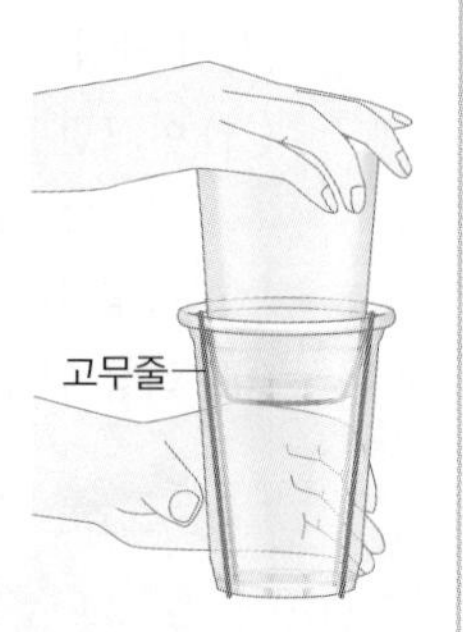


[실험 결과]
누르는 손을 놓으면 컵을 약하게 누를 때보다 세게 누를 때 컵이 올라가는 높이가 더 높다.

이에 대한 설명으로 옳은 것을 보기에서 모두 고른 것은?

보기
ㄱ. 컵을 누를 때 손이 받는 힘의 방향은 아래 방향이다.
ㄴ. 컵이 튀어 오르는 것은 고무줄의 탄성력 때문이다.
ㄷ. 컵을 세게 누를수록 고무줄의 탄성력의 크기가 커진다.

① ㄱ          ② ㄴ          ③ ㄱ, ㄷ
④ ㄴ, ㄷ      ⑤ ㄱ, ㄴ, ㄷ

**10.** 그림은 양궁 선수가 활을 힘껏 당긴 모습이다.

이에 대한 설명으로 옳은 것을 보기에서 모두 고른 것은?

보기
ㄱ. 활시위의 변형이 클수록 탄성력의 크기가 크다.
ㄴ. 탄성력의 크기는 양궁 선수가 활을 당긴 힘의 크기와 같다.
ㄷ. 탄성력의 방향은 양궁 선수가 활을 당긴 힘의 방향과 반대 방향이다.

① ㄱ　　　　② ㄴ　　　　③ ㄱ, ㄷ
④ ㄴ, ㄷ　　　⑤ ㄱ, ㄴ, ㄷ

**11.** 다음은 마찰력에 대해 알아보는 실험이다.

[실험 과정]
(가) 아크릴 판으로 만든 빗면 위에 병뚜껑을 가만히 놓은 뒤 물체가 책상에서 미끄러진 거리를 측정한다.
(나) 책상 위에 사포를 깔고 과정 (가)를 반복한다.

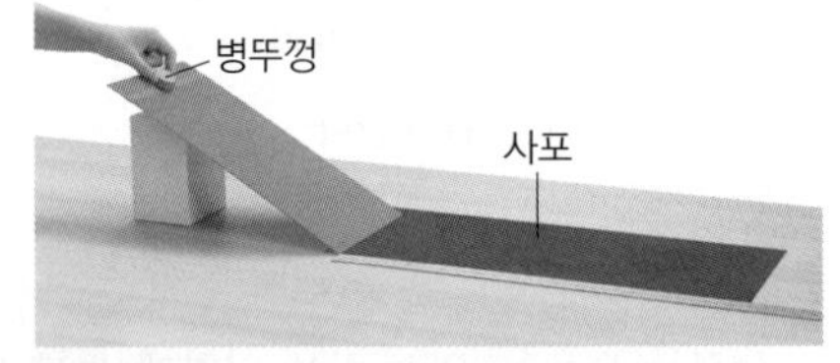


[실험 결과]

| 과정 | (가) | (나) |
| --- | --- | --- |
| 미끄러진 거리(cm) | 25 | 15 |

실험 결과를 통해 알 수 있는 사실을 보기에서 모두 고른 것은?

보기
ㄱ. 마찰력의 방향은 운동 방향의 반대 방향이다.
ㄴ. 마찰력의 크기는 접촉면이 거칠수록 크다.
ㄷ. 마찰력의 크기는 물체가 무거울수록 크다.

① ㄱ　　　　② ㄷ　　　　③ ㄱ, ㄴ
④ ㄴ, ㄷ　　　⑤ ㄱ, ㄴ, ㄷ

**12.** 그림과 같이 빗면 위에서 물체에 매단 줄을 E 방향으로 잡아당겨 물체를 끌어올리고 있다.

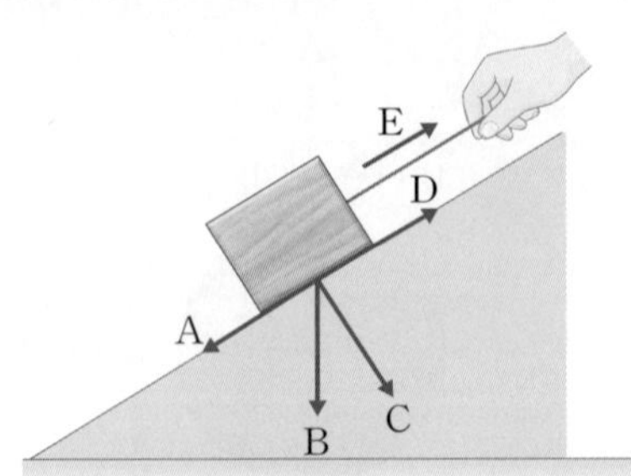


물체에 작용하는 중력과 마찰력의 방향을 옳게 짝 지은 것은?

|  | 중력 | 마찰력 |  | 중력 | 마찰력 |
| --- | --- | --- | --- | --- | --- |
| ① | A | A | ② | A | D |
| ③ | B | A | ④ | B | D |
| ⑤ | C | A |  |  |  |

**13.** 그림은 물속에 완전히 잠긴 채로 매달려 정지해 있는 쇠구슬과 연결된 줄을 끊었더니 쇠구슬이 아래로 내려가 바닥에 정지해 있는 모습을 나타낸 것이다. (가), (나), (다)는 각각 쇠구슬이 정지해 있을 때, 물속에서 내려갈 때, 바닥에 정지해 있을 때이다.

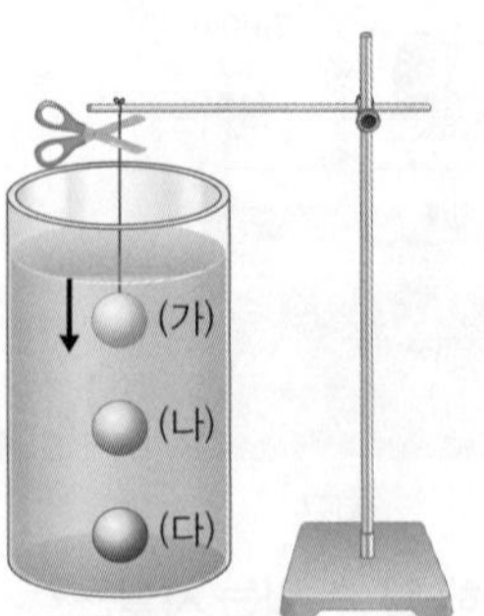


(가), (나), (다)에서 쇠구슬에 작용한 부력의 크기를 옳게 비교한 것은?

① (가)>(나)>(다)　　② (가)=(나)>(다)
③ (가)=(나)=(다)　　④ (가)<(나)=(다)
⑤ (가)<(나)<(다)

**14.** 그림 (가), (나)와 같이 무게는 같고 부피가 다른 두 추를 용수철저울에 매단 뒤 물속에 모두 잠기게 했다. 추의 부피는 (가)에서보다 (나)에서 더 크다.

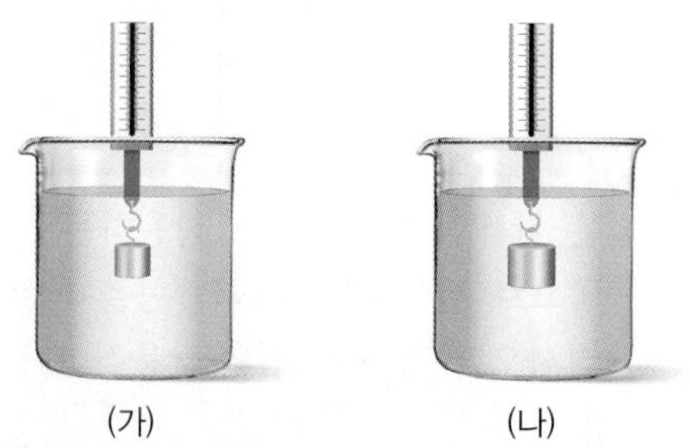


이에 대한 설명으로 옳은 것은?

① 공기 중에서 용수철저울의 측정값은 (가)에서보다 (나)에서 크다.

② 물속에서 용수철저울의 측정값은 (가)에서가 (나)에서보다 크다.

③ 물속에 잠긴 두 추에 작용하는 중력의 크기는 (가)에서가 (나)에서보다 크다.

④ 물속에 잠긴 두 추에 작용하는 부력의 방향은 서로 반대이다.

⑤ 물속에 잠긴 추에 작용하는 부력의 크기는 (가)에서가 (나)에서보다 크다.

**15.** 여러 가지 힘에 대한 설명으로 옳은 것을 보기에서 모두 고른 것은?

> **보기**
> ㄱ. 스트레칭 밴드는 탄성력을 이용한 예이다.
> ㄴ. 윗접시저울로 물체의 무게를 측정할 수 있다.
> ㄷ. 계단 끝에 미끄럼 방지 테이프를 붙이면 마찰력이 커진다.

① ㄱ      ② ㄴ      ③ ㄱ, ㄷ
④ ㄴ, ㄷ      ⑤ ㄱ, ㄴ, ㄷ

**16.** 그림 (가), (나)는 놀이공원의 관람차와 바이킹의 모습을 나타낸 것이고, 표는 운동 I, II, III의 속력 변화와 운동 방향 변화를 나타낸 것이다. 관람차와 바이킹의 운동은 각각 I~III 중 하나이다.

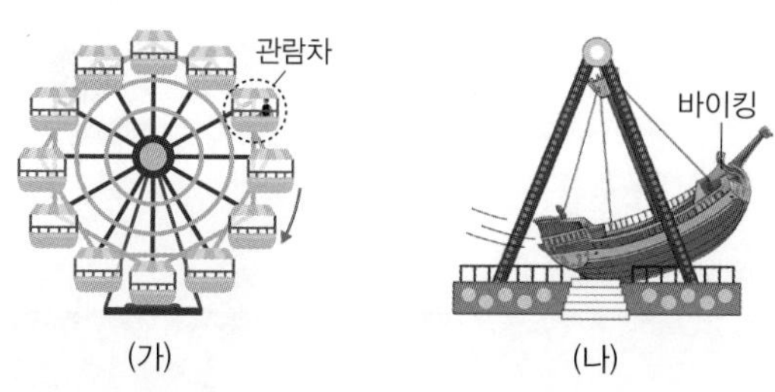


| 운동 | I | II | III |
|---|---|---|---|
| 속력 변화 | × | ○ | ○ |
| 운동 방향 변화 | ○ | × | ○ |

○: 있음, ×: 없음

관람차와 바이킹의 운동에 해당하는 것을 옳게 짝 지은 것은?

| | (가) | (나) | | (가) | (나) |
|---|---|---|---|---|---|
| ① | I | II | ② | I | III |
| ③ | II | I | ④ | II | III |
| ⑤ | III | I | | | |

**17.** 그림 (가)는 가만히 놓은 공의 운동을, (나)는 연직 위로 던져진 공이 최고점까지 올라가는 동안 공의 운동을 일정한 시간 간격으로 나타낸 것이다. 이에 대한 설명으로 옳은 것을 보기에서 모두 고른 것은? (단, 공기 저항은 무시한다.)

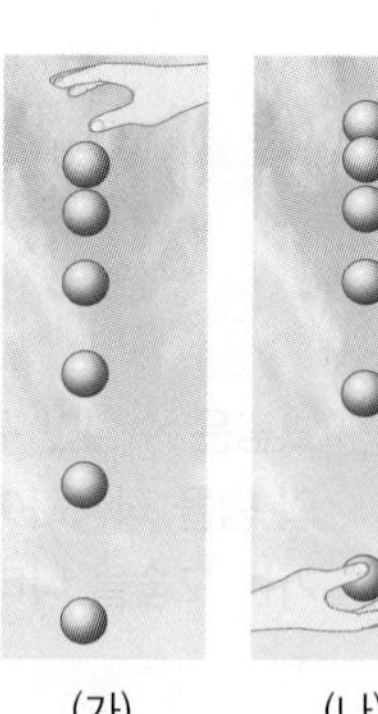


> **보기**
> ㄱ. (가)에서 공은 속력이 변하는 운동을 한다.
> ㄴ. (나)에서 공이 최고점에 도달하는 순간 공에는 힘이 작용하지 않는다.
> ㄷ. (가)와 (나)에서 공이 손을 떠난 후 공에 작용하는 힘의 방향이 서로 반대이다.

① ㄱ      ② ㄷ      ③ ㄱ, ㄴ
④ ㄴ, ㄷ      ⑤ ㄱ, ㄴ, ㄷ

**18.** 그림 (가)는 손으로 잡고 있는 사과가 정지해 있는 모습을, (나)는 (가)에서 사과를 가만히 놓았더니 사과가 지면으로 떨어지고 있는 모습을 나타낸 것이다.

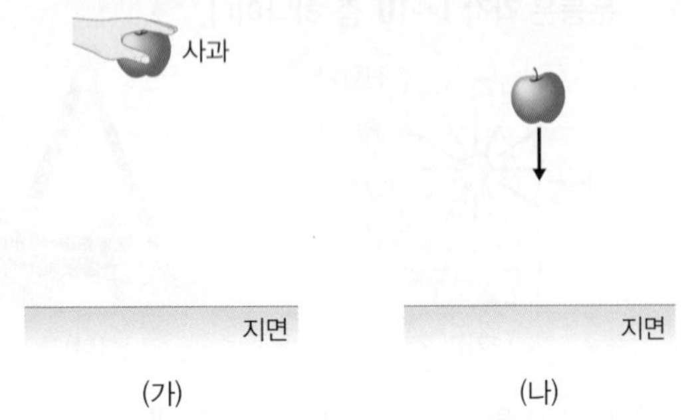


이에 대한 설명으로 옳은 것을 보기에서 모두 고른 것은? (단, 공기 저항은 무시한다.)

보기
ㄱ. (가)에서 사과에 작용하는 알짜힘은 0이다.
ㄴ. (나)에서 사과는 속력이 일정한 운동을 한다.
ㄷ. 지구가 사과에 작용하는 힘의 크기는 (가)에서보다 (나)에서 크다.

① ㄱ      ② ㄷ      ③ ㄱ, ㄴ
④ ㄴ, ㄷ      ⑤ ㄱ, ㄴ, ㄷ

**19.** 그림은 수평면 위에 놓인 무게가 10 N인 물체에 5 N의 힘을 작용하여 일정한 속력과 방향으로 물체를 끌고 가는 모습을 나타낸 것이다.

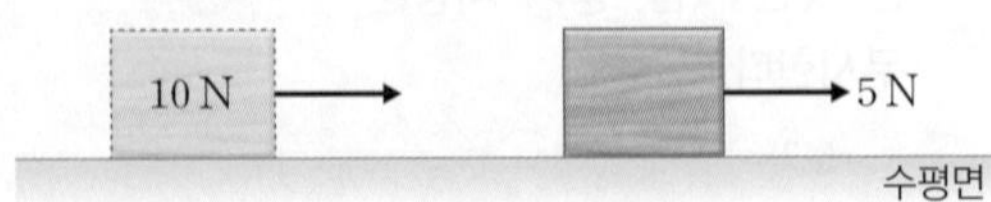


이에 대한 설명으로 옳지 <u>않은</u> 것은?
① 물체에 작용하는 힘은 평형을 이룬다.
② 물체에 작용하는 중력의 크기는 10 N이다.
③ 물체에 작용하는 마찰력의 크기는 5 N이다.
④ 물체에 작용하는 알짜힘의 크기는 15 N이다.
⑤ 수평면이 물체를 떠받치는 힘의 크기는 10 N이다.



**20.** 그림은 북쪽으로 작용하는 3 N의 힘을 화살표로 나타낸 것이다.

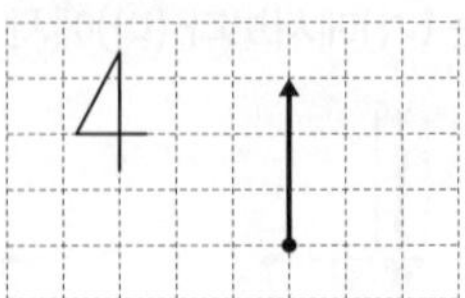

(1) 같은 작용점에 서쪽으로 작용하는 5 N의 힘과 동쪽으로 작용하는 3 N의 힘을 화살표로 각각 그리시오. (단, •은 힘의 작용점이다.)

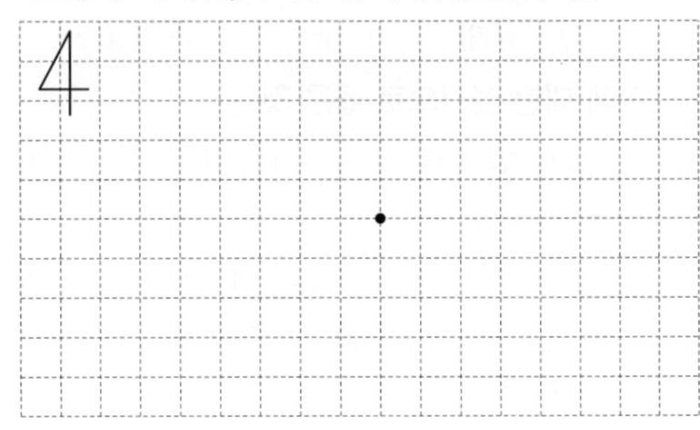

(2) (1)에서 알짜힘의 크기와 방향을 서술하시오.

**21.** 그림과 같이 막대 양쪽 끝에 동일한 추를 매달아 수평을 맞춘 뒤 추를 컵에 각각 넣고, 한쪽 컵에만 추가 물에 잠길 때까지 물을 부었다.

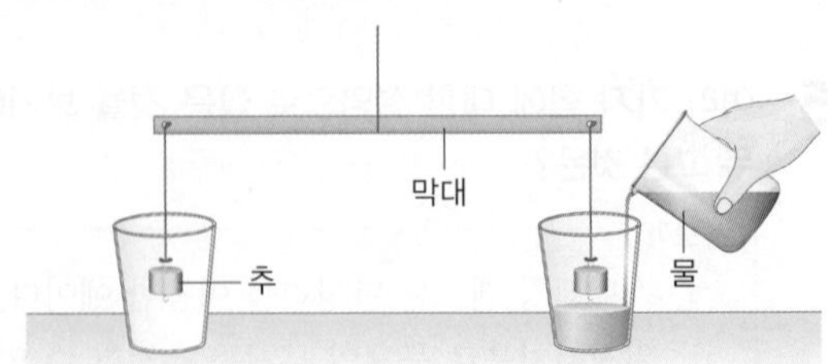


막대가 어느 쪽으로 기울어지는지 쓰고, 그 까닭을 서술하시오.

**1.** 밑줄 친 '힘'이 과학에서 말하는 힘을 뜻하는 것은?

① 부모님의 칭찬이 힘이 되었다.
② 젖 먹던 힘까지 다 내어 달렸다.
③ 과학은 사고하는 힘을 길러 준다.
④ 밀가루를 힘껏 눌러 반죽을 만들었다.
⑤ 반장은 반의 화합을 이끌어 내는 힘이 있다.

**2.** 다음은 힘에 대한 수업 장면의 일부를 나타낸 것이다.

옳은 대답을 한 학생을 모두 고른 것은?

① A          ② B          ③ A, C
④ B, C       ⑤ A, B, C

**3.** 화살표를 이용하여 힘을 나타낼 때에 대한 설명으로 옳지 <u>않은</u> 것은?

① 화살표로 힘의 3요소를 모두 표시한다.
② 화살표의 길이는 힘의 크기를 나타낸다.
③ 화살표의 방향은 힘의 작용점을 나타낸다.
④ 화살표의 시작점은 힘이 가해지는 지점이다.
⑤ 힘의 크기가 2배이면 화살표의 길이도 2배이다.

**4.** 그림 (가), (나)는 각각 한 물체에 동시에 크기가 50 N과 100 N인 두 힘이 나란하게 작용하고 있는 모습을 나타낸 것이다.

이에 대한 설명으로 옳은 것은? (단, 마찰은 무시한다.)

① (가)에서 알짜힘의 크기는 50 N이다.
② (가)에서 알짜힘의 방향은 오른쪽이다.
③ (나)에서 알짜힘의 방향은 크기가 50 N인 힘의 방향과 같다.
④ (가)와 (나)에서 알짜힘의 크기가 같다.
⑤ (가)와 (나)에서 물체는 반대 방향으로 움직인다.

**5.** 중력에 대한 설명으로 옳은 것을 보기에서 모두 고른 것은?

보기
ㄱ. 중력의 크기는 물체의 질량과 관계가 없다.
ㄴ. 달에서의 중력은 지구에서의 중력보다 크다.
ㄷ. 지구에서의 중력은 항상 지구 중심 방향으로 작용한다.
ㄹ. 중력의 크기는 측정하는 장소에 따라 달라질 수 있다.

① ㄱ, ㄴ      ② ㄴ, ㄹ      ③ ㄷ, ㄹ
④ ㄱ, ㄴ, ㄷ   ⑤ ㄱ, ㄷ, ㄹ

**6.** 다음은 어떤 힘에 대한 설명이다.

> • 지구가 물체를 당기는 힘이다.
> • 지구 중심 방향으로 작용한다.

이 힘에 의해 나타나는 현상이 <u>아닌</u> 것은?

① 
빗에 머리카락이
달라붙는다.

② 
모래시계에서 모래가
떨어진다.

③ 
빗방울이 아래로 떨어진다.

④ 
식물의 뿌리가 땅속을
향해 자란다.

⑤ 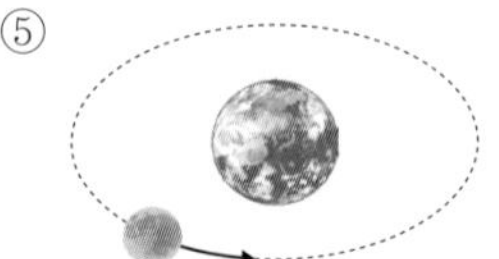
달이 지구 주위를 공전한다.

**7.** 그림과 같이 지구에서 어떤 용수철에 물체를 매달았더니 용수철이 원래 길이에서 6 cm만큼 늘어났다.

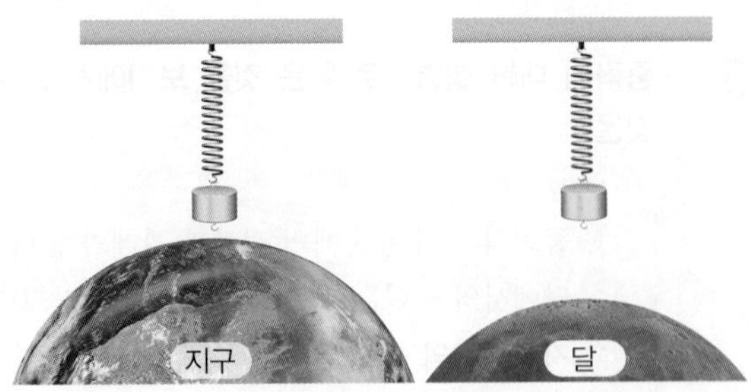


이 물체를 달에 가져가서 같은 용수철에 매달았을 때, 용수철이 늘어난 길이는? (단, 달에서의 중력은 지구에서의 중력의 $\frac{1}{6}$이다.)

① 1 cm  ② 6 cm  ③ 9.8 cm
④ 18 cm  ⑤ 36 cm

**8.** 그림은 고무줄을 양 손가락에 건 뒤 왼손은 고정하고 오른손으로 고무줄을 늘인 모습을 나타낸 것이다. P, Q는 양 손가락에 걸린 고무줄의 한 지점이다.

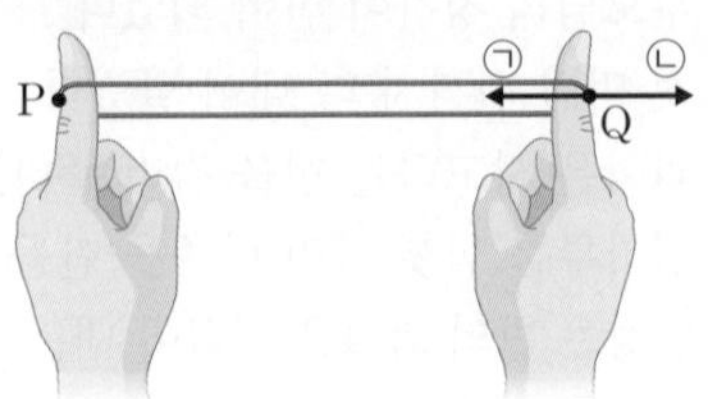


이에 대한 설명으로 옳은 것을 보기에서 모두 고른 것은?

> **보기**
> ㄱ. P에서 탄성력은 작용하지 않는다.
> ㄴ. Q에서 탄성력의 방향은 ㉠ 방향이다.
> ㄷ. 탄성력의 크기는 고무줄이 많이 늘어날수록 커진다.

① ㄱ  ② ㄷ  ③ ㄱ, ㄴ
④ ㄴ, ㄷ  ⑤ ㄱ, ㄴ, ㄷ

**9.** 그림 (가), (나), (다)는 벽에 고정된 동일한 용수철에 물체를 연결한 뒤 물체를 당기거나 밀어서 각각 용수철을 2 cm, 4 cm, 2 cm씩 변형시킨 모습을 나타낸 것이다. 화살표는 물체에 힘을 가한 방향이다.

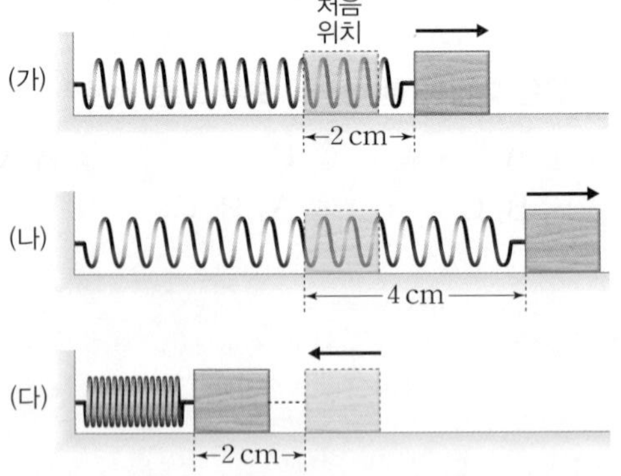


이에 대한 설명으로 옳은 것을 보기에서 모두 고른 것은?

> **보기**
> ㄱ. (가)와 (나)에서 탄성력의 방향은 같다.
> ㄴ. (가)와 (다)에서 탄성력의 크기는 같다.
> ㄷ. (나)와 (다)에서 탄성력의 방향은 반대이다.

① ㄱ  ② ㄷ  ③ ㄱ, ㄴ
④ ㄴ, ㄷ  ⑤ ㄱ, ㄴ, ㄷ

**10.** 그림과 같이 무게가 6 N인 물체를 수평면에서 크기가 4 N인 힘으로 끌어당겼으나 물체가 움직이지 않았다.

이에 대한 설명으로 옳은 것은?

① 크기가 3 N인 힘으로 끌어당기면 물체가 움직인다.
② 마찰력의 크기가 4 N이므로 물체가 움직이지 않는다.
③ 물체에 작용하는 힘들이 평형을 이루지 않아 물체가 움직이지 않는다.
④ 마찰력이 작용하지 않기 때문에 물체가 움직이지 않는다.
⑤ 물체를 세워서 끌면 크기가 4 N인 힘으로도 물체를 움직일 수 있다.

**11.** 그림 (가), (나), (다)와 같이 다양한 조건에서 크기와 재질이 같은 페트병을 천천히 끌어당기면서 페트병이 끌려오는 정도를 비교하였다.

(가) 물이 가득 든 페트병에 매끈한 면이 바닥에 닿도록 장갑을 끼울 때

(나) 물이 가득 든 페트병에 울퉁불퉁한 면이 바닥에 닿도록 장갑을 끼울 때

(다) 물이 반쯤 든 페트병에 울퉁불퉁한 면이 바닥에 닿도록 장갑을 끼울 때

이에 대한 설명으로 옳은 것을 보기에서 모두 고른 것은?

> **보기**
> ㄱ. 페트병이 끌려오는 정도는 마찰력의 크기와 관련이 있다.
> ㄴ. (가)에서보다 (나)에서 페트병이 더 잘 끌려온다.
> ㄷ. (나)에서가 (다)에서보다 마찰력의 크기가 더 크다.

① ㄱ     ② ㄴ     ③ ㄱ, ㄷ
④ ㄴ, ㄷ     ⑤ ㄱ, ㄴ, ㄷ

**12.** 일상생활에서 편리하도록 마찰력의 크기를 크게 한 사례가 <u>아닌</u> 것은?

① 기계에 윤활유를 뿌린다.
② 축구화 바닥에 스터드(징)가 있다.
③ 빙판길에서 바퀴에 체인을 감는다.
④ 계단에 미끄럼 방지 패드를 붙인다.
⑤ 볼펜의 손이 닿는 부분에 고무를 덧댄다.

**13.** 다음은 물속에서 부력을 측정하는 실험이다.

> [실험 과정]
> (가) 힘 센서에 추 3개를 연결하고 물에 담그기 전 공기 중에서 힘의 크기를 측정한다.
> (나) 물속에 잠긴 추의 개수를 늘려가며 힘 센서로 힘의 크기를 측정한다.
>
> 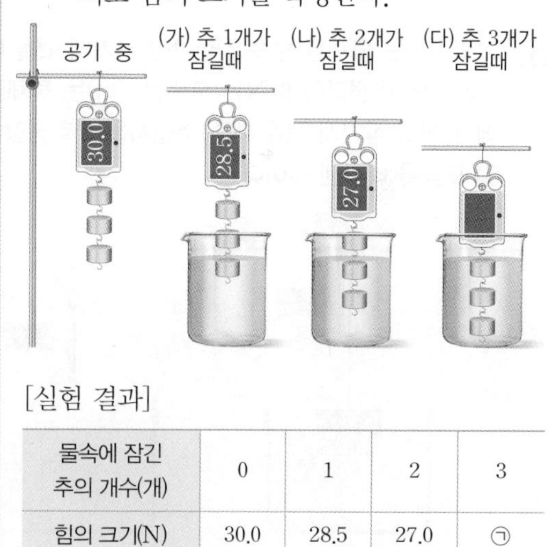
> 
>
> [실험 결과]
>
> | 물속에 잠긴 추의 개수(개) | 0 | 1 | 2 | 3 |
> |---|---|---|---|---|
> | 힘의 크기(N) | 30.0 | 28.5 | 27.0 | ㉠ |

이에 대한 설명으로 옳지 <u>않은</u> 것은?

① ㉠은 25.5이다.
② 추 1개가 잠길 때 추에 작용하는 부력의 크기는 28.5 N이다.
③ 물속에 잠긴 추의 부피가 커질수록 추에 작용하는 부력의 크기가 커진다.
④ 물속에 잠긴 추에는 중력과 반대 방향으로 부력이 작용한다.
⑤ 추에 작용하는 부력의 크기는 추 1개가 잠길 때보다 추 2개가 잠길 때가 더 크다.

**14.** 그림은 부력이 작용하는 사례에 대한 학생 A, B, C의 대화를 나타낸 것이다.

제시된 내용이 옳은 학생을 모두 고른 것은?

① B  ② C  ③ A, B
④ A, C  ⑤ A, B, C

**15.** 그림 (가)는 물체를 물속에 절반만 잠기게 했을 때 용수철저울의 측정값이 6 N인 모습을, (나)는 물체를 물속에 완전히 잠기게 했을 때 용수철저울의 측정값이 4 N인 모습을 나타낸 것이다.

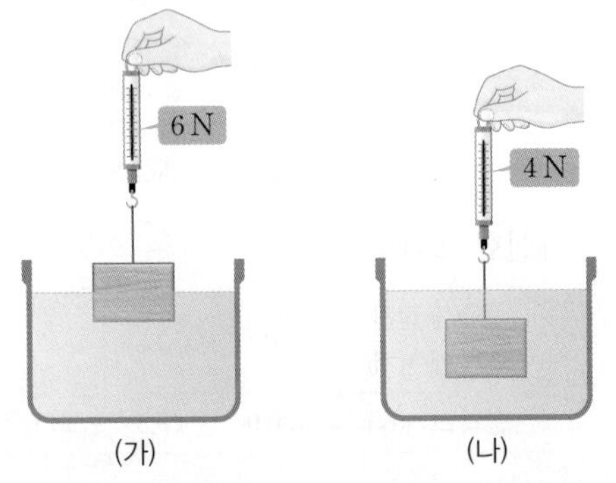


이에 대한 설명으로 옳은 것을 보기에서 모두 고른 것은? (단, (가), (나)에서 모두 물체가 정지해 있을 때 용수철저울에 나타난 값을 측정하였다.)

보기
ㄱ. 물체에 작용하는 부력의 방향은 아래 방향이다.
ㄴ. (가)에서 물체에 작용하는 부력의 크기는 2 N이다.
ㄷ. 물체의 무게는 8 N이다.

① ㄱ  ② ㄴ  ③ ㄷ
④ ㄱ, ㄴ  ⑤ ㄴ, ㄷ

**16.** 그림은 자유 낙하하는 공 A, 지구 주위를 일정한 속력으로 원운동하는 인공위성 B, 진자 운동을 하는 쇠구슬 C를 나타낸 것이다.

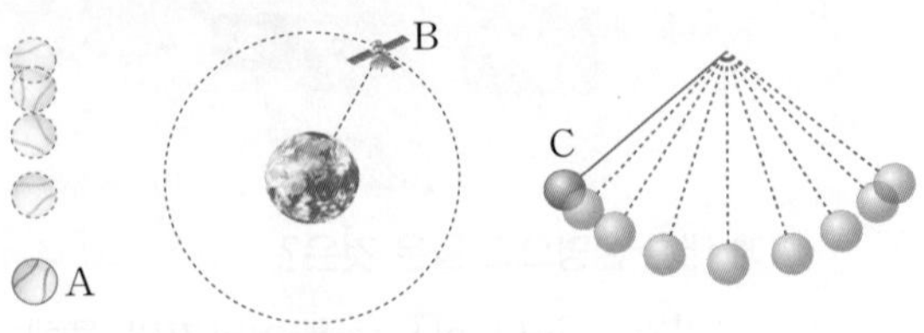


이에 대한 설명으로 옳은 것을 보기에서 모두 고른 것은?

보기
ㄱ. A는 속력이 변하는 운동을 한다.
ㄴ. B는 운동 방향이 변하는 운동을 한다.
ㄷ. C는 속력과 운동 방향이 모두 변하는 운동을 한다.

① ㄱ  ② ㄷ  ③ ㄱ, ㄴ
④ ㄴ, ㄷ  ⑤ ㄱ, ㄴ, ㄷ

**17.** 그림은 바둑판에서 수평으로 튕겨진 바둑알의 위치를 일정한 시간 간격으로 나타낸 것이다.

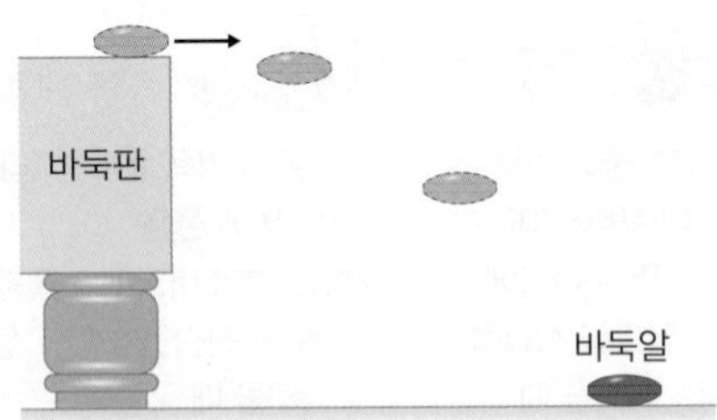


바둑알이 바둑판에서 바닥까지 떨어지는 동안, 바둑알의 운동에 대한 설명으로 옳은 것을 보기에서 모두 고른 것은?

보기
ㄱ. 속력이 일정하다.
ㄴ. 운동 방향이 계속 변한다.
ㄷ. 운동 방향과 중력의 방향이 서로 수직이다.

① ㄱ  ② ㄴ  ③ ㄱ, ㄷ
④ ㄴ, ㄷ  ⑤ ㄱ, ㄴ, ㄷ

**18.** 그림 (가)는 수영 선수 A가 자유 낙하하는 모습을, (나)는 사이클 선수 B가 원형 경로를 따라 운동하는 모습을, (다)는 스키 점프 선수 C가 포물선 운동하는 모습을 나타낸 것이다.

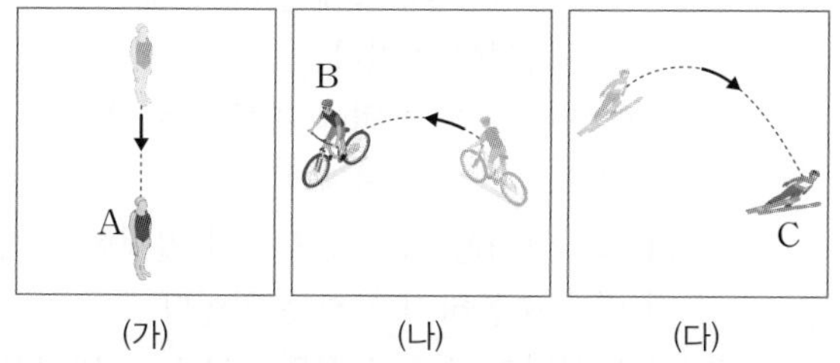


이에 대한 설명으로 옳은 것을 보기에서 모두 고른 것은?

보기
ㄱ. A의 속력은 일정하다.
ㄴ. B의 운동 방향은 변한다.
ㄷ. C에 작용하는 알짜힘의 방향은 C의 운동 방향과 비스듬하다.

① ㄱ　　　　② ㄴ　　　　③ ㄱ, ㄷ
④ ㄴ, ㄷ　　　⑤ ㄱ, ㄴ, ㄷ

**19.** 그림은 실로 천장에 매단 물체가 정지해 있는 것을 나타낸 것이다.

이에 대한 설명으로 옳은 것을 보기에서 모두 고른 것은?

보기
ㄱ. 물체에 작용하는 알짜힘은 0이다.
ㄴ. 실이 물체를 당기는 힘과 지구가 물체를 당기는 힘의 크기는 같다.
ㄷ. 실이 물체를 당기는 힘과 지구가 물체를 당기는 힘은 평형을 이룬다.

① ㄱ　　　　② ㄷ　　　　③ ㄱ, ㄴ
④ ㄴ, ㄷ　　　⑤ ㄱ, ㄴ, ㄷ



**20.** 그림은 무게가 **1 N**인 추를 매달 때 **1 cm**가 늘어나는 용수철에 추 A를 매달았더니 **3 cm**가 늘어난 것을 나타낸 것이다.

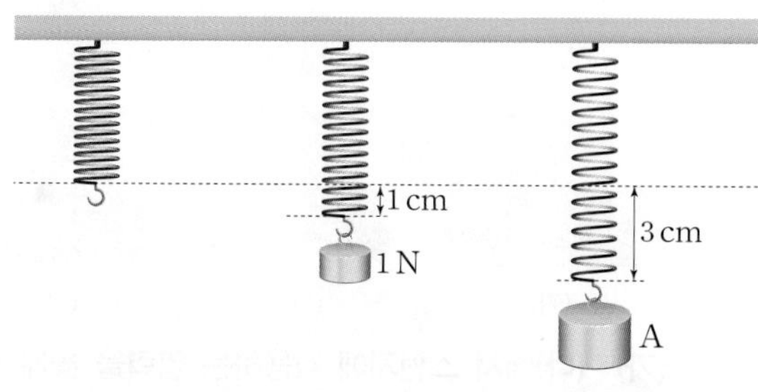


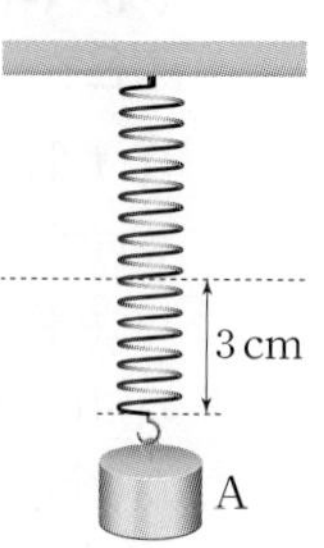


(1) 용수철에 A를 매달았을 때 추에 작용하는 두 힘을 그림에 화살표로 표시하고, 힘의 종류를 쓰시오.

_______________________________________

(2) 용수철에 A를 매달았을 때 A에 작용하는 알짜힘의 크기를 구하고, 그 까닭을 서술하시오.

_______________________________________

_______________________________________

(3) A의 무게를 구하고, 그 까닭을 서술하시오.

_______________________________________

_______________________________________

**21.** 그림 (가)~(다)는 오른쪽 방향으로 운동하는 공에 각각 힘이 작용하는 모습을 나타낸 것이고, 표는 공의 운동 상태 변화를 기록한 것이다.

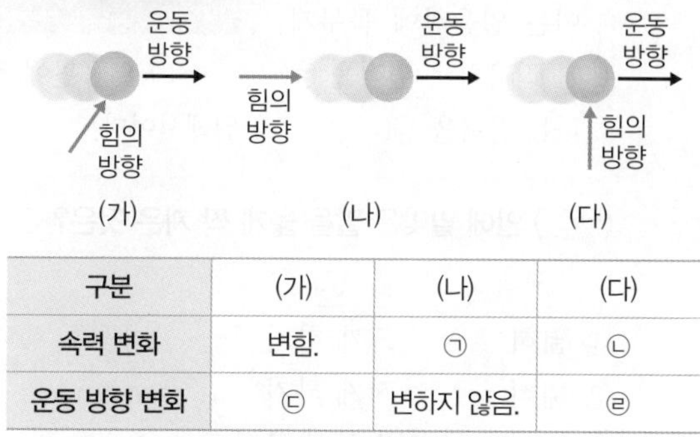


| 구분 | (가) | (나) | (다) |
|---|---|---|---|
| 속력 변화 | 변함. | ㉠ | ㉡ |
| 운동 방향 변화 | ㉢ | 변하지 않음. | ㉣ |

표 안의 ㉠~㉣에 알맞은 말을 쓰시오.

_______________________________________

**1.** 그림과 같이 동일한 페트병에 물을 채우는 양을 다르게 하여 스펀지 위에 올려놓았다.

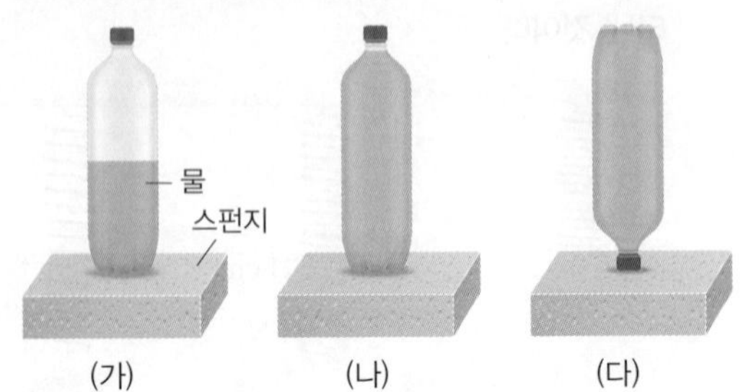


(가)~(다)에서 스펀지에 작용하는 압력을 옳게 비교한 것은?

① (가)=(나)>(다)
② (가)>(나)>(다)
③ (나)=(다)>(다)
④ (다)>(가)=(나)
⑤ (다)>(나)>(가)

**2.** 다음은 겨울철 얼어 있는 호수에 빠진 사람을 구조하는 방법에 대한 설명이다.

구조원은 오른쪽 그림과 같이 얼음 위에 엎드린 자세로 이동하는데, 이는 얼음판에 몸무게가 작용하는 면적을 ㉠(       ) 얼음판에 작용하는 압력을 ㉡(       ) 위해서이다.

(    ) 안에 알맞은 말을 옳게 짝 지은 것은?

| | ㉠ | ㉡ |
|---|---|---|
| ① | 넓혀 | 크게 하기 |
| ② | 넓혀 | 작게 하기 |
| ③ | 넓혀 | 일정하게 하기 |
| ④ | 좁혀 | 크게 하기 |
| ⑤ | 좁혀 | 작게 하기 |

**3.** 기체의 압력에 대한 설명으로 옳지 <u>않은</u> 것은?

① 기체의 압력은 모든 방향에 똑같이 작용한다.
② 부피가 일정할 때 기체 입자의 개수가 많아지면 기체의 압력이 커진다.
③ 기체 입자가 용기 벽에 충돌하는 횟수가 적을수록 기체의 압력이 커진다.
④ 기체의 압력은 기체 입자들이 일정한 면적의 용기 벽에 충돌하여 가하는 힘이다.
⑤ 기체 입자가 스스로 끊임없이 모든 방향으로 운동하기 때문에 기체의 압력이 나타난다.

**4.** 그림은 탄산수가 들어 있는 2개의 페트병 중 뚜껑을 열지 않은 페트병과 뚜껑을 열었다가 닫은 페트병 속에 들어 있는 기체 입자 모형을 순서 없이 나타낸 것이다.

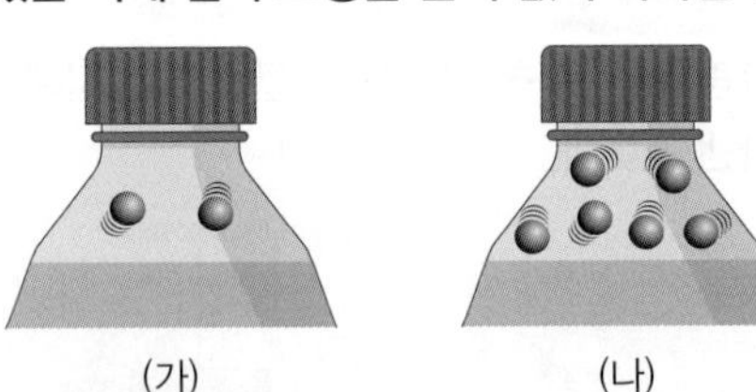


이에 대한 설명으로 옳은 것을 보기에서 모두 고른 것은? (단, 온도는 일정하다.)

보기
ㄱ. (가)는 뚜껑을 열지 않은 페트병이다.
ㄴ. 기체 입자의 충돌 횟수는 (가)<(나)이다.
ㄷ. (나)는 (가)보다 페트병 위쪽의 기체가 들어 있는 부분을 누르기 쉽다.
ㄹ. (가)와 (나)를 통해 기체 입자 수와 기체의 압력의 관계를 알 수 있다.

① ㄱ, ㄴ      ② ㄱ, ㄷ      ③ ㄴ, ㄹ
④ ㄱ, ㄷ, ㄹ      ⑤ ㄴ, ㄷ, ㄹ

**5.** 그림의 두 가지 예에서 공통으로 이용하는 원리로 가장 알맞은 것은?

구조용 안전 매트

혈압계

① 확산
② 열의 전도
③ 물질의 열팽창
④ 기체의 압력
⑤ 물질의 상태 변화

**6.** 다음은 기체의 압력과 부피 관계를 설명한 것이다.

> 일정한 ㉠(　　　　)에서 일정한 양의 기체의 압력과 부피는 서로 ㉡(　　　　)하는데, 이를 ㉢(　　　　) 법칙이라고 한다.

(　　) 안에 알맞은 말을 옳게 짝 지은 것은?

|   | ㉠ | ㉡ | ㉢ |
|---|----|----|----|
| ① | 온도 | 비례 | 보일 |
| ② | 온도 | 반비례 | 보일 |
| ③ | 온도 | 반비례 | 샤를 |
| ④ | 압력 | 비례 | 샤를 |
| ⑤ | 압력 | 반비례 | 보일 |

**7.** 그림은 일정한 온도에서 일정한 양의 기체의 압력과 부피의 관계를 나타낸 것이다.

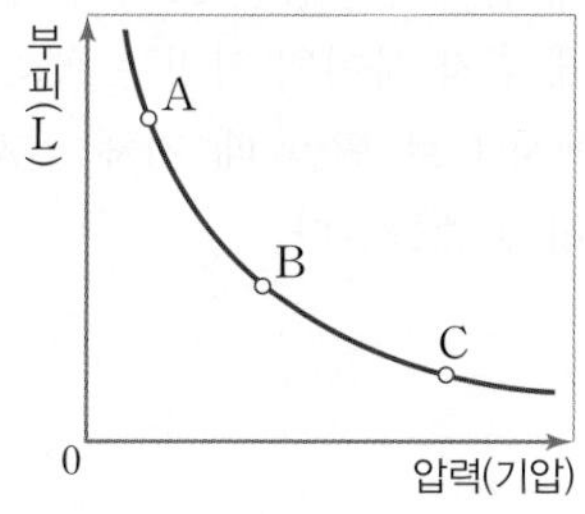


이에 대한 설명으로 옳지 **않은** 것은?

① A~C에서 기체의 질량은 모두 같다.
② B와 C에서 기체 입자의 크기는 같다.
③ A와 B에서 기체 입자의 운동 빠르기는 같다.
④ A에서 B로 변할 때 기체 입자 사이의 거리가 가까워진다.
⑤ C에서 B로 변할 때 기체 입자의 충돌 횟수가 증가한다.

**8.** 오른쪽 그림과 같이 일정한 온도에서 일정한 양의 공기를 주사기에 채우고, 주사기 끝을 압력계와 연결한 뒤 피스톤을 밀어주었다. 표는 주사기 속 공기의 압력과 부피를 측정한 결과이다.

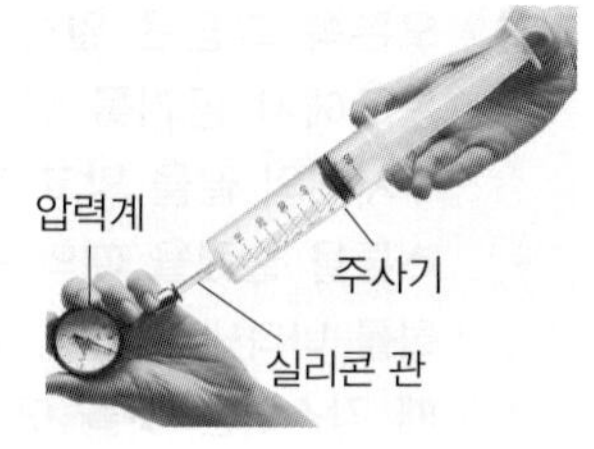


| 구분 | (가) | (나) | (다) | (라) |
|------|------|------|------|------|
| 압력(기압) | 1 | 1.5 | ㉡ | 2.5 |
| 부피(mL) | 50 | ㉠ | 25 | 20 |

이에 대한 설명으로 옳은 것은?

① ㉠은 25 mL보다 작다.
② ㉡은 2.5 기압보다 크다.
③ '㉠×㉡'의 값은 '1 기압×50 mL'와 같다.
④ 공기의 부피가 감소하면 공기의 압력도 감소한다.
⑤ (가)~(라)에서 공기 입자가 주사기 벽에 가장 많이 충돌하는 것은 (라)이다.

**9.** 그림은 일정한 온도에서 고무풍선을 감압 용기에 넣고 펌프로 감압 용기 속 공기를 빼냈을 때의 변화를 나타낸 것이다.

이때 일어나는 변화로 옳은 것은?

① 고무풍선 속 기체의 압력이 증가한다.
② 고무풍선 속 기체의 질량이 감소한다.
③ 고무풍선 속 기체 입자의 개수가 증가한다.
④ 감압 용기 속 공기 입자의 충돌 횟수가 감소한다.
⑤ 감압 용기 속 공기 입자의 운동 빠르기가 증가한다.

**10.** 오른쪽 그림은 일정한 온도에서 공기를 넣은 주사기의 끝을 막고 피스톤을 눌렀을 때의 변화를 나타낸 것이다. 이때 감소하는 것을 모두 고르면? (2개)

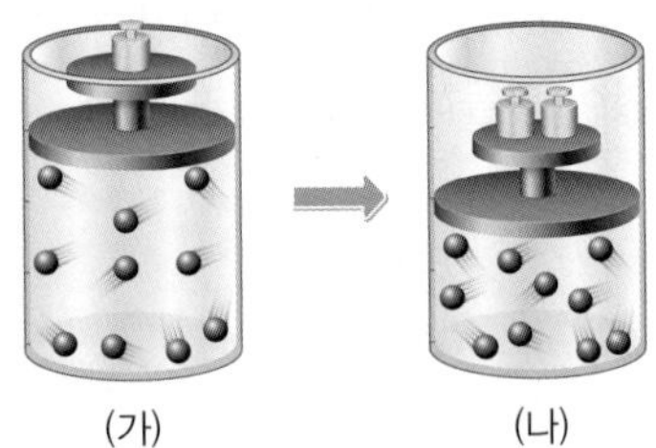



① 공기의 부피
② 공기의 압력
③ 공기 입자의 충돌 횟수
④ 공기 입자 사이의 거리
⑤ 공기 입자의 운동 빠르기

**11.** 그림은 일정한 온도에서 일정한 양의 기체에 작용하는 압력에 따른 기체의 부피 변화를 나타낸 것이다.

(가)와 (나)의 기체의 압력과 기체 입자 사이의 거리를 옳게 비교한 것은?

| | 기체의 압력 | 기체 입자 사이의 거리 |
|---|---|---|
| ① | (가)<(나) | (가)>(나) |
| ② | (가)<(나) | (가)=(나) |
| ③ | (가)=(나) | (가)<(나) |
| ④ | (가)=(나) | (가)=(나) |
| ⑤ | (가)>(나) | (가)<(나) |

**12.** 오른쪽 그림은 수소 기체를 저장하는 특수 용기를 나타낸 것이다. 일정한 크기의 용기에 더 많은 양의 수소 기체를 넣을 수 있는 방법으로 옳은 것은? (단, 온도는 일정하다.)

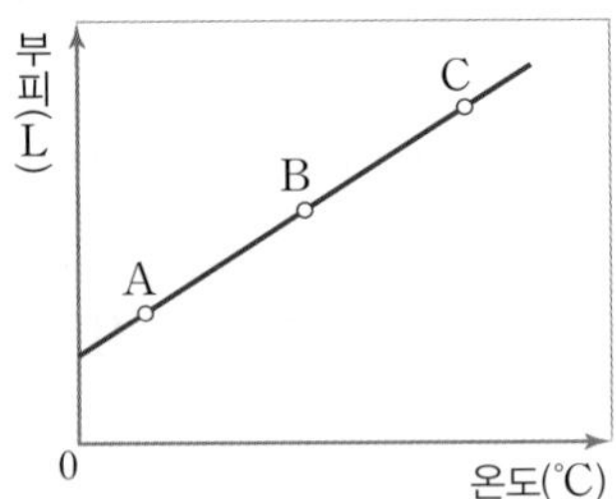

① 기체의 압력을 낮춘다.
② 기체의 질량을 줄인다.
③ 기체에 높은 압력을 가한다.
④ 기체 입자의 운동이 더 빨라지게 한다.
⑤ 기체를 저장하는 용기의 벽을 얇게 만든다.

**13.** 보일 법칙과 관련된 현상을 보기에서 모두 고른 것은?

> 보기
> ㄱ. 겨울철 차가운 창고에 있는 축구공이 찌그러져 있다.
> ㄴ. 찌그러진 탁구공을 뜨거운 물에 넣으면 탁구공이 펴진다.
> ㄷ. 높은 하늘 위의 비행기에서 뚜껑을 닫은 페트병이 팽팽해진다.
> ㄹ. 밑창에 공기 주머니가 들어 있는 운동화는 부피 변화를 통해 사람이 받는 충격을 줄여 준다.

① ㄱ, ㄴ　　② ㄱ, ㄷ　　③ ㄴ, ㄷ
④ ㄴ, ㄹ　　⑤ ㄷ, ㄹ

**14.** 그림은 일정한 압력에서 일정한 양의 기체의 온도와 부피의 관계를 나타낸 것이다.



A~C에 대한 설명으로 옳은 것은?

① 기체의 부피는 C에서 가장 작다.
② 기체 입자의 크기는 C에서 가장 크다.
③ 기체 입자의 운동은 A에서 가장 빠르다.
④ 기체 입자 사이의 거리는 A<B<C이다.
⑤ B에서 C로 변할 때 기체 입자가 용기 벽에 더 약하게 충돌한다.

**15.** 표는 일정한 압력에서 일정한 양의 기체의 온도에 따른 부피를 나타낸 것이다.

| 온도(℃) | 0 | 273 | 546 | 819 |
|---|---|---|---|---|
| 부피(L) | 2 | ㉠ | 6 | 8 |

㉠의 값으로 옳은 것은?

① 2.5　　② 3　　③ 3.5
④ 4　　⑤ 5

**16.** 일정한 압력에서 2개의 동일한 주사기에 25 ℃의 공기를 같은 부피만큼 채우고 실리콘 마개로 주사기 끝을 막은 뒤, 그림과 같이 하나는 얼음물에, 다른 하나는 뜨거운 물에 넣고 변화를 관찰하였다.

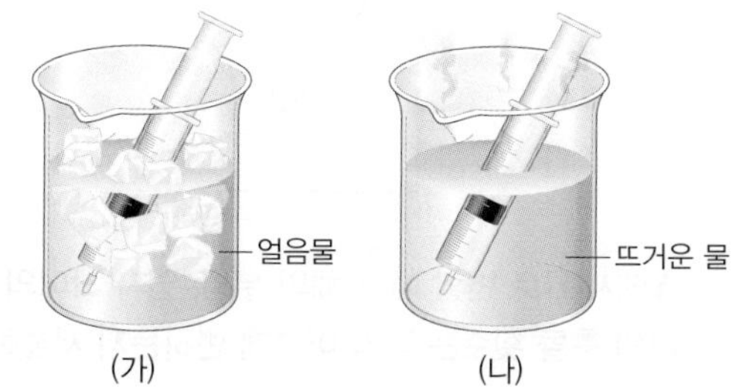


(가)와 (나)를 비교한 것으로 옳지 않은 것은?

① 주사기 속 공기의 온도: (가)<(나)
② 주사기 속 공기의 부피: (가)<(나)
③ 주사기 속 공기 입자의 개수: (가)=(나)
④ 주사기 속 공기에 작용하는 압력: (가)<(나)
⑤ 주사기 속 공기 입자 사이의 거리: (가)<(나)

**17.** 오른쪽 그림과 같이 한쪽 끝을 막은 빨대에 색소를 섞은 글리세롤을 넣은 뒤, 50 ℃의 물이 담긴 눈금실린더에 넣고, 물의 온도가 2 ℃씩 낮아질 때마다 빨대 속 기체가 차지하는 눈금 개수를 측정하였다. 표는 실험 결과를 정리한 것이다.

| 물의 온도(℃) | 50 | 48 | 46 | 44 | 42 |
|---|---|---|---|---|---|
| 빨대 속 기체가 차지하는 눈금 개수(개) | 23 | 21 | ㉠ | ㉡ | 15 |

이에 대한 설명으로 옳은 것은?

① ㉠<㉡이다.
② 빨대 속 글리세롤은 점점 위로 올라간다.
③ 빨대 속 공기 입자의 운동이 점점 느려진다.
④ 물의 온도가 낮아지면 공기 입자의 크기가 작아진다.
⑤ 이 실험을 통해 온도가 낮아질수록 기체의 압력이 일정하게 감소한다는 것을 알 수 있다.

**18.** 그림은 일정한 압력에서 일정한 양의 기체를 용기에 넣고 가열할 때 기체의 부피 변화를 입자 모형으로 나타낸 것이다.

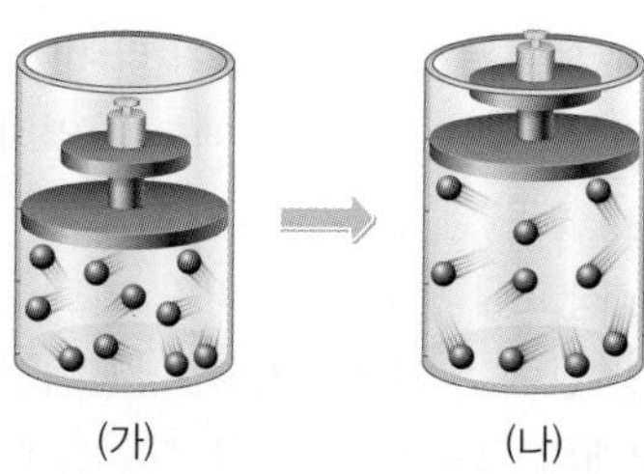


(가)에서 (나)로 변할 때 증가하는 것을 보기에서 모두 고른 것은?

┌ 보기 ┐
ㄱ. 기체 입자의 크기
ㄴ. 기체에 작용하는 압력
ㄷ. 기체 입자의 운동 빠르기
ㄹ. 기체 입자가 용기 벽에 충돌하는 세기

① ㄱ, ㄴ  　② ㄱ, ㄷ  　③ ㄷ, ㄹ
④ ㄱ, ㄴ, ㄹ  　⑤ ㄴ, ㄷ, ㄹ

**19.** 오른쪽 그림은 축구공에 들어 있는 기체 입자를 입자 모형으로 나타낸 것이다. 겨울철에 이 축구공을 추운 창고에 오래 보관했을 때의 입자 모형으로 옳은 것은? (단, 입자의 자취 길이는 입자 운동의 빠르기를 나타낸다.)

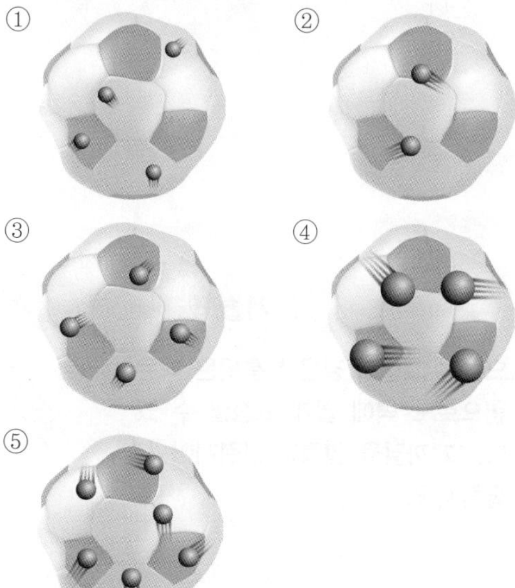

**20.** 일상생활에서 볼 수 있는 여러 현상 중에서 적용되는 원리가 나머지와 <u>다른</u> 것은?

① 높은 산에 올라가면 과자 봉지가 팽팽해진다.
② 더운 여름철에는 자전거 타이어가 팽팽해진다.
③ 열기구의 풍선 속 기체를 가열하면 풍선이 부풀어 올라 열기구가 위로 떠오른다.
④ 냉장고에 있던 찌그러진 페트병을 꺼내 따뜻한 방 안에 두면 페트병이 팽팽해진다.
⑤ 2개의 그릇이 겹쳐 꽉 끼었을 때 그릇의 아랫부분을 뜨거운 물에 넣으면 쉽게 분리된다.

**21.** 오른쪽 그림은 빈 플라스틱 병을 뜨거운 바람으로 가열한 뒤 병 입구를 고무풍선에 붙이고 일정 시간이 지나 플라스틱 병이 고무풍선에 달라붙은 모습을 나타낸 것이다. 이 현상에 대한 설명으로 옳은 것은?

① 플라스틱 병 안의 기체의 부피가 증가한다.
② 고무풍선 안의 기체 입자의 개수가 증가한다.
③ 플라스틱 병 안의 기체 입자의 크기가 작아진다.
④ 플라스틱 병 안의 기체 입자의 운동이 느려진다.
⑤ 고무풍선의 부피가 작아져 플라스틱 병이 달라붙는다.

서술형

**22.** 오른쪽 그림과 같은 누름못은 작은 힘으로도 벽에 쉽게 고정할 수 있다. 그 까닭을 압력과 관련지어 서술하시오.

**23.** 그림은 일정한 온도에서 기체의 압력과 부피의 관계를 나타낸 것이다.

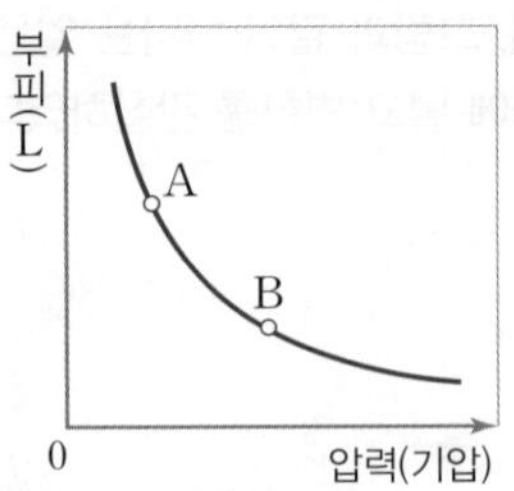


**A**에서 **B**로 변할 때 기체의 부피, 입자 사이의 거리, 입자의 충돌 횟수는 각각 어떻게 변하는지 서술하시오.

**24.** 오른쪽 그림과 같이 주사기 안에 작게 분 고무풍선을 넣고 주사기 끝을 손가락으로 막으면서 피스톤을 눌러 주었다. 이때 고무풍선의 부피 변화를 쓰고, 그 까닭을 기체의 압력과 부피 관계와 관련지어 서술하시오.

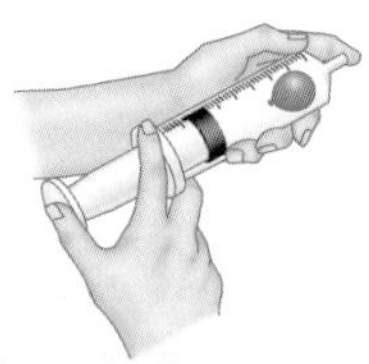

**25.** 오른쪽 그림과 같이 물과 공기가 들어 있는 오줌싸개 인형에 뜨거운 물을 부어 주었더니 인형 속 물이 뿜어져 나왔다. 이때 인형 속 공기의 부피 변화를 입자의 운동 빠르기 및 입자의 충돌 세기와 관련지어 서술하시오.

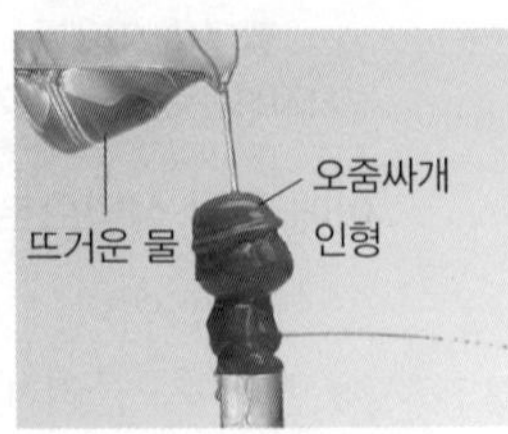

**1.** 그림과 같이 연필의 양쪽 끝을 같은 크기의 힘으로 누르면 연필심 부분을 누른 손가락이 더 아프다.

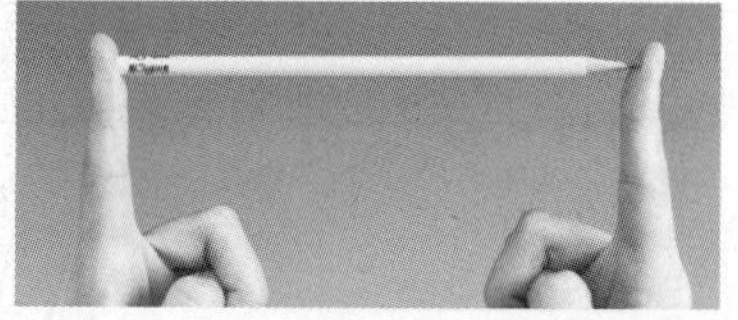

그 까닭을 압력과 관련지어 설명한 것으로 옳은 것은?

① 작용하는 힘이 클수록 압력이 커지기 때문
② 작용하는 힘이 작을수록 압력이 커지기 때문
③ 압력의 크기는 힘의 크기와 관계없이 일정하기 때문
④ 힘이 작용하는 면적이 작을수록 압력이 커지기 때문
⑤ 힘이 작용하는 면적이 작을수록 압력이 작아지기 때문

**2.** 그림은 건설 현장에서 땅에 박으려고 준비한 두 가지 모양의 콘크리트 기둥을 나타낸 것이다.

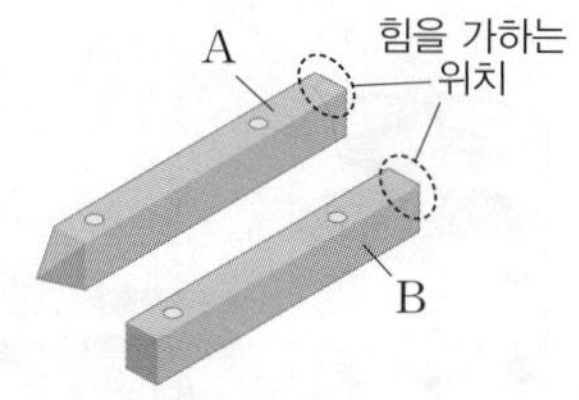


콘크리트 기둥을 땅속에 가장 깊이 박을 수 있는 방법은? (단, 콘크리트 기둥 A와 B의 질량은 같다.)

① A를 사용하고 $\frac{1}{2}a$ N의 힘으로 누른다.
② A를 사용하고 $a$ N의 힘으로 누른다.
③ A를 사용하고 $2a$ N의 힘으로 누른다.
④ B를 사용하고 $a$ N의 힘으로 누른다.
⑤ B를 사용하고 $2a$ N의 힘으로 누른다.

**3.** 오른쪽 그림은 동일한 페트병 2개에 각각 쇠구슬 10개와 20개를 넣은 뒤, 페트병을 손으로 잡아 같은 빠르기로 흔드는 모습을 나타낸 것이다. 쇠구슬을 기체 입자에 비유할 때 이에 대한 설명으로 옳은 것을 보기에서 모두 고른 것은?

┌ 보기 ┐
ㄱ. A와 B에서 쇠구슬은 모든 방향으로 운동한다.
ㄴ. 손바닥에서 느껴지는 힘의 크기는 A＜B이다.
ㄷ. 쇠구슬이 페트병 벽과 충돌하는 횟수는 A＜B이다.

① ㄱ
② ㄷ
③ ㄱ, ㄴ
④ ㄴ, ㄷ
⑤ ㄱ, ㄴ, ㄷ

**4.** 생활 속에서 기체의 압력을 이용하는 예가 아닌 것은?

① 압축 공기를 이용하여 신발에 묻은 흙을 제거한다.
② 구조용 안전 매트에 공기를 채워 사람을 구조한다.
③ 방 안에 향수를 놓아두면 방 전체에서 향기가 난다.
④ 혈압계의 공기 주머니에 공기를 채워 혈압을 측정한다.
⑤ 지면과 자동차 사이에 공기 주머니를 넣고 공기를 채워 자동차를 들어 올린다.

**5.** 그림은 펌프를 사용하여 감압 용기에 들어 있는 공기를 빼내는 모습을 입자 모형으로 나타낸 것이다.

이에 대한 설명으로 옳은 것은? (단, 온도는 일정하다.)

① 감압 용기 속 공기의 압력이 증가한다.
② 감압 용기 속 공기 입자의 크기가 커진다.
③ 감압 용기 속 공기 입자의 개수가 감소한다.
④ 감압 용기 속 공기 입자의 운동이 빨라진다.
⑤ 감압 용기 속 공기 입자가 용기 벽과 충돌하는 횟수는 일정하다.

**[6~7]** 표는 일정한 온도에서 일정한 양의 기체의 압력과 부피를 나타낸 것이다.

| 구분 | — | — | (가) | (나) |
|---|---|---|---|---|
| 압력(기압) | 1 | 2 | 3 | 4 |
| 부피(mL) | 60 | ㉠ | 20 | 15 |

**6.** ㉠의 값으로 옳은 것은?

① 25　　　② 30　　　③ 40

④ 45　　　⑤ 50

**7.** (가)와 (나)를 비교한 것으로 옳지 <u>않은</u> 것은?

① 기체의 질량: (가)＝(나)

② 기체 입자의 개수: (가)＝(나)

③ 기체 입자의 운동 빠르기: (가)＝(나)

④ 기체 입자가 운동할 수 있는 공간: (가)＝(나)

⑤ 기체 입자가 용기 벽에 충돌하는 횟수: (가)＜(나)

**[8~9]** 다음은 일정한 온도에서 무선 기체 압력 센서를 사용하여 주사기 속 공기의 압력과 부피 관계를 알아보는 실험이다.

(가) 주사기에 공기 40 mL를 채운 뒤 주사기 끝을 무선 기체 압력 센서와 연결한다.

(나) 스마트 기기에서 기체 압력 측정 앱을 실행하고, 피스톤을 서서히 누르면서 주사기 속 공기의 부피와 압력을 측정한다.

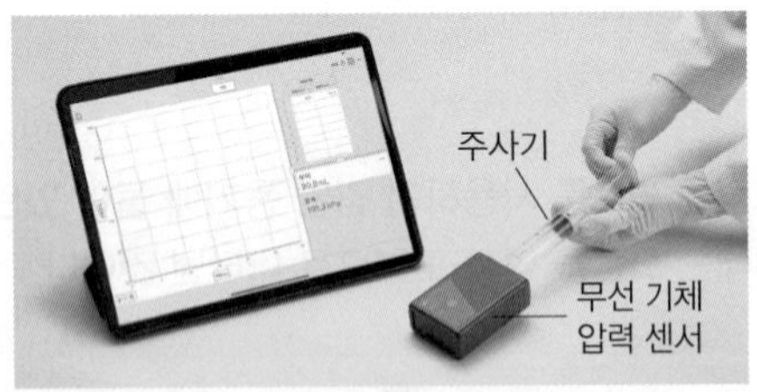


**8.** 이 실험에 대한 설명으로 옳지 <u>않은</u> 것은?

① 보일 법칙에 관한 실험이다.

② 피스톤을 누르면 주사기 속 공기의 압력이 증가한다.

③ 피스톤을 누르면 주사기 속 공기의 부피가 감소한다.

④ 피스톤을 누르면 주사기 속 공기에 작용하는 압력이 증가한다.

⑤ 주사기 속 공기의 부피가 감소하면 공기의 압력도 감소한다.

**9.** 앞의 실험 결과를 나타낸 그래프로 옳은 것은?

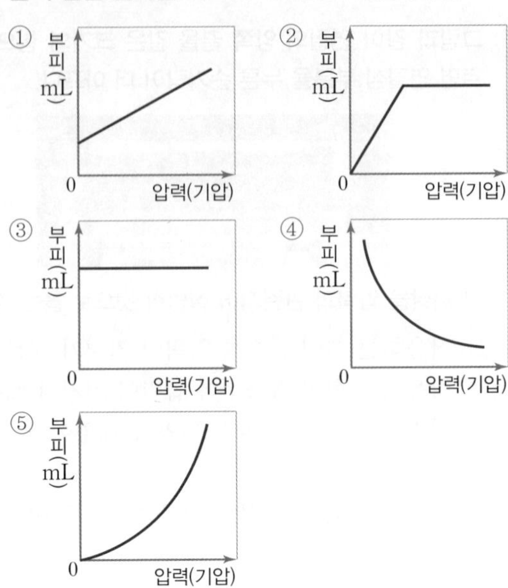


**10.** 그림은 일정한 온도에서 일정한 양의 기체에 작용하는 압력에 따른 기체의 부피 변화를 입자 모형으로 나타낸 것이다.

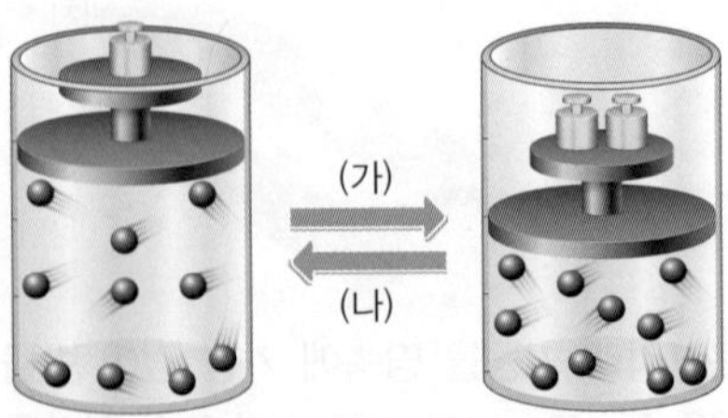


이에 대한 설명으로 옳은 것은?

① (가)에서 기체 입자의 개수가 감소한다.

② (가)에서 기체에 작용하는 압력이 감소한다.

③ (가)에서 기체 입자 사이의 거리가 가까워진다.

④ (나)에서 기체의 부피가 감소한다.

⑤ (나)에서 기체 입자의 운동이 빨라진다.

[11~12] 오른쪽 그림과 같이 주 사기에 작게 분 고무풍선을 넣고 일정한 양의 공기를 채운 뒤, 주 사기 끝을 막은 상태에서 피스톤 을 각각 (가) 누를 때와 (나) 당길 때 주사기 속 고무풍선의 변 화를 관찰하였다. (단, 온도는 일정하다.)

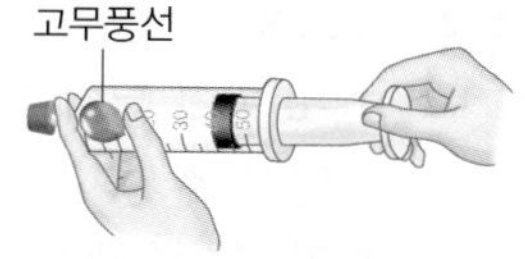


**11.** (가)와 (나)에서 고무풍선 속 기체에 대한 설명으로 옳은 것은?

① (가)에서 기체의 압력이 감소한다.
② (나)에서 기체의 부피가 감소한다.
③ (가)에서 기체 입자 사이의 거리가 감소한다.
④ (나)에서 기체 입자의 충돌 횟수가 증가한다.
⑤ (가)에서 기체 입자의 운동은 (나)에서보다 빠르다.

**12.** (가)와 (나)에서 주사기 속 공기와 고무풍선 속 기체를 입자 모형으로 옳게 나타낸 것은? (단, 화살표의 길이는 입자 운동의 빠르기를 나타낸다.)

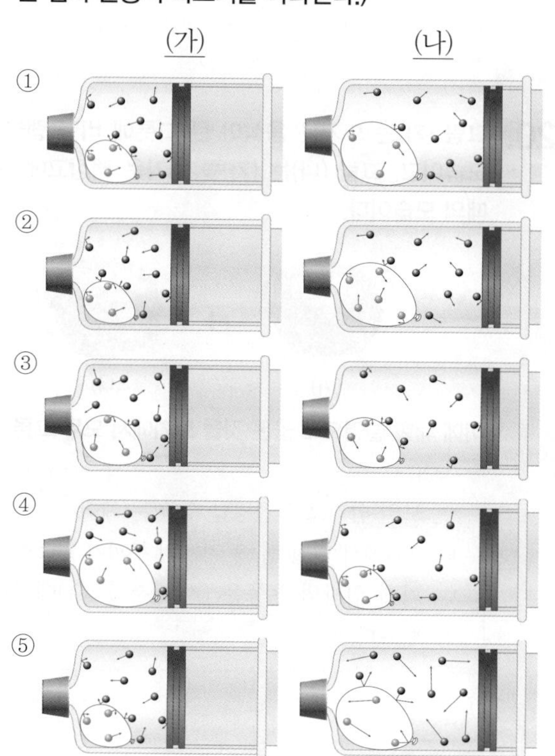


**13.** 그림 (가)는 하늘을 나는 비행기 안에서, (나)는 집 안에서 과자 봉지의 부피가 달라진 모습을 나타낸 것이다.

이에 대한 설명으로 옳은 것은? (단, 두 장소에서 온도는 같다.)

① 샤를 법칙으로 설명할 수 있는 예이다.
② 과자 봉지 속 기체의 압력은 (가)가 (나)보다 크다.
③ 과자 봉지에 작용하는 공기의 압력은 (가)가 (나)보다 작다.
④ 과자 봉지 속 기체 입자 사이의 거리는 (가)가 (나)보다 가깝다.
⑤ 과자 봉지 속 기체 입자의 운동은 (가)에서가 (나)에서보다 빠르다.

**14.** 다음은 샤를 법칙에 대한 설명이다.

> 일정한 ㉠(    )에서 일정한 양의 기체의 온도가 높아지면 기체 입자의 운동이 ㉡(    )지며, 기체의 부피는 일정한 비율로 ㉢(    )한다.

(    ) 안에 알맞은 말을 옳게 짝 지은 것은?

| | ㉠ | ㉡ | ㉢ |
|---|---|---|---|
| ① | 압력 | 느려 | 증가 |
| ② | 압력 | 빨라 | 증가 |
| ③ | 압력 | 빨라 | 감소 |
| ④ | 온도 | 느려 | 증가 |
| ⑤ | 온도 | 빨라 | 감소 |

**15.** 오른쪽 그림과 같이 빈 삼각 플라스크 입구에 고무풍선을 씌운 뒤 뜨거운 물이 들어 있는 수조에 넣었다.

이때 나타나는 변화에 대한 설명으로 옳지 <u>않은</u> 것은?

① 고무풍선이 부풀어 오른다.
② 삼각 플라스크 속 기체 입자의 크기가 커진다.
③ 삼각 플라스크 속 기체 입자의 운동이 빨라진다.
④ 기체 입자가 고무풍선 벽에 더 강하게 충돌한다.
⑤ 고무풍선 속 기체 입자 사이의 거리가 멀어진다.

**16.** 그림은 일정한 압력에서 어떤 기체의 온도와 부피의 관계를 나타낸 것이다.

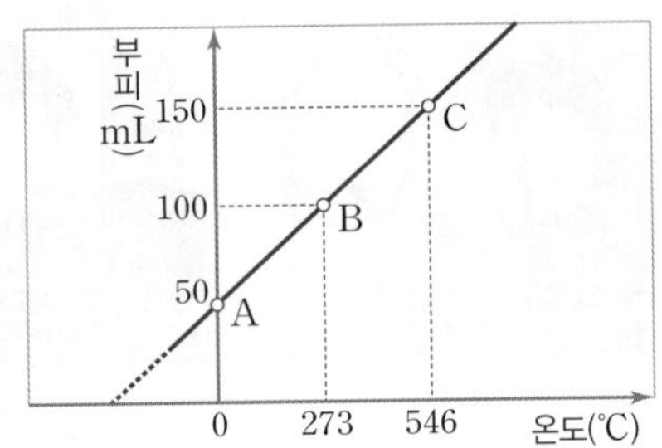


이에 대한 설명으로 옳은 것을 보기에서 모두 고른 것은?

> **보기**
> ㄱ. A~C에서 기체 입자의 크기는 모두 같다.
> ㄴ. A에서 C로 변할 때 기체 입자가 용기 벽에 더 약하게 충돌한다.
> ㄷ. 온도가 273 ℃씩 높아질 때마다 기체의 부피는 100 mL씩 일정한 비율로 증가한다.

① ㄱ   ② ㄷ   ③ ㄱ, ㄴ
④ ㄴ, ㄷ   ⑤ ㄱ, ㄴ, ㄷ

**17.** 그림은 오줌싸개 인형의 원리를 나타낸 것이다.

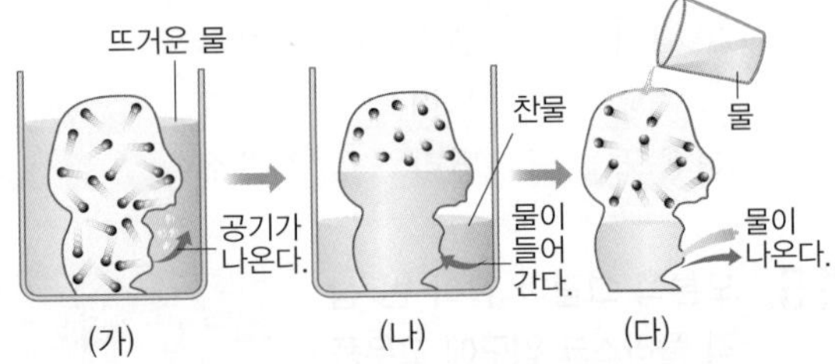


이에 대한 설명으로 옳은 것은?

① (가)에서 인형 속 공기 입자의 운동이 느려진다.
② (나)에서 인형 속 공기의 부피가 감소한다.
③ (나)에서 인형 속 공기 입자는 수면과 더 강하게 충돌한다.
④ (다)에서 부어 주는 물은 찬물이다.
⑤ (다)에서 인형 속 공기 입자 사이의 거리가 가까워진다.

**18.** 오른쪽 그림과 같이 장치하고 비커의 물의 온도를 높이면서 주사기 속 공기의 부피 변화를 관찰하였다. 주사기 속 공기에서 증가하는 값이 <u>아닌</u> 것은? (단, 압력은 일정하다.)

① 공기의 온도   ② 공기의 부피
③ 공기 입자의 개수   ④ 입자의 운동 빠르기
⑤ 공기 입자가 주사기 벽에 충돌하는 세기

**19.** 그림은 일정한 압력에서 일정한 양의 기체의 온도를 변화시킬 때 기체의 변화를 나타낸 것이다.

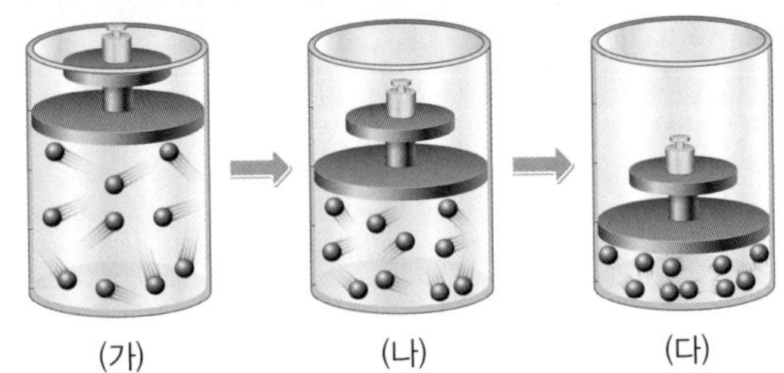


(가)~(다)에 대한 설명으로 옳은 것은?

① 기체의 온도는 (다)에서 가장 높다.
② 기체 입자 사이의 거리는 (다)에서 가장 멀다.
③ 기체 입자의 개수는 (가)>(나)>(다)이다.
④ 기체 입자의 운동 빠르기는 (가)>(나)>(다)이다.
⑤ 기체에 작용하는 압력은 (가)>(나)>(다)이다.

**20.** 그림 (가)는 뜨거운 음식이 든 그릇에 비닐 랩을 씌운 모습이고, 그림 (나)는 (가)를 차가운 냉장고에 넣었을 때의 모습이다.

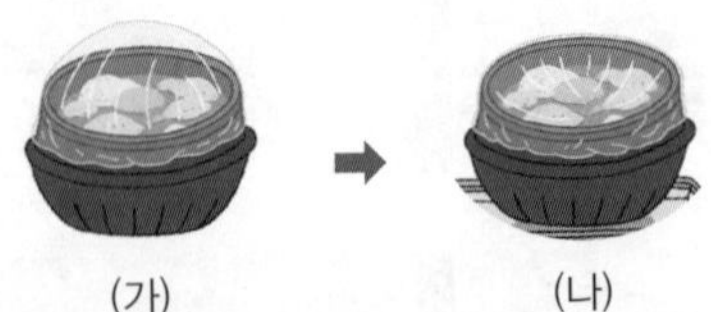


이에 대한 설명으로 옳은 것을 보기에서 모두 고른 것은?

> **보기**
> ㄱ. 보일 법칙으로 설명할 수 있는 예이다.
> ㄴ. (나)에서 비닐 랩 속 기체의 부피가 감소한다.
> ㄷ. 기체 입자의 운동은 (가)에서가 (나)에서보다 빠르다.

① ㄱ   ② ㄴ   ③ ㄱ, ㄷ
④ ㄴ, ㄷ   ⑤ ㄱ, ㄴ, ㄷ

**21.** 다음은 열기구의 작동 원리를 설명한 것이다.

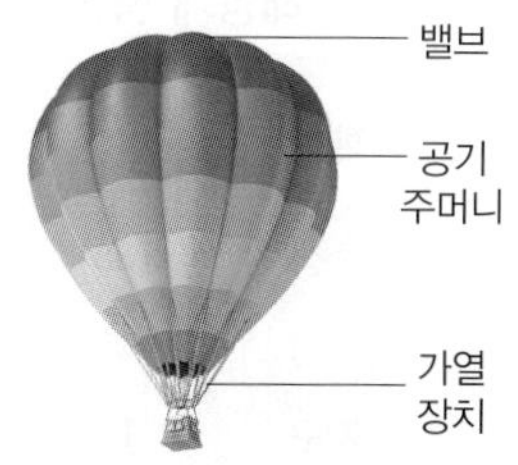


> (가) 쭈그러진 공기 주
> 머니 안에 차가운
> 공기를 넣고 가열
> 하면 공기 주머니
> 가 부풀어 오른다.
> (나) 가열 장치의 설정
> 온도를 높여 공기를 더 뜨겁게 만들면 열기구
> 가 위로 올라간다.
> (다) 하늘에서 가열 장치의 설정 온도를 낮추고 밸
> 브를 열어 뜨거운 공기를 밖으로 빼내면 열기
> 구가 천천히 내려온다.

이에 대한 설명으로 옳지 <u>않은</u> 것은?

① (가)에서 기체의 온도와 부피 관계를 이용한다.
② (가)에서 공기의 온도가 높아진다.
③ (나)에서 공기 입자의 운동이 더 빨라진다.
④ (다)에서 공기 입자의 운동이 느려진다.
⑤ (다)에서 공기 입자가 공기 주머니 벽에 더 강하
  게 충돌한다.

**22.** 샤를 법칙과 관련된 현상을 보기에서 모두 고른 것은?

> **보기**
> ㄱ. 뜨거운 물에 티백을 넣으면 차 성분이 퍼져 나
>   간다.
> ㄴ. 놀이 공원의 범퍼카에 들어 있는 공기 주머니
>   는 범퍼카가 충돌할 때 사람이 받는 충격을 줄
>   여 준다.
> ㄷ. 냉장고에 보관했던 밀폐 용기의 뚜껑이 열리지
>   않을 때 용기를 뜨거운 물에 담가 두면 쉽게
>   열 수 있다.
> ㄹ. 피펫 끝에 액체가 남아 있을 때 피펫의 윗부분
>   을 손가락으로 막고 다른 손으로 중간 부분을
>   감싸 쥐면 액체가 빠져나온다.

① ㄱ, ㄴ  　　② ㄴ, ㄷ  　　③ ㄷ, ㄹ
④ ㄱ, ㄴ, ㄹ  　　⑤ ㄱ, ㄷ, ㄹ



**23.** 탄산수가 들어 있는 2개의 페트병 중 그림 (가)는 뚜껑
을 열지 않은 페트병, (나)는 뚜껑을 열었다가 닫은 페
트병의 위쪽 기체가 있는 부분을 각각 손으로 누르는
모습을 나타낸 것이다.

(나)가 (가)보다 손으로 누르기 쉬운 까닭을 기체 입자
의 개수 및 기체의 압력과 관련지어 서술하시오.

_______________________

_______________________

**24.** 오른쪽 그림은 용기에 부푼 고무
풍선이 들어 있는 모습을 나타
낸 것이다. 일정한 온도에서 용
기 위에 올려놓은 추의 개수를 2
개로 늘릴 때와, 일정한 압력에서
용기를 가열할 때 고무풍선 속
기체의 부피 변화를 각각 서술하시오.

_______________________

_______________________

**25.** 그림은 용기에 들어 있는 일정한 양의 기체의 부피 변
화를 입자 모형으로 나타낸 것이며, 이때 과정 (가)와
(나)는 온도 변화 또는 압력 변화를 순서 없이 나타낸
것이다.

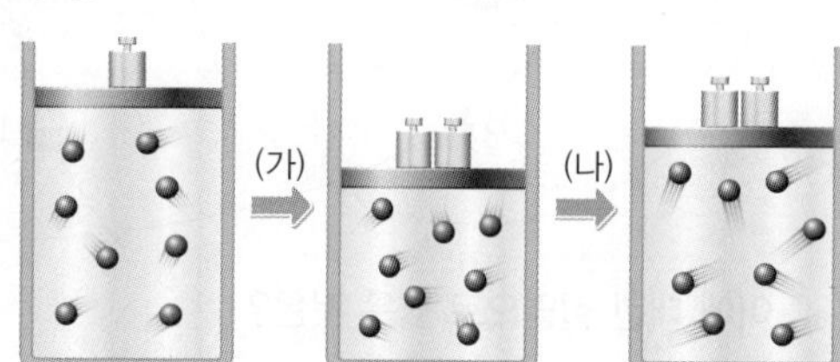


(가)에서 기체 입자의 충돌 횟수 변화와 (나)에서 기체
입자의 운동 빠르기 변화를 각각 서술하시오.

_______________________

**1회** 중간·기말고사 대비
# 대단원 최종 점검

**1.** 그림은 태양계 천체 중 왜소 행성, 소행성, 혜성을 구분하는 과정을 나타낸 것이다.

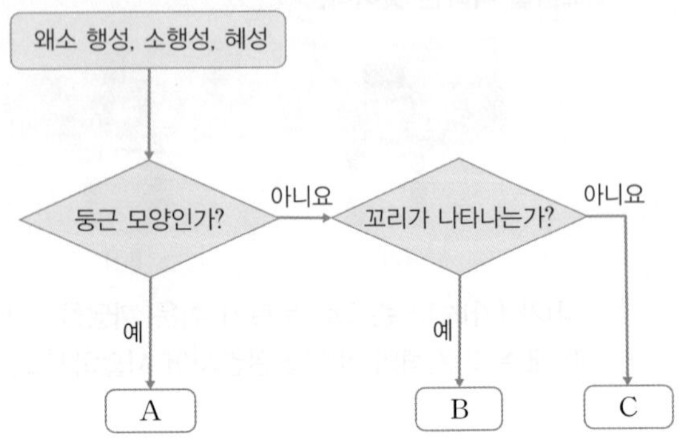


이에 대한 설명으로 옳은 것은?

① A는 왜소 행성이다.
② B는 소행성이다.
③ C는 혜성이다.
④ 명왕성은 C에 해당한다.
⑤ 달은 B에 해당한다.

**2.** 그림은 태양계 천체의 모양과 공전 궤도를 모식적으로 나타낸 것이다.

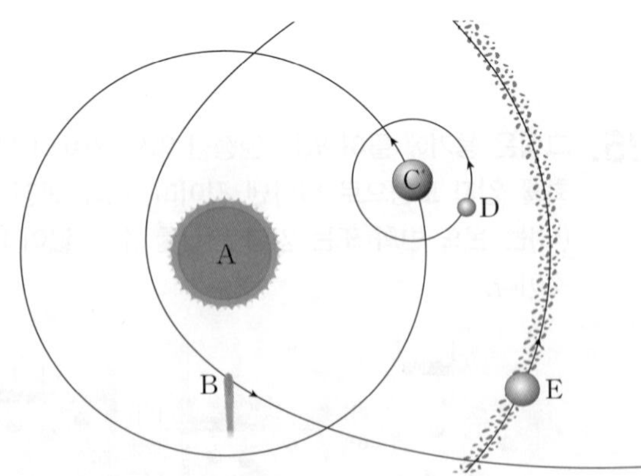


이에 대한 설명으로 옳은 것은?

① A는 목성형 행성이다.
② B는 질량이 크고 모양이 둥글다.
③ C는 태양을 중심으로 공전한다.
④ D는 왜소 행성이다.
⑤ E는 위성이다.

**3.** 표는 태양계 행성의 물리량을 나타낸 것이다.

| 행성 | 반지름<br>(지구=1) | 질량<br>(지구=1) | 위성 수<br>(개) | 고리 |
|---|---|---|---|---|
| 수성 | 0.38 | 0.06 | 0 | 없음. |
| 금성 | 0.95 | 0.82 | 0 | 없음. |
| 지구 | 1 | 1 | 1 | 없음. |
| 화성 | 0.53 | 0.11 | 2 | 없음. |
| 목성 | 11.21 | 317.92 | 92 | 있음. |
| 토성 | 9.45 | 95.14 | 83 | 있음. |
| 천왕성 | 4.01 | 14.54 | 27 | 있음. |
| 해왕성 | 3.88 | 17.09 | 14 | 있음. |

이에 대한 설명으로 옳은 것을 보기에서 모두 고른 것은?

> **보기**
> ㄱ. 질량이 큰 행성들과 작은 행성들로 분류할 수 있다.
> ㄴ. 지구형 행성은 위성의 개수가 적거나 없다.
> ㄷ. 목성형 행성은 모두 고리를 갖고 있다.

① ㄱ
② ㄴ
③ ㄱ, ㄷ
④ ㄴ, ㄷ
⑤ ㄱ, ㄴ, ㄷ

**4.** 그림은 태양의 일부를 관측한 모습이다.

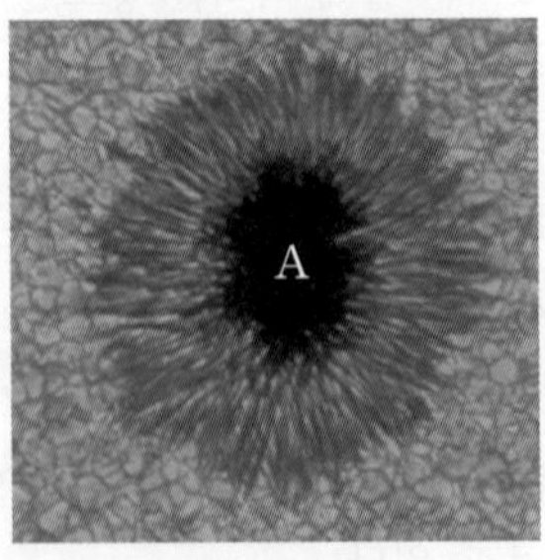


A에 대한 설명으로 옳은 것은?

① 개기일식 때 관측할 수 있다.
② 주변보다 온도가 높은 곳이다.
③ 태양의 대기에서 나타나는 현상이다.
④ 태양의 활동이 약한 시기에 개수가 많아진다.
⑤ 11년을 주기로 개수가 늘어났다가 줄어든다.

**5.** 그림은 태양의 표면과 대기에서 나타나는 현상을 구분하는 과정이다.

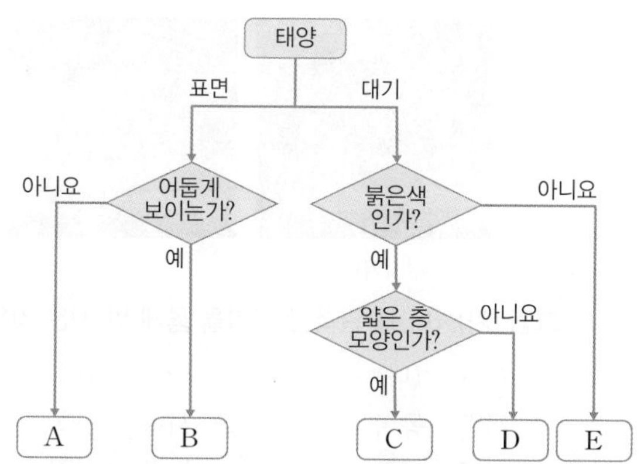


**A~E에 해당하는 것을 잘못 짝 지은 것은?**

① A: 플레어     ② B: 흑점     ③ C: 채층

④ D: 홍염     ⑤ E: 코로나

**6.** 그림 (가)와 (나)는 태양을 관측한 모습을 나타낸 것이다.

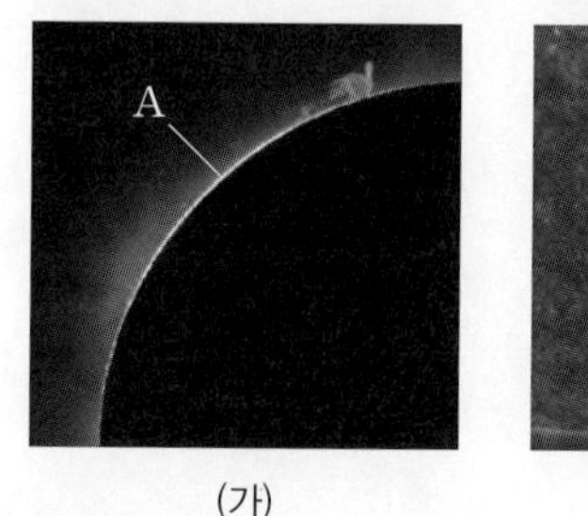

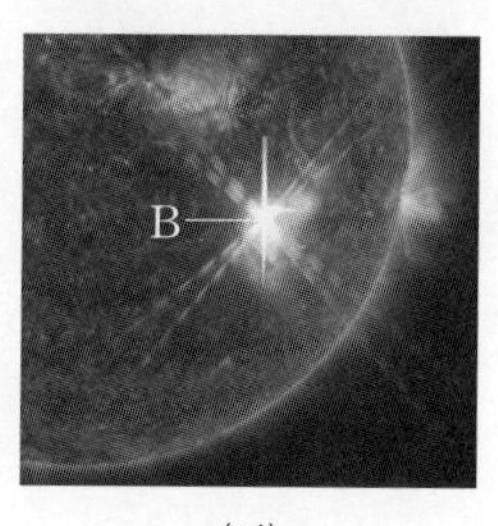


(가)                    (나)

이에 대한 설명으로 옳은 것을 보기에서 모두 고른 것은?

보기
ㄱ. A는 개기일식 때 관측한 채층이다.
ㄴ. B는 강한 폭발 현상인 플레어이다.
ㄷ. 태양의 활동이 활발한 시기에 B가 더 자주 발생한다.

① ㄱ          ② ㄴ          ③ ㄱ, ㄷ

④ ㄴ, ㄷ        ⑤ ㄱ, ㄴ, ㄷ

**7.** 그림은 태양 흑점의 개수 변화를 나타낸 것이다.

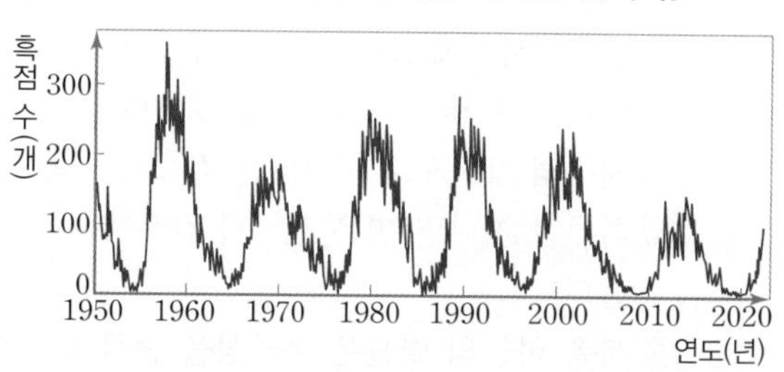


이에 대한 설명으로 옳은 것을 보기에서 모두 고른 것은?

보기
ㄱ. 흑점 수는 약 11년을 주기로 변한다.
ㄴ. 2015년에는 2020년보다 자기 폭풍이 자주 일어났을 것이다.
ㄷ. 2031년에는 2025년보다 오로라를 자주 관측할 수 있을 것이다.

① ㄱ          ② ㄷ          ③ ㄱ, ㄴ

④ ㄴ, ㄷ        ⑤ ㄱ, ㄴ, ㄷ

**8.** 그림은 천체 망원경의 구조를 나타낸 것이다.

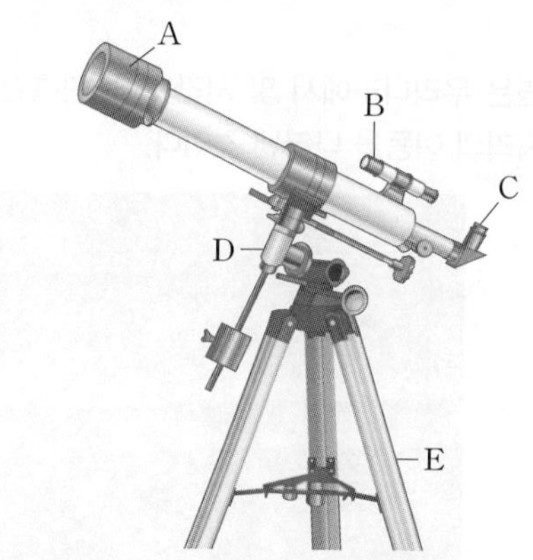


**A~E 각 부분의 명칭으로 옳은 것은?**

① A: 접안렌즈
② B: 파인더
③ C: 대물렌즈
④ D: 경통
⑤ E: 가대

**9.** 별의 일주 운동에 대한 설명으로 옳지 <u>않은</u> 것은?

① 별은 1시간에 15°씩 회전한다.

② 별은 동쪽에서 떠서 서쪽으로 진다.

③ 지구의 자전으로 나타나는 겉보기 운동이다.

④ 하루가 지나면 별은 전날과 같은 위치로 되돌아온다.

⑤ 북쪽 하늘의 별들은 북극성을 중심으로 시계 방향으로 회전한다.

**10.** 그림은 우리나라에서 몇 시간 동안 관측한 카시오페이아자리의 이동을 나타낸 것이다.

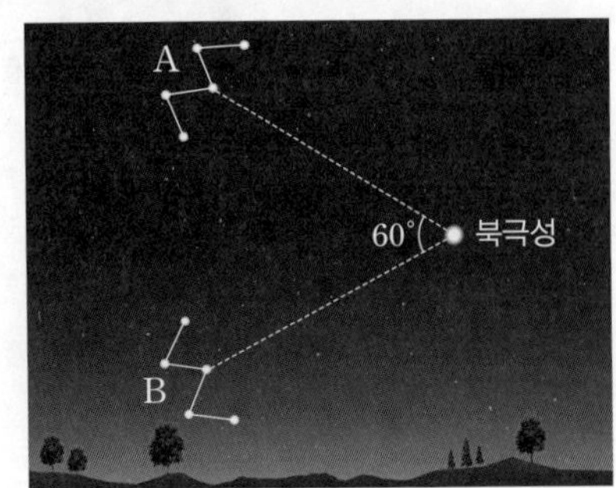


카시오페이아자리의 이동 방향과 관측한 시간을 옳게 짝 지은 것은?

① A → B, 4시간　　② A → B, 3시간

③ A → B, 2시간　　④ B → A, 4시간

⑤ B → A, 3시간

**11.** 그림은 우리나라에서 관측한 별의 일주 운동 모습을 나타낸 것이다.

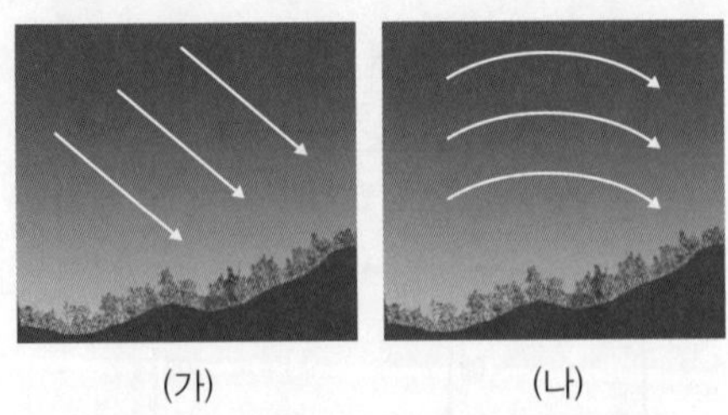

　　(가)　　　　　　(나)

그림 (가), (나)를 관측한 방향을 옳게 짝 지은 것은?

|   | (가) | (나) |   | (가) | (나) |
|---|------|------|---|------|------|
| ① | 서쪽 | 동쪽 | ② | 서쪽 | 남쪽 |
| ③ | 서쪽 | 북쪽 | ④ | 동쪽 | 북쪽 |
| ⑤ | 동쪽 | 서쪽 |   |      |      |

**12.** 지구의 공전에 의해 나타나는 현상으로 옳은 것을 보기에서 모두 고른 것은?

> **보기**
> ㄱ. 별의 일주 운동
> ㄴ. 태양의 연주 운동
> ㄷ. 계절에 따른 별자리 변화

① ㄱ　　　　② ㄴ　　　　③ ㄱ, ㄷ

④ ㄴ, ㄷ　　⑤ ㄱ, ㄴ, ㄷ

**13.** 그림은 태양, 지구, 달의 상대적인 위치를 북극 상공에서 내려다본 모습으로 나타낸 것이다.

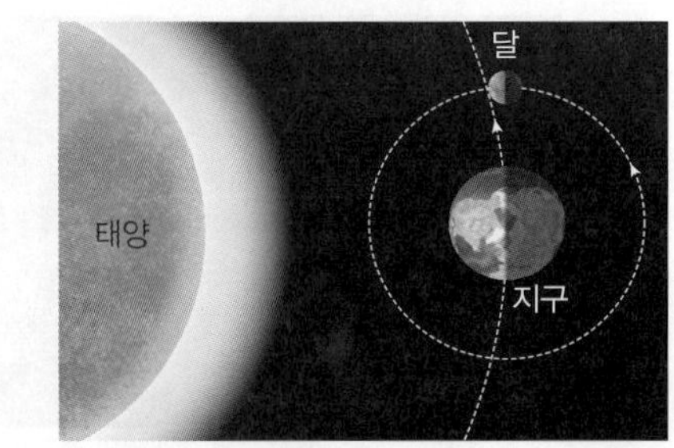


이때 우리나라에서 보이는 달의 위상으로 옳은 것은?

① 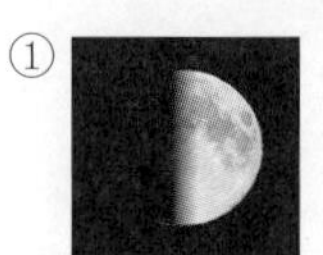　② 　③ 

④ 　⑤ 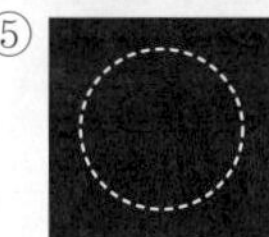

**14.** 달의 공전에 대한 설명으로 옳은 것을 보기에서 모두 고른 것은?

> **보기**
> ㄱ. 달의 공전 방향은 서 → 동이다.
> ㄴ. 망에서 다음 망까지의 기간은 약 30일이다.
> ㄷ. 달은 천구에서 하루에 약 13°씩 공전한다.

①ㄱ　　②ㄴ　　③ㄱ, ㄷ
④ㄴ, ㄷ　　⑤ㄱ, ㄴ, ㄷ

**15.** 다음은 일식과 월식의 원리를 알아보기 위한 모형실험을 나타낸 것이다.

> [실험 과정]
> (1) 두 개의 종이컵에 철사를 꽂고 ㉠큰 스타이로폼 공과 ㉡작은 스타이로폼 공을 각각 끼운다.
> (2) 어두운 방 안에서 전등을 켠 뒤, 그림 (가), (나)와 같이 배치하여 공의 그림자를 관찰한다.
>
> 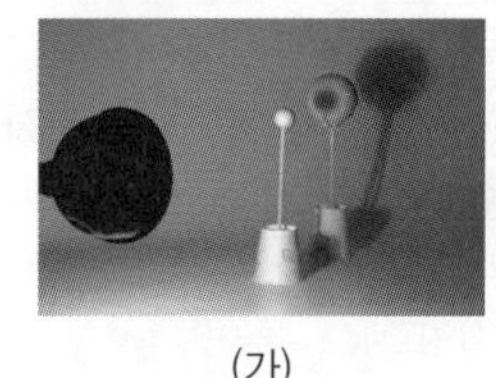　
> (가)　　　　　(나)

이에 대한 설명으로 옳은 것을 보기에서 모두 고른 것은?

> **보기**
> ㄱ. ㉠은 지구, ㉡은 달에 해당한다.
> ㄴ. (가)는 일식, (나)는 월식에 해당한다.
> ㄷ. (가)는 태양-지구-달 순서로 배열된 상태이다.

①ㄱ　　②ㄷ　　③ㄱ, ㄴ
④ㄴ, ㄷ　　⑤ㄱ, ㄴ, ㄷ

**16.** 그림은 어느 날 우리나라에서 관측한 개기월식의 과정을 순서 없이 나타낸 것이다.

(가)　　　　(나)　　　　(다)

이에 대한 설명으로 옳은 것을 보기에서 모두 고른 것은?

> **보기**
> ㄱ. 이날 달의 위상은 보름달이다.
> ㄴ. 월식은 (가) → (나) → (다) 순으로 진행되었다.
> ㄷ. (나)의 달은 지구의 대기에 의해 붉게 보인다.

①ㄱ　　②ㄴ　　③ㄱ, ㄷ
④ㄴ, ㄷ　　⑤ㄱ, ㄴ, ㄷ

서술형

**17.** 그림은 어떤 태양계 천체의 모습과 특징을 설명한 것이다.

- 모양이 불규칙하다.
- 화성과 목성 궤도 사이에 많이 분포한다.
- 대부분 암석 성분으로 이루어져 있다.

(1) 천체의 종류는 무엇인지 명칭을 쓰시오.

(2) 이러한 천체들의 모양이 구형이 아닌 까닭을 다음 단어를 모두 포함하여 서술하시오.

| 질량 | 중력 |

**18.** 그림은 태양의 표면을 나타낸 것이다.

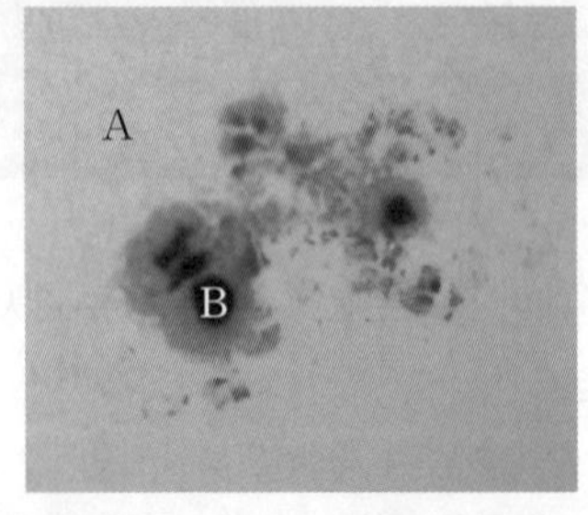


A와 B의 온도를 비교하고, 그렇게 생각한 까닭을 서술하시오.

**19.** 그림은 북반구에서 별이 움직인 궤적을 촬영한 모습이다.

(1) 별이 이와 같이 움직이는 것을 무엇이라 하는지 쓰시오.

(2) 별이 이와 같이 움직이는 근본적인 까닭을 서술하시오.

**20.** 그림은 태양, 지구, 달의 상대적인 위치를 나타낸 것이다.

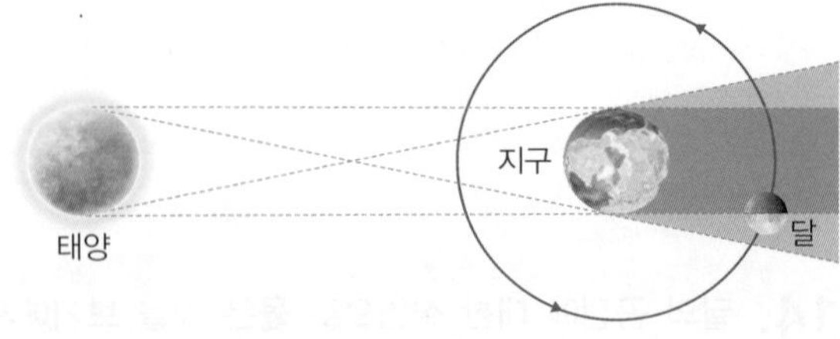


(1) 그림과 같이 배치되었을 때 발생하는 식의 종류를 쓰시오.

(2) 개기월식과 부분월식의 차이를 서술하시오.

**1.** 행성과 왜소 행성에 대한 설명으로 옳은 것은?

① 태양계 행성의 수는 총 12개이다.
② 왜소 행성은 행성 주위를 공전한다.
③ 행성의 공전 궤도는 포물선 모양이다.
④ 행성과 왜소 행성은 모두 모양이 둥글다.
⑤ 달은 왜소 행성에 포함된다.

**2.** 그림은 태양계의 구성 천체를 분류하는 과정을 나타낸 것이다.

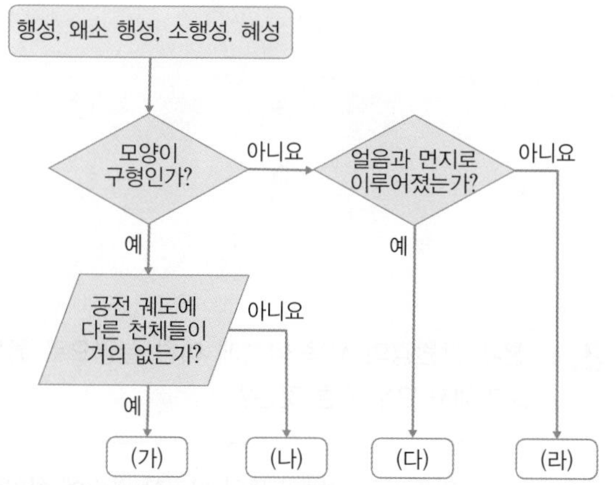


분류 결과를 옳게 짝 지은 것은?

| | (가) | (나) | (다) | (라) |
|---|---|---|---|---|
| ① | 행성 | 왜소 행성 | 혜성 | 소행성 |
| ② | 행성 | 소행성 | 혜성 | 왜소 행성 |
| ③ | 행성 | 혜성 | 왜소 행성 | 소행성 |
| ④ | 소행성 | 행성 | 혜성 | 왜소 행성 |
| ⑤ | 왜소 행성 | 행성 | 혜성 | 소행성 |

**3.** 그림은 태양계의 행성들을 물리적 특징을 기준으로 A, B 두 집단으로 분류한 것이다.

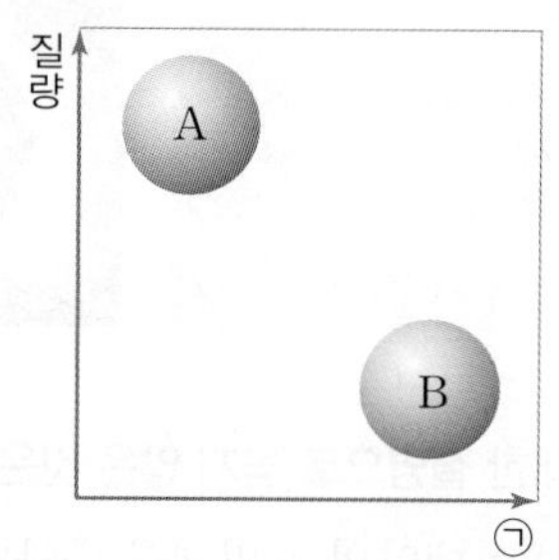


B가 A보다 큰 값을 가지는 물리량 ㉠에 해당하는 것으로 옳은 것은?

① 반지름
② 위성의 개수
③ 고리의 유무
④ 표면의 단단한 정도
⑤ 태양으로부터의 거리

**4.** 태양에 대한 설명으로 옳은 것은?

① 둥글게 보이는 태양의 표면은 코로나이다.
② 채층은 광구 바로 위의 진주색 대기층이다.
③ 흑점은 주변보다 온도가 높아 검게 보인다.
④ 고온의 물질이 채층 위로 솟아오른 것을 광구라고 한다.
⑤ 개기일식 때 광구가 가려지면 대기를 관측할 수 있다.

**5.** 그림 (가)와 (나)는 태양에서 관측되는 현상을 나타낸 것이다.

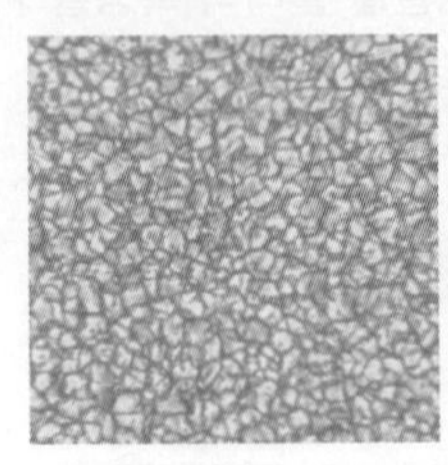

(가)　　　　　　(나)

이에 대한 설명으로 옳지 <u>않은</u> 것은?

① (가)는 태양의 표면에서 나타나는 현상이다.
② (나)는 개기일식 때 촬영한 모습이다.
③ (나)의 밝은 부분은 고온의 기체층이다.
④ (가)는 쌀알 무늬, (나)는 코로나이다.
⑤ 태양의 활동이 활발한 시기에 (나)의 밝은 부분은 크기가 작아진다.

**6.** 태양의 활동이 활발할 때 태양과 지구에서 나타날 수 있는 변화로 옳은 것은?

① 코로나의 크기가 작아진다.
② 태양 표면의 흑점 수가 감소한다.
③ 자기 폭풍으로 인해 정전이 발생하기도 한다.
④ 오로라를 볼 수 있는 지역이 평소보다 좁아진다.
⑤ 평소보다 장거리 무선 통신이 잘 이루어진다.

**7.** 다음은 어떤 현상에 대한 설명이다.

> 태양에서 전기를 띤 입자들이 방출되어 우주 공간으로 흐르는 것을 태양풍이라고 한다. 태양풍이 강해지면 지구의 자기장에 급격한 변화가 나타나기도 한다. 또한 오로라가 더 자주 관측되고 평소보다 오로라를 볼 수 있는 지역의 범위도 넓어진다.

이러한 현상과 가장 관련이 깊은 변화는?

① 계절의 변화
② 달의 위상 변화
③ 낮과 밤의 변화
④ 태양 표면의 흑점 개수 변화
⑤ 태양의 연주 운동에 의한 별자리 변화

**8.** 천체 망원경의 사용 방법에 대한 설명으로 옳은 것을 보기에서 모두 고른 것은?

> **보기**
> ㄱ. 망원경은 사방이 트인 평평한 장소에 설치한다.
> ㄴ. 파인더는 빛을 모으는 양이 적으므로 태양을 직접 보아도 된다.
> ㄷ. 경통의 앞뒤 균형, 경통과 균형추 사이의 균형을 맞추고 사용한다.

① ㄱ　　　　② ㄴ　　　　③ ㄱ, ㄷ
④ ㄴ, ㄷ　　　⑤ ㄱ, ㄴ, ㄷ

**9.** 그림은 서로 다른 시기에 관측한 어떤 별의 위치 변화를 나타낸 것이다.

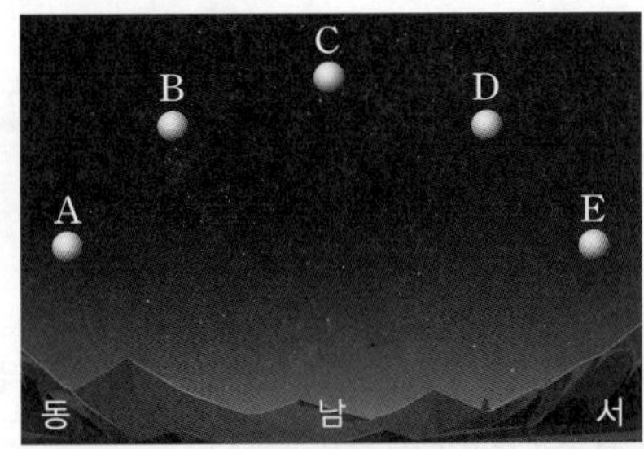



어느 날 밤 자정에 C의 위치에 별이 남중하였다면 4시간 후 별의 위치와 이동한 각도를 옳게 짝 지은 것은? (단, 이 별은 정동쪽에서 떠서 정서쪽으로 진다.)

| | 위치 | 이동한 각도 |
|---|---|---|
| ① | A | 60° |
| ② | B | 30° |
| ③ | D | 30° |
| ④ | E | 60° |
| ⑤ | E | 30° |

**10.** 지구의 공전에 대한 설명으로 옳지 **않은** 것은?

① 공전 주기는 1년이다.
② 지구의 공전 방향은 자전 방향과 같다.
③ 지구는 서에서 동으로 매일 15°씩 공전한다.
④ 태양이 천구에서 별자리에 대해 이동하는 원인이다.
⑤ 계절에 따라 보이는 별자리가 달라지는 것은 지구의 공전 때문이다.

**11.** 그림은 우리나라의 같은 장소에서 해가 진 직후 서쪽 하늘의 별자리를 관측하여 15일 간격으로 나타낸 것이다.

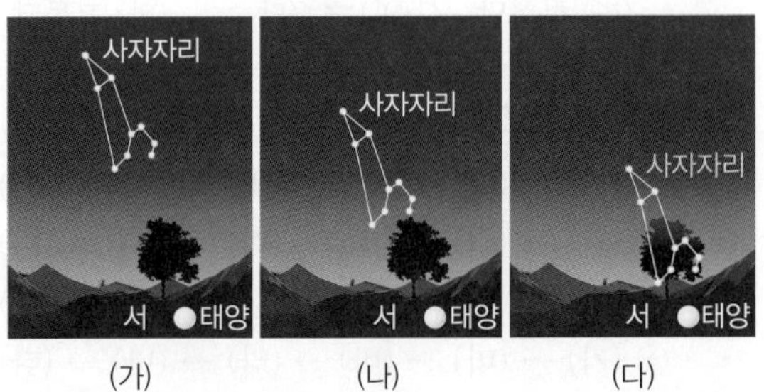



이에 대한 설명으로 옳은 것을 보기에서 모두 고른 것은?

보기

ㄱ. 사자자리가 지는 시각이 점점 늦어진다.
ㄴ. 관측한 기간 동안 태양은 사자자리에 점점 가까워졌다.
ㄷ. 태양을 기준으로 별자리는 매일 조금씩 동에서 서로 이동한다.

① ㄱ     ② ㄴ     ③ ㄱ, ㄷ
④ ㄴ, ㄷ     ⑤ ㄱ, ㄴ, ㄷ

**12.** 그림은 지구의 공전 궤도와 황도 12궁을 나타낸 것이다.

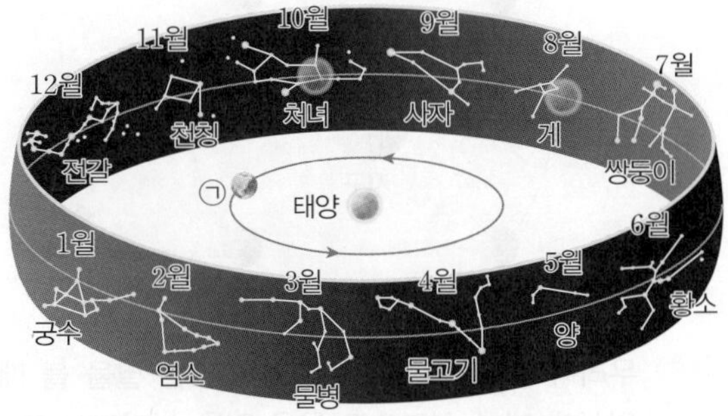



지구가 ㉠의 위치에 있을 때, (가)한밤중에 남중하는 별자리와 (나)태양과 같은 방향에 있어 볼 수 없는 별자리를 옳게 짝 지은 것은?

| | (가) | (나) |
|---|---|---|
| ① | 전갈자리 | 황소자리 |
| ② | 사자자리 | 물병자리 |
| ③ | 물병자리 | 사자자리 |
| ④ | 처녀자리 | 물고기자리 |
| ⑤ | 황소자리 | 전갈자리 |

**13.** 다음은 달의 여러 가지 위상을 나열한 것이다.

> (가) 삭　　　(나) 보름달　　　(다) 상현달
> (라) 하현달　　　(마) 초승달　　　(바) 그믐달

달의 위상 변화를 순서대로 옳게 나열한 것은?

① (가) → (나) → (다) → (라) → (마) → (바)
② (가) → (라) → (나) → (다) → (바) → (마)
③ (가) → (마) → (다) → (나) → (라) → (바)
④ (가) → (마) → (바) → (라) → (나) → (다)
⑤ (가) → (바) → (라) → (나) → (다) → (마)

**14.** 그림은 달의 공전 궤도를 나타낸 것이다.

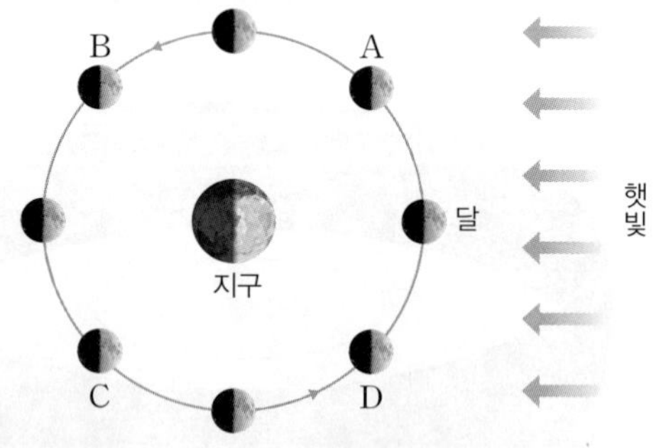


우리나라에서 A~D의 위치에 있는 달을 볼 때, 달의 위상에 대한 설명으로 옳은 것을 보기에서 모두 고른 것은?

> **보기**
> ㄱ. A는 초승달, D는 그믐달이다.
> ㄴ. A는 B보다 밝은 부분이 더 많이 보인다.
> ㄷ. D에서 A로 가는 동안 달의 위상은 보름달이 된다.

① ㄱ　　　② ㄴ　　　③ ㄱ, ㄷ
④ ㄴ, ㄷ　　　⑤ ㄱ, ㄴ, ㄷ

**15.** 그림은 태양, 지구, 달이 나란히 배치된 상황을 나타낸 것이다.

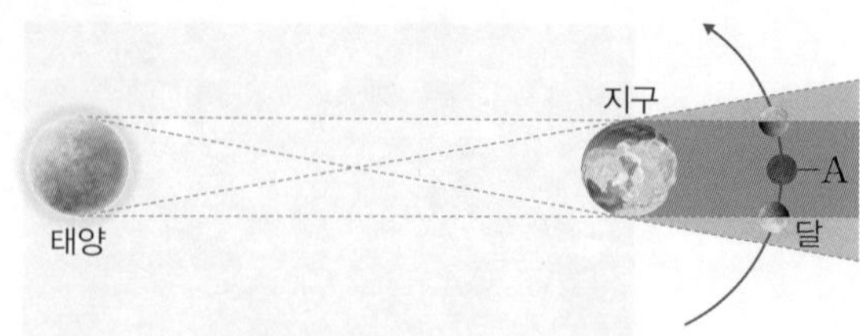


달이 A 위치를 지나고 있을 때에 대한 설명으로 옳은 것을 보기에서 모두 고른 것은?

> **보기**
> ㄱ. 개기월식이 일어난다.
> ㄴ. A에 관측자가 있다면 태양이 보이지 않는다.
> ㄷ. 지구에서 밤에 해당하는 지역의 관측자는 모두 월식을 볼 수 있다.

① ㄱ　　　② ㄴ　　　③ ㄱ, ㄷ
④ ㄴ, ㄷ　　　⑤ ㄱ, ㄴ, ㄷ

**16.** 그림 (가)는 태양, 지구, 달의 상대적 위치를, (나)는 어떤 일식의 모습을 나타낸 것이다.

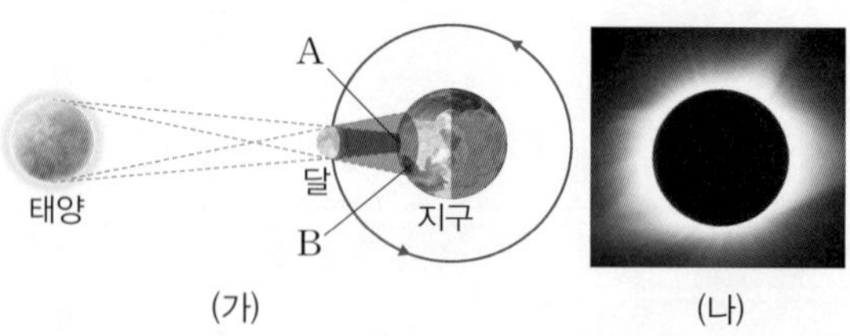


이에 대한 설명으로 옳은 것을 보기에서 모두 고른 것은?

> **보기**
> ㄱ. B에서는 부분일식을 볼 수 있다.
> ㄴ. (나)와 같은 일식은 A에서 볼 수 있다.
> ㄷ. 지구에서 낮에 해당하는 지역의 관측자는 모두 일식을 볼 수 있다.

① ㄱ　　　② ㄷ　　　③ ㄱ, ㄴ
④ ㄴ, ㄷ　　　⑤ ㄱ, ㄴ, ㄷ

서술형

**17.** 그림은 태양계 행성의 물리량을 비교하여 두 집단으로 구분한 것이다.

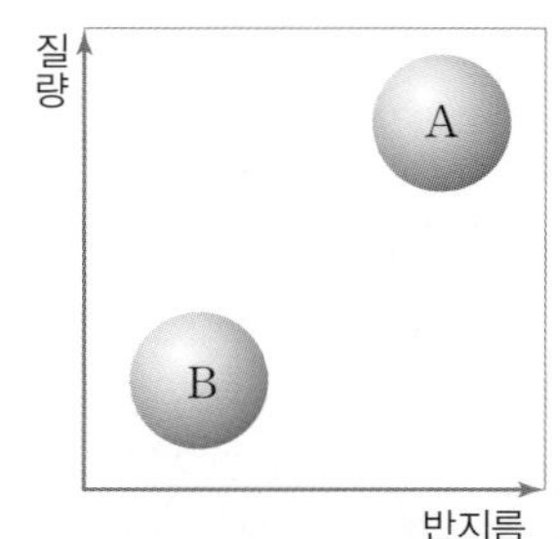


(1) A와 B 집단에 속하는 행성의 이름을 모두 쓰시오.

A 집단의 행성:

B 집단의 행성:

(2) 질량과 반지름 이외에 두 집단을 분류할 수 있는 물리적 특징을 한 가지만 비교하여 서술하시오.


**18.** 그림은 극지방에서 볼 수 있는 어떤 현상으로, 대기가 보라색, 녹색, 붉은색 등으로 빛나는 모습이다.

(1) 이러한 현상의 이름을 쓰시오.


(2) 이와 같은 현상의 발생 빈도를 태양의 흑점 개수와 관련지어 서술하시오.


**19.** 그림은 천체 망원경의 구조를 나타낸 것이다.

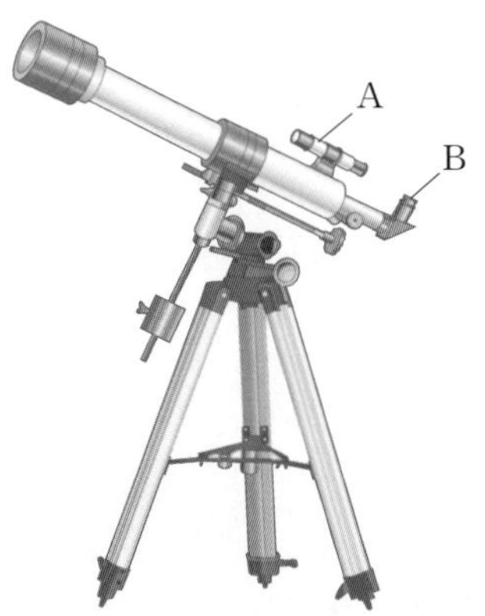


(1) A와 B의 명칭을 각각 쓰시오.

A:

B:

(2) A와 B의 용도를 각각 서술하시오.

A:

B:


**20.** 그림은 달의 위상 변화를 나타낸 것이다.

(1) 달의 모양이 다시 같아지는 최소 주기는 얼마인지 쓰시오.


(2) 이와 같이 달의 위상이 변화하는 까닭은 무엇인지 서술하시오.

TOP TIER

# HIGH TOP

1등급으로 티어 오르는

# 내신 탑티어

## 정답과 해설

중학교
과학 1-2

HIGH TOP
내신 탑티어
중학교 과학 1-2

정답과
해설

# V. 힘의 작용

## 01 여러 가지 힘

### 개념 확인하기

개념 학습서 11, 13, 15쪽

**1** (1) × (2) × (3) ○ (4) ○ **2** ㄱ, ㄷ, ㄹ **3** (1) ⓒ (2) ㉠ (3) ㉡
**4** (1) 8 N, 오른쪽 (2) 2 N, 오른쪽 **5** ㉠ 같고, ㉡ 반대 **6** (1) ○
(2) × (3) ○ (4) × (5) × **7** 해설 참조, 중력 **8** (1) 질량 (2) 무게
(3) 무게 (4) 질량 (5) 무게 **9** (1) × (2) ○ (3) ○ (4) × **10** (1) ㉠
(2) ㉡ (3) ㉡ (4) ㉠ **11** (1) ○ (2) × (3) ○ (4) × (5) × **12** 해설
참조 **13** (1) × (2) × (3) ○ (4) ○ **14** 해설 참조 **15** (1) 부력
(2) 마찰력 (3) 부력 (4) 마찰력

**1** (1) 힘의 크기를 나타내는 단위로 N(뉴턴)을 사용한다. kg(킬로그램)은 질량의 단위이다.
(2) 물질의 상태가 변하는 것은 힘에 의한 현상이 아니라 열의 이동에 의한 현상이다.

**2** 힘은 물체의 모양이나 운동 상태를 변하게 하는 원인으로, 물체에 힘이 작용하면 물체의 모양, 속력, 운동 방향이 변할 수 있다.

**3** 힘을 화살표로 나타낼 때 힘의 작용점은 화살표의 시작점, 힘의 방향은 화살표의 방향, 힘의 크기는 화살표의 길이로 나타낸다.

**4** (1) 한 물체에 작용하는 두 힘이 같은 방향이면 알짜힘의 크기는 두 힘의 크기를 더한 것과 같고, 알짜힘의 방향은 두 힘의 방향과 같다. 따라서 알짜힘의 크기는 5 N+3 N=8 N이고, 알짜힘의 방향은 오른쪽이다.
(2) 한 물체에 작용하는 두 힘이 반대 방향이면 알짜힘의 크기는 큰 힘의 크기에서 작은 힘의 크기를 뺀 것과 같고, 알짜힘의 방향은 큰 힘의 방향과 같다. 따라서 알짜힘의 크기는 5 N−3 N=2 N이고, 알짜힘의 방향은 큰 힘의 방향인 오른쪽이다.

**5** 한 물체에 크기가 같은 두 힘이 일직선상에서 서로 반대 방향으로 작용하면 알짜힘이 0이며, 두 힘은 평형을 이룬다.

**6** (2) 물체의 질량이 클수록, 물체에 작용하는 중력의 크기가 크다.
(4) 중력은 지구와 같은 천체가 물체를 당기는 힘이다.
(5) 공중에 떠 있는 물체에도 중력이 작용한다.

**7** 중력은 지구와 같은 천체가 물체를 당기는 힘으로, 지구 중심 방향으로 작용한다. [모범 답안]

**8** (1), (4) 질량은 물질이 가지고 있는 고유한 양으로, 장소에 따라 변하지 않으며, 단위로 kg(킬로그램)을 사용한다.
(2), (3), (5) 무게는 물체에 작용하는 중력의 크기로, 장소에 따라 달라지며, 단위로 N(뉴턴)을 사용한다.

**9** (1) 탄성력의 방향은 변형된 물체가 원래 모양으로 되돌아가려는 방향이다. 따라서 탄성력은 물체가 변형된 방향과 반대 방향으로 작용한다.
(4) 탄성력의 크기는 탄성체에 작용하는 힘의 크기와 같다.

**10** (1), (4) 사과가 아래로 떨어지고, 달이 지구 주위를 공전하는 것은 중력에 의한 현상이다.
(2), (3) 고무줄로 머리카락을 묶고, 장대를 이용해 높이 뛰어오르는 것은 탄성력을 이용한 것이다.

**11** (2) 접촉면이 매끄러울수록 마찰력의 크기가 작다.
(4) 물체에 힘을 가해도 물체가 움직이지 않는 것은 물체에 가하는 힘과 같은 크기의 마찰력이 가하는 힘과 반대 방향으로 작용하기 때문이다.
(5) 마찰력은 물체의 운동 방향과 반대 방향으로 작용한다.

**12** 마찰력은 두 물체의 접촉면에서 물체의 운동을 방해하는 힘으로, 물체의 운동 방향과 반대 방향으로 작용한다.

[모범 답안]

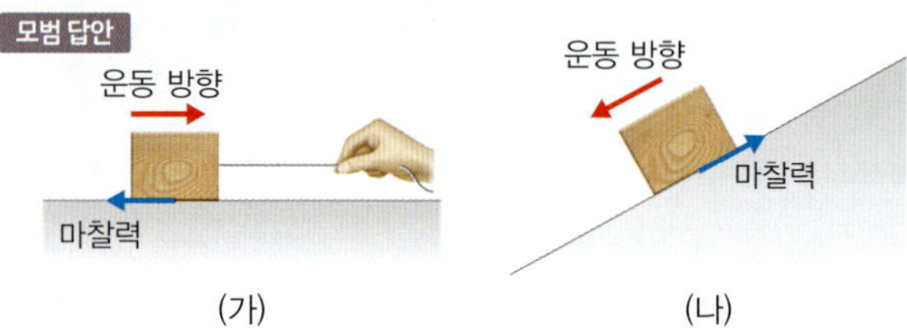


**13** (1) 부력의 방향은 중력과 반대 방향이다.
(2) 물체에 작용하는 중력의 크기가 부력의 크기보다 크면 물체는 물속에 가라앉는다.

**14** 부력은 중력과 반대 방향으로 작용한다.

[모범 답안]

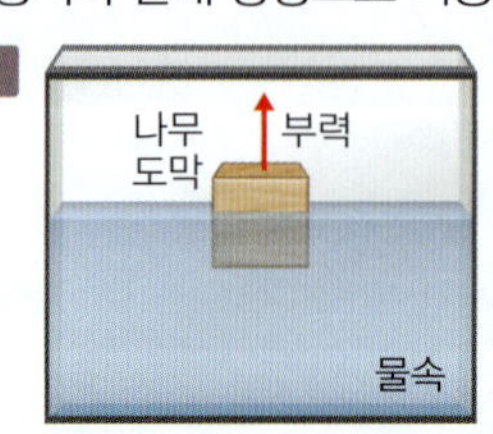

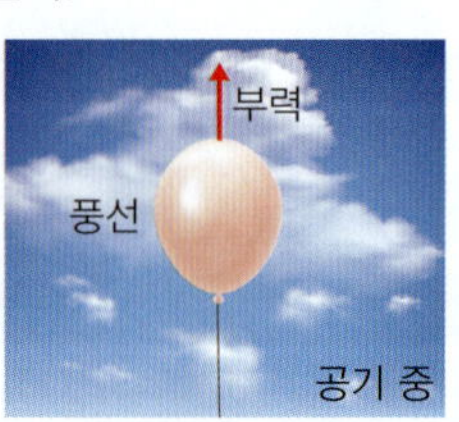


**15** (1), (3) 튜브나 헬륨을 채운 비행선은 부력에 의해 물이나 공기 중에 떠 있을 수 있다.
(2), (4) 미끄럼틀에 물을 뿌려 마찰력을 감소시키고, 등산화의 바닥을 거칠게 만들어 마찰력을 증가시킨다.

---

### 꽉 잡아! 탐구 · 용수철의 탄성력 측정하기

개념 학습서 16쪽

[정리] ㉠ 탄성력, ㉡ 비례, ㉢ 비례

[확인 문제]
**1** ③ **2** 해설 참조

### 정리

**1** 힘 센서로 측정한 힘의 크기는 용수철을 당기는 힘과 탄성력의 크기와 같다.

**2** 용수철을 당기는 힘의 크기가 클수록 용수철이 늘어난 길이가 길다.

**3** 용수철이 늘어난 길이가 길수록 용수철에 작용하는 탄성력의 크기가 크다.

**확인 문제**

**1** **바로 알기** ③ 용수철을 당기는 힘과 용수철에 작용하는 탄성력은 크기가 같고 방향이 반대이다.

**2** 용수철을 당기는 힘과 용수철에 작용하는 탄성력은 크기가 같고 방향이 반대이다.

**모범 답안**

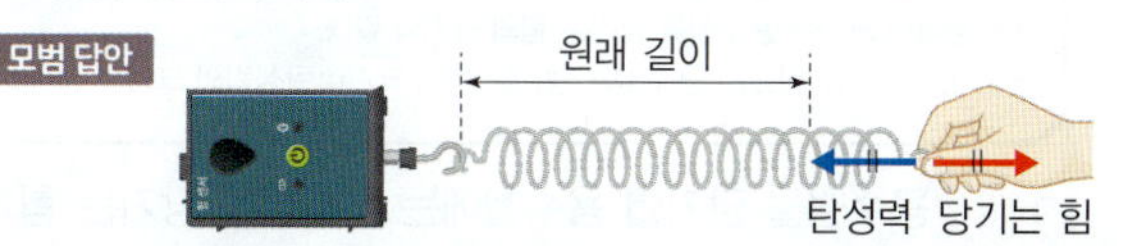


| 채점 기준 | 배점(%) |
| --- | --- |
| 탄성력의 방향과 크기를 모두 옳게 나타낸 경우 | 100 |
| 탄성력의 방향만 옳게 나타낸 경우 | 50 |

**꽉 잡아! 탐구**  물속에서 부력 측정하기  개념 학습서 17쪽

**정리** ㉠ 부력, ㉡ 반대, ㉢ 비례

**확인 문제**

**1** ⑤  **2** 해설 참조

**정리**

**1** 물속에서 추에 작용하는 부력의 방향은 중력의 방향과 반대이며, 부력의 크기는 공기 중에서 측정한 용수철저울의 측정값에서 물속에서 측정한 용수철저울의 측정값을 뺀 값과 같다.

**2** 물에 잠긴 추의 부피가 클수록 추에 작용하는 부력의 크기가 크다.

**확인 문제**

**1** ⑤ 추에 작용하는 부력의 크기는 추가 물에 잠기기 전후 용수철저울의 측정값의 차이로, 추가 물에 잠긴 부피에 비례한다. 추에 작용하는 부력의 크기는 (다)에서는 0.3 N, (나)에서는 0.15 N으로 (다)에서가 (나)에서의 2배이다.

**바로 알기** ① 추에 작용하는 중력의 크기는 공기 중에서와 물속에서가 같다.

② 부력의 크기는 공기 중에서의 측정값에서 물속에서의 측정값을 뺀 값이다. 따라서 (나)에서 추에 작용하는 부력의 크기는 0.15 N이다.

③ (다)에서 추에 작용하는 중력의 크기는 2 N이고, 부력의 크기는 0.3 N이다.

④ (다)에서 추에 작용하는 중력과 부력은 서로 반대 방향이다.

**2** **모범 답안** 부력의 크기는 공기 중에서의 측정값에서 물속에서의 측정값을 뺀 것이므로, 추에 작용하는 부력의 크기는 15 N−9 N=6 N이다.

| 채점 기준 | 배점(%) |
| --- | --- |
| 풀이 과정과 함께 6 N을 구한 경우 | 100 |
| 6 N만 구한 경우 | 40 |

**기출 문제로 실력 확인하기**  개념 학습서 20~24쪽

| | | | | | | |
| --- | --- | --- | --- | --- | --- | --- |
| 01 ③ | 02 ⑤ | 03 ⑤ | 04 ③ | 05 ③ | 06 ⑤ | 07 ⑤ |
| 08 ① | 09 ③ | 10 ④ | 11 ① | 12 ④ | 13 ⑤ | 14 ⑤ |
| 15 ⑤ | 16 ⑤ | 17 ③ | 18 ④ | 19 ③ | 20 ④ | 21 ② |
| 22 ③ | 23 ⑤ | 24 ⑤ | 25 ④ | 26 ④ | 27 ① | 28 ⑤ |
| 29 ① | 30 ⑤ | | | | | |

**01** ③ 과학에서 말하는 힘은 물체의 모양이나 운동 상태를 변하게 하는 원인이다.

**바로 알기** ① 능력이나 역량을 의미한다.
② 도움이나 의지를 의미한다.
④ 능력을 의미한다.
⑤ 근육의 작용을 의미한다.

**02** 과학에서 말하는 힘은 물체의 모양이나 운동 상태를 변하게 하는 원인이다.
①, ④ 힘에 의해 속력이 변한다.
② 힘에 의해 속력과 운동 방향이 모두 변한다.
③ 힘에 의해 모양이 변한다.
**바로 알기** ⑤ 상태 변화는 열의 이동에 의해 나타나는 현상이다.

**03** 힘을 화살표로 나타낼 때 화살표는 힘의 작용점에서 시작하여 힘이 작용하는 방향으로 힘의 크기에 해당하는 길이만큼 그린다.

**04** ㄱ. 힘은 물체의 모양이나 운동 상태를 변하게 하는 원인이다.
ㄴ. 힘의 3요소인 힘의 크기, 힘의 방향, 힘의 작용점으로 물체에 작용하는 힘을 나타낸다.
**바로 알기** ㄷ. 힘의 크기를 나타내는 단위로는 N(뉴턴)을 사용한다. kg(킬로그램)은 질량의 단위이다.

**05** 화살표가 가리키는 방향이 북동쪽이므로 힘의 방향은 북동쪽이고, 화살표의 길이가 2 cm이므로 힘의 크기는 4 N이다.

**06** ㄱ. 힘을 화살표로 나타낼 때, 화살표의 길이는 힘의 크기를 의미한다. 따라서 상자에 작용하는 힘의 크기는 화살표의 길이가 더 긴 (가)에서가 (나)에서보다 크다.
ㄴ. 화살표의 방향은 힘이 작용하는 방향을 의미하므로 (가)에서 상자에 작용하는 힘의 방향은 오른쪽이다.
ㄷ. (가)에서 상자에 작용하는 힘의 방향은 오른쪽이고, (나)에서 상자에 작용하는 힘의 방향은 왼쪽으로 서로 반대 방향이다.

**07** 두 힘이 같은 방향으로 작용할 때 알짜힘의 크기는 두 힘의 크기를 더한 것과 같다. 따라서 알짜힘의 크기는 30 N+10 N=40 N이다.

**08** (가)와 같이 두 힘이 같은 방향으로 작용할 때 알짜힘의 크기는 두 힘의 크기를 더한 것과 같으므로 6 N+3 N=9 N이다. 반면 (나), (다)와 같이 두 힘이 반대 방향으로 작용할 때 알짜힘의 크기는 큰 힘의 크기에서 작은 힘의 크기를 뺀 것과 같으므로 (나)에서 알짜힘의 크기는 6 N−3 N=3 N이고, (다)에서 알짜힘의 크기는 3 N−3 N=0이다.

**09** ㄱ, ㄷ. 한 물체에 크기가 같은 두 힘이 일직선상에서 서로 반대 방향으로 작용하면 두 힘은 평형을 이룬다.

**바로 알기** ㄴ. 두 물체에 각각 작용하는 두 힘은 합성할 수 없다. 두 힘이 평형을 이루려면 두 힘이 한 물체에 작용해야 한다.

**10** ④ 지구와 같은 천체가 물체를 당기는 힘을 중력이라고 하며, 물체에 작용하는 중력의 크기를 무게라고 한다.

**바로 알기** ① 중력의 단위는 N(뉴턴)이다.
② 중력은 지구가 물체를 당기는 힘이다.
③ 중력은 지구와 같은 천체가 물체를 당기는 힘이다.
⑤ 지표면에서 떨어져 있는 물체에도 중력이 작용하므로 물체를 놓으면 물체가 지표면으로 떨어진다.

**11** 중력에 의해 지표면 근처의 물체가 아래로 떨어진다.

**12** 물체는 지구 중력의 방향인 지구 중심 방향으로 떨어진다. 따라서 (가)는 C 방향으로, (나)는 D 방향으로 떨어진다.

**13** ⑤ 무게는 물체에 작용하는 중력의 크기이고, 질량은 물질이 가진 고유한 양이다.

**바로 알기** ① 무게는 용수철저울이나 가정용 저울, 힘 센서로 측정하고, 질량은 윗접시저울이나 양팔저울로 측정한다.
② 무게는 장소에 따라 값이 달라지고, 질량은 장소가 달라져도 값이 변하지 않는다.
③ 같은 장소에서 물체의 질량이 클수록 무게가 크다.
④ 무게의 단위로는 N(뉴턴)을 사용하고, 질량의 단위로는 kg(킬로그램)을 사용한다.

**14** 지구에서 '물체의 무게$=9.8 \times$질량'이므로 지구에서 A의 질량 $=\dfrac{\text{A의 무게}}{9.8} = \dfrac{58.8}{9.8} = 6 \text{ (kg)}$이다. 질량은 장소가 달라져도 값이 변하지 않으므로 달에서도 A의 질량은 6 kg이다.

**15** ㄱ. 지구에서 우주인의 몸무게는 $9.8 \times 60 = 588 \text{ (N)}$이다.

ㄴ. 달에서의 중력은 지구에서의 중력의 $\dfrac{1}{6}$이므로 달에서 우주인의 몸무게는 $588 \text{ N} \times \dfrac{1}{6} = 98 \text{ N}$이다.

ㄷ. 질량은 장소에 따라 변하지 않으므로 달에서 우주인의 질량은 지구에서와 같은 60 kg이다.

**16** ⑤ 변형된 물체가 원래 모양으로 되돌아가려는 힘을 탄성력이라고 한다.

**바로 알기** ① 탄성은 변형된 물체가 원래 모양으로 되돌아가려는 성질이다.
② 탄성력의 방향은 물체에 작용하는 힘의 방향과 반대 방향이다.
③ 탄성력의 크기는 물체에 작용하는 힘의 크기와 같다.
④ 물체의 모양이 많이 변할수록 탄성력의 크기가 커진다.

**17** **바로 알기** ③ 집라인은 중력을 이용하여 아래로 내려가는 기구이다.

**18** 용수철의 길이가 일정하게 늘어나면 용수철에 작용하는 탄성력의 크기도 일정하게 커진다. 따라서 그래프는 원점을 지나는 직선 형태로 나타난다.

**19**

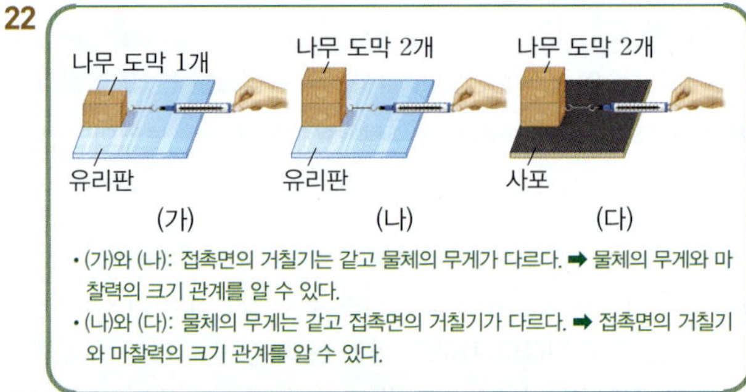


· 용수철을 당기는 힘과 반대 방향으로 탄성력이 작용한다.
· 탄성력의 크기는 용수철을 당기는 힘의 크기와 같다.
· 힘 센서가 측정한 값=용수철을 당기는 힘의 크기=탄성력의 크기

ㄱ, ㄴ. 용수철을 당기면 용수철에는 용수철을 당기는 힘과 같은 크기의 탄성력이 반대 방향으로 작용한다. 이때 힘 센서는 용수철의 탄성력의 크기를 측정한다.

**바로 알기** ㄷ. 탄성력의 방향은 용수철을 당기는 힘의 방향과 반대 방향이다.

**20** 탄성력의 크기는 용수철이 늘어난 길이에 비례하므로 $5 \text{ cm} : 10 \text{ N} = 10 \text{ cm} : F$에서 탄성력의 크기 $F = 20 \text{ N}$이며, 탄성력의 방향은 용수철을 당기는 힘의 방향과 반대 방향인 왼쪽이다.

**21** 마찰력은 두 물체의 접촉면에서 물체의 운동을 방해하는 힘으로, 접촉면이 거칠수록, 물체의 무게가 무거울수록 크다.

**바로 알기** ② 물체의 무게가 무거울수록 마찰력의 크기가 커진다.

**22**

나무 도막 1개        나무 도막 2개        나무 도막 2개
유리판              유리판              사포
(가)               (나)               (다)

· (가)와 (나): 접촉면의 거칠기는 같고 물체의 무게가 다르다. ➡ 물체의 무게와 마찰력의 크기 관계를 알 수 있다.
· (나)와 (다): 물체의 무게는 같고 접촉면의 거칠기가 다르다. ➡ 접촉면의 거칠기와 마찰력의 크기 관계를 알 수 있다.

ㄱ. 마찰력은 두 물체의 접촉면에서 물체의 운동을 방해하는 힘으로, 용수철저울은 마찰력의 크기를 측정한다.

ㄴ. (가)와 (나)는 나무 도막의 무게만 달리하였으므로 (가)와 (나)를 비교하면 물체의 무게와 마찰력의 크기 관계를 알 수 있다.

**바로 알기** ㄷ. 접촉면에 거칠기에 따른 마찰력의 크기를 알아보려면 물체의 무게는 같게 하고 접촉면의 거칠기만 다르게 한 (나)와 (다)를 비교한다.

**23** 접촉면이 거칠수록, 물체의 무게가 무거울수록 마찰력의 크기가 크다. 따라서 마찰력의 크기를 비교하면 (다)>(나)>(가)이다.

**24** ⑤ 물체에 물체가 미끄러지는 방향과 반대 방향으로 마찰력이 작용하기 때문에 물체는 결국 정지한다.

**바로 알기** ① 물체의 속력은 일정하게 느려진다.
② 물체가 미끄러지는 방향이 일정하다.
③, ④ 물체에 물체가 미끄러지는 방향과 반대 방향으로 알짜힘(마찰력)이 작용한다.

**25** 일상생활에서 마찰력의 크기를 조절하여 편리하고 안전하게 생활할 수 있다. (가), (다)는 마찰력의 크기를 크게 한 예이고, (나)는 마찰력의 크기를 작게 한 예이다.

**26** 액체나 기체가 그 속에 있는 물체를 밀어 올리는 힘은 부력이다.

**27** 부력은 물체를 밀어 올리는 방향, 즉 중력과 반대 방향으로 작용한다. 따라서 공을 놓으면 공은 부력에 의해 위로 떠오른다.

**28** 물에 잠긴 추의 부피가 클수록 추에 작용하는 부력의 크기가 크다. 따라서 부력의 크기를 비교하면 (다)>(나)>(가)이다.

**29** 물속에 있는 물체에 작용하는 부력의 크기는 공기 중에서 측정한 용수철저울의 측정값에서 물속에서 측정한 용수철저울의 측정값을 뺀 값과 같다. 따라서 A에 작용하는 부력의 크기는 40 N−30 N=10 N이다.

**30** 튜브를 물에 띄우는 힘은 부력이다.

바로 알기 ⑤ 장대높이뛰기는 장대의 탄성력을 이용한다.

---

단계별 문제로 **서술형 연습하기**  개념 학습서 25쪽

**01** 중력은 지구와 같은 천체가 물체를 당기는 힘으로, 물체에 작용하는 중력의 크기를 무게라고 한다. 천체마다 중력의 크기가 다르므로 무게는 천체에 따라 달라진다.

모범 답안 (1) 질량, 10

(2) 무게는 물체에 작용하는 중력의 크기로, 천체마다 중력의 크기가 다르기 때문이다.

| 채점 기준 | | 배점(%) |
|---|---|---|
| (1) | 질량, 10을 모두 옳게 쓴 경우 | 40 |
| | 질량, 10 중 한 가지만 옳게 쓴 경우 | 20 |
| (2) | 무게와 중력의 관계, 천체마다 중력의 크기가 다름을 옳게 서술한 경우 | 60 |
| | 천체마다 무게가 다르다고만 서술한 경우 | 30 |

**02** 탄성력은 변형된 물체가 원래 모양으로 되돌아가려는 힘으로, 탄성력의 크기는 물체에 작용한 힘의 크기와 같으며 물체가 변형된 정도가 클수록 탄성력의 크기가 크다.

모범 답안 (1) 탄성력, 5

(2) 10 N, 탄성력의 크기는 용수철이 늘어난 길이에 비례하기 때문이다.

| 채점 기준 | | 배점(%) |
|---|---|---|
| (1) | 탄성력, 5를 모두 옳게 쓴 경우 | 40 |
| | 탄성력, 5 중 한 가지만 옳게 쓴 경우 | 20 |
| (2) | 10 N을 쓰고, 탄성력의 크기와 용수철이 늘어난 길이 관계를 옳게 서술한 경우 | 60 |
| | 10 N만 쓴 경우 | 30 |

**03** 마찰력은 두 물체의 접촉면에서 물체의 운동을 방해하는 힘으로, 접촉면이 거칠수록, 물체의 무게가 무거울수록 마찰력의 크기가 크다.

모범 답안 (1) 마찰력, 크다

(2) 눈이 쌓인 도로는 매끄러우므로 자동차에 작용하는 마찰력의 크기가 작아져 자동차가 멈출 때까지 이동한 거리가 증가하기 때문이다.

---

| 채점 기준 | | 배점(%) |
|---|---|---|
| (1) | 마찰력, 크다를 모두 옳게 쓴 경우 | 40 |
| | 마찰력, 크다 중 한 가지만 옳게 쓴 경우 | 20 |
| (2) | 접촉면의 거칠기와 마찰력 크기, 이동한 거리의 관계를 옳게 서술한 경우 | 60 |
| | 접촉면의 거칠기와 마찰력의 크기의 관계만 옳게 서술한 경우 | 30 |

**04** 물 위에 떠 있는 배에는 중력과 부력이 작용하는데, 두 힘은 평형을 이루고 있다. 배의 무게가 증가하면 배의 아랫부분이 물에 더 잠기므로 부력의 크기도 커진다.

모범 답안 (1) 무거워야

(2) 배의 무게가 더 무거워져 배에 작용하는 중력의 크기가 커지면 배의 아랫부분이 물에 더 잠기므로 다리에 닿지 않고 지나갈 수 있다. 이때 부력의 크기도 커져 힘의 평형을 이루므로 배는 물 위에 떠 있을 수 있다.

| 채점 기준 | | 배점(%) |
|---|---|---|
| (1) | 무거워야라고 옳게 쓴 경우 | 30 |
| (2) | 중력과 부력의 크기 변화, 힘의 평형과 관련지어 옳게 서술한 경우 | 70 |
| | 중력과 부력의 크기 변화만 옳게 서술한 경우 | 30 |

---

고난도 문제로 **실력 올리기**  개념 학습서 26~27쪽

**01** ④  **02** ①  **03** ⑤  **04** ①  **05** ②  **06** ③  **07** ③
**08** ⑤

**01** 힘을 나타내는 데 필요한 요소는 힘이 작용한 지점인 힘의 작용점, 힘이 작용한 방향과 크기이다.

B. 청소 시간에 <u>30 N</u>의 힘으로 책상의 <u>끝</u>을 <u>뒤로</u> 밀어서 옮
　　　　　크기　　　　　　　작용점　　방향
겼어요.

C. 궁금한 내용을 검색하려고 키보드 자판의 윗부분을 <u>1 N의</u>
　　　　　　　　　　　　　　　　　　　작용점　　크기
힘으로 <u>아래로</u> 눌렀어요.
　　　방향

바로 알기 A. 빈 알루미늄 캔의 <u>가운데</u>를 발로 <u>아래로</u> 밟아
　　　　　　　　　　작용점　　　　　　　방향
찌그러뜨린 뒤 버렸어요. ➡ 힘의 크기가 없다.

**02**

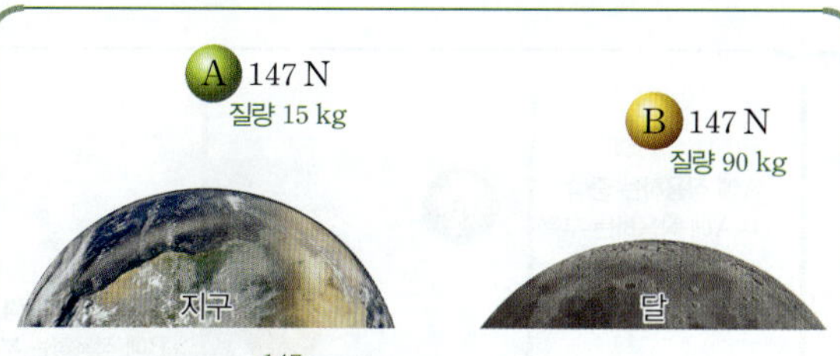


- 지구에서 A의 질량은 $\frac{147}{9.8}$=15 (kg)이다.
- 달에서 A의 질량은 15 kg, 무게는 147 N×$\frac{1}{6}$=24.5 N이다.
- 같은 장소에서 무게는 질량에 비례하므로 달에서 무게가 A의 6배인 B의 질량은 15 kg×6=90 kg, 무게는 147 N이다.
- 지구에서 B의 질량은 90 kg, 무게는 147 N×6=882 N이다.

달에서 A의 무게는 24.5 N, 지구에서 B의 무게는 882 N이다. 또한 A의 질량은 15 kg, B의 질량은 90 kg이다.

ㄱ. 무게는 물체에 작용하는 중력의 크기이다. 지구에서 A의 무게는 147 N이므로 지구가 A를 당기는 힘의 크기는 147 N이다.

**바로 알기** ㄴ. 달에서의 중력은 지구에서의 중력의 $\frac{1}{6}$이므로 달에서 A의 무게는 147 N $\times \frac{1}{6}$ = 24.5 N이다. 따라서 달에서의 무게는 B가 A의 6배이다.

ㄷ. 같은 장소에서 무게는 질량에 비례한다. 달에서 B의 무게가 A의 6배이므로 B의 질량이 A의 6배이다.

**03** ㄱ, ㄴ. 힘 센서를 잡아당기는 힘과 탄성력은 크기가 같고 방향이 반대이다. 따라서 (가)에서 힘 센서에 작용하는 알짜힘은 0이고, 힘 센서가 측정하는 힘의 종류는 탄성력이다.

ㄷ. 용수철이 늘어난 길이는 용수철을 당기는 힘의 크기에 비례하므로 용수철의 탄성력의 크기는 용수철이 늘어난 길이에 비례한다.

**04** 용수철의 원래 길이가 10 cm이므로 용수철이 늘어난 길이는 10 cm이다. 용수철이 늘어난 길이는 용수철에 매단 물체의 무게에 비례하므로 4 cm : 2 N = 10 cm : $x$에서 물체의 무게 $x$ = 5 N이다.

**05** ㄴ. 미는 힘이 작용하는 물체가 움직이지 않는 까닭은 그 힘들의 합력의 크기만큼 반대 방향으로 마찰력이 작용하기 때문이다. 따라서 물체에 작용하는 마찰력의 크기는 물체에 작용하는 합력의 크기와 같은 300 N + 200 N = 500 N이다.

**바로 알기** ㄱ. 물체가 움직이지 않았으므로 물체에 작용하는 알짜힘은 0이다.

ㄷ. 마찰력의 방향은 물체를 미는 두 힘의 합력의 방향과 반대 방향이다.

**06** ㄱ. 물체가 움직이기 시작하는 순간의 힘을 측정하므로 용수철저울이 측정하는 힘은 마찰력이다.

ㄴ. (가)와 (나)의 결과를 비교하면 물체의 무게가 무거울수록 마찰력의 크기가 크다는 것을 알 수 있다. 따라서 '물체의 무게가 무거울수록'은 ㉠으로 적절하다.

**바로 알기** ㄷ. (가)와 (다)의 결과를 비교하면 접촉면이 거칠수록 마찰력의 크기가 크다는 것을 알 수 있다. 따라서 ㉡은 '크다'이다.

**07**

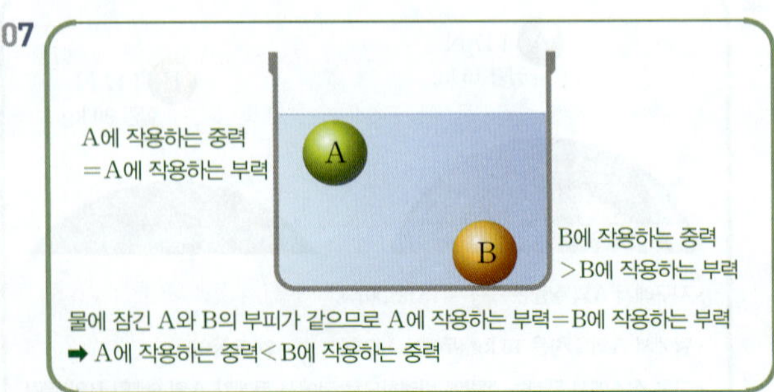


ㄱ. A는 물속에 떠 있으므로 A에 작용하는 중력과 부력의 크기가 같다.

ㄷ. B는 가라앉아 있으므로 B에 작용하는 중력의 크기가 부력의 크기보다 크다. A, B에 작용하는 부력의 크기는 같으므로 A보다 B에 작용하는 중력의 크기가 크다.

**바로 알기** ㄴ. 물에 잠긴 물체의 부피가 같으면 물체에 작용하는 부력의 크기가 같다. 따라서 A와 B에 작용하는 부력의 크기는 같다.

**08**

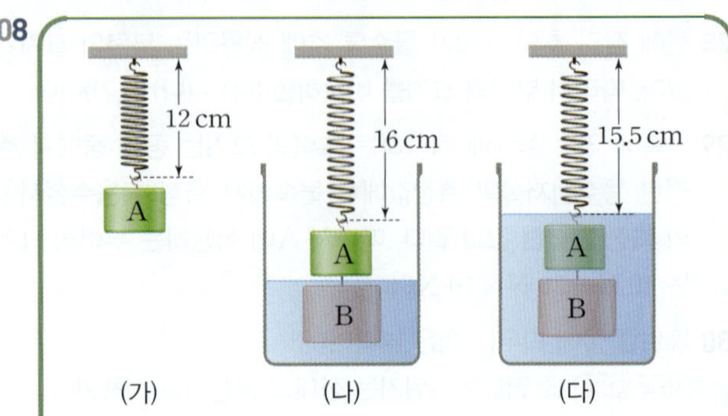


용수철의 길이가 늘어나는 것을 (+)로, 용수철의 길이가 줄어드는 것을 (−)로 나타내면,
(가) A의 무게: +2 cm
(나) A의 무게 + B의 무게 − B에 작용하는 부력: +6 cm
(다) A의 무게 + B의 무게 − A에 작용하는 부력 − B에 작용하는 부력: +5.5 cm
• A에 작용하는 부력에 의해 용수철의 길이가 0.5 cm 줄어든다.
• B의 부피는 A의 2배이므로 B에 작용하는 부력은 A의 2배이다. 따라서 B에 작용하는 부력에 의해 용수철의 길이가 1 cm 줄어든다.
• A의 무게에 의해 용수철의 길이가 2 cm 늘어나고, B의 무게에 의해 용수철의 길이가 5 cm 늘어난다.

ㄱ. (가)에서 A 대신 B만 매달면 B의 무게에 의해 용수철이 늘어난다. 따라서 용수철이 늘어난 길이는 5 cm이다.

ㄴ. 물체에 작용하는 부력의 크기는 물에 잠긴 물체의 부피에 비례하므로 (다)에서 물체에 작용하는 부력의 크기는 B가 A의 2배이다.

ㄷ. (라)에서 A와 B의 무게에 의해 용수철의 길이가 2 cm + 5 cm = 7 cm 늘어나고, A에 작용하는 부력에 의해 용수철의 길이가 0.5 cm 줄어들므로 용수철의 길이는 6.5 cm 늘어난다. 따라서 용수철의 전체 길이는 16.5 cm가 된다.

## 02 힘과 운동

**개념** **확인하기**

개념 학습서 **29, 31**쪽

**1** (1) 변한다 (2) 속력 (3) 수직인 (4) 일정하다　　　**2** 해설 참조
**3** (1) ㉡ (2) ㉢ (3) ㉠　　　**4** (1) ○ (2) × (3) ○ (4) × (5) ×
**5** ㉠ 바닥이 화분을 떠받치는 힘, ㉡ 반대　　　**6** ㄷ　　　**7** (1) 마찰력
(2) 부력 (3) 탄성력

**1** 힘은 물체의 모양이나 운동 상태(속력, 운동 방향)를 변화시키는 원인으로, 물체에 힘이 작용하면 물체의 운동 상태가 변한다.

**2** 물체의 운동 방향과 반대 방향으로 힘이 작용하면 물체의 속력이 점점 감소하다가 정지한다.

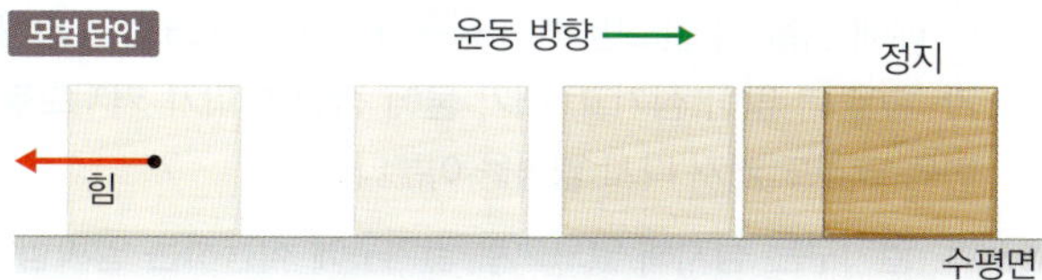


**3** 대관람차는 일정한 속력으로 원운동을 하고, 바이킹은 한 점에 고정된 채 매달려 속력이 매순간 변하면서 좌우로 운동하며, 자이로드롭은 속력이 빨라지며 아래 방향으로 운동한다.

**4** ⑵ 인공위성에는 운동 방향과 수직으로 중력이 작용하므로 인공위성이 지구 주위를 일정한 속력으로 된다.
⑷ 수평면에서 수레를 밀다가 놓았을 때 수레의 속력이 느려지는 까닭은 마찰력이 작용하기 때문이다.
⑸ 바닥에 놓인 상자를 당겨도 움직이지 않는 까닭은 마찰력과 당기는 힘의 크기가 같기 때문이다.

**5** 책상 위에 놓인 화분에는 중력과 책상이 화분을 떠받치는 힘이 작용하는데, 이 두 힘의 크기가 같고 방향이 서로 반대이므로 평형을 이룬다.

**6** 한 물체에 작용하는 두 힘이 평형을 이루어 알짜힘이 0이면 물체의 운동 상태가 유지된다.

**7** 일상생활에서 힘이 작용하지만 물체의 운동 상태가 변하지 않는 까닭은 물체에 작용하는 힘이 평형을 이루기 때문이다.

---

**기출 문제로 실력 확인하기**    개념 학습서 34~37쪽

| 01 ④ | 02 ④ | 03 ③ | 04 ③ | 05 ④ | 06 ⑤ | 07 ④ |
| 08 ① | 09 ② | 10 ③ | 11 ③ | 12 ② | 13 ① | 14 ② |
| 15 ③ | 16 ⑤ | 17 ① | 18 ⑤ |

**01** 운동 상태는 속력과 운동 방향을 뜻하고, 두 가지 요소 중 한 가지만 변해도 운동 상태가 변했다고 한다.
**바로 알기** ⑺ 자동차는 속력과 운동 방향이 변하지 않고 일정한 등속 직선 운동을 한다.

**02** ㄴ. (나)에서 속력은 일정하고 운동 방향이 변하는 운동을 한다.
ㄷ. (다)에서 속력과 운동 방향이 모두 변하는 운동을 한다.
**바로 알기** ㄱ. (가)에서 같은 시간 동안 이동한 거리가 증가하므로 속력이 증가하는 운동을 한다.

**03** 일정한 시간 간격으로 나타낸 물체 사이의 간격은 속력을 의미한다.
(가)는 속력과 운동 방향이 모두 변하는 운동을 한다.
(다)는 물체 사이의 간격이 점점 증가하므로 속력이 증가하는 운동을 한다.
**바로 알기** (나)는 물체 사이의 간격이 일정하므로 속력과 운동 방향이 모두 일정한 운동을 한다.

**04** ③ 운동 방향과 힘의 방향이 수직인 경우 운동 방향만 변하는 운동을 한다. 인공위성의 운동 방향과 수직으로 지구의 중력이 작용하므로 인공위성은 등속 원운동을 한다.

**05** ㄱ, ㄴ, ㄹ. 물체에 작용하는 알짜힘이 0이 아니면 물체의 모양이나 운동 상태(운동 방향과 속력)가 변한다.
**바로 알기** ㄷ. 정지한 물체가 계속 정지해 있는 것은 물체에 작용하는 알짜힘이 0이어서 운동 상태가 변하지 않고 유지되는 것이다.

**06** 물체에 작용하는 알짜힘이 0이면 물체의 운동 상태는 변하지 않고 유지되며, 알짜힘이 작용하면 물체의 운동 상태가 변한다.
⑤ 물체의 운동 방향과 비스듬한 방향으로 알짜힘이 작용하면 물체의 속력과 운동 방향이 모두 변한다.
**바로 알기** ① 물체에 알짜힘이 작용하면 물체의 운동 상태는 변한다.
② 운동하는 물체에 작용하는 알짜힘이 0이면 물체의 운동 상태는 변하지 않고 유지된다. 따라서 물체의 속력은 일정하다.
③ 물체의 운동 방향과 수직인 방향으로 알짜힘이 작용하면 물체의 운동 방향만 변한다.
④ 물체의 운동 방향과 같은 방향으로 알짜힘이 작용하면 물체의 속력만 변한다. 이때 물체의 속력은 증가한다.

**07** ① (가)에서 사과의 운동 방향은 연직 아래 방향으로 일정하다.
② (가)에서 사과의 운동 방향과 사과에 작용하는 알짜힘(중력)의 방향이 같으므로 사과의 속력만 변한다.
③ (나)에서 사과의 운동 방향과 사과에 작용하는 알짜힘(중력)의 방향이 비스듬하므로 사과의 속력과 운동 방향은 매순간 변한다.
⑤ (가)와 (나)에서 사과에 작용하는 중력의 방향은 연직 아래 방향으로 같다.
**바로 알기** ④ (나)에서 사과의 운동 방향과 사과에 작용하는 알짜힘(중력)의 방향은 비스듬하다.

**08** 물체에 알짜힘이 작용하면 물체는 속력이나 운동 방향이 변하는 운동을 한다.

**09** 무빙워크는 속력과 운동 방향이 모두 일정하고, 대관람차는 운동 방향만 변하고, 그네는 속력과 운동 방향이 모두 변하는 운동을 한다.
ㄴ. A는 대관람차, B는 그네이다.
**바로 알기** ㄱ. 무빙워크는 속력과 운동 방향이 일정하므로 (가)는 '물체의 운동 방향이 변하는가?'가 적절하다.
ㄷ. B는 그네로 속력이 일정하지 않으므로 작용하는 알짜힘은 0이 아니다.

**10** ① 공에 알짜힘이 작용하면 공의 운동 상태가 변한다.
② 공의 운동 방향과 알짜힘의 방향이 같은 경우 공의 속력은 증가하고 운동 방향은 일정하다.
④ 공의 운동 방향과 알짜힘의 방향이 반대인 경우 공의 속력은 감소하고 운동 방향은 일정하다.

⑤ 공의 운동 방향과 알짜힘의 방향이 비스듬한 경우 공의 속력과 운동 방향이 모두 변한다.

[바로 알기] ③ 공의 운동 방향과 알짜힘의 방향이 수직인 경우 속력은 일정하고, 운동 방향만 변한다.

**11** ㄱ, ㄴ. 공의 운동 방향과 힘의 방향이 비스듬한 경우 공은 속력과 운동 방향이 모두 변하는 운동을 한다.

[바로 알기] ㄷ. 공에는 중력이 연직 아래 방향으로 일정하게 작용한다.

**12** B. 한 물체에 작용하는 여러 힘이 평형을 이루어 알짜힘이 0이면 물체의 운동 상태는 변하지 않고 유지된다. 즉, 정지해 있던 물체는 계속 정지해 있다.

[바로 알기] A. 알짜힘이 0이면 운동하던 물체는 일정한 방향과 속력으로 계속 운동한다.

C. 알짜힘이 0이면 물체의 운동 방향은 변하지 않고 일정하다.

**13** 용수철저울을 이용하여 무게를 측정하는 원리는 탄성력의 크기가 용수철이 늘어난 길이와 비례한다는 것과 중력과 탄성력이 평형을 이룬다는 것이다.

**14**

• 상자가 움직이지 않는다. → 상자를 미는 힘과 상자에 작용하는 마찰력은 평형을 이룬다.
• 상자를 미는 힘과 마찰력의 크기는 같다.
• 상자를 미는 힘(→)과 마찰력(←)의 방향은 반대이다.
• 상자에 작용하는 알짜힘은 0이다.

상자가 움직이지 않으므로 상자에 작용하는 알짜힘은 0이다. 따라서 마찰력의 크기는 상자를 미는 힘의 크기와 같은 150 N이다.

**15**

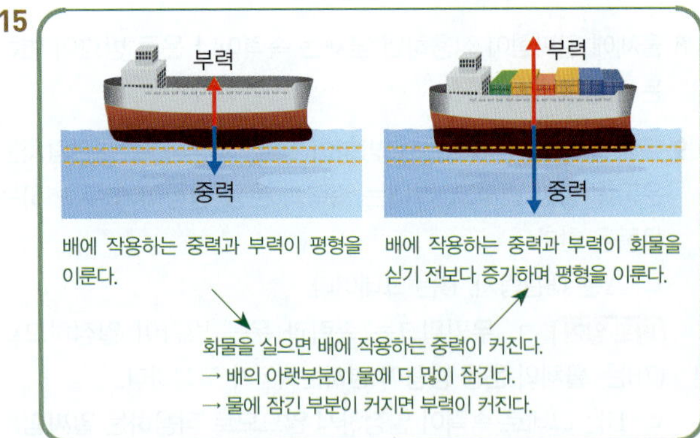


배에 작용하는 중력과 부력이 평형을 이룬다.

배에 작용하는 중력과 부력이 화물을 싣기 전보다 증가하며 평형을 이룬다.

화물을 실으면 배에 작용하는 중력이 커진다.
→ 배의 아랫부분이 물에 더 많이 잠긴다.
→ 물에 잠긴 부분이 커지면 부력이 커진다.

③ 배는 정지해 있으므로 배에 작용하는 부력과 중력의 크기가 같다. 즉, 부력과 중력은 힘의 평형을 이룬다.

[바로 알기] ① 배는 정지해 있으므로 배에 작용하는 알짜힘은 0이다.

② 배에 작용하는 부력과 중력의 방향은 서로 반대 방향이다.

④ 배에 작용하는 부력의 크기와 중력의 크기는 같다.

⑤ 배에 짐을 더 실으면 배에 작용하는 중력의 크기가 커져 배가 물에 더 많이 잠기고, 배가 물에 잠긴 부피가 커지므로 부력의 크기도 커져 다시 평형을 이룬다.

**16** ㄱ. 열기구는 정지해 있으므로 열기구에 작용하는 알짜힘은 0이다.

ㄴ, ㄷ. 열기구에 작용하는 알짜힘이 0이므로 열기구에 작용하는 중력과 부력의 크기는 같고 방향이 반대이다.

**17** ㄱ. (가)에서 물체에는 아래 방향으로 중력이 작용하고, 위 방향으로 바닥이 떠받치는 힘이 작용한다.

[바로 알기] ㄴ, ㄷ. (가)에서 정지한 물체는 계속 정지해 있고, (나)에서 물체는 일정한 방향과 속력으로 계속 운동하며 운동 상태가 변하지 않고 유지된다. 따라서 (가)와 (나)에서 물체에 작용하는 알짜힘은 모두 0이다.

**18** ㄱ, ㄷ. 줄이 움직이지 않고 정지해 있으므로 사람이 줄을 당기는 힘과 강아지가 줄을 당기는 힘은 평형을 이루고, 알짜힘은 0이다.

ㄴ. 사람이 줄을 당기는 힘의 크기는 강아지가 줄을 당기는 힘의 크기와 같은 200 N이다.

단계별 문제로 **서술형 연습하기** 개념 학습서 **38**쪽

**01** (가)의 사람은 일정한 속력으로 직선 운동을 하고, (나)의 사람은 속력이 매순간 변하면서 휘어지고 경사진 방향으로 운동을 하며, (다)의 사람은 일정한 속력으로 원운동을 한다.

[모범 답안] (1) 일정한, 변하는

(2) 속력은 일정하고 운동 방향만 변하는 운동을 한다. 운동 방향과 수직인 방향으로 알짜힘이 작용하기 때문이다.

| | 채점 기준 | 배점(%) |
|---|---|---|
| (1) | 일정한, 변하는이라고 모두 옳게 쓴 경우 | 40 |
| | 일정한, 변하는 중 한 가지만 옳게 쓴 경우 | 20 |
| (2) | 운동 상태를 알짜힘의 방향과 연관 지어 옳게 서술한 경우 | 60 |
| | 운동 상태만 옳게 쓴 경우 | 30 |

**02** 한 물체에 작용하는 여러 힘이 평형을 이루어 알짜힘이 0이면 물체의 운동 상태는 변하지 않고 유지된다.

[모범 답안] (1) 같은, 반대

(2) 물체는 속력과 운동 방향이 일정한 운동을 한다. 한 물체에 작용하는 두 힘이 평형을 이루어 알짜힘이 0이면 물체의 운동 상태는 변하지 않고 유지되기 때문이다.

| | 채점 기준 | 배점(%) |
|---|---|---|
| (1) | 같은, 반대를 모두 옳게 쓴 경우 | 40 |
| | 같은, 반대 중 한 가지만 옳게 쓴 경우 | 20 |
| (2) | A의 운동 상태를 알짜힘 또는 힘의 평형과 연관 지어 옳게 서술한 경우 | 60 |
| | A의 운동 상태만 옳게 쓴 경우 | 30 |

**03** 판에 작용하는 중력과 나무가 판다를 떠받치는 힘이 평형을 이루어 알짜힘이 0이면 판다의 운동 상태는 변하지 않고 유지된다.

모범 답안 (1) 중력, 나무가 판다를 떠받치는 힘
(2) 0, 판다의 운동 상태가 변하지 않고 유지되기 때문이다.

| 채점 기준 | | 배점(%) |
|---|---|---|
| (1) | 중력, 나무가 판다를 떠받치는 힘을 모두 옳게 쓴 경우 | 40 |
| | 중력, 나무가 판다를 떠받치는 힘 중 한 가지만 옳게 쓴 경우 | 20 |
| (2) | 0을 쓰고, 운동 상태가 변하지 않기 때문임을 옳게 서술한 경우 | 60 |
| | 0만 옳게 쓴 경우 | 30 |

**04** (가)는 물속에 있는 공에 작용하는 부력의 크기가 중력의 크기보다 크므로 공이 떠오르고, (나)는 물 위에 떠 있는 공에 작용하는 중력과 부력이 평형을 이루어 공이 정지해 있다.

모범 답안 (1) 0, 유지, (나)

(2) 5 N, 공에 작용하는 중력과 부력이 평형을 이루려면 중력과 부력의 크기가 같아야 하기 때문이다.

| 채점 기준 | | 배점(%) |
|---|---|---|
| (1) | 0, 유지, (나)를 모두 옳게 쓴 경우 | 40 |
| | 0, 유지, (나) 중 두 가지만 옳게 쓴 경우 | 20 |
| (2) | 5 N을 쓰고, 힘의 평형 관계를 옳게 서술한 경우 | 30 |
| | 5 N만 쓴 경우 | 30 |

고난도 문제로 **실력 올리기**    개념 학습서 39쪽

**01** ⑤   **02** ③   **03** ②   **04** ③

**01** ㄱ, ㄴ, ㄷ. 작용하는 알짜힘이 0이면 A, 알짜힘이 운동 방향과 수직으로 작용하면 B, 알짜힘이 운동 방향과 나란하게 작용하면 C, 알짜힘이 운동 방향과 비스듬하게 작용하면 D에 해당하는 운동을 한다.

**02**

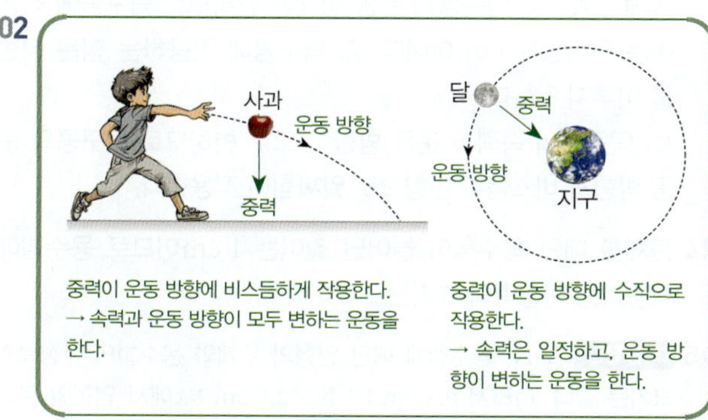


ㄱ. 사과와 달에는 모두 중력이 작용하여 사과와 달의 운동 상태를 변하게 한다.

ㄴ. 사과의 운동 방향과 비스듬하게 중력이 작용하므로 사과의 운동 방향이 계속 변한다.

바로 알기 ㄷ. 중력이 달의 운동 방향과 수직으로 작용하므로 달은 속력이 일정하고, 운동 방향이 변하는 운동을 한다.

**03** ㄴ. 인형에는 지구가 인형을 당기는 힘인 중력과 실이 인형을 당기는 힘이 작용한다. 이 두 힘의 크기가 같고 방향이 반대이므로 평형을 이루어 인형이 정지해 있다.

바로 알기 ㄱ. 인형에 작용하는 중력은 0이 아니다.

ㄷ. 실이 끊어지면 인형에는 운동 방향과 같은 방향으로 중력이 작용하므로 인형은 속력이 증가하는 운동을 한다.

**04**

• 철수에 작용하는 중력과 평상이 철수를 떠받치는 힘은 평형을 이룬다.
→ 철수에 작용하는 중력＝평상이 철수를 떠받치는 힘
• 강아지에 작용하는 중력과 평상이 강아지를 떠받치는 힘은 평형을 이룬다.
→ 강아지에 작용하는 중력＝평상이 강아지를 떠받치는 힘
• 철수의 질량이 강아지의 질량보다 크다.
→ 철수에 작용하는 중력＞강아지에 작용하는 중력
→ 평상이 철수를 떠받치는 힘＞평상이 강아지를 떠받치는 힘

ㄱ. 중력의 크기는 물체의 질량에 비례한다. 따라서 질량이 큰 철수에 작용하는 중력의 크기가 더 크다.

ㄷ. 강아지는 정지해 있으므로 강아지에 작용하는 힘은 평형을 이루고 있다. 즉 강아지에 작용하는 중력과 평상이 강아지를 떠받치는 힘은 평형을 이루고 있다.

바로 알기 ㄴ. 철수와 강아지는 모두 정지해 있으므로 철수에 작용하는 알짜힘과 강아지에 작용하는 알짜힘은 모두 0이다.

생각 그물로 **단원 정리하기**    개념 학습서 40쪽

㉠ 중심   ㉡ 탄성력   ㉢ 거칠수록   ㉣ 부피   ㉤ 힘의 크기
㉥ 알짜힘   ㉦ 알짜힘   ㉧ 운동 방향

대단원 문제로 **실력 완성하기**    개념 학습서 41~43쪽

**01** ③   **02** ②   **03** ⑤   **04** ④   **05** ①   **06** ④   **07** ⑤
**08** ③   **09** ①   **10** ③   **11** ④   **12** ③   **13** ①
**14** 2 N   **15** 해설 참조   **16** 해설 참조

**01** 힘은 물체의 모양이나 운동 상태를 변하게 하는 원인이다.

바로 알기 ③ 힘의 크기를 나타내는 단위는 N(뉴턴)이다. kg(킬로그램)은 질량을 나타내는 단위이다.

**02** 물체에 작용하는 알짜힘은 (가)에서는 오른쪽으로 크기가 $3 N + 1 N = 4 N$이고, (나)에서는 오른쪽으로 크기가 $3 N - 1 N = 2 N$이다.

ㄱ. (가)에서 물체에 작용하는 알짜힘의 크기는 4 N이다.

ㄷ. 물체에 작용하는 알짜힘의 방향은 (가)에서와 (나)에서 모두 오른쪽으로 같다.

바로 알기 ㄴ. 물체에 작용하는 알짜힘의 크기가 (가)에서는 4 N, (나)에서는 2 N이므로, (나)에서보다 (가)에서 더 크다.

**03** ㄱ, ㄴ, ㄷ. 한 물체에 크기가 같은 두 힘이 일직선상에서 서로 반대 방향으로 작용하면 평형을 이루어 물체의 운동 상태는 변하지 않고 유지된다.

**04** ㄴ, ㄷ. 물체에 작용하는 중력의 크기를 무게라고 하며, 같은 장소에서 물체의 무게는 질량에 비례한다.
[바로 알기] ㄱ. 같은 물체에 작용하는 중력의 크기는 지구에서가 달에서의 6배이다.

**05** A. 무게는 물체에 작용하는 중력의 크기이고, 질량은 물질이 가지고 있는 고유한 양이다.
[바로 알기] B. 용수철저울로 무게를 측정하며, 양팔저울로 질량을 측정한다.
C. 같은 물체라면 장소가 달라져도 질량이 변하지 않는다.

**06** 달에서의 중력은 지구에서의 중력의 $\frac{1}{6}$이므로 지구에서의 무게는 $98\ \text{N} \times 6 = 588\ \text{N}$이다. 지구에서 물체의 무게$=9.8 \times$ 질량이므로 지구에서의 질량은 $\frac{588}{9.8} = 60\ (\text{kg})$이다.

**07** 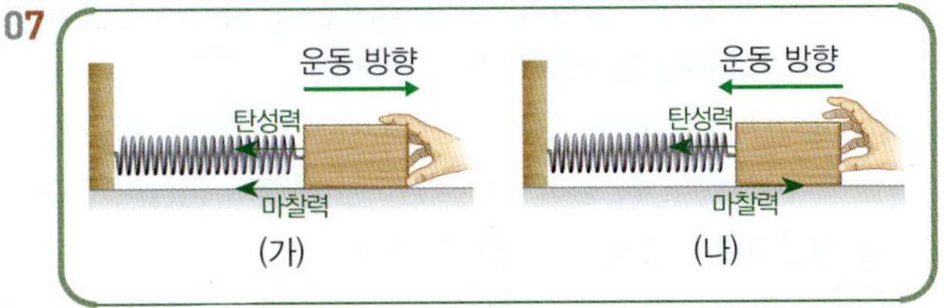


탄성력은 변형된 물체가 원래 모양으로 되돌아가려는 방향으로 작용하고, 마찰력은 물체의 운동을 방해하려는 방향으로 작용한다.

**08** ①, ② 마찰력은 물체의 운동을 방해하는 힘이므로 물병의 운동 방향과 반대 방향으로 작용한다.
④ 마찰력의 크기는 접촉면이 거칠수록, 물체의 무게가 무거울수록 크다. 따라서 물병에 끼운 장갑과 바닥의 접촉면이 거칠수록 마찰력의 크기가 크다.
⑤ 마찰력과 물병을 당기는 힘의 크기가 같으면 힘의 평형을 이루어 물병이 움직이지 않는다.
[바로 알기] ③ 물병에 든 물의 양이 많을수록 물병이 무거우므로 마찰력의 크기가 크다.

**09** ① 물체가 움직이지 않고 정지해 있으므로 물체에 작용하는 힘들은 평형을 이룬다.
[바로 알기] ② 물체에 작용하는 힘들은 평형을 이루므로 알짜힘은 0이다.
③ 물체에 작용하는 마찰력의 방향은 물체에 작용하는 힘의 방향과 반대 방향인 왼쪽이다.
④ 물체에 작용하는 마찰력의 크기는 물체에 작용하는 힘의 크기와 같은 5 N이다.
⑤ 접촉면이 거칠수록 마찰력이 커지므로 접촉면을 더 거칠게 하면 물체를 움직이기 더 어렵다.

**10** 부력은 액체나 기체가 그 속에 있는 물체를 위로 밀어 올리는 힘으로, 물에 잠긴 물체의 부피가 클수록 물체에 작용하는 부력의 크기가 크다.

**11** 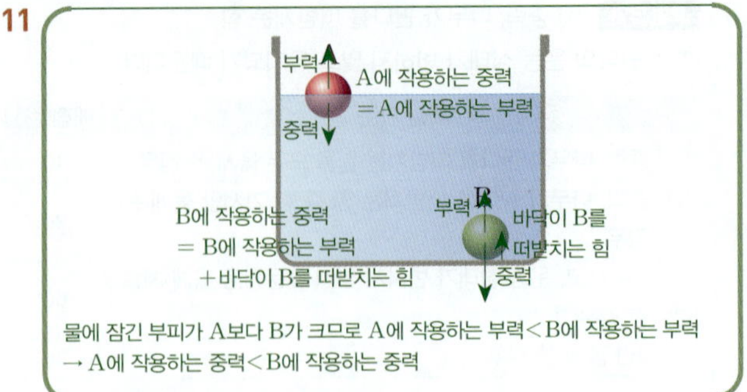

물에 잠긴 부피가 A보다 B가 크므로 A에 작용하는 부력 < B에 작용하는 부력
→ A에 작용하는 중력 < B에 작용하는 중력

④ 물체에 작용하는 중력과 부력의 크기가 같으면 A와 같이 물 위에 떠 있고, 중력이 부력의 크기보다 크면 B와 같이 물속으로 가라앉는다. 따라서 물체에 작용하는 중력의 크기는 B가 A보다 크다.
[바로 알기] ① A는 물 위에 떠 있으므로 A에 작용하는 부력과 중력의 크기가 같다.
② B는 바닥에 가라앉아 있으므로 B에 작용하는 중력의 크기는 부력과 바닥이 B를 떠받치는 힘의 크기의 합과 같다. 즉, B에 작용하는 중력의 크기가 부력의 크기보다 크다.
③ B가 A보다 물에 잠긴 부피가 더 크므로 물체에 작용하는 부력의 크기는 B가 A보다 크다.
⑤ 두 물체는 모두 운동 상태가 변하지 않으므로 물체에 작용하는 알짜힘의 크기는 모두 0이다.

**12** (가) 회전목마는 일정한 속력으로 원운동을 하고, (나) 자이로드롭은 속력이 일정하게 빨라지는 직선 운동을 하고, (다) 롤러코스터는 휘어지고 경사진 레일을 따라 이동하며 속력과 운동 방향이 모두 변하는 운동을 한다.

**13** ㄱ. 탁구공은 속력과 운동 방향이 모두 변하는 운동을 한다.
[바로 알기] ㄴ. 탁구공의 운동 상태가 변하므로 탁구공에 작용하는 알짜힘은 0이 아니다. 즉 탁구공에 작용하는 힘은 평형을 이루지 않는다.
ㄷ. 탁구공의 속력과 운동 방향이 모두 변하므로 탁구공의 운동 방향과 비스듬한 방향으로 알짜힘이 작용한다.

**14** 물체를 매단 용수철이 늘어난 길이는 1 cm이므로 용수철에 작용하는 탄성력의 크기는 2 N이다.

**15** [모범 답안] 5 N, 용수철에 매단 인형의 무게와 용수철의 탄성력의 크기는 같다. 따라서 $0.5\ \text{cm} : 1\ \text{N} = 2.5\ \text{cm} : x$에서 인형의 무게 $x = 5\ \text{N}$이다.

| 채점 기준 | 배점(%) |
|---|---|
| 풀이 과정과 함께 5 N을 구한 경우 | 100 |
| 5 N만 구한 경우 | 40 |

**16** [모범 답안] 4 N, (나)에서 부력에 의해 용수철이 2 cm 줄어들었다. 용수철이 변형된 길이는 힘의 크기에 비례하므로 $5\ \text{cm} : 10\ \text{N} = 2\ \text{cm} : x$에서 부력의 크기 $x = 4\ \text{N}$이다.

| 채점 기준 | 배점(%) |
|---|---|
| 풀이 과정과 함께 5 N을 구한 경우 | 100 |
| 5 N만 구한 경우 | 40 |

## 01 기체의 압력과 부피

**개념 확인하기**

개념 학습서 47, 49, 51쪽

**1** (1) × (2) ○ (3) × (4) ×　**2** (1) (가)<(나) (2) (가)<(나)
**3** (1) 작 (2) 크 (3) 크　**4** ㉠ 증가, ㉡ 증가, ㉢ 모든　**5** ㄴ, ㄷ, ㄹ
**6** (1) ○ (2) × (3) × (4) ○　**7** (1) < (2) > (3) =　**8** ㉠ 2배,
㉡ $\frac{1}{2}$, ㉢ 반비례　**9** ㉠ 감소, ㉡ 감소, ㉢ 증가　**10** (1) 감소 (2) 일정
(3) 일정 (4) 증가 (5) 증가　**11** (1) ○ (2) × (3) ○ (4) ×　**12** ㉠ 커,
㉡ 작아　**13** (1) × (2) × (3) ○ (4) ○

**1** (2) 기체 입자는 끊임없이 운동하며 용기 벽과 충돌하여 용기 벽에 힘을 가한다. 즉, 기체의 압력은 기체 입자가 일정한 면적의 용기 벽에 작용하는 힘이다.
**바로 알기** (1) 힘의 크기가 같을 때 힘이 작용하는 면적이 작을수록 압력이 커진다.
(3) 기체의 압력은 모든 방향으로 똑같이 작용한다.
(4) 기체 입자의 충돌 횟수가 많을수록 기체의 압력이 커진다.

**2** (1) (가)와 (나)는 힘이 작용하는 면적이 같고, 작용하는 힘의 크기가 (가)<(나)이므로 압력은 (가)<(나)이다.
(2) (가)와 (나)는 힘이 작용하는 면적이 (가)>(나)이고, 작용하는 힘의 크기가 같으므로 압력은 (가)<(나)이다.

**3** (1) 스키 바닥의 면적이 넓기 때문에 압력이 작아서 눈에 빠지지 않는다.
(2) 못의 뾰족한 끝부분은 힘이 작용하는 면적이 작아 압력이 크므로 못을 쉽게 박을 수 있다.
(3) 아이젠에 박힌 금속이 뾰족하므로 압력이 커서 얼음에 잘 박힌다.

**4** 고무풍선에 공기를 불어 넣으면 고무풍선 속 기체 입자의 개수가 많아지며, 기체 입자가 고무풍선 안쪽 벽에 충돌하는 횟수가 증가하므로 기체의 압력이 커져 고무풍선이 부풀어 오른다. 이때 고무풍선이 둥근 모양으로 부푸는 까닭은 기체의 압력이 모든 방향으로 똑같이 작용하기 때문이다.

**5** **바로 알기** ㄱ. 접촉식 온도계는 열평형을 이용하여 물체의 온도를 측정하는 도구이다.

**6** **바로 알기** (2) 기체의 부피가 감소하면 기체의 압력은 증가한다.
(3) 기체에 작용하는 압력이 2배가 되면 기체의 부피는 $\frac{1}{2}$로 감소한다.

**7** 기체의 압력은 B가 A보다 크고, 기체의 부피는 A가 B보다 크며, 기체의 압력과 부피의 곱은 A와 B에서 같다.

**8** 기체에 작용하는 압력이 2배, 4배 … 등의 일정한 비율로 증가하면 기체의 부피는 $\frac{1}{2}$, $\frac{1}{4}$ … 등의 일정한 비율로 감소한다. 즉, 기체의 압력과 부피는 반비례 관계이다.

**9** 감압 용기에 뜯지 않은 과자 봉지를 넣고 펌프로 용기 속 공기를 빼내면 용기에 들어 있는 공기 입자의 개수가 줄어들어 공기의 압력이 감소한다. 따라서 과자 봉지 속 기체에 작용하는 압력이 감소하므로 과자 봉지 속 기체의 부피가 증가하여 과자 봉지가 부풀어 오른다.

**10** (1), (4), (5) 일정한 온도에서 기체에 작용하는 압력이 증가하면 기체의 부피는 감소하고, 기체 입자가 용기 벽에 충돌하는 횟수가 커져 기체의 압력이 증가한다.
(2) 용기 속 기체의 양이 일정하므로 기체 입자의 개수는 일정하다.
(3) 기체 입자의 운동 빠르기는 온도 변화에만 영향을 받는데, 온도가 일정하므로 기체 입자의 운동 빠르기는 일정하다.

**11** (1) A~C 중 기체의 압력이 가장 큰 것은 C이다.
(3) 기체의 부피가 클수록 기체 입자 사이의 거리가 멀다. 따라서 A~C 중 기체 입자 사이의 거리가 가장 먼 것은 A이다.
**바로 알기** (2) 온도가 일정하므로 기체 입자의 운동 빠르기는 A~C에서 모두 같다.
(4) A~C 중 기체 입자의 충돌 횟수가 가장 많은 것은 기체의 부피가 가장 작고, 기체의 압력이 가장 큰 C이다.

**12** 물속 깊은 곳에서는 물에 의한 압력이 크지만 수면 가까이 올라올수록 물에 의한 압력이 작아지므로 공기 방울에 작용하는 압력이 작아져 공기 방울이 커진다.

**13** **바로 알기** (1) 물이 끓을 때 물속에서 기화가 일어나 기포가 생성되는데, 이는 상태 변화의 예이다.
(2) 자전거 타이어에 공기를 넣으면 기체의 양이 늘어나 기체의 부피가 커진다. 이는 보일 법칙으로 설명할 수 없다.

**꽉 잡아! 탐구** 기체의 압력과 부피 관계 알아보기　개념 학습서 52쪽

**정리** **1** 증가　**2** ㉠ 일정, ㉡ 반비례

**확인 문제**
**1** (1) ○ (2) ○ (3) × (4) ○　**2** ①, ⑤

**정리**

**1** 결과 표에서 피스톤을 눌러 주사기 속 공기의 부피가 18, 16, 14, 12, 10 mL로 감소할 때 주사기 속 공기의 압력은 증가한다.

**2** 결과 표에서 기체의 압력과 부피를 곱한 값은 모두 20으로 일정하므로 기체의 압력과 부피는 반비례 관계임을 알 수 있다.

**확인 문제**

**1** (4) 기체의 압력과 부피의 곱이 일정한 것을 통해 기체의 압력과 부피가 반비례하는 것을 알 수 있으며, 이는 보일 법칙으로 설명할 수 있다.
**바로 알기** (3) 기체의 압력과 부피는 반비례하므로 기체의 압력이 3배 증가하면 기체의 부피는 $\frac{1}{3}$로 감소한다.

**2** ①, ⑤ 주사기의 피스톤을 누르면 주사기 속 기체의 압력과 기체 입자가 주사기 벽과 충돌하는 횟수가 증가한다.

[바로 알기] ②, ④ 기체의 양이 일정하므로 기체 입자의 개수는 일정하고, 온도가 일정하므로 기체 입자의 운동 빠르기는 변하지 않는다.

③ 기체의 부피가 감소하므로 기체 입자 사이의 거리는 가까워진다.

---

 **실력 확인하기**  개념 학습서 55~58쪽

| | | | | | | |
|---|---|---|---|---|---|---|
| **01** ④ | **02** ④ | **03** ① | **04** ④ | **05** ① | **06** ① | **07** ④ |
| **08** ⑤ | **09** ④ | **10** ③ | **11** ③ | **12** ③ | **13** ⑤ | **14** ④ |
| **15** ① | **16** ② | **17** ④ | **18** ④ | **19** ① | **20** ⑤ | **21** ④ |

**01** ㄱ, ㄴ. 압력은 일정한 면적에 작용하는 힘으로, 힘이 작용하는 면적이 같을 때 힘의 크기가 클수록 압력이 크다.

[바로 알기] ㄷ. 같은 크기의 힘이 작용할 때 힘이 작용하는 면적이 작을수록 압력이 크다.

**02**

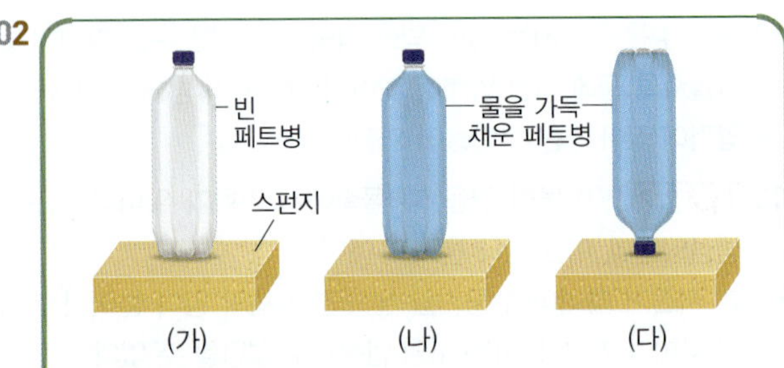


페트병에 채워진 물의 양이 많을수록 작용하는 힘의 크기가 크며, 페트병의 입구는 바닥보다 힘이 작용하는 면적이 작다.
· 힘의 크기: (가)<(나)=(다)
· 힘이 작용하는 면적: (가)=(나)>(다)
· 힘이 작용하는 면적이 같고, 힘의 크기가 다를 때 압력의 크기: (가)<(나)
· 힘의 크기가 같고, 힘이 작용하는 면적이 다를 때 압력의 크기: (나)<(다)

④ 힘의 크기가 압력에 미치는 영향을 알아보기 위해서는 힘이 작용하는 면적이 같고, 힘의 크기만 다른 (가)와 (나)를 비교한다.

[바로 알기] ① 압력의 크기는 (가)<(나), (나)<(다)이므로 (가)<(나)<(다) 순이다.

② (가)와 (나)는 힘이 작용하는 면적이 같다.

③ (나)와 (다)는 작용하는 힘의 크기가 같다.

⑤ 힘이 작용하는 면적이 압력에 미치는 영향을 알아보기 위해서는 힘의 크기는 같고, 힘이 작용하는 면적만 다른 (나)와 (다)를 비교한다.

**03** 기체의 압력은 기체 입자가 스스로 운동하여 일정한 면적의 용기 벽에 충돌하여 가하는 힘이다.

[바로 알기] ① 기체 입자는 모든 방향으로 운동하므로 기체의 압력도 모든 방향으로 똑같이 작용한다.

**04** 고무풍선에 공기를 불어 넣으면 고무풍선 속 공기 입자의 개수가 많아져 공기 입자의 충돌 횟수가 많아지므로 고무풍선 속 공기의 압력이 커져 고무풍선이 부풀어 오른다. 이때 기체의 압력은 모든 방향으로 똑같이 작용하므로 고무풍선이 둥근 모양으로 부풀어 오른다.

[바로 알기] ① 고무풍선 속 공기의 압력이 커진다.

②, ③ 고무풍선 속 공기 입자의 크기는 일정하고, 공기 입자의 개수는 많아진다.

⑤ 고무풍선 속 공기의 압력은 모든 방향으로 똑같이 작용한다.

**05** 압축 공기를 이용하여 신발에 있는 먼지 제거하기, 구조용 안전 매트를 사용하여 사람 구조하기, 공기 주머니에 공기를 채워 자동차 들어 올리기, 혈압계에 공기를 채워 혈압 측정하기는 모두 기체의 압력을 이용한 예이다.

[바로 알기] ① 향수병을 열어 두었을 때 향기가 퍼져 나가는 것은 향수 입자의 운동에 의한 확산 현상으로, 기체의 압력을 이용하지 않는다.

**06**



· 기체 입자 수: (가)>(나)
· 기체 입자가 용기 벽에 충돌하는 횟수: (가)>(나)
· 기체의 압력: (가)>(나)

ㄱ, ㄴ. 뚜껑을 열지 않은 페트병 (가)는 기체 입자의 개수가 많아 기체 입자의 충돌 횟수가 많으므로 기체의 압력이 크다. 뚜껑을 열었다가 닫은 페트병 (나)는 기체 입자의 개수가 적어 기체 입자의 충돌 횟수가 적으므로 기체의 압력이 작다.

[바로 알기] ㄷ. 온도가 일정하므로 기체 입자의 운동 빠르기는 (가)와 (나)가 같다.

ㄹ. 기체의 압력이 클수록 페트병 위쪽의 기체가 들어 있는 부분을 누르기 힘들다. 따라서 (가)는 (나)보다 기체가 들어 있는 부분을 누르기 힘들다.

**07** 기체의 압력과 부피 관계에 따르면 일정한 온도에서 기체에 작용하는 압력이 증가하면 기체의 부피가 감소하고, 기체에 작용하는 압력이 감소하면 기체의 부피는 증가한다.

**08** 기체에 작용하는 압력을 크게 하여 기체의 부피를 줄이면 기체 입자가 용기 벽에 충돌하는 횟수가 많아져 기체의 압력이 커진다.

**09** ㄴ, ㄷ. 주사기의 피스톤을 누르면 주사기 속 공기의 부피가 감소하고, 무선 기체 압력 센서로 측정한 공기의 압력이 증가한다. 주사기의 피스톤을 강하게 누르면 공기에 작용하는 압력이 커지며, 피스톤이 더 이상 움직이지 않는 것은 공기에 작용하는 압력인 외부 압력과 공기의 압력이 같기 때문이다. 따라서 외부 압력이 클수록 공기의 압력도 커진다.

[바로 알기] ㄱ. 공기의 부피가 클수록 공기의 압력이 작으므로 ㉠의 값은 ㉡의 값보다 작다.

**10** 일정한 양의 기체에 작용하는 압력이 증가하면 기체의 부피가 감소하고 기체의 압력이 증가한다. 반대로 기체에 작용하는 압력이 감소하면 기체의 부피가 증가하고 기체의 압력이 감소한다. 따라서 기체의 압력과 부피의 관계는 ③과 같은 반비례 그래프로 나타낼 수 있다.

**11** 주사기의 피스톤을 눌렀다가 누르던 손을 떼면 주사기 속 공기에 작용하는 압력이 감소한다. 따라서 주사기 속 공기의 부피가 증가하고, 공기 입자 사이의 거리가 멀어진다. 또한 공기 입자가 주사기 벽에 충돌하는 횟수가 줄어들어 공기의 압력이 감소한다.

**12**

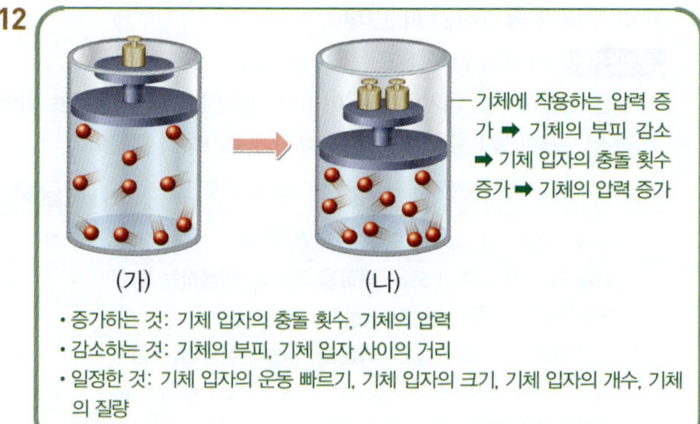



- 증가하는 것: 기체 입자의 충돌 횟수, 기체의 압력
- 감소하는 것: 기체의 부피, 기체 입자 사이의 거리
- 일정한 것: 기체 입자의 운동 빠르기, 기체 입자의 크기, 기체 입자의 개수, 기체의 질량

기체에 작용하는 압력이 증가하므로 기체의 부피는 감소한다. 이때 기체 입자 사이의 거리가 가까워지고, 기체 입자가 용기 벽에 충돌하는 횟수가 많아져 기체의 압력이 증가한다.

〔바로 알기〕 ③ 기체에 작용하는 압력이 증가하여 기체의 부피가 감소하는 과정에서 기체 입자의 크기는 변하지 않는다.

**13** ㄱ, ㄴ. 용기에 들어 있는 기체의 양이 일정하므로 기체의 질량과 기체 입자의 개수는 변하지 않는다.

ㄷ. 온도가 일정하므로 기체 입자의 운동 빠르기는 변하지 않는다.

**14**

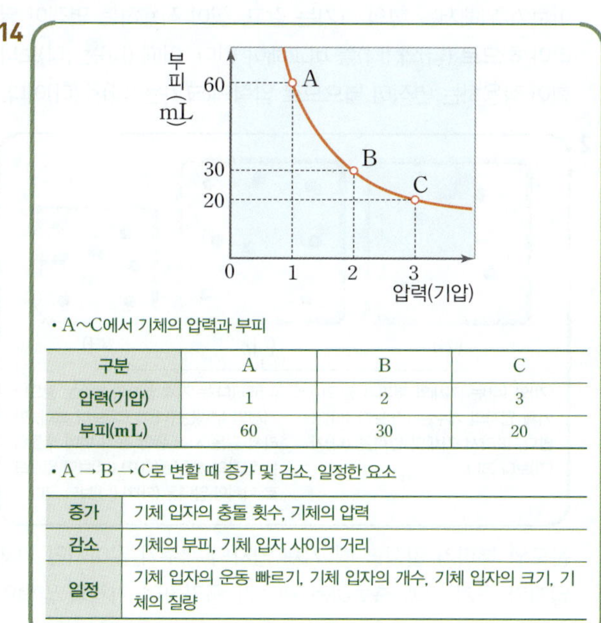



- A~C에서 기체의 압력과 부피

| 구분 | A | B | C |
|---|---|---|---|
| 압력(기압) | 1 | 2 | 3 |
| 부피(mL) | 60 | 30 | 20 |

- A → B → C로 변할 때 증가 및 감소, 일정한 요소

| 증가 | 기체 입자의 충돌 횟수, 기체의 압력 |
|---|---|
| 감소 | 기체의 부피, 기체 입자 사이의 거리 |
| 일정 | 기체 입자의 운동 빠르기, 기체 입자의 개수, 기체 입자의 크기, 기체의 질량 |

④ A에서 B로 변할 때 기체의 압력은 1 기압에서 2 기압으로 증가하고, 기체의 부피는 60 mL에서 30 mL로 감소한다. 즉, 기체의 압력이 2배로 증가하면 기체의 부피는 $\frac{1}{2}$로 감소한다.

〔바로 알기〕 ① 온도가 일정하므로 기체 입자의 운동 빠르기는 A~C에서 모두 같다.

②, ③ 기체의 부피는 A>B>C이므로 A에서 가장 크고, 기체 입자 사이의 거리도 A>B>C이다.

⑤ 기체의 압력이 A<B<C이므로 B에서 C로 변할 때 기체 입자가 용기 벽에 충돌하는 횟수가 증가한다.

**15** 감압 용기에 펌프를 연결해 공기를 빼내면 고무풍선 속 기체 입자의 개수는 변하지 않지만 감압 용기에 들어 있는 공기 입자의 개수는 줄어든다. 따라서 고무풍선에 작용하는 압력이 감소하므로 고무풍선 속 기체의 부피가 증가하여 고무풍선의 크기가 커진다. 이때 온도가 일정하므로 기체 입자의 운동 빠르기를 나타내는 화살표 길이는 변하지 않는다.

〔바로 알기〕 ② 고무풍선 속 기체 입자의 운동 빠르기를 나타내는 화살표 길이가 길어졌으므로 옳지 않다.

③ 고무풍선 속 기체 입자의 개수가 많아졌으므로 옳지 않다.

④ 감압 용기 속 기체 입자의 개수가 많아졌고, 고무풍선의 크기가 작아졌으므로 옳지 않다.

⑤ 감압 용기 속 기체 입자의 개수가 변하지 않았고, 고무풍선의 크기가 작아졌으므로 옳지 않다.

**16** 피스톤을 누르면 주사기 속 기체의 부피가 감소하여 주사기 속 기체가 고무풍선에 가하는 압력이 증가한다. 따라서 고무풍선 속 기체의 부피가 감소하므로 고무풍선 속 기체 입자 사이의 거리가 가까워지고, 기체 입자의 충돌 횟수는 증가한다.

〔바로 알기〕 ① 고무풍선의 크기가 작아진다.

③ 주사기 속 기체의 부피가 감소한다.

④ 고무풍선 속 기체 입자의 충돌 횟수가 증가한다.

⑤ 고무풍선 속 기체 입자 사이의 거리가 가까워진다.

**17** 하늘 높이 올라갈수록 공기의 양이 줄어들어 대기압이 작아진다. 이로 인해 풍선에 작용하는 압력이 감소하여 풍선 속 기체의 부피가 증가하므로 풍선이 점점 커진다.

④ 과자 봉지를 가지고 높은 산에 올라가면 대기압이 작아지므로 과자 봉지 속 기체의 부피가 커져 과자 봉지가 부푼다.

〔바로 알기〕 ①, ② 이 현상은 기체의 압력과 부피 관계를 나타내는 보일 법칙으로 설명할 수 있으며, 풍선 속 기체의 양은 풍선이 터지기 전까지 일정하게 유지된다.

③ 풍선 속 기체 입자의 크기는 변하지 않는다.

⑤ 풍선이 하늘로 올라갈수록 풍선 속 기체의 부피가 증가하므로 기체 입자 사이의 거리는 멀어진다.

**18** 하늘 높이 올라갈수록 대기압이 작아지므로 하늘 높이 떠 있던 비행기가 착륙하면 대기압이 커진다. 따라서 페트병 속 기체에 작용하는 압력이 증가하여 기체의 부피가 감소하므로 페트병이 찌그러진다.

**19** 보일 법칙은 온도와 기체의 양이 일정할 때 압력에 따른 기체의 부피 변화를 설명한다.

**바로 알기** ① 찌그러진 농구공에 공기를 넣으면 농구공 속 기체 입자의 개수가 많아지고, 이로 인해 기체 입자가 농구공 안쪽 벽에 충돌하는 횟수가 많아진다. 따라서 농구공 속 기체의 압력이 커지면서 농구공의 부피가 커져 농구공이 팽팽해진다. 농구공에 공기를 넣는 것은 기체 입자의 개수가 변하므로 보일 법칙으로 설명할 수 없다.

**20** ⑤ 운동화를 신고 뛰어 올랐다가 착지할 때 운동화의 공기 주머니에 작용하는 압력이 증가하여 공기의 부피가 감소하는 것을 이용해 사람이 받는 충격을 줄여 준다.

**바로 알기** ① 공기 주머니 속 기체의 압력이 증가한다.
② 공기 주머니에 작용하는 압력이 증가한다.
③ 공기 주머니에 들어 있는 기체 입자의 개수는 일정하다.
④ 공기 주머니의 부피가 감소하여 공기 주머니 속 기체의 압력이 증가한다.

**21** 수소 기체는 부피가 크고 입자 사이의 거리가 멀기 때문에 높은 압력을 가해 부피를 줄여 보관해야 한다. 따라서 높은 압력을 견딜 수 있는 특수 저장 용기가 필요하다.

---

**단계별 문제로** **서술형 연습하기** 개념 학습서 59쪽

**01** 압력은 일정한 면적에 작용하는 힘으로, 작용하는 힘의 크기가 클수록, 힘을 받는 면적이 작을수록 압력이 크다.

**모범 답안** (1) B
(2) B에서 힘을 받는 면적이 더 작아 압력이 더 크기 때문이다.

| 채점 기준 | 배점(%) |
| --- | --- |
| (1) B를 옳게 고른 경우 | 20 |
| (2) 세 단어를 모두 사용하여 옳게 서술한 경우 | 80 |
| 세 단어 중 두 단어를 포함하여 옳게 서술한 경우 | 50 |

**02** 일정한 온도에서 일정한 양의 기체에 작용하는 압력과 부피 관계는 보일 법칙으로 설명할 수 있다. 기체에 작용하는 압력이 2배 커지면 기체의 부피는 $\frac{1}{2}$로 작아진다. 즉, 기체의 압력이 증가하면 기체의 부피가 감소하며, 이로 인해 입자 사이의 거리가 가까워지고 기체 입자가 용기 벽에 충돌하는 횟수가 많아진다.

**모범 답안** (1) 2, 2
(2) 기체의 부피가 감소하기 때문에 기체 입자 사이의 거리가 가까워지고, 기체 입자가 주사기 벽에 충돌하는 횟수가 많아진다.

| 채점 기준 | 배점(%) |
| --- | --- |
| (1) 기체의 압력 변화, 증가한 압력을 모두 옳게 쓴 경우 | 30 |
| (2) 기체 입자가 주사기 벽에 충돌하는 횟수 변화를 기체의 부피 변화와 관련지어 옳게 서술한 경우 | 70 |
| 압력이 증가함에 따라 기체의 부피가 감소한다는 것만 서술한 경우 | 30 |

**03** B에서 C로 변할 때 기체의 압력이 커진 까닭은 기체의 부피가 작아져 기체 입자의 충돌 횟수가 증가했기 때문이다. 이때 온도는 일정하므로 기체 입자의 운동 빠르기는 변하지 않는다.

**모범 답안** (1) 2, $\frac{1}{2}$
(2) 기체 입자의 충돌 횟수는 증가하지만, 기체 입자의 운동 빠르기는 일정하다(또는 변하지 않는다).

| 채점 기준 | 배점(%) |
| --- | --- |
| (1) 기체의 압력 변화와 부피 변화를 모두 옳게 쓴 경우 | 40 |
| (2) 기체 입자의 충돌 횟수와 기체 입자의 운동 빠르기 변화를 모두 옳게 서술한 경우 | 60 |
| 기체 입자의 충돌 횟수와 기체 입자의 운동 빠르기 변화 중 한 가지만 옳게 서술한 경우 | 30 |

**04** 높은 하늘을 나는 비행기 안에서 과자 봉지가 부풀어 오른 까닭은 과자 봉지에 작용하는 압력이 감소하여 과자 봉지 속 기체의 부피가 증가하기 때문이다.

**모범 답안** (1) 보일 법칙, 온도, 증가(감소), 감소(증가)
(2) 높은 하늘에서는 대기압(압력)이 낮아 과자 봉지에 작용하는 압력이 감소하므로 과자 봉지 속 기체의 부피가 증가하기 때문이다.

| 채점 기준 | 배점(%) |
| --- | --- |
| (1) 보일 법칙과 그 설명을 모두 옳게 쓴 경우 | 40 |
| (2) 과자 봉지가 부풀어 오른 까닭을 기체에 작용하는 압력과 부피의 관계와 관련지어 옳게 서술한 경우 | 60 |
| 과자 봉지가 부풀어 오른 까닭을 기체에 작용하는 압력이 감소하기 때문 또는 과자 봉지 속 기체의 부피가 증가하기 때문이라고만 서술한 경우 | 30 |

---

**고난도 문제로** **실력 올리기** 개념 학습서 60~61쪽

**01** ② **02** ④ **03** ⑤ **04** ② **05** ③ **06** ① **07** ⑤
**08** ③

**01** 힘의 크기와 압력의 관계를 알아보기 위해서는 힘이 작용하는 면적이 같고, 힘의 크기가 달라야 하므로 (가)와 (나)를 비교해야 한다. 이때 (나)는 (가)보다 힘의 크기가 크므로 압력의 크기는 (가)<(나)이다. 또 힘이 작용하는 면적과 압력의 관계를 알아보기 위해서는 힘의 크기는 같고, 힘이 작용하는 면적이 달라야 하므로 (나)와 (다)를 비교해야 한다. 이때 (나)는 (다)보다 힘이 작용하는 면적이 넓으므로 압력의 크기는 (나)<(다)이다.

**02**

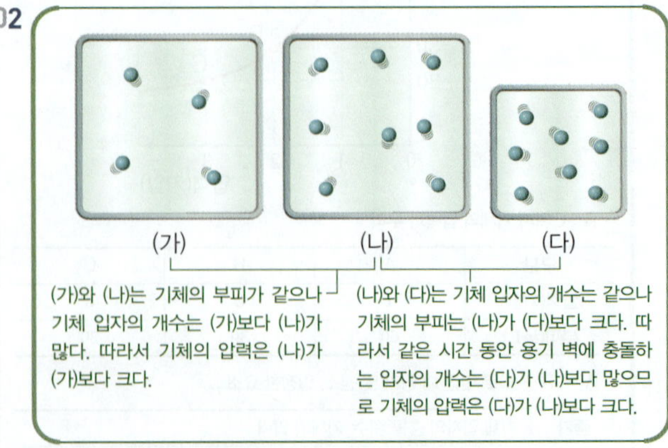



온도와 부피가 일정할 때 기체 입자의 개수가 많아지면 기체 입자가 용기 벽에 충돌하는 횟수가 증가하여 기체의 압력이 커진다. 또 온도와 기체의 양이 일정할 때 기체의 압력과 기체

의 부피는 반비례한다. 따라서 (가)와 (나)를 비교하면 기체의 압력은 (가)<(나)이고, (나)와 (다)를 비교하면 기체의 압력은 (나)<(다)이므로 기체의 압력은 (가)<(나)<(다)이다.

**03** 자동차용 공기 주머니는 기체의 압력을 이용하는 예이다. 공기 주머니에 공기를 채우면 공기 주머니 속 기체 입자의 개수가 많아지며, 이에 따라 기체 입자가 주머니 내부 벽에 충돌하는 횟수가 많아지면서 압력이 커진다. 그 결과 공기 주머니의 부피가 커져 부풀어 오른다.

**04** ① 보일 법칙에 따르면 기체의 압력이 2배, 3배 … 커지면 기체의 부피는 $\frac{1}{2}$, $\frac{1}{3}$ …로 작아진다. 따라서 기체의 압력과 부피의 곱은 일정하며, 기체의 압력과 부피는 반비례 관계이다. 즉, 그래프에서 압력과 부피의 곱은 (가)~(다)에서 모두 같으므로 (나)의 ㉠은 다음과 같다.

1 기압×60 mL=2 기압×㉠ mL, ㉠=30

③ 기체의 부피가 클수록 기체 입자 사이의 거리가 멀기 때문에 (가)에서 입자 사이의 거리가 가장 멀다.

④ 온도가 일정하므로 기체 입자의 운동 빠르기는 (가)~(다)에서 모두 같다.

⑤ (나)에서 (다)로 변할 때 압력이 커지므로 기체 입자의 충돌 횟수가 증가한다.

**바로 알기** ② (다)의 ㉡은 다음과 같다.

1 기압×60 mL=㉡ 기압×15 mL, ㉡=4

**05** (가)에서 피스톤을 누르면 주사기 속 공기의 압력이 증가하므로 고무풍선 속 공기의 부피가 감소하고, 고무풍선 속 공기의 압력이 증가한다. (나)에서 피스톤을 잡아당기면 주사기 속 공기의 압력이 감소하므로 고무풍선 속 공기의 부피가 증가하고, 풍선 속 공기의 압력이 감소한다.

**바로 알기** ① 주사기 속 공기의 질량: (가)=(나)

② 주사기 속 공기의 압력: (가)>(나)

④ 고무풍선 속 공기 입자의 크기: (가)=(나)

⑤ 고무풍선 속 공기 입자의 충돌 횟수: (가)>(나)

**06** ㄱ. 보일 법칙에 의해 공기의 압력이 증가할수록 공기의 부피가 감소하므로 ㉠>㉡이다.

**바로 알기** ㄴ. 보일 법칙에 따라 ㉠ mL×1.5 기압=40 mL×1 기압, ㉢ mL×1.5 기압=20 mL×1 기압이므로 ㉠은 ㉢의 2배이다.

[다른 풀이] 공기 40 mL를 채운 (가)에서 ㉠과 ㉡은 다음과 같이 구한다.

1 기압×40 mL=1.5 기압×㉠ mL, ㉠=$\frac{80}{3}$

1 기압×40 mL=2 기압×㉡ mL, ㉡=20

공기 20 mL를 채운 (나)에서 ㉢은 다음과 같이 구한다.

1 기압×20 mL=1.5 기압×㉢ mL, ㉢=$\frac{40}{3}$

따라서 ㉠은 ㉢의 2배이다.

ㄷ. 일정한 온도에서 주사기에 채운 기체의 양이 달라져도 각각에 대해 보일 법칙이 성립한다.

**07** ㄴ. 온도가 일정하므로 (가)~(다)의 기체 입자의 운동 빠르기는 모두 같다.

ㄷ. (가)~(다)에서 피스톤이 일정한 높이를 유지하는 까닭은 기체에 작용하는 압력과 기체의 압력이 같기 때문이다.

ㄹ. 용기 위에 올려놓은 추의 개수가 많을수록 기체의 부피가 작아 기체 입자가 용기 벽에 충돌하는 횟수가 많다. 따라서 기체 입자가 용기 벽에 충돌하는 횟수는 (가)<(나)<(다)이다.

**바로 알기** ㄱ. (가)에 작용하는 압력이 1 기압이므로 용기 속 기체의 압력도 1 기압이다. 추 1개에 의한 압력이 $\frac{1}{2}$ 기압이므로 (나)에서 추에 의한 압력은 $\frac{1}{2}$ 기압이고, (다)에서 추에 의한 압력은 1 기압이다. 따라서 기체에 작용하는 압력은 (나)에서 1 기압+$\frac{1}{2}$ 기압=$\frac{3}{2}$ 기압이고, (다)에서 1 기압+1 기압=2 기압이며, 기체에 작용하는 압력과 기체의 압력이 같으므로 (다)에서 기체의 압력은 2 기압이다.

**08** ㄱ. 공기가 들어 있는 펌프를 누르면 펌프 속 공기의 부피가 감소하여 공기의 압력이 증가하므로 에어 로켓에 압력이 작용하여 에어 로켓이 하늘로 날아간다. 따라서 에어 로켓은 기체의 압력과 부피 관계를 설명하는 보일 법칙을 이용한 예이다.

ㄷ. 공기가 들어 있는 펌프의 부피 변화가 클수록 펌프 속 기체의 압력이 커져 에어 로켓이 더 멀리 날아간다.

**바로 알기** ㄴ. 펌프를 누르면 펌프 속 공기의 압력이 증가한다.

## 02 기체의 온도와 부피

**개념 확인하기**

개념 학습서 63, 65쪽

**1** (1) ○ (2) ○ (3) × **2** ㉠ B, ㉡ B, ㉢ 높, ㉣ 0이 아니다 **3** (1) ○ (2) × (3) × (4) ○ **4** ㉠ 높아, ㉡ 부피 **5** (1) 증가 (2) 일정 (3) 일정 (4) 증가 (5) 증가 (6) 증가 **6** (1) A (2) A (3) C (4) C **7** (1) 보일 (2) 보일 (3) 샤를 (4) 샤를 **8** ㉠ 높아, ㉡ 빨라, ㉢ 증가

**1** (2) 압력과 기체의 양이 일정할 때 기체의 부피는 온도에만 영향을 받는다. 따라서 기체의 부피가 감소하는 현상은 기체의 온도가 낮아졌기 때문이다.

**바로 알기** (3) 기체의 온도와 부피 관계는 샤를 법칙으로 설명한다.

**2** B가 A보다 온도가 높고 기체의 부피가 크다.

**3** 고무풍선을 씌운 삼각 플라스크를 뜨거운 물에 넣으면 플라스크 속 기체의 온도가 높아져 부피가 증가하므로 고무풍선의 크기가 커지고, 이 삼각 플라스크를 다시 얼음물에 넣으면 플라스크 속 기체의 온도가 낮아져 부피가 감소하므로 고무풍선의 크기가 작아진다.

**4** 인형에 뜨거운 물을 부으면 인형 속 공기의 온도가 높아져 공기의 부피가 증가하므로 인형 안에 들어 있던 물이 밀려 나와 인형의 작은 구멍으로 뿜어져 나온다.

**5** 일정한 압력에서 기체의 온도를 높이면 기체의 부피가 증가한다. 이 과정에서 기체 입자의 운동이 빨라지고, 기체 입자가 용기 벽에 강하게 충돌하게 되며, 기체 입자 사이의 거리가 멀어진다. 이때 기체 입자의 개수와 크기는 변하지 않는다.

**6** (1), (2) 기체의 부피는 A<B<C이므로 기체의 부피가 가장 작은 것은 A이고, 기체 입자 사이의 거리가 가장 가까운 것도 A이다.
(3), (4) 기체 입자의 운동이 가장 빠르고, 기체 입자가 용기 벽에 가장 강하게 충돌하는 것은 온도가 가장 높은 C이다.

**7** (1), (2) 압력에 의해 기체의 부피가 변하는 현상으로 보일 법칙과 관련 있다.
(3), (4) 온도에 의해 기체의 부피가 변하는 현상으로 샤를 법칙과 관련 있다.

**8** 찌그러진 탁구공을 뜨거운 물에 넣어 두면 탁구공이 원래대로 펴진다. 이는 탁구공 속 기체의 온도가 높아져 부피가 증가하는 현상을 이용한 것이다.

---

**꽉 잡아! 탐구** **기체의 온도와 부피 관계 알아보기** 개념 학습서 66쪽

**정리 1** 적어진다 **2** ㉠ 증가, ㉡ 감소

**확인 문제**
**1** (1) ◯ (2) × (3) × (4) ◯ **2** ㄴ, ㄷ, ㄹ

**정리**

**1** 물의 온도가 낮아질수록 빨대 속 기체의 온도가 낮아진다. 따라서 실험 결과에서 기체의 온도가 5 ℃ 낮아질 때마다 빨대 속 기체가 차지하는 눈금의 개수는 0.5 개씩 일정한 비율로 적어진다.

**2** 샤를 법칙에 따르면 일정한 압력에서 일정한 양의 기체의 온도를 높이면 기체의 부피가 일정한 비율로 증가하고, 온도를 낮추면 기체의 부피는 일정한 비율로 감소한다.

**확인 문제**

**1** 뜨거운 물의 온도가 낮아지면 빨대 속 공기 입자의 운동이 느려지므로 기체의 부피가 감소한다. 따라서 색소를 섞은 글리세롤은 아래로 내려가므로 빨대 속 기체의 눈금 개수는 적어진다.
**바로 알기** (2) 빨대 속 기체의 눈금 개수가 많을수록 빨대 속 공기의 부피가 크다.
(3) 온도가 높아지면 빨대 속 기체가 차지하는 눈금 개수가 많아진다.

**2** ㄴ, ㄷ, ㄹ. 물의 온도가 낮아지면 기체의 온도도 낮아지므로 기체 입자의 운동이 느려지고, 기체 입자가 빨대 벽에 충돌하는 세기가 약해진다. 또 기체의 부피가 감소하므로 기체 입자 사이의 거리는 가까워진다.
**바로 알기** ㄱ. 빨대가 밀봉된 상태이므로 빨대 속 기체 입자의 개수는 일정하다.

---

**기출 문제로** **실력 확인하기** 개념 학습서 69~72쪽

| | | | | | | |
|---|---|---|---|---|---|---|
| **01** ② | **02** ③ | **03** ④ | **04** ③ | **05** ⑤ | **06** ③ | **07** ④ |
| **08** ①, ⑤ | **09** ① | **10** ④ | **11** ② | **12** ③ | **13** ③ | |
| **14** ① | **15** ④ | **16** ③ | **17** ⑤ | **18** ④ | **19** ④ | |

**01** 기체의 압력이 일정할 때 일정한 양의 기체의 온도가 높아지면 기체의 부피가 증가하고, 기체의 온도가 낮아지면 기체의 부피가 감소한다.

**02** ㄱ, ㄷ. 샤를 법칙에 따르면 기체의 온도가 높아지면 기체의 부피는 일정한 비율로 증가한다. 그래프에서 기체의 온도가 높아짐에 따라 기체의 부피는 일정한 비율로 증가하고 있으므로 샤를 법칙으로 설명할 수 있다.
**바로 알기** ㄴ. 0 ℃에서 기체의 부피는 0 L가 아니다.

**03**

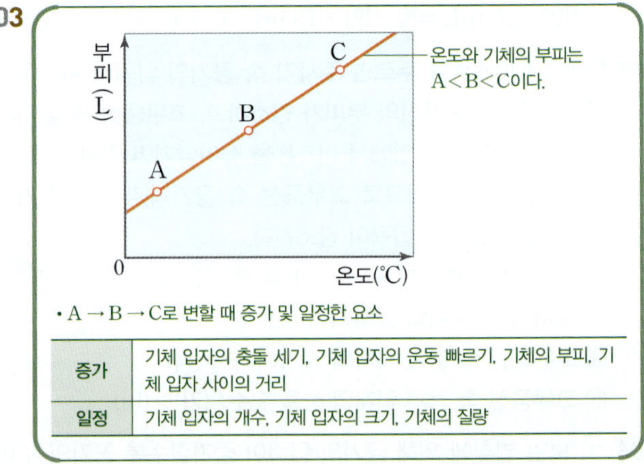


· A → B → C로 변할 때 증가 및 일정한 요소

| 증가 | 기체 입자의 충돌 세기, 기체 입자의 운동 빠르기, 기체의 부피, 기체 입자 사이의 거리 |
|---|---|
| 일정 | 기체 입자의 개수, 기체 입자의 크기, 기체의 질량 |

④ 기체 입자 사이의 거리가 가장 먼 것은 기체의 부피가 가장 큰 C이다.
**바로 알기** ① 기체의 양이 일정하므로 기체의 질량은 A~C에서 모두 같다.
② 기체 입자의 운동은 온도가 가장 높은 C에서 가장 빠르다.
③ 기체의 양이 일정하므로 기체 입자의 개수는 A~C에서 모두 같다.
⑤ 기체 입자가 용기 벽에 충돌하는 세기는 온도가 가장 높은 C에서 가장 강하다.

**04** ③ 시간이 지남에 따라 물의 온도가 낮아지면 빨대 속 기체 입자의 운동이 느려지면서 기체의 부피가 작아지므로 색소를 섞은 글리세롤이 아래로 내려간다. 따라서 빨대 속 기체가 차지하는 눈금 개수가 적어진다. 즉, 이 실험은 기체의 온도와 부피 관계를 설명하는 샤를 법칙에 관련된 실험이다.

**바로 알기** ① 샤를 법칙에 관한 실험이다.
② 기체의 온도에 따른 기체의 부피 변화를 알아보는 실험이다.
④ 온도가 높아지면 빨대 속 기체가 차지하는 눈금 개수가 많아진다.
⑤ 빨대 속 기체의 부피가 클수록 기체가 차지하는 눈금 개수가 많다.

**05** 온도가 낮아지면 빨대 속 기체가 차지하는 눈금 개수가 일정한 비율로 적어지는 것을 통해 빨대 속 기체의 부피가 일정한 비율로 감소함을 알 수 있다. 따라서 온도가 높아지면 빨대 속 기체의 부피도 일정한 비율로 증가하며, 이에 따라 빨대 속 기체가 차지하는 눈금 개수도 일정한 비율로 많아진다. 따라서 ⑤와 같은 그래프로 나타낼 수 있다.

**06** ㄱ, ㄷ. 온도가 높아지면 기체 입자의 운동이 빨라지므로 기체 입자 사이의 거리가 멀어지고 기체의 부피가 증가한다.
**바로 알기** ㄴ. 고무풍선에 들어 있는 기체 입자의 크기는 변하지 않는다.

**07** ①, ⑤ 뜨거운 물에 담갔던 삼각 플라스크를 얼음물에 담그면 온도가 낮아져 기체 입자가 느리게 운동하면서 삼각 플라스크와 고무풍선 속 기체의 전체 부피가 감소한다. 따라서 기체의 부피와 기체 입자의 운동 빠르기는 (나)>(다)이다.
②, ③ 삼각 플라스크와 고무풍선 속 기체의 전체 양이 일정하므로 기체 입자의 크기와 개수는 (나)와 (다)에서 같다.
**바로 알기** ④ 기체의 부피가 (나)>(다)이므로 기체 입자 사이의 거리는 (나)>(다)이다.

**08**

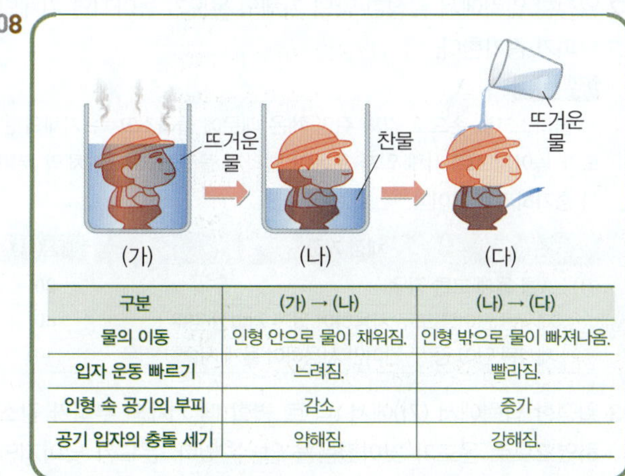



| 구분 | (가) → (나) | (나) → (다) |
| --- | --- | --- |
| 물의 이동 | 인형 안으로 물이 채워짐. | 인형 밖으로 물이 빠져나옴. |
| 입자 운동 빠르기 | 느려짐. | 빨라짐. |
| 인형 속 공기의 부피 | 감소 | 증가 |
| 공기 입자의 충돌 세기 | 약해짐. | 강해짐. |

(가)에서 공기가 들어 있는 오줌싸개 인형을 뜨거운 물에 넣으면 공기의 부피가 증가하면서 일부 공기가 빠져나온다. 그 후 (나)와 같이 찬물에 넣으면 인형 속 공기의 부피가 감소하면서 찬물이 인형 안으로 들어간다. 인형을 꺼낸 후 (다)와 같이 뜨거운 물을 부으면 인형 속 공기 입자의 운동이 빨라지면서 공기의 부피가 증가하므로 인형 안에 있는 물이 작은 구멍으로 빠져나온다.
① (가)에서 인형 속 공기의 온도가 높아지므로 공기 입자의 운동이 빨라진다.
⑤ (나)에서 (다)로 변할 때 인형 속 공기의 온도가 높아지므로 공기 입자 사이의 거리가 멀어진다.

**바로 알기** ②, ③ (나)에서 인형 속 공기의 부피는 감소하지만 인형 속에 공기 입자가 존재한다.
④ (나)에서 (다)로 변할 때 인형 속 공기의 온도가 높아지므로 공기 입자의 운동은 빨라진다.

**09** ② 온도가 변해도 기체 입자의 개수는 일정하다.
③, ④, ⑤ 온도가 낮아지면 기체 입자가 더 느리게 운동하고 용기 벽에 더 약하게 충돌하여 기체의 부피가 감소한다. 따라서 기체 입자 사이의 거리가 가까워진다.
**바로 알기** ① 온도가 낮아져도 기체 입자는 끊임없이 스스로 운동한다.

**10**

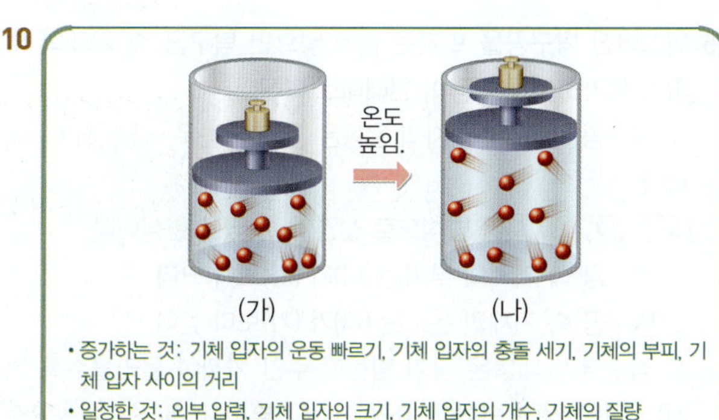



• 증가하는 것: 기체 입자의 운동 빠르기, 기체 입자의 충돌 세기, 기체의 부피, 기체 입자 사이의 거리
• 일정한 것: 외부 압력, 기체 입자의 크기, 기체 입자의 개수, 기체의 질량

④ 온도가 높아지면 용기 속 기체 입자의 운동이 빨라진다.
**바로 알기** ①, ③ 기체 입자의 개수가 변하지 않으므로 기체의 질량은 일정하며, 기체 입자의 크기도 변하지 않는다.
②, ⑤ 온도가 높아지면 기체 입자의 운동이 빨라져 용기 벽에 더 강하게 충돌한다. 따라서 기체의 부피가 커지며 기체 입자 사이의 거리가 멀어진다.

**11** ㄷ. 온도가 높아지면 기체 입자가 용기 벽에 더 강하게 충돌한다.
**바로 알기** ㄱ. 기체의 양이 일정하므로 기체 입자의 개수는 일정하다.
ㄴ. 용기 밖에서 기체에 작용하는 압력(외부 압력)은 일정하다.

**12** 온도가 높아지면 기체 입자의 운동이 빨라지며 기체의 부피가 증가한다. 즉, 입자 운동의 빠르기를 나타내는 화살표 길이는 길어지고, 기체의 부피인 기체가 차지하는 공간은 커져야 한다. 이때 기체 입자의 개수는 변하지 않는다.
**바로 알기** ① 기체 입자의 개수가 증가했으므로 옳지 않다.
② 기체 입자의 크기가 커졌고, 화살표 길이가 변하지 않았으므로 옳지 않다.
④ 기체의 부피가 변하지 않았고, 화살표 길이가 짧아졌으므로 옳지 않다.
⑤ 기체의 부피가 감소했고, 화살표 길이가 짧아졌으므로 옳지 않다.

**13** ㄱ. 일정한 양의 공기를 채운 주사기를 뜨거운 물에 넣으면 공기의 부피가 증가하고, 다시 얼음물에 넣으면 공기의 부피가 감소한다. 따라서 주사기를 (다)에 넣었을 때 주사기 속 공기의 부피가 가장 작다.
ㄴ. 온도가 높을수록 기체 입자의 운동이 빠르므로 주사기를 (나)에 넣었을 때 주사기 속 공기 입자의 운동이 가장 빠르다.

**바로 알기** ㄷ. 주사기를 (나)의 비커에 넣었다가 (다)의 비커에 넣을 때 주사기 속 공기의 온도가 낮아지므로 공기 입자가 주사기 벽에 충돌하는 세기는 약해진다.

**14** ②, ③, ⑤ 온도가 높아져 기체의 부피가 증가하기 때문에 나타나는 현상이다.
④ 온도가 낮아져 기체의 부피가 감소하기 때문에 나타나는 현상이다.
**바로 알기** ① 하늘 높이 올라간 풍선의 크기가 커지는 것은 압력이 감소하여 기체의 부피가 증가하기 때문에 나타나는 현상이다.

**15** 찌그러진 탁구공을 뜨거운 물에 넣으면 탁구공 속 기체의 부피가 증가하여 탁구공이 원래대로 펴진다.
④ 탁구공 속 기체 입자의 운동은 온도가 높은 (나)에서 더 빠르다.
**바로 알기** ① 샤를 법칙으로 설명할 수 있는 현상이다.
② 탁구공 속 기체의 부피는 (나)가 (가)보다 크다.
③ 탁구공 속 기체의 온도는 (나)가 (가)보다 높다.
⑤ 잠수부가 내뿜은 공기 방울이 수면 가까이 올라올수록 커지는 것은 압력 변화에 따라 기체의 부피가 변하는 현상으로 보일 법칙으로 설명할 수 있다.

**16** 뚜껑이 닫힌 페트병을 냉장고에 넣어 두면 찌그러지는데, 이는 페트병 속 기체의 온도가 낮아지므로 기체 입자의 운동이 느려져 기체의 부피가 감소하기 때문이다. 따라서 기체 입자의 개수는 같게 나타내고, 기체 입자 모형의 자취의 길이는 짧게 나타내야 한다.
**바로 알기** ① 기체 입자의 개수가 감소하고, 입자 운동이 느려졌으므로 옳지 않다.
② 기체 입자 운동이 빨라졌으므로 옳지 않다.
④ 기체의 부피가 커지고, 기체 입자 운동이 빨라졌으므로 옳지 않다.
⑤ 기체의 부피가 커지고, 기체 입자의 크기가 커졌으므로 옳지 않다.

**17** 손으로 스포이트를 감싸 쥐면 체온에 의해 스포이트 속 기체의 온도가 높아지므로 기체 입자들의 운동이 빨라져 기체의 부피가 증가하면서 남아 있는 액체가 밀려서 빠져나온다.
**바로 알기** ⑤ 스포이트 속 기체의 온도가 높아지므로 기체 입자가 스포이트 벽에 더 강하게 충돌한다.

**18** ㄴ, ㄷ. 헤어드라이어로 빈 플라스틱 병을 가열한 후 병의 입구를 고무풍선에 밀착시키면 시간이 지나면서 플라스틱 병 속 기체의 온도가 낮아져 기체의 부피가 감소하므로 고무풍선이 플라스틱 병 안으로 빨려 들어가 고무풍선이 플라스틱 병에 달라붙게 된다. 이는 기체의 온도와 부피 관계로 설명할 수 있다.
**바로 알기** ㄱ. 고무풍선 속 기체 입자의 개수는 변하지 않는다.

**19** ㄴ. 온도가 낮아져 기체의 부피가 감소하여 나타나는 현상이다.
ㄹ. 온도가 높아져 기체의 부피가 증가하여 나타나는 현상이다.

**바로 알기** ㄱ. 높은 산에 올라가면 대기압이 낮아져 과자 봉지 속 기체의 부피가 증가하기 때문에 과자 봉지가 부푼다. 이는 보일 법칙과 관련된 현상이다.
ㄷ. 어항의 물이 점점 줄어드는 것은 증발 현상이다.

**단계별 문제로** **서술형 연습하기** 개념 학습서 **73쪽**

**01** 일정한 압력에서 일정한 양의 기체의 온도가 높아지면 기체의 부피는 일정한 비율로 증가한다. A에서 B로 변할 때 기체의 부피가 증가한 까닭은 온도가 높아짐에 따라 기체 입자의 운동이 빨라져 기체 입자가 용기 벽에 더 강하게 충돌하기 때문이다. 이때 기체 입자의 개수는 변하지 않는다.
**모범 답안** (1) 40, 60, 20
(2) 기체 입자가 용기 벽에 충돌하는 세기는 강해지고, 기체 입자의 개수는 일정하다.

| 채점 기준 | | 배점(%) |
|---|---|---|
| (1) | 기체의 부피를 옳게 쓴 경우 | 40 |
| (2) | 기체 입자가 용기 벽에 충돌하는 세기와 기체 입자의 개수 변화를 모두 옳게 서술한 경우 | 60 |
| | 기체 입자가 용기 벽에 충돌하는 세기와 기체 입자의 개수 변화 중 한 가지만 옳게 서술한 경우 | 30 |

**02** 일정한 압력에서 일정한 양의 기체의 온도가 높아지면 기체의 부피가 증가한다.
**모범 답안** (1) A
(2) 플라스크를 손으로 감싸 쥐면 체온 때문에 플라스크 속 기체의 온도가 높아지므로 기체 입자 운동이 빨라져 플라스크 속 기체의 부피가 증가하기 때문이다.

| 채점 기준 | | 배점(%) |
|---|---|---|
| (1) | A를 옳게 고른 경우 | 20 |
| (2) | 제시된 단어를 모두 사용하여 옳게 서술한 경우 | 80 |
| | 제시된 단어 중 두 단어만 사용하여 옳게 서술한 경우 | 40 |

**03** 일정한 압력에서 (가)에서 (나)로 변할 때 기체의 부피가 감소하였으므로 온도가 낮아졌음을 알 수 있다. 온도가 낮아지면 기체 입자의 운동이 느려지고, 기체 입자가 용기 벽에 충돌하는 세기가 약해지므로 기체의 부피가 작아지고, 기체 입자 사이의 거리가 가까워진다.
**모범 답안** (1) 온도
(2) 기체 입자의 운동은 느려지고(또는 기체 입자가 느리게 운동하고), 기체 입자 사이의 거리는 가까워진다.

| 채점 기준 | | 배점(%) |
|---|---|---|
| (1) | 온도라고 옳게 쓴 경우 | 20 |
| (2) | 기체 입자의 운동 빠르기와 입자 사이의 거리 변화를 모두 옳게 서술한 경우 | 80 |
| | 기체 입자의 운동 빠르기와 입자 사이의 거리 변화 중 한 가지만 옳게 서술한 경우 | 40 |

**04** 겹쳐진 그릇 사이에 있는 기체의 온도가 높아지면 기체 입자의 운동이 빨라져 기체의 부피가 증가한다. 따라서 그릇을 밀어내므로 떼어 낼 수 있다.

[모범 답안] (1) 높인다
(2) 겹쳐진 바깥쪽 그릇의 아랫부분을 뜨거운 물에 담그면 그릇 사이에 있는 기체의 온도가 높아져 기체의 부피가 증가하므로 겹쳐진 그릇을 밀어내 그릇이 분리된다.

| | 채점 기준 | 배점(%) |
|---|---|---|
| (1) | '높인다'의 내용으로 옳게 쓴 경우 | 20 |
| (2) | 그릇 사이에 있는 기체의 온도와 부피 변화를 모두 이용하여 옳게 서술한 경우 | 80 |
| | 그릇 사이에 있는 기체의 온도가 높아지는 것과 기체의 부피가 증가한 것 중 한 가지만 이용하여 서술한 경우 | 40 |

[고난도 문제로] **실력 올리기**  개념 학습서 74~75쪽

**01** ② **02** ② **03** ④ **04** ④ **05** ③ **06** ④ **07** ⑤
**08** ②

**01** ①, ③ 샤를 법칙에서 기체의 온도가 높아질 때 기체의 부피는 일정한 비율로 증가한다. 그래프에서 온도가 0 ℃에서 273 ℃로 273 ℃만큼 높아졌을 때 기체의 부피는 $V_0$에서 $2V_0$로 $V_0$만큼 높아졌다. 따라서 온도가 273 ℃만큼 높아질 때 기체의 부피는 $V_0$만큼 일정한 비율로 증가한다. 따라서 (나)의 부피는 $3V_0$이다.
④, ⑤ (가)보다 (나)의 온도가 높으므로 기체 입자의 충돌 세기가 강해지고, 기체 입자의 운동 빠르기가 증가한다.
[바로 알기] ② (가)의 부피는 $2V_0$이고, (나)의 부피는 $3V_0$이므로 (가)와 (나)의 부피비는 2 : 3이다.

**02** ①, ④, ⑤ 온도가 높아지면 공기의 부피가 증가하고, 온도가 낮아지면 공기의 부피가 감소한다. 따라서 주사기 속 공기의 부피와 공기 입자의 충돌 세기는 (가)>(나)이고, (나)에서 주사기 속 공기의 부피는 20 mL보다 작다.
③ 처음 2개의 주사기에 넣은 공기가 20 mL로 같으므로 (가)와 (나)에서 공기 입자의 개수는 같다.
[바로 알기] ② 처음 2개의 주사기에 넣은 공기의 부피가 20 mL로 같으므로 (가)와 (나)에서 공기의 질량은 같다.

**03** ㄱ, ㄴ. 실험 결과에서 온도가 10 ℃만큼 높아질 때 기체의 부피는 0.9 mL씩 증가한다. 따라서 ㉠에서 기체의 부피는 28.2 mL이다. 또 샤를 법칙에 따르면 온도가 높아질 때 기체의 부피는 일정한 비율로 증가한다. 따라서 샤를 법칙을 확인하기 위한 실험이다.
[바로 알기] ㄷ. 실험 결과에서 온도가 20 ℃와 40 ℃일 때 기체의 부피를 비교하면 온도(℃)가 2배 높아질 때 기체의 부피는 2배가 되지 않는다는 것을 알 수 있다.

**04** ④ 온도가 높을수록 기체 입자 사이의 거리가 멀어진다. 용기 속 기체의 온도는 (가)<(나)이므로 기체 입자 사이의 거리는 (나)가 (가)보다 멀다.

[바로 알기] ①, ⑤ 압력이 일정한 조건이므로 (가)~(다)에서 기체에 작용하는 압력(외부 압력)과 기체의 압력은 모두 같다.
② 기체 입자의 크기는 (가)~(다)에서 모두 같다.
③ 온도가 높을수록 기체 입자의 운동이 빨라진다. 용기 속 기체의 온도는 (가)<(나)이므로 기체 입자의 운동은 (나)가 (가)보다 빠르다.

**05** 인형 위에 뜨거운 물을 부으면 인형 속 기체의 온도가 높아지므로 기체 입자의 운동이 빨라지면서 기체의 부피가 증가한다. 따라서 인형 속 물이 빠져나가면서 물의 높이가 낮아진다. 이때 인형 속 기체 입자의 개수는 변하지 않는다.
[바로 알기] ① 기체 입자의 운동 빠르기가 변하지 않았으므로 옳지 않다.
② 인형 속 기체의 부피가 변하지 않았으므로 옳지 않다.
④ 기체 입자의 개수가 많아졌으므로 옳지 않다.
⑤ 기체 입자의 운동이 느려졌으므로 옳지 않다.

**06** ㄴ, ㄷ. 시간이 지나면서 유리컵 속 기체의 온도가 낮아지므로 기체 입자의 운동이 느려지면서 유리컵 속 기체의 부피가 감소한다. 이때 유리컵 속에 고무풍선이 빨려 들어가면서 고무풍선이 유리컵에 붙는다. 따라서 유리컵 속 기체의 온도는 (가)>(나)이고, 이 현상은 온도에 따른 기체의 부피 변화로 설명할 수 있다.
[바로 알기] ㄱ. 유리컵 속 기체의 부피는 (가)가 (나)보다 크다.

**07** 유리병 속 기체의 온도가 높아짐에 따라 기체 입자의 운동이 빨라지고, 기체 입자가 동전에 충돌하는 세기가 강해지므로 기체 입자 사이의 거리가 멀어지면서 동전이 들썩거리며 움직인다. 이 현상은 기체의 온도와 부피의 관계로 설명할 수 있으므로 샤를 법칙과 관련된 현상이다.

**08**

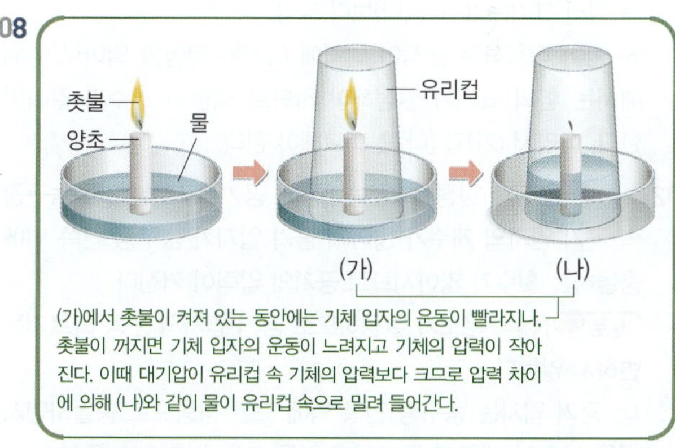


ㄱ. (나)에서 유리컵 속으로 물이 밀려 들어갔으므로 유리컵 속 기체의 부피는 (가)>(나)이다.
ㄷ. (가)에서는 촛불이 켜져 있고, (나)에서는 촛불이 꺼져 유리컵 속으로 물이 밀려 들어갔으므로 유리컵 속 기체의 온도는 (가)>(나)이다. 따라서 기체 입자의 운동은 (가)가 (나)보다 빠르다.
[바로 알기] ㄴ. 촛불이 꺼지면 유리컵 속 기체의 압력이 작아진다.
ㄹ. (나)에서 유리컵 속으로 물이 밀려 들어간 까닭은 대기압이 유리컵 속 기체의 압력보다 컸기 때문이다.

⊙ 압력    ⓒ (나)    ⓒ (다)    ⓔ 압력    ⓜ 보일
ⓗ 온도    ⊗ 압력    ⓞ 감소    ⊗ 증가    ⊛ 샤를
ⓙ 압력    ⓔ 온도    ⓟ 감소    ⓱ 증가

대단원 문제로 **실력 완성하기**     개념 학습서 77~79쪽

| | | | | | | |
|---|---|---|---|---|---|---|
| 01 ① | 02 ② | 03 ③ | 04 ④ | 05 ③ | 06 ③ | 07 ③ |
| 08 ② | 09 ⑤ | 10 ② | 11 ⑤ | 12 ② | 13 ④ | |
| 14 해설 참조 | | 15 해설 참조 | | | | |

**01**

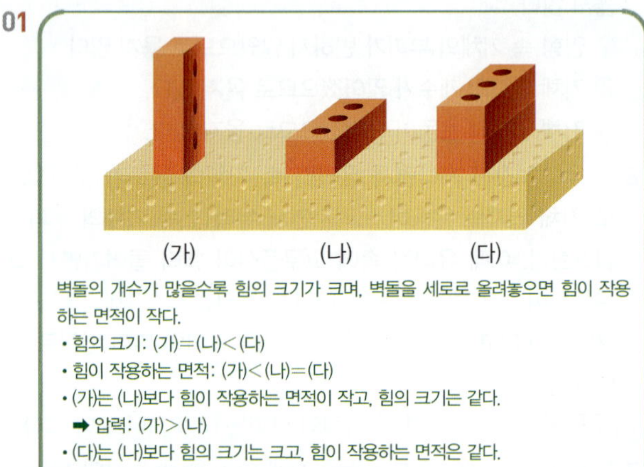


벽돌의 개수가 많을수록 힘의 크기가 크며, 벽돌을 세로로 올려놓으면 힘이 작용하는 면적이 작다.
- 힘의 크기: (가)=(나)<(다)
- 힘이 작용하는 면적: (가)<(나)=(다)
- (가)는 (나)보다 힘이 작용하는 면적이 작고, 힘의 크기는 같다.
➡ 압력: (가)>(나)
- (다)는 (나)보다 힘의 크기는 크고, 힘이 작용하는 면적은 같다.
➡ 압력: (나)<(다)

바로 알기 ② (가)의 압력은 (나)보다 크다.
③ (나)는 (가)보다 압력이 작으므로 스펀지가 더 얕게 눌린다.
④ (다)는 (나)보다 벽돌 수가 많으므로 일정한 면적에 작용하는 힘의 크기는 (다)가 (나)보다 크다.
⑤ 힘이 작용하는 면적이 압력에 미치는 영향을 알아보기 위해서는 힘의 크기가 일정해야 하므로 벽돌의 개수가 같아야 한다. 따라서 (가)와 (나)를 비교해야 한다.

**02** ㄱ, ㄹ. 온도가 일정할 때 농구공에 공기를 더 넣으면 농구공 속 공기 입자의 개수가 많아져 공기 입자가 농구공 안쪽 벽에 충돌하는 횟수가 많아지므로 공기의 압력이 커진다.
바로 알기 ㄴ. 온도가 일정하므로 공기 입자의 운동 빠르기는 변하지 않는다.
ㄷ. 공기 입자는 농구공 안쪽 벽에 모든 방향으로 충돌하면서 힘을 가하기 때문에 공기의 압력은 모든 방향으로 똑같이 작용한다.

**03** 구조용 안전 매트, 자동차 정비용 공기 주머니는 모두 기체의 압력을 이용한 예이며, 공기를 넣으면 공기 입자가 안전 매트와 공기 주머니의 안쪽 벽에 충돌하는 횟수가 많아져 압력이 커지면서 부피가 커지는 것을 이용한다.

**04** ①, ②, ⑤ 기체에 작용하는 압력은 (가)<(나)<(다)이고, 기체의 부피는 (가)>(나)>(다)이므로 기체에 작용하는 압력이 증가하면 기체의 부피는 감소한다. 따라서 보일 법칙과 관련 있다.
③ 기체의 양이 일정하므로 주사기 속 기체의 질량은 같다.

바로 알기 ④ 온도가 일정할 때 기체의 부피가 작을수록 기체의 압력이 커진다. 따라서 주사기 속 기체의 압력은 (가)<(나)<(다) 순이다.

**05** 기체의 압력과 부피의 곱은 일정하므로 1.0 기압×50 mL＝2.0 기압×⊙ mL가 성립한다. 따라서 ⊙은 25이다.

**06** ③ 기체의 압력이 A<B<C이므로 기체 입자의 충돌 횟수는 A<B<C이다.
바로 알기 ① 보일 법칙을 나타낸다.
② 기체 입자의 크기는 A~C가 모두 같다.
④ 보일 법칙에 따르면 기체의 압력과 부피의 곱은 일정하다. 따라서 기체의 압력과 부피의 곱은 A＝B＝C이다.
⑤ 기체의 압력과 부피의 곱은 일정하므로 기체의 압력이 5 기압이 되면 '1 기압×40 mL＝5 기압×기체의 부피'에서 기체의 부피는 8 mL가 된다.

**07**

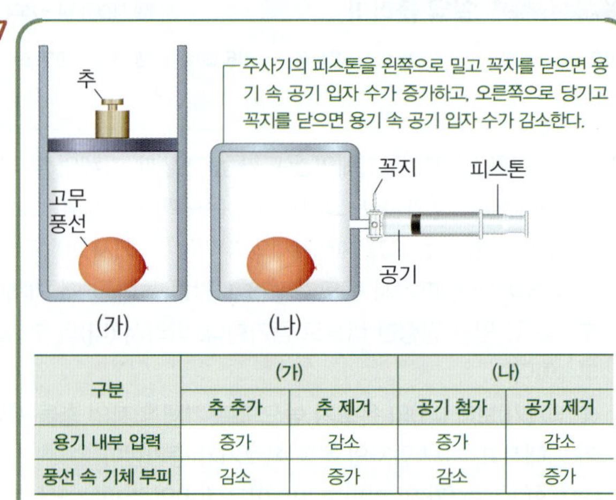


| 구분 | (가) | | (나) | |
|---|---|---|---|---|
| | 추 추가 | 추 제거 | 공기 첨가 | 공기 제거 |
| 용기 내부 압력 | 증가 | 감소 | 증가 | 감소 |
| 풍선 속 기체 부피 | 감소 | 증가 | 감소 | 증가 |

- (가)에서 추를 제거하면 실린더 속 기체의 부피가 증가하므로 고무풍선에 작용하는 압력이 작아진다.
- (나)에서 밀폐 용기 속 공기 입자 수를 줄이면 공기 입자의 충돌 횟수가 감소하여 밀폐 용기 속 압력이 작아지므로 고무풍선에 작용하는 압력이 작아진다.

ㄱ, ㄹ. 고무풍선에 작용하는 기체의 압력이 감소할 때 고무풍선 속 기체의 부피가 증가한다. (가)에서 용기 위에 올려놓은 추를 제거하거나 (나)에서 밀폐 용기에 들어 있는 공기의 양을 줄이면 고무풍선에 작용하는 기체의 압력이 감소한다.
바로 알기 ㄴ, ㄷ. (가)에서 용기 위에 올려놓은 추의 개수를 늘리거나 (나)에서 밀폐 용기에 공기를 더 넣어주면 고무풍선에 작용하는 압력이 증가하여 고무풍선 속 기체의 부피가 감소한다.

**08** 사람이 풍선 놀이 틀에서 뛰었다가 착지하면서 풍선에 충돌할 때 압력이 증가하므로 풍선 속 공기의 부피가 감소하면서 사람이 받는 충격을 흡수한다.

**09** ㄷ. 기체의 온도가 A<C이므로 A에서 C로 변할 때 기체 입자 사이의 거리가 멀어진다.
ㄹ. 기체의 온도가 B<C이므로 B에서 C로 변할 때 기체 입자가 용기 벽에 충돌하는 세기가 강해진다.
바로 알기 ㄱ. 그래프의 0 ℃에서 기체의 부피는 0 L가 아니다.
ㄴ. 온도가 변해도 기체 입자의 크기는 변하지 않는다.

**10** 주사기를 연결한 삼각 플라스크를 뜨거운 물에 넣으면 공기의 온도가 높아지고 공기 입자가 빠르게 운동하여 주사기의 피스톤에 강하게 충돌하므로 피스톤이 위로 올라가 주사기 속 공기의 부피가 증가한다.

①, ③ 온도가 높아지므로 삼각 플라스크와 주사기 속 공기의 부피가 커지고, 공기 입자 사이의 거리가 멀어진다.

④, ⑤ 온도가 높아지므로 공기 입자의 운동이 빨라지고, 공기 입자가 삼각 플라스크와 주사기 벽에 충돌하는 세기가 강해진다.

[바로 알기] ② 온도가 높아져도 공기 입자의 개수는 변하지 않는다.

**11** ⑤ 온도가 낮아지면 기체 입자의 운동이 느려진다.

[바로 알기] ① 기체의 질량은 일정하다.

② 기체의 부피는 감소한다.

③ 기체 입자의 개수는 일정하다.

④ 기체에 작용하는 압력은 일정하다.

**12** 온도가 낮아지면 기체 입자의 운동이 느려지고, 기체 입자의 개수는 일정하다. 따라서 화살표 길이는 짧아지고, 입자의 개수는 변하지 않으며, 삼각 플라스크와 고무풍선 전체에 입자가 골고루 퍼져 있도록 나타내야 한다.

[바로 알기] ① 입자의 크기가 작아졌으므로 옳지 않다.

③ 입자가 삼각 플라스크에만 있고, 화살표 길이가 변하지 않았으므로 옳지 않다.

④ 입자의 개수가 감소했으므로 옳지 않다.

⑤ 화살표의 길이가 길어졌으므로 옳지 않다.

**13** 손의 체온 때문에 유리병 속 기체의 온도가 높아진다. 따라서 기체 입자의 운동이 빨라지고 기체 입자의 충돌 세기가 강해지므로 기체의 부피가 증가하면서 유리병 입구의 동전이 움직인다.

**14** 용기 위에 올려놓은 추의 개수를 줄이면 기체에 작용하는 압력이 감소하여 기체의 부피가 증가하므로 기체 입자가 용기 벽에 충돌하는 횟수가 감소한다. 또 온도가 일정하므로 기체 입자의 운동 빠르기는 변하지 않는다.

[모범 답안] 기체 입자가 용기 벽에 충돌하는 횟수는 감소하고, 기체 입자의 운동 빠르기는 변하지 않는다.

| 채점 기준 | 배점(%) |
| --- | --- |
| 기체 입자가 용기 벽에 충돌하는 횟수와 입자의 운동 빠르기를 모두 옳게 서술한 경우 | 100 |
| 기체 입자가 용기 벽에 충돌하는 횟수와 입자의 운동 빠르기 중 한 가지만 옳게 서술한 경우 | 50 |

**15** 오줌싸개 인형은 인형 속 기체의 온도와 부피 관계를 이용한 예이다.

[모범 답안] 뜨거운 물을 부어 주면 인형 속 공기의 온도가 높아져 공기의 부피가 증가하므로 물이 뿜어져 나온다.

| 채점 기준 | 배점(%) |
| --- | --- |
| 기체의 온도와 부피 변화를 이용하여 옳게 서술한 경우 | 100 |
| 기체의 부피 변화만 이용하여 서술한 경우 | 40 |



## 01 태양계의 구성

[개념] **확인하기**  개념 학습서 83, 85, 87쪽

**1** (1) × (2) × (3) × (4) ○  **2** (1) ㉠ (2) ㉢ (3) ㉡  **3** (1) < (2) < (3) <  **4** ㉠ 화성, ㉡ 위성, ㉢ 크, ㉣ 기체  **5** (가) 금성 (나) 목성 (다) 토성 (라) 수성 (마) 천왕성 (바) 지구 (사) 화성 (아) 해왕성  **6** (1) ○ (2) ○ (3) × (4) ○ (5) ×  **7** (1) 금성 (2) 화성 (3) 목성, 수성 (4) 지구 (5) 화성 (6) 수성 (7) 목성, 해왕성 (8) 목성, 토성, 천왕성, 해왕성 (9) 수성, 금성, 지구, 화성  **8** (1) ○ (2) ○ (3) × (4) ○ (5) × (6) ○  **9** (1) 흑점, 쌀알 무늬 (2) 홍염, 코로나  **10** (가) 채층 (나) 홍염 (다) 코로나  **11** ㄴ, ㄷ, ㄹ

**1** (1), (2) 태양계에는 태양, 8개의 행성, 왜소 행성, 소행성, 위성, 혜성 등이 있다. 별은 태양계에 속하는 천체가 아니다.

(3) 달은 지구의 위성이다.

**2** 위성은 행성 주위를 공전하고, 소행성은 주로 화성과 목성 궤도 사이에 분포한다. 왜소 행성은 태양 주위를 공전하며 모양이 둥글지만, 행성보다 크기가 작다.

**3** 지구형 행성은 질량과 반지름이 작고, 위성이 없거나 수가 적다. 목성형 행성은 질량과 반지름이 크고, 위성 수가 많다.

**4** 수성, 금성, 지구, 화성은 지구형 행성에 속하고, 목성, 토성, 천왕성, 해왕성은 목성형 행성에 속한다.

**5** (가)는 금성, (나)는 목성, (다)는 토성, (라)는 수성, (마)는 천왕성, (바)는 지구, (사)는 화성, (아)는 해왕성이다.

**6** (3) 목성의 표면에는 대적점이 있다. 대흑점이 있는 행성은 해왕성이다.

(5) 화성은 질량과 반지름이 작은 지구형 행성에 속한다.

**7** (8) 표면이 기체로 이루어져 있는 행성은 목성형 행성에 속하는 목성, 토성, 천왕성, 해왕성이다.

(9) 표면이 단단한 암석으로 이루어져 있는 행성은 지구형 행성에 속하는 수성, 금성, 지구, 화성이다.

**8** (3) 흑점은 태양의 표면에서 주변보다 온도가 낮아서 어둡게 보이는 부분이다.

(5) 쌀알 무늬는 태양의 표면인 광구에서 나타나는 현상이므로, 광구를 가리면 쌀알 무늬는 볼 수 없다.

**9** (1) 흑점과 쌀알 무늬는 태양의 표면에서 나타나는 현상이다.

(2) 코로나는 태양의 대기층이고, 홍염은 태양의 대기에서 나타나는 현상이다.

**10** (가) 광구 바로 위에 있는 얇고 붉은 대기층은 채층이다.

(나) 고온의 물질이 채층을 뚫고 솟아오르는 불꽃 덩어리 기둥은 홍염이다.

(다) 채층 위로 넓게 뻗은 진주색의 대기층은 코로나이다.

**11** ㄱ. 흑점 수가 많은 시기에 태양의 활동이 활발하다.

**꽉 잡아! 탐구** 천체 망원경을 이용하여 천체 관측하기  개념 학습서 89쪽

**정리 1** 광구  **2** 흑점
**정리 1** 표면  **2** 가로줄

**확인 문제**

**1** ⑤  **2** (가) 대물렌즈 (나) 접안렌즈  **3** ⑤

**확인 문제**

**1** A는 대물렌즈, B는 경통, C는 파인더, D는 접안렌즈, E는 균형추이다.

**2** 천체에서 오는 빛을 모으는 역할을 하는 것은 대물렌즈이고, 눈을 대고 관찰하는 부분은 접안렌즈이다.

**3** ㄱ. 천체 망원경으로 달을 관측하면 표면에 있는 충돌 구덩이를 볼 수 있다.

---

**기출 문제로 실력 확인하기**  개념 학습서 91~94쪽

| | | | | | | |
|---|---|---|---|---|---|---|
| **01** ⑤ | **02** ① | **03** ⑤ | **04** ③ | **05** ④ | **06** ⑤ | **07** ⑤ |
| **08** ② | **09** ⑤ | **10** ⑤ | **11** ① | **12** ④ | **13** ① | **14** ② |
| **15** ① | **16** ② | **17** ⑤ | **18** ③ | **19** ④ | **20** ② | **21** ① |

**01** 태양계는 태양, 8개의 행성, 왜소 행성, 소행성, 위성, 혜성 등으로 구성되어 있다.

**바로 알기** ⑤ 북극성은 태양계 밖에 있는 별이다.

**02** **바로 알기** ② 소행성은 모양이 불규칙하다.

③ 포물선 궤도를 따라 공전하는 것은 혜성이다.

④ 화성과 목성 궤도 사이에 주로 분포하는 것은 소행성이다.

⑤ 태양계에서 스스로 빛을 내는 천체는 태양뿐이다.

**03** (가) 지구 주위를 공전하는 천체는 위성인 달이다.

(나) 크기가 작고, 모양이 불규칙한 천체는 소행성이다. 문제에 제시된 소행성은 베스타의 모습이다.

(다) 모양이 둥글지만, 궤도 주변 천체들을 흡수하지 못한 천체는 왜소 행성이다. 문제에 제시된 왜소 행성은 명왕성의 모습이다.

**04** ③ (나)는 꼬리가 있는 것으로 보아 혜성이다. 혜성은 먼지와 얼음으로 이루어져 있다.

**바로 알기** ① (가)는 모양이 불규칙한 소행성이다.

② 소행성은 태양 주위를 공전한다. 행성 주위를 공전하는 천체는 위성이다.

④ 태양계에서 스스로 빛을 내는 천체는 태양뿐이다.

⑤ 명왕성, 세레스는 왜소 행성이다.

**05**

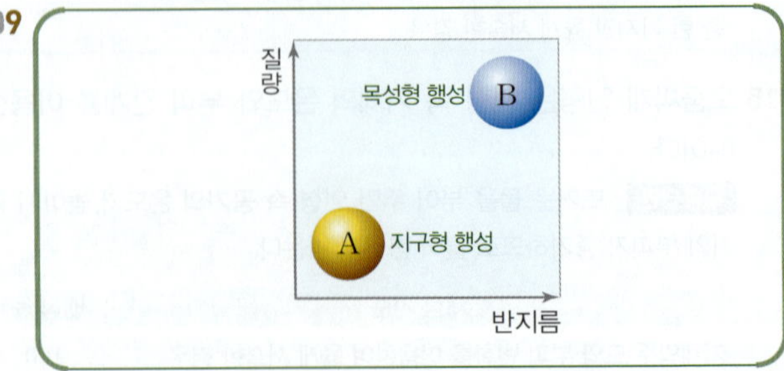


① 왜소 행성, 소행성, 혜성 중 모양이 구형인 천체 A는 왜소 행성이다.

② 명왕성은 왜소 행성(A)에 속한다.

③ 모양이 구형이 아니고, 태양 주변에서 꼬리가 나타나는 천체 B는 혜성이다. 혜성은 주로 얼음과 먼지로 이루어져 있다.

⑤ 모양이 구형이 아니고, 꼬리가 없는 천체 C는 소행성이다. 소행성은 왜소 행성보다 대체로 크기가 작다.

**바로 알기** ④ 혜성(B)은 태양 주위를 공전한다. 행성 주위를 공전하는 천체는 위성이다.

**06** 수성, 금성, 지구, 화성이 속한 A 집단은 지구형 행성이고, 목성, 토성, 천왕성, 해왕성이 속한 B 집단은 목성형 행성이다. 태양계 행성은 질량, 반지름, 위성 수, 고리의 유무, 표면 상태로 지구형 행성과 목성형 행성으로 분류할 수 있다.

**바로 알기** ⑤ 행성의 색깔은 지구형 행성과 목성형 행성의 분류 기준이 아니다.

**07** ⑤ 지구형 행성과 목성형 행성은 질량, 반지름, 위성 수, 고리의 유무, 표면 상태 등의 물리적 특성을 기준으로 분류한 것이다.

**바로 알기** ① 화성은 지구형 행성에 속한다.

② 지구형 행성에 속하는 지구는 위성이 1개(달) 있고, 화성은 위성이 2개 있다.

③ 지구형 행성은 목성형 행성보다 반지름이 작다.

④ 목성형 행성의 표면은 기체로 이루어져 있다.

**08** ㄷ. 지구형 행성은 표면이 단단한 암석으로 이루어져 있고, 목성형 행성은 표면이 기체로 이루어져 있다. 따라서 지구형 행성이 목성형 행성보다 행성 표면의 단단한 정도가 더 크다.

**바로 알기** ㄱ, ㄴ. 지구형 행성은 목성형 행성에 비해 질량과 반지름이 작고, 위성이 없거나 수가 적다.

**09**

A는 지구형 행성이고, B는 목성형 행성이다.

⑤ 목성형 행성(B)은 지구형 행성(A)보다 위성의 수가 많다.

**바로 알기** ①, ②, ③ 지구형 행성(A)은 표면이 단단한 암석으로 이루어진 고체 상태이고, 고리가 없다.

④ 지구는 지구형 행성(A)에 속한다.

**10** A는 수성, B는 금성, C는 지구, D는 화성, E는 목성, F는 토성, G는 천왕성, H는 해왕성이다.

① 수성(A)은 대기가 거의 없어서 표면에 운석 구덩이가 많아 표면의 모습이 달과 비슷하다.

② 화성(D)에는 과거에 물이 흐른 흔적이 있다.

③ 지구(C)에는 물이 존재하고, 다양한 생명체가 살고 있다.

④ 태양계 행성 중 크기가 가장 큰 행성은 목성(E)이다.

**바로 알기** ⑤ 화성(D)은 지구형 행성으로, 표면이 단단한 암석으로 이루어져 있다. 수소와 헬륨으로 이루어진 행성은 목성형 행성인 E~H이다.

**11** 수성은 태양에 가장 가까운 행성으로, 대기가 거의 없어 낮과 밤의 온도 차이가 매우 크다.

**12** ㄴ, ㄷ. 금성은 크기와 질량이 지구와 비슷하고, 태양계 행성 중 지구에서 가장 밝게 보이는 행성이다.

**바로 알기** ㄱ. 금성은 주로 이산화 탄소로 이루어진 두꺼운 대기가 있어서 대기압과 표면 온도가 매우 높다.

**13** ㄱ. 표면에 가로줄 무늬와 대적점이 있는 것으로 보아 목성이다.

**바로 알기** ㄴ. 행성은 태양 주위를 공전한다.

ㄷ. 목성의 표면에는 대기의 소용돌이인 대적점이 있다. 대흑점이 있는 행성은 해왕성이다.

**14** (가) 표면에 물이 풍부하여 생명체가 존재하는 행성은 지구이다. (나) 표면에 붉은색의 큰 점과 가로줄 무늬가 있는 행성은 목성이다. (다) 얼음과 암석으로 이루어진 뚜렷한 고리가 있는 행성은 토성이다. (라) 드라이아이스와 얼음으로 이루어진 극관이 있는 행성은 화성이다. 따라서 태양에서 가까운 것부터 순서대로 나열하면 '(가) 지구 – (라) 화성 – (나) 목성 – (다) 토성' 순이다.

**15** A는 광구에서 주변보다 온도가 낮아 어둡게 보이는 흑점이다. B는 광구 전체에 쌀알을 뿌려 놓은 것 같은 쌀알 무늬로, 광구 아래에서 일어나는 대류 운동 때문에 생긴다.

**16** ㄷ. 흑점(A)의 개수는 약 11년을 주기로 증가와 감소를 반복한다.

**바로 알기** ㄱ, ㄴ. 흑점은 태양의 표면인 광구에서 나타나는 현상으로, 주변보다 온도가 낮아 어둡게 보인다.

**17** A는 채층, B는 홍염, C는 플레어이다.

ㄴ. 채층(A)은 태양의 대기이고, 홍염(B)과 플레어(C)는 태양의 대기에서 관측되는 현상이다.

ㄷ. 태양의 활동이 활발한 시기에는 홍염(B)과 플레어(C)가 자주 발생하고, 코로나의 크기가 커진다.

**바로 알기** ㄱ. C는 흑점 부근에서 다량의 물질과 에너지를 빠르게 방출하는 강한 폭발 현상인 플레어이다.

**18** 태양 표면에 나타나는 현상 중 어둡게 보이는 것(B)은 흑점

이고, 그렇지 않은 것(A)은 쌀알 무늬이다. 태양의 대기와 대기에 나타나는 현상 중 붉은색이 아닌 것(E)은 코로나이고, 붉은색이고 얇은 층 모양인 것(C)은 채층이며, 붉은색이고 얇은 층 모양이 아니라 불꽃이나 고리 모양인 것(D)은 홍염이다.

**19** ㄱ. 태양의 흑점 수는 약 11년을 주기로 증가와 감소를 반복한다.

ㄴ. 흑점 수가 많은 시기에는 태양의 활동이 활발하다. 따라서 A 시기는 태양의 흑점 수가 많으므로, 태양의 활동이 활발했을 것이다.

**바로 알기** ㄷ. 태양의 활동이 활발한 시기에는 코로나의 크기가 커지고, 홍염과 플레어가 자주 발생한다. 따라서 A 시기에는 코로나의 크기가 컸을 것이다.

**20** 태양의 활동이 활발한 시기에는 자기 폭풍이 발생하여 장거리 무선 통신이 끊어질 수 있으며, 전력 시스템과 위성 위치 확인 시스템(GPS), 인공위성 센서 등이 고장 날 수 있다.

**바로 알기** ② 태양의 활동이 활발한 시기에는 오로라가 더 넓은 지역에서 더 자주 발생한다.

**21** 태양 필터나 태양 투영판으로는 광구에서 나타나는 현상을 볼 수 있다. 채층, 홍염 등 태양의 대기에서 나타나는 현상을 관찰하려면 특수하게 제작된 태양 망원경이 필요하다.

---

**단계별 문제로** **서술형 연습하기** 개념 학습서 95쪽

**01** 태양계의 구성 천체 중 소행성은 크기가 작고 모양이 불규칙한 천체로, 주로 화성과 목성 궤도 사이에 띠를 이루며 분포한다.

**모범 답안** (1) 소행성

(2) 대부분 크기가 작고 모양이 불규칙하다.

| 채점 기준 | 배점(%) |
| --- | --- |
| (1) '소행성'이라고 옳게 쓴 경우 | 30 |
| (2) 크기가 작고 모양이 불규칙하다고 옳게 서술한 경우 | 70 |

**02** 태양계 행성은 물리적 특징에 따라 지구형 행성과 목성형 행성으로 분류할 수 있다. 지구형 행성은 질량과 반지름이 작고, 표면이 단단한 암석으로 이루어진 행성들이며, 목성형 행성은 질량과 반지름이 크고, 표면이 기체로 이루어진 행성들이다.

**모범 답안** (1) ㉠ 수성, 금성, 지구, 화성, ㉡ 목성, 토성, 천왕성, 해왕성

(2) A 집단(지구형 행성)은 위성이 없거나 수가 적고, 고리가 없으며, 표면이 단단한 암석으로 이루어져 있다. B 집단(목성형 행성)은 위성이 많고, 고리가 있으며, 표면이 기체 상태이다.

| | 채점 기준 | 배점(%) |
| --- | --- | --- |
| (1) | A 집단과 B 집단에 속하는 행성을 모두 옳게 쓴 경우 | 30 |
| | A 집단과 B 집단에 속하는 행성 중 한 집단만 옳게 쓴 경우 | 15 |
| (2) | 제시된 단어 3개를 모두 포함하여 A와 B 집단의 물리적 특징을 옳게 비교하여 서술한 경우 | 70 |
| | 제시된 단어를 2개 포함하여 A와 B 집단의 물리적 특징을 옳게 비교하여 서술한 경우 | 50 |
| | 제시된 단어를 1개 포함하여 A와 B 집단의 물리적 특징을 옳게 비교하여 서술한 경우 | 30 |

**03** 우리 눈에 밝게 보이는 태양의 둥근 표면을 광구라고 한다.

[모범 답안]　(1) 쌀알 무늬, 흑점

(2) 광구 아래의 대류 운동 때문에 나타난다.

(3) 주변보다 온도가 낮아 어둡게 보인다.

| | 채점 기준 | 배점(%) |
|---|---|---|
| (1) | 쌀알 무늬와 흑점을 모두 옳게 쓴 경우 | 20 |
| | 쌀알 무늬와 흑점 중 한 가지만 옳게 쓴 경우 | 10 |
| (2) | 광구 아래의 대류 운동 때문이라고 옳게 서술한 경우 | 40 |
| (3) | 주변보다 온도가 낮아서 어둡게 보인다고 옳게 서술한 경우 | 40 |

**04** 태양의 흑점 수는 약 11년을 주기로 증가와 감소를 반복한다.

[모범 답안]　(1) 많을

(2) 자기 폭풍이 발생한다. 무선 통신 장애가 발생한다. 오로라가 더 넓은 지역에서 더 자주 발생한다. 대규모 정전 사태가 생긴다. 위성 위치 확인 시스템(GPS)에 오류가 생긴다. 인공위성이 고장 난다. 등

| | 채점 기준 | 배점(%) |
|---|---|---|
| (1) | '많을'이라고 옳게 쓴 경우 | 20 |
| (2) | 태양 활동이 활발한 시기에 지구에서 나타날 수 있는 현상 두 가지를 옳게 서술한 경우 | 80 |
| | 태양 활동이 활발한 시기에 지구에서 나타날 수 있는 현상을 한 가지만 옳게 서술한 경우 | 40 |

[고난도 문제로] **실력 올리기**　개념 학습서 **96~97**쪽

**01** ②　**02** ⑤　**03** ③　**04** ①　**05** ③　**06** ②　**07** ③
**08** ②

**01** A는 태양, B는 혜성, C는 위성(달), D는 화성, E는 소행성이다.

ㄱ. A 주변을 지구, 혜성, 소행성 등이 공전하고 있으므로, A는 태양계의 중심에 위치한 태양이다.

ㄷ. E는 모양이 불규칙한 것으로 보아 소행성이다.

[바로 알기]　ㄴ. 혜성의 꼬리는 태양에 가까울수록 길어진다.

ㄹ. C는 지구(행성) 주위를 공전하는 달(위성)이다. 왜소 행성은 태양 주위를 공전하는 천체이다.

**02** ㄱ. 소행성과 왜소 행성은 모두 태양 주위를 공전하는 천체이다.

ㄴ. 소행성은 모양이 불규칙하고, 왜소 행성은 모양이 둥글다. 따라서 '모양이 둥근가?'는 ⓒ에 알맞은 물음이다.

ㄷ. 왜소 행성은 태양을 중심으로 공전하고 모양이 둥글지만, 궤도 주변의 다른 천체들에게 지배적인 역할을 하지 못한다.

**03**

| 행성 | 지구형 행성 | | 목성형 행성 | |
|---|---|---|---|---|
| | 지구 | A 화성 | B 토성 | C 목성 |
| 반지름 (지구=1) | 1 | 0.53 | 9.45 | 11.21 |
| 질량 (지구=1) | 1 | 0.11 | 95.14 | 317.92 |
| 위성 수(개) | 1 | 2 | 83 | 92 |

ㄱ. A는 질량과 반지름이 작고, 위성 수가 2개인 것으로 보아 지구형 행성인 화성이다.

ㄴ. B는 태양계에서 두 번째로 큰 토성이다. 토성에는 얼음과 암석으로 이루어진 뚜렷한 고리가 있다.

[바로 알기]　ㄷ. C는 태양계에서 가장 큰 목성이다. 목성은 주로 수소와 헬륨으로 이루어져 있다. 표면이 단단한 암석으로 이루어져 있는 것은 지구와 화성(A)이다.

**04** ㄱ. 천왕성은 목성형 행성으로, 사진과 같이 고리가 있다.

[바로 알기]　ㄴ. 천왕성보다 해왕성이 태양에서 더 멀리 떨어져 있다.

ㄷ. 천왕성 주변에 점으로 보이는 천체는 천왕성 주위를 공전한다고 했으므로 천왕성의 위성이다. 왜소 행성은 태양 주위를 공전하는 천체이다.

**05** ㄱ. 화성의 표면은 붉게 보이고 단단한 암석(고체)으로 이루어져 있다.

ㄴ. 목성은 주로 수소와 헬륨 등의 기체로 이루어져 있다.

[바로 알기]　ㄷ. 목성은 두꺼운 기체와 구름으로 덮여 있어 탐사선이 착륙할 단단한 표면이 없다. (나)의 사진은 탐사선이 목성 상공을 비행하면서 촬영한 것이다.

**06** ㄴ. 2000년은 흑점 수가 많으므로 태양의 활동이 활발한 시기이고, 2020년은 흑점 수가 적으므로 태양의 활동이 활발하지 않은 시기이다. 태양의 활동이 활발한 시기에는 오로라가 자주 발생하므로, 2000년에는 2020년보다 오로라의 발생 횟수가 많았을 것이다.

[바로 알기]　ㄱ. 태양의 흑점 수는 약 11년을 주기로 증가와 감소를 반복한다.

ㄷ. 코로나의 크기는 흑점 수가 많아서 태양의 활동이 활발한 시기에 커진다. 따라서 2015년부터 2020년까지는 흑점 수가 점차 감소하는 시기이므로, 코로나의 크기는 점차 줄어드는 추세였을 것이다.

**07** ㄱ. A는 채층 위로 멀리 뻗어 있는 진주색의 대기층인 코로나이다.

ㄷ. 코로나의 크기는 태양의 활동이 활발한 시기에 커진다. 따라서 (가)는 (나)보다 코로나의 크기가 크므로, (가)일 때는 (나)일 때보다 태양 활동이 활발한 시기이다.

[바로 알기]　ㄴ. (가)일 때는 태양 활동이 활발할 때이고, (나)일 때는 태양 활동이 약할 때이므로, (가)일 때는 (나)일 때보다 흑점 수가 많을 것이다.

**08** ㄴ. 태양 투영판을 이용하면 태양의 표면인 광구와 광구에서 나타나는 흑점을 관찰할 수 있다.

[바로 알기]　ㄱ. 천체 망원경으로 태양을 관찰하는 방법으로는 태양 필터를 끼우고 관측하는 방법, 태양 투영판을 설치하여 관측하는 방법 등이 있다. 태양 필터와 태양 투영판을 함께 사용하면 태양 빛이 너무 적어서 관찰하기 어렵다.

ㄷ. 태양의 활동이 활발한 시기에는 흑점 수가 많으므로 흑점을 더 잘 관찰할 수 있다.

## 02 지구와 달

### 개념 확인하기

개념 학습서 99, 101, 103쪽

**1** (1) ○ (2) × (3) × (4) ○ **2** ㉠ 서, ㉡ 동, ㉢ 동, ㉣ 서 **3** (1) 북극성 (2) B (3) 30° **4** (1) 동쪽 (2) 북쪽 (3) 서쪽 (4) 남쪽 **5** (1) × (2) ○ (3) × **6** 공전 **7** (1) 궁수자리 (2) 쌍둥이자리 (3) 물고기자리 (4) 처녀자리 (5) 쌍둥이자리 (6) 궁수자리 (7) 처녀자리 (8) 물고기자리 **8** A: 삭, B: 상현, C: 망, D: 하현 **9** (1) ○ (2) ○ (3) × (4) × **10** (1) ㉠, 개기일식 (2) ㉡, 부분일식 **11** (1) ㉡, 부분월식 (2) ㉠, 개기월식

**1** (2) 우주에서 지구의 북극을 내려다보면 지구는 시계 반대 방향으로 회전한다.
(3) 지구는 1시간에 15°씩 회전한다.

**2** 지구의 자전 방향은 서 → 동이고, 천체의 일주 운동 방향은 동 → 서이다.

**3** 자전하는 지구에서 북두칠성을 관측하면 별들은 북극성을 중심으로 시계 반대 방향으로 원을 그리며 도는 것처럼 보인다.

**4** (1) 천체가 왼쪽 아래에서 오른쪽 위로 비스듬히 떠오르는 것처럼 보이는 것은 동쪽 하늘이다.
(2) 천체가 북극성을 중심으로 시계 반대 방향으로 도는 것처럼 보이는 것은 북쪽 하늘이다.
(3) 천체가 왼쪽 위에서 오른쪽 아래로 비스듬히 지는 것처럼 보이는 것은 서쪽 하늘이다.
(4) 천체가 왼쪽(동쪽)에서 오른쪽(서쪽)으로 이동하는 것처럼 보이는 것은 남쪽 하늘이다.

**5** (1) 지구는 태양 주위를 공전하는 행성이다.
(3) 지구는 태양을 중심으로 1년에 한 바퀴씩 서쪽에서 동쪽으로 공전한다.

**6** 태양의 연주 운동, 계절별 별자리 변화는 지구의 공전에 의해 나타나는 현상이다.

**7** (1), (2) 지구가 A 위치에 있을 때 태양은 궁수자리를 지나고, 이때 한밤중에 남쪽 하늘에서 보이는 별자리는 태양의 반대편에 위치하는 쌍둥이자리이다.
(3), (4) 지구가 B 위치에 있을 때 태양은 물고기자리를 지나고, 이때 한밤중에 남쪽 하늘에서 보이는 별자리는 태양의 반대편에 위치하는 처녀자리이다.
(5), (6) 지구가 C 위치에 있을 때 태양은 쌍둥이자리를 지나고, 이때 한밤중에 남쪽 하늘에서 보이는 별자리는 태양의 반대편에 위치하는 궁수자리이다.
(7), (8) 지구가 D 위치에 있을 때 태양은 처녀자리를 지나고, 이때 한밤중에 남쪽 하늘에서 보이는 별자리는 태양의 반대편에 위치하는 물고기자리이다.

**8** 달이 A에 위치할 때는 삭으로, 달이 보이지 않는다. 달이 B에 위치할 때는 상현으로, 오른쪽이 둥근 반달인 상현달로 보인다.

달이 C에 위치할 때는 망으로, 보름달로 보인다. 달이 D에 위치할 때는 하현으로, 왼쪽이 둥근 반달인 하현달로 보인다.

**9** (3) 달의 위상이 변하는 까닭은 달이 지구 주위를 공전하기 때문이다.
(4) 달이 태양과 같은 방향에 있을 때는 달이 보이지 않고, 달이 지구를 중심으로 태양과 반대 방향에 있을 때 보름달로 보인다.

**10** (1) A에서는 달이 태양을 완전히 가리는 현상인 개기일식(㉠)을 볼 수 있다.
(2) B에서는 달이 태양의 일부를 가리는 현상인 부분일식(㉡)을 볼 수 있다.

**11** (1) A일 때는 달의 일부가 지구 그림자에 가려지는 현상인 부분월식(㉡)이 나타난다.
(2) B일 때는 달이 지구 그림자에 완전히 가려져 붉게 보이는 현상인 개기월식(㉠)이 나타난다.

---

### 꽉 잡아! 탐구   달의 위상 변화 관찰하기

개념 학습서 105쪽

**정리** **1** ㉠ 달, ㉡ 태양   **2** 공전

**확인 문제**

**1** A   **2** ④

### 확인 문제

**1** 관찰자가 보기에 왼쪽 면의 일부만 밝게 보이는 공의 위치는 A이다.

**2** 지구를 기준으로 달이 태양과 반대 방향에 있다면, 지구에서는 달이 보름달로 보인다.

---

### 기출 문제로 실력 확인하기

개념 학습서 107~110쪽

| 01 ② | 02 ③ | 03 ⑤ | 04 ⑤ | 05 ③ | 06 ① | 07 ④ |
|---|---|---|---|---|---|---|
| 08 ① | 09 ④ | 10 ④ | 11 ② | 12 ① | 13 ① | 14 ③ |
| 15 ④ | 16 ③ | 17 ③ | 18 ④ | 19 ⑤ | 20 ③ | 21 ② |

**01** ② 지구는 자전축을 중심으로 하루에 한 바퀴(1시간에 15°)씩 서쪽에서 동쪽(시계 반대 방향)으로 자전한다.

**02** ㄱ, ㄴ. 지구가 하루에 한 바퀴씩 서쪽에서 동쪽으로 자전하기 때문에 천체가 하루에 한 바퀴씩 동쪽에서 서쪽으로 회전하는 것처럼 보이는 겉보기 운동을 천체의 일주 운동이라고 한다.
**바로 알기** ㄷ. 지구의 관측자에게는 지구가 멈춰 있고 천체가 지구 자전 방향과 반대 방향으로 도는 것처럼 보이므로, 별의 일주 운동 방향은 동쪽 → 서쪽이다.

**03** 별은 1시간에 15°씩 회전한다. 따라서 북두칠성이 45° 회전했으므로 3시간 전후의 모습이다. 북쪽 하늘에서 별의 일주 운동은 시계 반대 방향으로 나타나므로, A를 관측한 시각은 02시보다 3시간 후인 05시이다.

**04** 천체가 북극성(별 P)을 중심으로 시계 반대 방향(A)으로 도는 것처럼 보이는 것은 북쪽 하늘의 별의 일주 운동 모습이다.

**05** ㄱ, ㄴ. 천체가 왼쪽(동쪽)에서 오른쪽(서쪽)으로 이동하는 것처럼 보이는 것은 남쪽 하늘의 별의 일주 운동 모습이다.

**바로 알기** ㄷ. 별의 일주 운동은 지구가 자전하기 때문에 나타나는 겉보기 운동이다.

**06**

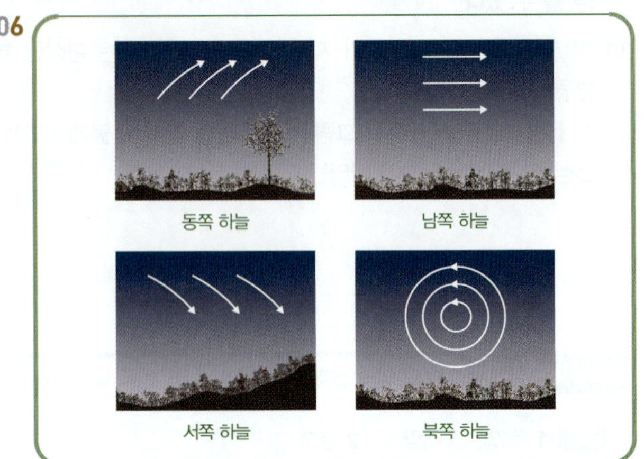



①, ④ 천체가 왼쪽 아래에서 오른쪽 위로 비스듬히 떠오르는 것처럼 보이는 것은 동쪽 하늘이다.

② 천체가 왼쪽(동쪽)에서 오른쪽(서쪽)으로 이동하는 것처럼 보이는 것은 남쪽 하늘이다.

③ 천체가 왼쪽 위에서 오른쪽 아래로 비스듬히 지는 것처럼 보이는 것은 서쪽 하늘이다.

⑤ 천체가 북극성을 중심으로 시계 반대 방향으로 도는 것처럼 보이는 것은 북쪽 하늘이다.

**07** ㄴ. 지구의 공전 방향은 자전 방향과 같은 서 → 동이다.

ㄷ. 지구는 태양을 중심으로 하루에 약 1°(≒360°÷365일)씩 공전한다.

**바로 알기** ㄱ. 지구의 공전 방향은 시계 반대 방향이다.

**08** ① 지구의 공전 방향과 태양의 연주 운동 방향은 서 → 동으로 같다.

**09** ㄱ. 태양의 연주 운동은 지구가 태양 주위를 1년에 한 바퀴씩 공전하기 때문에 나타나는 겉보기 운동이다.

ㄷ. 태양이 연주 운동하면서 별자리 사이로 지나가는 길을 황도라 하고, 황도 부근에 위치하는 12개의 대표적인 별자리를 황도 12궁이라고 한다.

**바로 알기** ㄴ. 지구가 공전하기 때문에 태양은 별자리를 배경으로 이동하여 1년 후 처음 위치로 되돌아오는 것처럼 보인다.

**10** ㄱ, ㄴ. 지구가 A 위치에 있을 때 태양은 염소자리를 지나고, 이때 한밤중에 남쪽 하늘에서 보이는 별자리는 태양의 반대편에 위치하는 게자리이다.

**바로 알기** ㄷ. 지구가 A 위치에 있을 때는 태양이 염소자리를 지나고 있으므로, 2월의 모습이다.

**11** ㄷ. 달이 지구 주위를 공전하면서 태양, 지구, 달의 상대적인 위치가 달라지기 때문에 지구에서 보이는 달의 모양이 달라진다.

**바로 알기** ㄱ, ㄴ. 달은 지구를 중심으로 하루에 약 13°씩 서쪽에서 동쪽(시계 반대 방향)으로 공전한다.

**12** 달의 위상은 삭에서 초승달, 상현달, 보름달로 갈수록 달의 오른쪽 부분이 점점 더 많이 보이고, 보름달 이후부터는 오른쪽 부분이 점점 더 많이 안 보이면서 하현달, 그믐달을 거쳐 다시 삭이 된다. 따라서 달의 위상 변화를 순서대로 나열하면 '삭 → 초승달 → 상현달 → 보름달 → 하현달 → 그믐달 → 삭'이다.

**13** ① 태양과 달이 지구를 중심으로 직각을 이루고 지구에서 달을 보았을 때 왼쪽 절반이 밝게 보이므로 위상은 하현달이다.

**바로 알기** ④는 오른쪽 절반이 밝게 보이는 상현달이다.

**14**

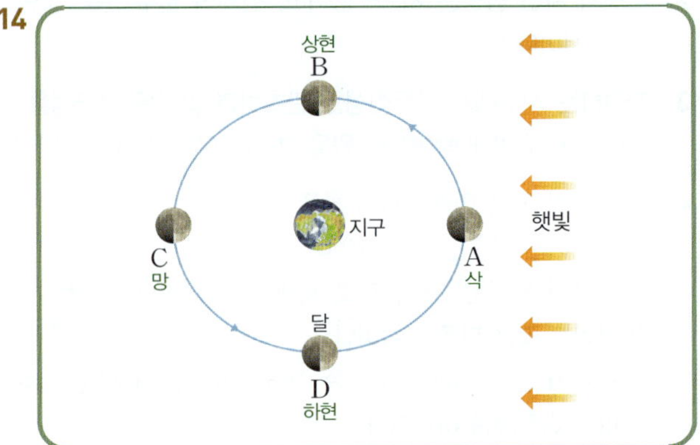



지구에서 볼 때 달의 오른쪽이 둥근 반달(B)은 상현달이고, 왼쪽이 둥근 반달은 하현달(D)이다. A는 달이 태양과 같은 방향에 있으므로 삭이고, C는 달이 태양의 반대편에 있으므로 망이다.

**15** ① 삭(A)일 때는 달이 태양과 같은 방향에 있으므로 달을 관측하기 어렵다.

② 달이 B에 위치할 때는 음력 7~8일경에 상현달로 보인다.

③ 달이 C에 위치할 때는 망으로, 음력 15일경에 보름달로 보인다.

⑤ 달이 삭(A)에서 다시 삭(A)으로 돌아오는 데 걸리는 시간은 달의 공전 주기인 약 한 달에 해당한다.

**바로 알기** ④ 달이 D에 위치할 때는 음력 21~22일경에 왼쪽 절반이 밝은 하현달로 보인다.

**16** ㄱ, ㄷ. 그림은 음력 15일경에 볼 수 있는 보름달이다.

**바로 알기** ㄴ. 보름달은 지구를 중심으로 달이 태양의 반대편에 위치하는 망일 때의 모습이다. 달의 위치가 삭일 때는 달을 보기 어렵다.

**17** ㄱ. A에서는 달이 태양을 완전히 가리는 개기일식을 볼 수 있다.

ㄴ. B에서는 달이 태양의 일부를 가리는 부분일식을 볼 수 있다.

**바로 알기** ㄷ. 달이 지구의 그림자에 가려져 보이지 않는 현상은 월식으로, 달의 위상이 망일 때 일어난다.

ㄴ. 월식은 달이 지구의 그림자에 가려지는 현상으로, 밤이 되는 모든 지역에서 월식을 볼 수 있다.

ㄷ. 월식이 일어나면 달의 왼쪽부터 어두워지고, 개기월식을 지나 다시 달의 왼쪽부터 밝아진다.

**바로 알기** ㄱ. A일 때는 부분월식이 일어나고, B일 때는 개기월식이 일어난다. 달이 C에 위치할 때는 월식이 일어나지 않는다.

**19 바로 알기** ⑤ 일식은 달이 태양을 가리는 지역에서만 볼 수 있고, 월식은 밤이 되는 모든 지역에서 볼 수 있다.

**20** ㄱ. 그림은 달이 태양을 완전히 가리는 현상인 개기일식의 모습이다.

ㄷ. 개기일식이 일어나면 태양의 광구가 가려지므로 평소에 관측하기 어려운 태양의 대기를 볼 수 있다.

**바로 알기** ㄴ. 일식은 태양−달−지구 순으로 일직선을 이루어 달의 위상이 삭일 때 볼 수 있다.

**21** 태양−지구−달 순으로 일직선을 이루어 달의 위상이 망일 때 개기월식을 볼 수 있다. 개기월식은 달이 지구 그림자에 완전히 가려져 붉게 보이는 현상이다.

**바로 알기** ② 개기월식은 달의 위상이 망일 때 일어나므로, 이날은 음력 15일경이다.

---

**단계별 문제로** **서술형 연습하기**    개념 학습서 111쪽

**01** **모범 답안** (1) 북쪽

(2) 지구가 자전축을 중심으로 서쪽에서 동쪽으로 자전하기 때문이다.

| | 채점 기준 | 배점(%) |
|---|---|---|
| (1) | '북쪽'이라고 옳게 쓴 경우 | 20 |
| (2) | 제시된 단어 4개를 모두 포함하여 옳게 서술한 경우 | 80 |
| | 제시된 단어 3개를 포함하여 옳게 서술한 경우 | 50 |
| | 제시된 단어 1~2개를 포함하여 옳게 서술한 경우 | 30 |

**02** 지구가 태양을 중심으로 공전하여 태양이 보이는 위치가 달라지므로 한밤중에 남쪽 하늘에서 볼 수 있는 별자리가 계절에 따라 달라진다.

**모범 답안** (1) 여름

(2) 지구가 태양을 중심으로 공전하여 태양이 보이는 위치가 달라지기 때문이다.

| | 채점 기준 | 배점(%) |
|---|---|---|
| (1) | '여름'이라고 옳게 쓴 경우 | 40 |
| (2) | 제시된 단어 3개를 모두 포함하여 옳게 서술한 경우 | 60 |
| | 제시된 단어 1~2개를 포함하여 옳게 서술한 경우 | 30 |

**03** **모범 답안** (1) 7~8일, 상현달

(2) 달이 지구 주위를 공전하기 때문이다.

| | 채점 기준 | 배점(%) |
|---|---|---|
| (1) | '7~8일'과 '상현달'이라고 옳게 쓴 경우 | 40 |
| (2) | 제시된 단어 3개를 모두 포함하여 옳게 서술한 경우 | 60 |
| | 제시된 단어 1~2개를 포함하여 옳게 서술한 경우 | 30 |

**04** 개기일식이 일어나면 태양의 광구가 가려지므로 평소에 관측하기 어려운 태양의 대기를 볼 수 있다.

**모범 답안** (1) 개기

(2) 달이 태양 전체를 가리는 지역에서만 볼 수 있다.

| | 채점 기준 | 배점(%) |
|---|---|---|
| (1) | '개기'라고 옳게 쓴 경우 | 30 |
| (2) | 제시된 단어 3개를 모두 포함하여 옳게 서술한 경우 | 70 |
| | 제시된 단어 1~2개를 포함하여 옳게 서술한 경우 | 40 |

---

**고난도 문제로** **실력 올리기**    개념 학습서 112~113쪽

**01** ③   **02** ⑤   **03** ③   **04** ②   **05** ⑤   **06** ③   **07** ④
**08** ⑤

**01** ①, ② 별의 일주 운동 모습이 별 P를 중심으로 원 모양으로 나타나는 것으로 보아, 별 P는 북극성이고 북쪽 하늘을 관측한 모습이다.

④ 북쪽 하늘에서 별의 일주 운동은 시계 반대 방향(A)으로 나타난다.

⑤ 별의 일주 운동은 지구가 자전하기 때문에 나타나는 현상이다.

**바로 알기** ③ 별은 1시간에 15°씩 이동한다. 따라서 별이 이동한 각도가 30°이므로, 2시간 동안 관측한 모습이다.

**02** ㄱ. A는 북극성이며, 북쪽 하늘을 관측하면 별이 북극성을 중심으로 시계 반대 방향으로 회전하는 것처럼 보인다.

ㄴ. 별의 일주 운동은 지구가 자전하기 때문에 나타나는 현상이다.

ㄷ. 관측자가 남쪽 하늘을 보면 별은 동쪽에서 떠서 서쪽으로 지는 것처럼 보인다.

**03** ㄱ. 이 실험은 지구의 공전에 의해 나타나는 계절별 별자리 변화를 알아보기 위한 것으로, 전등은 태양, 관찰자는 지구에 해당한다.

ㄴ. 관찰자가 (가)에 있을 때는 태양이 궁수자리 방향에 위치한다.

바로 알기 ㄷ. 관찰자가 (나)에 있다면 태양은 물고기자리 방향에 위치하고, 한밤중에 남쪽 하늘에서는 처녀자리를 볼 수 있다.

04 ① 문제에 제시된 그림은 태양이 진 직후 서쪽 하늘을 관측한 모습이다.
③, ⑤ 계절에 따라 보이는 별자리가 달라지고, 태양이 별자리를 배경으로 이동하여 1년 후 처음 위치로 되돌아오는 것처럼 보이는 것은 모두 지구가 공전하기 때문에 나타나는 현상이다.
④ 매일 같은 시각에 별자리를 관측하면 별자리의 위치가 동쪽에서 서쪽으로 조금씩 움직이는 것처럼 보인다.
바로 알기 ② 별자리는 (가) → (나) → (다) 순으로 변화하였다.

05 ㄱ. C는 오른쪽 절반이 밝게 보이므로 상현달이다.
ㄴ. 달의 위상은 '삭 → 초승달 → 상현달 → 보름달 → 하현달 → 그믐달 → 삭' 순으로 변하므로, A → B → C → D → E 순으로 변하였다.
ㄷ. 달의 밝게 보이는 부분이 절반인 상현달일 때는 태양−관측자−달이 이루는 각도가 90°이고, 달이 모두 밝게 보이는 보름달일 때는 태양−관측자−달이 이루는 각도가 180°이다. 따라서 D는 달의 밝게 보이는 부분이 절반 이상이므로, 태양−관측자−달 D가 이루는 각도는 90°보다 크다.

06

ㄱ, ㄴ. (가)는 전등(태양)−스타이로폼 공(달)−관측자(지구) 순으로 일직선을 이루므로 일식의 원리를 알아보기 위한 것이다. (나)는 전등(태양)−관측자(지구)−스타이로폼 공(달) 순으로 일직선을 이루므로 월식의 원리를 알아보기 위한 것이다.
바로 알기 ㄷ. 달의 공전 방향은 시계 반대 방향이므로, 관측자가 앉은 의자를 시계 반대 방향으로 회전시켜야 한다.

07 ㄴ. (가)는 개기일식이다. 개기일식이 일어나면 태양의 광구가 가려지므로 평소에 관측하기 어려운 태양의 대기를 볼 수 있다.
ㄷ. 개기일식은 달이 태양을 완전히 가리는 현상이므로, (가)에서 검은 원 모양으로 보이는 것은 달이다.
바로 알기 ㄱ. 일식이 일어날 때는 태양의 오른쪽부터 가려진다. 따라서 일식이 일어날 때 관측되는 순서는 (나) → (가) → (다)이다.

08 ㄱ. (가)는 태양의 일부가 가려졌으므로 부분일식이고, (나)는 달의 일부가 가려졌으므로 부분월식이다.
ㄴ. 일식은 달이 태양을 가리는 현상이므로, (가)에서 ㉠은 달이다.
ㄷ. 월식은 달이 지구의 그림자에 가려지는 현상이므로, (나)에서 ㉡은 지구의 그림자이다.




㉠ 지구형  ㉡ 목성형  ㉢ 쌀알 무늬  ㉣ 많음  ㉤ 일주
㉥ 공전  ㉦ 위상  ㉧ 상현  ㉨ 하현  ㉩ 태양
㉪ 지구



| 01 ④ | 02 ① | 03 ⑤ | 04 ③ | 05 ④ | 06 ④ | 07 ⑤ |
|---|---|---|---|---|---|---|
| 08 ④ | 09 ④ | 10 ② | 11 ⑤ | 12 ④ | 13 ④ | 14 ② |
| 15 ③ | 16 ② | 17 ④ | 18 ④ | 19 ① | 20 ④ | |
| 21 해설 참조 | 22 해설 참조 | 23 해설 참조 | | | | |
| 24 해설 참조 | 25 해설 참조 | | | | | |

01 ④ A는 태양 주위를 공전하고 둥근 모양인 것으로 보아 행성 또는 왜소 행성이다. 명왕성은 왜소 행성이므로 ㉠에 해당할 수 있다.
바로 알기 ② B의 예가 달인 것으로 보아 B는 위성이다. 위성은 꼬리가 없다.
③ C는 태양 주위를 공전하고 둥근 모양이 아닌 것으로 보아 소행성 또는 혜성이다. 왜소 행성은 모양이 둥글다.
⑤ 화성은 행성이므로 ㉠의 예가 될 수 있다.

02 ㄱ. 행성과 왜소 행성은 모양이 둥글다.
바로 알기 ㄴ. 행성과 왜소 행성 중 궤도 주변의 다른 천체들에게 지배적인 역할을 하지 못하는 것은 왜소 행성이다.
ㄷ. 달은 위성에 해당한다. 왜소 행성의 예로는 명왕성, 세레스 등이 있다.

03
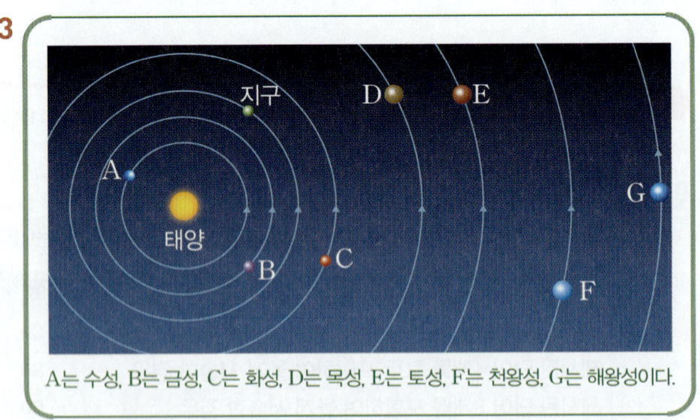


① 수성(A)은 대기가 거의 없어서 표면에 운석 구덩이가 많아 표면 모습이 달과 비슷하다.
② 금성(B)은 이산화 탄소로 이루어진 두꺼운 대기가 있어서 표면 온도가 매우 높다.
③ 화성(C)에는 큰 화산(올림푸스 화산)이 있고, 과거에 물이 흐른 흔적이 있다.
④ 목성(D)은 태양계 행성 중 크기가 가장 크다.

**바로 알기** ⑤ A~C는 지구형 행성으로, 표면이 단단한 암석으로 이루어져 있다. D~G는 목성형 행성으로, 수소와 헬륨 같은 기체로 이루어져 있다.

**04**

ㄱ. (가) 목성은 태양계 행성 중 크기가 가장 큰 행성이다.

ㄷ. (다) 화성의 극지방에는 얼음과 드라이아이스로 이루어진 극관이 있다. 극관은 계절에 따라 크기가 변한다.

**바로 알기** ㄴ. (가)~(다)를 물리적 특성에 따라 두 집단으로 나누면, (가) 목성과 (나) 토성은 목성형 행성, (다) 화성은 지구형 행성으로 분류된다.

**05** ④ 문제에 제시된 행성은 토성이다. 토성의 표면에는 적도와 나란한 가로줄 무늬가 나타난다.

**바로 알기** ① 토성은 수소와 헬륨 등의 기체로 이루어져 있다.

② 토성은 목성형 행성으로, 위성이 많이 있다.

③ 토성은 태양계 행성 중 크기가 두 번째로 크다. 크기가 가장 작은 행성은 수성이다.

⑤ 태양계 행성 중 태양으로부터의 거리가 가장 가까운 것은 수성이다.

**06** ①, ③ A는 태양의 광구에서 주변보다 온도가 낮아 어둡게 보이는 흑점이다.

② 흑점은 크기와 모양이 다양하다.

⑤ 태양 표면에 흑점이 많은 시기에는 태양의 활동이 활발하다.

**바로 알기** ④ 태양의 흑점 수는 약 11년을 주기로 증가와 감소를 반복한다.

**07**

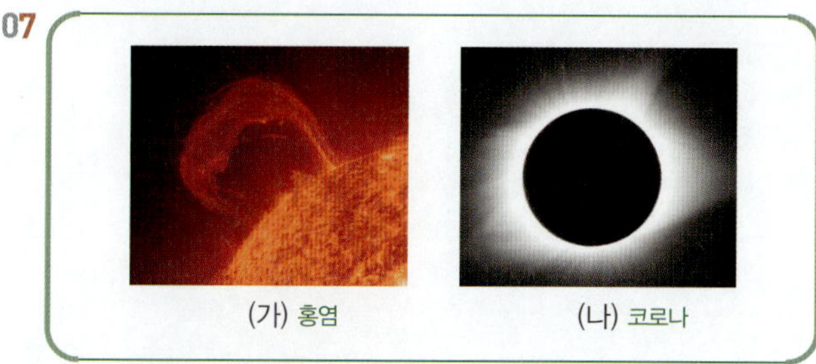



⑤ 태양의 활동이 활발한 시기에는 (나) 코로나의 크기가 커진다.

**바로 알기** ①, ② (가)는 홍염이고, (나)는 코로나이다.

③ (나) 코로나는 태양의 대기이고, (가) 홍염은 태양의 대기에서 나타나는 현상이다.

④ 흑점 수가 많을 때 태양의 활동이 활발하고, 태양의 활동이 활발하면 홍염이 자주 발생한다.

**08** ㄴ. 태양의 활동이 활발할 때는 방사선에 노출될 우려가 있으므로 북극 지방 하늘 주위로 비행하기 어려워진다.

ㄷ. 태양의 활동이 활발한 시기에는 자기 폭풍이 일어나고, 전파 신호 방해를 받아 무선 전파 통신 장애가 발생할 수 있다.

**바로 알기** ㄱ. 태양의 활동이 활발한 시기에는 오로라가 더 넓은 지역에서 더 자주 발생한다.

**09**

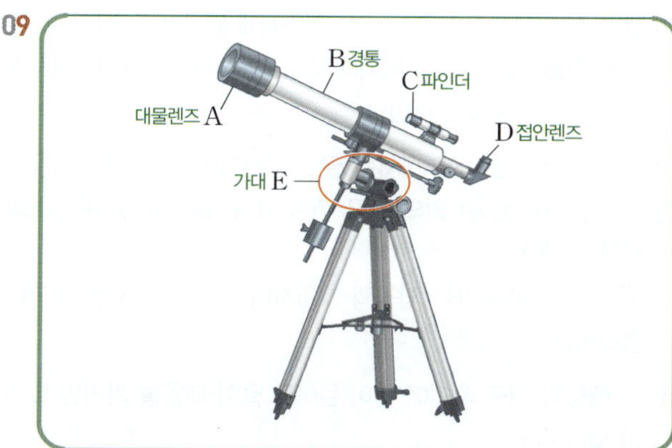



④ 접안렌즈는 눈을 대고 관찰하는 부분이다.

**바로 알기** ③ 천체에서 오는 빛을 모으는 역할을 하는 것은 대물렌즈(A)이다.

⑤ 가대(E)는 경통의 방향을 조절하게 해 주고 경통을 지지하는 역할을 한다. 초점을 맞출 때 사용하는 것은 초점 조절 장치이다.

**10** 별 P는 북극성이다. 별은 1시간에 15°씩 북극성을 중심으로 시계 반대 방향으로 회전한다. 따라서 별이 이동한 방향은 A이고, 이동 각도가 30°이므로 이동 시간은 2시간이다.

**11** **바로 알기** ⑤ 북쪽 하늘에서 별은 북극성을 중심으로 시계 반대 방향으로 일주 운동한다.

**12**

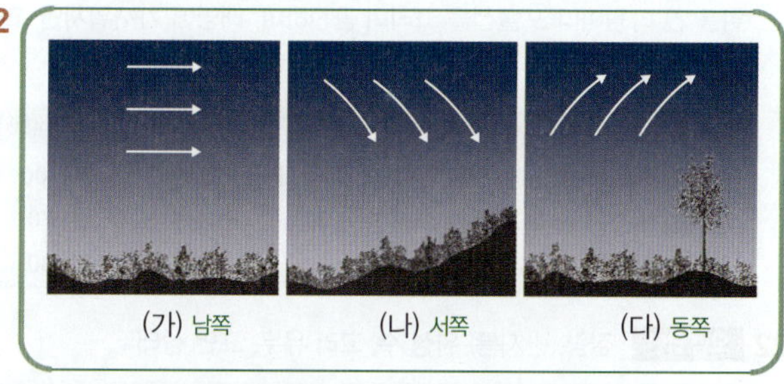



(가) 천체가 왼쪽(동쪽)에서 오른쪽(서쪽)으로 이동하는 것처럼 보이는 것은 남쪽 하늘이다.

(나) 천체가 왼쪽 위에서 오른쪽 아래로 비스듬히 지는 것처럼 보이는 것은 서쪽 하늘이다.

(다) 천체가 왼쪽 아래에서 오른쪽 위로 비스듬히 떠오르는 것처럼 보이는 것은 동쪽 하늘이다.

**13** **바로 알기** ④ 지구의 공전 방향은 서 → 동이고, 별의 연주 운동 방향은 동 → 서이다.

**14** 매일 같은 시각에 별자리를 관측하면 별자리의 위치가 동쪽에서 서쪽으로 조금씩 움직이는 것처럼 보인다. 따라서 별자리를 관측한 순서는 (가) → (다) → (나)이다.

**15** ㄷ. 태양은 3월에 물병자리를 지나고, 4월에 물고기자리를 지난다.

**바로 알기** ㄱ. 겨울철에 태양은 궁수자리 방향을 지난다. 태양이 처녀자리를 지나는 시기는 10월이다.

ㄴ. 여름철 한밤중에는 쌍둥이자리가 태양과 같은 방향에 있으므로 볼 수 없다.

**16** 달이 A 위치에 있을 때는 삭, B 위치에 있을 때는 상현, C 위치에 있을 때는 망, D 위치에 있을 때는 하현이다. E 위치에 있을 때는 그믐달로 보인다.

**17** 학생 A, C: 문제에 제시된 달은 상현달이다. 상현달은 음력 7~8일경에 볼 수 있으며, 약 7~8일 후 음력 15일경에는 보름달이 된다.

**바로 알기** 학생 B: 지구의 그림자에 달이 가려지는 현상은 월식이다.

**18** ④ 태양과 지구 사이에 달이 들어와 달이 태양을 가리면 일식이 일어난다.

**바로 알기** ① 일식은 달의 위상이 삭일 때 일어난다.

② 붉은색 달의 모습을 관찰할 수 있는 것은 개기월식이 일어날 때이다.

③ 달이 지구 그림자에 가려지는 현상은 월식이다.

⑤ 일식은 지구에 달 그림자가 생기는 곳에서만 관측할 수 있다.

**19** 문제에 제시된 사진은 개기일식이다. 개기일식은 달이 태양 전체를 가리는 지역(A)에서 볼 수 있다. 달이 태양의 일부를 가리는 지역(E)에서는 부분일식을 볼 수 있다.

**20** 달이 A 위치에 있을 때는 개기월식이 일어난다. 월식은 지구의 밤에 해당하는 지역에서 모두 볼 수 있다.

**21** **모범 답안** 혜성이다. 혜성은 얼음과 먼지로 이루어져 있고, 태양 주위를 긴 타원이나 포물선을 그리며 공전하며, 태양에 가까워지면 꼬리가 생긴다.

| 채점 기준 | 배점(%) |
| --- | --- |
| 천체의 종류를 쓰고, 특징을 한 가지 옳게 서술한 경우 | 100 |
| 혜성의 특징만 한 가지 옳게 서술한 경우 | 70 |
| 천체의 종류만 쓴 경우 | 30 |

**22** **모범 답안** 질량, 반지름, 위성 수, 고리 유무, 표면 상태

| 채점 기준 | 배점(%) |
| --- | --- |
| 지구형 행성과 목성형 행성의 분류 기준 5개를 모두 옳게 쓴 경우 | 100 |
| 지구형 행성과 목성형 행성의 분류 기준을 3~4개만 옳게 쓴 경우 | 50 |
| 지구형 행성과 목성형 행성의 분류 기준을 1~2개만 옳게 쓴 경우 | 30 |

**23** **모범 답안** 수성과 달에는 물과 대기가 없어서 한 번 만들어진 운석 구덩이가 사라지지 않고 남아 있기 때문이다.

| 채점 기준 | 배점(%) |
| --- | --- |
| 물과 대기가 없어서 한 번 만들어진 운석 구덩이가 사라지지 않고 남아 있기 때문이라고 옳게 서술한 경우 | 100 |
| 대기가 없기 때문이라고만 서술한 경우 | 70 |

**24** A 시기는 흑점 수가 적으므로 태양의 활동이 활발하지 않은 시기이고, B 시기는 흑점 수가 많으므로 태양의 활동이 활발한 시기이다.

**모범 답안** ⑴ B

⑵ A 시기보다 B 시기에 태양의 활동이 더 활발했으므로 코로나의 크기가 더 크고, 플레어의 발생 빈도가 높았을 것이다.

| | 채점 기준 | 배점(%) |
| --- | --- | --- |
| ⑴ | B를 쓴 경우 | 30 |
| ⑵ | 코로나의 크기와 플레어의 발생 빈도를 모두 옳게 서술한 경우 | 70 |
| | 코로나의 크기와 플레어의 발생 빈도 중 한 가지만 옳게 서술한 경우 | 40 |

**25** **모범 답안** 7월 17일이다. 사진 속 달은 보름달인데, 보름달은 음력 15일경에 볼 수 있기 때문이다.

| 채점 기준 | 배점(%) |
| --- | --- |
| 촬영한 날짜와 까닭을 모두 옳게 서술한 경우 | 100 |
| 촬영한 날짜와 까닭 중 한 가지만 옳게 서술한 경우 | 50 |

# 정답과 해설 시험 대비서

## V. 힘의 작용

## 01 여러 가지 힘(1)

### 쪽지 시험 1회

시험 대비서 3쪽

1 힘 2 ㉠ 크기(작용점), ㉡ 작용점(크기) 3 알짜힘(합력) 4 더한 5 ㉠ 차, ㉡ 큰 6 ㉠ 같고, ㉡ 반대 7 ㉠ 0, ㉡ 일정하다 8 ㉠ 중력, ㉡ 지구 중심(연직 아래) 9 ㉠ 무게, ㉡ 질량 10 ㉠ 무게, ㉡ 질량

### 쪽지 시험 2회

시험 대비서 4쪽

1 ㉠ 모양(운동 상태), ㉡ 운동 상태(모양) 2 N(뉴턴) 3 ㉠ 작용점, ㉡ 방향, ㉢ 크기 4 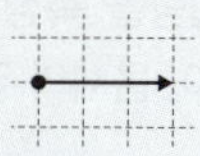 5 ㉠ 힘의 합성, ㉡ 알짜힘(합력) 6 (가) 5 N, 오른쪽 (나) 1 N, 오른쪽 7 평형 8 중심 9 ㉠ 9.8, ㉡ 294 10 ㉠ $\frac{1}{6}$, ㉡ 49

### 학교 시험 미리 보기

시험 대비서 5~9쪽

| | | | | | | |
|---|---|---|---|---|---|---|
| 01 ② | 02 ④ | 03 ④, ⑥ | 04 ② | 05 ① | 06 ④ | 07 ③ |
| 08 ① | 09 ① | 10 ④ | 11 ② | 12 ④ | 13 ③ | 14 ① |
| 15 ②, ④ | 16 ① | 17 ⑤ | 18 ⑤ | 19 ③ | 20 ② | 21 ③ |
| 22 ③ | 23 ③ | 24 해설 참조 | | 25 해설 참조 | | |
| 26 해설 참조 | | 27 해설 참조 | | 28 해설 참조 | | |

**01** 힘을 화살표로 나타낼 때 화살표의 시작점은 힘의 작용점, 화살표가 가리키는 방향은 힘의 방향, 화살표의 길이는 힘의 크기를 나타낸다.

**02** 과학에서 말하는 힘은 물체의 모양이나 운동 방향, 빠르기를 변하게 하는 원인이다. 일상생활에서는 도움이나 의지, 능력이나 역량의 뜻으로 힘이 쓰이는 경우가 있다.

**03** 과학에서 말하는 힘은 물체의 모양이나 운동 상태를 변하게 하는 원인으로, 물풍선을 누르면 모양이 변한다.
④, ⑥ 힘에 의해 물체의 모양이 변한다.
**바로 알기** ①, ②, ③, ⑤ 힘에 의해 물체의 운동 상태가 변한다.
⑦ 힘에 의해 물체의 모양과 운동 상태가 모두 변한다.
⑧ 물체에 작용하는 알짜힘이 0이어서 물체의 모양이나 운동 상태가 변하지 않는다.

**04** 과학에서 말하는 힘은 물체의 모양이나 운동 상태를 변하게 하는 원인이다.
ㄴ. 축구공의 속력이 변한다.
ㄷ. 대리석의 모양이 변한다.
**바로 알기** ㄱ, ㄹ. 상태 변화는 열의 이동에 의해 나타나는 현상이다. ㄱ은 액체가 고체로, ㄹ은 액체가 기체로 변하는 상태 변화이다.

**05** 힘을 화살표로 나타낼 때 화살표의 시작점은 힘의 작용점, 화살표의 길이는 힘의 크기, 화살표가 가리키는 방향은 힘의 방향을 나타낸다.

**06** 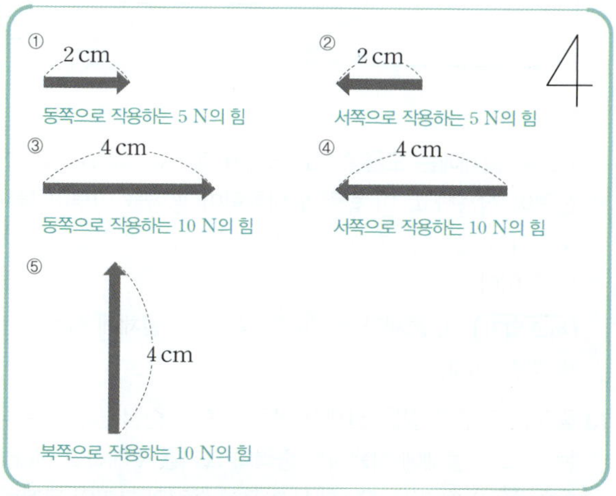


④ 힘을 화살표로 나타낼 때 화살표가 가리키는 방향은 힘의 방향, 화살표의 길이는 힘의 크기를 나타낸다. 화살표의 길이는 힘의 크기에 비례하므로 5 N : 2 cm=10 N : $x$에서 화살표의 길이 $x$=4 cm이고, 화살표는 서쪽을 향한다.

**07** ㄷ. 힘의 작용점이 다르면 같은 방향과 크기로 힘이 작용해도 힘의 효과는 달라질 수 있다.
**바로 알기** ㄱ, ㄴ. 두 힘의 크기와 방향은 같다.

**08** 두 힘이 반대 방향으로 작용할 때 알짜힘의 크기는 큰 힘의 크기에서 작은 힘의 크기를 뺀 것과 같고, 알짜힘의 방향은 큰 힘의 방향과 같다. 따라서 알짜힘의 크기는 6 N−3 N=3 N이고, 알짜힘의 방향은 왼쪽이다.

**09** ㄱ. 한 물체에 크기가 같은 두 힘이 일직선상에서 서로 반대 방향으로 작용하면 두 힘은 평형을 이루어 물체에 작용하는 알짜힘이 0이다.
**바로 알기** ㄴ. 두 힘이 같은 방향으로 작용할 때 알짜힘의 방향은 두 힘의 방향과 같다.
ㄷ. 두 힘이 같은 방향으로 작용하면 알짜힘이 0이 아니므로, 물체의 모양이나 운동 상태가 변한다. 반면 두 힘이 반대 방향으로 작용하면 알짜힘이 0이므로 물체의 모양이나 운동 상태가 변하지 않는다.

**10** ① (가)에서는 알짜힘이 2 N+3 N=5 N의 크기로 오른쪽으로 작용한다.
② (나)에서는 알짜힘이 3 N−2 N=1 N의 크기로 오른쪽으로 작용한다.
③ 알짜힘의 크기는 (가)에서 5 N, (나)에서 1 N이므로 (가)에서가 (나)에서의 5배이다.
⑤ (가)에서 알짜힘의 방향은 두 힘의 방향, 즉 큰 힘의 방향과 같고, (나)에서 알짜힘의 방향은 큰 힘의 방향과 같다.
**바로 알기** ④ 알짜힘의 방향은 (가)에서와 (나)에서 모두 오른쪽으로 같다.

**11** 한 물체에 크기가 같은 두 힘이 일직선상에서 서로 반대 방향으로 작용하면 두 힘은 평형을 이룬다.

**12** 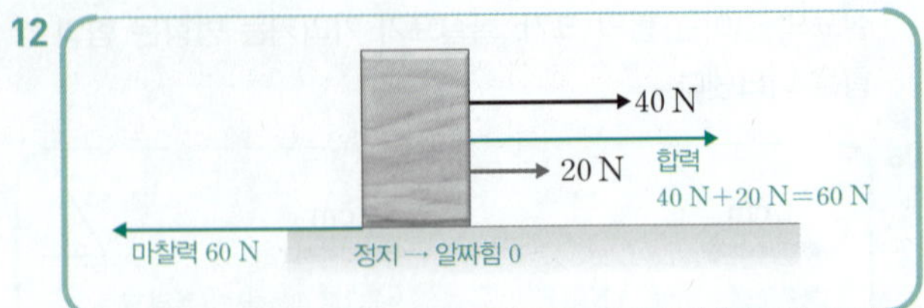



ㄴ, ㄷ. 물체에는 오른쪽으로 크기가 20 N+40 N=60 N인 합력이 작용하고, 이 합력과 마찰력이 평형을 이루어 물체가 움직이지 않는다. 따라서 물체에 작용하는 마찰력의 크기는 60 N이다.

**바로 알기** ㄱ. 물체가 움직이지 않으므로 물체에 작용하는 알짜힘은 0이다.

**13** 중력은 지구와 같은 천체가 물체를 지구 중심 방향으로 당기는 힘으로, 물체에 작용하는 중력의 크기를 무게라고 한다.

**바로 알기** ③ 같은 장소에서 측정한 중력의 크기인 무게는 물체의 질량에 비례한다.

**14** ㄱ. 중력은 지구와 같은 천체가 물체를 지구 중심 방향으로 당기는 힘으로, A와 B에는 모두 중력이 작용한다.

**바로 알기** ㄴ. 물체에 작용하는 중력의 크기를 무게라고 한다. 같은 장소에서 측정한 물체의 무게는 질량에 비례하므로 질량이 큰 B의 무게가 더 크다.

ㄷ. A와 B에 작용하는 중력의 방향은 각각 ⓒ, ② 방향이므로 A와 B는 각각 ⓒ, ② 방향으로 떨어진다.

**15** 중력에 의해 물체가 아래로 떨어지고, 지구상에 생물과 물체가 머물러 있을 수 있으며, 위와 아래를 구분하고 달이나 인공위성이 지구 주위를 공전한다.

**바로 알기** ② 볼펜 속 용수철의 탄성력에 의해 볼펜 심이 들어간다.

④ 긴 장대의 탄성력을 이용하여 높이 뛰어오른다.

**16** 스카이다이버, 지구 주위를 공전하는 인공위성에는 모두 중력이 작용한다.

**17** 무게는 물체에 작용하는 중력의 크기로 장소에 따라 달라지고, 질량은 물질이 가지고 있는 고유한 양으로 장소에 따라 변하지 않는다.

**바로 알기** ⑤ 지구에서의 무게=9.8×질량이다.

**18** ⑤ 무게는 물체에 작용하는 중력의 크기이고, 질량은 물질이 가진 고유한 양이다. 물체가 무겁거나 가볍다고 느끼는 것은 물체에 작용하는 중력의 크기, 즉 무게가 다르기 때문이다.

**바로 알기** ① 같은 장소에서 무게는 질량에 비례한다.

② 질량의 단위는 kg이고, 무게의 단위는 N이다.

③ 무게는 장소에 따라 달라진다.

④ 질량은 장소에 관계없이 항상 일정하다.

**19** ㄱ, ㄴ. 무게는 물체에 작용하는 중력의 크기이다. 지구에서의 무게가 달에서의 6배이므로 중력의 크기는 지구에서가 달에서의 6배이다.

**바로 알기** ㄷ. 지구에서의 중력이 달에서의 중력보다 크므로 지구가 물체를 당기는 힘의 크기가 달이 물체를 당기는 힘의 크기보다 더 크다.

**20** 지구에서 물체의 무게=9.8×질량이므로 지구에서 물체의 질량은 $\frac{294}{9.8}=30$ (kg)이다. 물질이 가진 고유한 양인 질량은 장소가 달라져도 변하지 않으므로 달에서의 질량도 30 kg이다. 달에서의 무게는 지구에서의 $\frac{1}{6}$이므로 달에서의 무게는 294 N $\times\frac{1}{6}=49$ N이다.

**21** 질량은 윗접시저울이나 양팔저울로 측정한다. 물질이 가진 고유한 양인 질량은 장소가 달라져도 변하지 않으므로 달에서도 지구에서와 같이 100 g인 추 6개와 평형을 이룬다.

**22** 윗접시저울로 물체의 질량을 측정할 수 있다. 달에서 무게가 294 N이라면 지구에서 이 물체의 무게는 294 N×6=1764 N이다. 따라서 이 물체의 지구에서의 질량은 $\frac{1764}{9.8}=180$ (kg)이다.

**23** ㄱ. 달에서의 중력이 지구에서의 $\frac{1}{6}$이므로 달에서 물체의 무게는 지구에서의 $\frac{1}{6}$이다. 따라서 달에서 물체의 무게는 60 N $\times\frac{1}{6}=10$ N이다.

ㄴ. 중력은 화성에서가 달에서의 2배이므로, 중력의 크기인 무게도 화성에서가 달에서의 2배이다.

**바로 알기** ㄷ. 무게는 물체에 작용하는 중력의 크기로, 같은 물체라도 장소가 달라져 중력이 달라지면 물체의 무게가 달라진다. 질량은 물질이 가지고 있는 고유한 양으로 장소가 달라져도 변하지 않는다. 따라서 목성에서 물체의 질량은 지구에서와 같은 6 kg이다.

**24** 힘을 화살표로 나타낼 때 힘의 방향은 화살표의 방향, 힘의 크기는 화살표의 길이로 나타내며, 화살표의 길이는 힘의 크기에 비례한다.

**모범 답안** 화살표의 방향은 힘의 방향을 의미하므로 화살표의 방향은 왼쪽으로, 화살표의 길이는 힘의 크기를 의미하므로 화살표의 길이는 2 N의 절반 길이로 그린다.

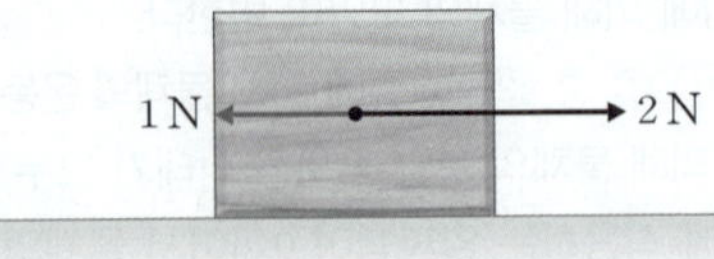



| 채점 기준 | 배점(%) |
| --- | --- |
| 화살표를 옳게 그리고, 힘의 방향 및 크기와 화살표의 방향 및 길이의 관계를 옳게 서술한 경우 | 100 |
| 화살표만 옳게 그린 경우 | 50 |

**25** 같은 방향으로 여러 힘이 작용할 때 알짜힘의 크기는 작용하는 힘들의 크기를 더한 것과 같다.

**모범 답안** 한 물체에 같은 방향으로 여러 힘이 동시에 작용할 때 알짜힘의 크기는 각 힘의 크기를 더한 것과 같으므로, 각각의 작은 크기의 힘으로도 무거운 물체를 들어 옮길 수 있어 과학적으로 타당하다.

| 채점 기준 | 배점(%) |
|---|---|
| 같은 방향으로 작용하는 여러 힘의 합력을 구하는 방법과 알짜힘의 크기와의 관계를 옳게 서술한 경우 | 100 |
| 힘을 더할 수 있기 때문이라고만 서술한 경우 | 30 |

**26** 한 물체에 여러 힘이 동시에 작용할 때 힘의 평형을 이루어 물체에 작용하는 알짜힘이 0이면 물체의 운동 상태가 변하지 않는다.

**모범 답안** 철수, 상자를 미는 힘과 상자에 작용하는 마찰력이 평형을 이루어 상자에 작용하는 알짜힘이 0이면 상자의 운동 상태가 일정하여 속력과 운동 방향이 변하지 않기 때문이다.

| 채점 기준 | 배점(%) |
|---|---|
| 철수라고 쓰고, 힘의 평형과 알짜힘의 크기 관계를 옳게 서술한 경우 | 100 |
| 철수라고만 쓴 경우 | 30 |

**27**

① 오른쪽 소가 왼쪽 소를 미는 힘과 왼쪽 소에 작용하는 마찰력이 평형을 이룬다.

② 왼쪽 소가 오른쪽 소를 미는 힘과 오른쪽 소에 작용하는 마찰력이 평형을 이룬다.

→ 왼쪽 소와 오른쪽 소는 각각 힘의 평형을 이루므로 운동 상태가 변하지 않고 정지해 있다.

힘의 평형은 한 물체에 여러 힘이 동시에 작용할 때 알짜힘이 0인 상태이다. 오른쪽 소에는 왼쪽 소가 미는 힘과 마찰력이 서로 반대 방향으로 같은 크기로 작용하므로 힘의 평형을 이룬다.

**모범 답안** (1) (다), 왼쪽 소가 미는 힘은 오른쪽 소에, 오른쪽 소가 미는 힘은 왼쪽 소에 작용한다. 두 힘은 한 물체에 작용하는 힘이 아니므로 합성할 수 없다.

(2) 오른쪽 소에 작용하는 마찰력

| | 채점 기준 | 배점(%) |
|---|---|---|
| (1) | (다)라고 쓰고, 두 힘이 작용하는 작용점과 힘의 평형 관계를 옳게 서술한 경우 | 50 |
| | (다)라고만 쓴 경우 | 20 |
| (2) | 오른쪽 소에 작용하는 마찰력이라고 쓴 경우 | 50 |
| | 마찰력이라고만 쓴 경우 | 20 |

**28** 지구에서 물체의 무게$=9.8 \times$질량이며, 물질이 가진 고유한 양인 질량은 장소가 달라져도 값이 변하지 않는다. 달에서의 중력은 지구에서의 중력의 $\frac{1}{6}$이므로 달에서의 무게는 지구에서의 $\frac{1}{6}$이다.

**모범 답안** 질량은 지구에서와 같은 60 kg이고, 몸무게는 지구에서의 $\frac{1}{6}$인 $9.8 \times 60 \times \frac{1}{6} = 98$ (N)이다.

| 채점 기준 | 배점(%) |
|---|---|
| 질량과 몸무게를 지구에서와 비교하여 모두 옳게 서술한 경우 | 100 |
| 질량과 몸무게 중 한 가지만 지구에서와 비교하여 옳게 서술한 경우 | 50 |

# 01 여러 가지 힘(2)



**1** ㉠ 탄성, ㉡ 탄성력   **2** ㉠ →, ㉡ ←   **3** 마찰력   **4** ←   **5** ㉠ 거칠, ㉡ 무거울   **6** <   **7** ㉠ 크게, ㉡ 작게   **8** 부력   **9** 중력: ↓, 부력: ↑   **10** 3 N



**1** 탄성력   **2** ㉠ 반대, ㉡ 커   **3** ㉠ 방해하는, ㉡ 반대   **4** ㉠ 거칠기, ㉡ 무게   **5** 마찰력   **6** (가)<(나)<(다)   **7** ㉠ 부력, ㉡ 중력   **8** 클   **9** 뺀   **10** ㉠ 점점 증가하고, ㉡ 점점 감소한다



| | | | | | |
|---|---|---|---|---|---|
| 01 ⑤ | 02 ②, ⑤, ⑥ | 03 ③, ④ | 04 ③, ⑤ | 05 ⑤ | 06 ③ |
| 07 ⑤ | 08 ① | 09 ③ | 10 ④ | 11 ② | 12 ③ | 13 ② |
| 14 ① | 15 ④ | 16 ① | 17 ② | 18 해설 참조 | |
| 19 해설 참조 | 20 해설 참조 | 21 해설 참조 | | | |

**01**

학교 수업을 마치고 수영장에 놀러 갔다. 물 때문에 수영장 바닥이 미끄러워서 '뛰어다니지 마시오.'라고 적혀 있었다. 그래서인지 바닥은 거칠게(마찰력) 되어 있었다.

물속에서 잠수를 하는데 내 몸이 가벼워지는 것을(부력) 느꼈다. 얕은 곳에서는 바닥을 짚고 쉽게 헤엄을 칠 수 있어서 재미있었다.

다른 쪽에서는 다이빙을 하고 있었다. 어린이가 올라서니 다이빙대가 조금 휘어졌고 어른이 올라서니 많이 휘어졌다. 휘어지는 정도가 몸무게와(탄성력/중력) 관련이 있다는 생각이 들었다.

수영장에서도 과학 시간에 배운 내용을 찾을 수 있어서 신기했다.

수영장 바닥을 거칠게 하여 마찰력을 크게 하고, 물속에서 부력에 의해 몸이 가벼워지며, 다이빙대에 올라서면 중력 때문에 다이빙대가 휘어져서 탄성력이 작용한다.

**바로 알기** ⑤ 자기력은 자석과 자석, 또는 자석과 쇠붙이 사이에 작용하는 힘이다.

**02** (가)에서는 활의 탄성력을 이용하여 화살을 쏘고, (나)에서는 중력과 줄의 탄성력을 이용하여 번지 점프를 한다.

②, ⑤, ⑥ 탄성력과 관련된 사례이다.

**바로 알기** ①, ⑦ 중력과 관련된 사례이다.

③ 부력과 관련된 사례이다.

④ 마찰력과 관련된 사례이다.

**03** A는 부력, B는 탄성력, C는 마찰력이다.

③ 부력의 크기는 물속에 잠긴 물체의 부피가 클수록 크다.

④ 탄성력은 모양이 변형된 물체가 원래 모양으로 되돌아가려
는 힘이다.

**바로 알기** ①, ② A는 부력으로, 중력과 반대 방향인 연직 위
방향으로 작용한다.

⑤ B는 탄성력으로, 물체에 작용한 힘의 방향과 반대 방향으
로 작용한다.

⑥, ⑦ C는 마찰력으로, 물체가 운동하는 방향과 반대 방향으
로 작용하며, 물체의 무게가 무거울수록 마찰력의 크기가 크다.

**04** 일상생활에서 중력, 탄성력, 마찰력, 부력 등을 다양하게 경험
할 수 있다.

**바로 알기** ③ 테왁은 부력에 의해 물에 뜬다.

⑤ 물 미끄럼틀에 물을 흘려 주어 마찰력을 작게 한다.

**05** ㄱ, ㄴ. 용수철을 압축한 길이가 길수록 탄성력의 크기가 커지
므로 탁구공은 더 높이 튀어 오른다.

ㄷ. 용수철을 손으로 눌렀다 놓으면 용수철은 원래 모양으로
되돌아가면서 탁구공을 위로 밀어 올린다. 즉, 탄성력의 방향
은 용수철을 손으로 누른 방향과 반대 방향이다.

**06** 용수철에 작용하는 탄성력의 크기는 용수철에 매단 추의 무게
와 같고 추의 무게는 추의 질량이 클수록 크다. 따라서 탄성력
의 크기를 비교하면 $B > A > C$이다.

**07** 탄성력의 방향은 변형된 물체가 원래 모양으로 되돌아가려는
방향이고, 탄성력의 크기는 물체에 작용한 힘의 크기와 같으
며, 변형된 정도가 클수록 크다.

**바로 알기** ⑤ 용수철의 탄성력의 방향은 용수철을 당기는 힘
과 반대 방향이다.

**08** 용수철의 원래 길이가 4 cm이므로 용수철을 잡아당겨 용수철
의 전체 길이가 12cm가 되면 용수철이 늘어난 길이는 8 cm
이다. 따라서 2 cm : 0.2 N＝8 cm : $F$에서 탄성력의 크기
$F$＝0.8 N이며, 방향은 용수철이 늘어난 방향과 반대 방향인
왼쪽이다.

**09** ㄱ, ㄷ. 마찰력의 크기는 두 물체의 접촉면이 거칠수록, 물체의
무게가 무거울수록 크다.

**바로 알기** ㄴ. 물체의 부피는 마찰력의 크기와 관계없다.

**10** 나무 도막이 미끄러지기 시작하는 빗면의 각도가 클수록 마찰
력의 크기가 크다. 따라서 마찰력이 크기를 비교하면 사포 면
＞종이 면＞비닐 면이다.

**11** 나무 도막의 한 면에 각각 비닐, 종이, 사포 등을 붙이는 것은
접촉면의 거칠기를 다르게 하는 것이다. 접촉면의 거칠기를
다르게 하고 나무 도막이 미끄러져 내려가는 순간 빗면의 각
도를 측정하였으므로 이 실험을 통해 마찰력의 크기는 접촉면
이 거칠수록 크다는 것을 알 수 있다.

**12** 물체의 무게만 다르게 하고 접촉면의 거칠기, 접촉면의 넓이
등 다른 조건은 같게 해야 한다.

**바로 알기** ① 접촉면의 거칠기를 다르게 한 것이다.

② 접촉면의 넓이를 다르게 한 것이다.

**13** 용수철이 5 cm 늘어났으므로 2 cm : 0.8 N＝5 cm : $F$에

서 용수철을 당기는 힘의 크기 $F$＝2.0 N이다. 물체가 움직이
지 않으므로 마찰력의 크기는 당기는 힘의 크기와 같은 2.0 N
이다.

**14** 빈 플라스틱 병을 물속으로 밀어 넣으려고 하면 병이 물에 잠
기는 것을 방해하는 힘인 부력을 느낄 수 있다. 부력의 크기는
물에 잠긴 부피가 클수록 크므로 병이 물속에 많이 잠길수록
손이 위쪽으로 받는 힘의 크기가 커진다.

**15**

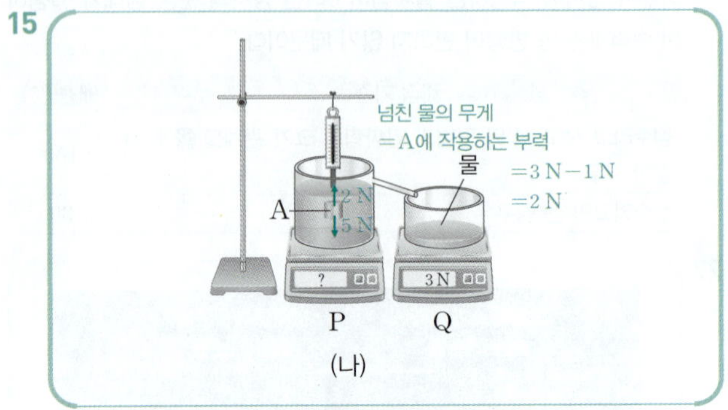


ㄴ. 용수철저울에는 A의 무게에서 부력의 크기 만큼이 감소
한 5 N－2 N＝3 N의 힘이 측정된다.

ㄷ. A의 무게 중 3 N만큼을 용수철저울이 당기고 있으므로
2 N의 무게만 P에 더해진다. 따라서 P에는 남은 물의 무게인
18 N과 A의 무게 중 2 N의 합이 측정되므로, P에서 측정된
힘의 크기는 18 N＋2 N＝20 N이다.

**바로 알기** ㄱ. Q에서 측정된 힘의 크기가 2 N만큼 증가하였
으므로, 넘친 물의 무게는 2 N이다. A에 작용하는 부력의 크
기는 넘친 물의 무게와 같으므로 2 N이다.

**16** ㄴ. (나)에서가 (가)에서보다 물에 잠긴 추의 부피가 크므로 부
력이 더 크게 작용한다.

**바로 알기** ㄱ. 동일한 추이므로 추에 작용하는 중력의 크기는
같다.

ㄷ. 용수철저울로 측정한 힘의 크기는 '중력의 크기－부력의
크기'이다. 따라서 (가)에서가 (나)에서보다 크다.

**17**

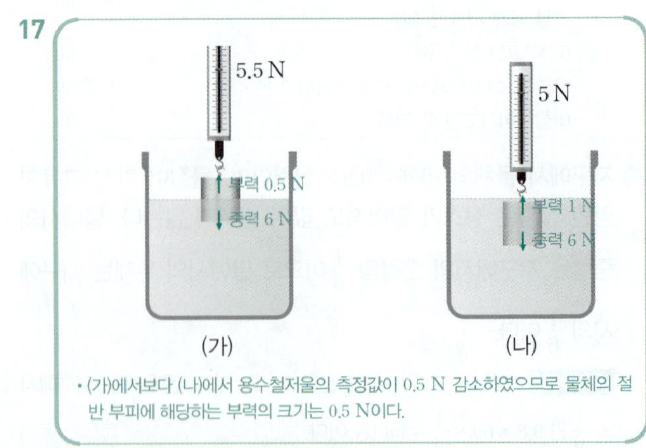


• (가)에서보다 (나)에서 용수철저울의 측정값이 0.5 N 감소하였으므로 물체의 절
반 부피에 해당하는 부력의 크기는 0.5 N이다.

① 용수철저울의 측정값＝물체의 무게－부력의 크기이
므로, 물체의 무게＝용수철저울의 측정값＋부력의 크기
＝5.5 N＋0.5 N＝5 N＋1 N＝6 N이다.

③ 물체에 작용하는 부력의 방향은 중력과 반대 방향인 연직

위 방향이다.

④, ⑤ 물에 잠긴 물체의 부피가 클수록 부력의 크기가 크므로 물체가 물에 잠긴 부피가 클수록 용수철저울의 눈금이 작아진다. 따라서 물체에 작용하는 부력의 크기는 (가)에서보다 (나)에서가 크다.

**바로 알기** ② 물체의 무게가 6 N이므로 (가)에서 물체에 작용하는 부력의 크기는 0.5 N이고, (나)에서 물체에 작용하는 부력의 크기는 1 N이다.

**18** 고무 띠를 잡아당기면 고무 띠가 늘어난다. 이때 고무 띠가 원래 모양으로 되돌아가려는 방향으로 탄성력이 작용하여 고무 띠가 손을 당긴다.

**모범 답안**

(1)

(2) 늘어난 고무 띠에는 원래 모양으로 되돌아가려는 방향으로 탄성력이 작용하기 때문이다.

| | 채점 기준 | 배점(%) |
|---|---|---|
| (1) | 고무 띠가 손을 당기는 방향을 화살표로 옳게 표시한 경우 | 30 |
| (2) | 힘의 종류 및 특징과 관련지어 옳게 서술한 경우 | 70 |
| | 힘의 종류만 옳게 쓴 경우 | 30 |

**19** 문제의 잠정적인 해답을 가설이라고 하며, 가설을 검증할 때 같게 할 조건(통제 변인), 다르게 할 조건(조작 변인), 관찰하거나 측정해야 할 조건(종속 변인)을 구체적으로 정해야 한다.

**모범 답안** '물체의 무게가 무거울수록 마찰력의 크기가 크다.'라는 가설을 세우고, 같은 나무 도막과 나무판을 사용하고 나무 도막과 나무판이 닿는 면적을 같게 하여 변인을 통제하였다.

| 채점 기준 | 배점(%) |
|---|---|
| 가설과 통제한 변인을 모두 옳게 서술한 경우 | 100 |
| 가설 또는 통제한 변인 중 한 가지만 옳게 서술한 경우 | 50 |

**20** 부력의 크기는 공기 중에서 측정한 용수철저울의 측정값에서 물속에서 측정한 측정값을 뺀 값과 같다. 따라서 추에 작용하는 부력의 크기는 5 N − 3 N = 2 N이다.

**모범 답안** (1) 2 N

(2) 6 N, 추 1개의 무게는 5 N이고, 추가 물에 완전히 잠겼을 때 추 1개에 작용하는 부력의 크기는 2 N이다. 따라서 추 2개를 모두 물에 잠기게 할 때 용수철저울의 측정값은 10 N − 4 N = 6 N이다.

| | 채점 기준 | 배점(%) |
|---|---|---|
| (1) | 부력의 크기를 옳게 구한 경우 | 30 |
| (2) | 6 N을 쓰고, 무게와 부력을 이용하여 까닭을 옳게 서술한 경우 | 70 |
| | 6 N만 쓴 경우 | 30 |

**21** 전신 수영복을 착용하면 상어 비늘과 비슷한 돌기가 있어서 물이 쉽게 수영복을 타고 흐르므로 마찰력이 작고, 잘 뜨는 소재로 만들어져 부력을 크게 받는다.

**모범 답안** 부력이 크기 때문에 물에 잘 뜰 수 있고, 물에 의한 마찰력이 작기 때문에 같은 힘으로도 앞으로 더 많이 나아갈 수 있어 기록을 단축할 수 있다.

| 채점 기준 | 배점(%) |
|---|---|
| 마찰력과 부력의 크기와 관련지어 옳게 서술한 경우 | 100 |
| 마찰력과 부력의 크기 중 한 가지만 관련지어 옳게 서술한 경우 | 50 |



# 02 힘과 운동

**쪽지 시험**       시험 대비서 **19**쪽

**1** 0    **2** 증가한다    **3** 운동 방향만    **4** 비스듬하게    **5** 수직    **6** 같은 (나란한)    **7** ㉠ 변, ㉡ 변한    **8** ㉠ 같은, ㉡ 반대    **9** 평형    **10** ㉠ 중력(책상이 책을 떠받치는 힘), ㉡ 책상이 책을 떠받치는 힘(중력)

**학교 시험 미리보기**       시험 대비서 **20~23**쪽

| | | | |
|---|---|---|---|
| **01** ③ | **02** ⑤ | **03** ④ | **04** ③   **05** ③   **06** ①, ③, ⑤ |
| **07** ⑤ | **08** ③ | **09** ⑤ | **10** ⑤   **11** ①, ④, ⑥, ⑦   **12** ⑤ |
| **13** ③ | **14** 해설 참조 | **15** 해설 참조 | **16** 해설 참조 |

**01** 물체에 힘이 작용하면 물체의 속력이나 운동 방향이 변한다.

**02** 힘을 받은 물체는 속력이나 운동 방향이 변한다.

⑤ 지구 주위를 도는 인공위성은 속력은 일정하고 운동 방향만 변하는 운동을 한다.

**바로 알기** ① 흔들리는 그네는 속력과 운동 방향이 모두 변하는 운동을 한다.

② 내려오는 롤러코스터는 속력과 운동 방향이 모두 변하는 운동을 한다.

③ 비스듬히 찬 축구공은 속력과 운동 방향이 모두 변하는 운동을 한다.

④ 출발하는 자전거는 속력이 변하는 운동을 한다.

**03** (나)의 물체는 운동 방향은 일정하고 속력만 변하는(증가하는) 운동을 한다.

(다)의 물체는 속력과 운동 방향이 모두 변하는 운동을 한다.

**바로 알기** (가)의 물체는 속력과 운동 방향이 모두 일정한 운동을 한다.

**04** ㄷ. 물체에 알짜힘이 작용하면 물체의 운동 상태가 변한다.

**바로 알기** ㄱ, ㄴ. 물체에 작용하는 알짜힘이 0이면 물체의 운동 상태(속력과 운동 방향)는 변하지 않는다.

**05** A. 알짜힘을 받은 물체는 속력이나 운동 방향이 변한다.

C. 운동 방향과 수직으로 알짜힘이 작용하면 속력은 일정하고 운동 방향만 변한다.

**바로 알기** B. 운동 방향과 같은 방향으로 알짜힘이 작용하면 물체의 운동 방향은 일정하고 속력만 변한다.

**06** ①, ③, ⑤ 물체에 힘이 가해지면 물체의 모양, 속력, 운동 방향이 변할 수 있다.
**바로 알기** ② 질량은 물질이 가진 고유한 양으로, 변하지 않는다.
④, ⑥ 공에 작용하는 중력의 크기를 무게라고 하며, 무게는 지표면에서 일정한 값을 갖는다.

**07**

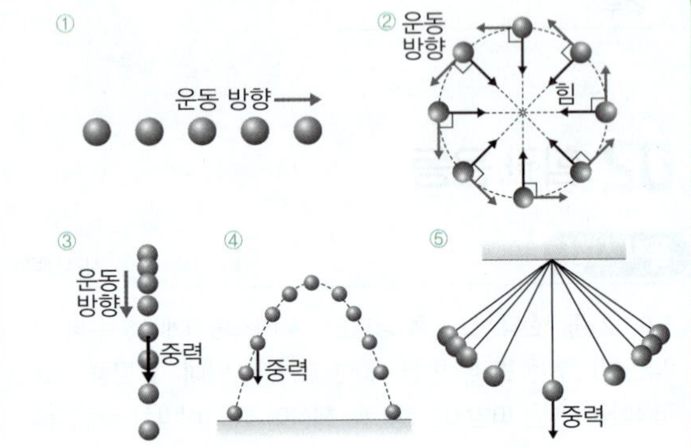

① 등속 직선 운동: 알짜힘이 작용하지 않음. → 속력과 운동 방향이 일정한 운동
② 등속 원운동: 운동 방향과 수직으로 알짜힘이 일정하게 작용 → 속력은 일정하고 운동 방향이 매순간 변함.
③ 자유 낙하 운동: 운동 방향으로 알짜힘이 일정하게 작용 → 운동 방향은 일정하고 속력이 일정하게 증가함.
④ 포물선 운동: 운동 방향과 비스듬하게 알짜힘이 일정하게 작용 → 속력과 운동 방향이 변함.
⑤ 진자 운동: 운동 방향과 비스듬하게 알짜힘이 일정하게 작용 → 속력과 운동 방향이 계속 변함.

힘의 방향이 운동 방향과 같으면 속력만 변하고, 운동 방향과 수직이면 운동 방향만 변하며, 운동 방향과 비스듬하면 속력과 운동 방향이 모두 변한다. 속력은 일정하고 운동 방향만 변하는 운동의 예로는 등속 원운동이 있다.

**08** ㄱ, ㄴ. 선수에게는 운동 방향과 비스듬하게 일정한 크기의 중력이 작용하므로 속력과 운동 방향이 계속 변한다.
**바로 알기** ㄷ. 선수에게 작용하는 힘, 즉 중력의 방향은 지구 중심(연직 아래) 방향으로 일정하다.

**09** ㄱ. 휘어진 활시위의 탄성력에 의해 화살이 날아간다. 즉, 탄성력이 화살의 속력을 증가시켰다.
ㄴ. 화살의 운동 방향과 비스듬하게 중력이 작용하므로 화살의 속력과 운동 방향이 모두 변한다.
ㄷ. 화살과 과녁 사이의 마찰력이 화살이 운동하려는 방향과 반대 방향으로 작용하여 화살의 속력을 감소시켰다.

**10** ①, ② 식탁 위에 놓인 그릇에는 식탁이 그릇을 떠받치는 힘(A)과 중력(B)이 동시에 작용한다.
③, ④ 그릇은 정지해 있으므로 A와 B의 크기는 같으며, 그릇에 작용하는 알짜힘은 0이다.
**바로 알기** ⑤ 그릇에 빵을 더 담으면 B의 크기가 커지는 만큼 A의 크기도 커져 두 힘은 계속 평형을 이룬다.

**11** ① 물체가 운동하는 동안 물체는 일정한 크기와 방향으로 중력을 받는다. 따라서 A에서 물체의 속력은 증가한다.

④ B에서 물체의 운동 방향은 레일을 따라 변한다.
⑥, ⑦ C에서 물체에 작용하는 중력과 바닥이 물체를 떠받치는 힘이 평형을 이루어 물체에 작용하는 알짜힘이 0이므로 물체의 속력과 운동 방향이 변하지 않고 일정하다.
**바로 알기** ② A에서 물체는 레일을 따라 직선 운동하므로 운동 방향은 변하지 않고 일정하다.
③ B에서 중력에 의해 물체의 속력은 감소한다.
⑤ 수평면에서 운동하는 구간인 C에서 물체의 속력은 일정하다.

**12** ㄱ. (가), (나)에서 모두 스카이다이버에게는 중력이 작용한다.
ㄴ. 스카이다이버는 (가)에서 운동 방향으로 중력을 받아 속력이 점점 증가한다.
ㄷ. 스카이다이버는 (나)에서 중력과 반대 방향으로 공기 저항력을 받는다. 중력과 공기 저항력이 힘의 평형을 이루어 스카이다이버에게 작용하는 알짜힘이 0이므로 속력과 운동 방향이 일정한 운동을 하는 것이다.

**13**

(가) 승강기가 1층에 정지해 있다. <u>알짜힘 0</u>
(나) 승강기가 출발하여 속력이 점점 빨라진다.
　　　　　　　　　<u>운동 방향과 같은 방향으로 알짜힘이 작용</u>
(다) 승강기가 일정한 속력으로 올라간다. <u>알짜힘 0</u>
(라) 승강기의 속력이 감소하다 멈췄다.
　　　<u>운동 방향과 반대 방향으로 알짜힘이 작용</u>

ㄱ. (가), (다) 구간에서 영희의 운동 상태는 변하지 않는다. 따라서 (가), (다) 구간에서 중력과 승강기 바닥이 떠받치는 힘은 평형을 이루고 있다.
ㄷ. (라) 구간에서 알짜힘이 운동 방향과 반대 방향으로 작용하여 승강기의 속력이 감소하다 멈추는 것이다.
**바로 알기** ㄴ. 영희의 속력이 변하므로 알짜힘이 0이 아닌 구간은 (나), (라)이다.

**14** 물체에 작용하는 알짜힘이 0이면 물체의 운동 상태는 변하지 않고, 알짜힘이 0이 아니면 운동 상태(속력, 운동 방향)가 변한다.
**모범 답안** A−(가), B−(다), C−(라), D−(나)

| 채점 기준 | 배점(%) |
|---|---|
| 물체의 운동과 사례를 옳게 연결한 경우마다 | 25 |

**15** 손에 올려놓은 사과에는 중력과 손이 사과를 떠받치는 힘이 작용하며, 두 힘이 평형을 이룬다. 한 물체에 크기가 같은 두 힘이 일직선상에서 서로 반대 방향으로 작용하면 힘의 평형을 이루어 물체의 운동 상태가 변하지 않는다.
**모범 답안**
(1)

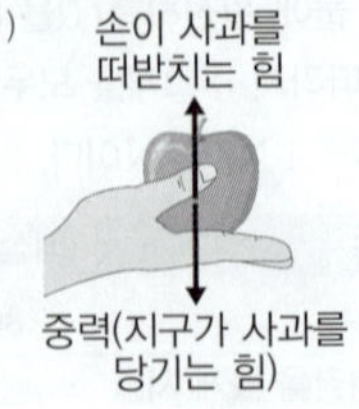

(2) 0, 서로 반대 방향으로 작용하는 중력과 손이 사과를 떠받치는 힘의 크기가 같아 평형을 이루기 때문이다.

| | 채점 기준 | 배점(%) |
|---|---|---|
| (1) | 힘을 화살표로 옳게 표시하고, 힘의 종류를 옳게 쓴 경우 | 50 |
| | 힘의 종류만 옳게 쓴 경우 | 30 |
| (2) | 알짜힘의 크기를 옳게 쓰고, 두 힘의 평형을 이용하여 까닭을 옳게 서술한 경우 | 50 |
| | 알짜힘의 크기만 옳게 쓴 경우 | 20 |

**16** 힘의 방향이 운동 방향과 나란하면 속력만 변하고, 운동 방향과 수직이면 운동 방향만 변하며, 운동 방향과 비스듬하면 속력과 운동 방향이 모두 변한다.

**모범 답안** (1) 공이 운동하는 방향과 수직인 방향으로 차야 한다.

(2) 공이 운동하는 방향과 같은 방향으로 차야 한다.

(3) 공이 운동하는 방향과 비스듬한 방향으로 차야 한다.

| | 채점 기준 | 배점(%) |
|---|---|---|
| (1) | 운동 방향과 수직인 방향으로 차야한다고 서술한 경우 | 30 |
| (2) | 운동 방향과 같은 방향으로 차야한다고 서술한 경우 | 40 |
| | 운동 방향과 나란한 방향으로 차야한다고 서술한 경우 | 20 |
| (3) | 운동 방향과 비스듬한 방향으로 차야한다고 서술한 경우 | 30 |

**고난도 문제 정복하기**  시험 대비서 **24~25쪽**

| 1 ③ | 2 ④ | 3 ⑤ | 4 ③ | 5 ① | 6 ② | 7 ① |
|---|---|---|---|---|---|---|
| 8 ⑤ | | | | | | |

**1** ㄱ. (가)에서 두 힘은 같은 방향으로 작용하므로 알짜힘의 크기는 두 힘의 크기의 합과 같은 $4 \text{ N} + 5 \text{ N} = 9 \text{ N}$이고, 알짜힘의 방향은 두 힘의 방향과 같은 오른쪽이다.

ㄴ. (나)에서 두 힘은 서로 반대 방향으로 작용하므로 알짜힘의 크기는 두 힘의 크기의 차와 같은 $5 \text{ N} - 4 \text{ N} = 1 \text{ N}$이고 알짜힘의 방향은 큰 힘의 방향과 같은 오른쪽이다. 따라서 (가), (나)에서 물체에 작용하는 알짜힘의 방향은 같다.

**바로 알기** ㄷ. (나)에서 물체에 작용하는 알짜힘의 방향은 큰 힘인 5 N의 힘이 작용하는 방향과 같은 방향이다.

**2**

| 물체 | ㉠ | | ㉡ | |
|---|---|---|---|---|
| 천체 | 지구 | 달 | 지구 | 달 |
| 질량(kg) | 30 | 30 | 60 | 60 |
| 무게(N) | 294 | 49 | 588 | 98 |

④ 지구에서의 중력은 달에서의 중력의 6배이므로, 지구에서 ㉡의 무게는 $98 \text{ N} \times 6 = 588 \text{ N}$이다.

**바로 알기** ①, ③ ㉠의 질량은 $\dfrac{294}{9.8} = 30 \text{ (kg)}$이다. ㉡의 지구에서의 무게는 $98 \text{ N} \times 6 = 588 \text{ N}$이므로 ㉡의 질량은 $\dfrac{588}{9.8} = 60 \text{ (kg)}$이다.

② 달에서의 중력은 지구에서의 중력의 $\dfrac{1}{6}$이므로 달에서의 ㉠의 무게는 $294 \text{ N} \times \dfrac{1}{6} = 49 \text{ N}$이다.

⑤ ㉠에 작용하는 달 중력의 크기, 즉 달에서 ㉠의 무게는 49 N이고, ㉡에 작용하는 지구 중력의 크기, 즉 지구에서 ㉡의 무게는 588 N이다.

**3** 지구의 중력은 지표면에 있는 물체뿐만 아니라 공중에 떠 있는 물체에도 작용한다. 지구의 중력에 의해 지구상의 물체가 아래로 떨어지며 달이 지구 주위를 공전한다.

A. 중력의 방향으로 사과가 떨어진다.

B. 사과에 작용하는 중력과 나무에 매달린 사과 꼭지가 사과를 당기는 힘이 평형을 이룬다.

C. 달의 운동 방향과 수직으로 중력이 작용하기 때문에 달이 지구 주위를 공전한다.

**4**

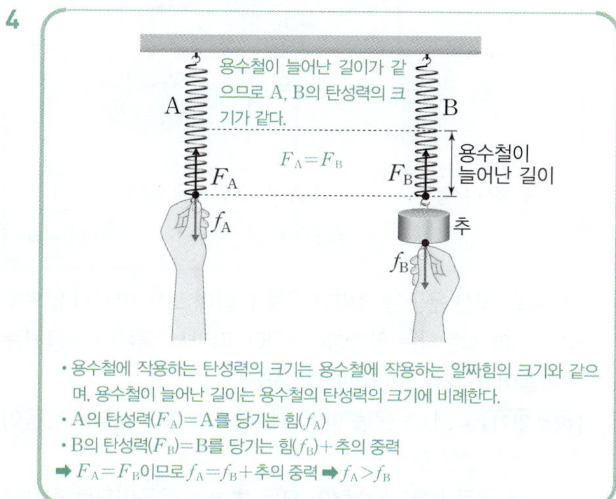


용수철에 작용하는 탄성력의 크기는 용수철에 작용하는 알짜힘의 크기와 같다. 따라서 A의 탄성력의 크기($F_A$)는 A를 당기는 힘의 크기($f_A$)와 같고, B의 탄성력의 크기($F_B$)는 추에 작용하는 중력의 크기와 B를 당기는 힘의 크기($f_B$)의 합과 같다. 용수철이 늘어난 길이는 용수철의 탄성력의 크기에 비례한다. A, B가 늘어난 길이가 같으므로 A, B의 탄성력의 크기는 같고($F_A = F_B$), $f_A$는 추에 작용하는 중력과 $f_B$의 크기의 합과 같으므로 $f_A > f_B$이다.

**5**

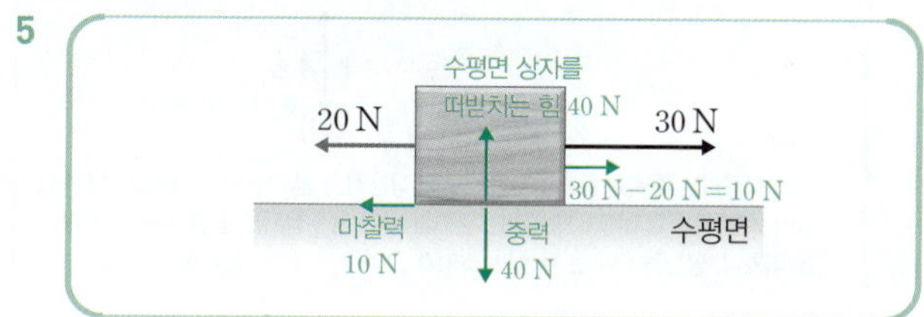


② 상자가 움직이지 않으므로 상자에 작용하는 알짜힘의 크기는 0이다.

③, ⑤ 상자에 작용하는 중력의 크기인 무게는 40 N이다. 상자에 작용하는 중력은 수평면이 상자를 떠받치는 힘과 평형을 이루므로 수평면이 상자를 떠받치는 힘의 크기는 40 N이다.

④ 상자에는 왼쪽으로 10 N의 마찰력이 작용한다.

**바로 알기** ① 상자가 움직이지 않으므로 상자에 작용하는 힘은 평형을 이룬다. 따라서 상자에는 왼쪽으로 크기가 $30 \text{ N} - 20 \text{ N} = 10 \text{ N}$인 마찰력이 작용한다.

**6** ㄷ. 물이 물속에 있는 추를 위로 밀어 올리므로 (가)에서의 측정값(ⓛ)보다 (나)에서의 측정값(ⓒ)이 더 작고, 그 차이가 부력의 크기이다.

**바로 알기** ㄱ. 물에 잠긴 추에 작용하는 부력의 크기는 추가 물에 잠기기 전후 용수철저울의 측정값의 차이와 같다. 즉 50 g의 추에 작용하는 부력의 크기는 $x-$ⓛ이고, 100 g의 추에 작용하는 부력의 크기는 ⓛ$-$ⓒ이다.

ㄴ. 추의 무게는 추의 질량에 비례하므로, ⓛ은 $2x$이다.

**7**

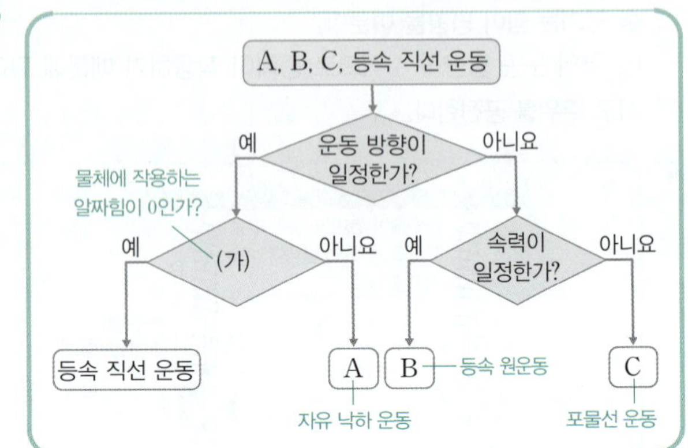



ㄱ. 등속 직선 운동은 속력과 운동 방향이 모두 변하지 않으므로 물체에 작용하는 알짜힘이 0이다. 따라서 '물체에 작용하는 알짜힘이 0인가?'는 (가)로 적절하다.

**바로 알기** ㄴ. B는 운동 방향이 변하고 속력이 일정한 운동이므로 등속 원운동이다.

ㄷ. C는 운동 방향과 속력이 모두 변하는 운동이므로 물체에 작용하는 알짜힘의 방향이 운동 방향과 비스듬하다.

**8**

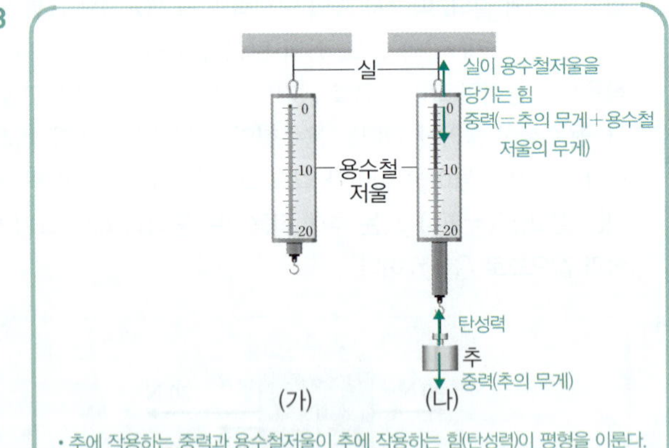



• 추에 작용하는 중력과 용수철저울이 추에 작용하는 힘(탄성력)이 평형을 이룬다.
• 실에 매단 용수철저울에 작용하는 중력과 실이 용수철저울을 당기는 힘이 평형을 이룬다. 평형을 이루는 두 힘은 크기가 같다.

ㄱ. (가)에서 용수철저울은 정지해 있으므로 용수철저울에 작용하는 중력과 실이 용수철저울을 당기는 힘은 평형을 이룬다. 따라서 용수철저울에 작용하는 알짜힘은 0이다.

ㄴ. (나)에서 추를 매단 용수철저울에 작용하는 중력(10 N+3 N=13 N)과 실이 추를 매단 용수철저울을 당기는 힘이 평형을 이룬다. 따라서 실이 용수철저울에 작용하는 힘의 크기는 13 N이다.

ㄷ. (나)에서 추는 정지해 있으므로 추에 작용하는 중력과 용수철저울이 추에 작용하는 힘(탄성력)은 평형을 이룬다.



---

## Ⅵ. 기체의 성질

# 01 기체의 압력과 부피

### 쪽지 시험 1회
시험 대비서 27쪽

1 ㉠ 힘, ㉡ 충돌  2 ㉠ 작으, ㉡ 작다  3 ㉠ 크, ㉡ 작다  4 압력  5 ㉠ 감소, ㉡ 증가  6 ㉠ 2, ㉡ $\frac{1}{2}$  7 ㉠ 일정, ㉡ 반비례  8 ㉠ 감소, ㉡ 증가  9 일정하다  10 ㉠ 작아, ㉡ 커

### 쪽지 시험 2회
시험 대비서 28쪽

1 ㉠ 작으, ㉡ 크다  2 ㉠ 작으, ㉡ 작다  3 ㉠ 증가, ㉡ 증가, ㉢ 증가  4 모든  5 ㉠ 증가, ㉡ 감소  6 ㉠ 30, ㉡ $\frac{1}{2}$  7 ㉠ 증가, ㉡ 감소  8 ㉠ 증가, ㉡ 감소  9 일정  10 ㉠ 커, ㉡ 작아, ㉢ 보일

### 학교 시험 미리 보기
시험 대비서 29~33쪽

| | | | | | | |
|---|---|---|---|---|---|---|
| 01 ③ | 02 ② | 03 ⑤ | 04 ④ | 05 ④ | 06 ⑤ | 07 ② |
| 08 ③ | 09 ③ | 10 ③ | 11 ③ | 12 ④ | 13 ④, ⑤ | 14 ⑤ |
| 15 ②, ⑥ | 16 ④ | 17 ③ | 18 ④ | 19 ⑤ | 20 해설 참조 | |
| 21 해설 참조 | | 22 해설 참조 | | 23 해설 참조 | | |
| 24 해설 참조 | | 25 해설 참조 | | | | |

**01** ①, ② 압력은 일정한 면적에 작용하는 힘으로, 작용하는 힘의 크기가 클수록, 힘이 작용하는 면적이 작을수록 압력이 커진다.
④ 기체의 압력은 기체 입자들이 끊임없이 운동하면서 용기 벽에 충돌하여 밀어내기 때문에 나타난다.
⑤ 대기압은 지구를 둘러싸고 있는 대기에 의한 압력으로, 지표 부근에서 약 1 기압이다.

**바로 알기** ③ 기체 입자는 모든 방향으로 운동하므로 기체의 압력은 모든 방향으로 똑같이 작용한다.

**02** ㄴ. 페트병을 (나)와 같이 바닥 부분이 스펀지에 닿게 올려놓을 때가 (다)와 같이 입구 부분이 스펀지에 닿게 올려놓을 때보다 힘이 작용하는 면적이 크다.

**바로 알기** ㄱ. 같은 면적에 작용하는 힘이 클수록 압력이 커서 스펀지가 많이 눌리므로 스펀지가 눌린 깊이는 (가)<(나)이다.

ㄷ. 같은 힘이 작용하는 면적이 작을수록 압력이 크므로 스펀지에 작용하는 압력의 크기는 (나)<(다)이다.

**03** 농구공 안에 공기를 더 넣으면 공기 입자의 개수가 증가하고, 공기 입자가 농구공 안쪽 벽과 더 자주 충돌하므로 공기의 압력이 커져 농구공이 팽팽해진다. 이때 공기 입자의 크기와 운동 빠르기는 일정하다.

**바로 알기** ① 공기의 압력: (가)<(나)
② 공기 입자의 크기: (가)=(나)

③ 공기 입자의 개수: (가)<(나)
④ 공기 입자의 운동 빠르기: (가)=(나)

**04** ㄱ, ㄴ, ㄹ. 쇠구슬이 페트병 안쪽 벽과 충돌하면 손바닥에서 힘이 느껴진다. 쇠구슬의 개수가 많아질수록 손바닥에서 느껴지는 힘의 크기도 커진다. 쇠구슬을 기체 입자에 비유하면 기체 입자가 용기 벽에 충돌하여 가하는 힘은 기체의 압력이다. 또한 같은 부피의 용기에서 기체 입자의 개수가 많아질수록 기체의 압력이 커진다.

(바로 알기) ㄷ. 이 활동으로 부피가 일정할 때 기체 입자의 개수와 기체 압력의 관계를 알 수 있다.

**05** (나)에서 페트병의 뚜껑을 열면 페트병 속 기체 입자의 일부가 빠져나가므로 (가)보다 페트병 속 기체 입자의 개수가 적다. 페트병 속 기체 입자가 많을수록 기체 입자의 충돌 횟수가 많아지므로 기체의 압력이 커진다. 기체의 압력이 클수록 손으로 기체를 누르는 데 더 큰 힘이 든다. 따라서 (가)는 (나)보다 기체의 압력이 크고, 누르는 데 더 큰 힘이 든다.

(바로 알기) ④ 온도가 일정하므로 (가)와 (나)에서 기체 입자 운동의 빠르기는 서로 같다.

**06** 고무풍선 속 공기 입자가 모든 방향으로 끊임없이 운동하며 충돌하기 때문에 기체의 압력이 모든 방향으로 똑같이 작용한다. 이로 인해 고무풍선은 둥근 모양으로 부풀어 오른다.

**07** 공기 분사기, 구조용 안전 매트, 자동차 정비용 공기 주머니는 모두 일상생활에서 기체의 압력을 이용하는 예이다.

**08** 일정한 온도에서 기체에 작용하는 압력이 커지면 기체의 부피는 작아진다. 이때 기체 입자가 용기 벽에 충돌하는 횟수가 증가하므로 기체의 압력이 커진다.

**09** ㄱ, ㄴ. 주사기 속 공기의 압력이 커지면 공기의 부피가 작아지고, 공기의 압력과 부피의 곱이 일정하므로 공기의 압력과 부피는 반비례 관계이다.

(바로 알기) ㄷ. 피스톤을 누르면 주사기 속 공기에 작용하는 압력(외부 압력)이 증가하고, 이에 따라 주사기 속 공기의 부피가 감소한다. 이때 실린더가 더 이상 움직이지 않고, 주사기 속 공기의 부피가 일정한 값을 유지하게 되는데, 이는 외부 압력과 주사기 속 기체의 압력이 같기 때문이다. 따라서 주사기 속 공기의 부피가 14 mL일 때 공기에 작용하는 압력은 1.43 기압이다.

**10**

| 구분 | (가) | (나) | (다) | (라) |
|---|---|---|---|---|
| 부피(mL) | 20 | 18 | 16 | 14 |
| 공기의 압력(기압) | 1 | ㉠ | ㉡ | 1.43 |

1 기압×20 mL=㉠ 기압×18 mL,  1 기압×20 mL=㉡ 기압×16 mL,

$㉠=\dfrac{10}{9}$  $㉡=\dfrac{5}{4}$

- 공기 입자의 충돌 횟수: (가)<(나)<(다)<(라)
- 공기 입자 사이의 거리: (가)>(나)>(다)>(라)
- 공기 입자의 개수와 운동 빠르기: (가)=(나)=(다)=(라)

① 공기의 부피가 작을수록 압력이 커지므로 (나)와 (다)에서 ㉠<㉡이다.
② 주사기 속 공기의 양이 일정하므로 (가)~(라)에서 공기 입자의 개수는 같다.
④ 공기 입자 사이의 거리가 가장 가까운 것은 부피가 가장 작은 (라)이다.
⑤ (가)에서 (나)로 변할 때 공기의 부피는 감소하고, 공기의 압력은 증가하므로 공기 입자의 충돌 횟수는 증가한다.

(바로 알기) ③ 일정한 온도에서 일정한 양의 기체의 압력과 부피의 곱은 일정하므로 (가)와 (나)의 기체의 압력과 부피의 곱은 같다. 따라서 ㉠ 기압×18 mL=1 기압×20 mL이다.

**11** 그래프의 A에서 B와 C로 변할 때 압력이 2배, 4배 증가하면 기체의 부피는 $\dfrac{1}{2}$, $\dfrac{1}{4}$로 작아지므로 기체의 압력과 부피는 반비례 관계이다.
③ C에서 기체의 부피가 가장 작으므로 기체 입자 사이의 거리가 가장 가깝다.

(바로 알기) ① 기체의 압력과 부피 관계이므로 보일 법칙을 확인할 수 있다.
② 온도가 일정하므로 기체 입자의 운동 빠르기는 A~C에서 모두 같다.
④ A에서 B로 변할 때 기체의 부피가 감소하고, 기체의 압력이 증가하므로 기체 입자가 용기 벽에 충돌하는 횟수가 증가한다.
⑤ A에서 C로 변할 때 압력이 4배 커지므로 기체의 부피는 $\dfrac{1}{4}$로 감소한다.

**12** 부피가 감소하므로 기체 입자가 용기 벽에 충돌하는 횟수가 많아져 꺾인 화살표를 가진 기체 입자의 개수가 많아진다. 또한 온도가 일정하여 입자 운동의 빠르기가 일정하므로 화살표의 길이는 같고, 입자의 개수와 크기는 변하지 않아야 하며, 입자가 모든 방향으로 운동하도록 나타내야 한다.

(바로 알기) ① 입자의 개수가 감소했으므로 옳지 않다.
② 입자가 한쪽 방향으로만 운동하므로 옳지 않다.
③ 화살표의 길이를 짧게 나타냈으므로 옳지 않다.
⑤ 입자의 크기가 작아졌으므로 옳지 않다.

**13** 용기 위에 올려놓은 추의 개수를 줄이면 기체에 작용하는 압력이 감소하므로 기체의 부피가 증가한다. 이때 기체 입자가 용기 벽에 충돌하는 횟수가 감소하므로 기체의 압력도 감소한다.
④ 기체의 부피가 (가)<(나)이므로 기체 입자 사이의 거리는 (가)<(나)이다.
⑤ 온도가 일정하므로 기체 입자의 운동 빠르기는 (가)=(나)이다.

(바로 알기) ① 기체의 부피: (가)<(나)
② 용기 속 기체의 압력: (가)>(나)
③ 기체에 작용하는 압력: (가)>(나)
⑥ 기체 입자가 용기 벽에 충돌하는 횟수: (가)>(나)

**14**

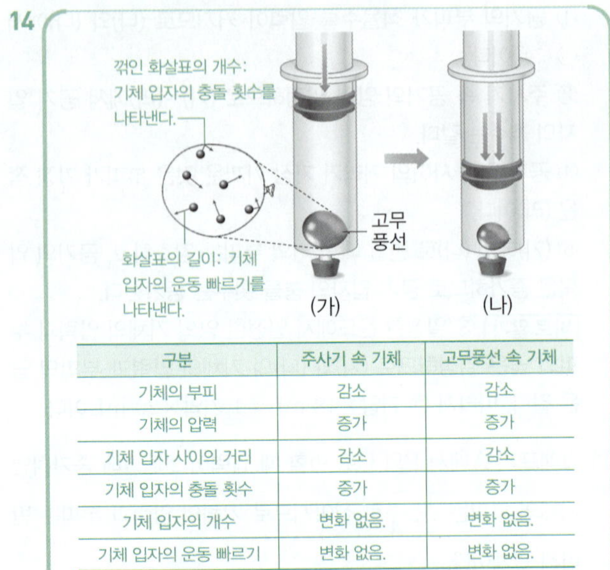



| 구분 | 주사기 속 기체 | 고무풍선 속 기체 |
| --- | --- | --- |
| 기체의 부피 | 감소 | 감소 |
| 기체의 압력 | 증가 | 증가 |
| 기체 입자 사이의 거리 | 감소 | 감소 |
| 기체 입자의 충돌 횟수 | 증가 | 증가 |
| 기체 입자의 개수 | 변화 없음. | 변화 없음. |
| 기체 입자의 운동 빠르기 | 변화 없음. | 변화 없음. |

피스톤을 누르면 주사기 속 기체의 부피가 감소하여 주사기 속 기체의 압력이 증가한다. 따라서 고무풍선에 작용하는 압력이 증가하므로 고무풍선 속 기체의 부피가 감소하여 고무풍선의 크기가 작아진다.

**바로 알기** ⑤ 고무풍선에 작용하는 압력은 (가)<(나)이다.

**15** ②, ⑥ 펌프를 연결하여 감압 용기 속의 공기를 빼내면 용기 속 공기 입자의 개수가 줄어들어 공기의 압력이 감소한다. 따라서 고무풍선에 작용하는 압력이 감소하므로 고무풍선 속 공기의 부피가 증가한다. 따라서 고무풍선 속 기체의 압력이 감소한다.

**바로 알기** ① 고무풍선 속 공기의 부피가 증가하므로 고무풍선의 크기는 커진다.
③ 고무풍선에 작용하는 압력이 감소한다.
④ 고무풍선 속 기체 입자의 개수는 일정하다.
⑤ 감압 용기의 전체 부피는 일정하지만 고무풍선의 크기가 커짐에 따라 감압 용기 속에서 공기가 차지하는 부피는 감소한다.

**16** 감압 용기에 공기를 다시 넣으면 고무풍선에 작용하는 압력이 커지므로 고무풍선의 크기는 작아지고, 고무풍선 속 기체 입자가 용기 벽에 충돌하는 횟수가 증가하여 고무풍선 속 기체의 압력이 커진다. 이때 공기 입자의 개수와 입자 운동의 빠르기는 일정하다. 따라서 화살표의 길이는 변하지 않게 나타내야 한다.

**바로 알기** ① 고무풍선이 커졌으므로 옳지 않다.
② 고무풍선이 커지고, 화살표의 길이가 길어졌으므로 옳지 않다.
③ 고무풍선의 크기가 변하지 않았고, 화살표의 길이가 길어졌으므로 옳지 않다.
⑤ 공기 입자의 개수가 감소했으므로 옳지 않다.

**17** 보일 법칙은 일정한 온도에서 일정한 양의 기체의 압력과 부피의 관계를 나타낸 것이다.

**바로 알기** • 철수: 빵집 주위에서 빵 냄새가 나는 것은 확산의 예이다.
• 영희: 찌그러진 탁구공을 가열하면 탁구공이 펴지는 것은 기체의 온도와 부피의 관계를 나타낸 샤를 법칙과 관련된 현상이다.
• 민수: 자전거 타이어에 공기를 채우면 타이어가 팽팽해지는 것은 온도가 일정할 때 기체의 양과 기체의 부피 관계와 관련된 현상이다.

**18** 높은 하늘에서는 대기압이 낮아지기 때문에 과자 봉지에 작용하는 공기의 압력이 감소하여 과자 봉지 속 기체의 부피가 증가한다. 따라서 과자 봉지가 팽팽해진다.

**19** 펌프를 누르면 펌프 속 공기의 부피가 감소하면서 에어 로켓에 압력이 가해져 에어 로켓이 하늘로 올라간다. 이때 펌프 속 공기의 부피 변화가 클수록 압력이 더 커져 에어 로켓이 더 높이 올라간다. 이는 기체의 압력과 부피 관계와 관련된 현상이므로 보일 법칙을 이용한 예이다.

**20** 사람의 몸무게가 같으면 일정한 면적을 누르는 힘의 크기가 같다. 작용하는 힘이 같을 때 힘이 작용하는 면적이 좁을수록 압력이 크다.

**모범 답안** (나)의 압력이 (가)보다 크다. (가)에서 스노보드의 바닥은 면적이 넓고, (나)에서 아이젠은 끝부분이 뾰족하여 힘이 작용하는 면적이 (나)가 (가)보다 좁기 때문이다.

| 채점 기준 | 배점(%) |
| --- | --- |
| (가)와 (나)에서 눈에 작용하는 압력을 옳게 비교하고, 그 까닭을 힘이 작용하는 면적과 관련지어 옳게 서술한 경우 | 100 |
| (가)와 (나)에서 눈에 작용하는 압력만 옳게 비교한 경우 | 40 |

**21** A에서 B로 갈수록 압력이 커진 까닭은 기체 입자가 용기 벽에 충돌하는 횟수가 증가했기 때문이다. 또한 온도가 일정하므로 기체 입자의 운동 빠르기는 일정하다.

**모범 답안** 기체 입자가 용기 벽에 충돌하는 횟수는 증가하고, 기체 입자의 운동 빠르기는 변하지 않는다.

| 채점 기준 | 배점(%) |
| --- | --- |
| 기체 입자가 용기 벽에 충돌하는 횟수와 기체 입자의 운동 빠르기를 모두 옳게 서술한 경우 | 100 |
| 기체 입자가 용기 벽에 충돌하는 횟수와 기체 입자의 운동 빠르기 중 한 가지만 옳게 서술한 경우 | 50 |

**22** 감압 용기 속 공기의 압력이 감소하면 과자 봉지 속 기체에 작용하는 압력이 감소하므로 과자 봉지 속 기체의 부피가 증가한다.

**모범 답안** 감압 용기 속의 공기를 빼내면 용기 속 공기 입자의 개수가 줄어들어 공기의 압력이 감소하여 과자 봉지 속 기체의 부피가 증가하기 때문이다.

| 채점 기준 | 배점(%) |
| --- | --- |
| 감압 용기 속 공기의 압력 변화 및 과자 봉지 속 기체의 부피 변화와 모두 관련지어 옳게 서술한 경우 | 100 |
| 감압 용기 속 공기의 압력 변화와 과자 봉지 속 기체의 부피 변화 중 한 가지만 관련지어 옳게 서술한 경우 | 50 |

**23** 기체가 들어 있는 용기 위에 올려놓은 추의 개수를 늘리면 기체에 작용하는 압력이 증가하고 기체의 부피가 감소한다. 이때 기체 입자 사이의 거리는 가까워지며, 기체 입자가 용기 벽에 충돌하는 횟수가 많아지므로 기체의 압력이 증가한다. 하지만 기체 입자의 개수와 크기는 변하지 않으므로 기체의 질량은 일정하다.

**모범 답안** 기체의 압력은 증가하고, 기체 입자 사이의 거리는 감소하며, 기체의 질량은 변하지 않는다.

| 채점 기준 | 배점(%) |
| --- | --- |
| 기체의 압력 변화, 기체 입자 사이의 거리 변화, 기체의 질량 변화를 모두 옳게 서술한 경우 | 100 |
| 기체의 압력 변화, 기체 입자 사이의 거리 변화, 기체의 질량 변화 중 두 가지만 옳게 서술한 경우 | 60 |
| 기체의 압력 변화, 기체 입자 사이의 거리 변화, 기체의 질량 변화 중 한 가지만 옳게 서술한 경우 | 30 |

**24**

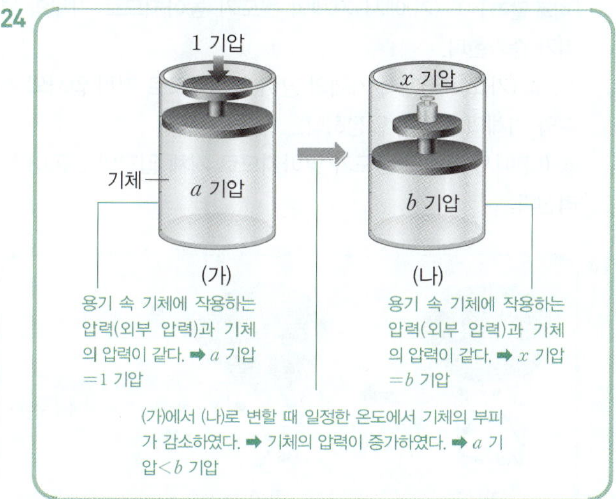


용기에 추를 올려 기체에 작용하는 압력(외부 압력)이 커지면 기체의 부피는 기체에 작용하는 압력과 기체의 압력이 같아질 때까지 감소한다.

**모범 답안** $b$는 $a$(=1 기압)보다 크고, $b$와 $x$는 같다.

| 채점 기준 | 배점(%) |
| --- | --- |
| $a$와 $b$의 크기와 $b$와 $x$의 크기를 모두 옳게 비교하여 서술한 경우 | 100 |
| $a$와 $b$의 크기와 $b$와 $x$의 크기 중 한 가지만 옳게 비교하여 서술한 경우 | 50 |

**25** 높은 하늘로 올라간 헬륨 풍선의 크기가 커지는 것은 압력이 감소하여 기체의 부피가 증가하는 현상으로, 보일 법칙의 예이다.

**모범 답안** 높은 하늘에서는 공기의 양이 감소하여 대기압이 작아지므로 헬륨 풍선에 작용하는 압력이 감소하여 헬륨 풍선 속 기체의 부피가 증가하기 때문이다.

| 채점 기준 | 배점(%) |
| --- | --- |
| 헬륨 풍선의 부피 변화를 대기압 감소와 관련지어 옳게 서술한 경우 | 100 |
| 헬륨 풍선의 부피 변화 또는 대기압의 변화만 옳게 서술한 경우 | 40 |

# 02 기체의 온도와 부피

**쪽지 시험 1회**  시험 대비서 **35**쪽

**1** ㉠ 빨라, ㉡ 증가  **2** ㉠ 높아, ㉡ 샤를  **3** 강  **4** C  **5** ㉠ 높아, ㉡ 부풀어 오른다  **6** ㉠ 낮아, ㉡ 쭈그러든다  **7** ㉠ 빨라, ㉡ 강  **8** 일정  **9** ㉠ 찌그러, ㉡ 팽팽해  **10** ㉠ 뜨거운, ㉡ 증가

**쪽지 시험 2회**  시험 대비서 **36**쪽

**1** ㉠ 증가, ㉡ 감소  **2** ㉠ 압력, ㉡ 일정  **3** 작다  **4** 커진다  **5** ㉠ 높, ㉡ 커  **6** ㉠ 빨라, ㉡ 멀어  **7** ㉠ 느려, ㉡ 가까워  **8** ㉠ 감소, ㉡ 일정  **9** ㉠ 뜨거운, ㉡ 찌그러진다  **10** ㉠ 낮아, ㉡ 감소

**학교 시험 미리보기**  시험 대비서 **37~41**쪽

| | | | | | |
| --- | --- | --- | --- | --- | --- |
| 01 ① | 02 ② | 03 ③ | 04 ④ | 05 ③ | 06 ② |
| 07 ③, ④ | 08 ⑤ | 09 ④ | 10 ③ | 11 ⑤, ⑥ | 12 ④ |
| 13 ③, ⑥ | 14 ① | 15 ① | 16 ② | 17 ⑤ | 18 ④ | 19 ① |
| 20 해설 참조 | | 21 해설 참조 | | 22 해설 참조 | |
| 23 해설 참조 | | 24 해설 참조 | | 25 해설 참조 | |

**01** 일정한 압력에서 일정한 양의 기체의 온도가 높아지면 기체의 부피가 증가한다. 그 까닭은 기체 입자의 운동이 빨라짐에 따라 기체 입자가 용기 벽에 더 강하게 충돌하기 때문이다.

**02** 온도가 높아져도 기체 입자의 개수, 기체 입자의 크기와 질량은 변하지 않는다.

**03** 샤를 법칙에 따르면 온도가 높아지면 기체의 부피가 일정한 비율로 증가한다. 그래프에서 273 ℃에서 기체의 부피는 40 mL이고, 546℃에서 기체의 부피는 60 mL이다. 이를 통해 기체의 온도가 273℃ 높아질 때 기체의 부피는 20 mL 증가하는 것을 알 수 있다. 따라서 $x$의 값은 40 mL에서 20 mL를 뺀 값이므로 20 mL이다.

**04** ④ 주사기 속 공기를 가열하면 공기 입자의 운동이 빨라지므로 공기의 부피가 증가한다.

**바로 알기** ① 공기의 부피가 증가하므로 주사기의 피스톤은 오른쪽으로 이동한다.
②, ③ 공기 입자의 크기와 개수는 일정하다.
⑤ 공기의 부피가 증가하므로 공기 입자 사이의 거리는 멀어진다.

**05** 기체의 온도와 부피 관계를 알기 위해서는 기체에 작용하는 압력과 기체의 양이 일정해야 한다. 기체가 들어 있는 용기의 크기는 기체의 부피와 같다.

**06** 액체 질소에 고무풍선을 넣으면 고무풍선 속 기체의 온도가 낮아져 기체 입자의 운동이 느려지고, 기체 입자 사이의 거리가 가까워져 기체의 부피가 작아진다. 이때 기체 입자가 고무풍선 벽에 충돌하는 횟수가 감소한다.

바로 알기 ② 온도가 변해도 기체 입자의 종류, 개수, 크기는 변하지 않는다.

07 ③, ④ 뜨거운 물의 온도가 낮아지면 피펫 속 공기의 온도도 낮아진다. 따라서 공기 입자의 운동이 느려져 공기의 부피가 감소하므로 색소는 아래로 내려간다.
바로 알기 ① 피펫 속 색소의 양은 일정하다.
②, ⑤ 피펫 속 공기 입자 사이의 거리가 가까워지고, 공기의 부피는 감소한다.
⑥ 피펫 속 공기 입자가 색소와 충돌하는 세기는 약해진다.

08

온도가 2 ℃씩 낮아진다.

| 온도(℃) | 50 | 48 | 46 | 44 | 42 |
| --- | --- | --- | --- | --- | --- |
| 피펫 눈금(mL) | 3.0 | (가) | (나) | 2.4 | 2.2 |

온도가 낮을수록 기체의 부피가 작아지므로 (가) > (나)이다.
0.2 mL 감소한다.

샤를 법칙에 따르면 온도가 높아질 때 기체의 부피는 일정한 비율만큼 증가한다. 위 자료에서 기체의 온도가 2 ℃만큼 높아질 때 기체의 부피는 0.2 mL씩 일정하게 증가한다.
• (가) 3.0 mL − 0.2 mL = 2.8 mL
• (나) 2.8 mL − 0.2 mL = 2.6 mL

물의 온도가 낮아지면 기체의 온도도 낮아지고, 이에 따라 기체의 부피가 일정하게 감소한다. 따라서 (가)는 (나)보다 크다. 실험 결과에 따르면 온도가 2 ℃ 낮아질 때마다 피펫의 눈금이 0.2 mL씩 일정하게 작아진다. 즉, 이 실험 결과는 샤를 법칙과 관계있다.

09 기체의 온도가 낮아지면 기체 입자의 운동이 느려지므로 화살표 길이가 짧아져야 한다. 이때 기체 입자의 크기와 개수는 변하지 않으며, 기체 입자는 용기 전체에 고르게 분포해야 한다.
바로 알기 ① 기체 입자가 유리병의 아래쪽에 모여 있으므로 옳지 않다.
② 기체 입자의 크기가 작아졌으므로 옳지 않다.
③ 기체 입자의 개수가 감소했으므로 옳지 않다.
⑤ 화살표의 길이가 길어졌으므로 옳지 않다.

10 스포이트를 손으로 감싸 쥐면 체온 때문에 스포이트 속 기체의 온도가 높아지므로 기체 입자의 운동이 빨라져 기체 입자가 잉크 표면에 더 강하게 충돌하여 기체의 부피가 증가한다. 따라서 기체의 온도와 부피의 관계로 설명할 수 있으므로 샤를 법칙과 관계있다.

11 ⑤, ⑥ 온도가 낮아지면 고무풍선과 삼각 플라스크에 들어 있는 공기 입자의 운동이 느려지고, 공기 입자가 고무풍선 안쪽 벽에 더 약하게 충돌하여 고무풍선 속 공기 입자 사이의 거리가 가까워져 공기의 부피가 감소한다.
바로 알기 ①, ② 공기 입자의 크기와 개수는 일정하게 유지된다.
③, ④ 공기 입자의 운동이 느려지고, 공기의 부피가 감소한다.

12 ④ 뜨거운 물에 넣은 인형을 (나)에서 찬물에 넣으므로 인형 속 공기의 온도가 낮아져 공기 입자의 운동이 느려진다.

바로 알기 ① (가)에서 인형 속에 있는 일부 공기 입자가 인형 밖으로 빠져나가므로 인형 속 공기의 입자 수는 조금씩 감소한다.
② (나)에서 인형 속 공기의 온도가 낮아지므로 공기의 부피는 감소한다.
③, ⑤ (다)에서 뜨거운 물을 부어 주면 인형 속 공기 입자가 수면과 충돌하는 세기가 강해지면서 기체의 부피가 증가하므로 인형 속 물이 빠져나온다. 이때 뜨거운 물의 온도가 높을수록 물이 더 멀리까지 이동할 수 있다.

13 ③ (가)에서 기체를 가열하면 기체 입자의 운동이 빨라지고, 입자 사이의 거리가 멀어진다.
⑥ (나)에서 기체를 냉각하면 기체 입자의 운동이 느려지고, 기체의 부피가 감소하는데, 이때 기체 입자는 용기 벽에 더 약하게 충돌한다.
바로 알기 ① (가)에서 기체의 온도가 높아지므로 기체의 부피가 증가한다.
②, ④ (가)와 (나)에서 기체의 양이 일정하므로 기체 입자의 개수와 기체의 질량이 일정하다.
⑤ (나)에서 기체의 온도가 낮아지므로 기체 입자의 운동이 느려진다.

14

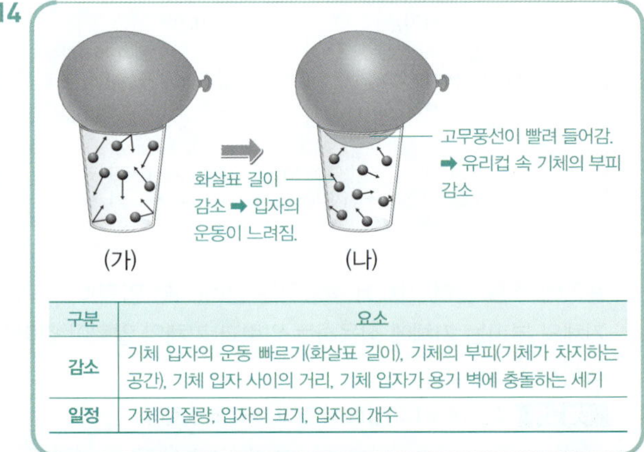


| 구분 | 요소 |
| --- | --- |
| 감소 | 기체 입자의 운동 빠르기(화살표 길이), 기체의 부피(기체가 차지하는 공간), 기체 입자 사이의 거리, 기체 입자가 용기 벽에 충돌하는 세기 |
| 일정 | 기체의 질량, 입자의 크기, 입자의 개수 |

바로 알기 ① (가)에서 (나)로 변할 때 고무풍선이 유리컵 속으로 빨려 들어갔으므로 유리컵 속 기체의 부피는 (가)보다 (나)에서 더 작다.

15 ① 압력이 감소하면 기체의 부피가 증가하여 나타나는 현상으로 보일 법칙이 적용되는 예이다.
②, ③, ④ 온도가 높아지면 기체의 부피가 증가하여 나타나는 현상으로 샤를 법칙이 적용되는 예이다.
⑤ 온도가 낮아지면 기체의 부피가 감소하여 나타나는 현상으로 샤를 법칙이 적용되는 예이다.

16 차가운 빈 유리병을 손으로 감싸 쥐면 유리병 속 기체의 온도가 높아지므로 기체 입자의 운동이 빨라지고, 기체 입자가 유리병 안쪽 벽에 더 강하게 충돌하기 때문에 기체 입자 사이의 거리가 멀어지면서 기체의 부피가 증가하여 동전을 밀어내므로 동전이 들썩인다.

**17** 찌그러진 탁구공을 뜨거운 물에 넣으면 탁구공 속 기체 입자의 운동이 빨라지고, 기체 입자 사이의 거리가 멀어지면서 부피가 증가한다. 이때 기체 입자의 개수는 변하지 않는다.

**18** 겹쳐진 2개의 그릇의 아랫부분을 뜨거운 물에 넣으면 쉽게 떼어 낼 수 있다. 이는 그릇 사이의 공간에 있는 공기 입자의 운동이 빨라져 공기의 부피가 증가하기 때문이다.

**19** 플라스틱 병 안에 들어 있는 기체를 가열하면 기체의 온도가 높아져 기체 입자의 운동이 빨라진다. 이때 고무풍선을 플라스틱 병 입구에 붙이면 플라스틱 병에 들어 있는 기체의 온도가 낮아지면서 기체의 부피가 감소하므로 고무풍선이 플라스틱 병 안으로 빨려 들어가 고무풍선에 플라스틱 병이 달라붙는다. 따라서 ㉠에는 '가열한다'가 적절하다.

바로 알기 ② 고무풍선 속 기체 입자의 크기는 변하지 않는다.
③ 기체의 온도와 부피의 관계를 이용한 예이다.
④, ⑤ (나)에서 플라스틱 병에 들어 있는 기체 입자의 운동이 느려져 기체의 부피가 감소한다.

**20** A에서 B로 변할 때 온도가 높아지고, 기체의 부피가 커진다. 따라서 기체 입자의 운동은 빨라지고, 기체 입자 사이의 거리는 멀어진다.

모범 답안 A에서 B로 변할 때 온도가 높아지므로 기체 입자 운동은 빨라지고, 기체의 부피가 커지므로 기체 입자 사이의 거리는 멀어진다.

| 채점 기준 | 배점(%) |
| --- | --- |
| 기체 입자의 운동 빠르기와 기체 입자 사이의 거리 변화를 그 까닭과 함께 모두 옳게 서술한 경우 | 100 |
| 기체 입자의 운동 빠르기와 기체 입자 사이의 거리 변화 중 한 가지만 그 까닭과 함께 옳게 서술한 경우 | 50 |
| 기체 입자의 운동 빠르기와 기체 입자 사이의 거리 변화만 옳게 서술한 경우 | 40 |

**21** 제시된 실험은 샤를 법칙에 대한 것으로, 온도가 높아지면 색소 방울의 위치가 일정한 비율로 높아진다.

모범 답안 물의 온도가 높아지면 스포이트에 들어 있는 공기의 온도가 높아져 공기의 부피가 증가하므로 색소 방울이 위로 올라간다.

| 채점 기준 | 배점(%) |
| --- | --- |
| 색소 방울의 위치 변화를 기체의 온도와 부피 관계를 이용하여 옳게 서술한 경우 | 100 |
| 색소 방울의 위치 변화를 기체의 온도 변화와 부피 변화 중 한 가지만 이용하여 서술한 경우 | 60 |
| 색소 방울의 위치 변화만 옳게 쓴 경우 | 40 |

**22** 일정한 압력에서 온도가 높아지면 기체의 부피가 증가하는데, 그 까닭은 기체 입자의 운동이 빨라져 기체 입자가 용기 벽에 강하게 충돌하기 때문이다.

모범 답안 온도가 높아지면 기체 입자가 용기 벽에 충돌하는 세기가 강해지므로 피스톤이 위로 올라가면서 기체의 부피가 증가한다.

| 채점 기준 | 배점(%) |
| --- | --- |
| 기체 입자가 용기 벽에 충돌하는 세기와 기체의 부피 변화를 관련지어 옳게 서술한 경우 | 100 |
| 기체 입자가 용기 벽에 충돌하는 세기 또는 기체의 부피 변화만 옳게 서술한 경우 | 50 |

**23** 일정한 압력에서 기체의 온도가 낮아지면 기체의 부피가 감소한다. 이때 기체 입자의 운동은 느려지고, 기체 입자의 개수는 변하지 않는다.

모범 답안 기체 입자의 운동은 느려지고, 기체 입자의 개수는 일정하다.

| 채점 기준 | 배점(%) |
| --- | --- |
| 기체 입자의 운동 빠르기 변화와 기체 입자의 개수 변화를 모두 옳게 서술한 경우 | 100 |
| 기체 입자의 운동 빠르기 변화와 기체 입자의 개수 변화 중 한 가지만 옳게 서술한 경우 | 50 |

**24** 밀폐 용기 속 기체의 온도를 높여 기체 입자 운동이 빨라지면 기체 입자가 뚜껑과 충돌하는 세기가 강해지고 기체의 부피가 증가하므로 뚜껑을 쉽게 열 수 있다.

모범 답안 밀폐 용기를 따뜻한 물이 들어 있는 용기에 넣는다. 밀폐 용기를 따뜻한 방 안에 둔다. 등

| 채점 기준 | 배점(%) |
| --- | --- |
| 밀폐 용기 속 기체의 온도를 높이는 방법을 옳게 제시하여 서술한 경우 | 100 |

**25** (가)에서 (나)로 변할 때 유리병 속 기체의 온도가 낮아진다. 따라서 유리병 속 기체 입자의 운동은 느려지고, 기체의 부피는 감소하므로 달걀이 병 안으로 들어간다.

모범 답안 기체 입자의 운동은 느려지고, 기체의 부피는 감소한다.

| 채점 기준 | 배점(%) |
| --- | --- |
| 기체 입자의 운동 빠르기 변화와 기체의 부피 변화를 모두 옳게 서술한 경우 | 100 |
| 기체 입자의 운동 빠르기 변화와 기체의 부피 변화 중 한 가지만 옳게 서술한 경우 | 50 |

고난도 문제 **정복하기**     시험 대비서 *42~43*쪽

**1** ③    **2** ②    **3** ⑤    **4** ⑤    **5** ⑤    **6** ③    **7** ②
**8** ②

**1** ㄴ. 온도와 기체의 양이 일정할 때 보일 법칙에 따라 기체의 부피가 감소할수록 기체의 압력이 증가한다. 이는 기체 입자가 용기 벽에 충돌하는 횟수가 많아지기 때문이다.
ㄹ. 부피가 일정한 용기에 들어 있는 공기 입자의 개수를 줄이면 공기의 압력이 감소한다.

바로 알기 ㄱ. 기체의 부피는 용기의 부피와 같으므로 공기의 부피는 (가) < (나)이다.
ㄷ. (나)에서 공기를 가열하여 공기의 온도를 높이면 공기 입자가 빠르게 운동하여 용기 벽에 더 강하게 충돌하므로 공기의 압력이 증가한다.

**2**

공기
1 기압
수은
(가)
수은 첨가
수은 기둥의 높이 차
1 기압
공기의 부피
감소 ➡ 공기에
작용하는 압력이
증가했기 때문
(나)

| 구분 | (가) | (나) |
|---|---|---|
| 기체에 작용하는 압력 | 1 기압 | 1 기압+수은 기둥의 높이 차만큼의 압력 |
| J자 모양 관 안의 기체의 부피 | 크다. | 작다. |

일정한 온도에서 J자 모양의 관에 수은을 넣으면 관 속의 막힌 쪽에 들어 있는 공기의 부피가 감소하는 것은 공기에 작용하는 압력이 증가했기 때문이다. 즉, (나)에서는 수은 기둥의 높이 차만큼 공기에 작용하는 압력이 더 커졌기 때문이다.
① 공기의 양은 일정하므로 공기 입자의 개수는 일정하다.
③ 공기의 부피는 (가)>(나)이므로 공기 입자 사이의 거리는 (가)>(나)이다.
④ 공기의 부피는 (가)>(나)이므로 공기의 압력은 (가)<(나)이고, 공기 입자의 충돌 횟수는 (가)<(나)이다.
⑤ 온도가 일정하므로 공기 입자의 운동 빠르기는 (가)=(나)이다.
**바로 알기** ② (가)에서는 대기압인 1 기압만큼의 압력이 작용하고, (나)에서는 (대기압+수은 기둥의 높이 차에 의한 압력)이 작용한다.

**3** ⑤ B에서 C로 변할 때 기체의 부피가 감소하므로 기체 입자 사이의 거리가 가까워진다.
**바로 알기** ①, ② 보일 법칙에 따르면 기체의 압력과 부피의 곱은 일정하므로 1 기압×100 mL=5 기압×㉠ mL에서 ㉠은 20이고, 1 기압×100 mL=㉡ 기압×50 mL에서 ㉡은 2이다.
③ 기체의 양이 일정하므로 A~C에서 기체 입자의 개수는 모두 같다.
④ B에서 A로 변할 때 기체의 압력이 감소하고 기체의 부피가 증가하므로 기체 입자의 충돌 횟수가 감소한다.

**4** ㄱ, ㄴ. 마시멜로가 들어 있는 감압 용기 속 공기를 빼내면 용기 내부의 압력이 감소하여 마시멜로에 작용하는 압력이 감소한다. 따라서 마시멜로에 들어 있는 공기의 부피가 증가하므로 마시멜로가 부풀어 오른다. 즉, 마시멜로 속 공기의 부피는 (가)<(나)이다. 이는 기체의 압력과 부피 관계를 나타낸 보일 법칙으로 설명할 수 있다.
ㄷ. 감압 용기 속 공기의 압력이 (가)>(나)이므로 공기 입자가 마시멜로 표면과 충돌하는 횟수는 (가)>(나)이다.

**5** ㄱ. 그래프에서 온도가 높아지면 기체의 부피는 일정한 비율로 증가한다.

ㄴ. 온도가 0 ℃에서 273 ℃로 273 ℃만큼 높아질 때 기체의 부피는 (A−50) mL만큼 증가하고, 온도가 273 ℃에서 546 ℃로 273 ℃만큼 높아질 때 기체의 부피는 (150−A) mL만큼 증가한다. 온도가 높아질 때 기체의 부피는 일정한 비율로 증가하므로 A−50=150−A이고, A=100이다.
ㄷ. 273 ℃에서 기체의 부피가 100 mL이므로 온도가 273 ℃ 높아질 때마다 기체의 부피가 50 mL씩 일정하게 증가한다. 따라서 그래프에서 부피가 0에 해당하는 온도 B는 0 ℃보다 273 ℃만큼 낮은 −273 ℃이다. 이때 이론적으로 기체의 부피가 0이 되나, 실제로는 −273 ℃가 되기 전에 기체가 액체나 고체로 변하기 때문에 기체의 부피를 계산할 수 없다.

**6** ①, ② (가)에서 인형 속 공기의 온도가 높아져 공기의 부피가 증가하므로 인형 속 공기가 빠져나오고, (나)에서 인형 속 공기의 온도가 낮아져 공기의 부피가 감소하므로 찬물이 인형 안으로 들어간다.
④ 온도가 변해도 공기 입자의 크기는 변하지 않으므로 (가)와 (나)에서 공기 입자의 크기는 같다.
⑤ (나)에서 (다)로 변할 때 인형 속 공기의 온도가 높아지므로 공기 입자의 운동이 빨라진다.
**바로 알기** ③ (나)에서 (다)로 변할 때 인형에서 물이 빠져나오려면 인형 속 공기의 부피는 (나)에서가 (다)에서보다 작고, 인형 속 찬물의 높이는 (나)에서가 (다)에서보다 높아야 한다. 따라서 인형 속 찬물의 높이는 4 cm보다 높다.

**7** ①, ③ 주사기를 연결한 삼각 플라스크를 뜨거운 물에 넣으면 삼각 플라스크와 주사기 속 공기 입자의 온도가 높아지므로 공기 입자의 운동이 빨라진다. 따라서 공기 입자의 운동 빠르기는 (가)<(나)이다. 그러나 공기의 양은 일정하므로 공기 입자의 전체 개수는 같다.
④, ⑤ (나)의 삼각 플라스크를 (다)의 비커에 넣으면 공기의 온도가 낮아지므로 공기 입자가 주사기 안쪽 벽에 충돌하는 세기가 약해져 부피가 감소하므로 주사기 속 공기의 부피는 10 mL보다 작아진다.
**바로 알기** ② 삼각 플라스크와 주사기를 연결한 후 삼각 플라스크를 뜨거운 물에 넣어 온도를 높이면 일정한 부피를 가진 삼각 플라스크 속 공기의 부피는 일정하나 주사기 속 공기의 부피는 커진다. 즉, 삼각 플라스크에 들어 있는 공기의 부피는 (가)와 (나)에서 같다.

**8** ㄴ. (가)에서 (나)로 될 때 기체의 부피가 증가했으므로 기체 입자 사이의 거리는 멀어진다.
**바로 알기** ㄱ. (가)에서 (나)로 될 때 기체 입자의 크기는 일정하다.
ㄷ. (가)에서 0 ℃, 10 mL의 기체의 온도를 273 ℃로 높였을 때 기체의 부피가 10 mL만큼 증가했다. 샤를 법칙에 따르면 기체의 온도가 높아지면 기체의 부피는 일정한 비율만큼 커져야 하므로 (가)의 온도를 546 ℃로 높였을 때 기체의 부피는 (나)에서의 부피+10 mL=20 mL+10 mL=30 mL가 된다.

# 01 태양계의 구성

## 쪽지 시험 1회
시험 대비서 45쪽

1 행성  2 ㉠ 위성, ㉡ 달  3 ㉠ 혜성, ㉡ 꼬리  4 ㉠ 작, ㉡ 없거나 적다  5 ㉠ 대기, ㉡ 대기  6 ㉠ 대적점, ㉡ 대흑점  7 광구  8 ㉠ 쌀알 무늬, ㉡ 대류  9 플레어  10 ㉠ 커지고, ㉡ 강

## 쪽지 시험 2회
시험 대비서 46쪽

1 태양  2 ㉠ 소행성, ㉡ 화성, ㉢ 목성  3 ㉠ 지구, ㉡ 목성  4 고체  5 ㉠ 얼음, ㉡ 드라이아이스, ㉢ 극관  6 천왕성  7 ㉠ 흑점, ㉡ 낮  8 채층, ㉡ 코로나  9 ㉠ 11, ㉡ 많은  10 ㉠ 자주, ㉡ 넓은

## 쪽지 시험 3회
시험 대비서 47쪽

1 ㉠ 행성, ㉡ 왜소 행성, ㉢ 소행성, ㉣ 위성, ㉤ 행성, ㉥ 혜성  2 ㉠ 수성, ㉡ 금성, ㉢ 지구, ㉣ 화성, ㉤ 극관  3 ㉠ 목성, ㉡ 대적점, ㉢ 토성, ㉣ 천왕성, ㉤ 해왕성, ㉥ 대흑점  4 ㉠ 쌀알 무늬, ㉡ 흑점, ㉢ 채층, ㉣ 코로나, ㉤ 홍염, ㉥ 플레어

## 학교 시험 미리 보기
시험 대비서 48~52쪽

| | | | | |
|---|---|---|---|---|
| 01 ① | 02 ⑤ | 03 ①, ⑤, ⑦ | 04 ⑤ | 05 ②, ⑤, ⑥ |
| 06 ② | 07 ① | 08 ⑤ | 09 ② | 10 ② | 11 ③ | 12 ④ |
| 13 ④, ⑤, ⑦ | 14 ⑤ | 15 ③ | 16 ⑤ | 17 ④ | 18 ④ |
| 19 왜소 행성 | 20 소행성 | 21 해설 참조 |
| 22 해설 참조 | 23 해설 참조 |

01 (가) 명왕성은 왜소 행성, (나) 타이탄은 토성의 위성, (다) 해왕성과 (라) 금성은 행성이다. (마)는 꼬리가 있으므로 혜성이다.

02 A와 같이 공전 궤도가 긴 타원 모양인 천체는 혜성이다. 혜성은 얼음과 먼지 성분으로 이루어져 있으며, 태양에 가까워지면 꼬리가 나타난다.
바로 알기 ⑤ 화성과 목성 궤도 사이에 주로 분포하는 천체는 소행성이다.

03 바로 알기 ② 태양계 행성은 총 8개이다.
③ 소행성은 모양이 불규칙하다. 긴 꼬리가 나타나는 천체는 혜성이다.
④ 태양계에서 스스로 빛을 내는 천체는 태양뿐이다.
⑥ 지구형 행성은 위성이 없거나 수가 적고, 목성형 행성은 위성이 많다.
⑧ 주로 화성과 목성 궤도 사이에 띠를 이루며 분포하는 것은 소행성이다.

04 ㄱ. (가) 달은 지구의 위성이고, (나) 아이다는 모양이 불규칙한 것으로 보아 소행성이다.
ㄴ. 달은 지구 주위를 공전하는 위성이다.
ㄷ. (나) 아이다의 사진을 보면 표면에 운석 충돌의 흔적이 있음을 알 수 있다.

05 (가)는 지구형 행성이고, (나)는 목성형 행성이다.
바로 알기 ① (가) 지구형 행성은 고리가 없고, (나) 목성형 행성은 고리가 있다.
③ (가) 지구형 행성은 위성이 없거나 수가 적고, (나) 목성형 행성은 위성이 많다.
④ 태양계 행성은 모두 태양 주위를 공전한다.
⑦ (가) 지구형 행성은 표면이 단단한 암석으로 되어 있고, (나) 목성형 행성은 표면이 기체 상태이다.

06
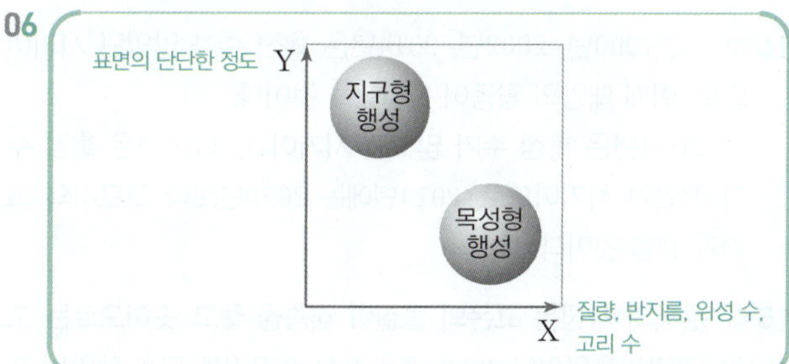


지구형 행성은 목성형 행성에 비해 질량과 반지름이 작고, 위성 수가 적거나 없으며, 고리가 없지만, 표면의 단단한 정도는 목성형 행성보다 더 크다.

07 지구형 행성은 질량과 반지름이 작고 위성 수가 적거나 없다. 지구형 행성에는 수성, 금성, 지구, 화성이 속한다.

08 금성은 주로 이산화 탄소로 이루어진 두꺼운 대기가 있어서 대기압과 표면 온도가 매우 높다.

09 (가)는 화성, (나)는 목성, (다)는 토성이다.
② 행성을 태양에서 가까운 것부터 순서대로 나열하면 수성, 금성, 지구, 화성, 목성, 토성, 천왕성, 해왕성 순이다. 따라서 (가) 화성은 (나) 목성보다 태양에 더 가깝다.
바로 알기 ① (가) 화성은 지구형 행성이고, (나) 목성과 (다) 토성은 목성형 행성이다.
③ (가) 화성 주변을 도는 위성은 2개 있다.
④ 태양계 행성 중 질량이 가장 큰 것은 목성이다.
⑤ (다) 토성은 수소와 헬륨 등의 기체로 이루어져 있다.

10 표면에 붉은색을 띠는 토양과 암석이 있고, 과거에 물이 흘렀던 흔적이 있는 행성 (가)는 화성이다.
표면에 가로줄 무늬가 있고, 붉은색의 대기 소용돌이인 대적점이 있는 행성 (나)는 목성이다.

11 ①, ② (가)의 A는 흑점이고, B는 태양의 표면인 광구이다.
④ 태양의 표면(광구)을 확대해 보면 (나)와 같은 쌀알 무늬를 볼 수 있다.
⑤ 쌀알 무늬는 광구 아래에서 일어나는 대류 운동 때문에 생긴다.

[바로 알기] ③ 흑점은 주변보다 온도가 낮기 때문에 상대적으로 어둡게 보인다.

**12** ㄱ. (가)는 흑점 부근에서 나타나는 강한 폭발 현상인 플레어이다.

ㄷ. 태양의 활동이 활발할 때 홍염과 플레어가 자주 발생하고, 코로나의 크기가 커진다.

[바로 알기] ㄴ. (나)의 밝은 부분은 채층 위로 넓게 뻗은 진주색의 대기층인 코로나이다.

**13** [바로 알기] ④ 우리 눈에 밝게 보이는 태양의 둥근 표면을 광구라고 한다.

⑤ 광구 바로 위에 있는 얇고 붉은 대기층은 채층이다.

⑦ 흑점 수가 많은 시기에 태양의 활동이 활발하며, 태양의 활동이 활발할 때 홍염과 플레어가 자주 발생한다.

**14** ㄱ, ㄴ. 1990년, 2002년, 2014년은 흑점 수가 많았던 시기이므로, 이때 태양의 활동이 활발했을 것이다.

ㄷ. 2014년은 흑점 수가 많았던 시기이고, 2020년은 흑점 수가 적었던 시기이므로, 2014년에는 2020년보다 코로나의 크기가 컸을 것이다.

**15** ③ 문제의 사진은 고온의 물질이 채층을 뚫고 솟아오르는 고리 모양의 홍염이다. 2002년은 흑점 수가 많으므로 태양의 활동이 활발했던 시기로, 그림과 같은 홍염이 자주 발생한다.

[바로 알기] ⑤ 흑점의 수는 약 11년을 주기로 증가와 감소를 반복한다. 따라서 2020년에 흑점 수가 적었으므로, 2031년에도 흑점 수가 적을 것으로 예상되며, 이때는 홍염이 자주 발생하지 않을 것이다.

**16** ⑤ 태양의 활동이 활발한 시기에는 위성 위치 확인 시스템(GPS) 오류로 정확한 위치 정보를 확인하기 어려울 수 있다.

[바로 알기] ②, ③ 태양의 활동이 활발한 시기에는 코로나의 크기가 커지고, 태양풍이 강해진다.

④ 태양의 활동이 활발한 시기에는 오로라가 더 넓은 지역에서 더 자주 발생한다.

**17** A는 천체에서 오는 빛을 모으는 대물렌즈, B는 대상을 찾는 데 이용하는 파인더, C는 경통의 방향을 조절하게 해 주고 경통을 지지하는 가대, D는 눈을 대고 관찰하는 부분인 접안렌즈이다.

**18** 천체 망원경을 설치하는 과정은 다음과 같다.

> ① 넓고 평평한 곳에 삼각대를 세우고, 삼각대 위에 가대를 고정한다.
> ② 가대에 균형추를 매달고, 경통을 가대에 고정한다.
> ③ 경통에 파인더와 접안렌즈를 설치한다.
> ④ 경통과 균형추를 움직여 망원경의 균형을 맞추고, 관측 천체를 향하도록 경통의 방향을 맞춘다.
> ⑤ 파인더와 접안렌즈의 시야 중심이 일치하도록 맞추고, 접안렌즈의 초점을 맞춘 후 관측한다.

**19** 태양 주위를 공전하고 모양이 구형인 천체는 행성과 왜소 행성이다. 그중 공전 궤도 주변의 다른 천체들에게 지배적인 역할을 하지 못하는 천체는 왜소 행성이다.

**20** 태양 주위를 공전하고 모양이 불규칙한 천체는 소행성이다. 소행성은 주로 화성과 목성 궤도 사이에 분포한다.

**21** (가)는 지구형 행성이고, (나)는 목성형 행성이다.

[모범 답안] 질량, 반지름, 위성의 수, 고리 유무 등

| 채점 기준 | 배점(%) |
| --- | --- |
| (나)가 (가)보다 큰 값을 가지는 물리량을 세 가지 모두 옳게 쓴 경우 | 100 |
| (나)가 (가)보다 큰 값을 가지는 물리량을 두 가지만 옳게 쓴 경우 | 50 |
| (나)가 (가)보다 큰 값을 가지는 물리량을 한 가지만 옳게 쓴 경우 | 30 |

**22** [모범 답안] 흑점, 다른 부분에 비해 온도가 낮기 때문이다.

| 채점 기준 | 배점(%) |
| --- | --- |
| '흑점'을 옳게 쓰고, 어둡게 보이는 까닭을 옳게 서술한 경우 | 100 |
| 어둡게 보이는 까닭만 옳게 서술한 경우 | 70 |
| '흑점'만 옳게 쓴 경우 | 30 |

**23** [모범 답안] ⑴ 오로라

⑵ 오로라는 태양의 활동이 활발할 때 더 넓은 지역에서 더 자주 발생하므로, 흑점 수가 많아 태양 활동이 활발할 때 오로라를 보러 가는 것이 좋다.

| | 채점 기준 | 배점(%) |
| --- | --- | --- |
| ⑴ | '오로라'라고 옳게 쓴 경우 | 30 |
| ⑵ | 오로라가 자주 발생하는 시기와 태양 활동이 활발한 시기를 연결하여 옳게 서술한 경우 | 70 |
| ⑵ | '태양 활동이 활발할 때 보러 가는 것이 좋다.'라고만 서술한 경우 | 40 |

# 02 지구와 달

**[쪽지 시험 1회]**　　　　　시험 대비서 54쪽

**1** ㉠ 자전축, ㉡ 서, ㉢ 동　**2** ㉠ 동(왼), ㉡ 서(오른)　**3** 시계 반대
**4** ㉠ 1, ㉡ 연주　**5** 공전　**6** 삭　**7** 상현　**8** ㉠ 개기일식, ㉡ 부분
일식　**9** ㉠ 태양, ㉡ 지구, ㉢ 달　**10** ㉠ 왼, ㉡ 왼

**[쪽지 시험 2회]**　　　　　시험 대비서 55쪽

**1** 일주　**2** ㉠ 북극성, ㉡ 시계 반대　**3** ㉠ 서, ㉡ 동, ㉢ 공전
**4** ㉠ 황도, ㉡ 황도 12궁　**5** 위상　**6** ㉠ 망, ㉡ 보름　**7** 하현
**8** ㉠ 태양, ㉡ 달, ㉢ 지구　**9** ㉠ 오른, ㉡ 오른　**10** ㉠ 개기월식,
㉡ 부분월식

1 ㉠ 동쪽, ㉡ 남쪽, ㉢ 서쪽, ㉣ 북쪽　2 ㉠ 물병, ㉡ 사자, ㉢ 황소, ㉣ 전갈, ㉤ 사자, ㉥ 물병, ㉦ 전갈, ㉧ 황소　3 ㉠ 초승달, ㉡ 상현달, ㉢ 보름달, ㉣ 하현달, ㉤ 그믐달　4 ㉠ 개기일식, ㉡ 부분일식, ㉢ 개기월식, ㉣ 부분월식



| | | | | |
|---|---|---|---|---|
| 01 ④ | 02 ③ | 03 ② | 04 ② | 05 ①, ⑤, ⑥, ⑧ |
| 06 ①, ④ | | 07 ④ | 08 ④ | 09 ② | 10 ② | 11 ② |
| 12 ⑤ | 13 ④, ⑦ | | 14 ④ | 15 ⑤ | 16 ②, ③, ⑤, ⑦ |
| 17 ⑤ | 18 ⑤ | 19 해설 참조 | 20 해설 참조 |
| 21 해설 참조 | 22 해설 참조 | |

**01** 바로 알기 ④ 지구의 자전 방향은 서 → 동이고, 천체의 일주 운동 방향은 동 → 서이다.

**02** 바로 알기 ③ 별의 일주 운동 방향은 동 → 서이다.

**03** 별은 1시간에 15°씩 회전하므로 6시간 동안 90° 회전한다. 또한, 북쪽 하늘에서 별의 일주 운동 방향은 시계 반대 방향이다. 따라서 6시간 후 별 S는 ②의 위치에 있을 것이다.

**04** (가)와 같이 북극성을 중심으로 시계 반대 방향으로 도는 것처럼 보이는 방향은 북쪽이다. (나)와 같이 별이 왼쪽 아래에서 오른쪽 위로 비스듬히 떠오르는 것처럼 보이는 방향은 동쪽이다.

**05**

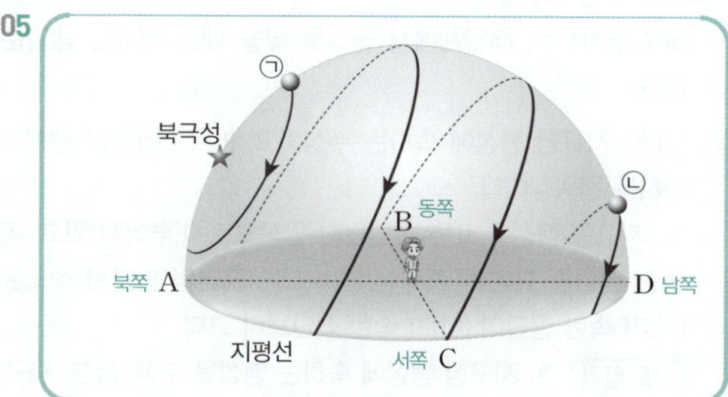


바로 알기 ②, ③, ⑤ A는 북쪽, B는 동쪽, C는 서쪽, D는 남쪽이다.

④ 별은 동쪽(B)에서 떠올라 서쪽(C)으로 진다.

⑦ 남쪽 하늘에 떠 있는 별 ㉡은 동쪽에서 떠서 서쪽으로 지는 것처럼 보인다.

**06** 바로 알기 ① 지구는 태양을 중심으로 하루에 약 1°씩 공전한다.

④ 태양의 연주 운동 속도는 지구의 공전 속도와 같으므로 하루에 약 1°이다.

**07** ㄴ. 매일 같은 시각에 별자리를 관찰하면 별자리의 위치가 동쪽에서 서쪽으로 조금씩 움직이는 것처럼 보인다. 이러한 현상은 지구가 공전하기 때문에 나타난다.

ㄷ. 태양을 기준으로 할 때 별자리는 동쪽에서 서쪽으로 이동하는 것처럼 보이고, 별자리를 기준으로 할 때 태양은 서쪽에서 동쪽으로 이동하는 것처럼 보인다.

바로 알기 ㄱ. 매일 같은 시각에 별자리를 관찰하면 별자리의 위치가 동쪽에서 서쪽으로 조금씩 움직이는 것처럼 보이므로, 관측한 시간 순으로 나열하면 (가) → (나) → (다)이다.

**08** 지구가 A 위치를 지나고 있을 때 태양은 황소자리를 지난다.

**09** 5월에는 태양은 양자리를 지나고 있으므로, 이때 한밤중에 남쪽 하늘에서 볼 수 있는 별자리는 태양의 반대편에 있는 천칭자리이다.

**10** 달이 지구를 중심으로 공전하면서 태양, 지구, 달의 상대적인 위치가 달라지기 때문에 지구에서 볼 때 달의 밝게 보이는 부분이 달라진다.

**11** 달이 A에 위치할 때는 태양의 반대 방향에 있으므로 보름달로 보이고, B에 위치할 때는 왼쪽이 밝은 반달인 하현달로 보인다. 달이 C에 위치할 때는 왼쪽 일부분이 밝은 그믐달로 보이고, E에 위치할 때는 오른쪽 일부분이 밝은 초승달로 보인다. 달이 D에 위치할 때는 태양과 같은 방향에 있으므로 달이 보이지 않는다.

**12** 바로 알기 ⑤ 달이 차오를 때는 오른쪽부터 밝은 면이 점점 넓어진다. 반대로 달이 기울 때는 오른쪽부터 어두운 면이 점점 넓어진다.

**13**

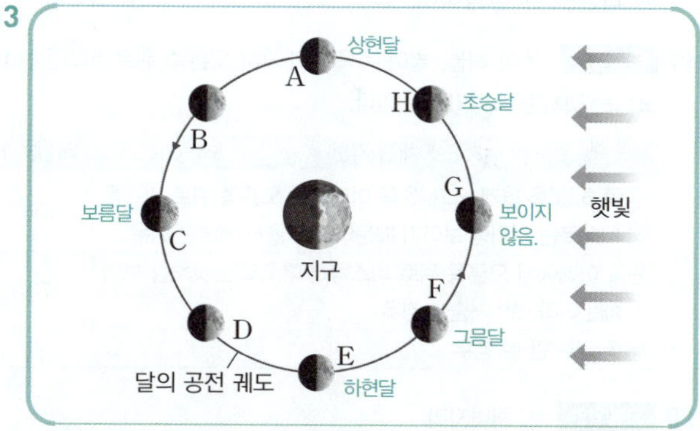


바로 알기 ④ 달이 C에 위치할 때는 보름달이고 E에 위치할 때는 하현달이므로, D에서 E로 갈수록 달의 밝은 면이 점점 좁아진다.

⑦ 달이 G에 위치할 때는 지구-달-태양이 일직선을 이루므로 일식이 일어날 수 있다. 월식은 달이 망의 위치에 있을 때 일어날 수 있다.

**14** ㄱ. (가)는 개기일식이고, (나)는 부분일식이다.

ㄷ. 일식은 태양-달-지구의 순서로 일직선을 이룰 때 일어날 수 있으며, 이때 달의 위상은 삭이다.

바로 알기 ㄴ. (나) 부분일식은 달이 태양의 일부를 가리는 현상이다.

**15** ㄱ, ㄴ. 일식은 지구에서 달의 그림자가 생기는 지역에서만 볼 수 있다. 그중 A에서는 달이 태양을 완전히 가리는 개기일식

을 볼 수 있고, B에서는 달이 태양의 일부를 가리는 부분일식을 볼 수 있다.

ㄷ. 일식이 일어날 때는 달이 공전하여 태양의 앞을 지나감에 따라 태양의 오른쪽부터 가려지기 시작하고, 다시 오른쪽부터 빠져나온다.

**16** 바로 알기 ① 일식은 달이 태양을 가리는 현상이다.

④ 일식이 일어나면 태양의 오른쪽부터 가려지기 시작한다.

⑥ 월식은 태양－지구－달의 순서로 일직선을 이룰 때(망일 때) 일어난다. 삭일 때는 일식이 일어날 수 있다.

**17** ㄱ. 월식은 태양－지구－달의 순서로 일직선을 이룰 때 일어난다.

ㄴ. 개기월식이 일어나면 달이 지구의 그림자에 완전히 가려져 붉게 보인다. 달이 붉게 보이는 까닭은 햇빛이 지구 대기를 지날 때 흩어지면서 달에 붉은 빛이 상대적으로 많이 도달하기 때문이다.

ㄷ. 월식은 지구에서 밤이 되는 모든 지역에서 볼 수 있다.

**18** ㄴ. 월식은 달이 지구 그림자에 가려지는 현상이다. 따라서 월식이 진행될 때 달 표면에서 어두워진 부분은 지구의 그림자에 해당한다.

ㄷ. 월식은 태양–지구–달의 순서로 일직선을 이룰 때(달의 위상이 보름달일 때) 일어난다.

바로 알기 ㄱ. 월식은 달이 공전하여 지구의 그림자 속으로 들어감에 따라 달의 왼쪽부터 가려지기 시작한다. 따라서 진행 과정은 ⊙ 방향이다.

**19** 모범 답안 동쪽 하늘, 별이 왼쪽 아래에서 오른쪽 위로 비스듬히 떠오르는 것처럼 보이기 때문이다.

| 채점 기준 | 배점(%) |
|---|---|
| '동쪽 하늘'을 옳게 쓰고, 왼쪽 아래에서 오른쪽 위로 비스듬히 떠오르는 것처럼 보이기 때문이라고 옳게 서술한 경우 | 100 |
| 왼쪽 아래에서 오른쪽 위로 비스듬히 떠오르는 것처럼 보이기 때문이라고만 서술한 경우 | 70 |
| '동쪽 하늘'만 쓴 경우 | 30 |

**20** 모범 답안 (1) 처녀자리

(2) 10월에 태양과 처녀자리가 같은 방향에 있으므로 태양과 함께 뜨고 져서 볼 수 없다.

| | 채점 기준 | 배점(%) |
|---|---|---|
| (1) | '처녀자리'라고 옳게 쓴 경우 | 30 |
| (2) | 태양과 처녀자리가 같은 방향에 있기 때문이라고 옳게 서술한 경우 | 70 |

**21** 모범 답안 (1) (다)－(가)－(나)

(2) 지구가 공전하기 때문이다.

| | 채점 기준 | 배점(%) |
|---|---|---|
| (1) | (다)－(가)－(나) 순으로 옳게 쓴 경우 | 30 |
| (2) | 지구가 공전하기 때문이라고 옳게 서술한 경우 | 70 |

**22** (가)는 일식의 원리를 알아보기 위한 실험이고, (나)는 월식의 원리를 알아보기 위한 실험이다.



모범 답안 (1) 전등은 태양, 스타이로폼 공은 달, 사람은 지구에 해당한다.

(2) (나), 월식은 태양－지구－달 순서로 일직선을 이룰 때 일어난다.

| | 채점 기준 | 배점(%) |
|---|---|---|
| (1) | 전등, 스타이로폼 공, 사람에 해당하는 것을 모두 옳게 서술한 경우 | 50 |
| | 전등, 스타이로폼 공, 사람에 해당하는 것 중 두 가지만 옳게 서술한 경우 | 25 |
| (2) | (나)를 옳게 쓰고, 월식이 일어날 때 태양, 지구, 달의 위치 관계를 옳게 서술한 경우 | 50 |
| | 월식이 일어날 때 태양, 지구, 달의 위치 관계만 옳게 서술한 경우 | 30 |
| | (나)만 옳게 쓴 경우 | 10 |

고난도 문제 **정복하기** 시험 대비서 62~63쪽

| 1 ④ | 2 ② | 3 ③ | 4 ① | 5 ③ | 6 ② | 7 ② |
|---|---|---|---|---|---|---|
| 8 ② | | | | | | |

**1** ㄴ. (가)는 혜성, (나)는 태양, (다)는 위성인 달, (라)는 왜소 행성인 명왕성이다.

ㄷ. (가) 혜성, (라) 왜소 행성은 태양 주위를 공전하고, (다) 위성은 행성 주위를 공전한다.

바로 알기 ㄱ. 태양계에서 스스로 빛을 내는 천체는 태양뿐이다.

**2** (가)는 지구형 행성에 속하는 수성이고, (나)는 목성형 행성에 속하는 천왕성이다.

ㄴ. 지구형 행성은 표면이 단단한 암석으로 이루어져 있고, 목성형 행성은 표면이 기체 상태이므로, 표면의 단단한 정도는 (가)가 속한 집단이 (나)가 속한 집단보다 크다.

바로 알기 ㄱ. 지구형 행성에 속하는 행성은 수성, 금성, 지구, 화성이다.

ㄷ. 지구형 행성은 위성의 수가 적거나 없고, 목성형 행성은 위성의 수가 많다.

**3**

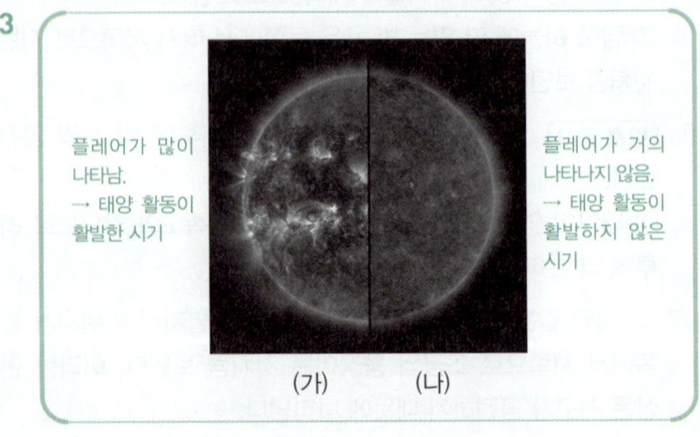

ㄱ. (가)에서는 플레어가 많이 나타나고, (나)에서는 플레어가 거의 나타나지 않는다. 따라서 (가)는 태양의 활동이 활발한 시기이므로 흑점의 개수가 많은 시기에 해당하고, (나)는 태양의 활동이 활발하지 않은 시기이므로 흑점의 개수가 적은 시기에 해당한다.

ㄴ. 태양의 활동이 활발한 시기에는 코로나의 크기가 커진다. 따라서 (가) 시기에는 (나) 시기보다 코로나의 크기가 더 클 것이다.

**바로 알기** ㄷ. 태양 활동이 활발한 (가) 시기에는 위성 통신 오류 등이 발생하기 쉽다.

4 B와 D는 태양의 흑점 수가 많은 시기이고, A, C, E는 태양의 흑점 수가 적은 시기이다.

ㄱ. 태양의 활동이 활발한 시기에 오로라가 더 넓은 지역에서 더 자주 발생한다. 따라서 흑점 수가 많은 B와 D 시기에 오로라가 자주 발생했을 것이다.

**바로 알기** ㄴ. 흑점 수의 변화 주기는 약 11년이다. 2020년에 흑점 수가 적었으므로, 2031년경에도 흑점 수가 적을 것으로 예상된다.

ㄷ. 자기 폭풍은 흑점 수가 많아서 태양 활동이 활발한 시기(B, D)에 많이 발생한다.

5 ㄱ. 별의 일주 운동 모습이 원 모양으로 나타나는 것으로 보아 북쪽 하늘을 관측한 것이다.

ㄴ. 별은 1시간에 15°씩 회전한다. 따라서 별이 30° 일주 운동하였으므로, 촬영 시간은 2시간이다.

**바로 알기** ㄷ. 우리나라에서 북쪽 하늘의 별의 일주 운동은 시계 반대 방향으로 나타난다.

6 ㄷ. 달의 위상이 망일 때는 달이 지구를 중심으로 태양의 반대편에 위치한다. 따라서 이날 달의 위상이 보름달이면, 태양이 궁수자리 방향에 있으므로 달은 반대편인 쌍둥이자리 방향에 있을 것이다.

**바로 알기** ㄱ. 태양이 궁수자리 방향에 위치하므로, 자정에 남중하는 별자리는 쌍둥이자리이다.

ㄴ. 한 달 후에 태양은 염소자리 방향에 위치하므로, 이때 남중하는 별자리는 게자리이다.

7 ㄴ. 초승달은 음력 2~3일경에 서쪽 하늘에서 볼 수 있다.

**바로 알기** ㄱ. 우리 눈에 보이는 달의 모양과 위치 변화는 달이 지구 주위를 공전하기 때문에 나타나는 현상이다.

ㄷ. 해가 진 직후 남쪽 하늘에 있는 달은 오른쪽이 둥근 반달인 상현달이다.

8 ㄷ. 월식은 달이 지구 그림자에 가려지는 현상이다. 따라서 (가)는 지구의 그림자에 해당한다.

**바로 알기** ㄱ. B는 달이 지구의 그림자에 완전히 들어갔으므로 개기월식에 해당한다.

ㄴ. 월식이 일어나면 달의 왼쪽부터 어두워지고, 개기월식을 지나 다시 달의 왼쪽부터 밝아진다. 따라서 월식의 진행 순서는 C → B → A 순이다.

중간·기말고사 대비 **대단원 최종 점검**

**1회** **V. 힘의 작용** 시험 대비서 66~70쪽

| 1 ③ | 2 ⑤ | 3 ② | 4 ④ | 5 ⑤ | 6 ④ | 7 ④ |
| 8 ① | 9 ④ | 10 ⑤ | 11 ③ | 12 ③ | 13 ③ | 14 ② |
| 15 ③ | 16 ② | 17 ① | 18 ① | 19 ④ | 20 해설 참조 | |
| 21 해설 참조 | | | | | | |

1 과학에서 말하는 힘은 물체의 모양이나 운동 상태를 변하게 하는 원인이다.
① 점토의 모양이 변한다.
② 중력에 의해 눈이 아래로 떨어진다.
④ 고무공의 모양이 변한다.
⑤ 축구공의 모양과 운동 상태가 변한다.

**바로 알기** ③ 열의 출입에 의해 수증기가 물방울로 변하는 상태 변화이다.

2 ㄱ. 힘의 단위는 N(뉴턴)이다.
ㄴ. 힘의 3요소는 힘의 크기, 방향, 작용점이다.
ㄷ. 힘은 물체의 모양이나 운동 상태를 변화시키는 원인이다.

3 힘을 화살표로 나타낼 때 화살표가 시작하는 지점은 힘의 작용점, 화살표가 가리키는 방향은 힘의 방향, 화살표의 길이는 힘의 크기를 나타낸다.

4 ① (나)에서 고리에 작용하는 알짜힘은 0이므로 ㉠은 4이다.
②, ⑤ (가), (나), (다)에서 고리의 운동 상태가 변하지 않는 것을 통해 고리에 작용하는 두 힘은 평형을 이루고 있다는 것을 알 수 있다. 따라서 고리에 작용하는 알짜힘은 모두 0이다.
③ (나)에서 두 힘은 평형을 이루므로 일직선상에 작용한다.

**바로 알기** ④ (가), (나), (다)에서 모두 고리가 움직이지 않으므로 고리에 작용하는 알짜힘은 모두 0이다.

5 ㄱ, ㄴ, ㄷ. 고리에 크기가 같은 두 힘이 일직선상에서 서로 반대 방향으로 작용하면 두 힘은 평형을 이루어 고리의 운동 상태가 변하지 않고 유지된다.

6 ㄱ. 질량이 같으므로 (가), (나)에 작용하는 중력의 크기는 같다.
ㄴ. (가), (나)는 모두 중력에 의해 지구 중심 방향으로 운동한다.
ㄷ. (가)는 지구 중심 방향인 C 방향으로 중력을 받는다.

**바로 알기** ㄹ. (나)는 지구 중심 방향인 D 방향으로 중력을 받으므로 D 방향으로 운동한다.

7 ④ 양팔저울은 질량을 측정하는 도구로, 지구에서와 달에서 사과의 질량이 같다. 즉, 같은 물체의 질량은 장소와 관계없이 같다는 것을 알 수 있다.

**바로 알기** ① 같은 장소에서 무게는 질량에 비례하지만, 제시된 자료를 통해서 알 수 없다.
② 양팔저울로는 질량을 측정한다. 무게를 측정하는 도구는 용수철저울, 가정용 저울, 힘 센서 등이다.
③ 무게는 물체에 작용하는 중력의 크기이다. 질량은 물질의 고유한 양이다.

⑤ 달에서의 중력은 지구에서의 중력의 약 $\frac{1}{6}$이다.

**8** ②, ③, ④ 추에 작용하는 탄성력의 방향은 위쪽, 중력의 방향은 아래쪽으로 서로 반대 방향이다. 이 두 힘이 크기가 같고 방향이 반대이므로 힘의 평형을 이룬다.
⑤ 용수철이 늘어나게 하는 힘은 아래 방향으로 추에 작용하는 중력이다.
바로 알기 ① 지구에서 물체의 무게＝9.8×질량이다. 따라서 추에 작용하는 중력의 크기인 무게는 9.8×2＝19.6 (N)이다.

**9** ㄴ. 컵을 누를 때 고무줄이 변형되어 원래 모양으로 되돌아가려는 방향으로 탄성력이 작용하므로 손을 놓을 때 컵이 튀어오른다.
ㄷ. 컵을 세게 누를수록 고무줄의 변형이 커져서 고무줄의 탄성력의 크기가 커진다.
바로 알기 ㄱ. 컵을 누를 때 손이 받는 힘의 방향은 컵을 누른 방향의 반대 방향인 위 방향이다.

**10** ㄱ, ㄴ. 탄성력의 크기는 양궁 선수가 활을 당긴 힘의 크기와 같으며 활시위의 변형된 정도가 클수록 탄성력의 크기가 크다.
ㄷ. 탄성력의 방향은 변형된 방향, 즉 양궁 선수가 활을 당긴 힘의 방향과 반대 방향이다.

**11** ㄱ. 미끄러지던 병뚜껑이 정지한 것은 운동 방향과 반대 방향으로 마찰력이 작용하기 때문이다.
ㄴ. 책상 위에서보다 사포 위에서 미끄러진 거리가 짧으므로 접촉면이 거칠수록 마찰력의 크기가 크다는 것을 알 수 있다.
바로 알기 ㄷ. 이 실험을 통해서는 물체의 무게와 마찰력의 관계를 알 수 없다.

**12** 중력은 지구 중심 방향인 연직 아래 방향(B)으로, 마찰력은 운동 방향과 반대 방향(A)으로 작용한다.

**13** 부력의 크기는 물속에 잠긴 물체의 부피가 클수록 크다. (가), (나), (다)에서 쇠구슬이 물속에 잠긴 부피가 같으므로 쇠구슬에 작용하는 부력의 크기도 같다.

**14** ② 부력의 크기는 추가 물에 잠기기 전후의 용수철저울의 측정값의 차이와 같고, 물속에 잠긴 추의 부피가 클수록 추에 작용하는 부력의 크기가 크다. 따라서 (나)에서 추에 작용하는 부력의 크기가 더 크므로 물속에서 용수철저울의 측정값은 (가)에서가 (나)에서보다 크다.
바로 알기 ① 두 추는 무게가 같으므로 공기 중에서 용수철저울의 측정값은 (가)에서와 (나)에서가 같다.
③ 두 추는 무게가 같으므로 물속에서 추에 작용하는 중력의 크기는 (가)에서와 (나)에서가 같다.
④ 물속에 잠긴 두 추에 작용하는 부력의 방향은 모두 중력의 방향과 반대 방향이다.
⑤ (가)에서보다 (나)에서 추의 부피가 크므로 물속에 잠긴 추에 작용하는 부력의 크기는 (가)에서보다 (나)에서 크다.

**15** ㄱ. 스트레칭 밴드는 탄성력을 이용한다.
ㄷ. 계단 끝에 미끄럼 방지 테이프를 붙이면 접촉면이 거칠어져 마찰력이 커진다.

바로 알기 ㄴ. 윗접시저울로 물체의 질량을 측정한다. 장소가 달라져서 중력의 크기가 달라질 때 분동과 물체에 작용하는 중력의 크기가 같은 비율로 달라지므로 수평 잡기의 원리를 이용하여 윗접시저울로 질량을 측정할 수 있다.

**16** 관람차는 일정한 속력으로 원운동을 하며, 바이킹은 속력과 운동 방향이 모두 변하는 진자 운동을 한다.

**17**

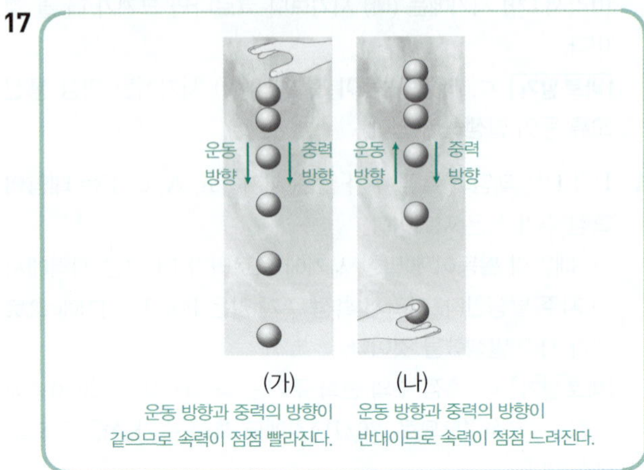


ㄱ. (가)에서는 중력의 방향과 운동 방향이 같으므로 공의 속력이 빨라지고, (나)에서는 중력의 방향과 운동 방향이 반대이므로 공의 속력이 느려진다.
바로 알기 ㄴ, ㄷ. 공에는 항상 지구 중심 방향인 연직 아래 방향으로 중력이 작용한다.

**18** 사과에 작용하는 힘은 (가)에서는 손이 사과를 잡고 있는 힘과 중력이고, (나)에서는 중력이다.
ㄱ. (가)에서 사과는 정지해 있으므로 사과에 작용하는 알짜힘은 0이다.
바로 알기 ㄴ. (나)에서 사과에는 중력이 계속 운동 방향과 같은 방향으로 작용하므로 사과는 속력이 증가하는 운동을 한다.
ㄷ. 지구가 사과에 작용하는 힘의 크기는 중력으로 (가)에서와 (나)에서가 같다.

**19**

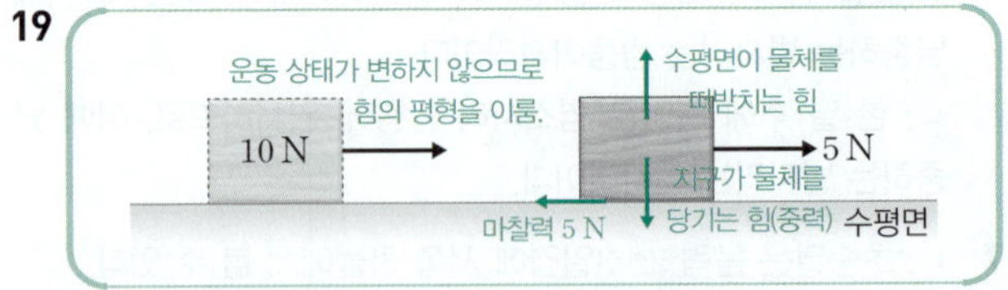


①, ③ 물체가 일정한 속력과 방향으로 운동하므로 물체에 작용하는 힘들은 평형을 이룬다. 따라서 물체에 작용하는 마찰력의 크기는 물체를 끄는 힘의 크기와 같은 5 N이다.
② 물체에 작용하는 중력의 크기는 무게와 같은 10 N이다.
⑤ 수평면이 물체를 떠받치는 힘의 크기는 중력의 크기와 같은 10 N이다.
바로 알기 ④ 물체의 운동 상태가 변하지 않으므로 물체에 작용하는 알짜힘은 0이다.

**20** 힘을 화살표로 나타낼 때 힘의 작용점은 화살표의 시작점, 힘의 방향은 화살표의 방향, 힘의 크기는 화살표의 길이로 나타내며 힘의 크기와 화살표의 길이는 비례한다. 한 물체에 여러

힘이 동시에 작용할 때 힘을 합성하여 알짜힘을 구할 수 있다.

**모범 답안**

(1)
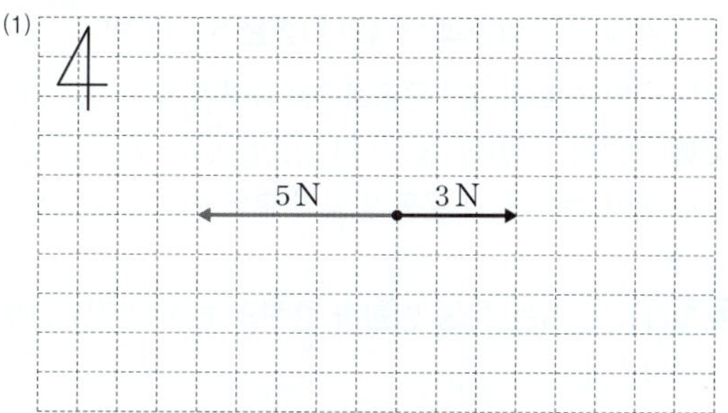


(2) 알짜힘의 크기는 2 N이고 알짜힘의 방향은 서쪽이다.

| | 채점 기준 | 배점(%) |
|---|---|---|
| (1) | 두 가지 힘을 모두 옳게 그린 경우 | 50 |
| | 한 가지 힘만 옳게 그린 경우 | 25 |
| (2) | 알짜힘의 크기와 방향을 모두 옳게 서술한 경우 | 50 |
| | 알짜힘의 크기와 방향 중 한 가지만 옳게 서술한 경우 | 25 |

**21** 물속에 있는 물체는 액체가 물체를 위로 밀어 올리는 힘인 부력을 받는데, 부력은 중력과 반대 방향으로 작용한다.

**모범 답안** 왼쪽으로 기울어진다. 물에 잠긴 추에는 위 방향으로 부력이 작용하기 때문이다.

| 채점 기준 | 배점(%) |
|---|---|
| 왼쪽이라고 쓰고, 부력의 방향과 관련지어 옳게 서술한 경우 | 100 |
| 왼쪽이라고 쓰고, 부력 때문이라고만 서술한 경우 | 70 |
| 왼쪽이라고만 쓴 경우 | 30 |

---

**2회** **V. 힘의 작용**      시험 대비서 71~75쪽

| 1 ④ | 2 ⑤ | 3 ③ | 4 ② | 5 ③ | 6 ① | 7 ① |
|---|---|---|---|---|---|---|
| 8 ④ | 9 ⑤ | 10 ② | 11 ③ | 12 ① | 13 ② | 14 ③ |
| 15 ⑤ | 16 ⑤ | 17 ② | 18 ④ | 19 ⑤ | 20 해설 참조 | |
| 21 해설 참조 | | | | | | |

**1** 과학에서 말하는 힘은 물체의 모양이나 운동 상태를 변하게 하는 원인이다.

**바로 알기** ① 도움이나 의지를 뜻한다.
② 근육의 작용을 뜻한다.
③, ⑤ 능력을 뜻한다.

**2** 힘을 받은 축구공은 모양과 운동 상태(속력, 운동 방향)가 모두 변한다.

**3** 힘을 화살표로 표시할 때 화살표의 시작점은 힘의 작용점, 화살표의 방향은 힘의 방향, 화살표의 길이는 힘의 크기를 나타내며, 힘의 크기와 화살표의 길이는 비례한다.

**바로 알기** ③ 화살표의 방향은 힘의 방향을 나타낸다.

**4** ② (가)에서 알짜힘의 방향은 두 힘의 방향과 같은 오른쪽이다.

**바로 알기** ① (가)에서 크기가 50 N+100 N=150 N인 알짜힘이 오른쪽으로 작용한다.

③ (나)에서 알짜힘의 방향은 크기가 100 N인 큰 힘의 방향과 같은 오른쪽이다.

④ (가)에서 알짜힘의 크기는 150 N이고, (나)에서 알짜힘의 크기는 100 N−50 N=50 N이다.

⑤ (가)와 (나)에서 알짜힘은 모두 오른쪽으로 작용하므로 물체가 움직이는 방향도 오른쪽으로 같다.

**5** ㄷ, ㄹ. 중력은 지구와 같은 천체가 물체를 당기는 힘으로, 지구에서 중력은 지구 중심 방향으로 작용한다. 중력의 크기는 측정 장소에 따라 달라질 수 있다.

**바로 알기** ㄱ. 같은 장소에서 중력의 크기는 물체의 질량에 비례한다.
ㄴ. 달에서의 중력은 지구에서의 중력보다 작다.

**6** 지구의 중력은 지구가 물체를 당기는 힘으로, 지구 중심 방향으로 작용한다.

**바로 알기** ① 정전기 현상으로 전기력에 의해 나타난다.

**7** 달에서의 중력은 지구에서의 중력의 $\frac{1}{6}$이므로 달에서 용수철이 늘어난 길이도 지구에서의 $\frac{1}{6}$이다. 따라서 지구에서 6 cm 늘어난 용수철은 달에서는 1 cm 늘어난다.

**8**
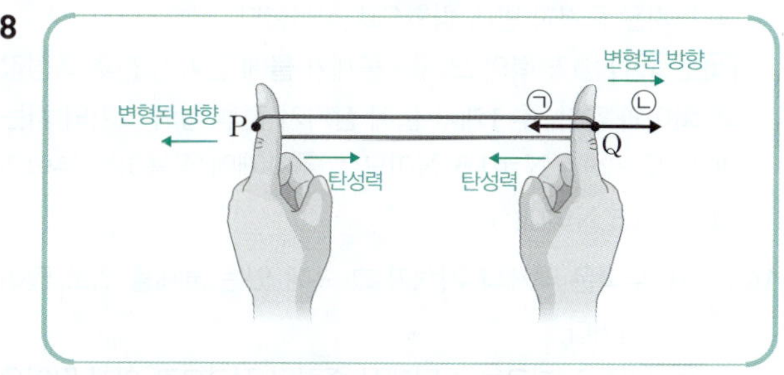


ㄴ. Q에서 탄성력의 방향은 고무줄이 변형된 방향과 반대 방향인 ㉠ 방향이다.

ㄷ. 탄성력의 크기는 탄성체의 변형 정도가 클수록 크다. 즉, 고무줄이 많이 늘어날수록 탄성력의 크기가 커진다.

**바로 알기** ㄱ. 고무줄의 한쪽만 당겨도 고무줄 전체가 늘어나므로 고무줄 전체에서 탄성력이 작용한다.

**9** ㄱ. 탄성력의 방향은 용수철에 가한 힘의 방향과 반대 방향이므로 (가)와 (나)에서 탄성력의 방향은 왼쪽으로 같다.

ㄴ. 탄성력의 크기는 용수철에 가한 힘의 크기와 같으며, 용수철이 변형된 정도가 클수록 크다. 따라서 용수철이 변형된 정도가 같은 (가)와 (다)에서 탄성력의 크기는 같다.

ㄷ. (나)에서 탄성력의 방향은 왼쪽이고 (다)에서 탄성력의 방향은 오른쪽이다.

**10** ② 물체를 당기는 힘과 마찰력이 평형을 이루므로 물체가 움직이지 않는 것이다. 즉, 마찰력의 크기는 물체를 끌어당긴 힘의 크기와 같은 4 N이다.

**바로 알기** ① 크기가 3 N인 힘으로 끌어당기면 크기가 3 N인 마찰력과 평형을 이루어 물체가 움직이지 않는다.

③, ④ 물체를 당기는 힘과 마찰력이 평형을 이루므로 물체가 움직이지 않는 것이다.

⑤ 접촉면의 넓이와 마찰력의 크기는 관계가 없다.

**11** ㄱ. 마찰력의 크기는 물체가 무거울수록, 접촉면이 거칠수록 크다. 페트병의 무게와 접촉면을 달리하면서 실험하였으므로 페트병이 끌려오는 정도는 마찰력의 크기와 관련이 있다는 것을 알 수 있다.

ㄷ. (나)와 (다)를 비교하면 접촉면의 거칠기는 같고 페트병의 무게는 (나)에서가 (다)에서보다 무겁다. 따라서 (나)에서가 (다)에서보다 마찰력의 크기가 더 크다.

바로 알기 ㄴ. 장갑에서 울퉁불퉁한 면이 마찰력이 더 크므로 (가)에서가 (나)에서보다 페트병이 더 잘 끌려온다.

**12** 미끄러지는 정도를 다르게 하기 위해 마찰력의 크기를 크게 또는 작게 조절하면 일상생활을 편리하게 할 수 있다.

②, ③, ④, ⑤ 마찰력의 크기를 크게 한 사례이다.

바로 알기 ① 기계에 윤활유를 뿌리면 마찰력의 크기가 작아져 기계가 더 잘 움직인다.

**13** ①, ③, ⑤ 물속에 잠긴 추의 부피가 커질수록 추에 작용하는 부력의 크기가 커진다. 추 1개에 작용하는 부력의 크기가 1.5 N이므로 추 3개가 물에 잠겼을 때 부력의 크기는 4.5 N이다. 따라서 ㉠=30.0−4.5=25.5이다.

④ 부력은 중력과 반대 방향으로 작용한다.

바로 알기 ② 부력의 크기는 물체가 물에 잠기기 전후 측정값의 차이와 같다. 추 1개가 물에 잠기기 전후 힘의 크기의 차는 30.0 N−28.5 N=1.5 N이므로, 추 1개에 작용하는 부력의 크기는 1.5 N이다.

**14** A, B. 부력은 액체나 기체가 그 속에 있는 물체를 위로 밀어 올리는 힘이다.

바로 알기 C. 지구보다 달에서 중력이 작으므로 쉽게 뛰어오를 수 있다.

**15** ㄴ. (가)와 (나)에서 용수철저울의 눈금의 차가 2 N이므로 물체 부피의 절반에 작용하는 부력의 크기가 2 N임을 알 수 있다. 따라서 절반만 잠긴 (가)에서 물체에 작용하는 부력의 크기는 2 N이다.

ㄷ. (나)에서 물체에 작용하는 부력의 크기가 4 N이고, 물체의 무게에서 부력인 4 N을 뺀 값이 4 N이므로 물체의 무게는 8 N이다.

바로 알기 ㄱ. 물체에 작용하는 부력의 방향은 중력과 반대 방향인 위 방향이다.

**16** ㄱ. A는 운동 방향으로 중력이 작용하여 운동 방향은 일정하고 속력이 변하는 운동을 한다.

ㄴ. B는 운동 방향과 수직으로 중력이 작용하여 속력은 일정하고 운동 방향이 변하는 운동을 한다.

ㄷ. C는 운동 방향과 비스듬한 방향으로 중력이 작용하여 속력과 운동 방향이 모두 변하는 운동을 한다.

**17** ㄴ. 바둑알에 작용하는 중력과 바둑알의 운동 방향이 비스듬하므로 바둑알은 속력과 운동 방향이 매순간 변하는 포물선 운동을 한다.

바로 알기 ㄱ. 바둑알에는 중력이 작용하므로 바둑알의 속력이 증가한다.

ㄷ. 바둑알의 운동 방향과 중력의 방향은 비스듬하다.

**18** ㄴ. B는 원형 경로를 따라 운동하므로 B의 운동 방향은 변한다.

ㄷ. C에 작용하는 알짜힘(중력)의 방향은 C의 운동 방향과 비스듬하므로 C는 속력과 운동 방향이 모두 변하는 포물선 운동을 한다.

바로 알기 ㄱ. A는 운동 방향과 중력의 방향이 같으므로 속력이 증가한다.

**19**

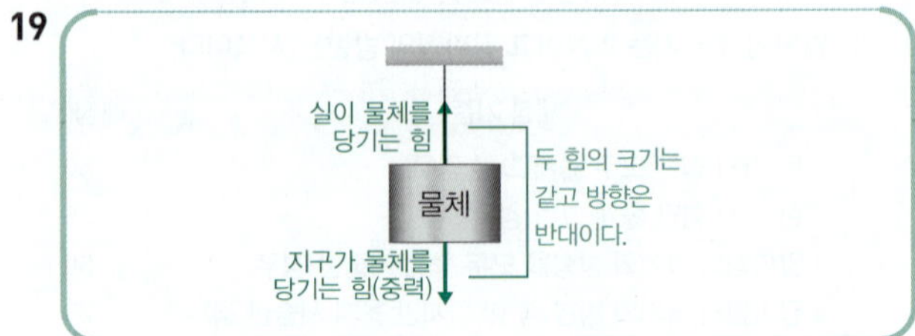


ㄱ. 물체가 정지해 있으므로 물체에 작용하는 알짜힘은 0이다.

ㄴ, ㄷ. 물체에 작용하는 중력과 실이 물체를 당기는 힘의 크기가 같고 방향이 반대이므로 힘의 평형을 이룬다.

**20** A에 작용하는 중력과 용수철이 A를 당기는 힘(탄성력)의 크기가 같고 방향이 반대이므로 힘의 평형을 이룬다.

모범 답안

(1)
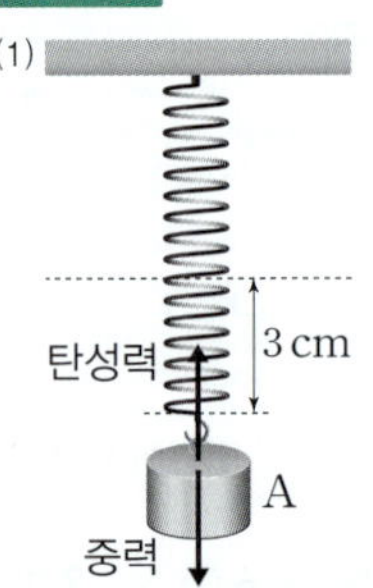


(2) 0, A에 작용하는 탄성력과 중력의 크기가 같고 방향이 반대여서 힘의 평형을 이루기 때문이다.

(3) 3 N, 용수철이 늘어난 길이는 용수철에 매단 물체의 무게에 비례하므로 1 cm : 1 N = 3 cm : $x$에서 A의 무게 $x$=3 N이다.

| | 채점 기준 | 배점(%) |
|---|---|---|
| (1) | 두 힘을 모두 화살표로 그리고 종류를 옳게 쓴 경우 | 30 |
| | 두 힘 중 한 가지만 화살표로 그리고 종류를 옳게 쓴 경우 | 15 |
| (2) | 0이라고 쓰고, 힘의 평형과 관련지어 옳게 서술한 경우 | 35 |
| | 0이라고만 쓴 경우 | 15 |
| (3) | 3 N이라고 쓰고, 용수철이 늘어난 길이를 용수철에 매단 물체의 무게의 관계와 관련지어 옳게 서술한 경우 | 35 |
| | 3 N이라고만 쓴 경우 | 15 |

**21** (가)와 같이 힘의 방향이 운동 방향과 비스듬하면 속력과 운동 방향이 모두 변하고, (나)와 같이 힘의 방향과 운동 방향이 나란하면 속력만 변하고, (다)와 같이 힘의 방향과 운동 방향이 수직이면 운동 방향만 변한다.

모범 답안 ㉠ 변함, ㉡ 변하지 않음, ㉢ 변함, ㉣ 변함

| 채점 기준 | 배점(%) |
|---|---|
| 한 가지씩 옳게 쓴 경우마다 | 25 |

| | | | | | | |
|---|---|---|---|---|---|---|
| **1** ⑤ | **2** ② | **3** ③ | **4** ③ | **5** ④ | **6** ② | **7** ⑤ |
| **8** ⑤ | **9** ④ | **10** ①, ④ | **11** ① | **12** ③ | **13** ⑤ | **14** ④ |
| **15** ④ | **16** ④ | **17** ③ | **18** ③ | **19** ③ | **20** ① | **21** ④ |
| **22** 해설 참조 | | **23** 해설 참조 | | **24** 해설 참조 | | |
| **25** 해설 참조 | | | | | | |

**1** (가)와 (나)는 힘이 작용하는 면적은 같으나 힘의 크기는 (나)>(가)이므로 압력의 크기도 (나)>(가)이다. (나)와 (다)는 힘의 크기는 같으나 힘이 작용하는 면적은 (나)>(다)이므로 압력의 크기는 (나)<(다)이다. 따라서 압력의 크기는 (다)>(나)>(가)이다.

**2** 얼음판에 엎드린 자세로 이동하면 얼음판에 몸무게가 작용하는 면적이 넓어져 얼음판에 작용하는 압력이 작아지므로 안전하게 사람을 구조할 수 있다.

**3** 기체의 압력은 기체 입자들이 일정한 면적의 용기 벽에 가하는 힘으로, 기체 입자들이 끊임없이 운동하며 용기 벽에 충돌하기 때문에 나타나며, 모든 방향에 똑같이 작용한다.
〔바로 알기〕③ 기체 입자가 용기 벽에 충돌하는 횟수가 적을수록 기체의 압력이 작아진다.

**4** ㄴ, ㄹ. 부피가 일정할 때 기체 입자의 개수가 많을수록 충돌 횟수가 증가하여 기체의 압력이 커진다. 따라서 기체 입자의 충돌 횟수는 (가)<(나)이고, (가)와 (나)를 통해 기체 입자 수와 기체의 압력의 관계를 알 수 있다.
〔바로 알기〕ㄱ. (가)는 (나)보다 기체 입자의 개수가 적으므로 뚜껑을 열었다가 닫은 페트병이다.
ㄷ. 페트병 위쪽의 기체가 들어 있는 부분을 누를 때 압력이 더 작은 (가)가 (나)보다 더 쉽게 눌린다.

**5** 구조용 안전 매트와 혈압계는 공기를 불어 넣어 공기의 압력을 증가시킨다. 따라서 기체의 압력을 이용하는 예이다.

**6** 일정한 온도에서 일정한 양의 기체의 압력과 부피는 반비례하는데, 이를 보일 법칙이라고 한다.

**7** ①, ② A~C에서 기체의 질량과 기체 입자의 크기는 모두 같다.
③ 온도가 일정하므로 기체 입자의 운동 빠르기는 모두 같다.
④ A에서 B로 변할 때 기체의 부피가 감소하므로 기체 입자 사이의 거리가 가까워진다.
〔바로 알기〕⑤ C에서 B로 변할 때 기체의 압력이 감소하며, 기체의 압력이 감소하면 기체의 부피가 증가하는데, 이때 기체 입자의 충돌 횟수는 감소한다.

**8** ⑤ 공기 입자가 주사기 벽에 가장 많이 충돌하는 것은 기체의 부피가 가장 작고, 기체의 압력이 가장 큰 (라)이다.
〔바로 알기〕①, ② 기체의 압력이 커지면 기체의 부피가 작아지므로 ㉠은 25 mL보다 크다. 또한 ㉡은 1.5 기압보다 크고 2.5 기압보다 작다.
③ 기체의 압력과 부피의 곱은 일정하므로 1.5 기압 × ㉠ mL = ㉡ 기압 × 25 mL = 1 기압 × 50 mL이다.

**④** 주사기 속 공기에 작용하는 압력이 증가하면 공기의 부피가 감소하고, 공기의 압력이 증가한다.

**9** ④ 감압 용기에서 공기를 빼내면 감압 용기 속 공기 입자의 개수가 감소하고, 공기 입자가 용기 벽에 충돌하는 횟수도 감소하여 공기의 압력이 감소한다.
〔바로 알기〕① 감압 용기 속 공기의 압력이 감소하여 고무풍선 속 기체의 부피가 증가하므로 고무풍선 속 기체의 압력은 감소한다.
②, ③ 고무풍선 속 기체의 질량과 기체 입자의 개수는 일정하다.
⑤ 온도가 일정하므로 공기 입자의 운동 빠르기는 일정하다.

**10** ①, ④ 피스톤을 누르면 공기에 작용하는 압력이 증가하여 공기의 부피가 감소하고, 공기 입자 사이의 거리가 가까워진다.
〔바로 알기〕② 공기의 압력은 증가한다.
③ 공기 입자의 충돌 횟수는 증가한다.
⑤ 온도가 일정하므로 공기 입자의 운동 빠르기는 일정하다.

**11** 기체에 작용하는 압력이 증가하면 기체의 부피가 감소하면서 기체 입자 사이의 거리가 가까워진다. 이때 기체 입자가 용기 벽에 충돌하는 횟수가 증가하므로 기체의 압력이 증가한다.

**12** 용기에 더 많은 양의 수소 기체를 넣으려면 압력을 높여 기체 입자 사이의 거리를 줄이고 부피를 감소시켜야 한다. 또, 기체를 저장하는 용기의 벽이 두꺼워야 기체의 높은 압력을 견딜 수 있다.

**13** ㄷ, ㄹ. 일정한 온도에서 압력에 따른 기체의 부피 변화와 관련된 현상이므로 보일 법칙과 관련이 있다.
〔바로 알기〕ㄱ, ㄴ. 일정한 압력에서 온도에 따른 기체의 부피 변화와 관련된 현상이므로 샤를 법칙과 관련이 있다.

**14** ④ 일정한 압력에서 온도가 높아지면 기체 입자 사이의 거리가 멀어지므로 기체 입자 사이의 거리는 A<B<C이다.
〔바로 알기〕① 기체의 부피는 A에서 가장 작다.
② 기체 입자의 크기는 A~C에서 모두 같다.
③ 기체 입자의 운동은 온도가 가장 높은 C에서 가장 빠르다.
⑤ B에서 C로 변할 때 온도가 높아지므로 기체 입자가 용기 벽에 더 강하게 충돌한다.

**15** 표에서 온도가 273 ℃ 높아질 때 기체의 부피가 2 L 증가하므로 273 ℃에서 기체의 부피는 4 L이다.

**16** ① 얼음물보다 뜨거운 물의 온도가 높으므로 주사기 속 공기의 온도는 (가)<(나)이다.
②, ⑤ 온도가 높을수록 공기의 부피가 크므로 주사기 속 공기의 부피와 공기 입자 사이의 거리는 (가)<(나)이다.
③ 주사기에 공기를 같은 부피씩 채웠으므로 공기의 양이 일정하다. 따라서 공기 입자의 개수는 (가)=(나)이다.
〔바로 알기〕④ 이 실험은 일정한 압력에서 주사기 속 공기의 온도에 따른 부피 변화를 알아보는 것으로, 주사기의 피스톤을 누르는 공기의 압력은 일정하므로 주사기 속 공기에 작용하는 압력은 일정하다.

**17** ③ 시간이 지날수록 물의 온도가 낮아지므로 빨대 속 공기의 온도가 낮아진다. 따라서 빨대 속 공기 입자의 운동이 점점 느려지므로 공기의 부피가 감소하여 글리세롤이 점점 아래로 내려가기 때문에 빨대 속 기체가 차지하는 눈금 개수가 감소한다.
**바로 알기** ① 물의 온도가 낮아지면 빨대 속 기체가 차지하는 눈금 개수가 감소하므로 ㉠＞㉡이다.
② 빨대 속 글리세롤은 점점 아래로 내려간다.
④ 물의 온도가 낮아져도 공기 입자의 크기는 일정하다.
⑤ 제시된 실험은 샤를 법칙에 관한 것으로, 온도가 낮아질수록 기체의 부피가 일정한 비율로 감소한다는 것을 알 수 있다.

**18** ㄷ, ㄹ. 일정한 압력에서 기체를 가열하면 기체 입자가 더 빠르게 운동하고, 용기 벽에 더 강하게 충돌한다.
**바로 알기** ㄱ, ㄴ. 압력이 일정하므로 기체에 작용하는 압력은 일정하며, 기체 입자의 크기는 변하지 않는다.

**19** 축구공을 추운 창고에 보관하면 축구공 속 기체의 온도가 낮아진다. 따라서 기체 입자의 운동이 느려지므로 입자의 자취 길이가 짧아지며, 기체 입자의 크기와 개수는 변하지 않는다.
**바로 알기** ① 입자의 크기가 작아졌으므로 옳지 않다.
② 입자의 개수가 감소했고, 자취 길이가 변하지 않았으므로 옳지 않다.
④ 입자의 크기가 커졌고, 자취 길이가 길어졌으므로 옳지 않다.
⑤ 입자의 개수가 증가했고, 자취 길이가 변하지 않았으므로 옳지 않다.

**20** 높은 산에서는 대기압이 낮아 과자 봉지 속 기체의 부피가 증가하여 과자 봉지가 팽팽해지며, 이는 보일 법칙과 관련된 예이다. 나머지는 모두 샤를 법칙과 관련된 예이다.

**21** 시간이 지나면 온도가 낮아져 플라스틱 병 안의 기체 입자 운동이 느려지면서 기체의 부피가 감소하여 고무풍선이 플라스틱 병 안으로 빨려 들어가 붙는다.
**바로 알기** ① 플라스틱 병 안의 기체의 부피는 감소한다.
② 고무풍선 안의 기체 입자의 개수는 일정하다.
③ 플라스틱 병 안의 기체 입자의 크기는 일정하다.
⑤ 고무풍선의 부피는 거의 변하지 않는다.

**22** 압력은 일정한 면적에 작용하는 힘이다. 누름못처럼 끝이 뾰족하면 힘이 작용하는 면적이 작아 압력이 크게 작용한다.
**모범 답안** 누름못은 끝이 뾰족하여 힘이 작용하는 면적이 작으므로 작은 힘으로도 압력을 높일 수 있기 때문이다.

| 채점 기준 | 배점(%) |
| --- | --- |
| 힘이 작용하는 면적과 압력의 크기를 관련지어 옳게 서술한 경우 | 100 |
| 압력의 크기만 옳게 서술한 경우 | 40 |

**23** 기체의 부피는 A＞B이고, 기체의 압력은 A＜B이므로 A에서 B로 변할 때 기체의 부피는 감소하고, 입자 사이의 거리는 가까워지며, 입자의 충돌 횟수는 증가한다.
**모범 답안** 기체의 부피는 감소하고, 입자 사이의 거리는 가까워지며, 입자의 충돌 횟수는 증가한다.

| 채점 기준 | 배점(%) |
| --- | --- |
| 기체의 부피, 입자 사이의 거리, 입자의 충돌 횟수의 변화를 모두 옳게 서술한 경우 | 100 |
| 기체의 부피, 입자 사이의 거리, 입자의 충돌 횟수의 변화 중 두 가지만 옳게 서술한 경우 | 60 |
| 기체의 부피, 입자 사이의 거리, 입자의 충돌 횟수의 변화 중 한 가지만 옳게 서술한 경우 | 30 |

**24** 피스톤을 누르면 주사기 속 공기의 부피가 감소하고, 압력이 증가한다. 이때 주사기 속 공기의 압력은 고무풍선에 작용하는 외부 압력과 같으며, 고무풍선에 작용하는 압력이 증가함에 따라 고무풍선 속 기체의 부피는 감소한다.
**모범 답안** 고무풍선의 부피는 감소한다. 피스톤을 누르면 주사기 속 공기의 부피가 감소하므로 고무풍선에 작용하는 압력이 증가하여 고무풍선 속 기체의 부피가 감소하기 때문이다.

| 채점 기준 | 배점(%) |
| --- | --- |
| 고무풍선의 부피 변화와 그 까닭을 모두 옳게 서술한 경우 | 100 |
| 고무풍선의 부피 변화만 옳게 쓴 경우 | 40 |

**25** 인형에 뜨거운 물을 부어 주면 인형 속 공기의 온도가 높아져 공기 입자의 운동이 빨라지고, 공기 입자가 수면에 충돌하는 세기가 강해지므로 인형 속 공기의 부피가 증가한다.
**모범 답안** 인형 속 공기의 온도가 높아지면 공기 입자의 운동이 빨라지고, 공기 입자의 충돌 세기가 강해지므로 공기의 부피가 증가한다.

| 채점 기준 | 배점(%) |
| --- | --- |
| 공기의 부피 변화를 입자의 운동 빠르기 및 입자의 충돌 세기와 관련지어 옳게 서술한 경우 | 100 |
| 공기의 부피 변화를 입자의 운동 빠르기나 입자의 충돌 세기 중 한 가지와만 관련지어 옳게 서술한 경우 | 60 |
| 공기의 부피 변화만 옳게 쓴 경우 | 40 |

**2회 Ⅵ. 기체의 성질**  시험 대비서 81~85쪽

| 1 ④ | 2 ③ | 3 ⑤ | 4 ③ | 5 ③ | 6 ② | 7 ④ |
| --- | --- | --- | --- | --- | --- | --- |
| 8 ⑤ | 9 ④ | 10 ③ | 11 ③ | 12 ① | 13 ③ | 14 ② |
| 15 ② | 16 ① | 17 ② | 18 ③ | 19 ④ | 20 ④ | 21 ⑤ |
| 22 ③ | 23 해설 참조 | | 24 해설 참조 | | 25 해설 참조 | |

**1** 압력은 일정한 면적에 작용하는 힘으로, 연필의 뾰족한 쪽과 같이 힘이 작용하는 면적이 작을수록 압력이 커진다.

**2** 땅에 콘크리트 기둥을 박을 때 압력의 크기를 증가시키려면 힘이 작용하는 면적을 줄이고 힘의 크기를 크게 해야 한다. 따라서 끝이 뾰족하여 힘이 작용하는 면적이 작은 A를 사용하여 더 큰 힘으로 누르면 기둥이 지표면에 작용하는 압력이 커져 기둥을 더 깊게 박을 수 있다.

**3** 쇠구슬이 페트병 안쪽 벽과 충돌하면 힘이 느껴지는데, 이는 기체의 압력을 비유한 것이다. 쇠구슬의 개수가 많을수록 충돌 횟수가 많아져 압력이 커진다. A와 B를 흔들 때 쇠구슬은 모든 방향으로 운동하여 충돌하므로 기체의 압력은 모든 방향으로 작용한다.

**4** 바로 알기 ③ 방 안에 향수를 놓아두면 향기가 퍼져 나가는 것은 확산 현상을 이용한 예이다.

**5** ③ 감압 용기에서 공기를 빼내면 공기 입자 수가 감소하고, 공기 입자가 용기 벽과 충돌하는 횟수가 줄어들어 공기의 압력이 감소한다.
바로 알기 ① 감압 용기 속 공기의 압력은 감소한다.
② 감압 용기 속 공기 입자의 크기는 일정하다.
④ 감압 용기 속 공기 입자의 운동 빠르기는 일정하다.
⑤ 감압 용기 속 공기 입자가 용기 벽과 충돌하는 횟수는 감소한다.

**6** 보일 법칙에 따르면 기체의 압력과 부피의 곱은 일정하므로 1 기압 × 60 mL = 2 기압 × ⊙ mL이다. 따라서 ⊙ = 30이다.

**7** ①, ② 기체의 양이 일정하므로 기체의 질량과 기체 입자의 개수는 (가) = (나)이다.
③ 온도가 일정하므로 기체 입자의 운동 빠르기는 (가) = (나)이다.
⑤ 기체 입자가 용기 벽에 충돌하는 횟수는 기체의 부피가 작고, 기체의 압력이 클수록 증가하므로 (가) < (나)이다.
바로 알기 ④ 기체 입자가 운동할 수 있는 공간은 기체의 부피를 나타내며, 기체의 부피는 (가) > (나)이다.

**8** 바로 알기 ⑤ 보일 법칙에 따르면 주사기 속 공기의 부피가 감소하면 공기의 압력은 증가한다.

**9** 일정한 온도에서 일정한 양의 기체의 압력과 부피는 반비례하고, 압력과 부피의 곱은 항상 일정하다.

**10** ③ (가)에서 기체의 부피가 감소하므로 기체 입자 사이의 거리가 가까워진다.
바로 알기 ①, ② (가)에서 기체에 작용하는 압력이 증가하고, 기체 입자의 개수는 변하지 않는다.
④, ⑤ (나)에서 기체에 작용하는 압력이 감소하여 기체의 부피가 증가하고, 온도가 일정하므로 기체 입자의 운동 빠르기는 변하지 않는다.

**11** (가)에서 피스톤을 누르면 고무풍선에 작용하는 압력이 증가하므로 고무풍선 속 기체의 부피가 감소하고, 기체의 압력이 증가한다. (나)에서 피스톤을 당기면 고무풍선에 작용하는 압력이 감소하므로 고무풍선 속 기체의 부피가 증가하고, 기체 입자의 충돌 횟수는 감소한다.
바로 알기 ① (가)에서 기체의 압력이 증가한다.
② (나)에서 기체의 부피가 증가한다.
④ (나)에서 기체 입자의 충돌 횟수가 감소한다.
⑤ 온도가 일정하므로 입자 운동의 빠르기는 (가) = (나)이다.

**12** (가)에서는 고무풍선에 작용하는 압력이 증가하므로 기체 입자의 충돌 횟수가 (나)보다 많아야 하고, (가)보다 (나)의 고무풍선의 크기가 커야 한다. 또한 (가)와 (나)에서 고무풍선 속 기체 입자 수와 주사기 속 공기 입자 수는 각각 동일해야 하고, 온도가 일정하므로 화살표 길이는 (가)와 (나)에서 같아야 한다.
바로 알기 ② (가)와 (나)의 고무풍선 속 기체 입자 수가 다르므로 옳지 않다.

③ (가)와 (나)에서 고무풍선의 크기가 같으므로 옳지 않다.
④ (가)의 고무풍선의 크기가 (나)보다 크므로 옳지 않다.
⑤ (나)의 화살표 길이가 (가)보다 길므로 옳지 않다.

**13** ③ 높은 하늘을 나는 비행기에서는 집 안에서보다 대기압이 작다. 따라서 과자 봉지에 가해지는 압력이 작아 과자 봉지 속 기체의 부피가 커지므로 과자 봉지의 부피가 크다.
바로 알기 ① 보일 법칙으로 설명할 수 있다.
② 과자 봉지 속 기체의 압력은 (가) < (나)이다.
④ 과자 봉지 속 기체 입자 사이의 거리는 (가) > (나)이다.
⑤ 온도가 같으므로 과자 봉지 속 기체 입자의 운동 빠르기는 같다.

**14** 일정한 압력에서 일정한 양의 기체의 온도를 높이면 입자의 운동이 빨라지면서 기체의 부피가 일정한 비율로 증가한다.

**15** 삼각 플라스크를 뜨거운 물에 넣으면 온도가 높아지므로 삼각 플라스크와 고무풍선 속 기체가 더 빠르게 운동하고, 삼각 플라스크와 고무풍선 안쪽 벽에 강하게 충돌하여 부피가 증가하므로 고무풍선 속 기체 입자 사이의 거리가 멀어지고, 고무풍선이 부풀어 오른다.
바로 알기 ② 기체의 온도가 변해도 기체 입자의 크기, 개수, 질량은 일정하다.

**16** ㄱ. 온도가 변해도 기체 입자의 크기는 일정하다.
바로 알기 ㄴ. 온도가 높아지면 기체 입자는 용기 벽에 더 강하게 충돌한다.
ㄷ. 그래프에서 온도가 273 ℃씩 높아질 때마다 기체의 부피는 50 mL씩 일정한 비율로 커진다.

**17** ② (나)에서 찬물로 인해 인형 속 공기의 부피가 감소하므로 인형 속으로 찬물이 들어간다.
바로 알기 ① (가)에서 뜨거운 물로 인해 인형 속 공기의 온도가 높아지므로 공기 입자의 운동이 빨라진다.
③ (나)에서 인형 속 공기의 온도가 낮아지므로 공기 입자는 수면과 더 약하게 충돌한다.
④, ⑤ (다)에서 인형 속 물이 빠져나오게 하려면 인형 속 공기의 부피가 커져 물을 밀어내야 하므로 인형에 뜨거운 물을 부어야 한다. 이때 인형 속 공기 입자 사이의 거리가 멀어진다.

**18** 온도가 높아지면 공기의 부피가 증가하는데, 이때 입자 운동이 빨라지고 공기 입자가 용기 벽에 충돌하는 세기도 강해진다.

**19** ④ 압력이 일정할 때 (가)에서 (다)로 갈수록 기체의 부피가 감소하는데, 이는 기체의 온도가 (다)에서 가장 낮기 때문이다. 온도가 낮아지면 기체 입자의 운동이 느려지므로 기체 입자의 운동 빠르기는 (가) > (나) > (다)이다.
바로 알기 ① 기체의 온도는 (가)에서 가장 높다.
② 기체 입자 사이의 거리는 (가)에서 가장 멀다.
③ 기체의 양이 일정하므로 기체 입자의 개수는 모두 같다.
⑤ 압력이 일정하므로 기체에 작용하는 압력은 모두 같다.

**20** ㄴ, ㄷ. (가)에서 비닐 랩 속 기체의 온도가 높아져 부피가 증가하므로 비닐 랩이 볼록하게 부풀어 오르고, (나)에서 비닐 랩

속 기체의 온도가 낮아져 부피가 감소하므로 비닐 랩이 오목하게 들어간다. 따라서 기체 입자의 운동은 온도가 높은 (가)에서가 온도가 낮은 (나)에서보다 빠르다.

**바로 알기** ㄱ. 기체의 온도에 따른 부피 변화와 관련된 현상이므로 샤를 법칙으로 설명할 수 있는 예이다.

**21** 쭈그러진 공기 주머니에 들어 있는 차가운 공기의 온도를 높이면 공기의 부피가 증가하여 공기 주머니가 팽팽해진다. 이후 가열 장치와 밸브를 조절하여 공기 주머니 속 기체 입자의 운동 빠르기를 변화시켜 열기구가 뜨고 가라앉는 것을 조절한다.

**바로 알기** ⑤ (다)에서 공기 주머니 속 공기의 온도가 낮아지므로 공기 입자가 공기 주머니 벽에 더 약하게 충돌한다.

**22** ㄷ, ㄹ. 기체의 온도가 높아지면 부피가 증가하여 나타나는 현상이므로 샤를 법칙과 관계있다.

**바로 알기** ㄱ. 뜨거운 물에 티백을 넣으면 차 성분 입자가 스스로 운동하여 퍼져 나가는 현상은 확산 현상이다.

ㄴ. 범퍼카의 공기 주머니는 범퍼카가 충돌할 때 가해지는 압력에 의해 부피가 감소하면서 사람이 받는 충격을 줄여 준다. 이는 보일 법칙과 관계있다.

**23** 부피가 일정할 때 기체 입자의 개수가 많으면 기체 입자의 충돌 횟수가 많아져 기체의 압력이 커진다.

**모범 답안** (나)는 (가)보다 기체 입자의 개수가 적어 기체의 압력이 작기 때문이다.

| 채점 기준 | 배점(%) |
| --- | --- |
| 기체 입자의 개수 및 기체의 압력과 모두 관련지어 옳게 서술한 경우 | 100 |
| 기체의 압력만 관련지어 서술한 경우 | 50 |

**24** 일정한 온도에서 추의 개수를 늘리면 기체의 압력이 커지고, 일정한 압력에서 용기를 가열하면 기체의 온도가 높아진다.

**모범 답안** 일정한 온도에서 추의 개수를 늘리면 고무풍선 속 기체의 부피가 감소하고, 일정한 압력에서 용기를 가열하면 고무풍선 속 기체의 부피가 증가한다.

| 채점 기준 | 배점(%) |
| --- | --- |
| 추의 개수를 늘릴 때와 용기를 가열할 때 고무풍선 속 기체의 부피 변화를 모두 옳게 서술한 경우 | 100 |
| 추의 개수를 늘릴 때와 용기를 가열할 때 중 한 가지의 고무풍선 속 기체의 부피 변화만 옳게 서술한 경우 | 50 |

**25** (가)에서 용기에 추를 1개 더 올려놓았으므로 기체에 작용하는 압력이 증가한다. (나)에서 용기에 올려놓은 추의 개수가 같아 기체에 작용하는 압력이 일정한 상태에서 기체의 부피가 증가했으므로 기체의 온도가 높아진 것이다.

**모범 답안** (가)에서 기체 입자의 충돌 횟수가 증가하고, (나)에서 기체 입자의 운동 빠르기가 증가한다.

| 채점 기준 | 배점(%) |
| --- | --- |
| (가)에서 기체 입자의 충돌 횟수 변화와 (나)에서 기체 입자의 운동 빠르기 변화를 모두 옳게 서술한 경우 | 100 |
| (가)에서 기체 입자의 충돌 횟수 변화와 (나)에서 기체 입자의 운동 빠르기 변화 중 한 가지만 옳게 서술한 경우 | 50 |

---

**1회 Ⅶ. 태양계** 시험 대비서 86~90쪽

| **1** ① | **2** ③ | **3** ⑤ | **4** ⑤ | **5** ① | **6** ⑤ | **7** ③ |
| **8** ② | **9** ⑤ | **10** ① | **11** ② | **12** ④ | **13** ③ | **14** ⑤ |
| **15** ③ | **16** ⑤ | **17** 해설 참조 | | **18** 해설 참조 | | |
| **19** 해설 참조 | | **20** 해설 참조 | | | | |

**1** ① 왜소 행성, 소행성, 혜성 중 모양이 둥근 천체(A)는 왜소 행성이다.

**바로 알기** ② 소행성과 혜성 중 꼬리가 나타나는 천체(B)는 혜성이다.

③ 모양이 둥글지 않고 꼬리가 없는 천체(C)는 소행성이다.

④ 명왕성은 왜소 행성(A)에 속한다.

⑤ 달은 지구의 위성이다.

**2** ③ C는 태양 주위를 공전하고, 위성이 있는 것으로 보아 행성이다.

**바로 알기** ① A 주위를 행성과 혜성이 공전하는 것으로 보아 A는 태양이다.

② B는 태양 반대편으로 꼬리가 있는 것으로 보아 혜성이다. 혜성은 질량이 작고 모양이 불규칙하다.

④ D는 행성 주위를 공전하는 위성이다.

⑤ C는 공전 궤도 주변에 다른 천체가 1개 있지만, E의 공전 궤도 주변에는 다른 천체들(소행성)이 많이 있다. E는 소행성으로도 볼 수 있으나, 모양이 둥글기 때문에 왜소 행성에 해당한다.

**3** ㄱ. 태양계 행성은 질량이 큰 목성형 행성과 질량이 작은 지구형 행성으로 분류할 수 있다.

ㄴ. 지구형 행성인 수성과 금성은 위성이 없고, 지구는 위성이 1개, 화성은 위성이 2개 있다.

ㄷ. 태양계 행성은 고리가 없는 지구형 행성과 고리가 있는 목성형 행성으로 분류할 수 있다.

**4** ⑤ A는 흑점이다. 흑점의 개수는 약 11년을 주기로 증가와 감소를 반복한다.

**바로 알기** ①, ③ 흑점은 태양 표면에 나타나는 현상이므로, 개기일식이 일어나 광구가 가려지면 관측할 수 없다.

② 흑점은 주변보다 온도가 낮아 어둡게 보이는 곳이다.

④ 흑점의 개수가 많은 시기에 태양의 활동이 활발하다.

**5** ② 태양 표면에 나타나는 현상 중 어둡게 보이는 것(B)은 흑점이다.

③ 태양의 대기 또는 대기에서 나타나는 현상으로는 채층, 코로나, 홍염, 플레어가 있다. 이 중에서 붉은색을 띠고 얇은 층 모양인 것은 채층(C)이다.

④ 태양의 대기 또는 대기에서 나타나는 현상 중 붉은색을 띠고 불꽃이나 고리 모양으로 솟아오르는 것(D)은 홍염이다.

⑤ 태양의 대기 또는 대기에서 나타나는 현상 중 붉은색이 아닌 것은 채층 위로 멀리 뻗어 있는 진주색의 대기층인 코로나이다.

바로 알기 ① 태양의 표면에 나타나는 현상 중 어둡게 보이는 것은 흑점이고, 그렇지 않은 것(A)은 쌀알 무늬이다.

**6** ㄱ. A는 광구 바로 위에 있는 얇고 붉은 대기층인 채층이다. 평소에는 광구가 너무 밝아 태양의 대기를 볼 수 없으나, 개기일식이 일어나면 광구가 가려져 채층을 볼 수 있다.
ㄴ. B는 흑점 부근에서 일어나는 강력한 폭발 현상인 플레어이다.
ㄷ. 태양의 활동이 활발한 시기에는 홍염과 플레어가 자주 발생한다.

**7** ㄱ. 흑점의 개수는 약 11년을 주기로 증가와 감소를 반복한다.
ㄴ. 2015년은 흑점 수가 많으므로 태양 활동이 활발한 시기이고, 2020년은 흑점 수가 적으므로 태양 활동이 활발하지 않은 시기이다. 따라서 2015년에는 2020년보다 자기 폭풍이 자주 일어났을 것이다.
바로 알기 ㄷ. 흑점의 개수는 약 11년을 주기로 증가와 감소를 반복하므로, 2031년은 2020년 이후로 흑점 수가 적을 것으로 예상된다. 따라서 흑점 수가 많은 2025년보다 오로라를 자주 관측하기 어려울 것이다.

**8** A는 천체에서 오는 빛을 모으는 대물렌즈, B는 대상을 찾는 데 이용되는 파인더, C는 눈을 대고 관찰하는 부분인 접안렌즈, D는 경통의 방향을 조절하게 해 주고 경통을 지지하는 가대, E는 천체 망원경을 세우고 고정하는 삼각대이다.

**9** 별의 일주 운동은 지구가 자전하기 때문에 별이 하루에 한 바퀴(1시간에 15°)씩 동쪽에서 서쪽으로 회전하는 것처럼 보이는 겉보기 운동이다.
바로 알기 ⑤ 북쪽 하늘의 별들은 북극성을 중심으로 시계 반대 방향으로 회전한다.

**10** 북쪽 하늘의 별들은 북극성을 중심으로 시계 반대 방향으로 1시간에 15°씩 일주 운동을 한다. 따라서 카시오페이아자리의 이동 방향은 A → B이며, 60° 회전하였으므로 관측한 시간은 총 4시간이다.

**11** (가)와 같이 천체가 왼쪽 위에서 오른쪽 아래로 비스듬히 지는 것처럼 보이는 것은 서쪽 하늘이다. (나)와 같이 천체가 왼쪽(동쪽)에서 오른쪽(서쪽)으로 이동하는 것처럼 보이는 것은 남쪽 하늘이다.

**12** ㄴ. 태양의 연주 운동은 지구가 공전하기 때문에 1년 동안 나타나는 태양의 겉보기 운동이다.
ㄷ. 지구가 공전하기 때문에 태양이 보이는 위치가 달라지고, 한밤중에 남쪽 하늘에서 볼 수 있는 별자리가 계절에 따라 달라진다.
바로 알기 ㄱ. 별의 일주 운동은 지구가 자전하기 때문에 나타나는 현상이다.

**13** 태양과 달이 지구를 중심으로 직각을 이루고 지구에서 달을 보았을 때 왼쪽 절반이 밝게 보이므로 위상은 하현달이다.

**14** ㄱ, ㄷ. 달은 지구를 중심으로 약 한 달에 한 바퀴(하루에 약 13°)씩 서쪽에서 동쪽으로 공전한다.

ㄴ. 망에서 다음 망까지 위상이 변하는 주기는 달의 공전 주기와 비슷하며 약 30일이다.

**15** ㄱ. 이 실험에서 큰 스타이로폼 공(㉠)은 지구, 작은 스타이로폼 공(㉡)은 달, 전등은 태양에 해당한다.
ㄴ. (가)는 전등(태양)−작은 스타이로폼 공(달)−큰 스타이로폼 공(지구) 순으로 일직선을 이루므로 일식의 원리를 알아보기 위한 것이다. (나)는 전등(태양)−큰 스타이로폼 공(지구)−작은 스타이로폼 공(달) 순으로 일직선을 이루므로 월식의 원리를 알아보기 위한 것이다.
바로 알기 ㄷ. (가)는 태양(전등)−달(작은 스타이로폼 공)−지구(큰 스타이로폼 공) 순서로 배열된 상태이다.

**16** ㄱ. 월식은 태양−지구−달 순으로 일직선을 이루어 달의 위상이 보름달일 때 일어난다.
ㄴ. 우리나라에서 월식은 달의 왼쪽부터 가려지기 시작한다. 따라서 월식의 진행 순서는 (가) → (나) → (다)이다.
ㄷ. 개기월식이 일어날 때 달이 붉게 보이는 까닭은 햇빛이 지구 대기를 지날 때 흩어지면서 달에 붉은 빛이 상대적으로 많이 도달하기 때문이다.

**17** 모양이 불규칙하고, 주로 화성과 목성 궤도 사이에 분포하는 것은 소행성이다.
모범 답안 (1) 소행성
(2) 질량이 작아서 자체 중력이 크지 않기 때문이다.

| | 채점 기준 | 배점(%) |
| --- | --- | --- |
| (1) | '소행성'이라고 옳게 쓴 경우 | 30 |
| (2) | 제시된 단어 2개를 모두 포함하여 소행성의 모양이 구형이 아닌 까닭을 옳게 서술한 경우 | 70 |
| | 제시된 단어를 1개만 포함하여 소행성의 모양이 구형이 아닌 까닭을 옳게 서술한 경우 | 40 |

**18** 모범 답안 B가 A보다 온도가 낮다. 흑점은 주위보다 온도가 낮아 어둡게 보인다.

| 채점 기준 | 배점(%) |
| --- | --- |
| A와 B의 온도를 옳게 비교하고, 까닭을 옳게 서술한 경우 | 100 |
| A와 B의 온도가 차이가 나는 까닭만 옳게 서술한 경우 | 50 |
| A와 B의 온도만 옳게 비교한 경우 | 30 |

**19** 모범 답안 (1) 일주 운동
(2) 지구가 자전하기 때문이다.

| | 채점 기준 | 배점(%) |
| --- | --- | --- |
| (1) | '일주 운동'이라고 옳게 쓴 경우 | 30 |
| (2) | 지구가 자전하기 때문이라고 옳게 서술한 경우 | 70 |

**20** 모범 답안 (1) 부분월식
(2) 개기월식은 달 전체가 지구 그림자에 완전히 가려져 붉게 보이는 현상이고, 부분월식은 달의 일부가 지구 그림자에 가려지는 현상이다.

| | 채점 기준 | 배점(%) |
| --- | --- | --- |
| (1) | '부분월식'이라고 옳게 쓴 경우 | 30 |
| (2) | 개기월식과 부분월식의 차이를 옳게 서술한 경우 | 70 |
| | 개기월식과 부분월식의 정의를 한 가지만 옳게 서술한 경우 | 40 |

**2회 VII. 태양계** 시험 대비서 91~95쪽

| 1 ④ | 2 ① | 3 ④ | 4 ⑤ | 5 ⑤ | 6 ③ | 7 ④ |
| 8 ③ | 9 ④ | 10 ③ | 11 ④ | 12 ① | 13 ③ | 14 ① |
| 15 ⑤ | 16 ③ | 17 해설 참조 | 18 해설 참조 | | | |
| 19 해설 참조 | 20 해설 참조 | | | | | |

**1** 바로 알기 ① 태양계 행성은 총 8개이다.
② 왜소 행성은 태양 주위를 공전한다. 행성 주위를 공전하는 것은 위성이다.
⑤ 달은 지구의 위성이다. 왜소 행성에 속하는 것으로는 명왕성, 세레스 등이 있다.

**2** 모양이 구형이고, 공전 궤도에 다른 천체들이 거의 없는 천체 (가)는 행성이다.
모양이 구형이고, 공전 궤도에 다른 천체들이 많이 있는 천체 (나)는 왜소 행성이다.
모양이 구형이 아니고, 얼음과 먼지로 이루어진 천체 (다)는 혜성이다.
모양이 구형이 아니고, 얼음과 먼지로 이루어지지 않은 천체는 소행성이다. 소행성은 주로 암석으로 이루어져 있다.

**3** 질량이 큰 A는 목성형 행성이고, 질량이 작은 B는 지구형 행성이다.
④ 지구형 행성이 목성형 행성보다 큰 값을 가지는 물리량은 표면의 단단한 정도이다.

**4** ⑤ 태양의 대기는 평소에 광구의 강한 빛으로 인해 관측하기 어렵지만, 개기일식 때 광구가 가려지면 잘 볼 수 있다.
바로 알기 ① 둥글게 보이는 태양의 표면은 광구이다.
② 광구 바로 위의 진주색 대기층은 코로나이다.
③ 흑점은 주변보다 온도가 낮아 검게 보인다.
④ 고온의 물질이 불꽃이나 고리 모양으로 솟아오르는 것은 홍염이다.

**5** ①, ④ (가)는 태양의 표면에서 나타나는 현상인 쌀알 무늬이고, (나)는 태양의 대기인 코로나이다.
② 개기일식 때 달이 태양의 광구를 완전히 가리면 태양의 대기를 관측할 수 있다.
③ (나)의 밝은 부분인 코로나는 온도가 100만 ℃ 이상으로 매우 높다.
바로 알기 ⑤ 코로나는 태양의 활동이 활발한 시기에 크기가 커진다.

**6** ③ 태양의 활동이 활발할 때는 자기 폭풍으로 인해 정전이 발생하기도 한다.
바로 알기 ① 태양의 활동이 활발할 때는 코로나의 크기가 커진다.
② 태양 표면의 흑점 수가 많은 시기에는 태양의 활동이 활발하다.

④ 태양의 활동이 활발한 시기에는 오로라가 더 넓은 지역에서 더 자주 발생하므로, 오로라를 볼 수 있는 지역이 넓어진다.
⑤ 태양의 활동이 활발한 시기에는 전파 신호 방해를 받아 무선 전파 통신 장애가 발생할 수 있다.

**7** 태양풍이 강해져서 지구 자기장에 급격한 변화가 나타나고, 오로라가 더 자주 관측되는 현상은 태양의 활동이 활발한 시기에 나타나는 현상이다. 태양의 활동은 태양 표면의 흑점 개수 변화와 관련이 있다.

**8** ㄱ. 천체 망원경을 설치할 때는 사방이 트여있고 평평한 곳에 설치해야 한다.
ㄷ. 천체 망원경을 조립할 때는 경통의 앞뒤 균형, 경통과 균형추 사이의 균형을 맞추고 사용해야 한다.
바로 알기 ㄴ. 태양을 관측할 때는 절대로 직접 태양을 보아서는 안 된다. 태양은 태양 필터를 끼우거나 태양 투영판을 설치하여 관측한다.

**9** 남쪽 하늘에서 별의 일주 운동 방향은 왼쪽(동쪽) → 오른쪽(서쪽)이고, 별은 1시간에 15°씩 이동한다. 따라서 C 위치의 별은 4시간 후에 서쪽으로 60° 이동하므로, E에 위치한다.

**10** 지구는 태양을 중심으로 1년에 한 바퀴씩 서쪽에서 동쪽(시계 반대 방향)으로 공전한다. 태양이 천구에서 별자리에 대해 이동하는 것처럼 보이고, 계절에 따라 보이는 별자리가 달라지는 것은 지구의 공전 때문이다.
바로 알기 ③ 지구는 1년에 한 바퀴 공전하므로, 공전 속도는 하루에 약 1°이다.

**11** ㄴ. (가) → (나) → (다)로 갈수록 태양과 사자자리 사이의 거리는 가까워졌다.
ㄷ. (가) → (나) → (다)로 갈수록 사자자리는 서쪽 지평선에 가까워지므로, 태양을 기준으로 별자리가 매일 조금씩 동에서 서로 이동하였음을 알 수 있다.
바로 알기 ㄱ. (가)에서는 해가 진 후 시간이 더 지나야 사자자리가 질 것으로 예상되는데, (다)에서는 해가 질 때 이미 사자자리가 지고 있으므로 관측 기간 동안 사자자리가 지는 시각은 점점 빨라졌다.

**12** ㉠에서 태양이 있는 방향으로 선을 그어 보면, 태양과 황소자리가 같은 방향에 있음을 알 수 있다. 따라서 황소자리를 관측할 수 없다. 한편, 한밤중에 남중하는 별자리는 태양의 반대편 하늘에 있으므로, 지구가 ㉠에 위치할 때 한밤중에는 전갈자리가 남중한다. 따라서 (가)는 전갈자리, (나)는 황소자리이다.

**13** 삭에서 달의 오른쪽부터 차오르며 초승달, 상현달, 보름달 순으로 변화한다. 이후 하현달, 그믐달이 지나면 달이 완전히 기울어 다시 삭이 된다. 따라서 달의 위상 변화를 순서대로 나열하면 '(가) 삭 → (마) 초승달 → (다) 상현달 → (나) 보름달 → (라) 하현달 → (바) 그믐달'이다.

**14** ㄱ. 달이 A에 위치할 때는 음력 2~3일경에 초승달로 보이고, 달이 D에 위치할 때는 음력 27~28일경에 그믐달로 보인다.

[바로 알기] ㄴ. A에서 B로 갈수록 달의 밝게 보이는 부분이 점차 많아지고, C에서 D로 갈수록 달의 밝게 보이는 부분이 점차 적어진다.

ㄷ. B에서 C로 가는 동안 망의 위치에서 달의 위상은 보름달이 되고, D에서 A로 가는 동안 삭의 위치에서 달은 보이지 않는다.

**15** ㄱ. 달이 A에 있을 때는 태양-지구-달이 일직선상에 위치하고, 달 전체가 지구의 그림자에 가려지므로 개기월식이 일어난다.

ㄴ. 관측자가 A에 있다면, 태양-지구-관측자가 일직선상에 위치하므로 지구가 태양을 가려 태양이 보이지 않을 것이다.

ㄷ. 월식은 지구에서 밤이 되는 모든 지역에서 볼 수 있다.

**16** ㄱ. B에서는 달이 태양의 일부를 가리는 현상인 부분일식을 볼 수 있다.

ㄴ. (나)는 달이 태양을 완전히 가리는 현상인 개기일식이다. 개기일식은 달이 태양 전체를 가리는 지역인 A에서만 볼 수 있다.

[바로 알기] ㄷ. A에서는 개기일식을, B에서는 부분일식을 볼 수 있고, 그 외의 지역에서는 일식이 나타나지 않는다.

**17** 태양계 행성은 질량, 반지름, 위성 수, 고리 유무, 표면의 단단한 정도를 기준으로 지구형 행성과 목성형 행성으로 분류할 수 있다.

[모범 답안] (1) A 집단의 행성: 목성, 토성, 천왕성, 해왕성
B 집단의 행성: 수성, 금성, 지구, 화성
(2) 위성의 수는 A가 B보다 많다. 고리는 A 집단만 가지고 있다. 표면의 단단한 정도는 A보다 B가 크다.

| | 채점 기준 | 배점(%) |
|---|---|---|
| (1) | A 집단과 B 집단의 행성을 모두 옳게 쓴 경우 | 40 |
| | A 집단과 B 집단의 행성 중 한 집단만 옳게 쓴 경우 | 20 |
| (2) | 두 집단을 분류할 수 있는 물리적 특징을 옳게 비교하여 서술한 경우 | 60 |
| | 두 집단을 비교하지 않고, 분류 기준만 옳게 쓴 경우 | 20 |

**18** [모범 답안] (1) 오로라
(2) 흑점의 개수가 많은 시기에 오로라가 더 자주 발생한다.

| | 채점 기준 | 배점(%) |
|---|---|---|
| (1) | '오로라'라고 옳게 쓴 경우 | 30 |
| (2) | 흑점의 개수가 많은 시기에 발생 빈도가 높다고 서술한 경우 | 70 |
| | 흑점의 개수가 적은 시기에 발생 빈도가 낮다고 서술한 경우 | |

**19** [모범 답안] (1) A: 파인더, B: 접안렌즈
(2) A: 관측 대상을 쉽게 찾는 데 이용하는 장치이다.
B: 눈을 대고 관측하는 장치이다.

| | 채점 기준 | 배점(%) |
|---|---|---|
| (1) | A와 B의 명칭을 모두 옳게 쓴 경우 | 40 |
| | A와 B의 명칭 중 한 가지만 옳게 쓴 경우 | 20 |
| (2) | A와 B의 용도를 모두 옳게 서술한 경우 | 60 |
| | A와 B의 용도 중 한 가지만 옳게 서술한 경우 | 30 |

**20** [모범 답안] (1) 약 한 달
(2) 달이 공전하기 때문이다.

| | 채점 기준 | 배점(%) |
|---|---|---|
| (1) | 달의 공전 주기를 옳게 쓴 경우 | 30 |
| (2) | 달이 공전하기 때문이라고 옳게 서술한 경우 | 70 |

TOP TIER

**내신 탑티어**는
내신의 TOP을 찍을 수 있도록
여러분의 과학을 응원합니다.

TOP TIER

# 내신과 수능의 빠른시작!
# 중학 국어 빠작 시리즈



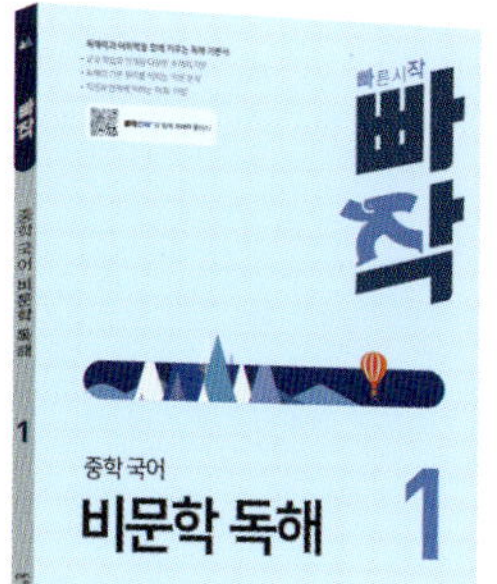

**비문학 독해** 0~3단계
독해력과 어휘력을
함께 키우는
독해 기본서

중학 국어
비문학 독해 1



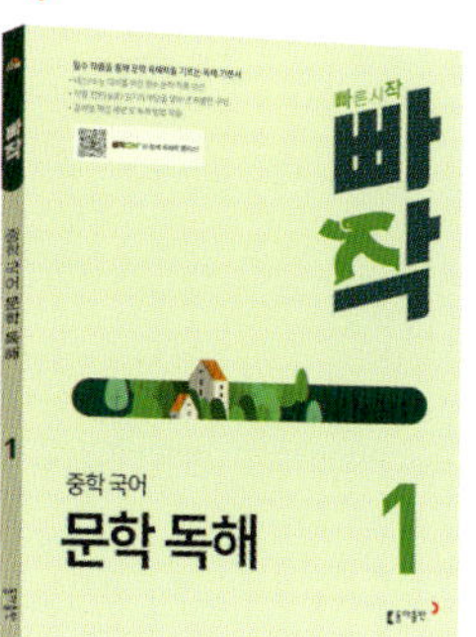

**문학 독해** 1~3단계
필수 작품을 통해
문학 독해력을 기르는
독해 기본서

중학 국어
문학 독해 1

빠작 ON⁺와 함께
독해력 플러스!

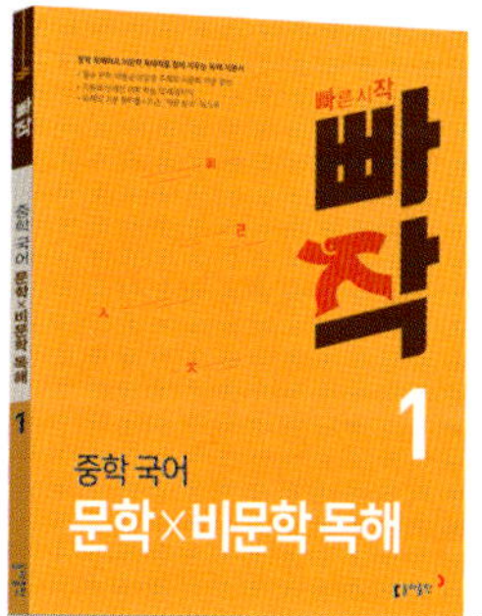

**문학X비문학 독해** 1~3단계
문학 독해력과
**비문학 독해력**을 함께 키우는
독해 기본서

중학 국어
문학×비문학 독해 1

**고전 문학 독해**
필수 작품을 통해
고전 문학 독해력을 기르는
독해 기본서

중학 국어
고전 문학 독해

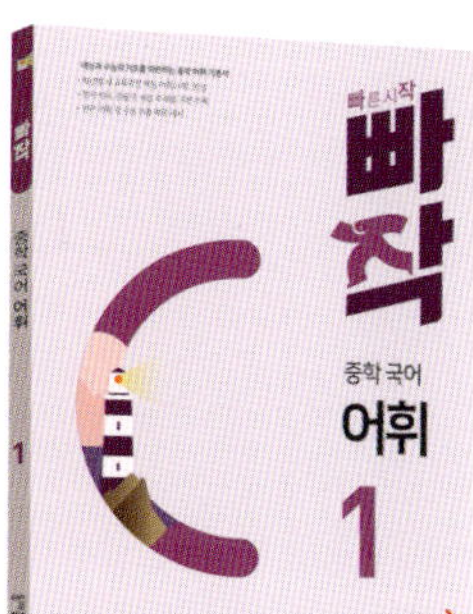

**어휘** 1~3단계
내신과 수능의
**기초**를 마련하는
중학 어휘 기본서

중학 국어
어휘 1

**한자 어휘**
중학 국어 필수 어휘를
배우는 한자 어휘 기본서

중학 국어 한자 어휘

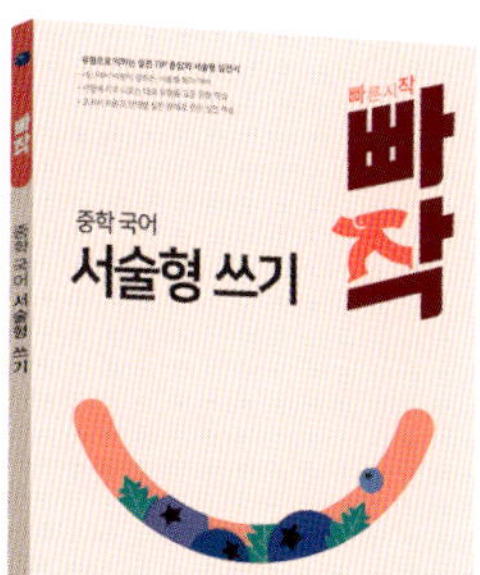

**서술형 쓰기**
유형으로 익히는
실전 TIP 중심의
서술형 실전서

중학 국어
서술형 쓰기

**첫 문법**
중학 국어 문법을
쉽게 익히는 문법 입문서

**문법**
풍부한 문제로 문법 개념을
정리하는 문법서

중학 국어
첫 문법

중학 국어
문법

# HIGH TOP

## 내신탑티어

중학교 과학 1-2

| 하이탑 | 중학 | 과학 1, 2, 3 |
| | 고등 | **22개정** 통합과학1, 통합과학2, 물리학, 화학, 생명과학, 지구과학 |
| | | **15개정** 물리학 I, 물리학 II, 화학 I, 화학 II, 생명과학 I, 생명과학 II, 지구과학 I, 지구과학 II |
| 내신 탑티어 | 중학 | 과학 1~3학년 1·2학기 |
| | 고등 | **22개정** 통합과학1, 통합과학2 |

동아출판

Telephone 1644-0600
Homepage www.bookdonga.com
Address 서울시 영등포구 은행로 30 (우 07242)

• 정답과 해설은 동아출판 홈페이지 내 학습자료실에서 내려받을 수 있습니다.
• 교재에서 발견된 오류는 동아출판 홈페이지 내 정오표에서 확인 가능하며, 잘못 만들어진 책은 구입처에서 교환해 드립니다.
• 학습 상담, 제안 사항, 오류 신고 등 어떠한 이야기라도 들려주세요.